DEUTSCHE WIRTSCHAFTSPOLITIK

Ludwig Erhard

DEUTSCHE WIRTSCHAFTS- POLITIK

Der Weg der Sozialen Marktwirtschaft

ECON Verlag

Düsseldorf · Wien · New York · Moskau

Die Erstausgabe erschien 1962 im ECON Verlag, Düsseldorf und Wien.

Die Deutsche Bibliothek – CIP-Einheitsaufnahme

Erhard, Ludwig: Deutsche Wirtschaftspolitik: Der Weg der Sozialen Marktwirtschaft/
Ludwig Erhard. – Düsseldorf; Wien; New York; Moskau: ECON Verl., 1992.
ISBN 3-430-12546-4

VORWORT

ZUR NEUAUSGABE

Das vorliegende Buch dokumentiert die Leistungen eines Mannes, den die Geschichte vor große Aufgaben stellte. Er hat diese Aufgaben mit Mut, Ausdauer und Treue zu sich selbst erfolgreich gelöst. Im Gegensatz zu Konrad Adenauer hat Ludwig Erhard keine Memoiren hinterlassen, wohl aber in Reden, Artikeln, amtlichen Dokumenten und anderen öffentlichen Äußerungen autobiographische Hinweise gegeben, die den Zugang zu seinem Leben und Werk erleichtern.

Dieses Buch wendet sich an alle, die jene wichtige Zeitspanne von 1945/46 bis 1962 aus der Perspektive eines Mannes kennenlernen wollen, dessen Wirken mit und neben Konrad Adenauer die Bundesrepublik Deutschland bis heute geprägt hat. Im Mittelpunkt der meisten Beiträge stehen wirtschaftspolitische Fragen. Dabei wird der Mythos des deutschen Wirtschaftswunders – ein Begriff, den Erhard ganz und gar nicht mochte – deutlich. Er erinnert auch im Blick auf die Gegenwart, daß die großen und schwierigen Aufgaben unserer Zeit lösbar sind.

Unsere Aufgaben heute sind anders, aber von ähnlich weitreichender Bedeutung: Die tiefgreifenden Strukturprobleme müssen in den neuen Bundesländern nach 45 Jahren sozialistischer Mißwirtschaft überwunden und ein schneller Aufholprozeß in Gang gesetzt werden. Das wirtschaftliche, soziale und vor allem menschliche Zusammenwachsen Deutschlands ist deshalb die zentrale Aufgabe unserer Zeit.

Darüber hinaus muß sich unsere Wirtschaft an die sich verändernden Bedingungen des internationalen Wettbewerbs und an die neuen Möglichkeiten des technischen Fortschritts anpassen, wenn wir unseren Rang in der Spitzengruppe der Industrienationen halten und festigen wollen. Es kommt also heute darauf an, daß wir neue technische Möglichkeiten für morgen ohne Vorurteile entwickeln und nutzen – nicht in einem blinden Fortschrittsglauben, sondern mit verantwortlichem Handeln. Die Zukunft Deutschlands hängt entscheidend davon ab, daß der technische Fortschritt breite Unterstützung und Anerkennung in unserer Gesellschaft findet. Dies gilt übrigens nicht nur im Blick auf unsere internationale Wettbewerbsfähigkeit. Die Fähigkeit zu neuen wirtschaftlichen und technischen Problemlösungen brauchen wir auch im eigenen Land. Zu denken ist hier an die Aufgaben, die sich aus dem Verhältnis von Ökonomie und Ökologie ergeben, und an die Frage des Schutzes von Natur und Umwelt.

Für Ludwig Erhard war die Arbeitslosigkeit ein sicheres Anzeichen dafür, daß es ordnungspolitische Defizite gibt. In der politischen Wirklichkeit werden heute oftmals Löhne, Arbeitslosigkeit und Sozialleistungen völlig getrennt voneinander gesehen und diskutiert. Dies führt dann zu Lösungsversuchen, deren Richtigkeit notwendigerweise ebenso begrenzt ist wie die vordergründigen Interessen derer, die daran mitgewirkt haben. Ludwig Erhard ist immer wieder entschieden dafür eingetreten, daß Wirtschafts- und Finanzpolitik, Steuer- und Sozialpolitik, Familien- und Arbeitsmarktpolitik – daß alles dies keine getrennten Veranstaltungen mit getrennter Kontenführung sind, sondern daß sie in ihrem Erfolg entscheidend voneinander abhängen.

Ganz konkret: Nur eine gesunde und leistungsfähige Wirtschaft ist auch in der Lage, denen zu helfen, die in der Tat auf unsere Hilfe, auf unsere Solidarität, angewiesen sind. Denn die Tatsachen sind eindeutig: Nur das, was zuerst erarbeitet und erwirtschaftet worden ist, kann anschließend auch verteilt werden. Dieses ganzheitliche Denken in wirtschaftlichen und gesellschaftlichen Zusammenhängen gehört zum großen Erbe Ludwig Erhards. Es muß Leitschnur für die Wirtschaftspolitik der vor uns liegenden Jahre sein. Denn die tiefgreifenden wirtschaftlichen, gesellschaftlichen und staatlichen Umgestaltungsprozesse in den neuen Bundesländern und in den Ländern Mittel- und Osteuropas verlangen Lösungen, die sich für Wirtschaft und Gesellschaft insgesamt als tragfähig erweisen müssen. Deshalb müssen die Staaten Mittel- und Osteuropas sowie die Länder der Gemeinschaft unabhängiger Staaten (GUS) auf ihrem schwierigen Weg von der Diktatur und Planwirtschaft zu Demokratie und Marktwirtschaft durch gemeinsame Anstrengungen der westlichen Welt wirksam unterstützt werden.

Es war Ludwig Erhard, der in den Aufbaujahren unseres Landes eine Atmosphäre der Ermutigung schuf – ein Klima, in dem sich die schöpferischen Kräfte frei entfalten konnten.

Die Soziale Marktwirtschaft ist das Programm einer offenen Gesellschaft. Eine offene Gesellschaft zeichnet sich durch Anpassungsfähigkeit aus. Diese zu erhalten muß oberstes Ziel auch unserer Wirtschaftspolitik sein. In diesem Sinne ist Ludwig Erhard heute so aktuell wie am Beginn unserer Republik.

Jürgen W. Möllemann
Bundesminister für Wirtschaft

Bonn, im Sommer 1992

VORWORT

ZUR ERSTAUSGABE

Die hier vorgelegte Sammlung von Reden und Aufsätzen ist eine Dokumentation. Sie soll über das Geschehen des Tages hinaus dem Zeitgenossen noch einmal bewußt werden lassen, woher wir kamen, welchen Weg wir gingen, aber auch welchen Zielen wir zustreben. Darüber hinaus wird, wie ich hoffe, auch eine spätere Generation aus der fragmentarischen Darstellung der für das Schicksal des deutschen Volkes entscheidenden Nachkriegsepoche Nutzen ziehen können.

Trotz der bewegenden Tragik und Dynamik dieser Jahre ist es nicht allein der äußere Ablauf der Ereignisse, der aus der Sicht des Autors die Herausgabe eines solchen Buches rechtfertigt; diese Daten und Fakten wären auch anderwärts nachzulesen. Mir will vielmehr scheinen, daß es noch wichtiger ist, die Überlegungen und Gedanken dieser Zeit, die aus einer zusammengebrochenen Welt in politischer, wirtschaftlicher und sozialer Hinsicht neues Leben wieder zu wecken und zu formen suchten, unmittelbar mitzuerleben. Es waren ja nicht nur die materiellen Grundlagen unseres Seins zerstört, sondern das deutsche Volk hatte dazu das sichere Gefühl für die ihm gemäße Lebensordnung verloren. So manches Mal war sogar zu befürchten, daß die chaotischen Verhältnisse der ersten Nachkriegsjahre Bestand haben, d. h. auf Dauer gelten würden.

Das war die schlimmste Folgeerscheinung des Zusammenbruchs: Die Menschen waren ohne inneren Kompaß und ohne eine Zukunftsvorstellung von einer so tiefen Verzweiflung, Hoffnungslosigkeit, Resignation und Angst befallen, daß darunter das Leben überhaupt zu ersticken drohte. Noch den Denkkategorien der Vergangenheit verhaftet, wurde zwar allenthalben der hilflos anmutende und dazu unfruchtbar bleibende Versuch unternommen, das Alltagsleben mit bürokratisch-mechanistischen Mitteln und Methoden wieder zu beleben und die chaotisch entfesselten Kräfte zu bändigen. Aber solche Versuche packten das Übel nicht an der Wurzel und waren fast mehr geeignet, die Sicht auf klare wirtschafts- und gesellschaftspolitische Ordnungsvorstellungen zu verbauen. Natürlich habe auch ich nicht vergessen, wie gering unter dem seinerzeitigen Zwang der Verhältnisse der Spielraum für eine aktive schöpferische Politik war. Um so mehr mußte es darauf ankommen, die Geister wachzurütteln und die Wege zu weisen, die über Währungs- und Wirtschaftsreform eine neue Wirtschafts- und Gesellschaftspolitik ermöglichten – freiheitlich – sozial – den Aufgaben unserer Spannungszeiten gewachsen.

Wie revolutionär solche Gedanken anmuten mußten, wird erst deutlich, wenn sich der Leser die Mühe nimmt, meine Vorstellungen mit den Parteiprogrammen jener Zeit zu vergleichen, die durchweg noch von der Zwangsvorstellung erfüllt waren, daß Deutschland, über dessen Form, Gestalt und Politik noch keine Aussage möglich war, aus seinem Schicksal heraus gehalten wäre, sein Leben mittels staatlicher Lenkung und Planung zu organisieren.

An eine freiheitliche und freizügige Ordnung zu glauben, oder ihr gar zu vertrauen, erschien den meisten Politikern und Praktikern vermessen. Nicht um einer Wertung oder meiner Rechtfertigung willen verdient es doch mindestens als Mahnung festgehalten zu werden, daß nach unseren Erfahrungen große und grundlegende Entscheidungen der Nation einer geistigen Konzeption auch aus wissenschaftlicher Erkenntnis so wenig entraten können wie der Intuition und Phantasie der handelnden Politiker. Aber es gehört auch zu allem Gläubigkeit und Vertrauen in die Unverlierbarkeit sittlicher Werte, ohne die kein Werk gedeihen kann.

Auch von dieser Grundlage meiner Politik legt dieses Buch Zeugnis ab. Und der Leser wird vielleicht erkennen, daß trotz der Systematik und Strenge wirtschaftspolitischer und -wissenschaftlicher Überzeugung doch auch immer das Unwägsame, das nicht Rechenhafte im Leben eines Volkes Berücksichtigung finden muß. Die Qualifikation eines Wirtschaftsministers leitet sich nicht nur aus der Fähigkeit des Organisierenkönnens ab. Es gibt Aufgaben, die nur aus der Souveränität eines „frei schaffenden Künstlers" zu lösen sind. Die verschiedenen Beiträge bieten Anschauungsmaterial genug dafür, wie in der Formung unserer Wirtschaft und im Zuge der Entwicklung nicht zuletzt im europäischen und internationalen Bereich dem Wirtschaftsminister immer wieder konkrete Entscheidungen abverlangt wurden, deren Bewältigung nur aus der engen Verbindung von Geist und Phantasie mit der Technik der Verwaltung möglich war. Ich selbst aber möchte das Gewicht auf den Zusammenklang von geistiger Durchdringung der anstehenden Probleme und willensmäßiger Durchsetzung solcher Erkenntnisse legen.

Die daraus abzuleitende Doppelfunktion des verantwortlich handelnden Wirtschaftspolitikers begann für mich, äußerlich erkennbar, bereits bei der Vorbereitung der Währungsreform mit dem Blick auf die in den Grundlagen von mir seinerzeit schon vorgeprägte Wirtschaftsreform. Damals bestand außer dem Abscheu vor einem völlig unfruchtbar gewordenen Wirtschaftssystem und dem menschlichen Verlangen, die Fesseln einer seelenlosen Bürokratie abzustreifen, nur bei sehr wenigen eine Vorstellung darüber, wie das ersehnte Ziel erreichbar und eine andere Ordnung zu bewerkstelligen wäre. Die Ereignisse nach dem 20. Juni 1948 sind bekannt genug und bedürfen, was den Widerstreit der Meinungen anbelangt, keiner Illustration mehr.

Meine Aufsätze und Reden, die sich damit befassen, geben noch einmal einen Widerhall und rücken uns ins Gedächtnis zurück, wie viele und wie starke Barrieren durchbrochen werden mußten, ehe sich diese neue Ordnung, über Anklagen, Verdächtigungen und Drohungen bis zu einem Generalstreik, durchsetzen konnte und glaubhaft wurde. Zuerst Prediger in der Wüste, haben es meine Freunde und ich und vor allem dann der Erfolg selbst doch zu erreichen vermocht, die Widersacher zu ermatten.

Wenn sich dieser Kampf zeitlich auch noch bis in die zweite Legislaturperiode des Bundestages erstreckte und vor allem in Phasen vorübergehender Konjunkturabschwächung neue Nahrung fand, so kann doch kein Zweifel darüber bestehen, daß die Grundlagen unserer Wirtschafts- und Gesellschaftsordnung eben mit der Wirtschafts- und Währungsreform im Zweizonenwirtschaftsrat in Frankfurt/M. gelegt wurden und daß diese Politik zur Zeit der Konstituierung der ersten Bundesregierung ihre Bewährungsprobe vor dem deutschen Volk und der Welt bereits bestanden hatte.

Selbstverständlich kennt die Entwicklung während jener fünfzehn Jahre, die ich in diesem Buch noch einmal sichtbar machen will, keine scharfen Zäsuren. Aber wenn sie keine harten Brüche aufweist, dann ist das gewiß nicht zuletzt der Standhaftigkeit eines kleinen Fähnleins gegenüber zahlreichen Gegnern und den auch immer wieder Ungläubigen zuzurechnen. Was ich ausgesagt, beschrieben und so oft verkündet habe – das Gefüge einer freien und sozial verpflichteten Marktwirtschaft –, gewann über immer schärfere Konturen schließlich feste Gestalt. Dazu festigte sich die Überzeugung, daß sich diese Ordnung für ein fleißiges und redliches Volk segensreich auswirke und die einzig gemäße Form eines würdigen Lebens ist. Denn vor allem wurde damit endlich wieder der Sinn der Arbeit und der Leistung anschaulich erlebt.

Es ist nicht leicht, ein Zeitgeschehen auszuleuchten, das im ganzen glückhaft zu nennen ist, ohne als der Initiator dieser Politik dem Verdacht ausgesetzt zu sein, damit sich selbst lobpreisen zu wollen. Die Gestaltung einer solchen Aufgabe aber läßt Lob und Tadel auf die Dauer nicht so wichtig erscheinen. Ich hoffe, es werden doch viele sein, die Verständnis dafür aufbringen, daß unabhängig von der Gunst der Stunde ein Mann ein Amt aus Verantwortungsbewußtsein und Pflichtgefühl verwalten will.

Von dem, was hier geschrieben steht, ist nichts wegzudeuteln; die in den verschiedensten Phasen der wirtschaftlichen Entwicklung vorgetragenen Gedanken lassen keine subjektive Auslegung zu. Es geht auch um kein Urteil, sondern um die Wahrheit allein.

Das zwingt zwar zu zuchtvoller Bescheidung, aber gewiß nicht zu einer künstlichen Soffittenbeleuchtung der Geschehnisse. Vielleicht ist es das

Charakteristische an meiner politischen Tätigkeit, daß ich abgesehen von dem bekannten „Fähnlein der sieben Aufrechten" je nach der Interessenlage des Augenblicks und dem Gegenstand Freunde und Feinde in allen Lagern fand, ja finden mußte. Mich hat auch, so bewußt ich mich durch zwölf Jahre hindurch stets zur Christlich-Demokratischen Union bekannt habe, im letzten doch keine Partei gekürt, sondern es war fast so, daß ich mich in einer entscheidenden Stunde mit einer Partei verbündete und mit ihr zusammen die schweren Kämpfe durchstand. Das geschah im Stadium der Regeneration deutschen Lebens, das von außenpolitischer Problematik noch frei war, um so mehr aber um die Errettung der materiellen wie auch der geistig-seelischen Substanz zerquälter deutscher Menschen ringen mußte. Um der Gerechtigkeit willen darf ich es nicht verschweigen, daß ich – scherzhaft gesagt – eine „amerikanische Entdeckung" bin und daß ich ohne die Unterstützung von dieser Seite die Währungs- und Wirtschaftsreform auf freiheitlicher Grundlage nicht hätte durchführen und durchstehen können.

Nur mit einer gewissen Scheu wage ich, die Frage zu stellen, ob es in einem parlamentarisch-demokratischen System möglich oder auch nur denkbar gewesen wäre, eine in das gesellschaftliche und soziale Leben so tief einschneidende Maßnahme, wie es die Währungsreform 1948 war, zu vollziehen. Meine tief wurzelnde demokratische Haltung und Gesinnung wehrt sich wohl dagegen, jene Frage schlüssig zu beantworten, aber ich würde unehrlich sein, wenn ich meine Zweifel unterdrücken wollte. Ja, nach allem, was ich in der Folgezeit erlebte, bin ich dessen fast gewiß, daß wir nicht zur Bewahrung der Freiheit hätten durchstoßen können, wenn die Lösung in einem Kompromiß hätte gefunden werden müssen. Ich habe totalitären Herrschaftsformen zu bewußt widerstanden, als daß ich heute nicht das Recht hätte, gewisse Schwächen der Demokratie anzusprechen. Diese liegen nicht so sehr in den demokratischen Spielregeln selbst als in der Art und dem Geist ihrer Handhabung. Was dabei meinen eigenen Standort anbelangt, so weiß jedermann, daß ich keine offene Auseinandersetzung scheue, sondern gerade mit ihr den Weg zu einer Versöhnung eröffnen möchte.

Obwohl dieses Vorwort keiner chronologischen Betrachtung dienen soll, scheinen mir doch diese Überlegungen geeignet zu sein, die politischen Realitäten unseres Seins von gestern und heute schärfer zu umreißen. Was z. B. wurde nicht alles unternommen, aus deutscher parteipolitischer Sicht, aber auch aus der Vorstellungswelt der Alliierten, die Bundesregierung dazu zu bewegen, um der Reduzierung der Arbeitslosenziffern willen Wege zu beschreiten, die die innere ökonomische und währungspolitische Ordnung hätten aufsprengen müssen. Ja, zum Teil scheute man sich nicht, diese Konsequenz als möglich oder sogar wahrscheinlich in Rechnung zu stellen. Wenn diesem seinerzeit so erregenden und bedrängenden sozialen Problem in der Reihe der Reden und Aufsätze kein so breiter Raum gegönnt wurde, so deshalb, weil die hierzu von beiden Seiten vorgetragenen, aber auch meist gleichbleibenden Argumente sich so lange unversöhnlich gegenüberstanden, bis schließlich die Beseitigung der Arbeitslosigkeit zu der gewiß glücklichsten Lösung des Problems führte.

Abgesehen von jenen Spannungen und Störungen, die nach der Währungsreform bis zur Rückgewinnung eines neuen wirtschaftlichen Gleichgewichts unvermeidlich waren, hatte die „Soziale Marktwirtschaft" die erste wirklich schwere Belastungsprobe im Zusammenhang mit der Korea-Krise und ihren Folgewirkungen zu bestehen. In dem diesbezüglichen Teil dieses Buches leuchtet noch einmal die erbitterte Fehde auf, die ich seinerzeit, fast ganz auf mich allein gestellt, neben der immer größer werdenden Unruhe im eigenen Lager und im deutschen Volk überhaupt gegen die Opposition, gegen die Besatzungsmächte, ja manchmal sogar gegen die Weltmeinung zu bestehen hatte. Ich sollte wieder zur Bewirtschaftung zurückkehren, Preisbindungen und Preiskontrollen verfügen, staatliche Rohstoffläger unterhalten, Verwendungs- und Verarbeitungsverbote aussprechen – kurz also, ich hätte die verstaubten Requisiten der Planwirtschaft wieder aufpolieren sollen. Mein wirtschaftlicher Ruf schien vernichtet, meine politische Karriere beendet zu sein, als es in den Wandelgängen des Bundestages zu hören war, daß in bezug auf die Wirtschaftspolitik – und wahrscheinlich noch mehr in bezug auf den Wirtschaftsminister – nicht mehr der Internist heilen könne, sondern „geschnitten" werden müßte. Als sogar noch hinzukam, daß die Fortführung der freiheitlichen Wirtschafts- und Handelspolitik zu einer Erschöpfung der der Bundesrepublik in der Europäischen Zahlungsunion eingeräumten Kreditlinie führte und ein Zusatzkredit in Anspruch genommen werden mußte, schien das Maß voll zu sein und die Marktwirtschaft, so sagte man, unmittelbar vor dem Bankrott zu stehen. Wie völlig anders dann alles gekommen ist, wie sich binnen Jahresfrist eine völlige Umkehrung der Verhältnisse und im besonderen der deutschen Situation vollzog bis zu der auf internationaler Ebene getroffenen Feststellung, daß die Bundesrepublik gegen allen Widerstand in dieser Weltkrise die einzig richtige Politik verfolgt hätte, wird dem Leser in den Darlegungen zu dem Geschehen der Jahre 1950/51 noch einmal vor Augen geführt.

Im Laufe der Jahre war auch in anderer Hinsicht eine grundsätzliche und tiefgreifende Wandlung zu verzeichnen. Zwar habe ich schon mit der Einführung der neuen Wirtschaftsordnung deutlich genug gesagt, welche Illusion es wäre, zu glauben, daß sich die Eröffnung der Freiheit zwangsläufig oder vielleicht sogar einseitig zugunsten des Unternehmers und damit zu Lasten des Verbrauchers auswirken müsse. Man hat es mir aber offenbar nicht geglaubt, denn sonst wäre es kaum verständlich, daß auf der einen Seite das „Hosianna" allenthalben in ein „Kreuzigt ihn" umschlug, während sich der zunächst skeptische Verbraucher mehr und mehr mit der Marktwirtschaft anzufreunden und am Ende zu versöhnen begann. Der Kampf für und wider das Wettbewerbsprinzip, der mit der Diskussion um das „Gesetz gegen Wettbewerbsbeschränkungen" (Kartellgesetz) begann und, wie mir scheint, noch nicht beendet ist, gehört gewiß zu den erregendsten Kapiteln dieses Buches oder, besser gesagt, zu den Problemen der Nachkriegszeit. Wie auch die europäische Entwicklung zeigt, liegen zwar die Kartellverfechter im geschlagenen Felde; freiheitliche ökonomische Grundsätze sind immer mehr zu dem die freie Welt einigenden Band geworden. Das Denken in Kartellkategorien aber hat sich zu einer Art Ideologie verhärtet, und wir wissen ja, daß solches Ideengut in manchen Köpfen auch dann noch weiterlebt, wenn das reale Leben es schon längst hat absterben lassen.

Das ist denn überhaupt meine Erfahrung aus der Zeit von 1945 bis heute, daß die Menschen in der aus ihren Reaktionen sich bildenden öffentlichen Meinung und in ihrer Einstellung zur Umwelt ein überraschendes Verlangen nach Beharrung bezeugen. Selbst Mißstände – so scheint es jedenfalls – werden akzeptiert, wenn man sich nur lange genug an sie gewöhnt hat. Ja, die sie beseitigen möchten, gelten dann vielleicht gar noch als Störenfriede.

Von Anbeginn an war mir klar – und ich habe es ausgesprochen –, daß jede übernationale Zusammenarbeit eine funktionsfähige internationale Währungsordnung zur Voraussetzung hat. Die Mißstände wurden schon bald nach der Begründung des „Europäischen Wirtschaftsrates" (OEEC) spürbar, weil der im Zuge der Liberalisierung angestrebte freie umfassende Warenverkehr durch falsche oder manipulierte Wechselkurse nicht zu einem Abtausch von wertgleichen Äquivalenten führen konnte. Daß dieses Ergebnis mehr als nur einen technisch-ökonomischen Rechenfehler bedeutet, sondern von Land zu Land als Ärgernis empfunden wurde und dazu noch geeignet erschien, Mißtrauen bis zur offenen Feindschaft hin auszulösen, braucht dem Kundigen nicht erläutert zu werden. Wenn die OEEC gleichwohl große Erfolge erringen konnte, so ist das nur noch ein weiterer Beweis dafür, daß die Organisationen und Mechanismen so lange unfruchtbar bleiben, als sie des geistigen Inhalts wie des sittlichen Wollens entraten. Die OEEC verband nur eine Idee, aber diese erwies sich als so stark, daß sie über alle Widrigkeiten obsiegen konnte.

In diesen fünfzehn Jahren liegen darüber hinaus eingebettet die verschiedenen Versuche und Anstrengungen, innerhalb Europas neue Formen der Zusammenarbeit zu entwickeln. Nachdem als erste Verklammerung der sechs Länder Frankreich, Italien, Deutschland, Holland, Belgien, Luxemburg die Gemeinschaft für Kohle, Eisen und Stahl (Montanunion) ins Leben gerufen worden war, schien weiteren Bemühungen, wie dem Plan einer „Europäischen Verteidigungsgemeinschaft" oder einer „Europäischen politischen Gemeinschaft", ein Erfolg versagt zu sein, bis schließlich in der Gestalt der „Europäischen Wirtschaftsgemeinschaft" eine neue Form der Verbindung jener gleichen Völker wirksam werden konnte.

Den Fragen der europäischen Integration ist denn auch in diesem Buch breiter Raum gegönnt worden, zumal die Diskussion um die damit aufgeworfene vielschichtige Problematik ebenso lebhaft wie erregend war und in vielen Fragen zu einer Scheidung der Geister führte. Dieses Thema, das an dieser Stelle nicht vom Sachlichen her zu behandeln ist, illustriert so recht deutlich den Wandel der politischen Auffassung wie auch einen neuen Zeitgeist, der andere Werte gesetzt sehen möchte als die in der Vergangenheit gültigen. Mit dem Hinweis auf die Versöhnung zwischen ehemals einander feindlich gegenüberstehenden Nationen und dem gerade jetzt sich neu belebenden Willen nach gebundener politischer Zusammenarbeit sowie mit der Abwendung von nationalistischen Scheinwerten und der Verleugnung von egoistisch-protektionistischen Interessen ist nur der äußere Rahmen gekennzeichnet, innerhalb dessen die geistig-sittlichen Kräfte der Völker in Unruhe und Bewegung geraten sind, um das Leben mit neuem Sinngehalt zu erfüllen.

Jedermann weiß, daß ich, um nur wieder ein Beispiel zu nennen, nicht bereit war, trotz einer Bejahung der Europäischen Wirtschaftsgemeinschaft in ihr die absolute Form und einen letzten Wert zu erkennen. Deshalb habe ich viele offene und versteckte Anfeindungen, aber vor allen Dingen auch Mißdeutungen meiner Haltung hinnehmen müssen, bis sich schließlich aus geschichtlicher Logik und politischer Notwendigkeit die Erkenntnis durchsetzte, daß es mehr als ein Irrwahn wäre, das freie Europa in zwei Lebens- und Wirkungsbereiche der Völker aufspalten zu wollen. Gerade aber weil ich dieses Unheil zu verhüten suchte und meinen Standpunkt während aller Phasen des Geschehens nie geändert habe, galt ich allenthalben als ein „schlechter Europäer".

Nur oberflächlichen Betrachtern mag es als ein seltsamer Widerspruch erscheinen, daß, während die Zusammenarbeit der – befreundeten – Völker auf Kosten von Nationalismus, Egoismus und Protektionismus Fortschritte macht, in der Bundesrepublik selbst der Gruppenegoismus Triumphe feiert. Es kann kein Zweifel bestehen, daß in den zwischenstaatlichen Beziehungen eine Regierung, die, nur im eigenen Interesse handelnd, das Gebot internationaler Solidarität verletzt und damit die gemeinsame Ordnung gefährdet, an Geltung und Ansehen verliert, während im Bereich der inneren Auseinandersetzung von einem solchen Geist noch kaum etwas zu spüren ist und darum auch die Kritik an solchen Praktiken nicht die wünschenswerte Resonanz findet.

Die Wertung meiner wirtschaftspolitischen Betätigung würde dann auch eines wesentlichen Elementes entbehren, wenn das vorliegende Werk sich nicht auch mit meinen Bemühungen befaßte, durch Mahnung und Aufklärung, ja selbst Beschwörung Einfluß auf die Entwicklung von Preisen und Löhnen oder, anders ausgedrückt, auf das Verhalten der Sozialpartner und der Bürger in ihrer Gesamtheit zu nehmen. Dafür wurde das Wort „Seelenmassage" geprägt. Ich bekenne mich auch an dieser Stelle zu der Überzeugung, daß solche Anstrengungen aus dem Instrumentarium der modernen Wirtschaftspolitik gar nicht wegzudenken sind, denn wie ich wiederholt sagte, vollzieht sich das wirtschaftliche Geschehen nicht nach starren mechanischen Gesetzen im beziehungslosen Raum. Das wirtschaftliche Schicksal wird vielmehr von dem Verhalten der Menschen bestimmt, und weil dieses wieder von Hoffnungen, Befürchtungen, von Vertrauen oder Zweifeln in die Zukunft geformt wird, bleibt es eine wichtige wirtschaftspolitische Aufgabe, Einfluß auf die Geister, Seelen und Herzen der Menschen zu gewinnen. Wie kritisch die gesellschaftliche Situation ist, erhellt am besten die Tatsache, daß die Mahnung maßzuhalten im politischen Raum allenthalben als Anmaßung empfunden wird.

Der Leser wird feststellen, daß ich mich in den ersten Jahren der Nachkriegszeit wesentlich auf engere Fragen der Wirtschaftspolitik, ihre Auslegung und Durchsetzung beschränkt habe. Im Ablauf der Ereignisse klingen dann auch andere Saiten an, und insbesondere rücken gesellschaftspolitische Fragen in ihrer Wirkung nach innen und außen stärker in den Vordergrund. Darin spiegelt sich nicht nur der geschichtliche Prozeß dieser Epoche wider. Es bewegte mich die Sorge, daß wir mit wachsendem Wohlstand immer mehr auf den falschen Weg einer Atomisierung sowohl der zu bewältigenden Aufgaben als auch unseres Lebens überhaupt geraten könnten. Dieser nicht überwundenen Gefahr sollte sich die westliche und freie Welt gerade im Zeichen der Herausforderung seitens der totalitären Mächte und des Expansionswillens kommunistischer Aggressoren bewußt sein.

Nicht zuletzt aus solchen politischen Gründen, aber auch aus sittlichen Erwägungen habe ich seit Bestehen der materiellen Voraussetzungen sehr frühzeitig versucht, auf politischer Ebene, aber vor allem im deutschen Volk selbst Verständnis für unsere Verpflichtung zu finden, jenen notleidenden Völkern in ihren Anstrengungen um die Fortentwicklung ihrer Wirtschaft und ihres sozialen Lebens beizustehen. Wer meine auf dieses Ziel gerichteten zahlreichen Reden und Aufsätze liest, erfährt, wie mühsam dieses Ringen gewesen ist und daß schließlich erst starke Anstöße von außen hinzukommen mußten, um mit der deutschen Entwicklungshilfe vor den Augen der Welt bestehen zu können.

Was die Gestaltung des Buches selbst anbelangt, wäre noch darauf hinzuweisen, daß aus der Fülle des Materials das Wesenhafte und Charakteristische ausgewählt und in zeitlicher Folge abgedruckt wurde.

ZUR JAHRESWENDE 1945/1946

[„Die Neue Zeitung" vom 31. Dezember 1945]

Der Winter 1945/46 war für das deutsche Volk dunkel und hoffnungs-los. In dieser Lage wandte sich Ludwig Erhard – im Frühjahr 1945 auf Grund seiner Denkschrift aus dem Jahre 1944 für Carl-Friedrich Goerdeler über den deutschen Wiederaufbau von den Amerikanern als Berater herangezogen und im Herbst 1945 zum Bayerischen Wirt-schaftsminister ernannt – mit folgenden Worten an die Bevölkerung:

Der Wert der menschlichen Arbeit wächst mit der Weite des Wirtschafts-gebietes. Wir müssen uns mit aller Macht aus der Isolierung lösen. Wenn auch der Mangel der politischen Einheit Deutschlands den deutschen Ländern die staatspolitische Selbständigkeit gebracht hat, so wissen wir doch nur zu gut, daß diese Abgrenzung uns nicht hindern darf, als erstes auf ökonomischem Gebiet wieder die umfassendere deutsche Lösung anzustreben. Ja mehr noch: Wir wollen Brücken schlagen zu der übrigen Welt und an den Vorteilen des friedlichen Warenaustausches zwischen allen Völkern teilhaben.

Der Wiederaufbau unserer Produktionsstätten, die materielle Wiedergut-machung, vor allem aber die Linderung der Not unseres Volkes machen die höchste Rationalität der Arbeit erforderlich. Davon ist heute leider noch wenig zu spüren.

Ich will freimütig bekennen, daß ich hoffe, es werde im Verlauf des Jahres 1946 gelingen, unsere nur künstlich stabilisierte Währung wieder auf eine geordnete Grundlage zu stellen und nach Möglichkeit in eine feste Rela-tion zu den ausländischen Valuten zu bringen. Der heute festgestellte hohe Beschäftigungsstand ist unwahrhaftig und trügerisch; wir werden erst dann wieder volkswirtschaftlich nützliche Arbeit zu leisten vermögen, wenn die im Einkommen repräsentierte Kaufkraft im Markt durch den gesicherten Be-zug von Gütern honoriert wird.

ZONENZUSAMMENSCHLUSS UND WIRTSCHAFTSEINHEIT

[„Die Neue Zeitung" vom 23. September 1946]

Spärlich und zögernd erhielt die Welt Kenntnis von den Grausamkeiten bei den Massenaustreibungen im Osten und von weiteren sowjetischen Expansionsplänen. Am 6. September 1946 verkündete der amerikanische Außenminister Byrnes in Stuttgart, es sei der Wille der Vereinigten Staaten, Deutschland solle nicht für immer diskriminiert bleiben. General Clay ordnete die Einstellung von Reparationslieferungen an die Sowjetunion an. General Draper, Leiter der Wirtschaftsabteilung der amerikanischen Militärregierung, erklärte, die wirtschaftliche Selbständigkeit Deutschlands sei nötig, um die deutsche Demokratie aufzubauen. Die Regierungen der USA und Großbritanniens beschlossen die Errichtung bizonaler Verwaltungen.

Was alle Einsichtigen als Notwendigkeit erkannten und darum mit ganzer Kraft erstrebten, ist durch den nunmehr erfolgten wirtschaftlichen Zusammenschluß der amerikanischen und britischen Besetzungszone Wirklichkeit geworden. Uns aus der bedrohlichen Atomisierung befreiend, haben wir die allzu engen Grenzen der Länder überwunden, um nunmehr auch über die Zonen hinaus durch den damit bewirkten rationelleren Einsatz der Produktivkräfte den güterwirtschaftlichen Ertrag unserer Arbeit zu erhöhen. Man mag von diesem Zusammenschluß keine Wunder und keine Heilung all unserer wirtschaftlichen Nöte erwarten, denn der in beiden Zonen vorherrschende Mangel an Roh- und Hilfsstoffen aller Art kann auch durch die beste Organisation im einzelnen nur gemildert, im ganzen aber nicht beseitigt werden. Den Ausweg eröffnet uns hier nur die enge außenhandelspolitische Verbindung mit den Märkten der Welt. Und doch wird diese Art Ergänzungswirtschaft sich bei vielen Industrien sofort positiv auswirken und zu Erleichterungen der Warenbeschaffung führen. Dem wirtschaftlichen und auch politischen Erfolg dieser Aktion tut es keinen Abbruch, daß die Vorteile des größeren Raumes erst dann sich voll auswirken werden, wenn durch eine durchschnittlich höhere Kapazitätsausnutzung unserer Industrien die Voraussetzung für eine rationale Wirtschaftsführung gegeben ist, während heute Rücksichten auf die Erhaltung bestehender Betriebe, insbesondere aber soziale Notwendigkeiten zu sozialwirtschaftlich nicht immer voll befriedigenden Lösungen drängen.

Die Schäden einer durch die äußeren Verhältnisse vorbestimmten Wirtschaftspolitik mögen heute angesichts der noch unbereinigten Währungsverhältnisse und der unserer Wirtschaft dadurch mangelnden Rechenhaftigkeit noch gering zu achten sein; nach der Neuordnung aber wird es sich zeigen, daß die höchste Wirtschaftlichkeit gerade hinreicht, um die drängendsten gesellschaftswirtschaftlichen Probleme bewältigen zu können. So schafft der Zonenzusammenschluß durch die Erhöhung der potentiellen wirtschaftlichen Leistungsfähigkeit auch bereits eine bessere Grundlage zur Lösung unvermeidbarer währungs- und finanzpolitischer Fragen. Seit dem Zusammenbruch wurde keine Tat so befreiend empfunden als der durch die Rede des amerikanischen Außenministers proklamierte Wille, dem deutschen Volke die Möglichkeit zu eröffnen, sein eigenes Schicksal zu gestalten. Noch viel augenfälliger tritt diese Wandlung der Auffassung in der britischen Zone zutage, in der die deutschen Verwaltungen, gemessen an der in der amerikanischen Zone seit langem vorherrschenden Freiheit und Freizügigkeit, noch viel stärkeren Bindungen unterworfen waren.

Die im Zusammenhang mit der Zonenverschmelzung geführten Verhandlungen haben deutlich genug gezeigt, daß die Gefahren eines geistigen Auseinanderlebens unter getrennter Verwaltung gar nicht gering zu achten sind. So wird zum Beispiel kaum ein Geheimnis verraten, wenn ich darauf verweise, daß die deutschen Vertreter der amerikanischen Zone bei grundsätzlich gleicher Zielsetzung im Prinzip der föderalistischen Lösung zuneigten, während auf seiten der britischen Zone stark zentralistische Ideen vertreten wurden. Auch die Auffassungen über wirtschaftliche Ordnungsgrundsätze ließen stärkere Abweichungen der Meinung erkennen, wobei wieder von den süddeutschen Ländern die allzu straffe und bürokratische Planwirtschaft einhellige Ablehnung fand. Zwischen der allseits anerkannten Notwendigkeit einer sozial ausgerichteten planvollen Wirtschaft und der vollen, das heißt totalen Planwirtschaft gibt es indessen so viele Differenzierungen und Nüancierungen, daß eine nähere Analysierung hier nicht möglich ist. Die Problemstellung macht aber deutlich, wie notwendig es ist, der gesamten deutschen Wirtschaft jene übereinstimmende und zielsichere Ausrichtung zu geben, die die Grundlage einer auch organisatorischen Zusammenfassung bildet.

Stellt man noch in Rechnung, daß die deutschen wirtschaftlichen Zonenverwaltungen sich dem Einfluß der wirtschaftspolitischen Auffassungen ihrer Besatzungsmächte kaum entziehen können, so kann von deutscher Seite aus nur der Erwartung Ausdruck gegeben werden, daß sich auch die abseits stehenden Zonen zu jener engeren Zusammenarbeit bereitfinden werden. Viele Besprechungen mit maßgebenden Vertretern der russisch und französisch besetzten Zonen haben mich in der Auffassung bestärkt, daß auch von dieser Seite aus das Verlangen nach Verwirklichung der deutschen Wirtschaftseinheit allgemein ist.

Daß dieses wirtschaftlich wie sozial begründete Streben nach einer zur Sicherung der materiellen Fortexistenz ausreichenden Lebensgrundlage zur Rückgewinnung eines umfassenderen Wirtschaftsraumes drängt, hat nichts, aber auch gar nichts gemein mit machtpolitischen, imperialistischen Aspirationen eines Staates, dem die Wirtschaft unter Entfremdung ihrer eigentlichen und ewigen Aufgabe – der sozialen Wohlfahrt zu dienen – nur Mittel zum Zweck der Verfolgung eigensüchtiger nationalistischer Ziele war. Zwischen wirtschaftlichen Räumen und staatsrechtlichen Verwaltungsabgrenzungen bestehen wohl in mannigfacher Hinsicht – so zum Beispiel auf dem Gebiete des Wirtschaftsrechts, der Verwaltungsordnung sowie der Währungs-, Handels- und Steuerpolitik – engste Beziehungen und Wechselwirkungen, aber diese sind doch nicht so zwingend, daß der Verzicht auf eine endgültige politische Lösung uns hindern könnte und sollte, die ökonomische Lösung einstweilen tatkräftig in Angriff zu nehmen. Diese setzt vor allem einheitliche Bewirtschaftungsmethoden und -grundsätze, vor allem aber gleichgerichtete wirtschaftspolitische Zielsetzung voraus.

Die Gesundung unserer deutschen Wirtschaft und ihre harmonische Einordnung in die Weltwirtschaft macht vor allem auch ihren strukturellen Umbau erforderlich, der jedoch in der Zonenisolierung nicht befriedigend gelöst zu werden vermag. So verbinden sich politische und wirtschaftliche Erwägungen in der Forderung nach einer Zusammenfügung von zusammengehörigen Menschen und menschlichen Einrichtungen, und wir möchten hoffen dürfen, daß ein optimaler Ausgleich erzielbar sein wird. Jenes Verlangen nach Schaffung der deutschen Wirtschaftseinheit wird uns nicht vergessen lassen können, daß, wo immer uns auch die politischen Grenzen gesetzt sind, wir der engsten Verbindungen mit der übrigen Welt weder entraten wollen noch entraten können. Je besser die nationalen Märkte in sich organisiert sind und je enger und reibungsloser sich diese in gegenseitigem Güteraustausch ergänzen, desto mehr tritt das Problem des starren politischen Territoriums gegenüber dem elastischen ökonomischen Raum in den Hintergrund. Diese Erkenntnis aber zeigt uns auch, warum der größere deutsche Wirtschaftsraum für uns heute eine Lebensfrage darstellt.

FREIE WIRTSCHAFT UND PLANWIRTSCHAFT

[„Die Neue Zeitung" vom 14. Oktober 1946]

Wahlen in den westdeutschen Ländern bestätigten den Willen zum Leben und zur Abkehr von Verzweiflung, Nationalismus und Kommunismus; obwohl die tägliche Kalorienzahl noch immer unter 1500 lag. Neben den Zerstörungen, der Ausblutung und der Auseinanderreißung des früheren Reiches standen die Folgen langjähriger Zwangswirtschaft sowie die Vorstellungen alliierter und deutscher „Experten" über die Notwendigkeit eines Verbleibens bei Planregelungen jedem Rettungsversuch im Wege. Die Menschen arbeiteten verbissen, von Hunger, Zonengrenzen, Korruption und Schwarzhandel gequält. Eine neue Linie wurde sichtbar in folgender Darstellung, deren Titel zugleich ein Programm war:

Bei der Beratung der Länderverfassungen nahm die Diskussion über die künftige Wirtschaftsordnung erwartungsgemäß breiteren Raum ein. In dem Bestreben, aktuelle Probleme aus dem Bereich unfruchtbarer Polemik zu bringen und zur sachlichen Klärung gesellschaftswirtschaftlicher Tatbestände beizutragen, soll hier versucht werden, in dem Widerstreit der Meinungen die gemeinsame Formel für den Wiederaufbau unserer Wirtschaft deutlich zu machen. Es ist charakteristisch, daß die abweichenden Auffassungen immer in der Zuspitzung auf scheinbar unversöhnliche Extreme – hie freie Wirtschaft, dort Planwirtschaft, hie Sozialismus, dort Kapitalismus – Ausdruck finden, während die tatsächliche wirtschaftliche Entwicklung uns fragen lassen sollte, ob nicht von beiden Fronten her Einflüsse wirksam sind, die auf eine Annäherung der Standpunkte schließen lassen. Wer unter freier Wirtschaft nach wie vor immer nur das hemmungslose Freibeutertum der früh- und hochkapitalistischen Ära zu verstehen geneigt ist, wird der Dynamik hochentwickelter Volkswirtschaften so wenig gerecht wie der beziehungslose Individualist, der Planwirtschaft schlechthin mit Verödung und Bürokratisierung einer seelenlosen Wirtschaft gleichsetzt. Nicht anders verhält es sich mit den Begriffen Kapitalismus und Sozialismus. Es ist für die Gegenwart durchaus einseitig, unter kapitalistischer Wirtschaft ein auf der Ausbeutung der arbeitenden Menschen beruhendes Wirtschaftssystem zu verstehen und Sozialismus mit völliger Nivellierung und Beseitigung jeglicher wirtschaftlichen Freiheit gleichzusetzen. Wenn zum Beispiel als das Charakteristikum der kapitalistischen Wirtschaft nur die kapitalistische Produktionsweise im Sinne der massenhaften Anwendung volkswirtschaftlichen Produktivkapitals angesehen wird, dann trifft dies ebenso für die sozialisierte Wirtschaft zu, wie umgekehrt die freie und meist als kapitalistisch gekennzeichnete Wirtschaft die volle Berücksichtigung sozialer Erfordernisse keineswegs ausschließt. Während in den kapitalistischen Ländern mit freier Marktwirtschaft die Akkumulation des Kapitals vielfach heftig kritisiert wird, unterliegen in sozialistischen Staaten Kapitalbildung und Kapitallenkung oft keiner so wirksamen öffentlichen Kontrolle und Kritik. Die zu Schlagworten gewordenen Begriffe reichen deshalb zur Bewertung eines wirtschaftlichen Systems, vor allem zu einer Bewertung nach sozialen Maßstäben, nicht mehr aus. Wenn die kapitalistische und die sozialistische Wirtschaft gleichermaßen zur Kapitalbildung gezwungen sind, aber Einmütigkeit darüber besteht, daß dieser Prozeß unabhängig von der Wirtschaftsform Spartätigkeit und Verzicht auf sofortigen Konsum voraussetzt, dann läßt sich aus solchem Tatbestand keine Unversöhnlichkeit der Systeme ableiten.

Die sozialisierte Wirtschaft kann zwar einer umfassenden volkswirtschaftlichen Planung nicht entraten, aber es wäre auch wieder abwegig, die freie Wirtschaft oder – besser gesagt – die Marktwirtschaft als planlos und anarchisch zu charakterisieren. Durch die Methoden der Marktbeobachtung hat sie vielmehr die Verfahren einer systematischen Registrierung der ökonomischen Fakten und Tendenzen soweit entwickelt, daß der Wille bewußten Planens auch unter dieser Wirtschaftsverfassung immer mehr in den Vordergrund tritt. Schon in einem früheren Aufsatz wies ich darauf hin, daß zwischen planvoller Wirtschaft und voller Planwirtschaft Raum für unendlich viele Variationen der Beeinflussung und Lenkung der Wirtschaft bliebe, und daß es deshalb unrichtig und unehrlich sei, hier mit absoluten Begriffen zu operieren.

Der eigentliche Gegensatz besteht nicht zwischen freier Wirtschaft und Planwirtschaft, wie auch nicht zwischen kapitalistischer und sozialistischer Wirtschaft, sondern zwischen Marktwirtschaft mit freier Preisbildung und staatlicher Befehlswirtschaft mit regulativem Eingriff auch in die Verteilung. Dieser Dualismus aber findet seine letzte Zuspitzung in der Frage, ob der Markt als das Votum der gesamten Wirtschaftsgesellschaft oder der Staat beziehungsweise eine andere Form des Kollektivs besser zu entscheiden vermag, was der Wohlfahrt der Gesamtheit, das heißt des Volkes frommt. Vielfach herrscht noch die völlig irrige Auffassung vor, daß der freie Wettbewerb zu einer Unterdrückung sozialer Strömungen oder doch zu wirtschaftlichen Störungen führe, während es nach der Überzeugung aller liberal und zugleich sozial orientierten Fachleute doch gerade die Unterdrückung der Freizügigkeit war, die das Gleichgewicht der Wirtschaft störte und sie in immer ausweglosere Krisen verstrickte. Wenn künftig der Staat darüber wacht, daß weder gesellschaftliche Privilegien noch künstliche Monopole den natürlichen Ausgleich der wirtschaftlichen Kräfte verhindern, sondern daß dem Spiele von Angebot und Nachfrage Raum bleibt, dann wird der

Markt den Einsatz aller wirtschaftlichen Kräfte in optimaler Weise regulieren und damit auch jede Fehlleitung korrigieren. Es sei jedem unbenommen, zu glauben, daß demgegenüber die planende und regulierende Wirtschaftsbehörde den wirtschaftlichen Willen der Gesellschaft besser zu beurteilen vermöchte, obwohl die Beweisführung hierfür schwer anzutreten sein wird. Während sich Fehlleitungen der freien Marktwirtschaft automatisch in Preisveränderungen mit allen sich daraus ergebenden Folgen niederschlagen, besteht bei der staatlich gelenkten Wirtschaft die Gefahr, daß nicht minder unheilvolle Fehler unterdrückt werden und, unter der Decke fortschwelend, schließlich mit um so elementarerer Gewalt ausbrechen. Wir haben es in den letzten Jahren erlebt, wie leicht die staatlich gelenkte Wirtschaft zur Mißwirtschaft werden kann, ohne daß die Übergänge jeweils klar genug erkennbar sind.

Unsere Kritik richtet sich also nicht gegen die mannigfaltig auszudeutende Planwirtschaft, sondern in entschiedener Weise gegen die staatliche Befehlswirtschaft. Dieses Wirtschaftsprinzip führt, konsequent zu Ende gedacht, zur Aufhebung des Marktes und der freien Konsumwahl. Eine kollektiv gelenkte Wirtschaft, die sich dem Votum des Marktes beugt, bedeutet aber einen Widerspruch in sich selbst und wird damit sinnlos; die Mißachtung des im Marktgeschehen zum Ausdruck kommenden Konsumwillens aber hat notwendig die Einschränkung der freien Entscheidung zur Folge und basiert auf der völlig irrigen Vorstellung, das Glück der Menschen sei in einer quantitativ meßbaren, maximalen Bedarfsdeckung zu suchen. Selbst also unter der Annahme, daß die lenkende Wirtschaftsbehörde nur das Wohl der Gesamtheit im Auge hätte – eine Annahme, die auch der sozialistische Staat nicht absolut garantiert –, sind Zweifel berechtigt, ob das Volk in seiner Gesamtheit den möglichen Formen der Kollektivwirtschaft vor der freien Marktwirtschaft den Vorzug zu geben gewillt wäre.

Unter den heutigen Bedingungen besteht die Notwendigkeit, daß der Staat der Wirtschaft planend und regulierend Ziele setzt und die richtung-weisenden wirtschaftspolitischen Grundsätze aufstellt. Soweit ist und sei seine Initiative unbestritten. Darüber hinaus aber den Unternehmer zum Sklaven und bloßen Vollzugsorgan behördlichen Willens machen zu wollen, würde alle Persönlichkeitswerte töten müssen und die Wirtschaft der wertvollsten Impulse berauben. Gerade jetzt muß erkannt werden, daß die Wirtschaft dem sozialen Fortschritt nicht feindlich gegenübersteht, sondern an diesem ihren Wertmesser findet. Alle Maßnahmen, die zu einer gerechten Verteilung des Sozialprodukts, das heißt zugleich des Volkseinkommens, führen, bedürfen ernstester Überlegung. Dieses Problem aber ist gerade in Würdigung der sich uns aus unserer Not aufzwingenden Aufgaben lösbar, wenn nur die Sache über das Dogma gestellt wird.

Es ist meine Überzeugung, daß die unserer Zeit gestellten Aufgaben die volle Persönlichkeit erfordern. Und es wird unserem Volke zum Wohle und Segen gereichen, wenn wir eine Wirtschaftsordnung verwirklichen, die an Stelle des von allen Volksschichten verabscheuten Schematismus und Bürokratismus der Freizügigkeit eines seiner sozialen Verantwortung bewußten Handels Spielraum gibt.

SPRACHVERWIRRUNG UM DIE WIRTSCHAFTSORDNUNG

[„Die Neue Zeitung" vom 23. Juni 1947]

Am 5. Juni 1947 gab der Außenminister der Vereinigten Staaten, George Marshall, seinen großen Plan für eine Hilfe an das zerstörte Europa mit Einbeziehung der Besiegten sowie für europäische Zusammenarbeit bekannt. Die Ministerpräsidentenkonferenz aller deutschen Länder in München wurde von den Vertretern der Sowjet-Zone verlassen. Inmitten eines heftigen Meinungsstreites deutscher und alliierter Stellen hinter den Kulissen schaltete sich Ludwig Erhard – nun Honorarprofessor an der Staatswissenschaftlichen Fakultät der Universität München – in die allgemeine Diskussion über notwendige und mögliche Schritte zum Wiederaufbau und zur Gesundung ein:

Da der Zweck des Wirtschaftens – Mittel für den Verbrauch zur Verfügung zu stellen und damit der sozialen Wohlfahrt des Volkes zu dienen – unabhängig von Zeiterscheinungen und Systemvorstellungen unverrückbar gegeben ist, sollte der Streit der Meinungen eigentlich nur noch um Fragen der Zweckmäßigkeit der dabei anzuwendenden Verfahren gehen können. Wenn es trotzdem heute so schwer ist, über sachlich festumrissene Probleme sachlich zu diskutieren, so deshalb, weil sich politische Parteien für oder gegen Wirtschaftssysteme entschieden und diese damit zum Dogma erhoben haben, und weil zum andern die Wirtschaft mit zunehmender materieller Not alle anderen Bereiche unseres gesellschaftswirtschaftlichen und politischen Lebens an Bedeutung zurücktreten läßt.

Was den Versuch, die Frage der Wirtschaftsverfassungen auf einer überparteilichen Ebene zu erörtern, so schwierig macht, ist einmal die blinde Gläubigkeit, mit der Wählermassen oder soziale Gruppen geneigt sind, von Einzelpersönlichkeiten verkündete politische Glaubenssätze als unantastbar und als absolute Wahrheiten hinzunehmen, und zum andern das damit gleichzeitig verbundene Unvermögen, diese komplexen wirtschaftlichen und soziologischen Zusammenhänge zu durchschauen. Wenn heute in breitesten Schichten die Meinung vorherrscht, daß die Anhänger sozialistischer Ideen unbedingt für die Planwirtschaft eintreten müßten, während die Verfechter der Marktwirtschaft notwenig als Vertreter eines kapitalistischen Systems zu gelten hätten, so muß dem widersprochen werden. Abzulehnen ist auch die Bewertung aus der moralischen Sphäre heraus. Wie es als falsch und unwahrhaftig beurteilt werden mußte, die Erscheinungsformen der totalitären politischen Systeme, wie etwa des Faschismus oder des Bolschewismus, schlechthin mit der wirtschaftlichen Kategorie der Planwirtschaft zu identifizieren, um

damit diese Wirtschaftsform im ganzen zu mißkreditieren, so kann gerechterweise auch gefordert werden, daß die Gegner einer kapitalistischen Ordnung
die zweifellos nachweisbaren Fehlentwicklungen dieses Systems nicht der
Marktwirtschaft schlechthin zur Last legen. Faschismus und Bolschewismus
auf der einen und Kapitalismus auf der anderen Seite sind in ökonomischer
Hinsicht immer nur als entfaltungsgeschichtlich begrenzte Phasen der über-
geordneten und überzeitlichen wirtschaftlichen Grundtypen der Planwirtschaft beziehungsweise der Marktwirtschaft zu begreifen.

Der Verfasser selbst, der aus seiner liberalen Einstellung nie ein Hehl gemacht hat, ist jedenfalls von der Absicht einseitiger kapitalistischer Inter-
essenvertretung weit entfernt; ja, er macht vielmehr der kapitalistischen Wirtschaft zum Vorwurf, daß sie in zunehmendem Maße die tragenden Prinzipien der Marktwirtschaft – Leistungswettbewerb und freie Preisbildung
– verleugnete, beziehungsweise zu unterbinden versuchte und mit zunehmender Schaffung von Kollektivformen immer mehr zur Planwirtschaft entartete.
Es muß als ein fast tragischer geschichtlicher Irrtum bezeichnet werden,
wenn von sozialistischer Seite gegen das Walten der Konkurrenz Stellung
genommen wird, deren künstliche Unterbindung das Überhandnehmen
von Kartellen und anderen wirtschaftlichen Machtballungen begünstigte,
während gerade die Reaktivierung der Konkurrenz vor allen andern Mitteln geeignet wäre, diese privaten Machtpositionen wieder aufzulösen. Es
zeugt nicht gerade von volkswirtschaftlicher Einsicht, wenn es Übung geworden ist, den Kapitalismus durch die beharrliche Ablehnung des marktwirtschaftlichen Konkurrenzprinzips zu bekämpfen.

Wenn hinter einem solchen Vorgehen etwa der marxistische Gedanke
stehen sollte, nach Art einer „Expropriation der Expropriateure" die privaten Machtpositionen durch öffentliche oder staatliche Machtpositionen abzulösen und an die Stelle einer unter privatem Aspekt stehenden Planwirtschaft branchengebundener Gruppen die staatliche Planwirtschaft zu setzen,
dann allerdings erscheint es notwendig, darauf hinzuweisen, daß der Macht
privater Institutionen in einem geordneten Staat immer noch Grenzen gesetzt sind und daß außerdem die verschieden gelagerten Gruppeninteressen
tendenziell zu einem Ausgleich drängen, während die die gesamte Wirtschaft umfassende Macht des Staates notwendig eine absolute sein muß.
Sie erhöht die Gefahr willkürlicher und falscher Anwendung – wie auch
die Geschichte beweist – ins Ungemessene.

Den nicht dogmengläubigen Sozialisten, die aus Erkenntnissen Nutzanwendungen zu ziehen bereit sind, sei deshalb auch gesagt, daß die sozialistischen Lehrmeinungen eine solche Bindung gar nicht zwingend fordern.
So hat zum Beispiel der liberale Sozialismus ein eindeutiges Bekenntnis
zur freien Marktwirtschaft und menschlichen Freizügigkeit abgelegt und in
der Institution der rechtlichen und künstlichen Monopole die Schäden der
kapitalistischen Ordnung erblickt. Nicht die segensreiche Einrichtung des

Marktes, sondern der Mißbrauch der Macht, dem immer die Ausschaltung des freien Marktes vorausgehen muß, haben es dahin gebracht, daß die ihrer Anpassungsfähigkeit an den gesellschaftlichen Willen beraubte Wirtschaft immer mehr entartete und dann scheinbar nach immer weiteren planwirtschaftlichen Eingriffen verlangte.

Hier scheint eine fatale Verwechslung von Ursache und Wirkung vorzuliegen. Die sozialen Störungen, die der aufkommende Kapitalismus im Gefolge hatte, waren Begleiterscheinungen einer technischen Revolution und einer falschen Auslegung der sogenannten liberalen Freiheiten, nicht Wirkungen des marktwirtschaftlichen Prinzips an sich. Die geschichtliche Schuld dieser Epoche besteht darin, daß ein in Klassenvorurteilen befangener Staat auf die Anwendung von Recht und Gesetz zur Heilung dieser Schäden verzichtete. Zur funktionellen Störung des Prinzips aber führte diese Ordnung – man denke nur an den feingegliederten Mechanismus der Weltwirtschaft – erst, als der Kapitalismus eben von den Regeln der Marktwirtschaft abgehend, immer mehr planwirtschaftliche Züge annahm und an die Stelle des wirtschaftlichen Handelns von Einzelindividuen den Einsatz von Kollektivgebilden treten ließ. Ist es also nicht berechtigt, von babylonischer Sprachverwirrung zu sprechen, wenn die einen den Kapitalismus der letzten Observanz deshalb verurteilen, weil er mit der Ausschaltung der Konkurrenz zur Planwirtschaft wurde, während ihm die andern Kampf ansagen, weil sie die Einrichtung des Marktes für schädlich halten und lediglich eine andere Form der Planwirtschaft anstreben? Die wirtschaftlichen Mißstände und Störungen lassen sich nicht dadurch beseitigen, daß man die privatwirtschaftliche Planwirtschaft durch eine staatliche oder andere Form der kollektiven Planwirtschaft ersetzt. Die geistige Kluft besteht nicht zwischen den kapitalistischen oder den kollektivistischen Planwirtschaftlern, denn bei allem Unterschied ihrer gesellschaftswirtschaftlichen Ziele und Ideale ist ihnen der Glaube an die Rechenhaftigkeit des wirtschaftlichen Geschehens gemeinsam; die Trennung besteht zwischen den Planwirtschaftlern aller Sorten und den Verfechtern einer wirklich freien, aber durch Gesetz und Recht gezügelten Marktwirtschaft, sie besteht anders ausgedrückt, zwischen kollektivistischen und individualistisch-freiheitlichen Lebensformen.

Die Voraussetzungen zur Planwirtschaft liegen heute in keiner Weise vor, es sei denn eben, daß man sie irrtümlicherweise durch bewußte behördliche Einschränkung der menschlichen Freizügigkeit auf den entscheidenden Gebieten des gesellschaftswirtschaftlichen Lebens und durch dessen Reglementierung konstituieren zu können glaubt. Planwirtschaftliche Eingriffe haben in der modernen Wirtschaft immer zu ökonomischen Störungen geführt. Die Planwirtschaftler befinden sich zwar begrifflich in einer äußerst schwachen taktisch aber immer in einer starken Position. Abgesehen davon, daß eine gestörte Geldwirtschaft ohne offenen Ausbruch der Inflation einen freien

Markt ausschließt, trifft es zweifellos zu, daß der Übergang von der Marktwirtschaft zur Planwirtschaft nicht die geringsten, umgekehrt aber die Ablösung der Planwirtschaft durch eine freie Marktwirtschaft die denkbar größten Schwierigkeiten bietet. Der Grund liegt darin, daß es leicht ist, von einer tendenziell gleichgewichtigen Wirtschaft abzugehen, schwierig dagegen, von einer aus einem natürlichen Gleichgewicht gebrachten Wirtschaft ohne Übergang wieder der Funktion eines freien Marktes Raum zu geben. Die große Chance, die sich uns in gewiß absehbarer Zeit mit der Neuordnung der Währung bieten wird, liegt darin, daß wir mit diesem Einschnitt in unser wirtschaftliches Leben diese Möglichkeiten einer freien und bewußten Entscheidung hinsichtlich des einzuschlagenden Weges zurückerhalten.

Und noch eines ist zu bedenken: In einer Zeit des nahezu absoluten Mangels kann über die Güte und Funktionsfähigkeit einer Planwirtschaft nichts Entscheidendes ausgesagt werden. Wenn der Konsum bereit ist, alles und jedes aufzunehmen, ist jede Fehlproduktion ausgeschlossen, und die Planer mögen sich der Illusion hingeben, das Rechte getroffen zu haben. Wenn die Planwirtschaft indessen als die kommende Wirtschaftsform überhaupt angepriesen wird, so muß sie ihre Bewährungsprobe unter völlig anderen Voraussetzungen bestehen – unter wirtschaftlichen Verhältnissen nämlich, bei denen die Produktion ohne Verbrauchsreglementierung nach Absatz ringt. Dann aber wird sich ihr Nachteil gegenüber der Marktwirtschaft deutlich genug erweisen. Die babylonische Sprachverwirrung kommt auch in der unklaren Haltung der politischen Parteien zu jenem Phänomen zum Ausdruck, obwohl gerade in dieser Frage schärfste Klarheit und Aufklärung am Platze wäre. Man erhebt die Planwirtschaft zum Dogma, aber glaubt sich dennoch keines Widerspruchs schuldig zu machen, wenn gleichzeitig der Freizügigkeit und der menschlichen Initiative fruchtbare Anwendung verheißen wird. Andererseits legt man zwar die Betonung auf eben jene Freiheiten, aber fühlt sich doch bemüßigt, mit halbem Herzen ein halbes Bekenntnis zur Planwirtschaft abzulegen. Sicherlich wünschen alle Parteien nichts sehnlicher als den Aufbau einer Wirtschaft, die keine Gefahr für den Frieden des eigenen Landes und den der Welt darstellt, und sehen es offenbar doch nicht deutlich genug, daß der wirtschaftliche Ausgleich zwischen Kollektiv- und Nationalwirtschaften als den Trägern des wirtschaftlichen Handelns ungleich größere Spannungen schaffen kann, als das der Fall wäre, wenn die wirtschaftlichen Individuen aller Länder nach ihren engbegrenzten wirtschaftlichen Interessen ohne Rücksicht auf den Ausgleich von Handels- und Zahlungsbilanzen im Effekt den zwischenstaatlichen Güteraustausch nach meiner Überzeugung besser besorgen dürfen.

Die Entscheidung geht nicht um Sozialismus oder Kapitalismus, die beide ihre Züge mit der gesellschaftswirtschaftlichen Entwicklung nicht unwesentlich verändert haben. Vor allem decken sich die Begriffspaare Sozialismus – Kapitalismus einerseits und Planwirtschaft – Marktwirtschaft andererseits

in keiner Weise. Wenn der Sozialist die gerechte Verteilung des Sozialprodukts anstrebt, werden sich die Anhänger der Marktwirtschaft nach
dem Ordnungsprinzip durchaus zu jener Forderung bekennen können;
wenn ein irregeleiteter Kapitalismus nach neuen, privaten Kollektivgebilden verlangt, wird ihm von liberaler Seite entschiedener Widerspruch sicher
sein. Der recht verstandene Liberalismus neuzeitlicher Prägung will nicht
Freibeutertum; er widerstrebt aber menschlicher Intoleranz und einer dadurch bedingten Unfreiheit der Lebensäußerungen, er ist Feind jeder geistigen
Tyrannei, die immer der Vorbote politischen Terrors ist.

RANGORDNUNG DER VOLKSWIRTSCHAFTLICHEN AUFGABEN

[„Die Neue Zeitung" vom 18. und 22. August 1947]

Am 25. Juni 1947 trat in Frankfurt a. M. der erste aus Landtagsabgeordneten der britischen und amerikanischen Zone gebildete Wirtschaftsrat zusammen. Eine neue Direktive der amerikanischen Militärregierung empfahl die Entwicklung deutscher Selbstverantwortlichkeit, allmähliche Verbesserung der Lebenshaltung und Erhöhung der Stahl- und Kohleproduktion. Deutsche Wirklichkeit war aber gleichzeitig: Weitere Vertriebenen-Transporte aus dem Osten, Fortgang der Demontagen und anderer Eingriffe der Besatzungsmächte. Beim Trümmerräumen und notdürftigen Wiederaufbau der Betriebe warten die Menschen auf Führung und richtungsweisende Gedanken.

Dieser Betrachtung muß der auf realpolitische Erkenntnisse fundierte Satz vorausgehen, daß jede Wirtschaftsgesellschaft die ihr zur Verfügung stehenden ökonomischen Mittel in der Zeiteinheit jeweils nur einmal zum Einsatz bringen kann; das heißt also, daß sie das verfügungsbereite Kapital und Material sowie ihre Arbeitskraft wohl für verschiedene Zwecke anwenden, aber die nach getroffener Entscheidung in bestimmte Richtung gelenkten Energien nicht noch ein zweites Mal nutzbar machen kann. Die Volkswirtschaft muß füglich mit ihren Mitteln haushalten, und da sie heute mehr als je nach dem ökonomischen Prinzip zu verfahren gezwungen ist, kommt also der Lenkung der sachlichen und menschlichen Produktivkräfte für unser aller Schicksal entscheidende Bedeutung zu.

„Also doch Lenkung", werden die Planwirtschaftler sagen und womöglich noch glauben, den Verfasser eines Widerspruchs zu seiner so betont marktwirtschaftlichen Einstellung zeihen zu können. Dazu ist zu sagen, daß unter der uns heute leider noch aufgezwungenen Planwirtschaft selbstverständlich jede Rohstoff- und Materialzuteilung und jede Produktionsauflage, jede Lizenzierung, jede Baugenehmigung und jede direkte oder indirekte Subventionierung eine Entscheidung im Sinne der obigen Problemstellung vorwegnimmt, und daß diese Entscheidungen nicht dem Zufall und der Willkür überlassen bleiben sollten. Aber auch dann, wenn diese „Lenkung" einmal nicht mehr zu dem System der Planwirtschaft gehört, bleibt doch die wirtschaftspolitische Aufgabe einer dann allerdings völlig anders verstandenen und auch anders gearteten Lenkung bestehen. Nichts wäre abwegiger, als annehmen zu wollen, daß unter einer freizügigen Ordnung nur das wirtschaftende Einzelindividuum, nicht aber die Wirtschaftsgesellschaft einen Einfluß auf die Ausrichtung der volkswirtschaftlichen Arbeit ausüben dürfe.

Dem Staat steht vielmehr über die Steuer- und Anleihepolitik, über arbeits- und tarifpolitische Maßnahmen, über die Binnen- und Außenhandelspolitik, über die Zins- und Kreditpolitik und weitere aktive konjunkturpolitische Eingriffe ein ganzes Arsenal von Mitteln zur Verfügung, um im Hinblick auf eine gewollte Rangordnung der Bedürfnisse auch dann lenkend zu wirken, wenn ein unmittelbarer Zwang auf den wirtschaftenden Menschen nicht ausgeübt wird und dessen Freiheit und Freizügigkeit innerhalb der durch die Politik vorgegebenen wirtschaftlichen und sozialen Umweltbedingungen grundsätzlich unangetastet bleibt. Der Unterschied zwischen diesen beiden Arten von Lenkung besteht darin, daß sich die Wirtschaftsbehörde in dem einen Fall anmaßt, jeden Menschen am Gängelband durch das bürokratische Gestrüpp der befohlenen Erzeugung und des gleichermaßen diktierten Verbrauchs zu führen, während sie im anderen Falle durch eine wirtschaftspolitisch gewollte Veränderung der Interessenlage jeden einzelnen seine Kräfte so gut wie möglich zu entfalten und zu nützen heißt.

Unabhängig aber von jenem Methodenstreit kann festgehalten werden, daß die Aufgabe einer bewußten Lenkung der Produktivkräfte über die Systeme hinweg heute und für die Zukunft im Mittelpunkt der staatlichen Wirtschaftspolitik zu stehen hat.

Lassen wir bei der nachfolgenden Betrachtung den Ernährungssektor insofern außer acht, als wir annehmen müssen, daß der Arbeitskräftebedarf der Landwirtschaft mit der ersten Priorität bedacht und befriedigt wurde, so bleibt immer noch im Hinblick auf den Einsatz aller übrigen Produktionsfaktoren die Entscheidung zu fällen, ob der Deckung des Bedarfs an Verbrauchsgütern aller Art (also dem unmittelbaren Konsum), der Instandsetzung, Verbesserung und Ausweitung des Produktionsapparates oder ob dem äußeren Wiederaufbau unserer Städte einschließlich der Bereitstellung von neuem Wohnraum unter einer volkswirtschaftlichen Bewertung der Vorrang gebührt. Aber damit ist es nicht getan. Weil hier nicht das Ausschließlichkeitsprinzip anwendbar ist, ergibt sich die Notwendigkeit einer Gewichtung jener nebeneinander laufenden spezifischen Bedürfnisse, um auf solche Weise volkswirtschaftliche und soziale Erfordernisse zu einem harmonischen oder doch mindestens optimalen Ausgleich zu bringen. Daß die Entscheidung, welchen ökonomischen Zwecken wir unsere Arbeit widmen, nicht nur für den heutigen und künftigen Lebensstandard, sondern möglicherweise überhaupt für unser Schicksal entscheidend sein kann, wird jedem Einsichtigen klar werden, wenn er zum Beispiel daran denkt, daß eine Vernachlässigung unserer volkswirtschaftlichen Produktivkräfte zugunsten eines Augenblickskonsums möglicherweise dahin führen könnte, nach einer Währungsbereinigung die exportabhängige, aber technisch rückständige deutsche Wirtschaft zur Erfüllung ihrer Aufgabe untauglich werden zu lassen.

An dieser Stelle und bereits in dieser Phase der ökonomischen Entscheidungen richtungweisend einzugreifen, wäre die eigentliche Aufgabe der politischen Instanzen, der gegenüber es geradezu dilettantisch anmutet, wenn sich diese vorzugsweise mit der Technik der Verteilung beschäftigen und in rein verwaltungsmäßige Aufgaben eingreifen, die beinahe uninteressant sind, wenn durch zeitlich lang vorhergehende erzeugungswirtschaftliche Entscheidungen das Sozialprodukt nach Art und Umfang und damit auch in großen Zügen nach der Verwendung und Abnehmerkategorien feststeht. Was sich auf diesem Felde heute ereignet, läßt sich vielleicht aus dem Verlangen nach einer „gerechten" Verteilung unter primitivsten Aspekten gerade noch verstehen, aber mit Wirtschaftspolitik oder gar Staatspolitik hat dieses „Pferd-am-Schwanz-aufzäumen-wollen" nichts mehr zu tun. Dieses Gebanntsein von dem unter der heutigen Geldordnung unlösbaren Problem einer gerechten Verteilung des rapid dahinschmelzenden Sozialprodukts führt zu einer völligen Verzerrung aller volkswirtschaftlichen Perspektiven und einer Fehlleitung der wirtschaftlichen Energien.

Die ersten und wichtigsten Festlegungen, die die für die Wirtschaftspolitik eines Landes verantwortliche Instanz zu treffen hat, bewegen sich um das Problem einer Rangordnung und einer Gewichtung der volkswirtschaftlichen Aufgaben, was in der Konsequenz einer sozial-ökonomischen Wertung der Bedürfnisse gleichkommt. Nach dieser Richtung hin muß auf jeden Fall Klarheit bestehen, um zu gesamt- und einzelwirtschaftlich zielsicherem Handeln zu kommen. Das hier Gesagte wird sofort verständlich, wenn wir zum Beispiel die Frage stellen, ob die deutsche Wirtschaftspolitik in den Phasen vor und nach einer Währungsbereinigung mit gleichen Mitteln die gleichen Ziele zu verfolgen hat, oder ob sie die besondere währungspolitische Situation heute nicht auch besondere Maßnahmen zu ergreifen heißt. Der Verfasser ist, wie die nachfolgenden Ausführungen dartun sollen, tatsächlich der Auffassung, daß im Hinblick auf die wiederholt erwähnte Rangordnung der Bedürfnisse die Währungsbereinigung eine für die Wirtschaftspolitik des Landes tief einschneidende Zäsur bedeutet, die es berechtigt erscheinen läßt, in gewissem Sinne von einer Umkehrung der Wirtschaftspolitik zu sprechen.

Es sei hier ohne nähere Untersuchung davon ausgegangen, daß nach dem Zusammenbruch im Frühjahr 1945 räumlich und organisatorisch die Möglichkeit einer Heilung dieser Störung noch gar nicht bestanden hat und mithin die Reaktivierung einer friedlichen Wirtschaft unter dem Zeichen einer chaotischen Geldordnung in Angriff genommen werden mußte. Das Charakteristikum und zugleich das Störungselement dieser Wirtschaft bestand darin, daß eine ungeheure Menge überschüssiger, das heißt güterwirtschaftlich ungedeckter, aber dennoch frei verfügbarer Kaufkraft auf dem Markte in Konkurrenz trat mit neuer, aus produktiver Arbeit herrührender, echter Kaufkraft und angesichts des quantitativen Mißverhältnisses deren berechtigte Ansprüche schmälerte, wenn nicht völlig zunichte machte. Wenn auch mit den Mitteln der Bewirtschaftung und des Preisstops die äußere Ordnung aufrecht zu erhalten versucht wurde und in der Verteilung soziale

Rücksichten gegenüber dem Besitz von Kaufkraft dominierend sein sollten, so ist doch leicht einzusehen, daß mit Fortdauer dieser künstlich gesetzten Ordnung die Dämme immer mehr überflutet zu werden drohen.

Die Resignation und Verzweiflung, die sich heute allenthalben breitzumachen drohen, ist wohl einerseits darauf zurückzuführen, daß die äußeren Lebensbedingungen zunehmend schwieriger werden, zum anderen und wesentlichen aber darauf, daß die arbeitende Bevölkerung den Sinn dieses Opfers, das ihr selbstverständlich nicht unbegrenzt zugemutet werden kann, nicht immer oder nicht mehr zu erkennen vermag. Wenn indessen die heute zweifellos vorhandene höhere Produktionsbereitschaft und Produktivität unserer Industrie noch keine volle und fruchtbare Anwendung gestattet, dann besagt das keineswegs, daß der eingeschlagene Weg falsch war, wohl aber, daß es Zeit ist, das Steuer der Wirtschaftspolitik herumzuwerfen, – unser Augenmerk in höherem Maße der Verbrauchsgüterindustrie zuzuwenden und für deren Alimentierung mit Rohstoffen zu sorgen. Der jetzt immer öfter gehörte Ausspruch, Arbeiten sei Dummheit, darf in der fortschreitenden Entleerung der Märkte nicht neue Nahrung finden. Denn mit jeder weiteren Einschränkung unserer gewerblichen Arbeit gehen wir auch immer mehr der Chance einer endlichen Gesundung unserer Wirtschaft verlustig.

Physische Gründe der schwindenden Arbeitskraft, psychische Gründe der sinkenden Arbeitsmoral und materielle Gründe der Rohstofferschöpfung unserer Wirtschaft zeigen an, daß das Übergangsstadium, in dem mit planwirtschaftlichen Mitteln die Beziehung zwischen Leistung und Entgelt – wenn auch teilweise zugunsten produktiver Ziele – vernachlässigt oder sogar gesprengt werden konnte, sich seinem Ende zuneigt und von einer wieder rechenhaften Wirtschaft abgelöst werden muß, in der der Bezug von Einkommen den Anspruch auf vollwertige, gütermäßige Äquivalente sicherstellt. Das bedeutet mit anderen Worten, daß die Zeit für eine Währungsbereinigung reif ist, wenn nur ein Weg beschritten wird, der zwischen den möglichen Gefahren eines Mißlingens der Reform als Folge einer zu „milden" Lösung und eines sozialen Zusammenbruchs in Verfolg einer zu abstrakt schematischen Handhabung sicher hindurchführt.

So gesehen, stehen wir heute an einer wirtschaftspolitischen Wende. Wir müssen einerseits einsehen, daß wir dem schaffenden Volk nicht unbegrenzt weitere Opfer zugunsten der Steigerung unserer volkswirtschaftlichen Produktivkraft zumuten können, und wissen doch gleichzeitig, daß unter der derzeitigen Geldordnung selbst nach einer Schwergewichtsverlagerung unserer wirtschaftlichen Tätigkeit eine gerechte Verteilung nach dem allein objektiven Maßstab der Zuleistung zum Sozialprodukt durch die ungerechtfertigten Ansprüche einer vagabundierenden Kaufkraft immer wieder gestört wird. Die hier vertretene Auffassung einer nach der Währungsbereinigung notwendigen Umgruppierung der wirtschaftspolitischen Ziele findet in den ökonomischen Bedingungen eine volle Rechtfertigung. Dann wird es sich nämlich erweisen, daß die deutsche Wirtschaft auf längere Zeit des Kapitals zu Umstellungen und mehr noch zu Ausweitungen des Produktionsapparates so gut wie völlig ermangeln und dieser Tatbestand eine erhebliche Schrumpfung aller im Bereiche des Kapitalgütersektors anfallenden Tätigkeiten zur Folge haben wird. Umgekehrt wird dann nicht nur unter dem Zwang der finanzpolitischen Situation, sondern auch unter Berücksichtigung der Bedürfnislage die Verbrauchsgüterindustrie in hohem Maße belebt werden.

BESTIMMUNGSGRÜNDE DES DEUTSCHEN LEBENSSTANDARDS

[„Die Neue Zeitung" vom 1. Dezember 1947]

Im Zweizonen-Wirtschaftsrat berichtet Ernährungsdirektor Dr. Schlange-Schöningen über den Zusammenbruch der Kartoffelversorgung; er enthüllt Korruption und Ohnmacht der Verwaltung. Ludwig Erhard, seit September 1947 als Vorsitzender der hierfür gegründeten Sonderstelle „Geld und Kredit" mit Vorbereitungen für die Währungsreform beschäftigt, wendet sich gegen eine Verewigung des deutschen Elends:

Die rückliegende heftige Diskussion um die Demontagen hat in Überbetonung des politischen Aspekts die zwingenden Beziehungen zwischen dem wirtschaftlichen Leistungsvermögen und dem Lebensstandard eines Volkes nicht immer klar erkennen lassen, wie denn überhaupt das ernste Bild der wirtschaftlichen Lage Deutschlands all denen verschleiert bleibt, die sich entweder im Optimismus einer verdeckten Inflation oder in einem ebenso blinden Pessimismus unhaltbaren Spekulationen hingeben. Wieweit die wirtschaftliche Zukunft Deutschlands durch Maßnahmen wie etwa die Demontagen belastet oder durch Kredithilfen und andere Unterstützungen befruchtet wird, sei hier nicht untersucht. So wichtig es auch ist, sie mit dem richtigen Gewicht in das volkswirtschaftliche Kalkül einzubeziehen, so ist doch nicht zu vergessen, daß die Bestimmungsfaktoren des künftigen deutschen Lebensstandards immer noch der eigenen Gestaltung unterworfen sind. Deutschlands wirtschaftliche Zukunft bleibt wesentlich von einer optimalen Ordnung der Produktionsfaktoren abhängig. Nur wenn diese Aufgabe mit Energie und Umsicht angepackt wird, kann jene Atmosphäre des Vertrauens geschaffen werden, die die Welt zu gerechter Würdigung der deutschen Argumentation und auch zu einer Hilfe bereit sein lassen wird.

Die durch die Währungsunordnung verlorengegangene Rechenhaftigkeit läßt zwar bei allen Fragen, die die äußeren und meist auch die außerökonomischen Belastungen betreffen, eine statistisch oder budgetmäßig unterbaute Beweisführung nicht zu. In jedem Falle wird angesichts des geschmälerten deutschen Sozialproduktes und der rapid dahinschwindenden Arbeitskraft des deutschen Volkes deutlich genug, daß seine Wirtschaft nicht einmal mehr die von Tag zu Tag dringlicher werdenden Lebensbedürfnisse zu decken, geschweige denn Energien für den Wiederaufbau oder gar noch Leistungen für Dritte aufzubringen vermag, solange eben nicht alle verbliebenen Produktivkräfte ökonomisch wirksamer eingesetzt werden können.

Hier bleibt zu untersuchen, welche Ursachen die Entfaltung der Produktivität verhindern. Solange die aus ehrlicher Arbeit erworbenen Ansprüche an das Sozialprodukt durch das Eindringen alter und güterwirtschaftlich ungedeckter Kaufkraft immer wieder geschmälert werden, solange ohne echte Kapitalbildung ein großer Teil der noch getätigten Arbeit außerhalb der Verbrauchsgüterherstellung geleistet wird, ist nicht zu erwarten, daß die zunehmende Diskrepanz durch immer schärfere Maßnahmen der Bewirtschaftung überbrückt werden könnte. Mag dieser erzwungene Konsumverzicht in der Übergangszeit manche volkswirtschaftlich wertvolle Arbeit ermöglicht haben, so sind der Opferwilligkeit und Opferfähigkeit des arbeitenden Menschen doch Grenzen gesetzt.

Allen künstlichen Maßnahmen zur Auflösung jener Erstarrung wird ein Erfolg versagt bleiben müssen, wenn die Wirtschaft nicht auf einer sich stetig erweiternden Grundlage in Gang gebracht werden kann oder wenn nicht mindestens die Reproduktion in vollem Umfang gesichert erscheint. Nur wenn ein sich ausweitendes Sozialprodukt der Arbeit materiellen Lohn verheißt und innerhalb der Wirtschaft die Hingabe von Ware nicht die Gefahr einseitiger güterwirtschaftlicher Auszehrung in sich birgt, kann der ins Stocken geratene Güterstrom wieder in Fluß gebracht werden. Da der Verschleiß an Gebrauchs- und Verbrauchsgütern die realen Erzeugungsmöglichkeiten übersteigt und einen volkswirtschaftlichen Raubbau bewirkt, wird das Kompensationsverbot nicht den erwarteten Erfolg bringen können.

Man mag die Reaktionen der Wirtschaftsindividuen auf die ökonomischen Umweltbedingungen bedauern und noch so oft an das Verantwortungsbewußtsein appellieren – man wird kaum mehr als ein mühsames Dahinvegetieren der Wirtschaft erreichen können. Wenn sich auch alle Einsichtigen darüber im klaren sind, daß eine endgültige Lösung nur eine Währungsbereinigung mit sich bringen kann, so würde eine bessere Ernährung und eine ausreichende Rohstoffversorgung unter den obwaltenden Verhältnissen geradezu Wunder wirken. Während im Prozeß der Schrumpfung alle bösen Instinkte und negativen Einflüsse sich potenzieren und der sich fortpflanzende Niedergang schließlich zur völligen Lähmung führt, würde die zusätzliche Material- und Arbeitskraftzuführung eine erhebliche Ausweitung der Gütererzeugung bewirken.

Es läßt sich geradezu eine umgekehrte Korrelation aufstellen, die besagt, daß mit der Schrumpfung des Sozialprodukts die behördliche Verwaltung der Wirtschaft immer umfangreicher, bürokratischer und unwirksamer sein wird, während umgekehrt die Wirtschaftsbelebung ganz automatisch eine Vereinfachung und Reduzierung der Verwaltung bei sich gleichzeitig verstärkender Geltung der behördlichen Maßnahmen mit sich bringt. Man eröffne dem deutschen Volke zusätzliche Möglichkeiten produktiver, das heißt güterschaffender Arbeit, und man wird rasch erkennen, daß die deutsche Volkswirtschaft eine höhere Ergiebigkeit erreichen und unschwer Mehrleistungen erzielen kann. Alle anderen Versuche werden nutzlos verpuffen, und das Suchen nach Sündenböcken entschuldigt dann auch nicht das eigene

Versagen aus mangelnder Einsicht. Von welcher Seite man auch immer die heutige Wirtschaft betrachtet, so stößt man fast nur auf Elemente, die die Produktivität hemmen. Geringe Kapazitätsausnutzungen der aus sozialen Gründen möglichst zahlreich einzuschaltenden Betriebe, hohe Veredelung der knappen Rohstoffe zum Zwecke einer privatwirtschaftlich günstigen Ausnutzung und Sicherung einer möglichst langen Verfügungsgewalt über die in der Fertigung begriffenen Waren, unwirtschaftliche Anwendung wertvollster Arbeitskraft für unproduktive Zwecke und volle Beziehungslosigkeit der volkswirtschaftlichen Verrichtungen untereinander kennzeichnen die Daten und Tatsachen einer Wirtschaft, deren Preise sich von den Kosten gelöst haben und deren Kosten nicht mehr Ausdruck der Leistung sind.

Jedes Volk hat nur das zu verzehren, was die Wirtschaft an verbrauchsreifen Gütern stellt. Nur soweit dieser Fonds ausreicht, um neben den unmittelbar in diesem Sektor tätigen Menschen auch noch jene anderen zu versorgen, die in der Kapitalgütersphäre tätig sind, sich dem Wiederaufbau zuwenden oder in der Verteilung und Verwaltung stehen, können je nach der Größenordnung, den volkswirtschaftlichen Entwicklungstendenzen und der gesellschaftswirtschaftlichen Zielsetzung auch noch die vorstehend erwähnten Tätigkeiten Berücksichtigung und Anerkennung finden. Derartige Überlegungen aber lassen auch erkennen, daß hier die gemeine und historische Erfahrung nicht weiterhilft, sondern daß eine Wirtschaft aufzubauen ist, die ihre soziale Aufgabe nur dann noch einigermaßen zu erfüllen vermag, wenn eine auf die höchste Spitze getriebene Ergiebigkeit der Arbeit ein Gegengewicht gegen die zusätzlichen Belastungen aus dem fortbestehenden Zwang zur Kapitalverbesserung, aus Aufwendungen für den Wiederaufbau und für unabdingbare Sozialleistungen zu bieten vermag.

Für die nächste Zukunft handelt es sich darum, eine Teilung der volkswirtschaftlichen Arbeit vorzunehmen, die die noch als notwendig erachteten Kapitalinvestitionen für eine Übergangszeit einschränkt beziehungsweise auf einen längeren Zeitraum verteilt, um die verfügbaren Kräfte in stärkerem Maße der Erzeugung von Verbrauchsgütern zuzuführen. Die Aufrechterhaltung der sozialen Ordnung wird insbesondere auch im Zusammenhang mit einer Währungsbereinigung wesentlich davon abhängen, daß das trotz hoher Belastung noch verfügungsfreie Einkommen in möglichst kurzer Frist güterwirtschaftliche Deckung findet. In diesem Widerstreit ökonomisch-rationaler und sozialer Überlegungen, in dem Abwägen eines in die Zukunft gerichteten volkswirtschaftlichen Nutzens gegenüber der Linderung augenblicklicher Not muß, selbstverständlich immer im Rahmen einer vernünftigen Entsprechung, dem sozialen Gesichtspunkt der Gegenwart der Vorrang eingeräumt werden.

Selbst bei einer glücklichen Entwicklung wird es Deutschland nur unter den größten Anstrengungen möglich sein, dem Volk in seiner Gesamtheit einen seinem Fleiß entsprechenden Lebensstandard zu sichern. Seine Be-

völkerungsstruktur mit einem starken Übergewicht an weiblicher Arbeitskraft und einem unverhältnismäßig hohen Prozentsatz alter oder nicht mehr
erwerbsfähiger Menschen, die durch den Krieg erlittenen Sachkapitalverluste
gepaart mit einer nicht mehr zu verkennenden technischen Rückständigkeit,
der Zwang zu einem mählichen Wiederaufbau der Städte und die Bürde
der Fremdleistungen können zusammen keinen Zweifel aufkommen lassen,
daß sich die deutsche Wirtschaft im Vergleich zu anderen Volkswirtschaften
in ungünstiger Position befindet, und daß ihre Wettbewerbsfähigkeit im
wesentlichen nur mit Opfern in der Lebenshaltung aufrecht erhalten kann.
Nur durch die rationellste Kombination aller Produktionsfaktoren, die
nur im härtesten Wettbewerb erreicht werden kann, bietet sich dem deutschen
Volke eine Lebensmöglichkeit und die reale Chance einer allmählichen wirtschaftlichen und sozialen Wiedergesundung.

DER WEG IN DIE ZUKUNFT

[Rede vor der 14. Vollversammlung des Wirtschaftsrates des Vereinigten Wirtschaftsgebietes am 21. April 1948 in Frankfurt a. M.]

Das Jahr 1948 hatte mit Versuchen der Westmächte begonnen, das deutsche Chaos zu beenden und gegenüber der zunehmenden Sowjetisierung der Ostzone das demokratische Leben in den Westzonen zu stärken. Die Londoner Sechsmächte-Konferenz vom 23. Februar bis 6. März 1948 nahm entgegen östlichen Protesten die Angleichung der drei Westzonen sowie die Vorbereitung einer gesamtdeutschen Bundesregierung in Aussicht. Am 27. Februar alarmierte der kommunistische Staatsstreich in Prag auch jene Kräfte, die sich noch der Illusion hingaben, eine Vermischung kommunistisch-totalitärer und freiheitlicher Herrschaftsformen könne Bestand haben. Am 1. April begannen die Sowjets die Berlin-Blockade, die ein volles Jahr hindurch die zur Freiheit entschlossene Bevölkerung West-Berlins, die Westdeutschen und die Westmächte einer schweren Belastungsprobe unterwarf.

Der Marshall-Plan eröffnete eine neue Epoche im Verhältnis der Völker beiderseits des Atlantik. Am 3. April erließ Präsident Truman das Gesetz über das Europäische Wiederaufbauprogramm. Vom 10. bis 17. April wurde die Charta über die wirtschaftliche Zusammenarbeit Europas in Paris von Delegierten der 16 ERP-Länder und Beauftragten der drei deutschen Westzonen unterzeichnet. In den Westzonen war das wirtschaftliche Leben nach dem Kriege nur schleppend wieder in Gang gekommen. Die industrielle Produktion hatte Anfang 1948 erst 40 Prozent des Standes von 1936 erreicht und war zudem einseitig auf bestimmte Bereiche der Grundstoffindustrie konzentriert. Der ohnehin spärlich fließende Güterstrom blieb weitgehend in Lagerhortungen stecken; nur Bruchteile gelangten auf die regulären Märkte. Eine, hauptsächlich als Folge der bedenkenlosen Kriegsfinanzierung, schier ins Unermeßliche aufgeblähte Geldfülle machte alle Ansätze zu einer vernünftigen Währungs- und Finanzpolitik zunichte. Durch totale Bewirtschaftung, Preis- und Lohnstop konnte die äußere Ordnung zwar mühsam aufrechterhalten werden, doch waren alle Versuche, der preisgestoppten Inflation Herr zu werden, zum Scheitern verurteilt und die Wirtschaft in den primitiven Zustand des Tauschhandels zurückgefallen.

In dieser ausweglos erscheinenden Lage wurde Ludwig Erhard am 2. März 1948 zum Direktor der Verwaltung für Wirtschaft des Vereinigten Wirtschaftsgebietes gewählt. Nach seiner Amtsübernahme legte er sein wirtschaftliches Programm vor, das geschlossene Konzept seiner auf Freiheit und Verantwortung begründeten Wirtschaftspolitik:

Dem Wunsche dieses Hohen Hauses nach Darlegung eines wirtschaftspolitischen Programmes komme ich um so bereitwilliger nach, als in dieser – wie ich glaube – für unser Volk und unsere Wirtschaft entscheidenden Stunde, da sich völlig neue Perspektiven der Entwicklung abzeichnen, der Wirtschaftsrat schon bald vor so schwere und verantwortungsvolle Entscheidungen gestellt sein wird, daß nur die Klarheit der wirtschaftspolitischen Zielsetzung fruchtbare Arbeit und Erfolg verbürgen kann.

Wenn je seit dem Zusammenbruch die schon so viel und oft getäuschte Hoffnung auf einen neuen Beginn unseres gesellschafts-wirtschaftlichen Lebens berechtigt war, dann gilt das für den Augenblick, da wir selbst bei nüchterner realpolitischer Betrachtung darauf vertrauen dürfen, daß unsere nach einer sorgfältig abgewogenen Währungsreform wieder rechenhaft werdende Wirtschaft durch die ihr aus der Marshallplanhilfe zufließenden Mittel und deren ökonomisch richtigen Einsatz eine nachhaltige und stetige Belebung erfahren wird.

So steht also die deutsche Wirtschaftspolitik heute und für die nächste Zukunft unter dem Aspekt zweier großer Entscheidungen, der Währungsreform und der Aktivierung des Marshallplans. Ich sage trotz der tragischen Aufsplitterung der deutschen Wirtschaft in Zoneneinheiten und trotz der daraus erwachsenden verhängnisvollen soziologischen und politischen Wirkungen „deutsche Wirtschaftspolitik", weil uns im Vereinigten Wirtschaftsgebiet zweifellos das Herz- und Kernstück einer deutschen Wirtschaft zu verwalten anheimgefallen ist. Wir dürfen uns deshalb auch als Sachwalter des deutschen Volkes fühlen, wenn wir unsere Kraft einsetzen wollen, auch innerhalb der uns von außen gesetzten Begrenzung eine Wirtschaft aufzubauen, die in engster Verbindung mit der übrigen Welt – und gerade dank einer solchen Verflechtung – ihrer eigentlichen und letzten Zielsetzung, nämlich der Wohlfahrt eines friedlichen Volkes zu dienen, nachzukommen in der Lage sein wird.

Ich sage „deutsche Wirtschaftspolitik" aber auch deshalb, weil ich mich damit gegen die oft gehörte, bequeme Auffassung wenden möchte, als wären wir durch die Einschränkung unserer Entscheidungsfreiheit auf manchen Gebieten zugleich auch der Verantwortung für unser künftiges Schicksal enthoben. Das Gegenteil ist der Fall, denn je mehr Hemmnisse sich unserem Verlangen nach einer Existenzsicherung unseres Volkes entgegenstellen, desto größer müssen unsere Anstrengungen sein, destomehr werden wir an Mut und Überzeugungskraft aufzubringen, an Einsicht und Erfahrung zu vermitteln haben, um in einer Atmosphäre unerschütterlichen Vertrauens in die Lauterkeit unserer Ziele und die Reinheit unseres Wollens das vollenden zu können, was dann als deutsche Wirtschaftspolitik angesprochen zu werden verdient.

Wenn ich dieses Amt übernahm, so geschah es in dem Bewußtsein, daß in unserer Lage weder die gemeine Erfahrung noch Verwaltungsroutine zur Meisterung der anstehenden Probleme ausreichen, sondern daß nur die aus praktischer Erfahrung und wissenschaftlicher Erkenntnis fließende tiefere Einsicht in die sehr komplexen gesellschaftswirtschaftlichen Zusammenhänge dazu befähigen kann, in dem sich vollziehenden, weitgreifenden Strukturwandel das scheinbar regellose und willkürliche, das vielleicht sogar chaotisch anmutende Geschehen zu entwirren und sinnvoll zu ordnen.

Der materielle Verfall unserer Wirtschaft und die daraus resultierende soziale Not liegen so offen zutage, daß es nur einen frommen Selbstbetrug bedeuten würde, in den seit 1945 erreichten geringen Produktionsbelebungen den Beginn einer wirklichen Gesundung zu erblicken. Wohl wurden durch planmäßige Konzentration der Energien auf bestimmte Schwerpunkte einzelne Grundstoffindustrien gefördert und bestehende Engpässe gemildert, aber durch diese Vereinseitigung unserer volkswirtschaftlichen Arbeit trat auch zugleich die Disharmonie in der wirtschaftlichen Struktur immer fühlbarer und störender in Erscheinung. So sinnvoll es nach logisch rationalen Erwägungen sein mag, den Aufbau mit der Wiederherstellung und Erneuerung des sachlichen Produktionskapitals zu beginnen, um der menschlichen Arbeit eine hohe Ergiebigkeit zu verleihen, so irreal ist doch auch diese Politik, wenn sie demgegenüber die menschliche Arbeit – oder besser den arbeitenden Menschen –, als nur sachlichen Produktionsfaktor wertend, auf längere Sicht völlig vernachlässigen zu können glaubt.

In diesen Fehler drohten wir aber zweifellos mehr und mehr zu verfallen, und es ist deshalb nach meiner Überzeugung hohe Zeit, das Steuer herumzuwerfen und durch eine ebenso planvolle Förderung der Verbrauchsgütererzeugung die noch stärker heruntergewirtschaftete menschliche Arbeitskraft zu höherer Leistung zu bringen. Die Versorgung der arbeitenden Bevölkerung mit Verbrauchsgütern und ausreichender Ernährung bedeutet in unserer Situation nur eine besondere Spielart produktiver Investition; aus diesem Grunde schien es mir auch berechtigt, Kredite für Nahrungsmittelimporte nicht als Konsumtiv-, sondern als Produktiv-Kredite rangieren zu lassen. Wenn es dahin gekommen ist, daß z. B. 90 Prozent der im Jahre 1936 Beschäftigten nur 40 Prozent der damaligen güterwirschaftlichen Leistung erzielen, wenn also der fast volle Einsatz der verfügbaren Arbeitskraft nur noch den Bruchteil einer normalen Leistung erbringt, dann ist der Volkswirtschaft mit einer Steigerung der menschlichen Arbeitsleistung viel mehr gedient als mit einer einseitigen Verbesserung des Produktivkapitals. Dann müssen selbst nüchterne kaufmännische Überlegungen zu der Einsicht führen, daß dieser letzterwähnte Weg der wirtschaftlichere, ich möchte fast sagen, der billigere ist.

Um wieviel größer und zwingender ist aber diese Verpflichtung, wenn wir uns dessen eingedenk sind, daß die Wirtschaft nicht als seelenloser

Mechanismus zu begreifen ist, sondern daß sie von lebendigen Menschen mit höchst individuellen Wünschen und Vorstellungen getragen wird, und daß gerade angesichts der Schwere unserer Not die verhängnisvollsten sozialen und politischen Wirkungen unausbleiblich sein müßten, wenn wir noch länger vergäßen, daß der letzte Zweck allen Wirtschaftens nur der Verbrauch sein kann. Wenn ich also auch keineswegs in die Fehler einer Einseitigkeit nach der anderen Richtung verfallen möchte und mir bewußt bin, daß eine zu starke Vernachlässigung der Erhaltung des Sachkapitals den Wiederaufbau verzögern müßte, so ist es doch unerläßlich, das Gewicht mit großer Entschiedenheit zu verlagern, um erst wieder einen natürlichen Ausgleich und eine organische Entsprechung herbeizuführen.

Diese Umstellung unserer Wirtschaftspolitik erweist sich aber auch aus währungspolitischen Gründen als notwendig, denn bis zu dem Zeitpunkt der Reform ist jeder Aufwand für Kapitalbildung und -erneuerung, besonders soweit dafür flüssige Mittel aus der Vergangenheit mobilisiert werden, einer immerhin weitgehenden Enteignung aller Nominaleinkommen aus laufender Arbeit gleichzuachten, weil angesichts der Begrenztheit unserer ökonomischen Mittel und der eine Neukapitalbildung ausschließenden Steuerpolitik jeder Kapitalaufwand nur durch einen unsichtbar erzwungenen Verzicht auf Konsum getätigt werden kann. Die Fortführung dieser Übung würde zu sozialpolitisch und moralisch gleichermaßen unhaltbaren Konsequenzen führen und könnte die private Wirtschaft auch dann nicht von dem Vorwurf einseitiger Bereicherung freisprechen, wenn diese Wirkung ohne individuelle Schuld und Absicht zustande käme. Diese Politik ist aber auch volkswirtschaftlich nicht zu vertreten, weil sie heute mangels jedes sichtbaren sicheren Maßstabes für die Wirtschaftlichkeit und die zukünftige volkswirtschaftliche Nützlichkeit einer Investition ins Blinde stößt und deshalb nur zu leicht mit dem Odium belastet wird, daß dem Streben nach Kapitalanlage nicht Wirtschaftlichkeitsüberlegungen, sondern die Absicht einer Flucht in Sachwerte zu Grunde liegen. Entscheidend ist, daß einem notleidenden und seelisch an den Rand der Verzweiflung gebrachten Volk nach immer wieder enttäuschten Hoffnungen nicht länger Arbeit ohne Gegenleistung, Nominallohn ohne realen Inhalt zugemutet werden kann und politisch auch nicht zugemutet werden darf. Aber auch im Hinblick auf die Zukunft, d. h. also im besonderen auf die Zeit nach der Währungsreform, gebieten es Klugheit und Einsicht, jene Umstellung der industriellen Erzeugung nicht erst dann in Angriff zu nehmen, wenn es sich mit unausweichlicher Folgerichtigkeit zeigt, daß für eine Übergangszeit privates Geldkapital zu Investitionszwecken nicht zur Verfügung steht. Darüber wird später noch mehr zu sagen sein.

Aus all den dargelegten Gründen möchte ich Ihrer Zustimmung sicher sein dürfen, wenn ich in dieser schlechthin entscheidenden Frage der Industriepolitik richtungsmäßig die Ihnen aufgezeigten Ziele verfolge, um so mehr, als ich mir dabei bewußt bin, daß uns nicht nur volkswirtschaftliche, sondern vor allem soziale Notwendigkeiten zwingen, diesen Weg zu beschreiten. Die starke Position der Rhein-Ruhr-Industrie darf in dem engeren Bereich der Vereinigten Zonen nicht zu einer Überbewertung der dort heimischen Industriesektoren und zu einer immer stärkeren einseitigen Forcierung gerade dieser schwerindustriellen Zweige führen. Diese werden kraft ihres Eigengewichtes immer ihre Bedeutung behalten, aber deren bevorzugte Förderung zu Lasten unserer Veredelungs- und Fertigwarenindustrie würde eine Verleugnung bester deutscher Tradition bedeuten und gerade jene spezifisch deutsche Begabung brachlegen, die im friedlichen Warenaustausch der Völker die in Geschmack und Qualität hochwertige deutsche Fertigware zu einem in der ganzen zivilisierten Welt begehrten Gut werden ließ, und die auf lange Sicht wohl auch unsere künftigen Exportchancen begründet. Man wird mich auch im Falle der Zustimmung mit Recht fragen, ob die von mir angestrebte Belebung der Konsumgüterindustrie einmal so kräftig sein wird, daß eine fühlbare Besserung der Versorgung zu erwarten ist, und ob zum andern Vorsorge für eine vollständige und gerechte Verteilung getroffen werden kann, die das Übel der Kompensation ausschließt und die Auswüchse der Warenhortung unmöglich macht. Die Antwort darauf ist ohne Bezugnahme auf unsere währungspolitischen Verhältnisse und die daraus resultierenden Zustände nicht zu geben. Es wäre völlig falsch, diese Mißstände zu beschönigen und entgegen der Wirklichkeit um uns den Eindruck erwecken zu wollen, als würden die bestehenden Bewirtschaftungsanordnungen den reibungslosen Fluß der Güter vom Rohstoff bis zur Fertigware, von der Urerzeugung bis zum letzten Verbraucher sicherstellen; aber es wäre nach meiner Überzeugung ebenso falsch, den etwaigen Lücken und Fehlern dieser Direktiven die Schuld beizumessen, und es würde darüber hinaus völlig abwegig sein, nach den schuldigen Personen und Personengruppen fahnden zu wollen. Nicht, daß ich sagen möchte, es liegen keine Fehler vor, oder es würden nicht auch verantwortungslose Handlungen begangen werden, – solche Mißstände sind zweifellos gegeben, aber sie berühren nicht den Kern der Dinge, und darum ist aus dieser Wurzel allein das Übel nicht zu heilen. Es gilt vielmehr zu erkennen, daß der Tatbestand der preisgestoppten Inflation in seinen Auswirkungen nicht weniger schädlich und verhängnisvoll ist als eine offene Inflation; ja er ist in mancher Hinsicht noch bedenklicher, weil er Ursachen und Wirkungen nicht klar genug erkennen läßt, und weil der Masse des Volkes die Zusammenhänge nicht bewußt werden. Für den arbeitenden Menschen aber bedeutet es keinen Unterschied, ob seine Kaufkraft zur Erlangung von begehrten Gütern bei inflationistischer Preisbildung nicht ausreicht oder ob er zwar über die Kaufkraft verfügt, das im Verhältnis zur Nachfrage aber völlig unzureichende Sozialprodukt die Abdeckung verhindert. Fast ist es ein Wunder zu nennen, und es zeugt für das hohe Maß an Disziplin unseres Volkes, daß die Regulative der Bewirtschaftung und des Preisstops das wirtschaftliche Gefüge und die äußere Ordnung noch so lange aufrechterhielten; aber auf dieser Grundlage eine lückenlose Bewirtschaftung und dazu noch eine gerechte Verteilung erwarten zu wollen, würde voraussetzen, daß hier nicht Menschen, sondern Engel und Götter handelnd am Werke sind.

Diese Darlegungen bedeuten keine billige Entschuldigung für ein Versagen; aber wenn Sie sich vergegenwärtigen, daß unsere Wirtschaft infolge des fortdauernden Währungschaos jedes Wert- und Vergleichmaßstabes beraubt ist, daß wir bei jedem Kauf und Verkauf mit inkommensurablen Wertgrößen operieren und uns ständig auf dem Boden von Fiktionen bewegen, wenn Sie sich darauf besinnen, was es bedeutet, eine hochentfaltete, moderne Geldwirtschaft auf die Verkehrssitten einer primitiven Tauschwirtschaft reduzieren zu sollen, dann bedarf es wirklich nicht mehr der Suche nach Sündenböcken, sondern es bedarf – und das ist zwingend – der Wiederherstellung geordneter Geldverhältnisse. Nur durch dieses Mittel allein ist wieder eine wirtschaftliche Ordnung sicherzustellen.

Diese Forderung auch von dieser Stelle mit allem Ernst und Nachdruck zu erheben, erachte ich als eine unabweisbare Pflicht und ich möchte dazu mit allem Nachdruck betonen, daß zusammen mit den materiellen Hilfen – deren Nutzen unter den bestehenden Verhältnissen nie voll ausreifen kann – uns vor allem die Rückgewinnung der unentbehrlichen Grundlage einer geordneten Währung nottut, weil erst dann ein sinnvoller Einsatz von Arbeit, Kapital und Material nach wirtschaftlichen und sozialen Grundsätzen möglich wird. Wenn ich eingangs sagte, daß unsere Wirtschaftspolitik heute unter dem Zeichen der Währungsreform und der Marshallplanhilfe zu betrachten wäre, so sei dem hinzugefügt, daß beide Elemente der wirtschaftlichen Wiedergesundung auch zeitlich zusammenstimmen und zusammenwirken müssen, um den Erfolg zu verbürgen.

Als Direktor der Verwaltung für Wirtschaft aber habe ich mich nicht mit Erkenntnissen als Selbstzweck zu begnügen und darf vor allem daraus nicht die Rechtfertigung ableiten, bis zum Vollzug der Währungsreform, der nicht in unserer Hand liegt, der Entwicklung tatenlos zuzusehen. Wenn ich jedoch weiß – und wer täte das heute nicht – daß unter den hinlänglich charakterisierten Gegebenheiten keine Wirtschaftsbehörde es mit dem System der totalen Bewirtschaftung dahin bringen kann, der Vielzahl von industriellen, handwerklichen und bäuerlichen Betrieben zu dem jeweils erforderlichen Zeitpunkt in richtiger Menge und in geeigneter Qualität die vieltausendfachen Arten von Roh- und Hilfsstoffen, von Arbeitskräften und Produktionsmitteln zuzuweisen, eine wirksame Kontrolle über die vorgeschriebene Anwendung dieser Mittel und über Preisbestimmungen durchzuführen, den reibungslosen Durchlauf der in der Fertigung begriffenen Güter durch alle Stufen der Erzeugung und des

Handels wirkungsvoll zu überwachen und dazu noch die Garantie für eine lückenlos funktionierende und nach sozialen Grundsätzen gerechte Verteilung zu übernehmen, dann werden Sie mir, wie ich hoffe, zustimmen, daß ich meine Aufgabe nicht darin erblicken kann, dieses System der totalen behördlichen Zwangswirtschaft noch zu verfeinern, d. h. in diesem Falle zu verschärfen. Ich will vielmehr umgekehrt überall dort und dann neue Wege und Mittel der Auflockerung anzuwenden suchen, wo dieses Verfahren nicht eine Gefährdung, sondern eine Verbesserung der Ordnung erwarten läßt.

Als eine Verbesserung würde ich es allerdings auch ansehen, wenn auf dem Gebiete der Bewirtschaftung für die Zukunft behördliche Maßnahmen unterblieben, deren Befolgung der Wirtschaft nach logischem und ökonomischem Ermessen nicht zugemutet werden kann.

Die Fiktion einer totalen Bewirtschaftung aufrecht erhalten zu wollen, wenn um uns zwar überall, aber schädlicherweise – nach Ländern und Betrieben noch höchst individuell – die Kompensation üppigste Blüten treibt, kann im Ergebnis nur zu einer weiteren Unterhöhlung der Moral, zu einer stillschweigenden öffentlichen Sanktionierung ungesetzlicher Handlungen und einer Untergrabung der Staatsautorität führen oder – was gleich schlimm ist – die Behörde der Lächerlichkeit preisgeben. Hier muß der Grundsatz gelten, daß ein Optimum wirklich zu erreichen besser ist, als ein Maximum erzwingen zu wollen. Niemand gebe sich mehr der Täuschung hin, daß in diesem Stadium der Entwicklung und besonders noch vor einer Währungsreform, kategorische Imperative und selbst härteste Strafen die strikte Einhaltung staatlicher und moralischer Gesetze noch zu gewährleisten vermöchten, wenn diese nicht mindestens die Chance der Existenzerhaltung bieten.

Dieses Problem berührt und betrifft in Abwandlungen nahezu alle Schichten unseres Volkes und kann, wie alle sozialen Gefahren, heute wirksam nur noch durch eine baldige Währungsreform überwunden werden. Ich bin indessen in Fühlungnahme mit der BICO gerade dabei, Fragen der Auflockerung der Bewirtschaftung auch in der Richtung zu prüfen, ob es nicht einer sinnvollen Funktionenteilung entspricht, wenn sich die Behörde lediglich auf die hoheitlichen Aufgaben der Bewirtschaftung beschränkt und wie bisher in den Fach- und Länderausschüssen die Rohstoff-, Material- und Produktionsplanung vornimmt, dann aber die rein technische Manipulation und Kontrolle der Bewirtschaftung – selbstverständlich wieder unter der Aufsicht der Behörde – ähnlich wie beim Handwerk, den Selbstverwaltungsorganen der Wirtschaft überträgt. Ohne diese Gedanken, die in einem demnächst vorzulegenden Gesetz über die wirtschaftlichen Verbände ihren Niederschlag finden sollen, hier noch weiter vertiefen zu wollen, sei doch schon darauf hingewiesen, daß mir dieser Weg die fachmännische Behandlung sicherzustellen scheint, daß die Teilung der Verantwortung der Zusammenarbeit zwischen Verwaltung und Wirtschaft und damit einer Befriedigung des wirtschaftlichen Lebens förderlich sein wird, und durch die demokratische Selbstkontrolle innerhalb der Verbände ein Höchstmaß an Objektivität erwarten läßt.

Bei einer klaren Trennung der Aufgaben läßt sich dabei die Begründung von Machtpositionen durchaus vermeiden, und vor allem eröffnet sich hier dann endlich ein Weg, um der Aufblähung der Wirtschaftsverwaltungen hier und in den Ländern erfolgreich Einhalt zu gebieten. Daß diese Reduktion im Hinblick auf die künftigen Sorgen um den Ausgleich der öffentlichen Haushalte unbedingt notwendig ist, und daß allein schon aus diesem Grunde eine Reorganisation Platz greifen muß, wird niemand bezweifeln wollen.

Welche Mittel aber auch immer versucht werden, um die Wirksamkeit der Bewirtschaftung und damit auch die Versorgung zu verbessern, so wird solchen Anstrengungen im Augenblick doch immer nur ein partieller Erfolg zuteil werden können. Zugegeben, daß die Umstellung von Hersteller- auf Endverbraucherkontingente mancherorts eine wesentliche Verbesserung bedeutet, daß die gerade jetzt durchgeführte Vereinheitlichung der Bewirtschaftungssysteme für die amerikanische und britische Besatzungszone manche bedenklichen Lücken schließt, und daß sich insbesondere mit einer besseren Rohstoffversorgung der Wirtschaft die natürlichen und künstlichen Stauungen im Güterfluß in gewissem Umfange von selbst auflösen – eine wirklich gesunde wirtschaftliche Grundlage werden wir, wie die Erfahrungen des Alltags uns immer wieder lehren, durch dieses Flicken und Verstopfen der brüchig gewordenen Dämme oder mehr noch durch das Herumkurieren an den Symptomen nicht zurückgewinnen.

Das deutsche Volk weiß heute aus mancherlei Verlautbarungen, daß eine Währungsreform wohl in nicht mehr allzuferner Zeit zu erwarten steht; und deshalb sind es nicht immer nur amoralische Triebe, sondern es ist oft mehr die Lebensangst, die den vor einer scheinbar undurchsichtigen Zukunft stehenden Menschen zu Handlungen veranlaßt, die unsere so sehr geschwächte Wirtschaft noch weiter lähmen und die sozialen und politischen Gegensätze noch stärker aufreißen. Um so wichtiger erscheint es mir, zu jenem viel erörterten Thema „Währungsreform" unter wirtschaftspolitischem Aspekt hier etwas Grundsätzliches zu sagen.

Vorweg das eine: Sie bedeutet nicht eine Geißel, die das Maß der Prüfungen voll macht. Diese Reform wird wohl allen immer noch vorhandenen Illusionen ein jähes Ende setzen und die harten Realitäten unseres gesellschaftswirtschaftlichen Lebens mit aller Deutlichkeit und, wenn Sie wollen, auch mit aller Brutalität aufdecken. Aber dieser Prozeß trägt in sich zugleich die heilenden Kräfte, schafft die Grundlagen für eine neue Ordnung und die nützliche Anwendung unserer Arbeit und gibt dieser damit wieder Sinn und Inhalt. Daß eine Währungsreform mehr sein muß als eine nur finanzwirtschaftliche oder gar nur finanztechnische Operation, daß sie den wirtschaftlichen und sozialen Erfordernissen in gleicher Weise Rechnung zu tragen hat, ist gerade auch von Seiten des Wirtschaftsrates oft und unmißverständlich betont und gefordert worden. Ich bin der Meinung, nein, ich bin der Überzeugung, daß diese drei Elemente der Aktion nicht miteinander in Widerspruch stehen und mit verkrampften Konstruktionen zusammengehalten werden müßten, sondern daß sie ein organisches Ganzes bilden, das nicht zu zerstören allen am Herzen liegen muß, die um der Zukunft unseres Volkes willen eine wirkliche Gesundung unseres gesellschaftswirtschaftlichen Lebens wollen.

Jene finanzwirtschaftliche Operation wäre – als isolierte technische Maßnahme betrachtet – eine relativ simple Aufgabe, aber diese zahlenmäßig glatte Rechnung ginge ohne Rücksichtnahme auf die sozialen Erfordernisse und wirtschaftlichen Möglichkeiten eben doch nicht auf. Der Zusammenhang ist unlösbar, aber gerade deshalb, gerade weil die Währungsbereinigung anders als bei sonstigen Teilreformen alle Bereiche des Lebens einer Nation berührt und erfaßt, ist die verantwortliche deutsche Mitarbeit nicht nur an den technischen Aufgaben, sondern an den Grundlegungen unerläßlich. Es ist meine feste Überzeugung – ihr habe ich als Vorsitzender der Sonderstelle Geld und Kredit Gestalt zu geben versucht, und ich will diese Überzeugung auch in meinem jetzigen Amte mit dem größten Ernst wahren –, daß die in der Währungsreform sichtbar werdenden, unabdingbaren Opfer nur dann nicht zur Auflösung der sozialen Ordnung treiben, wenn sie eine gerechte Umlegung erfahren, wenn der ehrliche Wille zu einem Lastenausgleich mit der Reform auch zur Tat wird.

Ich versichere Ihnen, alles in meinen Kräften stehende zu tun, um innerhalb meines Wirkungsbereiches jeden Versuch, sich diesem Gebot entziehen zu wollen, zunichte zu machen.

Der Prozeß dieses Ausgleichs hängt, vor allem hinsichtlich des zeitlichen Ablaufs, selbstverständlich weitgehend von der Technik und dem materiellen Inhalt der Währungsreform ab. Sicher aber ist das eine, daß die Lösung nicht in der Aufteilung der Masse, sondern wesentlich in einer dem Ausgleichsgedanken Rechnung tragenden Verteilung der gesamten volkswirtschaftlichen Erträge gefunden werden muß. Der Lastenausgleich bewirkt somit unbeschadet der Möglichkeit eines realen Besitzausgleiches im Grundsatz eine Andersverteilung des Volkseinkommens bzw. des Sozialproduktes. Gerade deshalb aber wird ein Erfolg um so sicherer, rascher und nachhaltiger erzielt werden können, je besser es uns gelingt, unsere Wirtschaft aus der Lethargie zu befreien und nach dann wieder möglichen wirtschaftlichen Grundsätzen die Erzeugung stetig auszuweiten. Nicht in der Nivellierung des Mangels und der Not, sondern in der gerechten Verteilung eines mählich wachsenden Wohlstandes muß das Heil gesucht und gefunden werden.

Wer sich der Bedeutung der Währungsreform bewußt ist und erkannt hat, wie geradezu schicksalhaft unsere Zukunft von deren Erfolg abhängt, der kann nur wünschen, daß sie von dem Mut zur Konsequenz getragen ist, das heißt, eine Regelung setzt, die die wirtschaftliche und soziale Zukunft unseres Volkes nicht mit den Sünden der Vergangenheit belastet, sondern alle Störungselemente einer Wiedergesundung ausschaltet und so zuletzt gewährleistet, daß das aus neuer, ehrlicher Arbeit fließende Einkommen im Markte wieder volle güterwirtschaftliche Deckung findet. Diese nach landläufiger Auffassung harte Lösung ist nach meiner festen Überzeugung zugleich die sozialste, wenn sie nur für die nicht arbeits- oder einsatzfähigen Menschen die notwendigen sozialen Hilfen vorsieht. Es ist kaum mehr als ein Irrtum, sondern vielmehr als eine bewußte Irreführung zu bezeichnen, wenn in deutlich agitatorischer Absicht dem Volke vorzugaukeln versucht wird, als stünde es in der Macht oder dem guten Willen einzelner Menschen oder Gruppen, die Folgen dieser unseligen Erbschaft, die Verbrechen des nazistischen totalitären Systems ungeschehen zu machen, oder wenn gar der Eindruck erweckt wird, als sollte die Währungsreform dazu dienen, die Armen noch ärmer, die Reichen aber noch reicher werden zu lassen. Das deutsche Volk mag gewiß sein, daß solche Verbrechen sich nicht ereignen werden.

So positiv die Währungsreform als Voraussetzung einer wieder gesunden Wirtschaft und der wieder sinnvoll anzuwendenden Arbeit auch zu bewerten ist, so wird sie doch auch – dessen bin ich mir nur allzu sehr bewußt – große Härten auftreten lassen und Strukturumschichtungen von weittragender Bedeutung im Gefolge haben. Wir werden auch dann erst zu ermessen vermögen, welche krankhaften Verzerrungen unsere Wirtschaft durch die artfremde Ausbeutung und die asoziale Zielsetzung eines totalitären Regimes erfahren hat.

Ich erachte es aus diesem Grunde als unerläßlich, daß sich der Wirtschaftsrat schon in nächster Zeit mit den zu erwartenden wirtschaftlichen und sozialen Folgen auseinandersetzt, und erblicke für meine Verwaltung meine Aufgabe im besonderen auch darin, in vorbeugender Planung Mittel und Wege zur Begegnung und Überwindung solcher Folgeerscheinung zu ersinnen.

Lassen Sie mich Ihnen auch in großen Zügen die mutmaßliche Entwicklung aufzeigen, weil nur aus dieser Einsicht heraus die Wirtschaftspolitik von morgen zweckmäßig zu gestalten sein wird. Sie mögen daraus erkennen, daß ich durchaus keinem rosaroten Optimismus huldige, sondern mir der Schwere der Aufgaben nur zu bewußt bin.

Entgegen der bisher geübten Großzügigkeit in allen finanziellen Dingen wird die Währungsreform zunächst eine erhebliche Schockwirkung ausüben, die vielleicht sogar zu überängstlichen Dispositionen führen mag. Fast verlorengegangene Wirtschaftlichkeitserwägungen werden wieder zum bestimmenden Faktor des Handels werden, und man wird wieder sorgfältig zu kalkulieren beginnen. Nur die unmittelbar produktiven Kräfte können mit ungestörter Fortführung ihrer Arbeit rechnen, während alle Verrichtungen außerhalb dieser Sphäre tendenziell allmählich eine Zurückdrängung erfahren werden. Darüber hinaus ist aus bisher unsichtbaren Quellen ein Zustrom zum Arbeitsmarkt, vor allem auch von weiblichen Personen, zu erwarten, ohne daß angesichts der bestehenden Unübersichtlichkeit genaue Schätzungen nach dieser Richtung möglich sind. Das Reservoir der Arbeitsuchenden wird noch Verstärkung erfahren aus dem Bereiche des Handels und der öffentlichen Verwaltungen, während das Handwerk das Volumen seines Arbeitseinsatzes, wenn auch mit inneren Verschiebungen, mutmaßlich wird behaupten können.

Wenn wir weiter in Rechnung stellen, daß angesichts des mindestens vorübergehend vorherrschenden Kapitalmangels für den Kapitalgütersektor der Industrie die Gefahr einer vielleicht nicht einmal unerheblichen Schrumpfung und dann auch der Freisetzung von Arbeitskräften ins Auge gefaßt werden muß, dann zeichnet sich in einer solchen Entwicklung nicht nur eine Strukturumschichtung, sondern auch das Phänomen einer latenten Arbeitslosigkeit ab, die es unter Berücksichtigung der Beengtheit der öffentlichen Haushalte mit allen Mitteln aufzufangen gilt. Das Ziel bleibt die Unterbringung aller freien Kräfte in der gewerblichen Wirtschaft und hier wieder besonders in der gütererzeugenden Sphäre; aber es wird von der Größenordnung dieser Erscheinung und von der Ausweitungsmöglichkeit unserer gewerblichen Produktion abhängen, ob auf solche Weise eine völlige Aufsaugung gelingen kann. In jedem Falle müssen im Zusammenwirken mit der jetzt konstituierten Arbeitsbehörde vorbeugend Unterbringungsprogramme entwickelt werden, die den materiellen, sozialen und finanziellen Gegebenheiten der Volkswirtschaft Rechnung tragen. Wenn auch mit der unerläßlichen Verbesserung der deutschen Arbeitsleistung tendenziell eine Reduzierung der Beschäftigtenzahl verbunden ist, so darf doch dank der durch die Erhöhung der Rohstoffeinfuhren erzielbaren Produktionsausweitung damit gerechnet werden, daß hier sogar eine Überkompensation Platz greift, so daß der Marshallplan den doppelten Vorteil sowohl der individuellen als auch der gesamtwirtschaftlichen Leistungssteigerung zeitigen würde. Die Wirtschaftspolitik muß im Hinblick auf eine möglichst konstante und volle Beschäftigung dahin zielen, zwischen dem mengenmäßigen Produktionsvolumen auf Grund der Rohstoffverfügungen, den vorhandenen Arbeitsplatzkapazitäten und der Leistungseffizienz der menschlichen Arbeit eine jeweils harmonische Entsprechung sicherzustellen. Weil hier jede Diskrepanz zu schweren sozialen Störungen führen müßte, ist diesen Gegebenheiten insbesondere in der Gestaltung der Einfuhr und der Ausrichtung der Industriepolitik Rechnung zu tragen.

Die angenommene Schwerpunktverlagerung von der Produktionsmittel-

auf die Verbrauchsgüterindustrie wird auch von der Geld- und Kreditseite her erzwungen werden. Die Sorge um hinreichende Bereitstellung von Betriebsmittelkrediten zur Fortführung der laufenden Produktion und zur Sicherung des Absatzes ist zwar verständlich, aber insofern doch nicht begründet, als währungspolitische Bedenken gegen die Einräumung kurzfristiger Warenumschlagskredite nicht bestehen und sie darum vor allem in der Form des Handelswechsels mobilisiert werden können. Demgegenüber sind der Gewährung von Komsumtiv- und Investitionskrediten, sowie langfristigen Krediten überhaupt, deshalb sehr enge Grenzen gezogen, weil beide trotz ihrer verschiedenartigen ökonomischen Beurteilung zunächst die gleiche Wirkung einer zusätzlichen, ungedeckten Nachfrage auf den Konsumgütermärkten auslösen. Es kann trotz der unbedingt notwendigen Steuerreform angesichts der unabdingbaren, hohen Belastung der Einkommen auch nicht erwartet werden, daß die deutsche Wirtschaft aus eigener Kraft zu rascher und ins Gewicht fallender Kapitalanreicherung befähigt wäre. Es wird vielmehr bereits erheblicher Anstrengungen bedürfen, dem weiteren Verschleiß unseres volkswirtschaftlichen Kapitals Einhalt zu gebieten; denn trotz der zu erwägenden Anreize zur Stärkung des Sparwillens unseres Volkes wird die materielle Lage solchen Zielen für die Übergangszeit noch relativ enge Grenzen setzen. Wenn sich also nach diesem Bild für große Kapitalinvestitionen nur sehr geringe Chancen zu bieten scheinen, so wird aus dieser Situation das für kleinere Kapitalaufwendungen in Frage kommende Handwerk Nutzen ziehen. Es wird darum dafür Sorge zu tragen sein, daß dieses durch größere Bereitstellung von Bau- und Reparaturmaterial in die Lage versetzt wird, sowohl im Erzeugungssektor als auch in der Hauswirtschaft einem weiteren Verfall des Wohnraumes, aber auch der Produktions- und Gebrauchsgüter bis tief in die private Haushaltssphäre hinein, erfolgreich Einhalt zu gebieten.

Wenn hier gezeigt werden konnte, daß sich sowohl von der Geld- und Kreditseite als auch von der Nachfrageseite her eine starke Konzentration der Energien auf die Verbrauchsgüterproduktion vollziehen wird, so fällt auch bei dieser Entwicklung dem Handwerk eine bedeutsame Funktion zu. Auf der einen Seite wird die Dringlichkeit und Massenhaftigkeit des aufgestauten Bedarfs zur industriewirtschaftlichen Serienanfertigung typisierter und normierter Gebrauchs- und Verbrauchsgüter drängen, während auf der anderen Seite das Handwerk berufen erscheint, der dadurch drohenden Schablonisierung und Kollektivierung des Verbrauchs durch individuellere Gestaltung und Prägung des Werkstoffes zu steuern und zu seinem Teil wieder etwas von der Buntheit und Vielfältigkeit des Lebens in den Verbrauch hineinzutragen. Allein der Materialmangel wird die deutsche Wirtschaft zwingen, beide Fertigungsarten nebeneinander gleichermaßen zu pflegen.

Aber auch im Bereiche des Handels wird eine Währungsreform einschneidende Wirkungen zeitigen. Es kann keinem Zweifel unterliegen, daß dieser Berufsstand, der in wesentlichen Teilen die außerordentlich wichtige volkswirtschaftliche Funktion zu erfüllen hat, die rohstofforientierte, stark spezialisierte Fertigung zu Verbrauchssortimenten zusammenzufassen und in optimaler Weise an den letzten Verbraucher heranzutragen, von dem Verfall unserer Wirtschaft besonders stark in Mitleidenschaft gezogen wurde. In gewissen Kreisen herrschte die durchaus irrige Vorstellung, als ob diese Tätigkeit nicht die mindesten fachlichen Voraussetzungen erfordere und neben dem zeitbedingten Vorteil der Verfügung über Ware eine sichere Existenz gewährleiste. So kam es auf diesem Felde zu Lasten des bewährten, zünftigen Handels zweifellos zu einer Übersetzung, die nach meiner Überzeugung durch die Währungsreform außerordentlich rasch aufgesogen sein wird. Dabei werden mit Gewißheit jene Elemente ausgeschaltet, die hier eine bequeme Konjunktur ausnutzen zu können glaubten. Angesichts des beschränkten Umsatzvolumens und der geringen Differenziertheit unseres Sozialproduktes wird der Handel in vielen Bereichen bei voller Anerkennung seiner volkswirtschaftlichen Bedeutung um seine Existenzerhaltung zu ringen haben und vor entscheidende Aufgaben der Rationalisierung und der inneren Organisation gestellt sein. Die Währungsreform wird dem ungesunden Prozeß einer tendenziellen Zunahme händlerischer Betätigung bei gleichzeitig schwindendem Sozialprodukt ein Ende setzen. Vergessen wir es aber nicht, daß die Vielgestaltigkeit der Handelseinrichtungen eines Landes ein besonders prägnantes Spiegelbild seiner Wohlfahrt abgibt und daß mit der allgemeinen Erholung unserer Wirtschaft auch der Handel mehr und mehr in seine frühere, bedeutsame Stellung hineinwachsen wird.

Daß die öffentliche Verwaltung, und wenn ich hier im besonderen sagen darf, die Wirtschaftsverwaltung im Zuge der Währungsreform eine starke Reduktion erfahren muß, bedarf keiner Begründung. Hier offenbart sich eine noch krassere Anomalie in der Weise, daß die Bewirtschaftung mit zunehmender Ausweitung der Apparatur immer unwirksamer zu werden droht. Wenn dieser Fehlentwicklung auch bald Schranken gesetzt sein werden, so habe ich doch bereits verfügt, daß eine Kommission aus den besten Sachverständigen dreier Länder eine Überprüfung der Verwaltung für Wirtschaft vornehmlich mit der Zwecksetzung ihrer Reduktion vornehmen wird.

Zusammenfassend darf also wohl behauptet werden, daß die Währungsreform weitgehende Umgruppierungen sowohl hinsichtlich der gewerblichen Struktur als auch der arbeitsmarktpolitischen Verhältnisse mit sich bringen wird, die gerade unter den dann vorherrschenden materiellen und sozialen Bedingungen möglichst rasch zu einem neuen organischen Ausgleich gebracht werden müssen. Eine erfolgreiche Währungsreform – und an eine andere können wir nicht denken – wird alle jetzt noch bequemen Auswege versperren, und es werden sich dann nur noch für volkswirtschaftlich nützliche Leistung und Arbeit Existenzmöglichkeiten eröffnen. Diesen harten, aber einzig möglichen Weg der Gesundung müssen wir endlich beschreiten und alles daran setzen, um den Erfolg nicht zu gefährden.

Aus dieser und nur aus dieser Einstellung und Zielsetzung heraus glaubte ich vor allem auch als Währungssachverständiger geradezu verpflichtet zu sein, meine Bedenken gegen eine über das volkswirtschaftlich berechtigte Maß hinausreichende Entleerung der Läger und gegen die Preisgabe unserer letzten volkswirtschaftlichen Güterreserve anmelden zu müssen. Ich verwahre mich mit dem größten Ernst und mit aller Entschiedenheit auch nur gegen den Schein des Verdachts, als würde ich die Hortung als einen kriminellen Tatbestand billigen oder gar rechtfertigen wollen, und brandmarke als Verleumder alle diejenigen, die sich in dem Bestreben eindeutiger privater Bereicherung auf jene meine Erwägungen berufen zu können glauben. Ich habe deshalb auch in meinem Amte Anweisungen ergehen lassen, daß der Einhaltung der Bewirtschaftungsvorschriften jetzt besonderes Augenmerk zuzuwenden und vor allem dafür Sorge zu tragen sei, daß die aus laufender Produktion fließenden Güter der Versorgung unseres Volkes zugute kommen.

Im Hinblick auf das Gelingen der Währungsreform – und diese Entscheidung fällt in den ersten Monaten nach der Aktion – sollte diese ernste Frage in keinem Falle zum Gegenstand parteipolitischer Agitation herabgewürdigt werden. Ich spreche wieder nicht von der Hortung, wenn ich sage, daß eine radikale Lagerauflösung vor der Reform ungefähr der verhängnisvollste Schritt sein würde, den man sich überhaupt denken könnte: denn damit wäre – bei den derzeitigen Erfahrungen – nicht nur eine Verteilung an die Würdigsten und Bedürftigsten nicht gewährleistet, sondern die verfügungsfreie Kaufkraft müßte auch, trotz Marshallplan-Hilfe, mindestens für die Dauer eines durchschnittlichen Produktionsumschlags ins Leere stoßen. Je nach dem materiellen Inhalt der Währungsreform wird dieses Problem mit unterschiedlichem Gewicht auftreten; aber es wird in jedem Falle entscheidend sein. Ich habe persönlich deutlich genug bekundet, daß ich den Erlaß eines Enthortungsgesetzes mit einer klareren Umreißung des Tatbestandes für wünschenswert erachte, und hoffe Sie dennoch überzeugen zu können, daß es keinen Widerspruch bedeutet, wenn ich sage, daß ein Überschreiten des kritischen Punktes, d. h. ein Eingriff in die angemessene volkswirtschaftliche Güterreserve, Sie mit einer Verantwortung belasten würde, die Sie um eines erfolgreichen Wiederaufbaues willen nach meiner Überzeugung nicht übernehmen können. Fragen Sie den Mann auf der Straße, was er sich von der Währungsreform erwartet — es ist nichts anderes als das, was ich als die entscheidende Grundforderung herausgestellt habe. Sage mir der, der gegenteiliger Meinung ist, wie er die güterwirtschaftliche Unterbauung der kaufkräftigen Nachfrage ohne den Einschuß der Lagerreserven bewerkstelligen will!

Welcher Art aber auch die Maßnahmen sind, die heute gemäß dem einmütigen Willen nach echter Enthortung zur Anwendung gelangen sollen, wissen doch alle Einsichtigen gut genug, daß in Ansehung des hier einschlägigen Personenkreises der Erfolg gewiß nur ein bescheidener sein wird und daß das eigentliche und wirklich interessante Problem darin besteht, jene Existenzen nicht sogar noch zu Währungsgewinnlern werden zu lassen. Wenn ich auch über keine Patentlösung zur totalen Abschöpfung solcher Gewinne verfüge, so ist doch eines ganz gewiß, daß die Erfassung von Hortungslägern nach der Währungsreform im Zeichen der Geld- und Kreditknappheit bei konsequenter Anwendung dieser Politik unendlich viel leichter sein wird als bei dem heutigen Zustand schier unbegrenzter Geldflüssigkeit. Zu jenem Zeitpunkt hoffe ich dann durch energische Erfassungsmaßnahmen endgültig dartun zu können, daß meine Einwände nicht dem Schutze amoralischer Interessen, sondern ausschließlich der Sicherung der künftigen Währung gelten sollten. Ich möchte aufrichtig wünschen, daß der Ablauf der Ereignisse mich nicht zwingen wird, zu meiner Entlastung auf diesen Tag und diese Ausführungen Bezug zu nehmen, denn nach diesem Leidensweg unseres Volkes und den unsäglichen Entbehrungen würde die Katastrophe einer mißlungenen Währungsreform seinen letzten Lebenswillen gar vollends brechen müssen.

Bei allen Betrachtungen gehe ich selbstverständlich von einer Konzeption aus, die sich nicht allein mit einer quantitativen Verbesserung des Mißverhältnisses zwischen Warenangebot und kaufkräftiger Nachfrage begnügt, sondern das Übel an der Wurzel packt. Jede Regelung, die uns aus fortbestehender, wenn auch schwächerer Diskrepanz dennoch dazu zwingen würde, die bisherige Form der Bewirtschaftung einschließlich des Preisstops als das auch künftige Wirtschaftssystem beizubehalten, jede Regelung, die dem Spuk der preisgestoppten Inflation nicht ein jähes Ende setzt, sondern aufs neue den Prozeß der Bildung überschüssiger Kaufkraft anstieße, würde entweder noch weitere Währungsaktionen notwendig machen oder wäre sogar geeignet, das Unheil zu verewigen. Von einer Wirtschaftspolitik könnte jedenfalls für die Zukunft nicht gesprochen werden, wenn sich eine derart düstere Aussicht erfüllte. Die Probleme blieben die gleichen wie heute, und auch die Mittel blieben gleich unwirksam. Mit der entschiedenen Ablehnung dieses Wirtschaftsprinzips predige ich durchaus nicht die Rückkehr zu den liberalistischen Wirtschaftsformen historischer Prägung und einem verantwortungslosen Freibeutertum einer vergangenen Zeit.

Die ewige Spannung zwischen Individuum und Gemeinschaft läßt sich in keinem Falle durch die Negierung und Verleugnung des einen oder anderen überwinden, so daß die Frage immer nur die Prinzipien und Formen betrifft, nach denen sich der Mensch ohne die Preisgabe seiner selbst den höheren Formen der Gesellung einzuordnen, aber wohl gemerkt nicht unterzuordnen hat. Daß das heutige Prinzip gerade unter dem Aspekt im originären Sinn angesprochen werden kann, und entweder in freiere marktwirtschaftliche Formen oder aber zum absoluten Totalitarismus übergeleitet werden muß, wird jedermann anerkennen, der sich des Zwangscharakters unserer wirtschaftlichen Lage aus dem währungspolitischen Chaos heraus bewußt ist. Wenn auch nicht im Ziele völlig einig, so ist doch die Richtung klar, die wir einzuschlagen haben – die Befreiung von der staatlichen Befehlswirtschaft, die alle Menschen in das entwürdigende Joch einer alles Leben überwuchernden Bürokratie zwingt, die jedes Verantwortungs- und Pflichtgefühl, aber auch jeden Leistungswillen abtöten und darum zuletzt den frömmsten Staatsbürger zum Rebellen machen muß.

Es sind aber weder die Anarchie noch der Termitenstaat als menschliche Lebensformen geeignet. Nur wo Freiheit und Bindung zum verpflichtenden Gesetz werden, findet der Staat die sittliche Rechtfertigung, im Namen des Volkes zu sprechen und zu handeln.

Im Konkreten heißt das, daß wir nach einer Währungsreform dem menschlichen Willen und der menschlichen Betätigung sowohl nach der Produktions- als auch nach der Konsumseite hin wieder größeren Spielraum setzen und dann auch automatisch dem Leistungswettbewerb Möglichkeiten der Entfaltung eröffnen müssen. Wo immer die Gesellschaft bei einer solchen Entwicklung Fehlleitungen oder Gefahren befürchtet, da mag sie durch sozial-, wirtschafts- oder finanzpolitische Maßnahmen Grenzen ziehen oder Regeln setzen, – ja, sie wird das in Zeiten der Not sogar tun müssen – aber sie kann und darf ohne Schaden für die Gesamtheit nicht den ursprünglichsten Trieb der Menschen unterdrücken und abtöten wollen. Die herkömmlichen Vokabeln, wie freie Wirtschaft oder Planwirtschaft, wurden in der Parteien Streit schon so stark abgenutzt und verwässert, daß sie für ernsthafte Darlegungen unbrauchbar geworden sind. Die Auffassung, daß die in sinnvoller Kombination und Ausrichtung angewandten Mittel der großen Staatspolitik in dem eben erwähnten Sinn eine planvolle Lenkung der Wirtschaft nicht gestatteten, sondern daß dazu viel weiterreichende, den Staatsbürger unmittelbar lenkende Eingriffe vonnöten wären, ist einer der weltgeschichtlich tragischen Irrtümer; denn es gibt historische Beispiele genug dafür, daß aus dieser Art von Lenken bald ein Gängeln, ein Befehlen und ein bedingungsloses Unterdrücken wird. Jedes System, das dem Individuum nicht in jedem Falle die freie Berufs- und Konsumwahl offen läßt, verstößt gegen die menschlichen Grundrechte und richtet sich, wie die Erfahrung lehrt, zuletzt gerade gegen diejenigen sozialen Schichten, zu deren Schutz die künstlichen Eingriffe gedacht waren. Wer würde z. B. heute noch bestreiten wollen, daß unter der geltenden Zwangswirtschaft – die allerdings gewiß von allen abgelehnt wird, aber die ja doch zuletzt der Fluch der bösen Tat ist – sowohl in der Produktions- als in der Konsumtionssphäre gerade die Schwachen und

Armen am meisten gelitten haben, und daß dieses System, das sie bedrückt und gedemütigt hat, gerade von diesen Schichten unseres Volkes am tiefsten verabscheut wird.

Ich bin, um hinsichtlich des akuten Geschehens vielleicht manche Bedenken zu zerstreuen, durchaus nicht der Auffassung, daß es möglich oder auch nur wahrscheinlich sein würde, mit oder unmittelbar nach der Währungsreform die Bewirtschaftung im ganzen aufzuheben, – wohl aber wird man mit dem Ziel der Aufhebung jeweils sehr sorgfältig zu prüfen haben, in welchen Sektoren und in welchem zeitlichen Phasenablauf die Ordnung der Märkte wieder dem Wettbewerb und der freien Preisbildung überlassen bleiben kann. Die dogmatisch gebundene Auffassung, daß dieses marktwirtschaftliche Prinzip tendenziell zu einer Kürzung des Lohnanteiles führen würde, hält der praktischen Erfahrung nicht stand, ja, wird durch diese sogar widerlegt. Es ist an vielen Beispielen nachzuweisen, daß die Kapitalkomponente und die Eigenkapitalbildung der Unternehmungen in der gebundenen Wirtschaft durchschnittlich höher lagen als in der Wettbewerbswirtschaft und daß der Kapitalfaktor am gewichtigsten in der eigentlichen Staatswirtschaft, gleich welcher Prägung, in Erscheinung tritt.

Es wird dabei auch allzu leicht übersehen, daß der Wettbewerbsgedanke ja nicht etwa nur ganz bestimmte Schichten berührt, während die übrigen nur die Folgen zu tragen hätten. Leistungsunterschiede bestehen auf jeder Ebene, und immer ist es gerechtfertigt, diesen auch im Einkommen Ausdruck zu geben. In unserer bedrängten Lage gar erweist sich eine allgemeine Leistungssteigerung als unabweislich, wenn nicht trotz aller Hilfen und sonstigen äußeren Anstrengungen der deutsche Lebensstandard auf einem unerträglich tiefen Niveau verharren und wenn nicht jeder unentbehrliche Warenaustausch über die Grenzen unseres Landes hinaus mit den größten Opfern erkauft werden soll. Die materiellen Verluste an Sachkapital aller Art und der daraus resultierende Zwang zu dessen Regeneration, der Verschleiß und die Rückständigkeit der technischen Apparatur, die durch lange Entbehrungen tief herabgesunkene menschliche Arbeitskraft, der Einstrom von Millionen Flüchtlingen und die Verpflichtung zu deren vorrangiger Versorgung, der volkswirtschaftlich ungünstige Alters- und Geschlechtsaufbau der deutschen Bevölkerung, die über Gebühr lange Abschnürung von den Märkten der übrigen Welt – das alles sind nur Beispiele jener negativen Faktoren, die es begreiflich erscheinen lassen, nein, die es zwingend beweisen, daß nur der stärkste Leistungswille aus den uns verbliebenen materiellen, geistigen und seelischen Kräften noch genug an wirtschaftlichem Ertrag herausholen kann, um wenigstens die Existenzgrundlagen unseres Volkes zu sichern. In dieser bedrängten Lage wird es sich, wenn wir wieder ehrlich rechnen können, erweisen, daß für eine Differenzierung der Einkommen bzw. der Lebenshaltung nur wenig Raum bleibt, und daß hier eben jene verpflichtende Bindung, von der ich sprach – unabhängig von wirtschaftlichen Systemen – die soziale Ausrichtung der Wirtschaftspolitik nicht nur zu einem Erfordernis, sondern auch zu einem Gebot macht. Weil wir aber mit aller Kraft aus dieser Not herausstreben, wäre die persönlichkeitstötende Gleichmacherei ein falsch verstandenes soziales Ethos, das niemandem helfen, dem ganzen Volke aber schaden und uns den Weg in eine bessere Zukunft verbauen würde.

Eine Wirtschaft, die Leistungen messen und vergleichen, ja, die Leistungssteigerung an die Spitze stellen muß, kann auf das Mittel der Preispolitik nicht verzichten. Ich meine hier Preispolitik im weitesten Sinne, die die Steuer- und Tarifpolitik, die Lohnpolitik, aber auch die Geld- und Kreditpolitik gedanklich mit einschließt. Auch hier ist wieder die Beziehungnahme auf die Währungsreform zwingend, denn die technische Aktion der Bereinigung der Geldverhältnisse bliebe Stückwerk, wenn sich auf neuer, gesunder Grundlage nicht ein wirklich organischer Ausgleich vollziehen könnte und die Ventile verstopft blieben, die uns die Reaktion auf fehlgeleitete private und staatliche Planung anzeigen. Der Preisstop bot den Deckmantel für eine bewußt ins Chaos treibende Staatspolitik. Der Preisstop erlaubte die Mißwirtschaft und die Ausbeutung aller arbeitenden Menschen, der Preisstop war folgerichtig der Wegbereiter jener staatlichen Zwangswirtschaft, die die politische Atmosphäre vergiftet, und die wir nicht verwässern, sondern beseitigen müssen, um auch wieder moralisch gesunden zu können. Wir mögen auch hier zur Vermeidung sozialer Härten für eine Übergangszeit noch gewisse Bindungen fortbestehen lassen, aber im Prinzip darf es auf diesem Gebiet keine Kompromisse geben, wenn die Währungsreform als ein dynamischer Prozeß erfolgreich zu Ende geführt werden soll. Die freie Preisbildung würde noch nicht einmal zu dem System einer Planwirtschaft in Widerspruch stehen, wenn die planende Behörde nur einsichtig genug ist, sich dem Votum des Marktes, und das heißt der Stimme des Volkes zu unterwerfen. Eine freie Preisbildung aber ist völlig unerläßlich, wenn sich ein freier Güteraustausch mit der übrigen Welt wieder auf fester, intervalutarer Grundlage manifestieren soll.

Nur unter dieser Betrachtung erscheint es auch sinnvoll, von nun an bis zum Vollzug der Währungsreform Preiskorrekturen dergestalt in die Wege zu leiten, daß die nach der Währungsreform für die Haushalte untragbaren Subventionen entfallen können, zugleich aber mindestens im Mittel eine innerbetriebliche Kostendeckung erreicht wird. Bei dieser Preisangleichung wird man zwar prinzipiell bestrebt sein, den mutmaßlichen Marktpreisen nahe zu kommen, aber der Rechenstift sichert auch hier keine volkswirtschaftlich richtige und sozial tragbare Preisfindung. Eine Fixierung auf der Kostengrundlage kann bei der unzureichenden Kapazitätsausnutzung als dann zweifellos überhöhter Preis so wenig in Frage kommen, wie andererseits auch eine zu niedrigere Festlegung untragbar erschiene, die trotz aller Anstrengungen kostenmäßig nicht erreicht werden könnte. Wir bewegen uns hier zwischen Grenzpunkten, deren absolutes Niveau noch durch die Lohnkosten und die Lohnpolitik entscheidend tangiert wird. Weil ich gewiß weiß, daß nach zwölfjähriger Geltung des Preisstops alle Preise in sich und ihren Relationen falsch sein müssen, kann es sich, von der neuen Preisbildung für Grundstoffe ausgehend, bei den eingeleiteten Aktionen nur um relativ rohe Preisangleichungen und Lohnkorrekturen handeln, während eine wirkliche Bereinigung dieses volkswirtschaftlich vielleicht wichtigsten Problems erst nach der Währungsreform möglich erscheint. Die Beziehung von Preisen und Löhnen wird das wahre Bild unserer ökonomischen und sozialen Situation entschleiern, aber es wird auch unsere Einsicht mehren, daß wir mit unseren Mitteln haushalten müssen, und daß unsere Bedrängnis nur durch vermehrte Arbeit und einen höheren Arbeitsertrag zu überwinden ist.

Auf dieser Ebene der Wirtschafts-, Sozial- und Finanzpolitik fällt die Entscheidung über die Beteiligung der einzelnen und der sozialen Gruppen am Sozialprodukt; demgegenüber können alle nachträglichen Kontrollen und Korrekturen durch subalterne Zuteilungsbeamte nur eine Störung der ökonomischen Ordnung mit sich bringen. Es zeigt sich im Hinblick auf die möglichen Alternativen der Wirtschaftspolitik ganz deutlich, daß die in sich widerspruchsvollen Elemente nicht nebeneinander fortbestehen dürfen. Man kann die Lebenshaltung nicht gleichzeitig durch die Lohn- und Einkommenspolitik und daneben noch durch die staatliche Gewährung der Ablehnung von Bezugsrechten steuern, sowenig nach der Währungsreform die Produktionswirtschaft einmal von der Güter- und gleichzeitig von der Geld- und Kreditseite her gelenkt werden kann. Auf solche Weise ergeben sich zwangsläufig Diskrepanzen, die entweder das widerspruchsvolle System ad absurdum führen oder aber neue, künstliche Eingriffe mit allen damit verbundenen nachteiligen Folgen erfordern. Um so notwendiger ist es, daß nach der Reform eine echte Koordinierung zwischen den wirtschaftspolitisch verantwortlichen Instanzen Platz greift und eine ständige Abstimmung der anzuwendenden Mittel sichergestellt wird. Die Errichtung einer eigens hierfür verantwortlichen Koordinierungsstelle, etwa in der Institution eines Währungsamtes, sollte sorgfältig geprüft, aber grundsätzlich ins Auge gefaßt werden.

Ich komme auf meine früheren Ausführungen zurück, in denen ich Währungsreform und Marshallplan-Hilfe als etwas untrennbar Zusammengehöriges bezeichnet habe und den besonders glücklichen Umstand hervorhob, daß wir nach der Bloßlegung unserer Not nicht vor einer fast ausweglosen Situation stehen, sondern dank dieser Unterstützung sofort den sicheren Weg eines planvollen Wiederaufbaues und der Gesundung beschreiten können. Planvoller Aufbau sei dabei nicht so gedeutet, als daß wir – wozu vielleicht die Lektüre der deutschen Vorschläge zu jenem Plan verleiten könnte – in ein enges und starres Schema der Mittelverwendung gepreßt werden. Es herrscht vielmehr auf allen Seiten Klarheit darüber, daß nach dieser Richtung weitgehende Freizügigkeit bestehen soll, wenn nur das Ziel – die wirtschaftliche Gesundung Deutschlands im Rahmen des europäischen Wiederaufbaues – verfolgt und erreicht wird. Daß es sich hierbei um keine Isolierung, nicht um die Schaffung eines sich selbst genügenden, sogenannten Großraumes handeln kann, dafür bürgt nicht allein die Überwindung der politischen Hysterie, sondern die Einsicht, daß jede künstliche oder bewußte räumliche Beschränkung auch den materiellen Erfolg begrenzen würde und darum auch nicht im Sinne der Marshallplan-Politik liegen kann. Die deutsche Geschichte beweist es im Guten und im Bösen, daß unser Schicksal von der Befriedung der Welt abhängt und unsere Wohlfahrt nur auf dieser Grundlage gedeiht. Wir sind uns deshalb sogar freudig unserer Verpflichtung und Verantwortung bewußt, uns nur als Teil eines größeren Ganzen zu fühlen und entsprechend zu handeln. Man wird aber auch umgekehrt Verständnis dafür haben, daß wir wenigstens einmal der drückendsten Sorgen ledig werden wollen, und daß wir erst mit zunehmender wirtschaftlicher Erholung in die Lage versetzt werden. von Empfangenden mehr und mehr auch zu Gebenden zu werden. Man mag berücksichtigen, daß die Marshallplan-Hilfe nicht nur in quantitativer, sondern auch in qualitativer Hinsicht für ein Land mit nur 40prozentiger Ausnutzung seiner Leistungskapazitäten etwas völlig anderes bedeuten muß als für die übrigen europäischen Nationen, deren Volkswirtschaften vor allem wegen der Zerreißung und Isolierung, aber auch wegen der Kriegseinflüsse zwar gestört und in gewisser Hinsicht auch verzerrt sein mögen, in ihrer gesamten Leistungskraft aber auf einem ungleich höheren Niveau verharren.

Mit solchen Betrachtungen möchte ich nicht den ewigen Nörglern und Querulanten recht geben, die bereits Rechenexempel anstellen, ob Deutschland im Rahmen der gesamten Mittel auch zureichend bedacht wurde, sondern ich möchte umgekehrt an das Pflichtgefühl meiner Mitbürger appellieren, nun alle Wenn und Aber zurückzustellen und jedem einzelnen vor Augen zu führen, daß es von seiner Leistung, von seiner physischen und geistigen, aber auch von seiner seelischen Kraftentfaltung abhängen wird, ob es uns gelingt, die uns gewährten materiellen Mittel durch Ausnutzung aller Energien zu vervielfältigen. Aus eins zehn zu machen, ist kein Hexen-Einmaleins, sondern die natürliche Aufgabe allen wirtschaftlichen Tuns. Wenn wir die Hilfe nur im Sinne eines Zuschusses zu unserem Konsumtionsfonds verstehen, dann kann uns auch nicht mit wesentlich höheren Beträgen, sondern überhaupt nicht geholfen werden. Wenn wir sie aber angesichts unserer erschöpften und ausgebluteten Volkswirtschaft als Grundlage zu neuem Beginnen nehmen, dann mag der Anstieg zwar noch immer steil und mühsam sein, aber wir haben dann doch wieder festen Boden unter den Füßen.

Das Bekenntnis zu unserem Willen und der Glaube an unsere Zukunft liegen abseits von optimistischen Spekulationen. Ich möchte sogar ausdrücklich vor Illusionen etwa solcher Art warnen, daß nach der Währungsreform mit Hilfe des Marshallplanes auch sogleich eine wirklich ausreichende Versorgung sichergestellt wäre. Die höhere Kraftentfaltung und die höheren Rohstoffeinfuhren können sich erst mählich in verbrauchsreife Güter umsetzen, und es mag durchschnittlich ein halbes bis dreiviertel Jahr vergehen, ehe die Früchte dieser Anstrengungen sichtbar werden. Bis dahin aber steht aus der nach der Reform leicht erzwingbaren Auflockerung heimischer Läger und dem laufenden Zustrom von Gütern aus alliierten Heeresbeständen eine immerhin fühlbare Verbesserung der Versorgung zu erwarten. Diese auf reale Tatbestände gestützte Voraussage hat also mit Prophetie nichts gemein und kann deshalb in voller Verantwortung gegeben werden. Der Erfolg wird um so früher, um so nachhaltiger und sicherer eintreten, je mehr Währungsreform und Marshallplan-Hilfe auch im zeitlichen Ablauf zusammenstimmen, und deshalb werde ich dieser Frage, soweit mein Einfluß reicht, auch besondere Aufmerksamkeit schenken.

Den mechanischen Ablauf der Ereignisse darüber hinaus vorweg bestimmen zu wollen, wäre ein müßiges Beginnen, weil hier eben nicht nur materielle Faktoren, sondern wesentlich auch Imponderabilien psychologischer und soziologischer Art ins Gewicht fallen. In erster Linie gehört dazu die nicht allein im Rationalen wurzelnde feste Überzeugung des deutschen Volkes, daß der Entfaltung seiner Kräfte zur Sicherung seiner Existenz nicht nur keine Schranken mehr gesetzt sein sollen, sondern daß man dieser friedlichen Arbeit sogar Förderung zuteil werden lassen will. Soweit dem widersprechende Regelungen noch bestehen, möchten wir deshalb hoffen dürfen, daß sich in der Folgezeit eine Angleichung im Geiste der Marshallplan-Politik vollziehen läßt.

Die Konstruktion dieses Planes läßt – und dieser Vorteil wird nur allzu leicht übersehen – nicht nur Warenimporte nach Deutschland fließen, sondern schafft auch die Grundlage für eine neue Kapitalausstattung. Der gesamte Einfuhrzuschuß in Höhe von rund $1^1/_4$ Milliarden Dollar schlägt sich mit dem Verkauf der Güter an deutsche Erzeuger oder Verbraucher in einem Fonds von mehreren Milliarden deutscher Währung nieder, der, soweit Kredite in Frage stehen, angesichts deren langfristigen Charakters zunächst nicht transferiert zu werden braucht. Wenn auch über Form und Art der Verwendung dieser Mittel noch keine Festlegungen getroffen sind, so ist deren Einsatz doch zwangsläufig nur innerhalb der deutschen Volkswirtschaft möglich, und es entspricht nur dem Charakter dieses Fonds, wenn er für produktive Zwecke Verwendung findet.

Ja, hier eröffnet sich geradezu ein Ausweg aus einer Bedrängnis. Wenn Sie sich daran erinnern, was ich Ihnen auf der einen Seite über die absolute Kapitalnot unserer Wirtschaft nach der Währungsreform, andererseits über die Notwendigkeit der Erhaltung und Verbesserung unseres Produktivkapitals berichtete, wenn Sie sich im Hinblick auf die vorgezeichnete Strukturumschichtung vergegenwärtigen, daß der große Sektor der Kapitalgüter- und Investitions-Industrie und der Millionen dort tätiger Menschen zu seiner Fortführung einer größeren Kapitalverfügung bedarf, dann kann dieser spezifische Vorteil der Marshallplan-Hilfe überhaupt nicht hoch genug veranschlagt werden. Er schließt in gewisser Hinsicht die Lücke, die einem erfolgreichen Aufbau entgegensteht. Er addiert nicht nur, sondern er akkumuliert die Umsetzung der materiellen Hilfe in produktive Kraft. Unsere Wirtschaftspolitik muß nur dahin zielen, daß diese Mittel nicht ausschließlich für ein paar große öffentliche Programme Verwendung finden, sondern daß durch geeignete Konstruktion auch der private Kapitalbedarf der Industrie, und hier vor allem auch wieder der kleineren und mittleren Betriebe, befriedigt wird. Nur auf solche Weise ist ein organischer Aufbau unserer Wirtschaft ohne soziologische Störungen und ohne neue Verzerrungen zu bewerkstelligen. Andere Verwendungsmöglichkeiten dieses Kapitalstocks, wie z. B. zum Ausgleich öffentlicher Haushalte, sind zwar theoretisch denkbar, würden aber den Erfolg des Planes schmälern und unsere Volkswirtschaft für die Zukunft nicht unerheblich belasten. Gerade aus diesem Grunde kommt dieser Frage eine so große wirtschaftspolitische Bedeutung zu, daß ich mich zu breiterer Behandlung verpflichtet fühlte.

Die Ein- und Ausfuhrbilanz bewegt sich für unser Wirtschaftsgebiet im ersten Marshallplan-Jahr auf der Höhe von knapp zwei Milliarden Dollar, wovon rund 700 Millionen Dollar durch unsere Exporte abgedeckt werden sollen. Von ihnen wieder entfällt rund die Hälfte auf Grundprodukte, wie Kohle, Holz, Schrott und dergleichen, während ein etwa gleich großer Betrag die Ausfuhr von Fertigwaren und die Hingabe von Dienstleistungen betrifft. Alle Anstrengungen werden darauf zu richten sein, das Schwergewicht unserer Ausfuhr in den folgenden Jahren immer mehr auf den Export deutscher Veredelungsarbeit zu legen, obwohl sich schon heute ganz deutlich erweist, daß wir hier vor unüberwindlichen Schwierigkeiten stehen, wenn nicht in aller Kürze die deutschen Vorschläge zur Erleichterung der Ein- und Ausfuhr Anerkennung und Anwendung finden.

Die Hoffnung auf Überwindung dieser Hemmnisse ist, weil diese in der Wirkung dem Geist des Marshallplanes zuwiderstehen würden, nach meiner Überzeugung wohl berechtigt.

Bei unserem Export muß an die Stelle einer vorherigen Genehmigung eine nachträgliche Kontrolle der Devisenablieferung treten. Bei der Einfuhr soll die Importlizenz zu einer Devisengenehmigung in der Weise umgestaltet werden, daß die Außenhandelsbanken an Stelle der Joint Foreign Exchange Agency Akkreditive stellen dürfen. Eine starke Einflußnahme deutscher Behörden und Kaufleute beim Abschluß zweiseitiger Handelsabkommen und deren großzügigere Handhabung und Erweiterung auch auf sogenannte non essential goods wird unerläßlich sein, wenn die gewünschte enge Verflechtung und Ergänzung der Volkswirtschaften Wirklichkeit werden soll. So sehr im Grundsatz multilaterale Abkommen bilateralen vorzuziehen sein mögen, so zwingen uns doch heute mannigfache Störungen, besonders solche währungspolitischer Art, das theoretisch primitivere Verfahren auf. Was endlich den Umrechnungskurs anbetrifft, über den gerade in der letzten Zeit so viel diskutiert wurde, möchte ich sagen, daß die Relation von RM 1,– gleich 30 Cents auch nur als eine Übergangslösung zu werten ist. Die Fixierung eines einheitlichen Kurses erachte ich als einen Fortschritt. Aber ich bin sicher, daß dieser mit der Veränderung unseres heimischen Preisniveaus ebenfalls Revisionen unterliegen wird, und daß wir angesichts der Ungeklärtheit der preispolitischen Verhältnisse auch auf den Weltmärkten mit der Stabilisierung der deutschen Währung nicht sofort daran denken können, den dann geltenden Umrechnungskurs zu einem echten Wechselkurs auszugestalten und diesen mit den herkömmlichen Mitteln zu manipulieren. Auch in dieser Sphäre wird sich der deutsche Wiederaufbau nur stufenweise vollziehen lassen, aber jeder Schritt vorwärts wird uns größere Klarheit und Sicherheit bringen.

Es ist interessant, daß die Vorschläge für einen deutschen Wechselkurs außerordentlich stark voneinander abweichen, wenn es auch verständlich ist, daß nach der jeweiligen Interessenlage andere Berechnungen vorgenommen werden. Meist wird indessen dabei vergessen, daß wir nicht nur Export- sondern auch Importinteressen haben, und daß zwischen diesen beiden ein Ausgleich gefunden werden muß. Vor allem aber haben wir die Vorstellung zu überwinden, daß der Umrechnungs- oder Wechselkurs ein handelspolitisches Instrument und dazu ausersehen sei, die Wirkungen ökonomischer Tatbestände durch Rechenkunststücke zu verändern oder sogar zu beseitigen. Es gibt nach meiner Überzeugung trotz der Schwierigkeit seiner Fixierung nur einen richtigen Wechselkurs, der in Anlehnung an den Preisstandard zweier Länder einen möglichst organischen Ausgleich echter Äquivalente gestattet und fördert. Jedes andere Prinzip verfälscht den Gedanken des ehrlichen Tausches und kann nur zur Störung des Außenhandels und der internationalen Beziehungen überhaupt führen.

Lassen Sie mich endlich zusammenfassen: Ich bin mir bewußt, Ihnen ein Programm nur in großen Zügen vorgetragen und dabei vielleicht manches nicht gesagt zu haben, das für Sie zu wissen wünschenswert gewesen wäre. Seien Sie dann, bitte, davon überzeugt, daß dem keine Absicht zugrunde gelegen hat, daß ich auf jede Ihrer Fragen freimütig zu antworten bereit bin. Wenn mir auch rein verwaltungsmäßig die Betreuung von Industrie, Handel und Handwerk obliegt, so fasse ich doch gerade in wirtschaftspolitischer Beziehung meine Aufgabe als wesentlich weiter gesteckt auf und fühle mich dafür verantwortlich, daß die von mir verfolgten Ziele nicht im Sinne einer Interessenpolitik nur einzelnen Schichten zugute kommen, sondern der Wohlfahrt des ganzen Volkes dienen. Aus diesem Grunde erstrebe ich auch die engste Zusammenarbeit mit den Vertretungen sowohl der Arbeitgeber als auch der Arbeitnehmer, und ich bin immer bemüht, diese in Entscheidungen meines Amtes paritätisch einzuschalten. Je rascher es mir nach Maßgabe der äußeren Umstände gestattet ist, jenen Selbstverwaltungsorganen wirtschaftliche Funktionen zu übertragen, und je mehr die Wirtschaftsverwaltung selbst sich auf ihre ureigene Domäne der Wirtschaftspolitik beschränken kann, desto glücklicher werde ich sein, und desto glücklicher werden wir auch die Entwicklung nennen können.

Der Dualismus zwischen zentralistischer und föderativ gegliederter Wirtschaft wird solange nicht zu beseitigen sein, als uns aus dem äußeren Zwang der Verhältnisse die Anwendung des derzeitigen Bewirtschaftungssystems in seinen Formen vorgeschrieben ist. Solange wird aus der Natur der Sache heraus trotz aller gegenläufigen Tendenzen und Widerstände das zentralistische Prinzip immer obsiegen müssen, weil die dezentralisierte Planwirtschaft einen Widerspruch in sich selbst bedeutet. Wer in staatspolitischer Hinsicht den föderativen Aufbau verwirklicht sehen möchte – und zu diesem Grundsatz bekenne ich mich selbst –, der kann in wirtschaftspolitischer Hinsicht nicht die Planwirtschaft wollen, ohne sich selbst zu widersprechen. Das Problem „Föderalismus oder Zentralismus" wird jedoch nach der wirtschaftspolitischen Seite hin nicht mehr die Geister zu beherrschen brauchen, wenn mit der Neuordnung der Währung die Einflußnahme des Staates auf die Wirtschaft sich nur noch in den von mir vorgezeichneten Grenzen vollzieht.

Heute droht uns die Wirtschaft wieder einmal zum Schicksal zu werden. Diese These ist immer Ausdruck der Not, aber sie darf nicht anerkannter Grundsatz sein. So wie der einzelne Mensch des physischen Lebens bedarf, um jene geistigen und seelischen Kräfte entfalten zu können, die ihn erst zum Menschen werden lassen, so bedürfen auch ein Volk und seine Volkswirtschaft der materiellen Sicherung, aber sie bedürfen dieser auch nur als der Grundlage zur Erreichung außerökonomischer, höherer Ziele, deren Setzung der Staatspolitik obliegt. Ihr Vorrang ist unbestritten.

Ihnen als den berufenen Vertretern unseres Volkes einen Weg in eine neue Zukunft aufzuzeigen, in unserem Volke noch einmal den Glauben zu wecken, daß es nicht nur fatalistisch hoffen, sondern zuversichtlich an eine Wende glauben darf, wenn wir gemeinsam alle Energien auf dieses eine Ziel des zu neuer Wohlfahrt Gesundenwollens hinlenken, das sah ich vor den entscheidenden Ereignissen dieses Jahres 1948 als meine Aufgabe an. Wir glauben nicht an Wunder und dürfen solche auch nicht erwarten. Umso größer aber ist die Gewißheit, daß die ausschließlich friedlichen Zwecken und nur der Mehrung der sozialen Wohlfahrt zugewandte Arbeit eines fleißigen Volkes in enger Gemeinschaft mit der übrigen Welt Früchte zeitigen und es aus seiner Not erlösen wird. Aus rauher Gegenwart eröffnet sich ein versöhnlicher Ausblick in eine für unser Volk wieder glücklichere Zukunft.

DER NEUE KURS

[Rundfunkansprache am 21. Juni 1948]

Am 2. Juni 1948 beschließt die Londoner West-Konferenz, „dem deutschen Volk die Möglichkeit zu geben, auf der Basis einer freien und demokratischen Regierungsform die schließliche Wiederherstellung der gegenwärtig nicht bestehenden Einheit Deutschlands zu erlangen". Hierfür sollen die Ministerpräsidenten der westdeutschen Länder eine verfassunggebende Versammlung einberufen.
Am gleichen Tage erklärt Ludwig Erhard auf einer Pressekonferenz in Frankfurt zur inneren Lage: Die staatliche Bewirtschaftung sei völlig zusammengebrochen. Eine Währungsreform müsse für echte Arbeit auch wieder echten Lohn bringen. Endlich am 16. Juni: Proklamation der drei westlichen Militärregierungen über die Durchführung einer Währungsreform in den drei West-Zonen. 20. Juni: In den drei West-Zonen beginnt die Ausgabe der D-Mark, teils mit Hoffnung, teils noch mit Skepsis aufgenommen. Alles kommt jetzt darauf an, im deutschen Volk Vertrauen zur neuen Währung zu wecken und dem Geld wieder seine eigentliche Funktion zu geben. Hierfür appelliert der Direktor der Verwaltung für Wirtschaft an die Deutschen in den westlichen Besatzungszonen:

Nach den seelischen Spannungen der letzten Tage hat nun wieder der Alltag von uns Besitz ergriffen. Das deutsche Volk ist heute ruhig und besonnen an seine Arbeit gegangen, und ich glaube, es werden wenige darunter gewesen sein, die sich dabei nicht mit einem Gefühl der Befreiung bewußt geworden sind, daß erst mit diesem Tag der Spuk jener Massenhysterie von uns abgefallen ist, die uns auch diesen tollen Finanzschwindel der preisgestoppten Inflation beschert hatte. Von diesem Rausch ernüchtert, erkennen wir erst recht deutlich, wie hart am Abgrund wir gewandert sind, und wie hohe Zeit es war, mit der Einführung unserer neuen Währung wieder den Pfad der Ehrlichkeit und der Wahrhaftigkeit zu beschreiten.

Nachdem in den letzten Tagen führende Staatsmänner und Politiker das Geschehen gewürdigt haben, möchte ich nun meinerseits als Fachmann, der allein ich auch in meinem Amt sein will, zu Ihnen sprechen, um Ihnen verständlich zu machen, warum wir nach meiner Überzeugung der neuen Währung Vertrauen schenken können, und warum die entschiedene Abkehr vom Prinzip der staatlichen Zwangswirtschaft Voraussetzung des Gelingens der Reform und unserer wirtschaftlichen Gesundung überhaupt ist. Um die Erreichung dieses Zieles sicherzustellen, hat mir der Wirtschaftsrat auf dem Gebiete der Bewirtschaftung und der Preispolitik im Rahmen gesetzlich verankerter Leitsätze Vollmachten eingeräumt, die bis Ende dieses Jahres befristet sind. Diese Vollmachten sind von einem Teil der Presse als eine Art Ermächtigungsgesetz ausgelegt worden, sie geben damit naturgemäß Anlaß zu staatspolitischen Betrachtungen. Von keiner Partei ist indessen die Notwendigkeit zur Erteilung einer solchen Vollmacht bestritten worden, so daß lediglich die Frage der parlamentarischen Kontrolle und Verantwortung zur Diskussion steht. Ich selbst habe der Einsetzung eines mit diesen Funktionen betrauten Ausschusses bereitwillig zugestimmt und enge und vertrauensvolle Zusammenarbeit mit den Vertretern aller Parteien zugesagt. Diese Bereitwilligkeit galt umso uneingeschränkter, als mir die Erfahrung immer wieder bestätigt, daß unter der Last unmittelbarer persönlicher Verantwortung in sachlichen Fragen zwischen ernsten Männern immer eine Einigung zu erzielen ist. Wenn diese Vollmacht aber einen Sinn haben sollte, dann mußte sie ihrer Zwecksetzung gemäß auf jegliche Reaktionen der Wirtschaft schnellstes Handeln ermöglichen und durfte nicht an Mehrheitsbeschlüsse oder sogar Minderheitsvoten mit aufschiebender Wirkung gebunden sein. Es durfte keine Regelung Platz greifen, die den verantwortlichen Direktor einer Verwaltung durch ein parlamentarisches Direktorium der Möglichkeit der Verantwortungsübernahme beraubt und dazu noch den Ablauf der Geschäfte lähmt. Diese gleiche Auffassung der Mehrheit des Wirtschaftsrates besagt nicht, daß der jetzt auch eingesetzte parlamentarische Ausschuß von mir getroffene Entscheidungen widerspruchslos gutheißen müßte und daß ihm nicht in letzter Instanz die Anrufung des Wirtschaftsrates zur Vornahme von Korrekturen mit allen sich daraus für mich ergebenden Konsequenzen übrig bliebe. Wie ich überzeugt bin, wird es dahin nicht kommen, denn ich bin mir in dieser ernsten Stunde der Verantwortung vor unserem Volke nur zu sehr bewußt, und dieses Gefühl des Eingespanntseins in ein unlösbar gemeinsames Schicksal drängt mich auch, zu Ihnen allen zu sprechen und Ihnen von nun an fortlaufend über den Stand der Ereignisse, über meine Sorgen und Erwartungen zu berichten. Auf diese Weise glaube ich zugleich auch am besten die demokratischen Rechte unseres Volkes zu achten und mich im Guten und Bösen seinem Votum zu unterwerfen. Nicht um die Gunst des Volkes zu buhlen, nicht überhaupt weil es um meine Person, sondern um das Vertrauen zur Sache geht, muß ich hier klar stellen, daß ich persönlich keinerlei Besitzinteressen zu verteidigen habe und damit entgegen mancherlei Verdächtigungen in der Vertretung eines marktwirtschaftlichen Prinzips nicht die Interessen des sogenannten Besitzbürgertums im Auge habe, sondern ausschließlich dem Wohle unserer Wirtschaft – und das heißt wieder der breiten Masse unseres Volkes – dienen und nützen will.

Ich appelliere nicht an einen dumpfen, nebelhaften Glauben, nicht an das Wunder der Unvernunft, wenn ich unser Volk in seinem Vertrauen zu unserer neuen Währung bestärken möchte, sondern ich appelliere gerade umgekehrt an den gesunden Sinn, die Einsicht und die Erkenntniskraft von Ihnen allen, wenn ich Ihnen vor Augen führe, daß eine Gefahr für die Stabilität des neuen Geldes nicht bestehen kann, wenn wir uns nur einer geordneten öffentlichen Haushaltführung befleißigen und durch eine ebenso geordnete Geld- und Kreditpolitik dafür Sorge tragen, daß die Übereinstimmung von Güterproduktion und Kaufkraftbildung gewahrt bleibt. Das aber liegt nicht im Bereich des Zufalls; dazu gehört nicht Glück, sondern einzig und allein der feste Wille, nach den Grundsätzen einer geordneten Währung zu handeln. Da Volkseinkommen und Sozialprodukt so gesehen nur verschiedene Betrachtungsweisen des gleichen wirtschaftlichen Vorgangs sind, materiell aber dasselbe beinhalten, bedeutet es eine völlige Illusion, an die Möglichkeit einer generellen Preissteigerung zu glauben. Wo aber durch eine Massierung der Nachfrage auf bestimmte Bedarfe, wie z. B. Bekleidung oder Schuhwerk, partielle Preiserhöhungen zu befürchten sind, ist durch die Verbrauchsregelung und andere Eingriffsmöglichkeiten die Gefahr gebannt. Und wenn darüber hinaus noch vorbeugende und kontrollierende Maßnahmen die Entstehung kartell- und monopolartiger Preisbildungen unmöglich machen sollen, dann darf der weiteren Entwicklung auf preispolitischem Gebiet mit Ruhe und Zuversicht entgegengesehen werden.

Ich bin sogar der festen Überzeugung, daß sich mit der Konsolidierung unserer Wirtschaft gerade umgekehrt die preissenkenden Tendenzen durchsetzen werden, und auch das läßt sich wieder logisch begründen. Wenn die Währungsreform, wie sich sehr bald zeigen wird, allerorts höhere Energien auslöst, und die beschränkte Kaufkraft mit dem dann einsetzenden Kampf um den Kunden die Betriebe zu höchster Rationalität und zu Kosteneinsparungen auf allen Gebieten zwingt, wenn endlich als Folge steigender Rohstoffeinfuhren auch mit höherer Kapazitätsausnutzung der Betriebe zu rechnen ist, dann müßte es geradezu als ein Wunder bezeichnet werden, wenn die Preise diesem Druck nach unten nicht nachgeben sollten. An Wunder aber vermag ich gerade im Bereich der Wirtschaft nicht zu glauben, und deshalb erachte ich es geradezu als ein soziales Gebot, im Grundsätzlichen mit der Auflösung von Preisbindungen aller Art dem Wettbewerb und der daraus resultierenden Preissenkung Raum zu geben. Diese Zusammenhänge sind so klar, daß sie von jedem verstanden werden können, der die Welt nicht durch die Brille des Dogmas sehen will. Ebenso eindeutig ist die sich daraus ergebende Konzequenz, daß die Aufrechterhaltung des Preisstops in einer solchen Lage nur den Unternehmern dient, die – aus welchen Gründen auch immer – mit überhöhten Kosten, d. h. also unwirtschaftlich, arbeiten und ihre künstliche Existenzerhaltung durch den Staat in Form einer überteuerten Lebenshaltung nur dem vermeidbaren Opfer der arbeitenden Bevölkerung verdanken. Diesen Luxus kann sich eine arme und bedrängte Volkswirtschaft aber wahrlich nicht leisten. Aus den gleichen Gründen kann auch die Übersetzung des Handelsapparates keinen Bestand haben. Ich spreche also ganz bestimmt nicht für die Masse der Unternehmer, die sich in der Zwangswirtschaft als Staatsrentner teilweise ganz wohlgefühlt haben, sondern ich spreche nur für die Tüchtigen unter ihnen, und ich spreche im besonderen wieder für die Masse unseres Volkes, wenn ich hier – allerdings bewußt – den Grundsatz vertrete, daß die unbedingt notwendige Auslese dann nicht nach irgendwelchen schematischen Regeln, sondern nur nach dem Leistungsprinzip erfolgen darf. Die höhere Leistung auf allen Gebieten der wirtschaftlichen Betätigung ist unerläßlich, wenn wir nicht in der Armut versauern und uns im Ringen um die spärlichen Bissen gegenseitig zerreißen und uns das Leben vergällen wollen; die höhere Leistung ist aber auch deshalb notwendig, weil eine sich auf gesunder Grundlage ausweitende Volkswirtschaft Störungen gegenüber viel weniger anfällig ist und darum am meisten zur Sicherung der Währung beiträgt.

Charakteristischerweise hat bei den Diskussionen der letzten Zeit die Frage der sogenannten Deckung unserer neuen Währung überhaupt keine Rolle gespielt, und ich glaube, daß dem mehr als der zwangsläufige Verzicht auf eine materielle Fundierung zugrunde liegt. Diese Überzeugung möchte ich darum bekräftigen, denn so wertvoll ein Goldbestand sein kann, wenn es sich um die intervalutäre Manipulierung der Wechselkurse handelt, sowenig wird doch die Stabilität und der innere Wert einer Valuta von dieser Deckung berührt. Wir haben zwar schon in der Nazizeit gehört, daß die Stabilität des Geldes auf der Arbeit der Nation beruhe, aber das war eben nur eine halbe Wahrheit und darum eine Lüge. Unbestreitbar richtig ist, wie auch meine vorstehenden Ausführungen über den Zusammenhang von Volkseinkommen und Güterproduktion besagen, daß die laufend entstende Kaufkraft unseres Volkes nur durch die laufende Arbeit bzw. das Produkt der Arbeit abgedeckt und befriedigt werden kann, und daß darum ein Volk nur wirtschaftlich nützliche und gesellschaftlich anerkannte Arbeit leisten darf. Ich wüßte aber keine Wirtschaftsform, in der diese Forderung bessere Erfüllung findet, als eben in der Marktwirtschaft, in der jeder einzelne auf Gedeih und Verderb von der Gnade des Verbrauchers abhängig ist, und die darum im Gegensatz zu allen Formen der Staatswirtschaft den besten Schutz gegen den Mißbrauch der ehrlichen Arbeit eines Volkes bietet. Die sichere Gewähr für die Stabilität unserer neuen Währung besteht also darin, daß wir unsere Arbeit gesellschaftswirtschaftlich sinnvoll anwenden wollen. Wenn wir aber so handeln, ist unsere Sorge unberechtigt.

Wenn Sie das alles zusammenfassen, dann mögen Sie auch erkennen, daß in Ihrem wohlverstandenen eigenen Interesse keine Notwendigkeit besteht, sich neu erworbener Kaufkraft sofort wieder zu entäußern, aber ich bitte Sie ausdrücklich, versichert sein zu wollen, daß sich hinter solchem Ratschlag keine geheimnisvollen Gründe verbergen. Wenn Sie erwogen haben, ob es nicht vorteilhafter sein könnte, morgen billiger, vielleicht sogar besser zu kaufen, dann soll die Freiheit der Entscheidung bei Ihnen selbst liegen, und ich möchte sogar im Hinblick auf die Notwendigkeit der Sparkapitalbildung für unsere Volkswirtschaft darauf verzichten, die Freizügigkeit jedes einzelnen auch nur durch verbrämte kategorische Imperative einzuschränken. Aus dem gleichen Grunde bin ich ein Feind des Zwangsspargedankens und möchte es auch in dieser Beziehung in Ansehung der steuerlichen Vergünstigungen unserem Volke nach Maßgabe seiner eigenen vorsorgenden Überlegungen selbst überlassen, welchen Gebrauch es von seinem Einkommen machen will.

Es soll und muß nur dabei wissen, daß sich der Übergang zu einer neuen wirtschaftlichen Ordnung leichter vollziehen läßt, daß die Gefahren einer Arbeitslosigkeit geringer sind, wenn durch ein entsprechendes Spar- und Kapitalbildungsvolumen Beschäftigungseinbrüche in den Sektoren der Kapitalgüterindustrie und der Investitionswirtschaft vermieden werden können. Wenn ich dazu noch sage, daß die Steigerung der Leistungsergiebigkeit unserer Volkswirtschaft wesentlich von der Fortentwicklung unserer sachlichen Produktivkräfte abhängt, und daß wir, um den Anschluß an den Leistungsgrad der Welt zu finden, auf die Pflege unseres Sachkapitals nicht verzichten können, dann mag trotz der gerade von mir immer wieder betonten und anerkannten Dringlichkeit der Bedarfsdeckung der Erwartung eines wieder wirtschaftlichen Verhaltens jedes einzelnen von uns Ausdruck gegeben werden.

Ich gestehe frei, daß mir die Kreditversorgung unserer Wirtschaft trotz der Gewährung von Übergangshilfen ernste Sorge bereitet. Gleichwohl aber erachte ich die reinigende Kraft einer leichten Deflation für unerläßlich, um neben der dadurch erzwingbaren Auflösung der Hortungsläger auch von dieser Seite her die Unternehmungen zu höchster Rationalität zu zwingen. Es wird nur alles darauf ankommen, diese Strömung rechtzeitig, d. h. also vor einer Schrumpfung der Volkswirtschaft, durch entsprechende Kreditmaßnahmen abzufangen, aber ich möchte auch gewiß sein, daß das gelingen wird. Meine Besprechungen mit den Sachverständigen der Militärregierung haben dort eine gleiche Auffassung erkennen lassen, und so dürfte auch dieses vielleicht schwierigste Problem eine erfolgreiche Lösung finden. Es wird von deutscher Seite auch alles getan werden, um den sich in neuer Deutscher Mark niederschlagenden Kapitalfonds aus den Marshallplan-Einfuhren in Form mittel- und langfristiger Kredite produktiver Verwendung in unserem Lande zuführen zu können und die dafür notwendigen Einrichtungen raschestens aktionsfähig zu gestalten. Hier bleibt zwar noch vieles zu tun übrig, aber das deutsche Volk mag die Überzeugung hegen, daß die Probleme, die seine Sorgen ausmachen, wohl in vollem Umfange erkannt sind und daß in den Grenzen der deutschen Verantwortung nichts unterlassen werden wird, um in der ferneren Entwicklung den anfallenden Aufgaben gewachsen zu sein. Es wird vor allem wieder das alte Instrument des Handelswechsels zum hervorstechendsten Finanzierungsmittel für den kurzfristigen Betriebskredit werden müssen. Wenn wir uns auch in der scheinbaren Geldüberfülle dieser Finanzierungsform nahezu völlig entwöhnt haben und damit in der Handhabung gewisse Gefahren verbunden sind, so bedeutet doch die Reaktivierung des Warenwechsels einen bedeutsamen Schritt auf dem Wege zu einer gesunden Finanzgebarung, und ich möchte darum hoffen, daß die Hemmungen, sich seiner zu bedienen, im Interesse unserer Volkswirtschaft bald überwunden sein werden.

Die Verwaltung für Wirtschaft hat bereits am gestrigen Tage von dieser Stelle aus Freigaben von verschiedenen Gebrauchs- und Verbrauchsgütern aus der Bewirtschaftung verkündet, und es sind alle Vorbereitungen getroffen, die Zügel der Bewirtschaftung noch lockerer zu gestalten. Die Resonanz, die dieser Übergang zu freieren Formen der Wirtschaft in unserem Volke gefunden hat, beweist nur, wie gründlich satt es dieser staatlichen Bevormundung ist und wie befreiend unser Volk die ihm zurückgegebene Möglichkeit der selbstverantwortlichen Gestaltung seines Schicksals empfindet. Wir waren auf dem besten Wege, die Demokratie zu Tode zu kommandieren und die demokratischen Grundrechte unseres Volkes zu einer Schimäre werden zu lassen. Erst wenn diese Rechte wieder Ausdruck finden in einer freien Berufswahl, in der freien Wahl des Arbeitsplatzes und vor allem in der Freiheit des Konsums, können wir erwarten, daß das deutsche Volk an der politischen Gestaltung seines Schicksals wieder aktiven Anteil nimmt. Aus dieser gleichen Überlegung heraus habe ich dem Wirtschaftsrat ein Gesetz vorgelegt, das die Auflockerung und Beseitigung der Gewerbebeschränkungen zum Gegenstand hat, und das von dem Willen beseelt ist, den Menschen, insbesondere den Flüchtlingen, denen sofortige materielle Hilfe in hinreichendem Maße nicht gewährt werden kann, ungestört von kleinlichen und egoistischen Lokalinteressen wenigstes den Aufbau einer neuen Existenz zu ermöglichen. Der deutsche Staatsbürger wird erst dann wieder zu seiner Würde zurückfinden und sich aus innerem Erleben zur Demokratie bekennen können, wenn er in keiner Amtsstube mehr den Rücken zu krümmen braucht. Ihm dazu zu verhelfen, werde ich als meine vornehmste Aufgabe ansehen.

Wenn in den nächsten Tagen von meinem Amt Preisanordnungen im Sinne der Freigabe von Preisbindungen ergehen werden, so glaube ich nun nicht mehr befürchten zu müssen, daß solche Maßnahmen als Mittel zur Förderung der Unternehmerinteressen und als gegen das Wohl der arbeitenden Bevölkerung gerichtet gewertet werden. So gewiß ich auch dessen bin, daß die von mir erwartete Preissenkung Platz greift, so werde ich doch die Entwicklung in unserer Wirtschaft sorgfältig überwachen. Ich werde alle geeigneten Institutionen einschalten, um über die diesbezüglichen Vorgänge im Lande unterrichtet zu sein und notfalls sofort Abhilfe schaffen zu können.

Ich möchte das freie Unternehmertum auf den Ernst dieser Stunde hinweisen und es mahnen, aus den vermeintlichen Chancen eines Augenblicks nicht eine das Gesamtwohl schädigende Nutzanwendung zu ziehen. Diese kurzsichtige Politik eines kleinen Krämergeistes müßte sich bitter rächen, und darum rufe ich auch die Selbstverwaltungsorgane der Wirtschaft, die Kammern und Verbände auf, im Kreise ihrer Mitglieder Verständnis dafür zu wecken, daß die Stunde der Bewährung gekommen ist, und daß uns nur wieder der Rückfall in irgendeine Form der staatlichen Befehlswirtschaft droht, wenn sich die Wirtschaft der Aufgabe nicht gewachsen und des Vertrauens nicht würdig zeigt. Ich bin guten Mutes, daß das Werk gelingen wird, aber ich bin mir unter der Bürde der Verantwortung auch der Schwere des guten Vollbringens bewußt. Alle Maßnahmen werden mit ruhigem Bedacht und auf das sorgfältigste geprüft werden. Aber ich werde, solange ich des Vertrauens des Wirtschaftsrates und des deutschen Volkes gewiß sein kann, diesen Weg der Auflösung der Zwangswirtschaft auch mit Mut und Entschlossenheit gehen.

Ich habe keinen politischen Ehrgeiz, und am wenigsten einen solchen parteipolitischer Art. Wenn ich die mir erteilte Vollmacht wieder in die Hände des Wirtschaftsrates zurücklege, will ich glücklich und dankbar sein, wenn es mir vergönnt war, alle Fährnisse überwunden und zu meinem Teil dazu beigetragen zu haben, daß auch unser Volk, auf gesunder wirtschaftlicher Grundlage arbeitend, wieder ein Stück von jener irdischen Lebensfreude empfinden darf, ohne das es verkümmern und verderben müßte.

MARKTWIRTSCHAFT IM STREIT DER MEINUNGEN

*[Rede vor dem 2. Parteikongreß der CDU der britischen Zone
am 28. August 1948 in Recklinghausen]*

*Die Wochen nach der Währungsreform, mit der gleichzeitig durch das
„Gesetz über Leitsätze für die Bewirtschaftung und Preispolitik nach
der Geldreform" vom 24. Juni 1948 die grundsätzliche Abkehr von
der Zwangswirtschaft vollzogen wurde, gehören zu den turbulentesten
Epochen der deutschen Wirtschaftsgeschichte. Die Ereignisse dieser Zeit
stellten die Marktwirtschaft gleichsam wenige Stunden nach ihrem
Start vor die denkbar härteste Belastungsprobe. Eine lange Jahre hindurch aufgestaute Konsumnachfrage und ein in allen Branchen der
Wirtschaft fast unbegrenzter Nachhol- und Ersatzbedarf drängten mit
ungestümer Gewalt auf die von den gröbsten Fesseln der Bewirtschaftung befreiten Märkte. Der Geldumlauf in neuer Währung war mit
der Zuteilung der sogenannten Kopfquoten, der Umstellung von
Reichsmark-Spareinlagen und mit der Anfang August erfolgten Aufhebung des Verbots der Gewährung von Kontokorrentkrediten sprunghaft gestiegen. Zwar nahm auch das Angebot aus Produktion und
Lagerbeständen kräftig zu, es reichte aber wegen ungenügender Im-
portmöglichkeiten nicht aus, um diese Nachfrage befriedigen zu können.
Stärkere Preissteigerungen waren um so weniger zu vermeiden, als
zugleich eine Reihe kostenerhöhender Faktoren wirksam wurden.
Solche Anpassungsschwierigkeiten und die auf einzelnen Märkten auf-
getretenen Störungen legten Gegner voreilig als Versagen der neuen
Wirtschaftsordnung aus. Von vielen Seiten wurde die Rückkehr zur
Bewirtschaftung gefordert, wobei an gehässigen und demagogischen
Argumenten nicht gespart wurde.
Ludwig Erhard antwortete den Gegnern seiner Wirtschaftspolitik in
einer Rede vor dem CDU-Parteikongreß der britischen Zone:*

Mit der wirtschaftspolitischen Wendung von der Zwangswirtschaft hin
zur Marktwirtschaft haben wir mehr getan, als nur eine engere wirtschaftliche Maßnahme in die Wege geleitet; wir haben damit unser gesellschaftswirtschaftliches und soziales Leben auf eine neue Grundlage und vor einen
neuen Anfang gestellt. Wir mußten abschwören der Intoleranz, die über
die geistige Unfreiheit zur Tyrannei und zum Totalitarismus führt. Wir
mußten hin zu einer Ordnung, die durch freiwillige Einordnung, durch
Verantwortungsbewußtsein in einer sinnvoll organischen Weise zum Ganzen strebt. Anstelle eines seelenlosen Kollektivismus, der unser Volk in

die Not und in das Elend der Vermassung brachte, mußten wir hin zu einem organisch verantwortungsbewußten Staatsdenken.

Diese Freiheit bedeutet nicht Freibeutertum, und sie bedeutet nicht Verantwortungslosigkeit, sondern sie bedeutet immer verpflichtende Hingabe an das Ganze. Nicht der sinn- und seelenlose Termitenstaat mit seiner Entpersönlichung des Menschen, sondern der organische Staat, gegründet auf die Freiheit des Individuums, zusammenstrebend zu einem höheren Ganzen, das ist die geistige Grundlage, auf der wir eine neue Wirtschaft, eine neue gesellschaftliche Ordnung aufbauen wollen. Die Dinge liegen nicht so einfach, als daß durch den scheinbaren Dualismus hier Planwirtschaft, dort Marktwirtschaft tatsächlich die ganze Problematik umrissen wäre. Die Planwirtschaft führt nach allen historischen Erfahrungen und nach allen logischen Überlegungen über gewisse Zwischenstadien mit Sicherheit zuletzt immer zur Zwangswirtschaft, während die Marktwirtschaft völlig falsch ausgedeutet wäre, wenn man ihr etwa Planlosigkeit vorwerfen würde. Ich glaube, in diesen letzten acht oder zehn Wochen seit der Währungsreform ist mehr geplant, das heißt mehr planende Vorsorge und mehr planende Vorausschau geleistet worden, als in den zurückliegenden Jahren der Zwangswirtschaft.

Die Planwirtschaft mündet immer darin, daß das einzelne Individuum als Erzeuger und als Verbraucher unter die Knute des Staates – nein, vielmehr noch unter die Knute einer seelenlosen Bürokratie – gezwungen wird. Der einzelne Staatsbürger wird entwürdigt und gedemütigt. Er fühlt immer nur die Kandare im Maule, sie mußte abgelöst werden durch eine Marktwirtschaft, die nichts zu tun hat mit den Schlagworten, die ihr angeheftet werden und die aus der Rumpelkammer des Liberalismus stammen. Nicht die freie Marktwirtschaft des liberalistischen Freibeutertums einer vergangenen Aera, auch nicht das „freie Spiel der Kräfte" und dergleichen Phrasen, mit denen man hausieren geht, sondern die sozial verpflichtete Marktwirtschaft, die das einzelne Individuum wieder zur Geltung kommen läßt, die den Wert der Persönlichkeit oben an stellt und der Leistung dann aber auch den verdienten Ertrag zugute kommen läßt, das ist die Marktwirtschaft moderner Prägung.

Wenn das Geschehen der letzten zehn Wochen einer Betrachtung unterzogen wird und wir rückblickend leidenschaftslos überprüfen wollen, ob der eingeschlagene Weg der richtige war oder ob er tatsächlich soviele Gefahren und soviele Störungen mit sich gebracht hat, wie ihm heute angedichtet werden, dann wollen wir einmal feststellen, in welchem Zustande wir in die Währungsreform eintraten. Denn das eine möchte ich mit aller Deutlichkeit herausstellen: Eine Währungsreform ohne einen wirtschaftlichen Kurswechsel wäre, wie alle Einsichtigen einsehen, zu einem völligen Scheitern der Reform verurteilt gewesen.

Vor der Währungsreform konnte man überhaupt nicht mehr von einer funktionsfähigen Wirtschaft sprechen. Eine hochkomplizierte und hochentfaltete Marktwirtschaft war durch das währungspolitische Chaos und den darüber getürmten bürokratischen Übermut der Zwangswirtschaft in die Methoden einer primitiven Tauschwirtschaft zurückgefallen. Es gab keine geordnete Produktion mehr, es gab vor allen Dingen keinen Güteraustausch mehr, es gab keine arbeitsteilige Wirtschaft, sondern es gab nur noch einen zusammengewürfelten, seelenlosen, verantwortungslosen Haufen von Lebensangst geplagter Individuen, wo jeder, so gut er konnte, seine rein physische Existenz zu bewahren suchte. Diesen Zustand haben wir überwunden. Es hat wie ein Wunder angemutet, obwohl er nur wohldurchdachte Planung im besten Sinne des Wortes war, daß wir dieses gesellschaftlichen Chaos auf der Grundlage einer neuen Währung dank eines entschlossenen wirtschaftspolitischen Kurswechsels in wenigen Tagen Herr werden konnten.

Wenn heute von der Not gesprochen wird, in die uns diese Wirtschaftspolitik zusammen mit der Währungsreform gebracht habe, dann wollen wir doch eines nicht vergessen und den unwiderlegbaren Beweis führen, daß in den Wochen seit der Währungsreform der deutsche Normalverbraucher, der überhaupt in Vergessenheit geraten war, unendlich viel mehr konsumieren konnte, als in den drei Jahren der Zwangswirtschaft zusammengenommen.

Es ist im übrigen eine völlige Illusion, eine wahre Utopie, zu glauben, daß zu einem Zeitpunkt, in dem wir erwarten konnten und erwarten mußten, daß ein Kaufkraftstoß von mehr als fünf Milliarden Mark auf einen unbekannten Markt aufprallt, etwa mit Mitteln der Bewirtschaftung und des Preisstops die äußere Ordnung und ein völlig reibungsloser Ablauf der wirtschaftlichen Ereignisse gewährleistet sein konnte. Das ist eine völlige Unmöglichkeit. Das beste, was uns hätte passieren können, wäre die gründliche Untergrabung der staatlichen Autorität gewesen, indem eben diese Flut von Kaufkraft, gedrängt von der Not einer durch viele Jahre darbenden Masse, alle Barrieren übersprungen und niedergewalzt hätte, und wenn es schlecht gekommen wäre, dann wären wir gar völlig in den Zustand der vergangenen drei Jahre versunken und darin umgekommen. Damit wäre dann aber auch die Währungsreform zum Scheitern verurteilt gewesen.

In diesem Zusammenhange noch einmal ein Wort über die Hortung. Sie wissen ja, daß mir vorgeworfen wird, ich wäre gewissermaßen der Schutzheilige der Horter gewesen und hätte die Hortung zur nationalen Tat gestempelt. Meine Damen und Herren! Mich fechten derartige gemeine Verleumdungen ganz bestimmt nicht mehr an, sonst könnte ich an dieser Stelle, an der ich stehe, nicht weiter wirken. Aus dem Gefühl meines guten Gewissens und des ehrlichen Strebens aber, unserem ganzen Volk aus diesem Elend herauszuhelfen, werde ich diese Politik fortführen, solange ich nur

Ihres Vertrauens sicher sein kann. So sehr ich die Hortung als individuelle Maßnahme verabscheue, so sehr fühle ich mich doch verpflichtet, darauf hinzuweisen, daß eine radikale Entleerung unserer volkswirtschaftlichen Läger notwendig dahin geführt haben würde, daß der aus der Währungsreform freigewordene Kaufkraftstrom ins Leere stößt. Damit wäre die Währung entweder vom ersten Tage an zum Scheitern verurteilt gewesen oder aber man hätte, wie es offenbar manche Leute wollen, mit Mitteln der staatlichen Bewirtschaftung und der staatlichen Preisbildung das Volk weiter unter der Knute und unter der Fron dieser Bürokratie halten müssen. Einen anderen Ausweg hätte es nicht gegeben, und wer sich heute über die Hortung entsetzt – deren Sünder allerdings durch eine künftige Steuerreform und insbesondere durch den Lastenausgleich ihrer Früchte wieder beraubt werden sollen und auch beraubt werden müssen –, mag doch bedenken, daß diese Hortung als solche, d. h. als volkswirtschaftliches Phänomen betrachtet, eben doch ein Stück der ganzen Währungsreform war. Es ist unehrlich, sich auf der einen Seite zu entrüsten, wenn man ganz genau weiß, daß, wenn dieses Polster uns nicht zur Verfügung stand, die Währung Schiffbruch erlitten hätte. Mit der zusammengebrochenen Währung aber wären wir noch ein Stück tiefer und zwar in einen ausweglosen Abgrund verfallen.

Wenn heute weiter als Kritik angeführt wird, daß es vermessen war, in diesem Zustand, in dem sich unsere Wirtschaft befand, den Übergang von der Zwangswirtschaft zur Marktwirtschaft zu vollziehen, weil den Bedarf durch das Güterangebot zu decken keine Aussicht bestand, dann möchte ich diese Auffassung noch einmal als eine Illusion kennzeichnen. Es wird so dargestellt, als ob die eine Komponente unserer Wirtschaft das Bedürfnis wäre, das Bedürfnis als eine psychologische oder physiologische Kategorie, und auf der anderen Seite stünde das etwas schmälere oder etwas breitere Güterangebot. So aber liegen die Dinge ja gar nicht. Sicherlich – gemessen an dem Bedürfnis unseres Volkes, das durch so viele Jahre bittere Not gelitten hat – würde keine Güterproduktion ausreichen, um diesen zurückgestauten Bedarf decken zu können. Das könnte aber keine Wirtschaft, sie könnte geordnet sein und aussehen wie sie wollte! Die volkswirtschaftlich relevanten Größen sind auf der einen Seite die kaufkraftgedeckte Nachfrage und auf der anderen Seite die Güterproduktion oder eben unser Sozialprodukt. Diese beiden Größen sind nicht auseinanderzureißen; denn in jeder geordneten Volkswirtschaft, die nicht mehr gestört wird durch staatliche finanzpolitische Falschmünzerei, ist die Bildung des Volkseinkommens mit der volkswirtschaftlichen Güterproduktion unlösbar verkoppelt. Das Einkommen entsteht zusammen mit der Produktion in gleichem Umfange und im gleichen Tempo. Wir sind arm, wenn wir wenig produzieren und dementsprechend nur über ein geringes Volkseinkommen verfügen; wir sind reicher, wenn wir mehr produzieren und so auch mehr

Einkommen aus dieser erhöhten Leistung beziehen können. Aber etwa zu glauben, daß die relative Armut, in der wir uns befinden, die mangelnde Produktivität unserer Volkswirtschaft, ein Anlaß wäre, nicht zur Marktwirtschaft übergehen zu können, widerlegt sich von selbst. Das würde bedeuten, daß das Ziel der Volkswirtschaft die Verwaltung der Armut ist, während ich als volkswirtschaftliches Ziel nur eines kenne: durch Mehrarbeit, durch höhere Leistung, durch höhere Ergiebigkeit unserer Volkswirtschaft unser Volk aus der Armut herauszuführen.

Es gibt keinen Grund, einzusehen, warum diese relative Armut, von der ich sprach, uns zwingen müßte, die Zwangswirtschaft mit allen Mitteln aufrechtzuerhalten. Wenn Sie nach historischen Entwicklungen suchen und sich in den europäischen Volkswirtschaften umsehen, dann können Sie feststellen, daß nicht reiches Land und Marktwirtschaft oder armes Land und Zwangswirtschaft bzw. Planwirtschaft zusammenfallen, sondern daß es immer der freie Entschluß eines freien Volkes ist, nach welchen Prinzipien es seine Wirtschaft zu gestalten und zu ordnen gedenkt.

Es genügt ein Blick auf die französische Zone, um an diesem Beispiel darzutun, daß gar kein anderer Weg übrig geblieben wäre als eben der von uns beschrittene. In der französischen Zone sind die Dinge nach der Währungsreform, die dort ja genau so aussieht wie die unsere, nicht etwa besser geworden, sondern sie waren wesentlich schlechter. Zu einem erheblichen Teil sind dort die Bewirtschaftung und alle staatlich errichteten Schranken einfach überfahren worden. Daneben aber sind die früheren Mißstände: der Verkauf unter dem Ladentisch, die Korruption, die Schiebung, die Kompensation und alle diese Errungenschaften und Merkmale der Zwangswirtschaft weiter bestehen geblieben. Es ist also gar nicht so, als ob wir bei vernünftigem Handeln die freie Entscheidung gehabt hätten. Was wir in dieser Situation tun mußten, war: die Fesseln lösen. Wir mußten es tun, um in unserem Volke endlich wieder moralische Grundsätze zur Anwendung zu bringen und den Beginn einer Läuterung unserer Gesellschaftswirtschaft zu unternehmen.

Die reale Lage unserer Volkswirtschaft ist zweifellos die, daß sie sich gegenüber einem früheren Standard oder gemessen an der Situation reicherer Volkswirtschaften in einer sehr unglücklichen Position befindet. Ich brauche nur zu sprechen von den Vernichtungen unseres Produktionsapparates durch Einflüsse des Krieges, von der technischen Rückständigkeit, in die wir durch die Abschnürung von der Welt gerieten, von der geistigen und materiellen Isolierung; – ich brauche nur zu erinnern an die mangelnde Arbeitsfähigkeit des durch Hunger ausgemergelten deutschen Volkes, um darzutun, daß diese unsere Volkswirtschaft mindestens in dem Zustand, in dem sie mit der Währungsreform in eine neue Phase getreten ist, zwangsläufig nur ein geringes Sozialprodukt erstellen konnte. Dieses geringe Sozialprodukt mit Mitteln der Zwangswirtschaft gerecht zu verteilen, hat sich, wie ich noch einmal herausstellen möchte, als eine so vollkommene Illusion erwiesen, daß es völlig abwegig gewesen wäre, auf diesem bitteren Weg fortzuschreiten. Wir verfielen mehr und mehr der Atomisierung. Jede Woche gab es neue Sonderkontingentträger und wie diese Institutionen alle hießen, – mit der Folge, daß die Masse des Volkes, der Normalverbraucher, überhaupt völlig vom Konsum ausgeschaltet war. Jeder Versuch, nach dieser Richtung hin eine Änderung herbeizuführen, hat nicht etwa zu einem Erfolg geführt, sondern war begleitet von den schlimmsten Demütigungen und Entwürdigungen, die überhaupt ein Mensch hinnehmen kann. Wenn Sie heute hinausgehen auf die Straße und fragen das Volk, was es lieber möchte, entweder den vergangenen Zustand wieder aufzurichten mit der sehr fragwürdigen Chance, nun vielleicht etwas mehr konsumieren zu können, – oder Freiheit und Würde zurückgewonnen zu haben, nicht vor Amtsstuben anstehen zu müssen, um dort mit unwürdigen Mitteln seine Armut zu belegen, dann, bin ich überzeugt, bekommen Sie von unserem Volk nur eine Antwort: Wir sind glücklich, daß wir endlich wieder Menschen sein dürfen, aus der Versklavung der Herzen und der Hirne endlich herausgerissen zu sein.

Unsere heutige Wirtschaft leidet darunter, daß wir alle mit falschen Vorstellungen an unser gesellschaftliches Leben herangehen. In uns sind Erinnerungen aus der Vergangenheit, die wir um so weniger tilgen können, als wir die letzten Jahre in einem Zustande gelebt haben, der keinen Vergleich und keine Basis für eine reale Betrachtung zuließ. Jeder einzelne macht sich heute, da er wieder echtes Geld in der Hand hat, Gedanken darüber, wie er sein Leben früher hat gestalten können und wenn er solche Vergleiche mit der „guten alten Zeit" zieht, muß er selbstverständlich zu dem Ergebnis kommen, daß es ihm heute schlechter geht als früher. Diese Erkenntnis mag bitter sein, um so bitterer, wenn es Menschen gibt, die bereit sind, an die primitiven Instinkte zu appellieren und mit verlogener Demagogie dem einzelnen vorzugaukeln, daß nicht die äußere materielle Not, nicht das, was wir in jenen unglückseligen zwölf Jahren verschuldet haben, die Schuld trägt, sondern die Männer, die es übernommen haben, das Volk aus dem Elend herauszureißen. Sie sollen verantwortlich sein, wenn in acht Wochen nach dem Chaos noch nicht die reibungslos funktionierende, die soziale Wohlfahrt voll garantierende Wirtschaft erreicht ist. Diese Methode richtet sich in den Augen aller gerecht und ehrlich Denkenden von selbst.

Die falschen Vorstellungen gehen aber auch dahin, daß in uns Erinnerungen wachgerufen werden, die auf der Ordnung einer hierarchischen Einkommenspyramide beruhen. Fast unwillkürlich wird gefolgert, daß, gemessen an dem Lohn des Arbeiters, der Angestellte soviel und der Beamte etwas mehr, der Handwerker dies, der Händler jenes und der Industrielle entsprechend noch mehr verdienen dürfe. Und aus dieser Vorstellung leitet dann der einzelne die sittliche Berechtigung zu seinem Lebensstandard auch für die Gegenwart ab. Das aber ist eine Täuschung, die sich bitter rächen muß. Ich glaube, wir wären als gesamtes Volk und als Volkswirtschaft schon wesentlich weiter, wenn wir einzusehen bereit wären, daß diese Rechnung mit großen Irrtümern und Fehlern behaftet ist. Wenn Sie sich vergegenwärtigen, daß unser Sozialprodukt heute ungefähr 35 Milliarden Mark ausmacht und daß sich in dieses Sozialprodukt 45 Millionen Menschen zu teilen haben, deren Lebensanspruch wir nicht kürzen können und kürzen wollen, wenn wir an die vielen Flüchtlinge denken und an all die Menschen, die nicht mehr arbeiten können, dann läßt sich leicht errechnen, daß für eine stark überhöhte Einkommenspyramide in unserer Volkswirtschaft kein Raum mehr sein kann. Diese Einkommensstufungen können vielmehr nur relativ schwach sein, aber auf der anderen Seite brauchen wir den Leistungsanreiz – vom Arbeiter bis zum Unternehmer –, weil wir die Chance bieten müssen, durch Mehrleistung einen höheren Anspruch an das Sozialprodukt zu gewährleisten. Hier tut sich eine Problematik auf: Wir sind so arm geworden, daß für Differenzierungen wenig Raum bleibt; aber wir können auf die Differenzierungen nicht verzichten, um den Leistungswettbewerb zu fördern. Diese höhere Leistung erreichen wir nach den Erfahrungen der letzten drei Jahre bestimmt nicht durch Kommandos, durch eine Überspitzung der Bürokratie und die Auswirkung eines Verwaltungsapparates, der volkswirtschaftlich gesehen nur ein Schmarotzer am Volkskörper ist, sondern wir erreichen sie dadurch, daß jeder einzelne durch die natürliche Ordnung des Marktes an den Platz gestellt wird, wo er am meisten leistet, und auf diesem Platz dann seine Kraft für sich und für die Gesamtheit bis zur Neige ausschöpft.

Die Störungen, die wir in den letzten Wochen erlebt haben und die ich gar nicht leugnen möchte, basieren angesichts der allgemeinen Unsicherheit, in der sich alle Menschen bewegten, wesentlich darauf, daß der äußere Maßstab für das Mögliche noch nicht vorhanden ist. Denn daß die Behörden nicht alles durch Dekrete und Gesetze ordnen können, dessen sind wir uns wohl bewußt. Der Markt aber konnte in acht Wochen noch nicht in der Lage sein, den einzelnen – mit oder, wenn es nottut, auch gegen seine Einsicht – dazu zu zwingen, sich im Rahmen einer sozialen Ordnung in diese Gesellschaft einzufügen und sich entsprechend zu bescheiden.

So sehr es angebracht erscheint, mit Appellen an die Moral und an das soziale Gewissen zu operieren, so deutlich möchte ich es aussprechen, daß die marktwirtschaftliche Ordnung, zu der wir zurückgekehrt sind, doch nicht auf so schwachen Füßen steht, daß sie mit der Vernachlässigung oder Nichtbeachtung dieses kategorischen Imperativs etwa zusammenbrechen müßte. Nein, ich bin vielmehr überzeugt, daß wir das Ziel einer reibungslos funktionierenden Marktwirtschaft mit der Zielsetzung eines maximalen Lebensstandards für unser ganzes Volk in jedem Fall erreichen werden, und zwar deshalb, weil diese Wirtschaft allein zur höchsten Leistung zwingt. Durch Geld-, Kredit- und steuerpolitische Maßnahmen wird von Tag zu Tag, von Woche zu Woche mehr ein Druck auf die Wirtschaft ausgeübt werden, der alles das ausschaltet, was faul und morsch ist und was nicht mehr an den Leistungsstandard der Fleißigen und Tüchtigen heranreicht. Auch von außen her – ich erinnere nur an den Export zum 30-Cents-Kurs – sind uns jetzt feste Grenzen gesetzt, die wir, ohne die Währung zu sprengen, einfach nicht übersteigen können. Wenn wir weiter danach streben, die gesamte Kaufkraft, die am Markt wirksam werden kann, mit dem gesamten Güterangebot, das die Volkswirtschaft zur Verfügung zu stellen hat, in Übereinstimmung zu halten, dann werden wir auch erkennen, daß diese letzten Wochen unter dem Kopfgeldrausch keinen Maßstab abgeben können.

Woran lagen die Störungen? Sie lagen daran, daß wir dem Konsumenten endlich die Freiheit wiedergegeben haben – in meinen Augen eine der wichtigsten aller demokratischen Freiheiten, nämlich die freie Konsumwahl neben der freien Berufswahl. Aus diesem Grunde ist, wie zu erwarten war, eine gewisse Massierung der Kaufkraft, insbesondere bei Textilien und Schuhen entstanden, und deshalb blieb auch in diesen Bereichen noch ein Rest von Verbrauchsregelung aufrecht erhalten. Obwohl ich mir der Problematik dieser Art von Verbrauchslenkung durchaus bewußt war, sollte der Nachfrage auf solche Weise doch eine Bremse angelegt werden. Die Alternative ist klar gestellt: Entweder Sie behalten die Zwangswirtschaft mit all ihren Scheußlichkeiten bei, oder aber Sie nehmen die Pressionen der Marktwirtschaft bewußt in Kauf in der Erwartung, daß die lebendigen Kräfte des Marktes den Ausgleich schaffen. Es ist heute ja nicht so, daß der Verbraucher, der kaufend zu Markte geht, nur ein ganz bestimmtes Bedürfnis abdecken will, und daß er, falls der Markt dieses Gut nicht feilbietet, mit seinem Latein dann zu Ende wäre. Ein Volk, das an allem und jedem Not leidet – sei es an Wäsche, Hausrat oder was auch immer –, kann von einem Bedürfnis und von einem Bedarf auf den andern überwechseln, ohne daß das als allzu starke Störung empfunden werden wird. Und das Volk in seiner Gesamtheit hat auch so reagiert. Sicher will es in erster Linie auch Bekleidungsgegenstände oder Schuhe kaufen, aber wenn diese Waren „über Gebühr" steigen und auf der andern Seite ein Vakuum mit der Folge eintritt, daß Preise für ebenfalls begehrte Güter sinken, dann wird das immer mehr den Ausgleich beschleunigen, d. h. die Massierungen werden sich verflachen. Daß von der Erzeugungsseite her alles geschieht, dem jetzt stärker meßbaren Bedarf entgegenzukommen, ist eine Selbstverständlichkeit und liegt in der Linie einer sinnvollen Planung, wie ich sie verstehe.

Wenn Sie mich endlich fragen, wie ich mir die weitere Entwicklung vorstelle, und ob ich der Meinung oder sogar der Überzeugung bin, daß sich die einer berechtigten Kritik unterzogenen Störungen in Zukunft überwinden lassen, dann möchte ich darauf mit einem eindeutigen „Ja" antworten. Es zeigt sich heute bereits, daß der Druck auf die Unternehmungen stärker wird, und von den Banken wird berichtet, daß die Geldflüssigkeit nachzulassen beginnt. Wenn ich mir weiter vorstelle, daß wir es in absehbarer Zeit erreichen, durch erhöhte Rohstoffzufuhren den Güterfluß bis hin zum Verbraucher reibungslos in Gang zu bringen –, und nach einem Abbröckeln der Weltmarktpreise auch das Spekulantentum aus der Wirtschaft mehr und mehr auszumerzen, dann werden durch den Druck des Exportierenmüssen und der Begrenzung der Exportpreise die Unternehmer zu wirtschaftlichem Verhalten gezwungen sein. Ich bin der festen Überzeugung, daß wir der Dinge Herr werden. Sie dürfen nicht vergessen, daß in den letzten acht Wochen alle kostenerhöhenden Faktoren mehr oder weniger in einem Sprung vorweggenommen wurden. Diese kostenerhöhenden Faktoren sind bekannt. Sie resultieren aus der Kostenausgleicherhöhung für Kohle, Eisen, Stahl, Energie, Gas und dergl. mehr, und sie basieren weiter auf der gleichzeitig eingeführten Verrechnung der Außenhandelsgeschäfte zu dem 30-Cents-Kurs für die D-Mark. Sie wissen, daß damit viele industrielle Rohstoffe, und gerade die in sozialer Hinsicht entscheidenden, im Preise eine Verdreifachung erfahren haben. Und alles das ist nun über Nacht wirksam geworden in einer psychologischen Situation, in der unter dem Eindruck einer scheinbar unbegrenzten Kaufkraftfülle die Reaktionen dann nicht immer marktgerecht sein konnten. Diese Verteuerung durch die unterlassene Preisangleichung und die Verteuerung durch die Erhöhung der Importpreise bedeutet in Wahrheit gar keine echte Preissteigerung, sondern stellt den Ausgleich von entfallenen Subventionen in Höhe von vielen Milliarden Mark dar. Wer da glaubt, daß diese Milliarden vom Himmel gefallen wären und nicht auch wieder von der ganzen Masse unseres Volkes hätten getragen werden müssen, dessen Kenntnisse von der Volkswirtschaft sind so primitiv, daß mit ihm darüber zu diskutieren sich überhaupt nicht lohnt. Aber dieser Zustand kennzeichnet die Entwicklung der letzten acht Wochen.

Daß da auch gesündigt worden ist, und daß allenthalben über das Ziel hinausgeschossen wurde, daß sogar groteske Mißstände zutage getreten sind, das alles – sei es aus Dummheit oder aus bösem Willen – ist nicht zu leugnen und soll auch nicht beschönigt werden. Aber es ist eine völlige Illusion, zu glauben, daß solche Erscheinungen Bestand haben könnten, daß das etwa ein Kennzeichen einer marktwirtschaftlichen Politik wäre oder daß gar die für die Marktwirtschaft verantwortlichen Männer kalten Herzens eine solche Politik herbeisehnen oder ihr den Boden bereiten wollten. Das ist so entsetzlich dumm, daß nur Gemeinheit aus dieser Wurzel Kritik erheben kann.

Und wie wird nun die weitere Entwicklung verlaufen? Die mit der

Währungsreform verbundene Leistungssteigerung der menschlichen Arbeitskraft im Ausmaß von 20 bis 30% muß eine wesentliche Kostensenkung herbeiführen. Es zeigt sich schon jetzt, daß sich der Wettbewerb belebt, daß der Fabrikant darauf Bedacht nimmt, was sein Konkurrent anbietet und welche Preise er dafür fordert. Die Kaufkraft beginnt, wenn wir jetzt von dem zweiten Stoß von 20 Mark absehen, langsamer zu fließen; denn allmählich gewinnt auch der Verbraucher wieder die notwendige wirtschaftliche Vernunft zurück, die ihn mit seinen Mitteln hauszuhalten zwingt. Mit einer tendenziell steigenden Güterproduktion – denn dieses Faktum ist nicht zu leugnen – kommen wir von Tag zu Tag mehr und mehr dahin, daß die kostensenkenden Tendenzen sich immer stärker durchsetzen. Ich bleibe dabei – und die Entwicklung wird mir recht geben –, daß, wenn jetzt das Pendel der Preise unter dem einseitigen Druck kostenerhöhender Faktoren und unter dem psychologischen Druck dieses Kopfgeldrausches die Grenzen des Zulässigen und Moralischen allenthalben überschritten hat, wir doch bald in eine Phase eintreten, in der über den Wettbewerb die Preise wieder auf das richtige Maß zurückgeführt werden – und zwar auf das Maß, das ein optimales Verhältnis zwischen Löhnen und Preisen, zwischen nominalem Einkommen und Preisniveau sicherstellt.

Wenn wir etwas aus der Vergangenheit lernen können, dann dies, daß in der Planwirtschaft und in der Zwangswirtschaft der Lohnanteil am fertigen Produkt immer niedriger war als in der Marktwirtschaft, und der Lohnanteil ist stets am allergeringsten in der staatlich gelenkten Kollektivwirtschaft, wie etwa unter dem Bolschewismus. Es wäre auch merkwürdig, wenn es anders wäre; denn dieser überspitzte bürokratische Apparat zehrt zwangsläufig einen wesentlichen Teil des Sozialprodukts auf. Ich glaube, es wird niemand auch nur den Versuch wagen, zu behaupten, daß die volkswirtschaftliche Leistung der staatlichen Befehlswirtschaft eine höhere wäre, weil es zu offenkundig ist, daß das nicht zutrifft.

Wie war es denn in der seitherigen Wirtschaft? Sie hat nicht die geringsten Leistungsanreize geboten. Der einzelne Händler oder Erzeuger hat seine Kosten errechnet, wie sie zufällig bei ihm angefallen sind. Er hat nach dieser Richtung ja keine Anstrengungen zu machen brauchen, denn er war entweder auf Grund einer generellen Genehmigung der Behörde berechtigt, diesen Kostenpreis zu fordern, oder wenn es notwendig war, ist er zur Behörde gelaufen, hat seine Kalkulation überprüfen lassen und mit dem staatlichen Stempel gewissermaßen die Zusicherung bekommen, daß jetzt alles in Ordnung wäre, und daß er richtig und tüchtig gewirtschaftet habe.

Diese Verblendung müssen wir überwinden. Das ist auch ein Faktum unserer Zeit, daß der Unternehmer vielfach noch diesem Denken verhaftet ist. Wie sind demgegenüber die Regeln der Marktwirtschaft? Dort wird nicht von unten nach oben kalkuliert, sondern hier wird unter dem

Druck des Wettbewerbs von oben ein realisierbarer Preis gesetzt, und nur derjenige, der in der Lage ist, innerhalb dieses Preises seine Kosten unterzubringen, der Gnade vor den Augen der Verbraucher findet, hat seine wirtschaftliche Existenzberechtigung unter Beweis gestellt. Wer eine solche Leistung nicht aufweisen kann, muß eine andere Funktion verrichten; jedenfalls muß er aus der Sphäre dieses Kreises ausscheiden, und er hat das Recht verwirkt, weiterhin zu Lasten des Volkes die Preise der Volkswirtschaft künstlich zu erhöhen. Das war doch das Zeichen der letzten Zeit, daß jeder Leistungsanreiz fehlte, daß wir den ganzen Ballast des Faulen und Morschen mit uns herumgeschleift haben. Und dann will uns jemand weismachen, mit diesen Methoden könnten wir eine Wirtschaft errichten, die der Masse des Volkes einen höheren Lesensstandard sichert. Nein – wir müssen unter allen Umständen dafür sorgen, daß ein Maximum an Leistung und der Wegfall alles dessen erreicht wird, das das Sozialprodukt schmälern könnte.

Wie soll es denn überhaupt zuwege gekommen sein, daß das deutsche Volk in den letzten acht Wochen angeblich so sehr Mangel gelitten hat? Warum soll es ihm denn schlechter gegangen sein als in der Zeit vorher? Die deutsche volkswirtschaftliche Produktion hat allein vom Monat Juni bis Juli eine Steigerung von 20 Prozent erfahren. Und diese Güter sind nicht mehr in Hortungslägern verschwunden, sind nicht mehr unter dem Ladentisch gehandelt und nicht mehr „kompensiert" worden; – sie sind auf den Markt gelangt. Wir haben es erlebt, daß der Konsument, der Normalverbraucher, kurzum, jeder Einkommensbezieher an diesem Güterstrom teilgehabt hat; endlich konnte er seine Bedürfnisse einmal befriedigen. In diesem gleichen Zeitraum zu sagen, wie schlimm die Situation ist, welche Gefahren, welche Schäden diese marktwirtschaftliche Ordnung mit sich gebracht hat, das ist verantwortungsloseste Demagogie, die nicht scharf genug gebrandmarkt werden kann.

Ich wollte das nicht als Beweis, aber doch als Symptom hier in die Waagschale werfen. Ich bekomme täglich hunderte, ja manchmal wirklich mehr als tausend Briefe an einem Tag – und die bekomme ich zum allergeringsten Teil aus Händler- und Unternehmerkreisen – in der überwiegenden Mehrzahl von kleinen Leuten, von Lohn- und Gehaltsempfängern, von ganzen Belegschaften mit hunderten von Unterschriften, in denen sich die Schreiber dafür bedanken, daß wir sie endlich aus diesem Chaos befreit und ihnen ein menschenwürdiges Dasein ermöglicht haben.

Glauben Sie also nicht, daß Sie sich bei den in nächster Zeit anhebenden Auseinandersetzungen gegenüber solchen Angriffen in einer schwachen Position befinden. Wir können im Hinblick auf das Erreichte und auf das Geleistete mit gutem Gewissen jeder Auseinandersetzung entgegentreten, und wir werden diese Angriffe darum auch nicht ruhig hinnehmen. Wir sind nicht in der Verteidigung, sondern wir können im Angriff vorgehen.

Wir haben unserem Volk endlich wieder etwas von der Lebensfreude und der Lebenssicherheit zurückgegeben, auf die es durch viele Jahre verzichten mußte.

Gewiß, die Dinge sind noch nicht ideal. Das soll auch nicht behauptet werden. Wir können und müssen die Leistungen noch erhöhen, und jedem einzelnen möchte ich sagen, daß er umdenken lernen muß, freiwillig oder unter Zwang. Ich sage das, indem ich gleich hinzufüge: Ich fühle mich nicht als Interessenvertreter der besitzenden Schichten, insbesondere nicht als Interessenvertreter des Handels und der Industrie – eine solche Annahme wäre völlig irrig. Verantwortlich zu sein für die Wirtschaftspolitik heißt verantwortlich sein dem ganzen Volk, und ich bin zutiefst überzeugt, daß wir die schweren Probleme, vor denen wir stehen, nur lösen können, wenn es uns gelingt, mit der Marktwirtschaft nicht einzelne Schichten zu begünstigen, sondern der Masse unseres Volkes durch die höchste Anstrengung und durch die immer mehr gesteigerte Leistung den Lebensstandard zu sichern und zu verbessern.

Es ist wieder eine der üblichen Verleumdungen, wenn ich hingestellt werde als der Mann, dem es nur darauf ankommt, ganz bestimmte Interessen zu verteidigen. Das Gegenteil ist der Fall. In letzter Konsequenz verlange ich von den verantwortlichen Unternehmen, die über den Produktions- und Verteilungsapparat der Volkswirtschaft verfügen, die größten Opfer, die höchste Einsicht. Wir dürfen ja nicht vergessen: Die Dinge spielen sich nicht allein im ökonomischen Raum ab, wo man mit einer gewissen theoretischen Gelassenheit den Dingen ihren Lauf lassen könnte in der Sicherheit, daß sie sich ordnen, konkret ausgedrückt, daß sich die Preise auspendeln.

Wir müssen vielmehr mit allen Mitteln danach streben, diese Elemente, die stabilisierend wirken, sobald als möglich zur Geltung und zu voller Wirksamkeit zu bringen. Anders ausgedrückt: Die Störungen und Spannungen, die da und dort in unserer Volkswirtschaft auftreten, obwohl die Konsolidierung bereits deutlicher wird, müssen endgültig verschwinden. Aber wir wollen dazu noch mehr tun, und aus diesem Grunde möchte ich Ihnen hier erstmalig das Programm bekanntgeben, das meine Verwaltung auf Grund sorgfältiger Überlegungen und Beratungen entwickelt hat.

Wir haben die Absicht, im engsten Zusammenwirken zwischen der Industrie, Handel und Gewerkschaften nicht durch neue Mittel der Zwangswirtschaft, sondern durch freie Vereinbarungen dafür Sorge zu tragen, daß in den wesentlichen Bereichen des menschlichen Verbrauchs, also insbesondere der Bekleidung, des Schuhwerks und auch des Hausrats, bestimmte Artikel in großen Serien aufgelegt werden. Ich denke also z. B. an Stapelschuhe, an Arbeitshemden, Arbeitshosen, an Straßenkleidung und bestimmte Hausratgegenstände. Wir wollen und wir werden rationelle Betriebe dafür gewinnen unter der Garantie der optimalen Ausnützung.

Gedacht ist an die Fabrikation solcher Gegenstände, deren Gestaltung den einzelnen Betrieben innerhalb gewisser Qualitätsnormen freisteht. Die Programme und deren Ausgestaltung werden jedoch, wie gesagt, in gemeinsamer Auslese von Industrie, Handel und Gewerkschaften festgelegt, um damit zu erreichen, daß der Markt in steigendem Maße mit guten Gebrauchsqualitäten gespeist wird, deren Preise auch in der Endverbraucherstufe gebunden sein sollen. Ich habe von allen Seiten die Zusicherung, daß man alles tun wird, um solche Programme auf freiwilliger Grundlage im freien Kontrakt zu erfüllen. Wir werden dafür sorgen, daß diese Stapelwaren in so reichlichem Maße in die Läden und den Verkauf fließen, daß jedermann – natürlich nicht gerade von heute auf morgen jeder ein Paar Schuhe – in der Lage ist, zu bestimmten Preisen, die auf rationellster Fertigung und auf verantwortungsbewußten Verteilungsspannen beruhen, auch tatsächlich in den Genuß dieser Waren zu kommen.

Das bedeutet keine Rückkehr zu einer zwangswirtschaftlichen Ordnung, das bedeutet keinen Verrat an marktwirtschaftlichen Prinzipien, sondern es bedeutet eine vorsorgliche Maßnahme, daß bis zu dem Zeitpunkt, da der Markt wieder seine volle Funktionsfähigkeit zurückerlangt hat, das soziale Gebot der Sicherung des Verbrauchs durch ein Minimum an Kaufkraft gewährleistet wird. Wir haben weiter die Absicht, in periodischen Abständen durch eine Preistafel, in der ganz spezifische Gegenstände aufgeführt sind, für eine Unterrichtung des Publikums zu sorgen.

Nicht zuletzt rühren die jetzigen Zustände und eben manche Mißstände daher, daß der einzelne Verbraucher, weil er durch viele Jahre völlig vom Markt ausgeschaltet war und seine Erinnerungen viel zu weit zurückreichen in eine Zeit, die keinen Standard für die jetzigen Preise bietet, über heute angemessene Preise nicht mehr orientiert sein kann. Er soll jetzt eine Unterrichtung erfahren, damit er weiß, welcher Preis berechtigterweise für eine gute Gebrauchsqualität anzulegen ist. Durch beide Maßnahmen werden wir einmal die notwendige Aufklärung des Verbrauchers erreichen, und wir werden zum andern sowohl die Erzeuger als die Händler und auch die Verbraucher stärker in eine gewisse Spanne hineinpressen, innerhalb deren die normale Bedarfsversorgung vor sich zu gehen hat. Wir werden dadurch, daß wir durch stärkere Spezialisierung auf rationellste Weise eine fortlaufende Speisung des Marktes mit typischen und ausgesprochenen Verbrauchsgegenständen guter Qualität erreichen, auch dafür sorgen, daß diese Preistafel nicht ein totes Schemen bleibt, sondern im Markt der Güter eine Realität wird.

Es wird weiter der Plan erörtert, zwischen Industrie und Handel durch alle Stufen hindurch eine Art Ring zu schließen mit der Wirkung, daß die darin vereinten Firmen die Garantie für billigste Verbrauchsversorgung übernehmen. Außerdem prüfen die Handelskammern und möglicherweise auch die gewerblichen Vereine, inwieweit in demokratischer Selbstkontrolle

durch eine Art Ehrengerichtsbarkeit die an den preispolitischen Mißstände wirklich Schuldigen an den Pranger gestellt werden können. Und
endlich möchte ich noch sagen, meine Damen und Herren, daß nach gewisser Auslegung das Preiswuchergesetz nur eine billige Verbrämung des
mangelnden Willens darstelle, wirklich energisch einzugreifen. Auch das
möchte ich als eine Lüge kennzeichnen. Wenn das richtig ist, was gerade
von der politischen Kritik behauptet wird, daß nämlich jeder Händler und
Industrielle ein Verbrecher ist, der sich am Volke versündigt, dann muß
es eine Kleinigkeit sein, mit diesem Gesetz wirksam vorzugehen. Es sei
dahingestellt, in welchem Ausmaß solche Vorstellungen berechtigt sind,
dort aber, wo solche Sünden vorliegen, bietet dieses Gesetz tatsächlich die
Möglichkeit des Eingreifens. Ich möchte auch mit aller Deutlichkeit zum
Ausdruck bringen, daß ich die feste Absicht habe, dieses Gesetz als eine
Realität mit aller Schärfe zu handhaben, und ich hoffe nur, daß die Landes-
wirtschaftsverwaltungen als die zuständigen Exekutivorgane mich dabei
unterstützen werden.

So sehr die Hortung zu verabscheuen ist, bedeutet diese Strukturumschichtung von der Hortung zur Kapitalanlage, insbesondere dann,
wenn sie produktiver Art ist, einen positiv zu bewertenden Vorgang.

Der Freiheit, der wir durch den Übergang zur Marktwirtschaft im
deutschen Leben wieder Geltung verschafft haben, muß selbstverständlich
mehr und mehr auch die Freiheit nach außen entsprechen. Es zeigt sich
schon jetzt ganz deutlich, daß wir mit der Marktwirtschaft endlich in die
Lage versetzt werden, die Grenzen unserer Leistungskraft auch nach außen
nicht nur durch Klagen, sondern endlich durch eine nüchterne, reale
Rechnung unter Beweis zu stellen. Das ist das, was uns bisher gefehlt hat,
was uns allenthalben mit dem Odium mangelnder Einsicht oder gar fehlen-
den guten Willens belastete. Jetzt aber zeigt es sich ganz deutlich, wo
unsere Leistungsgrenzen liegen; denn solange es unter der Zwangswirtschaft als ein Normalzustand galt, daß der Normalverbraucher praktisch
überhaupt nichts konsumiert, daß die Illusion aufkommen konnte, ein
Volk könne auf lange Sicht auch ohne genügend Nahrung und gewerbliche
Verbrauchsgüter bestehen, so lange schien auch der Belastungsfähigkeit
keine Grenze gesetzt zu sein. Jetzt endlich kann der Normalverbraucher
von seiner Kaufkraft konsumtiven Gebrauch machen, und diese Kaufkraft
reicht nicht einmal aus, um der dringendsten Bedürfnisse Herr zu werden.
Jetzt zeigt es sich, daß die uns im Marshallplan zugedachte Hilfe bei allem
Dank, den wir dafür schulden, kaum hinreicht, um einem Volk, das wieder
auf geordneter Grundlage arbeitet, die Existenzmöglichkeit zu sichern.

Wenn wir im Zeichen der Marktwirtschaft in der Lage wären, genügend
Rohstoffe nachzuschieben, um die spekulativen Faktoren aus der Wirt-
schaft auszuschalten, wenn es sich erweist, daß der Fabrikant nicht mit der
Ware zurückhalten muß, weil er Rohstoffschwierigkeiten befürchtet, dann

würde schon viel gewonnen sein, und die aufgetretenen Störungen ließen sich allein aus dieser Wurzel heraus überwinden. Es ist darum meine Absicht, gerade in der nächsten Zeit meine ganze Kraft dafür einzusetzen, um auf alliierter Seite das Verständnis dafür zu wecken, daß wir Rohstoffe und noch einmal Rohstoffe brauchen, um die in Gang und Schwung gekommene Industrie weiter zu beschäftigen, damit sie so viele Verbrauchsgüter ausspeit, daß das Volk nach langen Jahren der Not das Gefühl haben kann, es sei endlich die Zeit angebrochen, in der ehrliche Arbeit auch wieder ehrlichen Lohn findet.

Die Aussichten sind nicht einmal schlecht. Wenn es gelingt, die alliierten Militärregierungen davon zu überzeugen, daß das bisherige Verfahren der Verfügung über die Marshallplangelder eine Unmöglichkeit darstellt für eine Wirtschaft, die jeden Puffers beraubt ist und darum von der Hand in den Mund lebt –, wenn wir freizügiger über unsere Exporterlöse verfügen können und nicht bei allen Importkontrakten sofort belastet werden, während beim Export die Gutschrift erst nach Geldeingang erfolgt, dann erhalten wir noch in diesem Jahre einschließlich der bereits abgeschlossenen und der noch zu tätigenden Kontrakte immerhin eine Verfügung über rund 400 Millionen Dollar, das sind $1^1/_3$ Milliarde D-Mark. Damit läßt sich der Industrie die Anweisung geben: Ihr könnt arbeiten, soviel Ihr wollt, Ihr könnt alle Maschinen laufen lassen, der Rohstoff wird nachfließen, und dann werden Sie sehen, welche günstigen Wirkungen das auf die Preise ausübt.

Gemessen an dem, was die Währungs- und Wirtschaftsreform bereits Gutes gebracht hat, was sie uns an Sicherheit für die Zukunft bietet und was sie an Positivem erwarten läßt, ist das, was sie an Störungen mit sich gebracht hat, so minimal, daß eine ehrliche Kritik davor verstummen müßte. Wenn Sie sich der Stärke Ihrer Position bewußt und bereit sind, für diese Politik einzutreten, dann seien Sie sich aber auch Ihrer Verantwortung bewußt! Was sich heute und in der Folgezeit abspielt, ist nicht etwas, was nebensächlich das äußere Kennzeichen eines kurzlebigen Geschehens darstellt. In diesen Wochen seit der Währungsreform bis dahin, da wir auch staatsrechtlich wieder eine stärkere Fundierung finden, entscheidet sich zuletzt das Schicksal des deutschen Volkes. Entweder wir verlieren die Nerven und geben dieser gehässigen demagogischen Kritik nach –, dann sinken wir zurück in den Zustand der Sklaverei. Ich kann diesen Zustand nicht anders nennen, denn dann verliert der Mensch die Freiheit aufs neue, die wir ihm jetzt glücklich zurückgegeben haben. Dann verlieren wir wieder die freie Konsumwahl, die freie Berufswahl und alle Errungenschaften einer wahrhaft demokratischen Ordnung. Dann kommen wir wieder zurück in die Planwirtschaft, die stufenweise aber sicher zur Zwangswirtschaft, zur Behördenwirtschaft bis hin zum Totalitarismus führt.

Ich sagte, wir sind jetzt endlich in der Lage, die Grenzen unserer Leistungsfähigkeit sowohl dem deutschen Volke gegenüber als auch nach außen unter Beweis zu stellen. Wenn Sie unter Berücksichtigung der bereits bestehenden Steuern bedenken, welche Lasten wir durch den Lastenausgleich noch zu tragen und wie viele Schäden und Wunden wir noch zu heilen haben, dann ist leicht zu erkennen, daß für eine Kapitalbildung darüber hinaus aus eigener Kraft nur wenig Raum bleibt, und daß wir allen Grund haben, allen denen in der Welt zu danken, die bereit sind, uns durch ihre Hilfe aus der Verstrickung zu lösen. Wäre es tatsächlich so, daß wir allein stünden, dann bedeutete der deutsche Wiederaufbau ein so dornenvolles Beginnen, daß wir verzweifeln müßten, das Ziel jemals zu erreichen. Ich glaube, wir müßten dann damit rechnen, aus dem Verband der zivilisierten Völker auszuscheren, und uns bliebe dann nichts anderes übrig, als eben in der Primitivität unser Genüge zu finden. Mit den Forderungen oder besser gesagt mit den Wünschen, die wir an die Besatzungsmächte und darüber hinaus an die ganze Welt zu richten haben, verbindet sich selbstverständlich die Verpflichtung der Dankbarkeit und der Anerkennung einer Hilfeleistung, die es uns doch ermöglicht, in wesentlich rascherem Tempo, mit größerer Zielsicherheit und mit berechtigter Hoffnung auch wieder an unsere deutsche Zukunft zu glauben. Daß sich dabei noch manches wandeln wird, daß dann auch die Besatzungskosten und die Demontagen in einem ganz neuen Lichte erscheinen werden, kann angenommen werden, ohne daß dieses Thema hier weiter diskutiert zu werden braucht. Aber wenn Deutschland nicht nur für sich selbst zu einer Gesundung kommen soll, sondern wenn es darüber hinaus teilhaben darf an dem europäischen Wiederaufbau, dann kann sich seine Leistung nicht im Export von Kohle, Holz und Schrott erschöpfen; dann müssen wir auf Grund der spezifisch deutschen Begabung auch der Welt die Güter darbieten dürfen – und sie muß bereit sein, jene Güter aufzunehmen –, die Deutschlands Stellung in der internationalen Arbeitsteilung im Kreise der Völker begründet haben. Jedes Mittel, das geeignet erscheint, uns zu zwingen, den deutschen Wirtschaftsapparat von Spekulationen frei zu machen, ist uns recht. Aber wenn wir unsere deutsche Arbeit friedlichen Zwecken zur Mehrung der sozialen Wohlfahrt widmen können und einen Beitrag zum europäischen Wiederaufbau und zur Befriedung Europas leisten wollen, so hoffen wir damit in eine neue Phase der internationalen Zusammenarbeit einzutreten.

Der Optimismus, der aus meinen Worten vielleicht sehr deutlich zu Ihnen gesprochen hat, gründet sich darauf, daß ein Volk, das keinen anderen Willen hat, als mit ehrlichem Herzen, aber dann auch mit freier Stirn, seine Lebensrechte zu verteidigen, erkennt, daß dieses Ziel nur erreicht werden kann durch ehrliche Leistung, durch die harte Arbeit aller einzelnen, im treuen Zusammenstehen eines Volkes, das weiß, daß es um seine Existenz geht und daß wir heute nur ein Ziel haben dürfen – alle zusammen über alle Parteien hinweg –, unser Volk gesunden zu lassen und ihm die Lebensgrundlage für die Zukunft, für uns und für unsere Kinder, sicherzustellen.

Ich glaube, dann ist Optimismus berechtigt. Es wäre frevelhaft, wenn ich damit die Hoffnung erwecken wollte, als ob wir schon mit einem Sprunge daran wären, alle Not zu überwinden. Das vermag keine Wirtschaft, sie mag konstruiert und geordnet sein, wie sie wolle, ob Marktwirtschaft oder irgendeine Form der Planwirtschaft. Gott sei Dank, muß ich sagen, kann an diesen materiellen Gegebenheiten niemand vorbeigeben, und wehe dem Volk, das sich durch Demagogen verblenden läßt, um die Wahrheit nicht erkennen zu wollen und nicht erkennen zu dürfen.

Wir haben so gesehen zweifellos einen harten und dornenvollen Weg vor uns. Aber wen die Arbeit nicht schreckt, auch dann nicht, wenn sie noch nicht die gleichen Früchte bringen kann, wie wir das von früher gewohnt sind oder wie vielleicht der einzelne neiderfüllt empfinden mag, wenn er auf benachbarte Völker blickt –, wer sich frei davon weiß, wer gegen sich selbst ehrlich und sich auch dessen bewußt ist, daß wir die Sünden der Vergangenheit an uns selbst wieder gutzumachen haben durch unser eigenes Opfer und unseren Fleiß, den kann dieser Weg, diese Not nicht schrecken. So gesehen ist also der Optimismus wohl berechtigt.

Mein Referat soll nicht den Eindruck erwecken, als ob ich aus dem Sektor der Wirtschaft heraus das Allheilmittel für alle unsere politischen und sozialen Nöte finden möchte. Ich bin weit davon entfernt. Lassen Sie mich einen Vergleich anführen: So wie der einzelne Mensch seines physischen Lebens bedarf, um überhaupt im göttlichen Sinne Mensch zu sein, um seinen Geist und seine Seele entfalten zu können, so ist es auch im Leben eines Volkes. Die Wirtschaft ist, wenn Sie so wollen, vielleicht das Primitivste, aber sie ist das Unentbehrliche; und erst auf dem Boden einer gesunden Wirtschaft kann auch die Gesellschaft ihre eigentlichen und letzten Ziele erfüllen. Diese Grundlage muß also gesund sein, wenn nicht schon von dort aus die Verzerrung und die Zerreißung eines Volkes stattfinden soll. Der Wirtschaft die geistige, die seelische und materielle Ausrichtung zu geben, das ist zuletzt Sache der Politik, Sache der Gesellschaft. Politik ist so gesehen der Ausdruck des Willens der Gesamtheit des Volkes.

Wohin der Weg auf dieser Ebene gehen wird – wer vermag es mit aller Sicherheit zu sagen? Sicher ist das: Der Termitenstaat mit bienenhaft emsigen Massenwesen ist nicht die uns gemäße Form eines organisch gegliederten gesellschaftswirtschaftlichen Lebens. Wir brauchen die verpflichtende Hingabe des Einzelnen an das Staatsganze.

Wenn wir den Weg und das Ziel erkennen, dann mag uns auch die Gnade zuteil werden, das Werk zu vollbringen.

AUF DIE REFORM DER WIRTSCHAFT KOMMT ES AN

[Rede vor dem Wirtschaftsrat des Vereinigten Wirtschaftsgebietes am 28. September 1948 in Frankfurt]

Die Auseinandersetzungen um den neuen Kurs der Wirtschaftspolitik steigern sich im Herbst 1948 immer mehr. Ungenügende Rohstoffeinfuhr hemmt die volle Entfaltung der Produktivkräfte. Die noch nicht vom Warenangebot absorbierte Liquidität begünstigt weiterhin Preisauftriebstendenzen auf den freien Märkten. Notwendige Maßnahmen zur Überwindung der Reste der Zwangswirtschaft werden von den Gegnern der neuen Wirtschaftspolitik mit dem Vorwurf beantwortet, Erhard „betreibe die Geschäfte der Kapitalisten". Erhard verteidigt demgegenüber die Idee der Marktwirtschaft:

Ich habe erwartet, daß es heute im Laufe dieses Tages notwendig zu einer grundsätzlichen Aussprache über die Wirtschafts- und Preispolitik kommen würde. Ich möchte aber vorausschicken: wenn die Verwaltung für Wirtschaft und, ich glaube, hier auch sagen zu können, die Verwaltung für Ernährung und Landwirtschaft, die beide durchaus nicht die feindlichen Brüder sind, wie es in der Öffentlichkeit oft dargestellt wird, heute Preiserhöhungsanträge gestellt haben, dann um eine Bereinigung durchzuführen, um die Entsprechungen zu besorgen, die in einer Wirtschaft unbedingt notwendig sind, soweit hier der behördlich gelenkte Sektor in Frage kommt. Denn vergessen Sie nicht: die Preiserhöhungsanträge, die hier gestellt werden, betreffen nicht Teile der freien Wirtschaft, der Marktwirtschaft, sondern es sind die Preiserhöhungsanträge im Sektor der noch staatlich bewirtschafteten Waren, und ich glaube, wir können nicht rasch genug vom Wirtschaftsrat und von den Verwaltungen aus mit aller Deutlichkeit erklären: Jetzt ist es mit den staatlich beeinflußten Preisen beziehungsweise den Preiserhöhungen auf diesem Gebiete Schluß, denn das gibt erst der Wirtschaft und, wie ich glaube, auch dem gesamten deutschen Volk die Sicherheit, daß wir in eine Konsolidierung eintreten.

Ich habe nie einen Zweifel darüber gelassen, daß ich allen kalkulierten Preisen skeptisch gegenüberstehe. Wenn das meine generelle Einstellung ist, dann gilt sie auch für diese Preiserhöhungsanträge, die hier vorgetragen werden. Ich bin der Meinung und habe das immer zum Ausdruck gebracht, daß in dem Augenblick, in dem die Behörde Preise bindet, sie das nur auf Grund irgendwelcher Kalkulationen tun kann, deren Nachprüfung, so gewissenhaft sie auch durchgeführt wird, doch immer etwas Problematisches anhaftet, vor allen Dingen dann, wenn wir z. B. wie heute im Zuge einer fortschreitenden Leistungssteigerung und Produktionserhöhung ja praktisch eigentlich jeden Tag vor anderen Kalkulationsgrundlagen stehen. Wir stehen mitten in einem dynamischen Geschehen von größtem Ausmaß. Es ist nach meiner Überzeugung ein völlig fruchtloses Beginnen, hier mit festen, behördlich gebundenen Preisen zu operieren.

Aber hiermit vertrete ich nicht meine Wirtschaftspolitik. Das ist nicht ein Teil meiner Wirtschaftspolitik, sondern umgekehrt: das sind die Reste einer Wirtschaftspolitik, die Sie, meine Damen und Herren, ja für richtig halten.

Wir müssen zwei Phasen unterscheiden. Die erste Phase nach der Währungsreform war, wie wir wissen, die künstliche Schaffung einer Kaufkraft im Ausmaß von 10 Milliarden DM. Jetzt möchte ich Sie fragen, da Sie zu konstruktiven Lösungen beitragen wollen, was Sie getan hätten, um einen Kaufkraftstoß von rund 10 Milliarden und dazu noch der laufenden Einkommen aus Löhnen und Gehältern durch Mittel der Bewirtschaftung und des staatlichen Preisstops, der staatlichen Preisbindung zu regulieren. Es bleiben nur zwei Wege übrig: Entweder Sie nehmen die 10 Milliarden in irgendeine Form der Bindung, der Bewirtschaftung, oder Sie nehmen die Preise und drücken sie künstlich tiefer, als sie sich nach der ganzen Marktsituation bewegen würden. Sie schaffen also in jedem Fall, wenn Sie eingreifen, das Phänomen einer überschüssigen Kaufkraft, das bekanntlich das äußere Zeichen einer preisgestoppten Inflation ist, die wir erlebt haben. Selbstverständlich werden die Diskrepanzen nicht mehr in dem gleichen Ausmaß wie vor der Währungsreform auftreten, aber jede Weiterführung der Bewirtschaftung, sei sie güterwirtschaftlich oder preispolitisch, hätten Sie nur erreichen können um den Preis eines in Zukunft nicht geordneten Geldwesens; denn eine gesunde Währung können Sie nicht betreiben, wenn Sie das Phänomen einer überschüssigen, nicht verausgabungsfähigen Kaufkraft schaffen. Das wäre die einzige Möglichkeit gewesen.

Um das ganz deutlich zu machen: Es schien eine Zeitlang so, als ob nicht 5%, sondern 10% freigegeben werden sollten. Das hätte dann bedeutet, daß noch einmal 6 Milliarden und mehr auf den Markt gelangt wären. Glauben Sie denn, das wäre das Heilmittel gewesen? Dann wäre die Diskrepanz ganz offenkundig geworden. Sie hätten immer das Phänomen der überschüssigen Kaufkraft fortschleifen müssen. Wir hätten niemals eine gesunde Währung bekommen. Wir wären niemals zu einem gesunden Außenhandel gekommen. Und das lehne ich allerdings ab, das halte ich im Zuge einer wirtschaftlichen Gesundung nicht für tragbar. Wir mußten zunächst ein Gleichgewicht schaffen zwischen der Kaufkraft, die durch die Währungsreform entstanden ist, und dem Gütervorrat, der in der Volkswirtschaft gewesen ist. Hier hat sich allmählich ein Ausgleich herausgebildet. Dieser Ausgleich konnte nur durch gewisse Preissteigerungen erfolgen.

Ich darf im übrigen noch hinzufügen – was hier sattsam bekannt ist, mindestens unter denen, die es wissen wollen –, daß große Teile dieser Preissteigerungen nicht etwa in Verfolg der marktwirtschaftlichen Politik eingetreten sind, sondern durch die Auflösung der Subventionen im Binnen- und Außenhandel. Es ist eine völlige Illusion, anzunehmen, diese Subventionen hätten das Realeinkommen des deutschen Volkes nicht ebenso geschmälert wie eine Preissteigerung. Doch das nur nebenbei.

Wir hätten erwarten müssen, daß nach der Währungsreform gewisse Einbrüche in die Produktionsmittelindustrie und in die Investitionswirtschaft erfolgen. Die übergroße Liquidität, die diese 10 Milliarden im Konsum geschaffen haben, hat bewirkt, daß von dort auch Teile der Kaufkraft in die Produktionsmittelindustrie abgewandert sind und daß hier das soziale Elend einer Arbeitslosigkeit nicht eingetreten ist. Die Dinge sind also nicht nur negativ, sondern sie haben doch auch ihre positiven Seiten. Die Verteilung der Kaufkraft über den Gesamtbereich unserer Wirtschaft hat diese übergroße Flüssigkeit und Liquidität in einem gewissen Maße beseitigt. Selbstverständlich hat auch die Preissteigerung eine gewisse Verdünnung bewirkt, aber nicht zuletzt ist durch das steigende Volumen unserer Wirtschaft, durch die höheren Aufwendungen der einzelnen Unternehmungen an Löhnen und durch die Verteuerung der ausländischen Rohstoffe der Betriebsmittelbedarf der Wirtschaft größer geworden. Die Gefahr der durch die Währungsreform geschaffenen Kaufkraft von 10 Milliarden ist allmählich neutralisiert worden. Es zeigt sich ja auch – das möchte ich doch mit aller Deutlichkeit aussprechen, wenn man es auch nicht wahrhaben will –, daß seit drei Wochen ganz sichtbar eine Konsolidierung der Preise stattfindet, daß wir in eine neue Phase der Wirtschaft eintreten, die dadurch gekennzeichnet ist, daß in Zukunft das laufende Einkommen aus der produktiven Tätigkeit zwangsläufig übereinstimmt mit der Güterproduktion oder mit dem von der Wirtschaft und Gesellschaft in ihrer Gesamtheit erstellten Sozialprodukt.

Hier bin ich allerdings der Meinung – und bei der bleibe ich –, hier können Sie kein Wunder mehr erleben. In einer finanzwirtschaftlich gesunden Wirtschaft ist jede Spekulation auf eine Inflation von dieser Seite aus ausgeschlossen, da in einer so gearteten Wirtschaft jede Kaufkraft, die entsteht, ihr Äquivalent hat in einem entsprechenden Quantum auf der Güterseite, und da die Preissteigerungen zu Ende sein müssen, wenn die Störungen aus den ungeklärten und von uns nicht einmal voll beeinflußbaren Faktoren aus der Währungsreform zu Ende gegangen sind.

Die Währungsreform schafft selbstverständlich Kaufkraft. Warum habe ich mich denn gegen die Auflösung der volkswirtschaftlichen Lagerreserve gewandt? Ich sagte: Diese Kaufkraft, die durch die Währungsreform geschaffen wird, darf nicht ins Leere stoßen, sondern muß vom Markt absorbiert werden. Wenn 10 Milliarden Kaufkraft da sind und der Markt hat keine Güter bereit, dann müssen Sie die Zwangswirtschaft weiterführen, um die 10 Milliarden an die Leine zu legen, oder Sie müssen die Dinge zu einem natürlichen Ausgleich kommen lassen.

Man kann über die Hortung subjektiv denken, wie man will, und man kann sich völlig einig sein in der Verabscheuung, aber wenn Sie 10 Milliarden Kaufkraft durch die Währungsreform schaffen, dann gibt es nur den Weg, entweder die Kaufkraft an die Leine zu legen, um die ganze Zwangsbewirtschaftung in vollem Umfange aufrechtzuerhalten, oder aber dafür zu sorgen, daß diese Kaufkraft nicht ins Leere stößt, und das allerdings war meine Ansicht, daß dieser Weg der gesündere und der sozial wohltätigere ist.

Es ist eine andere Frage, was nun im Zuge des Lastenausgleichs getan werden muß, um diese Währungsgewinne, wie ich sie nennen möchte, zu absorbieren. Aber darüber können wir uns wirklich alle einigen; hier erwarten wir dann wirklich Ihre konstruktiven Vorschläge.

Ich will nicht leugnen, daß Mißstände eingetreten sind, und ich glaube, viel deutlicher, als Sie das hier zum Ausdruck bringen, habe ich das jeweils vor der Wirtschaft selbst zum Ausdruck gebracht. Ich habe alle Mittel angewandt, um dieses Übel zu heilen.

Sie haben während der Zwangswirtschaft eine Geduld entwickelt, um die ich Sie bewundert habe. Hier war die Rede davon, daß das Vertrauen in die soziale Gerechtigkeit verloren geht. Darf ich Sie fragen, wer während der 15 Jahre Zwangswirtschaft Vertrauen in die soziale Gerechtigkeit haben konnte, während einer Wirtschaft, die dadurch gekennzeichnet war, daß der Normalverbraucher als Konsument überhaupt praktisch ausgeschaltet war? Jetzt auf einmal, nachdem 15 Jahre von Wirtschaft dieser Art überspitzt abgelaufen sind, verlangt man, daß in drei Monaten das ganze Übel aus dieser Art von Wirtschaft, aus dem Krieg und aus den Kriegsfolgen beseitigt werde und die Dinge nun tadellos in Ordnung wären. Wenn man auf der einen Seite so viel Geduld hat, darf man auf der anderen Seite nicht so viel Ungeduld entwickeln, zumal dann nicht, wenn die Verhältnisse zweifellos nicht schlechter, sondern im ganzen gesehen günstiger geworden sind.

Um das unter Beweis zu stellen, möchte ich Ihnen aus den letzten Produktionsstatistiken nur ganz wenige Zahlen vorlesen.

Weil hier so viel von Roheisen gesprochen wird, möchte ich Ihnen folgende Zahlen nennen: Die Rohstahlproduktion ist gestiegen im Juni von 378 000 auf 510 000 Tonnen im August; Fahrräder sind monatlich erzeugt worden im Juni 49 000, im August bereits 93 000, Milchkannen sind gestiegen von 33 000 auf 56 000, Heugabeln von 2 Millionen auf über 3 Millionen.

Die Produktion der Baumwollwebereien ist von 25 Millionen auf 35 Millionen angestiegen, Arbeitsschuhe von 240 000 auf 462 000, Straßenschuhe von 680 000 auf 1 796 000, Hilfsschuhe von 420 000 auf 1 095 000, Haushalt- und Zierporzellan von 1,4 auf 2,2 Tausend Tonnen und Sperrholz von 4,8 Tausend Kubikmeter auf 10,6 Tausend Kubikmeter usw.

Ich könnte Ihnen eine sehr lange Liste vorlegen. Immerhin scheint mir das doch ein Beweis zu sein, daß wir auf dem richtigen Wege sind und weiterhin etwas Geduld aufbringen sollten, um den Gesundungsprozeß nicht zu stören.

Wenn hier von dem Tatbestand der Preiserhöhungen ausgegangen wird, dann möchte ich Sie fragen, warum sich jetzt nicht mit absoluter Folgerichtigkeit die Tendenz einer Preissenkung durchsetzen wird und durchsetzen muß. Ich gebe Ihnen vollständig recht, wenn Sie sagen, die Steigerung der individuellen Arbeitsleistung um 30 Prozent und die Zunahme der industriellen Produktion, der Kapazitätsausnutzung der Betriebe um 37 Prozent muß zu einer Kostendegression geführt haben, die sich notwendig auf die Dauer in einer Preissenkung auswirken muß, wenn sich nicht die einzelnen Unternehmer in geradezu grotesker Weise bereichern wollen. Da gebe ich Ihnen vollkommen recht, und nun kommt es darauf an, diese preissenkenden Tendenzen auch tatsächlich durchzusetzen, die Wirtschaft zu zwingen, den Dingen Raum zu geben. Daß das Mittel der staatlichen Preisbildung nicht das rechte ist, hat die Diskussion um die Eisenpreisgestaltung erwiesen. Ich möchte mal wissen, was die Behörde oder Sie, meine Herren im Wirtschaftsrat, tun müßten, wenn wir darangingen, die Zehntausende, um nicht zu sagen Hunderttausende, von Preisen in der gewerblichen Wirtschaft im Zuge einer wachsenden Leistung und einer progressiven Kostendeckung von Tag zu Tag behördlich weiter zu verfolgen, um diesem Druck nach unten Raum zu geben. Sie können das praktisch und vernünftigerweise nur dann tun, wenn Sie durch eine freie Marktgestaltung und durch die Entfachung des Wettbewerbs die Wirtschaft zwingen, diese kostensenkenden Chancen und kostensenkenden Faktoren auch tatsächlich in die Tat umzusetzen.

Es hat sich ja jetzt bereits auch noch etwas anderes im Zuge der Währungsreform gezeigt. Ich sagte, die übergroße Flüssigkeit und Liquidität ist weggegangen, und von den Banken wird uns das auch berichtet. Wir verfolgen sehr wohl die Vorgänge auf dem Geld- und Kreditmarkt und stellten fest, daß die Anforderungen auf dem Kreditmarkt im Wachsen begriffen sind, daß also diese übergroße Liquidität nicht mehr vorhanden ist. Wir stellen weiter fest, daß sich allmählich der Wettbewerb belebt. Man erkundigt sich, was der andere anbietet und zu welchen Preisen. Wir stellen fest, daß sich auch schon allmählich bemerkbar macht, daß die Kaufkraft nachzulassen beginnt. Wir wissen weiter, daß sich, solange wir gerade in den letzten drei Monaten hinsichtlich des Nachschubs von Rohstoffen aus dem Auslande eine Unsicherheit hatten, spekulative Erwägungen bildeten, die nach jeder Währungsreform wahrscheinlich nicht zu vermeiden sein werden.

Aber wir haben es erlebt – und das ist durchgegangen vom Unternehmer bis zum Arbeiter –, daß mit der Leistung in dem Augenblick zurückgehalten worden ist, wo man nicht sicher sein konnte, daß die Rohstoffe nachkommen. Ich habe dafür durchaus Verständnis. Ich kann dem Arbeiter nicht zumuten, seine ganze Arbeitskraft in der Fertigung auszunutzen, wenn er befürchten muß, dadurch der Arbeitslosigkeit beschleunigt anheimzufallen. Aber alle diese störenden Faktoren können wir als beseitigt ansehen.

Wir verfügen jetzt bis zum Ende des Jahres aus Exporterlösen und dem Marshallplan über 900 Millionen Dollar. Es sind jetzt so große Lieferungen an Rohstoffen eingetreten, daß uns in dieser Hinsicht die Industrie keine Sorge mehr bereitet. Ich darf an das Wort von General Clay erinnern, der sagte: Sie werden im nächsten halben Jahr mehr Rohstoffe erhalten, als Sie in der deutschen Wirtschaft zu verarbeiten in der Lage sind. Ich glaube, daß die Voraussetzungen für die Marktwirtschaft jetzt außerordentlich günstig sind, und ich glaube, im theoretischen Raum gesehen ganz gewiß, daß meine Voraussagen nicht falsch sind, sondern daß sie nach wie vor richtig sind und richtig bleiben. Aber ich bin mir auch bewußt, wir sind nicht nur im ökonomischen, sondern auch im soziologischen und politischen Raum auf dem richtigen Weg, und aus diesem Grunde hat die Verwaltung für Wirtschaft Pläne entwickelt, um diesen Prozeß zu beschleunigen.

Wir haben jetzt den Preisspiegel ausgearbeitet für Textilien und Schuhe. Er wird in diesen Tagen veröffentlicht werden für Hausrat und Waren aus Metall, und es wird ein Preisspiegel kommen für Glas und Keramik, für Holz und Holzwaren und außerdem auch für landwirtschaftliche Geräte.

Um auf das volkswirtschaftlich gerechte Maß zu kommen, werde ich durch Preisspiegel und Druck auf die Preisspiegel die Wirtschaft – und auch die industrielle und händlerische Wirtschaft – zwingen, mit den Preisen so zurückzugehen, daß das optimale Verhältnis zwischen Preisen und Löhnen gewährleistet wird.

Die Produktionsprogramme werden weiter entwickelt und werden mit allem Nachdruck vorangetrieben, und wenn Sie wollen, dann können Sie sich überzeugen, daß die Verwaltung für Wirtschaft hier nicht etwa die Interessen der Unternehmer besorgt, sondern daß sie darauf aus und mit allen Kräften bestrebt ist, dafür zu sorgen, daß Güter und Waren zu einem Preise und in einer Menge auf den Markt kommen, daß der Bevölkerung geholfen wird.

Daß wir dabei andere Methoden anwenden als das englische Utility-Programm, kann doch nicht darüber hinwegtäuschen, daß die soziale Wirkung die gleiche sein würde. Und warum wenden wir andere Methoden an? Doch nur, um von dieser Seite noch einmal den nicht ganz wachen Wettbewerb in der Unternehmerwirtschaft, die praktisch 15 Jahre geschlafen hat, zu beleben. Wir machen es nicht so, daß die Behörde nach wie vor den Zehnten verteilt – wie es früher gewesen ist –, sondern hier entscheidet die Leistung; die beste Leistung nach Qualität und nach Preis bekommt den Zuschlag für die Einschaltung in die Programme.

Grundsätzlich kann sich jeder daran beteiligen, jeder kann mitwirken, aber er kann nur dann mitwirken, wenn er bereit ist, eine Leistung zu tätigen, die in Preis und Qualität den sozialen Anforderungen entspricht. Und wer da mittut, wird von der Behörde begünstigt in der Sicherung des Rohstoffnachschubs und in der Sicherung einer optimalen Betriebsausnutzung. Ich glaube, daß die anderen, die da meinen, noch zurückstehen oder sich den sozialen Verpflichtungen entziehen zu können, oder die vielleicht die Zeit noch nicht für reif halten, um sich im Preise der allgemeinen volkswirtschaftlichen und der sozialen Situation anzupassen, durch diese Methode sehr lebendig werden. Wir werden die Wirtschaft in den Wettkampf und damit in die Linie bringen, die notwendig ist, um dem normalen Einkommen einen möglichst hohen realen Inhalt zu geben.

Meine Damen und Herren! Sie sagen so oft, es sei unehrlich, wenn Sie der Zwangswirtschaft beschuldigt werden. Das möchte ich auch ganz bestimmt nicht tun. Ich bin nach wie vor der Meinung, daß wir, wenn Sie auf Grund der wirklich undogmatischen und unorthodoxen Haltung, wie ich sie einnehme, mitarbeiten, tatsächlich einen Weg finden werden. Aber ich glaube, wir müssen uns über das klar werden und verständigen, was wir unter Planwirtschaft verstehen. Wenn Sie nicht wollen, daß Sie mit dem Odium der Zwangswirtschaft belastet werden, dann muß ich auch sagen, daß umgekehrt auch die Rechte des Hauses mit der gleichen Forderung gehört werden muß, daß sie nicht verschrieen und belastet wird mit dem Odium eines freibeuterischen Liberalismus aus der Zeit vor hundert Jahren.

Ich glaube, wenn wir uns das gegenseitig angewöhnen, werden wir auch weiterkommen. Und dann würden wir auch weiterkommen, wenn wir an die planwirtschaftlichen Vorstellungen herangehen. Wie müssen die aussehen?

Ich habe den Eindruck, daß Sie sich in der Kritik gegen mich und meine Wirtschaftspolitik immer wunderbar einig sind. Nach außen sind Sie sich ja bekanntlich auf Grund Ihrer Geschlossenheit immer einig. Aber ich habe auch Ihre Ausführungen auf dem Parteitag über Wirtschaftspolitik gelesen, und da möchte ich Sie fragen: Welches ist denn eigentlich die Wirtschaftspolitik der SPD? Denn das interessiert mich. Fassen Sie das nicht als Angriff auf, und nehmen Sie es auch nicht persönlich! Aber ich möchte wissen, welches eigentlich Ihre Wirtschaftspolitik ist. Sie waren sich immer einig in der Kritik gegen mich. Aber es ist doch auch bei Ihnen von einer regulierten Marktwirtschaft gesprochen worden, die sicherstellen soll, daß die freie Konsumwahl nicht gefährdet ist, von einer Marktwirtschaft, die es ausschließt, daß die Erzeugerwirtschaft und Verbraucherwirtschaft durch allzu starke Reglementierungen beeinflußt wird. Ich habe allmählich den Eindruck: Wenn ich das Wort Marktwirtschaft in den Mund nehme, dann wird es ausgelegt als Bekenntnis zum Freibeutertum. Wenn Sie dagegen das Wort Marktwirtschaft aussprechen, wird es geheiligt und gesalbt durch das Öl der sozialen Gesinnung.

Ich habe in der Zeitung gelesen, der Direktor der Verwaltung für Wirtschaft wolle mit seiner Politik Geschäfte der Kapitalisten betreiben oder handele in geheimem Auftrag. Ich kann mich eines Schmunzelns darüber nicht erwehren. Es ist für mich eine erheiternde Vorstellung, daß ich in geheimem Auftrag gegen gute Bezahlung die Geschäfte der Kapitalisten besorgen soll. Ich stelle mir das so vor, als ob der kleine Moritz sich anschickt, große Politik machen zu wollen. Ich habe das in der Zeitung gelesen, und der Autor kommt von der gleichen Seite.

Also: welches ist nun eigentlich Ihre Politik? Ist Ihre Politik marktwirtschaftlich oder ist sie planwirtschaftlich? Und wenn sie planwirtschaftlich ist, frage ich Sie: Was verstehen Sie unter Planwirtschaft? Zu den Ausführungen von Herrn Minister Dr. Zorn, der die Marktwirtschaft ja gedeutet hat, kann ich – von Nuancen abgesehen – hundertprozentig Ja sagen. Wir könnten da sehr viel erreichen, wenn wir gemeinsam vorgehen würden, wenigstens in der Zielsetzung. Wenn Sie die Planwirtschaft, meine Damen und Herren, so verstehen, daß die Behörden alle Mittel und Wege in Anwendung bringen, um die Wirtschaft im Sinne einer bewußten Zielsetzung zu lenken, sei es steuerpolitisch, geldpolitisch, kreditpolitisch, sozialpolitisch und, weiß Gott, was alles, dann bejahe ich die Planwirtschaft vollkommen, denn selbstverständlich sind dies alles Teile der Wirtschaftspolitik im ganzen. Und hier liegt selbstverständlich die Notwendigkeit einer bewußten Planung vor. Wird die Planung so verstanden und fassen Sie die Marktwirtschaft so auf, wie sie bei Ihnen von Herrn Minister Dr. Zorn ausgelegt worden ist, so sind wir uns einig. Aber man kann es nicht so machen, daß man, wenn man einmal den Mut gehabt hat, das Wort „Marktwirtschaft" auszusprechen, dann gleich wieder gewissermaßen „planwirtschaftliche Beschränkungen" draufsetzt. Man hat den Mut vor der eigenen Courage verloren. Eine Wirtschaftspolitik nach Art der Echternacher Springprozession, wie es mir manchmal vorkommt, scheint mir nicht geeignet zu sein, um unser Volk und unsere Wirtschaft in der notwendigen kurzen Zeit aus der Situation herauszubringen.

Zum Preis-Lohn-Problem im ganzen, meine Damen und Herren – denn darum geht es heute wahrscheinlich auch bei der weiteren Diskussion – möchte ich sagen: Ich bin mit Ihnen der Meinung, daß in dem Augenblick, in dem wir uns unterhalten, tatsächlich die meisten gewerblichen Preise überhöht sind und heruntergedrückt werden müssen; denn die Löhne stehen auch in einem bestimmten Verhältnis zu den landwirtschaftlichen Preisen. Ich möchte also sagen: Es besteht im Augenblick sehr wohl in gewissem Ausmaß die Möglichkeit zu einer Lohnsteigerung, d. h. zu einer Lohnsteigerung, die nicht die Preisspirale in Bewegung setzt, sondern eine Angleichung bedeutet. Aber wenn ich eine Empfehlung aussprechen darf, die im Zuge der Wirtschaftspolitik liegt, dann ist es die, daß es im großen und ganzen, obwohl ich mit der Freigabe des Preisstops der Angleichung nach oben ganz bestimmt keine Grenze setzen möchte, volkswirtschaftlich sinnvoller wäre, den Weg zu gehen, die Preise herabzudrücken, und jeder Vorschlag, den Sie mir da über den geschilderten Rahmen hinaus machen können, ohne wieder in Preisstop und Preisbindungen zu verfallen, wird – davon können Sie überzeugt sein – sorgfältigst geprüft werden. Wenn wir das tun – und ich glaube, wir sind auf dem Wege, und die Zeichen dafür sind auch da, die Preise herunterdrücken –, dann wird das günstiger sein. Denn vergessen Sie nicht: einmal werden die Hilfen, die wir aus dem Marshallplan usw. zu bekommen haben, geringer werden!

Schon im nächsten Jahr müssen wir darauf bedacht sein, unseren Export von rund 600 Millionen Dollar auf rund 1,8 Milliarden Dollar zu steigern, d. h. wir müssen im Ausland exportfähig bleiben. Abgesehen davon, daß der 30-Cent-Kurs auch diese Preisgrenze nach oben setzt, wird natürlich die deutsche Konkurrenzfähigkeit um so größer sein, je mehr es uns gelingt, die Preise auf ein optimales Verhältnis auch zum Lohn herabzudrücken, statt den Löhnen, was tendenziell vielleicht auch möglich wäre, die Angleichung an das jetzige Preisniveau zu ermöglichen.

Im ganzen bin ich aber der Meinung: Wir müssen jetzt einmal eine Angleichung der Preise vollziehen, soweit für die Festsetzung der Preise die Behörde verantwortlich ist, und darum geht es heute. Dann wollen wir aber auch mit aller Deutlichkeit erklären: Jetzt Schluß! Es werden jetzt keine Preise mehr erhöht! Es werden jetzt nur alle Anstrengungen gemacht, um eine Konsolidierung zu erreichen!

Sie werden wirklich nicht bezweifeln können, daß alles das, was die Verwaltung für Wirtschaft getan hat und worauf Sie größten Wert legen, nämlich mit den Gewerkschaften zusammenzuarbeiten, dem Ziel dient, das auch Sie wollen. Wir können in den Methoden vielleicht verschiedener Meinung sein, aber ich lehne es mit aller Entschiedenheit ab, daß Sie allein glauben, das soziale Gewissen für unser Volk gepachtet zu haben.

Ich will das Wohl des Volkes, das bringe ich hier mit aller Deutlichkeit zum Ausdruck. Wenn es dazu notwendig ist, die gewerbliche Wirtschaft unter Druck zu nehmen – selbst unter härtesten Druck, meine Damen und Herren, das verspreche ich Ihnen –, dann werde ich das tun, weil ich nicht im Auftrag handele, sondern weil ich genau weiß, daß eine gesunde Wirtschaftspolitik nur dann durchführbar ist, wenn sie dem Wohl des ganzen deutschen Volkes dient. Aber dem Wohl des ganzen Volkes dient es vor allen Dingen, wenn es aus der behördlichen Bevormundung herausgerissen wird und wenn es endlich frei wird. Und darum bin ich der Meinung: Die

Wirtschaftspolitik, die wir eingeschlagen haben, hat zwar natürlich auch eine ökonomische Zielsetzung, aber sie hat vor allem eine soziale und eine politische Zielsetzung: die Auflösung des Zwangs, die Freiheit des Volkes und die Förderung des demokratischen Gedankens in Deutschland, ohne den wir nie zu einer Zusammenarbeit kommen können, ohne den wir nie zu einer wirklichen Form einer Demokratie kommen können, wie sie uns von anderen Völkern vorgelebt wird.

GENERALSTREIK ZUR RETTUNG EINES
UNHALTBAREN DOGMAS

[Rundfunkansprache am 11. November 1948]

Ein erster Aufschwung kommt in Gang. Durch die Luftbrücke für Berlin und die amerikanische Europa-Hilfe steigt das Zutrauen zur Zusammenarbeit mit den Alliierten und zur Selbsthilfe. Am 1. September 1948 tritt der Parlamentarische Rat in Bonn unter Dr. Adenauers Vorsitz zusammen. Aber der Streit um Preise und „Hortungen" ruft Unruhe in der Arbeiterschaft hervor. Am 8. November beschließen Bundesvorstand und Beirat des Bizonalen Gewerkschaftsbundes vollständige Arbeitsruhe für den 12. November. Gefordert werden u. a.: amtliche Verkündung eines „Wirtschaftsnotstandes", Einsetzung eines Preisbeauftragten und Erfassung von Sachwertbesitz. Am 10. November wird im Wirtschaftsrat ein SPD-Mißtrauensantrag gegen Wirtschaftsdirektor Prof. Erhard mit 52 gegen 43 Stimmen abgelehnt. Am Vorabend des geplanten Generalstreiks mahnt Erhard mit folgender Rundfunkansprache zur Vernunft:

Der Deutsche Gewerkschaftsrat hat für Freitag, den 12. November, eine 24stündige Arbeitsruhe angeordnet. Er hat diese Entscheidung getroffen, noch ehe eine Stellungnahme des Verwaltungsrates zu den Forderungen der Gewerkschaften vorgelegen und die vereinbarte abschließende Besprechung zwischen Verwaltungsrat und Gewerkschaftsrat stattgefunden hat. Die Aktion wird gestartet in einem Augenblick, in dem nicht nur eine wesentliche Beruhigung und Konsolidierung in der Preisentwicklung eingetreten ist, sondern auch umfangreiche wirtschaftspolitische Maßnahmen schon getroffen oder eingeleitet worden sind, um die bestehenden Spannungen zwischen Löhnen und Preisen so weit und so rasch wie möglich zu überwinden. Es kommt einer Fälschung gleich, wenn – entgegen dem völlig eindeutigen ökonomischen Tatbestand – von gewerkschaftlicher Seite bewußt verschwiegen wird, daß die Preissteigerungen als eine Folgewirkung der Währungsreform bzw. der zu reichlichen Dosierung des Konsumentengeldes unvermeidbar waren, und wenn man dem Volk glauben machen will, daß ausschließlich eine falsche Wirtschaftspolitik für diese Erscheinung verantwortlich sei. Ohne diesen ökonomischen Ausgleich zwischen Geld- und Gütervolumen aber läßt sich eine gesunde, leistungsfähige Wirtschaft nicht aufbauen; ohne diesen Ausgleich würden wir im Zustand der preisgestoppten Inflation verharren müssen, und es würden fortbestehen der Schwarzmarkt, Kompensationen und all die anderen üblen Erscheinungen der Zwangswirtschaft, die allen gegen Nominallohn arbeitenden Menschen zur Last und zur Qual geworden sind. Die Gewerkschaften können diese Gefahren nicht leugnen, aber sie wollen sie bekämpfen mit der Bestellung eines Preiskommissars mit außerordentlichen Vollmachten, durch staatliche Lenkung der Rohstoffe, der Kredite und des Außenhandels, durch Überwachung und Lenkung des Warenflusses und ähnliche Maßnahmen mehr. Diese Auffassung von Planwirtschaft bedeutet aber praktisch nichts anderes als Zwangswirtschaft oder sie mündet doch sehr schnell wieder in diese ein. Die gerade in sozialer Hinsicht verhängnisvollen Wirkungen dieser Wirtschaftsmethode sind uns aber zu bekannt, als daß ich es an verantwortlicher Stelle mit meiner Einsicht und meinem Gewissen vereinbaren und verantworten könnte, einer Entwicklung Raum zu geben, die nicht die Warenbesitzer treffen würde, wohl aber alle anderen Menschen – ich denke hier wieder an den Normalverbraucher – in neue Not und Drangsal stürzen müßte. Alle für das Schicksal unserer Währung verantwortlichen deutschen und alliierten Instanzen sind mit mir der Meinung, daß die Preissteigerung auf die notwendige Anpassung des Preisniveaus an das Geldvolumen zurückzuführen ist. Es heißt in einem Bericht von dieser Seite wörtlich: „Es muß dringend davor gewarnt werden, die eingetretenen Preisübertreibungen mit den überholten Mitteln der staatlichen Zwangswirtschaft, d. h. mit einer Wiedereinführung der Preisüberwachung bekämpfen zu wollen. Nach den Erfahrungen der letzten Jahre würde eine Rückkehr zu den bisherigen Methoden der Preispolitik mit Sicherheit sofort wieder alle jene unerwünschten Erscheinungen hervorrufen, die durch die Preisfreigabe beseitigt worden sind. Die Waren würden vom Markt verschwinden, grauer und schwarzer Markt würden zu neuer Blüte gelangen, Kompensationsgeschäfte wären an der Tagesordnung, Deputatentlohnungen und Anspornsysteme müßten wieder eingeführt werden. Damit wären die bisherigen Erfolge der neuen Wirtschaftspolitik zunichte gemacht und die Währung käme in ernste Gefahr. Auswüchse der Marktwirtschaft müssen mit marktwirtschaftlichen Mitteln bekämpft werden". Soweit dieses Zitat.

Wenn die Arbeitsruhe dazu dienen soll, den verantwortlichen Instanzen den Ernst der Lage vor Augen zu führen, dann ist die Aktion mehr als überflüssig. Denn dessen waren sich der Verwaltungsrat, und meine Verwaltung im besonderen, auch ohne Gewerkschaften und schon vor deren eingeleiteten Schritten bewußt, daß die Preisentwicklung einerseits das Realeinkommen der Lohnempfänger auszuhöhlen droht und andererseits undisziplinierten Elementen übermäßige Gewinne ermöglicht. Über die Aufgabe, solche Mißstände ehestens zu überwinden, sowie auch über die Zielsetzung, das nach Lage unserer geschmälerten wirtschaftlichen Leistungskraft günstigste Verhältnis zwischen Löhnen und Preisen zu schaffen, kann es unter ernsten und verantwortungsbewußten Menschen keine Differenzen geben. Alle in sich koordinierten Maßnahmen der Wirtschaftspolitik, der Geld-

Kreditpolitik und auch der Steuerpolitik dienen diesem einen Ziel. Insbesondere soll auch die jetzt nicht etwa von sozialistischer Seite, sondern von mir in Vorschlag gebrachte hohe Besteuerung der Warenvorräte im Rahmen der Sofortmaßnahmen zum Lastenausgleich den Druck zur Auflösung der Läger und zur Senkung der Preise verstärken. Der Streit der Meinungen geht aber nicht um die Sache, sondern um die Methode, und hier bin ich allerdings der Meinung, daß um der Rettung des unhaltbaren Dogmas der kollektivistischen Wirtschaft willen der materielle Verlust und die politischen Gefahren einer diktierten Arbeitsruhe unter staatspolitischem Aspekt nicht verantwortet werden können.

Seit Wochen arbeitet mein Amt mit den zuständigen wirtschaftlichen Stellen mit Hochdruck an der Intensivierung und Ausweitung des Jedermann-Programms, und es werden alle Anstrengungen unternommen, um noch in diesem Jahre in immer weiteren Bedarfsbereichen immer mehr Jedermann-Waren zu gebundenen Endverbraucherpreisen auf den Markt zu bringen. Die Auflösung der STEG-Läger wird beschleunigt und die laufende Konsumgüter-Produktion durch die Sicherung des Rohstoffnachschubs nach Kräften weiter verstärkt. In Verhandlungen mit der Militärregierung ist nunmehr auch die Wiedereinführung der Preisbindung der zweiten Hand ermöglicht worden, durch die die Industriebetriebe mit Zustimmung meiner Verwaltung das Recht eingeräumt erhalten, den Einzelhandelspreis ihrer Fabrikate festzulegen und seine Einhaltung zu überwachen. Ich stehe zurzeit mit nicht weniger als fünf europäischen und außereuropäischen Ländern in Verhandlungen, um durch sofortige Zulieferung von Konsumgütern eine Speisung des deutschen Marktes vor allem mit preiswerten Textilien und Schuhen zu erreichen. Mit allen diesen Geschäften sind Kredittransaktionen verbunden, die erste Anfänge der internationalen Kredit- und Kapitalverflechtung bedeuten. Das Ausland gewinnt wieder Vertrauen in den deutschen Wiederaufbau, in unseren guten Willen und in unsere Kraft, und ich weiß sehr wohl, daß uns nicht zuletzt der Fleiß und die Leistung des deutschen Arbeiters dieses internationale Vertrauen zurückgewinnen ließen. Glaubt man denn von gewerkschaftlicher Seite wirklich, daß die Verkündung der Arbeitsruhe ein Mittel zur Heilung unserer Nöte sei, erscheint ein solcher Schritt angebracht in einer Situation, in der jeder gerecht und objektiv Denkende die Überzeugung gewinnen muß, daß die Schwierigkeiten nicht nur erkannt, sondern auch mit aller Kraft zu meistern versucht werden? Warum verschließt man sich seitens der Gewerkschaften gewaltsam der Einsicht und warum sagt man es unseren deutschen Arbeitern nicht, daß das Übel der Preissteigerung auf der anderen Seite doch auch die heilsame Wirkung einer möglichen Verhinderung größerer Arbeitslosigkeit zeitigte? Spürt man es seitens der Gewerkschaften nicht, daß die verdächtige Sympathie der Ostzonen-SED mit dieser Aktion gefährlich ist und höchst bedenklich stimmen muß? Ich sage es darum noch einmal, was ich bereits gestern im Wirtschaftsrat ausgesprochen habe: Wenn unsere deutschen Arbeiter wüßten, wohin in letzter Konsequenz die Forderungen der Gewerkschaften führen müssen, nämlich zurück zur bürokratischen Fron der staatlichen Kommandowirtschaft, dann würden sie sich wohl mit Entschiedenheit gegen eine solche Zumutung verwahren.

Ich lege namens des Verwaltungsrates aber besonderen Wert auf die Erklärung, daß seine feste Haltung gegenüber den Forderungen der Gewerkschaften in keiner Weise eine negative Stellungnahme gegenüber dieser Institution als solcher und ihrer wirtschaftlich und sozial wichtigen Aufgabe bedeutet. Die von einer parlamentarischen Mehrheit getragene Wirtschaftspolitik aber darf, wenn die Demokratie nicht zur Farce werden will, nicht dem Diktat sozialer, wirtschaftlicher oder politischer Gruppen unterliegen. Auf dieser rechtlichen Grundlage steht den Gewerkschaften nicht nur die Mitarbeit offen, sondern sie wird sogar dankbar begrüßt werden. Der Verwaltungsrat lehnt die Arbeitsruhe ab, weil sie die Not des deutschen Volkes nicht zu lindern, sondern nur zu vermehren geeignet ist. Als Beispiel führe ich nur an, daß durch die Arbeitsruhe die Förderung von 300 000 t Kohle, das ist die Hausbrand-Versorgung der deutschen Bevölkerung für 2 Wochen, ausfällt, daß die Erzeugung von 20 000 t Stahl unterbleibt, 165 000 Paar Schuhe, 3000 Fahrräder mit 55 000 Bereifungen, rund 150 000 Glühlampen und andere dringend benötigte Konsumgüter nicht produziert werden. Sei sich jeder seiner demokratischen Freiheit bewußt und handele jeder nach seinem eigenen Gewissen.

DAS ENDE DER IMPROVISATIONEN

[„Tagesspiegel" vom 23. April 1949]

Auf den ersten, mit der Währungs- und Wirtschaftsreform entstandenen Nachfrageboom folgte für die deutsche Wirtschaft ab 1949 zunächst eine Phase der Beruhigung und Festigung des wirtschaftlichen Ablaufs. Neben die teilweise noch fortwirkenden Auftriebskräfte traten Dämpfungsfaktoren, die allmählich den Preisauftrieb zum Stillstand brachten und in Verbindung mit Lohnerhöhungen eine fühlbare Verbesserung der Realeinkommen auslösten. In der öffentlichen Diskussion jener Monate ging das Wort von der „Depression" und „Deflation" um. Ludwig Erhards Analyse der Lage lautet:

Mit der im Juni 1948 volllzogenen Währungsreform ist die Zeit der wirtschaftspolitischen Improvisationen zu Ende gegangen. Der Übergang von einer auf inflationistischer Grundlage aufgebauten Zwangswirtschaft zu einer gleichgewichtigen Marktwirtschaft konnte sich nicht völlig spannungsfrei vollziehen, umsomehr die unorganische, weil nicht mit einer produktiven Leistung verknüpfte Geldschöpfung sehr bald ein erhebliches Mißverhältnis zwischen Geld- und Gütervolumen in Erscheinung treten ließ. Die mit Ende des Kalenderjahres 1948 erfolgreich abgeschlossene erste Phase der wirtschaftlichen Gesundung war durch das Bestreben gekennzeichnet, das überdosierte Konsumentengeld in Produzentengeld umzuwandeln oder – mit anderen Worten – die mit der Währungsreform geschaffene Kaufkraft durch eine kräftige Ausweitung unserer Wirtschaft als Betriebsmittel der Unternehmungen zu binden und damit marktwirtschaftlich zu neutralisieren. Soweit in dieser Entwicklung nicht allein aus dem Wegfall von Subventionen in der Binnen- und Außenwirtschaft zwangsläufig nominelle Preiserhöhungen resultierten, durften die zur Rückgewinnung eines wirtschaftlichen Gleichgewichts notwendigen Preissteigerungen mit planwirtschaftlich künstlichen Mitteln auch dann nicht unterbunden werden, wenn sie kostenmäßig nicht gerechtfertigt erschienen. Würde während dieser äußerlich stürmischen Entwicklung die Verwaltung für Wirtschaft den Verlockungen und Drohungen erlegen sein und die gewiß nicht zu leugnenden sozialen Spannungen zum Anlaß einer Wiedereinführung der Bewirtschaftung und der staatlichen Preisbindung genommen haben, dann wäre die deutsche Wirtschaft wieder in die Zustände der preisgestoppten Inflation zurückgefallen und das deutsche Volk in die Fron der Zwangswirtschaft zurückgeführt worden. Diesem politischen Druck hat die Verwaltung für Wirtschaft bekanntlich durch die Konstituierung des Jedermann-Programms ein Ventil geöffnet und in diesem Programm für alle Bezieher von fixem Nominaleinkommen, insbesondere aus Lohn und Gehalt, eine sozial geschützte Marktzone geschaffen, die der Dynamik der Preisangleichung stärker entrückt war. So ist es mehr und mehr gelungen, der Hysterie auf Produzenten- und Verbraucherseite Einhalt zu tun und an deren Stelle ökonomische Überlegungen zur Anwendung kommen zu lassen. Heute wollen es meine Kritiker nicht mehr wahrhaben, daß sie mich schmähten und verhöhnten, wenn ich im vergangenen Herbst und Winter mit immer größerer Bestimmtheit das Herannahen des preispolitischen Kulminationspunktes und damit einen gewissen Umbruch der wirtschaftlichen Entwicklung vorhersagte. Diesen Überlegungen lag ein durchaus nüchternes volkswirtschaftliches Kalkül zugrunde, und es zeugt nur für die Einsichtslosigkeit meiner Kritiker und nicht etwa für meine Prophetengabe, wenn mir die Entwicklung in fast drastischer Weise Recht gab.

Obwohl das Geld- und Kreditvolumen heute nicht geringer ist als im Oktober und November 1948, bietet die Wirtschaft doch ein völlig anderes Bild. Seinerzeit war sie gekennzeichnet durch eine scheinbar ungeheure Liquidität und Geldflüssigkeit und eine schier unbegrenzte Kaufkraft; heute sind Klagen über mangelnde Liquidität, Kreditnot und Absatzstockung so ziemlich allgemein. Seinerzeit befanden sich die Preise auf der ganzen Linie im Anstieg; heute ist die abbröckelnde Tendenz ebenso wenig zu verkennen. In der ersten Phase nach der Währungsreform konnten die Produktionsmittelindustrie und die Investitionswirtschaft durch die Gewinne und Übergewinne der Verbrauchsgüterwirtschaft mit jenem überschüssigen Geld finanziert und beschäftigt werden, während heute nach dem Dahinschmelzen jener bedenklichen Überliquidität der Kapitalmangel als eine Quelle ernster Sorge, aber doch auch als ein Zeichen der inneren Gesundung nur zu deutlich in Erscheinung tritt. Diese Wandlung, die sich in so kurzer Zeit vollzog, stellt einen Erfolg der marktwirtschaftlichen Politik, im besonderen als eine Folgewirkung der ständigen Produktionsausweitung, bei gleichzeitig restriktiver Kreditpolitik dar.

Diese Umkehrung der ökonomischen Erscheinung hat vielfach zu konjunkturpolitischen Spekulationen geführt, die höchst bedenklich und objektiv falsch sind. So wenig die Produktionsausweitung und die Preissteigerungen im zweiten Halbjahr 1948 als Zeichen einer Hochkonjunktur gedeutet werden dürfen, so abwegig es ist, die sich seit Beginn dieses Jahres abzeichnende Entwicklung als eine Depression oder — wie fast allgemein üblich – als eine Deflation zu betrachten. Diese Entwicklungen haben mit Konjunkturen im zyklischen Sinne nach Art der klassischen liberalen Theorie gar nichts zu tun, sondern sind nur als Anpassungsvorgänge zu begreifen. In jener ersten Phase nach der Währungsreform handelte es sich darum, in der Auffindung eines neuen Preisstandards den Ausgleich zwischen Geld- und Gütervolumen herzustellen, während es jetzt nach der Bereinigung jener Störung darum geht, durch den neu entfachten Leistungswettbewerb das Preisniveau der Kostenlage anzupassen.

Nachdem seit der Währungsreform die individuelle Arbeitsleistung um 20 bis 30% zugenommen und die Ausnutzung der industriellen Kapazitäten im Durchschnitt eine Verdoppelung erfahren hat, muß das Gesetz der Kostendegression in so hohem Maße wirksam geworden sein, daß seit Beginn dieses Jahres für beträchtliche Preissenkungen Raum war und zum Teil wohl auch noch ist. Bei allen Sorgen, die uns die hinter uns liegende Entwicklung bot, können wir es heute doch als einen günstigen Umstand bezeichnen, daß infolge der konstruktiven Fehler der Währungsreform der unerläßlich notwendige Reinigungsprozeß nicht schon unmittelbar nach der Reform bei einem Beschäftigungsstand von 40% von 1936 eingesetzt hat, sondern erst heute bei einem Stand von 85% wirksam wird. Wenn unsere Wirtschaft heute gegenüber äußeren Störungen auch noch sehr anfällig und auf psychologische Reaktionen besonders reagibel ist, so sind doch die mit der Bereinigung verbundenen sozialen Gefahren wesentlich geringer geworden. Es konnte zwar nicht ausbleiben, daß die dogmatischen Gegner der Marktwirtschaft die Zunahme der Arbeitslosigkeit als eine Sünde des freieren Wirtschaftssystems hinstellten, obwohl gerade die arbeitsmarktpolitische Entwicklung den Übergang zur Marktwirtschaft in besonderem Maße rechtfertigt. Wenn seit der Währungsreform nicht nur alle Scheinarbeitsverhältnisse in echte Arbeitsverträge umgewandelt werden mußten, sondern rund 800 000 Erwerbstätige neu in der Statistik auftauchten, dann liegt darin der Beweis, daß die Marktwirtschaft mit mancher volkswirtschaftlich unnützen Betätigung aufgeräumt hat. Die Unterbindung des Schwarzmarktes, des Zwischen- und Kettenhandels bleibt auch dann ein Erfolg, wenn die gewerbliche Wirtschaft von den zum Arbeitsmarkt strömenden Erwerbsfähigen bisher nur zustäzlich 500 000 Kräfte produktiv aufnehmen konnte. Daß sich im Zuge der Strukturbereinigung auch Umgruppierungen arbeitsmarktpolitischer Art vollziehen müssen und dabei vorübergehend höhere Arbeitslosenziffern auftauchen können, besagt nichts gegen die Richtigkeit und Zweckmäßigkeit unserer Wirtschaftspolitik. Durch welches Wunder sollte es denn auch möglich sein, daß eine durch fünfzehn Jahre entartete und wirtschaftsfremden Zielen zugewandte Volkswirtschaft keiner strukturellen Änderungen bedürfte, um zur Erfüllung ihrer an friedlichen und sozialen Zwecken ausgerichteten Funktionen befähigt zu sein.

Nur ein echter Leistungswettbewerb kann dieses Problem in gerechter Weise lösen, und nur der Wettbewerb erfüllt dabei die soziale Aufgabe, Preise und Einkommen, und im besonderen wieder Preise und Löhne, zu jener optimalen Entsprechung zu bringen, die einerseits den Lebensstandard unseres Volkes fortlaufend verbessert und zum anderen die Verteilung des Sozialproduktes sicherstellt. Die Planwirtschaft müßte vor einer solchen Aufgabe völlig versagen, denn entweder läßt sie diese Strukturfehler, die zu Lasten des Volkes ein unternehmerisches Rentnertum großgezüchtet haben, fortbestehen oder aber sie muß den Ausleseprozeß mittels behördlicher Verwaltungsakte bewerkstelligen. Man muß diesen Gedanken nur zu Ende denken und sich des Ausmaßes der fast unvermeidlichen Willkür, Korruption und Fehler bewußt werden, um sich mit Schaudern von solchen Möglichkeiten abzuwenden.

Die tragende und treibende Kraft der Marktwirtschaft ist und bleibt der Wettbewerb, aber es gilt endlich und vor allen Dingen auch in den Kreisen unserer Arbeiterschaft einzusehen, daß dieser Wettbewerb nicht das böse, sondern das wohltätige, segensreiche Prinzip ist, und daß die Früchte vermehrter und rationellerer Arbeit nicht unternehmerischen Interessengruppen, sondern dem Volke in seiner Gesamtheit zugute kommen. Damit ist zugleich ausgedrückt, daß die soziale Marktwirtschaft die unternehmerische Planwirtschaft in gleich entschiedenem Maße wie die staatliche Zwangswirtschaft ablehnt, weil beide von der Absicht der Ausschaltung des Wettbewerbs getragen sind und unsoziale Machtstellungen begründen sollen.

Wenn die wirtschaftspolitische Zielsetzung von heute auf den ökonomischen Reinigungsprozeß nicht verzichten will, und wenn zu diesem Zweck durch die grundsätzliche Beibehaltung der restriktiven Kreditpolitik auch der Druck auf der Wirtschaft belassen wird, so muß dieser Kurs aus wirtschaftlichen und sozialen Überlegungen heraus von allen begrüßt und unterstützt werden, die eine gesunde und sozial befriedete Gesellschaftswirtschaft anstreben und sich stark genug fühlen, sich im Rahmen dieser neuen Ordnung zu behaupten. Diejenigen aber, die an den bestehenden krankhaften Zuständen haften, erscheinen vom gesamtwirtschaftlichen Gesichtspunkt aus nicht schutzwürdig, weil ihre künstliche Fortexistenz nur durch Opfer der produktiven Elemente erkauft werden kann. Niemand trage vor allen Dingen Sorge, daß der Weg zur Gesundung durch das tiefe Tal einer strukturellen Krise führen müsse oder nur über eine echte Deflation gangbar sei. Es wird vielmehr alles darauf ankommen – und damit ist zugleich der wirtschaftspolitische Weg gekennzeichnet –, den Druck auf die Wirtschaft so zu dosieren und die Dauer des Bereinigungsprozesses so zu bemessen, daß auf der einen Seite zwar das Ziel der Leistungssteigerung und Leistungsverbesserung sowie der Erhöhung des Lebensstandards erreicht wird, auf der anderen Seite aber nicht durch eine Lähmung der Energie eine echte Schrumpfung mit Beschäftigungseinbrüchen und Freisetzungen von Arbeitskräften Platz greift. Es ist meine feste Überzeugung, daß durch eine sinnvolle Dosierung und Kombination der mannigfachen wirtschaftspolitischen Mittel dieser „mittlere Weg" erfolgreich beschritten werden kann, der auf einem schmalen Grat zwischen den Gefahren und den Verlockungen einer Reinigungskur glücklich hindurchführt. Wie bekannt, geht meine Auffassung dahin, daß wir entgegen aller konjunkturtheoretischen Orthodoxie eine Ausweitung unserer gewerblichen Produktion bei gleichzeitig tendenziell leicht absinkenden Preisen erstreben müssen und auch verwirklichen können. Denn eine Produktionsausweitung hat nicht nur Kostensenkungen zur Folge, der zunehmende Wettbewerb wird mit manchen verbildeten Vorstellungen über Gewinnmargen und Handelsspannen aufräumen, die in der Zwangswirtschaft üblich gewesen sein mögen, in der Marktwirtschaft sich aber von selbst verbieten. Je eher die gewerbliche Wirtschaft sich von solchen Vorstellungen einer ungesunden Tradition befreit, desto eher wird Raum für einen neuen Aufstieg und eine wirkliche Gesundung sein. Je mehr diese Gesinnung in einer leistungskräftigen Unternehmerschaft Platz greift, desto eher wird das unsinnige Geschwätz über die Gefahr einer drohenden oder einer gar schon bestehenden Deflation verstummen. Wenn nicht jede Ware zu jedem Preise absetzbar ist, und wenn nicht mehr der Käufer um Ware bettelt, sondern wenn umgekehrt die Ware ihren Käufer suchen muß und es Anstrengungen bedarf, sich im Markte zu behaupten, dann sind es noch lange nicht Zeichen einer beginnenden Deflation, sondern in sehr positiver Weise Merkmale der inneren Konsolidierung und Gesundung unserer Volkswirtschaft. Wenn ich unter dem sozialen Druck des vergangenen Jahres die Nerven behalten mußte, um nicht wieder die Zwangswirtschaft herbeizuführen, so kann füglich niemand erwarten, daß ich an der Richtigkeit des Weges dann irre werde, wenn heute in gewisser Umkehrung der Verhältnisse die Last sich nach der Unternehmungsseite zu verlagert. Das Ziel der Sozialen Marktwirtschaft ist abseits von Interessenten- und Gruppenwünschen aller Art die gesunde Wirtschaft, die die Existenz des gesamten Volkes sichert und jeden nach Maßgabe seiner Zuleistung am Sozialprodukt der Nation teilhaben läßt.

ZUM PROBLEM DER ARBEITSLOSIGKEIT

[Rundfunkansprache am 6. Juni 1949]

Trotz der Unruhe in der Welt bringt das erste Halbjahr 1949 weitere Konsolidierungsfortschritte in den deutschen Westzonen, darunter das Besatzungsstatut mit dem Versprechen der Alliierten, ein in einem demokratischen Bundesstaat lebendes deutsches Volk in eine europäische Vereinigung aufs engste einzubeziehen. Die Demontagen werden reduziert, die Produktionsbeschränkungen gemildert. Am 8. Mai beschließt der Parlamentarische Rat das Grundgesetz. Am 12. Mai wird als Erfolg einjährigen Widerstands die Berlin-Blockade aufgehoben. Aber der immer weitergehende Zustrom von Flüchtlingen aus dem Osten, die Heimkehr der Kriegsgefangenen sowie Rationalisierungsmaßnahmen in den Betrieben lassen die Arbeitslosenzahl mit 1,2 Millionen in der Bizone bedrohlich ansteigen.

Mannigfache einseitig oder sogar entstellt wiedergegebene Pressekommentare über von mir in letzter Zeit gehaltene Vorträge lassen es mir um der Wahrheit und Gerechtigkeit willen geboten erscheinen, mich unmittelbar an die deutsche Öffentlichkeit zu wenden, um so mehr als diese gerade in der gegenwärtigen Situation wirtschaftlicher Unsicherheit und Beengung Anspruch auf Unterrichtung und Aufklärung erheben darf. Es ist selbstverständlich, daß das Problem der Arbeitslosigkeit als die Geißel der modernen Volkswirtschaften heute im Mittelpunkt der Diskussion steht, und ich begreife nur zu gut die Sorge, die viele unserer Mitbürger unmittelbar bedrückt oder doch bedroht. Wenn ich gleichwohl erklärt habe, daß die Arbeitslosigkeit in konjunkturpolitischer Betrachtung bis heute keine bedrohlichen Züge angenommen habe und auch gemeistert werden könne, so habe ich doch gleichzeitig mit dem größten Ernst betont, daß mir die Rückführung dieser Menschen in wirklich produktive Arbeit eine vordringliche Verpflichtung bedeutet. Die Beurteilung dieses sozialen Phänomens verliert nur eben an Schärfe, wenn man sich der grundlegenden strukturellen Umschichtung bewußt wird, die sich hinter der Arbeitsmarktstatistik verbirgt. Wer da weiß, daß seit der Währungsreform nahezu eine Million Menschen zusätzlich als Arbeitsuchende in Erscheinung traten, daß es vornehmlich auch im Interesse der Erhöhung des Lebensstandards unseres Volkes unerläßlich war, die öffentlichen Verwaltungen aller Stufen abzubauen, und wer aus den gleichen Erwägungen einzusehen bereit ist, daß mit der Ausschaltung des Zwischen- und Kettenhandels oder etwa der Ausmerzung sogenannter kunstgewerblicher Fertigungen und schließlich mit der zwangsläufigen Auflösung von bis dahin massenhaft bestehenden Scheinarbeitsverhältnissen Fluktuationen auf dem Arbeitsmarkt verbunden sein müssen, der wird die endlich ehrlich ausgewiesenen Arbeitslosenziffern schon als weniger katastrophal ansehen. Vielleicht wird er mir sogar zustimmen, wenn ich sage und gesagt habe, daß sich in dieser Dynamik auch etwas von der inneren Konsolidierung und Gesundung unserer Wirtschaft widerspiegelt. Das wird noch deutlicher, wenn gleichzeitig festzustellen ist, daß im Zuge dieser weitgreifenden Umschichtung der Beschäftigung trotz der gestiegenen Arbeitslosenzahl die deutsche Industrie heute über eine halbe Million Menschen mehr beschäftigt als zur Zeit der Währungsreform. Die Menschen aus unproduktiver und nur die Gesamtheit belastender Beschäftigung in wirklich produktive, d. h. Güter schaffende Arbeit überzuführen, das ist das eigentliche volkswirtschaftliche und zugleich soziale Problem, weil nur dadurch allein dem einzelnen wie auch unserem Volke im ganzen gedient und genützt sein kann.

Nun wird man mir entgegenhalten, daß es angesichts des schier unbegrenzten Bedarfes an Wohnraum, Hausrat und anderen lebenswichtigen Gütern an solchen Aufgaben ja nicht mangeln und es folglich nur darauf ankommen kann, die menschlichen und sachlichen Produktivkräfte richtig zum Einsatz zu bringen. Das ist zweifellos richtig, aber leider ist damit die Problematik nicht erschöpft. Millionen von Arbeitskräften sind gemäß der deutschen Wirtschaftsstruktur und überhaupt in jeder modernen Volkswirtschaft in der Produktionsmittelindustrie, der Bau- und anderen Zweigen der Investitionswirtschaft tätig, deren Beschäftigung – sollen nicht finanzpolitische Experimente nach Art der nationalsozialistischen Mefo-Wechsel zur Inflation treiben – auf der Verfügung oder Bereitstellung von Kapital im Sinne echter Wirtschaftserträge oder privater Spartätigkeit beruht. Das macht ja gerade die Problematik unserer gesellschaftswirtschaftlichen Lage aus, daß als Folge der Kapitalvernichtung und -verschleuderung in der Vergangenheit im Zuge der Währungsreform nahezu das gesamte deutsche Nominalvermögen abgeschrieben werden mußte und der Anreicherung neuen Kapitals unter einer völlig unsinnigen und mehr als reformbedürftigen Steuerpolitik, für die deutsche Stellen heute keine Verantwortung trifft, nahezu unüberwindliche Hindernisse entgegenstehen. Meinen Kritikern und Gegnern, die sich heute teilweise wohl auch im Hinblick auf die kommenden Wahlen über die 1,2 Millionen Arbeitslosen ereifern, waren diese Zusammenhänge sehr wohl bewußt, wenn sie nach der Währungsreform mit Arbeitslosenheeren von 4 bis 5 Millionen Menschen rechneten, sich aber heute dieser ihrer Aussage nicht mehr gern erinnern. Durch die konstruktiven Mängel der Währungsreform, die es durch eine Übergangszeit gestatteten, die Finanzierung der vorerwähnten Wirtschaftszweige mit überschüssigem, krankem Geld zu besorgen, wurde die Offenlegung des Kapitalmangels noch auf kurze Zeit vertagt, aber da auf die Dauer nicht in Erscheinung treten kann, was einfach nicht da ist, kann und darf auch diese Sorge des Kapitalmangels wieder als ein Symptom der inneren Konsolidierung unserer Wirtschaft gewertet werden, ohne daß dieser scheinbare Gegensatz als ein Widerspruch gelten könnte. Wir müssen den Mut – und das heißt dann auch die Kraft – aufbringen, die Realitäten ungeschminkt zu sehen und nicht wieder, wie so manche Vorschläge lauten, durch fragwürdige finanzpolitische Experimente die Flucht in die Unwirklichkeit, nein in das Chaos antreten.

Die 1,2 Millionen Arbeitslosen in 14 Tagen restlos zu beseitigen, wäre kein Kunststück, wenn sich ein verantwortungslos verbrecherischer Politiker bereit fände, unser Volk in inflationistische Zustände zurückzuführen, die über eine Scheinblüte immer zur wirtschaftlichen und sozialen Auflösung treiben. Wir dürfen vielmehr nur organische Mittel der Kapitalbildung zur Anwendung bringen, aber wir verfügen auch über Chancen und Möglichkeiten, um – über allzu enge orthodoxe Bindungen hinweg in den Grenzen der absoluten Währungssicherung – durch die Ausnutzung aller erreichbaren Quellen und deren finanztechnisch sofortige Mobilisierung in kurzer Frist mittel- und langfristiges Kapital in Höhe von nahezu 2 Milliarden Mark zum Einsatz zu bringen.

Seit ich aus den Staaten zurückgekehrt bin und wieder die Hand an den mittlerweile schwächer gewordenen Puls unserer Wirtschaft legen konnte, habe ich mich auch ohne ressortmäßige Zuständigkeit ausschließlich um die Eröffnung jener Kapitalquellen wie auch um eine Änderung der Kreditpolitik bemüht und bei allen beteiligten Instanzen volles Verständnis für die von mir geschilderte wirtschaftliche Lage und die sich daraus ergebenden Notwendigkeiten gefunden. Wenn als Ausfluß dieses gemeinsamen Strebens nach Überwindung der psychologischen und materiellen Störungen durch die Eröffnung erweiterter Diskontmöglichkeiten für Bankakzepte sowie durch die Ermäßigung des Diskontsatzes und der Mindestreserven die Kreditpolitik der Bank Deutscher Länder eine weitgehende Auflockerung erfuhr und damit die Bankinstitute über eine erheblich größere kreditpolitische Freizügigkeit verfügen, so ist doch um der Wahrheit willen und zugleich um allgemein verbreitete falsche Auffassungen zu zerstreuen, ausdrücklich zu vermerken, daß von der Geldseite her und aus der Richtung des kurzfristigen Kredits das tieferwurzelnde Übel des Kapitalmangels im Grunde nicht beseitigt werden kann. Immerhin ist zur Kennzeichnung der Lage und der sich daraus ergebenden Folgen festzuhalten, daß heute praktisch jedes legitime Bedürfnis nach Krediten für Zwecke der laufenden Güterproduktion und des Warenumschlags sowie jede Anforderung nach Importkrediten ohne weiteres befriedigt werden kann. Darüber hinaus wird – wie schon vorher erwähnt – ein immerhin beträchtlicher Kapitaleinstrom der Kapitalgüterindustrie und der Investitionswirtschaft und über die dort neu entstehenden Einkommen indirekt auch unserer Konsumgüterwirtschaft frisches Blut und neue Impulse zuführen

Niemand – und vor allem nicht die Lohn- und Gehaltsempfänger – sollte entgegen der primitiven parteipolitischen Zweckpropaganda vergessen, daß es unserer bis in die jüngste Zeit hinein verfolgten Wirtschafts- und Kreditpolitik zu verdanken war, wenn über den dadurch ausgelösten Zwang zu höherer Wirtschaftlichkeit und die auf diese Weise erreichten Preissenkungen die Realkaufkraft gerade der breiten Schichten unseres Volkes eine fortlaufende Verbesserung erfahren hat, und im ganzen auch eine sozial gerechtere Verteilung des Sozialprodukts bewirkt wurde. Die Wandlung des äußeren Wirtschaftsbildes, der Übergang von einer falschverstandenen Hochkonjunktur in eine Phase wirtschafts- und kreditpolitischer Beengung hat allein aus dem Kontrast heraus psychologische Wirkungen gezeitigt, die über die materiellen Gegebenheiten hinaus allenthalben zu einer gewissen Lähmung und Stagnation und im ganzen zu einer falschen Beurteilung unserer wirtschaftlichen Situation geführt haben. Diese Erstarrung gilt es heute aufzulösen. Die Voraussetzungen hierzu sind bereits geschaffen, und wir treten damit wieder in einen neuen Abschnitt unserer wirtschaftlichen Entwicklung ein, der äußerlich durch eine Linderung des ökonomischen Drucks und durch die Mobilisierung neuer Kaufkraftströme gekennzeichnet ist. Damit wird die Liquiditätsangst beseitigt und die trotz teilweiser Kreditnot dennoch feststellbare Liquiditätshortung sowohl in der privaten wie auch in der öffentlichen Sphäre aufgelöst werden. Denn ohne das Ziel der Verbesserung des Lebensstandards über vermehrte und ergiebigere Arbeit auch nur einen Augenblick aus den Augen zu lassen, wird diese Wendung unserer Wirtschaftspolitik zwangsläufig zur Folge haben, daß alle Spekulationen auf weitere, konjunkturell bedingte Preissenkungen oder gar Preiseinbrüche künftighin der materiellen Voraussetzung entbehren und sich deshalb als wirtschaftliche Fehlleitungen erweisen müßten. Hatten wir es bisher mit relativ kurzfristigen Anpassungsvorgängen zu tun, wie zuerst der Angleichung der Gütermengen und Güterpreise an das Geldvolumen und nach erreichtem Gleichgewicht der Anpassung an die veränderte Kostenlage, so wird nunmehr die weitere Entwicklung durch ein ungleich höheres Maß von Stabilität gekennzeichnet sein, die die wirtschaftlichen Entscheidungen auf eine wieder viel sicherere Grundlage stellt. Durch keine Verlockung und keine Drohung werden sich die verantwortlichen Männer von einer Politik abbringen lassen, die die Sicherheit der Währung auch nur im geringsten zu erschüttern geeignet ist. Aber gerade auf dieser Grundlage eines stabilen, wertbeständigen Geldes wird das Schicksal jedes Unternehmers um so mehr auf der Hervorbringung einer volkswirtschaftlich nützlichen, sozial anerkannten Leistung beruhen. So werden von Tag zu Tag mehr die Gründe in Wegfall kommen, die heute jede über den Tag hinausreichende Disposition mit erheblichem Risiko belasten, und die jene psychologischen Hemmungen und Verirrungen hervorgerufen haben, die dann erst zur wahren Ursache der Stockung des Kaufkraft- und Güterflusses geworden sind.

Ich glaube für mich in Anspruch nehmen zu können, die wirtschaftliche Entwicklung jeweils zutreffend und ehrlich vorausgesehen zu haben, und ich werde auch in der Beurteilung unserer jetzigen Situation recht behalten. Unser wirtschaftliches Schicksal schwebt nicht über uns als eine freundliche Verheißung oder als düstere Drohung, der wir nur entgegenzuharren oder entgegenzubangen brauchten; – nein – die Wirtschaft gestalten wir selbst nach unserem freien, eigenen Willen, und mit der Auflösung der Zwangswirtschaft ist sogar das Volk selbst wieder zum Herrn seines Schicksals erhoben worden. Die gleichen Leute, die mich nach meiner Amtsübernahme einen weltfremden, dogmatisch gebundenen Professor schalten, wissen gar nicht, wie sehr sie sich entblößen, wenn sie in ihrem eigenen, parteipolitisch sturen Festhalten an der planwirtschaftlichen Verkrampfung mir die Beweglichkeit und Wendigkeit der wirtschaftspolitischen Führung zum Vorwurf machen und mich damit gewissermaßen der Inkonsequenz zeihen zu können glauben. Dabei ist es so offensichtlich, daß eine Wirtschaft, die durch tausend äußere und innere Ereignisse in den Bedingungen, Verfahren und Zielsetzungen ständigen Wandlungen unterliegt, nicht aus einem vorgefaßten Rezept heraus selig zu machen ist. Nachdem meine politischen Gegner die erzielten Fortschritte nicht mehr leugnen können, wollen sie alle Erfolge als mein unverdientes Glück hinstellen, alles aber, was noch unvollkommen ist und der Lösung harrt, mir als Schuld anlasten. Mögen sie diese Unehrlichkeit und Scheinheiligkeit immer für richtig erachten, das soll mich nicht bekümmern. Ich bin allerdings der Meinung, daß nicht ich, sondern das deutsche Volk von Glück sagen kann, wenn die dauernd das öffentliche Wohl im Munde führenden Planungsbürokraten ihre verderbliche, seelenlose Macht über das von ihnen unwürdig bevormundete deutsche Volk nicht noch länger ausüben konnten. Ich appelliere nicht an Parteien und Gruppen, sondern an den ehrlichen und rechtschaffenen Sinn unseres Volkes, das in Erkenntnis unseres harten wirtschaftlichen und politischen Schicksals – auch ohne nationalökonomische Bildung – aus gesundem Menschenverstand heraus nur zu gut zu beurteilen vermag, daß die über 15 Jahre währende Verzerrung und Fehlleitung unserer Wirtschaft mitsamt der über sie hereingebrochenen Vernichtung, daß die Aufsaugung und produktive Eingliederung von 8 Millionen Flüchtlingen unter politisch sehr begrenzter Freizügigkeit in einer noch immer nicht befriedeten Welt Probleme aufwirft, die nicht alle schon in einem knappen Jahr ohne Störungen und Spannungen gelöst werden können. Meinen politischen Gegnern, die das alles nicht sehen wollen, fehlt es entweder an Verstand oder an Ehrlichkeit der Gesinnung: jeder mag selbst wählen, was ihm mehr behagt.

Ich weiß, daß wir keinen Grund haben, auf Lorbeeren auszuruhen, sondern daß die Fülle ernster Sorgen und schwerer Aufgaben uns handeln heißt. Ich weiß auch, daß viele Millionen Menschen noch um die Erhaltung ihrer Existenz ringen und am Leben und Schicksal verzweifeln müssen, wenn ihnen keine Hoffnung und schnelle Rettung winkt. Das aber, was seit einem Jahr immerhin am Wiederaufbau unserer Wirtschaft und an Verbesserung der sozialen Lage unseres Volkes erreicht wurde, das hat allein der entschlossene Übergang von der Zwangswirtschaft zur Marktwirtschaft bewirkt, während die destruktive, phantasielose Kritik und die dogmatische Feindschaft jener wildgewordenen Planungsbürokraten die Entfaltung der lebendigen Kräfte nur zu hemmen geeignet waren. Die Opposition greift unsere Wirtschaftspolitik nicht an, weil sie schlecht, sondern weil sie gut ist, weil sie unserem Volke nützt, ihrer Partei aber vielleicht schadet. In dieser Stunde bitte ich daher erneut um Ihrer aller Vertrauen, und ich gebe Ihnen die feierlich feste Versicherung, daß ich alles, aber auch alles daran setzen werde, um über Parteien, Gruppen und Interessenstandpunkte hinweg der Gesamtheit unseres Volkes den Weg in eine ruhigere und glückliche Zukunft zu ebnen.

ZUR GRÜNDUNG DES DEUTSCHEN GEWERKSCHAFTSBUNDES

[Ansprache auf dem Gründungskongress des Deutschen Gewerkschafts-
bundes in München am 12. Oktober 1949]

Am 8. August 1949 fand die Wahl zum ersten Deutschen Bundestag
statt: ein überzeugender Erfolg für die Wirtschaftspolitik Erhards, der
als Abgeordneter des Wahlkreises Ulm/Heidenheim in den Bundestag
gewählt und am 20. September 1949 zum Bundesminister für Wirt-
schaft im 1. Kabinett Dr. Adenauers ernannt wird. Die am 7. Oktober
in Pankow von den Sowjets für ihre Zone eingesetzte „Regierung"
wird vom gesamten Westen als illegal abgelehnt. Die Zahl der beschäf-
tigten Arbeitnehmer erreicht 12,2 Millionen; ihnen stehen 1,3 Millionen
Arbeitslose gegenüber. Gegenüber dem östlichen System der Unfreiheit
festigen sich in Westdeutschland die demokratischen Ordnungselemente,
auch durch Zusammenschluß der unter Hans Böcklers Führung von
unten neu aufgebauten Gewerkschaften.

Es liegt mir daran, Ihnen meine Verbundenheit mit Ihrer Arbeit zum
Ausdruck zu bringen.

Ich weiß sehr wohl, daß wir in den Mitteln, in den Verfahren nicht
immer einer Meinung sind. Aber eines möchte ich hoffen und deutlich herausstellen: Wir sind einig in dem Ziel, dem deutschen Volk und der deutschen Wirtschaft zu dienen. Wenn ich sage, der deutschen Wirtschaft, dann
meine ich nicht etwa nur die Industriellen, die Händler, die unternehmerischen Berufsstände, sondern ich meine die wirtschaftenden Menschen in
ihrer Gesamtheit. Sie in den Mittelpunkt unserer Arbeit zu stellen, ihrem
Wohl, der Wohlfahrt der deutschen arbeitenden Menschen zu dienen, erachten Sie als Ihre Aufgabe, und ich möchte Ihnen versichern, das betrachte
ich auch als die meine.

Ich wünsche und hoffe, daß die Zusammenarbeit, die bis jetzt oft nur
sporadisch war, aber dann, wie ich glaube, doch auch immer fruchtbar,
sich vertiefen möge. Denn aus der Zusammenarbeit wächst das gegenseitige
Verstehen, der Blick für die Notwendigkeiten und für die Zweckmäßigkeiten
unseres gemeinsamen Handelns.

In diesem Sinne, wünsche ich Ihnen zu Ihrer Arbeit Glück und Erfolg.
Ich möchte noch einmal sagen, daß ich mich mit Ihnen, Ihren Aufgaben,
Ihren Zielen durch die gemeinsame Sorge für das Wohl des arbeitenden
deutschen Menschen verbunden weiß. Ich hoffe, in dieser gemeinsamen Arbeit
in den nächsten Jahren zu Erfolgen zu kommen, die uns einen Ausweg
aus der Not und den Weg in eine bessere deutsche Zukunft finden lassen.

KARTELLE IM BLICKPUNKT DER WIRTSCHAFTSPOLITIK

[„Der Volkswirt" vom 16. Dezember 1949]

Die Verwirklichung einer Wettbewerbswirtschaft verlangte nicht nur die Beseitigung staatlicher Machtpositionen in der Wirtschaft. Sollte der Leistungswettbewerb als herrschendes Prinzip der Wirtschaftsordnung verankert bleiben, so mußte durch entsprechende Rechtsvorschriften der Wettbewerb gegen jegliche Beschränkung geschützt werden. Die Alliierten hatten schon zu Beginn des Jahres 1948 einschlägige Vorschriften erlassen und der Wirtschaftsrat nach der Währungsreform einen Grundsatzbeschluß, der sich für den Leistungswettbewerb aussprach, gefaßt. Nach Bildung des 1. Bundeskabinetts im Jahre 1949 wurde bald mit den Vorarbeiten für ein deutsches Kartellgesetz begonnen. Seine grundsätzliche Position in dieser Frage faßte Ludwig Erhard wie folgt zusammen:

Nicht um zu den mannigfachen Spekulationen um das sogenannte Kartellgesetz Stellung zu nehmen oder einen Gesetzentwurf zu kommentieren, sondern um der Grundlegung der Problemstellung und der Objektivierung der Materie willen scheint es mir geboten, in nachfolgenden Ausführungen meine eigene Auffassung darzulegen und zu begründen. Zwar ist diese schon insoweit bekannt, als ich in der Entfaltung des Wettbewerbs die beste Gewähr sowohl für eine fortdauernde Leistungsverbesserung als auch eine gerechte Verteilung des Volkseinkommens bzw. des Sozialprodukts erblicke und im Interesse einer wirklich „sozialen" Marktwirtschaft auf diesen Motor einer gesunden ökonomischen Entfaltung unmöglich verzichten kann. Und wenn ich in anderem Zusammenhang darauf verwies, daß mir die unternehmerische Plan- und Zwangswirtschaft um nichts weniger verwerflich und schädlich erscheint als die behördliche Zwangswirtschaft, dann ist meine Grundhaltung deutlich genug gekennzeichnet. Sie läßt sich somit auch nicht auf die primitive Formel Kartellfreundlichkeit oder Kartellfeindlichkeit bringen. Nicht die Form, sondern Funktion und Inhalt sind entscheidend für die Beurteilung sogenannter marktordnender Institutionen und deren Tätigkeit. Bei aller Mannigfaltigkeit der Erscheinungen, der Aufgaben und der Zielsetzungen und trotz der unendlich vielen Nuancierungen und Schattierungen in der praktischen Handhabung der Kartellpolitik kann doch nichts darüber hinwegtäuschen, daß alle Marktabreden, insbesondere auf dem Felde der Preise, in letzter Konsequenz eine irgendwie geartete Beschränkung der Wettbewerbsfreiheit zum Ziele haben. Beschränkung des Wettbewerbs aber ist nicht Selbstzweck, sondern das als geeignet erachtete Mittel zu einer Sicherung des Absatzes, der Stabilisierung der Produktion oder auch der Konservierung eines einmal festgelegten Preisstandards. An Argumenten zur Rechtfertigung solcher Prinzipien hat es noch nie gefehlt, und ich nehme ohne weiteres an, daß viele Verfechter des Kartellgedankens subjektiv von der Nützlichkeit und dem volkswirtschaftlichen Wert derartiger Marktabreden überzeugt sind. Diese Unternehmerkreise müssen sich dann nur bewußt sein, daß sie auf der gleichen geistigen Ebene wie die Planwirtschaftler operieren, denn im Grunde gehen beide von der Illusion aus, daß es möglich sein könnte, einen gesellschaftswirtschaftlichen Prozeß, in dem freie Menschen handelnd am Werke sind, in ein Schema zu pressen oder in einen mechanisch gesetzmäßigen Ablauf zu bringen.

In meinen Augen bedeuten alle diese Versuche eine Sünde wider den Geist des Lebens, dessen innerstes Wesen Wandlung, Bewegung und Entfaltung ist und sich deshalb den plumpen Mitteln der planwirtschaftlichen Regulierung und Stabilisierung versagt. Während Leben – und Wirtschaft ist Leben – ohne Risiken nicht denkbar ist, verlangen die Menschen immer mehr nach Sicherheit, und leider eben nicht nur diejenigen Volksschichten, deren schwache wirtschaftliche Position ein solches Verlangen immerhin begreiflich erscheinen läßt, sondern auch Unternehmer, die am besten ermessen können sollten, wie fremd solche Wünsche vom Blickpunkt echter unternehmerischer Funktion anmuten. Ja, ich möchte fast sagen: Wären Stabilität und Sicherheit des Marktgeschehens zu gewährleisten, dann wären auch gegen die staatliche Planwirtschaft nicht mehr ernsthafte Bedenken zu erheben. Wenn aber bei freier Konsumwahl trotz der dadurch ausgelösten konjunkturellen und strukturellen Verschiebungen ein völliger Abtausch des Sozialprodukts als Voraussetzung einer sich spannungsfrei entwickelnden Volkswirtschaft ermöglicht werden soll, dann kann und darf durch keine Kartellabreden die Funktion des freien Marktpreises ausgeschaltet werden. Starre oder gebundene Preise sind mit dem Wesen des Marktes ebenso unvereinbar wie mit dem eines freien Unternehmertums. Wer demnach von Unternehmerseite die gewerkschaftliche Forderung nach Vollbeschäftigung als ökonomisches Prinzip ablehnt und sie mit Recht nicht zum Maßstab der Wirtschaftspolitik gesetzt haben will, der denkt und handelt unlogisch, wenn er das Unerreichbare – die Konstanz ökonomischer Daten – durch unternehmerische Kartellpolitik erzwingen zu können glaubt. Haben wir es denn nicht am eigenen Leib und an unserer Seele erfahren, wohin es führt, wenn menschliche Institutionen sich das Recht anmaßen, durch die Aufhebung der menschlichen Freiheit Sicherheit erkaufen zu wollen, wenn sie die ersehnte Stabilität durch Starrheit und Zwang konstituieren wollen! Einen anderen Weg aber kann es zu diesem Ziele hin nicht geben, aber dieses Ziel bedeutet dann auch immer Auflösung der menschlichen Gesellschaft und Gesittung.

Wenn ich dieser Betrachtung so breiten Raum gönnte, so deshalb, weil nur aus dieser geistigen Schau heraus die Gefahren der alten deutschen Kartellpolitik recht erkannt werden können. Man mag und wird einwenden, daß Kartelle an diesem oder jenem Ort Nutzen stifteten und in den verschiedensten Branchen, gerade entgegen meinen Befürchtungen, zu einer durchaus harmonischen Ordnung der Produktion und des Absatzes führten, daß solche Bindungen die Auswüchse des Wettbewerbs beseitigten, dadurch die Fortexistenz lebensfähiger Betriebe gewährleisteten, auch mittleren und kleineren Unternehmungen Absatzchancen einräumten und dazu noch eine Stabilität der Beschäftigung zur Folge hatten. Was will man von erfolgreicher Kartellpolitik füglich mehr erwarten – und doch kann das alles meine Skepsis nicht beseitigen, sondern womöglich sogar vergrößern. Wenn nämlich Kartelle so reibungslos funktioniert haben sollen, dann liegt einmal die Vermutung einer wirklichen Machtposition und damit zugleich der Verdacht einer Ausnutzung dieser Vorzugsstellung nahe. Die Schäden einer solchen Politik sind dann nicht an dieser Stelle, mit Sicherheit aber an einem anderen Ort der Wirtschaft ausgebrochen, und da wir das Problem von einer volkswirtschaftlichen Warte aus zu prüfen und zu werten haben, erfordert es zwingend eine stärkere Durchleuchtung.

Wenn wir einmal in bewußter Vereinfachung, aber nicht Beeinträchtigung des Erkenntniswertes der Darstellung, von dem Tatbestand ausgehen, daß die Höhe des Volkseinkommens in der Zeiteinheit dem Wert des Sozialproduktes entsprechen muß – weil sich jedes Einkommen nur aus produktiver, güterschaffender Leistung ableitet –, dann sollte so gesehen der quantitative Abtausch nie gefährdet sein, wenn eben nicht in einer Gesellschaft freier Menschen der qualitative Abtausch, der sich in der stetig wandelnden Schichtung der Nachfrage und in der wechselnden Zusammensetzung des Sozialproduktes widerspiegelt, das eigentliche Problem der Marktwirtschaft ausmachen würde. Beziffern wir Volkseinkommen und Sozialprodukt jeweils mit der Größe 100, und nehmen wir dazu schematisch an, daß die eine Hälfte der Produktion auf kartellgebundene Industrien, die andere Hälfte auf Wirtschaftszweige entfällt, die in vollem Umfange dem freien Wettbewerb unterliegen. Nur unter der völlig unwirklichen Annahme, daß jene Kartelle ihre stärkere Position nicht ausnutzen, daß sie trotz aller Verlockung Abstinenz üben und sich jeweils marktgerecht verhalten, könnte ihrem Wirken Neutralität zugebilligt werden. Welchen Sinn aber sollten dann derartige Abreden überhaupt haben? Viel wahrscheinlicher und realistischer ist die Annahme, daß jene Verfügungsgewaltigen über die Hälfte des kartellierten Sozialproduktes mehr als die Hälfte – sagen wir einmal willkürlich 60% des Volkseinkommens – auf sich vereinigen wollen und es entsprechend ihrer starken Position auch können. Die Konsequenz ist eindeutig. Sie lautet dahin, daß dann der anderen freibewegten Hälfte des Sozialprodukts von 50 Einheiten nurmehr eine Kaufkraftmenge von 40 Einheiten gegenübersteht, und folglich die Entleerung des Marktes nur mit erheblichen Opfern, mit Preiseinbrüchen und vielleicht sogar mit Verlusten erreicht werden kann.

Behaupte niemand, daß das theoretische Abstraktionen oder Spielereien wären – das ist vielmehr die nüchterne Realität, hinter der sich das dramatische Geschehen zu Anfang der 30er Jahre verbirgt. Gehen wir indessen in unserer Betrachtung weiter und prüfen wir, was sich in der zweiten Phase dieser Entwicklung abspielt. Die kartellgeschützten Industrien werden dank ihres reibungslos getätigten Absatzes vielleicht noch das alte Güterquantum produzieren und die alte Preispolitik fortzusetzen suchen. Die marktwirtschaftlich orientierte Industrie aber wird sich – sei es, daß Betriebe wegen Unrentabilität ausfallen oder daß eine generelle Produktionsminderung eintritt – der Marktsituation anpassen und nur noch ein Produkt von insgesamt 40 Einheiten auf den Markt bringen. Von diesen dann insgesamt 90 Einheiten des Sozialprodukts würden wiederum 60 Kaufkrafteinheiten von der kartellierten Industrie absorbiert werden, während die restlichen 30 Kaufkrafteinheiten ein freies Sozialprodukt von 40 Einheiten aufzunehmen hätten, d. h. also daß sich die Relation dauernd verschlechtern muß und ein Zustand erreicht wird, der mangels hinreichender Kostendeckung in den bedrohten Sektoren der freien Industrie die Fortführung der Produktion nicht mehr gestattet. Selbstverständlich wird sich die Entwicklung nicht exakt auf der Linie dieser schematischen Rechnung vollziehen, ja, es ist sogar anzunehmen, daß diesem Preisdruck in gewissen Grenzen und je nach der Stärke der Position auch die Kartellpreise weichen werden, aber im ganzen gesehen bleibt diese Rechnung im Kern doch richtig. Der Einwand etwa, daß Übergewinne der kartellierten Industrien sich ja auch wieder, so z. B. über Investitionen, in Kaufkraft umsetzen, mag zwar im einzelnen zutreffen, aber im ganzen bremst die auf Stabilität und Sicherheit bedachte Kartellpolitik die Dynamik der Volkswirtschaft ab, oder aber sie verleitet infolge einer falschen Marktbeurteilung zu Fehlinvestitionen. Der in seinen Funktionen beschränkte Markt kann keine richtigen Reaktionen zeitigen, und vor allen Dingen darf angenommen werden, daß die beschränkte Konkurrenz im kartellgebundenen Sektor einerseits und die oben gekennzeichnete Ungunst der Marktlage im freien Sektor andererseits die produktive Verwertung des verfügungsbereiten Kapitals entweder bewußt einengen oder zu riskant erscheinen lassen.

Sicher ist jedenfalls, daß diese Art unternehmerischer Planwirtschaft der Krise der 30er Jahre den Stempel aufdrückte. Das waren die Jahre der Entartung der Marktwirtschaft, die uns vor die Entscheidung stellten, ob wir durch die Rückkehr zur Freiheit die Funktionsfähigkeit des Marktes wieder herstellen wollen oder ob wir den Weg der Bindung und der Unfreiheit mehr und mehr zu einem allgemeinen Prinzip der Wirtschaft erheben sollen. Zu ihrem Unheil ist die deutsche Wirtschaft unter einer wenig einsichtigen wirtschaftspolitischen Führung den falschen Weg, den Weg ins Verhängnis, gegangen. Anstatt der Freizügigkeit auf der ganzen Linie Raum zu geben, die Kartelle aufzulösen und den Abtausch des Sozialproduktes auf der ganzen Breite einer von Bindungen freien Volkswirtschaft zu besorgen, ist man zunehmend dazu übergegangen, die von der Absatznot bedrohten Industriezweige zu deren vermeintlichem Schutz ebenfalls zu kartellieren – mit der Wirkung, daß wir in jenen unglücklichen 30er Jahren in Deutschland über rund 2500 Kartelle verfügten und daß uns diese Erstarrung in eine ausweglose Krise mit ihren Millionen-Arbeitslosenheeren verstrickte. Wenn nämlich durch diese überhandnehmende Preisbindung nach Verausgabung aller verfügungsfreien bzw. verfügungsbereiten Kaufkraft noch unabsetzbare Reste des Sozialproduktes im Markte blieben, dann konnte es gar nicht anders kommen, als daß jede neue und weitere Produktion – kurz also die Reproduktion – des Sozialprodukts mit jener immer schwerer werdenden Hypothek belastet blieb und immer mehr zusammenschrumpfte. Zuletzt muß dann natürlich auch die Wirksamkeit der Kartelle versagen, und es war mit dieser falschen Politik niemandem und keinem Interesse gedient.

Meine Kritiker werden, wie ich hoffe, nach diesen Darlegungen einsehen, daß mich der Hinweis auf die guten Erfahrungen mit Kartellen nicht von deren Unbedenklichkeit überzeugen, sondern eher skeptisch stimmen kann. Anstatt bei den vielen alarmierenden Zeichen zur Freiheit zurückzukehren, haben wir Vollgas in die Plan- und Zwangswirtschaft gegeben, und es war nur folgerichtig, daß es zuletzt nicht die unternehmerische, sondern die staatliche Planwirtschaft war, die dann das Unheil vollendete.

Um vollständig zu sein, will ich noch auf das von Kartellfreunden vorgebrachte Argument eingehen, daß wirklich verantwortungsbewußte Kartelle in Zeiten der Hochkonjunktur ein stärkeres Maß von Disziplin an den Tag legten, so daß die Preiskurve kartellierter Industriezweige oft wesentlich geringere Ausschläge zeigte. Das mag zutreffen, aber das sich hier offenbarende Beharrungsstreben ist einer dynamischen Wirtschaft gar nicht angemessen und verhindert möglicherweise aus privatwirtschaftlichem Interesse Entwicklungen, die durchaus im Interesse der Gesamtwirtschaft liegen würden. Theoretisch gesehen sind künstlich ermäßigte Preise ebenso ungesund wie künstlich erhöhte Preise, – volkswirtschaftlich gerechtfertigt ist allein der Preis, der in Anpassung an die marktwirtschaftliche Konstellation zu einem totalen Abtausch des Sozialproduktes führt. Der Stolz, mit dem Kartellfreunde auf das Faktum des Maßhaltens in der Hausse hinweisen, ist vor allem auch deshalb unberechtigt, weil durch diesen dann zwangsläufig auftretenden Überhang der Nachfrage das Problem der Verteilung – und in diesem Fall heißt das dann Zuteilung – aktuell wird und weil jede solche Entwicklung dann zu irgendeiner Schematisierung, um nicht zu sagen Willkür, führen muß, die nicht mehr an volkswirtschaftlichen Maßstäben ausgerichtet sein kann.

Diese meine deutlich ablehnende Haltung gegenüber kartellmäßigen Bindungen wird noch verstärkt durch die Erkenntnis, daß jede solche Maßnahme notwendig das Verlangen nach Schutz gegen Störungen von außen wecken muß und dadurch noch ein weiteres Mal der echte Leistungswettbewerb unterbunden wird. Diese Unterbindung des Wettbewerbs selbst aber schmälert die Lebensmöglichkeiten und die Realkaufkraft der breiten Masse unseres Volkes, und gerade aus diesem Grunde wird eine stark mit Kartellen durchsetzte Wirtschaft ihren sozialen Verpflichtungen nur in unzureichendem Maße nachkommen können. Der Wunsch nach Kartellen widerspricht deshalb auch dem Grundsatz der Liberalisierung des Außenhandels, ohne daß dieses interessante Problem hier näher erörtert sei.

Ich bin mir bewußt, in dieser Darstellung manches zu sehr verabsolutiert und verallgemeinert zu haben, aber mit dieser Methode glaubte ich, die eigentliche Problematik besonders deutlich herausstellen zu sollen. Allzu strenge Orthodoxie ist wohl immer schädlich, aber die Bereitschaft zu gerechter Würdigung individueller Erscheinungen und Tatbestände darf doch auch wieder nicht zu einer Verwässerung oder gar Verleugnung des einmal als richtig erkannten Prinzips führen. Die nach den letzten Verlautbarungen sehr weiche und fast nachgiebige Haltung der Gewerkschaften gegenüber den Kartellen sollte die Unternehmerschaft eigentlich nachdenklich stimmen. Mir liegt die Aufreißung von Gegensätzen durchaus fern, aber es ist doch auch nicht von der Hand zu weisen, daß die Gewerkschaften in der Bewertung kartellmäßiger Machtpositionen pfleglich operieren möchten, um mit deren grundsätzlicher Ablehnung nicht zugleich auch das Prinzip der staatlichen Machtpositionen in der Wirtschaft ad absurdum zu führen. Kenner der marxistischen Lehre werden durch die Haltung der Gewerkschaften allzu leicht an die These von der Expropriation der Expropriateure erinnert. Für mich rangieren beide Institutionen, d. h. die auf privater und die auf staatlicher Macht gegründeten Kartell- oder Monopolpositionen, auf der gleichen Ebene, und ich möchte den die rechte Lösung Suchenden deshalb zuletzt noch die Frage vorlegen, ob nach ihrer Meinung, angesichts der gleichen geistigen Grundhaltung, dem Überwechseln von der privatwirtschaftlichen zur staatlichen Planung noch ernsthafter Widerstand entgegengesetzt werden könnte, wenn dann aus der mit Sicherheit zu erwartenden Störung des Marktes auf der politischen Ebene solche Forderungen fast zwangsläufig erhoben werden würden. Freiheit und Glück des deutschen Menschen stehen und fallen mit der Freiheit der Marktwirtschaft, und nur in der von Machtpositionen freien Wirtschaft verwirklicht sich die Forderung nach deren sozialer Fundierung und Ausrichtung.

MINISTER ERHARD ANTWORTET

[Herrn Otto A. Friedrich, Hamburg-Harburg, und mit ihm der
deutschen Wirtschaft
„Die Welt" vom 4. Januar 1950]

Einer der streitbaren Freunde aus der Wirtschaft, Otto A. Friedrich, ver-
öffentlichte um die Jahreswende 1949/50 in einer großen deutschen
Tageszeitung einen Offenen Brief an Ludwig Erhard. Otto A. Friedrich
spricht von Entfremdung zwischen dem Minister und den Männern
der Praxis, die „in den schweren Stunden, in denen Sie ihre Ziele
gegen große Widerstände durchsetzen mußten, zu Ihnen gestanden
haben..., die in Ihnen einen mutigen politischen Führer sahen und
zugleich einen wahrhaften Demokraten". Er schlägt vor, Erhard möge
wieder bereitwillig das Urteil der Wirtschaft über seine Wirtschafts-
politik anhören. Minister Erhard gab seine Erwiderung wenige Tage
später:

Sehr geehrter, lieber Herr Friedrich!
Ihr Neujahrsbrief, aus dem die ehrliche Gesinnung eines aufrechten
Mannes spricht, hat meine volle, ernste Würdigung gefunden, und obwohl
Sie darin Ihrer Sorge um die Schmälerung des gegenseitigen Vertrauens
Ausdruck geben, danke ich Ihnen doch gleichzeitig für das mir entgegen-
gebrachte menschliche Vertrauen, das Sie zu der Zuversicht berechtigt, es
werde und könne der alte, enge Erfahrungsaustausch zwischen der Wirt-
schaft und mir wieder hergestellt werden. Ich bin Ihnen für Ihren Freimut
um so dankbarer, als ich mir meiner angeblichen Sünden wirklich gar nicht
bewußt war, und daraus mögen Sie schließen, daß mir jedenfalls ein ab-
sichtliches Handeln völlig fernlag, und daß sich in mir noch weniger eine
Wandlung von einem gut demokratischen zu einem autoritär angehauchten
Politiker und Wirtschaftsminister vollzogen hat. Ich habe immer meine
Pflicht darin gesehen, über mein Tun und Denken öffentlich Rechenschaft
zu legen und mich Freund und Feind zu stellen, weil ich nur zu gut weiß,
daß echte Demokratie nur auf solche Weise gelebt und erlebt werden kann.
Und in gleicher Weise war es mir stets ein echtes, unabweisbares Bedürfnis,
die Hand möglichst eng und dauernd am Puls der Wirtschaft zu haben, das
Schicksal der in ihr tätigen Menschen mitzufühlen und zum Besseren zu
wenden.

Gegen diese innere und äußere Verpflichtung soll ich nun mehr und
mehr verstoßen haben? Sie kennen mich, lieber Herr Friedrich, gut genug,
um von der Ehrlichkeit meiner Gesinnung und meinem Mut zum Be-

kennen überzeugt sein zu können, und ich würde es frank und frei ein-
gestehen, wenn ich meine Haltung gegenüber der Wirtschaft und dem
deutschen Unternehmertum geändert hätte. Ich gebe zu – und das soll
nicht als Entschuldigung dienen –, daß mich der Wahlkampf, die
Regierungsbildung und die parlamentarische Arbeit im letzten Halbjahr
von größeren Sitzungen mehr abgezogen haben, als mir selbst lieb war.
Aber ich war und bin grundsätzlich – wie Sie ja selbst am besten wissen –
stets für jedermann zu sprechen, und ich hoffe zudem, daß mit der Kon-
zentrierung der Ämter in Bonn die alten, guten Gepflogenheiten wieder
aufleben können. Wenn das also Ihre und der deutschen Wirtschaft Sorge
war, dann kann ich Sie mit gutem Gewissen beruhigen und will darüber
hinaus „Besserung" geloben.

Ihr Brief aber gibt mir doch die Gelegenheit zu grundsätzlicheren Ausführungen. Sie wissen es sehr wohl, daß ich jeden von Ernst und Verantwortung getragenen Einwand recht zu werten und zu würdigen weiß,
daß ich aber aus der Verantwortung für die große Linie der Wirtschaftspolitik auch kompromißlos sein muß, wenn mir das Ganze gefährdet erscheint. Die deutsche Unternehmerschaft hat in dem schicksalsschweren
Herbst und Winter 1948 wohl treu zu mir gestanden, als die Gewerkschaften in der von mir als berechtigt anerkannten Sorge um das soziale
und wirtschaftliche Schicksal der Arbeitnehmer meine Wirtschaftspolitik
erbittert bekämpften. Ich habe auch deren Einwände und Vorschläge auf
das ernsteste geprüft, und wenn ich sie doch verworfen habe, so geschah es
eben aus einer wie ich glaube tieferen Erkenntnis von der Richtigkeit des
eingeschlagenen Weges. Ich behaupte gewiß nicht, daß es Opportunismus
oder materielles Interesse war, das die Unternehmerschaft seinerzeit zu
einer solchen Haltung bewog, und ich weiß vor allem, daß der Kreis von
Männern der Wirtschaft, bei denen ich mir Rat holte und zu dem Sie ja
stets gehörten, über einen so billigen und schnöden Verdacht erhaben ist.
Das gilt um so mehr, als ich schon und gerade in jenen Tagen nie einen
Zweifel darüber ließ, daß die Marktwirtschaft ein zweischneidiges Schwert
sei und dem Unternehmer ganz bestimmt kein bequemes Dasein und eine
arbeitslose Rente sichern, sondern im Gegenteil die höchste Anstrengung
abverlangen werde. Oft und immer wieder habe ich betont, daß ich es mit
Entrüstung ablehne, Interessenvertreter einer ganz bestimmten Schicht
unserer Wirtschaft zu sein, sondern daß mir die viel höhere Verantwortung
obliege, eine Wirtschaft aufbauen zu helfen, die ihrer sozialen Verpflichtung
genügen und die soziale Not unseres Volkes lindern könne.

Ich bekenne, daß dieses Programm stets die Zustimmung der fortschrittlichen Kräfte in unserer Wirtschaft und vor allem der von mir oben
zitierten Männer um Sie gefunden hat. Aber kann man von irgend einer
Schicht oder einem Stand Homogenität des Empfindens und Einheitlichkeit der Haltung voraussetzen? Gibt es nicht überall und so auch in der

deutschen Unternehmerschaft Kräfte, denen der Wettbewerb lästig zu werden beginnt, die die bequemen Pfründe der Planwirtschaft zurücksersehnen und sich, sei es auch nur aus Ängstlichkeit oder Unsicherheit, jedem neuen Gedanken versperren? Ich habe ja nicht nur zu Ihnen und Ihresgleichen zu sprechen, sondern gerade zu jenen anderen, die zu wecken und zu gewinnen eine nicht minder wichtige Aufgabe bedeutet. Ich würde es darum sogar dankbar begrüßen, wenn auch die Industriellen-Verbände, die Kammern und ähnliche Institutionen noch mehr als bisher jene Lahmen und Wankelmütigen für die neue Zeit geistig aufrütteln wollten.

Man kann heute nicht über Wirtschaftspolitik sprechen, ohne der aktuellen Probleme der Liberalisierung und der Dekartellisierung Erwähnung zu tun. Sie können sich wohl kaum eine Vorstellung davon machen, was in bezug auf diese Fragen an Mahnungen und Kritik an mich herangetragen wurde, und Sie mögen mir glauben, daß ich diese Einwände gewiß nicht leicht genommen habe. Auch wir beide haben uns darüber unterhalten, und ich glaube, wir waren uns im wesentlichen einig. In der Zwischenzeit hat mir die Entwicklung des Außenhandels auch in der zielbewußt eingeleiteten Politik der Liberalisierung recht gegeben. Unser Außenhandelsvolumen ist im Steigen begriffen, der starke, ungesunde Warensog, der unmittelbar nach der Befreiung einsetzte, ist erwartungsgemäß im Abklingen begriffen, unsere Partner ziehen mit ihren Importen aus Deutschland nach, und wenn wir im Laufe des Jahres 1950 gar auf einen multilateralen Güterumtausch umschalten und zu einer freien Konvertierbarkeit der Währung gelangen, dann wird auch dieser Prozeß bestimmt nicht völlig spannungsfrei verlaufen, aber er wird uns der endlichen Gesundung doch wieder viel näherbringen. Anschließend an Ihren in der „Welt" vom 31. Dezember 1949 erschienenen Offenen Brief ist zufällig ein Wirtschaftsbarometer mit graphischen Darstellungen veröffentlicht worden, die die Gunst der wirtschaftlichen Entwicklung im Jahre 1949 deutlich erkennen lassen, und es ist Ihnen ja auch bekannt, welch große Bewunderung das Ausland der deutschen Wiederaufbauarbeit zollt. Ich bin bescheiden genug, das Verdienst dieser Leistung den deutschen arbeitenden Menschen durch alle Schichten unseres Volkes zuzuerkennen, und möchte für mich davon nur in Anspruch nehmen, die richtigen wirtschaftspolitischen Wege gewiesen zu haben.

So glaube ich denn doch berechtigt zu sein, von der deutschen Wirtschaft und wieder besonders von der deutschen Unternehmerschaft für das Jahr 1950 Vertrauen auch dann fordern zu dürfen, wenn im einzelnen der eine oder andere Punkt meines Programmes nicht verstanden wird oder vielleicht sogar abwegig erscheint. Ich will mich sicher gern wieder mit Ihnen zusammensetzen, aber ich möchte nicht als welt- und wirklichkeitsfremd gelten, wenn ich einmal meine eigenen und andere Wege gehen zu müssen glaube. Gerade dann nämlich hat sich Vertrauen zu bewähren!

Man fragt die Vertreter der Marktwirtschaft und deshalb gerade mich sehr oft, worin denn eigentlich die Wendung zum „Sozialen" bestünde, wenn wir nichts anderes tun, als die Zustände von gestern wieder herzustellen. Der Vorwurf wäre berechtigt, wenn dem so wäre, wenn wir wirklich so witz- und phantasielos wären und uns nichts Besseres einfiele, als in jene alte Wirtschaft mit ihrer alten Kartellherrlichkeit zurückzusteuern, die in den ausweglosen Krisen der 30er Jahre versunken ist. Ich kann doch nun wirklich nicht länger in dem Geruch eines orthodox befangenen Dogmatikers stehen, und wo deshalb Marktabreden volkswirtschaftlich nützlich erscheinen, werde ich mich nicht um eines Prinzips willen solchen Notwendigkeiten versperren. Das zu sagen erscheint mir fast überflüssig, um so notwendiger möchte ich aber mit aller Deutlichkeit betonen, daß die allzu zahlreichen Kartellfreunde, die in dem Drang nach ihrem wohltätigen Wirken kaum mehr zu bändigen sind, bei mir nicht auf Gehör rechnen dürfen. Habe ich nicht oft und immer wieder gesagt, daß mir die unternehmerische Planwirtschaft um nichts weniger verwerflich erscheint als die der staatlichen Bürokratie, und kann man füglich von mir verlangen, daß ich jetzt unter dem Druck solcher Kreise zu einer besseren Einsicht gelangt sein sollte? Ich bin überzeugt, daß es mir der sich seiner Aufgabe und Verantwortung bewußte Unternehmer noch einmal danken wird, wenn ich ihn heute wider seine bessere Einsicht sozusagen zu seinem Glück zwingen möchte, denn den Gegnern der Marktwirtschaft könnte nichts willkommener sein, als wenn sich die deutsche Unternehmerschaft wieder auf diese gefährliche Bahn locken ließe. Jahrelang ist man aus diesem Lager gegen den sogenannten Monopolkapitalismus zu Felde gezogen, und jetzt, da die Marktwirtschaft mit den künstlichen Machtpositionen aller Art aufräumen will, werden diese Kreise, weil man offenbar an den ernsten Willen nicht geglaubt hat, gegenüber diesen Erscheinungen mit einemmal nachgiebig und tolerant. Will und kann die deutsche Unternehmerschaft nicht sehen, daß sich ihr in der Verteidigung der Kartelle ein gefährlicher Helfer zugesellt?

Sie betonen zwar, daß die Diskussion um diese Probleme den tieferen Inhalt Ihres Briefes nicht berührt, und ich bin gerade darüber besonders erfreut. Mißverständnisse und Schönheitsfehler lassen sich bei vorurteilslosen Menschen immer beseitigen, nicht aber Differenzen und Gegensätze in entscheidenden Fragen. Ich glaube im ganzen, daß die deutsche Unternehmerschaft froh sein kann, die Geschicke der deutschen Wirtschaft in den Händen eines Mannes zu wissen, der in erster Linie der Sachwalter aller sein will. Nur dadurch kann sich ein Mann die innere Unabhängigkeit und damit die Freiheit des Denkens und des Handelns bewahren. Meine Wirtschaftspolitik ist getragen von dem Vertrauen in die Kraft der Persönlichkeit und von der Setzung der menschlichen Freiheit als höchstem Wert jeder Gemeinschaft.

Diese Grundsätze und Ideale verbinden darum auch nicht Menschen gleicher Stände und gleicher Schichten, sondern sie einen Menschen gleichen Geistes. Ich freue mich, daß ich diesen Brief an einen Mann richten darf, der mir wie Sie, lieber Herr Friedrich, bestes Unternehmertum verkörpert, und mit Ihnen mag sich darum jeder angesprochen fühlen, der sich zu unserem wirtschaftlichen und sozialen Wollen bekennt. Nehmen wir uns zum neuen Jahre also vor, die alten zu bleiben oder – wie Sie glauben – wieder die alten zu werden. Ich kann Ihnen nur noch einmal versichern, daß ich der alte geblieben bin.

In aufrichtiger Wertschätzung
Ihr
Dr. Ludwig Erhard

TAGESSORGEN NICHT ÜBERBEWERTEN

[Ansprache im Bayerischen Rundfunk am 9. August 1950]

Das Petersburger Abkommen zwischen den alliierten Hohen Kommis-
saren und der Bundesregierung vom 22. November 1949 brachte
weitere Erleichterungen der Produktionsbeschränkungen und die Zu-
sagen, die Demontagen einzustellen. Am 9. Mai 1950 entwickelte
Robert Schuman seinen Plan, die Kohle- und Stahlindustrie Frank-
reichs, Italiens, Belgiens, Luxemburgs, Hollands und der Bundes-
republik zur sogenannten Montanunion zusammenzuschließen. Die
Londoner Westkonferenz vom Mai 1950 bestätigte die Bereitschaft,
Deutschland in die Gemeinschaft der freien Völker Europas aufzu-
nehmen, mit dem Versprechen, die friedliche Wiedervereinigung bleibe
Endziel der alliierten Politik.
Aber am 25. Juni 1950 brach mit der Überschreitung des 38. Breiten-
grades durch kommunistische Truppen der Korea-Krieg aus, der die
Welt an den Rand eines allgemeinen Konfliktes brachte und auch den
Wiederaufbau in Westeuropa und die jedermann sichtbare zügige Auf-
wärtsentwicklung in der Bundesrepublik in Frage stellte.
In der ganzen Welt traten als Folge der schweren Kämpfe in Korea
und in Befürchtung weiterer Konflikte Warenverknappungen und
Preissteigerungen auf, denen man in vielen Ländern mit dirigistischen
Mitteln zu begegnen suchte. Die Devisenlage Westdeutschlands ver-
schlechterte sich zusehends. In vielen Bereichen kam es zu nervösen
Reaktionen. Die Unternehmer, die ihre Rohstoff-Vorräte in Erwartung
wieder nachgebender Preise niedrig gehalten hatten, wurden durch die
plötzlich einsetzende Hausse der Weltmarktpreise überrascht und dis-
ponierten nun entsprechend hektisch. Der Verbraucher bemächtigte sich
eine ebenso spekulative Kaufpsychose; sie griffen Ersparnisse an und
lösten Bargeldbestände auf. Die von Ludwig Erhard erst vor zwei
Jahren begründete freiheitliche Wirtschaftsordnung geriet in ernste
Bedrängnis. Nicht nur die „Pragmatiker" wollten Rückkehr zur Be-
wirtschaftung und zur Preiskontrolle, auch im eigenen Lager griffen
Zweifel um sich. Erhard mußte seine ganze Autorität in die Waag-
schale werfen:

Die deutsche Wirtschaft steht heute im Zeichen einer Hochkonjunktur,
die allerdings nicht auf einen einfachen ökonomischen Nenner zu bringen
ist. Ganz bestimmt haben wir an einer politisch angestoßenen Konjunktur
nicht das allergeringste Interesse, denn die deutsche Wirtschaft befand sich

dank einer konsequent auf Verstärkung des Leistungswettbewerbs ausgerichteten Politik der inneren und äußeren Liberalisierung mindestens seit Februar dieses Jahres in fortschreitender Konsolidierung und Ausweitung. Das deutsche Produktionsvolumen verzeichnete seit dieser Zeit monatliche Zuwachsraten zwischen 3 und 5 Prozent bis zu einem absoluten Produktionsstand von rund 110 Prozent von 1936, und auf außenhandelspolitischem Gebiet konnte innerhalb eines halben Jahres sogar eine Verdoppelung der Ausfuhr erreicht werden. Die Defizite unserer Zahlungsbilanzen gingen im gleichen Zeitraum rapid zurück, und im Europahandel konnten wir sogar wieder aktiv werden. Mit dieser glücklichen Entwicklung gestalteten sich, bewußt gewollt und verfolgt, auch die sozialen Verhältnisse in zweifacher Hinsicht zum Besseren. Denn nicht nur, daß die Zahl der Arbeitslosen in ständiger Abnahme begriffen war, haben Qualitätsverbesserung und Preissenkung zu einer fortlaufenden Erhöhung der Real-Kaufkraft aller Schichten unseres Volkes geführt. Wenn daneben im Verlauf des letzten Jahres entsprechend der zunehmenden Produktivität die Nominaleinkommen an Lohn und Gehalt eine fühlbare Erhöhung erfahren konnten, so mußte jeder ehrlich Denkende die Überzeugung gewinnen, daß unsere Wirtschaftspolitik nicht nur an ökonomischen, sondern gleichermaßen und sogar vorrangig an sozialen Zielen ausgerichtet war. Ja, es ist immer wieder notwendig zu sagen, daß beides ein gleiches bedeutet, daß wirtschaftlicher Fortschritt und soziale Wohlfahrt gar nicht voneinander zu trennen sind. Die Bundesregierung hat es also wahrhaftig nicht nötig, ihre soziale Gesinnung eigens beteuern zu müssen, alle gegen sie ausgestreuten Verdächtigungen widerlegen sich angesichts des raschen und sichtbaren Fortschritts von selbst. Wenn alle Welt die Erfolge des deutschen Wiederaufbaues mit sichtbarer Bewunderung anerkennt, – und das bedeutet die Würdigung der Leistung des deutschen Volkes in seiner Gesamtheit –, dann zeugt es leider nicht gerade für hohe politische Reife, wenn die parteipolitischen Verblendungen in unserem Lande so weit gehen, daß grundsätzlich jede Leistung des politischen Gegners in den Staub gezogen wird. Die Haltung ist um so beschämender, als wir gegenüber dem weltpolitischen Geschehen wahrlich allen Grund hätten zusammenzustehen, um eine geschlossene geistige Phalanx gegen die Feinde der Demokratie und der menschlichen Freiheit zu errichten. Es kann und darf keine Gegensätze geben, die angesichts dieser alles überschattenden Gefahr nicht eine Versöhnung zuließen. Und jeder, dem das deutsche Schicksal am Herzen liegt, wird sich dessen bewußt sein, daß das menschliche Leben mit Würde und Freiheit nicht von irgendeiner Schicht, einer Gruppe, einem Stand, nicht von der Regierung oder der Opposition, sondern von diesen allen gemeinsam verteidigt wird.

Was soll man angesichts dieser fast primitiven Erkenntnis dazu sagen, wenn in Demonstrationen die absolute Preisstarrheit und der Rücktritt der Regierung gefordert wird, die angesichts einer so stark dynamischen weltpolitischen Entwicklung Starrheit nicht garantieren kann? Wer muß, so möchte ich einmal fragen, nach der Meinung dieser Leute zurücktreten, wenn in Verfolg der durch diesen Konflikt ausgelösten strukturellen Wandlungen auf den Weltmärkten Baumwolle, Öle, Nichteisenmetalle, Ernährungsgüter und andere im Preise ansteigen? Schuldig sind diejenigen, die den Frieden der Welt stören. Es dürfte deshalb den Ruhigen und Besonnenen in jedem Volke schwer verständlich zu machen sein, daß da nationale Regierungen oder gar führende Einzelpersönlichkeiten für manche gewiß unerwünschte Entwicklung verantwortlich gemacht werden sollen.

Die Bundesregierung hat bereits bei der Brotpreiserhöhung eingegriffen und wird alle Mittel mit äußerster Schärfe und Konsequenz zur Anwendung bringen, um die Bevölkerung in jeder nachgefragten Menge mit dem jeweils ortsüblichen Konsumbrot zu dem alten Preis zu versorgen. Zur Einhaltung dieser Regelung haben sich alle daran beteiligten wirtschaftlichen Kreise ausdrücklich verpflichtet, und die Gewerkschaften sind über die eingeleiteten Maßnahmen voll unterrichtet. Vorübergehend auftretende Störungen werden in Kürze überwunden werden und rechtfertigen keine irgendwie geartete politische Aggressivität. Vorübergehend haben außerdem auch die Fleischpreise angezogen, obwohl hier die gegenläufige Entwicklung schon wieder deutlich erkennbar wird. Massierte Einfuhren aus Frankreich, Jugoslawien, Polen und südamerikanischen Ländern lassen hier jede Sorge unbegründet erscheinen, wie überhaupt grundsätzlich durch unsere verstärkte handelspolitische Aktivität dem Auftreten von Mangellagen so auch in Zucker und Öl wirksam begegnet werden wird. Gerade jetzt zeigt sich deutlich der Segen der von mir konsequent verfolgten Liberalisierungspolitik, die uns die fremden Märkte zu immer freierem Güteraustausch erschloß. Wenn darum heute auf der politischen Ebene und in Versammlungen von den Preissteigerungen gesprochen wird, die eine Aufkündigung aller Lohntarife und eine generelle Erhöhung von Löhnen und Gehältern notwendig machen sollen, so ist zunächst festzustellen, daß sich die bisher in Erscheinung getretenen Preiserhöhungen ausschließlich auf Mehlerzeugnisse und auf Fleisch, und da eigentlich nur auf Schweinefleisch, erstrecken und in beiden Sektoren, wie oben aufgezeigt, auch nicht Bestand haben werden. Es geht deshalb nicht an, von Preissteigerungen schlechthin zu sprechen, ja sie dem Volke gewissermaßen zu suggerieren, denn selbst in der grundsätzlichen Aussprache zwischen Regierungsvertretern und Vorstandsmitgliedern des DGB wurde von seiten der letzteren ausdrücklich anerkannt, daß bei industriellen Erzeugnissen Preiserhöhungen bisher nicht zu verzeichnen sind. Die Bundesregierung wird die Entwicklung mit dem größten Ernst im Auge behalten, aber sie darf auch erwarten, daß die weltpolitischen Spannungen mit allen ihren Begleiterscheinungen gerade in unserem Lande nicht dramatisiert werden.

Schließlich sind die Preise in aller Welt und in allen Ländern mehr oder minder in Bewegung geraten. Nach allen vorliegenden Meldungen wurde das deutsche Preisniveau von diesen unwägsamen Faktoren vergleichsweise sogar relativ gering berührt. Mir ist aus den übrigen europäischen Ländern noch kein Fall bekannt geworden, daß die hier skizzierte Erscheinung auch dort zu allgemeinen Lohnbewegungen geführt hätte, und ich möchte gerade auch aus meiner sozialen Verantwortung heraus dringend wünschen, daß wir über alle Schichten unseres Volkes zu einer ruhigeren Betrachtung der Dinge, demgemäß auch zu organischen Lösungen kommen werden. Ich äußerte in diesem Zusammenhang vor der deutschen Öffentlichkeit schon einmal, daß die angestoßene wirtschaftliche Entwicklung gleichermaßen Chancen und Gefahren für uns beinhaltet, und daß im Interesse einer gedeihlichen Entwicklung alles darauf ankommt, die Vorteile einer Hochkonjunktur voll auszuschöpfen, diese aber gleichzeitig soweit zu bändigen, daß sie nicht zu krankhaft spekulativen Entartungen führt.

Es gilt einzusehen, daß auch unter dem Blickpunkt der gewandelten Verhältnisse die Fortexistenz unserer Wirtschaft und unseres Volkes schicksalhaft auf der Sicherung und weiteren Steigerung der deutschen Ausfuhr beruht. Die auf diesem Felde erzielten Erfolge sind einmal das Ergebnis der durch die Liberalisierung erzwungenen Leistungssteigerung, aber sie beruhen auch auf dem Vorsprung unserer vergleichsweise kürzeren Lieferfrist. Diese Chance schwindet indessen mehr und mehr dahin, und wir müssen uns in Zukunft ausschließlich auf dem Felde der Qualitäten und Preise messen.

Was das für eine Volkswirtschaft bedeutet, die einen weitgehend vernichteten oder doch verschlissenen Produktionsapparat wieder neu aufbauen oder produktiv gestalten muß und deshalb erst mit einer individuellen menschlichen Arbeitsleistung von nur 30% des Friedensniveaus rechnen kann, ist allen Nüchterndenkenden nur allzu klar. Es mag bequem sein, das zu vergessen, aber es ist nicht realistisch und nicht wahrhaftig. Die Frage nach der Erhöhung des deutschen Lebensstandards berührt nicht so sehr Verteilungs- als Produktionsprobleme. Die Lösung liegt nicht in der Division, sondern in der Multiplikation des Sozialproduktes. Wenn wir dessen eingedenk sind, daß wir nicht exportieren, um unser Leben abwechslungsreicher zu gestalten, sondern um überhaupt leben zu können, dann stellt sich uns auch die Aufrechterhaltung unserer Wettbewerbsfähigkeit als nationale und soziale Forderung zugleich dar. Für die augenblickliche Lage ergeben sich daraus zwingende Konsequenzen. Wir können und dürfen in Deutschland nicht einseitig und generell Löhne und Gehälter erhöhen, wenn wir nicht, anstatt die Gunst der Konjunktur zu nutzen, unseren Export zusammenbrechen lassen wollen. Die Welt kauft nicht von Deutschland um unserer schönen Augen willen, sondern nur dann und solange, als wir leistungsfähig sind; und ich brauche kaum hinzuzufügen, daß auch die übrigen europäischen Länder die sich aus der jetzigen Lage ergebenden Vorzüge und Gefahren erkannt haben. Eingegliedert in die Weltwirtschaft können wir uns auf lohnpolitischem Gebiet unmöglich verselbständigen. Ich predige damit beileibe keine Lohnstarrheit, sondern bekenne mich nach wie vor zu der von mir auch stets eingehaltenen Verpflichtung, daß jede Erhöhung der Produktivität unserer Wirtschaft in der Erhöhung der Lebenshaltung des Arbeiters sich niederschlagen muß. Demgegenüber aber bedeutet es eine gefährliche Illusion, diesen tatsächlichen unlösbaren Zusammenhang durch politische Entscheidungen aufheben zu wollen. Unsere Aufmerksamkeit hat heute vielmehr den Maßnahmen zu gelten, die gewährleisten, daß trotz der auf dem Weltmarkt gestiegenen Rohstoffpreise die daraus erzeugten industriellen Fertigwaren nach Möglichkeit keine Verteuerung erfahren werden. Wenn auch angesichts der Umkehrung der Weltmarktsituation Prognosen absoluten Inhalts kaum zu stellen sind, so wird auch die Bundesregierung alle Mittel und gegebenenfalls auch solche geld- und kreditpolitischer Art zur Anwendung bringen, um zur Verschärfung des Wettbewerbs und Aufrechterhaltung des Drucks zur Rationalisierung und Leistungsverbesserung trotz der von außen hereinschlagenden preiserhöhten Tendenzen mindestens die Stabilität des deutschen Preisniveaus zu wahren. Daß diese Aussage keine Illusion bedeutet, ist leicht zu beweisen: Denn bekanntlich ist es im Herbst vorigen Jahres trotz der düsteren Prognosen unserer Widersacher durch gleiche wirtschaftspolitische Mittel gelungen, die sich aus der Pfund- bzw. Markabwertung ergebende Verteuerung der Rohstoffimporte in den Konsumgüterpreisen nicht nur aufzufangen, sondern diese sogar noch weiter und nicht unbeträchtlich zu senken. Davon spricht man nur nicht gerne, weil es nicht in das Konzept paßt. Ich setze wie stets die wirtschaftliche Vernunft und den gesunden Menschenverstand obenan und sage: Wenn es uns gelingt, ja mehr noch, wenn es uns besser als anderen Volkswirtschaften gelingt, das heimische Preisniveau trotz vieler äußerer Störungselemente im Durchschnitt stabil, wenn gewiß auch nicht starr zu halten, dann erwächst uns daraus die große, ich möchte fast sagen die historische Chance, die mit 4,20 Mark für den Dollar zweifellos überbewertete Deutsche Mark auf der Basis dieser Relation zu einer innen ausgewogenen Währung werden zu lassen.

Es wäre geradezu sträflich, wenn wir die Gunst des Augenblicks nicht in dieser Richtung nutzen würden. Aber diese Chance ginge mit der gewaltsamen Sprengung unseres nationalen Preisgebäudes ein für allemal verloren. Ich weiß also sehr wohl, was ich tue, und das gerade zum Nutzen unserer Arbeiterschaft, wenn ich mich wieder einmal unpopulär mache und gegen allgemeine Lohnerhöhungen spreche. Es kommt mir nur alles darauf an, den Beteiligten meine Haltung verständlich zu machen. Das und nicht große leere Worte verstehe ich unter demokratischer Gesinnung. Ich sage: Die gesicherte fortlaufende Deckung des deutschen Bedarfs kann bei freier Konsumwahl nur dann gewährleistet und das heimische Preisniveau nur dann stabil bleiben, wenn keinerlei Mangellage auftritt. Und dazu eben ist es erforderlich, daß wir durch hinreichend große Exporte auch die entsprechenden Bezüge an Ernährungsgütern und industriellen Rohstoffen sicherstellen. So schließt sich also gewissermaßen der Ring. Wenn wir dank der bereits erreichten Erfolge gar so nahe vor dem Ziele stehen, daß sich unsere Außenhandelsbilanz von Tag zu Tag sichtbar verbessert, dann müßte ich mich sträflicher Versäumnis zeihen, wenn ich gegenüber den politischen Tagesforderungen eine andere Haltung als die hier begründete einnehmen würde. Bleiben wir beharrlich auf dem eingeschlagenen Wege, dann wird sich die Arbeitslosigkeit immer stärker und schneller aufsaugen, und wir können dann auch dem Flüchtlingsproblem immer erfolgreicher zu Leibe rücken. Sprengen wir aber gewaltsam das organisch aufgebaute Gefüge, dann mag vielleicht der einzelne für den Augenblick frohlocken, aber dann haben wir die Chance für die weitere Gesundung unserer gesamten Wirtschaft hingegeben, dann wird unsere Ausfuhr rückläufig, unsere Versorgung fragwürdig werden, dann würden wieder winken Rationierung und staatliche Preisbildung, Schleichhandel und Schwarzmarkt. Es ist die Stunde der Entscheidung, in der Härte und Entschlossenheit zur sozialen Wohltat wird.

Wir können diesen ganzen Mummenschanz einer schon einmal bis zur bitteren Neige ausgekosteten Planwirtschaft mit absoluter Sicherheit bannen, wenn wir Vernunft und ruhige Besinnung obwalten lassen. Die lehren uns aber vor allem auch einzusehen, daß eine Konjunktur, wie wir sie erleben, kein soziales Unglück bedeutet, wie man aus manchen Demonstrationen folgern könnte, sondern daß diese Konjunktur uns gerade auf der sozialen Ebene umgekehrt ein gutes Stück weiter bringen kann, wenn wir sie nur bändigen und in die rechten Kanäle zu leiten wissen. Aus diesem Grunde fühlte ich mich heute zu sprechen verpflichtet, und ich möchte hoffen, daß das deutsche Volk den Ernst der Rede, den Ernst der Stunde erkennt.

KOREA

[Rundfunkansprache am 15. September 1950]

Der Koreakonflikt mit all seinen wirtschaftlichen, sozialen und psychologischen Auswirkungen traf die deutsche Wirtschaft in einem Zeitpunkt deutlich fortschreitender Gesundung und Ausweitung. Seit Februar sind die Arbeitslosenziffern stark sinkend, die monatliche durchschnittliche Produktionsausweitung betrug 3 bis 4 %, der deutsche Export stieg von monatlich

300 bis 350 Millionen Mark um die Jahreswende auf 730 Millionen Mark im Juli und wird sich unter den Einwirkungen der veränderten Situation noch wesentlich stärker erhöhen. So gesehen war also die Veränderung der weltpolitischen Situation aufgrund des Koreakonfliktes kein „Glück" für Deutschland, sondern bedeutete die Störung einer organischen Entwicklung. Damit soll nicht gesagt sein, daß die angefachte Hochkonjunktur nicht auch positiv ausgenutzt werden könnte, obwohl sie ebenso große Gefahren wie Chancen in sich schließt. Diese Gefahren liegen einmal auf preispolitischem Gebiet, zum anderen in der weitverbreiteten Auffassung, daß infolge der veränderten wirtschaftlichen Situation auch das System geändert werden müsse, d. h. daß die Marktwirtschaft von einer Planwirtschaft abzulösen sei.

Die von uns einzunehmende wirtschaftspolitische Haltung hat zunächst den Tatbestand zu berücksichtigen, daß die Versorgung der deutschen Industrie mit ausländischen Rohstoffen und auch die Sicherung unserer Ernährung nicht mehr oder nur zu einem kleinen Teil auf der Marshallplanhilfe, sondern auf den Erfolgen unserer Ausfuhr beruhen. Einer derzeitigen Marshallplanhilfe von 350 Millionen Dollar [die noch rasch absinkt] stehen heute Devisen aus Ausfuhrerlösen in Höhe von rd. 2 Milliarden Dollar entgegen, so daß also nur ein Sechstel des Importbedarfs aus der Marshallplanhilfe gedeckt wird. Es kommt also zur Sicherung unserer Existenz alles darauf an, den deutschen Export weiter zu steigern. Hier wiederum ist zu berücksichtigen, daß unsere Exportchancen mehr durch die Einhaltung kürzerer Lieferfristen gefördert wurden als durch einen Vorsprung in den Preisen oder Qualitäten. Dieser Vorsprung ist mittlerweile fast völlig verloren gegangen, und wir müssen uns mit unseren Wettbewerbern auf dem Felde der Preise und Qualitäten messen. Das wäre vor neun Monaten noch völlig unmöglich gewesen, denn wie die seinerzeit einsetzende Liberalisierung durch den starken Einfuhrsog gezeigt hat, waren wir zu jenem Zeitpunkt noch nicht wettbewerbsfähig. Heute aber können wir dank der Liberalisierungspolitik wohl annehmen, daß wir jetzt den gleichen Leistungsstandard wie die übrigen Länder im Durchschnitt erreicht haben.

Im gleichen Zusammenhang ist noch darauf zu verweisen, daß entsprechend dem eben skizzierten Tatbestand die Fixierung der D-Mark in Höhe von DM 4.20 für den Dollar im Herbst vorigen Jahres zweifellos eine zu hohe Bewertung bedeutete, und daß es uns in der Zwischenzeit auch hier gelungen ist, diese Relation zu einer innerlich berechtigten Größe werden zu lassen. Wie indessen die freie Bewertung der Mark auf den ausländischen Börsen zeigt, muß in dieser Beziehung noch mehr getan werden, d. h. die Mark muß innerlich noch fester werden, um zu einer echten, freien marktwirtschaftlichen Parität zum Dollar kommen zu können. Dieses Ziel zu erreichen, ist auf die Dauer umso notwendiger, als wir zur vollen Gesundung unserer Wirtschaft zur Auflösung der Devisenzwangswirtschaft, d. h. also zu einer freien Konvertierbarkeit unserer D-Mark, kommen müssen.

Das anzustrebende ideale Ziel wäre, für die Folgezeit das deutsche Preisniveau stabiler zu halten als das anderer Länder. Gerade dadurch würde sich unsere Währung verbessern, unsere Ausfuhrchancen würden sich erhöhen, und wir könnten dann erwarten, daß wir nicht nur das derzeitige Beschäftigungsvolumen und die derzeitige Ernährung sicherstellen, sondern sogar noch eine Ausweitung vornehmen können. Das wiederum ist unerläßlich, denn ohne die Deckung jeder auftretenden Nachfrage würde es uns allein aus der psychologischen Situation heraus nicht möglich sein, den deutschen Preisstandard erfolgreich zu behaupten. Die ganze Lage wird noch dadurch erschwert, daß wir angesichts der Preissteigerungen auf den Rohstoffmärkten ohnedies eine wertmäßige 30 %ige Exporterhöhung brauchen, um die gleichen Quantitäten von Rohstoffen und Nahrungsmitteln importieren zu können, so daß es also unser Ziel sein muß, in kürzester Frist den deutschen Export um etwa 50 % zu heben.

Aus dieser Sachlage heraus erklärt sich auch meine Einstellung gegenüber den gewerkschaftlichen Forderungen nach generellen Lohnerhöhungen im Ausmaß von 15 bis 20 %. Wir haben nach meinem Dafürhalten sehr wohl eine echte Chance, trotz der gestiegenen Rohstoffpreise das Niveau der Fertigwarenpreise in etwa zu halten, wenn durch verschärften Wettbewerb – wie er durch die zunehmende Liberalisierung ganz organisch auftritt –, sowie durch die Ausdehnung des Wirtschaftsvolumens und die bessere Kapazitätsausnutzung der Betriebe entsprechende Kosteneinsparungen und Möglichkeiten der Preissenkung erreicht werden. Mit anderen Worten: die erhöhten Rohstoffpreise werden sich im Zuge der Fertigung und Veredelung in ihrem Gewicht immer mehr verdünnen und schließlich völlig aufgesaugt werden können. Dabei bin ich mir bewußt, daß unbewegliche Preise ebenso wenig im Bereich des Möglichen stehen wie starre Löhne.

Wir müssen dabei auch daran denken, daß wir in der Zwischenzeit nicht mehr im Zeitalter einer isolierten Wirtschaft leben, sondern in die Weltwirtschaft eingegliedert sind, und daß demzufolge unsere wirtschaftspolitischen Mittel auch der Berücksichtigung der Entwicklung in anderen Ländern bedürfen. Wenn dort z. B. ähnliche Lohnbewegungen wie in Deutschland nicht entfacht werden, ist auch uns die Möglichkeit genommen, nachgiebig zu sein. Wenn dagegen in anderen Ländern, vor allen Dingen auch in Amerika, eine allgemeine Lohnerhöhung Platz greift, könnten wir etwas lockerer verfahren. Zunächst müssen wir den Standpunkt einnehmen, daß wir unsere Exportchancen in keiner Weise schmälern lassen dürfen, wenn nicht Beschäftigung und Versorgung in Deutschland zusammenbrechen sollen. Der deutsche Arbeiter muß sich darüber klar sein, daß er seine soziale Sicherheit und seinen Arbeitsplatz riskiert, wenn er sich von dem Vorgehen der Gewerkschaften eine soziale Wohltat erwartet. Diese wäre im Zweifelsfall nur sehr kurzfristiger Natur und würde in umso größerem Elend enden. Dem Arbeiter kann vor Augen geführt werden, daß es uns schon einmal, nämlich im September vorigen Jahres, im Zusammenhang mit der D-Markabwertung gelungen ist, trotz einer 22 %oigen Verteuerung der Rohstoffe die Preise für Verbrauchsgüter nicht nur stabil zu halten, sondern sie sogar weiter zu senken. Wenn er darum trotz mancher hektischer Preis-Ausschläge heute wieder geneigt ist, Disziplin zu wahren, bedeutet es keine vage Vertröstung, wenn wir ihm eine Besserung seiner Lage in Aussicht stellen. Schließlich wird sich die mit der Hochkonjunktur verbundene stärkere Beschäftigung und rationellere Erzeugung auch für ihn vorteilhaft auswirken, und es ist geradezu grotesk, wenn man heute eine Stimmung erzeugt, als ob mit dieser hochkonjunkturellen Entwicklung eine soziale Verschlechterung verbunden wäre.

In der großen Linie der Wirtschaftspolitik haben wir zu berücksichtigen, daß in Deutschland wieder starke Kräfte am Werke sind, um das System der Marktwirtschaft zu sprengen. Mögen darunter auch viele sein, die ohne tieferes Nachdenken, aus Gewöhnung oder historischer Erfahrung, der Meinung sind, daß die Erreichung öffentlicher Ziele, wie z. B. die Finanzierung einer irgendwie gearteten Aufrüstung, eben Planwirtschaft erfordere, so sind doch sicher auch in den Kreisen meiner Widersacher sehr bewußte Elemente, die ganz systematisch diese Planwirtschaft anstreben, und zwar ohne Rücksicht auf die sozialen und wirtschaftlichen Folgen. Wenn es z. B. bei einem Gelingen der gewerkschaftlichen Aktion dahinkäme, daß der deutsche Export anstatt anzusteigen fühlbar absinkt, – wenn dadurch eine Schrumpfung unserer Wirtschaft und unseres Sozialprodukts eintreten müßte und eine geordnete Versorgung nicht mehr zu bewerkstelligen wäre, dann ergibt sich die Forderung nach Rationierung und staatlicher Preisbindung gewissermaßen von selbst. Würde diese dann auch leichtfertig herbeigeführt worden sein, so würde sich doch in diesem Augenblick der ganze Angriff gegen die Marktwirtschaft richten und ihre Ablösung fordern.

Demzufolge kann unsere Politik nur den einen Weg gehen, über die Erhaltung der Wettbewerbsfähigkeit und über die Sicherung eines deutschen Vorsprungs auf dem Weltmarkt die Versorgung unserer Wirtschaft mit Rohstoffen und Nahrungsmitteln so eindeutig sicherzustellen und womöglich noch zu verbessern, daß jedwede Nachfrage in freier Konsumwahl befriedigt werden kann. Es sieht heute auf dem Weltmarkt so aus, als ob schon wieder eine gewisse Beruhigung eintreten würde, so daß mit der Ausweitung unseres Exports auch die Chance des Einkaufs für alle Rohstoffe offenbleibt.

Wohl kann es im Zuge dieser Entwicklung vorkommen, daß sich vorübergehend auch auf dem Weltmarkt einzelne Rohstoffe verknappen, und daß als Folgeerscheinung auch auf dem deutschen Markt spekulative Entwicklungen Platz greifen. In einem solchen Falle würde ich nicht davor zurückschrecken, von Staatswegen gewisse Rohstoff- und Nahrungsmitteleinfuhren zu tätigen, um neben dem Ziel einer Anreicherung unserer Vorräte gewappnet zu sein, durch stoßweise Marktbelieferungen konjunkturelle Spannungen auszugleichen und unverantwortlichen Elementen das Handwerk zu legen. Daß wir unsere Marktwirtschaft nicht mit einer starren Dogmatik verfolgen, geht z. B. auch daraus hervor, daß wir schon sehr frühzeitig darangegangen sind, beispielsweise die Schrottausfuhr zuerst zu verkürzen und dann praktisch völlig zu unterbinden, oder wie in einem anderen Fall dafür Sorge zu tragen, daß dem übermäßigen Export von Roheisen und Rohstahl gesteuert und das Schwergewicht auf die Ausfuhr von veredelten Erzeugnissen gelegt wird.

Die Situation wird sich noch einmal verändern, wenn möglicherweise die Außenminister-Konferenz auch uns die Möglichkeit eröffnet, an der Verteidigung Europas in irgendeiner Form teilzuhaben. In einem solchen Augenblick müßten wir wieder mit Staatsaufträgen größeren Umfangs rechnen, und es wäre dann zu prüfen, ob solche Produktionen rohstoffmäßig nicht auch von Staatswegen gesondert gesichert werden müßten. Hier wird es dann auf die jeweilige Marktlage, auf die Größenordnung und das Verhalten der Wirtschaft selbst ankommen.

Ich will mit alledem nur zum Ausdruck bringen, daß sich möglicherweise wohl die Notwendigkeit zu gewissen Lenkungsmaßnahmen ergibt, die aber das System der Marktwirtschaft in keiner Weise stören oder gefährden müßten. Die große Gefahr, die hier auftritt, und die ich fast mit Sicherheit erwarte, kommt von einer anderen Seite. Wenn der Staat für solche Zwecke erhebliche Aufwendungen zu tätigen hat, dann werden manche Leute und auch gewisse Parteien der Meinung sein, diese könnten nicht aus Haushaltmitteln gedeckt werden, sondern man müßte in irgendeiner Form den Notenbankkredit mobilisieren. Man wird dann zwar nicht genau die Form der „Mefo-Wechsel" oder der ewigen Prolongierung von Schatzwechseln nachahmen, aber im Grunde genommen bedeutet jede Manipulation dieser Art das gleiche, nämlich die Ingangsetzung einer Inflation. Steht aber die Wirtschaft erst einmal unter einem inflationistischen Überdruck, dann sind in einer Marktwirtschaft Preissteigerungen die notwendige Folge. Diese aber dürfen natürlich auf der politischen Ebene nicht in Erscheinung treten, und so ergibt sich als nächste Konsequenz wieder die Einführung eines Preisstops, die Restauration des Schleichhandels und des Schwarzen Marktes, die Versorgung der Bevölkerung durch Zuteilungen, kurzum wir erlebten genau das wieder, was wir glücklich hinter uns gebracht haben. Diese Politik erachte ich als unehrlich und unwahrhaftig, weil sie im Volke die Illusion erwecken muß, als ob die Erfüllung dieser öffentlichen Aufgaben ohne Beeinträchtigung der Kaufkraft unseres Volkes geleistet werden könnte. Dieses Verfahren bedeutet eine kalte und unsichtbare Enteignung, eine ständig wachsende Verdünnung der Kaufkraft, eine Entrechtung des Volkes und schließlich seinen moralischen Verfall.

Wenn wir den ehrlichen Weg gehen, so haben wir die Finanzierung solcher Aufgaben auf dem Steuerwege sicherzustellen und auszuweisen. Es muß klar sein, welche Opfer das deutsche Volk in seinen Schichten zur Erfüllung dieser Aufgabe zu leisten hat, und es muß ihm damit auch deutlich werden, daß es die Aufrechterhaltung seines Lebensstandards unter solcher Voraussetzung nur bei entsprechend höherer Leistung sicherstellen kann. Wenn wir diesen ehrlichen Weg der Finanzierung wählen, bleibt das Gleichgewicht zwischen Volkseinkommen und Sozialprodukt gewahrt, und wenn es uns dabei insbesondere noch gelingt, durch eine Ausweitung der Produktion Mangelerscheinungen zu bannen, besteht nicht die allergeringste Notwendigkeit, trotz einer partiellen Aufrüstung von dem System der Marktwirtschaft abzuweichen. Ich möchte sogar umgekehrt sagen, daß Festigkeit in solcher Lage noch notwendiger ist, weil allein die Marktwirtschaft zu höherer Leistung anspornt und eine höhere Produktivität gewährleistet, während bei einem künstlich und fahrlässig herbeigeführten Kurswechsel neben den schon beschriebenen Folgen auch noch eine Leistungsminderung Platz greifen würde. Es wäre nicht abzusehen, wohin wir in Deutschland kämen, wenn wir durch die Wiedereinführung einer Planwirtschaft zugleich zu einer Verfälschung aller Preise kämen, und wenn im Zuge einer solchen Entwicklung alle Volkswirtschaften sich nationalistisch abkapseln müßten, anstatt auf dem Wege der Liberalisierung zu immer höheren und vollkommeneren funktionellen Einheiten voranzuschreiten. Plan- und Zwangswirtschaft ist als Wirtschaftsprinzip nur anzuerkennen unter der Voraussetzung einer belagerten Festung, in der es dann auch kein Geldsystem mehr zu geben braucht, sondern nur noch eine angemessene Naturalverteilung gesichert werden muß. Wir leben aber gerade umgekehrt unter gänzlich anderen Zeichen. Die demokratische Welt schließt sich zusammen und will ihre wirtschaftlichen Kräfte in größeren Einheiten potenzieren. Wer dieses letztere Ziel ernsthaft wünscht, muß vor allen Dingen dafür Sorge tragen, daß die Währungen in Ordnung bleiben, und daß der Verkehr von Waren- und Dienstleistungen zwischen den Ländern möglichst reibungslos funktioniert.

Ich sehe also zusammenfassend die Schwierigkeiten für die Durchsetzung unserer Wirtschaftspolitik weniger in den materiellen als in den politischen Gegebenheiten, und ich erblicke vor allen Dingen eine ganz große Gefahr in den weitverbreiteten, abwegigen finanzpolitischen Auffassungen. Wir haben nach meiner Überzeugung eine ganz große Chance, aus dieser gefährlichen politischen Entwicklung erhebliche Vorteile für unsere wirtschaftliche Gesundung zu gewinnen, aber wir stehen vor der schweren Gefahr, daß durch eine falsche mutlose Politik die erreichten wirtschaftlichen Vorteile vertan werden.

MIT MUT UND KRAFT IN DIE ZUKUNFT

[Rede bei der Eröffnung der „Deutschen Industrieausstellung 1950"
am 1. Oktober 1950 in Berlin]

Korea-Krieg und Krise der Weltwirtschaft dauern fort. In USA macht
sich eine wachsende Tendenz zu Wirtschaftskontrollen und anderen
staatlichen Lenkungsmaßnahmen geltend. Die Bundesregierung beharrt
gemäß Erhards Drängen auf Fortsetzung der Liberalisierung. Aber
Gefahrenzeichen sind unverkennbar: Gespannte Kohlenversorgungs-
lage, Zuckerknappheit, Preiserhöhungen im In- und Ausland, Gefahr
der Preis-Lohn-Spirale, ungünstige Entwicklung der Handelsbilanz.
Erhard verhandelt am 29. September in Paris über Möglichkeiten einer
Verstärkung der deutsch-französischen wirtschaftlichen Zusammenarbeit.
Die Eröffnung der 1. Deutschen Industrie-Ausstellung in West-Berlin
benutzt er zu einer Fanfare seines Optimismus:

Dieser festliche Tag für Berlin ist auch ein Tag persönlicher Freude,
denn ich habe die Entwicklung Berlins zur Messestadt als eine wesentliche
Maßnahme der inneren Gesundung und Konsolidierung der Berliner und
der westdeutschen Verhältnisse betrachtet. Wenn ich bei der Eröffnung der
Automobilschau der Hoffnung Ausdruck geben konnte und durfte, daß es
unser Plan ist, im Oktober hier eine große deutsche Industrieschau zu veranstalten, dann bin ich heute umso glücklicher, daß diese Idee und der Wille
in der Zwischenzeit in die Tat umgesetzt worden sind. Diese Ausstellung
fällt in eine historisch bedeutsame Phase, die der demokratischen friedlichen
Welt den Beweis liefert, daß dieses System nicht nur allein im Hinblick auf
die Mehrung der sozialen Wohlfahrt und des menschlichen Glücks so erfolgreich ist, sondern daß diese demokratische Ordnung zugleich und allein
auch aus sich die Kraft entwickeln kann, um die Ordnung gegen destruktive
und zerstörende Elemente in der ganzen Welt zu schützen.

Wir schicken uns an, Deutschland immer vollkommener in diese demokratische Weltordnung einzubauen, und die Beschlüsse der New Yorker Außenmini-
sterkonferenz haben die Grundlagen dazu gelegt, daß wir uns zu unserem Glück
fürderhin einsfühlen dürfen mit der demokratischen friedlichen Welt. Ich habe
auch von meiner Seite aus an dieser Stelle zu danken, zu danken hier vor allen
Dingen dem amerikanischen Volk für die Marshallhilfe, und ich begrüße es
ganz besonders, daß ich diesen Dank persönlich Mr. Hoffmann übermitteln
darf. Ich konnte bereits bei der Eröffnung der Frankfurter Messe darauf hinweisen, daß wir, wie ich glaube, von der Marshallhilfe einen nützlichen
Gebrauch gemacht haben. Wir wissen, daß wir die Lebensfähigkeit unseres

Landes, die Existenz unseres Volkes rückblickend dieser Hilfe zu verdanken haben. Wenn wir heute dagegen feststellen, daß einer Marshallhilfe von noch 350 Millionen Dollar im Jahre, auslaufend bis 1952, gemessen an dem derzeitigen deutschen Export ein Devisenaufkommen aus eigener Kraft von zwei Milliarden Dollar entgegensteht, wenn wir also heute schon zu $5/6$ unseres fremden Bedarfs auf eigene Kraft angewiesen sind und nur noch $1/6$ – allerdings ein charakteristisches Sechstel – in freien Dollars aus dem Marshallplan beziehen, dann glaube ich, daß damit das deutsche Volk und die deutsche Wirtschaft auf die beste und würdigste Art ihren Dank an das amerikanische Volk abgestattet haben.

Diese Ausstellung wird ein weiteres Mal unter Beweis stellen, daß die Kraft des deutschen Volkes, die geistige Kraft, der Formungs- und Gestaltungswille ungebrochen sind, und daß ein freies Volk in freier Konsumwahl auf Grund der derzeitigen Leistung unserer gewerblichen Wirtschaft in der Bundesrepublik ein Sozialprodukt in der Größenordnung von 115 % des Volumens von 1936 für seine eigenen Zwecke, für die Zwecke der menschlichen und sozialen Wohlfahrt in Anspruch nehmen kann. Die letzten Erschütterungen weltpolitischer Art haben selbstverständlich wie überall in der Welt auch ihre Einwirkungen auf die deutsche Wirtschaft ausgeübt, und die Erschütterungen, die vom Ökonomischen auch ins Psychologische überschlugen, haben also zunächst ein Gefühl der Unsicherheit ausgelöst, ob wir denn in guter Ordnung unsere ökonomischen Dinge fortführen können. Ich glaube, heute sind wir geneigt, allenthalben die Dinge schon wieder mit etwas größerer Ruhe zu betrachten. Es ist meine persönliche feste Überzeugung, daß bei einer Zusammenfassung der Kräfte der demokratischen friedliebenden nichtkommunistischen Welt die Verteidigung dieser unserer Welt und ihrer Ideale gesichert ist, ohne daß wir das andere Ziel, am Glück und an der Wohlfahrt der Menschen zu arbeiten, preiszugeben hätten. Diese beiden Aufgaben lassen sich vereinen und müssen vereinigt werden. Wir arbeiten damit am Frieden, an der Fortentwicklung der sozialen Wohlfahrt und am Glück der Menschen.

Wir erleben neben der Gesundung unserer Wirtschaft und damit unlösbar verbunden heute das Glück, daß sich die Außenhandelsbeziehungen unseres Landes wieder einordnen in das Gefüge der ganzen übrigen Welt. Es gibt heute kaum mehr ein Land auf der Erde, kaum einen Staat oder einen Erdteil, mit dem wir nicht schon in mehr oder weniger vollkommenem Maße in engen wirtschaftlichen Beziehungen stehen. Und so glaube ich, auch die Wendung, die sich heute im Politischen abzeichnet, wird für uns glückhaft sein. Wir erleben es bewußt, daß wir im Zeichen der Gefahr, im Zeichen ernster politischer Spannungen erstmalig das Bewußtsein hegen dürfen, nicht mehr abseits zu stehen, nicht mehr belagerte Festung zu sein, abgeschlossen von der demokratischen Welt, sondern wir sind unlösbar ein Teil von ihr. Wir wollen Helfer sein und wollen unsere Kraft mit in die Waagschale werfen, um diese Welt zu verteidigen.

Wenn ich vorhin die Entwicklung der deutschen Produktion in einer Ziffer zum Ausdruck brachte und darauf hinweisen konnte, daß wir heute ein Produktionsvolumen von 115 % von 1936 erreicht haben, dann ist eine gleich günstige Entwicklung im deutschen Außenhandel zu verzeichnen, der nach dem derzeitigen Stand, im Jahresvolumen umgerechnet, einen Wert von zwei Milliarden Dollar ausmacht. Ich darf Sie daran erinnern – weil mir das auch für das Schicksal Berlins und den Glauben, den wir in die glückliche Entwicklung dieser Stadt legen, doch immerhin charakteristisch zu sein scheint –, daß wir heute auf einem Stand von zwei Milliarden Dollar Export angelangt sind. Wer hätte bei Beginn des Marshallplanes daran denken können, daß es uns in Deutschland, wenn Sie an die Exportziffern von 600–700 Millionen Mark im ganzen Jahr 1947 denken, möglich sein würde, den Zielen nahezukommen, die planmäßig mit der Beendigung des Marshallplanes uns vor Augen schwebten und die da lauteten, daß wir ungefähr bis zur Beendigung des Marshallplanes einen Export aus eigener Kraft von rd. 2½ Milliarden Dollar tätigen müßten, um die Existenzgrundlage unserer Volkswirtschaft und die Lebensgrundlage unseres Volkes zu sichern. Ich bin überzeugt, der deutsche Export wird sich weiter glücklich entwickeln; und wenn wir die Ziele, die friedlichen Ziele der Wirtschaft, nicht aus den Augen verlieren bei allen Aufgaben, die der Wirtschaft auch sonst gestellt sein mögen, dann bin ich überzeugt – und hier spreche ich zu den Berlinern, und ich sage wieder einmal eine günstige Prognose –, daß die Berliner Wirtschaft auch fürderhin noch stärker angestoßen und belebt werden kann und daß sie vor allen Dingen auch im wesentlichen Umfang teilnehmen wird an einer guten Entwicklung des deutschen Exports. Ich hatte heute mittag die besondere Freude, mit dem Herrn britischen Handelsminister die Urkunden des englisch-deutschen Handelsvertrages auszutauschen, und es mag Ihnen auch hier als ein Zeichen des Fortschritts vor Augen geführt werden, daß von beiden Seiten mit einer Import- und Exportziffer von zusammen rd. 1,1 Milliarden Dollar gerechnet wird.

Ich möchte an dieser Stelle der westdeutschen Wirtschaft meinen Dank aussprechen für die rege Beteiligung und für die Initiative, mit der sie an dieses Projekt herangegangen ist. Ich habe den Berlinern versprochen, daß für jede Ausstellungsfläche, die sie in Berlin bauen können, von der westdeutschen Wirtschaft auch so viel Nachfrage vorhanden sein wird, daß sie jeden Raum ausnützen können. Der westdeutschen Wirtschaft danke ich, daß sie mich nicht Lügen gestraft hat, sondern daß dieses Versprechen erfüllt werden konnte. Aber ich möchte auch von dieser Stelle aus unsere westdeutsche Wirtschaft in all ihren Teilen noch einmal ausdrücklich aufrufen, in noch besserem und noch vollkommenerem Maße die Verbindung mit der Berliner Wirtschaft zu pflegen. Diese Trennung muß überwunden werden, denn nur aus der geistigen Einheit schaffen wir die Grundlage, die notwendig ist, um die politischen Ziele, um unser aller Vorstellung von unserer deutschen Zukunft verwirklichen zu können. Um das zu erreichen, um dazu kräftig genug zu sein, ist es notwendig, daß wir auch einmal wieder das Herz vorauswerfen und den übrigen Kerl erst nachkommen lassen. Ohne das geht es in diesem Leben nicht, und in unserem deutschen Leben schon gar nicht. Wenn das Leben zu errechnen wäre, wenn sich die Probleme unseres Seins auf eine materialistische, rationalistische Formel bringen ließen, dann hätte diese Stadt Berlin keine Gegenwart und noch weniger eine Zukunft. Aber diese Dinge wurzeln in einem höheren Sein. Und deshalb glaube ich, es gehören unser ganzer Mut, unsere ganze Kraft und unsere ganze Zuversicht dazu, unser deutsches Schicksal – und in dieses eingebettet, im Herzen dieses Schicksals liegt das Schicksal Berlins – zum Glücklichen zu lenken und unserem deutschen Volk in einer freien, friedlichen Welt eine glückliche Zukunft zu sichern.

KÜHLE KÖPFE – STARKE HERZEN

[Rede auf dem Bundesparteitag der CDU in Goslar
am 22. Oktober 1950]

Während der Korea-Krieg noch keine Entscheidung erkennen läßt und
die „Wahl" vom 15. Oktober 1950 in der Sowjetzone den erwarteten
„Erfolg" für das Pankow-Regime erbrachte, trat am 20. Oktober in
der alten Harzstadt Goslar, nur wenige Kilometer vom Eisernen Vor-
hang entfernt, unter den Flaggen aller deutschen Länder, auch der
mittel- und ostdeutschen, der erste CDU-Parteitag nach Gründung
der Bundesrepublik zusammen.

Besinnung tut not, ruhige Besinnung möchte ich sogar sagen. Die Flam-
menzeichen in aller Welt ringsum verlangen nicht nur Erkenntnis, sondern
auch Bekenntnis, und wir sind bereit, vor der Welt und, was noch schwerer
wiegt, vor unserem Gewissen die Antwort zu geben. Wir wollen uns auch
die Rechenschaft gegenüber dem deutschen Volke nicht leicht machen und
uns nicht in billigem Selbstlob gefallen, denn wir sind uns der fortdauernden
Sorgen und Nöte zu vieler unseres Volkes nur allzu sehr bewußt. Aber wir
haben es auch nicht nötig, unser Licht unter den Scheffel zu stellen, denn
wir – die CDU/CSU – sind es gewesen, die in einer fast ausweg- und
hoffnungslosen Situation den Mut zur vollen, zur alleinigen Verantwortung
aufbrachten und, soviel auch noch zu tun übrig bleibt, dem deutschen Volke
die Existenzgrundlagen zurückgegeben haben.

Als ich vor nunmehr gerade zwei Jahren in Recklinghausen als ein Ihnen
bis dahin Unbekannter in einer Zeit stärkster sozialer Spannungen zu Ihnen
zu sprechen die Ehre hatte, konnte ich Ihnen kaum mehr bieten als die
Aussicht, daß es uns mit der Politik der Sozialen Marktwirtschaft gelingen
würde, das deutsche Volk aus der Fron einer übermütigen Bürokratie zu
befreien, seinem moralischen Verfall zu steuern und durch die Ausweitung
und eine gerechtere Verteilung des Sozialprodukts das tragische deutsche
Schicksal zu wenden. Es war gerade die Zeit, in der eine scheinbar chaotische
Preisentwicklung das soziale Leben auf das stärkste zu erschüttern drohte
und außer unserem Glauben, außer unserer Einsicht nichts auf eine glückliche
Wendung schließen ließ.

Den Mitgliedern unserer Partei im Frankfurter Wirtschaftsrat gebührt heute
noch der Dank der Nation, daß sie sich im Trubel der Ereignisse die
ruhige Selbstbesinnung bewahrten und dem neuen Kurs unbeirrt treu blieben,
aber gerade damit die Voraussetzungen für eine selbständige deutsche Wirtschaftspolitik überhaupt erst schufen. Wenn Geist und Wille dieser Frauen

und Männer weiterleben, dann ist mir weder um unsere Partei noch vor allen Dingen um das volkliche Leben Deutschlands bange. Ich möchte Sie deshalb auch mahnen, dieser guten und bewährten Tradition unserer Partei treu zu bleiben.

Um wieviel leichter sollte das heute sein, da wir in gerade zweieinviertel Jahren dank unserer Politik der Sozialen Marktwirtschaft den Produktionsindex von 40 auf 120% von 1936 heraufhoben, d. h. also verdreifacht haben, und jetzt – und wohlgemerkt auch schon vor der sogenannten Koreakonjunktur – in einem Monat mit rd. 750 Millionen DM genau so viel exportieren, als wir im Jahre 1947 insgesamt an deutscher Ausfuhr erreichen konnten. Vergessen wir doch nicht und sagen wir es dem deutschen Volke, welch fast hoffnungsloser Ausblick sich uns darbot, wenn wir noch vor zwei Jahren damit rechnen mußten, daß wir im Jahre 1952 mit dem Auslaufen der Marshallplan-Hilfe auf unsere eigene Kraft angewiesen sein sollten, und heute immerhin schon feststellen können, daß wir mehr als $5/6$ des für unser Leben notwendigen Devisenbedarfs aus eigener Kraft durch deutsche Ausfuhren erwerben. Mir will scheinen, auch das gehört zur Besinnung, daß wir rückblickend die Erfolge nicht verkennen, die unserer zielstrebigen Politik beschert waren, umsomehr wir wahrlich gut genug wissen müßten, daß gerade diese Erfolge unseren parteipolitischen Gegnern das Konzept gründlich verdorben haben. Wären die von diesen über zwei Jahre ausgestreuten düsteren Prophezeiungen auch nur zu einem kleinen Teil Wirklichkeit geworden, dann gäbe es heute überhaupt kein deutsches Leben mehr. Aber wer würde schon jemand zur Verantwortung ziehen, wenn sich die Dinge zum Besseren gewendet haben. Ich scheue mich nicht, auszusprechen, daß es unsere Schuld wäre, wenn wir das deutsche Volk in solcher Weise verdummen, nein, was viel schlimmer ist, unbegründeterweise immer wieder in dumpfe Lebensangst stürzen lassen, anstatt ihm tagtäglich diese Parteimanöver in ihrer ganzen Kläglichkeit und Unwahrhaftigkeit vor Augen zu führen.

Was haben diese Leute gegenüber unserer Marktwirtschaft schon anderes zu bieten als ein Wirtschaftssystem, das uns in fast lebensgefährlicher Weise an den Rand des ökonomischen und moralischen Verfalls gebracht hat und dessen Untauglichkeit heute vergleichsweise und geschichtlich als erwiesen gelten kann. Wie wenig fundiert die sozialistische Auffassung in dieser Beziehung ist, kann durch nichts besser beleuchtet werden als durch den Umstand, daß sich in den europäischen Ländern Sozialisten einerseits absolut planwirtschaftlich im Sinne einer staatlichen Befehlswirtschaft, andererseits aber auch wieder konsequent liberal gebärden, ohne sich offenbar der Inkonsequenz ihrer Haltung bewußt zu werden. Umsomehr Grund aber haben wir, die Klarheit und Folgerichtigkeit unserer Konzeption herauszustellen, die da lautet, daß die freie Konsumwahl zu den in den Sternen geschriebenen Grundrechten eines Volkes und jedes einzelnen Menschen gehört, und daß es demgegenüber ein Verbrechen an der Würde und an der Seele des Menschen bedeutet, ihn durch staatliche Willkür zum Normalverbraucher erniedrigen zu wollen. Eine Politik, die sich von solcher Schuld frei wissen will, ist allerdings nur ehrlich zu nennen, wenn sie um eine gerechte Verteilung des Sozialprodukts bzw. des Volkseinkommens besorgt ist. Es wäre also zu prüfen, inwieweit unsere Partei dieser Forderung entsprochen hat.

Kein ehrlich Denkender und Wägender wird glauben können, daß aus dem vollendeten Chaos heraus in kurzer Übergangszeit die Vollkommenheit zu erreichen wäre, aber niemand wird auch ehrlicherweise bestreiten können, daß wir mit Erfolg bestrebt waren, über Preissenkungen, Qualitätsverbesserungen und die Erhöhung der Nominaleinkommen der Lohn- und Gehaltsempfänger den Lebensstandard der breiten Schichten unseres Volkes zu erhöhen und damit eine immer bessere, sozial gerechtere Verteilung des gemeinsam erzeugten Reichtums zu erreichen.

Obwohl es leicht wäre, zur Erhärtung dieses guten Willens und des Erfolges Indexziffern anzufügen, möchte ich bewußt auf solches Vorgehen verzichten, um damit zugleich auszudrücken, daß wir in keinem Augenblick daran denken, uns mit dem Erreichten zufrieden zu geben. Wirtschaft und wirtschaftlicher Fortschritt kennen kein absolutes Maß. Deshalb ist es auch völlig abwegig, wenn jüngst von sozialistischer Seite gefordert wurde, jeder Preissteigerung müsse durch eine entsprechende Lohnerhöhung begegnet werden, d. h. also, Preisbewegungen mit Lohnbewegungen zu verkoppeln. Wir sind umgekehrt der Meinung, daß mit zunehmender Produktivität unserer Wirtschaft auch Preissenkungen mit Lohnerhöhungen parallel gehen können und es sogar müssen, um den Tatbestand der Sozialen Marktwirtschaft zu erfüllen. Wir werden nicht aufhören, in diesem Sinne und in dieser Richtung zu wirken. Wenn z. B. erst in diesen Tagen das Volkswagenwerk trotz erhöhter Rohstoffpreise für seinen Wagen eine rund 10%ige Preissenkung bei gleichzeitig ebenfalls 10%iger Lohn- und Gehaltserhöhung vornahm, so entspricht das vollkommen der Zielsetzung der Sozialen Marktwirtschaft. Wir werden darum fortfahren, über die Belebung des inneren und äußeren Wettbewerbs die wohltätigen Kräfte lebendig zu halten, die sich nur in einer Erhöhung des Lebensstandards unseres Volkes ausdrücken können. Darin wollen wir uns nicht irre machen lassen, so hämisch auch eine gegnerische Propaganda unseren guten Willen in Abrede stellt, und so schwer uns auch die Entwicklung der Weltmarktpreise die Durchsetzung einer solchen Politik machen mag. Wir wollen in dem Wirrwarr unserer Zeit vielmehr festhalten, daß es die unbeirrbare Politik unserer Partei war, trotz aller widerstrebenden Einflüsse den inneren und äußeren Wettbewerb mit aller Schärfe zur Entfaltung kommen zu lassen, und daß unter so bewußtem Willen gerade Deutschland durch seine Politik der Liberalisierung als erstes europäisches Land einen wesentlichen Beitrag zur europäischen Zusammenarbeit leistete.

Wir sind ehrlich genug, einzugestehen, daß die Freiheit der Märkte deutschen außenhandelspolitischen Interessen entgegenkommt. Aber man mag auch würdigen, daß wir trotz mancher enttäuschten Hoffnungen bis an die Grenze des Möglichen, bis an die Grenze unserer Verschuldung gegangen sind, um unseren vollen Beitrag zur friedlichen Zusammenarbeit der demokratischen Völker zu leisten. Es diente deutschem und europäischem Interesse zugleich, wenn wir mithalfen, protektionistische Neigungen zusehends zu überwinden und dem Unfug der Beschränkung des Außenhandels auf sogenannte „essential goods" ein Ende zu machen, aber dann ist es auch unvermeidbar, daß hinüber und herüber entbehrliche Güter gehandelt werden. Diese Übung muß sogar sinnvoll genannt werden, wenn sich darin der gesunde Gedanke einer internationalen Arbeitsteilung fruchtbar verkörpert. Es erscheint auch nicht überflüssig, zu betonen, daß uns erst die Marktwirtschaft in den Genuß einer gesunden und stabilen Währung setzte; nur auf dieser festen Rechengrundlage konnte ein gedeihlicher zwischenstaatlicher Warenverkehr bewerkstelligt werden. Wenn auch immer eine staatliche Plan- oder Befehlswirtschaft im Binnenmarkt – trotz Schwarzmarkt und Schleichhandel – die Fiktion stabiler Preise aufrecht erhalten mag, so ist es doch nur zu natürlich, daß sich das mit uns handelnde Ausland durch solche Roßtäuschertricks nicht prellen läßt, sondern auf dem Tausch echter Äquivalente besteht, so daß also auch von dieser Seite aus gesehen die Planwirtschaft ins Leere stößt. Der Staat, der entgegen den marktwirtschaftlichen Gegebenheiten durch willkürliche und künstliche Preisbindungen die soziale Ordnung und Ruhe gewährleisten zu können glaubt, handelt in Wahrheit unsozial, weil er sich mit entsprechenden Rechtsanordnungen juristische Deckung für Ereignisse und Entwicklungen verschafft, die durch Diktat zu beeinflussen, wie z. B. jetzt, gar nicht in seiner Macht liegen.

Diese allzu bequeme Besänftigung des sozialen Gewissens ist umso unwahrhaftiger, als wir aus bitterer und reicher Erfahrung nur allzugut wissen, daß das durch künstliche Preismanipulationen gestörte Gleichgewicht der Wirtschaft nicht nur die gesellschaftswirtschaftliche Ordnung sprengt, sondern fast naturnotwendig zur moralischen Verwilderung und dazu noch zu einem Leistungsverfall führt, der das soziale Übel, das die Planwirtschaft heilen sollte, nur noch immer schlimmer werden läßt. Wenn also z. B. in diesem Augenblick die Weltmarktpreise in Bewegung geraten und Preissteigerungen von 20 bis 100 % zu verzeichnen sind, bedeutet es ein vergebliches Bemühen, starre und stabile Preise befehlen zu wollen. Aber ich möchte dem gleich hinzufügen, daß es zwar nicht von heute auf morgen, aber auf längere Sicht mit steigender Leistung und sich ausweitender Produktion doch möglich sein wird, diese höheren Rohstoffkosten bis hin zum verbrauchsreifen Produkt aufzusaugen, so wie es uns auch im Herbst vorigen Jahres im Zusammenhang mit der D-Markabwertung schon einmal gelungen ist, eine 20%ige Verteuerung auf solche Weise in kürzester Frist zu kompensieren, ja sogar zu überkompensieren. Vor allem aber möchte ich betonen, daß uns die soziale Verantwortung geradezu auf die Bahn der Marktwirtschaft zwingt, denn immer sind es die Ärmsten, die Schichten mit geringster Kaufkraft, die von nicht vorhandenen Waren zu fiktiven amtlichen Preisen nicht satt werden, aber am Schwarzmarkt und Schleichhandel nicht teilhaben können.

Eine Regierung, die sich noch einmal dieses sich so bequem darbietenden Systems der Planwirtschaft bedienen würde, verliert vor dem deutschen Volke ihre moralische Legitimation, denn dieses System bedeutet in der Konsequenz nichts anderes, als auf die Bürokratie noch den Polizeistaat zu setzen und die eigene Schuld auf Dritte abzuwälzen, die mit den Sünden einer lebensfremden Wirtschaftspolitik fertig werden sollen und dabei nach dem Gesetz schuldig werden müssen. Umgekehrt aber kann eine Regierung auf dem Boden der Marktwirtschaft auch mit Recht fordern, daß die Wirtschaft Disziplin wahrt und sich nicht in unsittlicher Weise zu bereichern sucht, wenn ihr eine vorübergehend aufgetretene Diskrepanz zwischen Angebot und Nachfrage diese Aussicht eröffnet; und darum ist die Bundesregierung auch fest entschlossen, die ihr durch das Wirtschafts-Strafrecht an die Hand gegebenen Mittel zur Anwendung zu bringen. Wir sollten uns aber auch davor hüten, bei jeder auftretenden Spannung – und Spannungen sind heute angesichts der weltpolitischen Ereignisse fast unvermeidlich – immer gleich nach Schuldigen zu rufen und damit die soziale Atmosphäre zu vergiften, anstatt uns der tieferen Zusammenhänge und ihrer Zeitbedingtheit bewußt zu werden. Es ist meine feste Überzeugung, daß es in höchstem Maße ungerecht wäre, diesen oder jenen Stand, die eine oder andere Schicht zu verdächtigen oder zu belasten; vielmehr sollten wir erkennen, daß es überall Gerechte und Ungerechte gibt. Wir sollten das Gefühl der Solidarität innerhalb dieser sozialen und wirtschaftlichen Gruppen zu stärken suchen und ihnen sagen, so wie ich es neulich vor dem deutschen Einzelhandel tat, daß 999 Gerechte nicht soviel gutmachen können, wie 1 Sünder ihnen und ihrem Stande Schaden zufügt. Vielleicht könnte man hier einwenden, daß diese Haltung nicht konsequent liberal sei, aber das macht ja die Besonderheit unserer Politik der Sozialen Marktwirtschaft aus, daß sie nicht liberalistisch im hergebrachten und dogmatischen Sinne sein will und der sittlichen und moralischen Ausrichtung gar nicht entbehren kann.

So gesehen, hält der deutsche Mensch tatsächlich sein wirtschaftliches Schicksal selbst in der Hand, denn wenn wir auch unter erschwerten Umständen sicher alles tun, um über den Wettbewerb die ökonomische und soziale Leistung zu verbessern, so ist es doch bis zur Wiederherstellung der völligen Freizügigkeit auf dem Weltmarkt und gerade in solchen Situationen wie heute unvermeidlich, daß Angebot und Nachfrage nicht immer sofort harmonisch und störungsfrei zum Ausgleich kommen. Wer dann aber nach Planwirtschaft schreit, ist dem Manne vergleichbar, der wegen seiner kleinen Sorgen von heute und morgen den Kopf verliert und Selbstmord begeht. Wir aber begehen nicht Selbstmord, wir wollen und wir werden leben. Wir haben sogar den Mut, nein, die feste Zuversicht, daß wir aller Widrigkeiten Herr werden, wenn wir nur den als richtig erkannten Weg ruhig weiterschreiten und uns selbst treu bleiben. Wir spüren es im allgemeinen viel zuwenig, daß unsere Widersacher nur darauf warten, uns schwach werden zu sehen, weil sie genau wissen, daß unserer Partei damit die Verantwortung für das deutsche Schicksal aus der Hand gewunden würde und sie die Nachfolge anzutreten berufen wären.

Die CDU würde sich selbst preisgeben und das deutsche Volk sozialistischen Experimenten überantworten, wenn sie nur einen Augenblick versagt und den Boden der Sozialen Marktwirtschaft verließe. Diese zu verteidigen ist nicht um des Dogmas, sondern um des deutschen Volkes willen höchstes Gebot, und aus solcher Überlegung heraus hat auch die Bundesregierung ein großzügiges Einfuhrsicherungs-Programm durchgeführt, das uns im voraus gestützt auf die Devisenverfügung der nächsten 3 bis 4 Monate die Ernährungsgüter und Rohstoffe an die Hand gibt, deren wir zur Sicherung der deutschen Ernährung wie auch zur Aufrechterhaltung unserer gewerblichen Beschäftigung und Produktion bedürfen. Die Bundesregierung war sich dabei wohl bewußt, daß sie bei einem solchen Programm alle verfügbaren Mittel zum Einsatz bringen muß, aber nur eine kühne Politik verheißt in solcher Lage Erfolg. Wenn wir damit die deutsche gewerbliche Produktion für die nächsten 3–6 Monate sichergestellt haben, so bedarf es wirklich keiner besonderen Erläuterung, daß der Vorwurf einer Hortung mehr als unbegründet ist und die deutsche Regierung mit einer solchen Maßnahme nicht mehr als ihre Pflicht getan hat.

Gleichwohl wäre es falsch, leugnen zu wollen, daß die deutsche Devisenbilanz heute bis zum Äußersten angespannt ist und entscheidende Maßnahmen geld- und kreditpolitischer Art erforderlich wurden, um das System der Liberalisierung zu retten und Deutschlands Verbleib in der Europäischen Zahlungsunion zu gewährleisten. Wenn wir heute auch feststellen, daß die uns im Rahmen dieses Systems eingeräumte Kreditlinie der zwischenzeitlich eingetretenen Verdoppelung unseres Exports in keiner Weise gerecht wird, und wir für unser Vorangehen in der europäischen Liberalisierung bisher nicht belohnt, sondern indirekt bestraft wurden, so blieb uns doch um des guten Grundsatzes willen kein anderer Weg übrig, als durch kreditpolitische Restriktionen die Liberalisierung als solche zu retten. Deutschland als Vorkämpfer dieses den Protektionismus überwindenden und größere Märkte schaffenden Systems will um seines eigenen Schicksals willen diese Grundsätze niemals verleugnen, aber die Welt sollte anerkennen, daß wir mit unseren bis an das Ende unserer Kraft gehenden Anstrengungen einen guten Dienst für die friedliche Zusammenarbeit der Völker leisten. Wenn ich schon vor Monatsfrist im Einvernehmen mit dem Zentralbankrat um die Erhöhung der Mindestreserven besorgt war, nunmehr bei der Erteilung von Importlizenzen ein 50%iges Bardepot befürwortete und dazu noch für eine Beschränkung und sogar Kürzung des Akzeptvolumens der Banken eintrete, so beweist das deutlich genug, wie sehr uns daran liegt, die spekulativen Elemente zurückzudämmen, aber gleichzeitig auch die Freizügigkeit des Güteraustauschs zu verteidigen. Nichts wäre darum abwegiger, als uns mit jenen Maßnahmen eines Verstoßes gegen den Geist der Liberalisierung zeihen zu wollen. Alle diese inneren kreditpolitischen Maßnahmen dienen vielmehr dazu, das System der Liberalisierung zu schützen. Dabei sind wir überzeugt, daß es sich bei all diesen Maßnahmen um solche von vorübergehender Gültigkeit handeln wird, denn die Zahlungsbilanz kann sich nur auf relativ kurze Zeit von der Warenbewegung lösen, die durchaus zu unseren Gunsten spricht und eine Wendung mit Sicherheit erwarten läßt. Die besondere innere Struktur unseres Außenhandels führt fast zwangsläufig dazu, daß besonders unter Berücksichtigung der außerordentlich stark gestiegenen deutschen Ausfuhr sich Phasenverschiebungen in der Devisenbilanz ergeben müssen. Wenn dann gar noch spekulative Momente in Richtung erwarteter Kursgewinne hinzukommen, dann ist unsere derzeitige Lage sogar rational erklärbar. Das alles aber kann die Bundesregierung gemeinsam mit der Bank deutscher Länder nicht hindern, die als notwendig erachteten Schritte zielbewußt weiterzuverfolgen und darüber hinaus noch durch verschärfte Kontrollen der Außenhandelsbanken allen Mißbräuchen und Verstößen wirksam zu begegnen. Unsere deutsche Wirtschaft sollte und müßte sich überhaupt in viel höherem Maße bewußt werden, daß die zum Einsatz gelangenden wirtschaftspolitischen Mittel wesentlich von ihrem eigenen Verhalten abhängen und darum jede Klage über harte Entscheidungen ungerechtfertigt ist. Die Bundesregierung ist entschlossen, sich ihr klares Konzept nicht von Spekulanten stören zu lassen, und ich hoffe sogar, daß diese entschiedene Haltung das schon einmal zitierte Gefühl der Solidarität innerhalb der deutschen Wirtschaft stärken wird.

In diesem Zusammenhang ist auch noch ein Wort über die Gewerbefreiheit zu sagen. Niemand kann bestreiten, daß ich diesen Grundsatz von Anfang an mit Entschiedenheit vertreten habe, aber ich bin nicht orthodox genug, um nicht auch die Gefahren dieses Prinzips zu erkennen. Wenn heute jeder kleinste Grünkramhändler ohne jeglichen Sachverstand sich als Importeur und Exporteur von Walzwerkserzeugnissen oder anderen Produkten betätigen kann, aber eben nur dann betätigt, wenn spekulative Gewinne winken, dann scheint mir dieses System überprüfungsreif zu sein, denn nicht zuletzt haben wir diesem Umstand unsere heutigen Sorgen mit zuzuschreiben. Ich füge gleich an, daß wir auch für die Aufrechterhaltung des großen Befähigungsnachweises im deutschen Handwerk eintreten, nicht weil wir damit die zünftlerische Begünstigung eines Standes anstreben, sondern weil wir sicherstellen möchten, daß uns die handwerkliche Qualitätsarbeit als die große Schule unserer industriellen, auf Veredelung abgestellten

Leistungen vor allem in ihrer Weltgeltung erhalten bleibt, und das deutsche Handwerk als soziologisch und politisch stabilisierendes Element sich weiter bewahren und bewähren kann.

Doch kehren wir zu den Tagesgeschehnissen und den drängenden aktuellen Problemen zurück, wie sie sich in der Notwendigkeit einer deutschen Beteiligung an der Verteidigung Europas widerspiegeln. Wie man auch die Frage beurteilen mag, ob wir an solchen Aufgaben teilhaben sollen oder wollen, können, dürfen oder müssen, so hängt unser deutsches Schicksal doch von einer wirksamen Verteidigung Europas ab, und es ist Recht, Pflicht und Aufgabe zugleich, einen bestimmten Teil unserer gesellschaftlichen Arbeit solchen Zielen zu widmen. In dem hier zu beleuchtenden Zusammenhang verdienen nur solche Fragen erörtert zu werden, die die Einschaltung deutscher industrieller Kapazitäten und wirtschaftlicher Leistungen zum Gegenstand haben. Dazu ist vorweg zu sagen – und ich habe das schon wiederholt erklärt –, daß wir in der gespannten weltpolitischen Entwicklung trotz anscheinender Konjunkturbelebung keinen glücklichen Umstand zu erblicken vermögen, sondern nur die Störung eines organischen Wiederaufbaues unserer Wirtschaft erkennen können, und daß wir vor allem vor der Welt nicht Nutznießer eines politischen Geschäfts, sondern Helfer an der Verteidigung der demokratischen, unserer Welt sein wollen. Hier aber gerade setzt die Unsicherheit und damit das unwägbare Verhalten von Produzenten, Händlern und Verbrauchern ein. Wie groß auch die Anstrengungen sein mögen, so scheint es doch kaum verständlich, daß die ganze große demokratische, nichtkommunistische Welt bei Zusammenfügung ihrer wirtschaftlichen Macht, ihrer gemeinsamen Arbeit und ihres natürlichen Reichtums nicht in der Lage sein sollte, der Aggression vorbeugend wirksam zu begegnen, ohne die auf die menschliche Wohlfahrt begründete natürliche wirtschaftliche Ordnung zu verletzen. Mir will scheinen, daß auch auf diesem weltpolitischen Felde Besinnung vonnöten ist, und gerade wir in Deutschland sollten uns bewußt werden, daß wir uns heute nicht in der unseligen Position einer belagerten Festung befinden, sondern uns als Teil der freien Welt fühlen dürfen, die uns andere Gesetze und ein anderes Verhalten auferlegt, als wir es aus geschichtlicher Erfahrung zu erleben gewohnt sind. Wir wollen deshalb daran festhalten, daß das beste Mittel zur Verteidigung des Friedens darin besteht, für die friedlichen Zwecke der menschlichen und sozialen Wohlfahrt zu arbeiten, aber uns dabei gleichwohl bewußt sein, daß wie jedes demokratische Land so auch Deutschland bereit sein muß, für die gemeinsame Aufgabe der Verteidigung Opfer auf sich zu nehmen. Würden wir die Größenordnungen kennen, so könnten wir auch zu klarer Beurteilung kommen. Aber wie dem auch sei, so ist doch nach internationalen Mutmaßungen nicht anzunehmen, daß die von uns zu bewältigenden wirtschaftlichen Aufgaben das Gefüge unserer sozialen Ordnung sprengen müßten. Das wird umso weniger der Fall sein, wenn wir, die CDU, uns darüber einig sind, daß die wesentlich von ihr getragene Deutsche Bundesregierung keine vornehmere Aufgabe kennen darf, als die an sie gelangenden Aufgaben und Verpflichtungen auf dem Wege einer geordneten Finanzpolitik zu erfüllen. Mag es auch immer hart und unpopulär sein, die steigenden Aufwendungen des Staates – in diesem Falle Aufwendungen zur Sicherung unseres volklichen Lebens – durch höhere Belastung des deutschen Volkes zu decken, so muß eine solche Politik doch als geradezu wohltätig bezeichnet werden gegenüber der Alternative eines Volksbetrugs, der sich nach bekanntem Muster des Mittels der Geldschöpfung über die Notenbank bedienen würde. Ich kann nur sagen, wehe dem Staate, der sich um seiner Bequemlichkeit willen dieses grandiosen Betrugs schuldig machen würde, und ich bin wahrhaft glücklich, hier die völlige Einmütigkeit der Deutschen Bundesregierung feststellen zu können. Keine Besteuerung und keine Verkürzung der Kaufkraft kann in der Konsequenz bedenklicher und auch nur annähernd so schädlich sein wie die Ingangsetzung einer neuen Inflation und damit zugleich auch einer neuen Zwangswirtschaft. Wir geben deshalb dem deutschen Volke von dieser Stelle aus die Gewähr, daß es vor solchem Übel verschont bleiben wird. Das deutsche Volk hat für seinen Fleiß und seinen Aufbauwillen wahrlich nicht verdient, daß es noch einmal um die Früchte seiner Arbeit betrogen wird; – nein, es ist reif und ehrlich genug, einzusehen, daß die Verteidigung eines menschlich würdigen Lebens nun einmal Opfer kostet, und es wird diese deshalb auch bewußt zu tragen bereit sein. Nichts kann in Deutschland stärkeren Widerhall finden als der internationale Appell, jeglicher Inflation entgegen zu wirken, was praktisch nichts anderes besagt, als sich einer sauberen Finanz- und konsequenten Wirtschaftspolitik zu befleißigen. So fest auch unsere Haltung in dieser Frage ist, so möchte ich doch die Gefahren aufzeigen, die eine andere Politik zur Folge hätte. Ob durch inflationistische Preissteigerungen oder ob durch das Wiederaufleben von Schwarzmarkt und Schleichhandel – immer würden die sozial schwächsten Schichten unseres Volkes die Hauptlast einer irgendwie gearteten Aufrüstung zu tragen haben, während es im anderen Falle darauf ankommt, aber auch möglich ist, durch ein sinnvolles und sozialpolitisch ausgewogenes Besteuerungssystem einen gerechten Ausgleich der Lasten zu erzielen. Kein Mittel jedenfalls ist brutaler und verderblicher als das der offenen oder verdeckten Inflation, und wenn dann gar noch hinzukommt, daß ein durch zweimalige Erfahrung so gewitztes Volk wie das deutsche auf solche Machenschaften die Entwicklung voraus-eskomptierend reagiert, dann wäre selbst einer verantwortungslosen Regierung die Möglichkeit einer solchen Politik genommen.

Nur das Unbekannte vermag uns zu erschrecken, und solange darum Wahrheit und Dichtung um den deutschen Verteidigungsbeitrag den wildesten Spekulationen über Umfang und Methode der Belastung und Mittelaufbringung wie vor allem auch über eine mögliche Kursänderung unserer Wirtschaftspolitik Raum geben, solange haben wir auch keine Beruhigung der

Menschen und keine Beruhigung des Marktes zu erwarten. Würde im deutschen Volke nicht noch die Erinnerung an die unrühmliche Normalverbraucherzeit der Planwirtschaft lebendig sein und würde ihm die Angst vor einer Wiederholung nicht in den Knochen gesteckt haben, dann wäre es im Zusammenhang mit dem Korea-Konflikt auf manchen Märkten gewiß nicht zu so unsinnigen Hortungskäufen gekommen; und würde der deutsche Unternehmer nicht durch manches unverantwortliche Gerede die Wiederkehr einer bürokratischen Rationierung, Zuteilungs- und Bezugscheinwirtschaft befürchtet haben, dann hätten mancher Run auf die Rohstoffmärkte, das wilde Bestellungsunwesen und auch manche spekulative Preisbewegung vermieden werden können. Da waren aber auf der einen Seite die enragierten zünftigen Planwirtschaftler, die über Nacht ihren Weizen blühen sahen, und da waren leider auch die vielen allzu Ängstlichen, die in völliger Verkennung der Situation und der Gewichte bei politisch spannungsvoller Entwicklung die Planwirtschaft als ein gewissermaßen unvermeidbares deutsches Schicksal hinzunehmen bereit sind.

Wie liegen nun die Dinge in Wahrheit, und wie stellen sie sich in realistischer Betrachtung dar? Ich habe mit gutem Bedacht die finanzpolitische Ordnung in den Vordergrund gestellt, weil nur auf dieser festen Grundlage die soziale und die marktwirtschaftliche Ordnung zusammen gewährleistet werden können. Geben wir die finanzwirtschaftliche Ordnung preis, setzen wir die offene oder preisgestoppte Inflation in Gang, dann brauchen wir uns über wirtschaftliche Ordnungsprinzipien und über Marktwirtschaft schon gar nicht mehr zu unterhalten, denn dann kann das Chaos seinen Lauf nehmen. Angesichts unserer Entschlossenheit aber sichern wir durch eine klare und saubere Finanzierungspolitik nicht nur einen ruhigen, geordneten Wirtschaftsablauf, sondern zugleich auch den sozialen Frieden. Wenn die notwendig werdenden Aufwendungen des Staates für öffentliche Aufgaben im Wege der Besteuerung – und das ist gleichbedeutend mit einer gleichdimensionalen Verkürzung des zivilen Verbrauchs – aufgebracht werden, dann bleibt das wirtschaftliche Gleichgewicht gewahrt, dann kann es nicht wieder überschüssige Kaufkraft mit all den unseligen Begleiterscheinungen geben, die wir nur zu gut kennen. Wohl mögen Verschiebungen und Verlagerungen auf den Märkten wie auch hinsichtlich der Kaufkraftverwendung Platz greifen, aber die hieraus resultierenden Spannungen werden um so milder und um so leichter zu überwinden sein, je mehr es uns durch eine weitere Steigerung des deutschen Exports gelingt, uns die Weltmärkte offen zu halten. Das jedenfalls ist die einzig sinnvolle Politik, die wir anzustreben haben und mit allen Mitteln durchzusetzen bemüht sein müssen. Diese Verbindung mit der Welt aber ist wieder nur dann und nur so lange gewährleistet, als wir unsere Währung stabil halten, und so schließt sich denn der Ring und führt uns noch einmal vor Augen, daß alles, Wohl und Wehe unserer Zukunft, von unserer Disziplin auf dem Felde der Finanzierungs-,

Währungs-, Geld- und Kreditpolitik abhängt. Es ist denn auch fast überflüssig, noch zu sagen, daß bei einer Schrumpfung des deutschen Exports auch die Gefahr einer unzureichenden Versorgung unseres Volkes kaum zu bannen wäre. Es hat also schon seinen guten Grund, wenn wir in unserer wirtschaftspolitischen Zielsetzung die Aufrechterhaltung der deutschen Wettbewerbsfähigkeit mit so großem Nachdruck voranstellen. Wenn wir uns die erhalten – und es besteht kein Anlaß, an dem Gelingen zu zweifeln –, dann dürfen wir trotz mancher Verknappung von vor allen Dingen rüstungswichtigen Rohstoffen im ganzen noch damit rechnen, daß wir unser Beschäftigungs- und Produktionsvolumen aufrechterhalten und sowohl die Ernährung wie auch die anderweitige Versorgung des deutschen Volkes sicherstellen können. Was die Verknappung gewisser Rohstoffe und Nahrungsmittel in aller Welt anbelangt, so ist es nicht mehr als selbstverständlich, daß wir uns in enger Zusammenarbeit mit den Westmächten den internationalen Spielregeln hinsichtlich ihrer Aufteilung und Verwendung anschließen, und es ist wiederum nur unsere Pflicht, daß wir die Erfüllung der Leistungen sicherstellen, die unseren Beitrag zur europäischen Verteidigung ausmachen werden. Wahren wir die von mir vorher herausgestellten Grundsätze, dann wird sich die Umschaltung der Produktion und des Verbrauchs sowohl von der güterwirtschaftlichen wie auch von der Einkommenseite aus fast organisch ergeben. Darüber hinaus sind wir uns nicht erst seit heute bewußt, daß die uns gestellten Aufgaben auch manche planvolle Lenkung erforderlich machen werden und auch tatsächlich schon gemacht haben. Besorgten Gemütern möchte ich sagen, daß mir diese Politik einer partiellen Planung und Lenkung keinerlei Gewissensnot bereitet, daß sie aber auch keine Preisgabe unserer marktwirtschaftlichen Ordnung bedeutet. Ja, ich bin sogar umgekehrt der Meinung, daß solche Eingriffe sogar vonnöten sein können, um uns diese Ordnung bewahren zu helfen. Maßnahmen dieser Art haben nicht ein Wiederaufleben großer planungswirtschaftlicher Ämter oder neuer Verteilungsbürokratien zur Folge; und vor allem denken wir nicht daran, militärische Sonderinstanzen für die Produktion und Beschaffung von Ausrüstungsgütern verschiedenster Art noch einmal zu etablieren. Wenn uns diese Leistungen nationale Verpflichtung bedeuten, dann darf diese Sonderkonjunktur nicht durch die Anwendung alter Methoden, wie z. B. eine LSÖ*-Kalkulation, zu privater Bereicherung führen, sondern es sind dann auch auf diesem Sektor die gesunden marktwirtschaftlichen Grundsätze des Leistungswettbewerbs anzuwenden.

Noch sind, wie gesagt, die Größenordnungen nicht bekannt, aber wir werden in jedem Falle beweglich genug sein, um uns gegebenen Situationen anzupassen und von Fall zu Fall die notwendigen Maßnahmen zu treffen. Ich könnte mir denken, daß in bezug auf einzelne Rohstoffe Verwendungsbeschränkungen oder sogar Verbote notwendig werden, aber wenn keine kupfernen Aschenbecher produziert werden, sind sie auch nicht zu verkaufen, und die Marktwirtschaft wird dadurch gewiß nicht erschüttert. Möglicherweise mag es auch dahin kommen, daß besondere Fertigungen eine gesonderte Rohstoff-Versorgung erheischen und somit gewisse Ausklammerungen aus dem großen, allgemeinen Markt notwendig machen. Aber wir werden bei allem und jedem darauf bedacht sein, der Freizügigkeit, dem persönlichen Einsatz und dem Leistungswillen des arbeitenden Menschen den größtmöglichen Spielraum zu lassen und nur die Energien in die richtige und gewollte Bahn zu lenken. Denn wenn wir davon sprechen, daß dieser unser deutscher Verteidigungsbeitrag Opfer erfordert, dann wollen wir doch auch nicht vergessen, daß diese um so weniger hart und drückend sein werden, je mehr es uns durch höhere und bessere Leistung und Anstrengung gelingt, den Ertrag unserer gesellschaftswirtschaftlichen Arbeit zu steigern. Wenn es dem deutschen Volke in $2^{1}/_{4}$ Jahren gelungen ist, den Wert des von ihm erarbeiteten Sozialprodukts von etwa 40 auf rd. 90 Milliarden DM heraufzuheben, dann sollte es gerade in unserer jetzigen Situation in seinem Eifer nicht erlahmen. Jedenfalls ist das eine ganz deutlich, daß wir heute einen Leistungsrückgang weniger denn je vertragen könnten, denn jeder Abfall müßte ja zu potenzierten Verbrauchseinschränkungen führen, und nicht zuletzt auch aus diesem Grunde müssen wir dem System der Sozialen Marktwirtschaft treu bleiben.

Wir wollen uns auch ehrlich die Frage stellen, ob wir in unserer Lage noch das Recht haben, von „sozialer" Marktwirtschaft zu sprechen, denn, so könnte man einwenden, das Prädikat „sozial" ist mit den Erfordernissen einer Konsumbeschränkung wohl schwer in Einklang zu bringen. Darauf ist zu erwidern, daß die soziale Ausrichtung einer Wirtschaftspolitik niemals an absoluten Maßstäben zu orientieren ist, die es bei der unendlichen Dynamik der wirtschaftlichen Entfaltung gar nicht geben kann. Sozial darf sich eine Wirtschaftspolitik immer dann nennen, wenn und solange die soziale Zielsetzung oberstes Gebot bleibt, und wenn ihre Ordnungselemente und Triebkräfte einen besseren Erfolg als andere Wirtschaftssysteme erwarten lassen. Dieser Tatbestand aber trifft auch heute noch für die Soziale Marktwirtschaft zu. Mögen sich auch die Relationen verschieben, so wird doch, gemessen an dem Unheil, das eine Abkehr von der Marktwirtschaft gerade für die nächste Zukunft mit sich bringen müßte, deren Aufrechterhaltung geradezu zu einer sozialen Verpflichtung. Wer da glaubt, daß die als notwendig erachteten Beschränkungen zu einer Preisgabe des Systems im ganzen führen müßten, sei daran erinnert, daß wir bis zum heutigen Tage noch auf manchem anderen Gebiete, wie z. B. der Wohnungswirtschaft und dem Kapitalmarktsektor, der marktwirtschaftlichen Freizügigkeit entbehren, und wenn daraus auch sicher manche Störungen resultieren, so konnten diese doch die marktwirtschaftliche Ordnung im ganzen nicht gefährden. Wir sind uns dessen bewußt, daß die wirtschaftlichen Auswirkungen der weltpolitischen Ereignisse eine Störung bedeuten, und mit dieser so gut wie möglich fertig zu werden, ist unsere Aufgabe. Wenn es möglicherweise sogar den Kernpunkt der kommunistischen Politik ausmacht, durch die Entfachung lokaler Brand- und Unruheherde die soziale und wirtschaftliche Ordnung in den demokratischen Ländern zu unterhöhlen, um sie der kommunistischen Propaganda zugänglich zu machen, dann können wir dem keinen besseren Widerstand entgegensetzen als die Bewahrung ruhiger Besonnenheit und die Verteidigung unserer gesellschaftswirtschaftlichen Ordnung.

Wer demgegenüber die Marktwirtschaft im Grundsatz aufzugeben bereit ist, der mag uns erklären und beweisen, daß sein System – und das könnte ja wohl nur die staatliche Planwirtschaft sein – das bessere ist. Auf diesen Nachweis wäre ich nach der klassischen Demonstration dieser Wirtschaft wahrlich gespannt. Damit ist gar nichts getan und niemandem geholfen, wenn man in völliger Verkennung der Zusammenhänge die Marktwirtschaft für politisch verursachte Störungen verantwortlich machen zu können glaubt, denn solche Argumentation kann nur wirtschaftlichem Unverstand oder bösem Willen entspringen. Wohl ist es verständlich, daß dem einfältigen Gemüt mechanische Bewegungsvorgänge leichter verständlich sind als funktionelle Zusammenhänge, und daher kommt es wohl auch, daß Laien nur allzu gern glauben, die Ordnung und Lenkung der Wirtschaft nach einem idealen Plan durch behördlichen Befehl würde zu größerer Vollkommenheit führen als der sicher viel undurchsichtigere Ausgleich der ökonomischen Kräfte durch den Markt. Daß nach allen eigenen und geschichtlichen Erfahrungen fast ein Wunderglaube dazu gehört, noch länger an die Wohltat der Planwirtschaft zu glauben, schließt doch nicht aus, daß allzuviele Menschen auch in der nüchternen Atmosphäre der Wirtschaft eben nur allzugern an Wunder glauben.

Wir aber – unsere Partei – die wir nicht zuletzt durch die Beharrlichkeit und Zielstrebigkeit unserer Wirtschaftspolitik die Verantwortung für das Schicksal unseres deutschen Volkes zu übernehmen berufen waren, wir wollen gewiß nicht in vorgefaßten Meinungen und Dogmen erstarren und an Prinzipien zugrunde gehen, aber wir wollen auch nicht in den noch viel verhängnisvolleren Fehler verfallen, die Beweglichkeit und Anpassungsfreudigkeit bis zur Prinzipienlosigkeit zu steigern. Wir dürfen überzeugt sein, daß gerade unser deutsches Volk ein sehr feines Gefühl für eine ruhige und sichere Staatsführung besitzt, und daß es gerade in Zeiten politischer und sozialer Erschütterungen um seiner eigenen Ruhe und Sicherheit willen nach solcher Führung verlangt. So soll das deutsche Volk auch wissen, daß wir den Grundsätzen unserer Wirtschaftspolitik treu bleiben, soviel auch sinnlose Gerüchte und falsche Pressemeldungen von einem Gegenteil wissen wollen. Besteht darüber eindeutige Klarheit – und die soll von dieser Stelle aus gegeben werden –, dann werden sich allein aus der zurückgewonnenen Sicherheit heraus manche Verkrampfungen lösen und die hektischen Ausschläge in ruhige Bewegung übergeleitet werden können.

Daß heute angesichts einer gewissen Erhöhung unseres Lohn- und Preisniveaus die Ärmsten unseres Volkes – Renten- und Unterstützungs-empfänger – unserer besonderen Hilfe und Unterstützung bedürfen, sei von uns als soziale Verpflichtung ausdrücklich anerkannt. Ihr Schicksal aber zeigt uns ein weiteres Mal, daß die Stabilisierung des heimischen Lohn- und Preisniveaus zu den vordringlichsten Aufgaben unserer Wirtschafts-politik gehört, denn jede so bewirkte Aushöhlung der inneren Kaufkraft unserer Währung trifft immer die Ärmsten und die Würdigsten – ich meine hier die Sparer –, die im Vertrauen auf eine gute Ordnung und die Ehr-lichkeit des Staates zu ihrem Teil der Volkswirtschaft zu einer glücklichen Entwicklung verholfen haben. Wir in Deutschland besonders sind geradezu schicksalhaft auf die Belebung der Spartätigkeit und auf die Regeneration des freien Kapitalmarktes angewiesen, und wir müssen deshalb über die augenblicklichen Sorgen hinaus alles tun, um das zugunsten der Eigeninve-stition völlig verkümmerte Kapitalmarktsparen wieder in Gang zu setzen. Dazu gehört eine organische Zinspolitik und eine Änderung der Steuer-gesetze im Hinblick auf die bisher einseitige Vergünstigung der Selbst-finanzierung. Ein gesunder und funktionsfähiger Kapitalmarkt bietet die beste Gewähr für sinnvolle produktive und volkswirtschaftlich nützliche Investitionen, und nur ein solcher Kapitalmarkt ist auch in der Lage, hier den Ausgleich herbeizuführen.

Wir stehen vor sozialpolitisch wichtigen Gesetzen, von denen ich nach ressortmäßiger Zuständigkeit nur auf die von uns bejahte überbetrieb-liche Mitbestimmung verweisen möchte. Während das verwaschene, anonyme und niemals zu lebendigem Bewußtsein kommende Miteigentumsrecht des Arbeiters an den Produktionsmitteln, wie es in der Sozialisierung Aus-druck findet, niemals zu einer inneren Beziehung von Mensch und Werk führen kann, streben wir die lebendige Anteilnahme und eine gesunde Inter-essenverbindung an und glauben, daß das individuelle Miteigentum, z. B. in Kleinaktien oder anderen Formen der Gewinnbeteiligung, gute und frucht-bare Mittel der sozialen Verständigung wie auch der wirtschaftlichen Har-monie und Zusammenarbeit sein können. Wir fördern alle Bestrebungen, die das Gefühl der gemeinsamen Verantwortung für die gemeinsame Arbeit am gleichen Werke wecken und stärken, und wollen die Würde jedes Menschen in allen Bereichen seines Lebens gewahrt und geschützt wissen.

Bundesregierung und Bundestag werden sich, nachdem die Besprechungen mit der Hohen Kommission zu weitgehender Übereinstimmung geführt haben, in den kommenden Wochen mit einem deutschen Kartellgesetz zu befassen haben, das, ein Kernstück der Sozialen Marktwirtschaft, die privatwirtschaft-liche Ausnutzung von organisatorisch oder juristisch begründeten Macht-positionen zugunsten eines freien Leistungswettbewerbs unterbindet und der Bundesregierung das gerade heute so wichtige Instrument eines wirksamen Vorgehens gegen offene oder versteckte Preisabreden an die Hand gibt.

Das Gesetz enthält des weiteren Handhaben gegen den Mißbrauch wirtschaftlicher Macht und kann in vieler Hinsicht als das modernste Kartellgesetz der Welt gelten. In ihm gelangen die besten Grundsätze unserer Politik der Sozialen Marktwirtschaft zu praktischer Anwendung und Auswirkung, deshalb bedeutet das Kartellgesetz einen Markstein in der Geschichte des deutschen Wiederaufbaues. Wir können insbesondere auch damit rechnen, mit diesem Gesetz die Voraussetzungen für die Übernahme deutscher Verantwortung in Fragen der Dekonzentration geschaffen zu haben, und wir dürfen auch gewiß sein, daß bis zu dieser Erledigung bei anstehenden Entscheidungen deutscher Rat gehört wird.

Ihr Vertrauen hat mir die Einleitung und Fortführung unserer Wirtschaftspolitik möglich gemacht, Ihr Vertrauen hat mich in meinem neuen Amte bestätigt, und ich werde es stets als meine vornehmste Pflicht ansehen, mir dieses Vertrauen täglich aufs neue zu erwerben. Ich werde nicht Mühe, Last und Arbeit scheuen, unsere gemeinsame Wirtschaftspolitik über bedrohliche Zeiten und Entwicklungen hinzuführen zu einer wieder ausschließlich friedlichen Zwecken dienenden und das ganze Deutschland umfassenden Wirtschaft. Wir brauchen jetzt mehr denn je kühle Köpfe und starke Herzen, und wir brauchen den Segen für unsere Arbeit. Dann sei unser Vertrauen unerschütterlich, daß die Wolken über unserem deutschen und europäischen Schicksal sich lichten und die Sonne unserem braven deutschen Volke wieder scheinen wird.

GEFAHREN AUF DEM WEGE ZUM FREIEN AUSSENHANDEL

[Rede bei der Eröffnung der Internationalen Messe in Frankfurt
am 11. März 1951]

Die Zuspitzung des Korea-Konfliktes, anhaltende Preissteigerungen an
den internationalen Rohstoffmärkten und ein fortdauernder Boom der
In- und Auslandsnachfrage erhöhten den Importbedarf in einem Aus-
maß, daß sich die Zahlungsbilanz der Bundesrepublik Anfang 1951
rapid verschlechterte. Das schon in der zweiten Jahreshälfte auf über
500 Millionen DM gestiegene Defizit der Handelsbilanz drohte sich
weiter zu vergrößern, zumal der Grad der Einfuhrliberalisierung
gegenüber den OEEC-Ländern im Herbst 1950 auf 60 Prozent erhöht
worden war. Schon 4 Monate nach dem Inkrafttreten der Europäischen
Zahlungsunion war die Kreditquote Deutschlands erschöpft. Verstärkte
monetäre Restriktionen (Heraufsetzung der Mindestreservesätze um
50 Prozent, Diskonterhöhung auf 7 Prozent und schließlich Aufforde-
rung an die Geschäftsbanken zur Verringerung des kurzfristigen Kre-
ditvolumens um 1 Milliarde DM) konnten die Verschlechterung der
Zahlungsbilanz nicht aufhalten. Es mußten die Devisenkontrollen ver-
schärft, eine Bardepot-Pflicht von 50 Prozent des DM-Gegenwertes
der für Importe beantragten Devisen eingeführt und letztlich – im
Februar 1951 – die Liberalisierung der Einfuhr aus den EZU-Ländern
aufgehoben werden. Die Zahlungsbilanzkrise zwang darüber hinaus
zur Aufnahme eines Sonderkredits bei der EZU.
Die Internationale Frankfurter Messe, die Erhard am 11. März 1951
eröffnete, stand angesichts dieser kritischen Situation trotz der am 6.
März verkündeten 1. Revision des Besatzungsstatuts unter keinem
günstigen Stern. Der Wirtschaftsminister mußte um internationales
Vertrauen in die Schuldnermoral Deutschlands werben und die Expor-
teure zu erhöhten Anstrengungen auffordern:

Als ich heute durch die Messe streifte, habe ich mich lebhaft daran erinnert, daß ich seinerzeit als bayerischer Wirtschaftsminister im Oktober
1945 den ersten Versuch machte, in Bayern eine Exportschau auf die Beine
zu stellen. Wenn ich diese etwas mehr als fünf Jahre überblicke, dann kann
ich eigentlich wieder nur zu dem bei mir so viel berüchtigten Optimismus
kommen; denn was in diesen fünf Jahren in Deutschland geleistet worden
ist, das kann sich schon sehen lassen. Ich glaube – nicht etwa nur die wirtschaftspolitische Führung – sondern das ganze deutsche Volk hat allen
Grund, stolz auf diese seine Leistung zu sein, aus Trümmern und aus Schutt,
aus Verzweiflung und Hoffnungslosigkeit wieder die Grundlage für eine

gesunde Ordnung und für soziale Wohlfahrt geschaffen zu haben, – so viel auch noch zu tun übrig bleibt, so sehr uns auch heute noch besondere, aus dem Politischen hereinschlagende Sorgen bedrängen.

Ich hatte eigentlich die Absicht, heute die Messe quasi in der Rolle eines Einkäufers oder als Harun al Raschid zu besuchen. Aber ich scheine eben ganz charakteristische Merkmale aufzuweisen, mit der Wirkung, daß ich sofort erkannt werde. Dieser mein Versuch ist also fehlgeschlagen. Immerhin war ich stark beeindruckt von dem, was sich mir darbot, und als ich die Messe verließ, sagte ich aus Überzeugung, daß Frankfurt mit seiner Mustermesse in organisatorischer, technischer und fachlicher Hinsicht in die Augen springende Fortschritte gemacht hat.

Aber so etwas wie Wehmut war doch auch dabei, als ich durch die Messe ging. Einerseits war es Stolz darüber, was in einer so kurzen Zeitspanne von fünf Jahren erreicht werden konnte. Aber es befiel mich auch Wehmut, weil ich mir sagte: Einschränkung der Liberalisierung und Internationale Messe bedeuten eigentlich einen Widerspruch in sich selbst. Wie steht es eigentlich damit? Sie wissen, daß gerade in den letzten Wochen die Diskussion in der Presse wie im Rundfunk von der Sorge erfüllt war: Wird es Deutschland gelingen, über die Beengung seiner Zahlungsbilanz hinweg einen Weg zu finden, der es ihm ermöglicht, in dem Verband der in der Europäischen Zahlungsunion vereinten Völker zu bleiben? Wird unter Umständen ein finanzieller Zwang nicht doch dahin führen, unsere Freiheit und Freizügigkeit auf längere Sicht zu beschränken? Ist die äußere Deklamation des Wollens vielleicht nur noch eine Form, nur eine Entschuldigung für das, was sich aus der materiellen Zwangslage heraus als notwendig erweist?

Vorher aber möchte ich doch über das Prinzip der Liberalisierung sprechen, denn das ist wohl, so möchte ich sagen, der Zentralpunkt, an dem sich die Geister scheiden oder doch wenigstens entzünden. Ich war mir darüber klar, daß im gleichen Augenblick, als wir uns wieder einmal mit dem Ausgleich der deutschen Zahlungsbilanz befassen mußten, die Kritik nicht weit von der Aussage entfernt sein würde, wir hätten leichtfertig gehandelt. Diese Kritik kommt nicht allein aus deutschen wirtschaftlichen und politischen Kreisen, sie hat ihre Wurzel vor allen Dingen auch im Auslande. Deshalb ist es wohl notwendig, darüber ein paar Worte zu sagen. Ich glaube kaum, daß das Ausland, das heute wieder einmal bereit ist, uns als leichtsinnige Schuldner zu betrachten, sich bewußt ist, vor welche Aufgaben Deutschland im Jahre 1945 gestellt war. Wir haben ja nicht nur den Krieg verloren mit all seinen Konsequenzen, die sich aus dem Zusammenbruch ergaben, sondern es hat sich auch die ökonomische und damit die soziale und politische Struktur unseres Landes vollkommen gewandelt.

Das hatte mich schon im Jahre 1945 zu einer handelspolitischen Aktivität mit einem zwangsläufig kümmerlichen Ergebnis veranlaßt. Der Wille, zu weltweiter Offenheit zu gelangen, war jedenfalls vorhanden. Daraus ergab sich die Notwendigkeit, daß Deutschland eine Politik treiben mußte, die es zu einem größeren Belgien machen sollte.

Wir befanden uns und befinden uns in der sklavischen – wenn Sie wollen: tödlichen – Abhängigkeit vom Weltmarkt, denn sowohl die Sicherung unserer Ernährung, als auch die Gewährleistung einer ausreichenden Rohstoffgrundlage für 50 Millionen Menschen (zehn Millionen mehr als vor dem Kriege) konnte nur gelingen, wenn es uns gelang, deutschen Waren und Leistungen den Weg in die übrige Welt zu öffnen. Für jeden klar Denkenden ist es wohl verständlich, daß ein solcher Prozeß, vielfach immer wieder gestört durch politische Strömungen, nicht völlig reibungslos vor sich gehen konnte. Aber es wurde dadurch auch deutlich gemacht, warum Deutschland und die deutsche Wirtschaftspolitik alle Maßnahmen begrüßten und bereit waren, voranzuschreiten, wenn es sich darum handelte, die Volkswirtschaft aus der Isolierung, der Autarkie und dem Protektionismus herauszuführen.

Es kann nicht geleugnet werden, daß dieses Übel nicht etwa nur in Deutschland vorherrschend war. Isolierung und Protektionismus waren das Kennzeichen der europäischen Handelspolitik durch viele Jahre. Und gerade, weil wir erkannten, daß der deutschen Wirtschaft nur in der Abkehr hiervon eine Chance winkte und wir keine Aussicht hatten, die drängenden sozialen Probleme zu lösen, wenn nicht das Problem des größeren europäischen Marktes erfolgreich in Angriff genommen werden würde, mußten wir handeln. Man mag sagen – und ich setzte mich hier gar nicht zur Wehr –, daß wir mit dem System der Liberalisierung vielleicht besonders mutig vorangegangen sind. Aber dann möchte ich Ihnen dazu sagen: Uns hat nicht Großmannssucht geleitet, geschweige denn Übermut oder Leichtsinn, sondern umgekehrt die drängende Sorge, ob es uns überhaupt gelingen könnte, die auf uns lastenden sozialen Aufgaben in einer politisch relevanten Zeit zu lösen. Denn wie Sie an die zehn Millionen Flüchtlinge denken und an die vielen Arbeitslosen, dann nützte es nichts zu sagen: Wir werden euch schon nicht vergessen, wir werden versuchen, schrittweise aus der isolierten deutschen Volkswirtschaft den Weg in die umfassendere Gemeinschaft zu finden. Die Bereitschaft der anderen Länder, die nicht unter einem gleich starken sozialen Druck standen, war aber offenbar nicht in gleicher Aufgeschlossenheit vorhanden. Es mußte also schon eine starke dynamische Kraft am Werke sein, die Dämme zu durchbrechen.

Das war, wenn ich heute zurückschaue, sicher mein Verdienst, aber wenn Sie an die deutsche Zahlungsbilanz denken, mögen Sie auch sagen: Es war eine Schuld. Allerdings sind gerade in der letzten Zeit Meldungen erschienen, die einer Korrektur bedürfen, denn darin war von einem Einfuhrstop die Rede. Davon kann jedoch gar nicht die Rede sein. Wir führen ein, was wir können, das heißt, wir führen eben gerade soviel ein, als wir uns auf

Grund unserer Devisenverfügbarkeit aus unseren Exporten leisten können, nicht mehr und nicht weniger. Wenn Sie wollen, können Sie meinen, daß wir in der rückliegenden Zeit viel zu viel vorgeleistet hätten. Bekanntlich wurde uns im Rahmen der EZU eine Kreditlinie von 320 Millionen Dollar eingeräumt. Diese wurde wie für alle anderen Teilnehmerstaaten auf der Grundlage eines 15prozentigen Volumens des Außenhandels von 1949 schematisch errechnet. Aber kein anderes Land hat seit 1949 eine gleich starke Belebung und Ausweitung seines Außenhandels erfahren. So wurde uns denn bald das „Betriebskapital" mit 320 Millionen Dollar als Manipulationsfonds zu knapp, so wie es auch bei jedem gewerblichen Unternehmen infolge starker Ausweitung des Geschäftes der Fall sein würde.

Darum hat man uns dann noch einmal eine zusätzliche Kreditlinie von 180 Millionen Dollar bewilligt – besser gesagt, eigentlich von nur 120 Millionen Dollar; denn um die volle Linie von 180 Millionen Dollar ausnutzen zu können, müßten auch unsererseits 60 Millionen Dollar zugeleistet werden. So sind heute von einem Gesamtkredit von 500 Millionen Dollar ungefähr 460 Millionen Dollar ausgenutzt. Aber diese Ausnutzung bedeutet gleichzeitig die Zuzahlung von ungefähr rd. 175 Millionen Dollar, so daß die eigentliche Verschuldung im Rahmen der EZU nur etwa 280 bis 290 Millionen Dollar ausmacht. Ich sage das nicht etwa zu meiner Entschuldigung oder um das Problem zu bagatellisieren; – ich denke gar nicht daran. Ich weiß sehr wohl, wie ernst die Lage ist und daß wir in aller Kürze am Ende der Kreditlinie angelangt sein werden. Ich weiß auch, daß wir nicht damit rechnen können, im Rahmen der EZU einen weiteren Kredit eingeräumt zu erhalten. Wir müssen also, dem sorgsamen Hausvater gleich, haushalten, d. h. mit dem uns eingeräumten Kredit auskommen und die Außenhandelsumsätze damit bewältigen.

Deutschland wird seine Verpflichtungen im Rahmen der EZU unter allen Umständen erfüllen. Selbst im allerschlimmsten Falle, d. h. wenn die Mittel zur Rückzahlung des Kredits durch Exporterlöse nicht beschafft werden könnten, stehen auf einem Sonderkonto 120 Millionen Dollar zur Verfügung, so daß wir unter allen Umständen dem Ausland gegenüber ehrliche Schuldner bleiben werden.

Lassen Sie mich Ihnen darüber hinaus etwas von den Aufgaben verdeutlichen, die in solchem Zusammenhang an uns herangetreten sind! Wenn Sie bedenken, daß Deutschland auf der Importseite für die Einfuhr von lebenswichtigen Nahrungsmitteln und ebenso wichtigen Rohstoffen Sofortleistung in Kassa geben muß oder gar mit Vorausakkreditiven zu bezahlen hat, auf der anderen Seite aber die Struktur des deutschen Exports es nach internationalen Gepflogenheiten zwangsläufig mit sich bringt, daß hier längere Zahlungsziele bis zu drei Monaten und bei Investitionen weit darüber hinaus üblich sind, dann ergibt sich aus dieser Differenzierung der Zahlungsfristen eine hinreichende Begründung dafür, warum wir angesichts des Fehlens jedes ausländischen Kredits in Beengung geraten mußten. Ja, ich möchte fast sagen, daß die Gefahren einer neuen Bedrängnis bis auf weiteres um so größer sind, je mehr sich das Außenhandelsvolumen ausweitet.

Die deutsche Wirtschaftspolitik zielt aber nun nicht etwa dahin, die Lösung in der Restriktion zu suchen, wenn wir jetzt auch zwangsläufig dafür sorgen müssen, daß nicht mehr Zahlungsverpflichtungen an uns herantreten, als wir durch Deviseneinnahmen aus Exporten abdecken können. Das bedeutet in keiner Weise, daß dies etwa der Weg oder der Ausweg wäre, den wir aus der bedrängten Situation heraus wählen möchten. Das Gegenteil ist der Fall. Jede Begrenzung und jede Beschränkung auf der Importseite ist eine Notmaßnahme und bedeutet nach meinem Willen nicht mehr als einen vorübergehenden Notbehelf. Alle Anstrengungen müssen vielmehr dahin gerichtet sein, durch eine weitere Steigerung des Exports auf der Importseite eine größere Freizügigkeit zurückzugewinnen. Wir werden also den Export in sehr starkem Maße anreizen, sei es durch steuerpolitische Maßnahmen, in bezug auf die Umsatzsteuerrückvergütung oder etwa durch Rücklagen und Freibeträge bei der Einkommens- wie Körperschaftssteuer.

Ich bin sehr glücklich, daß meine dahingehenden Bemühungen, die jetzt auf ein Jahr zurückreichen, angesichts dieser beengten Situation endlich zu einem Erfolg führen werden.

Auf der anderen Seite werden wir bestrebt oder – wenn Sie wollen – auch gezwungen sein, den heimischen Markt so zu strukturieren, daß aus der Angebots- und Nachfragesituation heraus für die Wirtschaft ein Zwang und Drang lebendig wird, sich stärker dem Export zuzuwenden.

Welche Mittel der Bereinigung aber auch zur Anwendung gelangen werden, die Gelehrten oder – besser gesagt – die Politiker sind sich darüber jedenfalls noch nicht einig. Die Politiker und die Gelehrten sind eben nicht immer der gleichen Meinung! So wird also doch ein Verfahren Platz greifen müssen, das den gehobenen Konsum beschränkt und die Wirkung auslöst, daß der teilweise allzu bequem gewordene Inlandsmarkt die Möglichkeit der Realisierung von Überpreisen ausschließt. Das dürfte auch deshalb erforderlich sein, weil sich die Spareigung sichtbar abschwächt. Ich mache dem Konsumenten daraus gar keinen Vorwurf, denn dieses Verhalten ist die Konsequenz der Unsicherheit und der Lebensangst, aus der er sich aus eigener Einsicht nicht befreien kann. Der Sparverzicht hat aber die volkswirtschaftlich unbequeme und ungünstige Wirkung, daß unsere Volkswirtschaft nicht mehr gleichmäßig durchblutet wird, daß sich alle Kaufkraft mit hohem sozialem Druck auf die Konsumgütermärkte stürzt, während mangels Sparkapitalbildung – und in Zukunft wohl auch mangels allzu leichter Eigenfinanzierung durch die Änderung der Steuergesetzgebung – auf dem Kapitalmarkt ein Vakuum entsteht, das der Ausfüllung bedarf.

Ein allzu leichter Absatz auf den Verbrauchsgütermärkten in Deutschland ist also zugunsten einer stärkeren Hinlenkung der Wirtschaft auf die Exportmärkte zu unterbinden. Damit soll zugleich erreicht werden, daß mancher devisenpolitisch unbequeme Import entfällt und daß wir durch diese Doppelwirkung zu diesem besseren Ausgleich unserer Zahlungsbilanz gelangen werden.

Ich weise auf diese Zusammenhänge hin, um unseren ausländischen Freunden vor Augen zu führen, daß an einen Kurswechsel der deutschen Handelspolitik gewiß nicht gedacht wird. Sie brauchen auch keine Sorge zu haben, daß wir etwa aus dem Bereich der Europäischen Zahlungsunion ausscheren könnten. Nein, wir werden sogar alle ausgegebenen Importlizenzen sowohl im liberalisierten Verfahren wie auch in den Kontingenten auf Grund der Handelsverträge erfüllen. Wenn wir im Augenblick eine Art Generalbilanz aufstellen und gezwungen sind, gewisse Maßnahmen für einen Ausgleich zu treffen und wenn damit gewisse Anforderungen eine Verzögerung erfahren, so handelt es sich dabei doch nur um technische Verfahren, die ehestens durch verstärkte Anstrengungen im Export überwunden werden sollen.

Wenn Sie sich heute das Sortiment deutscher Waren angesehen haben, das auf der Frankfurter Messe dargeboten wird, dann gewinnen Sie gewiß den Eindruck einer Friedenswirtschaft. Hervorragende Qualitäten sind dazu bestimmt, das Leben der Menschen zu verbessern und zu erfreuen. Ich könnte mir sehr wohl vorstellen, daß man von einer anderen Blickrichtung aus auch zu einer kritischen Betrachtung kommen könnte, die in die Frage mündet: Ist das der Lage von heute angemessen? Ist es noch vertretbar, daß eine Volkswirtschaft immer mehr und immer hochwertigere Waren des täglichen Gebrauchs und Verbrauchs darbietet, wenn gleichzeitig die demokratische Welt vor der Notwendigkeit steht, Teile ihrer gesellschaftlichen Arbeit und d. h. auch ihres Sozialprodukts für Zwecke der Verteidigung der demokratischen Welt und einer freiheitlichen Ordnung zur Verfügung zu stellen?

Ich bin, während ich durch die Ausstellungshallen ging, diese Gedanken nie recht los geworden. Wenn ich mich trotzdem über das Gesamtbild freute, dann deshalb, weil ich der festen Überzeugung bin, daß wir den Frieden in Europa am besten verteidigen, wenn wir auf der friedlichen Ordnung der sozialen Wohlfahrt beharren. Und gerade wir in Deutschland, an der unmittelbaren Nahtstelle zum Osten, können es uns weder in politischer noch in sozialer Hinsicht leisten, die Struktur unserer Wirtschaft soweit oder dahin zu ändern, daß wir von der hohen Veredelungsarbeit, das heißt also von der Beschäftigung vieler Menschen abgehen und in einseitiger Hinlenkung unserer Arbeit auf unmittelbare Verteidigungszwecke die sozialen Folgen steigender Arbeitslosigkeit hinnehmen. Gleichwohl bin ich mir der Verpflichtung der deutschen Wirtschaft bewußt, alles zu tun, um ihren Beitrag zur Verteidigung dieser unserer Welt leisten zu können. Aber ich glaube, das muß auf andere Weise vor sich gehen, als das bisher Übung gewesen ist.

Wir müssen von dem atomisierten Verfahren der Auftragvergebung abkommen, sei es für mandatorische Aufträge, Besatzungsaufträge, Armeeaufträge und dazu noch Außenhandelsaufträge, die ganz deutlich diesem gleichen Zweck dienen. So lange das von amerikanischer, englischer und französischer Seite geübte Verfahren andauert, wird sich die Nachfrage bevorzugt auf typische und spezifische Engpässe der deutschen Industrie stürzen. Daraus erwachsen aber erhebliche Gefahren. Einmal für die deutsche Wirtschaft – weil dadurch weite Kanäle der Verarbeitung verstopft werden mit der Wirkung, daß die Arbeitslosigkeit ansteigt –, auf der anderen Seite aber entsteht bei unseren Auftraggebern der sehr bedenkliche und schädliche Eindruck, als ob die deutsche Wirtschaft nicht bereit wäre, ihre Kraft der Verteidigung der Demokratie zur Verfügung zu stellen.

Das wird eine wesentliche Aufgabe meiner geplanten Reise nach Washington sein, auf einer klaren Linie zu einem besseren Ausgleich zu kommen sowie die Überzeugung zu wecken – die durch Taten zu beweisen ist –, daß wir sehr wohl bereit sind, ein Maximum an Leistung zu erfüllen, wenn wir nur auch die Form und die Ordnung setzen dürfen, die eine organische Ausnutzung unserer deutschen Wirtschaftskraft ermöglicht.

Wir müssen die Dinge mit großem Ernst betrachten: Alles das, was sich heute im politischen Bereich vollzieht, berührt auch uns unmittelbar. Ich befürchte, daß es den Russen angesichts der vorherrschenden Nervosität im eigenen Lager wie der Unsicherheit im Kalten Kriege überhaupt gelingen kann, mehr Erfolge zu erzielen, als sie jemals in einem heißen Kriege zu erringen eine Chance hätten. Deshalb haben wir neben der Aufgabe der Verteidigung auch die Pflicht zu üben, einen sozialen Lebensstandard aufrechtzuerhalten, der vielleicht in manchen Bereichen vorübergehend eine gewisse Beschränkung erfahren muß, der aber doch im ganzen hinreicht, um uns nicht in totalitäres Denken, in kollektivistische Lebensformen und zu einem Verfall unseres sozialen Lebens in Form einer Schrumpfung unserer Beschäftigung und einer Schmälerung des Sozialprodukts zu zwingen.

Ich werde gründlich mißverstanden, wenn in der Presse nur von meinem Optimismus gesprochen wird; – es zeichnet mich vielmehr ein sehr nüchterner Realismus aus. Aus solcher Sicht leugne ich nicht die Möglichkeit, daß auch das deutsche Volk direkt oder indirekt eine Verkürzung seines Lebensstandards wird hinnehmen müssen. Noch aber haben wir keine richtige Größenvorstellung, inwieweit die Anforderungen unsere Lebensführung berühren müssen. Sicher ist das eine: Wir dürfen nicht in Lethargie verfallen, fatalistisch werden und sagen: Wenn man von der deutschen

Wirtschaft oder vom deutschen Volke Verteidigungsleistungen fordert, dann bleibt uns eben nichts anderes übrig, als solche Opfer zu bringen, d. h. uns einzuschränken, den Leibriemen eng zu schnallen, zu entsagen und zu verzichten. Gerade von einer solchen geistigen Haltung, von dieser mechanistischen Erstarrung des Denkens möchte ich das deutsche Volk bewahrt wissen. Ich wage keine Prophezeiung, ob es angesichts des politischen Geschehens möglich sein wird, durch verbesserte und vermehrte Leistungen, durch höhere Anstrengungen ein solches Opfer auszugleichen. Aber ich weiß bestimmt, daß wir diesen Versuch unter allen Umständen unternehmen müssen, denn sonst wird gerade für ein Land, auf dem so ungeheure soziale Lasten ruhen, die Lage unerträglich.

Wir dürfen nicht rückwärts, nicht den Weg in die Beschränkung gehen – das mag ein reiches Land sich leisten können –; wir indessen können zusätzlichen Aufgaben nur gerecht werden, wenn wir das deutsche Volk dazu bringen, sich in höherem Leistungswillen zusammenzufinden, die guten Nerven zu behalten, sich seine innere Sicherheit zu bewahren. Es darf die Überzeugung nicht untergehen, daß nicht etwa alles verloren, sondern daß vielmehr alles zu gewinnen ist, wenn wir nur dabei bleiben, uns durch Mehrleistung und sicher auch durch die Bezeugung höherer sozialer Verantwortung die gesunden Lebensgrundlagen zu erhalten.

Als der für die Wirtschaftspolitik verantwortliche Mann kann ich Ihnen versichern, daß ich diesen Weg mit großer Entschlossenheit gehen werde. Der Weg rückwärts in den Fatalismus müßte Deutschland zwangsläufig auch wieder aus der in der Zwischenzeit erreichten engen Verflechtung mit den übrigen Nationen herausführen, im besonderen mit den europäischen Volkswirtschaften. Wenn wir nicht mehr die Kraft und den Willen aufbringen, etwa durch verstärkte Exportleistung – und sei es vorübergehend auch durch bewußte Einschränkung des eigenen Verbrauchs – den Ausgleich zu erzielen, dann bliebe uns nur übrig, weniger Nahrungsmittel, weniger Rohstoffe einzuführen, uns mit einem geringeren Beschäftigungsvolumen, damit aber auch mit höheren Arbeitslosenzahlen und einem geringeren Lebensstandard abzufinden.

Wenn wir diesen gefährlichen Weg beschreiten wollten, müssen wir uns gleichzeitig bewußt werden, daß ein Land nicht einseitig seine Importe beschränken kann, ohne auf die Dauer Gefahr zu laufen, daß sich ihm gegenüber das Ausland entsprechend verhalten wird. Das hieße, daß dann auch das Ausland kaum mehr bereit sein würde, unsere deutschen Waren vorbehaltlos aufzunehmen. So kann ich hier nur der Hoffnung und der Zuversicht Ausdruck geben, daß, wenn Deutschland den Artikel 3 der Europäischen Zahlungsunion anrufen mußte und wenn die entsprechenden Instanzen anerkannt haben, daß Deutschland zu einer solchen Maßnahme berechtigt war, es sichergestellt ist, daß unser Partner – die 17 Teilnehmerstaaten der Europäischen Zahlungsunion – gemäß der Satzung nicht zu

Maßnahmen greifen, die die deutsche Ausfuhr nach diesen Ländern behindern könnten.

Diese europäischen Staaten werden zu einer verständnisvollen Haltung um so mehr und um so eher bereit sein, als sie der Gewißheit sein dürfen, daß die von uns aus dem System der EZU heraus ergriffenen Maßnahmen nicht etwa eine neue Linie unserer Wirtschaftspolitik einleiten, sondern daß wir diese Maßnahmen selbst als eine Störung empfinden, die schnell zu überwinden wir all unsere Kraft aufzuwenden bereit sind.

Ich gebe gerne zu, daß die Situation widerspruchsvoll erscheint. Seitens mancher heimischer Kreise werde ich nämlich angeklagt, von einer übermäßigen Wahrheitsliebe in der Frage der Liberalisierung beseelt zu sein. Diesen Leuten ist zu antworten: Entweder wollen wir die Liberalisierung oder wir lehnen dieses System ab. Es wäre aber unehrlich, äußerlich oder dem Schein nach die Liberalisierung aufrechtzuerhalten, es gleichzeitig aber mit Hilfe von versteckten Tricks und Kniffen zu bewerkstelligen, daß die Liberalisierung nur mit halbem Herzen durchgeführt wird. Wir haben ehrlich operiert und ich stehe dazu, wenn das vielleicht ein Grund gewesen sein mag, warum sich die Entwicklung in für uns ungünstiger Weise vollzogen hat. So fern es mir liegt, irgendeinen anderen Teilnehmerstaat zu verdächtigen, so ist doch sicher auch die Aussage berechtigt: wenn man in allen europäischen Ländern, in allen Volkswirtschaften den Gedanken der Liberalisierung mit gleicher Vorbehaltlosigkeit und mit gleichem Ernst zu verfolgen bereit gewesen wäre, wie wir es taten, dann wären wahrscheinlich auch manche Dinge anders gelaufen. Im Grunde genommen sollte doch die Europäische Zahlungsunion einen möglichst vollkommenen Ersatz für gute internationale Währungsbeziehungen schaffen.

Das indessen war schon aus der Konstruktion heraus nicht möglich gewesen. Und dennoch war die Absicht, einen multilateralen Zahlungsausgleich herbeizuführen, löblich. Was allerdings ist davon übrig geblieben? Der immer noch nicht restlos überwundene Protektionismus der Nationalstaaten hat im Grunde genommen dahin geführt, daß jedes Land bestrebt war, nach Möglichkeit bilateral zu einem vollen Ausgleich mit dem Partner zu gelangen. Damit hatte aber der Gedanke der EZU einen schweren Schlag erlitten. Jedoch wollen wir nicht die Hoffnung aufgeben, daß die EZU zu einem immer vollkommeneren Instrument ausgebaut werden kann, die Nationen dieses alten Kontinents zum Bewußtsein einer Gemeinsamkeit und einer Einheit hinzuführen.

Das fruchtbarste Mittel, das sich hierfür anbietet, ist die Eröffnung größerer Freiheit und Freizügigkeit im Außenhandel. Es ist wertlos, auf der politischen Ebene zu beteuern, daß man die größere Einheit schaffen, die Völker zusammenführen wolle, wenn man auf der anderen Seite, d. h. auf der wirtschaftlichen Ebene im nationalen Egoismus und in der protektionistischen Verkrampfung zu verharren sucht.

In den vergangenen fünf Jahren haben wir immerhin schon sehr viel erreicht. Und doch besteht in mancher Hinsicht immer noch eine Primitivität der Austauschbeziehungen fort, die mehr an die Postkutschenzeit als an das Atomzeitalter erinnert. Zu oft wird gerade aus Angst vor der Technik dem Fortschritt noch Widerstand geleistet. Und wenn sich dieser Widerstand noch mit nationalem Egoismus paart, dann kann daraus nichts Gedeihliches erwachsen. Darum möchte ich trotz vorübergehender Beschränkung der Literalisierung, trotzdem es vielleicht so scheinen möchte, als ob Deutschland heute einen anderen Weg einschlagen wollte, würde oder müßte, hier vor Ihnen eindeutig bekennen:

Wir wollen und werden unter allen Umständen auf dem Weg der freiheitlichen und freizügigen Verbindung mit allen Ländern, insbesondere mit unseren europäischen Partnern bleiben. Für mich ist Europa nicht ein letzter Begriff, sondern nur eine Integrationsform wirtschaftlicher politischer Art. Das Ziel geht darüber hinaus, denn wenn wir daran denken, daß wir unsere demokratische Welt zu verteidigen haben, dann müssen wir daraus Nutzanwendungen ziehen. Wir dürfen nie mehr in die Isolierung zurückfallen. Nichts ist, weiß Gott, notwendiger, als uns immer enger zusammenzufinden und zusammenzuschließen. Denn auch darüber kann es keinen Zweifel geben: die Effizienz der menschlichen Arbeit, die Steigerung der Leistung aller Menschen in der Welt erfährt die fruchtbarste Bereicherung dadurch, daß in einer sehr weit gezogenen internationalen Arbeitsteilung, durch Zusammenfügung des Reichtums aller Nationen in einem möglichst freien Austausch der Güter ein Maximum an Ertrag erreicht wird. Wenn wir schon in dieser unserer demokratischen Welt bereit sein müssen, uns zu verteidigen, und dafür Opfer tragen wollen, dann sollten wir auch aus der gleichen geistigen und sittlichen Haltung heraus bereit sein, alles, was uns durch technische Modifikationen behindern und trennen mag, so schnell wie möglich zu überwinden und alles, was an Mißtrauen vielleicht noch schwelen könnte, so schnell wie möglich zu vergessen. Wir werden reicher, wir werden leistungsfähiger, wir werden lebenskräftiger, wenn wir uns zusammenfinden, um unser Leben in Freiheit zu verteidigen.

IM STREITGESPRÄCH MIT PROFESSOR NÖLTING

[Gemeinsame Veranstaltung der CDU/SPD am 8. Dezember 1951
in Düsseldorf]

Der Weg zur deutschen Gleichberechtigung geht weiter: Die West-
Konferenz in Washington vom 9. bis 14. September 1951 regelt die
Beziehungen zur Bundesrepublik bis zu einem Friedensvertrag mit
einem geeinten Deutschland. In der Pariser Konferenz wird der Gene-
ralvertrag vorbereitet. In der zweiten Jahreshälfte 1951 verbesserte
sich die Zahlungsbilanz, vor allem dank eines wachsenden Export-
volumens. Aber die SPD agitiert parallel zu ihren Verfassungsklagen
weiter gegen Erhards Wirtschaftspolitik.
Erhard greift den Fehdehandschuh auf und stellt sich in zahlreichen
öffentlichen Diskussionen seinen Widersachern. Am 8. Dezember 1951
begegnet er in Düsseldorf seinem Haupt-Opponenten, dem SPD-
Abgeordneten und nordrhein-westfälischen Wirtschaftsminister a. D.
Prof. Erich Nölting. In der großen Rheinhalle, vor 5000 Zuhörern, oft
unterbrochen von Beifall oder Widerspruch, treten sich beide zu einem
zweiten Streitgespräch gegenüber – ein erstes hatte schon 1948 in
Frankfurt stattgefunden.
Nölting erklärt, Erhards Wirtschaftspolitik bedeute eine nationale Ge-
fahr. Sie habe das Vertrauen in den demokratischen Staat in eine Krise
geführt. Die Wirtschaftspolitik sei in einen Dschungel widerstreitender
Interessen geraten und zu „marktwirtschaftlicher Ratlosigkeit" ge-
worden. „Wie ein Weihnachtsmann" streue Erhard Versprechungen aus.
Die SPD sei gegen Zwangswirtschaft, aber für „planvolle Wirtschafts-
führung". Nölting sagte weiter: „Ihre Wirtschaftspolitik ist verworren,
widerspruchsvoll und chaotisch. Man wälzt Probleme, aber nichts
kommt vom Fleck. Worte ohne Taten!" Deutschland sei „ein Paradies
für die Reichen und eine Hölle der Armen" geworden ... Erhard ant-
wortet:

Ich habe ein solches Feuerwerk erwartet. Es bestand zwar im wesentlichen aus Knallfröschen. Damit aber erzielt man nur Erfolge in der Dunkel-
heit und bei ängstlichen Gemütern! Im hellen Licht der Wahrheit lassen
sich nämlich diese Behauptungen nicht aufrecht erhalten. Das hat der Erfolg unserer Wirtschaftspolitik eindeutig bewiesen.

Kollege Nölting meinte, er hätte nach mir sprechen müssen. Ich bin ganz
anderer Auffassung. Durch all diese Zeit erfahre ich von der sozialdemokratischen Opposition, durch ihre Sprecher und ihre Presse die heftigste

Kritik. So wollte ich, daß diese Kritik hier vorgetragen wird, um dann nachher das Notwendige dazu zu sagen. Das ist mein gutes Recht!

Man kann mir im übrigen alles nachsagen; daran bin ich gewöhnt. Aber daß es mir an Zivilcourage fehlen würde, das hat mir doch noch niemand vorzuwerfen gewagt! Ich bin also auch nicht mit Gefolge und auch nicht mit Pistolen gekommen, sondern ich komme genau so als einfacher Staatsbürger wie Sie alle.

Herr Kollege Nölting schlug vor, nicht wieder von Zwangswirtschaft und Marktwirtschaft zu reden. Einverstanden! Er aber hat es dann doch getan. Und ich hätte mich als Befreier aufgespielt! Die große Geste liegt mir so garnicht. Aber eines möchte ich mit aller Deutlichkeit sagen, und diese unumstößliche Tatsache ist eben nicht weg zu diskutieren: In einem wahrhaft geschichtlichen Augenblick, dem einzig möglichen Zeitpunkt für eine Befreiung aus der Zwangswirtschaft – nämlich am 20. Juni 1948 – hat die Sozialdemokratie – nach dem amtlichen Protokoll des Wirtschaftsrates – alles getan, um mich an diesem Schritt zu hindern. Nun meinte Professor Nölting, es drohe eine neue Auflage der Zwangswirtschaft. Lassen Sie sich nicht schrecken; so lange ich hier stehe, bricht solches Übel nicht noch einmal über Sie herein.

Im übrigen habe ich nie ein Hehl daraus gemacht und es nicht einmal, sondern Dutzend Male gesagt, daß es sich mit meiner Auffassung von Marktwirtschaft durchaus vereinbaren lasse – wenn notwendig – durch planende und lenkende Maßnahmen in den Wirtschaftsprozeß einzugreifen. Es kommt dabei allerdings wesentlich auf Methoden und Ziele an. Wenn mir aber ausgerechnet vorgehalten wird, ich hätte nicht darauf verzichten können, auf dem Gebiet der Investitionen bei Kohle, Eisen, Stahl und Energie von Staats wegen einzugreifen, dann gibt es darauf eine schlichte Antwort: Jawohl, das war notwendig, weil das gerade die Bereiche waren, in denen sich die Marktwirtschaft bisher noch nicht durchgesetzt hat! Hätten wir schon im Jahre 1948 bei Kohle, Eisen und Stahl die Marktwirtschaft vollenden können, dann hätte sich auch dort – das ist meine feste Überzeugung – wie in allen übrigen Bereichen der Wirtschaft, ein natürliches und organisches Gleichgewicht herausgebildet. Deshalb ist es heute die dringendste Aufgabe, nicht durch Verwaltungsmaßnahmen das Übel zu beseitigen, sondern mit allen Mitteln dahin zu streben, über eine Mehrproduktion zu einem vernünftigen Ausgleich von Bedarf und Deckung zu kommen, um endlich die Zwangswirtschaft auch auf dem Sektor der Kohle zu beseitigen und diesen Markt wieder funktionsfähig werden zu lassen.

Herr Professor Nölting meinte, in seiner Fraktion liege eine Liste, die ausweist, was ich jeweils gesagt habe, und wenn ich darin lesen würde, hätte ich etwas zum Lachen. Ein braver Mann soll bekanntlich auch über sich selbst lachen können! Wenn ich indessen ein Gleiches mit Äußerungen der SPD veranstalten wollte, dann allerdings glaube ich, daß das mehr zum Weinen denn zum Lachen sein würde.

Hier wurde von Preisen und Löhnen bzw. von Realeinkommen gesprochen, und in diesem Zusammenhang ist der „kluge" Satz geprägt worden: Es kommt nicht auf die Produktion an, sondern auf die Lebenshaltung!

Darf ich Sie einmal alle fragen, woraus die Lebenshaltung denn eigentlich resultiert, wenn nicht aus der Produktion! Man muß schon im Märchen oder im Schlaraffenland leben, um annehmen zu können, daß ohne hinreichende Produktion eine Steigerung der Lebenshaltung möglich wäre. Wir können gemeinsam nicht mehr verbrauchen, als wir im Arbeitsprozeß gemeinsam erzeugt haben! Doch wir können und dürfen nicht einmal alles konsumieren. Teile unserer Arbeit und unseres Sozialprodukts müssen wir auch für Zwecke der Erhaltung, der Erweiterung und Verbesserung unseres Produktivkapitals einsetzen. Es bleibt aber unbestritten, daß eine Steigerung der Lebenshaltung nur möglich ist durch eine Ausweitung des Sozialprodukts über vermehrte Produktion. Lassen Sie mich hierzu einige Zahlen nennen: Im Juli 1948 hatten wir eine Produktion von 57 v. H. von 1936, Mitte 1949 eine solche von 85 v. H. Mitte 1950 erreichten wir 107 v. H., im Juli 1951 standen wir bei 127 v. H. In der Zwischenzeit ist sie auf 134 v. H. angestiegen, was besagt, daß in der deutschen Volkswirtschaft, im Gebiete der Bundesrepublik heute trotz der harten Folgewirkungen des Krieges und der Tragik der deutschen Geschichte 34 v. H. mehr produziert werden als im Jahre 1936, das bekanntlich bereits im Zeichen der Rüstung stand.

Nun ist weiter gesprochen worden über die Entwicklung von Löhnen und Preisen. Ich bin gern bereit, auch auf dieses Thema einzugehen. Ich verwende dazu amtliche Statistiken, wobei Kollege Nölting ja nicht wird sagen wollen, daß diese bewußt gefälscht sind:

Wenn Sie das erste Halbjahr 1950, das von politischen Störungen aus dem Korea-Konflikt bei uns und in den anderen europäischen Ländern noch frei war, gleich 100 setzen, so steht heute in Deutschland der Lohnindex auf 123, in Großbritannien bei 109, in Italien = 113, in Belgien = 109, in den Niederlanden = 111 und in der Schweiz bei 101.

Wenn Sie dazu auf der gleichen Grundlage die Lebenshaltungskosten nebeneinanderstellen, dann sind die Lebenshaltungskosten in Deutschland auf 108, in Frankreich auf 121, in Großbritannien auf 111, in Italien = 113, in Belgien = 112, in den Niederlanden = 113, in den USA = 110 angestiegen. Ich habe dieses Material Ende Juli dieses Jahres dem Deutschen Gewerkschaftsbund persönlich überreicht mit der Bitte, er möchte dieses Material durch das Wissenschaftliche Institut der Gewerkschaft prüfen lassen. Wenn irgend etwas nicht stimmen sollte, wäre ich bereit zu verhandeln. Auf jeden Fall wünschte ich eine sachliche Äußerung des Gewerkschaftsbundes. Ich habe das Material zurückerhalten — ohne Kommentar, und es dann in schätzungsweise zwanzig öffentlichen Reden verwandt. Ich kann mir nicht denken, daß der Gewerkschaftsbund eine so vornehme Zurückhaltung üben würde, wenn er in der Lage wäre, diese Zahlen zu widerlegen!

Und nun unsere sozialen Aufwendungen! Ich glaube, daß gerade die Zahlen, die ich Ihnen hier vorlege, zwingender sind als die blumenreichen Ausführungen meines Herrn Vorredners. Also, wie steht es mit den sozialen Leistungen, die in der Bundesrepublik getätigt werden? Die gesamten sozialen Ausgaben betrugen im Jahre 1949 = 10,9 Milliarden DM, im Jahre 1950 = 14,5 Milliarden DM und 1951 = 17,8 Milliarden DM. In zwei Jahren, d. h. also von 1949 bis 1951, erfuhren sie eine Steigerung von 10 auf 17 Milliarden DM. Auch diese unwiderlegbaren Zahlen dürften hinlänglich beweisen, daß unsere Politik nicht so unsozial ist, wie sie Herr Nölting gerne darstellen möchte. Wir haben vielmehr ein gutes Recht, von „Sozialer Marktwirtschaft" zu sprechen!

Ich führe weiter aus: In der Bundesrepublik betragen die Leistungen für soziale Ausgaben 51,8 v. H. des Steueraufkommens, in Belgien betragen sie 26 v. H., in Schweden 29,6 v. H., in Dänemark 31,3 v. H., in Großbritannien 39,3 v. H. Ich wiederhole: in Deutschland 51,8 v. H.! Auch das mag Ihnen ein Beweis dafür sein, wie ernst die Bundesregierung bemüht ist, gerade dem sozialen Problem zuleibe zu rücken.

Ich bitte Sie um ein gerechtes Urteil: Wer von Ihnen hätte Mitte 1948 gedacht, daß die Lebensführung des deutschen Volkes drei Jahre später den Stand erreicht haben könnte, wie das heute der Fall ist?

Dabei war für kein Land der Welt die Ausgangsstellung für den Wiederaufbau so ungünstig wie in Deutschland. Wir sind durch das unheilvolle deutsche Geschick in zwei Teile zerrissen worden und haben dabei die Hälfte unserer Agrarbasis verloren. Unser Bundesgebiet war zerstört und wesentliche Teile unseres technischen Apparates wurden vernichtet. In diesen Raum strömten 9 bis 10 Millionen Flüchtlinge und Heimatvertriebene ohne Hab und Gut und ohne Werkzeug. Sie mußten Arbeit finden, und wir haben ihnen auch Arbeit verschafft. Beweis: Im Jahre 1936 hatten wir in der Bundesrepublik 11,2 Millionen Beschäftigte. 1948 waren es 13,5 Millionen, im Jahre 1950 = 14,3 Millionen, und im Jahre 1951 ist die Zahl der Beschäftigten auf 14,9 Millionen angestiegen. Wir verzeichnen also einen dauernden Zugang. Allein im letzten Jahr ist die Zahl der Beschäftigten um 600 000 gestiegen, während die Zahl der Arbeitslosen um 100 000 abgenommen hat. Das mag als ein Beweis dafür gelten, daß wir uns fähig fühlen, auch das Beschäftigungsproblem zu lösen.

Das ist allerdings keine Selbstverständlichkeit! Wir haben im Jahre 1945 — oder besser gesagt im Jahre 1948 — auf dem primitivsten Stand angefangen, von dem aus eine Volkswirtschaft überhaupt aufzubauen war.

Wir waren in einen Leistungsrückstand geraten, daß nur die allergrößten Anstrengungen hinreichten, uns wieder wettbewerbsfähig werden zu lassen. Das aber war die Voraussetzung, wenn wir das deutsche Leben wieder auf eigene und sichere Grundlagen stellen wollten. Aus diesem Grund mußten wir auch den Weg der Liberalisierung gehen. Wir konnten nicht etwa hinter Schutzmauern warten, bis wir die deutsche Wirtschaft durch künstliche und staatliche Maßnahmen allmählich wieder auf den internationalen Leistungsstandard gebracht hätten; nein, wir mußten es wagen, sie dem Wettbewerb, der Bewährung, auszusetzen.

Ich achte das Problem der Arbeitslosigkeit gewiß nicht gering. Im Gegenteil habe ich immer wieder darauf hingewiesen, daß diese Frage das brennendste Problem ausmacht. Allerdings bin ich auch nicht bereit, die heute amtlich ausgewiesene Arbeitslosenzahl als Maßstab für die echte Arbeitslosigkeit gelten zu lassen; denn wir haben es erlebt, daß auch dort, wo viele Arbeitslose registriert waren, keine Möglichkeit bestand, neue Arbeitskräfte zu mobilisieren. Eine genaue Überprüfung der Zahl der echten Arbeitslosen würde wahrscheinlich ein etwas anderes Bild ergeben.

Völlig aus der Luft gegriffen, abwegig und objektiv falsch sind Äußerungen, die deutsche Wirtschaftspolitik hätte dahin geführt, daß 90 Prozent des deutschen Volkes durch meine Schuld eine Verschlechterung ihres Lebensstandards erfahren hätten und der Verelendung zutrieben, damit 10 Prozent unseres Volkes besser leben können. Ich möchte diejenigen aufrufen, denen es heute schlechter geht als vor der Währungsreform. Ich kann derartige Behauptungen nicht anders charakterisieren als einen politischen Schwindel oder als bodenlose Dummheit. Im übrigen waren die Auffassungen der Sozialdemokratie in bezug auf die Arbeitslosigkeit und die Möglichkeiten ihrer Behebung doch ziemlich geteilt, denn es waren immerhin Sozialisten, die die trübe Prophezeiung wagten, daß wir nach der Währungsreform 5 Millionen Arbeitslose haben würden!

Aber nun komme ich zu dem allerschönsten Kapitel – dem Außenhandel bzw. der Außenhandelspolitik, die angeblich Schiffbruch erlitten habe. Kollege Nölting hat das bereits im März dieses Jahres behauptet, und von seiner Fraktion wurde noch im September von einem Zusammenbruch unserer deutschen Außenhandelsbilanz gesprochen. Wie sieht nun dieser Zusammenbruch aus? Professor Nölting sagte, wir hätten unsere Kreditwürdigkeit und unseren Ruf in der ganzen Welt verloren, und das sei die Folge der planlosen Außenhandelspolitik. England sei aus der Misere heraus, es hätte sich gesund gehungert und wir hätten uns bankerott „gefressen".

Nach Ausbruch des Korea-Konfliktes waren auf den Weltmärkten Erscheinungen zu verzeichnen, die nicht nur in Deutschland schädliche Wirkungen zeitigten. Wir als eines der rohstoffärmsten Länder auf der Welt mußten gerade in dieser Situation kaufen, mußten in erster Linie dafür sorgen, daß genügend Rohstoffe und Nahrungsmittel zu uns hereinflossen.

Die Bedrängnis rückte immer näher. Denn die Preise auf dem Weltmarkt stiegen teilweise bis zu mehreren 100 Prozent. Aber wir hatten keine Wahl, wir konnten nicht zuwarten, denn wir waren dafür verantwortlich, daß ein hohes Beschäftigungsvolumen aufrecht erhalten und zugleich auch die Ernährung des deutschen Volkes gesichert blieben.

Wir haben also gekauft und mußten kaufen, selbst in der Erkenntnis, daß dieser starke Einfuhr-Sog uns hinsichtlich des Ausgleichs unserer Zahlungsbilanz in Schwierigkeiten bringen würde. Für so klug können Sie mich schon halten, daß wir die Störungen ganz deutlich herankommen sahen. Wir standen vor folgender Alternative: Sollten wir wie ein subalterner Buchhalter nur auf die Zahlen der Devisenbilanz achten oder aus höherer Verantwortung dafür Sorge tragen, daß die deutsche gewerbliche Wirtschaft genügend Rohstoffe zur Sicherung ihrer Produktion erhält und zugleich auch die deutsche Ernährung gesichert bleibt? Vor diese Alternative gestellt, haben wir den letzteren Weg gewählt. Die Entscheidung ist mir nicht leicht gefallen, bestimmt nicht, aber wir waren Gefangene unseres Schicksals. Danach hat sich denn auch gezeigt, daß diese Politik richtig war. Wenn Sie bedenken, daß im sogenannten „Korea-Jahr" die Rohstoffpreise auf dem Weltmarkt eine durchschnittliche Steigerung von 67 v. H. und die Nahrungsmittel an den Weltmärkten eine Verteuerung um durchschnittlich 40 v. H. erfahren haben, weil sich die ganze Welt auf diese Produkte stürzte, dann bedarf es keiner Beweisführung, um zu erkennen, welche unerhörte Mehrbelastung die deutsche Volkswirtschaft zu tragen hatte. Wir mußten, um gleiche Mengen importieren zu können, ein Mehrfaches an deutschen Exporten hingeben, wobei zu beachten ist, daß unsere deutschen Exporte in ihrer strukturellen Zusammensetzung schon fast wieder friedensmäßig zu über 75 v. H. aus Fertigwaren bestehen. Die Preiserhöhungen für unsere Exporte machten aber durchschnittlich nur etwa 17 v. H. aus. Wenn Sie also auf der einen Seite die Importbelastung und auf der anderen Seite die geringeren Preiserhöhungen auf der Exportseite in Rechnung stellen, kommen Sie zu dem Ergebnis, daß damit der deutschen Volkswirtschaft Lasten auferlegt wurden, die über das Maß dessen hinausgingen, was uns im Rahmen der Marshallplanhilfe zufloß.

Im übrigen, ich habe so oft in positiver Weise mit dankbarem Gefühl die großherzige Unterstützung, die uns durch den Marshallplan zuteil wurde, gewürdigt, daß ich nicht glaube, in falschen Verdacht zu geraten, wenn ich dem durchsichtigen Versuch der Opposition widerspreche, daß schlechthin alles, was in den letzten Jahren an Erfolgen erreicht werden konnte, nun der Marshallplanhilfe gutzuschreiben sei. Der Marshallplan war gewiß eine sehr wertvolle Starthilfe, aber das eigentliche Werk hat das deutsche Volk in seiner Gesamtheit, in allen seinen Schichten vollbracht!

Die politischen Wirren brachten es mit sich, daß im März dieses Jahres unsere Kreditlinie, die uns in der EZU mit 320 Mill. Dollar eingeräumt wurde, erschöpft war. Jene 320 Mill.-Dollar-Kreditlinie errechnete sich mechanisch aus einer 15 v. H.-Quote des Außenhandels von 1949. Aber, wie ich nachweisen werde, ist der deutsche Außenhandel so sprunghaft angestiegen, daß diese Kreditbasis zu schmal wurde. In Würdigung dieses Tatbestandes hat man sich dann auch bereit erklärt, der Bundesrepublik eine zusätzliche Kreditlinie einzuräumen, die uns einen Bewegungsspielraum bis auf 480 Mill. Dollar ermöglichte und die wir auch tatsächlich bis zu 475 Mill. Dollar ausgenutzt haben. Es sei auch nicht in Abrede gestellt, daß wir auf der Importseite gewisse Beschränkungen verfügen mußten. In der Zwischenzeit haben sich die Dinge auf dem Weltmarkt wieder beruhigt, vor allem aber hat sich das deutsche Volk beruhigt. Unmittelbar nach der Korea-Krise war es wohl verständlich, daß das kaum wieder in Tritt gekommene deutsche Volk auf ein weltpolitisches Ereignis von diesem Ausmaß besonders empfindlich reagierte. So sind von der gewerblichen Wirtschaft alle Anstrengungen unternommen worden, Rohstoffe zu jedem Preis zu kaufen. Aber auch der deutsche Verbraucher war aus der Angst, morgen wieder Normalverbraucher werden zu müssen, bereit, jede Ware zu jedem Preise aufzunehmen! Die Angst, morgen überhaupt nichts mehr kaufen zu können, drückte dem Marktgeschehen des letzten Herbstes und Winters den Stempel auf. Solche Furcht mußte überwunden werden, und wir haben sie ja auch überwunden. Nicht dadurch, daß wir wieder Rationen zuwiesen, dem staatlichen Dirigismus zu neuem Leben verhalfen, sondern durch das simple aber bewährte Mittel, jede auf den Markt gelangende Kaufkraft gut wirtschaftlich abzudecken. Das ist uns gelungen. Solange ich hier stehe, werden Sie nicht den Fluch eines Normalverbraucher-Daseins erfahren! In der Zwischenzeit haben wir auch soweit Vorsorge treffen können, daß die noch vorübergehend wirksame Einfuhrbeschränkung für den Verbraucher keine neuerlichen Folgen haben wird. Im letzten halben Jahr hat sich nämlich schon eine Umkehrung der Verhältnisse vollzogen.

Bereits bis zum Mai dieses Jahres hatten wir den ganzen Zusatzkredit wieder bis auf die offizielle Kreditlinie von 320 Millionen Dollar abgedeckt, und heute haben wir sogar die noch verbliebenen 320 Millionen Dollar zurückgezahlt. Wir sind demnach aus einer Schuldner-Position im Rahmen der Europäischen Zahlungsunion in eine Gläubiger-Position gerückt!

Gleichzeitig haben sich die Reserven bei der Bank deutscher Länder erheblich angereichert. Wir haben für bereits getätigte Einfuhren keinen Cent Devisen-Verpflichtungen, aber wir verfügen für geleistete Ausfuhren über Dollar-Guthaben bzw. Devisen-Forderungen in Höhe von 500 Mill. Dollar.

Man kann jetzt in englischen Wirtschaftszeitschriften lesen, daß zu prüfen wäre, auf welche Weise und mit welchen Mitteln Deutschland diesen Umschwung erreicht hat; in Deutschland könne man lernen, was eine Regierung tun muß.

Zahlen kommt immer die beste Beweiskraft zu: Wir haben im Herbst 1948 im Monatsdurchschnitt Waren im Werte von 206 Mill. DM exportiert, im Jahre 1949 waren es 335 Mill. DM, im Jahre 1950 = 697 Mill. DM und im Jahre 1951 bereits 1368 Mill. DM, –wohlgemerkt: jeweils in einem Monat. Ich kann also auf die ersten Ratschläge des Kollegen Nölting verzichten, er soll seine Weisheit anderwärts verkaufen.

Ich fahre fort: Im vergangenen Jahr – also 1950 – hatten wir noch einen Einfuhrüberschuß von 2,5 Milliarden DM zu verzeichnen. Dieser Einfuhrüberschuß ist in den ersten zehn Monaten 1951 bis auf 182 Mill. DM zurückgegangen. Im letzten Monat sind wir sogar aktiv geworden. Demgegenüber darf ich Ihnen die englischen Ziffern mitteilen, die aus der Politik einer Labour-Regierung resultieren. In den ersten zehn Monaten des Jahres 1950 ergab sich für die englische Zahlungsbilanz ein Einfuhrüberschuß von 300 Mill. Pfund Sterling, das sind rund 3,12 Milliarden DM. Dieses Defizit ist in den ersten zehn Monaten des Jahres 1951 auf rund 1 Milliarde Pfund Sterling, das sind etwa 11½ Milliarden DM, angestiegen. Das ist immerhin bei einem Vergleich beachtlich. Dabei bin ich weit entfernt zu frohlocken – im Gegenteil, ich erachte vielmehr diese Entwicklung als für ganz Europa höchst bedenklich. Wenn dazu allerdings gesagt wurde, England hätte sich gesund gehungert und wir hätten uns bankerott „gefressen", dann möchte ich doch annehmen dürfen, daß das deutsche Rezept offenbar besser war als die englische Hungerkur. Der Drang, über bessere Leistung eine höhere Produktion zu erreichen, ist eben ersprießlicher als Austerity-Politik. Das ist das ganze Geheimnis.

Wenn wir von Zahlungsbilanzen sprechen, dann spielt dabei die Stabilität der Währung eine gewichtige Rolle. Als wir mit dieser „verfluchten" Marktwirtschaft anfingen, wurde die Deutsche Mark an den internationalen freien Börsen mit 17 Rappen notiert, ihr Kurs ist heute – ohne Goldvorräte und ohne Devisenpolster – auf nahezu pari gestiegen.

Während in England heute die inflationistische Tendenz nur schwer zu unterbinden ist, haben wir vergleichsweise ein sehr viel höheres Maß an innerer Stabilität erreicht. Ich möchte raten, daß diejenigen, die immer nur auf die deutsche Wirtschaftspolitik schimpfen, die Ereignisse, die sich draußen vollziehen, sorgfältiger beobachten und die Nase auch einmal über die Grenze unseres Landes hinausstecken! Es ist bekannt genug, daß prominente ausländische Besucher, Wirtschaftler und Bankleute, zu uns nach Deutschland kommen, um sich bei uns zu erkundigen, wie wir das gemacht haben, wie wir aus unserer so bedrängten Position so gut und schnell über eine vermeintlich schwere Krise hinweggekommen sind!

Mein Optimismus hat sich noch immer als realistisch erwiesen! Wir leben in einer schnellebigen Zeit, und es ist deshalb gut, daß auch das deutsche Volk schnell vergessen kann. Hätte es sonst aus der Verzweiflung heraus die Kraft gefunden, Deutschland wieder aufzubauen? Ich erkenne es als meine Aufgabe, dem deutschen Volk Mut und Zuversicht zu vermitteln. Denn es sind allzu viele am Werke, das deutsche Volk immer wieder in Verzweiflung und Lebensangst zu treiben. Meine Kritiker begleiten mich wie eine Meute und bemühen sich, diesem brav arbeitenden deutschen Volk einzureden, daß es keinen Tag seines Lebens froh werden darf.

Als einziges positives Merkmal gibt Professor Nölting zu, daß ich nicht der „Syndikus" der gewerblichen Wirtschaft bin. Das hat sich ja wohl auch herumgesprochen, daß ich mit den maßgebenden Verbänden, insbesondere der deutschen Verbrauchsgüterindustrie, in einem heftigen Ringen und harten Gedankenaustausch gestanden habe. Die Meinungen prallten allenthalben sehr deutlich aufeinander. Ich habe mir die Freiheit meines eigenen Handelns dabei stets bewahrt. Im übrigen aber ist zu sagen, daß noch niemals ein unternehmerisches Gremium einen gleich starken Einfluß auf die Regierungspolitik auszuüben versuchte, wie das gerade von seiten der Gewerkschaften geschah.

Völlig abwegig aber war die Darlegung, die Professor Nölting über meine Auffassung zum Verteidigungsbeitrag gegeben hat: ich hätte in meinen Reden darauf hingewiesen, daß Deutschland nicht in der Lage ist, einen Verteidigungsbeitrag zu leisten. Vielmehr habe ich darauf hingewiesen, daß es in dieser Frage entscheidend auf die Größenordnung ankommt. Wir erfüllen ja schon dadurch eine vollgültige Tat für die Verteidigung der westlichen Welt, daß wir das bolschewistische Gift östlicher Denkungsart von einem sozial gewiß noch bedrängten Lande fernhalten. Ich habe allerdings immer dazu gesagt: Wenn wir uns in die westliche Welt einreihen wollen, dann werden wir auch auf einen Verteidigungsbeitrag nicht verzichten können.

Die Bundesregierung wird alles tun, den Verteidigungsbeitrag auf einer Höhe zu halten – und zwar in freier Partnerschaft –, daß es uns möglich ist, ihn auch zu erfüllen. Die Unterschiede bestehen darin, daß die einen ihren Verteidigungsbeitrag durch eine Austerity-Politik leisten zu müssen glauben, während in unserer deutschen Situation ein Opfer dieserart unerträglich sein würde; es müßte uns in soziales Elend zurückstoßen. Unsere Produktion müßte schrumpfen, das deutsche Volkseinkommen geschmälert werden. Aus diesem Grunde wenden und wehren wir uns auch gegen eine solche Politik; wir werden dagegen alles tun, um unseren Verteidigungsbeitrag aus den Ergebnissen einer expandierenden Wirtschaft aufzubringen.

Man kann der Meinung sein – und sicher sind es viele –, daß die Deckung des sogenannten gehobenen Bedarfs nicht in unsere soziale Landschaft paßt. Manche ärgern sich darüber, daß es so viele schöne Autos gibt und andere wertvolle Dinge verbraucht werden. Das ist aus enger Sicht verständlich. Aber – der Verzicht auf Güter dieser Art bedeutet auch gleichzeitig Verzicht auf ihre Produktion und das daraus fließende Volkseinkommen. Es gibt eben in der Volkswirtschaft kein Einkommen, das nicht unmittelbar mit einer produktiven Güterleistung verkoppelt wäre. Wohl aber gibt es auch eine Politik des sozialen Elends; es ist eine trostlose Politik, der ich den Willen zur Mehrung der menschlichen Wohlfahrt entgegensetze. Ich kann mich z. B. nicht darüber ärgern, daß sich so viele Leute einen gehobenen Aufwand leisten, sondern nur darüber, daß es viel zu wenige sind, die sich das leisten können. Aber wir werden bestimmt nicht den Weg der Austerity beschreiten, sondern die wirtschaftliche Expansion wählen. Wir haben seit 1948 bewiesen, daß das Bemühen, die deutsche Wirtschaft zu höherer Produktivität, zu vermehrter Leistung und steigender Ergiebigkeit auch der menschlichen Arbeit zu bringen, von Erfolg begleitet war.

Ich habe dabei die Leistung des deutschen Arbeiters gewiß ebenso hoch eingeschätzt, wie Professor Nölting. Mein Verdienst war, daß ich den geistigen Schutt beiseite geräumt habe; alles andere war die Leistung des deutschen Volkes und insonderheit auch des deutschen Arbeiters. Aus eben diesem Grunde verwahre ich mich dagegen, daß all das, was in 3¹/₂ Jahren mühsam genug aufgebaut worden ist, durch den Dreck zu ziehen versucht wird!

Zur Mitbestimmungsfrage möchte ich sagen, daß ich auf alle Fälle einen Syndikalismus ablehne, der eine Aufsprengung des Parlaments bedeuten müßte. Mitbestimmungsrecht soll überall dort gelten, wo es am Platze ist.

Es ist auch von der Investitionshilfe gesprochen worden. Ich möchte diese Aktion wieder auf den ursprünglichen Sinn zurückführen und mit dem Geist erfüllt sehen, der der freien Verantwortung entspringt, durch die Bereitstellung von Kapital den notleidenden Grundstoffindustrien Eisen, Kohle und Stahl auch materiell wirksame Impulse zu geben. Sicher wird eine Milliarde DM hierfür nicht ausreichen. Das Ziel aber geht jedenfalls dahin, die Engpässe möglichst zu beseitigen, neue Arbeitsplätze und die Grundlagen für eine weitere Ausdehnung der gesamten gewerblichen Wirtschaft zu schaffen.

Die Investitionen in der Investitionsgüterindustrie können wir in einem übersehbaren Zeitraum mit etwa 6 bis 7 Milliarden DM veranschlagen. Je schneller es uns gelingt, diese Mittel aufzubringen, um so glücklicher wird die wirtschaftliche und soziale Entwicklung sein. Wenn diese Wirtschaftszweige bis jetzt nicht am Kapitalmarkt teilhaben konnten, so hat das verschiedenste Ursachen: Einmal war die deutsche Zuständigkeit in diesem Bereich beschränkt; zum andern waren die Eigentumsverhältnisse ungeklärt und damit die Verantwortung nicht klar gesetzt. Schließlich ist es auch trotz aller Anstrengungen nicht gelungen, genügend Marshallplanmittel in diese Kanäle zu leiten. Niemand braucht sich deshalb darüber zu verwundern, daß doch die Leistung zurückgeblieben ist. Ich werde aber alles tun, um die Engpässe im Bereich von Kohle, Eisen und Stahl zu beseitigen. Kollege Nölting meinte, das sei Optimismus. Ich dagegen bin überzeugt, daß wir auf einem guten Wege sind, dieses Problem – nicht von heute auf morgen, aber schrittweise und in Zeiträumen, die politisch und wirtschaftlich relevant sind – zu lösen.

Das also ist das Bild unserer Wirtschaftspolitik von heute! Wir haben unter Verhältnissen begonnen, deren Ungunst nicht zu überbieten war. Wir hatten einerseits unsere Leistungskraft eingebüßt und hatten andererseits mit schwersten sozialen Problemen zu ringen. Vom Weltmarkt ausgeschaltet und behindert durch Demontagen, Verbote und Beschränkungen haben wir unseren freiheitlichen Kurs unbeirrt fortgesetzt.

Es bleibt dabei; – ich denke nicht daran, einen Schritt von diesem Wege abzuweichen. Hinter mir steht die parlamentarische Mehrheit des Bundestages! Ich lasse mich auch nicht durch Beschimpfungen und durch Drohungen schrecken. Bei Gewerkschaftskundgebungen hat man Bilder mitgeführt mit der Aufschrift „Erhard und Adenauer an den Galgen". Lieber aber wollte ich am Galgen hängen, als auch nur einen Schritt vor den Elementen zurückzuweichen, die unsere Demokratie bedrohen!

Wir bleiben auf dem Boden der Sozialen Marktwirtschaft!

DIE DEUTSCHE WIRTSCHAFTSPOLITIK IM BLICKFELD
EUROPÄISCHER POLITIK

[Rede vor dem Schweiz. Institut für Auslandsforschung
am 6. Februar 1952 in Zürich]

Die Bundesrepublik hatte seit ihrem Beitritt zum Europarat und im
zunehmenden Trend der Gleichberechtigung bereits in vielen inter-
nationalen Bereichen mitzuarbeiten begonnen. Die deutsche Zustim-
mung zum Schuman-Plan war im Februar 1952 perfekt. Der Bundestag
stand unmittelbar vor der ersten großen Debatte über den deutschen
Verteidigungsbeitrag. In dieser Situation trat Ludwig Erhard vor ein
angesehenes Auslandsforum, um hier sein Konzept einer engen inter-
nationalen wirtschaftlichen Zusammenarbeit zu begründen:

Europa ringt um neue Formen und, wenn ich auch zuversichtlich hoffe,
daß die europäische Lösung im Zeichen der Freiheit stehen wird, so bin ich
doch der Überzeugung, daß nur das feste Zusammenstehen alle Freiheitliebenden zum Ziele führen kann. Freiheit meine ich hier zuerst im ökonomischen
Sinne, aber wir wissen, daß auch politische Freiheit wirtschaftliche Freizügigkeit voraussetzt. Nun ist es nicht einfach, dieses Thema zu behandeln,
wenn in kurzer Zeit mehr als Improvisation oder Aphorismen geboten werden sollen. Ich kann mich aber insofern bescheiden, als ich ja schon einmal im
Jahre 1949 Gelegenheit hatte, in Zürich zu sprechen. Meine Grundauffassung ist zudem bekannt genug.

Ich werde mich nicht in historischen Reminiszenzen ergehen oder sie nur
insoweit anfügen, als es zur Verdeutlichung des Themas und zur Kennzeichnung der Lage oder der Entwicklung notwendig ist. Wir haben die
neue deutsche Wirtschaftspolitik Mitte 1948 eingeleitet, weil im Zusammenhang mit der Währungsreform, bei aller Problematik, die diesem Schritt
anhaftete, die große historische Chance gegeben war, von dem Zustand einer absoluten dirigistischen Verirrung abzuweichen und zu freiheitlichen Formen des wirtschaftlichen Geschehens überzuleiten. Ich glaube,
daß auf diesem Gebiet das Maximum dessen getan worden ist, was unter
den gegebenen ökonomischen und politischen Verhältnissen möglich erschien.
Aber wenn ich das anführe, bekenne ich mich gleichzeitig zu noch manchen
Sünden, die unsere Wirtschaftspolitik belasten und die uns jeden Tag mahnen,
die letzten Reste der Gebundenheit und staatlichen Reglementierung vollends
zu beseitigen. Deutschland hatte nach meiner Auffassung überhaupt nur
eine Möglichkeit, wieder zu gesunden Lebensgrundlagen zurückzufinden und
zur Meisterung seiner ökonomischen und sozialen Probleme befähigt zu

werden, wenn es den Weg der Freiheit zu gehen willens war. Der Ausgangspunkt war, je nach dem Blickpunkt der Wertung und Betrachtung der Dinge, so tragisch oder auch chaotisch, daß sehr mutige Schritte vonnöten waren, um die Zügel der deutschen Wirtschaft und der deutschen Wirtschaftspolitik wieder fest in die Hand zu bekommen. Denn über unser Land war eine Welle der Zerstörung und der Vernichtung hinweggebraust, unser Produktionsapparat war, wo nicht zerstört, doch weitgehend verschlissen. Durch die vollkommene Abschnürung von der Welt hatten wir überhaupt keine Vorstellung mehr von dem Leistungsstandard der zivilisierten, mit uns im Wettbewerb stehenden Länder. Dazu mußten wir es hinnehmen, daß Deutschland in zwei Teile zerrissen wurde, daß wir – vom Blickpunkt der Bundesrepublik aus – die Hälfte unserer eigenen landwirtschaftlichen Versorgung verloren und daß in diesen an sich schon überfüllten und einseitig industriell strukturierten Raum 9–10 Millionen Flüchtlinge hereingepreßt wurden, ohne Hab und Gut, ohne Produktionsmittel. Diese Menschen konnten nicht dort ansässig gemacht werden, wo ihnen produktiver Erwerb winkte, sondern dort, wo zunächst ein Dach über dem Kopf ersten Schutz bot. Wir waren uns dabei von Anfang an bewußt, daß nur im gewerblichen Sektor eine Chance bestand, jenen Menschen wieder Erwerb, Einkommen und Existenz zu verschaffen. Aber wir waren abgeschnitten von der Welt, wir hatten unsere ausländischen Stützpunkte verloren, wir verfügten weder über einen international spielenden Kreditapparat noch über auswärtige Verbindungen; – d. h. wir waren blind geworden. Und da kam es nun darauf an, eine Wirtschaftspolitik einzuleiten, die es zuwege brachte, daß nicht nur die 40 Millionen angestammte Bevölkerung der Bundesrepublik wieder zu einem menschenwürdigen Dasein gelangen konnten, sondern darüber hinaus eben jene 10 Millionen der Allerärmsten, – die Vertriebenen, – bei uns im westlichen Deutschland eine neue Heimat fanden. Wir konnten also nicht warten, bis vielleicht in einen Zeitraum von 10, 15 oder 20 Jahren durch den allmählichen Aufbau und organische Fortschritte sich neue Existenzmöglichkeiten boten; vielmehr drängte uns die soziale Not dieser Menschen, sehr schnell vorwärts zu schreiten. Wir haben das in erster Linie und, – da heute bei diesem Vortrag der Blickpunkt mehr nach außen gerichtet sein soll –, gerade dadurch getan, daß wir als eines der ersten Länder Europas und – wie ich gern bekenne – in engster Gemeinschaft und Verbindung mit der Schweiz, die außenwirtschaftlichen Beziehungen wesentlich freier gestalteten. Wir haben das Prinzip der sogenannten Liberalisierung zur Anwendung gebracht. Das bedeutet nichts anderes, als daß wir die Verkrustung und Verkrampfung zwischen den Volkswirtschaften aufzusprengen bemüht waren, – bereit auch, die Grenzen in Maßen zu öffnen und den Güteraustausch von den allzu engen und starren Barrieren zu befreien. Uns drängte die Not, so zu handeln. Zwar bot uns die Marshallplan-Hilfe im Jahre 1948 noch eine Chance, für eine Übergangszeit den Ausgleich unserer

Zahlungsbilanz besorgen zu können, d. h. das deutsche Volk mit fremder großherziger Hilfe über die schlimmsten Notstände hinwegzubringen. Die Marshallplan-Hilfe aber hatte von Anbeginn an die Eigenschaft, daß sie von Jahr zu Jahr geringer wurde und wir damit rechnen mußten, daß sie im Jahre 1953 völlig ausläuft. Daß sich das jetzt schon früher ereignete oder diese aktive Hilfe nunmehr eine gewisse Veränderung ihres Charakters erfahren hat, auch unter einer anderen Formel eingeleitet wird, sei nur nebenbei erwähnt.

Man muß bedenken, daß wir im Jahre 1948 in unserer Leistung auf einen Produktionsstand von 40 % von 1936 abgesunken waren – und das besagt noch nicht einmal alles, denn das deutsche Volk hatte ja zudem seine Freiheit verloren, da es trotz seiner ehrlichen Arbeit nicht über die entscheidende Freiheit des Staatsbürgers im Sinne der Ausübung einer freien Konsumwahl verfügte. Nein, es war gezwungen, seine Bedürftigkeit vor Schalterfenstern zu dokumentieren, um dann von der Bürokratie einen sehr fragwürdigen Anspruch auf das Sozialprodukt zugestanden zu erhalten. Das ist meiner Ansicht nach der unwürdigste Zustand, in dem ein Volk überhaupt leben kann. Es war deshalb meine Absicht – und die habe ich auch erfolgreich durchgeführt –, das deutsche Volk – den Verbraucher – von solcher Hörigkeit zu befreien und dafür Sorge zu tragen, daß das Geld wieder zu dem einzigen Bezugschein wird, den es in einer geordneten Volkswirtschaft geben darf.

Wenn ich nun sage, daß wir heute, d. h. mit der Spitze im November 1951, auf einen Produktionsstand von 140 % von 1936 gekommen sind, d. h. in drei Jahren das deutsche Sozialprodukt verdreifacht haben, dann sollte man eigentlich glauben, daß eine solche Wirtschaftspolitik die ungeteilte Zustimmung der ganzen Bevölkerung finden müßte. Das annehmen zu wollen, wäre aber ein Irrtum. Ich erlebe es alle Tage, daß dem nicht so ist. So frage ich mich natürlich, wie denn eigentlich dieses merkwürdige Phänomen zustande kommt, daß eine Politik, die das deutsche Volk nicht nur aus der Not, sondern aus der unwürdigen Fron einer übermütigen Bürokratie befreit hat, nicht allenthalben die Resonanz findet, die ihr nach den realen Erfolgen zukommen sollte. Nun sehe ich einmal ganz ab von der parteipolitischen Taktik, deren bewußt schiefe und negative Wertung deutlich genug zutage tritt. Ich glaube aber, da ist noch etwas anderes zu beachten. Das deutsche Volk hat die Eigenschaft entwickelt, daß es sehr schnell vergessen kann. Und dieses Schnellvergessenkönnen war ja auch in manchem notwendig, weil wohl erst daraus die Kraft fließen konnte, aus dieser verzweifelten Situation heraus noch einmal bereit zu sein, die Dinge anzupacken, an die Zukunft und an die Wiedergewinnung der sozialen Wohlfahrt zu glauben. Ich möchte meinen, dieses Positive ist zuletzt sehr viel wichtiger als die negative Nuance, die das deutsche Volk geneigt sein läßt, das Erreichte als selbstverständlich hinzunehmen, aber alles das, was noch nicht in Ordnung ist,

mit besonderem Gewicht herauszustellen oder sogar als ein Mißlingen anzuprangern. Nun – ich nehme die Dinge nicht tragischer als sie sind, und
vor allen Dingen kann mich eine böswillige Kritik nicht darin irre machen,
daß wir uns auf dem rechten Weg befinden. Das Phänomen indessen bedarf
der Berücksichtigung, denn wirtschaftliches Geschehen vollzieht sich ja nicht
im luftleeren Raume, sondern eben in der politischen Atmosphäre. Ich bin
gewiß der letzte, der etwa sagen wollte, daß bei uns in Deutschland schon
alles zum Besten geordnet wäre – und zwar nicht nur in dem Sinne, daß
ich mir der Mängel oder der Unzulänglichkeiten der marktwirtschaftlichen Ordnung in ihrem So-Sein bewußt bin – sondern vor allen Dingen auch
die sozialen Spannungen keineswegs verkenne, die in Deutschland – naturnotwendig – immer noch vorherrschen und noch für eine weitere Übergangszeit
fortbestehen werden. Es bedeutet eine Unmöglichkeit, mit dem Problem von
10 Millionen Flüchtlingen noch rascher fertig zu werden, zumal die Aus-
gangsbasis ja so ungünstig und schwierig wie nur überhaupt denkbar war.
Ich glaube, es kann und soll vor allem nicht als Überheblichkeit aufgefaßt
werden, wenn ich sage, daß noch kaum je ein Land aus einem vollendeten
Chaos heraus eine solch gigantische Aufgabe zu bewältigen hatte, als sie uns
in Deutschland oblag. Das gilt um so mehr, wenn man berücksichtigt,
daß heute schon nicht mehr allein ökonomische, sondern wieder neue politische Probleme, wenn auch mit vornehmlich ökonomischen Konsequenzen, auf uns zulaufen. Ich denke da an die Frage der Europäischen Verteidigungsgemeinschaft und einen deutschen Verteidigungsbeitrag.

Der Weg der größtmöglichen Freiheit konnte allein der für Deutschland
richtige sein. Und den ersten Ansatzpunkt bot, wie ich schon bemerkte,
die Liberalisierung. Ich bin mir dessen durchaus bewußt, daß Liberalisierung in einer übernationalen Ordnung solange einen Widerspruch bedeutet,
als gleichzeitig Devisenzwangswirtschaft vorherrscht. Die Freiheit wirtschaftlichen Handelns ist mit der Starrheit der Wechselkurse unvereinbar, und
alle Manipulationen in der Liberalisierung ertöten das Prinzip. Liberalisierung,
hier als Schlagwort genommen, bedarf also wesentlicher Einschränkungen,
wenn wir uns ihre Unzulänglichkeit im Rahmen der gegenwärtigen internationalen währungspolitischen Ordnung vergegenwärtigen. Aber immerhin,
– man kann vor allem als politischer Mensch nicht immer einem Perfektionismus huldigen und mit einem Sprunge alles erreichen wollen, was eben
nur schrittweise erreicht werden kann. Nehmen wir also den heutigen Zustand nicht als etwas Endgültiges, nicht – auch nicht in den Methoden – als
die Erlösung, sondern als einen Notbehelf.

Gerade, wenn wir uns dann über das Problem einer europäischen Ordnung
unterhalten, stoßen wir auf eine Art babylonischer Sprachverwirrung. Es ist
heute in Europa so, daß jeder den Begriff im Munde führt, jeder sein Bekenntnis zu Europa abzulegen bereit ist, im ganzen aber nur sehr wenig
Klarheit darüber besteht, welche Gestalt dieses künftige Europa haben

soll und welche Wege eingeschlagen werden müssen, um das ehrliche Mühen zum Ziele zu führen.

Zuerst aber will ich die deutschen Verhältnisse noch etwas klarer umreißen, um daran unsere Position – und ich glaube, sie ist von derjenigen der Schweiz nicht sehr verschieden – noch besser begreiflich machen zu können. Ich habe im Zuge der Liberalisierung manche Vorwürfe hinnehmen müssen, besonders auch im eigenen Lande – so etwa, daß wir zu schnell vorwärts geprescht wären, und daß demzufolge alle Spannungen güter- oder devisenwirtschaftlicher Art auf mein Schuldkonto kämen. Auch das bin ich bereit hinzunehmen, denn trotz aller Störungen war dieser erste Schritt unbedingt ein Erfolg. Bis dahin haben die europäischen Volkswirtschaften in sich ja ein Sonderdasein geführt, und wenn ich auch von dem schlimmsten Auswuchs rein autarker Bestrebungen absehe, so ist doch kein Zweifel: die Kaufleute waren im Verkehr und in ihrem Verlangen nach gegenseitiger Ergänzung und Befruchtung in einem Maße behindert, daß nicht eigentlich die private Wirtschaft sich zusammenfand, wie es den Notwendigkeiten und den Bedürfnissen entsprochen hätte, sondern immer mehr der Staat den Außenhandel in eigene Regie übernahm. Gerade damit aber vollzog sich der Außenhandel häufig in einer Atmosphäre, die einem friedlichen Zusammenleben der Völker wenig förderlich war.

Wenn zwei Kaufleute über die Grenzen ihrer Länder hinweg Handel treiben, dann spielen ganz nüchterne Überlegungen eine Rolle, – Fragen der Zweckmäßigkeit, der Nützlichkeit, der Preise und Qualitäten – und nur dann, wenn sich beide Teile von einem Güteraustausch Erfolg versprechen, wird das Geschäft zur allgemeinen Zufriedenheit zustande kommen.

Ganz anders aber, wenn die Staaten die Initiative an sich reißen und selbst handelnd eingreifen. Dann stehen immer gleich die großen Prinzipien der Politik im Vordergrund, dann geht es um die nationale Ehre, das nationale Interesse und dergleichen mehr, obwohl im Grunde genommen doch nichts anderes dahinter steht als das ehrliche und friedliche Streben der Menschen und Völker, sich das Leben leichter und bunter zu machen. Denn das ist ja der Sinn jeder internationalen Arbeitsteilung, zu erreichen, daß sich ein Höchstmaß an sozialem Wohlstand für alle Völker entfalten kann. Wenn uns die Liberalisierung zuerst einmal in eine Passivität gebracht hat und man daraus ableiten wollte, daß diese Entscheidung deshalb Leichtsinn bedeutete, so glaube ich, daß eine solche Betrachtung und Schlußfolgerung ebenso falsch wie gefährlich wäre. Neben nüchternen ökonomischen Überlegungen spielte bei mir auch der Gedanke eine Rolle, es der übrigen Welt zu zeigen, daß wir von einem Wahn geheilt sind und unsere ganze Sehnsucht danach geht, uns wieder friedlich einzugliedern in den Kreis der demokratischen und gesitteten Welt. Man mag uns das um so eher glauben, wenn sich dabei die ideologische Tugend mit dem ökonomischen und materiellen Interesse harmonisch verbindet. Ich glaube tatäschlich, daß es in Europa wenige Länder geben kann, deren ursprünglichstes Lebensinteresse so sehr darauf gerichtet sein dürfte, europäische Politik zu treiben wie gerade Deutschland, obwohl ich gleich sagen möchte, daß europäische Politik nicht etwa wieder Großraumwirtschaft als Selbstzweck sein darf. Europäische Politik heißt gewissermaßen einen weiteren Schritt vorwärts gehen, um zu der vollendeten höchsten ökonomischen Ordnung einer freien Weltwirtschaft zu gelangen. Aber auch hier müssen wir wohl schrittweise vorgehen, und darum wäre es zweifellos ein großer Erfolg, wenn sich der Begriff „Europa" bzw. „Europäische Wirtschaft" zu einer echten Realität verdichten könnte.

Die mit der Liberalisierung verbundenen vermeintlichen Gefahren haben mich insofern nicht bange machen können, als ich mir einerseits wohl bewußt war, daß die Leistungskraft der deutschen Volkswirtschaft nicht schon von Anbeginn an so hoch sein konnte, daß wir im Gleichschritt mit jenen modernen Industrie-Ländern marschieren können, die ein weniger tragisches Schicksal zu erleben hatten. Aber andererseits mußten wir ja auch unserer deutschen gewerblichen Wirtschaft zeigen, wie entwickelt der Leistungsstandard der übrigen Welt ist, und wir mußten sie notwendigerweise zwingen – und das gewissermaßen von heute auf morgen –, alle Phantasie und alle Kraft anzuwenden, um die Angleichung an den Leistungsstandard der übrigen Welt zu erreichen. Denn das wußten wir ja auch, daß wir nicht in alle Ewigkeit auf fremde Hilfe vertrauen können – trotz des Marshallplans. Die Welt ist nicht bereit, um unserer schönen Augen willen Handel mit uns zu treiben, und darum kam alles darauf an, aus eigener Kraft heraus eine Leistung vorweisen zu können, die in ihrer Struktur, ihrer Güte und in ihrer Preiswürdigkeit einen Vergleich mit den besten Ergebnissen der industriellen Erzeugung in aller Welt zuläßt.

Ich glaube, dieses Ziel hat Deutschland erreicht. Wenn wir uns in der ersten Phase der Liberalisierung gegenüber dem Ausland verschuldet haben, dann war das ja nur insoweit möglich, als das Ausland bereit war, nach Deutschland zu liefern und die somit gewonnenen Guthaben schließlich doch wieder in Deutschland kaufend zu verwerten. Jeder von deutscher Seite getätigte Import kann ja zuletzt nur durch einen entsprechenden deutschen Export bezahlt werden. Und wenn wir angesichts unseres großen Importbedarfs bestrebt waren, das deutsche Außenhandelsvolumen auszuweiten, dann haben wir das ganz bestimmt nicht um imperialistischer Neigung willen getan. Wir mußten vielmehr gerade als redliche Schuldner so handeln, um die Lebensgrundlagen unseres deutschen Volkes so bald wie möglich zurückzugewinnen. Diese Aussage gilt nicht nur für den Augenblick, sondern ebenso für die fernere Zukunft, soweit sie überhaupt rational zu erfassen und zu begreifen ist. Die Richtigkeit dieser Politik kann heute als erwiesen gelten, und sie war dazu auch gut, weil sie die deutsche Wirtschaft zwang, im Leistungswettbewerb mit der übrigen Welt sich so weit anzustrengen, daß wir ihr um so nützlichere Dienste zur Verfügung stellen konnten. Ja, im Verhältnis zu der Schweiz muß ich mit besonderer Dankbarkeit anerkennen, daß uns im Rahmen unserer Handels- und Zahlungsbilanz die Aktivität gegenüber diesem Lande eine wesentliche Hilfe und Unterstützung bedeutet.

Es war ja auch der Sinn der Europäischen Zahlungsunion, die bis dahin nur bilateral verankerten Auslandsbeziehungen und multilateralen Verrechnungsmöglichkeiten aufzulockern. Die deutsche Währungsreform, in Verbindung mit dem wirtschaftspolitischen Kurswechsel, hat die Grundlage für solche Lösungen geschaffen. Bei aller Unzulänglichkeit des Systems der EZU sei doch anerkannt, daß sie einen ersten Ausweg aus der Enge eröffnete. Denn daß die Bilateralität nie zu befriedigenden Ergebnissen führen kann, bedarf kaum einer Begründung. Es ist aber nicht vorstellbar, daß der Bedarf und die Wünsche zweier Länder sich exportpolitisch so vollkommen und organisch ergänzen, daß ein beide befriedigender Ausgleich möglich wäre. Es muß hier immer entweder Mißvergnügte geben, oder aber das Gesamtvolumen bleibt so tief, daß das ökonomische Ziel einer maximalen oder doch optimalen Zusammenarbeit zwischen zwei Volkswirtschaften auf keinen Fall erreicht werden kann. Nun hat die Europäische Zahlungsunion ganz bestimmt erhebliche Schönheitsfehler, und ich glaube, daß gerade das, was im letzten Jahr bis zur Gegenwart sich in Deutschland, England oder Frankreich ereignete, als ein vollkommener Beweis für die Dringlichkeit einer Reform gelten kann.

Aber da kommen wir dann eigentlich schon zu den durch den Korea-Konflikt ausgelösten Schwierigkeiten. Bis dahin hat die deutsche Volkswirtschaft eine sehr glückliche Entwicklung genommen. Von 1948 bis Mitte 1950 – das war gerade eine Spanne von zwei Jahren – hatten wir nicht nur hinsichtlich der Produktion wie auch in der Ausweitung unseres Außenhandels beachtliche Erfolge erzielt, sondern wir sind auch in der Lösung sozialer Probleme ein gutes Stück weiter gekommen. Es konnten immer mehr Arbeitskräfte in den Produktionsprozeß eingegliedert werden, und bei ansteigenden Löhnen und tendenziell sinkenden Preisen gestaltete sich das Realeinkommen für den deutschen Arbeiter fortlaufend günstiger. Wenn ich den Zeitpunkt Mitte 1950 als ein besonderes Datum heraushebe, dann deshalb, weil zu diesem Zeitpunkt die Kritik nahezu verstummt war. Die Entwicklung hat dem marktwirtschaftlichen Kurs so eindeutig Recht gegeben, daß die Widersacher der Marktwirtschaft völlig in den Hintergrund gedrängt wurden. Dann aber witterten sie wieder Morgenluft und sie bekamen auch allenthalben Oberwasser. Ich weiß nicht, wie sich das in anderen Ländern abgespielt hat; – in Deutschland jedenfalls war es eindeutig so, daß alle Preissteigerungen, die sich so dramatisch und turbulent auf den Weltmärkten vollzogen, der deutschen Wirtschaftspolitik zur Last gelegt wurden. Ich war von heute auf morgen schuld an allem, was die Volkswirtschaften aller Welt erschütterte. Es ist klar, daß Preissteigerungen im Ausmaß von 50, 100 % und mehr – um welche Rohstoffe es sich auch handelt – auch in den nationalen Volkswirtschaften unter allen Umständen durchschlagen müssen, und daß es eine weltfremde Illusion, ja einen Wunderglauben bedeutet, anzunehmen, ein Staat hätte von sich aus mit den ihm zu Gebote stehenden Mitteln die Möglichkeit, solche Einflüsse vom eigenen Markt fernzuhalten. Gerade das war es aber, was in Deutchland immer wieder als Wunsch, als Forderung und als Drohung an mich herangetragen wurde. Das Jahr 1951 – das kann ich mit gutem Gewissen sagen – war das schwerste Jahr, das ich wirtschaftspolitisch zu überstehen hatte; viel schwerer jedenfalls als der entscheidende Kurswechsel im Jahre 1948. Die Aufgabe aber war vor allen Dingen auch sehr viel unbefriedigender, denn, während es 1948 darauf ankam, aktiv vorwärts zu schreiten und die Widerstände einfach niederzuwalzen, bestand die Schwierigkeit, aber zum Schluß doch auch der Erfolg des Jahres 1951 darin, mit einer an Sturheit grenzenden Beharrlichkeit das marktwirtschaftliche Prinzip unter allen Umständen aufrecht zu erhalten – koste es, was es wolle. Mit um so größerer Befriedigung kann ich feststellen, daß bei einem europäischen Vergleich die Schweiz und Deutschland die beiden Länder gewesen sind, die bildlich gesprochen, am besten über die Runden kamen. Diese beiden Länder haben die geringsten Preissteigerungen aufzuweisen, und das Verhältnis zwischen Löhnen und Preisen hat sich in keinem anderen Land unter einem sozialen Aspekt so wohltätig entwickelt wie gerade bei uns. Von Deutschland kann ich die Zahlen kurz skizzieren: die industriellen Preise sind im Durchschnitt um 12 %, die Nominallöhne indessen um 24 % gestiegen. Das aber heißt nichts anderes, als daß das Realeinkommen des deutschen Arbeiters in diesem so bedrängten und bedrohlichen Zeitraum von Mitte 1950 bis heute noch einmal einen Zuwachs von 12 % erfahren konnte. Selbstverständlich freue ich mich darüber, denn die sozialen Probleme sind in Deutschland besonders schwer und bedrückend. Aber heute ist die Lage so, daß nicht mehr das Schicksal der Arbeiterschaft die soziale Not kennzeichnet. Wir haben es z. B. nach der Koreakrise erlebt, daß trotz der Gefahr eines Andrehens der Lohn-Preisschraube im Hinblick auf die Stabilität der Währung sowohl in den Kreisen der Unternehmer wie auch der Arbeiterschaft eine verhältnismäßig große Freizügigkeit, Löhne zu fordern und zu gewähren, vorgeherrscht hat. Das Unternehmer-Einkommen und das Arbeiter-Einkommen sind ja auch die beweglichsten Einkommen; sie passen sich den ökonomischen und politischen Bedingungen in sehr reagibler Weise an. Man hatte allenthalben den Eindruck, daß sich die Unternehmer sagen: na, schön, wenn die Arbeiter hohe Löhne wünschen, dann wollen wir sie ihnen geben, denn die Gewerkschaften wissen sehr gut, daß diese höheren Löhne zwangsläufig höhere Preise nach sich ziehen. Wenn dem aber so ist, warum sollen wir uns dann so heftig wehren, warum sollen wir die politischen Reibungen auf uns nehmen? Ich habe schon seinerzeit immer wieder darauf hingewiesen, daß diese Rechnung falsch, und eine solche Betrachtung volkswirtschaftlich unzulässig und höchst bedenklich ist. Wenn z. B. Lohnforderungen damit begründet wurden, daß man auf die Not der Allerärmsten hinwies und argumentierte, daß es in Deutchland soundsoviel Millionen Menschen gäbe, die nur über ein Einkommen von unter DM 100,– oder DM 200,– verfügen, dann haben ja gerade diese Lohnerhöhungen dazu beigetragen, die Not derjenigen Menschen (der Sozialrentner und Fürsorgeempfänger) zu vermehren, deren trauriges Los zu Lohnforderungen mißbraucht wurde; – diese Menschen sind immer tiefer in das Unheil verstrickt worden.

Es war wohl selbstverständlich, daß ein Ereignis wie Korea bei einem so inflationserfahrenen Volke, wie dem deutschen, besonders empfindliche Auswirkungen gezeigt hat, d. h. mit anderen Worten, daß, angefangen beim Unternehmer bis hin zum Verbraucher, alle etwas aus den Fugen geraten sind und die Haltung verloren haben. Die einen wollten Rohstoffe unter allen Umständen und um jeden Preis kaufen, was in einem so rohstoffarmen Lande wie Deutschland voll verständlich ist. Auf der anderen Seite hatten wir mit einer Verbraucherschaft zu rechnen, die, durch tragische Erfahrungen gewitzigt, besorgt war, ob morgen wohl überhaupt noch eine Bedarfsdeckungsmöglichkeit gegeben ist, ob wir nicht wieder in ein System der Bewirtschaftung oder der Rationierung zurückfallen müßten, und ob vor allen Dingen die Freiheit des Verbrauchers aufrechterhalten bleiben könne. So war der deutsche Mensch, als Verbraucher gesehen, bereit, lieber heute schlechte Ware um teures Geld zu kaufen als morgen vielleicht überhaupt nichts mehr zu erhalten. Und das alles in einer Situation, die von der währungs- und devisenpolitischen Seite her außerordentlich beengt war. Wir verfügten im Rahmen der Europäischen Zahlungsunion zwar über eine Kreditlinie von 320 Millionen Dollar, aufgebaut auf einer 15prozentigen Quote des Außenhandelsvolumens von 1949. Dieser Betrag aber war für Deutschland im besonderen unzureichend, weil gerade seit 1948 ein sehr steiler Anstieg des deutschen Außenhandels einsetzte und jede in der Vergangenheit liegende Bezugsgröße unzureichend sein mußte.

Ich darf das an zwei Zahlen illustrieren: Als ich im Jahre 1948 mein Amt in der Bizone antrat, bewegte sich der durchschnittliche monatliche Export um rund 200 Millionen DMark und war zudem seinem Wesen nach vorzüglich Zwangsexport von Kohle, Holz und anderem mehr. Fertigwaren waren daran nur wenig beteiligt. Heute exportieren wir im Monatsdurchschnitt 1,4 Milliarden mit einer Spitze im Dezember 1951 von über 1,5 Milliarden DMark, wobei die deutsche Ausfuhr mit einem Fertigwarenanteil von über 75 % eine fast wieder friedenswirtschaftliche Struktur aufweist. Die Dinge waren seinerzeit deshalb so problematisch, weil wir schnell über die bedrohliche Entwicklung hinwegkommen mußten. Den von mir immer wieder als Voraussetzung einer Lohnstabilität geforderten Preisstop habe ich abgelehnt, denn es war selbstverständlich, daß sich die höheren Rohstoffpreise und die teureren Nahrungsmittel auch im deutschen Markte auswirken mußten, mindestens gemäß dem Anteil der Rohstoffe am fertigen Produkt. Und es war wieder eine Illusion, wenn mir nach Korea gesagt wurde, daß z. B. die wollene Kleidung, die wir heute kaufen, doch schon lange vor Korea eingekauft worden ist und deshalb die eingetretenen Preissteigerungen unzulässig seien. Der äußere Schein mag solcher Klage wohl Berechtigung verleihen – wohin aber wäre denn unsere gewerbliche Wirtschaft gekommen, wenn sie nach Korea den großen Ausverkauf veranstaltet hätte und nicht mehr in der Lage gewesen wäre, ein gleiches Produktionsvolumen aufrechtzuerhalten, bzw. die gleiche Zahl von Menschen auch in Zukunft weiterbeschäftigen zu können. Praktisch hat man sich wohl in den meisten Ländern mit einem System von Mischpreisen geholfen; immer aber bedingten die steigenden Rohstoffpreise sofort auch höhere Preise für Fertigprodukte. Jeder sagte sich mit Recht: Was kostet mich die Ware morgen, und tatsächlich kommt es ja auch, volkswirtschaftlich gesehen, darauf an, die Reproduktion sicherzustellen. Die Wahrung dieses Grundsatzes hatte vor allem auch eine sozial günstige Wirkung, denn wehe der Volkswirtschaft, die in ihren Tagespreisen die Rohstoffe jeweils zu dem Vor-Korea-Preis eingesetzt hätte. Das wäre allerdings typisch planwirtschaftlich-dirigistisch gedacht gewesen. Weil ich in Deutschland aber die Regeln ökonomischer Vernunft und des gesunden Menschenverstands achtete, darum lautete die Forderung: Jetzt Preisstop oder Abtreten! Nun, ich bin weder abgetreten, noch habe ich einen Preisstop verfügt.

Denn, was hätte das bedeutet? Daß meine sozialistischen Widersacher die Dinge auch unter parteipolitischem Aspekt gesehen haben, kann ich ihnen nicht verdenken. Schlimmer war schon, daß auch gute Freunde irre geworden sind und etwa sagten: „Mit Deiner Wirtschaftspolitik schwimmen uns die (politischen) Felle davon". Ich glaube dagegen, man mußte nur etwas Ruhe bewahren, und das hat sich dann auch ehrlich gelohnt. Ich frage also nochmals, wohin ein Preisstop geführt hätte? Er wäre ja doch nur dann sinnvoll gewesen, wenn ich die Preise künstlich und mit Polizeigewalt auf einem niedrigeren Niveau hätte binden wollen, als die Preise naturnotwendig sein mußten, um den vollen Abtausch des Sozialprodukts zu bewerkstelligen. In der volkswirtschaftlichen Rechnung sehen die Dinge doch so aus, daß das Volkseinkommen und damit auch jedes Individual-Einkommen nur in engstem und unlösbarem Zusammenhang mit der Güterproduktion, mit einer produktiven güterschaffenden Leistung entstehen kann, und deshalb ist es auch gar nichts Wunderbares, daß sich Volkseinkommen und Sozialprodukt gegenseitig abtauschen und im Regelfalle Störungen der Ordnung nicht auftreten. Das ist auf der anderen Seite der große Irrtum der Planwirtschaftler und Dirigisten, die dem Wahn huldigen, daß dieses vermeintlich so geheimnisvolle Geschehen staatlich gelenkt werden müßte, um funktionieren zu können. Es ist aber ja gerade die Funktion des Marktes und des Preises, dafür zu sorgen, daß das Sozialprodukt als Mengen-Begriff über die Preisbildung in unmittelbare Beziehung zum Volkseinkommen als einer Wertgröße gebracht werden kann. Die Funktion des Preises ist also unabdingbar. Keine Planung kann den Markt ersetzen. Was hätte denn überhaupt der Unternehmer noch zu leisten, wenn es nicht seine Aufgabe wäre, durch Initiative, Tüchtigkeit und mit dem vollen Wagnis, das damit verbunden ist, den Wandlungen des Verbrauchs und der Stimmung des Verbrauchers nachzuspüren, um dann im Wettbewerb das Beste zu vollbringen und Gnade vor den Augen seiner Majestät des Kunden zu finden. Wenn diese Funktion des Unternehmers verloren geht, dann allerdings kann ich auch Staatsbeamte oder Funktionäre an seine Stelle setzen, denn rechnen können sie im Zweifelsfalle noch sehr viel besser.

Wer die freie Unternehmerwirtschaft will und wer in der unternehmerischen Funktion etwas Wertvolles erblickt, der kann, – nein, der muß deshalb auch die Marktwirtschaft mit allen ihren Risiken bejahen. Ich habe hinlänglich Gelegenheit gehabt, solche Gedanken der deutschen Unternehmerschaft vor Augen zu führen. Dazu ein Beispiel: Wir erinnern uns alle an die Zeichen der weltwirtschaftlichen Konjunktur nach Korea. Als ich im Februar 1951 die deutsche Unternehmerschaft zum ersten Male warnen zu müssen glaubte und in einer öffentlichen Rede sagte, daß nach meiner Überzeugung die Preise sowenig wie die Bäume in den Himmel wachsen werden, ja, im Gegenteil deutliche Zeichen dafür vorhanden zu sein scheinen, daß die demokratische Welt im Bewußtsein ihres natürlichen Reichtums, ihrer Stärke und ihrer potentiellen, industriellen Kraft allmählich zu einer ruhigeren Besinnung zurückfinde, – daß in einer freien Marktwirtschaft die Möglichkeiten der Produktionssteigerung und eines zusätzlichen Anbaues von Ernährungsgütern fast unerschöpflich sind und diese Hysterie vermutlich nicht mehr sehr lange andauern wird, da hat man diese Erklärung allenthalben als störend empfunden. Genau so aber ist es dann gekommen; ich habe den Zeitpunkt fast auf den Monat richtig vorausgesagt. Was aber sagte man? Dieser Erhard hat uns durch seine Preisprognosen die ganze schöne Konjunktur vermasselt. Das war natürlich falsch, denn der deutsche Wirtschaftsminister kann wahrlich die Weltkonjunktur nicht beeinflussen. Ich habe die Dinge nur einigermaßen nüchtern betrachtet, wie ich denn überhaupt glaube, daß in der Wirtschaftspolitik Ruhe nicht nur Bürgerpflicht, sondern die beste Tugend ist, die man entfalten kann.

Später gingen dann die Dinge umgekehrt. Es kam im Januar 1951 die berühmte Flaute im industriellen Absatz, und da vertrat ich den Standpunkt, daß die Wirtschaft logischerweise bereit sein muß, in der Preisstellung für Fertigprodukte ebenfalls der weltwirtschaftlichen Situation, d. h. der absinkenden Preistendenz auf dem Weltmarkt Rechnung zu tragen. Die gleichen Leute aber, die es im Herbst 1950 als selbstverständlich erachteten, daß bei steigenden Weltmarktpreisen Auswirkungen auf Fertigprodukte im heimischen Markt unvermeidlich sind, kamen nun zu mir und meinten, daß die mittlerweile gesunkenen Rohstoffpreise sich erst dann für den Konsumenten auswirken könnten, wenn die Ware aus neuen Rohstoffen alle Fertigungsstufen durchlaufen hätte. Das ist das Unbequeme an einer konsequenten Politik, daß sie nach beiden Seiten gilt! Der Unternehmer, der bereit ist, Gewinne zu machen, muß selbstverständlich auch den Mut haben, Verluste hinzunehmen; – dafür ist er Unternehmer. Da lasse ich auch nicht mit mir handeln, aber ich glaube, daß eine solche Auffassung zuletzt dem Interesse des Unternehmers dient. Wer in aufsteigender Konjunktur die Gunst der Entwicklung für sich beanspruchen will, der darf bei umgekehrten Vorzeichen der Entwicklung nicht staatliche Unterstützung verlangen. In der Zwischenzeit nun haben sich die Dinge wieder beruhigt. Das aber war eben gerade das Problem, die Geister wieder zu ruhiger Besonnenheit zurückzuführen. Das war das A und O meiner Überlegungen, und der Erfolg wurde wohl dadurch erreicht, daß ich nach Korea sagte: Jetzt gibt es überhaupt nichts Wichtigeres, als dafür zu sorgen, daß jede auftretende Nachfrage unter allen Umständen Befriedigung findet. Auf keinem Gebiet dürfte es zu einem Ausfall kommen, denn, wenn sich das ereignet hätte, dann wäre die Lage kaum mehr zu meistern gewesen. Das aber hat nun wieder weittragende Konsequenzen gehabt. Ich mußte bereit sein, die Rohstoffeinkäufe durchzuführen, nicht allein nach dem Maßstab unserer devisenwirtschaftlichen Möglichkeiten, sondern mehr fast nach dem Maßstab der politischen und sozialen Notwendigkeiten. Ich habe gehandelt wie ein Bankier, der einen Run auf seine Bank abwehren muß. Da gibt es eine goldene Regel, die da heißt, „Auszahlen, auszahlen bis zum letzten Pfennig!“ Das ist das einzige, was helfen kann. Dieser Vergleich ist in einem sehr viel höheren Sinne richtig, als es zunächst scheinen mag. Denn was bedeutet denn die in privater Hand verfügbare Kaufkraft anderes, als die Bestätigung – die Quittung dafür –, daß der Einkommensträger einen volkswirtschaftlich wertvollen Beitrag zum Sozialprodukt geleistet hat und füglich auch einen güterwirtschaftlichen Anspruch geltend machen kann. Ich sagte mir, daß wir ehrlich bleiben müssen, denn die Leute, die ehrlich in den Besitz von Kaufkraft gelangt sind, dürfen keinesfalls um den Lohn ihrer Arbeit geprellt werden. Die Schwierigkeit bestand nun darin, daß nicht nur das laufend gewonnene Einkommen zum Markte drängte, sondern zugleich ein Entsparungsprozeß Platz griff, und ich weiß nicht, wie viel Sparstrümpfe dazu noch entleert worden sind. Und alle diese massierte Nachfrage wurde mit einer Dringlichkeit geltend gemacht, von der man sich hier in der Schweiz wohl kaum eine Vorstellung machen kann.

Diese Entwicklung und der bewußte Wille, so zu operieren, haben uns im Rahmen der Europäischen Zahlungsunion in die bekannte Bedrängnis gebracht. Jene 320 Millionen Dollar, die uns als Kreditlinie zur Verfügung standen, waren schließlich voll ausgenutzt, und wir mußten einen Zusatzkredit in Anspruch nehmen, der es uns ermöglicht hat, bis auf 480 Milllionen Dollar zu ziehen. Wir haben dieses Limit bis zu 457 Millionen Dollar ausgenutzt. Das alles ereignete sich bis Mai vergangenen Jahres. Wir mußten schließlich auch gewisse Manipulationen auf der Einfuhrseite vornehmen – man weiß das in der Schweiz sehr gut – aber wir haben keine Zweifel darüber gelassen, daß wir diese Maßnahmen nicht als Grundlage einer Politik betrachteten, sondern als einen Notstand, der uns aus dem System heraus aufgezwungen war. Jetzt erleben wir in gewissem Sinne die Wiederholung bei England und bei Frankreich. In Deutschland selbst hat sich die Lage sehr rasch entspannt. Wir konnten den Passivsaldo von 457 Millionen Dollar bis Ende des vergangenen Jahres, d. h. also in einem Zeitraum von sieben Monaten nicht nur völlig abtragen, sondern wir sind sogar in die Aktivität geraten, in eine Gläubigerposition, die unserer strukturellen wirtschaftlichen Situation zweifellos nicht im entferntesten gerecht wird. Aber auch das gehört zu den Mängeln dieses Systems. Die rasche Überwindung der Krise ist, wie ich gerne bekenne, zu einem Teil der Bereitschaft unserer europäischen Partner zu verdanken, ihrerseits Importe aus Deutschland nicht zu behindern, d. h. besser gesagt, gewisse Importbeschränkungen von deutscher Seite ohne Repressalien gegenüber der deutschen Ausfuhr hinzunehmen. Ich glaube aber, daß sich diese Politik vom internationalen Standpunkt aus gelohnt hat, denn durch diese Unterstützung konnten wir im Januar zu einer immerhin wieder 60prozentigen Liberalisierung zurückkehren. Wir streben so schnell wie möglich vorwärts, und ich wäre wahrhaft glücklich, wenn wir dazu kämen, nicht mehr in den alten Kategorien der Kontingente und Lizenzen weiter zu denken, sondern uns den einzig möglichen und vernünftigen Ausweg zu erkämpfen, den Durchbruch zu einer freien Devisenwirtschaft.

Wir erleben es jetzt ja deutlich genug: Das Prinzip der Liberalisierung innerhalb der Europäischen Zahlungsunion läßt die beteiligten Länder immer wieder ins Gedränge geraten. Würden wir über freie Wechselkurse verfügen, dann würden sich die Spannungen nicht derart zusammenballen und auftürmen, daß eine Sonderregelung die andere ablösen muß. Die Entwicklung würde sich wesentlich organischer vollziehen. Das Prinzip der Freiheit zu konstituieren und gleichzeitig die naturnotwendigen Reaktionen durch einen staatlich fixierten, starren, um nicht zu sagen willkürlichen Wechselkurs unterbinden zu wollen, bedeutet einen Widerspruch in sich selbst. Sicher ist mit der Negation noch keine befriedigende Lösung gefunden. Die Konsequenz aber ist die, daß wir auch auf diesem Felde Mut aufbringen müssen, um das Ziel zu erreichen, das uns heute verpflichtend vor Augen geführt wird. Wir wollen doch eine freie Welt schaffen, in der freie Menschen sich frei bewegen können.

Ob die Schaffung einer Internationalen Investmentbank eine voll befriedigende Lösung sein kann, sei hier nicht erörtert. Sie wird strukturelle Unterschiede überbrücken und insofern Ausgleiche schaffen, nicht aber das Walten freier Wechselkurse ersetzen können. Aber vielleicht müssen wir auch noch diese Etappe durchlaufen, ehe wir zum Ziele kommen. Die Reaktion ist immer die gleiche: Man stimmt grundsätzlich zu, aber man hält die Zeit noch nicht für gekommen. Die Zeit wird nie kommen, wenn wir sie nicht bestimmen und nützen. Andere wieder befürchten Zusammenbrüche der Volkswirtschaften. Das ist ganz bestimmt falsch, denn die Anpassungen werden sich über freie Wechselkurse viel reibungsloser vollziehen und dazu noch die Länder zu sinnvoller Wirtschaftspolitik zwingen. Als ich 1948 aus einer vollkommen erstarrten und funktionsunfähig gewordenen Zwangswirtschaft die totale staatliche Bewirtschaftung hinwegfegte, hat es in Deutschland nur ganz wenige gegeben, die diese Politik für richtig hielten. Sie glaubten auch, daß das zum Chaos und zu krassen sozialen Notständen führen müßte. In Wirklichkeit dauerte es nur ein halbes Jahr, um wieder zu einer vollkommenen Ordnung und zu einem funktionsfähigen Markt zu gelangen. Das gleiche würde sich wiederholen, wenn wir auch im zwischenstaatlichen Güteraustausch den Mut hätten, das Gestrüpp beiseite zu räumen. Wir könnten uns manche Sorge und manchen Ärger ersparen. Wenn ich z. B. an die letzten Handelsverträge und dabei auch an den mit der Schweiz abgeschlossenen denke und mich der Fragestellungen erinnere: „Können wir in dem oder jenem nachgeben?", oder „Die Schweiz will dies und das", so muß ich sagen, daß das im Grunde genommen unwürdig ist.

Doch fahren wir in der Betrachtung der deutschen Wirtschaftsentwicklung fort. Kaum hatte sich die Lage Mitte 1950 wieder stärker konsolidiert, traten auch schon neue Sorgen an uns heran. Die europäische Verteidigung warf ihre Schatten voraus. Dieses Thema war das Gespräch des Tages geworden. So ließen denn auch die Reaktionen nicht auf sich warten, und Wünsche und Forderungen aller Art kamen auf uns zu. Es ist in diesem Zusammenhang interessant, wie von Land zu Land, aber auch von Mensch zu Mensch gegensätzliche Auffassungen geäußert werden. Die einen sagen, wenn dem so ist, d. h. wenn im Zuge einer europäischen Verteidigung neue Opfer gefordert werden müssen, dann bleibt uns schließlich gar nichts anderes übrig, als im Sinne einer Austerity-Politik Entbehrungen und neue Opfer auf uns zu nehmen und uns entsprechend einzurichten. Diese Reaktion ist m. E. ebenso falsch wie gefährlich. Wir müssen gerade den umgekehrten Weg gehen.

Ich habe mit allen mir zu Gebote stehenden Mitteln diese Politik in Deutschland bekämpft, weil ich überzeugt bin, daß nur der Weg in die Expansion eine Lösung des Problems mit sich bringen kann. Niemand wird es mir beibringen können, daß eine zusätzliche Leistung nur durch zusätzliche Opfer und Verzichte getragen oder erfüllt werden kann. Das ist eine Politik, die ich für Deutschland mit aller Entschiedenheit ablehne, denn wir haben es ja deutlich genug demonstriert, daß es auch einen anderen Weg gibt, einen Weg, der uns sehr viel näher liegt. Wir wollen durch zusätzliche Leistung das auf die Beine stellen, was zusätzlich verlangt und als notwendig erachtet wird. Vom fiskalischen Standpunkt aus gesehen ist es natürlich richtig, daß ein Verteidigungsbeitrag von x Milliarden den Finanzminister zur Aufbringung dieser Mittel zwingt. Die Bundesregierung ist fest entschlossen, den Staatshaushalt unter allen Umständen ausgeglichen zu halten. Das deutsche Volk hat die Tragik einer Inflation zu bewußt erlebt, als daß jemand bereit sein könnte, vom geraden Wege abzuweichen und einer so gefährlichen Entwicklung Raum zu geben. Aber ich betrachte die Dinge vom volkswirtschaftlichen Standpunkt aus und komme damit zu einer realistischen Wertung. Jede Volkswirtschaft hat verschiedene Zwecke zu erfüllen: einmal die Lebensmöglichkeiten des Volkes zu sichern, d. h. Güter für den Verbrauch bereitzustellen, um so die Bedarfsdeckung in freier Konsumwahl zu gewährleisten. Zum anderen hat die gleiche Volkswirtschaft die Pflicht und die Aufgabe, dafür Sorge zu tragen, daß der Produktionsapparat in Ordnung gehalten werden kann, ja, daß er entsprechend der Entwicklung der Volkswirtschaft eine entsprechende Anreicherung und Ausweitung erfährt. Auch das erfordert die Bereitstellung ökonomischer Mittel. Und jetzt kommt eine dritte Aufgabe dazu, die dahin lautet, Teile der gesellschafts-wirtschaftlichen Arbeit, Teile unserer industriellen Kapazität und potentiellen wirtschaftlichen Kraft eben nicht nur dem Verbrauch und der Erhaltung bzw. Ausweitung des Produktionsapparates, sondern einer dritten Zwecksetzung – der Verteidigung – zuzuwenden.

Die Frage scheint mir nur zu berechtigt, ob das Ziel der materiellen Verteidigungssicherung durch eine Verkürzung des Konsums, durch einen Verzicht auf Investitionen oder durch die höchste Anstrengung, die aus der Volkswirtschaft herauszuholen ist, erreicht werden soll. Diesen letzteren Standpunkt vertrete ich; ich habe ihn mit aller Entschiedenheit auch in Paris vorgetragen. Es gibt meiner Ansicht nach keine würdigere Haltung als die, zu den höchsten Anstrengungen bereit zu sein, um das zu schützen, was uns das Leben bedeutet, nämlich die Freiheit! Wir stehen vorbehaltlos zu der Idee der Europäischen Verteidigungsgemeinschaft, deren Aufgabe, ja, mehr noch deren Pflicht es ist, die Kraft zu entfalten, die uns ein freies Leben sichert. Und gerade wir, die wir unmittelbar an der Nahtstelle zum Bolschewismus leben, von wo aus das kollektivistische Gift täglich hereinträufelt und die ständige Gefahr der Unterhöhlung und Unterminierung gegeben ist, – wir müssen uns in starker Haltung die geistige und seelische Widerstandskraft bewahren. Wir müssen die Unterschiede in bezug auf die menschliche Freiheit und die materielle Lebensführung hüben und drüben für jeden einzelnen so über alle Maßen deutlich werden lassen, daß er immun und gefeit ist gegen alle Gefahren, die uns bedrohen wollen. Das ist, so glaube ich, eine Leistung, mit der wir, historisch gesehen, vieles wieder versöhnen können. Daß Deutschland auf diesem gefährlichen Vorposten diese starke Kraft entfaltet und damit einen Schutzwall vor Europa gelegt hat, kann von allen freien Völkern dieses Kontinents nicht übersehen werden.

Darüber hinaus aber sind wir bereit, so sehr und so vorbehaltlos wie jedes andere europäische Land, auch noch weitere materielle Opfer zu bringen. Aber wir wollen nicht in soziale Not zurückfallen, die den Wiederaufbau gefährden müßte; wir wollen die Opfer nicht bringen durch Verzichte und Einschränkungen, sondern dadurch, daß wir uns noch einmal auf unsere Kraft besinnen und die volle deutsche Leistungskraft zu mobilisieren suchen. Das ist das Rezept, das ich als das für die deutsche Wirtschaft gemäße erachte. Und hier muß ich sagen, ich bin glücklich, mich dabei auf ein Volk – Arbeiter und Unternehmer – stützen zu können, das im letzten Grunde in dieser Beziehung gewiß einer Meinung mit mir ist.

Das ist nach meiner Überzeugung die Politik, die uns allen den größten Schutz verleiht. Wenn wir den Weg rückwärts gehen, wenn wir zur Resignation bereit sind, dann sind wir auch schon verloren. Denn aller Fortschritt, den wir in Deutschland erzielen konnten, darf uns nicht vergessen lassen, daß die Not allenthalben noch sehr groß ist, daß das Problem einer organischen Eingliederung von 9¹/₂ Millionen Flüchtlingen noch immer auf uns lastet und die Aufwendungen für den Wohnungsbau und andere lebenswichtige Investitionen nicht vernachlässigt werden dürfen. Es gilt nun, in der Zusammenfügung der Aufgaben und in der richtigen Gewichtung der einzelnen Sektoren ein Maximum an Leistung zu erzielen, das uns die ökonomischen, sozialen und politischen Probleme gleichzeitig lösen hilft.

Ich glaube an das Werden eines besseren und freieren Europa. Die seither eingeleiteten Schritte brachten, wie wir anerkennen wollen, in den letzten Jahren sichtbare Fortschritte. Ob man nun den Marshallplan nimmt mit der Zielsetzung, die europäischen Volkswirtschaften zusammenzuführen und zu stärken, ob man an die Europäische Zahlungsunion denkt, die bei aller Unvollkommenheit doch eine Förderung des multilateralen Verkehrs bedeutete, ob wir uns über Fragen einer Internationalen Investmentbank oder der Schuldenregelung als Voraussetzungen eines wieder funktionsfähigen internationalen Kredits unterhalten, – wir spüren doch immer etwas von dem Drängen und dem Willen zu fruchtbaren Lösungen. Es sind im GATT-Abkommen (General Agreement on Tariff and Trade), weniger allerdings in der Zollkonferenz von Torquay, Prinzipien gesetzt worden, die auch von dieser Seite aus den Außenhandel von zu starren und zu starken Bindungen befreien sollen. Ich habe es im GATT-Abkommen sehr begrüßt, daß eine periodische Senkung der zu vereinbarenden Zölle vorgesehen war, um schrittweise zu dem größeren und gemeinsamen Markt zu kommen. Aber ich sagte scherzweise: Über der Zollkonferenz in Torquay hat offenbar gestanden „Protektionisten aller Länder vereinigt euch!" Ich bin über die Ergebnisse dieser Konferenz enttäuscht, aber sie kann doch auch wieder ein Anfang sein, wenn alle beteiligten Länder nur bereit sind, die überhöhten Zollmauern mählich, aber sicher niederzureißen. Es hat in den letzten Jahren bestimmt nicht an kategorischen Imperativen, Empfehlungen und sittlichen Appellen gefehlt, den nationalen Protektionismus und Egoismus zu überwinden. Aber wie das immer ist bei kategorischen Imperativen – sie sind so schön zu verkünden und es ist so bequem, ihnen auszuweichen.

Schließlich kam der Schumanplan. Ich weiß, daß man manches Kritische über ihn sagen kann. Ich hatte in Zürich schon privat ein derartiges Gespräch geführt, und trotzdem stehe ich positiv zu dieser Konzeption. Ich habe den Plan mit allen Mitteln verteidigt und mitgeholfen ihn durchzusetzen, und zwar aus folgender Überlegung heraus: Ich spüre es immer deutlicher, daß es eben nicht mehr genügt, immer nur von Europa zu sprechen und dazu immer neue Institutionen zu schaffen. Es ist demgegenüber wahrscheinlich notwendig und vielleicht auch praktisch, wenn wir Beispiele bzw. Modelle setzen und einmal ganz bescheiden in einem konkreten Fall von unten anfangen – d. h. hier an Kohle, Eisen und Stahl demonstrieren, daß nicht große Reden Europa erstehen lassen, sondern daß man vor allem bereit sein muß, mit der praktischen Arbeit zu beginnen. Der Schumanplan trägt allerdings, wenn sie so wollen, zwei Züge: Einer verkörpert das Prinzip eines überstaatlichen oder supranationalen Dirigismus im Machtbereich der Hohen Behörde; – wir finden in ihm aber gleichzeitig auch das andere Prinzip, die Voranstellung eines freien Wettbewerbs in dem gemeinsamen Markt. Je nachdem, welcher Geist durchschlägt und sich in der praktischen Handhabung durchsetzt, wird man den Schumanplan positiv oder negativ bewerten müssen. Auch hierin wird es, wie immer bei menschlichen Einrichtungen, auf die Menschen ankommen, die das Instrument zu verwalten haben. Wir in Deutschland werden gewiß bestrebt sein, in die Schumanplan-Organisation Leute zu entsenden, die das Gewicht auf den Geist der Freiheit – den gemeinsamen Markt – legen und die dem Wettbewerb mehr vertrauen als dem Plan. Wer die Institution der Hohen Behörde ablehnt, sollte doch immerhin nicht vergessen, daß auch im nationalen Bereich Kohle und Eisen in den letzten 30 bis 50 Jahren nicht mehr den Gesetzen des freien Wettbewerbs unterlagen. Wir hatten das Kohlensyndikat, und ich glaube, auch in der Eisen- und Stahlindustrie war der Konkurrenzkampf nicht so heftig, daß sich die Leute gegenseitig übermäßig weh getan haben.

Insofern erleben wir im schlimmsten Falle gar nichts Neues; wir hätten ein gleiches Prinzip nur auf die supranationale Ebene verlagert. Der Schumanplan kann sich aber sehr wohl positiv auswirken, wenn der eigentliche Grundgedanke, die Setzung der Freiheit nämlich, in Form des Leistungswettbewerbs über die nationalen Grenzen hinaus durchschlägt. Darauf kommt alles an. Niemand kann hier eine Prognose wagen – wir können nur hoffen, daß der gesunde Gedanke obsiegt, und wir müssen alles tun, um in der Zurverfügungstellung der geeigneten Menschen die notwendigen Sicherungen zu schaffen.

Ich möchte das Problem der Freiheit in der Wirtschaft nicht noch mehr vertiefen. Man kennt ja auch meine Einstellung z. B. zum Problem der Kartelle. Wenn nicht, so darf ich mich vorstellen als ein nicht eben ausgesprochener Freund solcher Einrichtungen – um nicht zu brutal das Gegenteil zu sagen. Als Verteidiger der Marktwirtschaft und der freien Unternehmungswirtschaft bin ich der Auffassung, daß dieses Prinzip der Freiheit mit dem Prinzip des Leistungswettbewerbs steht und fällt. Ich kann nicht aus innerer Überzeugung das Problem der staatlichen Preisbindung verwerfen und gleichzeitig privatwirtschaftlichen Institutionen wie den Kartellen das Recht einräumen, derartige Manipulationen in eigener Regie durchzuführen. Das paßt nicht in unsere Landschaft! Aber ich gebe zu, das Kartellproblem stellt sich für Deutschland vielleicht etwas anders dar als für die Schweiz. Im kleineren Raum sind die Dinge sehr viel anschaulicher und in höherem Maße der öffentlichen demokratischen Kontrolle unterworfen. Ich muß aber gleichwohl bekennen, daß ich in Kartellen nichts Positives, sondern nur etwas Negatives zu erblicken vermag. Ich habe es in den letzten drei Jahren immer wieder erlebt, daß Leute zu mir gekommen sind – ein Industriezweig nach dem anderen – und sagten: wenn wir jetzt nicht die Möglichkeit erhalten, Preisvereinbarungen zu treffen, dann brechen wir zusammen. Ich habe diese Möglichkeiten nicht eröffnet, aber ich warte noch immer auf die Zusammenbrüche!

Es ist überhaupt so: Um meinen Schreibtisch „katastropht" es vom Morgen bis zum Abend – und ich warte noch immer auf die Katastrophe! Scherzweise möchte ich sagen, daß sich die deutsche Wirtschaft in den letzten 3¹/₂ Jahren von Krise zu Krise ganz gut fortentwickelt hat. Das ist nun einmal so: Unsere Zeit ist so schnellebig geworden, daß wir kaum mehr die innere Geduld finden, sich ein Ereignis organisch vollenden zu lassen. Kaum bedrückt uns eine Sorge, dann sind auch schon alle geneigt, besondere staatliche Maßnahmen zu fordern. Ich dagegen bin der Auffassung, daß es in einer wirklich frei spielenden funktionsfähigen Marktwirtschaft nicht bei jeder vorkommenden Gelegenheit sofort staatlicher Eingriffe bedarf. Ich bin in der geradezu komischen Situation, daß ich mich als Wirtschaftsminister dagegen wahren muß, dirigistisch einzugreifen, selbst wenn die meisten Leute in der Wirtschaft solche Maßnahmen verlangen, und ich meine vornehmste Aufgabe darin erblicke, den Ast abzusägen, auf dem ich sitze! Das ist beileibe kein Scherz.

Ich sprach von Europa und erwähnte die Mittel und Einrichtungen, die alle nur in diesem Zeichen zu verstehen sind. Es geht wirklich um ein ernstes Thema. Meiner Meinung nach ist es allerdings weniger wichtig, zu diesem Behufe immer neue Institutionen aufzubauen als dafür zu sorgen, daß im europäischen Raum die Funktionen richtig spielen können. Das ist der charakteristische Unterschied, der ins Weltanschauliche hineinreicht, daß die einen die Lösung immer in der Einrichtung suchen – in der Form –, während die anderen Europa als eine höhere Funktion verstanden wissen wollen. Ich glaube, das war kein schlechtes Europa, in dem man sich mit dem Hundertmark- oder Hundertfrankenschein ohne Paß über die Grenzen frei bewegen konnte und die Kaufleute von Land zu Land Handel trieben, ohne danach zu fragen, ob es dem Staat paßt oder nicht. Autarkie war unbekannt und Protektionismus mindestens verpönt. Soweit die legitimen Mittel der Zollpolitik – die in der Zwischenzeit ebenfalls mißbraucht wurden – strukturelle Verschiedenheiten ausgleichen sollten, soweit also z. B. die Situation im Hinblick auf die Gunst oder Ungunst klimatischer Verhältnisse korrigiert werden sollte, sind Einwände gegen das Verfahren kaum zu erheben. Die Behinderungen haben aber allmählich Formen angenommen, die nicht mehr erträglich sind. Das Ringen um Europa vollzieht sich zwischen den Volkswirtschaften, die in einer politischen Bindung an die sozialistische Ideologie dirigistisch-planwirtschaftlich eingestellt sind (wie etwa Labour oder auch die deutsche Sozialdemokratie), und jenen anderen freiheitlichen Ländern, die das Heil darin erblicken, daß sich die Menschen auch über nationale Grenzen hinweg frei bewegen können. Ich könnte nur mit Schaudern an ein Europa denken, wenn ich es mir als einen zentralistischen Überstaat vorstellen müßte. Diesen Weg kann man in Europa nach meiner Überzeugung nicht gehen, ohne nicht zugleich das Wertvollste zu vernichten, was in Europa zwischen den einzelnen Ländern und Völkern schwingt.

Ich erachte den Aufbau der Schweiz als ein wunderbares Beispiel dafür, wie ein künftiges glückliches Europa strukturiert sein müßte. Ich glaube, es wäre unmöglich und dazu tragisch, alles das, was das Eigenleben der Völker bedeutet, was da an geschichtlicher, traditioneller und kultureller Bindung mitspielt, was an landsmannschaftlicher Eigenart sich entfalten und bewahren will, in einem zentralistischen Überstaat niederwalzen zu wollen. Das wäre ein Verbrechen an den europäischen Völkern. Diese Konstruktion ist meiner Ansicht nach aber auch gar nicht notwendig. Ich jedenfalls kann mir nur mit Grauen vorstellen, was ein solcher zentralistischer Überstaat an echten Werten alles vernichten würde, wenn er aus dem System heraus über nationale Eigenarten und geographische Notwendigkeiten hinweg mit brutaler Hand dirigierend eingreifen wollte oder müßte. Wir würden Marionetten werden gegenüber Mächten, von denen wir nichts wissen. Wer soll den überhaupt dieser Überstaat sein, wer soll in ihm verkörpert werden? Soll da etwa ein Gremium in paritätischer Zusammensetzung über unser Schicksal entscheiden? Nein, Europa kann nur gebaut werden, indem wir zwischen den einzelnen Ländern und Nationen die Schranken niederzureißen bereit sind. Die Voraussetzung und zugleich die Krönung einer solchen Politik ist die Beseitigung der Devisenzwangswirtschaft. Derjenige, der die Devisenzwangswirtschaft überwindet, hat als Beginn mehr für Europa getan als alle Gremien, Institutionen, Parlamente und Regierungen zusammengenommen.

Es ist wichtig, daß wir in dieser Frage einer Meinung sind. Wir müssen die Gefahr erkennen. Wir müssen uns die planwirtschaftlich dirigierten Länder einmal ansehen, deren Existenz immer darauf beruht, sich im nationalen Raum so weit als möglich abzuschirmen. Die Experimente, die sie sich gegen alle ökonomische Vernunft leisten, lassen sich eben nur in der Isolierung durchführen. Freiheit bedeutet für sie Untergang. Es liegt mir ferne, an einzelnen nationalen Volkswirtschaften oder gar an Staaten Kritik zu üben, aber wir erleben es doch täglich und wir wissen doch, wohin es führt, wenn der Wettbewerb künstlich ausgeschaltet wird. Ich bin zwar noch nicht sicher, welches die endliche Lösung sein wird, – ich weiß nicht, wer sie finden wird, – ich weiß nur, daß alle Stärke und die höchste Anstrengung dazu gehören, die Freiheit zu verteidigen. Wir wollen Europa, aber wir wollen ein föderativ strukturiertes Europa, in dem jeder einzelne Mensch über die Grenzen seines Landes hinaus und trotzdem in engster Verbundenheit mit seinem Volk zu höchster Freiheit, höchster Kraftentfaltung und höchster Würde seiner Persönlichkeit gelangen kann. Wenn wir uns darin einig sind, wird es mir, wie in der Vergangenheit schon immer, eine aufrichtige Freude sein, mit der Schweiz zusammenzuarbeiten. Diese Haltung und Überzeugung mag uns noch enger zusammenschweißen. Wir wissen, worum es geht! Wir verteidigen die Freiheit der Welt, wir verteidigen aber vor allen Dingen uns selbst!

NICHT RESIGNIEREN

*[Rede bei der Eröffnung der Internationalen Frankfurter Messe
am 9. März 1952]*

Mitte 1951 begann der Korea-Boom allmählich abzuflauen. Als Reaktion auf die vorangegangene Übersteigerung hatte sich die Nachfrage im ganzen wesentlich beruhigt; in einzelnen Bereichen kam es auch zu gewissen Absatzrückgängen. Eine Verlangsamung des Wachstums machte sich insbesondere im Verbrauchsgüterbereich bemerkbar. Nach den großen Hortungskäufen während der Korea-Krise wurden die Konsumenten bei ihren Ausgaben vorsichtiger, zumal die Löhne und Gehälter nicht mehr so stark stiegen. Der Wert des Sparens wurde wieder entdeckt. Im Investitionsgüterbereich hingegen wirkte die Auftragshausse noch lange Zeit nach; hier blieb auch die Auslandsnachfrage sehr hoch. Versorgungsengpässe, insbesondere bei Kohle und Stahl, behinderten die Produktionsausweitung und eine Entspannung der Marktlage vom Angebot her. In diese Zeit fiel das Investitionshilfegesetz für die Grundstoffindustrie; es sollte die „Flaschenhälse" der Grundstoff- und Produktionsgüterversorgung ausweiten.

Die sich später gleichwohl auch auf den Investitionsgütermärkten durchsetzende Beruhigung schuf 1952 ein allgemein ausgeglichenes Konjunkturklima. Bei nachgebenden Weltmarktpreisen entstand jedoch die Neigung zur Auflösung überhöhter Lagerbestände in Industrie und Handel. Eine gewisse Unsicherheit über die weitere Konjunkturentwicklung breitete sich bei den Unternehmern aus. Vordringende Käufermärkte machten das Geschäft auf vielen Gebieten schwieriger. Erhard hatte auf einer Pressekonferenz in Stuttgart am Vorabend weiteres Ansteigen des Lebensstandards trotz Verteidigungsbeitrag angekündigt. Bei der Eröffnung der Frankfurter Messe am 9. März 1952 sprach er den Unternehmern Mut zu:

Auch ich habe dieser Messe mit Spannung entgegengesehen, denn die Zeichen der Konjunktur sind heute nicht so eindeutig, daß wir schon ein völlig klares Bild über die wirtschaftliche Situation und die Entwicklungstendenzen gewinnen könnten. Das eine aber ist ganz sicher; die konjunkturellen Verhältnisse haben sich seit der letztjährigen Frühjahrsmesse deutlich genug geändert. Wir standen seinerzeit in einem überhitzten Boom, der sich in einem typischen Verkäufermarkt ausprägte, während wir uns heute nach zurückgewonnener Beruhigung der Geister im Zeichen einer Käufermesse befinden. Beide Konjunkturbilder haben ihre typischen Ausprägungen. Wenn ich auch nicht annehmen darf, daß jeder der hier Anwesenden ein ausgesprochener Freund des Verkäufermarktes oder auch des Käufermarktes sein wird, so möchte ich doch persönlich bekennen, daß eine Messe, die unter den Auspizien eines Käufermarktes steht, wesentlich sympathischer und unter sozialem Aspekt auch sehr viel positiver zu beurteilen ist als die Lage, wie sie bei der vorjährigen Messe vorherrschte.

Für den Kaufmann, den Unternehmer, Fabrikanten und Händler bedeutet eine Messe wie die diesjährige allerdings eine wesentlich größere Anstrengung. Sie alle müssen ihr Bestes geben, um bestehen zu können und mit ihrer Ware in bezug auf Qualitäten und Preise Gnade vor den Augen des Verbrauchers zu finden. Aber das ist ja zuletzt Zweck und Ziel allen Wirtschaftens, durch fortdauernde Verbesserung der Leistung die Wirtschaft im ganzen zu fördern, sie dadurch auch immer enger mit der übrigen Welt zu verbinden, zugleich aber auch der sozialen Aufgabe einer optimalen Bedarfsdeckung zu genügen.

Jede Messe und insbesondere jede internationale Messe läßt uns den Blick nach außen richten. Ich glaube, daß wir uns gerade im Zeichen der europäischen Verteidigung alle darüber klar sein müssen, daß dieses Bemühen nur erfolgreich sein kann, wenn sich die europäische Welt auch ökonomisch enger verbindet –, nicht aber, wenn wir den Weg rückwärts gehen und zu einer neuen Aufspaltung und Atomisierung der nationalen Volkswirtschaften und einer noch stärkeren Trennung der einzelnen Menschen innerhalb der Völker kommen.

Wir können in dieser Beziehung nicht ganz ohne Sorge sein, denn die europäische Zusammenarbeit, wie sie sich insbesondere in der OEEC ausprägt, erlebt derzeit eine schwere Belastungsprobe, und manche ernste Gefahr beschattet das wirtschaftliche Leben Europas.

Vor einem Jahr standen wir vor der bangen Frage, ob es uns gelingen werde, über die aktuelle Bedrängnis hinwegzukommen und zu einer wieder ausgeglichenen Zahlungsbilanz zurückzufinden. Sie wissen, daß wir nicht zuletzt dank des großen Verständnisses unserer europäischen Partner in einem überraschend kurzen Zeitraum wieder zu einer guten, gleichgewichtigen Ordnung gelangt sind. Aber wir dürfen uns auch nicht darüber täuschen, daß die äußeren Verhältnisse für diese Gesundung vor Jahresfrist besonders günstig lagen. Damit möchte ich sagen, daß wir nicht ohne weiteres damit rechnen und darauf vertrauen können, es würden sich die Sorgen, die heute England und Frankreich bedrücken, mit der gleichen Schnelligkeit und ebenso organisch auflösen. Die deutsche Zahlungsbilanzkrise fiel in eine Zeit, in der sich unser Außenhandel noch in einem steil ansteigenden Trend bewegte und der konjunkturelle Umbruch sich bereits abzuzeichnen begann.

Ich war, wie Sie wissen, im vergangenen Jahre gerade um diese Zeit meiner Sache ziemlich gewiß, daß die Preisüberhitzung auf den Weltmärkten nicht anhalten werde, vielmehr dem Kulminationspunkt nahe sei und dann sogar zu einem Umbruch führen würde. Wenn wir auch seinerzeit durch Vereinbarungen innerhalb der OEEC hinsichtlich unserer Einfuhr eine gewisse Reserve üben konnten, so war es doch, wie ich glaube, nicht so sehr dieser Umstand und – bei aller Anerkennung – auch nicht nur der gute Wille unserer Partner, die uns aus der Bedrängnis halfen.

Es hatte sich vielmehr die Konjunktur dahin gewandelt, daß die Zurückhaltung von seiten der Käufer die Wirtschaft zu vorsichtigeren Dispositionen bewog. Die Bereitschaft, ausländische Rohstoffe um jeden Preis einzuführen, hatte sich um diese Zeit – eben aus der konjunkturellen Situation heraus – wesentlich abgeschwächt. Es ist meine Überzeugung, daß die europäische Situation, was die gegenseitige Befruchtung und Zusammenarbeit der Volkswirtschaften anbelangt, heute sehr ernst zu beurteilen ist. Grundsätzlich bin ich der Meinung, daß Krisen, wie sie heute wieder in Europa auftreten, nicht durch Restriktionen geheilt werden können, also nicht durch Importeinschränkungen und auch nicht durch die Einleitung von Schrumpfungsprozessen, sondern nur durch eine verstärkte Aktivität, durch wirtschaftliche Expansion und durch das Bestreben der Völker und der Volkswirtschaften, die Krise nach vorn durchzureißen.

Wir haben es in den letzten vier Jahren alle erfahren, daß – so sehr wir auch bereit sind, die europäische Zusammenarbeit im Rahmen der OEEC positiv zu beurteilen und so gewiß wir in der Europäischen Zahlungsunion (EZU) einen weiteren wesentlichen Fortschritt erkennen – wir jedoch mit diesen Einrichtungen und ihren Instrumenten allein nie zum Ziele d. h. zu befriedigenden Ergebnissen gelangen werden. Denn wenn wir uns heute wieder über die Liberalisierung und ihre Fortschritte unterhalten – von Deutschland aus gesehen sind wir über 50 und 60 Prozent schnell auf jetzt wieder 70 Prozent gekommen –, so wissen wir doch auch, daß gegen diese Methode so viele nationale Bedenken vorgebracht und so viele Reservate angemeldet werden, daß ich schwere Sorge trage, ob wir für die Zukunft mit den herkömmlichen Mitteln zurechtkommen werden.

Liberalisierung und Devisenzwangswirtschaft sind Gegensätze in sich selbst; sie bedeuten einen Widerspruch, der nicht aufzulösen ist. Denn wenn wir auf der einen Seite die Liberalisierung als das wohltätige Prinzip verkünden und gleichzeitig erfahren müssen, daß die Entfesselung dieser Kraft auf der devisenwirtschaftlichen Seite in ihren Reaktionen unterbunden werden soll, bzw. aus dem System heraus sogar unterbunden werden muß, dann schlittern wir zwangsläufig von einer Krise in die andere. Entweder geraten die einzelnen Volkswirtschaften in Zahlungsbilanzschwierigkeiten, oder sie müssen – wenn sie das verhüten wollen – dann eben doch wieder zu Manipulationen des Außenhandels, zuletzt sogar zur prinzipiellen Preisgabe der Liberalisierung kommen. Das kann aber keine Lösung sein. Ich meine deshalb, man sollte schon endlich den Mut finden – obwohl das keine

Volkswirtschaft für sich allein besorgen kann, sondern hier die Verantwortung der europäischen Gemeinschaft im besten Sinne angesprochen ist –, aus dieser Krise in Permanenz durchzustoßen zur Beseitigung der Devisenzwangswirtschaft.

Ich habe schon einmal auf dieser Messe mit einer solchen Aussage Verwunderung erregt. Haben wir aber in der Zwischenzeit nicht wieder etwas hinzugelernt? Wir haben in Deutschland die erwähnten Schwierigkeiten gerade hinter uns gebracht und sehen sie jetzt in England und Frankreich neu heraufkommen. Irgend jemand hat bereits das Wort von dem „Schwarzen Peter" geprägt, der da umgeht und von einem Land zum andern wandert. Daran ist offenbar viel Richtiges.

Ich bin der Auffassung: Würde Europa und würden die europäischen Volkswirtschaften den Mut zur Überwindung der Devisenzwangswirtschaft aufbringen, dann ließen sich all die zwangsläufig auftretenden Schwierigkeiten sehr viel schneller, reibungsloser und auch sehr viel harmonischer auflösen, als das heute angesichts des ganzes Wustes immer neuer staatlicher Eingriffe möglich erscheint. Ich wünschte, es käme bei dieser Messe nicht wieder dahin, daß sich die Kaufleute sehnsuchtsvoll gegenüberstehen und zusammenkommen möchten, weil sie die Segnungen der internationalen Arbeitsleistung wohl erkannt haben, dann aber wieder einmal feststellen müssen, daß das Wasser viel zu tief ist –, nämlich das abgestandene Wasser der staatlichen Bürokratie der Devisenzwangswirtschaft und der Bevormundung des Außenhandels.

Es gehört heute gar nicht mehr so sehr viel dazu, um von dem jetzigen Stand der Erkenntnis aus zu dem gewünschten Erfolg zu gelangen. Das wird, zeitlich betrachtet, zwar nicht von heute auf morgen geschehen, und vielleicht mag es sogar nützlich sein, auf dem Wege zur vollen Freiheit noch eine Etappe dazwischenzulegen. Pläne dieser Art sind entwickelt, so z. B. in der Idee einer internationalen Investmentbank, die dafür Sorge zu tragen hätte, daß die erforderlichen strukturellen Ausgleiche über längere Zeiträume nicht zu fortdauernder Störung der Verrechnung des Warenverkehrs führen, sondern auf längere Zeiträume erstreckt werden können. Vor allen Dingen aber gehört zu einer Auflösung der Devisenzwangswirtschaft die absolute Disziplin der Volkswirtschaften oder, besser gesagt, der Staaten, sich keiner wirtschafts- oder finanzpolitischen Sünden schuldig zu machen und die Währung mit allen Mitteln stabil zu halten. Das sollte eigentlich eine Selbstverständlichkeit sein, denn wer wollte sich noch im Jahre 1952 der Illusion hingeben, daß in einer Währungsunordnung – gleichgültig, ob sie aus Not geboren oder aus Leichtsinn erwächst – irgend jemandem gedient oder geholfen sein könnte?!

Erinnern wir uns daran: Die Devisenzwangswirtschaft hat einen schlimmen Ursprung; – an ihrer Wiege standen die politische Willkür und die politische Gewalt. Der Sieg dieser Gewalten über die wirtschaftliche und menschliche Vernunft führte zu dem Fluch der Devisenzwangswirtschaft. Gerade deshalb sollten die europäischen Völker mit der Auflösung der Devisenzwangswirtschaft deutlich zum Ausdruck bringen, daß sie von den Methoden der politischen Gewalt und der Unterdrückung ökonomischer Vernunft abzurücken gewillt sind.

Heute stehen wir vor der Aufgabe, die europäische Verteidigung zu mobilisieren. Wie ich schon sagte, müssen wir uns darüber klar sein, daß diese Aufgabe die engste Zusammenarbeit erforderlich macht. Dann wäre aber meiner Ansicht nach auch zu prüfen, ob nicht ein Teil der Europa zugedachten Verteidigungshilfe der Verteidigung der europäischen Währungen zugewandt werden sollte. Das wäre nicht die schlechteste Anwendung solcher Mittel. Welches Aufatmen und welche Befreiung würde durch die Volkswirtschaften und alle in ihnen tätigen Menschen gehen, wenn wir endlich diese Fessel abstreifen könnten, ja nur wollten.

Heute wird so viel von internationaler Zusammenarbeit gesprochen, ja man hat vielleicht sogar allzu viele Institutionen, Formen und Einrichtungen geschaffen, um jene Zusammenarbeit zu organisieren, zu befruchten und zu kontrollieren. Sollte man da nicht auch einmal prüfen, ob diese Zusammenarbeit nicht auch auf die Weise geschehen könnte, daß eine irgendwie geartete Institution darüber zu wachen berufen sein sollte, daß die einzelnen Nationalstaaten sich in bezug auf ihre Kredit- und Finanzpolitik einer guten Ordnung befleißigen, daß sie sich diese Tugend gegenseitig garantieren und selbst bereit sind, sie kontrollieren zu lassen? Wenn das erreicht werden könnte, dann wären wir dem immer erstrebten Ziel wohl nicht mehr fern, das Übel der Devisenzwangswirtschaft endlich los zu werden. Wenn wir erst einmal das hinter uns gebracht haben, dann wird eine neue wirtschaftliche Blüte für Europa einsetzen. Der Mann, der das System der Devisenzwangswirtschaft überwindet, wird mehr für Europa geleistet haben, als bisher alle Institutionen, Parlamente und Regierungen zusammen zu vollbringen vermochten.

Gerade internationale Messen sollten Anlaß sein, immer wieder aufzuzeigen, welches unsere Ziele sind und auf welche Weise wir ihnen näher kommen. Wir müssen die Geister aufrufen und wachhalten, Widerstand zu leisten gegen die sich immer mehr festfahrenden Methoden eines staatlichen Dirigismus. Ich weiß nicht, ob und in welchen Zeiträumen wir hoffen können, das Ziel zu erreichen, aber eines können Sie als sicher annehmen: Was wir von deutscher Seite aus dazu beitragen können, um die Sünden der Vergangenheit abzustreifen und uns aus protektionistischer Enge freizumachen hin zu einer immer engeren Verbindung mit der übrigen Welt, das soll und wird geschehen. Das deutsche Schicksal beruht geradezu darauf, daß wir uns von jenem Fluch protektionistischen Denkens befreien und unser Wirken darauf abstellen, im Geistigen, Kulturellen und Materiellen unseren gemäßen Beitrag für Europa zu leisten.

Wir in Deutschland sind bekanntlich schon (nach Goethe) immer geneigt, die Dinge nach der einen oder anderen Seite zu übertreiben, wir schwanken immer zwischen dem „himmelhoch jauchzend" und dem „zu Tode betrübt". Wenn Sie einmal den Wirtschaftsablauf der letzten eineinhalb Jahre in seiner öffentlichen Wertung betrachten, dann finden Sie das über alle Maßen bestätigt. Nach Urteilen, die natürlich mannigfach an mich gelangen, müßte ich heute feststellen, daß wir uns in einer labilen konjunkturellen Situation befinden. Mit einer solchen Aussage aber würde die Stimmung des Kaufmanns allzusehr von dem Augenblick her geformt erscheinen. Ich sehe nämlich gar kein Zeichen dafür, weshalb die deutsche Konjunktur im Hinblick auf die binnenwirtschaftliche Situation ungünstig sein sollte oder sich nicht ohne weiteres in der Richtung eines wirtschaftlichen Aufschwungs entwickeln könnte. Die fortschreitende Konsolidierung und Beruhigung der Geister – das sagte ich schon einmal – bedeutet etwas sehr Positives und illustriert die Gesundung unserer Volkswirtschaft – trotz der selbstverständlich unangenehmen Begleiterscheinungen, die eine Flaute an diesem oder jenem Ort subjektiv mit sich bringen mag.

Ich möchte deshalb unserer Industrie, die hier ausstellt, immer wieder einmal vor Augen führen, daß sich unsere deutsche Wirtschaft von Krise zu Krise doch ganz gut fortentwickelt hat.

Und sie mögen es mir auch nicht verargen, wenn ich für derartig dramatische Beleuchtungen, wie sie allenthalben vorgenommen werden, nicht allzuviel Verständnis aufbringe. Es wäre ja auch merkwürdig, wenn ausgerechnet die deutsche Wirtschaft in Resignation verfallen würde, denn dazu besteht mindestens aus der jüngsten Erfahrung heraus keine Veranlassung. Auch glaube ich, daß die mannigfachen Aufgaben, vor denen wir stehen, eine trübe Prognose nicht rechtfertigen; denn 50 Millionen Menschen sehnen sich danach, ihre Lebensbedürfnisse besser befriedigen zu können. Vor uns stehen soziale Aufgaben, und es sind politische Probleme zu lösen, die sich in irgend einer Form materialisieren und güterwirtschaftliche Gestalt annehmen werden.

Wenn es im vorigen Jahre so schien, als ob die Preise in den Himmel wachsen sollten, so wird vielleicht jetzt manch einer befürchten, es könnte die allenthalben immer noch vorherrschende matte Stimmung auf den Weltmärkten Bestand haben oder sich sogar noch weiter ausbreiten.

Ich persönlich – und ich glaube für Konjunkturen ein gutes Fingerspitzengefühl zu haben – bin der Auffassung, daß wir in etwa wohl den niedrigsten Stand der Weltmarktpreise erreicht haben dürften und daß – von kleinen und partiellen Schwankungen abgesehen – kaum zu erwarten ist, daß die Baisse anhält bzw. die Preisrückgänge auf dem Weltmarkt sich fortsetzen. Die Preiskurve ist in letzter Zeit schon sehr viel flacher geworden, und wenn das Konjunkturbild auch keine ganz einheitliche Wertung zuläßt, so spricht doch vieles für eine ruhige Beharrung. In diesem

Jahr wird ja auch die europäische Verteidigung Gestalt annehmen, und dabei ist zu beachten, daß immerhin mehrere bedeutende Länder mit recht ansehnlichen Beträgen die Volkswirtschaften befruchtet werden. So sicher wir sein können, daß uns die Stabilität der Währung erhalten bleibt, und so glücklich wir sein wollen, daß wir in Deutschland zu wieder gesunden finanziellen und wirtschaftlichen Grundlagen zurückgefunden haben, lassen auch die Zeichen der Zeit eine Entwicklung erwarten, die nicht die Merkmale einer Baisse, sondern viel eher die einer sich neu entfachenden Konjunktur aufweisen werden.

Wenn ich Kaufmann wäre – aber bitte, nehmen Sie mich nicht beim Wort, denn jeder trägt seine eigene Haut zu Markte –, dann würde ich bei dieser Messe „einsteigen", denn ich glaube, daß das ein günstiger Zeitpunkt ist. Aber jeder mag sich sein Konjunkturbild aus eigener Erfahrung formen. Im allgemeinen aber glaube ich, der deutschen Wirtschaft mit meinen Konjunkturprognosen keine schlechten Ratschläge gegeben zu haben.

So meine ich denn, daß die Internationale Frankfurter Frühjahrsmesse 1952 unter einem günstigen Aspekt und einem guten Zeichen stehen wird. Zu einer Resignation besteht keine Veranlassung, und das um so weniger, als wir schon heute klar zu überblicken vermögen, daß der deutsche Verteidigungsbeitrag in der vereinbarten Größenordnung nicht durch „Verzichte üben", „Entbehren" und „Entsagen", durch „Gürtel-enger-schnallen" aufgebracht zu werden braucht, sondern vielmehr durch verstärkte und vermehrte Anstrengungen, durch Leistungssteigerung sichergestellt werden soll und kann. Diese Anstrengungen werden wieder neue Impulse in unserer Wirtschaft auslösen, die, zusammen mit den millionenfach geschichteten Lebensnotwendigkeiten und Sehnsüchten unseres Volkes, nach meiner festen Überzeugung eine gute Voraussetzung schaffen für eine weitere Aufwärtsentwicklung unserer Wirtschaft und eine solide Grundlage für diese Messe.

Mögen sich die Hoffnungen der Stadt Frankfurt erfüllen – aber das scheint mir in diesem Zusammenhang nicht das wichtigste zu sein –, mögen sich vielmehr die Erwartungen, die ich für die gesamte deutsche Volkswirtschaft hege, bestätigen und vor allem die Vorstellungen unserer Wirtschaft hier Genüge und Erfüllung finden. Möge damit diese Messe im Zeichen des deutschen Strebens und Willens stehen, das deutsche Schicksal aus eigener Kraft und durch eigene Leistung zu meistern.

ZEHN THESEN
ZUR VERTEIDIGUNG DER KARTELLVERBOTSGESETZGEBUNG

[Offener Brief an den Präsidenten des Bundesverbandes der Deutschen Industrie Fritz Berg vom 10. Juli 1952]

Die wirtschaftliche Konjunktur in der Bundesrepublik scheint im Sommer 1952 – dem „Jahr der Normalisierung" – nach einem großen Aufschwung zum Stillstand gekommen. Die Ungewißheit in den Sicherheitsfragen hat daran offenbar Anteil: Zwar haben die USA den Deutschland-Vertrag ratifiziert. Aber Frankreich zögert, und die SPD lehnt den Sicherheitsbeitrag ab. Hinzu tritt innenpolitischer Zwist: Im Ringen um das Betriebsverfassungsgesetz droht der DGB mit Kampfmaßnahmen. Der Bundesverband der Industrie lehnt weiterhin ein Gesetz gegen Wettbewerbsbeschränkungen ab, das Kartelle allgemein verbietet, sie also nur als Ausnahmen zulassen will. Die öffentliche Diskussion um die Kartellfrage, die seit 1948 nie abgerissen war, verschärfte sich. Während Ludwig Erhard und mit ihm große Teile der Wirtschaft sowie Wissenschaft und der breiten Öffentlichkeit in einem Schutz des Wettbewerbs vor Verfälschungen durch Kartelle und marktbeherrschende Unternehmen die wesentliche Voraussetzung für eine Erhaltung der freien und sozial verpflichteten Wirtschaftsordnung überhaupt sehen, glaubte der Bundesverband der deutschen Industrie den auf diesen Grundsätzen aufbauenden damals zur Diskussion gestellten Entwurf eines Kartellgesetzes aus „wirtschaftlichen, rechtspolitischen und verwaltungstechnischen Gründen" ablehnen zu sollen. In die auch heute noch nicht beendete „Kartelldebatte" greift Ludwig Erhard mit seinen „Zehn Thesen" ein:

Ich begreife es sehr wohl, daß Sie in Ihrer Funktion als Präsident des Bundesverbandes der deutschen Industrie geradezu die Pflicht haben, deren Haltung zu der ebenso leidigen wie bedeutsamen Kartellfrage zu verdeutlichen und deren vermeintliche Interessen zu vertreten. Das ist auch der Grund, warum mir so besonders viel daran gelegen ist, umgekehrt bei Ihnen Verständnis für meine Haltung zu finden und Sie erkennen zu lassen, daß ich gar nicht anders handeln kann, wenn ich meine Wirtschaftspolitik nicht selbst Lügen strafen und nach meiner Überzeugung das ganze Werk gefährden soll.

Ich bitte Sie aber, auch noch folgendes zu bedenken: Die Bundesregierung und die Koalitionsfraktionen haben sich seit ihrer Konstituierung unmißverständlich zu dem Prinzip einer freien und gerade deshalb „Sozialen Marktwirtschaft" bekannt und diese Ordnung, die dem Unternehmer erst wieder die Freiheit und eine würdige Betätigung zurückgegeben hat, gegen alle Angriffe verteidigt. Die gewerbliche Wirtschaft und insonderheit die deutsche Industrie haben mir Beifall gezollt, als ich den staatlichen Dirigismus soweit als nur irgend möglich beseitigte, der Planungsbürokratie das Handwerk legte, überhaupt den staatlichen Einfluß in der Wirtschaft zurückdämmte und an Stelle staatlicher Preisbindungen und Preiskontrollen dem Walten einer freien Preisbildung Raum gab. Ich habe seit 1948 niemals einen Zweifel darüber gelassen, daß, wenn ich die staatliche Planwirtschaft konsequent ablehne, ich dann auch nicht den unternehmerischen Organisationen das Recht zu Preisbindungen und festen Preisfixierungen einräumen darf.

Ich kann nicht annehmen, daß man diese Aussage nicht ernst genommen hat, denn ich glaube, gerade in bezug auf die Wirtschaftspolitik mir in jedem Augenblick treu geblieben zu sein. Schon aus diesem Grunde ist das Erstaunen, die Verärgerung und die Enttäuschung industrieller Kreise nur schwer zu verstehen. Aber es geht ja nicht darum, sondern um etwas viel Ernsteres, nämlich nicht mehr und nicht weniger als um die Bewahrung und Fortführung der marktwirtschaftlichen Politik, und das ist gleichbedeutend mit der Sicherung einer freien Unternehmungswirtschaft. Ich muß auch sagen, daß demgegenüber die Argumente der Kartellfreunde außerordentlich schwach sind, und daß sie jeder Diskussion um die entscheidenden Grundlegungen des Gesetzes geflissentlich ausweichen. Statt dessen greift man zu dem billigen Mittel, die „Theorie" als wirklichkeitsfern und die „Professoren" als weltfremde Ideologen hinzustellen, die von der Praxis keine Ahnung haben und sich in ihr nicht bewähren können. Ich glaube, mindestens für mich in Anspruch nehmen zu können, daß ich nicht das Zeug zu einem weltfremden Professor habe, sondern die Wirtschaft und ihre Lebensgesetze so gut kenne wie nur irgendeiner. Ich möchte es mir deshalb noch einmal angelegen sein lassen, Ihnen meine so ernsten Überlegungen über diesen Gegenstand nahezubringen.

1. Es ist unbestreitbar und erwiesen, daß ein freier Markt ohne einen freien Leistungswettbewerb und dieser ohne eine freie Preisbildung nicht bestehen kann. Man hebt eine freie wirtschaftliche Ordnung auf, wenn man den Leistungswettbewerb unterbindet und die Funktion des Preises ausschaltet. Das ist ja gerade das Geheimnis der Marktwirtschaft und das macht ihre Überlegenheit gegenüber jeder Art von Planwirtschaft aus, daß sich in ihr sozusagen täglich und stündlich die Anpassungsprozesse vollziehen, die Angebot und Nachfrage, Sozialprodukt und Volkseinkommen sowohl in quantitativer als auch in qualitativer Beziehung zu richtiger Entsprechung und zum Ausgleich bringen. Wer also nicht Leistungswettbewerb und freien Marktpreis will, hat jedes Argument gegen die Planwirtschaft aus der Hand gegeben.

2. Der Versuch, sich durch Kartellvereinbarungen den Schwankungen und Wandlungen des Marktes entziehen und insbesondere durch kollektive

Preisbindungen den Marktausgleich verhindern zu wollen, kann nur zur Verhärtung und Vertiefung der Störungen und Spannungen und muß in letzter Konsequenz zur Planwirtschaft führen. Der Unternehmer, der nicht mehr an die Funktionsfähigkeit einer freien Marktwirtschaft glaubt, gibt sich in meinen Augen selbst auf. Es gilt auch einzusehen, daß es im Hinblick auf die Funktion des Marktes keinen Unterschied bedeuten kann, ob die planwirtschaftlichen Eingriffe von Staats wegen oder von wirtschaftlichen Organisationen vorgenommen werden.

Ich bin weit zwar davon entfernt, etwa alle wirtschaftlichen Krisen auf das Überhandnehmen von Kartellen zurückzuführen, denn das wäre selbstverständlich Torheit. Aber ebenso fest bin ich davon überzeugt, daß der Versuch, sich durch Kartellzusammenschlüsse aus der Krise retten zu wollen, für die gesamte Volkswirtschaft untauglich ist und nicht zum Erfolg führen kann, denn dem volkswirtschaftlichen Güterangebot steht jeweils nur ein bestimmtes Kaufkraftvolumen gegenüber, und es können nicht alle zugleich ein Mehr an Kaufkraft für sich gewinnen. Aus kartellmäßigen Preisbindungen erwächst damit die große Gefahr, daß diejenigen Wirtschaftszweige, die unausweichliche Bedarfe zu decken haben, tatsächlich mehr Kaufkraft abschöpfen können, als ihnen in einem freien Markte zufließen würde; aber der Vorteil für diese Privilegierten wird dann naturgemäß zu einem schweren Nachteil für die anderen, deren Erzeugnissen dann nur ein geringeres Kaufkraftvolumen gegenüberstehen kann. Damit wird dann aber das Thema der wirtschaftlichen Macht angeschnitten.

3. Die Anhänger der Kartelle weisen immer wieder auf die Notwendigkeit hin, wirtschaftliche Zusammenbrüche zu verhindern, und glauben, in gebundenen Kartellpreisen ein Allheilmittel für solche Nöte gefunden zu haben. Auf solche Weise aber wird die organische Auflösung krisenhafter Erscheinungen meistens verhindert. Wenn ein bestimmtes Produkt zu einem bestimmten Preis nur in einer bestimmten, für die Industrie unzureichenden Menge absetzbar ist, oder wenn etwa durch Verbrauchswandlungen die Nachfrage nach solchen Produkten rückläufig ist, dann kann eine Preisbindung gar nichts nutzen. Wenn ein sinkender Preis neue Käufer anzieht und den Verbrauch ansteigen läßt, ein höherer Preis aber Käufer abstößt (und diese Feststellung ist wohl unbestreitbar), dann kann ein Kartell durch eine Preisbindung wohl dafür sorgen, daß jeder, kostenwirtschaftlich gesehen, gerade noch am Leben bleibt, aber die Krise läßt sich damit nicht auftauen und der Markt für das entsprechende Produkt nicht ausweiten. Wenn nun viele sich gleichermaßen verhalten, so kommen wir eben zu der völligen Erstarrung des Marktes und zur Verhärtung der Krisen, und keine Kartellabrede reicht dann mehr hin, um die Konjunktur wieder zu beleben und Platz für die Reproduktion zu schaffen.

4. In einem freien Markt werden sich krisenhafte Verzerrungen schon einmal sehr viel schwerer herausbilden können, weil der freie Preis in sehr

reagibler Weise Schwankungen und Wandlungen des Marktes anzeigt und über den Wettbewerb sofort die Kräfte lebendig sind, die zu einer Angleichung und damit auch zum Ausgleich drängen. In einer freien Marktwirtschaft werden dennoch auftretende Spannungen in viel organischerer Weise über die aus der obigen Dynamik sich ergebende Mengenkonjunktur geheilt werden. Das ist aber auch für die Wirtschaft und für das einzelne Unternehmen der einzig erfolgreiche und befriedigende Weg, denn wenn im Verlauf dieses Prozesses auch einmal auf Gewinne verzichtet werden muß oder sogar Verluste entstehen, so hat sich doch immer wieder erwiesen, daß eine freie Unternehmungswirtschaft ein fast unglaubliches Maß an Anpassungsfähigkeit besitzt, und daß es gerade dieses Bewährenmüssen im Markte ist, das den wirtschaftlichen Fortschritt verbürgt und die Vorteile der höheren Leistungskraft vornehmlich auch dem Verbraucher, d. h. dem Volke in seiner Gesamtheit, zugute kommen läßt. Aus diesem Funktionszusammenhang heraus nennt sich unsere Wirtschaftspolitik auch „Soziale Marktwirtschaft".

5. Der freie Unternehmer steht und fällt mit dem System der Marktwirtschaft. In jeder anderen Ordnung wird er mehr und mehr zum bloßen Vollzugsorgan fremden Willens und zum Funktionär planwirtschaftlicher Entscheidungen herabgewürdigt. Wenn der Unternehmer nicht mehr die volkswirtschaftliche Aufgabe erfüllen will, sich im freien Wettbewerb zu messen, wenn eine Ordnung gesetzt wird, die nicht mehr die Kraft, die Phantasie, den Witz, die Tüchtigkeit und den Gestaltungswillen der individuellen Persönlichkeit erfordert, wenn der Tüchtigere nicht mehr über den weniger Tüchtigen obsiegen kann oder obsiegen darf und eine allgemeine Verflachung eine Abwälzung der Verantwortungen Platz greift sowie das Streben nach Sicherheit und Stabilität eine Mentalität erzeugt, die mit Unternehmergeist nicht mehr in Einklang zu bringen ist, dann wird auch die freie Unternehmungswirtschaft nicht mehr Bestand haben. Ich bin mir bewußt, daß der Angriff der Kollektivisten aller Sorten gegen die Marktwirtschaft die Unterhöhlung der Unternehmerfunktion zum Ziele hat, und wenn darum das Streben nach Kollektivbindungen im Lager der Unternehmer wieder wach wird und überhand nimmt, dann wird wahrscheinlich früher, als es die Unternehmer glauben, der Zeitpunkt gekommen sein, zu dem auf dem politischen Felde die Frage auftaucht, mit welchen Gründen privates Eigentum an den Produktionsmitteln und das freie wirtschaftliche Entscheidungsrecht des Unternehmers noch vertreten werden kann.

6. Preisbindungen bedeuten, wie oben gezeigt werden konnte, volkswirtschaftlich gesehen zugleich auch immer Mengenbindungen. Wenn aber angesichts einer gegebenen Kaufkraftsituation bei einem fixierten Preis auch das Absatzvolumen für eine bestimmte Ware fixiert wird, dann ist bei so weitreichenden sozialen Auswirkungen auf den Lebensstandard eines Volkes nicht anzunehmen, daß unter gegebenen politischen Umständen die Kartelle

in ihren Entscheidungen frei sein dürften. Es ist vielmehr mit Sicherheit zu erwarten, daß hinsichtlich solcher Manipulation des Marktes paritätische Mitbestimmung verlangt wird, und es wird in solchem Zusammenhang schwer sein, dieser logischen Forderung wirksam zu begegnen. Das Wirken des freien Unternehmers verträgt keine Mitbestimmung; die kollektiven Bindungen der Unternehmer aber, die sogar den Tatbestand eines Mißbrauchs erfüllen und den Lebensstandard des Volkes schmälern können, liegen außerhalb echter und wahrer unternehmerischer Betätigung, ja sie bedürfen sogar (von Unternehmerseite zugestanden) der öffentlichen Überwachung. Es ist also wirklich nicht blutleere Theorie, wenn die Frage gestellt wird, ob die Unternehmer sich auf diese gefährliche Bahn begeben wollen.

7. Die Frage Mißbrauchsgesetzgebung oder Verbotsgesetzgebung geht am Kern des Problems vorbei. Ich wiederhole noch einmal, daß meine ablehnende Haltung gegenüber den Kartellen nicht darauf beruht, daß ich ihnen unlautere Absichten oder Praktiken unterstelle, die den Tatbestand der Diskriminierung erfüllen, sondern daß ich in dem Faktum kollektiv gebundener Preise, auch wenn diese sittlich und kalkulatorisch durchaus zu vertreten sind, einen volkswirtschaftlichen Mißstand an sich erblicke. Ich darf hier auf die eingangs gemachten Ausführungen über die Funktion des freien Preises verweisen. Damit aber stößt zugleich auch jede Mißbrauchsgesetzgebung ins Leere. Ich gehe sogar so weit zu sagen, daß eine Preisbindung auf zu niedriger Ebene volkswirtschaftlich ebenso schädlich sein kann wie ein zu hoch gebundener Preis. Der Marktpreis, der im volkswirtschaftlichen Sinne allein richtig sein kann, ist begrifflich gar nicht zu errechnen; er ergibt sich vielmehr aus der Ausgleichsfunktion des Preises in einem freien Markt. Jede andere Betrachtung des Preisphänomens führt zu Entartungen, wie wir sie z. B. in der LSÖ-Kalkulation kennengelernt haben, und erzeugt eine Mentalität, als ob der Unternehmer in jedem Falle einen Anspruch auf Kostendeckung erheben könnte. Auch aus dieser Richtung her droht der freien Unternehmungswirtschaft die ernsteste Gefahr, ja der Untergang.

8. Die Verbotsgesetzgebung ist deshalb konsequent, weil sie aus den negativen Erfahrungen mit jeder Art von Mißbrauchsgesetzgebung endlich die einzig mögliche Nutzanwendung zieht und dennoch die Ausnahmen zuläßt, die sich als volkswirtschaftlich notwendig erweisen. Die Kartellfreunde begehen den großen Fehler, daß sie die Wirkungen von Kartellmaßnahmen immer nur an den privatwirtschaftlichen Folgen der beteiligten Unternehmungen messen, aber daß sie jeder volkswirtschaftlichen Betrachtung geflissentlich ausweichen. Es sind gerade die straffen und in ihrer Zielsetzung erfolgreichen Kartelle, die, volkswirtschaftlich gesehen, oft als die schädlichsten betrachtet werden müssen. Das Kartellgesetz, das im Laufe der Beratungen sicher noch die eine oder andere Abwandlung erfahren wird, darf in bezug auf den Grundsatz des Kartellverbots unter keinen Umständen

eine Änderung erfahren, oder das ganze Kartellgesetz wird zu einer Farce, die die Politik der Bundesregierung in den Augen der gesamten Öffentlichkeit nur lächerlich zu machen geeignet ist. Die politischen Angriffe gegen die Unternehmungswirtschaft werden zum Schweigen kommen müssen, wenn ein freier Leistungswettbewerb die Funktion des freien Unternehmers unabdingbar erscheinen läßt, d. h. wenn über den Leistungswettbewerb und den sich vollziehenden Fortschritt ein Preis zustande kommt, der dem Verbraucher optimale Lebensmöglichkeiten eröffnet. Die Mentalität des Verbrauchers gegenüber dieser Wirtschaftsordnung wird sich zum Positiven wandeln, wenn der Staatsbürger die Gewißheit haben kann, daß über den freien Markt er selbst sein Schicksal bestimmt und nicht anonymen wirtschaftlichen Kräften und Mächten ausgesetzt ist.

9. Was endlich das Prinzip der Freiheit an sich anbelangt, so mutet es fast grotesk an, wenn die Kartellfreunde das Recht auf solche Zusammenschlüsse mit dem Anspruch auf Freiheit begründen wollen. Die Freiheit ist ein staatsbürgerliches Recht, das von niemanden außer Kraft gesetzt werden darf. Die von den Kartellfreunden geforderte Freiheit zur Unterbindung oder zur Beseitigung der Freiheit ist jedenfalls nicht die Freiheit, die ich im Interesse des Fortbestehens freier Unternehmer meine. Wer den Begriff der Freiheit im Munde führt, der muß sie auch ehrlich wollen. Die Freiheit ist etwas Ganzes und Unteilbares und darf nicht nach Zweckmäßigkeitsgründen verteidigt oder verworfen werden. Das Kartellamt will nicht die Freiheit unterbinden, sondern es hat gerade umgekehrt die fast einzige Aufgabe, über die Sicherung der Freiheit zu wachen. Wer im Zusammenhang mit diesem Kartellgesetz von dem Aufkommen einer neuen Planwirtschaft spricht, der ist entweder bösen Willens oder er hat von dem wirklichen Geist dieses Gesetzes nichts, aber auch gar nichts erahnt.

10. Ein weiterer, immer wieder gehörter Einwand betrifft die mit dem Kartellgesetz befürchtete neue Mammutbürokratie. Darauf wäre zunächst zu sagen, daß die Industrie es selbst in der Hand hat, die Anträge auf Ausnahmen nur wirklich auf diejenigen Fälle eines Rationalisierungs-, Krisen- oder Außenhandelskartells zu beschränken, die im Sinne der Gesetzgebung als notwendig oder als möglich erachtet werden. Ich jedenfalls stelle mir die Kartellbehörde als eine verhältnismäßig kleine Einrichtung vor, die größenordnungsmäßig mit dem Apparat der früheren Kartelle jedenfalls nicht in Wettbewerb treten kann oder auch nur will. Die Kartellbehörde soll auch nicht eine „Kaffeeriecher-Funktion" entfalten und zum Selbstzweck werden, sondern sie soll darüber wachen, daß ein freier Leistungswettbewerb sich entfalten kann und Mißbräuche vermieden werden.

Die Sorge endlich, daß diese Kartellbehörde mit Kontrollen überlastet werden und sich allzuviel in private unternehmerische Angelegenheiten einmischen würde, scheint mir ebenso wenig berechtigt zu sein. Jedenfalls ist auch das eine sicher, daß im Falle einer Mißbrauchsgesetzgebung angesichts der schon erwähnten weittragenden sozialen Konsequenzen kartellmäßiger Vereinbarungen die Kontrollen bei einer so gearteten Gesetzgebung sehr viel weitreichender, sehr viel strenger und sehr viel zahlreicher sein müßten, als das bei einer Verbotsgesetzgebung der Fall sein wird.

Ich bin mir, sehr verehrter Herr Berg, darüber im klaren, daß diese zehn Thesen das Problem gewiß nicht voll umreißen können, aber sie werden doch einen Anhaltspunkt oder die Grundlage für eine weitere und, wie ich hoffe, dann endlich fruchtbare Diskussion bieten können. Man wird von Unternehmerseite nicht immer wieder der Frage ausweichen können, ob ihnen ein freier Markt ohne freien Leistungswettbewerb und ohne die Funktion freier Preise vorstellbar erscheint, und wenn sie diese Frage bejahen sollten, wie dann nach ihrer Meinung eine so verzerrte und entartete marktwirtschaftliche Pseudoordnung in ihren Grundlagen und in ihren Wirkungen aussehen würde. Es erfüllt mich manchmal schon mit einiger Bitterkeit, aus der Art der Angriffe gegen das Kartellgesetz folgern zu müssen, daß man mich offenbar im Verdacht hat, ich würde das Schicksal der deutschen Wirtschaft oder gar das der kleineren und mittleren Unternehmer leichtfertig aufs Spiel setzen wollen, von der unlauteren Verdächtigung einer Befehlsausübung amerikanischen Willens ganz zu schweigen. Wer in Deutschland hat denn eindrucksvoller bewiesen, wie viel, wie alles ihm daran liegt, mit der freien Marktwirtschaft den deutschen Unternehmer wieder zu neuem Leben und zu freier Betätigung zu erwecken! Das sollte immerhin auch die Gegner der Verbotsgesetzgebung nachdenklich stimmen und sie stärker darauf vertrauen lassen, daß in den wirklich wichtigen und zwingenden Fällen ihnen Recht und Schutz zuteil werden wird.

Ich muß Ihnen, lieber Herr Berg, offen sagen, daß ich in bezug auf das Kartellproblem noch sehr viel ernster gestimmt und sicher von noch größerer Sorge erfüllt bin, als das die Kartellfreunde mit umgekehrten Vorzeichen von sich behaupten. Wenn z. B. ein Industrieverband in einem Protesttelegramm anführt: „Es ist nicht zu verstehen, daß der Bundeswirtschaftsminister die Industrie gegen ihren Willen zur Wirtschaftsfreiheit führen und zwingen will", so hat die Verirrung und Verwirrung einen Grad erreicht, der, wie Sie mir zugeben werden, wenig zuversichtlich stimmt. Ich tröste mich zwar damit, daß das wohl ein besonders grotesker, ja fast komischer Fall ist, aber für meinen Geschmack geht die Einmütigkeit im Unternehmerlager in bezug auf die Kartellsehnsucht viel zu weit.

Ich wäre glücklich, wenn wir in den weiteren Verhandlungen dahin kämen, daß der Bundesverband der deutschen Industrie sozusagen Gewissensfreiheit gibt und daß er sich nicht nur zum Sprachrohr der kartellfreundlichen Mehrheit macht, sondern auch die ernsten Sorgen und Bedenken aus dem andern Lager zu Wort kommen läßt. Von einem Durchpeitschen des Gesetzes kann ohnedies nicht mehr die Rede sein, und ich selbst habe die

Anregungen gefördert, daß man sich über den Gegenstand noch ausführlich unterhalten solle. Von Enquêten verspreche ich mir allerdings gar nichts, weil, wie schon gesagt, die Tätigkeit des Kartells nicht aus dem branchemäßigen Wirkungsbereich heraus gemessen und begriffen werden kann. Die Kartelle müssen gesehen werden als ein volkswirtschaftliches Phänomen in einem volkswirtschaftlichen Zusammenhang.

Ich darf zum Schluß noch einen weiteren Gedanken anführen, der mit der Kartellfrage sogar in einem engen Zusammenhang steht, – und zwar meine ich die europäische Integration. Eine glückliche Entwicklung der deutschen Wirtschaft wird nicht zuletzt von der praktischen Wirksamkeit größerer und freier Märkte (siehe z. B. alle Europa betreffenden Pläne) abhängen. Mit der Überwindung des Protektionismus, der Niederlegung der Zollgrenzen, der Überwindung der Devisenzwangswirtschaft sind Ziele gesetzt, die den Geist größerer, umfassender Freiheit atmen, die vor allen Dingen der freizügigen Entfaltung der Persönlichkeit endlich wieder breiten Raum geben und die willkürliche, mißbräuchliche Anwendung staatlicher Gewalt zurückdämmen. Mit diesem Trend der wirtschaftlichen Entwicklung ist das Phänomen der Kartelle, wie ich sie sehe, jedenfalls nicht in Einklang zu bringen, denn ein glückliches Europa wird kein dirigistisch gelenkter Wirtschaftskörper sein dürfen, aber ebenso wenig ist die wirtschaftliche Einheit Europas zu denken als ein Koordinatensystem internationaler Kartellabsprachen. Ich sage deshalb noch einmal, die Freiheit ist etwas Ganzes und Unteilbares. Das Prinzip ist entweder richtig oder falsch, segensreich oder fluchwürdig, und deshalb ist jeder vor diese letzte Entscheidung gestellt.

Vielleicht mag Ihnen der Brief in gewisser Hinsicht pathetisch erscheinen, aber ich spüre den ganzen Ernst der geschichtlichen Situation, und wenn ich auch in mir die feste Zuversicht trage, daß gerade der tüchtige deutsche Unternehmer die Freiheit weder im nationalen noch im internationalen Wettbewerb zu scheuen hat und nur in einer freien Unternehmungs- und Marktwirtschaft sich erst ganz bewähren kann, bewähren muß und bewähren will, d. h. also wenn ich an die Erhaltung unserer freiheitlichen ökonomischen Ordnung glaube, so soll dieser Brief doch eine Dokumentation sein, die die Verantwortungen vor der deutschen Öffentlichkeit und vor der Geschichte festlegt. Es geht hier um mehr als um Interessen, es geht um die Grundlagen der wirtschaftlichen Freiheit schlechthin. Wenn diese Barriere gegen die Vermassung und gegen den Kollektivismus durchbrochen ist, dann wird es kein Halten mehr geben, und das Unheil kann seinen Lauf nehmen.

Mit freundlichen Grüßen

Ihr Ludwig Erhard
Bundesminister für Wirtschaft

AN DIE EIGENE KRAFT GLAUBEN

[Rede bei der Eröffnung der Technischen Messe Hannover
am 26. April 1953]

Produktion, Beschäftigung und Einkommen stiegen im Jahre 1952 in
gutem Einklang miteinander; die Preise waren stabil bis leicht nach-
gebend. Die Voraussetzungen zur Mengenkonjunktur waren gegeben;
es galt, ihr vor allem auf dem Gebiet der Verbrauchsgüterindustrie
zum Durchbruch zu verhelfen. Ludwig Erhards These „Mut zum
Konsum" war aber damals nicht nur eine konjunkturpolitische Parole,
sondern auch eine sozialpolitische Forderung. Güter des gehobenen
Lebensstandards, wie Kühlschränke, Waschmaschinen und Automobile
waren zunehmend mehr auf den Markt gekommen. Sie durften nicht
einer kleinen Schicht Bevorzugter vorbehalten bleiben, sondern mußten
durch verbilligte Massenproduktion dem breiten Konsum zugänglich
gemacht werden. Bei abgeschwächter Investitionsneigung war 1953 in
der Tat zu einem „Jahr der Verbrauchers" geworden; eine Dämpfung
der allgemeinen Wirtschaftstätigkeit konnte so vermieden werden. Der
Bundestagswahlkampf 1953 begann ziemlich früh und im Zeichen
der Auseinandersetzungen um die Sicherheitspolitik recht scharf. Lud-
wig Erhard, der auf dem CDU-Parteitag in Hamburg von neuem für
freie Konvertierbarkeit der Währungen und persönliche Eigentums-
förderung eingetreten war, konnte der Erörterung der Wirtschafts-
politik in diesem Wahlkampf mit Ruhe entgegensehen.

Die Technische Messe Hannover fällt in eine Zeit, in der sich nicht
nur die Natur neu belebt, sondern in der auch in den Herzen der wirtschaftenden Menschen wieder Hoffnung auflebt nach einem Winter, der
allenthalben noch erfüllt war von mancher Sorge, ob denn der wirtschaftliche Aufschwung, der sich nun über fünf Jahre erstreckt, weiter anhalten
wird, oder ob nicht nach einem unerklärlichen Gesetz schließlich doch
einmal wieder ein Niedergang, eine Flaute kommen müßte. Heute möchte
ich nach allen Zeichen der Umwelt glauben, daß wir diese bedenkliche
Phase des Zweifels, der mangelnden Zuversicht überwunden haben, und
daß wir mit neuer und voller Kraft wieder darangehen, unsere Wirtschaft
weiter der Gesundung zuzuführen und die noch restlichen wirtschaftlichen
und sozialen Probleme energisch in Angriff zu nehmen.

Dieses Jahr 1953 wird, wie ich fest überzeugt bin, auf manchen Gebieten
und vor allem in den zwischenstaatlichen Wirtschaftsbeziehungen erhebliche Fortschritte mit sich bringen. Ich war so kühn, zu glauben, daß wir

noch im vergangenen Jahr zur freien Konvertierbarkeit der Währungen kommen könnten. Das war nicht der Fall. Trotzdem wurde doch ein ganz großer Fortschritt dadurch erzielt, daß heute kein internationales Gespräch und keine zwischenstaatlichen Wirtschaftsverhandlungen mehr denkbar sind, ohne daß dieses Problem im Mittelpunkt der Erörterungen steht. Wenn wir uns z. B. den Entwurf der Verfassung für die Politische Europäische Gemeinschaft anschauen, dann tritt uns dieser Gedanke wieder entgegen, und zwar sogar als die Grundforderung einer echten Koordination, einer Zusammenarbeit oder gar einer noch weitergehenden Integration. Und das ist dringend notwendig. Ich habe so oft schon darauf hingewiesen, daß es wirklich eine schale Wiederholung sein müßte, wenn ich erneut feststellte, daß wir mit den heutigen Spielregeln im zwischenstaatlichen Verkehr am Ende einer fruchtbaren Entwicklung angelangt sind, daß wir sogar befürchten müssen, wieder rückwärts zu gehen, wenn wir nicht jetzt endlich die Dämme niederreißen. Wenn heute in der Presse, und wo immer man sich über Exportfragen unterhält, betont wird, daß der Export so sehr viel härter geworden sei, daß sich der Wettbewerb außerordentlich stark entzündet habe, daß der Absatz Schwierigkeiten mache, dann rührt das nicht so sehr aus einem echten Mangel an Bedarf und Nachfrage her, sondern ist das das Ergebnis der sich immer mehr festfressenden fragwürdigen, um nicht zu sagen fluchwürdigen Methoden im Außenhandel. Ich bin sehr glücklich, jetzt in internationale Gespräche zu kommen, die zweifellos auch die Frage der Exportförderung, der Exporthilfe durch den Staat, zum Gegenstand haben. Ich bin dafür, daß alle Länder auf jedwede Maßnahmen einer Exportförderung verzichten. Ich muß sagen, es ist ein im Ansatz unrichtiges Bemühen, wenn jeder einzelne Nationalstaat glaubt, durch besondere Hilfe für seine Industrie irgend etwas erreichen zu können. Es ist genau so, als ob ein Klub erwachsener Männer zusammenkäme und jeder versuchte, sich vor den anderen an den eigenen Haaren hochzuheben. Das muß scheitern! Wir kommen nicht weiter, ehe wir nicht diesen Methoden abgeschworen haben; denn es ist dies der Versuch, den echten Leistungswettbewerb der privaten Wirtschaft durch eine Konkurrenz der Staaten zu verfälschen. Das ist wirklich kein Prinzip, das einen Staat glücklich machen oder auf das er besonders stolz sein könnte.

Es ist natürlich eine Streitfrage, wem die Priorität in der Schaffung größerer Gemeinschaften zukommt, ob die Politiker dazu berufen sind, oder ob die Wirtschaft, wie es heute hieß, Schrittmacher zu sein hat. Daß die wirtschaftliche Zusammenarbeit heute nicht einmal mehr so funktioniert wie etwa vor vierzig Jahren, liegt natürlich an tragischen äußeren Entwicklungen. Ich brauche nur an zwei Kriege zu erinnern. Es ist sicher richtig, daß die Wirtschaft über die Grenzen hinweg sich wieder zusammenfinden möchte. Und die einzelnen Menschen ebenso. Denn diese Trennung ist etwas Unwürdiges, und die Zollschranken an unseren Grenzen sind vorsintflutlich. Heute sind die wirtschaftlichen Räume zusammengeschrumpft auf die Enge der politischen Staatsgebilde, weil eben aus der Verzerrung und aus der Entartung des politischen und gesellschaftswirtschaftlichen Lebens der letzten fünfzehn Jahre angesichts der mannigfachen turbulenten Erscheinungen die einzelnen Staaten eine mühsame Zoll- oder Zwangsordnung überhaupt nur aufrecht erhalten konnten, wenn und solange sie die heimische Volkswirtschaft gegenüber der Umwelt abschnürten. In einer Zeit, in der, ausgehend vom „Totalen Krieg", alle Funktionen einer Volkswirtschaft unterbunden und alle Reaktionen verhindert wurden und die Devisenzwangswirtschaft nach außen hin Schutzwälle aufbaute, war natürlich die Zusammenarbeit außerordentlich schwierig. Wir sind doch eigentlich in Zustände einer primitiven Tauschwirtschaft zurückgefallen; denn ob wir Ziegel gegen Tonschalen tauschen oder Kontingente gegeneinander aushandeln, bedeutet im wesentlichen eigentlich gar keinen so großen Unterschied. Und hier muß der Ansatzpunkt liegen.

Gerade auf einer Messe, wo so viele auswärtige Gäste und Freunde unter uns weilen, möchte ich auch davon sprechen, daß ich nicht das allergeringste Verständnis dafür habe, wenn man den Gedanken und den Begriff des Wettbewerbs verbindet mit etwas feindlich Trennendem, mit irgendeiner Kontrastideologie, die sich da zwischen den einzelnen Nationen und zwischen den wirtschaftenden Menschen der einzelnen Volkswirtschaften auftun müsse. Das Gegenteil ist der Fall. Für mich hat der Wettbewerb, der Leistungsgedanke im Wettbewerb nicht etwas feindlich Trennendes oder gar Vergiftendes, wie man allenthalben hört, sondern umgekehrt geradezu etwas freundschaftlich Versöhnendes, etwas menschlich Verbindendes. Ich freue mich über jedes einzelne Land, und wäre es unser härtester Wettbewerber auf dem Weltmarkt, von dem ich die Erkenntnis gewinne: Dieses Land befindet sich in guter wirtschaftlicher Ordnung, im Zustand einer wirtschaftlichen und finanziellen Stabilität, verfügt über eine geordnete Währung, ist innerlich gesund, hat ausgewogene soziale Verhältnisse, ist leistungsfähig und kann uns auf dem Weltmarkt als echter und ehrlicher Partner begegnen. Und ich beklage jedes einzelne Land, von dem zu erkennen ist, daß es noch mit dieser inneren Ordnung, mit der Rückgewinnung der wirtschaftlichen und sozialen Wohlfahrt und des Wohlstandes ringt und noch nicht auf diesen Stand der Leistungs- und Wettbewerbskraft gelangt ist. Denn Raum für alle hat diese Erde.

Wenn wir uns im Wettbewerb messen, dann doch nicht deshalb, um den anderen zu unterdrücken oder um ihm gar zu schaden, sondern Wettbewerb hat ein sehr edles und soziales Ziel, nämlich, der Menschheit im ganzen, der Wohlfahrt und der Verbesserung der Lebensmöglichkeiten aller Menschen zu dienen. Wenn Sie daran denken, wie wenige Menschen in dieser Welt erst in den Bereich eines zivilisatorischen Konsums gelangt sind und wieviel hier noch zu tun übrig bleibt und wenn wir jetzt immer wieder hören, daß es eine Aufgabe der ganzen Welt sei, an der Entwicklung der rückständigen Gebiete mitzuwirken, an der Aufgabe, alle Menschen an einer gehobenen und würdigen Lebensführung teilhaben zu lassen, dann werden Sie erkennen, daß es überhaupt nicht auszudenken ist, wieweit die Entwicklung noch gehen kann und was alles an wirtschaftlichem Aufbau noch erforderlich ist. Es ist selbstverständlich, daß ein modernes Industrieland, das gerade auf dem Gebiete der Technik hochentwickelt ist, an einer solchen Entwicklung teilhaben muß und nicht auszuschalten ist.

Aber unseren Industriellen möchte ich doch auch zurufen, nicht nur diejenigen Exporte zu pflegen, die verhältnismäßig leicht anfallen, also z. B. Exporte nach sogenannten Weichwährungsländern, mit Hilfe von staatlichen Krediten. Es müssen auch alle Anstrengungen darauf gerichtet werden, diejenigen Räume zu erfassen und zu durchdringen, in denen der Wettbewerb zweifellos sehr viel schwieriger ist. Ich habe natürlich durchaus Verständnis dafür, wenn man etwa in den südamerikanischen Ländern oder im Nahen und Mittleren Orient und wo immer diese Kraft zur Entwicklung, zum Aufbau einer eigenen Industrie, zur Nutzbarmachung des natürlichen Reichtums, zur Technisierung der Landwirtschaft vorherrscht, sich daran beteiligen will. Ich sagte schon, wir können gar nicht darauf verzichten, denn diejenigen, die an der Erschließung des Reichtums dieser Welt mithelfen, sind natürlich auch berufen, morgen an dieser Aufgabe teilzuhaben. Wenn sich daraus manche Schwierigkeiten ergeben – wir werden sie lösen!

Wir sind gerade durch die Atomisierung der Weltwirtschaft in verschiedene Räume, die auch verrechnungsmäßig völlig voneinander getrennt sind – denken Sie z. B. an die Dollar-Räume, die Sterling-Räume, die vielen bilateralen Verrechnungen, unter denen Guthaben und Forderungen nicht ausgeglichen werden können –, in dieser merkwürdigen Situation, daß wir zwar auf der einen Seite zur Entwicklung, zur Technisierung und Rationalisierung unserer Volkswirtschaft dringend und liebend gern ausländisches Kapital hereinnehmen möchten, auf der anderen Seite aber gleichzeitig gezwungen sind, deutsches Kapital auch nach außen zu geben, weil sonst eben die potentiell vorhandenen Exportchancen für die deutsche Wirtschaft gar nicht auszunutzen sind. Wenn es manche Leute gibt, die sagen, wir brauchen nicht mehr zu exportieren als notwendig, um unsere Rohstoffe und Nahrungsmittel bezahlen zu können, dann ist das nur eine Seite der Betrachtung. Die andere Seite liegt darin, daß wir uns nicht künstlich ausschalten können, weil wir sonst in einer m. E. ganz neuen Phase der weltwirtschaftlichen Entwicklung zwangsläufig danebenstehen müßten. Das kann ein Land wie Deutschland nicht tun, wenn es nicht von vornherein schon in Resignation verfallen und in die zweite Reihe zurücktreten will. Diese Absicht haben wir nicht.

Man hat im Zusammenhang mit der Technik gerade von philosophischer

Seite oft sehr trübe Betrachtungen angestellt. Man sprach von einer Tragik, von einem Verhängnis, das mit dem technischen Zeitalter über uns hereinbrechen könne. Nun, ich muß sagen, ich habe keine Angst vor der Technik, und die Sorge, ob man die technischen Kräfte bändigen könne, vermag ich nicht zu teilen. Ganz bestimmt wird die technische Entfaltung das gesellschaftswirtschaftliche Bild unserer Zeit unter Umständen sogar nachdrücklich verändern. Aber daß hier nun wirklich uferlose Entwicklungen eintreten könnten, deren wir nicht mehr Herr zu werden vermöchten, das ist nicht zu befürchten. Die Techniker brauchen also keine Sorge zu haben, daß sie nun etwa berufen wären, diese Welt aufzusprengen. Es kommt allerdings darauf an, Technik und Wirtschaft, und wenn Sie wollen, auch Politik miteinander wieder in Einklang zu bringen, eine Harmonie, einen Ausgleich zu finden.

Es ist also auch kein Zufall, daß z. B. heute an unseren Technischen Hochschulen vorzüglich auch Wirtschaftswissenschaften gelehrt werden und es auch für den Wirtschaftswissenschaftler sehr nützlich ist, etwas von den Anwendungsmöglichkeiten und den Anwendungsbedingungen moderner Technik zu kennen. Wenn die technische Energie in wirtschaftliche Kraft umgesetzt wird, dann erreichen wir gerade das, was als zwingende Notwendigkeit vor uns steht. Die Technik ist die Voraussetzung zur Mehrung der Wohlfahrt und zur Schaffung eines Wohlstandes für alle. Vor solcher Entwicklung darf man keine Angst haben.

Ich sage das ganz bewußt, weil doch allenthalben immer zu hören ist, die Möglichkeit, immer breitere und immer weitere Schichten an einem gehobenen Bedarf teilhaben zu lassen, sei nicht realisierbar. Ich komme gar nicht auf das Geschwätz zu sprechen, daß etwa der Nachholbedarf gedeckt oder daß eine Konsumsättigung eingetreten sei. Aber etwas anderes ist deutlich zu spüren. Ich habe das gerade im letzten Vierteljahr allenthalben sehr bewußt erfahren müssen. Wenn ich verkündete, wir wollten aus der Primitivität des allzu materialistischen Konsums und der Bedarfsbefriedigung heraus und dafür sorgen, daß in den deutschen Haushalten, und vornehmlich auch in den deutschen Arbeiterhaushalten, Güter des langlebigen Gebrauchs Anwendung finden, wie Kühlschränke, Waschmaschinen, Staubsauger und was es noch alles an schönen Dingen aus dem Bereich der elektrotechnischen aber auch anderer Industrien gibt, dann ist mir begegnet, daß man mir vorgerechnet hat, wieviel ein Sozialrentner verdient und daß eben die Leute doch, ohne daß ich ihnen das Geheimnis verriete, nicht in der Lage seien, an einem solchen Konsum teilzuhaben. Selbstverständlich kann nicht der Sozialrentner damit anfangen, einen gehobenen Konsum zu tätigen. In Amerika waren es auch nicht die Allerärmsten, die zuerst die Autos gefahren haben, sondern es waren andere Schichten. Wir erleben es aber immer wieder, daß der Luxus von heute morgen schon breit geschichteter Bedarf und übermorgen allgemeines Gebrauchsgut ist. Wir müssen den Mut haben, das soziale Ressentiment allerorts zurückzudrängen. Die einen werden vielleicht sogar ohne eigenes Verdienst früher Konsumenten werden können als andere; die letzteren ohne eigene Schuld. Wenn wir das nicht ertragen, dann müssen wir eben alle in der uns künstlich aufgezwungenen Armut verharren.

Wenn niemand sich zuerst einem gehobenen Lebensstandard hingeben darf, dann kann eben dieses Erzeugnis nicht produziert werden. Mit dem Nichtproduzieren entfällt aber auch die Kaufkraft, die aus der Gütererzeugung erwächst, so daß dann auch von der Nachfrageseite her gar keine potentielle Kraft vorhanden ist, um die Wirtschaft zu beleben. Diesen Weg dürfen wir nicht gehen. Was dem in Deutschland entgegensteht, sind nämlich nur Komplexe, die unter allen Umständen beseitigt werden müssen. Sonst sind wir nämlich auch in der Anwendung unserer Technik schnell am Ende. Technik ist ja nicht Selbstzweck, und so groß auch die Aggregate sind, die wir sehen werden, zum Schluß nützt sich doch alles um in eine Kraft, die der Lebensmöglichkeit des Volkes dient. Das ist der letzte Zweck. Wenn wir nicht anfangen mit dem Streben, die Lebensmöglichkeiten unseres Volkes fortdauernd zu verbessern, dann untergraben wir auch den Boden des technischen Fortschritts, dann scheiden wir aber auch aus dem Kreise der zivilisierten Völker aus. Wir können an der weiteren glücklichen und gedeihlichen Entwicklung der Welt nur teilhaben, wenn wir den Mut zum Konsum aufbringen und wenn wir uns dabei von kleinlichen Neidkomplexen befreien.

Eine andere Version, die umgeht, lautet: Solange „Korea" eine Hysterie in die Wirtschaft getragen hat, solange die Menschen von der Vorstellung eines möglichen Krieges erfüllt sind, solange also die Rüstung bleibt und sich noch weiter aufbläht, solange wird auch der wirtschaftliche Fortschritt anhalten; ganz so, als ob Rüstungswirtschaft und Konjunktur zwei unlösbar miteinander verbundene Begriffe wären. Nein. So liegen die Dinge nun wirklich nicht. Es ist geradezu sträflich, wenn man glaubt, die Konjunktur sei notwendig darauf angewiesen, daß ein Volk und eine Volkswirtschaft sich der Rüstungsproduktion hingäben. Das stimmt nicht. Ich muß es auch hier wieder sagen: Es hat auf mich den größten Eindruck gemacht, als ich bei einem Besuch in Amerika unter Hinweis auf die Hundertmillionen-Tonnen-Stahlkapazität fragte: Ja, was glauben Sie, wenn Amerika morgen an keinerlei Aufrüstung mehr denken muß, was wird dann mit diesen 100 Millionen Tonnen Stahl passieren? Darauf prompt die Antwort und zwar von einfachsten Leuten: Dann werden wir keine 100 Millionen, sondern 110 und 120 Millionen benötigen! Wenn dieser Optimismus, daß uns der Frieden erhalten bleibt, zu einer realen Wirklichkeit geworden sein wird, und auch dann, wenn wir uns um die Erhaltung des Friedens überhaupt keine Sorgen machen, dann gibt es so unendlich viele Aufgaben, die Mehrung unseres Wohlstandes, die Beseitigung sozialer Notstände, daß diese Konjunktur, diese Möglichkeiten der Entfaltung, die sich da auftun, gar nicht abzuschätzen sind.

Dies ist unabhängig davon, wie groß unser Beitrag zur europäischen Verteidigung sein wird. Ich sehe diesen Beitrag niemals an als einen konjunkturstabilisierenden oder stimulierenden Faktor, sondern es ist eine sehr viel ernstere Sache, die zu einer nationalen Verpflichtung wird. Nach meiner Überzeugung wird diesem Europa der Frieden nur solange erhalten bleiben, als es aus der gemeinsamen Bezeugung seines Willens und seiner Stärke zu erkennen gibt, daß ihm die Verteidigung seines freien Lebens vor allen anderen Zielen steht. Ich sage das nicht ganz von ungefähr! Die politischen Ereignisse der letzten Tage haben im Auslande allenthalben zu gewissen Zweifeln geführt mit Fragezeichen und Anmerkungen, ob denn eigentlich nun dieses Deutschland, von dem man so sicher glaubte, daß es bedingungslos treu zu den Verteidigungsverträgen stehen wird, vielleicht doch wieder etwas schwankend geworden sei. Ich bin überzeugt, das wäre eine völlig falsche Auslegung auch in der Gesamtbetrachtung. Abgesehen davon glaube ich mit allem Nachdruck Ihnen hier versichern zu können, daß die Bundesregierung alles, aber auch jede Anstrengung, unternehmen wird, um nicht nur zu den Verteidigungsverträgen zu stehen, sondern diese auch in die Tat umzusetzen. Dies hat auch wieder einen wirtschaftlichen Aspekt. Denn wenn heute ein Zug durch die Welt geht, in den verschiedenen Nationalstaaten eigene Industrien aufzubauen, die Reichtümer und die Bodenschätze zu erschließen, kurz und gut alle Arbeiten durchzuführen, die mit der Anwendung moderner Technik unlösbar verbunden sind, so muß dazu folgendes gesagt werden:

Deutschland kann ohne die übrige Welt nicht leben; es kann nur in Verbindung mit der freien westlichen Welt leben. Aber, hier sind der Partner viele, und wenn wir z. B. auf die Auslandsmärkte gehen, und wenn wir gerade Produktionsmittel, Großanlagen usw. verkaufen wollen, dann werden unsere Partner natürlich sagen: Ja, wir fangen jetzt mit Deutschland an, aber wie steht es mit den Ersatzteilen, wie steht es mit den Anschlußlieferungen? Das ist ja alles notwendigerweise damit verbunden; denn alle diese Chancen für unsere Wirtschaft und die Chancen für unser soziales Weiterkommen würden aufs höchste gefährdet werden, wenn über Deutschland in der Wertung der Welt auch nur einen Augenblick so ein diffuses Licht sein könnte: Wird dieses Deutschland denn auch bedingungslos treu und konsequent zu dieser westlichen Welt stehen, werden unsere Lieferanten von heute, die wir gern akzeptieren, auch morgen noch Lieferanten sein können unter anderen politischen Bedingungen und umgekehrt?

Die weltwirtschaftlichen Beziehungen ordnen sich neu. Auch in bezug auf unsere Bezüge von der übrigen Welt sind wir ja darauf angewiesen, daß wir – so möchte ich einmal sagen – mit eingegliedert werden in einen

Prozeß, der zu einer Verteilung der Rohstoffe über die ganze Welt führt. Auch hier würden wir nicht nur an Achtung und Ansehen, sondern auch an Sicherheit verlieren, wenn wir nicht bedingungslos sagen könnten: Wir werden in alle Zukunft eure Handelspartner sein, sowohl was das Geben als auch was das Nehmen anbelangt. Da darf aber auch nicht der allergeringste Zweifel möglich sein. Das hier auszudrücken, ist mir ein echtes Anliegen! Diese Gewißheit schafft die erforderliche Sicherheit und Stabilität für unsere Wirtschaft.

Weil wir nun einmal von Sicherheit sprechen, und weil ganz offenbar der Wunsch laut geworden ist, daß ich auch über manche politischen Probleme – insbesondere steuerpolitischer Art – sprechen möge, so lassen Sie mich doch auch hierbei meine Meinung wirklich offen bekunden. Ich tue das ja nicht das erstemal.

Wir sind meiner Ansicht nach in einer gefährlichen Entwicklung. Ich meine jetzt nicht einmal Deutschland allein, isoliert, für sich betrachtet, sondern ich meine die ganze freie demokratische Welt. Ich meine auch nicht die Entwicklung etwa der letzten vier Jahre, sondern ich denke an die Entwicklung der letzten 30 Jahre. Sie war gekennzeichnet durch ein immer deutlicher werdendes Streben nach Sicherheit. Wenn das zuerst die ärmsten und in abhängiger Stellung befindlichen Menschen gefordert haben, so war das ihr gutes und berechtigtes Anliegen, und dem hat ja die deutsche Sozialgesetzgebung auch immer gerecht werden wollen. Aber dieser Schrei nach Sicherheit tönt doch allmählich auch aus Kreisen der deutschen Öffentlichkeit, die es gestern noch als eine persönliche Beleidigung empfunden hätten, wenn man ihnen zugemutet hätte, der Staat oder irgend eine andere Kollektiveinrichtung müßte dereinst die Aufgabe übernehmen, das Schicksal, die Zukunft und das Alter dieser Menschen in seine eigene Hand zu nehmen. Trotzdem ist dieser Zug unverkennbar. Ich meine, wir sind hier in einen gefährlichen Trend hineingeraten und haben uns zu fragen, woher das denn kommt. So ohne weiteres glaube ich nicht, daß irgend ein Mensch, wie ihn der liebe Gott so geschaffen hat, bereit wäre, sein Schicksal anderen zu überantworten und seine Sicherheit im Kollektiv zu finden. Ich glaube, die beste Sicherheit ist die, wenn der einzelne Mensch wieder zu dem Bewußtsein und zu der Gewißheit gelangt, daß er auf Grund seiner Leistungen und seiner Arbeit sein Schicksal selbst gestalten kann.

Aber warum ist das heute nicht mehr der Fall? Sicher hängt das auch mit der politischen Entwicklung, mit der unerträglichen hohen Beanspruchung der Haushalte in Kriegen und den Kriegsfolgeerscheinungen zusammen. Das allein scheint mir aber nicht ganz hinzureichen. Ich muß den Herren von der Wirtschaft auch noch sagen: Der Widersprüche sind gar viele, und ich erlebe es immer wieder, daß auf der einen Seite wirtschaftliche und unternehmerische Kreise ständig an den Staat mit der Bitte herantreten, er möchte ihnen doch auf diesem oder jenem Gebiet irgendwelche Hilfe oder Unterstützung zuteil werden lassen. Es müssen nicht immer Subventionen und Zuschüsse, sondern es können auch Kreditanforderungen und ähnliches sein. Ja woher soll denn der Staat solche Ansprüche befriedigen können? Ihm fällt das Geld und das Kapital ja auch nicht vom Himmel, sondern alle Wohltaten, die er bezeugt, muß er weniger wohltätig ja dem Staatsbürger erst abnehmen. Wir kommen dann zu der grotesken Erscheinung, daß der überbesteuerte Staatsbürger als Bittsteller bei dem gleichen Staat erscheint und versucht, auf dem Kreditwege das zurückzuerhalten, was nach Recht und Moral eigentlich sein Eigentum aus dem Ertrag seiner Arbeit sein müßte.

Die öffentliche Beteiligung an den volkswirtschaftlichen Investitionen, an der volkswirtschaftlichen Kapitalbildung beträgt bereits jetzt 42 v. H., wobei der ansteigende Trend dieser Entwicklung unverkennbar ist. Ich glaube, das ist wirklich ein bedenkliches Zeichen. Nun werden Sie fragen, wo hier die Ursache und wo die Wirkung liegt. Wenn ich den einzelnen Menschen in der Wirtschaft anspreche und ihm sage: Rufe doch um Gottes willen nicht mehr nach dem Staat, sondern tue alles, um den Staat wieder zurückzudämmen und zurückzudrängen aus den privaten Lebensbereichen, in die er eingedrungen ist, dann wird er – natürlich zu Recht – antworten· Wie soll ich das machen, allein bin ich zu schwach; ich bin eben auch in eine Abhängigkeit vom Staat geraten, ich kann mir aus eigener Kraft z. B. nicht mehr die Investitionsmittel beschaffen – aus eigener Kraft nicht und nicht aus eigener Leistung –, die ich brauche, um meinen Betrieb zu seiner volkswirtschaftlichen Aufgabe zu befähigen. Oder der Angehörige eines freien Berufes wird mir sagen: Ja, zweimal haben wir eine Währungsreform erlebt, ich bin jetzt soundso alt; wie soll ich denn bei dieser Besteuerung aus meiner Arbeit noch die Sicherheit für mein Alter gewinnen können? – Das ist alles richtig, und trotzdem müssen wir hier das Steuer um 180 Grad herumwerfen! Die erste Verantwortung liegt selbstverständlich auch hier beim Staate!

Warum bin ich denn so besessen darauf, die Wirtschaft in einer fortdauernden Expansion zu halten, warum werde ich nicht satt, so groß auch die Erfolge des wirtschaftlichen Aufbaues sind, warum bin ich mit keiner Ziffer zufrieden, so sehr ich die Leistungen anerkenne, die bisher vollbracht wurden? Weil ich glaube, daß hier allein der praktische Weg liegt, wieder zu einem gesunden Denken zurückzufinden. Denn mit jeder wirtschaftlichen Expansion, mit jeder Erhöhung unseres Sozialprodukts, mit der Steigerung unseres Volkseinkommens erreichen wir es auf der einen Seite, daß auf der anderen Seite die Ausgabenseite des Staates entlastet wird.

Je mehr Menschen wir in den Produktionsprozeß einbeziehen, je mehr wir mit der höheren Ergiebigkeit, mit der steigenden Produktivität unserer Volkswirtschaft allen Menschen ein lebenswürdiges Dasein sichern können, um so mehr sind wir in der Lage, denen, die wirklich unsere Hilfe und

Unterstützung verdienen – den Fürsorgeempfängern und den Sozialrentnern – auch wirklich das zu geben, was für ein menschenwürdiges
Dasein erforderlich ist.

Aber die Entlastung ist unverkennbar, denn der unbedingt notwendige
Finanzbedarf des Staates muß selbstverständlich gedeckt werden. Selbstverständlich ist ein ausgeglichener Haushalt vonnöten, wenn wir eine
stabile Währung und eine gesunde wirtschaftliche Grundlage uns erhalten
wollen. Aus dem absolut notwendigen Aufkommen an Steuern – wobei das
absolut notwendige ruhig von Ihnen noch mit dem einen oder anderen
Fragezeichen hinsichtlich möglicher Einsparungen versehen werden kann –
ist das nicht zu holen. Ich bin ganz bestimmt kein Freund einer übertriebenen Bürokratie; aber die so landläufige Auffassung, daß allein aus
Einsparungen an der Verwaltung Ihnen das Portemonnaie voll werden
würde, ist eine Illusion! Da liegen die entscheidenden Größen doch an
einer ganz anderen Stelle: in einem höheren Sozialprodukt, in einem
wesentlich vergrößerten Volkseinkommen – das kann noch wesentlich ver-
größert werden, da sind alle Türen offen!

Aus einem vergrößerten Volkseinkommen, aus einem höheren Sozialprodukt wird man die legitimen Bedürfnisse des Staates auch decken
können, und zwar mit wesentlich geringeren – prozentual geringeren –
steuerlichen Belastungen. Danach müssen wir streben, und da müssen wir
hinkommen.

Zu den legalen Aufgaben des Staates – das möchte ich gleich sagen –
zähle ich allerdings nicht die Investitionen; diese zähle ich nur dazu, soweit
sie Bildungsanstalten, Verkehrswege usw. betreffen; aber nicht die Betätigung des Staates als Unternehmer. In diesem Bereich hat der Staat nichts
zu suchen.

Der Staat hat im Grunde genommen auch keine Kredite an die Wirtschaft zu geben, denn – das will ich noch einmal sagen – woher soll er das
dafür erforderliche Geld nehmen und nach welchen Kriterien soll er es
ausstreuen? Denn, was gestern z. B. richtig war hinsichtlich der Zweckmäßigkeit und Nützlichkeit und der volkswirtschaftlichen Dringlichkeit
der Kredithergabe, sieht ja morgen, wenn wir eine europäische Wirtschaft,
eine integrierte Wirtschaft haben, schon wieder völlig anders aus. Da gibt
es keine absoluten Ausgaben; die verändern sich jeden Tag mit jeder
Weitung der Räume, ja, auch mit jeder neuen technischen Erfindung, wenn
Sie so wollen. Darum kann eine Bürokratie diese Dinge gar nicht bändigen;
da können nur in beweglicher Anpassung möglichst vieler Menschen in
freier Entfaltung die Dinge geformt werden. Und wenn wir das erreichen,
wenn wir die Ausgabenseite des Staates entlasten über die wirtschaftliche
Produktivität, über die Leistungssteigerung, und über die Erhöhung
unseres Sozialproduktes steuerliche Entlastungen geben können, dann haben
wir sehr viel erreicht. Wenn wir dann gleichzeitig auch den Staat aus den

ihm wesensfremden Bereichen herausbringen, dann werden wir überrascht sein, wieviel Sicherheit der deutsche Staatsbürger wiedergewinnt und welche Befreiung das sein wird, wenn er dann sagt: So, jetzt bin ich wieder soweit, daß ich den Staat nicht mehr brauche, sondern aus eigener Kraft und eigener Verantwortung leben kann. Und so spreche ich es aus: Wir leiden nicht an zu wenig Staat, sondern wir leiden an zu viel Staat!

Bedenken Sie einmal die grotesken Umkehrungen bzw. Widersprüche, die in der Entwicklung der letzten 50 Jahre vorgekommen sind. Die Technik hat doch zweifellos den Sinn – und das ist auch hier schon deutlich geworden –, die Menschen zu befreien, ihnen größere Sicherheit, bessere Lebensmöglichkeiten, wachsenden Wohlstand zu geben, und trotz dieser ungeheuren Entfaltung der Technik, trotz der Verbesserung der Lebensmöglichkeiten in der ganzen Welt, der ganzen zivilisierten Welt, sind die Menschen nicht freier geworden, haben sie kein höheres Maß an Sicherheit erlangt, sondern umgekehrt: Sie sind eigentlich heute in größerer Lebensnot und größerer Lebensangst als vorher! Da kann wirklich etwas nicht stimmen!

Auch in den mittelständischen Schichten nehmen, so erleben Sie doch, überall, trotz der Mehrung des Wohlstands, gleichzeitig überall Unsicherheit und Sorge um die Zukunft zu. Das hat also wenig zu tun mit der materiellen Basis des Lebens, sondern nach meiner festen Überzeugung hängt das in erster Linie mit dem persönlichen Lebensgefühl zusammen: Kann ich aus eigener Kraft unter den gegebenen Umständen noch mein Leben gestalten oder nicht, bin ich allein, in eigener Verantwortung, Herr meiner Entschlüsse, oder brauche ich zu allem und jedem die Hilfe und die Unterstützung des Staates? Kann ich meine Rechte und das, was ich füglich fordern kann, selbst vertreten, bin ich dazu stark genug, oder muß ich mein Recht irgend einem Kollektiv überantworten, muß die Organisation für mich sprechen?

Alle diese Entwicklungen, die unverkennbare Zeichen der Gegenwart sind, haben uns dazu gebracht, daß wir alle ängstlich und unsicher geworden sind. Wir können so reich werden, wie wir wollen; wir werden im Grunde genommen immer ärmer, immer unsicherer, immer abhängiger. Damit verlieren wir auch das Gefühl für den Wert und für die Würde der Persönlichkeit, und am Schlusse, wenn niemand mehr ganz aus sich heraus Sicherheit gewinnen kann, dann überantworten wir als ganzes Volk unsere Zukunft, unser Leben, unser Schicksal dem Staat. Zuletzt werden wir dann alle Sozialrentner, so wohlhabend wir auch sein werden!

Das ist ein verhängnisvoller und ein trüber Ausblick, und das soll nicht über dieser Messe stehen. Im Gegenteil: Wir müssen den Mut und die Kraft zu dem richtigen Entschluß finden. Ich kann Ihnen sagen, wenn ich einen Ehrgeiz habe, dann den, in Zukunft meine ganze Anstrengung darauf zu richten, den deutschen Menschen wieder zu befreien und ihm wieder zum Bewußtsein seiner eigenen Kraft, seiner Stärke und seiner Würde zu verhelfen.

Weil wir von tiefer Hoffnung getragen sind, weil ich glaube, daß das unbedingt notwendig ist, wenn wir nicht überhaupt untergehen wollen, und weil es sich hier um eine Gefahr handelt, die die Menschen in der ganzen freien demokratischen Welt bedroht, und weil ich die feste Zuversicht habe, daß wir an dem entscheidenden Wendepunkt angelangt sind und daß die Gefahren so drohend vor uns stehen, glaube ich, daß wir daraus auch den Mut zu den richtigen Entschlüssen finden werden.

So kann auch diese Messe im Zeichen der Zuversicht stehen. Vielleicht werden morgen die Zeitungen bringen: Erhard hat wieder einmal optimistisch gesprochen! – Selbstverständlich hat er optimistisch gesprochen, weil er nämlich felsenfest davon überzeugt ist, daß diese Kraft, die in unserem Volke lebendig ist und die wirksam werden möchte für Zwecke der sozialen Wohlfahrt, für die Sicherheit unseres Lebens, wirklich keine Grenzen kennt.

In diesem Streben wollen wir uns mit der freien Welt verbinden, und wir wollen nichts für uns haben, was wir nicht auch anderen zu geben bereit sind. Wir wollen kein Privileg; wir wollen uns ehrlich miteinander messen zum Wohle und Segen aller! Denn das Welthandelsvolumen, die Möglichkeit der Anwendung der Technik und des Reichtums ist schier unbegrenzt, wenn die Kraft in uns nicht erlahmt, wenn wir unsere Zuversicht nicht verlieren! Dann gibt es keine Konjunkturen, die wir fürchten müssen, dann sind wir Herr unseres Schicksals, Herr unserer wirtschaftlichen Entwicklung. Diese wirtschaftliche Entwicklung möge auch weiterhin so sein, daß wir die deutschen Probleme, die uns alle am Herzen liegen, wirklich zu lösen vermögen.

Aber der Worte sind nun genug gewechselt. Jetzt wollen wir auf dem Messegelände gemeinsam die Taten sehen, Taten, die uns ermuntern und uns die Kraft geben, auf diesem Wege zu bleiben und uns vor allen Dingen selbst treu zu bleiben. In diesem Sinne und in diesem Geiste erkläre ich die Deutsche Industrie-Messe Hannover 1953, den 2. Teil: Technische Messe, für eröffnet!

EINEN KÜHLSCHRANK IN JEDEN HAUSHALT

[„Welt der Arbeit" vom 16. Juni 1953]

Das Wort Kühlschrank war in diesen Monaten und Jahren mehr als nur die Bezeichnung eines technischen Gebrauchsgutes. Es wurde zu einem – zunächst umstrittenen – Symbolbegriff, der in die Diskussionen um Grundfragen der Wirtschaftspolitik Eingang fand:

In der „*Welt der Arbeit*" (Welt der Frau) Nr. 23 vom 5. Juni 1953 wird unter der gleichen Überschrift Kritik an der Politik des Bundeswirtschaftsministeriums geübt, die darauf gerichtet ist, immer breitere Schichten unseres Volkes an einem gehobenen Verbrauch teilhaben zu lassen. Da es sich hier, wenn auch die ideologische und politische Färbung allenthalben durchschlägt, immerhin um einen ernst zu nehmenden Beitrag über dieses Problem handelt, möchte ich zu den Ausführungen gern Stellung nehmen.

Die „reißerische" Überschrift „Einen Kühlschrank in jeden Haushalt" als Forderung des Bundeswirtschaftsministeriums hinzustellen, mag als eine feuilletonistische Übertreibung bzw. Vereinfachung hingenommen werden, aber sie beinhaltet mehr als das, – nämlich eine bedenkliche Geistesverwirrung, wenn damit Erinnerungen an die Zwangswirtschaft verbunden oder ausgelöst werden, die das Ideal in der „Zuteilung gleicher Rationen für jedermann" erblickte. Ich selbst habe des öfteren darauf verwiesen, daß ein gehobener Bedarf sich nur dann entfalten, daß ein Luxus von heute nur dann allgemeiner Konsum von morgen werden kann, wenn wir es ertragen, daß es in der ersten Phase immer nur eine kleinere Gruppe mit gehobenem Einkommen sein kann, deren Kaufkraft an jene Güter heranreicht. Sofern indessen ein solcher Konsum als sozial anrüchig erklärt wird und die Träger des Konsums sozialer Diffamierung ausgesetzt sind, dann eben muß eine Volkswirtschaft überhaupt darauf verzichten, solche Güter zu produzieren. Das aber bedeutet, daß dann aus solcher unterlassenen Produktion auch kein Einkommen entstehen kann und mithin das Volkseinkommen im ganzen (vor allem auch der Arbeiter, denen damit potentiell Arbeitsplätze genommen werden), künstlich tiefer gehalten wird, als es nach der vorhandenen Produktivkraft möglich wäre. Eine gewisse Presse hat nach solchen Ausführungen die Frage an mich gestellt, ich möchte einmal Antwort darauf geben, wie es ein Sozialrentner (natürlich mit dem geringsten Einkommen) anfangen sollte, sich einen Kühlschrank zu kaufen. Auf eine so einfältige Frage war wohl die Antwort berechtigt, daß die ersten Automobile in Amerika wahrscheinlich auch nicht von Sozialrentnern, sondern im Zweifelsfalle von Millionären gefahren wurden. Sind aber die letzten hundert Jahre in aller Welt nicht eine eindeutige Demonstration dafür, daß noch jede Verbesserung der Lebensführung sich stufenweise ausbreitete und eine andere praktisch realisierbare Möglichkeit des Fortschreitens eines allgemeinen Wohlstandes gar nicht gedacht werden kann?

Ich freue mich deshalb, daß die *Welt der Arbeit* bzw. der Verfasser dieses Artikels wenigstens im Grundsatz der Forderung nach Hebung des Lebensstandards der breiten Massen zustimmt, wenn offenbar auch über Möglichkeiten und Tempo der Durchsetzung dieser Politik unterschiedliche Auffassungen bestehen. Der „Appell nach Verbrauchssteigerung" wurde zu Beginn dieses Jahres von mir erhoben, aber ich gehöre ganz bestimmt nicht zu jenen, die den deutschen Arbeitern einen „übertriebenen Luxus" vorwerfen. An meiner Haltung ist also nichts „Kurioses", denn ich habe seit 1948 unbeirrt eine Wirtschaftspolitik verfolgt, die den Verbraucher in den Mittelpunkt des wirtschaftlichen Geschehens stellte und ihn durch die Sicherung der freien Konsumwahl erst wieder zum Bewußtsein seiner selbst, seiner Würde und seiner Macht brachte. Ebensowenig kann der Verfasser des angeführten Artikels leugnen, daß gerade heute im Zeichen des Käufermarktes der Wettbewerb zu fortschreitend besserer und preiswerterer Versorgung des Verbrauchers führt.

Ich stimme mit dem Verfasser überein, wenn er sagt, daß der Lebensstandard der breiten Schichten der Bevölkerung nicht durch „übermäßige Konsumkreditgewährung" gesteigert werden kann, aber wir trennen uns wieder, wenn er demgegenüber glaubt, daß „Lohn- und Gehaltserhöhungen besser geeignet sind, den Anschluß an weiter fortgeschrittene Länder zu bekommen". Wenn dem so wäre, dann wäre es unverständlich, warum sich nicht alle Länder den allerhöchsten Lebensstandard leisten. Ich nehme aber an, daß wir das gleiche meinen und eine wirtschaftliche Entwicklung dann für ökonomisch und sozialpolitisch erfolgreich erachten, wenn sie über eine höhere Produktivität ohne tendenziell inflationistische Preisentwicklungen in dem möglichen Ausmaß der erzielten Leistungssteigerung zu einer Erhöhung der Realkaufkraft der breiten Schichten führt.

Was mich aber besonders zu einer Erwiderung veranlaßt hat, ist ein sehr sachlicher, ja ich möchte fast sagen wissenschaftlicher Grund. Manches von dem, was da über Konsumfinanzierung geschrieben ist, bin ich bereit als richtig anzuerkennen. Auch ich erachte die Konsumkreditfinanzierung nicht als der Weisheit letzten Schluß, und gewiss gibt es eine kritische Grenze, die im volkswirtschaftlichen Interesse, aber vor allen Dingen auch zum Schutze des Verbrauchers, beachtet werden muß. Wenn man weiß, daß – gemessen am Sozialprodukt – die Konsumfinanzierung in den Vereinigten Staaten etwa sechsmal so mächtig ist wie bei uns, dann muß wohl berücksichtigt werden, daß die Realkaufkraft der davon berührten Bevölkerungsschichten drüben zweifellos nicht unbeträchtlich höher ist als in Deutschland und somit eine freiere Disposition besteht; aber es kann doch nicht im Ernst behauptet werden, daß die Konsumkreditfinanzierung sich in Deutschland schon zu einer Gefahr auszuwachsen beginnt. Die Konsumfinanzierung, so heißt es, bedeute eine Milchmädchenrechnung, und der Verbraucher könne dabei nur einem Fehlschluß zum Opfer fallen. Diese Maßnahme bedeute keine Kaufkraftsteigerung, sondern nur eine Kaufkraftverschiebung, denn nur durch den Produktionskredit erfahre der Produktionsertrag eine Mehrung. Der Konsumsteigerung auf der einen Seite müsse notwendig ein Konsumverzicht an anderer Stelle entsprechen.

Oberflächlich betrachtet scheint diese Ableitung richtig zu sein, aber in der volkswirtschaftlichen Gesamtrechnung ergibt sich dennoch ein anderes Bild. Die Konsumfinanzierung gestattet die Produktion von Gütern, die ohne eine solche Aktion zweifellos keinen Absatzmarkt hätten finden können. Wenn also auch der den Konsumkredit in Anspruch nehmende Verbraucher in der Größenordnung und Zeitenfolge seiner Ratenzahlungen eine gewisse Kaufkraft- bzw. Konsumverlagerung vornehmen muß, so bleibt doch vom Standpunkt einer volkswirtschaftlichen Bilanz aus gesehen dieses Verhalten neutral, d. h. mit anderen Worten: er kommt nach wie vor mit seiner ganzen Kaufkraft zum Markte. Durch die Konsumfinanzierung aber ist eine erweiterte Produktion (z. B. an Kühlschränken) eingeleitet worden, und aus dieser Produktion entsteht neues Einkommen, das seinerseits wieder kaufend zum Markte drängt. Das volkswirtschaftliche Gütervolumen hat mithin eine Aufstockung erfahren, das Sozialprodukt und das Volkseinkommen sind größer geworden. Woher auch immer der Anstoß zur Produktionsausweitung kommt, – sicher ist das eine, daß jeder solche Erfolg zugleich auch eine volkswirtschaftliche Einkommenssteigerung bedeutet.

Selbstverständlich kommt es bei solchen Entscheidungen wesentlich auch auf die Größenordnung an. Eine volkswirtschaftliche Konjunktur kann nicht allein auf Konsumfinanzierung gestützt werden, aber sie vermag der Konjunktur sehr wohl eine Stütze zu sein. An etwas anderes war auch nicht gedacht, wenn das Wirtschaftsministerium zur Durchsetzung einer auf Verbrauchssteigerung hinzielenden Politik auch das Mittel der Konsumfinanzierung genützt wissen wollte. Ich selbst habe dabei wiederholt darauf hingewiesen, daß es gefährlich erscheine, sie für Güter des täglichen Verbrauchs anzuwenden, während für langlebige Haushaltsgüter, d. h. also Gebrauchsgüter, die Konsumfinanzierung ein taugliches Mittel sein, um für solche Bedarfe zusätzliche Konsumentenkreise zu erschließen.

Im übrigen scheint mir eine Erregung über diesen Vorschlag umso weniger am Platze zu sein, als das gleiche Verfahren bei Motorrädern, Radiogeräten, Möbeln und dergl. schon Anwendung findet und diese Erleichterung dankbar empfunden wird. Es ist sehr beachtlich, daß Verluste bei diesem Ratenzahlungs-System so gut wie nicht auftreten, und das wieder kann als ein Beweis für die Sorgfalt gelten, mit der die Käufer solcher Gegenstände über ihr Einkommen disponieren.

Die „Welt der Arbeit" sollte also bei der Beurteilung dieses Phänomens nicht nur an jene Konsumenten denken, deren Haushalt-Budget sich durch jenen zusätzlichen Verbrauch verändert, sondern darüber hinaus berücksichtigen, daß damit neue Arbeitsplätze geschaffen werden können, neues und zusätzliches Einkommen entsteht und das Sozialprodukt wie auch das Volkseinkommen im ganzen eine Bereicherung und Ausdehnung erfahren. Je mehr Güter im übrigen im Wettbewerb um die Gunst des Verbrauchers stehen, umsomehr wird sich auch der Wettbewerb entfalten und damit in sinkenden Preisen jene Wirkung erzielt werden, die uns gemeinsam am Herzen liegt.

WIRTSCHAFTLICHE PROBLEME DER WIEDERVEREINIGUNG

[„Bulletin" vom 12. September 1953]

Nach der Tragödie des mitteldeutschen Aufstandes vom Juni 1953 ent-
standen gewisse Hoffnungen, Sowjetrußland werde den Mißerfolg des
Ulbricht-Regimes erkennen und der von den Westmächten angestreb-
ten Konferenz eine Chance geben. Bis zum September waren 1953
bereits mehr als 250000 Personen aus der Zone geflüchtet. In West-
Berlin lag der Produktionsindex im ersten Halbjahr 1953 um 17
Prozent höher als im Vorjahr. Erhard bezeichnete das Ergebnis der
Bundestagswahl vom 6. September als überwältigende Vertrauens-
kundgebung für das Programm „Wohlstand aus eigener Kraft". Im
„Bulletin" schilderte er die Möglichkeiten, auch die Wirtschaftsprobleme
der Wiedervereinigung mit einer freiheitlichen Politik, die sich im
Westen Deutschlands eindeutig als erfolgreich erwiesen hatte, zu lösen:

Obwohl die Sehnsucht nach einer Wiedervereinigung des heute zer-
rissenen Deutschland allgemein ist, besteht in vielen Kreisen unseres Volkes,
auch unter den Flüchtlingen, die Sorge, daß mit dem Zusammenschluß und
den dann erforderlich werdenden großen wirtschaftlichen Anstrengungen
eine unerträgliche Senkung des Lebensstandards verbunden sein würde und
viele wirtschaftliche Existenzen sowohl von Flüchtlingen im Bundesgebiet
als vor allem auch von Gewerbetreibenden in der Ostzone notleidend
werden könnten. Es ist in jedem Fall deutlich zu erkennen, daß es dem
Laien an Vorstellungsvermögen gebricht, die sich aus dem Zusammenschluß ergebenden wirtschaftlichen Konsequenzen rational abzuleiten, und
so bleibt der Spekulation Tür und Tor geöffnet.

Ich möchte gleich vorausschicken, daß auch ich den Versuch für abwegig
halten würde, die in solchem Fall sich vollziehende Entwicklung exakt vorher bestimmen und rechnerisch erfassen zu wollen. Ein solches planwirt-
schaftliches Unterfangen wäre sogar in höchstem Maße gefährlich, weil es
in der verwaltungsmäßigen Handhabung des Zusammenschlusses die
organische Entwicklung nur zu hemmen und die natürlichen Kräfte zu
unterbinden geeignet wäre. Gleichwohl kann nicht geleugnet werden, daß
die Vorstellung von einem so gearteten, vorgefaßten „Wiedereingliederungs-
plan" die Geister in weitem Umfang beherrscht. Ihnen allen ist eigen, daß
sie in der Volkswirtschaft eine „Organisation" erblicken. Insbesondere geht
ihnen jedes Gefühl, jede Einsicht auf die in einem freien Markt zum Ausgleich und Gleichgewicht hindrängenden Kräfte und die damit entfesselte
Dynamik völlig ab. Statt dessen glaubt man wieder einmal so viel wie

möglich „organisieren" zu müssen, obwohl gerade damit Verzerrungen und Diskrepanzen nicht beseitigt, sondern womöglich noch vermehrt und verschärft werden würden.

Bei der Beurteilung der sich aus der Aufgabe ergebenden Situation drängt sich geradezu ein Vergleich mit den Problemen auf, die im Jahre 1948 mit der Währungsreform und der gleichzeitigen wirtschaftspolitischen Umschaltung von der Plan- und Zwangswirtschaft zur Marktwirtschaft zu lösen waren. Gerade ich weiß ein Lied davon zu singen, wie man mir damals mit Hilfe von Statistiken, graphischen Darstellungen, Rohstoffbilanzen, Produktions- und Verbrauchszahlen, Außenhandelszahlen u. a. m. scheinbar schlüssig und rational die Unmöglichkeit der Aufhebung der Bewirtschaftung, der Rationierung und der Preisbindungen beweisen wollte. Von der Schau der Planwirtschaft aus waren diese Zahlen und die darauf gestützten Prognosen zweifellos auch nicht zu widerlegen; angreifbar war allein die geistige Grundlage dieser Konzeption, die den gesellschaftswirtschaftlichen Prozeß lediglich als das Ergebnis oder eigentlich nur als Addition von wirtschaftlichen Zahlen und materiellen Fakten begriff, ohne die hinter dem Geschehen wirksamen menschlichen Kräfte einzubeziehen.

Im Grunde genommen stehen wir bei der Wiedervereinigung Deutschlands vor ganz ähnlichen Fragen und Problemen, und wieder scheiden sich hier die Geister.

Ich stehe jedenfalls klar und eindeutig auf dem Standpunkt, daß die Wiedereingliederung des deutschen Ostens mit den Mitteln und nach den Grundsätzen der Marktwirtschaft erfolgen müsse. Man mag es mir darum auch nicht verdenken, wenn ich der Arbeit der verschiedenen Gremien, die sich vorausschauend mit den Eingliederungsaufgaben befaßten, allenthalben mit Mißtrauen, Skepsis und Sorge begegne. Wenn auch meine Bedenken im einzelnen zerstreut werden konnten, so bleibt doch bestehen, daß der Erkenntniswert des gewonnenen und erarbeiteten Materials für die praktische Politik zuletzt doch nur bescheiden sein kann.

Natürlich ist es von Wichtigkeit, zu wissen, wie z. B. zu dem gegebenen Zeitpunkt die Verkehrsverhältnisse geartet sein werden, welche Institutionen staatlicher und nichtstaatlicher Art für diese oder jene öffentlichen, wirtschaftlichen oder sozialen Aufgaben bis dahin zuständig sind, in welchem Umfang in das Eigentum eingegriffen wurde, welche neuen Formen der betrieblichen und überbetrieblichen Zusammenarbeit entwickelt worden sind und andere tatbestandliche Feststellungen organisatorischer und verwaltungstechnischer Art mehr. Fast ohne praktischen Erkenntniswert und nahezu uninteressant aber sind Angaben über die geleistete Produktion und vorhandene Kapazitäten, über Beschäftigung, Rohstofflage und Außenhandelsverhältnisse, weil die Fruchtbarmachung der menschlichen und sachlichen Produktivkräfte nach dem Zusammenschluß unter völlig anderen Markt- und Umweltbedingungen vor sich gehen wird, und Schlüsse von der Gegenwart auf die Zukunft fast naturnotwendig zu krassen Fehlurteilen führen müssen.

Als erste Maßnahme wird sich eine Währungsneuordnung in der Sowjetzone, d. h. eine Einbeziehung in unser Währungssystem, als unerläßlich erweisen. Damit vollzieht sich dann zwangsläufig eine Angleichung des Preis- und Lohnniveaus an die in der Bundesrepublik herrschenden Verhältnisse. Man wird dabei auf die Erfahrungen der Währungsreform von 1948 zurückgreifen können und wie seinerzeit der Methode nach die Erstausstattung mit neuem Geld in Form von Kopf- und Betriebsquoten vornehmen. Inwieweit und in welchem Verhältnis im Zuge einer endgültigen Bereinigung die DM-Ost-Anrechnung in DM-West, die dann allgemein gültige Währung, erfolgen kann, bedarf dann noch gründlicher Untersuchung. Angesichts der völlig verzerrten Zwangswirtschaft und des Wirtschaftsterrors in der Sowjetzone kann über die echte Kaufkraft der Ost-Mark vorläufig unmöglich etwas ausgesagt werden. Mit diesem Prozeß wird dann naturgemäß die wirtschaftliche Lage der Sowjetzone schonungslos offengelegt, und es kann kein Zweifel bestehen, daß das Resultat betrüblich, ja, vielfach sogar erschütternd sein wird. Das heißt mit anderen Worten, daß wir mit einem starken Leistungsgefälle zwischen Ost und West rechnen müssen, und daß sich daraus schwerwiegende Konsequenzen für die sozialen Verhältnisse der Bevölkerung ergeben können. Dennoch müssen wir den Mut zur Klarheit und zur Wahrheit aufbringen, weil erst dann die Mittel der Heilung eingesetzt und wirksam werden können.

Das ist denn auch das eigentliche Problem, die Produktivität der Sowjetzonenwirtschaft so rasch und so energisch zu verbessern, daß der Prozeß der Leistungsangleichung auch zeitlich so kurz wie möglich bemessen werden kann. Gerade hinsichtlich der Bewältigung dieser Aufgabe sind charakteristische Unterschiede der Auffassungen zu verzeichnen. Die einen wollen die Sowjetzone gegenüber der Konkurrenz von außen zunächst abgeschirmt wissen, um der Ostwirtschaft nach einem vorgefaßten Plan in einer bestimmten Stufenfolge Zeit und Ruhe zu jener Leistungsangleichung zu geben, während andere – und zu dieser Gruppe zähle ich selbst – der Auffassung sind, daß dieser unumgänglich notwendige Angleichungsprozeß um so rascher und erfolgreicher vor sich gehen wird, je inniger von Anbeginn an die Verflechtung dieser beiden Wirtschaftsgebiete sein wird, und je mehr private Initiative und Tatkraft sich entfalten können. Eine abgeschirmte Ostwirtschaft wird in der Enge des eigenen Raumes niemals zu der notwendigen Kraftentfaltung kommen und wird zudem der Befruchtung aus der freien Beziehung zum Westen nicht teilhaftig werden können. Die staatlich manipulierte wirtschaftliche Verbindung zwischen Ost und West wird in einer solchen Zwischenzeit niemals die volle Freizügigkeit ersetzen können. Daraus erwächst die Gefahr, daß bei einer vorläufigen Sonderbehandlung ein Wirtschaftsgebilde ersteht, das in seiner Leistung wohl auch erstarken mag, in struktureller Hinsicht aber und in der Ausrichtung der Maßstäbe entbehren müßte, weil sich erst aus den gesamten und umfassenden Beziehungen innerhalb der gesamtdeutschen Wirtschaft die spezifische Stellung und Aufgabe der Sowjetzonenwirtschaft herauskristallieren kann.

Auch 1948 stellte sich uns die Frage, ob wir aus einem Schutzbedürfnis heraus die Wiederverflechtung Deutschlands mit der Welt in allmählichen Übergängen vollziehen oder ob wir durch eine freizügigere Handelspolitik von Anbeginn an versuchen sollten, uns dennoch im internationalen Wettbewerb durchzusetzen. Bei der Entscheidung mußte einerseits geprüft werden, ob eine echte Chance gegeben war, unter dem Druck dieses Wettbewerbs schnell zu einer Leistungsangleichung der deutschen Wirtschaft zu kommen, aber andererseits mußte berücksichtigt werden, daß die Wiederingangsetzung der deutschen Wirtschaft und eine ausreichende Beschäftigung in unserem Land nur dann zu bewerkstelligen war, wenn wir durch ausreichende Exporte unseren Importbedarf an Nahrungsmitteln und Rohstoffen decken konnten. Mit der „Liberalisierung" haben wir uns zu dieser kühneren Politik bekannt, und niemand kann mehr leugnen, daß dieser Schritt zu einem geradezu überraschenden Erfolg führte.

Die Sorge, daß die Sowjetzonenwirtschaft mit der Umorientierung nach dem Westen wegen unzureichender Rohstoffversorgung in ihrer Intensität gehemmt sein könnte, ist unbegründet. Wir sind heute auf Grund der Devisensituation und unserer Guthaben aus Ausfuhrüberschüssen durchaus in der Lage, einen zusätzlichen Import von drei bis vier Milliarden DM zu bewerkstelligen, wobei noch erleichternd hinzukommt, daß uns die Wiedervereinigung ja auch zu Deviseneinsparungen verhelfen wird. Des weiteren darf nicht vergessen werden, daß nach diesem erlösenden Schritt auch die Menschen sich wieder frei bewegen dürfen, und daß Unternehmer und Gewerbetreibende aller Art das mittel- und ostdeutsche Wirtschaftsgebiet dann nicht nur als neue Absatzmärkte betrachten, sondern sich dort auch in der Produktionssphäre betätigen werden. Es ist wohl kaum zuviel gesagt, daß die ganze Wirtschaft der Bundesrepublik mit Rat und Tat bereitsteht, um der rückgegliederten Ostwirtschaft die Aufgabe der Leistungsangleichung zu erleichtern. Privates und öffentliches Kapital dürfte in ausreichendem Maße mobilisiert werden können, um zur Erreichung dieses Zieles beizutragen, zumal die Wiedervereinigung Deutschlands ohnedies nur in einer weltpolitisch befriedeten Atmosphäre denkbar ist und ohne übertriebenen Optimismus angenommen werden kann, daß dann im Haushalt der Bundesrepublik Mittel für die Verteidigungsleistungen freigesetzt und für den wirtschaftlichen und sozialen Aufbau der Sowjetzone eingesetzt werden können. Das bedeutet mit anderen Worten, daß für eine Übergangszeit der Westen mit güterwirtschaftlichen Leistungen der Wirtschaft d. h. der Bevölkerung der Sowjetzone helfend zur Seite steht, und es kann da gar kein Zweifel sein, daß die in der Bundesrepublik vorhandenen Kapazitäten zu solcher Leistung auch ausreichen.

Wie aber steht es mit der künftigen Beschäftigung der Bevölkerung der Sowjetzone? Wird da nicht bis zur Aufholung des Leistungsrückstands eine große Arbeitslosigkeit Platz greifen müssen, und besteht dann überhaupt die Aussicht, das Leistungsgefälle jemals auszugleichen? Gewiß wird es auch jetzt wieder Leute geben, die genau wie vor der Währungsreform auf Grund mechanistischer Verfahren zu erschütternden Prognosen kommen werden. Bekanntlich hat ein wissenschaftliches Institut in Deutschland seinerzeit ein Arbeitslosenheer von fünf bis sechs Millionen Menschen vorausgesagt. Wir können also schon mit einiger Gelassenheit den trüben Prophezeiungen derer entgegensehen, die in ihrer rationalen „Vollkommenheit" wieder einmal die menschlichen und soziologischen Imponderabilien, die Impulse und Energien vergessen werden, die sich eben nicht auf eine rechenhafte Formel bringen lassen. Gerade die Not der noch unter der Tyrannei lebenden Menschen, ihr Hunger und ihr Mangel an allem, was das Leben lebenswert macht, werden sich aber als eine mächtige, vorwärtsdrängende Kraft erweisen und der menschlichen Arbeit fast ungeahnte Anwendungsmöglichkeiten bieten.

Wenn ich mit aller Entschiedenheit der Überzeugung bin, daß der Wirtschaft und der Bevölkerung der Sowjetzone mit einer vermeintlichen Schutzpolitik ein schlechter Dienst erwiesen werden würde, ja, eine möglichst rasche und erfolgreiche Wiedereingliederung auf solche Weise sogar gefährdet erschiene, so verkenne ich doch nicht, daß der Wirtschaft des Ostens vom Staate Hilfestellung geboten werden muß. Viel besser aber als leistungshemmende Schutzmaßnahmen erweisen sich produktionsfördernde steuerliche Erleichterungen und Befreiungen. Bei der Höhe der heute auf unserer Wirtschaft ruhenden Steuerlast sind alle und ausreichende Voraussetzungen gegeben, um durch Steuerentlastung, trotz der Leistungsdifferenz zwischen Ost und West, den Unternehmungen der Sowjetzone zu betriebs-, kosten- und ertragswirtschaftlich gleichartigen Startbedingungen im Wettbewerb zu verhelfen. Nicht zuletzt ist es gerade diese Überlegung, die mich für freiheitliche marktwirtschaftliche Grundsätze und Methoden der Rückgliederung der Sowjetzone eintreten läßt.

So kommen wir im ganzen zu dem Schluß, daß die allerorts vorherrschenden Befürchtungen hinsichtlich tragischer materieller Rückwirkungen auf menschliche Eigenschicksale hüben und drüben als unbegründet angesehen werden müssen. Weder wird für die heutige Bevölkerung des Bundesgebietes durch den Zusammenschluß eine steuerliche Belastung eintreten, noch etwa dadurch die Existenz von Betrieben gefährdet werden. Der Kapazitätszuwachs durch die gesamtwirtschaftliche Einbeziehung der Sowjetzone wird im Durchschnitt noch nicht einmal dem steigenden Bedarf der Sowjetzonenbevölkerung entsprechen, so daß sogar für weitere wirtschaftliche Expansion Raum bleiben dürfte. Die Arbeitsmarktlage im seitherigen Bundesgebiet wird durch ein solches Ereignis nicht oder wenn überhaupt, dann nur nach der positiven Seite hin, berührt. Aber auch in der Sowjetzone selbst ist mit einer stärker zunehmenden Arbeitslosigkeit nicht zu rechnen. Die Betriebe und Unternehmungen im Osten werden durch den Wettbewerb nicht erdrückt werden, sondern umgekehrt gerade durch den Wettbewerb rascher und erfolgreicher zu höherer Leistungsergiebigkeit gelangen. In politischer, wirtschaftlicher und menschlicher Beziehung wird die Wiedervereinigung Deutschlands Kräfte freimachen, von deren Stärke und Macht sich die Schulweisheit der Planwirtschaftler nichts träumen läßt.

ZU FRAGEN DER EUROPÄISCHEN ZAHLUNGSUNION

*[Rede vor dem Ministerrat des Europäischen Wirtschaftsrats
am 30. Oktober 1953 in Paris]*

*Anlaß der nachstehenden Rede waren Beratungen im Ministerrat der
OEEC über eine Verlängerung der Europäischen Zahlungsunion (EZU)
und Vorkehrungen für den Fall, daß ein oder mehrere Mitgliedsländer
der OEEC zur Konvertibilität übergehen sollten.*

Es geht um das Schicksal der Europäischen Zahlungsunion (EZU), aber
gerade darum scheint es mir nützlich und notwendig zu sein, eine Art von
Generalbilanz aufzustellen, die uns deutlich macht, ob und inwieweit diese
Institution die ihr gesteckten Ziele verwirklichen konnte, aber auch die Elemente und Ursachen offenlegt, die das System der Europäischen Zahlungsunion nicht zu voller Fruchtbarkeit gelangen ließen. An unserer politischen
Verantwortung gemessen, kommt es dabei nicht so sehr darauf an, daß einer
Satzung Genüge getan, sondern daß ein gemeinsam als notwendig erkannter
wirtschaftlicher Zweck erreicht wird. Weil in dieser Fragestellung bereits
Kritik und Skepsis anklingen, möchte ich, um keine Mißdeutungen aufkommen zu lassen, gleich vorausschicken, daß wir uns von deutscher Seite aus –
wie in der Vergangenheit, so in der Zukunft – bewußt und eindeutig zu den
Aufgaben und Zielen der EZU bekennen und an ihrer Erhaltung, aber mehr
noch an ihrer Gestaltung und Fortentwicklung mitzuarbeiten immer bereit
sein werden.

Wenn als Ziel der Europäischen Zahlungsunion eine möglichst enge Verflechtung der diesem System angeschlossenen Volkswirtschaften zu gelten hat,
so bedeutet dieses Bekenntnis zugleich auch eine Verpflichtung auf ganz
bestimmte wirtschaftspolitische Grundsätze, bedeutet insbesondere die Bereitschaft zur Überwindung einer protektionistischen und nationalistischen
Handelspolitik. Was auf diesem Felde auch immer erreicht worden sein
mag, so wissen wir doch genau, daß noch sehr viel mehr zu tun übrig bleibt.
Freier Leistungswettbewerb in einem gemeinsamen Markt – das ist der
letzte Inhalt der Europäischen Zahlungsunion – setzt weiter voraus, daß objektiv richtige Maßstäbe zur Fixierung von ökonomischen Werten und Leistungen zur Verfügung stehen, aber wiederum sind wir uns dessen bewußt,
daß im Zeichen der Devisenzwangswirtschaft diese fast selbstverständliche
Voraussetzung der Zusammenarbeit von Menschen in einer freien Wirtschaftsgesellschaft nicht ohne weiteres gegeben ist, ja theoretisch gar nicht
gegeben sein kann.

Die Zeit der Bekenntnisse, der Deklarationen oder gar nur der Deklamation scheint mir vorüber zu sein, wenn uns die Völker glauben sollen, daß es uns um eine freie friedliche und enge Zusammenarbeit der demokratischen Welt ernst ist; sie erwarten von uns Taten. Mögen auch immer vermeintliche nationale Interessen oder innerhalb der National-wirtschaften noch niedrigere Gruppeninteressen sich einer weltweiten Frei-zügigkeit entgegenstemmen, – wir werden aus einer höheren Verantwor-tung heraus dieser retardierenden Kräfte und Mächte nur dann Herr wer-den, wenn unser Wollen stärker ist und wir eine bessere ökonomische Ord-nung in der Welt zu schaffen bereit sind.

Wir wissen, daß die Europäische Zahlungsunion zu extremen Gläubiger-und Schuldnerpositionen geführt hat, und wir sind aus dem Blickfeld einer weltweiten Ordnung geneigt, diesen Tatbestand als strukturell bedingte Notwendigkeit hinzunehmen. In sich, als ein geschlossenes System, ermangelt die Europäische Zahlungsunion der Lebensfähigkeit. Für meine Person je-denfalls vermag ich in der Europäischen Zahlungsunion keine absolute Lösung zu erblicken, und wir alle bestätigen diese Unzulänglichkeit ja auch dadurch, daß wir durch die Goldzahlungspflicht und die Abrechnung in Dollars die Brücke zu der übrigen Welt zu schlagen versuchen und dadurch den wirtschaftlichen Ausgleich mit ihr erleichtern wollen. Allerdings wäre es auch wieder völlig abwegig, die derzeitigen Kontenstände innerhalb der Europäischen Zahlungsunion ausschließlich auf strukturbedingte Verhältnisse zurückführen zu wollen, denn mehr als dies kommen in den Aktiv- und Passivsalden die Unterschiede der nationalen Wirtschafts- und Finanzpolitik zur Auswirkung. Die Europäische Zahlungsunion befindet sich in einer wahrhaft tragischen Situation, weil sie wohl auf der einen Seite in der ihr gesetzten Begrenzung nach absoluten Maßen nicht zum Ziele führen kann, weil sie aber andererseits im praktischen Ergebnis dennoch weit hinter dem zurückbleibt, was bei sinnvoller Koordinierung der Wirtschafts-, Fi-nanz- und Handelspolitik der beteiligten Länder zu erreichen möglich wäre. So erscheinen auch je nach dem Standpunkt Resignation und Zuversicht gleichermaßen berechtigt. Anders ausgedrückt möchte ich sagen, daß wir mit diesem System wohl sehr viel weiter, aber doch auch wieder nicht zu dem guten Ende weltweiter Freizügigkeit kommen können.

Kehren wir aber zu der praktischen Aufgabenstellung des Tages und zu einer engeren Zielsetzung zurück. Es wird die Auffassung vertreten, daß es über die zunehmende Liberalisierung möglich sein würde, das Ziel der freien Konvertierbarkeit der Währungen zu erreichen. Dieser Segen sollte uns in Konsequenz einer liberalen Handelspolitik sozusagen als reife Frucht in den Schoß fallen. Ich weiß nicht, ob irgendein Land noch einem solchen Wunderglauben zuneigt. Ich möchte vielmehr meinen – und die Erfahrungen der letzten $1^1/_2$ Jahre haben es gezeigt –, daß diese Politik, so sehr sie not-wendig und erforderlich war, um erst einmal aus der Enge und Verkramp-fung der bilateralen Beziehungen herauszukommen, heute an einem Punkte angelangt zu sein scheint, wo es um das Prinzip der Liberalisierung schlechthin geht.

Ich wenigstens bin für meine Person zu der Überzeugung gelangt, daß ohne gleichzeitige Maßnahmen zu einer vollkommenen Ordnung frei konvertierbarer Währungen die Bemühungen um vollständige Liberalisierung scheitern müssen, und ich kann daher die These nicht anerkennen, daß ein Land mit Überschüssen die Pflicht zu weiterer Liberalisierung und ein Land mit Defiziten das Recht zu einer Verkürzung der Liberalisierung haben sollte. Denn diese mechanisch-schematische Regel würde den Einfluß der nationalen Wirtschafts- und Finanzpolitik auf die Zahlungsbilanz völlig unberücksichtigt lassen und die Nationalwirtschaften jeglicher Selbstverantwortung entheben.

Wie ich bereits ausführte, sollen diese kritischen Anmerkungen nicht besagen, daß ich einer neuen Liberalisierungsaktion ablehnend gegenüberstehe oder daß mein Land nicht jeden Weg mitzugehen bereit wäre, der uns aus der Isolierung heraus enger zu verbinden geeignet wäre. Kritik, wie ich sie geübt habe, bedeutet nicht Verneinung oder gar Feindschaft. Sie kann auch dem Bemühen um Besserung und Heilung entspringen, und ich bekenne mich ausdrücklich zu dieser positiven Haltung.

Ich darf in diesem Zusammenhang eine ernste Sorge nicht verschweigen. Wenn sich nämlich schon auf der Grundlage so weit differenzierter Liberalisierungsquoten in der Vergangenheit die Positionen der einzelnen Länder trendmäßig ziemlich klar und eindeutig nach der Schuld- oder Guthaben-Seite hin entwickelten, dann scheint die Frage mindestens nicht unberechtigt zu sein, ob bei erweiterter Liberalisierung die Diskrepanz sich nicht noch schärfer ausprägen wird. Bei einer in diesem Sinne unglücklichen Entwicklung würde man dann in einem halben Jahre möglicherweise zu dem Urteil kommen, daß eine Liberalisierung im Europäischen Zahlungsunion-Raum nicht möglich ist, obwohl die wissenschaftliche Wahrheit dahin lauten müßte, daß Liberalisierung ohne eine diesem System adäquate Wirtschafts- und Finanzpolitik einen Widerspruch in sich selbst bedeutet. So wenig Liberalisierung ohne eine liberale Politik denkbar ist, so unbestritten ist es dann auch, daß handelspolitische Freizügigkeit die Verrechnung von Waren und Dienstleistungen in „richtigen", d. h. volkswirtschaftlichen realistischen, Wechselkursen voraussetzt. Im Zeichen der Devisenzwangswirtschaft kann der Wechselkurs für eine Währung wohl auch einmal richtig sein, aber eine Notwendigkeit hierzu besteht nicht, und die Wahrscheinlichkeit richtiger Kurse ist theoretisch gesehen sogar gering. Im Grunde genommen befinden wir uns diesem Problem gegenüber alle in der gleichen Lage, aber es genügt hier schon, wenn der unlösbare Zusammenhang zwischen Liberalisierung und Währungsrelation oder – anders ausgedrückt – zwischen Liberalisierung und Konvertierbarkeit der Währung erkannt und anerkannt wird. Bei falschen, unrealistischen Wechselkursen ist eine auf dem Grundsatz der Liberalisierung beruhende Handelspolitik letztlich zum Scheitern verurteilt.

Es ist meine feste Überzeugung, daß eine wirkliche Befriedung, die Überwindung von Mißtrauen, Neid und Mißgunst, d. h. also ein wirklich ehrlicher, freier Leistungswettbewerb in der Welt, mit allen daran haftenden Segnungen einer internationalen Arbeitsteilung, erst dann zu verwirklichen sein wird, wenn sich ein großer massiver Block der freien Welt auf die Grundsätze einer freien Währungsordnung einigt. Das Wort Lenins, daß es nur notwendig ist, die Währungen der kapitalistischen Länder zu zerstören, um sie für den Kommunismus reif werden zu lassen, sollte allen demokratischen Völkern zu denken geben.

Kommen wir aber zum Programm:

1. Ich bejahe alle Anstrengungen und Vorschläge der OEEC, durch die die Bemühungen um fortschreitende Liberalisierung und Konvertierbarkeit koordiniert werden. Nur auf der Grundlage einer gesunden Währungspolitik bedeutet die Liberalisierung einen echten Fortschritt in Richtung auf die Konvertierbarkeit. Es wäre gewiß kein Fortschritt, wenn die Liberalisierung des Handels auf die Dauer nur durch eine hohe Inanspruchnahme von zwischenstaatlichen Krediten ermöglicht würde. In diesem Sinne muß nach unserer Auffassung zugleich mit einer weiteren Befreiung des Handelsverkehrs eine Anpassung des Europäischen Zahlungsunion–Systems erfolgen, und zwar nicht zuletzt durch eine Erhöhung des Goldanteils aller Zahlungen. Denn nur dadurch kann das Übel der regionalen Abschließung der EZU-Länder von der freien Welt geheilt werden, und nur auf solche Weise schlagen wir die Brücke.

2. Wie ich gestern bereits ausgeführt habe, ist meine Regierung grundsätzlich bereit, gemeinsam mit allen übrigen Mitgliedsländern zusätzliche Liberalisierungsverpflichtungen zu übernehmen. Mir scheint die Methode, die wir für die Festlegung dieser zusätzlichen Liberalisierungsverpflichtungen wählen, weniger wichtig zu sein als der ehrliche und feste Wille, die sich aus der Übernahme zusätzlicher Verpflichtungen ergebenden innen- und außenwirtschaftlichen Konsequenzen auf sich zu nehmen. Im übrigen habe ich mich bereits gestern für eine Erschwerung der Ausnahmeklausel unter Art. 3 des Liberalisierungskodex und für eine Erhöhung der Konsolidierung ausgesprochen.

3. Aus diesem Grunde bejahe ich auch die Bemühungen, durch eine vermehrte Liberalisierung gegenüber dem Dollarraum die wirtschaftliche Verbindung zwischen unseren Ländern und den Vereinigten Staaten zu verstärken und über den freieren Wettbewerb zu einer besseren Angleichung von Kosten und Preisen zu gelangen. Ich verhehle dabei allerdings nicht, daß eine dahin gerichtete freizügige Politik die Gold- und Dollarreserven der EZU–Länder möglicherweise vermindern oder aufzehren wird, und daß man dann der liberalen Politik als Schuld anlasten könnte, was im Grunde genommen

auf den Fehler eben jener unrealistischen Wechselkurse zurückgeführt werden müßte. Würde man bei einer solchen Entwicklung dann gar den Schluß ziehen, daß eine freie Konvertierbarkeit auch gegenüber dem Dollar unmöglich wäre, dann schiene mir die Verirrung und die Tragik vollkommen zu sein.

4. Unsere Organisation muß erkennen und mit unser aller Zustimmung Maßnahmen ergreifen, um den freien, ehrlichen Leistungswettbewerb der privaten Wirtschaft nicht noch länger durch Exportsubventionen oder Exportförderungsmaßnahmen der verschiedensten Art fortdauernd verzerren und verfälschen zu lassen. Die Liberalisierung wird geradezu zu einer Farce, wenn wir dieses Übel nicht mit Stumpf und Stiel auszurotten willens sind. Ich erkläre mich deshalb für mein Land auch bereit, jedweder und am liebsten der weitestgehendsten Vereinbarung zuzustimmen, um gleiche Startbedingungen im Wettbewerb zu gewährleisten. Staatliche Exportsubventionen zur Korrektur unrealistischer Wechselkurse sind im Interesse der internationalen Zusammenarbeit ebenso abzulehnen wie eine auf Erreichung eines künstlichen Wettbewerbsvorsprungs gerichtete Handelspolitik. Die Währungspolitik sollte nicht als Instrument der Handelspolitik mißbraucht werden dürfen.

5. Alle Problematik der Europäischen Zahlungsunion gipfelt in der durch die Devisenzwangswirtschaft gekennzeichneten Währungsunordnung. Es muß deshalb unser gemeinsames Anliegen sein, einen konstruktiven Plan zu entwickeln, der uns in Umkehrung der seitherigen Zielsetzung nicht die vage Hoffnung gibt, daß wir über die Liberalisierung schließlich doch noch zur Konvertierbarkeit gelangen, sondern aufzeigt, auf welche Weise wir die Konvertierbarkeit als ein freies Zahlungssystem unter Verzicht auf devisenrechtliche Beschränkungen zumindest für den Güter- und Dienstleistungsaustausch statuieren können, um zu echter handelspolitischer Freizügigkeit zu kommen. Ich schlage deshalb vor, daß ein kleines Gremium mit dieser Aufgabe betraut wird. Angesichts der über den ökonomischen Bereich hinausgehenden politischen Bedeutung der Konvertierbarkeit scheint es mir richtig zu sein, wenn dieses Gremium aus dem Kreise der Minister gebildet wird.

Herr Präsident! Ich habe den Mut zur freien Rede gefunden, weil ich mit meinen Auffassungen nicht die Interessen eines Landes, sondern die Grundsätze einer gemeinverbindlichen guten Ordnung vertrete, weil es uns darauf ankommen muß, dieses arme, gequälte und zerrissene Europa zu fruchtbarer Zusammenarbeit und zu höherer ökonomischer und sozialer Leistung zusammenzuführen. Es ist ein Irrglaube, daß die Konvertibilität, an der unsere wirtschaftliche Freiheit hängt, wirtschaftliche Stärke und wirtschaftlichen Reichtum voraussetzt. Es gehört zu dieser Ordnung nicht mehr als Bescheidung, als die Einsicht, daß niemand über seine Verhältnisse leben kann, und wie im privaten Leben so auch kein Volk mehr verbrauchen darf, als es selbst an Werten erzeugt. Es ist ein weiterer Irrtum, daß wir alle

Störungen und Spannungen, mit denen wir in der Gegenwart zu kämpfen haben, auch nach vollzogener Konvertierbarkeit noch als gegeben erachten, ohne zu berücksichtigen, daß sich eine völlig andere und neue Konstellation aller wirtschaftlichen Daten und Fakten ergeben wird. Ich gebe zu, diese Entwicklung kann nicht im voraus in allen Einzelheiten berechnet werden; aber sollten wir nicht soviel Phantasie aufbringen, um mindestens zu erkennen, daß eine bessere wirtschaftliche Ordnung für uns alle vorteilhafter ist als eine schlechte Ordnung, – eine Unordnung also, wie sie die Devisenzwangswirtschaft unbestreitbar darstellt? Wie soll die übrige Welt Vertrauen zu Europa finden, wenn wir es nicht selbst bekunden, wenn wir nicht aus unserer politischen Verantwortung heraus eine bessere Form für die freie wirtschaftliche Zusammenarbeit unserer Völker finden?!

UNTERNEHMER, STAAT UND WIRTSCHAFT

[Rede bei der 5. Ordentlichen Mitgliederversammlung des Bundesverbandes der Deutschen Industrie am 17. Mai 1954 in Essen]

Vor einem wechselvollen Horizont der Weltpolitik – französische Niederlagen in Indonesien, Asien-Konferenz in Genf, USA-Recession – spricht Erhard auf der Tagung des Bundesverbandes der deutschen Industrie in Anwesenheit des Bundespräsidenten über die aktuellen Probleme der deutschen Wirtschaftspolitik:

Mein erstes Wort, das ich der deutschen Industrie zurufen möchte, ist ein Ausdruck des Dankes und der Anerkennung für die ungeheure Leistung, die sie im Zuge des deutschen Wiederaufbaus erfüllt hat. Zwar müssen mir alle Wirtschafts- und Gewerbezweige gleich liebe Kinder sein. Aber die deutsche Industrie bedeutet den stärksten Faktor in der deutschen Wertschöpfung, und so nimmt sie denn unter den Geschwistern mindestens die Rolle des größeren Bruders ein, der ja auch in soziologischer Hinsicht schon immer seine bestimmte Bedeutung gehabt hat. Nachdem mein verehrter Vorredner zum Wettbewerb schon sehr vieles gesagt hat, was mir durchaus aus der Seele gesprochen war, brauche ich dieses Thema nicht besonders zu vertiefen. Aber ich möchte doch sagen, daß die Dynamik und die Expansionskraft in der Wirtschaft mir wirklich das Geheimnis des Erfolges zu sein scheinen. Diese Kräfte dürfen nicht erlahmen. Denn eine Marktwirtschaft ohne inneren Expansivdrang und ohne die fortschreitende Dynamik, ohne die Beweglichkeit und das starke Maß an Reagibilität wird ihre Aufgaben niemals erfüllen können. Der Wettbewerb ist der Motor einer Marktwirtschaft, und das Steuerungsmittel der Marktwirtschaft ist der freie Preis. Diese Dynamik, dieses Fortschreiten, dieser Wille, sich in der Freiheit zu bewähren – das ist die Grundlage einer gesunden und stabilen und zugleich auch sozial ausgerichteten Volkswirtschaft.

Ein so hervorragender Wirtschaftsexperte wie Gilbert Burck hat in „Fortune" geschrieben: Wenn dieser Geist in Europa lebendig wird, wenn sich hier zwischen Amerika und Europa eine Annäherung der geistigen, sittlichen und moralischen Haltung vollziehen wird, dann wird Europa vielleicht seinen größten Sieg erfochten haben! Ich bin auch der festen Überzeugung, daß es stimmt, wenn Gilbert Burck hinzufügt, Deutschland erwecke den Eindruck, als ob es das erste europäische „amerikanische" Land werden wollte. Ich möchte dazu zwar nicht sagen, daß ich alles großartig finde, was dort demonstriert wird; sicher ist aber, daß wir noch ungeheuer viel von Amerika lernen können, vor allem auch in der geistigen

Ausrichtung der Wirtschaft. Auch bin ich weit davon entfernt, von einem „deutschen Wunder" zu sprechen. Es sind ganz natürliche Erscheinungen, ganz natürliche Kräfte gewesen, die uns vorwärts gebracht haben. Aber wir haben schon Grund, stolz zu sein, und vor allem auch Sie haben Grund, stolz zu sein. Denn das, was Deutschland in diesen wenigen Jahren zuwege brachte, ist nicht allein die Steigerung des Verbrauchs, über allen Vorkriegsstand hinaus ausgedrückt; es ist doch auch zu berücksichtigen, daß wir buchstäblich aus Schutt und Trümmern wiederaufgebaut haben, daß wir unsere Straßen, unsere Verkehrswege und unsere technischen Produktionseinrichtungen wiederherzustellen und daß wir im Wohnungsbau ungeheure Leistungen zu erfüllen hatten. Wir mußten doch die deutsche Wirtschaft erst wieder zu einem Maß von Produktivität bringen, um im Wettbewerb mit den übrigen Industrieländern der Welt antreten zu können. Wir mußten alles zu gleicher Zeit beginnen und mußten in allen Phasen und nach allen Richtungen gleichzeitig Erfolge erzielen, wenn die deutsche Existenz wieder gesichert werden sollte. In dieser Hinsicht können wir heute doch schon wieder freier und einigermaßen ohne übergroße Sorge in die Zukunft blicken, obgleich wir alle wissen, wie viel noch zu tun ist und wo uns der Schuh drückt; denn wir sind noch keinesfalls über den Berg. Aber angesichts des schon Erreichten neben dem Gefühl des Dankes auch dem Gefühl des Stolzes Ausdruck zu geben, dazu ist, glaube ich, ein Tag wie der heutige der richtige Anlaß.

Die Sorgen, von denen ich sprach, die uns noch bedrücken, sind gerade die Nöte, die auch Sie im Alltag so schwer belasten. Es ist die Frage der übermäßigen steuerlichen Belastung, über die wir uns jetzt auch in den gesetzgebenden Körperschaften unterhalten; es ist die Frage einer ausreichenden Liquidität und eines Bewegungsspielraums für unternehmerische Initiative; es sind all die Hemmungen, die noch der Entfaltung des deutschen Unternehmers über die Grenzen hinweg entgegenstehen; kurz und gut, es ist ein ganzes Bündel von Fragen, die noch der befriedigenden Lösung bedürfen.

In diesem Zusammenhang wollen wir uns aber doch noch einmal auf die Grundlagen besinnen. Gerade in diesen Tagen sind Gespräche geführt worden, wer denn eigentlich die Verantwortung für die Wirtschaft trägt. Die Frage bedarf, glaube ich, einer ganz klaren Antwort. Nach meiner festen Überzeugung trägt im 20. Jahrhundert, im sozialen Klima von heute, die Verantwortung für die Wirtschaft – und das bedeutet gleichzeitig: auch für das wirtschaftliche Schicksal aller in ihr tätigen Menschen – allein der Staat. Der Unternehmer trägt die Verantwortung für seinen Betrieb, und das ist nicht wenig. Ich gebe gern zu, daß es ein berechtigtes Anliegen jedes Unternehmers sein muß, sich dann auch um die Ausrichtung der Wirtschaftspolitik zu kümmern. Denn im Zweifelsfalle ist er entweder der Leidtragende einer schlechten Wirtschaftspolitik, oder er kann auch die

Früchte und Vorteile einer guten Wirtschaftspolitik für sich in Anspruch nehmen.

Es ist die besondere Aufgabe einer Institution wie des Bundesverbandes der Deutschen Industrie, den wirtschaftspolitischen Willen der einzelnen Unternehmer zusammenzufassen, ihn zu analysieren und zu extrahieren und in engster Verbindung mit den Organen des Staates Ausgleiche zu suchen. War das nicht auch die Methode, die wir in den letzten sechs Jahren immer wieder angewandt haben, indem wir bei jeder Frage, die auftauchte, uns zusammengesetzt und versucht haben, eine Einigung zu erzielen oder mindestens Verständnis für einander zu gewinnen, wenn wir, wie bekannt genug, in der einen oder anderen Problematik nicht ganz zusammenkamen? Aber diese bedeutsame Aufgabe darf natürlich nicht darüber hinwegtäuschen, daß die letzte Verantwortung für die Wirtschaft und für das soziale Leben eines Volkes beim Staate liegt.

Wenn dem aber so ist, dann kann es auch wieder nur Aufgabe des Staates sein, den wirtschaftlichen Ordnungsrahmen zu setzen. Aufgabe des Staates ist es, die Spielregeln der Wirtschaft zu setzen, so wie es vorher schon seine Aufgabe gewesen ist, die soziale, ökonomische und politische Verfassung eines Landes zu setzen. Sie werden mir zugeben: keiner hat erbitterter als ich um die Freiheit des deutschen Unternehmers gekämpft.

Die Übertragung von Verantwortungen, von der ich sprach, bedeutet ein System, in dem der Unternehmer neben der Sicherung seiner wirtschaftlichen Existenz zugleich eine volkswirtschaftliche Aufgabe erfüllt, wenn sie auch für den einzelnen nicht immer sichtbar und erkennbar ist. Er ist sich seiner volkswirtschaftlichen Bedeutung gar nicht bewußt; aber er erfüllt seine volkswirtschaftliche Aufgabe dennoch, wenn in dem System der freien Marktwirtschaft die freie Preisbildung und der Motor des Wettbewerbs geschützt und lebendig bleiben. Man kann hier nicht irgendein Stück herausbrechen, ohne das System im ganzen zu verfälschen.

Wenn es, wie ich glaube, Aufgabe des Staates sein muß, über die Freiheit des Wettbewerbs – und auf lange Sicht auch über die Freiheit des Unternehmers – zu wachen, dann werden Sie auch meine Einstellung gegenüber den Kartellen besser begreifen. Ich bin jetzt sogar so weit gegangen, daß ich in den Beratungen im Wirtschaftsausschuß des Bundesrats noch einer Fassung zugestimmt habe, nach der in Ausnahmefällen und bei Vorliegen unabdingbarer volkswirtschaftlicher Notwendigkeiten die Bundesregierung über die schon vorgesehenen Ausnahmen des Rationalisierungskartells, des Konditionenkartells und des Exportkartells hinaus Kartelle zulassen kann, weil nicht von Anfang an alle möglichen Ereignisse in eine feste Norm zu pressen sind. Damit hat die Bundesregierung und habe ich als ihr Sprecher in wirtschaftspolitischen Fragen aufs neue bewiesen, daß wir bis zu einem Höchstmaß an Entgegenkommen bereit sind. Wenn Ausnahmen notwendig werden und wenn wirklich ein so dringliches öffentliches Interesse vorliegt, daß die Bundesregierung dieses Interesse bejaht, dann kann also noch einmal eine Ausnahme, eine Lockerung Platz greifen. Ich bin guter Zuversicht, daß es uns schließlich gelingen wird, eine gute und befriedigende Lösung zu finden.

Was habe ich denn in diesen sechs Jahren getan, was Sie in Ihrem Vertrauen hätte irre machen können? Ich habe im Jahre 1948 den deutschen Unternehmer von der Zwangswirtschaft befreit und habe der Wirtschaft die Freiheit in einem Augenblick gegeben, in dem wahrscheinlich nur wenige der Überzeugung waren, daß dieses Experiment gelingen könnte. Es ist gelungen! Wir sind den Weg in die Liberalisierung gegangen, wohl mit Ihrer Zustimmung, wie Sie selbstverständlich auch der Marktwirtschaft zugestimmt haben. Gleichwohl haben viele Branchen vorhergesagt, daß dies Beginnen schädlich für sie sein würde und daß man sehr vorsichtig operieren müsse. Ich habe bisher nicht feststellen können, daß irgendeine Liberalisierungsmaßnahme in irgendeinem Bereich von einer schädlichen Auswirkung für den betreffenden Industriezweig gewesen ist.

Seit zwei Jahren habe ich mir den Durchbruch zur Konvertierbarkeit zum Ziel gesetzt. Ich weiß, daß ich am Anfang sogar verlacht wurde, weil man offenbar geglaubt hat, die Devisenzwangswirtschaft sei eine gottgewollte, ewige Einrichtung. Und wo stehen wir heute? Unmittelbar an der Schwelle zur Konvertierbarkeit; und nichts von den Sorgen und den düsteren Prophezeiungen ist Wirklichkeit geworden, die doch schon im Zuge der Politik hätten eintreten müssen, die die Bank deutscher Länder in Richtung einer größeren Freizügigkeit eingeleitet hat.

Können Sie sich vorstellen, daß ich bereit wäre, jetzt in bezug auf die Wettbewerbspolitik einen Weg zu gehen, der nun in völliger Mißachtung der unternehmerischen Interessen die Ordnung eines freien Unternehmertums gefährden könnte? Das kann doch niemand von mir erwarten! Ich glaube, es fördert das deutsche Ansehen und das Ansehen des deutschen Unternehmers, wenn er um sich ein Klima schafft, das ein deutliches Bekenntnis zur Marktwirtschaft, zur unternehmerischen Freiheit und zum Wettbewerb ausstrahlt.

Es ist kein Zufall, daß man sich draußen so sehr für die deutsche Wirtschaftspolitik interessiert. Man möchte wissen, wie wir es denn gemacht haben und wie wir es machen werden und welche Vorstellungen uns dabei erfüllen. Daß wir heute mehr produzieren als gestern und vorgestern, daß wir – ich sagte schon, wir sollen stolz darauf sein – in unserer Produktionsleistung sehr Großes erreicht haben, das würde noch nicht hinreichen, um Deutschland heute im Blickpunkt der Welt doch in einem neuen Licht erscheinen zu lassen. Es ist tatsächlich ein neuer Geist, der sich in Deutschland entzündet hat, und diesen Geist möchte ich nicht absterben lassen.

Von der Politik der Liberalisierung war schon die Rede. Es ist unverkennbar, daß wir auch in handelspolitischer Beziehung sichtbare Erfolge erzielt haben. Die Tatsache, daß wir im abgelaufenen Jahr 1953 einen Überschuß unserer Handelsbilanz von 2¹/₂ Milliarden DM erreichen konnten, spricht für sich, wenn man sich den Start unseres deutschen Exports im Jahre 1948 vergegenwärtigt. Auch das Jahr 1954 entwickelt sich überraschend gut. In den ersten vier Monaten dieses Jahres ist der Import um 10 v. H., der Export um 20 v. H. gestiegen.

Eine weitere Voraussage hat sich erfüllt. Wir sind in der Europäischen Zahlungs-Union als dem wichtigsten Wirtschaftsraum, dem wir zugehören, nicht zu einer Auflösung des Überschusses, sondern zu einer immer größeren Erhärtung unserer Gläubigerposition gekommen, so daß bei der letzten Ratstagung zu überlegen war, was wir überhaupt tun sollen, um für den deutschen Export wieder Luft zu schaffen. In einem besteht zwischen uns zweifellos Übereinstimmung: eine bewußte Zurückschraubung des deutschen Exports, gar mit künstlichen oder mit staatlichen Mitteln, kommt überhaupt nicht in Frage. Das können wir uns nicht leisten.

Ich möchte damit nicht etwa sagen, daß der bisherige Zustand eines fortdauernden hohen Exportüberschusses tragbar wäre. Ich bin aber nicht der Meinung, daß wir exportieren müssen oder auch nur exportieren wollten mit der Zielsetzung einer imperialistischen Politik. Nein, im Gegenteil! Wir brauchen einen hohen Export, um die Grundlage unserer eigenen wirtschaftlichen Existenz im Binnenraum zu sichern. Wir müssen immer auf der Höhe der Leistung bleiben und müssen immer den Standard der modernsten Industrieländer halten. Denn ein so stark industriebetontes Land wie Deutschland hat nur dann eine Zukunft, wenn es sich auf der Höhe der Leistung bewegt.

Wir dürfen also die Schwierigkeiten im Export nicht dadurch zu heilen versuchen, daß wir hier einen Schritt zurückgehen und uns Reserve auferlegen. Uns bleibt, wie in den letzten sechs Jahren, so mindestens auch für die nächste Zukunft immer nur der Durchbruch nach vorn. Das bedeutet, daß es eigentlich nur ein vernünftiges Mittel zur Heilung unserer Sorgen in der Außenwirtschaft gibt: nämlich die Herbeiführung einer inneren Expansion. Die Chancen dazu sind ohne weiteres gegeben. Deutschland hat auch in den letzten Jahren hohe Zuwachsraten in seiner industriellen Produktion und auch in der Steigerung des Sozialprodukts erreicht. Nach meiner Ansicht sind wir hier noch lange nicht am Ende. Es ist unmöglich, von einer Sättigung des Nachholbedarfs oder gar von einer Sättigung des Konsums zu sprechen. Wieviel ist da noch nachzuholen! Wieviel könnten wir da tun zur Weckung und Stärkung des Eigentumsbegriffs, zur Förderung des Lebens in der Familie und anderer Werte, wenn es uns nur gelingt, hier noch rascher zu Erfolgen zu kommen.

Eine Steigerung des Verbrauchs ist nicht immer nur zu sehen im Sinne der allerprimitivsten Materialisierung des Verbrauchs. Es gibt auch einen Verbrauch, der von höchstem sittlichen Wert ist. Wir dürfen den Verbrauch nicht erlahmen lassen. Ich habe darüber auf dem Sparkassentag gesprochen und gesagt: Gewiß ist das Sparen eine Tugend, und wir brauchen das Sparen, weil wir unbedingt diese Mittel benötigen, um in der Investition, der Rationalisierung, der Produktivitätssteigerung unserer Volkswirtschaft voranzukommen. Aber der Wille zur Rationalisierung und der Zwang zur Produktivitätssteigerung erwachsen doch aus dem Drängen der Volkswirtschaft vom Verbrauch her. Darum muß beides miteinander hochgezogen werden: Sparen, Investieren, und zugleich Verbrauchen. Es ist gar nicht merkwürdig, sondern es ist selbstverständlich, daß das nicht in einer Alternative – Sparen oder Verbrauchen – steht. Jede historische Erfahrung und jede logische Ableitung besagt: man kann immer nur sparen und verbrauchen zu gleicher Zeit. Nur aus der Steigerung des Sozialprodukts, aus der Vermehrung des Volkseinkommens ist es möglich, vom Verbrauch her die Triebkräfte für die Wirtschaft lebendig zu halten und doch gleichzeitig die Mittel zu gewinnen, die notwendig sind, um in der Ausrüstung unseres Produktionsapparats dem Willen des Verbrauchers und der von ihm ausgelösten Nachfrage zu folgen.

Außenwirtschaft und Innenwirtschaft stehen in einem untrennbaren inneren Zusammenhang. Wir sind ja nicht in der Situation, daß wir etwa Überschüsse unserer Handels- und Zahlungsbilanz durch echten Kapitalexport abtragen können. Erstens ist der deutsche Kapitalmarkt noch nicht derart funktionsfähig, daß die Kapitalaufbringung auch nur technisch möglich wäre. Es besteht aber sonst keine Chance, in Deutschland in einem nennenswerten Umfang Kapital zum Ausgleich unserer Exportüberschüsse zu erübrigen. Das ist noch einer der großen Engpässe. Daher können wir nicht, wie etwa Amerika, durch große Anleihegewährung oder auch durch ein starkes Maß von privaten Investitionen den Ausgleich herbeiführen oder ihn doch zeitlich hinausschieben. Wir können den Ausgleich im wesentlichen nur durch verstärkte Importe besorgen. Verstärkte Importe aber bedeuten verstärkte innere Expansion. Verstärkte innere Expansion heißt aber nichts anderes, als die Expansionskräfte aufrechtzuerhalten und den Wettbewerb nicht erlahmen zu lassen; bedeutet also, alles zu tun, um den Drang zur Mengenkonjunktur nicht zu unterbinden.

Die Mengenkonjunktur ist doch, auch wenn sie für den Unternehmer nicht immer bequem ist, eine gute Sache. Denn Mengenkonjunktur bedeutet, rein quantitativ, mehr Produktion. Mehr Produktion bedeutet mehr Volkseinkommen. Mehr Volkseinkommen bedeutet freieres Leben, bedeutet vermehrte Nachfrage am Markt. Vermehrte Nachfrage heißt wieder Produktionssteigerung, Produktionssteigerung unter günstigeren Kostenbedingungen, und so bringt es die Mengenkonjunktur mit sich, daß der Preis von gestern, der möglicherweise hart an der Grenze des Kostenpreises lag, morgen wieder zu einem unternehmerisch vertretbaren Preis werden mag.

Wenn wir uns jetzt in der Europäischen Zahlungs-Union bemühen, die extremen Schuldner- und die extremen Gläubigerpositionen nach einem multilateralen Verfahren in bilateralen Verhandlungen zu konsolidieren, dann ist zunächst einmal die Lösung dieses Problems vertagt. Wenn dieser Plan realisiert wird, gewinnen wir in diesem Raum für kommende deutsche Exportüberschüsse Spielräume für neue 450 Millionen Dollar.

Nach den Gesprächen, die ich in anderen Ländern und vor allem auch mit Repräsentanten der amerikanischen Regierung geführt habe, kann ich sagen, die ganze freie Welt ist sich wohl darüber im klaren, daß wir jetzt in eine neue Phase der weltwirtschaftlichen Beziehungen eintreten, die äußerlich dadurch gekennzeichnet ist, daß wir die verhängnisvolle Dreiteilung – EZU-Raum, Dollar-Raum und Offset-Raum – aufheben und diese Räume besser und enger zusammenfügen. Wir werden zwar nicht von heute auf morgen zu einer idealen und vollen Lösung kommen, aber wir werden ein System und Handhaben entwickeln müssen, um das Ziel möglichst schnell zu erreichen.

Wenn wir z. B. am Anfang dieses Jahres ein höheres Maß von Liberalisierung gegenüber dem Dollarraum setzten, dann geschah das auch aus dem Gefühl heraus: es geht nicht an, die einen zu Gunsten der anderen zu diskriminieren. Es kann keine richtige Methode sein, wenn eine größere Freiheit gegenüber dem Dollarraum zu einer Gefahr für den EZU-Raum wird. Wenn das der Fall ist, dann ist an dieser Konstruktion etwas mangelhaft, und dann ist es Zeit, daß wir größere und umfassendere Funktionen und auch größere und umfassendere Räume setzen.

Das ist, glaube ich, gerade der Weg, den wir jetzt beschritten haben: der Weg zur freien Konvertierbarkeit. Im Grunde genommen hat sie ja schon durch all die Maßnahmen begonnen, die von der Bank deutscher Länder eingeleitet wurden. Wieder hat sich, wie ich vorhin schon erwähnte, gezeigt, daß der mutige und richtige Schritt sich immer lohnt. Alles, was man vorher über einen Abzug von Kapital für den Fall der Transfermöglichkeit der Sperrmark prophezeit hatte, ist nicht eingetreten. Man hat das Geld nur so lange von Deutschland abziehen wollen, als man es nicht haben konnte. In dem Augenblick, als wir die Möglichkeit des Abflusses schufen, war niemand mehr daran interessiert. Haben wir also auch in diesem Falle den Mut zu der richtigen, zu der freiheitlichen Politik!

Wollen wir uns doch der Gemeinsamkeit unseres Schicksals bewußt bleiben! Ich weiß, daß Deutschland nur mit einer gesunden, leistungsstarken Industrie gedeihen kann. Ich weiß, daß diese Forderung nur dann und so lange gewährleistet ist, als freie Unternehmer das Schicksal der deutschen Betriebe leiten. Aber seien Sie sich auch bewußt, daß Sie die gesunde Grundlage nur solange finden, als auch die Wirtschaftspolitik auf dem Grundsatz der Freiheit, auf dem Grundsatz des Wettbewerbs und der freien Preisbildung beruht!

Ich glaube z. B. auch nicht, daß die internationalen wirtschaftlichen Beziehungen auf internationalen Kartellabsprachen aufgebaut werden sollen. Auch hier bin ich der Meinung: die These von dem freien Wettbewerb auf dem gemeinsamen Markt und darüber hinaus auf dem gesamten Weltmarkt muß obenan stehen.

Dabei ist sicher noch manche Schwierigkeit zu überwinden. Man sollte den nationalen Anliegen und vielleicht der allzu großen nationalen Sorge allenthalben wohl Rechnung tragen, indem man z. B. die Zollpolitik, die immer ein legitimes Mittel der Handelspolitik gewesen ist, zur Anwendung bringt, vielleicht sogar manchem noch die Möglichkeit gibt, bei größerer monetärer und handelspolitischer Freiheit dort noch etwas mehr Schutz für eine Anpassungsart zu finden. Aber auf keinen Fall darf es wieder einmal dahin kommen, daß die Währungspolitik als Machtinstrument der Handelspolitik mißbraucht wird; denn das ist das Schlimmste von allem.

Aus diesem Grunde freue ich mich besonders, daß die letzten Aussprachen mit dem britischen Schatzkanzler hier einen ganz klaren Weg gezeigt haben. Ich erkenne ausdrücklich auch die gleichgerichteten Bemühungen des Bundesverbandes der Deutschen Industrie mit Ihren englischen Kollegen an. Ich möchte Sie sogar ermuntern, diese Gespräche weiterzuführen. Denn Sie werden jetzt auch auf der politischen und staatlichen Ebene die Grundlagen finden, die nach meiner Überzeugung einen raschen Erfolg verheißen. Wenn England und Deutschland hier zusammenarbeiten, dann ist damit ein moralisches Gewicht gesetzt, das auch für andere Länder verbindlich werden muß.

Diese Entwicklung berechtigt zu Hoffnungen. Aber so wie im Innern der Wettbewerb nicht durch Bindungen verschüttet werden darf, so soll auch in der letzten Zielsetzung der zwischenstaatliche Verkehr von Waren und Dienstleistungen nicht durch Absprachen behindert werden. Man mag immer dazwischen einmal zu diesen oder jenen Notlösungen bereit sein; – ich sage noch einmal: der Boden, auf dem wir stehen, ist die Freiheit. Das gilt besonders für den Unternehmer. Und ich bin nur so lange Wirtschaftsminister – das sage ich Ihnen bei jeder Tagung –, als es freie Unternehmer in Deutschland gibt.

NACH DEM SCHEITERN DER EUROPÄISCHEN VERTEIDIGUNGSGEMEINSCHAFT

[„Bulletin" vom 22. September 1954]

Nach dem Scheitern der Europäischen Verteidigungsgemeinschaft (EVG), das im Sommer 1954 eine Krise der westlichen Integration auslöste, wurden im September Verhandlungen über den Eden-Plan eines EVG-Ersatzes durch den Brüsseler Pakt mit deutschem NATO-Beitritt aufgenommen. In einer Veröffentlichung im „Bulletin" im September 1954 schilderte Ludwig Erhard seine Auffassungen über die Lage.

Die Europäische Verteidigungsgemeinschaft ist an dem französischen Widerstand gescheitert, der Begriff Integration steht allenthalben nicht mehr allzu hoch im Kurs, und so ist wohl die Frage berechtigt, ob bei diesem Tatbestand nun auf jeder Ebene und in allen Bereichen die europäische Zusammenarbeit aufhören müßte und das Gefühl für die Zusammengehörigkeit ertötet wäre. Ich selbst habe zu den Wenigen gehört, die bei allem verständlichen Drängen nach Formierung der politischen Fronten nicht ein, sondern dutzende Male immer wieder darauf hingewiesen haben, daß die politische und militärische Integration in der wirtschaftlichen Integration eine Entsprechung finden, daß dagegen jedes Voraus-preschen-wollen gefährliche Wirkungen zeitigen müsse –, ja, vielleicht sogar zum Scheitern verurteilt sei oder gar Dirigismus bedeute. Ich habe erklärt, daß bei den nationalen Empfindlichkeiten der europäischen Staaten und einer gewiß falsch verstandenen Vorstellung von Souveränität jede Instanz problematisch erscheint, die die eigene nationale Entscheidungsfreiheit einschränkt, und daß es darum darauf ankäme, Prinzipien zu setzen, die aus dem Ordnungssystem heraus einen sozusagen anonymen Zwang auf das Verhalten der Nationalstaaten ausüben.

Ich war immer der Meinung, daß die europäische Integration weniger auf der Institution als auf der Funktion beruhen müsse. Hier aber bietet gerade der schon erreichte Zustand der wirtschaftlichen Zusammenarbeit der europäischen Länder einen bedeutsamen Anhaltspunkt, der von seiten der verantwortlichen Staatsmänner viel mehr Beachtung verdiente. Denn diese Ansätze zur Integration sind organisch gewachsen, beruhen auf Einsicht und Erkenntnis und haben so erfolgreiche Wirkungen gezeigt, daß es keinem Lande mehr möglich ist, sich diesem Trend der Entwicklung entgegenzustemmen. Ich meine damit alle in der OEEC, in der Europäischen Zahlungsunion, im GATT und im Weltwährungsfonds geübten Anstrengungen zur Beseitigung von Handelshemmnissen und diskriminierenden Praktiken schlechthin, ich meine die Anstrengungen zu fortschreitender Liberalisierung und insbesondere zur Durchsetzung frei konvertierbarer Währungen. Jeder Fortschritt auf diesem Felde muß fast zwangsläufig, ja naturnotwendig das Gefühl auch für die politische Zusammengehörigkeit stärken, und es ist darum auch fast verwunderlich, daß die Zusammenhänge so wenig erkannt wurden und erkannt werden. Die nicht mehr aufzuhaltende Verstärkung der wirtschaftlichen Integration ist eine Hoffnung für alle, die sich bewußt sind oder es erfühlen, daß nur durch ein Zusammenstehen aller freien Völker der Frieden und die Freiheit gerettet werden können. Hier aber steht Frankreich mit uns in einer Front, und ich glaube dessen gewiß sein zu dürfen, daß gerade der französische Ministerpräsident Mendès-France um diese ökonomisch-politischen Beziehungen weiß.

Diese Überlegungen aber stehen auch in unmittelbarem Zusammenhang zu unserem Thema der Konvertierbarkeit. In den letzten Wochen sind da und dort Stimmen laut geworden, die die Risiken und Gefahren der Konvertierbarkeit einseitig und ungebührlich in den Vordergrund rücken und für zögernde Fortbehandlung, wenn nicht gar für Vertagung plädieren. Was auch immer die einzelnen Länder zu solcher Haltung bestimmen mag – ob taktische Zurückhaltung oder politische Erwägungen, ob Gruppenegoismus oder nationaler Egoismus – immer ist die Frage zu stellen, ob es, gemessen an den höheren gemeinsamen politischen Zielen der freien Völker, verantwortet werden kann, das fluchwürdige Gebilde der Devisenzwangswirtschaft noch länger aufrechtzuerhalten. Es ist darum angebracht, Lenin zu zitieren, der es als kategorische Forderung aussprach, daß man nur die Währungsordnung der kapitalistischen (sprich freien) Welt zu zerstören bräuchte, um sie dem Kommunismus auszuliefern. Die Währungen der freien Welt aber müssen nicht zerstört werden; – sie sind zerstört, so lange Devisenzwangswirtschaft besteht. Darum wäre es geradezu frevelhaft, die verheißungsvollen Ansätze zu freier Konvertierbarkeit nicht mit aller nur denkbaren Energie fortzuführen.

Devisenzwangswirtschaft bedeutet Protektionismus und Nationalismus, bedeutet Isolierung und Verharren in der Primitivität, Verhinderung des Fortschritts und des Wohlstandes, aber es ist das Mittel dazu, um die freie Welt noch einmal in verschiedene Bereiche und Zonen aufzuspalten. Jene Länder, die aus eigener Kraft noch nicht zu einer Ordnung der wirtschaftlichen und finanziellen Stabilität gefunden haben, werden, solange Devisenzwangswirtschaft und damit auch Bilateralismus fortbesteht, von den auf dem Wege zur Ordnung befindlichen Ländern geradezu ermuntert, jenes untaugliche System aufrechtzuerhalten, aber solange auch politischen und sozialen Störungen fast schutzlos preisgegeben sein. Es wäre geradezu tragisch, wenn nach den zweifellos vorhandenen politischen Erfolgen der Sowjets sie nun auch noch auf ökonomischem Felde triumphieren sollten, denn es wäre ein Triumph der Sowjets, wenn die freie Welt darauf verzichtete, ihre geradezu haushohe Überlegenheit voll auszuspielen, die im wirtschaftlichen und sozialen Fortschritt freier Menschen begründet liegt.

Was muß eigentlich, so möchte ich einmal fragen, noch passieren, bis die demokratischen Staaten endgültig davon überzeugt sind, welcher Segen in der Freiheit liegt, und daß dieses Prinzip gerade wirtschaftspolitisch seine Bewährungsprobe mannigfach und glänzend bestanden hat? Neben dem klassischen Experimentalbeweis, den die Bundesrepublik lieferte, indem sie aus einem kaum zu beschreibenden Chaos und unvorstellbarer Not innerhalb einer kurzen Spanne Zeit von sechs Jahren durch die Bewährung solcher Grundsätze eine gute, leistungsfähige Wirtschaft auf gesunder finanzieller und währungspolitischer Ordnung neu erstehen ließ, ist es durch die Entwicklung in anderen europäischen Ländern eindeutig dokumentiert worden, daß diese um so bessere Fortschritte erzielten, je mehr sich in ihnen freiheitliche Grundsätze der Wirtschafts-, Handels- und Währungspolitik durchsetzen. Es gibt keinen ersichtlichen Grund, um in der Zukunft an der Verfolgung dieses Weges irre zu werden. Und noch einmal sei darum eine deutsche Erfahrung angefügt. Seit Beginn dieses Jahres wurde zur Vorbereitung der Konvertierbarkeit die Lösung des Sperrmark-Problems in Angriff genommen, indem Schritt für Schritt immer weitere Lockerungen verfügt wurden, um die sich aus dieser Politik ergebenden Wirkungen behutsam abzutasten.

Das Ergebnis ist dahin zusammenzufassen, daß der Pessimismus in drastischer Weise Lügen gestraft wurde, umgekehrt aber der unwiderlegliche Beweis geführt werden konnte, daß nur Freiheit Vertrauen schafft und es nur diesem Mut zur Freizügigkeit zu verdanken ist, wenn das fast Unvorstellbare heute Wirklichkeit ist, daß die Sperrmark zu bestehen aufgehört hat. Das Ergebnis wird in Deutschland kaum mehr registriert, und vielleicht ist das sogar der schönste Lohn für all die Anstrengungen, die ich seit Jahren unternommen habe, um gegen die fast geschlossene, starre Mauer des Widerstandes anzurennen. Wieder einmal hat sich die von mir seit dem Jahre 1948 befolgte These, daß die Utopie von heute die Wirklichkeit von morgen ist, als richtig erwiesen.

Ich werde darum auch nicht aufhören, das Gewissen der Welt wachzurütteln, werde meine Aufgabe und meine Pflicht erst dann als erfüllt ansehen, wenn die freie Welt – weil sie sonst eben keine freie Welt ist – durch ein System frei konvertierbarer Währungen fest und unlösbar verbunden ist. Dann erst werden Neid, Mißtrauen, Zwietracht und Mißgunst dahinschwinden, und dann endlich werden auch die Staatsmänner darangehen müssen, auf diesem Fundament ökonomischer Einheit und Stärke dauerhafte Formen der politischen Kooperation und Integration zu entwickeln. Demgegenüber bedeutet es eine wirtschaftspolitische Träumerei, glauben zu wollen, eine Volkswirtschaft in der Isolierung (das eben bedeutet Devisenzwangswirtschaft) zu internationaler Wettbewerbsfähigkeit hochdressieren zu können; nein, – auf diese Weise entwickeln sich die Volkswirtschaften nur immer weiter auseinander, und damit wird auch das Bewußtsein eines gemeinsamen politischen Schicksals immer verschwommener werden müssen. Es hat auch gar keinen Sinn, daß jeder darauf wartet, bis der Partner alle ihm als wünschenswert erscheinenden Forderungen erfüllt hat und dergestalt ein mathematisch ausgewogenes Gleichgewicht erreicht ist, d. h., daß wir in Europa darauf warten, bis Amerika unsere Vorstellungen von Handelsfreiheit erfüllt hat, oder – umgekehrt – wir gegenüber dem Dollarraum auf jegliche Diskriminierung verzichtet haben werden.

So kommen wir nicht weiter, d. h. so lange bleiben wir gefangen, denn die wirtschaftliche und politische Freiheit und Einheit der demokratischen Welt ist kein ausgeklügelt Spiel, das sich auf eine mechanisch rechenhafte Formel bringen ließe. Wir müssen und können nach aller Erfahrung vielmehr darauf vertrauen, daß das Prinzip der Freiheit alle Barrieren niederreißt, die sich aus der rationalen Schau der Volkswirtschafts-Mechaniker einer freien Ordnung heute noch entgegenzustellen scheinen. Wer sich die Bedenken der Ewigzögernden zu eigen macht, dokumentiert damit, daß er des Glaubens ist, man müsse, um wirtschaftlich zu gedeihen, eine schlechte Ordnung künstlich aufrechterhalten, während eine gute und saubere wirtschafts-, finanz- und währungspolitische Ordnung nachteilige Wirkungen zeitigen müsse. Vernunft wird Unsinn, Wohltat Plage!

Wir, die wir aus tragischer, aber auch glücklicher deutscher Erfahrung gelernt haben, können und dürfen nicht sehenden Auges einen Weg gehen, der uns in den Kategorien von gestern gefangen hält und den Ausweg zu völkerverbindender Freiheit versperrt. Wir haben uns mit allen demokratischen Staaten Europas solidarisch erklärt, weil wir die Hoffnung haben durften, daß sie alle von der Sehnsucht erfüllt sind, über eine freie währungspolitische Ordnung zu wirtschaftlicher und politischer Gemeinsamkeit hinzufinden. Wenn diese Erwartung sich nicht erfüllt, gewinnen wir die Freiheit des Handelns zurück; wir bleiben der Sache der Freiheit unlösbar verhaftet.

WELTBANK UND WELTWÄHRUNGSFONDS

[Rede vor der 9. Jahresversammlung des Internationalen Währungsfonds und der Weltbank am 27. September 1954 in Washington]

Die Bundesrepublik wurde am 28. Juli 1952 in den Internationalen Währungsfonds (IWF) und in die Internationale Bank für Wiederaufbau und Entwicklung (Weltbank) aufgenommen. Beide Institute waren im sogenannten Bretton-Woods-Abkommen im Juli 1944 gegründet worden, um nach Beendigung des Krieges auf der Grundlage weltweiter Multilateralität zu einer funktionsfähigen Währungsordnung zu kommen und über eine leistungsfähige Wiederaufbaubank zu verfügen. Ludwig Erhard wurde deutscher Gouverneur der Weltbank und vertrat erstmals am 5. September 1952 die Bundesrepublik bei der 7. Jahrestagung dieses internationalen Finanzierungsinstitutes. Zu gleicher Zeit wurde der Präsident der damaligen Bank deutscher Länder (heute Bundesbank) Gouverneur des IWF. Die Arbeit der Bretton-Woods-Institute, zu der seit 1956 auch die International Finance-Corporation (IFC) und seit 1960 die International Development Association (IDA) gehören, konzentrierte sich in den ersten Jahren nach dem zweiten Weltkrieg zunächst auf die Gesundung der alten Industrieländer der westlichen Welt. Schon nach wenigen Jahren verlagerte sich ihre Arbeit mehr und mehr auf die Unterstützung der jungen, wirtschaftlich noch wenig entwickelten Länder Afrikas, Asiens und Latein-Amerikas. Damit wurde vor allem die Weltbank das erste internationale Forum, das sich zu einer Zeit der Entwicklungshilfe annahm, als in Europa dieses neue Problem als weltweite Zukunftsaufgabe noch nicht gesehen wurde.

Seitdem ich das letzte Mal - vor zwei Jahren in Mexico City - die Ehre hatte, an dieser illustren Versammlung teilzunehmen, haben sich in den Wirtschaften vieler Länder und in ihren Beziehungen untereinander bedeutsame Veränderungen vollzogen. Viele Länder haben Fortschritte gemacht in der Entwicklung ihrer Gütererzeugung, in der Intensivierung ihres internationalen Handelsverkehrs und in der Erhöhung des Lebensstandards ihrer Bevölkerung. Vor allem ist es in diesen beiden Jahren vielen Ländern gelungen, mehr und mehr zu freieren Formen der internationalen Handels- und Zahlungsbeziehungen zurückzukehren, indem sie den Prinzipien einer strengen Währungs- und Finanzpolitik folgten. Gleichzeitig haben in diesen Ländern die Kapitalbildung und die Ergiebigkeit der Wertpapiermärkte zugenommen und zwar zu Zinssätzen, die mehr oder weniger ausgeprägt eine sinkende Tendenz aufweisen. Es macht sich neuerdings sogar in dem einen und anderen Land die Neigung zum Export privaten Kapitals bemerkbar, eine Neigung, die sich allerdings aus verschiedenen Gründen, und nicht zuletzt wegen der Unzulänglichkeit der internationalen Zahlungssysteme nicht voll entfalten kann.

Ich möchte in dieser Versammlung meiner besonderen Freude über diese erfreuliche Entwicklung Ausdruck geben – und das nicht in erster Linie, weil die Bundesrepublik an ihr teilgenommen hat, sondern weil meine Wirtschaftsphilosophie sagt, daß es für jedes Land gut ist, wenn seine nahen und entfernten Nachbarn wohlhabend sind und in geordneten Verhältnissen leben.

Die letzten Jahre haben jedoch anderen Ländern, deren Vertreter hier versammelt sind, eine weniger befriedigende Entwicklung gebracht. Der Rückgang der Rohstoffpreise seit dem Jahre 1951 hat für manche rohstoffproduzierenden Gebiete gewisse Problem der Zahlungsbilanz wie auch der Finanzierung von Investitionen aufgeworfen.

In dieser Situation kommt es wohl mehr denn je auf eine wirksame Zusammenarbeit an, und in einer solchen Situation verspricht die Zusammenarbeit gute Erfolge.

Bei der Lektüre des Berichts der Bank kam mir besonders deutlich zum Bewußtsein, wie einzigartig diese Institution ist, deren von vielen Staaten gemeinschaftlich aufgebrachte Mittel in alle Kontinente fließen und in so zahlreichen Ländern das Wachstum ihrer Volkswirtschaften befruchten. Ich glaube, daß hier ein Beispiel für das Zusammenwirken von Prinzipien freier Wirtschaft und internationaler Solidarität gegeben wird, wie es in dieser Form noch nicht dagewesen ist.

Aber wir sollten uns Gedanken darüber machen, wie die bisherigen Ergebnisse noch verbessert werden können. Es ist schon mehrfach gesagt worden, daß die Kredite der Bank die private Kapitalhilfe verstärken, sie aber nicht ersetzen können. Sie gilt es vor allem wieder in Gang zu setzen, nachdem die Voraussetzungen dafür sich zumindest in einer Reihe von Ländern verbessert haben.

Die Voraussetzungen müssen auf beiden Seiten, bei dem potentiellen Kreditgeber und dem Kreditnehmer geschaffen sein. Ein zwischenstaatlicher Kapitalverkehr kann nur auf der Grundlage des Vertrauens und eines funktionsfähigen internationalen Zahlungssystems erfolgen. Noch mehr wird getan werden müssen, bis mit Recht gesagt werden kann, daß diese Grundlage tatsächlich gelegt ist. An beidem fehlt es heute noch weitgehend. Inflationistische Methoden der Finanzierung, falsche Wechselkurse und die Devisenzwangswirtschaft sind zwar verlockende Instrumente, aber es gibt auch keine wirksameren, sich wirtschaftlich von den Hilfsmitteln und den Impulsen der Umwelt auszuschließen.

Sicherlich sind nicht alle Mitgliedstaaten von Bank und Fonds in gleichem Maße oder in gleicher Zeitenfolge in der Lage, ihre Währungen konvertierbar zu gestalten, aber es kann auch kein Zweifel bestehen, daß bei einer großen Zahl von Ländern diese Voraussetzungen materiell gegeben sind. Es ist meine feste Überzeugung, daß die Beseitigung der Devisenzwangswirtschaft eine wichtige Voraussetzung dafür ist, daß die freie Welt wahrhaft frei sein kann.

Erst dann werden wir alle zu jenem Grad volkswirtschaftlicher Effizienz kommen, der notwendig ist, um die Gefahr des Kollektivismus endgültig zu bannen. Solange die Devisenzwangswirtschaft besteht, wird auch das Übel des Bilateralismus nicht zu überwinden sein, und solange wird auch das dem Ordnungssystem heraus nicht jener heilsame Druck wirksam werden, der die nationalen Volkswirtschaften gesunden läßt. Wenn wir mit dem Übergang zur Konvertierbarkeit solange warten wollen, bis die ideale Norm aller denkbaren Voraussetzungen in allen Ländern erfüllt sein wird, werden wir dieses Ziel niemals erreichen. Mir will dagegen scheinen, daß die Voraussetzungen hierzu noch nie so günstig waren, wie sie in dieser Phase einer guten weltwirtschaftlichen Konjunktur vorliegen.

Den konvertierungsreifen Ländern erwächst daraus eine hohe Verantwortung und Verpflichtung zur befreienden Tat, denn ihr Zögern bedeutet geradezu eine Ermunterung zur Fortführung jener fragwürdigen Praktiken, die zum eigenen Schaden der Länder die wirtschaftlichen und finanziellen Grundlagen der Volkswirtschaften nur immer mehr zerstören. Mut zur Ordnung und zur Freiheit hat sich noch immer gelohnt, und ich habe auf meinen eigenen Reisen mit großer Befriedigung festgestellt, daß das Verlangen nach Ordnung und freien multilateralen Wirtschaftsbeziehungen fast überall und auch dort lebendig ist, wo die eigene Kraft noch fehlt. Der Übergang der konvertierungsreifen Länder zu jenem weltweiten Ordnungssystem würde nach meiner festen Überzeugung einen so starken Sog auslösen, daß ich in einer solchen Politik allein die Gewähr für eine echte volkswirtschaftliche Integration der freien Welt erblicke. Eine solche Politik würde auch zur Überwindung der noch vorherrschenden handelspolitischen Sünden und Spannungen beitragen, ja würde eine Bereinigung geradezu erzwingen.

Finanz- und kreditpolitische Disziplin ist ein unerläßlicher Bestandteil eines Systems der freien Konvertierbarkeit der Währungen. Konvertierbarkeit ist auch das einzige internationale Zahlungssystem, das einen freien zwischenstaatlichen Kapitalverkehr gestattet, und es ist infolgedessen von mehr als bloß äußerer Bedeutung, wenn die Jahrestagungen der Bank und des Fonds gemeinsam abgehalten werden.

Bei der sich immer weiter entfaltenden Fähigkeit einiger Länder zum Kapitalexport sollte geprüft werden, in welchem Umfang die Bank künftig, entsprechend ihren in den Statuen bezeichneten Aufgaben, in der Lage ist, die private Anlagetätigkeit durch die Übernahme von Garantien zu fördern.

Lassen Sie mich abschließend noch einige Worte zu der Mitarbeit unseres

Landes in der Bank sagen. Sie hat naturgemäß nicht die Intensität gewonnen, wie sie bei anderen Staaten zu verzeichnen ist, die schon länger den Vorzug haben, Mitglieder der Bank zu sein. Wir sind jedoch bemüht, an den Aufgaben der Bank, soweit das in unseren Kräften steht, tätig mitzuwirken. Die Bundesrepublik Deutschland wird durch Freigaben aus ihrer 18-Prozent-Quote einen Beitrag zu der Anleihetätigkeit leisten, und sie hat mit diesen Freigaben bereits begonnen. Wenn dieser Beitrag nicht so gewichtig ist, wie ich das gerne wünschen würde, so liegt das daran, daß der Kapitalmarkt in der Bundesrepublik vorerst nur wenig ergiebig ist und in meinem Lande ebenfalls noch ein erheblicher Investitionsbedarf besteht, der nicht voll befriedigt werden kann. Gleichwohl werden wir bemüht sein, auch auf anderen Wegen die Ziele der Bank zu unterstützen.

EUROPÄISCHE EINIGUNG
DURCH FUNKTIONALE INTEGRATION

[Rede vor dem Club „Les Echos" am 7. Dezember 1954 in Paris]

Vor einem internationalen Forum, dem Klub „Les Echos" in Paris, behandelte Erhard aktuelle Probleme der internationalen Zusammenarbeit. Erhard, der am 30. November in Basel erneut zur freien Konvertierbarkeit gemahnt und auch die deutsche Bereitschaft zur Beteiligung an der Entwicklungspolitik versichert hatte, benutzte den Paris-Aufenthalt auch zu Besuchen bei Ministerpräsident Mendès-France und Finanzminister Faure. Sein Vortrag vom 7. Dezember 1954 hatte folgenden Wortlaut:

Ich bin dankbar, hier Gelegenheit zu haben, als erster ausländischer Gast in Ihrem Kreise weilen und zu Ihnen sprechen zu dürfen. Wenn mir als Thema aufgegeben ist, über die deutsch-französische Zusammenarbeit im Rahmen eines größeren Europas zu sprechen, dann wäre zuerst die Frage zu prüfen, welche Möglichkeiten bilateraler Beziehungen zwischen unseren beiden Ländern überhaupt bestehen, ohne dabei gegen die höhere Verpflichtung zur Schaffung eines gemeinsamen und freien Europas, gerade auch im ökonomischen Bereich, zu verstoßen. Es kann keinen Zweifel darüber geben, daß zwischen unseren beiden Ländern auch in bilateraler Beziehung noch manche Erfolge zu erzielen sein werden. Von deutscher Seite aus gesehen, möchte ich glauben, ja überzeugt sein, daß wir über die bisherigen kurzfristigen Vereinbarungen hinaus dem Abschluß längerfristiger Verträge zuzustimmen bereit sein werden, um insbesondere Ihrer Landwirtschaft längerfristige Dispositionen zu ermöglichen.

Ich glaube aber vor allem, daß bilaterale Gespräche zwischen unseren beiden Ländern und Völkern auch deshalb notwendig und ersprießlich sind, weil es zuerst einmal gilt, das Verständnis zwischen uns hinsichtlich der sozialen, ökonomischen und politischen Lebensbedingungen zu wecken. Die Voraussetzungen scheinen mir in diesem Augenblick so günstig zu sein, daß es die Stunde versäumen hieße, wenn wir nicht alles zu tun bereit wären, um unsere Völker zu gegenseitigem Verständnis zu bringen und sich mehr kennen, achten, ja wenn sie wollen, sogar lieben zu lernen. Und ich glaube zudem, daß eine Verständigung zwischen Frankreich und Deutschland – den Regierungen und den Menschen – der europäischen Zusammenarbeit einen mächtigen Impuls geben würde. Ich möchte es noch anders ausdrücken und sagen: Das, was uns bilateral verbindet bzw. an bilateralen Lösungen zwischen unseren beiden Ländern möglich erscheint, soll gewiß keine Isolierung der deutsch-französischen Wirtschaftsbeziehungen gegenüber dem übrigen Europa bezwecken, soll noch weniger gedeutet werden dürfen als der Versuch einer ökonomischen Achsenbildung Paris–Bonn. Diese Zusammenarbeit soll nicht etwas Feindliches, Trennendes innerhalb Europas errichten, sondern die Zusammenarbeit zwischen unseren beiden Ländern soll gerade umgekehrt der europäischen Zusammenarbeit neue Impulse geben und die Völker mahnen, nur in der Gemeinsamkeit und in der umfassenden Freiheit eine glückliche Zukunft für alle zu suchen.

Mit dieser Zielsetzung wird zugleich deutlich, was eine französisch-deutsche Zusammenarbeit nicht sein soll und nicht werden darf. Wir begrüßen es sehr, wenn die Wirtschaft der beiden Länder – unsere beiden Industrieorganisationen – zusammenkommen, sich gegenseitig abzustimmen, die Frage einer besseren gegenseitigen Ergänzung zu prüfen, strukturelle Ausgleiche herbeizuführen suchen und sich schließlich auch auf gemeinsame Ziele der Wirtschaft einigen wollen. Ich glaube aber, daß es ein falsches Beginnen bedeutet, zwischen der französischen und der deutschen Industrie etwa Regelungen kartellmäßigen Charakters treffen zu lassen, oder das Prinzip des gegenseitigen Schutzes und einer gegenseitigen Abschirmung anzuerkennen. Doch es wäre nicht minder falsch, wenn wir die französisch-deutsche Zusammenarbeit unter dem Vorzeichen eines staatlichen Dirigismus regeln wollten. Jeder künstliche Eingriff, sowohl der deutschen als auch der französischen Regierung in die Volks- und Privatwirtschaften mit der Zielsetzung, die natürliche Entwicklung zu weltweiter Verbindung zugunsten engerer bilateraler Beziehungen regeln zu wollen, ist zweifellos abzulehnen. Damit ist dann aber gleichzeitig aufgezeigt, was wir wollen und auch zu verwirklichen suchen müssen: eine freiheitliche wirtschaftliche Verbindung zwischen unseren beiden Ländern und zugleich mit allen anderen. Das Ziel bleibt die Eröffnung eines freien Leistungswettbewerbs, wobei ich durchaus zuzugeben bereit bin, daß jedes einzelne Land nach seinen eigenen Bedingungen, nach seinen strukturellen Verhältnissen gewisse Übergangslösungen suchen und auch zugestanden erhalten soll. Eine freiheitliche Verbindung zwischen zwei Völkern, die zugleich die Grundlage für eine umfassendere, größere europäische, ja weltweite Gemeinsamkeit sein soll, setzt selbstverständlich voraus, daß innerhalb der nationalen Volkswirtschaften die gesunden Grundlagen für ein geordnetes ökonomisches Leben geschaffen werden müssen. Diese gesunden Grundlagen auf eine kurze Formel gebracht aber lauten: „Geordnete Währung", „Freier Wettbewerb" und „Ausgeglichener Haushalt". Wo diese Voraussetzungen bestehen, da ist zugleich auch der Weg für jede größere Gemeinsamkeit frei. Wie immer die Verhältnisse in den einzelnen Ländern geartet sein mögen, bleibt es doch das verpflichtende Ziel für alle, in dem eigenen Verantwortungsbereich dafür zu sorgen, daß wir über die Enge des nationalen Raums zu jener Entfaltung der Produktivkräfte fortschreiten, zu jeder Zusammenlegung unserer gemeinsamen

Anstrengungen kommen können, daß ein Höchstmaß an Arbeitsteilung und zugleich auch ein Höchstmaß an Segen, an sozialer Wohlfahrt und sozialer Sicherheit für unsere Völker daraus erwachsen.

Man spricht in der Welt heute sehr zu meinem Mißvergnügen allenthalben von einem „deutschen Wunder"; ein Begriff, den ich nicht gelten lassen möchte, weil das, was sich in Deutschland in den letzten sechs Jahren vollzogen hat, alles andere als ein Wunder war. Es war nur die Konsequenz der ehrlichen Anstrengung eines ganzen Volkes, das nach freiheitlichen Prinzipien die Möglichkeit eingeräumt erhalten hat, menschliche Initiative, menschliche Freiheit, menschliche Energien wieder anwenden zu dürfen. Aber wenn dieses deutsche Beispiel über die Bedeutung des eigenen Landes hinaus einen Sinn haben soll, dann kann es doch nur der sein, aller Welt den Segen der menschlichen Freiheit und der ökonomischen Freizügigkeit deutlich zu machen. Das ist ein Teil unseres deutschen Beitrages zur Gestaltung des künftigen Europas, daß wir unter den unseligsten äußeren Bedingungen, aus einer schier verzweifelten Situation heraus mit den Prinzipien einer liberalen aber sozialverpflichteten Wirtschaftspolitik die Möglichkeit fanden, aus Schutt und Trümmern wieder zu Fortschritt zu kommen und zu gesunden Grundlagen unserer Wirtschaft und unseres gesellschaftlichen Lebens zurückzufinden. Der hier gelieferte Experimentalbeweis kann zu einem europäischen Wert werden. Es kommt hier gewiß nicht darauf an, ob nun in diesem oder jenem Lande ein höheres oder ein geringeres Maß an Freizügigkeit vorherrscht; es ist allein wichtig, daß wir gemeinsam erkennen, wo unsere Zukunft liegt und was wir zu tun haben, um unser Schicksal gemeinsam glücklich zu gestalten. Ein freies und ein glückliches Europa, das unseren Völkern ein Höchstmaß an Lebensmöglichkeiten sichert, wird dann erstehen können, wenn zwischen unseren beiden Ländern geordnete freiheitliche Beziehungen und zwischen unseren Menschen ein Gefühl der Verbundenheit und der Freundschaft lebendig wird.

Verkennen wir nicht, daß in unseren Völkern die Sehnsucht nach der Zusammenfügung unseres Schicksals und unserer Zukunft wach ist. Wir ringen in den verschiedensten Institutionen um Lösungen. Ob Sie an die OEEC, die Organisation für Europäische wirtschaftliche Zusammenarbeit, genannt Europäischer Wirtschaftsrat, an die Europäische Zahlungsunion, an den Internationalen Währungsfonds oder an das GATT denken – überall sind die Kräfte am Werk, um über Trennendes hinweg zu Gemeinsamem hinzufinden. Die Kategorien der Autarkie, des Protektionismus, des nationalen Egoismus bis zu den letzten Entartungen des Nationalismus gehören der Vergangenheit an; wir müssen diesem Denken abschwören, um das Gemeinsame noch besser zu erkennen.

Wenn man demgegenüber in Gesprächen allenthalben einwendet, daß zu viele Schwierigkeiten und Widrigkeiten dem Zusammenfinden entgegenstehen, und dann argumentieren möchte, daß eine volle Freiheit, die volle Zusammenfügung und die Beseitigung der nationalen Grenzen im ökonomischen Raum nicht möglich wäre, weil die einzelnen Volkswirtschaften unter zu unterschiedlichen Bedingungen arbeiten, so müssen solche Einwände auf das rechte Maß zurückgeführt werden. In der Landwirtschaft sind Unterschiede gewiß naturnotwendig gegeben, sie mögen auch im Industriesektor zu begründen sein, unterschiedliche Lohnkosten und unterschiedliche Soziallasten mögen ebenfalls vorherrschen – und dennoch möchte ich Ihnen sagen, daß objektive Nachprüfungen schwerwiegende, störende Differenzen nicht oder doch nicht in jenem Maße zutage gebracht haben, wie sie auf der politischen Ebene vorgebracht werden. Diese Betrachtung ist aber auch deshalb abwegig, weil die Produktivität einer Volkswirtschaft nur als Ganzes, nur als eine komplexe Größe betrachtet werden kann. Wenn wir in Europa und in der freien Welt so lange mit der Freizügigkeit warten wollen, bis wir in bezug auf alle Kostenfaktoren und alle Kostenelemente im mathematischen Sinne eine Übereinstimmung erreicht haben werden, dann werden wir nie zusammenfinden, dann werden wir in der Autarkie, in der Isolierung und damit auch in der Armut und in der Verzweiflung gefangen bleiben.

Es ist ganz deutlich, daß wir heute fortdauernd um geeignete und zweckmäßige Formen einer Kooperation oder einer Integration ringen. Wenn Sie mich fragen wollten, was der Unterschied zwischen Kooperation und Integration sei, so möchte ich dazu sagen, daß Kooperation zunächst Zusammenarbeit bedeutet und ihre Maßstäbe wesentlich im Quantitativen findet, während Integration demgegenüber eine Formveränderung bedeutet – hier wandelt sich die Zusammenarbeit in eine neue, in eine andere Gestalt. Mit der Integration wird etwas Neues geboren; Integration ist in diesem Sinne zweifellos mehr als Kooperation. Integration bedeutet etwas Qualitatives – wenn Sie wollen, etwas in der Entwicklung Höherwertiges als die Kooperation. Aber wenn Sie mich weiter fragen, ob wir eine Kooperation oder eine Integration anstreben sollen, dann möchte ich Ihnen als Realpolitiker sagen, daß wir jeweils das nehmen wollen, was wir am ehesten erreichen können. Es sind in bezug auf die europäische Zusammenarbeit, oder nennen Sie es auch europäische Integration, gewiß nicht alle Blütenträume gereift, die so vielen als ein neues Ideal vorschwebten. Aber es hat sich in dem Geschehen der letzten Zeit doch gezeigt, daß, wenn eine Form zu zerbrechen schien, sofort das Verlangen nach neuen Lösungen lebendig wird. Denn so unterschiedlich auch unsere Vorstellungen von Europa und von einer Überwindung der nationalen Souveränität bzw. einer Versöhnung dieser beiden Elemente sein mögen – in einem haben wir uns immer wieder gefunden – nämlich in der Erkenntnis, daß kein Staat, kein Volk, kein Land heute in sich selbst jenes Maß an Wohlfahrt und sozialer Sicherheit finden kann, das uns gegenüber den Gefahren beruhigt sein lassen dürfte, die der freien Welt in ihrer Gesamtheit drohen.

So können wir aus der Entwicklung der jüngsten Zeit und aus den Erscheinungen der Gegenwart ableiten, daß es zweierlei Formen von Integration gibt, nämlich eine institutionelle Integration und eine funktionelle Integration. Die erstere basiert auf dem Versuch, über die Schaffung von institutionellen Einrichtungen und durch die Übertragung von Befehlsgewalten von der nationalen Ebene auf internationale bzw. supranationale Organe souveräne Aufgaben und Rechte zu delegieren; man strebt damit eine institutionelle Lösung der gemeinsamen Aufgaben an. Wenn wir uns die Frage stellen, ob diese Art von Integration bisher erfolgreich gewesen ist, so ist sie wohl weder eindeutig zu bejahen, noch eindeutig zu verneinen. Wir kennen solche Formen z. B. in der Montan-Union; andere gedachte Konstruktionen wie die Europäische Verteidigungsgemeinschaft oder die Europäische Politische Gemeinschaft sind zunächst gescheitert. So wie die Dinge in Europa liegen, möchte ich angesichts der nationalen Empfindlichkeiten, der vorherrschenden Vorstellung von nationaler Souveränität und der Eifersucht, diese Rechte für die einzelnen Völker und Nationen zu wahren, fast glauben, daß die Chancen für eine baldige Verwirklichung der institutionellen Integrationsformen nicht besonders hoch zu veranschlagen sind. Darum erhebt sich die Frage, ob etwa auf dem Wege der funktionellen Integration mehr zu erreichen sein wird.

Sie wollen mit Recht wissen, was ich unter funktioneller Integration verstehe. Ich spreche damit die Setzung einer internationalen Ordnung an, bei der nicht institutionelle oder personelle Befehlsgewalten in Erscheinung treten müssen, um ein bestimmtes Verhalten der einzelnen Nationalstaaten oder ihrer Regierungen zu erreichen; ich meine ein System, das aus seinem inneren Ordnungsgefüge heraus ein bestimmtes Verhalten der einzelnen Länder und Volkswirtschaften gewissermaßen erzwingt, wenn und solange die einzelnen Volkswirtschaften innerhalb dieser Ordnung eine glückliche Entwicklung nehmen wollen. Das beste Beispiel bietet der Gedanke der Konvertierbarkeit der Währungen. Sie brauchen sich nur in die Zeit der Goldwährung zurückzuversetzen, um sich an diesem Beispiel deutlich zu machen, daß es innerhalb dieses Systems keine irgendwie geartete Befehlsgewalt gegeben hat, um die einzelnen Volkswirtschaften und Staaten zu einer bestimmten Ordnung, zu dem einer gleichgewichtigen Volkswirtschaft angemessenen Verhalten zu zwingen. Dieses Verhalten wurde eben durch die Ordnung des Systems an sich, d. h. also in anonymer Weise erreicht. Ich möchte glauben, daß diese Art von funktioneller Integration, die gemeinsame Spielregeln setzt und mit deren notwendiger Befolgung eine gewollte Wirkung erzielt, uns wahrscheinlich rascher weiterhilft, die Sentiments und Ressentiments auf der nationalen Ebene zu überwinden und uns zu einer Einheit, einem gemeinsamen Ziel und zu einem gemeinsamen Erfolg hinzuführen.

Ich habe dieses Thema angeschnitten, weil, wie Sie ja wissen, die Frage der Konvertierbarkeit als einer echten funktionellen Integration der Volkswirtschaften der freien Welt im Mittelpunkt der Diskussion steht, und weil ich es sehnlichst wünschen möchte, daß Frankreich zu jenen Ländern gehört, die mit am ersten und in der ersten Phase der Verwirklichung bereit sein werden, den Weg der Freizügigkeit auch auf dem Gebiete des Zahlungsverkehrs mit zu gehen.

Wenn Sie mich dann fragen, ob in dem Gesamtgeschehen die politische Kooperation bzw. Integration vor oder nach der ökonomischen Integration stehen sollte oder umgekehrt, dann muß ich sagen: Mir soll das gleich sein, aber wir sollten anfangen. Ich müßte nicht Wirtschaftspolitiker sein, wenn ich nicht glauben möchte, daß vielleicht auf dem wirtschaftlichen Felde das Zusammenfinden sogar etwas leichter gelingen könnte als auf dem politischen. Sicher ist beides nicht völlig zu trennen. Das Verlangen nach wirtschaftlicher Zusammenarbeit entspringt natürlich auch dem Gefühl, ein gemeinsames politisches Schicksal zu gestalten; aber während wir im politischen Leben erst die Formen der Zusammenarbeit, des Zusammenstehens und der Integration finden müssen, sind sie uns im wirtschaftlichen Bereich durch viele Bestrebungen schon vorgezeichnet. Hier haben wir in Europa z. B. in der „Europäischen Zahlungsunion" oder im „GATT" – dem Allgemeinen Zoll- und Handelsabkommen – bereits deutlich dokumentiert, welchen Weg wir gehen wollen und welche Ideale uns vorschweben, so daß es darüber gar keine Streitfragen mehr geben kann. Wahrscheinlich werden — wie ich die Dinge sehe – auf der ökonomischen Grundlage auch die Lösungen für das politische Zusammenstreben gefunden werden müssen. Die Verantwortlichen wären zu beglückwünschen, wenn sie die Möglichkeit sähen, den Vorrang der Politik vor der ökonomischen Zusammenarbeit zu demonstrieren. Auch ich würde darüber glücklich sein. Und es würde für die Länder von Segen sein, wenn die Politiker auf der rein staatspolitischen Ebene und die Wirtschaftspolitiker auf dem ihnen gemäßen Felde um die Palme ringen und beide gemeinsam voranzugehen bereit sein würden, um das für eine glückliche Zukunft Notwendige zu vollbringen.

Ich sage das nicht nur hier in Paris, sondern ich predige es auch meinen eigenen Landsleuten, daß eine richtig angesetzte Wirtschaftspolitik im nationalen Raum allein heute unfruchtbar bleiben muß. Und immer habe ich es wiederholt: Wenn ich meine Aufgabe darin erblicken würde, durch wirtschaftspolitische Mittel meinem eigenen Lande und meinem eigenen Volke zu helfen, mir diese Aufgabe nicht mehr lohnend erschiene. Angesichts des Fortschritts der modernen Technik, der Weite unseres Geistes sind, im Ökonomischen gesehen, die nationalen Grenzen und Räume zu eng geworden, als daß in diesen Grenzen eine fruchtbare Entwicklung überhaupt noch denkbar wäre. So gesehen leben wir wirklich im übertragenen Bilde in der Postkutschenzeit, und es ist darum auch die allerhöchste Zeit, daß wir die Geister wecken und reif machen, die Zeichen der Zeit von heute zu erkennen. Heute müssen wir handeln, um unseren Völkern Freiheit und Frieden und Sicherheit für morgen zu bieten. Und wenn ich hier erkläre, daß es mir nicht nur aus Gründen einer europäischen Solidarität, sondern wenn Sie wollen auch aus egoistischen deutschen Gründen nützlich und wertvoll erscheint, ein starkes und gesundes Frankreich und eine starke und gesunde französische Wirtschaft zu sehen, dann spreche ich genau das aus, was ich ehrlich meine und was ich für Europa ersehne. Wenn wir erkennen, daß trotz allem, was noch an Ressentiments aus der Vergangenheit lebendig sein mag, wir eine gemeinsame Zukunft und ein glückliches Schicksal doch nur dann haben werden, wenn wir uns eine gemeinsame Aufgabe setzen – dann, glaube ich, werden wir sowohl unseren natürlichen Interessen in den bilateralen Beziehungen wie auch unserer Verpflichtung gegenüber dem freien Europa und der freien Welt gerecht.

Zwischen unseren beiden Ländern liegen die günstigsten Voraussetzungen vor. Die Handelsbeziehungen, der Warenaustausch haben einen Umfang erreicht, der uns zu noch größeren Hoffnungen berechtigt. Aber das braucht alles erst ein Anfang zu sein. Das Welthandelsvolumen ist nicht eine starre Größe. Wenn wir uns als Einheit fühlen, einen gemeinsamen Markt schaffen, unsere Produktivkräfte zusammenwerfen – ja dann möchte ich glauben, daß neben einer glücklichen deutschen Entwicklung vor allem Ihr reiches, in seiner Struktur so gesundes Land eine Zukunft haben wird, so glücklich und so verheißungsvoll, wie Sie es sich nur wünschen können. Glauben Sie es mir wirklich: ich stehe hier vor Ihnen nicht als deutscher Wirtschaftspolitiker in dem engen, egoistischen Sinn, sondern ich stehe vor Ihnen gleichermaßen als ein Freund Frankreichs, als ein wahrhaft guter Europäer, der sich dessen bewußt ist, daß wir alle gedeihen oder alle untergehen, daß wir alle fortschreiten und uns die Freiheit bewahren oder in der Unfreiheit versinken. Und wenn wir das erkannt haben, wenn wir die Chancen und die Möglichkeiten – die schier unbegrenzt sind – vor Augen sehen und dennoch an unserer Pflicht irre würden – dann allerdings, glaube ich, wäre uns nicht zu helfen, und dann würde man mit Recht von einem Untergang des Abendlandes sprechen dürfen. Aber weil ich daran nicht glaube, weil ich die Kraft in uns lebendig fühle, uns selbst zu befreien, darum sei mein letztes Wort an Sie eine Mahnung, eine Bitte: Mit uns zusammenzuarbeiten, das Gemeinsame über das Trennende zu stellen. Dann wird unseren Völkern die Zukunft gehören in einem gemeinsamen, freiheitlichen Europa.

RÜSTUNG MIT RUHE BETRACHTET

[„Handelsblatt" vom 24. Dezember 1954]

Besorgnisse, daß die finanziellen und materiellen Anforderungen der Rüstung zu schwerwiegenden Störungen der Weltwirtschaft führen könnten, kommen nicht nur aus dem Lager der Opposition; auch wirtschaftswissenschaftliche und amtliche Stellen machen Rechnungen auf, die die Daten der verflossenen Kriegswirtschaft auf die von der Bundesrepublik zu übernehmende Rüstungsaufgabe projizieren. Erhard setzt sich mit diesen zum Teil propagandistisch übersteigerten Befürchtungen auseinander. Die auf Bestimmung der realen Größen und der maßgebenden Faktoren des Verteidigungsbeitrags gerichteten Ausführungen vom Dezember 1954 [„Rüstung mit Ruhe betrachtet!"] ergänzt Erhard drei Monate später in einer Rundfunkansprache [„Das westliche Militärbündnis auch wirtschaftlich notwendig!"] im Blick auf die sich nun zur Anzweiflung der wirtschaftlichen Vertretbarkeit des Verteidigungsbündnisses überhaupt verlagernde Kritik:

Das Wort Rüstung hat in unserem Lande begreiflicherweise einen Klang, der Unbehagen auslöst, denn mit ihm verbinden sich neben der Erinnerung an die tragischsten Stunden deutscher Geschichte Vorstellungen einer Einschränkung der wirtschaftlichen und menschlichen Freiheit, von Dirigismus und Massenbürokratie, von Mangelerscheinungen, Entbehrungen, Hunger und Not. Es ist gewiß diese Ideenassoziation, die in manchen Kreisen unseres Volkes einen heftigen Widerstand gegen eine mögliche Wiederholung solchen Unheils auslöst oder mindestens ein Gefühl der Unsicherheit und der Unlust aufkommen läßt. In dem weihnachtlichen „Friede auf Erden" wird so manchen all das, was Rüstung heißt, brutal anmuten, und gerade deshalb scheint es mir in diesen ruhigen, besinnlichen Stunden wertvoll zu sein, über diese gewiß nicht überraschende, aber doch neue Wendung der politischen und wirtschaftlichen Aufgabenstellung nachzudenken – auch hier Ruhe und Besinnung zu üben.

Daß die Nationalstaaten auch früher, d. h. seit langem, Rüstungsanstrengungen unternahmen und dafür Kosten aufwendeten, ohne daß trotz parlamentarischer Diskussionen um diesen Haushaltsposten jemand befürchtete, es könnte damit die wirtschaftliche Ordnung oder das soziale Sein eines Volkes gefährdet werden, scheint völlig in Vergessenheit geraten zu sein. Statt dessen denkt man offenbar mehr in den Kategorien der totalen Kriegswirtschaft, und so ist denn wirklich zu fragen, ob da irgend jemand im deutschen Volke ernsthaft glaubt, daß in der Bundesrepublik Regierung und Parlament jemals bereit oder geneigt sein könnten, in ihrer

Politik an den verbrecherischen Wahnsinn der Vergangenheit anzuknüpfen.

Wir brauchen in der Gemeinschaft mit den westlichen freien Völkern keine militärische Macht, um in Eroberungszügen den Frieden zu brechen, sondern wir brauchen gerade die Stärke, die uns vor tödlicher Bedrohung schützt und den Frieden und die Freiheit bewahren hilft. Diese Aufgabe und Verpflichtung kann kein Volk für sich und die umfassendere Gemeinschaft der freien Welt leugnen, wenn es sich nicht selbst aufgeben will. Wo die Sicherheit des Staates und eines ganzen Volkes gefährdet ist, kann es auch keine menschliche und keine soziale Sicherheit geben, und dort ist auch eine fruchtbare Arbeit an solchen Aufgaben und Zielen nicht möglich.

Kommen wir also zu einer Rechenschaftslegung: Wie bei allen Belastungen öffentlicher Haushalte, so ist auch hinsichtlich der Rüstungsaufwendungen die Frage zu stellen, ob die Produktivität der Volkswirtschaft in Ansehung der steuerlichen Belastungsfähigkeit eines Volkes zur Aufbringung der Mittel ausreicht. Kann diese Frage bejaht werden, so bleiben die Rüstungsanforderungen in ihrer preis- und währungspolitischen Wirkung neutral. Das aber bedeutet, daß das entscheidende Kriterium für Rüstungsaufwendungen in der Größenordnung, d. h. in der richtigen Entsprechung zu der volkwirtschaftlichen Gesamtleistung wie auch zum Güte- und Produktivitätsgrad der Wirtschaft, zu suchen ist.

Theoretisch käme daneben auch die Auflegung von Anleihen in Frage, denn auch dieses Verfahren würde, statisch und funktionell betrachtet, ohne schädliche Wirkung bleiben. Eine solche Anleihe würde allerdings keinem produktiven Zwecke dienen und dürfte nur dann erwogen werden, wenn in Erwartung absinkender Staatsausgaben eine Verteilung der gegenwärtigen Lasten auf längere Zeiträume verantwortet werden könnte. Tatsächlich denkt auch die Bundesregierung an keine Maßnahme dieser Art, und noch viel mehr darf das deutsche Volk gewiß sein, daß zur Finanzierung der Rüstungsaufwendungen fragwürdige Modelle der Vergangenheit, wie etwa Mefo-Wechsel, in dieser oder abgewandelter Form keine Nachahmung finden werden.

Rüstungsleistungen sind mithin nur so lange und insoweit vertretbar, als das Produktionsvolumen und die Produktivität der Volkswirtschaft es ohne Störung der sozialen Zwecksetzung alles wirtschaftlichen Tuns zulassen, Teile unserer gesellschaftswirtschaftlichen Arbeit Rüstungszwecken zuzuwenden. Jedes Mehr müßte entweder zum Verzicht auf die Erhaltung und Fortentwicklung der Produktivkräfte führen bzw. durch Konsumverzichte erkauft werden oder aber eine Störung oder sogar Zerstörung der witschaftlichen Ordnung und der Währung zur Folge haben. Damit aber würde sich der Sinn der Verteidigungsanstrengungen ins Gegenteil verkehren. Die starke Immunität, die das deutsche Volk nicht nur im politischen Leben, sondern auch in den geistigen und seelischen Bereichen gegenüber dem Kommunismus und Totalitarismus erlangt hat, beruht ja nicht zuletzt auf dem festen Fundament unserer gesellschaftswirtschaftlichen und sozialen Ordnung, und darum gilt es vor allem diese zu erhalten. Diese Erkenntnis wird auch für die kommende Zeit die Politik der Bundesregierung bestimmen, was besagt, daß sie sich unbeschadet der internationalen Solidarität und der Verpflichtung gegenüber den freien Völkern zur Erfüllung einer gemeinsamen Aufgabe nicht in eine Entwicklung hereindrängen lassen wird, die – wie vordem gesagt – die Fundamente unserer Ordnung sprengen müßte. Dieser Wille mag dem deutschen Volke auch dadurch deutlich werden, daß sich die Bundesregierung in Kenntnis der Rüstungslasten dennoch zu einer Senkung der Steuern bereit fand, wozu sie sich gewiß nicht verstanden hätte, wenn sie für die Folgezeit mit der Notwendigkeit von unvertretbaren Belastungen rechnete.

Angesichts eines nun fast sieben Jahre andauernden starken wirtschaftlichen Aufschwungs und weiter günstiger Konjunkturaussichten dürfen wir auch für die Zukunft mit einer Fortführung der wirtschaftlichen Expansion rechnen. Die Wirtschaftspolitik wird alle gemäßen Mittel zur Anwendung bringen, um die Auftriebskräfte nicht erlahmen zu lassen. Darf also, so gesehen, eine Wirtschaftsführung darauf vertrauen, daß sie Herr der wirtschaftlichen Situation in einer gewollten Entwicklung sein kann, dann ist es auch durchaus realistisch, wenn sie die Aufgaben der Rüstungsleistungen, der Produktivitätssteigerung und der Verbesserung der Lebenshaltung gleichzeitig und nebeneinander besorgen zu können glaubt.

Vor allem aber bleibt auch unter den vorher aufgeführten Bedingungen das volkswirtschaftliche Gleichgewicht erhalten; jede entstehende Kaufkraft ist güterwirtschaftlich gedeckt, und inflationistische Tendenzen können deshalb nicht wirksam werden. Vom Blickpunkt der gesamten Volkswirtschaft aus mögen sich produktionswirtschaftlich wohl gewisse Verlagerungen ergeben, aber die aufgezeigten Größenordnungen lassen auch sofort erkennen, daß die ruhige Fortentwicklung dadurch nicht gestört zu werden vermag. Es sind deshalb auch nicht materielle, sondern mehr psychologische Ursachen, es sind insbesondere Fehlschätzungen und Fehlspekulationen, die Preisauftriebs- oder Verknappungstendenzen in Erscheinung treten lassen können. Da uns aber die Märkte der ganzen Welt offen stehen und diese von der Aufstellung einiger deutscher Divisionen gewiß keine Notiz nehmen werden, ist es auch leicht, mit wirtschafts- und handelspolitischen Mitteln solcher Strömungen Herr zu werden. Jedenfalls würde ich nicht zögern, in all jenen Bereichen, die zu Befürchtungen dieser Art Anlaß geben, volle Liberalisierung einzuführen und gegebenenfalls sogar autonome Zollermäßigungen oder Zollstreichungen zur Anwendung zu bringen. Man mag sich also nicht beschweren, wenn sich Hortungen allenthalben als ein schlechtes Geschäft erweisen.

Eine echte, gesunde volkswirtschaftliche Konjunktur darf sich nicht auf Gewinnchancen aus Verknappungen und Mangelerscheinungen gründen, sondern muß trotz Rüstung die Züge einer Mengenkonjunktur tragen. Diese aber wiederum ist nur gewährleistet, wenn der Wettbewerb als marktwirtschaftliche Spielregel lebendig bleibt. So ist denn im ganzen zu sagen, daß wir vorausblickend auf das kommende Jahr nicht nur keinen Anlaß haben, unser wirtschaftliches System zu ändern, sondern sogar umgekehrt alles tun müssen, um es in vollem Umfange funktionsfähig zu erhalten. Die Rüstungswirtschaft darf und soll kein Sonderleben in der Volkswirtschaft führen, sondern ist ihr organisch nach gleichen Gesetzen einzugliedern. In dieser Erwartung ist sich die Regierung in allen Ressorts einig, die Unternehmungswirtschaft erkennt diese Thesen an, und vor allen Dingen hat das deutsche Volk in seiner Gesamtheit das lebhafteste Interesse, daß ihm Freiheit, Wohlfahrt und soziale Sicherheit erhalten bleiben. Diese Gemeinsamkeit des Wollens und Strebens läßt uns vertrauensvoll in das neue Jahr eintreten.

DAS WESTLICHE MILITÄRBÜNDNIS AUCH WIRTSCHAFTLICH NOTWENDIG

[Rundfunkansprache am 2. März 1955]

Die landläufige Auffassung geht im allgemeinen dahin, daß die mit der Aufstellung von Streitkräften verbundenen wirtschaftlichen Anstrengungen und finanziellen Leistungen zu einer Schmälerung des Lebensstandards unseres Volkes führen müßten. Ehe ich darauf die Antwort gebe, möchte ich aber noch die Frage stellen, ob unser Volk ohne Ratifizierung der Verträge bzw. ohne die Aufrechterhaltung engster wirtschaftlicher Beziehungen zu der freien Welt seine Existenzgrundlage behaupten könne. Wir müssen uns dabei bewußt sein, daß der wirtschaftliche Wiederaufbau, die Erzielung eines großen, ständig wachsenden Sozialprodukts, die laufende Erhöhung des Volkseinkommens, die Erfolge im Wohnungsbau, die Ermöglichung immer besserer sozialer Leistungen nur deshalb bewerkstelligt werden konnten, weil es uns in den zurückliegenden 7 Jahren nach dem ersten Impuls der Marshallplanhilfe gelungen ist, auf allen freien Märkten der Welt sowohl hinsichtlich des Bezugs wie auch des Absatzes von Waren festen Fuß zu fassen, damit unser Außenhandelsvolumen ständig auszuweiten und dank dieser weltweiten Verflechtung unserer Wirtschaft über die Möglichkeit zu verfügen, nach Quantitäten und Qualitäten alle die Rohstoffe beziehen zu können, deren eine freie Wirtschaft bei freier Konsumwahl bedarf.

Das deutsche Außenhandelsvolumen beträgt nach den Ziffern des Jahres

1954 bei einem Import von rd. 19 Milliarden DM und einem Export von rd. 22 Milliarden DM insgesamt rd. 41 Milliarden DM. Weil wir die zur Deckung des Bedarfs und zur Sicherung der Beschäftigung benötigten Einfuhren nicht geschenkt erhalten, müssen wir exportieren. Deshalb ist ein freies und würdiges Leben für unser Volk nur dann und so lange gewährleistet, als uns die Märkte der freien Welt offen stehen. Es wird meine Hörer interessieren, daß sowohl hinsichtlich der Ein- wie auch der Ausfuhr die freie Welt mit rd. 97 Prozent am deutschen Außenhandel beteiligt ist, während auf die Ostblockstaaten nur rund 3 Prozent entfallen. Man mag vielleicht einwenden wollen, daß sich bei veränderter politischer Konstellation der Anteil des Ostens erhöhen ließe; das ist zweifellos richtig, aber nichts kann darüber hinwegtäuschen, daß selbst bei Ausnutzung aller realen Chancen immer nur ein Bruchteil unseres Außenhandelsvolumens nach dieser Richtung verlagert werden könnte. Die Völker des Ostblocks sind in ihrem versklavten Dasein nicht mehr Konsumenten im westlichen Sinne, und aus diesem Grunde kämen für einen deutschen Export im wesentlichen nur Produktionsmittel und Rüstungsgüter in Frage, die das Machtpotential des Sowjetblocks stärken würden. Das aber wäre kein vertretbares Ziel einer deutschen Handelspolitik. Umgekehrt leiden die östlichen Länder selbst Not an Rohstoffen der verschiedensten Art und kommen als Lieferanten für weite Bedarfsbereiche der deutschen Volkswirtschaft überhaupt nicht in Frage. Wenn also eine parteipolitische Propaganda ein bündnisloses – und das heißt zugleich auch immer neutralisiertes – Gesamtdeutschland anstrebt, dann darf eine verantwortungsbewußte Staatsführung nicht an der Frage vorbeigehen, ob eine derartige politische Zielsetzung mit den Lebensgrundlagen und der Existenzsicherung eines Volkes in Einklang zu bringen ist. Gerade diese Frage aber muß eindeutig verneint werden. Der kollektivistische Ostblock hätte, wie gezeigt, weder die Möglichkeit noch auch den Willen, dieses isolierte Deutschland in seiner wirtschaftlichen Kraft zu stärken, denn die östlichen Machthaber dürften nicht im Zweifel darüber sein, daß das deutsche Volk in seiner Gesamtheit in seiner geistigen und seelischen Grundhaltung den Prinzipien und Idealen der freien Welt zuneigt.

Viel wichtiger ist deshalb die Frage, wie diese freie Welt uns begegnen würde, wenn wir deren Angebot, mit uns gemeinsam Frieden und Freiheit zu verteidigen und unser ernstestes Anliegen auf Wiedervereinigung zum Ziele einer gemeinsamen Politik zu machen, ausschlügen, um in einer hoffnungslosen Isolierung als politisches und wirtschaftliches Niemandsland unser Heil zu suchen. Alle historische Erfahrung spricht dafür, daß der Weg vom neutralen Land zum Satellitenstaat nur ein sehr kurzer wäre; und wir kennen ja auch hinlänglich die Methoden der Infiltration, die dieses Geschehen noch mit einem demokratischen Mäntelchen verkleiden. Es ist deshalb nur folgerichtig, ja fast zwingend, anzunehmen, daß die freie Welt, auf deren Verbindung wir schicksalhaft angewiesen sind, sich von uns lösen würde, denn auch sie könnte nicht das Kräftepotential eines Landes stärken wollen, das jeden Tag und jede Stunde Gefahr läuft, hinter dem Eisernen Vorhang zu liegen und dann den Aggressoren der Welt dienstbar zu sein. Wie es Deutschland seit Bismarcks Abgang politisch verstanden hat, sich jeweils zwischen alle Stühle zu setzen, so würden wir mit einer solchen Politik auf wirtschaftlichem Felde die gleiche Torheit begehen. Nur würden hier die tragischen Wirkungen sofort spürbar werden. Mit dem Niedergang unseres Außenhandels würden wir in zunehmendem Maße der Rohstoffe ermangeln, um jenen 17 Millionen Menschen in abhängiger Arbeit die Beschäftigung und damit auch das Einkommen zu sichern; wir wären wieder zu Autarkieüberlegungen gezwungen, müßten uns mit Ersatzstoffen begnügen, und es könnte wieder das alte, traurige Spiel von gestern aufs neue beginnen.

Wer auf diese schicksalhaften Fragen des deutschen Volkes keine Antwort zu geben weiß, hat das Recht verwirkt, deutsches politisches Schicksal zu gestalten. Aus dem gleichen Grunde wage ich zu behaupten, daß, wenn der deutsche Arbeiter wüßte, was auf dem Spiele steht und um was es geht, er gewiß nicht gegen die Pariser Verträge demonstrieren, sondern mit letzter Hingabe und Leidenschaft sein Lebensrecht verteidigen würde. Wir können aber davon ausgehen, daß der Deutsche Bundestag die Verträge ratifiziert, und darum sei jetzt die Frage beantwortet, welche ökonomischen und sozialen Wirkungen daraus für das deutsche Volk erwachsen. Gegenüber seitherigen effektiven Besatzungskostenleistungen von rd. 7 Milliarden DM sind im ordentlichen Haushalt des kommenden Jahres für Verteidigungszwecke 9 Milliarden DM eingesetzt. Niemand wird behaupten wollen, daß diese zusätzliche Anforderung von rund 2 Milliarden DM bei einem Sozialprodukt von derzeit 145 Milliarden DM und einem jährlichen Zuwachs von 10 bis 12 Milliarden DM die ökonomische Ordnung oder das soziale Gefüge von Staat und Gesellschaft sprengen müßte. So wie wir in all den zurückliegenden Jahren jene Besatzungskosten aufbrachten, ohne daß auch nur irgendeiner auf den Gedanken kam, damit den deutschen Wiederaufbau unmöglich zu machen oder gar die Währung zu gefährden, sowenig werden auch die ersatzweise auftretenden Verteidigungskosten eine solche Wirkung erzielen können. Allein der Deutsche Bundestag als die einzig legale Vertretung des deutschen Volkswillens entscheidet über die Haushaltsgebarung, über die Einnahmen und Ausgaben des Bundes, und überdies gibt es keine Institution, die uns zu Aufwendungen für die Verteidigung zwingen könnte, die wir nicht freiwillig zu leisten bereit wären. Wir wissen zudem, daß uns bei diesem Vorhaben amerikanische Hilfe zuteil wird, und aus diesem Grunde ist es einfach nicht wahr, wenn dem deutschen Volke in der parteipolitischen Propaganda einzureden versucht wird, daß es gegenüber dem Ansatz der Regierung zu wesentlich größeren und die soziale Ordnung störenden Opfern gezwungen sein wird. Gegenüber jenem Versuch, Unruhe stiften zu wollen, erkläre ich in voller Verantwortlichkeit, daß die Bundesrepublik in schicksalhafter Verbundenheit mit den Völkern der freien Welt genau wie diese sehr wohl in der Lage sein wird, den Anforderungen der Verteidigung zu genügen, ohne die Verpflichtung außer acht zu lassen, die deutsche Wirtschaftskraft auch weiter zu stärken, den Lebensstandard des deutschen Volkes zu verbessern und die sozialen Leistungen zu erhöhen. Die expansive Kraft unserer Wirtschaft schafft die besten Voraussetzungen für ein Gelingen, und darum soll das deutsche Volk in seiner Gesamtheit wissen, daß es der nach der Ratifizierung der Verträge anhebenden Entwicklung mit voller Ruhe und Gelassenheit entgegensehen darf.

Ein Land, das es unter den ungünstigsten Startbedingungen fertig gebracht hat, aus Schutt und Trümmern wieder eine blühende Volkswirtschaft aufzubauen und für 50 Millionen Menschen gute und würdige Lebensbedingungen zu schaffen, wird in den kommenden Jahren auch in der Lage sein, eine relativ bescheidene Verteidigungsstreitkraft auf die Beine zu stellen. Diese Größenordnungen stehen überhaupt in keinem vergleichbaren Verhältnis.

Wenn ich darum öffentlich erklärt habe, daß eine materielle Ursache für Preissteigerungen in unserem Lande nicht gegeben ist und ich darum einer Verteuerung der Lebenshaltung tatkräftig entgegenwirken werde, so leitet mich kein Wunschtraum, sondern die feste Überzeugung, daß dieses Vorhaben gelingen wird. Ich denke dabei nicht an die Etablierung eines Preiskommissars oder an Polizeimaßnahmen. Marktwirtschaftliche Mittel wie die Eröffnung einer noch umfassenderen Liberalisierung, die Senkung von Zöllen oder die Verhinderung von Preisabsprachen werden zu viel wirksameren Ergebnissen führen als dirigistische Eingriffe in das Wirtschaftsleben. So sehr ich dafür eintrete, daß die steigende Produktivität unserer Volkswirtschaft Arbeiter und Angestellte an dem Fortschritt teilhaben läßt, erwarte ich, daß die Gewerkschaften in ihren Lohnforderungen jene verantwortungsbewußte Haltung bezeugen, die die Stabilität des deutschen Preisniveaus, die Sicherung unserer Währung und eine weiter glückliche Aufwärtsentwicklung unserer Wirtschaft gewährleistet. Jedes Gruppeninteresse und jeder Gruppenegoismus muß hinter dem Wohle der Gesamtheit des deutschen Volkes zurückstehen.

Ich sage darum nicht: „Ruhe ist des Bürgers erste Pflicht", sondern ich sage: „Es ist die erste Pflicht der Regierung, dafür zu sorgen, daß das Volk Ruhe bewahren kann".

DIE ZIELE DES GESETZES GEGEN WETTBEWERBS-BESCHRÄNKUNGEN

[Rede in der Sitzung des Deutschen Bundestages am 24. März 1955]

Der „Entwurf eines Gesetzes gegen Wettbewerbsbeschränkungen" war in der 1. Legislaturperiode des Deutschen Bundestages nicht mehr verabschiedet worden. Nach Überwindung erheblicher Widerstände in und außerhalb des Parlaments kam es in der Bundestagssitzung vom 24. März 1955 zur ersten Lesung.

Die Bundesregierung hat in der zweiten Legislaturperiode das Gesetz gegen Wettbewerbsbeschränkungen in der alten Fassung vom Juni 1952 vorgelegt, mit der sich der erste Bundestag in seinen Ausschüssen bereits befaßt hat. In der Ihnen vorliegenden Fassung vom 22. Januar 1955 wurden Änderungswünsche des Bundesrates, die sich materiell wesentlich mit den Aussetzungen des Wirtschaftspolitischen Ausschusses der ersten Legislaturperiode decken, zum Teil berücksichtigt.

Ich habe nicht die Absicht, bereits in der ersten Lesung zu der Gliederung oder gar zu einzelnen Paragraphen des Gesetzes Stellung zu nehmen. Viel wichtiger erscheint mir, noch einmal die Grundkonzeption dieses Gesetzes herauszustellen und seine gesellschafts-wirtschaftlichen Wurzeln aufzuzeigen.

Ich erkenne in dem Ordnungssystem der Sozialen Marktwirtschaft die ökonomische Grundlage eines demokratischen Staatswesens, das als unantastbaren Wert die menschliche Freiheit setzt. Es ist darum auch eine fast banale Selbstverständlichkeit, daß eine marktwirtschaftliche Ordnung auf dem Prinzip der Freiheit und Freizügigkeit beruht; und es ist darum die Aufgabe des Staates, darüber zu wachen, daß dieses Grundrecht der wirtschaftenden Menschen nicht durch private kollektive Bindungen und Vereinbarungen außer Kraft gesetzt wird.

Die Harmonie einer Marktwirtschaft beruht auf der freien Funktion der tendenziell zum Ausgleich und zum Gleichgewicht hindrängenden Kräfte. Auf diese Weise wird die quantitative und qualitative Übereinstimmung von Bedarf und Deckung herbeigeführt. Während in anderen Systemen dieses Ziel durch kollektive Lenkungsmaßnahmen zu erreichen versucht wird, erzielt die Marktwirtschaft diesen Effekt über die Funktion des freien Marktes.

Von einem solchen kann allerdings nur dann und so lange gesprochen werden, als ein freier Leistungswettbewerb und eine freie Preisbildung Motor und Steuerungsmittel der Wirtschaft sind. Der Wettbewerb ist damit unlöslich Bestandteil, ja innerstes Element einer marktwirtschaftlichen Ordnung, so daß seine Eliminierung, Beeinträchtigung oder Behinderung schlechthin zu einer Sprengung des Systems überhaupt führen müßten.

Ein Gleiches gilt hinsichtlich der Funktion des freien Preises. Er allein macht Leistungen meßbar und vergleichbar, und nur über das Barometer der Preisentwicklung wird die Richtigkeit oder werden die Fehler unternehmerischer Dispositionen aufgezeigt. Nur an den Preisen ist abzulesen, ob im einzelnen zuviel oder zu wenig, ob Richtiges oder Falsches produziert worden ist. Aus diesem Grunde ist die fortdauernde Anpassung der Produktion an die Wandlungen des Verbrauchs eben nur über den freien Preis möglich. Darum müssen auch alle Maßnahmen, die zu einer Bindung oder Erstarrung der Preise führen, als mit dem Wesen der Marktwirtschaft unvereinbar konsequent abgelehnt werden.

Fernab von jenen grundsätzlichen Erwägungen aber meine ich, daß wir nach sieben Jahren marktwirtschaftlicher Politik und den damit erzielten Erfolgen im wirtschaftlichen Wiederaufbau wahrlich keinen Grund haben, die Grundlagen dieser ökonomischen Ordnung zu verleugnen und den scheinbar bequemeren Kurs einer wieder gebundenen Wirtschaft zu steuern. Das deutsche Volk steht heute in seiner überwiegenden Mehrheit zweifellos auf dem Boden der Sozialen Marktwirtschaft und würde kein Verständnis dafür haben, wenn der Deutsche Bundestag andersgeartete Interessen als die von 50 Millionen Verbrauchern über Gebühr berücksichtigen wollte. Das aber wäre der Fall, wenn dieses sogenannte Kartellgesetz in einer Fassung Rechtskraft erlangen sollte, die dem Aufkommen von Kartellen Tür und Tor öffnete und eine grundsätzliche Abkehr von der seitherigen Wirtschaftspolitik bedeuten müßte.

Kartelle sind in einer Marktwirtschaft nach der inneren Logik dieses Systems artwidrige Fremdkörper. Wer den staatlichen Dirigismus als Lenkungsinstrument im wirtschaftlichen Leben ablehnt, kann nicht zugleich die kollektive Steuerung der Wirtschaft durch Kartelle gutheißen oder gar als nützlich und notwendig erachten. Wer im Kollektivismus politische, soziale und gesellschaftswirtschaftliche Gefahren erblickt, kann nicht gleichzeitig Kartelle als eine besondere Spielart kollektivistischen Geistes verteidigen wollen. Es liegt mir ferne, mit dieser Charakterisierung die Anhänger und Freunde von Kartellen subjektiv einer solchen Schuld zu zeihen. Ich behaupte vielmehr, daß sie das Kartellproblem aus einer falschen Schau heraus beurteilen und darum in seiner vollen und entscheidenden gesellschaftswirtschaftlichen Bedeutung nicht begreifen.

Historisch gesehen, wurde das Phänomen Kartell entweder vom rein juristischen Standpunkt aus oder vornehmlich auch unter branchen- und privatwirtschaftlichen Aspekten gewürdigt, während demgegenüber die volks- und gesellschaftswirtschaftliche Problematik völlig in den Hintergrund trat. Gerade aber und nur aus dieser Schau heraus läßt sich das innerste Wesen der Kartelle voll erfassen.

Die unterschiedliche Auffassung bezüglich der Kartelle und ihrer Wirkungen gipfelt in dem Dualismus: Verbots- oder Mißbrauchsgesetzgebung. Eine seichte Propaganda hat es in zum Teil dummdreisten Blättchen dahin gebracht, daß die Anhänger einer Verbotsgesetzgebung sich den Vorwurf des Dogmatismus gefallen lassen müssen, während die Vertreter einer Mißbrauchsgesetzgebung von einem solchen Verdacht erstaunlicherweise frei sein sollen. Wenn das allerdings Dogmatismus ist, ein Problem bis zum Ende durchzudenken und nicht nur auf der sogenannten gemeinen Erfahrung zu verharren, will ich mich gern schuldig bekennen.

Aber abgesehen davon, daß der vorliegende Gesetzentwurf gar nicht dem in diesem Zusammenhang so viel kritisierten Denkmodell der vollständigen Konkurrenz entspricht, sondern die Möglichkeit von Konditions-, Export- und Rationalisierungskartellen durchaus einräumt, ja ich sogar meinen möchte, daß in dieser Vorlage sozusagen schon zu viele Köche den Brei etwas verdorben haben, stehe ich grundsätzlich auf dem Standpunkt, daß eine sinnvolle Wirtschaftspolitik in jedem Falle einer klaren theoretischen Grundlegung bedarf und sich nicht an verschwommenen und wechselnden Vorstellungen des Augenblicks orientieren darf. Das heißt mit anderen Worten: wer den Wettbewerb als Ordnungselement der Wirtschaft anerkennt, kann dieses Prinzip nicht da und dort aus Opportunismus und Zweckmäßigkeit willkürlich ablehnen, heute bejahen und morgen verwerfen und dabei noch stolz wähnen, daß solche Richtungslosigkeit Wirklichkeitsnähe verrate. Die Tatsache, daß die Menschen im allgemeinen nicht reine Engel, aber auch nicht gerade reine Teufel sind, kann uns ja auch nicht dazu veranlassen, auf ethische Normen zu verzichten und die Charakterlosigkeit zum moralischen Imperativ zu erheben.

Viel wichtiger aber ist, daß eine Mißbrauchsgesetzgebung am Kern des Problems völlig vorbeigeht und gegen das Überhandnehmen von Kartellen überhaupt keine Handhabe bietet. Wenn wir von kriminellen und moralischen Vergehen absehen, die auf andere Weise geahndet werden müssen, möchte ich fragen, wo nach Meinung der Anhänger dieses Prinzips der Mißbrauch beginnen und enden soll und welches überhaupt die Kriterien des Mißbrauchs sind. Ich kann nur immer wiederholen, daß ich keinem Unternehmer, der in den Schutz von Kartellen flüchten möchte, damit die Absicht eines Mißbrauchs unterschieben will. Ja, selbst wenn ich unterstelle, daß Kartelle in bezug auf Preisbindungen größte Korrektheit und stärkstes Verantwortungsbewußtsein bezeugen und demzufolge eine Mißbrauchsgesetzgebung überhaupt niemals wirksam werden könnte, müßte ich aus volkswirtschaftlichen Überlegungen Kartelle dennoch als schädlich ablehnen. Der Mißbrauch liegt bei dieser Betrachtung nicht in dem Handeln und Verhalten der Kartelle, sondern er liegt bereits in ihrer

Existenz und beruht darauf, daß mit der Einrichtung des Kartells der Wettbewerb eingeschränkt oder unterbunden, daß mit der Preisbindung aber die volkswirtschaftliche Funktion des Preises außer Kraft gesetzt und die Volkswirtschaft ihres unentbehrlichen Steuerungsmittels beraubt wird. Unternehmer, die so gern von ruinösem Wettbewerb, Vernichtungswettbewerb und ähnlichem sprechen, schädigen damit nur das eigene Ansehen und unterminieren den Boden, auf dem sie stehen. Es geht nicht an, das unter allen Umständen segensreiche und für eine Marktwirtschaft unentbehrliche Prinzip des Wettbewerbs mit dem amoralischen Verhalten einzelner Unternehmer im Wettbewerb zu verwechseln und daraus die Notwendigkeit von Kartellen abzuleiten.

Interessant und völlig abwegig ist auch der Versuch, Kartelle als zum Schutz der mittelständischen Wirtschaft notwendig ausdeuten zu wollen. Es ist erwiesen, daß die durchweg größeren Unternehmungen der Schwerindustrie, der Investitionsgüter- und Produktionsmittelindustrie gemäß der Eigenart ihrer Erzeugung in relativ hohem Maße kartellierungsreif, kartellierungsfähig und wohl auch kartellierungswillig sind, während diese Voraussetzungen in der verarbeitenden Industrie mit zunehmender Veredelung immer mehr entfallen. Gerade in diesem Sektor aber, wie auch im Einzelhandel oder im Handwerk, ist der gewerbliche Mittelstand auf breitester Grundlage vertreten. Da Kartelle aber gewiß nicht zu einer Vermehrung des Volkseinkommens und der volkswirtschaftlichen Kaufkraft führen, würde ein Überhandnehmen der Kartelle zur Konsequenz haben, daß die kartellierungsfähigen Industrien ein Zuviel an Kaufkraft auf sich vereinen, während die weniger und nicht kartellierungsfähigen Zweige des mittelständischen Gewerbes den Kaufkraftausfall hinzunehmen hätten.

Sollten diese dann aber ihr Heil ebenfalls in Kartellen zu finden suchen, dann würde sich zuerst einmal zeigen, daß hier die divergierenden Elemente meist gar nicht zu bändigen sind und die technischen Schwierigkeiten nur sehr problematische Lösungen ermöglichen. Zum anderen aber wird man dann geradezu naturnotwendig die Erfahrung machen müssen, daß man vielleicht den Kartellpreis retten, niemals aber den Absatz mengenmäßig aufrechterhalten kann. Es ist praktisch undenkbar, daß es in einer kartelldurchsetzten Wirtschaft nicht viele dieser Institutionen gibt, die durch eine kollektive Preispolitik mehr Kaufkraft abschöpfen, als ihnen im freien Wettbewerb bei freien Preisen zufließen würde. Dieses Mehr aber fehlt an einer anderen Stelle und bewirkt in den freien Bereichen entweder einen Preisabfall oder aber einen verringerten Absatz. Aus diesem Grunde sind Kartelle auch unter beschäftigungs- und konjunkturpolitischen Gesichtspunkten abzulehnen. Vor allem aber muß der Mittelstand ein geradezu vitales Interesse daran haben, die Volkswirtschaft in ihrer Gesamtheit von Kartellbindungen freizuhalten. Aus solcher Sicht wird es deutlich, daß gerade die sogenannten guten Kartelle, solche nämlich, die funktionieren, es sind, welche die schädlichsten Wirkungen zeitigen. Die nachteiligen Folgen eines Kartells treten nämlich nicht immer im Bereich des gebundenen Sektors selbst auf, sondern meist an einer anderen Stelle der Wirtschaft.

Nun erfordert zweifellos jede Kartellgesetzgebung in ihrer praktischen Handhabung einen gewissen Verwaltungsapparat, und angeblich soll eine Verbotsgesetzgebung ein Mammutgebilde dieser Art notwendig machen. Die Logik dieser Aussage ist zwar schwer verständlich, denn es ist unbestreitbar leichter, mit geringen Kräften das Überhandnehmen von Kartellen zu verhindern, als nicht greifbaren Kartellmißbräuchen nachzujagen. Vielleicht aber beleuchtet jene Sorge vor einer solchen Mammutbürokratie am besten, wie mannigfach und zahlreich wohl das Verlangen nach Kartellen sein mag, wenn ein so großer Apparat erforderlich sein soll, um die Aufgabe zu bewältigen. Es ist sicher, daß die Kartellbehörde in ihrem Umfang wesentlich von dem Ausmaß der Kartellfreudigkeit der deutschen Wirtschaft abhängig sein wird.

Was nun den gefürchteten staatlichen Dirigismus anlangt, so ist der Widerspruch der Argumentation vollkommen. Die bei einer Mißbrauchsgesetzgebung massenhaft entstehenden privaten Kartellbürokratien werden in der Kritik an der Verbotsgesetzgebung mit keinem Wort erwähnt, obwohl dieser privatwirtschaftlich organisierte Dirigismus zwangsläufig unendlich weitreichender sein muß als der einer Kartellbehörde, die nur die eine Aufgabe hat, das ungerechtfertigte Überhandnehmen von Kartellen zu verhindern, den Leistungswettbewerb aufrechtzuerhalten und den Markt nicht erstarren zu lassen. Man kann beim besten Willen auch nicht von einem Staatsinterventionismus sprechen, wenn der Staat darüber wacht, daß die Grundsätze einer freien demokratischen Gesellschaftsordnung gewahrt bleiben.

Es ist in diesem Zusammenhang überhaupt notwendig, etwas Grundsätzliches über die Verantwortung des Staates und die Verantwortung des Unternehmers zu sagen. Wenn z. B. in den mannigfachen Verlautbarungen unter anderem auch zu hören war, daß der Genehmigungszwang für Kartelle zu einer Alleinverantwortung des Staates im wirtschaftlichen Leben führe, so ist diese These mindestens sehr unklar. Denn es darf wohl als selbstverständlich gelten, daß es vornehmlich die Aufgabe des Staates ist – und nur die Aufgabe des Staates sein darf –, die Grundlagen der wirtschaftlichen Verfassung und der volkswirtschaftlichen Ordnung zu schaffen und zu überwachen. Der Staat ist insbesondere auch verantwortlich für die sozialen Auswirkungen der Wirtschaftspolitik, für die Sicherung der Konjunktur und für die Stetigkeit des wirtschaftlichen Aufschwungs. Er ist verantwortlich für die Erhaltung der Wettbewerbsfähigkeit der nationalen Wirtschaft und ihre organische Einordnung in die Weltwirtschaft. Gerade die Soziale Marktwirtschaft hat dem Unternehmer wieder zu voller Freiheit und Freizügigkeit der wirtschaftlichen Betätigung verholfen. Es ist schon aus diesem Grunde unglaubhaft, daß die gleiche Regierung, die diese Politik so entschlossen einleitete, es an Verständnis für die wirtschaftlichen Notwendigkeiten der Privatwirtschaft fehlen lasse, den Unternehmer in seiner Freiheit behindern oder gar einen neuen staatlichen Dirigismus einführen wolle.

Die ungehinderte Entfaltung der unternehmerischen Initiative hat allerdings dort eine Grenze, wo die Rechts- und Lebenssphären anderer Bevölkerungsschichten berührt werden und wo eine wirtschaftliche Position oder gar eine Machtstellung nicht mehr durch individuelle unternehmerische Leistung im Wettbewerb, sondern durch kollektive Absprachen und künstlich gesetzte Machtpositionen errungen werden will. Der freie Wettbewerb ist, um es noch einmal zu sagen, ein Grundelement unserer demokratischen und ökonomischen Ordnung und darf deshalb durch private Organisationen nicht ausgeschaltet werden. Nur wenn das gewährleistet ist, kann der Staat die Verantwortung für die Volkswirtschaft übernehmen, während er dazu nicht in der Lage wäre, wenn er der Kartellbildung freien Raum ließe und damit anstatt der Funktion eines freien Marktes und freier Preise das Marktschicksal privaten Kartellorganisationen überließe. Der Staat, der Preisbildung durch Kartelle zuläßt, entäußert sich damit der Möglichkeit einer aktiven Wirtschaftspolitik.

Man möge auch nicht vergessen, wie sehr sich in den letzten dreißig Jahren die Auffassungen über Verantwortung und Zuständigkeiten gewandelt haben. Wenn heute an irgendeiner Stelle der Wirtschaft Störungen in Erscheinung treten, dann werden im Blickpunkt der Öffentlichkeit nicht Unternehmer oder Verbände, sondern es wird der Staat verantwortlich gemacht, und an ihn ergeht die Forderung, wirksame Maßnahmen der Heilung zu ergreifen. Die Fähigkeit aber, mit Mitteln der Wirtschaftspolitik das wirtschaftliche Leben zu bestimmen, ist davon abhängig, daß die Funktion eines freien Marktes überhaupt obwaltet, weil ohne diese Voraussetzungen jede wirtschaftliche Maßnahme durch Kollektiventscheidungen auf Verbandsebene inhibiert werden kann.

Was endlich die soziale Seite des Problems anlangt, hat die Bundesregierung durch ihr Handeln und Verhalten wohl hinlänglich deutlich gemacht, daß ihr die Kennzeichnung unserer Wirtschaftspolitik als „Soziale Marktwirtschaft" eine ernste Verpflichtung bedeutet. „Sozial" kann sich aber eine Wirtschaftspolitik nur dann nennen, wenn sie den wirtschaftlichen Fortschritt, die höhere Leistungsergiebigkeit und die steigende Produktivität wesentlich dem Verbraucher zugute kommen läßt. Dieses Ziel wird vornehmlich durch den freien Leistungswettbewerb erreicht, der die Gewinnung erhöhter Erträge oder sogar Renten verhindert und die Dynamik der Wirtschaft in Gang hält.

Dank dieser Politik ist der Unternehmer im Blickfeld der breiten Massen heute nicht mehr ein Mann, der ein bequemes, sorgenfreies und gutes Leben führt, sondern er ist der erste Mann des Betriebs, der die ganze Schwere der Verantwortung trägt. Gerade im Zeichen der Mengenkonjunktur und des Käufermarkts ist auch jeder Arbeiter anzuerkennen bereit, daß für den Unternehmer ein Höchstmaß an Tüchtigkeit und Bewährung vonnöten ist, um sich und das Werk im Wettbewerb zu behaupten. Wenn die Unternehmerschaft aus freiem Entschluß diese ihre Freizügigkeit aufgeben möchte, unterhöhlt sie das politische, soziale, gesellschaftliche und moralische Ansehen ihres Standes, ja, sie öffnet dem Kollektivismus Tür und Tor.

Es ist auch nicht richtig, Kartelle sozialpolitisch damit rechtfertigen zu wollen, daß sie den Schutz des Unternehmens und die Sicherung des Arbeitsplatzes bezweckten. Was durch Kartelle künstlich geschützt und gesichert werden kann, das sind vor allem unergiebige, unproduktive Arbeitsplätze. Daraus resultiert oft die Gefahr, daß die ganze Volkswirtschaft in einem Leistungsrückstand verharrt, der insbesondere im internationalen Wettbewerb verhängnisvoll werden kann. Eine Politik kann aber nicht sozial genannt werden, die den Fortschritt hemmt und die Errichtung neuer produktiver und sicherer Arbeitsplätze künstlich verhindert. Wer fortdauernd mehr und immer bessere Arbeitsplätze schaffen will, wer die Konjunktursicherung durch dynamische Expansion erreichen möchte, muß Kartelle verneinen. Wer auf Bewahrung bedacht ist, mag sie gutheißen. Wir aber können uns angesichts eines aufkommenden Arbeitskräftemangels den Luxus von Kartellen einfach nicht leisten.

Wer das Wesen und das Wirken der Kartelle in seiner ganzen Tragweite begreift, wird es auch verständlich finden, daß die breiteste Öffentlichkeit an dieser Entscheidung lebhaftesten Anteil nimmt.

Der bei der Beratung im Bundesrat geäußerten Ansicht, daß die Kartellbehörde selbst im Falle einer Mißbrauchsgesetzgebung nur dann in Tätigkeit treten sollte, wenn ein echtes öffentliches Interesse für ein Eingreifen vorliegt, kann unter gar keinen Umständen zugestimmt werden. Denn die durch Kartellmaßnahmen in ihrer wirtschaftlichen Entfaltung oder in ihren Lebensmöglichkeiten Behinderten erlangen von dem Mißbrauch meist gar keine Kenntnis und vermögen die Auswirkungen einer Kartellpolitik für ihr Schicksal gar nicht zu ermessen. Sie finden Marktbedingungen vor, deren Komponenten sich ihrem Beurteilungsvermögen entziehen.

Das gilt für die Industrie hinsichtlich des Bezugs ihrer Vorprodukte; es gilt für den Handel, und es gilt in noch viel umfassenderer Weise für den Verbraucher. Gerade dieser kann unmöglich wissen, auf welche Weise ein Preis zustande kam und ob er mit ihm übervorteilt wird. Er kann bestenfalls Vergleiche anstellen. Aber diese werden nutzlos, wenn eine Branche im Kartell eine gleiche Preispolitik verfolgt. Es kann dann gar nicht ausbleiben, daß der Verbraucher den Eindruck gewinnt, er sei im Markte anonymen Kräften und Institutionen ausgeliefert. Wenn sich dieses Gefühl erst auf breiterer Grundlage durchsetzt und sich zu politischem Widerstand verdichtet, wird es mit dem wirtschaftlichen und sozialen Frieden vorbei sein. Die breite Masse hat heute, wie schon erwähnt, das Vertrauen zum Unternehmer zurückgewonnen, aber nie wird sie ihr Vertrauen Kartellen schenken wollen.

Es entspricht dem Zeitgeist, wenn heute die Durchsetzung von Gruppeninteressen und Sonderwünschen oder das Verlangen nach stärkerem Wettbewerbsschutz immer mit dem Hinweis auf die Notwendigkeit einer Ordnung vertreten wird, obwohl Teilregelungen dieser Art das Gefüge der umfassenden Ordnung sprengen und in die Atomisierung und Isolierung treiben müssen. Demgegenüber erkläre ich, daß es in einem geordneten Staat nur eine Ordnung geben kann: das ist die gesellschaftliche Ordnung als Ganzheit. Die Zerklüftung und Zerrissenheit einer Gesellschaft wird sich um so stärker ausprägen, je mehr diese in sogenannte Teilordnungen aufgegliedert ist. Der staatliche Dirigismus und Kollektivismus werden um so üppiger gedeihen, je mehr aus diesem Grunde ein Zwang vorliegt, das Getrennte mit künstlichen Mitteln wieder zu einem Ganzen zusammenzufügen. Wo Marktordnungen und Berufsordnungen überhandnehmen, da wuchert der Egoismus. Wo alle Gruppen einen besonderen Schutz und mehr Sicherheit haben wollen, werden die Menschen immer unfreier werden und immer mehr an echter Sicherheit verlieren. Es kann auch kein Zweifel bestehen, daß dann die jeweils erstrebten Vorteile nur zu Lasten anderer zu erringen sind.

Es muß auch als in höchstem Maße widerspruchsvoll bezeichnet werden, wenn ein Land wie die Bundesrepublik einerseits alle Anstrengungen unternimmt, sich möglichst organisch und nach marktwirtschaftlichen Grundsätzen in die freie Welt einzugliedern, auf der anderen Seite aber im nationalen Raum um einzelne Branchen und Gruppen Schutzwälle errichten und die Volkswirtschaft in Teile zerlegen möchte. So wie die Weltwirtschaft durch den Protektionismus, Egoismus und Nationalismus der Staaten zerstört wurde, so muß auch eine Volkswirtschaft in sich schwersten Schaden leiden, wenn dort gleiche Prinzipien obwalten. So wie der Wiederaufbau einer funktionsfähigen Weltwirtschaft in den letzten Jahren nur mit Mitteln einer freiheitlichen Politik möglich geworden ist, so können auch die einzelnen nationalen Volkswirtschaften nur gedeihen, wenn sie in sich diesen Grundsätzen treu bleiben.

Es zeugt wirklich nicht von Einsicht und Weisheit, wenn man demgegenüber immer noch in den Kategorien von gestern denkt und ein versunkenes Modell der Wirtschaftsverfassung nachbauen möchte. In einer Zeit, in der wir um neue und höhere Formen einer europäischen und weltweiten Integration ringen, erhält die Vorstellung einer Kartellpolitik von gestern fast mittelalterliche, zünftlerische Züge. Aus diesem Grunde wäre es auch ein Verrat an der fortschrittlichen Idee der Integration, wenn man etwa internationale Kartellabsprachen als geeignete Instrumente zur Schaffung umfassender Gemeinschaften ansehen wollte. Ich gehe sogar so weit, zu sagen, daß im Begrifflichen und Grundsätzlichen Integration und Kartelle nicht nur einen Kontrast aufzeigen, sondern sich gegenseitig ausschließen. In Wirklichkeit aber ist der Sieg der modernen Wirtschaftsauffassung gar nicht mehr aufzuhalten. Nicht nur in Deutschland, sondern auch in allen anderen europäischen Ländern ist die geistige Wandlung deutlich zu spüren, und immer vernehmlicher wird von allen Seiten der Ruf und das Verlangen nach einer Bändigung der Kartellauswüchse, nach einer Abstellung von Mißbräuchen bis zur Forderung nach Verboten laut.

Erst in diesen letzten Tagen haben das Nachrichten aus England, Frankreich und Holland erhärtet. Ich möchte die Anhänger einer Mißbrauchsgesetzgebung einmal fragen dürfen, wann und wo jemals ein Land mit diesem Instrument seine Ziele erreicht hätte. Professor Welter hat wirklich recht, wenn er in der „Frankfurter Allgemeinen Zeitung" schreibt, daß ihm dieser Versuch so vorkomme, als ob jemand im weiten Meer eine besondere Abart von Fischen suchen und mit der bloßen Hand fangen sollte. Es fällt darum – ohne irgend jemand zu nahe treten zu wollen – wirklich schwer, an die innere Wahrhaftigkeit dieser Konzeption zu glauben. Jedenfalls würde es einer Tragikomödie gleichkommen, wenn man ausgerechnet in Deutschland, in der Bundesrepublik, in der Verfolgung der seitherigen Wirtschaftspolitik anhalten und den Weg nach rückwärts antreten wollte.

Die Mißbrauchsgesetzgebung erscheint in meiner Sicht als ein Gesetzmißbrauch; denn sie erweckt wider besseres Wissen und gegen alle historische Erfahrung den Schein, als ob ein solches Gesetz die Nachteile und Schäden verhindern könnte, die angeblich verhindert werden sollen. Als Wirtschaftsminister aber habe ich nicht die Interessen gewerblicher Gruppen, sondern das Lebensrecht von 50 Millionen Verbrauchern zu verteidigen. Das steht hier auf dem Spiel. Diese Probleme sind mit dem vorliegenden Gesetz angesprochen und harren einer guten Lösung. Man muß – das möchte ich deutlich sagen – nicht unversöhnlich sein, wenn man eine klare Konzeption im Kopf hat. So bringe ich denn dieses Gesetz ein in der Erwartung, daß sich der Deutsche Bundestag der Tragweite dieses auf innerpolitischem Gebiet wahrscheinlich wichtigsten deutschen Gesetzes bewußt sein und eine gute, glückliche Lösung für unser Volk und für unsere Wirtschaft finden möge.

MASSHALTEN WIRTSCHAFTLICHES GEBOT

[Rundfunkansprache am 7. September 1955]

Die Phase stetiger und ausgeglichener Konjunkturentwicklung erstreckte sich auf das ganze Jahr 1953 und reichte bis weit in das Jahr 1954 hinein. Nach einer vorübergehenden Abschwächung der Expansion ist die Entwicklung ab 1954 wieder durch eine Beschleunigung des Wachstums gekennzeichnet, in erster Linie von den Investitionen und dem Export getragen. Die steigende Gesamtnachfrage trifft aber auf ein sich kräftig ausweitendes Güterangebot aus der heimischen Produktion; hinzu kommen beträchtlich zunehmende Importe, die die Ausfuhrsteigerung noch übertreffen. Dadurch können größere Spannungen im ersten Teil des Aufschwungs vermieden werden.

Bereits im späteren Verlauf des Jahres 1954 kündigen sich aber gewisse Gefahren der inzwischen stärker zur Entfaltung gekommenen Hochkonjunktur an. Die Grundlage hierfür bildete eine erheblich verstärkte inländische Investitionsbereitschaft. Schon die „Kleine" Steuerreform von Mitte 1953 hatte für die Unternehmen eine Entlastung gebracht. Die „Große" Steuerreform von Ende 1954 erweiterte zusammen mit einer stark verbesserten Ertragslage den Selbstfinanzierungsspielraum noch mehr. Sinkende Zinsen begünstigten zudem eine beträchtliche Kreditausweitung. Alle denkbaren Voraussetzungen für einen Investitionsboom waren erfüllt. Die Arbeitsmarktreserven wurden sehr schnell absorbiert, die Vollbeschäftigung war praktisch erreicht. Ab Mitte 1955 begann sich das Preisklima zu erhitzen, während die tatsächliche Preisentwicklung noch einigermaßen stabil verlief. Gefahren für die Preisstabilität bahnten sich vor allem von einer den Produktivitätsrahmen sprengenden Lohnpolitik der Sozialpartner her an. Der Bundeswirtschaftsminister mußte wieder zum Maßhalten mahnen:

Kaum je ist in den letzten Jahren soviel über Konjunktur gesprochen und geschrieben worden, als das heute der Fall ist, und meist sind es Stimmen der Warnung und Besorgnis, die an das Ohr eines mählich ängstlich werdenden Verbrauchers dringen. Der schüttelt den Kopf, weil es ihm nicht eingehen will, daß eine so gute Konjunktur mit voller Beschäftigung, hoher Produktion und steigendem Volkseinkommen etwas Gefährliches sein soll. Und auch ich meine, daß man dieses, einem gesunden Menschenverstand entspringende Gefühl nicht gering achten sollte. Damit wird die Problematik der wirtschaftlichen Situation gewiß nicht geleugnet; nein, es sei im Gegenteil hier auf sie eingegangen.

Wie auch die Bank deutscher Länder in ihrem letzten Monatsbericht ausführt, ist es nicht das tatsächliche Preisniveau, sondern das Preisklima, das sich allenthalben verschlechtert hat; in weiten Bereichen der Wirtschaft sei das Preisniveau nach wie vor stabil. Zu dem gleichen Ergebnis kommt die amtliche Statistik über die Entwicklung der Lebenshaltungskosten, während gewiß nicht bestritten werden kann, daß das deutsche Volkseinkommen, und im besonderen auch das Realeinkommen des deutschen Arbeiters, eine fortdauernde Steigerung erfahren hat und sogar die günstigste Entwicklung von allen europäischen Ländern aufweist. Wir haben es hier also offenbar mit einem weitgehend psychologischen Phänomen zu tun. Nicht aus der Konjunktur als solcher droht uns Gefahr, sondern aus der falschen Einschätzung der sich aus ihr ergebenden Möglichkeiten und Chancen für eine materielle Bereicherung. Nicht die Sache ist es, sondern der Mensch, der Unruhe stiftet. Ginge es nur darum, alle Schichten unseres Volkes an einem sich ausweitenden Sozialprodukt, d. h. an dem wachsenden Wohlstand, teilhaben zu lassen, dann wäre die Aufgabe immerhin lösbar. Aber unlösbar, ja geradezu unsinnig ist das Verlangen, allen Gruppen von Einkommensbeziehern gleichzeitig einen höheren Anteil am Volkseinkommen zuzubilligen.

Es ist interessant, dabei festzustellen, daß die Übersteigerung der Forderungen bzw. die Klagen über die angeblich so schlechte Lage dieses oder jenes Zweiges unserer Volkswirtschaft um so lauter vorgebracht werden, je besser sich die Konjunktur nach Beschäftigung, Produktion und Umsatz gestaltet. Wenn in den letzten sieben Jahren kaum je so viel Unzufriedenheit aufkam wie gerade heute, so kann ich das nur als Entartung oder Verirrung bezeichnen. Die Maßlosigkeit droht zu einer ernsten Gefahr für diese so erfreuliche Konjunktur zu werden, und darum tut vor allem anderen Besinnung not. Das gilt um so mehr, als Konjunkturen sich nicht im luftleeren Raum abspielen, als wirtschaftliche Entwicklungen nicht nach mechanischen Gesetzen ablaufen, sondern von Menschen getragen und geformt werden und ihr Handeln und Verhalten für das wirtschaftliche Schicksal bestimmend sind. Ich glaube darum auch nicht, daß es sträflicher Optimismus ist, wenn ich darauf vertraue, daß Einsicht und Erkenntnis, guter Wille, gesunder Menschenverstand und wirtschaftliche Vernunft zuletzt doch obsiegen werden, und wenn ich eine gleiche Haltung auch bei meinen Gesprächspartnern voraussetze. Die Bundesrepublik hat gerade in der derzeitigen Konjunktursituation die große Chance, ihre ökonomischen und sozialen Verhältnisse zu konsolidieren und auch ihre wirtschaftliche Stellung in der Welt zu festigen. Aber es besteht gleichermaßen die Gefahr, beides zu verspielen.

Da es in zeitlicher Reihenfolge gesehen zuerst offenkundig überhöhte Lohnforderungen gewesen sind, die einen Schock auslösten, sei hierzu im Grundsätzlichen gesagt, daß ich zwar nicht einen Augenblick daran denke, von dem volkswirtschaftlich dümmsten und untauglichsten Mittel eines Lohn- und Preisstops Gebrauch zu machen, aber mit der Verwerfung solcher Methoden auch nicht anerkennen möchte, daß die Tarif- oder Sozialpartner in ihren Entscheidungen über die Lohn- und Preispolitik frei schalten und walten dürfen. Das ist nämlich die ernste und riesengroße Gefahr, daß einmal die Gewerkschaften im Bewußtsein des zunehmenden Arbeitskraftmangels und in Überschätzung der konjunkturellen Möglichkeiten ihre Forderungen übersteigern, und zum anderen die Unternehmer angesichts eines hohen Auftragsbestandes und günstiger Absatzverhältnisse vielleicht allzu geneigt sein könnten, harten Auseinandersetzungen aus dem Wege zu gehen. Die Bäume wachsen indes nicht in den Himmel, und aus diesem Grunde ist es die Pflicht des verantwortlichen Wirtschaftsministers, solche auf lange Sicht illusionistischen Verhaltensweisen rechtzeitig zu unterbinden. Jene gefährliche Mentalität, daß es bei solcher Konjunktur sozusagen nicht darauf ankäme, kann gar nicht scharf genug gegeißelt werden, denn es brauchen sich die Zeichen der Konjunktur nur wenig zu ändern und es wäre der große Katzenjammer unausbleiblich.

Da Deutschlands Stellung in der Weltwirtschaft und das materielle Sein unseres Volkes wesentlich von unserer Wettbewerbsfähigkeit abhängen, würde ich Preissteigerungen auf Grund überhöhter Lohnforderungen niemals als Begründung gegen eine weitergehende Liberalisierung oder für die Aufrechterhaltung eines Zollschutzes gelten lassen können, sondern ich müßte gerade umgekehrt diese Mittel der Handelspolitik zur Anwendung bringen, um gefährliche Entwicklungen vom deutschen Volk abzuwenden. Diese Aussage mag die Entscheidungen beider Partner beeinflussen, aber ich handele im Interesse von 50 Millionen Verbrauchern, wenn ich willens bin, die Stabilität des deutschen Preisniveaus und die Festigkeit unserer Währung unter allen Umständen aufrechtzuerhalten. Wiederholt habe ich es ausgesprochen, daß es mir unter gegebenen Umständen verhältnismäßig leicht erscheint, zwischen den Tarifpartnern in bezug auf höhere Löhne und höhere Preise eine Einigung zu finden – aber um welchen Preis geschieht dies dann – um den nämlich, daß die der Produktion ferner stehenden Schichten benachteiligt werden und den Letzten die Hunde beißen. Das aber sind dann gerade diejenigen, denen unsere ganze Fürsorge gelten muß, nämlich die Millionen von Fürsorgeempfängern, Sozialrentnern, Kriegsopfern, Witwen und Waisen und andere mehr, und ich jedenfalls bin nicht willens, über deren Schicksal zur Tagesordnung überzugehen.

Es liegt mir indessen fern, nur die Gewerkschaften ansprechen zu wollen. Ich bin auch bereit, mich mit ihnen, soweit es sich um ein echtes soziales Anliegen und nicht nur um die verschleierte Form einer Lohnerhöhung handelt, über die Forderung, die Problematik und die Konsequenzen der 40-Stunden-Woche ernsthaft zu unterhalten. Ich bin durchaus nicht der Meinung, daß auf längere Sicht befriedigende Lösungen in dieser wichtigen

Frage nicht möglich sein sollten. Sicherlich aber gehen die Gewerkschaften von völlig falschen Voraussetzungen aus, wenn sie die Höhe, oder – besser gesagt: die Prozentsätze ausgeschütteter Dividenden zur Begründung unrealistischer Lohnforderungen vorbringen, denn unsere Aktiengesellschaften sind fast durchweg unterkapitalisiert, d. h. das Verhältnis von Eigenkapital zu Fremdkapital und zum Geschäftsvolumen und den Lohnaufwendungen ist meist so grotesk, daß der Hinweis auf die Höhe der ausgeschütteten Dividende nur einer Vernebelung, aber gewiß nicht einer Versachlichung des Problems und einer Verdeutlichung der wahren Lage unserer wirtschaftlichen Unternehmungen dienen kann. Jede Verallgemeinerung ist hier überhaupt außerordentlich gefährlich.

Es gibt gewiß Wirtschaftszweige, die sich in der Gunst einer Spezialkonjunktur sonnen dürfen, aber es ist auch bekannt genug, daß sich andere nach wie vor im Zeichen eines Käufermarktes in harter Bedrängnis befinden. Wenn dann aber bei dieser differenzierten Konjunkturlage in Teilbereichen Machtpositionen ausgespielt und durchgesetzt werden wollen, dann kann es gar nicht ausbleiben, daß angesichts des verständlichen Strebens nach Aufrechterhaltung eines organischen Lohngefüges Spannungen auftreten, die schließlich die volkswirtschaftliche Konjunktur im ganzen ernsthaft gefährden müssen. Das ist ein weiterer Grund, warum ich das Maßhalten gerade dort predige, wo scheinbar alle Möglichkeiten offenstehen. In einer gesunden Volkswirtschaft hat jeder für den anderen einzutreten, jeder für alle Verantwortung zu tragen.

Meine Bemühungen, die Geister zu bändigen, und die Erklärung, daß Preissenkungen besser wären als Lohnerhöhungen, sind vielfach mißverstanden worden. Wenn es uns auch entgegen aller früheren Erfahrung gelungen ist, eine wirtschaftliche Expansion bei gleichzeitig relativ stabilen Preisen zu bewerkstelligen, so bin ich doch nicht weltfremd genug, um gerade im Zeichen der derzeitigen Hochkonjunktur an die Möglichkeit einer allgemeinen Preissenkung zu glauben. Wohl aber habe ich die Absicht, alles zu tun, um eine günstige wirtschaftliche Entwicklung bei stabilem Preisniveau fortdauern zu lassen. Ich weiß sehr wohl, daß da und dort Kostenerhöhungen eingetreten sind, weiß auch, daß die Verteuerung ausländischer Rohstoffe von unserer Binnenwirtschaft nicht ferngehalten werden kann, aber ich weiß auch, daß im Zeichen einer Hochkonjunktur und voller Kapazitätsausnutzung eine Kostendegression wirksam wird, die allenthalben Raum für Preissenkungen bieten dürfte. Ich halte es für eine schlechte Politik, diese Tendenz in Erwartung doch kommender Lohnforderungen nicht wirksam werden zu lassen. So treibt tatsächlich ein Keil den anderen, und wir fragen uns zum Schluß vergeblich, wo denn eigentlich die Schuld liegt, wenn wir in eine gefährliche Entwicklung schlittern.

Ich möchte darum den wirtschaftenden Menschen begreiflich machen, daß wir im nationalen Raum kein Eigenleben führen, daß wir in unserem konjunkturpolitischen Verhalten nicht frei sind, sondern in eine freie Weltwirtschaft eingespannt bleiben und daß gerade dann, wenn wegen der günstigen Konjunktur der Wettbewerb zu erlahmen droht, er von außen her einer Belebung bedarf. So sind auch meine Bestrebungen zu verstehen über Jedermann-Einfuhren, Liberalisierung und Zollsenkungen und über eine größere Freizügigkeit der arbeitenden Menschen, der innerdeutschen Preisentwicklung Zügel anzulegen. Niemand, der guten Willens ist, hat das Recht, daraus auf eine Aggression zu schließen. Ich weiß sehr wohl, daß gerade mit einer sich ausweitenden Konjunktur das Problem der innerbetrieblichen Kapitalausstattung immer ernstere Sorgen bereitet, aber ich vermag wiederum nicht anzuerkennen, daß nach einem politischen und wirtschaftlichen Zusammenbruch ohnegleichen schon in wenigen Jahren alle dahingehenden Wünsche erfüllt werden müßten oder auch nur könnten.

So komme ich immer wieder auf das Maßhalten als volkswirtschaftliches Gebot. Ich habe wirklich keine Angst vor der Konjunktur; ja, ich möchte sie umgekehrt fortgeführt sehen. Aus diesem Grunde ist es auch wieder ein falsches Argument der Gewerkschaften, wenn sie auf die relativ hohe Investitionsrate in der deutschen Wirtschaft verweisen, weil im Zeichen der Vollbeschäftigung nur noch mittels einer zunehmenden Produktivität ein wirtschaftlicher und sozialer Fortschritt fließen kann. Die Rationalisierung von heute ist der Gewinn des Arbeiters von morgen. Wir können, volkswirtschaftlich gesehen, gar nicht darauf verzichten, diesen Drang und Zwang zur Leistungssteigerung lebendig zu halten. Wenn darum in konjunkturpolitischen Betrachtungen vor einer Übersteigerung der Investitionen gewarnt wird, so muß dabei doch sehr sorgfältig zwischen jenen Aufwendungen, die der Rationalisierung und solchen, die ausschließlich der Produktionsausweitung dienen, unterschieden werden.

Es ist in Ansehung unserer verantwortungsbewußten Geld-, Kredit- und Währungspolitik in keiner Weise zu befürchten, daß auf dem deutschen Markt Kaufkraft entstehen und wirksam werden könnte, die keine güterwirtschaftliche Deckung findet. Das aber bedeutet, daß keine inflationistische Entwicklung Platz greifen kann. Von dieser Seite droht also keine Gefahr – das deutsche Volk kann beruhigt sein. Weil dem aber so ist, obliegt den organisierten Gruppen der deutschen Wirtschaft eine um so größere Verantwortung. Diese haben es sozusagen selbst in der Hand, durch eine maßvolle Haltung eine ruhige stetige Fort- und Aufwärtsentwicklung unserer Wirtschaft und des sozialen Lebens zu gewährleisten, oder aber in Ermangelung dieses Willens die Verantwortung dafür zu tragen, wenn sich der Staat zur Aufrechterhaltung der Ordnung zu restriktiven und damit die Konjunktur bändigenden Maßnahmen entschließen müßte.

An uns selbst wird es also liegen, ob wir auf dem Wege des wirtschaftlichen und sozialen Fortschritts, der Mehrung des Wohlstands und der Milderung sozialer Nöte fortfahren können oder ob wir in verhängnisvoller Verblendung diese Gunst des Schicksals frevelhaft verspielen. Die Wahl sollte uns nicht schwer fallen. Ich jedenfalls bin willens, dafür mit aller Kraft zu kämpfen, und es ist darüber hinaus meine feste Absicht, das deutsche Volk in seiner Gesamtheit um seiner eigenen Ruhe und Sicherheit willen an den Geschehnissen dieser Tage und Wochen teilhaben zu lassen.

FREIE UNTERNEHMERWIRTSCHAFT IST GUTE ENTWICKLUNGSHILFE

[Ansprache bei der 10. Jahreshauptversammlung der Weltbank und des Weltwährungsfonds am 13. September 1955 in Istanbul]

Gleichzeitig mit Dr. Adenauers schwierigen Verhandlungen in Moskau beraten in den Septembertagen 1955 Weltbank/Weltwährungsfonds in Istanbul. Im abgelaufenen Jahr konnten die meisten Völker der freien Welt ihren Lebensstandard weiter verbessern. Immer mehr treten, auch im Hinblick auf die Probleme der Entwicklungsländer, die Fragen der guten weltwirtschaftlichen Ordnung in den Mittelpunkt der Beratungen. Die Stabilisierung eines weltwirtschaftlichen Ordnungsrahmens auf der Grundlage einer freien Unternehmerwirtschaft wurde als ein wichtiger Ansatzpunkt für jegliche wirksame Entwicklungshilfe erkannt, um geeignete Voraussetzungen für eine Selbsthilfe und bilaterale Beiträge zu schaffen.

Wir haben den Bericht über die erfolgreiche Tätigkeit der Weltbank im letzten Jahrzehnt und insbesondere über ihre gesteigerten Erfolge im letzten Jahre entgegengenommen. Als Vertreter der Bundesrepublik Deutschland fühle ich die Verpflichtung, der Weltbank und all denen, die das Fortschreiten ihrer Arbeit ermöglichten, zu danken. Weltbank und Weltwährungsfonds erscheinen mir als wesentliche Elemente einer neu erstehenden Weltwirtschaft, die auf den Grundsätzen der Freiheit, der Multilateralität und der Nichtdiskriminierung aufbaut; es sind diese Institutionen, die in den letzten Jahren erhebliche Anstrengungen unternommen haben, um durch ihr Eintreten für die unterentwickelten Länder einen besseren und harmonischen Ausgleich zwischen den von der Natur verschieden ausgestatteten Ländern herbeizuführen. In allen Teilen der Welt legen Kraftwerke, Industriebauten und Verkehrsanlagen Zeugnis ab von der großartigen Unterstützung, die von der Bank gewährt wurde. Um diese Erfolge zu mehren, erscheint es mir besonders wichtig, daß wir bei den Zusammenkünften von Fonds und Bank Gelegenheit haben, jene gemeinsamen Prinzipien zu klären, die, wie wir alle glauben, die unabdingbare Voraussetzung für das Wachstum und die Kräftigung der internationalen Zusammenarbeit sind.

Ich möchte mir erlauben, auf zwei Fragen einzugehen, die in der gestrigen Ansprache des Präsidenten der Weltbank zur Diskussion gestellt wurden. Es mag äußerlich vielleicht als eine Nebensächlichkeit erscheinen, aber ich glaube doch, daß es sich um eine grundsätzliche Frage handelt, wenn die Praxis der Freigabe der 18prozentigen Quote zur Entscheidung steht.

Mr. Black führte mit Recht aus, daß eine Bindung bei der Quotenfreigabe einer Bindung der Kreditverwendung gleichkommt. Welche Haltung seither die verschiedenen Länder und auch mein eigenes hierzu eingenommen haben mögen, so bin ich doch der Meinung, daß wir der Auffassung von Mr. Black zustimmen müssen, die dahin geht, daß bei der Freigabe der 18prozentigen Quote handelspolitische Motive auszuscheiden haben. Nur so kommen wir dazu, daß sich die Kredite der Weltbank organisch in das multilaterale System des Welthandels einfügen. Meine Regierung ist also bereit, der Anregung von Mr. Black zu folgen. Wir sind folglich auch bereit, uns an dem 50-Millionen-Dollar-Pool, so wie dieser von Mr. Black vorgeschlagen worden ist, zu beteiligen. Das zweite Problem betrifft die von Mr. Black in den Vordergrund gestellte Bedeutung der privaten Unternehmungstätigkeit gerade auch für die Entwicklung der entwicklungsfähigen Gebiete. In der Tat sind wir in den internationalen Organisationen oft allzu schnell bereit, staatliche Interventionen und Maßnahmen als die allein geeigneten Instrumente zur Entwicklung dieser Gebiete anzusehen. Es hat mich aufrichtig gefreut, die von realistischen Einsichten getragenen Ausführungen von Mr. Black zu hören. In der Tat spricht sehr vieles dafür, daß wir dort, wo wir entwicklungsfähigen Ländern zu helfen bestrebt sind, auch dafür sorgen sollten, daß die freie Unternehmungstätigkeit ihren Spielraum behält oder sogar ausweiten kann. Dort wo dieser Spielraum durch staatliche Monopole von Anfang an eingeengt wird, besteht nur zu sehr die Gefahr, daß die Impulse, die wir über den ersten Anlauf hinaus für die Fortentwicklung erwarten müssen, erlahmen und der staatlichen Tätigkeit die Ablösung durch private Initiative nicht folgt. Bei aller Unterschiedlichkeit der Voraussetzungen glaube ich dabei doch auf Erfahrungen verweisen zu können, die wir in der Bundesrepublik sammeln konnten. Uns stand zwar das Wissen um eine hochentwickelte Industriewirtschaft zur Verfügung, aber materiell gesehen starteten wir vor 7 Jahren in unserem Wiederaufbau von einem Nullpunkt aus. Ich sage das nicht zum eigenen Lobe, sondern um all denen eine Hoffnung zu setzen, die sich die Fortentwicklung ihrer Länder zum Ziel gesetzt haben. Wenn die Bundesrepublik inzwischen einen so sichtbaren wirtschaftlichen Aufstieg verzeichnen kann, dann nur, weil wir die Aufgabe, uns aus einer Situation wirtschaftlicher Not und Bedrängnis zu befreien, mittels einer liberalen Wirtschaftspolitik und durch die Entfachung der wirtschaftlichen Kräfte eines ganzen Volkes zu lösen versucht haben. Ich glaube nicht, daß sich das, was sich in Deutschland als richtig -erwies, in den praktischen Verfahren der entwicklungsfähigen Länder übersehen läßt, und ich bin sehr glücklich, daß auch Mr. Black verwandte Überzeugungen hat anklingen lassen.

Diese Tagung wird mindestens am Rande auch Probleme der Konvertierbarkeit anklingen lassen. Ich glaube zwar nicht, daß wir in der gegenwärtigen Situation zu entscheidenden Entschlüssen hinsichtlich des Zeitpunktes und des Verfahrens zur Verwirklichung dieser Ordnung kommen werden, – wohl aber glaube ich, daß unabhängig von der Frage des richtigen Zeitpunktes für diese große Wendung das Überdenken der Probleme der Konvertibilität auch heute schon für die Klärung der Grundsätze unserer Zusammenarbeit bedeutsam ist. Gerade die hoch entwickelten Industriestaaten stehen heute vor der Aufgabe, eine Überhitzung der Konjunktur zurückzudämmen, um gefährliche, sich in den Zahlungsbilanzen auswirkende Entwicklungen zu verhindern. Die öffentliche Meinung geht vielfach dahin, daß sich eine derartige konjunkturpolitische Situation nicht für den Übergang zur Konvertierbarkeit eigne. Demgegenüber möchte ich mindestens die Frage stellen, ob nicht gerade umgekehrt in dieser Phase der Konjunktur der Übergang zur Konvertierbarkeit manche politischen Kräfte im Zaume halten könnte, die noch immer von der Vorstellung einer isolierten nationalen Konjunktur erfüllt sind, und an deren mögliche Verwirklichung glauben. Ein breit fundiertes System konvertierbarer Währungen würde demgegenüber die Grenzen der nationalen Konjunkturpolitik viel deutlicher und viel schneller sichtbar werden lassen. Ich möchte in diesem Zusammenhang auch jenen in vielen Ländern geäußerten Befürchtungen entgegentreten, als müßte mit einer so starken Konjunkturexpansion zwangsläufig auch ein allgemeiner Preisauftrieb verbunden sein. Ich verkenne nicht, daß dieses Faktum derzeit in manchen Ländern zu verzeichnen ist, und dennoch glaube ich, daß es mit Unterstützung jener internationalen Organisationen, die gleichsam Hüter der internationalen Währungspolitik sind, gelingen sollte, die Voraussetzungen zu schaffen, um im Interesse aller Einkommensbezieher und Sparer einen steigenden und ausgeglichenen Wohlstand unter Erhaltung der Preisstabilität zu verbinden. Mag die vergangene Erfahrung häufig anders gewesen sein; ich sehe jedenfalls keinen Grund, in den Bemühungen nachzulassen, durch eine verantwortungsbewußte Geld-, Kredit- und Währungspolitik und eine geordnete Wirtschafts- und Finanzpolitik die Voraussetzungen dafür zu schaffen, daß sich die Expansion auf der gesicherten Grundlage stabiler Preise entwickeln kann. Nur dann wird – da Unstabilität zugleich auch politische Unruhe bedeutet – eine Staatspolitik in der Lage sein, den wirtschaftlichen Aufbau stetig und harmonisch fortzuführen. Es ist darum auch eine gefährliche Theorie anzunehmen, daß nur aus einer fortdauernden, wenn auch nur leichten Aufweichung der Währungen jene Impulse erwachsen könnten, die eine wirtschaftliche Expansion sicherstellen. Gerade eine Institution wie die Weltbank, die Nominalkapital aufnimmt und ausleiht, muß aus zwingenden volkswirtschaftlichen und sozialen Gründen auf das lebhafteste daran interessiert sein, ein internationales System stabiler Währungen gewährleistet zu wissen. Nachdem das wirkliche Leben in den rückliegenden 10 Jahren manche falschen Ideologien und Dogmen theoretisch und praktisch überwunden hat, scheint es mir an der Zeit zu sein, auch diese letzte gefährliche Illusion zu zerstören.

Aus dem Schicksal so vieler Länder ist deutlich geworden, daß eine gesunde ökonomische Ordnung, eine Steigerung des Wohlstandes und sozialer Fortschritt nur auf der Grundlage einer im nationalen Raum geübten Disziplin gedeihen können; und gleichzeitig ist an eben so vielen Beispielen erkennbar geworden, daß eine inflationistische Politik das schlechteste Mittel zur Gesundung des wirtschaftlichen, politischen und sozialen Lebens ist. Aus diesem Grunde sollten die Institutionen der Weltbank und des Währungsfonds wirtschaftliche Hilfen für entwicklungsfähige Länder auch immer mit der Erreichung dieses Zieles verbinden. Weltbank und Währungsfonds stützen sich auf die Anwendung gemeinsamer Grundsätze, denen wir uns alle unterwerfen. Diese Grundsätze sollten auch für die Verpflichtung verbindlich sein, in der wir uns gegenseitige Hilfe gewähren wollen und müssen. Jedes Zusammenleben setzt Vertrauen voraus und das Wissen, daß alle Regierungen bereit und willens sind, das ihre zu tun, um dieses Vertrauen – die Grundlage jeden Kredits – vor Enttäuschungen zu bewahren.

UNTERNEHMER UND KONJUNKTUR

[Rundfunkansprache am 14. Oktober 1955]

Im Herbst 1955 haben die konjunkturellen Spannungen deutlich zugenommen. Sie traten besonders am Arbeitsmarkt in Erscheinung und begünstigten das Anhalten einer kräftigen Lohnwelle. Die Nachfrage ging zunehmend mehr über die Produktionsmöglichkeiten hinaus, zumal der Expansionsspielraum des Angebots durch Arbeitskräfteverknappung eingeengt wurde. Eine allenthalben überschäumende Konjunktur verleitete manchen Unternehmer dazu, Preiserhöhungen durchzusetzen. Kompensierende Preisrückgänge wurden wegen des nachlassenden Wettbewerbsdrucks immer seltener. Nachdem der Bundeswirtschaftsminister in einer Rundfunkansprache vom 7. September allgemein zum Maßhalten aufgerufen hatte, wendet er sich am 14. Oktober in einem erneuten, dringenden Appell in erster Linie an die Unternehmer:

Wenn ich im Rahmen so vieler kulturpolitischer Gespräche heute das Bedürfnis habe, mich vornehmlich mit dem deutschen Unternehmer zu unterhalten, so leitet mich dabei die Absicht, diesem deutlich vor Augen zu führen, daß er in seinem ureigensten privatwirtschaftlichen Interesse handelt, wenn er sich – wo immer eine Möglichkeit dazu besteht – meinen Wünschen nach Preissenkungen aufgeschlossen zeigt. Wir leben derzeit in einer ausgesprochenen Hochkonjunktur, und ich möchte meinen, daß wir diesen erfreulichen Zustand nicht mit Sorge, sondern mit tiefer Befriedigung quittieren sollten. Es geht auch nicht darum, diese Konjunktur zurückzudämmen oder gar zu zerschlagen, sondern es gilt umgekehrt, die Voraussetzungen zu schaffen, um den für alle so segensreichen wirtschaftlichen Aufschwung erfolgreich fortführen zu können. Gerade dadurch, daß ich das Preisgespräch in den Mittelpunkt einer breit angelegten öffentlichen Auseinandersetzung gestellt habe, wollte ich deutlich machen, daß jeder für unser wirtschaftliches Schicksal und seine glückliche Entwicklung eigene Verantwortung trägt und jeder durch ein maßvolles und diszipliniertes Verhalten dazu beitragen kann, uns vor einer neuen Verstrickung in einen konjunkturzyklischen Automatismus zu bewahren. Es galt für viele Jahrzehnte als eine eherne Gesetzmäßigkeit, daß auf die Hochkonjunktur der Abschwung, die Depression und die Krise folgen müßten, und aus ihr sich erst wieder die Aufschwungkräfte entwickeln könnten. Demgegenüber wollen wir eine neue Ordnung setzen, die in der Hochkonjunktur und in der Erhaltung des wirtschaftlichen Fortschritts die Normallage erkennt, aber eine solche Wirtschaft setzt eben auch ein bestimmtes Verhalten des wirtschaftenden Menschen voraus.

Ich bin mir sehr wohl bewußt, daß mein Versuch, eine allenthalben überschäumende Konjunktur mit psychologischen Mitteln bändigen zu wollen, nicht in das Bild einer orthodoxen Konjunkturtheorie paßt, aber es kann füglich auch nicht bestritten werden, daß jedes Mittel, das ein verändertes, d. h. konjunkturell sinnvolles Verhalten der Menschen auslöst, eine ökonomische Realität darstellt. Man kann immer nur den ganzen volkswirtschaftlichen Kuchen, aber nicht 150% des Sozialprodukts verteilen, und wer da meint, daß eine Hochkonjunktur geeignet wäre, einer Bereicherung aller Tür und Tor zu öffnen, muß sich entweder belehren lassen oder aber an den Tatsachen des Lebens scheitern.

Man wirft mir zuweilen vor, daß ich die Konjunkturlage allzusehr dramatisiere und sogar Gefahr laufe, die Konjunktur zu zerreden. Ein wahrhaft komischer Einwand! Ausgerechnet ich, der ich durch über sieben Jahre entgegen den pessimistischen Weissagungen der Neunmalklugen Optimismus und Expansion gepredigt habe, soll jetzt mit einemmal ängstlich und zaghaft geworden sein? Welcher ernsthafte Mensch könnte das annehmen? Ich weiß sehr wohl, daß das Konjunkturbild dieser deutschen Wirtschaft nicht einheitlich ist und darum auch keine Verallgemeinerung der Analyse und der konjunkturpolitischen Maßnahmen zuläßt, aber ich würde pflichtvergessen handeln, wenn ich die gefährlichen oder mindestens bedenklichen Symptome übersehen oder verschweigen wollte, die das soziale Gefüge unserer Wirtschaft bedrohen. Die Verknappung von Arbeitskräften und die Konjunkturüberhitzungen in Teilbereichen der deutschen Volkswirtschaft zeitigen Erscheinungen und Mißstände, die von dort zunehmend auch auf andere Sektoren der Wirtschaft durchschlagen müssen. Es sind Methoden der Abwerbung von Arbeitskräften zu verzeichnen, die jeder Vorstellung von Moral und Ordnung hohnsprechen; und es sind daneben auch Preissteigerungen zu registrieren, die mindestens einer materiellen Begründung entbehren. Wenn ich auch durchaus anerkenne, daß der deutsche Unternehmer und besonders der in hartem Wettbewerb stehende sich einer vorbildlichen Preisdisziplin befleißigte, so wäre es doch geradezu dumm, nicht auch die Auswüchse sehen zu wollen. Wer wollte schließlich auch die Unruhe leugnen, die den Verbraucher, die Hausfrau, befallen hat. Man mag da sagen, was man will: ich hege die feste Überzeugung, daß ich durch meine Parteinahme für den Verbraucher und durch meine Bemühungen, auch Preissenkungen sichtbar werden zu lassen, Entscheidendes zur Beruhigung der öffentlichen Meinung beigetragen habe, und wer da meint, das sogenannte hektische Preisgerede wäre von Unheil, hat von den Schwingungen der menschlichen Seele und der Psychologie der Massen nur wenig erahnt.

Wenn wir über den Tatbestand der Hochkonjunktur glücklich sein können, wäre es geradezu widersinnig, Sündenböcke suchen zu wollen. Daß die Gewerkschaften allenthalben ihre Forderungen zu überspitzen drohen, habe ich mit einer ernsten Mahnung deutlich genug ausgesprochen, aber die Sorge, daß die Arbeitgeber im Zeichen der Vollbeschäftigung und prall gefüllter Auftragsbücher solchen Übersteigerungen zu geringen Widerstand leisten und in die Preiserhöhung ausweichen zu können glauben, ist gewiß nicht minder berechtigt. Das ist die entscheidende konjunkturpolitische Situation, in der Regierung und Notenbank mahnen, aber notfalls auch handeln müssen. Die Stabilität der Währung ist oberstes Gebot. Jene geistige Verwahrlosung, die in einer fortdauernden, wenn auch nur leichten Verwässerung der Kaufkraft unseres Geldes sogar einen Konjunkturimpuls erkennen möchte, muß ausgerottet werden, und so wenig die Bundesregierung an Preis- und Lohnstop denkt, muß sie gleichwohl deutlich machen, daß die Wahrung der Stabilität des deutschen Preisniveaus Voraussetzung jeder gedeihlichen Ordnung und Bedingung jedes wirtschaftlichen und sozialen Fortschritts ist.

Ich habe es unmißverständlich ausgesprochen und wiederhole es hier, daß ich Preissteigerungen, die mit überhöhten Lohnforderungen begründet werden, nicht als berechtigt anerkenne und darum auch nicht zögern werde, über Mittel der Handels- und Zollpolitik die notwendigen Korrekturen zu setzen. Es ist keine Drohung, sondern eine inständige Mahnung, wenn ich Gewerkschaften und Arbeitgeber in gleichem Maße vor Augen führe, daß sie sich keinen trügerischen Hoffnungen über die Möglichkeiten überhöhter Lohn- und Preisforderungen hingeben möchten. Man habe auch Verständnis dafür, daß ich die Wettbewerbsfähigkeit unserer Wirtschaft auf dem Weltmarkt nicht dadurch geschmälert sehen möchte, daß wir uns leichtfertig in ein überhöhtes Preisniveau treiben lassen, und der Staat dann schließlich über Exportsubventionen Hilfe leisten müßte. Die Gefahren einer Konjunkturüberhitzung drohen nicht dort, wo Wettbewerb herrscht, sondern umgekehrt dort, wo er zu erlahmen droht, und darum sind auch Mittel der Zollpolitik sogar in hervorragendem Maße geeignet, die Widerstandskräfte zu wecken und ein diszipliniertes Verhalten sicherzustellen.

Niemand kann im Ernst annehmen, daß ich durch eine leichtfertige Handhabung der Zollpolitik die deutsche Wirtschaft in irgendwelchen Bereichen schädigen möchte, und es ist auch selbstverständlich, daß wir uns der Möglichkeit des Einhandelns von Zollzugeständnissen seitens des Auslandes nicht begeben werden. Jedes Mittel aber ist recht und gut, um das deutsche Preisniveau zu stabilisieren und Gewerkschaften und Arbeitgeberorganisationen gleichermaßen vor Augen zu führen, daß es in ihren Entscheidungen Grenzen gibt, die beide Sozialpartner zu wahren und zu respektieren haben. Die Freiheit beider Parteien, die unangetastet bleiben soll, setzt ein hohes Maß an volkswirtschaftlicher Verantwortung voraus und darf nicht zu einer egoistischen Politik der beiden Sozialpartner zu Lasten anderer Volksschichten ausarten. Ich weiß, man hat es mir gelegentlich verübelt, daß ich so viel von Preissenkungen gesprochen habe. Zwar habe ich immer betont, daß ich nicht einseitig genug bin, im Zeichen einer Hochkonjunktur an eine durchgreifende und allgemeine Preissenkung zu glauben, und daß ich sehr wohl auch weiß, wie nicht nur von Branche zu Branche, sondern auch von Betrieb zu Betrieb die Voraussetzungen hierzu unterschiedlich gelagert sind. Trotzdem bleibt es unwiderlegbar, daß die aus der Vollbeschäftigung wirksam werdende Kostendegression allenthalben auch Chancen einer Preissenkung bieten muß, und ich erachte es darum als völlig abwegig, wenn ein Verband oder ein ganzer Wirtschaftszweig eine Kollektiventscheidung dieser Art abgeben zu müssen glaubt. Dieses Urteil steht nur dem einzelnen Unternehmer kraft eigener Verantwortung zu, und er sollte sich in erster Linie dagegen verwahren, hinsichtlich seiner freien unternehmerischen Entscheidung bevormundet zu werden. Ich habe es öffentlich ausgesprochen, daß meiner Überzeugung nach heute nichts den Goodwill eines Unternehmens in den Augen des Verbrauchers mehr zu erhöhen vermöchte, als die Bereitschaft zu bezeugen, Erfolge in der Produktivitätssteigerung an den Verbraucher weiterzugeben.

Ich unterstütze den deutschen Unternehmer in seinem Bestreben, durch Rationalisierung der Erzeugung die volkswirtschaftliche Produktivität zu verbessern, und ich führe den Gewerkschaften vor Augen, daß sie schlecht beraten sind, wenn sie das – das Investieren nämlich – kritisieren, was dem Arbeiter morgen allein noch zu einem höheren Lebensstandard verhelfen kann. Müssen aber andererseits nicht auch die Unternehmer einsehen, daß Investitionen über das bisherige Tempo hinaus nicht ohne weiteres gesteigert werden können? Eine heute gültige Investitionsrate von 27% des Sozialprodukts stellt bereits einen absoluten Rekord dar, und die Beschäftigungen unserer Werkzeugmaschinen- und Investitionsgüterindustrie macht deutlich, daß jede weitere Übersteigerung sich nur in einer Verlängerung der Lieferfristen, aber kaum mehr in einer Intensivierung der derzeitigen Produktion auswirken kann. Auch hier gilt also bei aller Dringlichkeit das Gebot des Maßhaltens.

Wenn die Investitionsgüterproduktion gegenüber dem Vorjahr eine Steigerung von 27% verzeichnen kann, und die gleiche Intensität auch für die nächste Zukunft wirksam bleibt, scheint mir das Menschenmögliche getan zu sein. Eine künstlich herbeigeführte Einschränkung des Konsums zugunsten noch verstärkter Investitionen wäre nicht nur unrealistisch und unsozial, sondern auch konjunkturpolitisch nicht zu verantworten, weil ja die neuralgischen Stellen der Konjunkturüberhitzung nicht in der Verbrauchsgütersphäre, sondern ausschließlich im Investitionsbereich in Erscheinung treten.

Im Grunde genommen spricht aus meiner Haltung immer der Optimis-

mus, die Hochkonjunktur und auch den Aufschwung erhalten und fortführen zu können, und ich widersetze mich geradezu jenem fatalistischen
Glauben, daß auf eine Hochkonjunktur eine Depression folgen müsse. Und
noch etwas weiteres. So wie sich uns das Konjunkturbild sehr differenziert
darstellt, ist auch die Lage unserer Betriebe im Bereiche des gewerblichen
Mittelstandes, der kleineren, mittleren und großen Industrie nicht nur
hinsichtlich ihrer Liquidität, sondern auch ihrer Kapitalstruktur nach
eigenen und fremden Mitteln völlig unterschiedlich. Ich teile mit vielen
Unternehmern draußen im Lande die Sorge, daß selbst schon eine Konjunkturabschwächung, die einen Rückgang von Produktion, Umsatz und
Beschäftigung zur Folge hätte, äußerst bedenkliche, ja sogar gefährliche
Wirkungen zeitigen könnte.

Aus diesem Grunde verdienen auch die gezielten konjunkturpolitischen
Maßnahmen wirtschafts- und finanzpolitischer Art den Vorzug gegenüber
dem Einsatz der geld- und kreditpolitischen Mittel. Die Einleitung eines
Konjunkturrückganges würde nicht unser Schicksal, sondern unsere Schuld
sein. Der Unternehmer trägt in seinem konjunkturpolitischen Verhalten –
ob er Einsicht und Maß erkennen läßt oder in Verblendung die Stunde
nützen zu können glaubt – seine eigene Haut zu Markte; aber er beschwere
sich dann nicht, wenn Regierung und Notenbank dann zu Maßnahmen
gezwungen sein werden, die ihn mit Sicherheit mehr verlieren lassen, als
er gewinnen zu können hoffte.

Mit tiefer Befriedigung stelle ich fest, daß immer mehr Unternehmer
das Gebot der Stunde erkennen, und ich danke vor allem auch denen, die
mir durch Einreichung von Inseraten und Preislisten ihren Willen zur
guten Tat bekundet haben. Dem Mutigen gehört die Welt, und so hoffe
ich denn, daß alle deutschen Unternehmer den Mut bezeugen möchten,
sich zur aktiven Unterstützung einer Politik der Stabilität in der Hochkonjunktur zu bekennen. Am Anfang war immer die Tat!

REGIERUNGSERKLÄRUNG ZUR KONJUNKTUR-POLITISCHEN LAGE

[Sitzung des Deutschen Bundestages am 19. Oktober 1955 in Berlin]

Die Bemühungen des Bundeswirtschaftsministers, in zahlreichen Reden und unmittelbaren Gesprächen mit allen Gruppen der Wirtschaft eine Mäßigung übertriebener Lohn- und Preissteigerungen zu erreichen, fanden bei einem großen Teil der Unternehmer und der Arbeitnehmerschaft positiven Widerhall. Allerdings stand das tatsächliche Verhalten nicht überall mit den gesamtwirtschaftlichen Erfordernissen in Einklang. Es konnte daher nicht bei Ermahnungen bleiben. Die Bundesregierung mußte durch Änderung bestimmter Daten ein Klima schaffen, in dem der Markt zu einem „konjunkturgerechteren" Verhalten zwingen würde. Es kam dabei vor allem darauf an, durch Zügelung des Nachfragebooms und Verstärkung des Wettbewerbs das Hineingleiten in einen gefährlichen zyklischen Ablauf zu verhindern. Das vom Bundeswirtschaftsminister am 19. Oktober vor dem in Berlin versammelten Bundestag begründete Konjunkturprogramm sah bewußt von einschneidenden Restriktionen ab, wie auch die Kreditpolitik der Notenbank zunächst sehr behutsam auf einen neuen Kurs überschwenkte. Es sollten die Selbstheilungskräfte des Marktes möglichst unbehindert weiterwirken können und vor allem die gerade zur Auflockerung der Spannungen erwünschte Ausweitung der Produktion nicht gestört werden.

Die Bundesregierung hat die Beratung der konjunkturpolitischen Lage im Deutschen Bundestag zu diesem Zeitpunkt und hier in Berlin im Einvernehmen mit den Fraktionen des Hohen Hauses bewußt herbeigeführt, um von hier, aus der Hauptstadt eines wiedervereinigten Deutschland, dem deutschen Volke vor Augen zu führen, wie die Bundesregierung die derzeitige konjunkturelle Lage und die sich aus ihr abzeichnenden wirtschaftlichen Entwicklungen beurteilt, aber auch darzutun, welche wirtschafts- und finanzpolitischen Mittel ihr für diese spezifische Phase der Konjunktur geeignet erscheinen, um eine aktive Konjunkturbeeinflussung vorzunehmen und damit wieder mögliche Gefahren rechtzeitig zu bannen. Daß diese Konjunkturdebatte hier in Berlin stattfindet, erachtet die Bundesregierung als einen glücklichen Umstand. Die Grenze zwischen dem Wirtschaftssystem der Freiheit und dem Wirtschaftssystem des Zwanges geht hier in Berlin mitten durch die Stadt. Trotz der besonders schwierigen Verhältnisse, unter denen sich der wirtschaftliche Aufbau dieser Stadt vollziehen mußte, und trotz der hier noch zu lösenden Probleme werden an dieser in der Welt sichtbarsten Nahtstelle von Freiheit und Unfreiheit die Erfolge einer freiheitlichen Wirtschaftspolitik, wie sie die Bundesregierung eingeleitet hat, besonders deutlich sichtbar und spürbar. Sie mahnen uns gleichzeitig, der Sorgen Berlins und der großen Aufgaben eingedenk zu bleiben, die uns in einer hoffentlich recht nahen Zukunft gestellt werden. Wir werden auch auf dem wirtschaftlichen Felde und im sozialen Bereich mit Zuversicht und Entschlossenheit an die uns mit der Wiedervereinigung aufgegebenen Probleme herangehen.

Wenn ich darum einleitend einige wirtschaftliche Daten und Fakten anführe, die den in sieben Jahren aus dem Zusammenbruch zurückgelegten Weg des Wiederaufbaues kennzeichnen sollen, dann geschieht das vornehmlich, um allen deutschen Menschen in Ost und West, die die Einheit unseres Vaterlandes in Frieden und Freiheit ersehnen, eine neue Hoffnung zu setzen.

Von Mitte 1948, dem Beginn der Politik der Sozialen Marktwirtschaft, bis Mitte 1955 ist die industrielle Produktion von 63 Prozent (Basis 1936) auf nunmehr über 200 Prozent gestiegen. Im gleichen Zeitraum erhöhte sich die Zahl der Beschäftigten von 13,4 Mill. auf 17,7 Mill., also um über 4,3 Mill. Beschäftigte. Die deutsche Ausfuhr erhöhte sich von 2,9 Milliarden im Jahre 1948 auf schätzungsweise 24 Milliarden DM für das Jahr 1955. Die Bank deutscher Länder, die zum Zeitpunkt der Währungsreform über keinerlei materielle Reserven verfügte, weist heute einen Gold- und Devisenbestand von 12,5 Milliarden DM aus, während gleichzeitig die Spareinlagen von 1,6 Milliarden auf 19,4 Milliarden angewachsen sind. Trotz dieser gewaltigen Aufbauleistung sind, vor allem auch in einem internationalen Vergleich, Preise und Lebenshaltungskosten trotz gewisser Erhöhungstendenzen, über die noch zu sprechen sein wird, bemerkenswert stabil geblieben. Auf Indexbasis 1950 erhöhten sich die Bruttostundenverdienste des deutschen Arbeiters vom 2. Vierteljahr 1949 zum gleichen Quartal 1955 von 93,3 Prozent auf 137,1 Prozent, während sich der Reallohn von 87,2 Prozent auf 125,8 Prozent verbesserte. Während im Jahre 1950 in der Bundesrepublik für soziale Leistungen 11,4 Milliarden DM aufgewandt wurden, errechnet sich für 1955 ein Betrag von 22 Milliarden DM. Ich möchte meinen, daß ein Volk und eine Volkswirtschaft, die unter so harten Bedingungen diese hier in wenigen Ziffern charakterisierte Aufbauleistung vollzogen haben, auch vom Ökonomischen her gesehen auf die Zukunft vertrauen dürfen.

Doch nun zur Konjunkturlage. Die Bundesregierung ist mit der Bank deutscher Länder der Auffassung, daß die bisherige tatsächliche Entwicklung der Erzeuger-, Handels- und Verbraucherpreise, für sich allein betrachtet, keinen Anlaß zu einer ernsten Besorgnis bietet. Obwohl sich die Wirtschaft der Bundesrepublik in einer ausgesprochenen Hochkonjunktur befindet, ist das Preisniveau – und das besonders auf den Verbrauchsgütermärkten – im wesentlichen stabil geblieben. Was indessen die Bundesregierung in den letzten Wochen mit einer gewissen Beunruhigung erfüllt hat, ist das Verhalten der Menschen im wirtschaftlichen Prozeß. Die Maßstäbe für das, was jeder einzelne aus einer Hochkonjunktur für sich Nutzen ziehen kann, und für das, was der gesamten Volkswirtschaft dienlich ist, drohten allenthalben verloren zu gehen. Der Widerstand gegen höhere Preise ist sowohl innerhalb der Wirtschaft selbst als auch bei der Verbraucherschaft schwächer geworden. Diese Haltung läßt darauf schließen, daß man in manchen Kreisen und Gruppen der Wirtschaft mit der Möglichkeit rechnet, höhere Kosten durch eigene Preiserhöhungen oder eine Verteuerung der Lebenshaltung durch die Erhöhung des eigenen Arbeitseinkommens wettmachen oder sogar überkompensieren zu können. Aus einer so gedankenlosen inneren Einstellung erwächst naturgemäß die große volkswirtschaftliche Gefahr, daß überhöhte Löhne gefordert und auch zugestanden werden, die Preise aber dabei in eine wirtschafts- und sozialpolitisch gleichermaßen gefährliche Entwicklung geraten. Die bekannte Spirale, in der sich Preise und Löhne gegenseitig hochschrauben, ist in diesen letzten Wochen der breiten deutschen Öffentlichkeit wenn schon nicht sichtbar, so doch in ihrer möglichen Gefahr bewußt geworden. Und diese Sorge war es denn auch, die zu einer sichtbaren Verschlechterung des Preisklimas beigetragen hat.

In dieser Lage war die Bundesregierung zum Eingreifen entschlossen, und ich habe es mir als verantwortlicher Minister im besonderen angelegen sein lassen, alle Gruppen der Bevölkerung zunächst unmittelbar anzusprechen, um ihnen die Zusammenhänge und Konsequenzen eines leichtfertigen und bedenkenlosen Verhaltens deutlich vor Augen zu führen. So sind mit den Gewerkschaften Gespräche darüber geführt worden, in welchen Grenzen – gesamtwirtschaftlich gesehen – Lohnerhöhungen gerechtfertigt und tragbar erscheinen. Der Industrie, dem Handel und dem Handwerk ist zu ernster Überlegung anheimgegeben worden, ob nicht trotz mancher Kostenerhöhungen durch Vollbeschäftigung und Mengenkonjunktur nicht doch auch Kostensenkungen bewirkt worden sind, die in individueller, unternehmerischer Verantwortung mancherorts auch Möglichkeiten der Preissenkung zulassen würden. Und nicht zuletzt habe ich mich auch an die Verbraucher, insbesondere die Hausfrauen, gewandt, daß sie wach sein und sich ihrer Macht als Käufer bewußt werden möchten, weil gerade ihr Verhalten im Markte ein preisstabilisierender Faktor erster Ordnung ist. Die Bundesregierung hat diesen undogmatischen Weg, der den Vorstellungen einer klassischen Konjunkturpolitik vielleicht nicht entspricht, dennoch bewußt beschritten, weil sie der Auffassung ist, daß der Ablauf des wirtschaftlichen Geschehens weitgehend von dem Willen lebendiger Menschen gestaltet wird und daß der Appell an die wirtschaftliche Vernunft sehr wohl Gefahren zu beseitigen geeignet ist, denen jede Wirtschaft ausgesetzt sein muß, in der Maß und Besinnung verloren zu gehen drohen. Wenn jene psychologischen Mittel ein verändertes wirtschaftliches Verhalten der Bevölkerung bewirken, werden sie zu einer ökonomischen Realität und erfüllen den gleichen Zweck wie andere Maßnahmen der hergebrachten Konjunkturpolitik. Das Ziel der psychologischen Einflußnahme ist in jedem Fall, die Konjunktur, die Stabilität der Währung und ein gesundes Wachstum unserer Wirtschaft zu erhalten, schädliche Auswüchse aber zu beseitigen.

Diese teilweise belächelten Mittel der Konjunkturbeeinflussung haben bereits gewisse Wirkungen gezeigt. Eine Anzahl von Unternehmungen hat bereits Preissenkungen auch für solche Güter durchgeführt, die der breiten Masse der Bevölkerung zugute kommen, und andere haben ihre Bereitschaft bekundet, so daß für die nächste Zukunft mit weiteren positiven Ergebnissen gerechnet werden kann. Auch die Arbeitnehmerschaft hat anerkannt, daß ihr persönliches Schicksal, die Erhaltung ihrer Arbeitsplätze, von dem Erfolg jener Bemühungen abhängig ist, die die Sicherung der Stabilität unseres Preisniveaus auch für die Zukunft zum Ziele haben.

Die Bundesregierung darf unter keinen Umständen zulassen – und das hier zu erklären, ist meine Pflicht –, daß durch die Verfolgung von Gruppeninteressen, von welcher Seite auch immer sie vertreten werden mögen, die Stabilität unserer Währung gefährdet wird. Millionen von Menschen haben trotz zweimaliger Geldentwertung im Vertrauen auf die Politik der Bundesregierung wieder die Tugend des Sparens geübt und nahezu 20 Milliarden DM zurückgelegt. Millionen von Rentnern werden insbesondere von jeder Preissteigerung in ihrem sozialen Sein aufs härteste betroffen. Diese Menschen dürfen nicht verraten und betrogen werden. Die Bundesregierung fühlt sich hier als Sachwalterin der wirtschaftlichen Interessen aller Bürger und möchte darum mit allem Nachdruck versichern, daß sie die Stabilität der Währung unter allen Umständen aufrechterhalten wird und aufrechterhalten kann. Sie verfügt in der Einheit von Wirtschafts- und Finanzpolitik über ein Instrumentarium von volkswirtschaftlichen Einwirkungsmöglichkeiten, die die notwendige Stabilität von Wirtschaft und Währung auch für die Zukunft gewährleisten. Die Bundesregierung wird aber auch auf dem internationalen Felde alle Anstrengungen unternehmen, um jener gefährlichen These zu begegnen, daß eine leichte, fortdauernde Verdünnung der Kaufkraft sogar als ein wertvoller Konjunkturimpuls gelten könne. Solange diese Verwirrung nicht völlig überwunden ist, wird auch der Schrei nach dem Wohlfahrts- und Versorgungsstaat nicht verstummen können; wenn diesem gefährlichen Denken nicht Einhalt geboten wird, droht die Gefahr des allmählichen Erliegens eines freien Kapitalmarktes und einer ausreichenden Versorgung der Volkswirtschaft mit Kapital. Unstabiles Geld zerstört die gesellschaftlichen und sozialen Grundlagen jeder freien staatlichen Ordnung.

Die Bundesregierung vertritt ferner die Auffassung, daß das gemeinsame Interesse Wege der Konjunkturpolitik vorschreibt, die der unterschiedlichen Lage der einzelnen Zweige unserer Wirtschaft und der verschiedenen sozialen Bevölkerungsschichten gerecht werden. Sie hat ein Programm aufgestellt, das diesen Erfordernissen Rechnung zu tragen versucht. Dieses Programm geht davon aus, daß besondere Anspannungen und deshalb auch Störungen vor allem auf dem Arbeitsmarkt, auf dem Baumarkt und teilweise auch im Investitionsgüterbereich zu verzeichnen sind. Es gilt zu vermeiden, daß diese bisher auf Teilgebiete beschränkten Spannungen auf die gesamte Wirtschaft übergreifen. Die Gefahr eines solchen Überflutens ist gegeben, da die inländischen Arbeitskraftreserven durch die stark angestiegene Bau- und Investitionstätigkeit weitgehend erschöpft und die Kapazitäten in wichtigen Teilen der Wirtschaft voll ausgenutzt sind, während die Nachfrage noch auf eine Steigerung der Produktion drängt.

Das konjunkturpolitische Programm geht weiter davon aus, daß besondere Anstrengungen unternommen werden müssen, auch den Rentnern, Sozialversicherungsempfängern und allen Bevölkerungskreisen, die dem Produktionsprozeß ferner stehen und die deshalb mit ihrem Einkommen nicht automatisch an dem wirtschaftlichen Fortschritt und steigenden Wohlstand teilhaben können, dennoch das Gefühl und die Gewißheit einer immer besseren Existenzsicherung zu vermitteln.

Die Bundesregierung ist sich der besonderen Lage und Schwierigkeiten einzelner Wirtschaftsbereiche wie z. B. der Landwirtschaft oder einzelner Zweige des Mittelstandes sehr wohl bewußt. Zwar hat die Landwirtschaft aus der konjunkturellen Entwicklung insoweit Nutzen gezogen, als mit dem wachsenden Volkseinkommen und der wachsenden Kaufkraft auch ihre Erlöse gestiegen sind, aber sie hat dafür auch Belastungen auf sich nehmen müssen, da die Produktionskosten und Löhne gestiegen sind. Diese Anliegen gehen indessen über die umfassende Fragestellung der Konjunkturpolitik hinaus, sie bedürfen einer speziellen Behandlung, für die die Bundesregierung innerhalb ihrer Ressorts eingehende Vorbereitungen getroffen hat.

Die Bundesregierung läßt sich von dem Gedanken leiten, daß der hohe Grad unseres wirtschaftlichen Fortschritts, den die gemeinsame Arbeit aller ermöglicht hat, auch der gesamten Bevölkerung zugute kommen muß. Im Jahre 1945 war Deutschland politisch, gesellschaftlich und wirtschaftlich ein Trümmerfeld. Wenn der Wiederaufbau bis zu diesem sichtbaren Erfolg gelungen ist, sollten die Grundsätze dieser unserer Wirtschaftspolitik auch für die Zukunft Anwendung finden und nicht hinsichtlich ihrer Brauchbarkeit gelegentlich in Zweifel gezogen werden. Das Erreichte könnte nur durch den Sieg der Gruppeninteressen gefährdet werden. Die Bundesregierung handelt in ihrer Politik für das gesamte deutsche Volk und fühlt sich auch für dessen wirtschaftliche und soziale Zukunft voll verantwortlich.

Sie wendet sich daher eindringlich gegen alle jene Bestrebungen, die

Gruppenziele als konjunkturpolitische Erfordernisse deklarieren und Maßnahmen vorschlagen, deren Anwendung in der Tat gerade zu einer Übersteigerung der Konjunktur und damit auch zu Preissteigerungen unerwünschten, ja vielleicht sogar gefährlichen Ausmaßes führen müßten.

Niemand wird verkennen wollen, daß angesichts unserer Arbeitsmarktlage weitere Fortschritte der Rationalisierung im Interesse aller liegen und jede Verbesserung der Lebensführung wesentlich nur aus Erfolgen dieser Art fließen kann. Aber dazu bedarf es in unserer derzeitigen Konjunkturlage keiner zusätzlichen Investitionsanreize, noch scheint es tunlich zu sein, die Nachfrage nach solchen Gütern durch besondere steuerliche Maßnahmen noch steigern, ja unter Umständen übersteigern zu wollen. Wenn wir das Volumen der Investitionen – die Investitionsquote beträgt 27 Prozent des Brutto-Sozialprodukts, die Zunahme der einschlägigen Produktion gegenüber dem Vorjahr ebenfalls 27 Prozent – auf der derzeitigen Höhe behaupten können, dann bewegen wir uns auch im internationalen Vergleich auf Rekordhöhe und haben das Menschenmögliche getan. Das Maßhalten bedeutet also beileibe keine Resignation und keinen Fatalismus, sondern zeugt nur von der notwendigen Einsicht in die realen Gegebenheiten und Möglichkeiten. Da in dieser Beziehung fast eine Sprachverwirrung Platz gegriffen hat, erklärt die Bundesregierung, daß sie hinsichtlich der Investitionen also keineswegs an eine radikale Drosselung denkt, aber daß sie auch keiner Ausdehnung zustimmen kann, die die Lage auf dem Arbeitsmarkt und die allgemeinen Störungstendenzen nur verschärfen müßte. Die Bundesregierung weiß also sehr wohl, daß die Rationalisierung das wichtigste Mittel darstellt, um konjunkturelle Spannungen zu beseitigen, aber sie weiß auch, daß eine weitere Aufblähung des Investitionsanteils am Sozialprodukt zu Lasten des Verbrauchs den konjunkturellen, ökonomischen, sozialen und politischen Rahmen sprengen und daneben jene schon erwähnten gefährlichen Preisauftriebstendenzen auslösen muß.

Das mit statistischem Material sehr wohl beweisbare Zurückhinken der Verbrauchsgütererzeugung und des Verbrauchs gegenüber der Investitionstätigkeit ist, wie ich wohl kaum zu versichern brauche, nicht etwa Ausfluß einer bewußt auf Begünstigung oder Benachteiligung abzielenden Politik, sondern vollzog sich in Konsequenz der wirtschaftlichen Notwendigkeiten, die uns vor die sozial drängende Aufgabe stellten, für 10 Millionen Flüchtlinge Vorsorge zu treffen, für über 4 Millionen Arbeitsplätze zu schaffen und die Produktivität unserer Wirtschaft auf den hohen Stand zu bringen, der uns in der Welt wettbewerbsfähig werden ließ. Hier sind Schicksalsfragen des deutschen Volkes angesprochen, über die sich keine Regierung hinwegsetzen konnte.

Die Bundesregierung kann und darf heute keine Konjunkturpolitik vertreten, die den Willen nach einer bewußten Verkürzung des Verbrauchs erkennen ließe, denn eine solche Zielsetzung wäre konjunkturpolitisch insofern sogar widerspruchsvoll, als die Spannungs- und Preisauftriebstendenzen nicht in der Verbrauchs-, sondern fast ausschließlich in der Investitionsgütersphäre in Erscheinung treten. Eine solche Politik wäre auch unrealistisch, weil nach Maßgabe eines sich ständig ausweitenden Sozialprodukts eine Steigerung der Massenkaufkraft zur Erhaltung des Gleichgewichts sogar notwendig ist und eine moderne aufstrebende Volkswirtschaft des Fundaments einer breitgeschichteten Massenkaufkraft gar nicht entraten kann. Ich selbst kann nun am wenigsten in den Verdacht geraten, verbrauchsfeindlich eingestellt zu sein. Aber das wiederum kann nicht besagen, daß eine übermäßige Verbrauchssteigerung nicht ebenfalls konjunkturpolitische Gefahren zeitigen könnte. In jedem Fall aber würde eine nach dieser Richtung übersteigerte Politik im Hinblick auf die Sicherung des Fortschritts und die Mehrung des Wohlstandes auch für die Zukunft dem Interesse des ganzen deutschen Volkes wenig dienlich sein. Es ist darum nicht eine billige Redensart, sondern bedeutet oberstes volkswirtschaftliches Gebot, wenn die Bundesregierung von allen Schichten unseres Volkes Verständnis für das rechte Maßhalten und innere Disziplin fordert.

Wenn die Bundesregierung zur Sicherung ihrer auf die Stabilität von Wirtschaft und Währung abgestellten Politik willens ist, auch Mittel der Handels- und besonders der Zollpolitik einzusetzen, ist sie sich dessen bewußt, daß sie sich damit in keiner Weise der Zweckentfremdung dieser Instrumente schuldig macht. Wenn die Bundesregierung auch nicht daran denkt, sich des Trumpfes der Zollpolitik zur Aushandlung zollpolitischer Zugeständnisse seitens des Auslandes ohne Gegenleistung zu begeben, so würde doch ein Verzicht auf Anwendung von zollpolitischen Maßnahmen auch für rein innerwirtschaftliche Zwecke nicht verantwortet werden können. Eine recht angesetzte Zollpolitik vermag gerade in der gegenwärtigen Konjunkturlage zu einem preisstabilisierenden Faktor von besonderem Gewicht zu werden, sie stellt sicher, daß beide Partner – d. h. in diesem Falle Arbeitgeber und Arbeitnehmer – nicht aus der volkswirtschaftlichen Front gemeinsamer Verantwortung ausbrechen können. Nicht die Marktwirtschaft ist es, die in dieser Konjunkturphase versagt hat, diese Ordnung droht vielmehr dort gestört zu werden, wo ihr innerstes Element, der Wettbewerb, erlahmt. Darum ist es nur folgerichtig, diesen nach Kräften zu beleben und auch von außen in unsere Volkswirtschaft hereinzutragen. Der Preis wird nicht dort als überhöht empfunden, wo echter, vielgestaltiger Wettbewerb herrscht, sondern dort, wo der Wettbewerb eingeschränkt ist. Es erübrigt sich fast, dem hinzuzufügen, daß die Bundesregierung in der internationalen Zusammenarbeit stets in der Front derer stehen wird, die für eine Weitung und Befreiung der Märkte eintreten. Sind auf diesem Felde erst noch größere Erfolge erreicht, dann wird dieser Fortschritt nicht ohne Einfluß auf die innerwirtschaftlichen Konjunkturverhältnisse bleiben.

Die vorstehenden Überlegungen sind neben den rein finanzpolitischen Notwendigkeiten auch der Grund dafür, weshalb die Bundesregierung in der gegenwärtigen Konjunktursituation nicht zu größeren Zugeständnissen in der Richtung einer allgemeinen Steuersenkung bereit sein kann. Wenn sie sich trotzdem unter bestimmten Voraussetzungen zur Senkung von Verbrauchssteuern bereit erklärt hat, tut sie das, um auch ihrerseits einen Beitrag zur Preissenkung im Verbrauchsgütersektor zu leisten.

Die Bundesregierung hat die feste Absicht, die derzeitige Konjunktur nicht wieder in den wirtschaftlichen Abschwung, die Depression und die Krise einmünden zu lassen. Der gesunde Menschenverstand wehrt sich mit Recht dagegen, in der für alle segensreichen guten Konjunktur eine Gefahr erblicken zu wollen. Aber der gleiche gesunde Menschenverstand müßte auch allen Schichten unseres Volkes deutlich machen, daß niemand aus einer illusionären Einschätzung der konjunkturpolitischen Möglichkeiten soviel verdienen kann, wie er mit Sicherheit verlieren muß, wenn es um der Sicherung der Währung willen notwendig werden sollte, einer sich verstärkenden und ausbreitenden Konjunkturüberhitzung mit den allgemein wirkenden Maßnahmen der Geld- und Kreditpolitik begegnen zu müssen. Die Bundesregierung hegt vielmehr die feste Überzeugung, daß es ihr mit der Unterstützung aller Bevölkerungsschichten und aller wirtschaftlichen Gruppen möglich ist, die Hochkonjunktur zu erhalten und einen weiteren wirtschaftlichen und sozialen Fortschritt zu gewährleisten. Das Kernstück unserer neuen ökonomischen Ordnung beruht gerade darauf, die hektischen Konjunkturschwankungen aus dem Entfaltungsprozeß der Wirtschaft zu eliminieren und den Zustand einer vollen Beschäftigung bei gleichzeitiger Ausschöpfung aller Möglichkeiten des Fortschritts und des Wachstums als die normale Lage der Volkswirtschaft zu konstituieren.

Aus dieser Verantwortung heraus legt die Bundesregierung dem Hohen Hause das folgende konjunkturpolitische Programm vor:

1. Die Bundesregierung wird im Zusammenwirken mit der Bank deutscher Länder die Stabilität von Wirtschaft und Währung mit allen zu Gebote stehenden Mitteln gewährleisten.

2. Sie unternimmt selbst und unterstützt alle Bemühungen, Preissenkungen dort, wo sie betrieblich möglich sind, zu verwirklichen. Sie ist überzeugt, daß eine maßvolle Haltung der Unternehmen in ihrer Preispolitik dem eigenen Interesse und dem Nutzen aller mehr dient als eine bedenkenlose Ausschöpfung aller konjunkturellen Möglichkeiten.

3. Gleichzeitig erwartet die Bundesregierung von den Arbeitnehmern und Arbeitgebern und deren Organisationen, daß sie Lohnbewegungen in einem vernünftigen, gesamtwirtschaftlich vertretbaren Maße halten, das zu keiner Preissteigerung und keiner Gefährdung des Lebensstandards der sozial schwächsten Schichten führt.

4. Die Bundesregierung wird ihrerseits darum bemüht sein, die staatlich gebundenen Preise und Tarife nicht zu erhöhen. Sie wird auf die Länderregierungen, die Städte, Kreise und Gemeinden einwirken, sich dem Beschluß der Bundesregierung für ihre Bereiche anzuschließen. Unbeschadet dieses Grundsatzes wird die Bundesregierung ihre Verpflichtungen aus dem Landwirtschaftsgesetz und dem Bundestagsbeschluß vom 8. Juli 1955 erfüllen.

5. Auch die Bundesregierung wird einen Beitrag zur Preissenkung leisten, indem sie dem Bundestag Senkungen von Verbrauchssteuern da vorschlägt, wo die Sicherheit besteht, daß die Senkung dieser Steuern dem Verbraucher voll und dauernd zugute kommt.

6. Die Fortführung der bisherigen erfolgreichen Außenhandelspolitik, die durch eine fortschreitende Liberalisierung und eine freizügige Zollpolitik gekennzeichnet ist, wird der Bundesregierung auch in der gegenwärtigen konjunkturellen Lage ein besonderes Anliegen bleiben. Die Bundesregierung hat ein Programm für Zollsenkungen vorbereitet, das eine 50prozentige Senkung aller Zölle bei den sächlichen Betriebsmitteln der Landwirtschaft, den Baumaterialien und Baubedarfsgütern zum Ziele hat. Vorschläge zu weiteren Zollsenkungen bei Betriebsmitteln des Handwerks und des Handels wird die Bundesregierung ehestens dem Parlament zuleiten.

7. Wenn die finanzielle Vorsorge, die der Bundeshaushalt für die Zwecke der in den nächsten Jahren auf uns zukommenden Ausgaben zu treffen hat, nicht gefährdet werden soll, müssen weitere steuerliche Maßnahmen im Einklang mit den finanzwirtschaftlichen Erfordernissen gehalten werden. Aus diesen und zugleich auch aus konjunkturpolitischen Gründen kann die Bundesregierung zur Zeit keine allgemeinen Steuersenkungsmaßnahmen erwägen.
Sie erachtet indessen die Förderung geeigneter Rationalisierungsmaßnahmen auf volkswirtschaftlich wichtigen Einzelgebieten für geboten. Sie will des weiteren dem Parlament Verbesserungen der Ehegattenbesteuerung und der Werbungskostenpauschale vorschlagen.

8. Zur Entlastung des Baumarktes wird die Bundesregierung ihre eigenen Bauvorhaben erneut auf ihre Dringlichkeit prüfen und sie mit der Gesamtlage des Baumarktes in Einklang halten. Die Bundesregierung wird sich bei den Ländern, Kreisen, Städten und Gemeinden und den sonstigen öffentlichen Körperschaften dafür einsetzen, daß auch sie ihre Investitionsvorhaben daraufhin untersuchen, wieweit durch eine zeitliche Zurückstellung eine Entlastung des Baumarktes erreicht werden kann. Die Bundesregierung hat die gleiche Aufforderung an die Bundesunternehmen und jene Firmen gerichtet, an denen der Bund maßgebend beteiligt ist.
Zur Leistungssteigerung in der Bauwirtschaft fördert die Bundes-

regierung auch weiterhin mit allen Mitteln die kontinuierliche Beschäftigung durch Ausdehnung der Bausaison von neun auf elf Monate.

9. Im Hinblick auf die besonderen Verhältnisse auf dem Arbeitsmarkt wird die Bundesregierung unverzüglich Vorbereitungen treffen, um in bestimmten kritischen Arbeitsbereichen ausländische Arbeitskräfte und deutsche Arbeitskräfte im Auslande, die sich zu einer Rückkehr in die Bundesrepublik entschließen, heranzuziehen.

10. Die Bundesregierung ersucht den Bundestag und den Bundesrat, den von der Bundesregierung am 24. März 1955 erneut zugeleiteten Entwurf eines Gesetzes gegen Wettbewerbsbeschränkungen beschleunigt zu verabschieden.

11. Die Bundesregierung hat die Frage der Einführung einer Vorschrift gegen Preiserhöhungen in das Wirtschaftsstrafgesetz geprüft. Die von der Bundesregierung in Aussicht genommene Fassung der Vorschrift unterscheidet sich wesentlich von den früheren Preistreibereivorschriften. Sie erfaßt nicht die wettbewerbliche Preisbildung. Der Bundeswirtschaftsminister wird jedoch in die Lage versetzt, auf anderen Märkten im Bedarfsfalle gegen Preiserhöhungen vorzugehen.

Die Bundesregierung hat sich bei der Aufstellung dieses Programms davon leiten lassen, daß die vor uns liegenden großen Aufgaben der Wiedervereinigung und der Sicherung von Frieden und Freiheit die Stetigkeit der Konjunktur erfordern und nicht von einer schrumpfenden, sondern nur von einer wachsenden und noch produktiver werdenden Volkswirtschaft geleistet werden können. Das gleiche gilt auch für die Aufgaben, die uns heute noch z. B. im Wohnungs- und Straßenbau gestellt sind. Die Bundesregierung fühlt sich – ich wiederhole es noch einmal – als Sachwalterin der wirtschaftlichen Interessen aller Bürger, vor allem wird sie das Vertrauen der sozial schwachen Bevölkerungsschichten und der Sparer nicht enttäuschen. Sie weiß sich in diesem Streben mit dem gesamten Volke einig.

Die Berliner Bevölkerung mag trotz aller wirtschaftlichen Fortschritte, die auch in dieser Stadt sichtbar geworden sind, angesichts einer noch bestehenden größeren Arbeitslosigkeit vielleicht das Empfinden haben, daß hier vorzugsweise Probleme debattiert werden, die sich aus der wirtschaftlichen Entwicklung im Westen unseres Landes ergeben, die aber nicht voll mit ihren eigenen Sorgen übereinstimmen. Einer solchen Betrachtungsweise sei entgegengehalten, daß eine blühende Wirtschaft in der Bundesrepublik immer stärker auch auf Berlin ausstrahlt. Gerade die hohe, an die Kapazitätsgrenzen pressende Produktionsleistung wird immer mehr zu einer Auftragsverlagerung nach Berlin und – wie ich hoffe – auch zur Errichtung neuer Produktionsstätten in Berlin führen. Die Bundesregierung wird auf die Wirtschaft einwirken, daß die in Berlin noch vorhandenen Kapazitätsreserven dem Aufbau unserer deutschen Volkswirtschaft in dauerhafter Form nutzbar gemacht werden.

Wenn wir die wirtschaftlichen Sorgen des freien Deutschland hier in Berlin in aller Offenheit besprechen, so erkennt die ganze Welt, daß es jene glücklichen Sorgen sind, die sich aus dem erfolgreichen Wiederaufbau und der vollen Ausnutzung aller Produktivkräfte für Zwecke der menschlichen Wohlfahrt ergeben. Eine blühende deutsche Volkswirtschaft mag unseren deutschen Brüdern im Osten Hoffnung und die Gewißheit geben, daß hier im Materiellen, im Seelischen und im Geistigen die Kraft lebendig ist, die die Lebensmöglichkeiten der Menschen im deutschen Osten mit dem Tage der Wiedervereinigung schnell auf das Niveau des freien Deutschland heben kann.

Diese erste Sitzung des Deutschen Bundestages in Berlin, der Hauptstadt eines wiedervereinigten Deutschland, und die Verkündung einer Regierungserklärung, die die Sicherung des wirtschaftlichen Fortschritts und der sozialen Wohlfahrt zum Ziele hat, sei zugleich Symbol der Arbeit und der Ideale eines freien Volkes und bestärke uns alle in der heiligen Verpflichtung, alles daran zu setzen, das ganze Deutschland in Frieden und Freiheit vereinigt zu sehen.

SELBSTVERANTWORTLICHE VORSORGE FÜR DIE SOZIALEN LEBENSRISIKEN

[„Versicherungswirtschaft" Januar 1956]

Der Neuregelung der sozialen Renten- und Invalidenversicherung der Arbeitnehmer im Jahre 1957 war eine jahrelange öffentliche Diskussion über die zeitgemäßen Grundlagen der Sozialversicherung vorausgegangen. Von vielen Seiten wurde die Auffassung vertreten, daß die staatliche Zwangsversicherung auf alle Arbeitnehmer sowie alle selbständigen Erwerbstätigen, unabhängig von ihrer Einkommenssituation auszudehnen sei. Eine solche Regelung hätte den Rahmen der Sozialen Marktwirtschaft gesprengt, – nicht nur wegen der außerordentlich hohen Mehrbelastung, sondern auch, weil sie ein weiterer Schritt zum perfekten Versorgungsstaat gewesen wäre. Ludwig Erhard hat sich mehrfach mit diesem Thema befaßt:

Die Soziale Marktwirtschaft ist das tragende Ordnungsprinzip, nach dem das Wirtschaftsleben in der Bundesrepublik gestaltet worden ist und das die Voraussetzung für den außerordentlichen großen wirtschaftlichen Aufschwung war, den wir heute verzeichnen können und der im Ausland oft fälschlich als „Wirtschaftswunder" bezeichnet wird. Das Wesen dieser Marktwirtschaft besteht hauptsächlich darin, daß der Wirtschaftsprozeß, d. h. Produktion, Güter- und Einkommensverteilung, nicht durch obrigkeitlichen Zwang gelenkt, sondern innerhalb eines wirtschaftspolitisch gesetzten Ordnungsrahmens durch die Funktion freier Preise und den Motor eines freien Leistungswettbewerbs selbständig gesteuert wird. Freiheit, Selbstverantwortung und persönliche Initiative bei der Berufswahl, Erwerbstätigkeit und dem Konsum, die jedem als Produzenten und als Verbraucher die Wahrnehmung der wirtschaftlichen Chancen eröffnen, sowie eine leistungsbedingte Einkommensverteilung sind die Antriebskräfte, die in der Marktwirtschaft zu einem Höchstmaß an Produktion und einer Steigerung des Wohlstands der gesamten Bevölkerung führen. Die Marktwirtschaft ist damit diejenige Wirtschaftsordnung, die ein Maximum an Produktivität, Wohlstandsmehrung und persönlicher Freiheit verbindet.

Die Erfolge, die dieses Wirtschaftssystem und die ihm entsprechende Wirtschaftspolitik in den vergangenen Jahren in der Bundesrepublik erringen konnten, liegen auf der Hand und werden heute auch allgemein anerkannt. Man denke nur daran, daß das Bruttosozialprodukt von 79,4 Mrd. DM im Jahre 1949 auf 145,3 Mrd. DM im Jahre 1954 stieg und 1955 nahezu 160 Mrd. DM erreichen wird und daß das Realeinkommen der Arbeiter heute durchschnittlich um mehr als 20 v. H., dasjenige der Industriearbeiter sogar um mehr als 30 v. H. höher liegt als in der Vorkriegszeit. Die hohe Leistungsfähigkeit der Marktwirtschaft kommt vor allem aber auch auf den sozialpolitischen Gebieten zum Ausdruck. Sie war die Voraussetzung dafür, daß die durch den Krieg und seine Nachwirkungen bedingte Arbeitslosigkeit beseitigt und Vollbeschäftigung erzielt werden konnte und daß darüber hinaus noch die Eingliederung der Millionen von Vertriebenen und Flüchtlingen in das Erwerbsleben relativ reibungslos gelang. Nicht zuletzt wäre die Steigerung des gesetzlichen Sozialaufwands von knapp 10 Mrd. DM im Jahre 1949 auf über 20 Mrd. DM im Jahre 1954 ohne die steile wirtschaftliche Aufwärtsentwicklung in der Bundesrepublik nicht möglich gewesen.

Diese Tatsachen lassen die Zusammenhänge erkennen, die heute zwischen Wirtschaftspolitik und Sozialpolitik bestehen. Einerseits sind um so weniger sozialpolitische Eingriffe und Hilfsmaßnahmen notwendig, je erfolgreicher die Wirtschaftspolitik ist. Trotzdem ist nicht zu leugnen, daß auch eine noch so gute Wirtschaftspolitik in der modernen Industriewirtschaft durch sozialpolitische Maßnahmen ergänzt werden muß. Andererseits gilt aber auch, daß eine erfolgreiche soziale Hilfe nur auf der Grundlage eines genügend hohen und wachsenden Sozialprodukts und damit einer leistungsfähigen Wirtschaft möglich ist. Es liegt daher im ureigensten Interesse der Sozialpolitik selbst, daß eine expansive und zugleich stabile Wirtschaft sowie die Prinzipien, nach denen diese Wirtschaft geordnet ist, erhalten bleiben. Da die erreichte Größenordnung der Einkommensübertragungen über die Sozialhaushalte keineswegs mehr eine „quantité négligeable" ist, sondern einen gewichtigen Faktor im Wirtschaftsprozeß darstellt, besteht heute eine teilweise recht enge Interdependenz zwischen Wirtschaftspolitik und Sozialpolitik. Die volkswirtschaftlich neutrale und autonome Sozialpolitik gehört daher der Vergangenheit an und muß einer Sozialpolitik Platz machen, die mit der Wirtschaftspolitik abgestimmt ist, d. h. die volkswirtschaftliche Produktivität nicht beeinträchtigt und den Grundprinzipien der marktwirtschaftlichen Ordnung entspricht.

Wenn wir eine freiheitliche Wirtschafts- und Gesellschaftsordnung auf die Dauer aufrechterhalten wollen, ist es in der Tat ein Grunderfordernis, neben einer Wirtschaftspolitik, die dem Menschen wieder zu seiner persönlichen Freiheit verholfen hat, auch eine gleichermaßen freiheitliche Sozialpolitik zu betreiben. Es widerspricht der marktwirtschaftlichen Ordnung, die die Entscheidung über Produktion und Konsum dem einzelnen überläßt, die private Initiative bei der Vorsorge für die Wechselfälle und Notstände des Lebens auch dann auszuschalten, wenn der einzelne dazu fähig und gewillt ist, selbstverantwortlich und eigenständig vorzusorgen. Wirtschaftliche Freiheit und totaler Versicherungszwang vertragen sich nicht. Daher ist es notwendig, daß das Subsidiaritätsprinzip als eines der wichtigsten Ordnungsprinzipien für die soziale Sicherung anerkannt und der Selbsthilfe und Eigenverantwortung soweit wie möglich der Vorrang eingeräumt wird. Der staatliche Zwangsschutz hat demnach dort haltzumachen, wo der einzelne und seine Familie noch in der Lage sind, selbstverantwortlich und individuell Vorsorge zu treffen. Dies trifft bei den in abhängiger Arbeit Beschäftigten zumindest für diejenigen Angestellten zu, die ein höheres Einkommen beziehen und damit eine verantwortliche Position in der Wirtschaft oder Verwaltung einnehmen.

Darüber hinaus würde es aber auch eine für unser gesellschaftliches und wirtschaftliches Leben gefährliche Entwicklung zum Versorgungsstaat bedeuten, wenn solche Staatsbürger in eine staatlich angeordnete Zwangssicherung einbezogen würden, die kraft ihrer Stellung in Wirtschaft und Gesellschaft so geartet sein müssen, daß sie aus eigener Kraft und Leistung bestehen können. Es ist in gewisser Hinsicht zwar verständlich, daß der Krieg und die Währungsreform mit ihren tiefgreifenden Folgen für die Daseinssicherung auch unter den Selbständigen das Verlangen nach kollektiver Sicherheit aufkommen ließen. Es wäre aber falsch und geradezu verhängnisvoll, die künftige Sicherung gegen die Lebensrisiken auf einen derartigen, hoffentlich einmaligen, Zusammenbruch ausgerechnet zu einer Zeit abzustellen, in der wir wirtschaftliche Sicherheit und wirtschaftlichen Wohlstand wieder zurückgewonnen haben und in der wir auf einen weiteren wirtschaftlichen Fortschritt hoffen dürfen.

Hinsichtlich der sozialen Sicherung der selbständig Erwerbstätigen ist vor allem entscheidend, daß die Bereitschaft zu freier und eigenverantwortlicher Bewältigung der Lebensrisiken wesensgemäß mit zu den Grundelementen des Selbständigseins in einer freiheitlichen Wirtschafts- und Gesellschaftsordnung gehört. Selbständigkeit in der Marktwirtschaft bedeutet, aus eigenem Antrieb und auf eigene Verantwortung eine unabhängige Erwerbstätigkeit auszuüben und damit Träger der unternehmerischen oder geistigen Initiative zu sein. Den Selbständigen steht daher in besonderem Maße die Wahrnehmung der in der Wirtschaft liegenden Chancen offen, was andererseits aber auch erfordert, daß sie die damit verbundenen wirtschaftlichen Risiken selbst tragen müssen. Eine derart hervorgehobene Position im Wirtschaftsleben kann in einer Marktwirtschaft aber nicht durch den Staat garantiert werden, sondern muß – wenn sie ihren eigentlichen Sinn überhaupt erfüllen soll – allein durch wirtschaftliche Leistung, durch Bereitschaft und Mut zum Wagnis und durch den Willen zu selbstverantwortlicher und individueller Lebensgestaltung täglich aufs Neue erworben werden.

Daraus ergibt sich die Konsequenz, daß von den Selbständigen in unserer Wirtschafts- und Gesellschaftsordnung auch eine selbstverantwortliche und eigenständige Vorsorge für die sozialen Lebensrisiken gefordert werden muß. Es wäre in der Tat auch ein grundlegender Widerspruch, in einer freien Wirtschaftsordnung einerseits jedem Staatsbürger die Chance zum Ergreifen einer selbständigen Tätigkeit einzuräumen und mit den Mitteln einer entsprechenden Wirtschaftspolitik die Schaffung, Erhaltung und den Ausbau einer selbständigen Existenz zu ermöglichen, dann aber andererseits den Selbständigen durch staatlichen Zwang die Verantwortung für ihre wirtschaftlichen und sozialen Risiken sowie für ihre persönliche Lebensgestaltung abzunehmen.

Die Forderung nach eigenverantwortlicher Daseinssicherung ist auch schon deshalb zu rechtfertigen, weil bei den Selbständigen im Gegensatz zu den Arbeitnehmern einmal der für die Schutzbedürftigkeit mitentscheidende Tatbestand der abhängigen Beschäftigung wegfällt und zum andern in aller Regel Eigentum – meist sogar in Form von Betriebsvermögen – vorhanden ist, das bereits einen wesentlichen Rückhalt darstellt. Hinzu kommt, daß bei den Angehörigen des gewerblichen und bäuerlichen Mittelstandes in Zeiten des vorübergehenden Ausfalls der eigenen Arbeitskraft in den meisten Fällen der Betrieb durch Familienangehörige oder auch Fremde weitergeführt werden kann und das Zusammenleben in der Familiengemeinschaft auch nach der Betriebs- oder Hofübergabe günstige Beschäftigungs- und Lebensmöglichkeiten für die alten Menschen bietet. Schließlich darf nicht übersehen werden, daß es sich bei den selbständigen Gewerben und freien Berufen um sehr heterogene und in sich differenzierte Gruppen handelt und sie daher eine individuelle, den Bedürfnissen des Einzelfalles entsprechende Vorsorge benötigen. Eine notwendigerweise schematische Zwangsversorgung könnte dem kaum Rechnung tragen und würde überdies in vielen Fällen zu einer unnötigen, für den einzelnen aber oft schwer tragbaren Abgabenbelastung führen.

Es ist ein Irrtum, zu glauben – wie es manchmal geschieht –, daß der Weg zum Versorgungsstaat nur dann beschritten wäre, wenn die kollektive Sicherung ganz oder teilweise vom Staat aus allgemeinen Steuermitteln gewährt würde, und daß man ihm schon dadurch entrinnen könnte, indem man zwar einen totalen Versicherungszwang schafft, die Leistungen aber aus Beitragsumlagen finanziert. Die auf Zwang beruhende allgemeine Volksversicherung – sei sie nun ein Topf oder nach Gruppen gegliedert – unterscheidet sich allenfalls gradweise, nicht aber prinzipiell von der allgemeinen Staatsbürgerversorgung. Die Entwicklung zum Versorgungsstaat ist daher auch schon dann zu verzeichnen, wenn der staatliche Zwang über den Kreis der Schutzbedürftigen hinausgreift und wenn ihm Personen unterworfen werden, denen der Zwang und die Abhängigkeit auf Grund ihrer Stellung im Wirtschaftsleben geradezu wesensfremd ist.

Der Drang zum Versorgungs- und Kollektivstaat mit allen seinen wirtschafts- und gesellschaftspolitischen Konsequenzen wäre jedenfalls nicht mehr aufzuhalten, wenn bei uns begonnen würde, über den Kreis der schutzbedürftigen Arbeitnehmer hinaus alle Erwerbstätigen, vor allem aber alle Selbständigen, in eine Zwangsversorgung zu befehlen. Es würde sich zumindest auf lange Sicht verhängnisvoll für die deutsche Wirtschaft, aber auch für unsere politische und gesellschaftliche Ordnung auswirken. Die totale Zwangsversicherung und der Versorgungsstaat sind naturgemäß besonders geeignet, den Wagemut, das Leistungsstreben, die Bereitschaft zu freier Spartätigkeit, die persönliche Initiative und das Verantwortungsbewußtsein mehr und mehr zu lähmen, ohne die eine freiheitliche Wirtschafts- und Gesellschaftsordnung nicht existieren kann. Wachsende Sozialisierung der Einkommensverwendung und um sich greifende Kollektivierung der Lebensplanung, weitgehende Entmündigung des einzelnen und zunehmende Abhängigkeit vom Kollektiv oder vom Staat, aber auch die Verkümmerung eines freien und funktionsfähigen Kapitalmarktes, der Voraussetzung für die Expansion und Stabilität der Marktwirtschaft ist, wären die Folgen dieses gefährlichen Weges, an dessen Ende der „soziale Untertan" und die bevormundende Garantie der materiellen Sicherheit durch den allmächtigen Staat sowie die damit verbundene Lähmung des wirtschaftlichen Fortschritts in Freiheit stünde.

Mögen diese Konsequenzen in ihrer Absolutheit auch noch an die Wand gemalte Gespenster sein, so erscheint es angesichts gewisser Tendenzen zum Versorgungsstaat, die auch bei uns vorhanden sind, doch dringend erforderlich, bereits den Anfängen zu wehren und darauf hinzuweisen, daß die persönliche Freiheit letztlich unteilbar ist. Denn eine freiheitliche Wirtschaftsordnung kann auf die Dauer eben nur bestehen, wenn auch im sozialen Sektor ein Höchstmaß an Freiheit, privater Initiative und Selbsthilfe gewährleistet wird.

BESINNUNG UND VERANTWORTUNG
IN DER VOLKSWIRTSCHAFT

[Rundfunkansprache am 12. März 1956]

Bis zum Frühjahr 1956 hatte der Bundeswirtschaftsminister bereits eine Reihe weiterer Versuche unternommen, durch Appelle an die Einsicht der am Wirtschaftsprozeß beteiligten Gruppen die Konjunktur vor neuem gefährlichen Ausufern zu bewahren. Das erste Konjunkturprogramm war um diese Zeit angelaufen, ein zweites in Vorbereitung. Trotz einer Wirtschaftsblüte, die alle bisherigen Rekorde in den Schatten stellte, mehrten sich aber Stimmen der Unzufriedenheit aus Kreisen der Wirtschaft, die ihre Interessen in irgendeiner Form beeinträchtigt glaubten. Den Bundeswirtschaftsminister erfüllte dieses Klima, in dem Begehrlichkeit und Mißgunst sich auszubreiten drohten, mit Besorgnis:

Das deutsche Volk bietet heute der Welt das gewiß nicht alltägliche Schauspiel, daß es auf der Woge einer ausgesprochenen Hochkonjunktur nichts Besseres weiß, als sich über angebliche Notstände, über vermeintliche Unzulänglichkeiten und Widrigkeiten seines wirtschaftlichen und sozialen Seins zu zerstreiten. Ja, man kann füglich behaupten, daß die Stimme der Unzufriedenheit um so lauter schallt, je bessere Fortschritte erzielt wurden, und daß Begehrlichkeit und Mißgunst in dem gleichen Maße anwachsen, als wir – Not und Elend überwindend – auf dem Wege zu neuem Wohlstand erfolgreich fortschreiten.

Die gleichen Menschen, die im Jahre 1948 nicht entfernt zu hoffen gewagt hätten, daß wir überhaupt jemals wieder dahin kommen könnten, wo wir heute stehen, stimmen im Jahre 1956 gedankenlos in jenen allgemeinen Chorus ein, daß die Bundesregierung diese oder jene Interessen mißachtet hätte, und daß ein solches Leben fortzuführen fast unzumutbar sei.

Eine solche Unwahrhaftigkeit der Gesinnung ist, wie ich meine, unseres Volkes unwürdig, und ich bin darum gewiß, im Namen der Millionen von Ehrlichen und Besinnlichen sprechen zu dürfen, wenn ich diese moralische Entartung und geistige Verirrung mit der gebührenden Schärfe geißele. Außerdem habe ich ein Recht darüber zu sprechen; denn ich und meine Wirtschaftspolitik stehen heute allenthalben unter der Anklage, die Begehrlichkeit des Volkes geweckt und geschürt zu haben, – die Soziale Marktwirtschaft also hätte jenen verderblichen Materialismus aufkommen lassen, der in des Menschen Brust das Gewissen, das Wissen um geistige und seelische Werte des Lebens zu ersticken droht. Gegen solches Pharisäertum führe ich einen leidenschaftlichen Kampf; denn wenn es eine Wirtschaftspolitik zuwegegebracht hat, immer breitere Schichten unseres Volkes, und besonders auch den deutschen Arbeiter, an einem gehobenen Lebensstandard und dem zivilisatorischen Fortschritt teilhaben zu lassen, so verbuche ich das als einen absoluten volkswirtschaftlichen, politischen und sozialen Gewinn, und kein Wohlhabender hat das Recht, diejenigen einer materialistischen Gesinnung zu zeihen, die im Grunde genommen nichts anderes wollen, als nach Maßgabe der zunehmenden Leistungsergiebigkeit unserer Volkswirtschaft ebenfalls zu besserer und freierer Lebensführung zu gelangen. Der Besitz eines Kühlschrankes kann, wie ich immer wieder sage, nicht einmal Ausdruck der Zivilisation, zum andern aber Zeugnis einer materialistischen Gesinnung sein. Ich vermag auch nicht einzusehen, worin sich unter solcher Wertung das Moped vom Auto unterscheidet. Aber selbst wenn ich zugebe, daß von außen gesehen manche Verbrauchsäußerungen primitiv anmuten, so haben wir doch kein Recht – oder mindestens hat es keinen Sinn –, darüber die Nase zu rümpfen. Denn zu den unantastbaren Freiheiten des Menschen gehört nun einmal die freie Konsumwahl.

Wir können meiner Ansicht nach auch um so duldsamer sein, als es nur allzu verständlich erscheint, wenn ein Volk, das solange darben und hungern mußte, nach soviel ehrlicher Leistung konsumieren will – und ich habe sogar ein menschliches Verständnis dafür, wenn es dabei auch einmal über die Stränge schlägt. Das geht vorüber! Ja, ich wage sogar eine kühne Antithese und behaupte, daß Materialismus insbesondere dort die Geister beherrscht, wo die Menschen in den Kümmernissen des Alltags gefangen bleiben, sich nicht aus Not und Elend befreien können und sich – abgesehen von Genies – ihrer seelischen und geistigen Kräfte gar nicht bewußt werden.

Nun besagt das ganz gewiß noch nicht, daß Wohlstand und soziale Sicherheit auf einer höheren Ebene unseres Seins schon ohne weiteres zu besonderen Taten befähigen. Aber gerade, wenn es zutrifft, daß es für materialistische Gesinnung sozusagen keine Einkommensgrenze gibt, dann stellt sich die drängende Aufgabe unserer Zeit nur um so deutlicher, – dann heißt das, daß wir zwar in jedem Falle die Armut überwinden müssen, aber gleichwohl nicht hoffen können, daß Wohlstand und selbst Reichtum eine Bereicherung oder gar Lösung bedeuten könnten. Nicht das braucht jedenfalls unsere Sorge zu sein, daß wir alle besser oder sogar gut leben dürfen; – das vielmehr ist das Übel, daß wir alle die Maße für die eigene Leistung – und das heißt zugleich auch für das Mögliche – verloren haben und darum jenen Einflüsterungen Raum zu geben geneigt sind, die uns in jenen Dämmerzustand versetzen, in dem sich unser Volk der Maßlosigkeit des Wünschens und des Forderns nicht mehr erwehren kann.

Das war noch immer die geschichtliche Tragik der Deutschen, daß sie ihre höchsten Tugenden in der Not entfalteten, sich aber den Stunden des

Glückes nicht gewachsen zeigten. Während die gute Ernte sichtbar heranreift, befällt uns die Ungeduld, dann reißen wir die Früchte unreif vom Baum und verfallen in neue Not. Wer einem solchen selbstzerstörerischen Flagellantismus Vorschub oder Folge leistet, wird mitschuldig an der dann unausbleiblichen Tragik der Entwicklung. Hat etwa das seichte Gerede von dem „deutschen Wunder" in unseren Köpfen wirklich die mystische Vorstellung erweckt, daß wir zaubern könnten?

Gerade jetzt, da wir erstmals in der modernen Wirtschaftsgeschichte den großangelegten Versuch unternehmen, die Hochkonjunktur unter Fortdauer gesunder Währungsverhältnisse und stabiler Preise gegenüber Rückschlägen, Depressionen und Krisen abzusichern, ist es mir ein Bedürfnis, Sie meine verehrten Hörerinnen und Hörer aus allen Schichten unseres Volkes, persönlich – d. h. den Menschen – anzusprechen, um Ihnen zugleich bewußt zu machen, was auf dem Spiele steht, wenn Sie in dieser Stunde der Bewährung und Entscheidung blindlings jenen folgen, die – subjektiv vielleicht sogar ehrlich – Ihre Interessen zu vertreten vorgeben, aber in der Übersteigerung ihrer Wünsche die Volkswirtschaft im ganzen überfordern und somit alles gefährden.

Ich gebe Ihnen allen die feste Versicherung, daß niemals unsere Währung gefährdet ist, und daß alles leichtfertige Gerede um eine drohende Inflation der Begründung entbehrt; – wohl aber ist die Hochkonjunktur in ihren segensreichen Auswirkungen auf Beschäftigung, Produktion und Umsatz gefährdet, wenn die in der Wirtschaft stehenden Menschen für sich oder in ihren Interessenvertretungen ihre macht- oder konjunkturpolitischen Chancen lohn- und preispolitischer Art voll ausspielen zu können glauben. Was immer in meiner Kraft steht, werde ich solchem Treiben Einhalt gebieten, aber vor allem verteidigen Sie selbst die Sicherheit Ihrer Arbeitsplätze oder den Fortbestand Ihrer unternehmerischen Existenz am besten, wenn Sie mit mir darauf vertrauen, daß der Egoismus – ob er individualistisch oder gruppenmäßig zutagetritt – am wenigsten geeignet erscheint, uns allen eine glückliche Zukunft zu sichern. Durch acht Jahre haben wir es praktisch demonstriert, wie unfruchtbar, ja geradezu verderblich es ist, wenn wir um die angeblich gerechten Anteile am Sozialprodukt feilschen, statt durch die Steigerung und Verbesserung unserer Leistung allen zu helfen. Wenn demgegenüber heute fast alle Gruppen zu gleicher Zeit vorgeben, benachteiligt zu sein, dann urteilen Sie selbst darüber, ob eine solche Behauptung glaubwürdig sein kann. Das heißt dem Wirtschaftsminister die Hexenformel abzuverlangen: „Du mußt verstehn, aus eins mach zehn!"

Jeder denkt nur an sich und keiner an das Ganze! Wenn aber eine Wirtschaftsordnung – und diese Frage steht zur Entscheidung – nicht mehr um das Ganze weiß, wenn sie das Gefühl der Verantwortung verkümmern läßt und nichts mehr von Nächstenliebe atmet, kann und darf sie nicht auf Resonanz und Anerkennung hoffen. Eine Wirtschaftsordnung hat wohl in ihren Methoden, nicht aber in ihren Zielen wertefrei zu sein. Auch von der Politik her drohen wir auf eine falsche Bahn zu geraten, wenn wir den Wohlfahrtsstaat immer mehr perfektionieren wollen, dabei aber die menschlichen Beziehungen und Verantwortungen innerhalb der Wirtschaft und Gesellschaft gar vollends veröden lassen. Ich spüre wohl die Unsicherheit der Menschen; ich glaube ihre seelische Not zu kennen und bin mir deshalb auch bewußt, daß wirtschaftlicher Fortschritt und materielle Sicherheit allein nicht ausreichen werden, um unserer Bevölkerung in der Bundesrepublik – d. h. Ihnen allen – das Gefühl eines sinnerfüllenden Lebens vermitteln zu können. Wäre das so einfach, so würde ich wahrlich die frohe Prophezeiung wagen, daß allen solchen Sorgen in relativ kurzer Zeit wirksam begegnet werden kann. Das aber allein wird uns eben nicht glücklich sein lassen, und so wäre denn zu fragen – und paradoxerweise tue ich das gerade als Wirtschaftsminister –, ob wir unserer wirtschaftlichen Arbeit nicht einen tieferen und höheren Sinn zu geben haben. Es ist da etwas nicht in Ordnung, wenn mehr Wohlstand und höherer Lebensstandard nicht zu einer Beruhigung, sondern gar zu einer Beunruhigung des Lebens führen. Zwar ist der Zweck der Wirtschaft immer der Verbrauch, aber das kann nicht zugleich der ganze oder gar letzte Sinn unseres Tuns sein. Wir leben in gewissem Sinn zwischen den Zeiten, da es noch unsere Aufgabe ist, die sozialen Notstände zu überwinden, doch gleichwohl erkennen wir schon, daß uns eine erfolgreiche Lösung noch nicht Volk sein und im Menschlichen auch nicht restlos glücklich sein läßt. Was wir spüren, ist, daß wir neuer, höherer Wertungen noch anderer Bewußtseins-Inhalte bedürfen, ohne sie allerdings künstlich konstruieren zu können, – das eine aber wissen wir: daß die Vergottung der Staatsgewalt mit der Preisgabe der menschlichen Freiheit das schlechteste Prinzip von allen darstellt.

Wir müssen etwas von unser aller Willen deutlich machen, daß uns Gemeinschaft etwas anderes als Kollektivismus bedeutet, und daß uns Freiheit ein Begriff ist, der von extremer Entartung in Zügellosigkeit nichts wissen will. Gerade eine Gemeinschaft freier Menschen muß sich über alle parteipolitischen Zänkereien Ziele setzen können, die von jedem einzelnen geglaubt und erlebt werden, und die uns über das Materielle hinaus auf die Erfüllung gemeinsamer Aufgaben vertrauen lassen.

Ich komme auf den Alltag zurück. Wir zerstreiten uns über die kleinen und kleinlichen Dinge des Alltags, während wir in Wahrheit eine Mission zu erfüllen hätten. Heute genügt es mir, wenn ich Ihr Gewissen angerührt habe. Zwar sind wir noch nicht über den Berg und müssen der Erfordernisse des Augenblicks gedenken, aber mit unserer geistigen und sittlichen Haltung von heute formen wir auch schon unser Sein von morgen.

Dieses Thema sei hiermit angeschnitten; es ist mein Wunsch, daß wir über diese Welle – „Segen des Fortschritts" – im Gespräch bleiben!

REGIERUNGSERKLÄRUNG ZUR KONJUNKTURPOLITISCHEN LAGE

[Sitzung des Deutschen Bundestages am 22. Juni 1956]

Die Konjunkturentwicklung in der Bundesrepublik blieb auch nach der Jahreswende 1955/56 stark expansiv. Das Wachstum der Gesamtnachfrage wurde außer von der Investition durch einen beschleunigten Anstieg des privaten Verbrauchs, hohe Anforderungen der öffentlichen Hand und eine drängende Auslandsnachfrage getragen. Der starke Exportsog rührte nicht zuletzt von inflationären Tendenzen in anderen Ländern her. Indessen drohte der Preisstabilität im Bundesgebiet nicht nur von dieser Seite, sondern in zunehmendem Maße auch von innen her eine ernste Gefahr. Die Nachfrageausweitung auf den Verbrauchermärkten war das Ergebnis einer deutlich verringerten Sparneigung bei den privaten Haushalten, zusammen mit einer kräftigen Steigerung der Arbeitsverdienste. Die Lohnentwicklung ging weiterhin merklich über das Wachstum der Produktivität hinaus. Die steigenden Kosten der Produktion ließen sich angesichts der hohen Konsumneigung verhältnismäßig leicht auf die Preise abwälzen.

Die Arbeitsmarktlage wurde zum entscheidenden Engpaß des realen Wachstums, während die Einkommensexpansion aus dieser Situation starke Impulse erhielt. Verschärfend wirkte dabei die Tendenz zu tariflichen Arbeitszeitverkürzungen. Für die Wirtschaftspolitik folgte aus dieser Situation die Notwendigkeit, durch geeignete Maßnahmen sowohl auf dem Gebiet der Nachfrage als auch des Angebots auf die Wiederherstellung des gesamtwirtschaftlichen Gleichgewichts hinzuwirken. Dazu war die Kreditpolitik, die mit weiteren Diskonterhöhungen im März und im Mai 1956 zusammen mit anderen Maßnahmen einen restriktiven Kurs eingeschlagen hatte, allein nicht in der Lage. Einflußreiche Gruppen der Industrie versuchten in diesen Monaten den Kurs der auf Stabilität gerichteten Wirtschafts- und Währungspolitik unmittelbar zu bestimmen. Sichtbar für die Öffentlichkeit wurde dieses Bemühen bei einer Tagung des Bundesverbandes der Industrie am 24. Mai 1956 im Gürzenich zu Köln. Am 22. Juni nahm Ludwig Erhard in einer Erklärung der Bundesregierung zur Konjunkturlage Stellung:

Die Bundesregierung hatte anläßlich der letzten Tagung des Bundestages in Berlin dem Hohen Hause ein Erstes konjunkturpolitisches Programm vorgelegt. Dieses war in der Auswahl und den Ausmaßen der vorgeschlagenen Maßnahmen der konjunkturellen Situation vom Herbst des vorigen

Jahres angepaßt. Sie hat inzwischen den Fortgang der Entwicklung genauestens weiter verfolgt, um ohne Verzögerung, aber auch ohne Überhastung jene Maßnahmen treffen zu können, die dem Fortgang der konjunkturellen Entwicklung seither entsprechen. Die winterliche Saisondämpfung wurde durch einen außerordentlichen konjunkturellen Anstieg im Frühjahr abgelöst, der eine weitere Anspannung gewisser Marktbereiche und Preise zeitigte, die die Bundesregierung nunmehr veranlaßt, ein Zweites Konjunkturprogramm vorzulegen. Sie legt damit ihre Absicht zu einer gegenwärtig die ganze Öffentlichkeit bewegenden Frage vor.

So ist es kein Zufall, daß heute die Erklärung der Bundesregierung und die Anfragen der SPD und FDP zusammentreffen und in einer gemeinsamen Diskussion erörtert werden. Sie begrüßt diese gemeinsame Erörterung um so mehr, als in der Öffentlichkeit je nach der Interessenlage der Parteien sehr unterschiedliche, ja geradezu gegensätzliche Auffassungen vertreten wurden. Zwischen der Feststellung, daß überhaupt keine Konjunkturüberhitzung vorliege und folglich auch keine konjunkturpolitischen Maßnahmen vonnöten seien, und der Anklage, daß die Bundesregierung in unverantwortlicher Weise die Dinge habe treiben lassen, sind in der öffentlichen Diskussion unzählige Varianten des Zuviel und Zuwenig, des Zufrüh und Zuspät in Erscheinung getreten. Sicher ist das eine, daß in der Depression eine aktive, auf Expansion hinzielende Konjunkturpolitik immer populär ist, während konjunkturpolitische Maßnahmen zur Bändigung einer drohenden Überkonjunktur immer unpopulär sein müssen. Diese subjektive und interessengebundene Wertung kann und darf indessen niemals das Handeln einer verantwortungsbewußten Regierung bestimmen.

Tatsächlich hat die Bundesregierung die wirtschaftliche Lage und konjunkturelle Entwicklung gerade in diesem letzten Jahre laufend sorgfältig beobachtet, wobei auch noch die Arbeit der wissenschaftlichen Konjunkturforschung zusätzlich berücksichtigt wurde. Die Ergebnisse der Konjunkturbeobachtung werden monatlich im Lagebericht des Bundeswirtschaftsministeriums veröffentlicht, und auf Grund dieser Konjunkturdiagnose werden die seit geraumer Zeit wahrnehmbaren Übersteigerungstendenzen von der Bundesregierung auf ihre Ursachen und Wirkung hin sorgfältigst überprüft. Der Bundeswirtschaftsminister hat darüber hinaus in wiederholten Appellen an alle Wirtschaftskreise und die Sozialpartner immer wieder auf die sich abzeichnenden Gefahren hingewiesen und ein verantwortungsbewußtes Verhalten aller am Wirtschaftsprozeß Beteiligten gefordert.

Die Bundesregierung hat darum dem Deutschen Bundestag im Herbst 1955, als die Konjunkturtendenzen eindeutig geworden waren, ein Erstes Konjunkturprogramm vorgelegt und der damaligen Lage angemessene Maßnahmen zur Stabilisierung der Konjunktur ergriffen.

Daß gleichwohl die Expansion ungemindert angehalten hat und jetzt weitere Maßnahmen erforderlich macht, ist auf folgende Ursachen zurückzuführen: Einmal haben von der Außenwirtschaft her immer wieder neue und in der Größenordnung nicht vorausschätzbare Impulse auf unsere Binnenkonjunktur eingewirkt. Unsere Exportüberschüsse als Folge der heute in weiten Teilen der freien Welt vorherrschenden Hochkonjunktur und eines unsere Ausfuhr begünstigenden vergleichsweise stabilen und niedrigen deutschen Preisniveaus haben auf dem Binnenmarkt eine zunehmende güterwirtschaftliche Spannung zwischen Angebot und Nachfrage entstehen lassen. Diese wirkt sich tendenziell preissteigernd aus. Zum anderen konnten nicht alle Maßnahmen in die Tat umgesetzt werden, die die Bundesregierung in ihrem Konjunkturprogramm vom Oktober vorigen Jahres vorgeschlagen hatte. Es sei in diesem Zusammenhang auf die Bitte der Bundesregierung an den Bundestag und Bundesrat hingewiesen. So ist z. B. das „Gesetz gegen Wettbewerbsbeschränkungen" nicht verabschiedet worden. Auch die Mahnungen der Bundesregierung und besonders des Bundeswirtschaftsministers, auf jenen Gebieten Maß zu halten, auf denen der Bundesregierung keine direkten Eingriffsmöglichkeiten zustehen – sei es auf dem Gebiete der Lohnpolitik, sei es auf dem Gebiete der Bautätigkeit der Länder, Gemeinden und sonstigen öffentlichen Körperschaften –, fanden nur zum Teil Beachtung.

Entsprechend der damaligen Konjunkturlage glaubte die Bundesregierung ihre Aufmerksamkeit insbesondere auf eine psychologische Beeinflussung der Preise richten zu sollen. Es ist unverkennbar, daß im Bereiche der gewerblichen Wirtschaft vor allem auch auf Grund eines internationalen Vergleichs der Preisbewegungen Erfolge erzielt wurden und auch nachweisbar sind. Darüber hinaus haben zwei konjunkturpolitisch gezielte Zollsenkungen, die Ermäßigung gewisser Verbrauchssteuern, die Abschaffung der Notopfermarke und die von der Post durchgeführte beträchtliche Senkung der Fernsprechgebühren im Fernverkehr dem gleichen Ziele gedient. Der Bund hat ferner seine Bemühungen darauf gerichtet, eine bessere Verteilung des Bauvolumens über das ganze Jahr zu erreichen; auch nach dieser Richtung hin haben die Anstrengungen ein positives Ergebnis gezeitigt. Was die Zurückhaltung der Bautätigkeit betrifft, so ist der Bund selbst im Hochbau vorbildlich vorangegangen. Die Bundesbauten (ohne Bundesverkehrsamt, Post- und Fernmeldewesen und deutschen Verteidigungsbau) werden 1956 nur einen Betrag von 110 Millionen DM erreichen – gegen 240 Millionen DM im Jahre 1955.

Die Bundesregierung hat ferner alles unternommen, um die Preispolitik der Bundesunternehmen zu beeinflussen. Man muß diesen auch zugestehen, daß sie sich im Rahmen der Wettbewerbswirtschaft der notwendigen Preisdisziplin befleißigt haben.

Der Zentralbankrat hat ebenfalls gemäß seiner im Rahmen des ersten

Konjunkturprogramms angesprochenen Aufgabe mit seinen Mitteln mäßigend eingegriffen. Er hat mit der Offen-Marktpolitik beruhigend gewirkt; er hat den Diskontsatz im März 1956 noch einmal erhöht, nachdem er schon im August 1955 sowohl den Diskontsatz als auch die Mindestreservesätze angehoben hatte. Der Zentralbankrat ist – wie die Bundesregierung – bei seinen konjunkturpolitischen Maßnahmen relativ vorsichtig vorgegangen, um nicht durch zu frühzeitige und zu scharfe Maßnahmen die Konjunktur als solche und die Vollbeschäftigung im besonderen zu gefährden.

Die wirtschaftliche Lage in der Bundesrepublik ist trotz der bisher eingeleiteten Maßnahmen gleichwohl durch Spannungen gekennzeichnet. Es kann aber als sicher angenommen werden, daß diese selbst bedrohlichere Formen angenommen hätten, wenn es kein Erstes Konjunkturprogramm gegeben hätte und in der Zwischenzeit keine konjunkturpolitischen Anstrengungen unternommen worden wären. Die Bundesregierung hat allerdings mit voller Absicht nicht schon früher weitergehende und härtere konjunkturpolitische Maßnahmen vorgeschlagen, weil sie sich erst nach Ablauf des winterlichen Saison-Tiefs ein Urteil über das Ausmaß und die Kraft der im Frühjahr wiederaufkommenden Konjunkturtendenzen bilden wollte. Ein zu frühzeitiges und hartes Eingreifen hätte gegebenenfalls auch die günstige Konjunkturentwicklung unterbinden können.

Es besteht wirklich auch kein Grund, die bisherige Konjunktur- und Preisentwicklung über Gebühr zu dramatisieren. Gewisse Preisschwankungen – ganz abgesehen von der notwendigen Beweglichkeit der Einzelpreise – sind der Marktwirtschaft adäquat, die es durch ihre Dynamik und Ergiebigkeit ermöglicht hat, daß erhöhten Preisen gegenüber das Realeinkommen doch noch viel stärker angestiegen ist. So ist z. B. das Nominaleinkommen der Arbeiter in den letzten beiden Jahren um 16 v. H. gestiegen, während sich die Lebenshaltungskosten nur um 4 v. H. erhöhten, so daß daraus eine Reallohnsteigerung von 12 v. H. resultiert. Die historische Erfahrung bestätigt darüber hinaus, daß noch zu jeder Zeit und in jedem Lande eine Hochkonjunktur preissteigernde Tendenzen auslöste, aber mit ihrem Abklingen dann auch wieder Preiskorrekturen nach unten einsetzten. Es ist also nicht angängig, in jeder einzelnen Preiserhöhung eine Dauererscheinung zu sehen.

Unter Berücksichtigung der gestiegenen Realeinkommen erscheinen auch die Nahrungsmittelpreise für den mit einem Arbeitseinkommen ausgestatteten Verbraucher wohl noch erträglich, um so mehr zu beobachten ist, daß es in den rückliegenden Monaten besonders ungünstige Witterungsverhältnisse waren, die die Preise wichtiger Lebensmittel haben ansteigen lassen. Hier indessen sind bereits Ansätze einer Rückbildung erkennbar. Die Bundesregierung darf auch darauf verweisen, daß sie auf Grund gesetzlicher Verpflichtungen die besondere Lage der Landwirtschaft zu berücksichtigen hat, soweit diese aus historischen, strukturellen und naturbedingten Gründen in ihrer Leistungskraft zurückgeblieben ist. Die Förderung der Landwirtschaft hat der Bundestag einstimmig beschlossen. Es ist aber nun einmal so, daß die Preise, die der eine, d. h. hier die Landwirtschaft, bekommt, der andere, nämlich der Verbraucher, zu bezahlen hat. Die Gerechtigkeit gebietet immerhin festzustellen, daß es der Wirtschaftspolitik der Bundesregierung gelungen ist, dem Verbraucher eine immer bessere Deckung seiner Lebensbedürfnisse durch einen beträchtlichen Realeinkommenszuwachs zu ermöglichen.

Wenn auch bei der Beurteilung konjunktureller Erscheinungen gerade in der Bundesrepublik verständlicherweise zu beachten ist, daß der deutsche Verbraucher gerade auf kurzfristige Preissteigerungen besonders empfindlich reagiert, so kommt es doch entscheidend auf die Sicherung der längerfristigen Geldwertstabilität an. Diese aber ist bisher nicht verletzt worden, denn die für die letzten Jahre zu verzeichnende Erhöhung des Preisniveaus um 4 bis 5 v. H. hat nur wieder den Ausgleich für die in den vorangegangenen Jahren erfolgten Preisrückgänge gebracht. Wir bewegen uns mithin heute wieder auf dem durchschnittlichen Preisstand des Jahres 1951.

Dieser beruhigende, aber sachliche Hinweis soll allerdings unsere Sorge nicht einschläfern. Es ist jetzt zweifellos der Zeitpunkt gekommen, zu dem eine aktivere Konjunkturpolitik einsetzen muß, um ein weiteres Ansteigen des Preisniveaus zu verhindern und damit die schon gekennzeichnete längerfristige Geldwertstabilität zu gewährleisten. Die Bundesregierung hegt die Überzeugung, daß es ihrer Konjunkturpolitik und der des Zentralbankrats gelingen wird, dieses Ziel zu erreichen, wenn alle für das Gedeihen unserer Wirtschaft verantwortlichen Instanzen, Institutionen und Persönlichkeiten jene Maßnahmen, die heute von der Regierung in einem Zweiten Konjunkturprogramm vorgeschlagen werden, billigen und unterstützen.

Dieses Zweite Konjunkturprogramm setzt bei den Ursachen an, die zu den konjunkturellen Spannungen geführt haben. Diese sind vielfältiger Natur. Einmal sind auf Grund der gestiegenen Finanzkraft die öffentlichen Investitionen, insbesondere Bauten, in den vergangenen Jahren stark erhöht worden. Zum anderen hat sich auf Grund günstiger Unternehmererwartungen und reichlicher Kreditmöglichkeiten ab Mitte 1954 eine starke Investitionswelle der privaten Wirtschaft herausgebildet. Insgesamt stieg die Investitions- und Bautätigkeit so stark an, daß im Laufe des Jahres 1955 auf diesen Gebieten und im vorgelagerten Grundstoffbereich die Kapazitäten voll ausgelastet waren, die Auftragsbestände anwuchsen, die Arbeitskräfte immer knapper wurden und die Preise tendenziell anzogen. Gefördert wurde diese Entwicklung durch Nachfragestöße, wie sie zum Teil durch das Außerkrafttreten besonderer steuerlicher Begünstigungen, etwa in Gestalt des § 36 des Investitionshilfegesetzes, ausgelöst wurden, sowie auch durch die steuerliche Anerkennung einer Abschreibungsmethode, die in den ersten Jahren der Lebensdauer bestimmter Anlagegüter sehr hohe Abschreibungssätze zuläßt. Es ist bekannt genug, daß die Vornahme von Investitionen aus Steuerersparnisgründen großes Gewicht erlangt hat.

Der Optimismus, der die Unternehmer zu einer starken Ausweitung ihrer Investitionen veranlaßte, ist international zu beobachten, und daher trägt auch die Konjunktur international – nicht nur bei uns – stark expansive Züge. Nicht allen Volkswirtschaften aber ist es wie der deutschen gelungen, im Zuge dieser Entwicklung ein gleiches Maß an Ordnung und besonders an Preisstabilität aufrecht zu erhalten, so daß – wie schon eingangs erwähnt – unsere Exportpreise heute besonders günstig liegen. Wie stabil unser Preisniveau geblieben ist, zeigt ein internationaler Vergleich der Lebenshaltungskosten auf der Basis 1950 = 100. Seit dieser Zeit sind in der Bundesrepublik – und das sei gar nicht bagatellisiert – die Lebenshaltungskosten um 13 v. H. gestiegen, in anderen Ländern aber, wie z. B. in Frankreich, Großbritannien, Schweden und Norwegen, um ein Drittel und mehr. Allein in Europa gehen die Preisanstiege bis zu 60 v. H. Zusammen mit den Vereinigten Staaten, den Beneluxländern und der Schweiz verzeichnet die Bundesrepublik den geringsten Preisauftrieb. Das aber ist zugleich der Grund für die starke Exportkonjunktur der Bundesrepublik. Demgegenüber sind zwar auch die Importe erhöht worden, aber Ausmaß und Tempo dieser Steigerung reichen trotz einer Reihe von importfördernden Maßnahmen nicht hin, um eine immer stärkere Anreicherung von Gold und Devisen bei unserer Notenbank zu verhindern.

Das besonders starke Wachstum der Investitionen und die erhebliche Exportausweitung haben trotz der bekannten Geldstillegung durch die Kassenüberschüsse des Bundes die Einkommens- und Nachfrageentwicklung im Inland gewaltig verstärkt. (Das reale, also zu fixen Preisen gerechnete Brutto-Sozialprodukt war im zweiten Halbjahr 1955 um 20 v. H. höher als im zweiten Halbjahr 1953. Die Steigerung der Industrieprodukte betrug im gleichen Zeitraum 28 v. H.)

Die auf diese Nachfrage-Ausdehnung, insbesondere die Steigerung der Investitionstätigkeit, zurückzuführende Anspannung auf dem Arbeitsmarkt begünstigte einen Lohnauftrieb, der seit Herbst vorigen Jahres in wichtigen Bereichen unserer Wirtschaft die zwischenzeitlich erreichte Produktivitätssteigerung übertrifft. Während z. B., bezogen auf das jeweilige Quartal des Vorjahres, im dritten Quartal 1955 der Zuwachs an Produktivität in der Industrie 7,8 v. H., die Erhöhung der Stundenverdienste 7,1 v. H. betrugen, ändert sich im vierten Quartal 1955 das Bild dahin, daß einem Produktivitätszuwachs von 6,4 v. H. eine Verbesserung der Stundenverdienste um 7,5 v. H. gegenübersteht, und im ersten Quartal 1956 gar begegnet ein Produktivitätszuwachs von nur noch 3,6 v. H. einer Verbesserung der Stundenverdienste um 9,9 v. H. Im Wettbewerb um die Arbeitskräfte und gestützt auf die Erwartung, erhöhte Stückkosten auf die Preise abwälzen zu können, gaben die Unternehmer überhöhten Lohnforderungen teilweise verhältnismäßig leicht nach. Die starke Zunahme der Beschäftigung und der so gekennzeichnete Lohnanstieg bringen eine so kräftige Belebung der Letztverbraucher-Nachfrage mit sich, daß sich seit einigen Monaten auch auf den bis dahin verhältnismäßig ruhigen Konsumgütern gewisse leichte Preiserhöhungen abzeichnen.

Diese Darstellung der Ursachen zeigt, an welchen Stellen angesetzt werden muß, um die Konjunkturentwicklung wieder in jene Bahnen zu leiten, die eine Beruhigung des Preisniveaus gewährleisten. Das konjunkturpolitische Erfordernis geht dahin, sowohl die Ausweitung der Gesamtnachfrage zu verlangsamen wie auch das Güterangebot zu erhöhen. In dieser spezifischen Konjunkturphase ist vor allem Sorge zu tragen, daß im Inland keine zusätzliche güterwirtschaftlich ungedeckte Nachfrage entsteht, und das ist auch der Grund, warum eine weitere Übersteigerung der Investitionen verhindert werden muß. Nur auf diese Weise kann die preissteigernde Lücke zwischen Gesamtnachfrage und Gesamtangebot geschlossen werden. Die Konjunkturpolitik der Bundesregierung und des Zentralbankrats trägt diesen Gesichtspunkten Rechnung. So hat der Zentralbankrat seine Kreditpolitik am 18. Mai 1956 verschärft, indem er den Diskontsatz nochmals – um 1 Prozent auf 5¹/₂ Prozent – erhöht und die Refinanzierungsmöglichkeiten der Geschäftsbanken dadurch eingeengt hat, daß er bisher freigestellte Wechselarten in die Rediskont-Kontingente der Banken einrechnet. Durch diese Maßnahmen werden der Kredit und damit das Geld teurer und knapper und eine bremsende Wirkung auf die Gesamtnachfrage unserer Volkswirtschaft ausgeübt.

Die vom Zentralbankrat getroffenen kreditpolitischen Maßnahmen stellen aber keineswegs einen Ersatz für angeblich versäumte konjunkturpolitische Schritte der Bundesregierung dar. Die moderne Konjunkturpolitik arbeitet mit einem ganzen Bündel von Maßnahmen, wobei die Kreditpolitik nur als eines der verfügbaren Instrumente aufzufassen ist. Sobald stärkere Konjunkturausschläge erkennbar sind, wird man allerdings niemals auf die Instrumente der Kreditpolitik verzichten können. Aus dem Umstand jedoch, daß der Zentralbankrat solche Maßnahmen getroffen hat, zu schließen, das wäre deshalb geschehen, weil die Bundesregierung ihre Verpflichtung „gröblich vernachlässigt" habe, bedeutet eine bemerkenswerte Verkennung des Instrumentariums der modernen Konjunkturpolitik.

Der Zentralbankrat kann allerdings schnell eingreifen, während die Bundesregierung in Zusammenarbeit mit den gesetzgebenden Körperschaften zwangsläufig längere Zeit benötigt, um ihre Maßnahmen abzustimmen, durchzusetzen und effektiv werden zu lassen. In der Zwischenzeit muß naturgemäß die Kreditpolitik wirksam sein. Je eher deshalb die von der Bundesregierung beabsichtigten ergänzenden Maßnahmen des Zweiten Konjunkturprogramms ihre Wirkung tun, und je schneller sich demzufolge die Konjunkturlage entspannt haben wird, desto eher wird der Zentralbankrat in der Lage sein, die Zügel wieder etwa zu lockern.

Die Bundesregierung schlägt hiermit das folgende Zweite Konjunkturprogramm vor:

1. Maßnahmen zur Verlangsamung der überstarken Expansion der Investitionen und der Gesamtnachfrage.

a) Die Expansion der Gesamtnachfrage wird, wie bereits ausgeführt, zu einem Teil bereits durch die kreditpolitischen Maßnahmen des Zentralbankrats eingeengt. Diese Politik kann um so milder sein, je mehr die Wirtschaft bestrebt ist, ihre Investitionen in jenen Grenzen zu halten, die durch die Kapazitäten des Investitionsbereichs und die verfügbaren sachlichen und menschlichen Produktivkräfte gegeben sind. Die Bundesregierung ist sich darüber im klaren, daß die geltenden Bestimmungen über die steuerliche Anerkennung von Abschreibungen starke Investitionsimpulse auslösen, wenn die Wirtschaft bei ihrer Investitionstätigkeit zum Teil steuerliche Erwägungen über die rein betriebswirtschaftlichen und volkswirtschaftlichen Gesichtspunkte setzt. Im Hinblick auf die Investitionsnotwendigkeiten einer modernen und dynamischen Wirtschaft und mit Rücksicht auf die Rationalisierungserfordernisse will die Bundesregierung aber zur Zeit noch keine einschränkenden Schritte bezüglich der Abschreibung unternehmen. Sie richtet jedoch an die Unternehmerschaft den ernsten Appell, ihre Investitionen sorgfältig auf die echten betriebswirtschaftlichen Notwendigkeiten abzustellen und mit der jeweiligen Markt- und Preissituation abzustimmen. Die Bundesregierung wird die Markt-, Preis- und Lohnentwicklung in der westdeutschen Wirtschaft, insbesondere im Investitionsgüterbereich und auf dem Arbeitsmarkt, besonders sorgfältig daraufhin beobachten, ob von der Investitionstätigkeit auch in Zukunft überstarke und das Preisniveau gefährdende Konjunkturimpulse ausgehen.

b) Die Bundesregierung wird die Gewährung von Bürgschaften für Investitionskredite der Wirtschaft auf Fälle zwingender volkswirtschaftlicher Notwendigkeit beschränken. Sie wird den Ländern empfehlen, in ihrem Bereich in gleicher Weise zu verfahren.

c) Die öffentlichen Investitionen, insbesondere Bauten, müssen eingeschränkt werden. Soweit nicht Freigaben bereits erfolgt sind, sollen von allen Bewilligungen des Bundeshaushalts für Investitionen 10 v. H. einbehalten werden. Ausgenommen sind der Soziale Wohnungsbau und die Bauten für Verteidigungszwecke. Eine Vorfinanzierung von öffentlichen Investitionen, bei der auf Haushaltseinnahmen des Bundes in späteren Jahren vorgegriffen oder Notenbankkredit in Anspruch genommen werden würde, erscheint in der gegenwärtigen Konjunkturlage nicht angängig.

d) Um die konjunkturpolitisch dringend gebotene Entlastung des Baumarkts zu erreichen, muß außerdem auch die Bautätigkeit der Länder, Gemeinden und sonstigen öffentlichen Körperschaften vorübergehend beschränkt werden. Die Bundesregierung bedauert lebhaft, daß ihr das Grundgesetz keine rechtliche Handhabe bietet, zur Erreichung dieses Ziels einen unmittelbaren und entscheidenden Einfluß auf die Investitionspolitik der genannten öffentlichen Körperschaften auszuüben.

Sie ist auf freiwillige Zusammenarbeit angewiesen. Um in dieser Hinsicht alle Möglichkeiten auszuschöpfen, regt die Bundesregierung die Bildung eines Gemeinschaftsausschusses an, dem Vertreter der Bundesregierung, der Länderregierungen und der kommunalen Spitzenverbände angehören sollen. Die Bundesregierung schlägt vor, daß diesem Gemeinschaftsausschuß alle öffentlichen Hochbauvorhaben unterbreitet werden, die nicht unmittelbar der Wohnungsversorgung, dem Schulwesen, dem Krankenhauswesen, Kulturzwecken oder der Verteidigung dienen. Dieser Ausschuß soll konjunkturpolitisch tragbare, unter Umständen regional differenzierte Plafonds für diese Bauvorhaben festlegen und Empfehlungen aussprechen können. Die Bundesregierung erwartet, daß solche Empfehlungen von gleich bindendem moralischem Gewicht sein werden, wie sie der Verkündung von Empfehlungen bei internationalen Körperschaften zukommen.

Die Bundesregierung regt des weiteren an, daß auch die Spitzenverbände der privaten Wirtschaft und die bundeseigenen Unternehmen gemeinsam ein ähnliches Verfahren freiwilliger Selbstkontrolle entwickeln, um eine Beschränkung von Verwaltungsbauten und ähnlichen Objekten zu erreichen.

e) Neben diesen Maßnahmen und unabhängig davon ist eine weitere Verbesserung der Verteilung des Bauvolumens über das ganze Kalenderjahr erforderlich. In der besseren Ausnützung der Baumöglichkeiten im Frühjahr sind bereits erfreuliche Erfolge zu verzeichnen. Die Bundesregierung wird ihre bisherigen Bemühungen, die preistreibende Sommerspitze weiter abzuflachen, mit Nachdruck fortsetzen.

f) Die Gesamtnachfrage soll auch im Bereich der Konsumgüter durch ein verstärktes Sparen wirksam gemindert werden. Auf diese Weise werden auch die Konsumgüterpreise unmittelbar günstig beeinflußt. Andererseits bewirkt Sparen eine echte Kapitalbildung und ermöglicht im Gegensatz zu den aus Kreditschöpfung stammenden Mitteln eine Investitionsausweitung bei gleichzeitig stabilen Preisen. Die Bundesregierung schlägt daher vor, das Sparen wieder stärker zu fördern, und zwar beim steuerbegünstigten Sparen durch eine Verkürzung der Festlegungsfrist von (je nach Alter) jetzt zehn bzw. sieben Jahren auf drei Jahre. Einkommensteuerpflichtige sollen bis zu 5 v. H. ihres Einkommens absetzen können, wenn 10 v. H. ihres Einkommens gespart und mindestens auf drei Jahre festgelegt werden. Bei der steuerlichen Begünstigung des Bausparens bleibt es bei der bisherigen Regelung.

g) Um der breiten Masse der Sparer neue zusätzliche Sparanreize zu geben, hat die Bundesregierung die Absicht, dem Sparer über entsprechende Investment-Gesellschaften eine Beteiligung an Bundesunternehmen durch Kauf von kleingestückelten Investment-Papieren zu ermöglichen.

h) Eine weitere Beruhigung der Konsumentennachfrage kann von Maßnahmen auf dem Gebiete der Teilzahlungsgeschäfte erwartet werden. Die Bundesregierung erbittet die Ermächtigung, prozentuale Mindestbezahlungen und bestimmte Abzahlungsfristen festsetzen sowie eine doppelte Preisauszeichnung zur Kenntlichmachung des Barpreises und des Ratenpreises zur Pflicht machen zu können.

2. Förderung der Einfuhr.

a) Die gegenwärtige Konjunktur- und Außenhandelslage erfordert einerseits eine großzügige Förderung der Einfuhr, andererseits die Unterlassung zusätzlicher Maßnahmen zur Exportförderung. Keineswegs hingegen – das sei hier ausdrücklich festgestellt – ist daran gedacht, den Wechselkurs der D-Mark in Form einer Aufwertung zu ändern.

b) Die Förderung der Einfuhr und ein Abbau der Exportüberschüsse sind konjunkturpolitisch auch deshalb notwendig, weil die Zahlungsbilanzüberschüsse im Inland Mehrkaufkraft entstehen lassen, der wegen des Fehlens entsprechender Einfuhren kein ausreichendes bzw. gleich großes Güterangebot gegenübersteht. Diese Situation trägt erheblich dazu bei, die Gesamtnachfrage gegenüber dem Gesamtangebot zu übersteigern und deshalb das Preisniveau nach oben hin tendieren zu lassen. Dieser Trend wird noch dadurch verstärkt, daß die Devisenankaufsüberschüsse der Notenbank zu einer ständigen Liquidisierung des Bankenapparates führen, der, gestützt auf diese Mittel, ein Mehrfaches an Kreditgewährung aufbauen kann. Dem also muß durch eine größere Einfuhr, die das heimische Güterangebot erhöht und dadurch die Preissituation entspannt, wirkungsvoll entgegengetreten werden.

c) Die Förderung der Einfuhr ist auch aus außenwirtschaftlichen Gründen notwendig. Die Bundesrepublik hat binnen fünf Jahren um 8½ Milliarden DM mehr exportiert als importiert. Der Gold- und Devisenbestand bei der Bank deutscher Länder beträgt jetzt über 14 Milliarden DM. So erfreulich diese Entwicklung auch für die Begründung einer starken außenwirtschaftlichen Position der D-Mark gewesen sein mag – sie ist heute wirklich eine der härtesten Währungen der Welt –, so sehr wird doch die weitere Anhäufung von Gold und Devisen problematisch. Unsere Überschüsse bedeuten nämlich Zahlungsbilanzdefizite und folglich Gold- und Devisenverluste unserer Handelspartner, und deshalb könnten sich diese sehr wohl veranlaßt sehen, ihre Importpolitik zu überprüfen, wenn die

Defizite anhalten. So besteht also auch um der Sicherung unserer Exportwirtschaft willen geradezu eine Notwendigkeit, unsere Importe zu steigern. Eine weitergehende Bereinigung der internationalen Zahlungsbilanzsituation kann allerdings nicht durch Maßnahmen nur eines Staates herbeigeführt werden. Dazu bedarf es vielmehr einer gemeinsamen und gleichzeitigen Bemühung aller Länder um eine Entzerrung der Kursrelationen. Dies jedoch könnte nur im Rahmen einer vom Bundeswirtschaftsminister bereits angeregten internationalen Währungskonferenz erreicht werden.

d) Eine wirksame Einfuhrförderung zusammen mit direkten Preissenkungseffekten läßt Zollsenkungen nützlich und notwendig erscheinen. Die Bundesregierung legt die folgenden Maßnahmen als ein Mindestprogramm vor; sie hat die zu deren Verwirklichung erforderlichen Schritte bereits in die Wege geleitet:

Die Geltungsdauer der sogenannten „individuellen" Zollsenkung (19. bzw. 54. VO) wird bis auf weiteres, die der beiden bisherigen konjunkturpolitischen Zollsenkungen (48. und 51. VO) bis Ende 1957 verlängert.

e) Für den Bereich der gewerblichen Wirtschaft wird mit Wirkung vom 1. Juli 1956 eine zunächst bis Ende 1957 befristete allgemeine Zollsenkung durchgeführt. Dabei werden die Zollsätze von 1 v. H. bis 16 v. H. des Wertes einschließlich um 20 v. H. und die Zollsätze von 17 v. H. bis 27 v. H. des Wertes einschließlich um 25 v. H. ermäßigt. Alle Zollsätze von 28 v. H. des Wertes und darüber werden einheitlich auf 21 v. H. gesenkt.

Um speziell auf dem Investitionsgüterbereich zusätzliche Beruhigungseffekte zu erzielen und um zugleich über das technische Leistungsvermögen der einschlägigen deutschen Industriezweige hinaus eine stärkere und raschere Rationalisierung zu ermöglichen, wird für eine Reihe von Produktionsmitteln, deren Zollbelastung bis zu 5 v. H. beträgt, der Zoll auf Null gesenkt. Auch die bei den GATT-Verhandlungen von deutscher Seite zugestandenen Zollermäßigungen werden schon ab 1. Juli 1956 in der vereinbarten Höhe durchgeführt.

Die von der „individuellen" Zollsenkung betroffenen Zollsätze unterliegen der nochmaligen Senkung durch die jetzige generelle Aktion. Die schon bisher in den beiden konjunkturpolitischen Zollsenkungsaktionen in der Regel um 50 v. H. ermäßigten Zölle hingegen werden nicht erneut ermäßigt. Ausgenommen von der Ermäßigung sind zunächst auch noch die Zollsätze der auf Grund des Vertrages über die Europäische Gemeinschaft für Kohle und Stahl mit (EG) bezeichneten Erzeugnisse der Eisenschaffenden Industrie (Tarifnummern 7301 bis 7316). Jedoch sollen auch diese Zölle gesenkt werden, sobald die von der Bundesregierung angeregten Verhandlungen in Luxemburg ein positives Ergebnis zeigen.

f) Auf dem Gebiete der Finanzzölle soll nach Vorschlag der Bundesregierung der Heizölzoll völlig beseitigt werden.

g) Bundesregierung und Bundestag haben für die Agrarwirtschaft Marktverordnungsgesetze beschlossen, durch die besondere Prinzipien der landwirtschaftlichen Preisbildung zur Anwendung kommen. Aus diesem Grunde war es nicht möglich und auch nicht sinnvoll, alle landwirtschaftlichen Produkte generell in die Zollsenkung einzubeziehen. Es mußte auf diesem Gebiet die Zollsenkung auf gewisse außerhalb des Marktordnungsprinzips liegende Waren beschränkt werden.

h) Die Markt- und Einfuhrpolitik der Bundesregierung wird indessen mit Ernst und Nachdruck darauf gerichtet sein, durch die rechtzeitige Vornahme ausreichender Importe einen Preisanstieg für Nahrungsmittel im Inland zu verhindern.

i) Um die finanziellen Einfuhrmöglichkeiten zu verbessern, hält die Bundesregierung eine Erweiterung der steuerlichen Abschreibungsmöglichkeiten bei der Bevorratung mit Importgütern für notwendig. Die Bundesregierung hat des weiteren beim Zentralbankrat eine Prüfung angeregt, ob und inwieweit die Finanzierung der Einfuhr durch kreditpolitische Maßnahmen verbilligt werden kann.

k) Die Liberalisierung der Einfuhr wird fortgesetzt. Auch Einfuhren aus dem Dollarraum werden künftig zu 93 v. H. statt bisher 68 v. H. (berechnet auf der Basis der privaten Einfuhren des Jahres 1953) von mengenmäßigen Beschränkungen befreit. Produktionsmittel sind im wesentlichen liberalisiert.

l) Das Einfuhrverfahren wird dadurch erleichtert werden, daß vor allem der Kreis der Importberechtigten im normalen Einfuhrverfahren ausgeweitet wird.

3. Die Politik der Bundesregierung auf dem Gebiete der Ausfuhr und des Kapitalimports.

a) In voller Würdigung der grundlegenden Bedeutung der Ausfuhr für unsere Volkswirtschaft und im Interesse eines freien Welthandels und der internationalen Arbeitsteilung ist die Bundesregierung bestrebt, die Außenhandelsverflechtung der Bundesrepublik weiter zu verstärken. Deshalb kann die Bundesregierung auch in der gegenwärtigen Konjunkturlage bei der Beurteilung der Außenhandels- und Exportsituation nicht nur konjunkturpolitische Gesichtspunkte zur Geltung kommen lassen, sondern sie muß auch längerfristige Erwägungen berücksichtigen – so insbesondere die Erhaltung unserer Absatzmärkte und unsere Beteiligung am Aufbau der Entwicklungsländer. Diese Erwägungen aber verbieten jede administrative Behinderung des Exports.

Eine zusätzliche Exportförderung über den gegenwärtigen Stand hinaus ist allerdings in der gegenwärtigen Konjunkturlage ebenfalls nicht vertretbar; sie wäre übrigens unter längerfristigen Aspekten auch problematisch. Aus den gleichen Gründen muß die Bundesregierung in Zukunft etwaige Kreditwünsche des Auslandes stärker als bisher auf den Kapitalmarkt verweisen. In der Gewährung von Bürgschaften für Exportkredite erscheint eine entsprechende Zurückhaltung geboten.

b) Gegenüber der Aufnahme von Auslandskapital ist, sofern sie nicht zu Mehrimporten, sondern nur zu einer Erhöhung des Devisenbestandes der Bank deutscher Länder und damit des inländischen Geldumlaufs führt, aus konjunkturpolitischen Gründen weitere Zurückhaltung angezeigt.

4. Arbeitsmarkt- und lohnpolitische Maßnahmen.

a) Es ist offensichtlich, daß die Lohnbewegung ein eigenes konjunkturdynamisches Element werden kann, sobald sie im gesamtwirtschaftlichen Durchschnitt den Produktivitätszuwachs übersteigt. Sowohl aus kostenwirtschaftlichen Gründen wie auch als Folge der Nachfrageübersteigerung muß in diesem Falle eine Erhöhung des Preisniveaus Platz greifen, und das wieder muß zwangsläufig zur Folge haben, daß außerordentlich harte und die Konjunktur drosselnde Maßnahmen erforderlich werden würden. Je mehr also die Sozialpartner in ihrem Verhalten Rücksicht auf die konjunkturpolitische Situation nehmen, um so weniger einschneidend werden die preisstabilisierenden Maßnahmen sein müssen, und um so weniger werden wir Gefahr laufen, die Vollbeschäftigung, deren Aufrechterhaltung das gemeinsame Anliegen der Regierung und der Sozialpartner, ja des ganzen deutschen Volkes ist, wieder zu verlieren. Die Bundesregierung erwartet daher von den Sozialpartnern – nicht zuletzt in deren eigenem Interesse – ein konjunkturmäßiges, verantwortungsbewußtes Verhalten und eine Unterstützung ihrer Bemühungen um eine dem Wohle des ganzen Volkes dienende wirtschaftliche Stabilität. Eine zurückhaltende Lohn- und Arbeitszeitpolitik der Sozialpartner ist also das Gebot der Stunde.

Diese Freiheit der Sozialpartner schließt die volle Mitverantwortung für die Wahrung der Stabilität unseres Geldes und unserer Wirtschaft ein. Die Bundesregierung regt an, daß die Sozialpartner paritätisch besetzte Schlichtungsstellen einrichten, deren Spruch sie unter Ausschluß der Ablehnung anzunehmen bereit sind. Die Bundesregierung wird jeden Antrag auf Allgemeinverbindlichkeitserklärung eines Tarifvertrages daraufhin prüfen, ob dessen Inhalt dem Gesamtinteresse entspricht. Sie wird einen solchen Antrag ablehnen, wenn die in dem Tarifvertrag festgelegten Lohn- und Arbeitszeitbestimmungen die gebotene Rücksichtnahme auf die Interessen der Gesamtheit und die konjunkturelle Situation vermissen lassen.

b) Die Bundesregierung wird ihre Bemühung um einen Ausgleich auf dem Arbeitsmarkt verstärken, um die Hemmnisse zu beseitigen, die aus der Erschöpfung des Arbeitsmarktes einer gesunden wirtschaftlichen Fortentwicklung entgegenstehen. Sie wird verstärkte Anstrengungen unternehmen, ausländische Arbeiter zur Arbeit in der Bundesrepublik zu veranlassen. Die Hereinnahme fremder Arbeitskräfte wird ein Lohn-Dumping nicht zur Folge haben.

c) Bei der parlamentarischen Beratung der dem Hohen Hause zugegangenen Gesetzentwürfe zu einer Reform der Rentenversicherungen wird die Bundesregierung Vorschläge zur Begünstigung solcher Arbeitnehmer zur Erörterung stellen, die bereit sind, über die Altersgrenze hinaus beruflich tätig zu sein. Bei den Beamten könnte eine weitere berufliche Tätigkeit über die Altersgrenze hinaus durch Erhöhung des Pensionsalters auf 68 Jahre erreicht werden, soweit nicht die Behörde oder der Beamte selbst die vorherige Pensionierung wünschen.

5. Haushaltspolitik.

Von entscheidender Bedeutung für alle Bestrebungen zur Konjunkturstabilisierung ist die künftige Gestaltung der öffentlichen Haushalte, insbesondere des Bundeshaushalts in seiner kassenmäßigen Ausgaben- und Einnahmenentwicklung. Die Entstehung eines Kassendefizits muß unbedingt verhindert werden, weil ein solches Defizit die Gefahr eines neuen expansiven Effekts heraufbeschwören würde, der dann nur mit weiteren und noch schärferen Maßnahmen begegnet werden könnte. Der Vollzug des hier vorgeschlagenen Konjunkturprogramms entbindet die politisch verantwortlichen Organe nicht von der schweren Aufgabe, das Gleichgewicht des Bundeshaushalts herzustellen und mit allen Mitteln zu sichern.

*

Dieses hiermit vorgelegte Konjunkturprogramm ist bei voller Durchführung zusammen mit den Maßnahmen des Zentralbankrats nach Auffassung der Bundesregierung geeignet, das Verhältnis zwischen Gesamtnachfrage und Gesamtangebot in unserer Volkswirtschaft zu verbessern und damit den Preisauftrieb abzudämmen – ohne daß die güterwirtschaftliche Expansion und das Wachstum der Realeinkommen und des Lebensstandards behindert und die Vollbeschäftigung gefährdet werden müßten. Dieses Konjunkturprogramm erhebt nicht den Anspruch, mit äußersten Mitteln gegen die Hochkonjunktur anzugehen. Die Bundesregierung hat nicht die Absicht, auf diesem Gebiet eine Politik der Härte zu demonstrieren. Die vorgeschlagenen konjunkturpolitischen Maßnahmen dürften der realen konjunkturellen Situation entsprechen. Die Bundesregierung wird aber weiterhin die wirtschaftliche Entwicklung auch kurzfristig sorgfältig beobachten, um ihre konjunkturpolitischen Maßnahmen jedweden Wandlungen und Entwicklungen rasch und beweglich anpassen zu können. Je vollständiger das Programm Erfüllung findet und je rascher die gewünschten Ziele erreicht werden, desto eher wird der Zentralbankrat die Kreditpolitik wieder lockern können. Damit würden auch jene negativen Wirkungen wieder beseitigt werden können, die, wie befürchtet, von der restriktiven Kreditpolitik auf einzelne weniger rentable, übermäßig verschuldete oder auf Kredit angewiesene Bereiche unserer Volkswirtschaft ausgehen.

Die Bundesregierung möchte aber die Feststellung treffen, daß diese negativen Auswirkungen auf einzelne Bereiche auch nicht überschätzt werden dürfen, und in diesem Zusammenhang auf die Ausführungen des Monatsberichts der Bank deutscher Länder für Mai 1956 hinweisen. Gegen eine besondere Benachteiligung der mittleren und kleineren Unternehmungen z. B. spricht einmal die Struktur unseres Banksystems mit seinen großen und leistungsfähigen Bereichen (Sparkassen, Kreditgenossenschaften, Privatbankiers und kleinere Banken), die sich prinzipiell von jeher dem Kredit an den Klein- und Mittelbetrieb gewidmet haben; sie werden das ihrer Struktur- und Aufgabenstellung nach auch in Zukunft tun. Weiter sind gerade diese mit den Mittel- und Kleinbetrieben kooperierenden Kreditinstitute nicht diejenigen, die besonders im Wechselrediskont engagiert sind. Das sind vielmehr gerade die größeren Bankinstitute, die vor allem als Hausbanken von Großbetrieben fungieren. Ferner wirkt die bremsende Kreditpolitik infolge der heute bestehenden engeren Verflechtung zwischen Geldmarkt und Wertpapiermarkt verhältnismäßig stark auf die Kapitalmarktlage ein und führt dort zu einer Angebotsmenge, die vor allem die Großbetriebe zu spüren bekommen. Mittel- und Kleinbetriebe pflegen die Finanzierung für ihre Investitionen kaum am Wertpapiermarkt zu suchen. Schließlich muß noch bedacht werden, daß die Mittel- und Kleinbetriebe in ihrer Marktposition meist viel näher am Letztverbrauchermarkt liegen als die Großbetriebe. Die Kreditpolitik berührt aber die Verbrauchernachfrage doch nur sehr mittelbar und an letzter Stelle. Trotzdem könnte natürlich bei jenen Mittel- und Kleinbetrieben, die sich bei größeren Banken kurzfristig und relativ hoch verschulden, eine Benachteiligung gegenüber großen Kreditnehmern hie und da wohl eintreten, wenn diese Banken die Mittel- und Kleinbetriebe in der Tat schlechter behandelten. Die Bank deutscher Länder wirkt aber bei ihren Gesprächen mit den Banken ständig in der Richtung, daß solche Benachteiligungen unterlassen werden, und auch die Bundesregierung wird sich weiterhin in diesem Sinne einsetzen.

Was die Auswirkungen der Kreditverteuerung anbetrifft, so richtet sich die Fähigkeit, höhere Zinsen zu bezahlen, nach der Rentabilität eines Unternehmens. Die Rentabilität aber – das Verhältnis zwischen Reinertrag und im Betrieb eingesetztem Kapital – steigt keineswegs parallel mit der Betriebsgröße. Die Verhältnisse sind bei Kleinen und Großen, wie so oft, auch in dieser Hinsicht sehr differenziert.

Im übrigen setzt die Bundesregierung ihre schon eingeleiteten Bemühungen fort, in der strukturellen Frage der Kreditsicherheiten für die mittelständische Wirtschaft eine Verbesserung zu erreichen. Ebenso wird sie ihre Sonderhilfen für andere strukturell schwächere Bereiche und Personenkreise, wie z. B. der Vertriebenenwirtschaft, nicht etwa – was konjunkturpolitisch vielleicht begründet erschiene – ebenfalls einschränken, sondern voll aufrechterhalten und so ausgleichend für den Fall wirken, daß die Kreditpolitik hier besonders drückend empfunden werden sollte. Sobald sich etwa Schäden in einem gesamtwirtschaftlich gefährlichen Umfang anbahnen sollten, wird die Bundesregierung der Konjunkturlage angemessene und im Bereich ihrer Möglichkeiten liegende Hilfsmaßnahmen vorschlagen. Es ist keinesfalls zu erwarten, daß die Konjunkturpolitik der Bundesregierung und des Zentralbankrats die deutsche Landwirtschaft in ihrer Rentabilität und Bewegungsfreiheit stärker einschränkt, als das für andere Bereiche unserer Volkswirtschaft gilt. Schließlich bedeuten die Maßnahmen auf Grund des „Grünen Berichts" nach wie vor eine zusätzliche erhebliche Förderung. Gerade dadurch, daß die Konjunkturmaßnahmen besonders auch die Preisgestaltung der Betriebsmittel sowie der von der Landwirtschaft gekauften gewerblichen Konsumgüter günstig zu beeinflussen geeignet sind und die gesamte Lohnsituation tendenziell entspannen sollen, überwiegen auch für die Landwirtschaft die Vorteile des Konjunkturprogramms. Im übrigen muß auch die bäuerliche Bevölkerung das größte Interesse an der Stabilität unserer Währung haben.

*

Die Konjunkturpolitik der Bundesregierung wird nach den grundlegenden Richtlinien des Bundeskanzlers von der Bundesregierung in den zuständigen Ressorts konzipiert, die eng miteinander und mit der Bank deutscher Länder in Verbindung stehen. Die weitere Koordinierung erfolgt im Kabinettsausschuß (Wirtschaftskabinett) und im Kabinett selbst. Der Präsident des Zentralbankrats nimmt in der Regel an den Sitzungen des Kabinettsausschusses teil.

Die Aufgabe, die gegenwärtigen Konjunkturübersteigerungen zu meistern, erschöpft sich indessen nicht in der Koordinierung innerhalb der Regierung bzw. zwischen der Regierung und dem Zentralbankrat. Hier ist vielmehr die Frage des Ausgleichs der Wünsche und Forderungen aller Gruppen unseres Volkes mit dessen Gesamtinteresse angesprochen. Es handelt sich dabei nicht zuletzt um eine Frage des Verhaltens der einzelnen wirtschaftenden Menschen – gleich ob sie als Unternehmer, als Landwirte, Handwerker, Händler oder als Arbeitnehmer im Produktions- und Verteilungsproß unserer Volkswirtschaft stehen.

Die Wirtschaft wird nun einmal von Menschen getragen. Wenn diese Menschen aber unter dem Eindruck der guten Geschäftslage, der allseitigen Chancen, der Vollbeschäftigung und der Expansion in ihren Dispositionen, gleich ob es sich um Investitionen, Preis- oder Lohnforderungen handelt, das Gefühl und das Wissen um die Maße verlieren, wenn sie sich nicht mehr an volkswirtschaftlich gesetzten Grenzen halten wollen, dann allerdings obliegt der Regierung die Verantwortung, den ruhigen Ablauf der wirtschaftlichen Entwicklung konjunkturpolitisch abzusichern, insbesondere auch im Interesse jener Teile der Bevölkerung, die – wie die Rentner – von einem Sinken des Geldwertes am härtesten betroffen würden. Gewiß läßt sich auch eine konjunkturpolitisch entartete Wirtschaft mit unkontrollierten Preisbewegungen durch den Einsatz massiver Mittel wieder bändigen, aber ein solches „Zu spät" bedeutet dann, daß die Konjunktur selbst zerschlagen und die Vollbeschäftigung abgebaut werden muß.

Handeln wir also rechtzeitig und einsichtig, und erkenne jeder seine Verantwortung. Insbesondere aber sind die Sozialpartner, Arbeitgeber und Arbeitnehmer, aufgerufen, sich in ihrer Lohn- und Preispolitik der volkswirtschaftlichen Gefahren und der Konsequenzen einer Mißachtung der Maße – d. h. also der „Maß-Losigkeit" – bewußt zu sein. Das gleiche gilt in bezug auf die Anforderungen, die wieder andere Gruppen an den Staat stellen.

Wenn wir alle, die wir die Erhaltung der Realkaufkraft unseres Geldes als oberstes Gebot einer aufstrebenden wirtschaftlichen Entwicklung gesetzt wissen wollen, den Mut und das Verantwortungsbewußtsein bezeugen, auch subjektiv berechtigte Interessen einmal zurückzustellen und an das Ganze zu denken, d. h. dem Gesamtwohl den Vorrang zu geben, dann wird uns die Erhaltung einer segensreichen Konjunktur und Vollbeschäftigung und unserer wertbeständigen Deutschen Mark mit Sicherheit gelingen.

ZUR SUEZ-KRISE

[Rundfunkansprache am 30. November 1956]

Die Wirtschaftsentwicklung in der Bundesrepublik hatte sich dank energischer Maßnahmen von Regierung und Notenbank im Herbst 1956 zu normalisieren begonnen, als wieder einmal weltpolitische Krisen den Fortbestand eines ausgeglichenen Aufwärtstrends bedrohten. Die Suezkrise und der Aufstand in Ungarn waren ausgebrochen. Eine Ausweitung dieser Konflikte war zu befürchten, und in Erinnerung an „Korea" machte sich bei Unternehmern und Verbrauchern Angst vor Versorgungsengpässen bemerkbar. Vor allem die Befürchtung, daß es in der Energiewirtschaft, für die das Öl zunehmende Bedeutung erlangt hatte, zu Lieferschwierigkeiten kommen würde, ließ wiederum Rufe nach Bewirtschaftung laut werden. Unbeirrt von dem Drängen Überängstlicher nach staatlicher Reglementierung lehnte der Bundeswirtschaftsminister behördliche Rationierungen kategorisch ab:

Hinter uns liegen sorgenvolle Wochen. Wir sind Zeugen weltpolitischer Ereignisse geworden, deren Auswirkungen die Bundesrepublik politisch und wirtschaftlich eng berühren.

Nur einige hundert Kilometer entfernt – in Ungarn – schlug aus Unfreiheit, Hunger und Armut die Flamme des Aufstandes. Stunde um Stunde erregten uns neue Nachrichten vom schweren Kampf eines tapferen Volkes um seine einfachsten Lebensrechte. Vor unserer aller Augen wurden die Risse in dem Fundament des sowjetischen Sozialismus sichtbar.

Aber wir haben in diesen vergangenen Wochen mehr erlebt als nur die ersten Schritte zu einer freiheitlicheren Entwicklung in den Ländern des sowjetischen Einflußbereichs; ein elementarer geistiger Aufstand ersehnt mit Leidenschaft die Befreiung aus einer unerträglich steril gewordenen Anschauungswelt, die ihre Menschen in ein seelenloses Schema zu pressen trachtet.

Noch ist es nicht möglich, den Ereignissen eine realistische Ausdeutung zu geben, aber ebenso wie seinerzeit nach dem Koreakonflikt erwies sich auch in diesem letzten spannungsvollen Geschehen die von uns verfolgte Wirtschaftspolitik ruhiger Besonnenheit und guter Nerven als die sinnvollste und zweckmäßigste.

Ich möchte darum nicht versäumen, Ihnen – meine Hörerinnen und Hörer – zu bestätigen, daß auch Sie in jenen entscheidenden Tagen des Ungarn- und Suezkonflikts im allgemeinen ruhig Blut bewahrten und gerade dadurch, statt einer aufkommenden Panik, den ruhigen und ungestörten Ablauf der Wirtschaft gewährleisteten.

Selbstverständlich hieße es der Wahrheit ein Mäntelchen umhängen, wenn ich behaupten wollte, daß es in jenen unheilvollen Tagen nicht auch bei uns Leute gegeben hätte, die in Rückerinnerung an die vergangene Zeit der Bewirtschaftung und Rationierung glaubten, wieder einmal hamstern zu sollen. Der deutsche Markt hat deren Nachfrage anstandslos befriedigt. Nicht zuletzt deshalb herrscht heute wieder Ruhe, und nichts zeugt dafür mehr als die gar nicht seltenen Versuche, gehamsterte Waren heute wieder zurückgeben zu wollen. Diese wenigen Bemerkungen können aber nicht meine Befriedigung darüber schmälern, daß sich das deutsche Volk so besonnen und diszipliniert gezeigt hat. Es hat sich damit selbst den besten Dienst erwiesen.

Wieder einmal hat aber auch unsere Marktwirtschaft in diesen Wochen vor dem deutschen Verbraucher und der Welt in überzeugender Weise ihre Bewährungsprobe bestanden; die von außen andrängende Unruhe hat sie nicht aus dem Gleichgewicht zu bringen vermocht. Die Verbindungen unseres Handels mit dem Weltmarkt bleiben trotz regionaler Behinderung nach wie vor bestehen, und auch die Vorratshaltung der privaten Wirtschaft an Rohstoffen hat sich als das noch immer beste Mittel einer ausreichenden Versorgung erwiesen. Diese durch den Anreiz unternehmerischer Initiative für die Zukunft noch zu verstärken, wird die Bundesregierung bestrebt sein.

Die Bundesrepublik gehört jedenfalls zu den Ländern, die mit den wirtschaftlichen Folgen der jüngsten Ereignisse am besten fertig geworden sind. Dank unserer erfolgreichen Arbeit in den letzten Jahren konnten wir so ausgezeichnete Exportergebnisse erzielen und dadurch wiederum so bedeutende Devisenreserven bilden, daß auch aus dieser Sicht die Bundesrepublik etwaigen Mangelerscheinungen besser zu begegnen in der Lage ist.

Lassen Sie mich an dieser Stelle aber vor allem ein Wort zu der Versorgungslage auf dem Mineralölgebiet sagen. Naturgemäß haben sich in diesen Tagen viele Mitbürger an mich gewandt, sei es, daß der eine an die Benzinversorgung seines Autos, der andere an seine Heizung, der dritte an sein Unternehmen dachte, das er erst kürzlich von Kohle auf Öl umgestellt hat. In allen diesbezüglichen Gesprächen und Mitteilungen tauchte schließlich immer wieder die generelle Sorge auf, ob nicht möglicherweise doch wieder eine Bewirtschaftung bzw. gar ein Bezugsscheinwesen eingeführt werden würde und sogar müßte.

Die Tatsache, daß ich offen zu diesen Sorgen Stellung nehme und das so nüchtern tue, wie Sie es von mir gewöhnt sind, mag Ihnen zugleich die beste Beruhigung sein.

Westeuropa ist auf dem Gebiet des Mineralöls bekanntlich einfuhrabhängig. Das gilt selbstverständlich auch für die Bundesrepublik, deren Eigenproduktion den Bedarf nur zu etwa einem Drittel – aber immerhin eben doch zu einem Drittel – deckt. Die Sperrung des Suezkanals und die

Zerstörung einer wichtigen großen Pipeline trifft also, wenn auch differenziert, alle westeuropäischen Länder. Es fallen ja aber nicht sämtliche Lieferungen, die bisher durch den Suezkanal oder durch die Pipeline gekommen sind, aus; die Tanker müssen nur den weiteren Weg um das Kap der Guten Hoffnung nehmen, was eine entsprechende Verzögerung der Lieferungen zur Folge hat. Die dadurch entstehenden Ausfälle und Verzögerungen in der Zufuhr von Rohöl können jedoch in dem Maße ausgeglichen werden, in dem es gelingt, andere und auch neue Bezugsmöglichkeiten zu eröffnen. So kann z. B. die amerikanische Ölproduktion technisch ohne weiteres erhöht werden, und es ist selbstverständlich, daß zudem der Frage des Schiffsraumes alle Aufmerksamkeit zugewandt wird. Verhandlungen über alle diese bedeutsamen Fragen werden sozusagen in Permanenz geführt und haben auch bereits Ergebnisse gezeigt, die mich berechtigen, Ihnen, meinen Mitbürgern, zu erklären, daß unsere deutsche Versorgung – und das nicht einmal auf allen Gebieten des Mineralöls – nur vorübergehend erschwert sein wird.

Jedes westeuropäische Land muß nun diese Zeit überbrücken, und kein Land wird ohne Einschränkung seines Verbrauchs zurechtkommen. Jedes Land hat aber auch in eigener Verantwortung die ihm erforderlich erscheinenden Maßnahmen zu treffen.

Sie kennen mich alle und wissen, daß ich ein ausgesprochener Feind der staatlichen Bewirtschaftung bin. Wer den Mangel durch Rationierung überwinden möchte, behebt ihn nicht, sondern er schafft und verstärkt ihn erst immer mehr. Aber es geschieht nicht aus einer dogmatischen oder gar sturen Einstellung heraus, sondern ich handle aus wohlerwogenen, sorgfältigst geprüften und materiell fundierten Überlegungen, wenn ich hier über den Rundfunk erneut erkläre, daß ich nicht die Absicht habe, noch die Notwendigkeit vorliegt, hinsichtlich der Benzinversorgung eine irgendwie geartete Rationierung einzuführen. Mit gleicher Offenheit wiederhole ich, daß auf dem Gebiete des Dieselkraftstoffs und des Heizöls für die nächsten Monate eine volle Versorgung nicht gewährleistet ist und in diesen beiden Bereichen mithin eine gewisse Verbrauchseinschränkung unvermeidlich erscheint. Diese jedoch wird um so leichter und reibungsloser zu vollziehen sein, je mehr der einzelne aus Einsicht bereit sein wird, sich den gegebenen Verhältnissen anzupassen. Zu ernsten Besorgnissen besteht aber auch hier kein Anlaß. Wir wollen nur nicht allein dem Heute leben, sondern Vorausschau und Vorsorge üben. Aber selbst bei Dieselkraftstoff und Heizöl haben Sie keine staatliche Bewirtschaftung zu befürchten; es ist vielmehr beabsichtigt, je nach Versorgungslage und Zufuhren in der Auslieferung der Ölgesellschaften auch in dem Maß der Einschränkung beweglich zu bleiben, d. h. also, den deutschen Verbraucher optimal zu beliefern.

Sie selbst mögen am besten beurteilen, wie es Ihnen für eine gewisse

Übergangszeit am besten möglich erscheint, Ihren Verbrauch von Dieselkraftstoff oder Heizöl da und dort um eine im einzelnen geringfügige Menge einzuschränken. Sie werden dann vielleicht selbst finden, daß es manchmal nur zur Gewohnheit gewordene Bequemlichkeiten sind, die etwas einzuschränken ich Sie hiermit ermuntern möchte. Allein diese bescheidenen Beiträge werden ausreichen, um jedem das zu sichern, dessen er für sein Wohlergehen, seinen echten Verbrauch bedarf. Es wäre allerdings in diesem Augenblick nicht zu verantworten und in höchstem Maße unklug, sich gerade jetzt schon für das nächste Jahr und längere Zeiträume mit Diesel- und Heizöl bevorraten zu wollen. Sie können sicher sein, daß Sie das im Lauf des nächsten Jahres wieder ohne Schwierigkeiten und vielleicht noch vorteilhafter werden besorgen können. Die heute vorhandenen Vorräte und weitere noch mobilisierbare Ölmengen sollten also nicht über den Winter hinweg zu horten versucht, sondern ihrer eigentlichen Bestimmung zugeführt werden, nämlich dem Verbrauch in den kommenden Monaten.

Sie mögen aus dem allen ersehen, daß wir in unserem Lande weit davon entfernt sind, uns über das zum Leben Notwendige Sorgen machen zu müssen. Wenn Sie nur etwas Maß und Mäßigung zeigen, ist für jeden von Ihnen das vorhanden, was Sie wirklich brauchen. Und das alles können Sie haben und behalten, ohne daß irgend jemand Ihre Vorräte registriert und nach höchst fragwürdigen Maßstäben bestimmen möchte, was Sie tun oder auch nicht tun dürfen – sofern Sie nur etwas vernünftig sind. Ich bleibe also dabei – es wird in Deutschland für Benzin überhaupt keine Rationierung und auf dem eigentlichen Mineralölsektor keine staatliche Zwangsbewirtschaftung geben.

Lassen Sie mich endlich zum Schluß noch einige wenige Sätze aus der gestrigen Debatte im Bundestag über die Kohleversorgung gerade für den Hausbrand anfügen: Die Kohleversorgung in diesem Winter ist gesichert. Diesen Satz sage ich trotz aller gegenteiligen Behauptungen, die sich ausrichten an Erfahrungen, die vielleicht ein einzelner da und dort in diesen Wochen machen mußte. Ich weiß, daß der Kohleneinzelhandel nicht immer einen leichten Stand hat. Da sind alte und neue Kunden, die berücksichtigt werden wollen, solche, die sich gleich den ganzen Wintervorrat hinlegen möchten, und andere, die dazu nicht imstande sind. Dadurch entstehen zwangsläufig immer wieder gewisse Ungleichheiten in der Versorgung, und der davon betroffene einzelne meint dann, es stimme nicht, was die Regierung über die ausreichende Hausbrandversorgung sagt. Aber man darf einzelne Fälle dieser Art nicht verallgemeinern. Auch der Kohleneinzelhandel hat seine schwierige Aufgabe mit einem hohen Maß von Verantwortung erfüllt. Gleichwohl möchte ich aber hier einen eindringlichen Appell an alle Stellen richten, die mit der Verteilung von Hausbrandkohle zu tun haben, an die Absatzorganisationen, an den Großhandel und an den

Einzelhandel, um eine gute und gerechte Verteilung besorgt zu sein, die den Schwächeren nicht übersieht, sondern ihn eher besonders berücksichtigt.

Ich darf nochmals betonen, daß die Kohlenmengen, die in diesem Winter besonders für den Hausbrand, aber auch für die sonstigen Kohleverbraucher in Deutschland fortlaufend bereitgestellt werden, ausreichend sind, um allen echten Anforderungen zu genügen; sie sind sogar nicht unerheblich größer als im vergangenen Jahre.

Ein letztes Wort soll schließlich der Preissituation gelten. Die deutsche Öffentlichkeit weiß, welche Anstrengungen gerade ich unternommen habe, um die Stabilität der Preise zu sichern. Wir können heute feststellen, daß im Vergleich zu den wichtigsten europäischen und außereuropäischen Ländern das Preisniveau der Bundesrepublik mit am stabilsten gehalten werden konnte, obgleich eine Fülle binnen- und außenwirtschaftlicher Faktoren in eine gegensätzliche Richtung drängte. Ich treffe diese Feststellung insbesondere auch für die Kritiker aus dem sozialistischen Lager und darf dieser Seite empfehlen, sich doch die Preisentwicklung gerade in jenen Ländern anzusehen, die von sozialistischen Regierungen geleitet werden. Dort hat sich das Preisniveau in den letzten Jahren bis zu vier- und fünfmal stärker erhöht als in der Bundesrepublik. Die Soziale Marktwirtschaft hat also gerade auch auf diesem Felde ihre Bewährungsprobe bestanden.

DAS PROJEKT DER FREIHANDELSZONE

[Erklärung vor dem Ministerrat der OEEC am 12. Februar 1957 in Paris]

Im Mai 1956 machte die britische Regierung den Vorschlag, zwischen den Mitgliedern der EWG und den anderen OEEC-Ländern eine Freihandelszone (FHZ) zu bilden. Im Ministerrat der OEEC fanden hierüber am 12./13. Februar 1957 Beratungen statt. Sie führten zu dem Beschluß, über dieses Projekt in Verhandlungen einzutreten. Mit seiner Erklärung wandte sich Ludwig Erhard gegen einen regionalen oder kontinentalen politisch-wirtschaftlichen Isolationismus:

In dem Projekt der europäischen Freihandelszone erblicke ich eine bedeutsame, um nicht zu sagen die seit Jahren entscheidende, politische und wirtschaftliche Initiative zur Integration Europas. Sie erhält ihr besonderes Gewicht und ihre Rechtfertigung nicht nur durch die innereuropäische Entwicklung sowohl im Rahmen dieser Organisation als auch des Gemeinsamen Marktes der sechs Montan-Union-Länder, sondern vor allem unter den weltweiten politischen und wirtschaftlichen Aspekten, die uns gerade im vergangenen Jahre die Notwendigkeit eines verstärkten europäischen Zusammenschlusses wieder mit aller Eindringlichkeit vor Augen geführt haben. Was liegt näher, als einen neuen Impuls von der Seite her zu geben, die nach aller Erfahrung am meisten Hoffnung auf Fortschritt und Erfolg bietet, nämlich von der wirtschaftlichen, zumal auch die politischen Motive und Zielsetzungen, Vorbedingungen und Folgen eng mit den ökonomischen Tatbeständen verbunden sind.

Ich bin der Meinung, daß dieser neue Weg zur Vereinigung Europas sich aus der Logik und den Konsequenzen der bisherigen Entwicklung sozusagen von selbst ergibt, und zwar unter den verschiedensten Gesichtspunkten. Die gegenwärtigen Bestrebungen zur Errichtung einer europäischen Freihandelszone stellen eine organische und darum sinnvolle Weiterentwicklung der wirtschaftlichen Integration Westeuropas dar, die aber nur möglich geworden ist, nachdem durch die jahrelange erfolgreiche Arbeit der OEEC, aufbauend auf dem multilateralen Zahlungssystem der EZU, bereits ein sehr hohes Maß an Freizügigkeit in dem europäischen Handels- und Zahlungsverkehr erreicht werden konnte. Damit erst wurde die Grundlage geschaffen für die Zollunion der „Sechs" wie auch für die umfassendere Freihandelszone. Beide Projekte sollten nur als ein Ganzes gesehen werden, sie wirken wechselseitig und fruchtbar zusammen, wobei insbesondere die Freihandelszone dazu beiträgt, die der Zollunion aus ihrer Struktur heraus anhaftenden Unzulänglichkeiten und die dadurch möglicherweise verursachten Störungen im bisherigen Austauschverhältnis mit den übrigen Ländern in dem weiteren Raum der OEEC-Staaten abzumildern oder auszugleichen. Darüber hinaus halten wir den Gedanken einer Freihandelszone für eine in sich gerechtfertigte Zielsetzung, die der aus den großen technischen und weltpolitischen Entwicklungen sich ergebenden Notwendigkeit zur Schaffung des denkbar weitesten europäischen Marktes Rechnung trägt.

Die Verwirklichung eines europäischen Freihandelsraumes von 250 Millionen Konsumenten schafft ein Wirtschaftsgebiet, in dem die großen Möglichkeiten moderner industrieller Methoden und Kraftquellen voll ausgeschöpft werden können. Gleichzeitig wird eine großräumige Arbeitsteilung Platz greifen, die alle Länder der Vorteile der rationellen Massenproduktion teilhaftig werden läßt. Die damit verbundene Steigerung der Produktion und Produktivität führt zu einer erhöhten Wettbewerbsfähigkeit, um Europa neben den heute vergleichbaren großen Wirtschaftseinheiten in seiner technischen, ökonomischen und sozialen Leistung ebenbürtig zu machen. Nur ein solcher wirtschaftlicher Zusammenschluß wird unserem bisher so zersplitterten Kontinent als Ganzes ein größeres Gewicht und eine stärkere wirtschaftliche Dynamik verleihen, die letztlich auch zum Nutzen und Vorteil jedes einzelnen Landes sein wird.

Doch erfordert das Ziel, das wir uns gesetzt haben, zum Teil schwerwiegende, aber in jedem Falle klare Konsequenzen in unserem ökonomischen Verhalten. Auf einige mir wesentlich erscheinende Gesichtspunkte möchte ich hinweisen:

1. Integration bedeutet, wenn ihr Sinn recht verstanden und gewollt wird, freies und damit stärkeres wirtschaftliches Wachstum. Es wird daher als grundlegende Bedingung gelten müssen, die bisher gefesselten Energien zur größtmöglichen Entfaltung zu bringen und dementsprechend die vertraglichen Regelungen so zu setzen, daß sie den fortschreitenden wirtschaftlichen Zusammenschluß aus den elementaren Antrieben heraus im System sozusagen zwangsläufig machen. Es kommt daher m. E. wesentlich darauf an, für die Freihandelszone nur die grundlegenden Ordnungsprinzipien festzulegen und sich im übrigen bei den Einzelregelungen auf die Probleme zu beschränken, die spezifisch für die Schaffung der Freihandelszone notwendig sind. Verständlicherweise werden die Länder der Freihandelszone – schon wegen ihrer begrenzteren Zielsetzung – nicht alle jene Bindungen übernehmen können, die im Brüsseler Vertrag für notwendig erachtet worden sind. Ein solches Vorgehen vermeidet von vornherein wirtschaftspolitische Fehlkonstruktionen und bewahrt uns davor, die gesunden Kräfte in einem Perfektionismus der Paragraphen zu ersticken. Im übrigen bin ich der Meinung, daß sich mit der schrittweisen Verwirklichung der Freihandelszone eine engere gegenseitige Abstimmung der Wirtschafts- und Finanzpolitik der Länder als zweckmäßig und förderlich erweisen wird.

2. Allerdings erscheint mir eines gültig für alle: Die Vorteile des größeren und freieren Handelsraums einerseits und die Aufrechterhaltung von protektionistischen Maßnahmen andererseits in einem solchen Raume sind nicht miteinander vereinbar. Protektionismus treibt immer nur Scheinblüten, er ist in Wahrheit das sicherste Mittel, um die Entfaltung der Produktivkräfte zu unterbinden. Es muß daher die Überzeugung Raum gewinnen, daß der größere Gewinn für alle teilnehmenden Länder in dem größeren Markt liegt, der einen außerordentlich verstärkten Anreiz zu größerer wirtschaftlicher Effizienz gibt. Damit eröffnen sich Perspektiven, die schon heute, mehr aber noch auf weite Sicht, alle Gegenargumente und vermeintlichen Gefahren zunichte machen. Ich bin entschieden der Meinung, daß auch die besonderen wirtschaftlichen und sozialen Fragen des europäischen Gemeinschaftsmarktes im Zuge einer solchen expansiven Entwicklung einer befriedigenden Lösung zugeführt werden können. Es würde aber einen politischen und ökonomischen Illusionismus bedeuten, das Ziel einer sozialen Angleichung als Bedingung, d. h. als Vorleistung an den Anfang stellen zu wollen.

3. Ich vermag daher auch keinen grundsätzlichen Widerspruch zwischen der Schaffung einer starken europäischen Wirtschaft und einer freiheitlichen Politik nach außen zu sehen. Das Gegenteil ist richtig. Da eine optimale Ausnutzung der europäischen Produktivkräfte die Wettbewerbsfähigkeit der europäischen Industrie auf den Weltmärkten erhöht, würde ein stärkeres und gesünderes Europa um so eher und besser in der Lage sein, die noch bestehenden Quoten und Diskriminierungen gegenüber dem Dollarraum ganz abzubauen. Wir könnten endlich dem schon überfälligen Ziele der Konvertibilität der Währungen und eines multilateralen Handelssystems in der freien Welt wesentlich näherkommen.

4. Damit ist das Verhältnis zu den dritten Ländern, d. h. den Ländern außerhalb des Gemeinsamen Marktes und der Freihandelszone, berührt. Es sind in der letzten Zeit von den Regierungen dieser Länder und insbesondere von unseren amerikanischen Freunden und anderen Überseeländern gewisse Befürchtungen ausgesprochen worden. Es bestehe zumindest tendenziell die Gefahr einer stärkeren Abschließung und erneuten Diskriminierung. Ich habe schon immer vor einer europäischen „Inzucht" gewarnt. Ich werde mich auch weiterhin gegen einen regionalen und kontinentalen Isolationismus zur Wehr setzen. Deshalb darf ich auch hier für mein Land die Auffassung aussprechen, daß jede europäische Lösung zugleich eine weltoffene Lösung sein muß. Auch eine Freihandelszone ist in die darüber hinausgehenden Bestrebungen zur Wiederherstellung eines freien Welthandels und einer freien, ungeteilten Weltwirtschaft einzufügen. Ich sehe daher gerade vom Standpunkt der gesamteuropäischen Integration in dem Projekt der Freihandelszone und in ihrer Verbindung mit der Zollunion des Gemeinsamen Marktes eine Gewähr dafür, daß sie

im Einklang mit den grundlegenden Zielsetzungen dieser Organisation über eine weitere Leistungssteigerung und Kraftentfaltung der europäischen Wirtschaft hinaus auch zur Ausweitung des Handels auf weltweiter Ebene beiträgt.

Lassen Sie mich noch eine Schlußbemerkung hinzufügen: Die Schaffung einer Freihandelszone scheint mir im Hinblick auf die engeren Bestrebungen der Sechs ein heilsames Mittel zu sein, nicht den fatalen Eindruck aufkommen zu lassen, als ob es innerhalb des freien Europas zwei Kategorien oder zwei Qualitäten von Europäern – bessere oder mindere – geben könnte oder dürfte. Das freie Europa ist eine Einheit, muß sich als solche fühlen und dementsprechend handeln.

Wenn wir die Hoffnung haben, daß unsere Bestrebungen zum wirtschaftlichen Zusammenschluß des Kontinents ein erster Schritt sind, um zu gegebener Zeit auch im politischen Bereich zu gemeinsamen Formen hinzufinden, dann wird der Geist, der die ökonomische Ordnung Europas gestaltet, auch bestimmend sein für die gemeinsame Politik. Ich habe die Hoffnung und den Glauben, daß dies der Geist der Freiheit ist.

WOHLSTAND FÜR ALLE!

[Rede vor dem 7. Bundesparteitag der CDU am 14. Mai 1957 in Hamburg]

Der Hamburger Parteitag der CDU vom 10. Mai 1957 dient der Vorbereitung der Bundestagswahlen. Er steht weitgehend im Zeichen der Wirtschaftspolitik und der Ablehnung des Versorgungsstaates. Von Stabilität in der Bundesrepublik hängt in einer Welt steigender Rüstungen eine wesentliche Voraussetzung des Gleichgewichts in dem von Chruschtschow bereits vorbereiteten auch wirtschaftlichen und sozialen Kampf ab. Ludwig Erhards Referat – das Wort vom „Wohlstand für alle" wird rasch zu einem programmatischen Begriff weit über die Wahlen hinaus – hat folgenden Wortlaut:

„Wohlstand für Alle" wäre als eine auf die materielle Lebensführung unseres Volkes ausgerichtete Forderung schon bedeutsam genug, um für eine alle Volksschichten umfassende Partei zu einem verpflichtenden Prinzip erhoben zu werden. Wir sind beileibe nicht der Schuld materialistischer Gesinnung zu zeihen, wenn unsere Politik der „Sozialen Marktwirtschaft" – von dem Willen beseelt, auf und aus den Trümmern der Kriegs- und Nachkriegsfolgezeit eine neue soziale Welt erstehen zu lassen – vor allem anderen bestrebt sein mußte, in unserem deutschen Land die Existenzgrundlagen für unser deutsches Volk zurückzugewinnen. Wie anders hätten wir der Not, die uns in all unseren Lebensbereichen bedrohte, wirksam begegnen sollen.

Es hätte keine politische, keine wirtschaftliche und keine soziale Zukunft für unser Volk gegeben, wenn es uns nicht gelungen wäre, die schier unerträgliche materielle Not zu bannen, der friedlichen Arbeit in einem steigenden Ertrag wieder einen Sinn zu geben, mit der zurückgewonnenen Leistungs- und Wettbewerbskraft die Bundesrepublik aufs neue in die Weltwirtschaft einzufügen und durch ehrliche Arbeit und lautere Gesinnung wieder Vertrauen und Freundschaft in der Welt zu finden. Wir wären sonst in der Primitivität unseres Seins wohl auch zur Geschichtslosigkeit verurteilt gewesen. Ohne dieses neue Deutschland aber, dessen politische Formung in schicksalsschwerster Zeit vornehmlich der CDU aufgegeben war, hätte wohl auch die europäische Politik eine andere Entwicklung genommen. Wir rühmen uns nicht der Stärke, und wir vergessen keineswegs der uns in ärgster Not, insbesondere von seiten Amerikas, zuteil gewordenen Hilfe, wenn wir dennoch meinen, daß der erfolgreiche deutsche Wiederaufbau zu einem integrierenden Bestandteil der europäischen Ordnung und zu einem Element enger und freier zwischenstaatlicher Zusammenarbeit geworden ist. Auf diesen Bindungen aber beruhen vor allem auch der Frieden und die Freiheit der diesen Idealen huldigenden Völker unseres alten Kontinents. Mögen und müssen wir uns auch immer der Bedingtheit materieller Werte bewußt sein, so sollten wir doch, jener Zusammenhänge eingedenk, den politischen und sozialen Nutzen eines wiedererlangten breit gestreuten Wohlstandes nicht gering achten. Mir will scheinen, daß es ein praktisches Christentum der Tat war, den deutschen Menschen aus Not und Elend befreit und ihm wieder das Gefühl der Sicherheit und Würde vermittelt zu haben.

Lassen Sie mich die Erfolge auf diesem Felde nur in wenigen Zahlen skizzieren: Das Bruttosozialprodukt als Ausdruck unserer volkswirtschaftlichen Wertschöpfung hat sich mengenmäßig gegenüber 1936 verdoppelt. Die industrielle Produktion erreichte, auf die gleiche Basis bezogen, den Stand von 220 Prozent. Der Außenhandel der Bundesrepublik gar erbrachte in den letzten acht Jahren eine Ausfuhrsteigerung von monatlich durchschnittlich 245 Millionen DM auf nunmehr 3,2 Milliarden DM. Dieser Erfolg schlägt sich insbesondere auch in einer deutschen Gold- und Devisenreserve von nahezu 19 Milliarden DM nieder. Die Summe der Nettolöhne und -gehälter ist allein in den letzten fünf Jahren von 34 Milliarden auf 68 Milliarden angestiegen, und das Masseneinkommen insgesamt konnte in der genau gleichen Relation von 45 Milliarden auf 90 Milliarden erhöht, d. h. also verdoppelt werden. In jenen acht Jahren unserer wirtschaftspolitischen Verantwortung hat die Zahl der Beschäftigten von 13,5 Millionen auf 18,6 Millionen zugenommen.

Mit einem Wort: Die dank unserer Politik erzielten wirtschaftlichen und sozialen Erfolge liegen so klar und überwältigend eindringlich zutage, daß es sich schon vor dem deutschen Volk noch einmal darauf hinzuweisen lohnt, wie erbittert ich die Konzeption der Sozialen Marktwirtschaft gegen die wütenden und gehässigen Angriffe der sozialistischen Opposition zu verteidigen hatte. Der unserer Wirtschaftspolitik von dieser Seite immer wieder vorhergesagte Bankrott kennzeichnet heute die Politik jener sozialistischen Doktrinäre selbst, die nicht über den Schatten ihrer parteipolitischen Vergangenheit zu springen vermochten und das deutsche Volk mit einer Wirtschaftsordnung beglücken wollten, die noch in aller Welt, wo immer sie praktiziert wurde, zum Unheil ausschlug. Es sind vornehmlich und in schärfster Ausprägung die unter sozialistischer Führung stehenden Länder, die ihrer Zahlungsbilanzschwierigkeiten nicht Herr werden können und darum ihre Währungen künstlich zu manipulieren gezwungen sind. Es sind jene Staaten, die der wirtschaftlichen Freiheit im Binnen- und Außenhandel Zügel anlegen müssen und deren Preisniveau mit Abstand die stärkste Erhöhung aufweist. Man kann wohl Verständnis dafür aufbringen, daß unsere deutschen Sozialisten darüber niemals sprechen wollen, dafür aber sollte das deutsche Volk ständig daran denken.

Mögen auch einzelne demagogisch geschürter Verblendung erliegen – das deutsche Volk in seiner Gesamtheit ist, was seine geistige und sittliche Haltung anlangt, wahrhaftig und ehrlich genug, Gut und Böse, Recht und Unrecht zu unterscheiden; und es dürften deshalb wohl nur wenige sein, die sich in einer ruhigen Stunde nicht auch dessen bewußt werden, wie es noch vor neun Jahren in deutschen Landen ausgesehen hat und wie hoffnungslos uns da allen die Zukunft erscheinen mußte. Niemand hat sie trüber beleuchtet als der verstorbene Oppositionsführer Kurt Schumacher selbst, und mit ihm hätte kein Deutscher zu hoffen gewagt, daß unser Volk unter einer zielstrebigen Politik in einer so kurzen Spanne Zeit wieder feste Grundlagen zurückgewinnen könnte. Menschenwerk wird immer unvollkommen bleiben, aber diese Einsicht und Demut steht auf einer anderen moralischen Ebene als jenes billige Mäkeln an dieser oder jener Zeiterscheinung, das die Opposition zum politischen Geschäft erhoben hat.

„Wohlstand für Alle", so ergänzen wir jetzt, kann und möchte nicht besagen, daß ein Volk in sattem Wohlbehagen Genüge finden dürfte, um dann Gefahr zu laufen, daß es in der Hinlenkung seiner Sehnsucht und seiner Süchte auf Dinge der nur äußerlichen Lebensführung der Wurzeln seines menschlichen und nationalen Seins verlustig geht. Aber wappnen wir uns auch gegenüber einem falschen Pharisäertum; werden wir in unserem guten Wollen nicht welt- und volksfremd. Wo gehobelt wird, fliegen bekanntlich Späne, und wo Wohlstand sich rasch entfaltet, zeitigt dieser in allen Schichten unseres Volkes allenthalben Erscheinungen, die uns stören, uns nachdenklich werden lassen, ja vielleicht sogar befremden. Bedeutet aber dieses Überschäumen nicht eine nur zu verständliche Reaktion auf Not, Elend und Hoffnungslosigkeit?

Es ist unser Verdienst, daß wir mit einer allzu konservativen, ja reaktionären Vorstellung gebrochen haben, als ob es ein gesellschaftswirtschaftliches Gesetz oder gar gottgewollt wäre, daß einer kleinen Schicht Wohlhabender eine große Masse von Minderbemittelten entgegenstehen müßte. Unter diesem Zeichen hätte sich keine moderne, leistungsstarke und wettbewerbsfähige Volkswirtschaft aufbauen lassen. Wollten wir nicht in geschichtsloser Primitivität verharren und versinken, dann durften wir uns nicht in dem sozialistischen Versuch einer vermeintlich gerechten Verteilung der Armut erschöpfen, sondern wir mußten die Armut selbst überwinden. Das aber heißt, daß wir Massenkaufkraft, „Wohlstand für Alle" schaffen mußten.

Die Produktivkräfte eines Landes sind aber für friedliche Zwecke nur in einer freiheitlichen Gesellschaftsordnung zu entwickeln und nur, wo die schöpferische menschliche Initiative lebendig ist, entzündet sich jene Dynamik, die unsere deutsche Volkswirtschaft in so hohem Maße zum Segen aller auszeichnet. Wieviel gescheiterter Versuche einer sozialistisch geplanten, gelenkten und kontrollierten Volkswirtschaft bedarf es eigentlich noch, um die Welt, und hier vor allem die Arbeiterschaft, erkennen zu lassen, daß sie mit diesem Dogma Phantomen nachjagt, daß sie damit nichts gewinnen kann, aber viel – nämlich ein Stück Freiheit nach dem anderen – verlieren wird. Ja, es läßt sich fast eine Korrelation dergestalt ableiten, daß es mit der menschlichen Freiheit und der wirtschaftlichen Freizügigkeit um so schlechter bestellt ist, je reiner und konsequenter sozialistische Wirtschaftspolitik praktiziert wird.

Etwas von diesen Zusammenhängen scheint auch die sozialistische Opposition bei uns zu ahnen, denn sonst würde sie dem deutschen Volke kaum das ebenso bemitleidenswerte wie erheiternde Schauspiel bieten, daß eine Koryphäe der Partei die konträren wirtschaftspolitischen Aussagen der anderen zu interpretieren sucht, – aber damit nur bewirkt, daß der wirtschaftspolitische Wirrwarr innerhalb der SPD selbst kaum mehr zu überbieten und vor der ganzen deutschen Öffentlichkeit offenkundig geworden ist.

Wer die These „Wohlstand für Alle" bejaht, muß Marktwirtschaft wollen! Aber diese Wirtschaftsform läßt nicht beliebig viele Variationen, Auslegungen und Vermischungen mit ihr artfremden Prinzipien zu. Das gilt insbesondere auch in bezug auf jenen von allen deutschen Menschen ersehnten Tag der Wiedervereinigung, mit der wir für das ganze Deutschland eine gemeinsame und nach dem Willen des deutschen Volkes gewiß auch freiheitliche Ordnung zu erstellen haben. Jener freiheitliche Geist, den wir in der Bundesrepublik entzündet haben, wird umsomehr zur Sehnsucht aller Deutschen werden, je stärker wir es empfinden und deutlich machen, daß es zwischen einer freien und Sozialen Marktwirtschaft einerseits und einer sozialistischen Wirtschaft mehr oder minder stark kollektivistischer Prägung andererseits keine glückliche Synthese und keine mittlere Linie der Verständigung geben kann, – sowenig etwa eine freiheitliche Gesellschaftsordnung eine Versöhnung mit totalitären Staatsprinzipien verträgt.

Der Mut zur Konsequenz tut uns gerade in jenen entscheidenden Fragen not und darum ist die Alternative für das deutsche Volk klar gestellt: Will es sich die Marktwirtschaft mit allem, was sie uns in den rückliegenden Jahren des Wiederaufbaus beschert hat, bewahren, dann sind wir von neuem zur Verantwortung aufgerufen. Wer da aber meint, daß andere Kräfte das deutsche Schicksal gestalten sollten, muß sich auch der weittragenden Konsequenz seiner Entscheidung bewußt sein.

Wir dürfen den politischen Ereignissen dieses Jahres mit ruhiger, fester Zuversicht entgegensehen. Was wir wollen und erstreben, ist zu einem großen Teil Tat und bereits Geschichte geworden. Wir haben uns nicht in Kritik und Negation verloren, sondern gehandelt und trotz allem, was noch zu tun übrig bleibt, die Bewährungsprobe bestanden. Wir hatten ein

Programm nicht nur zu verkünden, sondern zu verwirklichen; unser Handeln stand nicht im luftleeren Raum, sondern konnte an der Leistung gemessen werden. Daß die Bundesrepublik ein stabilisierender Faktor der europäischen Wirtschaftspolitik geworden ist, daß trotz fast verzweifelter Startbedingungen die deutsche Währung zu einer der härtesten der Welt gehört, daß wir heute an der dritten Stelle des Welthandels rangieren, daß die schier ungeheuren aus Kriegs- und Kriegsfolgeschäden resultierenden öffentlichen Lasten unter Wahrung der wirtschaftlichen und finanziellen Stabilität aufgebracht werden konnten, ja, daß als Krönung dieses materiellen Wiederaufbaus in der großen Rentenreform eine soziale Tat erster Ordnung bewerkstelligt werden konnte und das ganze deutsche Volk sich gleichwohl eines ständig steigenden Wohlstandes und höherer sozialer Sicherheit erfreuen darf, – das alles und noch viel mehr sollte jedem einzelnen deutschen Staatsbürger ins Bewußtsein rücken, wie geradezu frivol oder fast mehr lächerlich der ans Sentimentale rührende wahlpolitische Slogan der SPD ist: „Es müßten jetzt mal andere dran kommen."

Auf diesem Parteitag der CDU liegt uns aber im besonderen noch daran, dem Begriff „Wohlstand für Alle" über seine materielle Auslegung hinaus noch einen neuen und höheren Inhalt zu geben. Wir treten damit sozusagen in eine neue Phase der Sozialen Marktwirtschaft ein, in der Wohlstand dem einzelnen mehr als nur Befreiung von materieller Not und soziale Sicherheit bringen, sondern ein neues Lebensgefühl wecken soll. Zu der materiellen Befreiung soll sich die geistige und seelische Befreiung des Menschen gesellen. Wir lehnen den Wohlfahrtsstaat sozialistischer Prägung und die allgemeine kollektivistische Statsbürgerversorgung nicht nur deshalb ab, weil diese anscheinend so wohlmeinende Bevormundung Abhängigkeiten schafft, die zuletzt nur Untertanen züchtet, die freie staatsbürgerliche Gesinnung aber abtöten muß, sondern auch darum, weil diese Art von Selbstentäußerung, d. h. die Preisgabe menschlicher Verantwortung, mit der Lähmung des individuellen Leistungswillens zu einem Absinken der volkswirtschaftlichen Leistung im ganzen führen muß. – Und dann wären wir ja wieder einmal soweit, daß alle Schichten sich gleichermaßen betrogen fühlen und die volkswirtschaftliche Einkommensverteilung der Willkür machtpolitischer Interessenkämpfe preisgegeben ist. Wenn und wo die Funktion des Marktes durch das Walten der Funktionäre und der Wettbewerb durch eine Lenkungsbürokratie ersetzt wird, ist es mit der Leistungsverbesserung und dem Fortschritt vorbei; dann ist es aber auch um die soziale Wohlfahrt und den menschlichen Wohlstand geschehen. Der dann von sozialistischer Seite immer wieder angestellte Versuch, durch eine sogenannte „Andersverteilung des Sozialprodukts" die Wirkungen einer falschen Politik für die Gruppe der Arbeitnehmer nicht spürbar werden zu lassen, den Arbeitgebern hingegen immer höhere Lasten aufzubürden, hat vor allem angesichts der breiten mittelständischen Fundierung unserer Wirtschaft mit sozialer Gerechtigkeit nichts mehr zu tun, sondern kann nur noch als eine anarchische, die freie Gesellschaftsordnung zerstörende Politik bezeichnet werden. Mit solchen Tricks sozialistischer Wirtschaftsmechaniker läßt sich eine Volkswirtschaft nicht betrügen. Die schädlichen Wirkungen einer solchen „Politik der Straße" aber reichen noch wesentlich weiter. Soweit diese Sünden nicht überhaupt durch die Einleitung eines inflationistischen Prozesses zu überdecken versucht werden, indem man über den Umfang des Sozialprodukts hinaus güterwirtschaftlich ungedeckte Kaufkraft schafft, muß die Zeche der volkswirtschaftlichen Fehlleitung zwangsläufig mit dem Verzicht auf notwendige Investitionen, d. h. mit der Unterlassung der die Zukunft eines Volkes sichernden Leistungs- und Produktivitätsverbesserung bezahlt werden. Ein solches Volk lebt dann buchstäblich von der Hand in den Mund, und eine Regierung, die solchen Leichtsinn gutheißt, handelt nach der Maxime: „Nach uns die Sintflut".

So unbestreitbar richtig es ist – und deshalb haben wir auch danach gehandelt –, daß der wirtschaftliche und technische Fortschritt und die ihn bewerkstelligenden Investitionen nur in einer Volkswirtschaft sinnvoll erscheinen, deren Bevölkerung von Zuversicht getragen ist und dem Leben und seiner Zukunft vertraut – weil ohne steigenden Konsum die Verstärkung der Produktivkräfte ins Leere stoßen müßte –, so zwingend ist doch auch jene andere Schlußfolgerung, daß ein Volk, das mehr und immer Besseres konsumieren möchte, die Effizienz der menschlichen Arbeit steigern, d. h. investieren und darum auch sparen muß. Nicht ein „Entweder-Oder", sondern ein „Sowohl als Auch" kennzeichnet die Prinzipien einer verantwortungsbewußten, über das Heute hinausdenkenden Wirtschaftspolitik. Wohl wird man dabei je nach der konjunkturpolitischen Situation die Gewichte verlagern müssen, die Nuancen wandeln können, aber niemals ist die innere Logik dieser unlösbaren Zusammenhänge außer Kraft zu setzen. Daraus aber ergibt sich wieder die Notwendigkeit eines den volkswirtschaftlichen Zielen gemäßen menschlichen Verhaltens, das nicht durch Befehl erzwungen werden kann, sondern nur durch die richtige Anwendung des wirtschaftspolitischen Instrumentariums, die das menschliche Tun und Lassen nach der angestrebten Richtung hin beeinflußt.

Was ich da ausführe, ist nicht blasse Theorie, sondern praktizierte, von uns allen erlebte Wirklichkeit. Daß sich z. B. die wirtschaftliche Konjunktur seit 1948, d. h. also über neun Jahre, nicht mehr im Sinne einer früher angenommenen zyklischen Bewegung und Gesetzmäßigkeit mit einem ständigen Auf und Ab, Hoch und Tief vollzieht, daß sich vielmehr die Entwicklung durch ein stetiges und sogar sehr rasches Wachstum auszeichnet, ist doch gewiß kein bloßer Zufall oder nur einem gütigen Geschick zu verdanken, sondern das Ergebnis einer bewußten Politik. Ich meine darum, daß gerade dieser ruhige und abgesicherte Prozeß der wirtschaftlichen Entwicklung viel zur Stärkung des Gefühls der Sicherheit aller wirtschaftenden Menschen – der Arbeitgeber und der Arbeitnehmer – beigetragen hat. Er hat zielklare unternehmerische Dispositionen ermöglicht und allen Menschen die Angst gegenüber einem wechselvollen Schicksal genommen, dem sie bis dahin wehrlos preisgegeben schienen. Wer die konjunkturpolitische Verlagerung der Akzente, die periodischen Verschiebungen von Investitions- und Verbrauchsgüterkonjunktur als widerspruchsvoll oder wenig konsequent empfindet, hat eben von dem Wesen der modernen Konjunkturpolitik wenig Ahnung. Hier gilt der Satz: „An ihren Früchten sollt ihr sie erkennen, und nicht – das sage ich unseren Kritikern – an ihren Sprüchen."

Wer würde gleichwohl so selbstgefällig und blind sein wollen, daß er nicht auch die Unzulänglichkeiten und Spannungen zu erkennen bereit wäre, die unserem Tun und Wollen noch anhaften und wohl immer anhaften werden. Solcher Bescheidung gegenüber gebärdet sich die Opposition, als ob sie über das allein-seligmachende Rezept verfügte. Das ist aber schon deshalb nicht glaubhaft, weil es einer Partei, die sich wirtschaftspolitisch seit 1948 in so geradezu grotesker Weise gemausert hat, an einer Vertrauen erweckenden Gesinnung mangelt, und wenn dazu – wie erlebt – die atavistischen Rückfälle in die marxistisch-kollektivistische Ideologie kaum noch verschleiert und beschönigt werden konnten, dann wird dem deutschen Volk wahrlich klar genug vor Augen geführt, wessen es sich zu versehen hätte, wenn es seine wirtschaftliche und soziale Zukunft dem Sozialismus überantworten wollte.

Wir indessen werden treulich und beharrlich fortfahren, die soziale Wohlfahrt und den menschlichen Wohlstand zu mehren. Nur über die Steigerung des Sozialprodukts, d. h. über eine vermehrte Güterproduktion, ist das Volks- und Individualeinkommen zu erhöhen, und nur über einen solcherart wachsenden Wohlstand aller gewinnen wir die Mittel, d. h. das Kapital, das uns als modernes Industrieland an dem technischen Fortschritt teilhaben und in der Weltwirtschaft wettbewerbsfähig bleiben läßt. Kapital fällt also nicht vom Himmel, sondern muß zuerst erarbeitet und dann durch Verzicht auf sofortigen Konsum konsolidiert werden. Dieser Satz gilt sogar für alle Wirtschafts- und Gesellschaftsordnungen. Die entscheidende Frage ist nur jeweils, wieviel Kapital gebildet und für welche Zwecke es verwendet wird. Und unter sozialen und gesellschaftspolitischen Aspekten interessiert uns vor allem das Problem, in wessen Händen bzw. Besitz sich das Kapital befindet und in wessen Verfügung es stehen soll.

Hier berührt sich mein Referat mit dem Vortrag meines Freundes Karl Arnold, denn wenn sich die Begriffe Kapitalbesitz und -verfügung auch nicht völlig mit der These „Eigentum für jeden" decken, so ist damit doch immerhin die Richtung und das Ziel aufgezeigt, das unsere Partei hinsichtlich der Gestaltung der deutschen Gesellschafts- und Sozialordnung anstrebt. Wir sprechen dabei nicht in sozialistischen Kategorien von einer „Andersverteilung" des Produktivkapitals bzw. der dieses Kapital repräsentierenden Besitztitel, weil eine solche Terminologie die gefährliche Illusion nähren könnte, als ob es in der Macht irgendeiner Institution, wie z. B. der des Staates, liegen dürfte, sich nach Belieben in den Besitz von Kapital zu setzen und dieses nach Gutdünken zu verteilen oder gar zu verschenken. Soweit Kapitalbesitz freies und privates Eigentum repräsentieren soll, muß und kann es immer nur durch Arbeit und Konsumverzicht erworben werden. Mit romantischen Vorstellungen kommen wir da nicht weiter; sie führen uns nur in die Irre.

Ein Blick auf die deutsche Kapitalstruktur und Kapitalbildung nach dem Kriege bestätigt, daß das Bemühen, die Produktivkraft unserer Volkswirtschaft zu regenerieren, erfolgreich war und auch erfolgreich sein mußte, um allen arbeitsuchenden Menschen, und darunter wieder besonders den Flüchtlingen und Heimatvertriebenen, gesicherte Arbeits- und Erwerbsmöglichkeiten zu verschaffen. Wir registrierten dabei allerdings eine relativ starke Konzentration der Kapitalbildung in der Hand des Staates und der privaten Unternehmenswirtschaft, der gegenüber die breit gefächerte Sparkapitalbildung des deutschen Volkes – obwohl sich die Spareinlagen in den letzten sieben Jahren von 3 auf 24 Milliarden DM erhöhten – allerdings im Rückstand blieb. Man mag das als einen bedenklichen Schönheitsfehler – ja sogar als noch Schädlicheres erachten –, aber man wird dann gerechterweise auch einsehen müssen, daß in den rückliegenden Jahren eine andere Möglichkeit des Wiederaufbaus gar nicht bestanden hat. Wie zum Beispiel hätte denn der Staat die an ihn herantretenden mannigfachen dringlichen Aufgaben und Lasten bewältigen bzw. tragen können, ohne über die Besteuerung die dafür erforderlichen Mittel zu gewinnen, und wie hätte nach dem Verlust des früheren Geldkapitals unsere Wirtschaft angesichts der Unergiebigkeit des Kapitalmarktes den Wiederaufbau in so schnellem Tempo ohne ausreichende Selbstfinanzierung besorgen sollen? Hier mußten alle objektiven Maßstäbe für eine „gerechte" Kapitalbildung versagen, hier gab es auch keine historischen Analogien, sondern der Ablauf des Geschehens war uns aus der Not und dem Zwang der äußeren Verhältnisse vorgezeichnet. Erschien es doch nur zu verständlich, daß die in Arbeit stehenden und in Arbeit kommenden Menschen nach der erduldeten Drangsal zuerst einmal konsumieren und nicht sparen wollten, – ja vielfach auch noch gar nicht sparen konnten. In dieser Situation würde eine vermeintlich gerechte aber immer zwanglose Auf- und Verteilung des neu entstehenden Geld- und Sachkapitals fast naturnotwendig zur Folge gehabt haben, daß der Wiederaufbau im öffentlichen und im wirtschaftlichen Sektor nur sehr viel langsamer hätte durchgeführt werden können. Der Kaufpreis einer lang anhaltenden Not aber wäre unter Berücksichtigung aller Umstände ein zu hoher gewesen. Schließlich haben ja auch alle

Volkskreise aus dem raschen, expansiven Fortschreiten des deutschen Wiederaufbaus Nutzen und Segen ziehen dürfen. Man denke nur daran, daß die Bundesrepublik in zwei Legislaturperioden 3 1/2 Millionen neue Wohnungen erstellt hat, daß die Nominallöhne in den letzten sechs Jahren eine Steigerung von mehr als 55 %, die Reallöhne eine solche von mehr als 40 % erfahren haben, daß die sozialen Ausgaben allein aus dem Bundeshaushalt in diesem Zeitraum verdoppelt werden konnten und die große Rentenreform eine Erhöhung der Rentenzahlungen von 7,4 auf jährlich 13 Milliarden brachte. „Nehmt also, meine Freunde, alles nur in allem", und niemand wird dann mehr daran zweifeln, daß die ewigen Besserwisser aus dem Kreis unserer politischen Widersacher in ihrem kindlichen, ja fast kindischen Bemühen scheitern müssen, diese unsere Leistung vor dem deutschen Volk zu einem Nichts herabwürdigen zu wollen.

Gleichwohl erachten wir es als unsere Aufgabe und Verpflichtung, mit der Mehrung des Wohlstandes einen sozialen Gestaltungswillen lebendig werden zu lassen, der uns neben der Weckung eines reiferen und bewußteren individuellen Lebensgefühls als Volk zu einem neuen Lebensstil verhilft. Das setzt voraus, daß wir nicht mehr in Klassen oder auch nur in Gruppen denken, daß wir über den Schatten unserer Interessengebundenheit zu springen vermögen und uns im Bewußtsein einer echten Lebensgemeinschaft, fernab jeder verlogenen Phraseologie, auch gemeinsam für das Schicksal und die Zukunft unseres Landes und Volkes verantwortlich fühlen. Aus diesem Grunde spreche ich heute weder Berufs- noch Interessengruppen an, denn niemals dürfen wir als eine echte Volkspartei gerade vor einer so wichtigen Wahl der billigen Verlockung erliegen, jedem alles versprechen zu wollen. Wir können nur als Volk gedeihen, oder wir werden alle verlieren.

Das Bewußtsein einer gemeinsamen Verantwortung sollte uns, und d. h. auch jeden einzelnen, davor bewahren, gedankenlos in den Tag und in die Welt hineinzuleben. Aber jeder Staatsbürger wird eine solche Gesinnung um so eher zu bezeugen bereit sein, je mehr er darauf vertrauen darf, daß er, seine Kinder und Kindeskinder an einer glücklichen Zukunft unseres Volkes teilhaben werden. Je lebendiger sich dieses Gefühl individueller Verantwortung ausprägt, desto eher werden wir für die Zukunft den Staat und alle anderen kollektivistischen Machtgebilde in ihre Schranken verweisen können; je lebendiger auch die Sehnsucht jedes einzelnen Menschen ist, fernab jeder kollektivistischen Sicherheit kraft eigener Leistung Unabhängigkeit und innere Freiheit zu gewinnen, desto zuversichtlicher können wir sein, daß uns der wachsende Reichtum nicht versklaven, sondern befreien wird.

Die Sozialisten glauben, ja sie haben es expressis verbis ausgesprochen, daß der aus der Anwendung der modernen Technik resultierende ungeheure Kapitalbedarf mit den hergebrachten Methoden der sogenannten kapitalistischen Ordnung nicht aufgebracht werden kann und daß das mit durchsichtigem Zweck beschworene Gespenst der Automation sozialökonomisch so bedrohlich werden könnte, daß wieder und noch einmal nur der Staat berufen sein dürfte, das Sein und Werden unserer Volkswirtschaft in eigener Regie zu gestalten oder doch zu kontrollieren und zu lenken. Die SPD bringt zwar aus verständlichen Gründen nicht mehr den Mut auf, Planwirtschaft zu predigen; sie versäumt jedoch keine Gelegenheit, dieses ihr Dogma über die Hintertür wieder in die deutsche Wirtschafts- und Gesellschaftsordnung hereinzuschmuggeln. Es wird daher unserer ganzen Wachsamkeit bedürfen, dem deutschen Volke diese tödliche Gefahr immer wieder vor Augen zu führen, die ihm Wohlstand und Freiheit kosten würde.

Weil also keine Macht der Welt Kapital „zaubern" kann, deshalb ist auch der Staat nur insoweit zur Kapitalbildung und Kapitalaufbringung befähigt, als er das Volk zu besteuern bereit und in der Lage ist. Das klingt recht ungefährlich, aber es bedeutet in der praktischen Konsequenz, daß der Staatsbürger zugunsten einer massenhaften Kapitalansammlung und Reichtumsbildung in staatlicher Hand entschädigungslos enteignet wird; – es bedeutet, daß durch diese spezifische Form eines volkswirtschaftlichen Zwangssparens die Früchte des Konsumverzichts nicht dem Sparer bzw. Steuerzahler, sondern dem damit immer mächtiger werdenden Staat zugute kommen.

Es gibt kaum eine verlogenere Ideologie als diese, daß es im Interesse des Volkes bzw. der arbeitenden und wirtschaftenden Menschen liegen würde, das volkswirtschaftliche Produktivkapital in staatliches Eigentum und öffentliche Verfügung zu bringen, weil – wie man arglistig argumentiert – das, was des Staates ist, ja sozusagen auch des Volkes sei. Mit der Forderung nach Sozialisierung oder Nationalisierung glaubte man einmal die Massen begeistern zu können, während sich heute nur noch die verbohrtesten Ideologen und interessierte Funktionäre an den matten Reminiszenzen jenes falschen Gesellschaftsideals erwärmen möchten. Von dem Begriff des Wohlstandes ist der des Eigentums auf die Dauer nicht zu trennen; ja um es deutlicher zu sagen: Die CDU hat es sich zum politischen Ziel gesetzt, mit jedem weiteren wirtschaftlichen Fortschritt zu einer immer breiteren Streuung des Eigentums an den Produktionsmitteln zu kommen, d. h. also, einen Prozeß einzuleiten, der unabhängig davon, ob und in welchen Bereichen die Technik zu einer Konzentration der Produktionsmittel zwingt, hinsichtlich des Eigentums an diesem volkswirtschaftlichen Kapital eine immer stärkere Dekonzentration Platz greifen läßt. Das gilt in erster Linie für das im öffentlichen Eigentum stehende Produktivvermögen, denn der imaginäre, anonyme Anspruch des Staatsbürgers auf dieses Sachkapital ist, profan ausgedrückt, keinen Pfifferling wert, weil solches Pseudoeigentum nicht individuell frei verfügbar, nicht mobilisierbar und realisierbar ist. Es dient nur dazu, die Macht, ja selbst die Allmacht des Staates oder anderer Kollektive bis hin zur Vergottung der Staatsgewalt zu stärken und gleichzeitig die Abhängigkeit des Staatsbürgers bis zum Zustand der Sklaverei zu vermehren. Die Möglichkeit privater Wohlstandsbildung wird auch nicht verstärkt, sondern geschwächt, wenn mit dem zunehmenden Eindringen des Staates in die Wirtschaft der wirtschaftende Mensch selbst in seiner Betätigungs- und Entfaltungsmöglichkeit immer stärker eingeschränkt und eingeengt wird.

Ein Blick auf die Wirtschaftsformen und Methoden totalitärer Staaten – man denke nur an die Sowjetherrschaft – bestätigt, daß die Verstaatlichung der Produktionsmittel nicht zu einer Vermehrung des Reichtums eines Volkes, sondern sogar zu seiner Ausbeutung führt, während umgekehrt die freien, als angeblich kapitalistisch angeprangerten Länder und Völker sinnfällig demonstrieren, daß gerade dort das private Eigentum an den Produktionsmitteln in raschem Anwachsen Zwecken der menschlichen Wohlfahrt nutzbar gemacht wird. Wir lehnen es darum auch dankend ab, die angeblichen „Sozialen Errungenschaften" der sogenannten DDR, die sich auf dem gleichen Felde bewegen, an jenem von allen Deutschen ersehnten Tag der Wiedervereinigung für das ganze Volk zur Richtschnur einer sozialen Ordnung zu machen. Ich kann es mir einfach nicht vorstellen, und ich müßte die Seele des deutschen Menschen und gerade auch des deutschen Arbeiters schlecht kennen, wenn ich glauben sollte, daß er in dem Bewußtsein, sogenanntes „Volkseigentum" durch Funktionäre seiner Gruppe verwaltet zu wissen, Glück und Befriedigung empfinden könnte. Was kann er sich auch schon darum kaufen!

Die breite Streuung des Eigentums am volkswirtschaftlichen Produktivkapital aber soll sich, wie schon gesagt, auch auf privatwirtschaftliche Unternehmungsformen erstrecken. Damit ist gewiß nicht gesagt, daß die Erzielung von Erträgen und Gewinnen, die der Eigenfinanzierung von Betrieben dienen, a priori anrüchig wäre; ja es ist sogar umgekehrt so, daß es geradezu Ziel und Aufgabe jeder Betriebsführung sein muß, in diesem Sinne wirtschaftlich zu arbeiten. Selbst sozialisierte Betriebe müssen Erträge erzielen, wenn nicht eine Schmälerung der Lebensführung und eine Minderung des Lebensstandards Platz greifen soll.

Hier gilt indessen der philosophische Satz, daß die Quantität in die Qualität umschlägt, d. h. also, daß es auf die rechten Maße ankommt. Das Geschehen und die Wandlungen, die mit dem Prozeß vermehrter Wohlstandsbildung einhergehen, sind nicht rechenhafter Natur, sondern werden nur allmählich zu der gewollten soziologischen Umgruppierung führen können. Wer ferner aus dem Verlangen nach einer breiter gestreuten Besitzverteilung folgern wollte, daß der Lohn- und Gehaltsanteil am Sozialprodukt heute grundsätzlich unzureichend wäre, würde den Beweis für die Richtigkeit dieser Aussage kaum erbringen können. Es ist aber ebenso gewiß, daß eine veränderte Wirtschaftsgesinnung, die jeden einzelnen verantwortungsbewußt an dem Geschehen teilhaben und entsprechend handeln läßt, das Problem der volkswirtschaftlichen Einkommensverteilung soziologisch und ökonomisch in ein neues Licht rücken würde.

Wenn wir die vielleicht gerade für die Zukunft anzunehmende Produktivitätssteigerung nicht in vollem Umfange durch Arbeitszeitverkürzung ausgleichen oder sogar überkompensieren wollen, können wir gewiß sein, daß ein steigendes Masseneinkommen eine immer bessere reale Basis für eine erhöhte Spartätigkeit und innerhalb dieser Kategorie eine stärkere Beteiligung der relativ kleineren Einkommen am Aktienerwerb schafft. Ein wachsender Wohlstand wird aber auch in der Weise zu einer Wandlung der Geister führen, als sich damit der Horizont weitet und auch eine Umwertung der Werte vollzieht. Dann wird sich Wohlstand nicht mehr nur in der Zahl und Menge konsumierter Güter manifestieren wollen, dann wird soziale Geltung nicht mehr ausschließlich in dem Zurschaustellen einer materiell gehobenen äußeren Lebensführung Genüge finden wollen, sondern es wird mit der Hinlenkung der Menschen auch auf die Deckung geistiger und seelischer Bedürfnisse der Blick vom Heute auf das Morgen gerichtet und das Bestreben wach werden, in der Gestaltung und Führung seines eigenen Lebens nach persönlichen Vorstellungen und Anschauungen Ruhe, Sicherheit, Befriedigung und Erfüllung zu finden. Alles, was wir zu veranstalten vermögen, um den einzelnen Menschen zur Selbstbesinnung zu bewegen, ist geeignet, ihn dem verderblichen Einfluß des Kollektivs zu entreißen; – ein denkender Mensch wird solchem Seelenfang widerstehen.

Wenn dieses Ziel erreichbar ist – und daran ist nicht zu zweifeln –, braucht uns um die Sicherung der freien Welt nicht bange zu sein. Demgegenüber bedeutet es deshalb gewiß keine Resignation, wenn gleichwohl hinzugefügt werden muß, daß wohl kaum ein Schema aufzuzeigen ist und es auch keine rechenhafte Formel geben kann, die etwas darüber auszusagen vermöchte, über wieviele Stationen und in welcher Zeitenfolge – bzw. in welchen Phasen – wir zu dem gesteckten Ziele hinfinden werden. Ein Volk, das stark genug ist, das Gift kollektivistischen Ungeistes auszuschwitzen, eröffnet sich damit nicht nur den Weg zu geistiger Freiheit und Unabhängigkeit, sondern auch zu Wohlstand und Sicherheit.

Die zweifellos vorhandene Beziehung zwischen unternehmerischer Selbstfinanzierung und breit gestreuter Sparkapitalbildung bedarf noch der Einbeziehung einer dritten Komponente, nämlich des Gewichts der Besteuerung. In einem nicht unerheblichen Umfang spiegelt sich in der Steuerbelastung nicht nur die innere Einstellung des Individuums zum Staat, sondern auch dessen Haltung zum Leben schlechthin wider. Je primitiver die Lebensführung eines Volkes in der geistigen Anlage ist und je weniger persönliche Verantwortung der Mensch zu tragen bereit ist, um so teurer wird ihn diese Selbstentäußerung zu stehen kommen. Jene schon vorher erwähnten menschlichen Eigenschaften hingegen, die persönlichen Wohlstand schaffen und bewahren, bringen uns auch die Befreiung von zuviel Staat und werden damit noch einmal zu einer weiteren Quelle individueller Wohlstandsbildung.

Man wende nicht ein, daß das zwar ein lohnendes Ziel, aber vielleicht gerade deshalb Illusion wäre. Wer hätte schon, meine Freunde, im Jahre 1948 glauben wollen, daß uns in so kurzer Frist die Befreiung aus so unendlicher Not gelingen könnte. Genau wie seinerzeit wird auch jene zweite Phase der Sozialen Marktwirtschaft rasch und sicher über noch mehr Wohlstand und Vermögensbildung zu dem höchsten erreichbaren Ziel menschlicher Freiheit und Würde führen. Jene Gläubigkeit tut uns noch einmal not, und unsere Widersacher werden wieder zuschanden werden. Mit keinem anderen Mittel könnten wir kollektivistischen und totalitären Ideologien und Kräften einen tödlicheren Schlag versetzen, als durch diese Politik, die sozialen Ausgleich und Gerechtigkeit nicht mit einer mechanistisch arbeitenden Lenkungsbürokratie zu konstruieren sucht, sondern dem Menschen das Bewußtsein gibt, daß die Maßstäbe der Gerechtigkeit nur in freier menschlicher Verantwortung gesetzt und erlebt werden können.

Ohne menschliches Gewissen ist auch keine freie demokratische Ordnung denkbar. Wenn z. B. Viktor Agartz, der ja offenbar über die Vergleichsmöglichkeiten verfügt, unter immerhin starkem Beifall ausführen durfte, daß die Bundesrepublik „nur wenig demokratische Züge" aufweist und sich gar zu der These verstieg, daß das Parlament – als die freie und gewählte Volksvertretung – durch andere demokratische Institutionen vor dem Versagen bewahrt werden müsse, dann kann solchen verdächtigen Annäherungen an SED-Prinzipien nicht scharf genug Kampf angesagt werden. Demokratien sind noch niemals – wie wir es ja selbst erlebt haben – durch mächtige Organisationen vor dem Verfall bewahrt worden; sie können und werden vielmehr immer nur so lange bestehen, als sie von Menschen getragen werden, die um den Wert und den Segen der Freiheit wissen. Wo Demokratien bedroht sind, bedarf es des persönlichen Mutes, ja ich möchte es profan ausdrücken, der Zivilcourage der Staatsbürger zur Selbstbehauptung. Das aber sind nicht gerade die Eigenschaften, die im Kollektiv gedeihen.

Was mit der Gesellschaftsordnung auf dem Spiele steht, wird uns auch bewußt, wenn wir in neuen und gewiß noch nicht letzten Formen um die Integration Europas und der freien Welt ringen. Es wird sich dabei sehr schnell erweisen, daß Ungleichnamiges eben nicht auf einen gleichen Nenner zu bringen ist, und daß schon der Zwiespalt zwischen sozialistischen Wirtschaftsauffassungen westlicher Prägung und freiheitlichen Wirtschaftsvorstellungen, wie wir sie hegen, innerhalb einer wirtschaftlichen Gemeinschaft nur schwer zu heilen sein wird. Solange aber diese geistige Spannung fortbesteht, dürfen wir hoffen, daß die freie Ordnung ob ihrer besseren ökonomischen und sozialen Leistung obsiegen wird. Würde aber, um konkret zu sprechen, Deutschland sozialistischen Dogmen anheimfallen, dann wäre ernsthaft zu befürchten, daß sich selbst innerhalb des europäischen Westens die Waage zugunsten jener Doktrin neigen könnte. Ob dann eine von sozialistischem Geist getragene Ordnung auf die Dauer widerstandskräftig genug sein könnte, dem Kollektivismus Paroli zu bieten, sei hier nur als Frage aufgeworfen. Auch die europäische Integration setzt Wohlstand – hier für alle Länder gemeint –, dazu nationale Disziplin und eine gute gleichgewichtige Ordnung voraus. Die Bundesrepublik braucht in dieser Beziehung keine zwischenstaatlichen Vergleiche zu scheuen, aber gerade weil „Gemeinsamer Markt" gemeinsames Schicksal bedeutet, hat auch jeder Partner das Recht, jene Probleme anzusprechen, die das Ganze berühren.

Man wird mich nun mit Recht fragen, was die CDU/CSU im Konkreten zu unternehmen gedenkt, um jene hier angestellte Schau zu einer politischen Realität werden zu lassen. Wäre ich Mechanist und Sozialist, dann würde ich wahrscheinlich, ja sogar sicher, von vielen verwaltungsmäßigen Lenkungs- und Planungsvorhaben der Regierung sprechen, – kurz, ich würde neuen Zwang für freie Menschen verkünden. Das aber widerspricht nicht nur meinem Lebensgefühl, sondern auch meiner Einsicht vom inneren Wesen der menschlichen Gesellschaft. Ich wende mich also wieder einmal an den Menschen selbst, um ihm bewußt werden zu lassen, daß er in freier individueller Entscheidung Herr seines eigenen Schicksals ist, daß er aber auch darauf vertrauen kann, vom Staat das Maß an Schutz und Sicherheit gewährleistet zu erhalten, das ihn zur Übernahme der Verantwortung befähigt. Zu jeder in die Zukunft reichenden Disposition gehört z. B. das Vertrauen in die Stabilität der wirtschaftlichen Verhältnisse, der Währung und der Preise. Wenn sich gewiß auch kein Land vor den Wechselfällen internationaler Konjunkturbewegungen absolut abschirmen kann, so haben wir doch über alle Maßen deutlich unter Beweis gestellt, daß es unser ernstestes Anliegen ist, den Fluch einer fortdauernden Geldentwertung oder Währungszerrüttung vom deutschen Volk fernzuhalten. Die Bundesrepublik rangiert bekanntlich in der Reihe der ihre Stabilität und Ordnung verteidigenden Länder mit an erster Stelle. Jene Erkenntnis, daß es im Prozeß der wirtschaftlichen Entfaltung keine Starrheit geben kann, ist aber gewiß kein Grund zu einer Katastrophenstimmung oder gar einer sich darauf gründenden Katastrophenpolitik. Wenn die deutschen Sozialdemokraten kritisch über unsere Preisentwicklung sprechen, wäre ihnen angesichts der oft betonten internationalen Solidarität der Vertreter dieser Weltanschauung zu empfehlen, ihre Ratschläge anderwärts – dort, wo es notwendiger erscheint – an den Mann zu bringen. Wir wissen selbst, daß die Erhaltung der Geldwertstabilität zu den vordringlichsten und vornehmsten Verpflichtungen einer verantwortungsbewußten Regierung gehört.

Ich höre auch die Opposition einwenden, daß ich in der Verfolgung der uns gesteckten gesellschaftswirtschaftlichen Ziele wieder einmal psychologische Mittel zur Anwendung bringen möchte. Ja, ich stehe dafür und behaupte, daß nur ein Volk, das sich aus übermäßiger Bevormundung durch den Staat und andere kollektivistische Machteinflüsse befreien möchte und das, um die wirtschaftlichen Zusammenhänge wissend, auch seiner Zukunft eingedenk bleibt, von einem wachsenden Wohlstand den rechten Gebrauch machen wird. Mehr Wohlstand müßte auf die Dauer zur Entartung führen, wenn dieser nur mehr Konsum bezwecken wollte, ohne nicht auch über Vermögensbildung den Menschen kollektivistischen Einflüssen zu entreißen. Darauf muß und kann das deutsche Volk vertrauen, daß es nicht nur möglich ist, diesen Weg zu gehen, sondern daß es mit Sicherheit sein Ziel erreicht, wenn es sich nur selbst und einer wegweisenden Politik vertraut.

Es gilt aber, einen Anfang zu machen, einen sichtbaren Beweis dafür zu liefern, daß wir willens sind, nicht nur kühne Aspekte zu eröffnen, sondern auch praktische Wege zu weisen. Gewiß hat, wie schon erwähnt, die Bundesrepublik keine Vermögenswerte zu verschenken, aber sie ist bereit, sich solchen Besitzes zu entäußern und möglichst vielen Menschen die Chance des Erwerbs und die Nutznießung an volkswirtschaftlichem Produktivkapital einzuräumen. Eine eigentumsfeindliche parteipolitische Propaganda hat die Sachwertbeteiligung an wirtschaftlichen Unternehmungen als kapitalistische Ausbeutung der arbeitenden Menschen zu brandmarken versucht. Aber diese Zeit der Amokläufer gegen das Wohl des Volkes neigt sich dem verdienten unrühmlichen Ende zu. Es wächst und verstärkt sich auf immer breiterer Grundlage die Überzeugung, daß ohne hinreichenden Kapitalaufwand Arbeitsplätze weder geschaffen noch gesichert werden können. Die innere Verlogenheit parteipolitischer Agitation wird besonders dann erkennbar, wenn die sozialpolitischen Reaktionäre der Opposition einerseits auf die angeblich mit dem Aktienbesitz verbundene Bereicherung verweisen, gleichzeitig aber mit Eifer darauf bedacht sind, den Arbeiter nicht zum Aktionär werden zu lassen. Ja, die so handeln, wissen schon, was sie tun, denn wenn das Verständnis für volkswirtschaftliche Zusammenhänge allgemein wird und das persönliche Interesse an der Produktivität und Ergiebigkeit der Volkswirtschaft an Boden gewinnt, dann muß der Sozialismus die Herrschaft über die Geister und Seelen jener verlieren, die, traditionell in marxistischer Ideologie erzogen, endlich zum Bewußtsein ihrer selbst kommen.

Ich bin deshalb sehr glücklich, verkünden zu dürfen, daß die Bundestagsfraktion der CDU/CSU ein Initiativgesetz einbringen wird, das die Überführung des wohl attraktivsten Bundesvermögens, nämlich des Volkswagenwerks, in breit gestreuten privaten Besitz bewerkstelligen soll.

Es ist von symbolischer wegweisender Bedeutung, daß sich damit unsere Partei entschlossen zeigt, das Volkswagenwerk über das Mittel der Volksaktie in den Besitz weitester Volkskreise zu überführen. Ohne an dieser Stelle den Beratungen und Entscheidungen des Bundestages vorgreifen zu wollen, sei zu dieser Aktion doch soviel gesagt, daß dieses Gesetz neben der endgültigen Entscheidung über die Besitzverhältnisse auch eine Verhinderung von großen Aktienpaketen und Aktienmajoritäten sicherstellen wird. Es werden und sollen vor allem die kleineren und mittleren Sparer sein, die hinsichtlich der Möglichkeiten und der Bedingungen des Aktienerwerbs Vorrang und sogar eine gewisse materielle Begünstigung genießen werden. In dem besagten Gesetz wird weiter sichergestellt, daß sich nicht über die Ausübung des Stimmrechts Machtkonzentrationen irgendwelcher Art bilden können.

Wenn auch meine persönlichen Vorstellungen über die Ausgestaltung dieser klein gestückelten Volksaktie bereits sehr konkreter Art sind, so dürften doch schon diese wenigen Hinweise genügen, um den ernsten und festen Willen unserer Partei zu bekunden, unsere freiheitliche Wirtschafts- und Sozialordnung durch Mehrung des Wohlstandes und private Vermögensbildung immer weiter auszubauen und innerlich zu festigen. Auch soll es mit der Überführung des Volkswagenwerkes in privaten Kleinbesitz allein nicht sein Bewenden haben. Nach Maßgabe der verfügbaren Sparkapitalien und der freien Entscheidung des deutschen Volkes werden auch noch weitere öffentliche Besitztitel für solche Zwecke bereitgestellt werden. Es ist hier nicht der Ort und noch nicht die Zeit, darüber zu entscheiden, welchen Zwecken die Erlöse aus dieser Veräußerung zugeführt werden sollen. An Vorstellungen und Wünschen dieser Art wird es ja gewiß nicht fehlen. Einmütigkeit aber dürfte wohl darüber bestehen, daß es nicht die Absicht des Staates ist oder sein kann, unfruchtbare Geldhorte zu bilden.

Die SPD wird zwar gegen diese Pläne Sturm laufen, aber wir sind entschlossen, diese Auseinandersetzung mit ihr vor dem ganzen deutschen Volk in breitester Öffentlichkeit zu führen. Sie werden wieder einmal sagen, das solches „Volksvermögen", das nur in Anführungsstrichen so zu benennen ist, nicht verschleudert werden und daß sich der Staat über ihm gehörende Industriebetriebe nicht der Möglichkeit der Konjunktur- und Preisbeeinflussung entäußern dürfte. Darauf ist zu erwidern, daß niemand an eine Verschleuderung denkt und daß der Sinn und Wert des angeblich zu schützenden Volksvermögens einen sehr viel besseren und sozialeren Ausdruck findet, wenn das Volk selbst und unmittelbar in Gestalt privater Besitztitel Eigentümer dieses Vermögens ist.

Die CDU/CSU gibt mit dieser Einleitung einer neuzeitlichen und wahrhaft sozialen Gesellschaftsordnung nicht nur dem Fortschritt Raum, der zu einer immer breiteren Besitzstreuung führen soll, ohne die schöpferische menschliche Initiative zu lähmen und ohne die Funktion einer auf Leistungswettbewerb begründeten freien Unternehmungswirtschaft zu unterbinden, sondern hält damit auch jenen Geist wach, der uns von der Bedrohung seitens des Kollektivismus und Totalitarismus erretten wird.

Deshalb werden auch der Sieg der politischen Entscheidung dieses Jahres und die Zukunft nicht jenen ewig gestrigen marxistischen Reaktionären gehören, die nicht über den Schatten einer dogmatisch gebundenen Vergangenheit zu springen vermögen, sondern uns, die wir dem deutschen Volk aus Not und Verzweiflung den Weg in eine glücklichere Zukunft, zu Wohlfahrt und sozialer Sicherheit nicht nur gewiesen haben, sondern – was viel mehr ist – auch bezeugt haben, daß wir das, was wir verkünden und versprechen, auch zu halten vermögen.

WIRTSCHAFT UND BILDUNG

[„Der Volkswirt" vom 17. August 1957]

Moderne Erziehung kann auf die Einbeziehung des wirtschaftlichen Bereichs unseres Daseins nicht verzichten, will sie der Aufgabe einer allgemeinen Menschenbildung gerecht werden. Wenn als Ziel aller Erziehung der sittlich gefestigte Mensch gilt, so wird gerade deshalb die ökonomische Seite des Lebens nicht ausgeschlossen bleiben dürfen. Und es gilt weiter: Die Wirtschaft braucht, je komplizierter ihre Zusammenhänge und Aggregate werden, der Zahl und Güte nach zunehmend Menschen, deren allgemeine Bildung hoch ist und die in der Lage sind, den wachsenden Anforderungen der modernen Arbeitswelt zu entsprechen.

Wirtschaft und Bildung als eigenständige Bereiche im gesellschaftlichen und staatlichen Leben haben mehr gemeinsame innere Beziehungen und verwandte Ziele, denen sie dienen, als es auf den ersten Blick und bei nur oberflächlicher Betrachtung scheinen mag. Zwar entspringen die Antriebe für das ökonomische Handeln und für die Bildungsbemühungen verschiedenen Wurzeln. Ebenso sind die Aufgaben und Ziele dieser Sachbereiche nach eigenen Leitideen, Ordnungsgesetzen und Wertvorstellungen ausgerichtet. In einem geordneten staatlichen Leben stehen aber die Lebens- und Kulturbereiche, wie Wirtschaft, Bildung, Verwaltung, Elternhaus und Kirche, nicht beziehungslos nebeneinander, sondern ihre Verflochtenheit untereinander und die gegenseitige Befruchtung zu höherer Leistung, die dem einzelnen und der Gesamtheit zugute kommen, werden überall sichtbar. So strahlt die Wirtschaft als reale Lebensmacht kräftige Impulse für die Ausweitung der Bildungsinhalte und die Ziele der Bildung aus. Indem sie selbst in ihren Betrieben und Organisationen Einrichtungen zur Heranbildung und Erziehung jener Fachkräfte und Führungspersönlichkeiten schafft und unterhält, deren sie zur Erhaltung ihrer Funktionsfähigkeit bedarf, ist sie darüber hinaus auch aktive Mitgestalterin im Bereich der sittlichen Bildung. Umgekehrt eröffnen die Bemühungen und das erfolgreiche Wirken der Schulen und der sonstigen Bildungsinstitutionen Möglichkeiten einer weiteren Entfaltung der Wirtschaft. Hierdurch werden jene Kräfte und Persönlichkeiten herangebildet, die geistig und charakterlich befähigt sind, den wirtschaftlichen, technischen, sozialen und kulturellen Anforderungen einer sich ständig wandelnden und fortschreitenden Technik, Wirtschaft und Kultur zu genügen.

Wirtschaft und Bildung haben, obwohl sie sich den höheren gemeinsamen Aufgaben und Zielen der Staats- und Gesellschaftsführung organisch einfügen, zunächst die ihnen immanenten Leitziele zu verwirklichen und den ihnen zugeordneten typischen Aufgaben im Zusammenspiel der Kräfte zu dienen. Es wäre also falsch, wollte man etwa die Ziele der „Bildung des Menschen" aus ökonomischen Notwendigkeiten und wirtschaftlichen Bedürfnissen ableiten. Dieses Beginnen würde zur Verflachung und geistigen Verarmung, zum Pragmatismus, ja zum Materialismus führen. Ebenso falsch aber wäre es, würden die Erziehungs- und Bildungsbemühungen der allgemeinbildenden Volks- und höheren Schulen, der Berufs-, Fach-, Hochschulen und Universitäten den im Bereich der Wirtschaft sichtbar werdenden Bedarf an Kräften und Führungspersönlichkeiten und die rechte, soziale und sittliche Wertung der Wirtschaft und der Arbeit in ihr ignorieren und „Bildung der Bildung wegen" betreiben. Es gehört mit zum Ziel einer wahren Bildung, daß der Mensch die in seiner Bildung erworbenen geistigen Kräfte sowie willensmäßigen und charakterlichen Tugenden sinnvoll zur eigenen Befriedigung und zum Nutzen der Gesamtheit aktiviert. Die besondere Betonung des Wertes der Wirtschaft als wichtigen Teilbereich der Kultur ist deshalb notwendig, weil ein übersteigertes humanistisches Bildungsdenken bisher vielfach die Möglichkeit einer echten Erziehung und Bildung des Menschen für wirtschaftliche Aufgaben und an Bildungsgütern, die dem Bereich der Technik und Wirtschaft entnommen wurden, leugnete. Ebenso wurden in der Vergangenheit der wahre Sinn und das Wesen der Wirtschaft sowohl durch die Theorien des frühen Kapitalismus als auch des historischen Materialismus verkannt und entstellt. Damit wurden im öffentlichen Denken eine Unterbewertung und Mißdeutung des wirtschaftlichen Handelns und der wirtschaftlichen Aufgaben eingeleitet, die sich bis in die Gegenwart hinein schädlich auswirken.

Die Einbeziehung der Probleme, die Wirtschaft und Bildung in gleicher Weise betreffen, in eine Gesamtschau hat aber auch in anderer Hinsicht grundsätzliche Bedeutung. Faßt man den Begriff der Bildung so weit, daß darunter nicht nur das bewußte und planmäßige erzieherische Handeln in Schulen und öffentlichen Bildungsstätten, sondern auch die bildende und erziehende Wirkung der für die Persönlichkeitsformung entscheidenden Lebenssituationen verstanden wird, so stellt die Wirtschaft einen Bildungs- und Erziehungsraum von beachtlichem Umfang und beträchtlicher persönlichkeitsformender Kraft und Wirkung dar. Denn niemand wird bestreiten können, daß sich ein großer und sehr wirkungsvoller Teil der heutigen Jugenderziehung und Erwachsenenbildung neben den Schulen und sonstigen öffentlichen Bildungsinstitutionen im Raum der Wirtschaft, in ihren Betrieben und in den überbetrieblichen, von den Wirtschaftsorganisationen eingerichteten und von ihnen unterhaltenen Bildungsstätten und an Bildungsgütern, die dem Bereich der Wirtschaft entnommen sind, vollzieht. Hunderttausende von Jugendlichen stehen ständig in einer systematischen

Lehrausbildung in den Betrieben des Handwerks, des Handels und der Industrie, in denen sie einen entscheidenden und wichtigen Erziehungs- und Bildungsabschnitt durchlaufen, der für die spätere Entwicklung des jungen Menschen und seine Bewährung in Beruf und Leben bestimmend ist. Groß ist die Zahl der betrieblichen und der von der Wirtschaft eingerichteten und unterhaltenen überbetrieblichen Lehreinrichtungen, wie Fachkurse, Ausbilder-Seminare und technische Fachschulen, die der Fortbildung der jungen Fachkräfte und der Heranbildung von qualifizierten Führungskräften dienen. Schulung, Ausbildung, Bildung und Erziehung von Menschen und Persönlichkeiten, die eine funktionsfähige, expansive Wirtschaft zu ihrem Bestand und zur weiteren Entwicklung notwendig hat, vollziehen sich im Bereich der Wirtschaft unablässig in einem Umfange und mit einer Intensität und bildenden Kraft, die in ihrer Bedeutung nicht hoch genug gewertet werden können. So leistet die Wirtschaft auch im Bereich der Bildung einen kulturellen Beitrag von weittragender Wirkung.

Namentlich die „Soziale Marktwirtschaft", deren tiefer Sinn darin liegt, das Prinzip der Freiheit auf dem Markt mit dem des sozialen Ausgleichs und der sittlichen Verantwortung jedes einzelnen dem Ganzen gegenüber zu verbinden, ist, wenn sie zum Segen aller erfolgreich sein soll, auf die umfassende Ausbildung, Bildung und Erziehung der Fachkräfte und Unternehmer, die in ihrer täglichen Arbeit und in ihrem beruflichen Schaffen im Raum der Wirtschaft einen entscheidenden Teil ihrer Aufgaben und ihrer Daseinserfüllung sehen, angewiesen. Erst eine sorgfältig und verantwortungsbewußt geleitete Bildung und Erziehung, d. h. die systematische Schulung des Könnens und Wissens, die Weckung der Geistesgaben und Geisteskräfte, die es ermöglichen, größere Zusammenhänge zu überschauen, die Pflege der Willens- und Charaktereigenschaften, die den Menschen befähigen, in freiwillig übernommener Pflichterfüllung Verantwortung zu tragen, verbürgen ein Heranreifen jener sittlich gefestigten Persönlichkeiten, die gewillt sind, sich im freien Wettbewerb der Kräfte zu messen und zu bewähren. Der Erfolg der Wettbewerbswirtschaft hängt nicht zuletzt vom Können und vom Leistungs- und Wettbewerbswillen der Menschen in der Wirtschaft ab, von ihrer fachlichen, geistigen und charakterlichen Qualifikation. Je moderner und fortgeschrittener Wirtschaft und Technik sind, um so breiter und tiefer müssen Bildung und Erziehung der Menschen angelegt und ausgerichtet sein, damit der Fortschritt uns nicht erdrückt, sondern wir ihn bewältigen, zum Segen für alle. Je komplizierter die technischen Apparaturen und das Zusammenspiel der Kräfte der Wirtschaft werden, um so höher wachsen die Anforderungen, die auf manuellem, geistigem und auch auf charakterlichem Gebiet an den Menschen gestellt werden, um so mehr erfordert die Wirtschaft Persönlichkeiten, die nur in einer umfassenden Bildung und Erziehung geformt werden können. Das gilt nicht nur für den Wirtschaftsführer und den

Unternehmer, sondern gleicherweise auch für seine Mitarbeiter in Werkstatt und Kontor, im Konstruktionsbüro und am Verkaufstisch.

Die gegenwärtige Lage wird durch die wachsende Bedeutung der Naturwissenschaften und durch den schnellen technischen Fortschritt bestimmt. In der Nutzung der Atomkräfte und der Automatisierung der Arbeitsprozesse in der Wirtschaft und Verwaltung werden heute vielfach die Anfänge einer Entwicklung gesehen, deren wirtschaftliche und gesellschaftspolitische Folgen mit tragischen Erinnerungen an soziale Schwierigkeiten verknüpft sein könnten, wie sie mit dem Aufkommen der Maschine und der Industrialisierung im vorigen Jahrhundert verbunden waren. Weitreichende Konsequenzen werden sich allerdings auch für die Gegenwart ergeben, wenn wir die Zukunft meistern wollen. Aber es wäre falsch, wollten wir in der wirtschaftlichen Dynamik und der sich wandelnden technischen Welt Zeichen der Zerstörung der bestehenden Lebensordnungen erkennen. Ebensowenig sind in naher Zukunft revolutionäre Umschichtungen in der Arbeits- und Wirtschaftswelt, Erschütterungen der bestehenden Wirtschaftsordnungen oder eine Sprengung des sozialen und kulturellen Gefüges der menschlichen Gemeinschaften zu erwarten. Denn der Ablauf dieser Entwicklung wird sich nicht in ungezügelter Dynamik und in unkontrollierbarem Tempo vollziehen. Es handelt sich hierbei ja nicht um eine revolutionäre Aktion, deren Ablauf jeder Kontrolle entzogen ist, sondern um einen nicht terminierten Prozeß, der in der gesellschaftspolitischen Situation, in der wir uns befinden, nicht als eine Gefahr, sondern als eine Aufgabe erkannt werden sollte. Außerdem erschließt diese Entwicklung unerschöpfliche Quellen für positive gesellschaftsbildende Kräfte. Die moderne Technik befreit den Menschen von der Monotonie und der Last schwerer körperlicher Arbeit, vom geisttötenden Einerlei mechanischer Tätigkeiten. Sie ist ein Mittel, die Arbeit zu erleichtern und die tägliche Arbeitszeit auf die Dauer zu verkürzen, den Wohlstand für alle zu heben und den Raum für Freizeit und Muße zum Menschsein in Freiheit und sozialer Sicherheit auszuweiten. Freilich stellt sich die Frage, was zu tun ist, um diese sich anbietenden Kräfte zu nutzen und das neue Gesellschaftsbild, das sich für die Zukunft abzeichnet, zu realisieren. Den stetigen Wandel der materiellen und geistigen Lebensbezüge, der persönlichen und gesellschaftlichen Lebensform in einer sich ständig verändernden technischen Welt erfährt der Mensch der Gegenwart mit einer Dynamik wie nie zuvor, die sich auch in der Zukunft noch verstärken wird. Hier wird die Erkenntnis deutlich, daß das Problem der Bildung unseres Volkes schicksalhaft ist für den Ablauf und die Folgen dieser technischen und wirtschaftlichen Entwicklung. Es kann sich dieser Entwicklung gegenüber nur behaupten und sie meistern, wenn es durch eine – auf diese sich wandelnde Zukunft – ausgerichtete Bildung und Erziehung vorbereitet wird.

Der Bedarf an qualifizierten Fachkräften wird mehr und mehr fühlbar.

In Denkschriften wird auf den Mangel an Technikern, Ingenieuren und Forschern hingewiesen. Überall bricht sich die Erkenntnis Bahn, daß auch in der Zukunft nicht Automaten und Elektronengehirne, sondern Köpfe das Schicksal der Menschen und Völker bestimmen werden. Diese können aber nicht produziert, sondern nur auf dem Wege einer weltweiten, umfassenden Bildung geformt werden. Der technische Fortschritt im Bereich der Wirtschaft wird mehr und mehr auch zu einem bildungspolitischen Problem. Er verlangt mit gebieterischer Notwendigkeit für alle Bildungsbemühungen eine Verstärkung des geistigen Kontaktes zur Technik und Wirtschaft, was freilich nicht mit einer Technisierung der Bildung und des Menschen verwechselt werden darf. Bildung hat immer und zuerst den Menschen in allen seinen Anlagen, die auf Geist, Wille und Charakter gerichtet sind, im Auge zu haben. Das gilt auch für Bildungsaufgaben, die aus wirtschaftlicher Sicht als notwendig erkannt werden.

MUSSTE DER KOHLEPREIS ERHÖHT WERDEN?

[Rundfunkansprache vom 25. September 1957]

Nach der gewonnenen Wahl vom 15. September 1957, die der CDU die absolute Mehrheit im Bundestag brachte, entspannen sich lebhafte Auseinandersetzungen um die Preispolitik. Erhard, dessen Politik die Mehrheit der Wähler ihr Vertrauen bekundet hatte, erklärte unmittelbar nach der Wahl gegenüber Spekulationen und Besorgnissen, es werde keine allgemeine Preiswelle eintreten. Einen Sturm entfachte die kurz danach verkündete Absicht des Ruhrkohlen-Bergbaus, den Steinkohle- und Kokspreis ab 1. Oktober heraufzusetzen. Mit Für und Wider um den Kohlepreis setzte sich Erhard vor der Öffentlichkeit auseinander:

Die Preise sind wieder einmal im Gespräch, und es ist darum nur zu begreiflich, wenn ob der weiteren Entwicklung allenthalben eine gewisse Besorgnis laut wird. Ich weiß es sehr genau, daß das deutsche Volk vor allem anderen einen Wunsch hat, das ist der, die Stabilität der Preise und der Wirtschaft erhalten zu wissen. Dieses allgemeine Verlangen muß natürlich all denen, die über ein festes Arbeitseinkommen verfügen oder von Renten leben, am meisten am Herzen liegen. In der Tat wird hier ein Problem unserer sozialen und wirtschaftlichen Ordnung angesprochen, das jeden einzelnen von uns unmittelbar angeht.

So habe ich mich denn auch entschlossen, zu den hier anstehenden Fragen mit aller Offenheit und Deutlichkeit Stellung zu nehmen. Unsere wirtschaftliche Situation ist dadurch gekennzeichnet, daß das deutsche Preisniveau wesentlich stabiler geblieben ist als das der meisten anderen Staaten. Davon konnte sich jeder selbst ein Bild machen, der in den letzten Wochen und Monaten seinen Urlaub im Ausland verbrachte. Wir können auf diesen Erfolg, der nicht nur auf Leistung in der deutschen Wirtschaftspolitik beruht, sondern vornehmlich der disziplinierten und verantwortungsbewußten Haltung der deutschen Wirtschaft, gleich ob Arbeitgeber oder Arbeitnehmer, zu danken ist, deshalb besonders stolz sein, weil er zusammentrifft mit einer Expansion unserer Gesamtwirtschaft, wie sie in der Wirtschaftsgeschichte ohne Beispiel ist.

Wir produzieren gegenüber dem besten Vorkriegsjahre heute rund das Zweieinhalbfache an Gütern, unsere industrielle Leistung hat sich seit der Währungsreform versechsfacht. Im Außenhandel sind wir mit einem in diesem Jahre zu erwartenden Export von 36 Milliarden DM an die dritte Stelle im Welthandel gerückt, die Gold- und Devisenreserven haben sich aus dem Nichts des Jahres 1948 auf heute über 23 Milliarden DM erhöht, und mit besonderer Genugtuung ist zu verzeichnen, daß im gleichen Zeitraum die sozialen Leistungen auf das Dreifache gesteigert werden konnten. Vergessen wir darum auch für die Zukunft nicht, daß nur eine gesunde, leistungsstarke und blühende Volkswirtschaft die Mittel erarbeiten und erübrigen kann, die die soziale Sicherheit gewährleisten sollen. Die weitere wirtschaftliche Entwicklung wird uns, neben dem Bestreben, das Erreichte zu sichern und Bestehendes zu verbessern, auch vor neue Aufgaben stellen. Das Vertrauen, auf das sich die künftige Bundesregierung stützen kann, ist zugleich ein Auftrag an diese, auch in Zukunft auf dem wirtschaftspolitisch vor neun Jahren eingeschlagenen Wege treu und beharrlich fortzuschreiten. Voran steht dabei – darin weiß ich mich mit allen Schichten unseres Volkes einig – die Aufgabe, die Stabilität unseres wirtschaftlichen und sozialen Lebens zu erhalten und zu verteidigen.

Die glückliche Fortentwicklung unserer Wirtschaft und die Sicherung unseres sozialen Seins bedeuten indessen Anliegen, die über die Politik einer Regierung hinausreichen. Nur dort, wo auch das ganze Volk in all seinen Schichten und Gruppen von dem Willen zur Ordnung beseelt ist und maßvolle Haltung bewahrt, ist der Erfolg gewährleistet. Diese staatsbürgerliche Pflicht ist um so bedeutsamer, je weiter der Einflußbereich des einzelnen innerhalb des wirtschaftlichen, gesellschaftlichen und politischen Lebens reicht.

So glaube ich, gerade heute darauf hinweisen zu müssen, daß diese Verantwortung für die Stabilität und die gesicherte Fortentwicklung unserer Wirtschaft insbesondere bei den Sozialpartnern lebendig sein muß. Es ist gerade die ihnen eingeräumte Freiheit, die sie mit einem besonders hohen Maß an Verantwortung für das Ganze belastet. Über jede einzelne Entscheidung hinaus sollten sich deshalb auch die Sozialpartner dessen bewußt sein, daß die deutsche Wirtschaft nur dann vor einem verhängnisvollen Rückfall in konjunkturzyklische Bewegungen mit allen nachteiligen Folgen bewahrt bleiben kann, wenn vor allem sie eine maßvolle Haltung bezeugen. Nur wenn diese Erkenntnisse einzig vorherrschen, kann der Staat um der Bewahrung der Stabilität willen auf härtere konjunkturdämmende Eingriffe verzichten. Ich weiß mich mit vielen maßgebenden Persönlichkeiten der deutschen Wirtschaft und des öffentlichen Lebens darin einig, daß auch im Bereich der Unternehmungswirtschaft das Verantwortungsgefühl sich mit der Größe des Einflusses und der Tragweite der Entscheidungen erhöhen muß. Die deutsche Wirtschaft ist trotz ihrer Vielfalt doch ein Ganzes. Unsere Erfolge beruhen darauf, daß wir die Kräfte der Freiheit, aber auch die der Verantwortung wecken. Das eine ist ohne das andere in unserer Wirtschaftsordnung nicht denkbar. Aus diesem Grunde ist es aber auch falsch, wenn für privatwirtschaftliche Entscheidungen nur kurzfristige Erfolgschancen des einzelnen Unternehmens oder des einzelnen Wirtschaftszweiges zum Maßstab genommen werden.

Der Unternehmensverband Ruhrbergbau hat der Öffentlichkeit am Montag dieser Woche bekanntgegeben, daß die Ruhrkohleverkaufsgesellschaft mit Wirkung vom 1. Oktober 1957 den Preis für Kohle um 4,70 DM je Tonne und den für Koks um 6,20 DM je Tonne erhöhen wird. Der deutsche Kohlebergbau hat damit von der ihm nach der Preisfreigabe durch die Hohe Behörde der Europäischen Gemeinschaft für Kohle und Stahl seit dem 1. April 1956 eröffneten Möglichkeit, seine Preise zu ändern, Gebrauch gemacht. Wenngleich die Bundesregierung nach den Bestimmungen des Montan-Vertrages keine Befugnis hat, in die Kohlepreisgestaltung einzugreifen, so ist sie durch die geltende Kompetenzregelung selbstverständlich nicht von der Verantwortung entbunden, die etwaigen Auswirkungen von Kohlepreiserhöhungen auf andere Wirtschaftszweige sorgfältig zu würdigen. Aus diesem Grunde sah ich mich veranlaßt, mit dem Ruhrbergbau Besprechungen zu führen, die dem Ziele dienen sollten, die beabsichtigte Kohlepreiserhöhung nach Höhe und Zeitpunkt mit den gesamtwirtschaftlichen Interessen in Einklang zu bringen. Den Abschluß dieser Besprechungen hat der Ruhrkohlebergbau nicht abgewartet, sondern vorher durch eine Presseverlautbarung von seiner Absicht Kenntnis gegeben, den Kohlepreis am 1. Oktober zu erhöhen.

Ob dieses Vorgehen des Ruhrbergbaus, d. h. besser die Art und Weise des Vorgehens der Bedeutung entspricht, die der Kohle im Rahmen der deutschen und europäischen Wirtschaft zukommt, mag dem Urteil der Öffentlichkeit überlassen bleiben. Ich nehme diesen Vorfall zum Anlaß, als Sachwalter der Interessen des ganzen deutschen Volkes über alle Schichten und Stände hinweg an alle, die es angeht, die dringende Bitte zu richten, bei ihren wirtschaftlichen Entscheidungen die Notwendigkeit der Erhaltung der Stabilität des Ganzen nie aus dem Auge zu verlieren und dementsprechend zu handeln

Ich kann nur hoffen, daß sich die maßgebenden Persönlichkeiten der deutschen Ruhrkohle bei ihrer Entscheidung der Tragweite ihrer Verantwortung bewußt waren. Diese Frage zu stellen, scheint mir um so berechtigter, als sich der Ruhrkohlebergbau angesichts des hohen Lohn- und Sozialkostenanteils und einer nicht mehr zu verkennenden Verstärkung des Wettbewerbs zwischen den einzelnen Energiearten durch eine Übersteigerung von Preisforderungen auf längere Sicht selbst Schaden zufügen könnte. Es unterliegt keinem Zweifel, daß die der heimischen Kohle eingeräumte Preisfreiheit der Regierung die Pflicht auferlegt, darüber zu wachen, daß durch einen ausreichenden Wettbewerb sich die Kohlepreise in volkswirtschaftlich tragbaren Grenzen bewegen.

Die Bundesregierung wird deshalb – soweit es ihrem Einfluß unterliegt – allen Energieträgern Entwicklungsmöglichkeiten mit dem Ziele der Verstärkung des Wettbewerbs eröffnen. Bei aller Bedeutung, die der Kohle innerhalb der Gesamtwirtschaft zukommt, darf aber doch nicht verkannt werden – und damit wende ich mich an die kohleverbrauchende Wirtschaft –, daß der Kohlekostenanteil an den Gesamtkosten im allgemeinen außerordentlich gering ist. Ich bin mir in diesem Zusammenhang der Problematik jeder Zahlenangabe wohl bewußt, aber trotzdem vermittelt diese doch eine ungefähre Vorstellung von dem, was an Kostenauswirkungen durch die angekündigte Kohlepreiserhöhung zu erwarten ist. Diese würde, auf den Durchschnitt der gesamten Industrie bezogen, pro 100 DM Umsatz 15,5 Pfennig ausmachen.

Selbstverständlich weiß ich sehr wohl, daß es Branchen gibt, die nicht unerheblich über diesem Satz liegen, aber für andere Zweige wieder ist die Kostenbelastung fast völlig bedeutungslos. Ich habe diesen Durchschnittswert auch nur deshalb angeführt, um etwaige unrealistische Beurteilungen der Auswirkung jener Kohlepreiserhöhung auf die Kostenverhältnisse der Wirtschaft richtig zu stellen bzw. auf das rechte Maß zurückzuführen. Niemand soll daran zweifeln können und zweifeln dürfen, daß auch die künftige Bundesregierung alles in ihren Kräften Stehende tun wird, um das deutsche Volk vor den Schäden und Gefahren einer schleichenden Aushöhlung der Kaufkraft unseres Geldes zu bewahren.

Man braucht nur an die unglücklichen Entwicklungen und Entscheidungen in manchen Ländern Europas zu denken, um dieses Gebot als erste Pflicht zu erkennen. Das gilt um so mehr, als über die Ursachen jenes in vielen Staaten zu registrierenden ungesunden Preisanstiegs in der ganzen Welt völlige Übereinstimmung besteht. Und darum sollten wir nicht sehenden Auges leichtfertig und durch eigene Schuld ins Verhängnis schlittern. Die Opposition mag über die Kohlepreiserhöhung frohlocken; sie würde dem deutschen Volk einen besseren Dienst erweisen, wenn auch sie auf die ihr nahestehenden Gruppen ihren ganzen Einfluß geltend machen wollte, um die gesunden und stabilen Grundlagen unserer Wirtschaft zu erhalten. Ich spreche hier sozusagen als Wirtschaftsminister zwischen den Zeiten. Aber solange ich Verantwortung trage, werde ich nicht aufhören, in dieser lebensentscheidenden Frage mich als der Sachwalter des ganzen deutschen Volkes zu fühlen.

GRENZEN DER TEILINTEGRATION

[Rede vor der Gemeinsamen Versammlung der Europäischen Gemeinschaft
für Kohle und Stahl am 8. November 1957 in Rom]

Der Kampf um die europäische Einigung spitzt sich zu. Die Notwen-
digkeit eines großen europäischen Zusammenschlusses wird durch das
sowjetische Vordringen auch auf wichtigen technischen Gebieten krass
beleuchtet. Ludwig Erhard – nach den für die CDU/CSU erfolgreichen
Wahlen als Bundeswirtschaftsminister zum Stellvertreter des Bundes-
kanzlers und Vorsitzenden des Kabinettsausschusses für Wirtschaft
(Wirtschaftskabinett) ernannt – nimmt an der ersten gemeinsamen
Aussprache des in Rom tagenden Montan-Parlaments mit dem Mini-
sterrat der Montanunion teil und setzt sich für eine Verstärkung des
europäischen Zusammenschlusses ein:

Es ist mir eine große Ehre und Genugtuung, als eine meiner ersten Amts-
handlungen in meiner neuen Eigenschaft als der mit der Koordinierung
der Wirtschaftspolitik und mit der Fortführung der europäischen Wirt-
schaftsintegration beauftragte deutsche Bundesminister heute vor Ihnen
zu bedeutsamen Fragen unserer wirtschaftlichen und politischen Zusammenarbeit sprechen zu dürfen.

Was die Koordinierung der Wirtschafts- und Konjunkturpolitik im
weitesten Sinne anlangt, ist die Berechtigung dieses Anliegens und die
Notwendigkeit, fruchtbare Lösungen zu finden, nicht zu verkennen. Aber
ebensowenig kann und darf dabei übersehen werden, daß die Schwierigkeiten, zu einer gegenseitigen Abstimmung oder gar Übereinstimmung zu
gelangen, gerade dann besonders groß sind, wenn das wirtschaftspolitische
Instrumentarium nur auf Teilbereiche der Volkswirtschaften – das heißt
hier Kohle, Eisen und Stahl – angewandt werden soll. Jede Volkswirtschaft und die sie gestaltende Wirtschaftspolitik stellen ein Ganzes dar, das
sich kaum in Teilfunktionen branchenwirtschaftlicher Art zerlegen läßt.
Demgegenüber werden die Voraussetzungen für eine Koordinierung innerhalb der Europäischen Wirtschaftsgemeinschaft, wie sie in der Präambel
und in Art. 3 und 6 des Vertrages statuiert ist, günstiger beurteilt werden
können, weil dieser Vertrag in seiner Anlage und Struktur eine größere
Beweglichkeit in einer weniger perfektionistischen Bindung eröffnet, aber
sich vor allen Dingen über den Bereich der gesamten Volkswirtschaften
und aller ihrer ökonomischen Funktionen erstreckt. Die Anwendung und
Verwirklichung der „Römischen Verträge" wird selbstverständlich auch
für die Kohle- und Stahlwirtschaft entsprechende Auswirkungen zeigen.
Aber gerade aus diesem Grunde sollte sehr sorgsam geprüft werden, ob es

ratsam erscheint, der Europäischen Gemeinschaft für Kohle und Stahl noch vorher wesentlich erweiterte handelspolitische Befugnisse für ihren Zuständigkeitsbereich zu übertragen. Man möge dabei – ich wiederhole es – nicht vergessen, daß sich die Formen und Methoden, die der vergleichsweise starrere Montan-Vertrag zuläßt, mit den elastischeren Gestaltungsmöglichkeiten innerhalb der Europäischen Wirtschaftsgemeinschaft nicht voll decken werden.

Die Bemühungen, zu einer Koordinierung der spezifischen Politik der Hohen Behörde mit der allgemeinen Wirtschafts- und Konjunkturpolitik der Regierungen der Mitgliedsländer zu gelangen, sowie die dabei aufgetretenen Probleme und Schwierigkeiten ließen deutlich genug erkennen, daß auf diesem Felde ein Erfolg nur dann zu erreichen ist, wenn sich die Koordinierung auf die gesamte Wirtschaftspolitik der beteiligten Länder erstreckt. Ohne eine solche umfassende Inangriffnahme des Problems werden die speziellen, aus der Teilintegration herrührenden Schwierigkeiten niemals in befriedigender Weise zu überwinden sein, und noch weniger könnte der Gemeinsame Markt für alle Güter und Dienstleistungen – d. h. eben die Europäische Wirtschaftsgemeinschaft – seinen Funktionen gerecht werden, wenn wir die Aufgabe der Koordinierung nicht zu lösen vermöchten oder gar vernachlässigen wollten. In Erkenntnis dieser Notwendigkeit erklärt ja auch der EWG*-Vertrag die Konjunkturpolitik zu einer Angelegenheit gemeinsamen Interesses und sieht die Zusammenarbeit auf diesem Gebiete ausdrücklich vor.

Ziel der Koordinierung muß es sein, zu einer gleichgewichtigen Expansion der Wirtschaft in allen unseren Ländern zu gelangen, d. h. also zu einer Expansion des Sozialprodukts und des Lebensstandards, – dies aber unter Gewährleistung der an freien Wettbewerbspreisen gemessenen Geldwert-Stabilität sowie des Zahlungsbilanzausgleichs bei freiem Außenhandel und einem hohen Beschäftigungsgrad. Da sich aber – mindestens kurzfristig – nicht alle diese konjunkturpolitischen Ziele zugleich voll realisieren lassen, wird es notwendig sein, daß sich die Mitgliedsländer zunächst auf eine gewisse Rangfolge der von allen anerkannten konjunkturpolitischen Ziele einigen.

Ich selbst bin der Auffassung, daß gerade heute und in absehbarer Zeit dem Ziele der inneren Kaufkraftstabilität der Währungen, d. h. also dem Ziel der Vermeidung von Inflation und schleichender Geldentwertung, die Priorität zukommt, und daß wirtschaftliches Wachstum und ein möglichst hoher Beschäftigungsgrad konjunkturpolitisch nur in dem Maße anzustreben sind, als dadurch der innere Geldwert nicht gefährdet wird. Ein stabiles inneres Preisniveau ist ohne Zweifel auf die Dauer auch die beste Garantie für eine optimale Wirtschaftsexpansion und einen hohen Stand

* Europäische Wirtschaftsgemeinschaft

ökonomisch sinnvoller Beschäftigung. Eine Einigung über diese Zielvorstellungen und ihre Rangfolge, die Vorbedingung und Bestandteil einer erfolgreichen Koordinierung ist, dürfte – wenn auch nicht gerade leicht – doch zu erreichen sein. Viel schwieriger ist indessen die Aufgabe, nach diesen Maximen konsequent zu handeln und sie auf politischer Ebene durchzusetzen. Wir wissen, daß die wirtschaftlichen, sozialen, politischen und institutionellen Verhältnisse in den Mitgliedstaaten nicht unerhebliche Differenzierungen aufweisen, und daß darum wohl für eine Übergangszeit in den Ländern noch verschiedenartige Mittel der Konjunkturpolitik angewandt werden dürften. Insoweit wird es also weniger darauf ankommen, die einzelnen konjunkturpolitischen Maßnahmen voll zu harmonisieren oder gar zu vereinheitlichen, sondern zunächst einmal zu vermeiden, daß die Maßnahmen des einen Landes die Wirtschaft der Partnerländer oder das Funktionieren des Gemeinsamen Marktes überhaupt stören.

Die hier angedeutete erste Phase der wirtschaftspolitischen Koordinierung darf allerdings nicht darüber hinwegtäuschen, daß eine Grundentscheidung von höchster Aktualität an den Anfang gestellt werden muß, die dahin lautet: Wollen die Länder das Problem der Vollbeschäftigung oder besser die daraus fließenden Gefahren und möglichen Entartungen lohn- und preispolitischer Art durch Eröffnung einer inflationären Entwicklung nur einer Scheinlösung zuführen, oder wollen sie jener Gefahr ggf. auch mit harten Maßnahmen begegnen? So selbstverständlich die Antwort – Erhaltung der Stabilität – lauten muß, so wenig überflüssig scheint mir doch die Fragestellung selbst zu sein.

Wir dürfen uns der Einsicht nicht verschließen, daß die künftige Kooperation auf dem Gebiete der Wirtschafts- und Konjunkturpolitik nur dann Aussicht auf Erfolg hat, wenn sie auf der Grundlage geordneter intervalutarer Relationen beruht. Die differenzierte Entwicklung der nationalen Konjunkturen und der Preis- und Kostenniveaus hat auf diesem Gebiet zu Verzerrungen geführt, die das Funktionieren des freien Wettbewerbs beeinträchtigen und das Zahlungsbilanzgleichgewicht hoffentlich nicht noch mehr gefährden. Ich bin nicht so kühn, auch an dieser Stelle das Ziel einer freien Konvertierbarkeit als kurzfristig realisierbar aufzustellen, obwohl eine solche Währungsordnung den Funktionen des Gemeinsamen Marktes zweifellos am besten zu dienen vermöchte.

Diese meine Ausführungen sollten und können m. E. aber auch deutlich machen, daß es nicht mangelndes Verständnis oder gar schuldhaftes Versäumnis war, wenn bisher innerhalb der Europäischen Gemeinschaft für Kohle und Stahl, d. h. also für einen teilintegrierten Markt, dem Versuch einer besseren Koordinierung keine sichtbareren Erfolge beschieden waren.

Zu der aus dem Kreise der Gemeinsamen Versammlung immer wieder geäußerten Auffassung, daß seitens der Regierungen eine genaue Beobachtung der Zuständigkeiten der Hohen Behörde auf dem Kohle- und

Stahlgebiet, insbesondere auf dem Gebiete der Preisbildung, zu fordern und darüber hinaus eine Erweiterung und Komplettierung von Zuständigkeiten der Hohen Behörde als logisch und zweckmäßig zu erachten sei, darf ich im nachfolgenden Stellung nehmen.

Die Hohe Behörde hat allgemeine Ziele für die Kohle- und Stahlwirtschaft in der Gemeinschaft bis 1965 und darüber hinaus bis 1975 verkündet, das heißt, sie hat fundierte Vorausschätzungen über den Kohle- und Stahlbedarf der Gemeinschaft aufgestellt und damit Richtlinien für die Entwicklung der Produktionskapazitäten gegeben. Ich halte diese Arbeit besonders auch im Hinblick auf die Wirtschafts- und Investitionspolitik der Regierungen für außerordentlich wertvoll, aber die allgemeinen Ziele sollten m. E. wirklich nur die Bedeutung haben, die ihnen auch der Vertrag zulegt, nämlich Hinweise für die Beteiligten zu geben. Sonst könnte daraus die Gefahr erwachsen, daß solche allgemeinen Ziele für die Kohle- und Stahlwirtschaft ein gewissermaßen frei im Raume schwebendes Eigenleben entwickeln, daß sich die Interessenten darauf berufen, es müsse dies und jenes getan werden oder an Hilfe gewährt werden, um jene Ziele zu verwirklichen. Damit könnte diesen nur zu leicht ein planerischer Inhalt im Sinne eines Plan-Solls gegeben werden. Eine solche Auslegung möchte ich vermieden sehen, und ich glaube auch nicht, daß die Worte, die Herr Präsident Mayer hierzu vor der Gemeinsamen Versammlung am 7. Mai d. Js. äußerte, so zu verstehen sind, wenn er sagte, daß die Hohe Behörde sich technisch und moralisch an diese allgemeinen Ziele gebunden fühle. Ich fand es sehr bemerkenswert, was der Herr Abgeordnete de Menthon in der Gemeinsamen Versammlung in seiner Berichterstattung hierzu geäußert hat. Er meint, „daß den Thesen der allgemeinen Ziele immer etwas Unverbindliches anhaften müsse, solange sie isoliert von der allgemeinen Wirtschaftspolitik der einzelnen Regierungen im Raume stehen". Damit ist gesagt – und ich teile diese Auffassung vollkommen –, daß die Entwicklung der Produktion von Kohle und Stahl nur in engem Zusammenhang mit den Voraussetzungen der allgemeinen Wirtschafts- und Konjunkturpolitik gesehen werden muß, wie sie in den einzelnen Ländern gegeben sind.

In diesem Zusammenhang erhält das Problem der Investitionen und der Investitionspolitik auf dem Kohle- und Stahlgebiet gleich große Bedeutung. Kann jemand wirklich glauben, daß die Investitionen in der Kohle- und Stahlwirtschaft losgelöst von der Wirtschaftsentwicklung der einzelnen Länder beurteilt und durchgeführt werden können, oder daß es möglich wäre, hierfür Sonderregeln aufzustellen, die es zuließen, den Kohle- und Stahlmarkt der Auswirkung von etwaigen allgemeinen konjunkturpolitischen Dämpfungsmaßnahmen eines Landes zu entziehen? Ein solches Verhalten müßte zwangsläufig zu einem unheilvollen Dirigismus und zu Fehlleistungen führen. Ich bin darum der Auffassung, daß die Investitionspolitik für die Kohle- und Stahlwirtschaft nicht isoliert zu betrachten ist. Es wird vielmehr darauf ankommen, der Entfaltung der Kräfte freien Raum zu lassen, d. h. darauf zu vertrauen, daß die Investitionen auf diesem Sektor sich im Einklang mit einem stets anzustrebenden optimalen Wachstum der Gesamtwirtschaft entwickeln. Um aber nicht mißverstanden zu werden, betone ich nochmals, daß die Aufstellung solcher allgemeinen Ziele als gewichtiger Beitrag zur Meinungsbildung von Regierungen und Produzenten über die größenordnungsmäßigen Entwicklungsmöglichkeiten der Kohle- und Stahlproduktion nützlich, notwendig, ja vielleicht sogar unentbehrlich ist.

Die Gemeinsame Versammlung hat am 28. Juni 1957 eine Entschließung über das Funktionieren und die Struktur des Gemeinsamen Marktes für Kohle und Stahl gefaßt. Darin fällt folgendes auf: Die Gemeinsame Versammlung lenkt die Aufmerksamkeit der Hohen Behörde auf die Tatsache, daß die noch für 1955 festgestellte Zunahme des Austausches von Kohle- und Stahlerzeugnissen innerhalb der Montanunion im Jahre 1956 bei einigen Erzeugnissen keine Fortsetzung gefunden hat. Die Gemeinsame Versammlung erwartet von der Hohen Behörde, daß sie der Tendenz steigender Preise und ihren Ursachen besondere Aufmerksamkeit unter Beachtung von Artikel 3 c des Montan-Vertrages widmet. Sie unterstreicht, es sei erste Voraussetzung für eine verbesserte Zusammenarbeit zwischen der Hohen Behörde und den Regierungen, daß die letzteren sich jeder einseitigen Einflußnahme auf den Gebieten enthalten, welche der Zuständigkeit der Hohen Behörde unterstehen. Das gelte insbesondere für die Preisbildung. Ich fühle mich da, wenn auch nicht schuldig, so doch in Anklagezustand versetzt. Zu jener Frage haben sich wiederholt Abgeordnete der Gemeinsamen Versammlung auch schon früher geäußert, so der Herr Abgeordnete Nederhorst am 15. Mai: „Die Hohe Behörde übersieht geflissentlich noch immer, daß die nationalen Regierungen ihre Rechte wieder an sich reißen."

Der Herr Abgeordnete Pohle am 26. Juni: „Dabei ist natürlich Voraussetzung, daß von den Regierungen nicht versucht wird, Befugnisse, die sie nach diesem Vertrag nunmehr an die Hohe Behörde abgetreten haben, indirekt wieder selbst auszuüben. Ich denke dabei insbesondere an das Problem der Einflußnahme auf die Preise."

Mit Ausführungen dieser Art wird das Dilemma der Teilintegration offenkundig. Was sollte z. B. die Hohe Behörde tun, wenn sie ebenfalls feststellt, daß sich der Austausch von Montanerzeugnissen nicht steigend fortsetzt? Gewiß hat die Hohe Behörde zur Förderung dieses Austausches Entscheidendes beigetragen, indem sie Zölle und mengenmäßige Beschränkungen abgebaut und Frachttarife angeglichen hat. Bei diesem allen handelt es sich um wichtige strukturelle Verbesserungen des Systems, und hier mögen sich auch noch weitere Möglichkeiten darbieten; aber das alles kann trotzdem nicht darüber hinwegtäuschen, daß die eigentlichen gestaltenden Kräfte für den Austausch von Kohle- und Stahlerzeugnissen aus der konjunkturellen und allgemein wirtschaftlichen Entwicklung in den einzelnen Ländern erwachsen. Wenn ich dazu noch das Problem der unterschiedlichen Entwicklung des allgemeinen Preisniveaus in den Mitgliedstaaten und die Verzerrung von Wechselkursen mit in Rechnung stelle, wird erst die ganze Schwierigkeit – um nicht zu sagen Unlösbarkeit – dieser Probleme beleuchtet. Hier ist die Hohe Behörde einfach überfordert, denn ihr stehen ja umgekehrt keine Rechte zu, die Regierungen der Mitgliedsstaaten zu einem bestimmten konjunktur-, preis- oder währungspolitischen Verhalten zu zwingen.

Länder, denen es noch an innerer Stabilität ermangelt, werden sich vielleicht zur Erreichung dieses Zieles außerstande erklären, während wiederum Länder mit einer gleichgewichtigen Ordnung diese um der Koordinierung willen nicht preisgeben wollen.

Wenn da also die Hohe Behörde den Tendenzen steigender Preise bei Stahlerzeugnissen Aufmerksamkeit unter Beachtung von Artikel 3 c widmen soll, d. h. „für Festsetzung niedrigster Preise Sorge zu tragen", so ist zu berücksichtigen, daß Artikel 3 c im Rahmen des gesamten Artikels 3 verstanden werden muß. Dieser aber ist in seinen einzelnen Zielen innerlich nicht ohne Widerspruch und scheint mir darum praktisch kaum brauchbare Anwendungsmöglichkeiten zu bieten. Welches objektive Kriterium für ein Eingreifen bei den Stahlpreisen sollte der Hohen Behörde zur Verfügung stehen, da doch auch hier die Elemente für die Tendenzen der Stahlpreisentwicklung nur aus dem engen, funktionellen Zusammenhang mit der gesamten wirtschaftlichen und konjunkturellen Entwicklung der einzelnen Länder verstanden und beurteilt werden können. Eine Angleichung der Stahlpreise etwa nach Maßgabe der bestehenden starken Währungsrelationen bei unterschiedlicher Entwicklung der Preise in den einzelnen Volkswirtschaften würde zum Beispiel nicht zu einer Harmonisierung der Wirtschaftsbeziehungen, sondern fast umgekehrt zu einer Störung führen. Der Kohle- und Stahlpreis innerhalb der nationalen Volkswirtschaft muß in sinnvoller Beziehung, d. h. in richtiger Relation zu dem allgemeinen Preisniveau des Landes stehen.

Wie soll es solcherart also im ganzen möglich und vertretbar sein, daß sich die Regierungen jeder einseitigen Einflußnahme gerade auf dem Preisgebiet von Kohle und Stahl enthalten? Was sich dort ereignet bzw. beschlossen wird, ist von stärkstem Einfluß auf die Entwicklung der übrigen Wirtschaft, auf das allgemeine Preisniveau und den Lebensstandard. Keine Regierung kann da ruhig und untätig zusehen und hat es auch bisher praktisch nicht getan –, und das nicht etwa aus bösem Willen gegenüber der Hohen Behörde oder Mißachtung ihrer Aufgabe, sondern zwangsläufig und als logische Folge ihrer Verantwortung für die gesamte Wirtschaftspolitik. Verkennen wir auch nicht: die einzelnen Völker erwarten von ihren Regierungen, daß sie um die Erhaltung und Sicherung stabiler wirtschaftlicher Verhältnisse besorgt sind, und es wäre der europäischen Idee schlecht gedient, wenn der Eindruck entstünde, als ob Europa den Verbraucher mehr koste.

Angesichts dieser Schwierigkeiten, die sich aus den formellen Vorschriften des Vertrages ergeben, dürfte der praktisch mögliche und richtige Weg darin bestehen, daß weder die Hohe Behörde noch die Regierungen auf Zuständigkeiten pochen, sondern daß beide die praktisch geteilte Zuständigkeit mindestens in der moralischen Wurzel anerkennen und jeder für die Aufgaben und Pflichten des anderen Verständnis bezeugt. Dieses Verständnis muß in vertiefenden Aussprachen zwischen Hoher Behörde und Regierungen fortentwickelt und in geeigneter Weise auf die Gemeinsame Versammlung übertragen werden.

Ich darf wohl feststellen, daß die Sitzung des Ministerrates am 8. Oktober 1957, als es um den Kohlepreis in der Bundesrepublik ging, diesem Ziele gedient hat. Das Ergebnis der Prüfung zur Kohlepreisgestaltung in der Bundesrepublik, welche die Hohe Behörde inzwischen vorgenommen hat, scheint den wirtschaftspolitischen Zielsetzungen der Bundesrepublik nicht mehr entgegenzustehen, sondern ihnen zu entsprechen. Dies ist immerhin eine bemerkenswerte Tatsache. Die Hohe Behörde und die Regierungen können und sollten auf dem Wege der gegenseitigen Verständigung erfolgreich fortschreiten. Zu der Notwendigkeit, den Vertrag auszulegen und anzuwenden, sollte zunehmend das Bemühen treten, ihn mit Leben und Inhalt zu erfüllen. Die in der Europäischen Gemeinschaft für Kohle und Stahl gesammelten Erfahrungen werden in jedem Falle der Zusammenarbeit und dem raschen Zusammenfinden der Länder in der Europäischen Wirtschaftsgemeinschaft außerordentlich dienlich sein.

Wenn ich das Gesagte zusammenfasse, so zeigt sich, daß trotz der offenkundigen Schwierigkeiten, innerhalb von teilintegrierten Wirtschaftsbereichen zu einer echten und vollkommenen Koordinierung der Wirtschaftspolitik zu gelangen, und trotz der relativen Strenge der Bestimmungen des Montanvertrages alle Organe der Europäischen Gemeinschaft für Kohle und Stahl bestrebt waren, die jeweils optimale Lösung zu finden. Jene Schwierigkeiten dürften aber auch beweisen, daß die Regierungen gut beraten waren, wenn sie eine Intensivierung ihrer gegenseitigen Wirtschaftsbeziehungen nicht mehr auf dem Wege der Abspaltung und Überführung von einzelnen Branchen aus nationaler Verantwortung in supranationale Zuständigkeit zu erreichen versuchten, sondern in einer weitergehenden Konzeption die Volkswirtschaften in ihrer Gesamtheit in einen Gemeinsamen Markt zu überführen trachtete. Hätten wir jenen von mir immer als bedenklich erachteten Weg beschritten, so hätte es, wie die Erfahrungen lehren, nur allzu leicht dahin kommen können, daß nach weiteren Abspaltungen von einer kritischen Grenze an weder die nationalen Regierungen noch die Hohe Behörde bzw. die integrierten Teilmärkte die Verantwortung zu tragen in der Lage gewesen wären.

Ein derartiges wirtschaftspolitisches Vakuum wäre nicht nur unerträglich, sondern im höchsten Maße gefährlich gewesen. Gewiß werden auch in der Europäischen Wirtschaftsgemeinschaft die Geister um die den Zielen dieser weitgreifenden Integration gemäßen Formen, Methoden und Inhalte einer koordinierten Wirtschaftspolitik zu ringen haben. Aber dort sind, da es die Volkswirtschaften in ihrer Gesamtheit zusammenzufassen gilt, mit um so größeren Chancen fruchtbare Lösungen zu erwarten, als die Funktion des Gemeinsamen Marktes eine freiheitliche Ordnung und die dieser entsprechenden wirtschaftspolitischen Mittel vorausbestimmt. In dem redlichen Bemühen, eine gemeinsame Wirtschaftspolitik aus europäischer Gesinnung und Verantwortung zu gestalten, um eine leistungsstarke, glückliche europäische Wirtschaft zu formen, wird man also nicht von einzelstaatlichen Ordnungsvorstellungen ausgehen können oder sie in einem arithmetischen Mittel zu vereinheitlichen suchen dürfen. Das klare und entschiedene Wollen, über nationalen Egoismus und Protektionismus zu der größeren und umfassenderen Einheit der Europäischen Wirtschaftsgemeinschaft, und das heißt gleichzeitig zu verstärkter wirtschaftlicher Kraft, zu mehr wirtschaftlicher Freiheit, zu mehr Wohlstand und sozialer Sicherheit für alle hinzufinden, muß von der Einsicht getragen sein, daß das Ganze mehr ist als die Summe seiner Teile, und daß damit europäische Wirtschaftspolitik aus der Aufgabe der Funktion und Gestalt des Gemeinsamen Marktes entwickelt werden muß.

Die Wirtschafts- und Gesellschaftsordnung des freien Europa ruht auf den Grundfesten der Freiheit und der Ordnung. So wie die Freiheit ohne Einbettung in ein Ordnungs- hier wirtschaftliches Ordnungsprinzip der Maße und Grenzen entbehrt, und dann nur zu oft chaotisch entartet, bedarf auf der anderen Seite die Ordnung der Anerkennung des Grundsatzes der Freiheit, wenn sie nicht Zwang gebären und ökonomischen Dirigismus auslösen soll. In der Erkenntnis, daß die Erhaltung der Freiheit in allen unseren Lebensbereichen das Schicksal des freien Europa ausmacht, hege ich die feste Zuversicht, daß es uns in allen Formen und Institutionen der europäischen Integration immer besser und immer vollkommener gelingen wird, zu unser aller Nutz und Frommen das gemeinsam ersehnte Ziel wirklich und hoffentlich auch bald zu erreichen.

Erkennen wir die Zeichen der Zeit, die uns in geradezu zwingender Weise lehren, daß kein Land und keine Nationalwirtschaft des westlichen freien Europa in sich selbst noch fruchtbare Lösungen finden kann, und ziehen wir darauf nicht etwa resigniert, sondern mutig und bewußt die Nutzanwendung, daß wir vor die geschichtliche Aufgabe gestellt sind, ein freies, friedliches und glückliches Europa zu bauen.

GEBT DEM STAATE, WAS DES STAATES IST

[„Die Zeit" vom 21. November 1957]

Der verantwortlich führende Politiker und Staatsmann muß ohne Rücksicht auf Popularität das Notwendige tun und sagen. Erhard sah zu Ausgang des Jahres 1957 mit Sorge, wie von allen Seiten Mehranforderungen die Ergebnisse seiner Politik in Frage zu stellen drohten: Teils berechtigte, – so wurden mehr Mittel für Wohnungsbau, Verkehrswege, Bildungs- und Pflegeanstalten verlangt. Auch Landesverteidigung und Entwicklungshilfe erheischten – notwendig – größere Beiträge. Hinzu kamen aber problematische Parolen: Mehr Gewinn, mehr Freizeit und zugleich höhere Löhne; mehr Genuß; weniger Arbeit, Abgaben und Pflichten; mehr für den Einzelnen, weniger für die Gemeinschaft! Maßlosigkeit muß schließlich die produktiven und Auftriebskräfte hemmen, Wirtschaft und Staat überfordern und so das Gemeinwohl geistig und materiell schädigen.

Wenn ich, der ich mich leidenschaftlich dagegen verwahre, daß der Staat als Selbstzweck und abseits vom Wohle des Volkes ein Eigenleben führen dürfe, die obige These vertrete: „Gebt dem Staate, was des Staates ist!", dann tue ich das aus echter Sorge, weil ich spüre, daß mein Streben, das Individuum zum Bewußtsein seiner selbst, zur freien Entfaltung, aber auch zur Eigenverantwortlichkeit zu führen, in der jüngsten Entwicklung mißverstanden zu werden droht.

Wir laufen Gefahr, in einem beziehungslosen Individualismus zu ersticken. Und zwar deshalb, weil wir den Begriff der Freiheit falsch verstehen und uns gegen besseres Wissen und wohl auch gegen unter Gewissen aus reinem Egoismus einreden wollen, daß mit der Freiheit auch das Recht verbunden sei, ohne Rücksicht auf die Gemeinschaft und den Staat das zu tun oder das zu lassen, was dem Einzelnen oder der Interessengruppe gerade frommt. Das aber heiße ich eine falsch verstandene Freiheit.

Freiheit, die sozialökonomisch oder politisch nicht in ein umfassendes Ordnungssystem eingespannt und damit gebändigt ist, oder auch Freiheit, die um keine moralische Bindung weiß, wird immer im Chaotischen entarten, während – umgekehrt – Menschen, die um den Wert und Sinn der Freiheit wissen, vor der Verantwortung erschrecken, die ihnen damit aufgebürdet ist; sie sind darum auch vor der Versuchung des Mißbrauchs gefeit.

In der politischen Diskussion des Alltags mag es so erscheinen, als ob mit dieser Mahnung nur die Problematik der Verteilung des Sozialprodukts oder des Volkseinkommens zwischen den sogenannten Sozialpartnern oder, darüber hinaus, zwischen allen Gruppen der Volkswirtschaft angesprochen wäre. Diese Betrachtungsweise wäre indessen – so bedeutsam sie auch ist – allzu materialistisch. Hier sei nicht etwa untersucht, ob Arbeitgeber oder Arbeitnehmer, Bauern, Mittelstand oder wer auch immer, ihren gerechten Anteil am Sozialprodukt erhalten oder untereinander in einkommensmäßig richtiger Relation stehen; es geht mir vielmehr darum, das rechte Verständnis und auch das Gefühl dafür zu wecken, daß jeder einzelne und wir alle zusammen nur gedeihen können, wenn wir uns auch unseres gemeinsamen Schicksals als Volk, als Staat bewußt bleiben und bereit sind, uns entsprechend zu verhalten.

So stark das Gefühl der Verbundenheit in den Zeiten ärgster Not lebendig war, so sehr erschlafft es mit dem sich mehrenden Wohlstand; ja manchmal frage ich mich selbst, ob ich recht tat, alles zu unternehmen, um den deutschen Wiederaufbau mit solcher Intensität und Schnelligkeit voranzutreiben. Diese Frage ist selbstverständlich nicht ernst gemeint. Ich würde tausendmal wieder genauso handeln, wie ich es tat. Immerhin aber macht diese Besinnung eine gewisse Enttäuschung über das Verhalten besonders der organisierten Gruppen in unserem Volke deutlich.

Wer spricht schon noch davon oder denkt schon noch daran, woher wir kamen und aus welchem Zusammenbruch wir uns befreien mußten? Wer ist noch gewillt, zu berücksichtigen, daß der deutsche Wiederaufbau sich aus Schutt und Trümmern vollzog, daß wir als ein geächtetes Volk erst allmählich wieder Vertrauen und Freundschaft in der Welt finden mußten? Ja, wer denkt schon noch daran? Wir vergleichen unseren Lebensstandard mit dem des reichsten Landes der Welt, den Vereinigten Staaten, und politische Phantasten wähnen, daß wir ohne eigenes Opfer allein durch die Anstrengungen anderer Völker unsere Sicherheit und Freiheit verbürgt sehen könnten.

Bei den Auseinandersetzungen der Sozialpartner geht der Streit darum, ob etwa die Forderungen der Gewerkschaften den Produktivitätszuwachs überschreiten oder ob eine Lohnerhöhung oder Arbeitszeitverkürzung ohne Preissteigerung hingenommen werden könnte. Isoliert betrachtet mögen diese Überlegungen richtig und berechtigt sein; aber sie muten einen fast gespenstisch an; scheinen sie uns doch lehren zu wollen, daß eine freiheitliche Wirtschafts- und Gesellschaftsordnung keine anderen Aufgaben zu lösen hätte als diese und daß der Streit um den „Kuchen" der Weisheit letzter Schluß wäre.

Es scheint mir darum hohe Zeit zu sein, die Thematik auf eine höhere Ebene zu stellen und fernab aller Interessentenkämpfe die Frage an alle zu richten, ob ein Volk –, und das heißt zugleich, ob ein Staat nicht auch Anliegen und Aufgaben zu erfüllen hat, die dem Individuum, dem Staatsbürger, Opfer abverlangen. In Zeiten der Not ist es selbstverständlich, daß die bessere und höhere Leistung der Volkswirtschaft ausschließlich der Erhöhung des Lebensstandards oder der Steigerung der Produktion und der Produktivität zugewandt wird; ja, ich möchte sogar sagen, daß das im absoluten Sinne ein gutes Prinzip ist, solange die Menschen nicht vergessen, daß es auch Aufgaben zum Nutzen und zur Sicherung der Gemeinschaft gibt, die aus individualistisch-egoistischem Streben heraus nicht begriffen und darum allein aus diesen Gesichtspunkten auch nicht erfüllt werden können.

„Gebt dem Staate, was des Staates ist." Das bedeutet sicherlich auch, – gib ihm nicht mehr! Aber das umgekehrte Prinzip, jeden wirtschaftlichen Fortschritt nur der Mehrung des individuellen Lebensstandards oder der Reichtumsbildung zukommen zu lassen und somit direkt oder indirekt dem Staat die Mittel zu versagen, deren er zur Erfüllung der höheren Zwecke des Volkes bedarf, das ist gewiß ebenso falsch und darum zu verurteilen.

In der jüngsten Entwicklung ist das, was ich meine, in der Forderung nach breiterer und besserer Ausbildung des technischen und akademischen Nachwuchses, nach Förderung der Wissenschaften und der Forschung besonders deutlich geworden. Aber ein immer mehr zu Wohlstand gelangendes, fortschrittliches Volk hat darüber hinaus – wie etwa auf dem Gebiete des Gesundheitswesens, oder auch der Hinführung der Menschen zu Werken der Kunst und des Geistes – noch viele allgemeine Anliegen zu erfüllen. Da ist ferner der Schrei nach mehr und besseren Straßen; dem Staat wird einfach die Schuld zugeschoben, wenn sich im Verkehrsbereich unhaltbare Zustände entwickeln. Alles protestiert, wenn etwa der Wohnungsbau gekürzt werden sollte, und selbstverständlich wird verlangt, daß die sozialen Leistungen womöglich noch verbessert werden.

Aber wer fragt schon danach, woher diese Mittel kommen und wie die tausendfachen Ansprüche befriedigt werden sollen! Vergessen wir vor allem nicht, daß auch die Freiheit ihren Preis hat und daß uns in dieser Welt die Segnung des Friedens nicht ohne Opfer geschenkt wird.

Die nüchterne Erkenntnis lehrt uns aber, daß das Volkseinkommen jeweils nur einmal ausgegeben werden kann und daß es an uns allen liegt, die Rangordnung der Werte und der Zwecke zu bestimmen. „Wir alle" – das bedeutet Verantwortung für jeden einzelnen. Und wenn ich auch gewiß der Meinung bin, daß die menschliche Wohlfahrt immer an erster Stelle zu stehen hat, so ist dieses Prinzip doch nicht einem schrankenlosen, blinden Egoismus gleichzusetzen.

„Weniger arbeiten", „besser leben", „mehr verdienen", „schneller zu Reichtum gelangen", über Steuern klagen, aber dem Staat höhere Leistungen abzuverlangen – das alles kennzeichnet zusammen eine geistige Verirrung und Verwirrung, die kaum noch zu überbieten ist und die, auf die Spitze getrieben, die Grundfesten unserer gesellschaftlichen Ordnung zu zerstören geeignet wäre.

Anstatt in der Erkenntnis der Mannigfaltigkeit und Dringlichkeit der uns gestellten gesellschaftlichen und staatlichen Aufgaben zu vermehrter Anstrengung bereit zu sein, um dadurch zu noch größerer materieller Befreiung jedes einzelnen zu gelangen, will es oft fast scheinen, als ob wir trotz der mahnenden, ja sogar tragischen Beispiele in der Welt den ebenso kindischen wie fluchwürdigen Versuch unternehmen wollten, in der Sünde wider die wirtschaftliche Vernunft Rekorde zu schlagen.

Das kann nicht gutgehen! Jeder deutsche Staatsbürger muß es wissen, daß diejenigen, die dem Volke schmeicheln und für dessen Wohl zu kämpfen vorgeben, sich in Wahrheit nur zu leicht am deutschen Schicksal und der deutschen Zukunft versündigen könnten. Seien wir also wachsam.

An den Staat treten ohnedies immer größere Anforderungen heran; aber niemand, der aus diesen finanziellen Aufwendungen Nutzen zieht, wird darauf freiwillig verzichten wollen. So muß der Staat ständig um höhere Einnahmen besorgt sein. Wie aber soll das erreicht werden, wenn alle Menschen danach trachten, weniger zu arbeiten, wodurch die mögliche Erhöhung des Sozialprodukts verhindert wird; wenn ferner der Konsumwille den Sparbetrieb erschlaffen läßt und die volkswirtschaftliche Kapitalbildung hinter den Investitionsmöglichkeiten und -notwendigkeiten zurückbleibt?

Es wäre schon beruhigend, wenn ich gewährleistet sähe, daß das deutsche Volk bei der Wahrnehmung seiner Gruppeninteressen der Volkswirtschaft wenigstens nicht mehr abverlangen wollte, als diese nach „Adam Riese" zu leisten vermag. Eine Lösung allerdings würde dies noch immer nicht bedeuten, weil der Staat um des Volkes willen gar nicht darauf verzichten kann, über das instinkthafte Verhalten des Einzelnen hinaus das Ganze und das Morgen zu bedenken.

Und weil – um es ganz deutlich zu sagen – ein Volk sich selbst preisgeben würde und zur Geschichtslosigkeit verurteilt wäre, wenn es sich in der Atomisierung von Gruppeninteressen zerspalten und erschöpfen wollte.

Braucht es da wirklich noch letzte Mahnungen? Die totalitären Mächte demonstrieren und praktizieren über alle Maßen deutlich, wie sie ihre brutale Herrschaft mit dem Leid und der Not der Menschen erkaufen. Wir sind erschreckt, zu hören und zu sehen, daß dieses fluchwürdige Prinzip gleichwohl große materielle, technische und wissenschaftliche Erfolge zeitigt. In solchen Momenten bemächtigt sich der Menschen in der westlichen Welt eine gewisse Unruhe, viele klagen sogar ihre demokratischen Regierungen des Versäumnisses an. Aber sie hören nicht auf, weiter alles für sich zu beanspruchen und nur dem Augenblick zu leben.

Wir müssen uns in dieser – allerdings schon recht späten – Stunde auf uns selbst, unsere Verantwortung, unsere Pflicht gegenüber dem Schicksal des deutschen Volkes und des Staates besinnen. Es ist nicht der Wirtschaftsminister und ein Mitglied der Bundesregierung, der da mahnt „Gebt dem

Staate, was des Staates ist", sondern ein Staatsbürger wie jeder andere, der sich aus seiner Erkenntnis heraus verpflichtet fühlt, dem deutschen Volke um seines Wohles willen den Spiegel vorzuhalten.

ZUR POLITISCHEN UND SOZIALEN PROBLEMATIK DER HILFE FÜR ENTWICKLUNGSLÄNDER

[„Die Zeit" vom 5. Dezember 1957]

Der Ostblock forciert seine Offensive in den wirtschaftlich rückständigen Gebieten der Welt, so daß der Eindruck entstehen konnte, die Hilfe der Sowjets sei mit der des Westens vergleichbar oder ihr gar überlegen. Über Wahlkampf, interne europa- und verteidigungspolitische Fragen drohte auch in der Bundesrepublik die enorme Bedeutung rechtzeitigen Einsatzes zugunsten der noch nicht festgelegten Völker verkannt zu werden. Erhard nimmt von neuem zu diesen Fragen Stellung:

Die Eingliederung der deutschen Wirtschaft in eine integrierte europäische Wirtschaft und der Ausbau unserer Wirtschaftsbeziehungen mit den entwicklungsfähigen Ländern, diese beiden Aufgaben gehören zu den Hauptaufgaben der deutschen Außenwirtschaftspolitik. Jenseits aller politischen Erwägungen liegt es im wohlverstandenen Interesse der hochentwickelten Industriestaaten, den Wirtschaftsaufbau der Entwicklungsländer zu fördern und sie damit zu immer nützlicheren Partnern fruchtbarer und weltumspannender Handelsbeziehungen werden zu lassen.

Die Zeit imperialistischer Ausbeutung kolonialer Räume ist vorbei. Sie ist so sehr versunken, daß heute schon fast eine Umkehrung der Fragestellung berechtigt erscheint, nämlich ob nicht durch die gegenseitige Konkurrenz der hochentwickelten Industrieländer einerseits und die politischen Sorgen der freien Welt wegen der Ausweitung des sowjetischen Machtbereichs mit wirtschaftlichen Mitteln andererseits die unterentwickelten Länder eine so starke Position einnehmen, daß die Gebenden in die Rolle der Ausgebeuteten zu geraten drohen.

Das soll kein Vorwurf und vor allem auch keine moralische Kritik gegenüber jenen Staaten sein, die durch die Entfaltung ihrer Produktivkräfte die Armut ihrer Völker zu bannen versuchen. Jene Länder bilden ja auch keine homogene Einheit, denn von den wirklich unterentwickelten Ländern bis zu jenen Staaten, die, wie einige in Europa, noch einer gewissen Starthilfe bedürfen, um etwa an dem System einer Freihandelszone teilhaben zu können, spannt sich unter jeglichem Aspekt ein sehr weiter Bogen. Das soll heißen, daß sich eines nicht für alle schickt, sondern daß je nach der politischen, wirtschaftlichen und sozialen Struktur der hilfeheischenden Staaten die Mittel und Methoden einer erfolgversprechenden Unterstützung einer Differenzierung bedürfen.

Ich möchte mit der eingangs herausgestellten These auch nicht die Verantwortung leugnen, die den wirtschaftlich leistungsstarken Staaten gegenüber den aufstrebenden Ländern gerade in einer Zeit obliegt, in der die freie Welt erkannt hat, daß sie die Kraft zur Erhaltung des Friedens und der Freiheit nicht mehr in der nationalen Isolierung, sondern nur in engster, schicksalhafter Gemeinschaft finden kann. So gesehen, läßt sich bei der Hilfe für die unterentwickelten Länder die vordergründige Politik der Anwendung wirtschaftlicher und finanzieller Mittel kaum von dem politischen Hintergrund ablösen; aber umgekehrt besteht auch heute keine zwingende Kausalität etwa in der Richtung, daß jede Investition in jenen Räumen von der Absicht politischer Einflußnahme getragen sein müßte. Für die Bundesrepublik jedenfalls trifft dies nicht zu. Ja, die Bundesregierung legte sogar immer besonderen Wert darauf, daß ihrer wirtschaftlichen Aktivität auf fremden Märkten nicht das Odium anhaftet, insgeheim politische Absichten durchsetzen zu wollen. Ich glaube auch tatsächlich feststellen zu können, daß der deutsche Kaufmann in der Welt einem Ressentiment solcher Art nicht begegnet. In entschiedenem Gegensatz hierzu sind alle entsprechenden Aktionen des Ostblocks ganz offenkundig von der Absicht getragen, entweder Unruhe und Verwirrung zu stiften oder politische Abhängigkeiten zu begründen.

Diese Strategie der Sowjetunion gilt es bei den wirtschaftlichen Hilfeleistungen der freien Industrieländer in Rechnung zu stellen, weil jede Verzettelung und Atomisierung der nationalen Einzelmaßnahmen zur Folge hätte, daß wir uns das Gesetz des Handelns von jener totalitären Macht aufzwingen lassen und den weltpolitischen Ereignissen nachlaufen. Selbstverständlich soll dies wiederum nicht besagen, daß wir den Stil und die Methoden sowjetrussischer Prägung nachahmen sollten, aber eine systematischere gegenseitige Abstimmung der wirtschaftlichen Vorhaben in den verschiedenen Aufbauräumen und gegebenenfalls auch eine stärkere Zusammenfügung der Kräfte dürften unerläßlich sein.

Nicht nur wir, die hilfegebenden, sondern auch die hilfeheischenden Länder sollten nüchtern genug sein, hinsichtlich der Abwägung der potentiellen Möglichkeiten und der politischen Gefahren zu klareren Vorstellungen zu gelangen. Was sie anbelangt, so ist durch geschichtliche Demonstrationen doch wohl deutlich genug geworden, daß ein freiheitsliebendes Volk sich selbst opfert, wenn es sich unter russische Botmäßigkeit stellt, und daß es mit seiner Einbeziehung in ein totalitäres Staats- und Wirtschaftssystem die Hoffnung auf ein wirtschaftliches Gedeihen seiner Staatsbürger preisgibt.

Jene Staatsmänner aus dem Bereich der unterentwickelten Länder, die eine getarnte wirtschaftliche Hilfe Sowjetrußlands in Anspruch zu nehmen geneigt sind, müssen sich des Weges und der Konsequenzen bewußt sein. Wenn sie wirklich aus der Sorge um das Schicksal ihres Volkes handeln und dieses aus Armut befreien wollen, dürfen sie sich nicht dadurch blenden lassen, daß es den Kommunisten gelang, Rußland in vier Jahrzehnten von einem Agrarstaat in einen modernen Industriestaat zu verwandeln. Sie dürfen sich nicht an der Gewissensfrage vorbeidrücken, ob es moralisch vertretbar ist, eine Hilfe in Anspruch zu nehmen, die letzten Endes nur die Not sowjetrussischer Menschen vergrößern kann.

Die Zeit, in der sich die Politiker der unterentwickelten Länder zwischen den Fronten bewegen zu können glaubten, um womöglich Honig aus allen Blüten zu saugen, dürfte auch ihrem Ende zugehen, denn sie erwecken damit zwangsläufig Mißtrauen, und dies ist die schlechteste Vertrauensgrundlage für kreditwirtschaftliche Aktionen oder Investitionen. Die von Hermann J. Abs geforderte Magna Charta der Unantastbarkeit privaten Eigentums würde zweifellos eine gute Grundlage für eine Intensivierung der wirtschaftlichen Verflechtung abgeben können, aber zu der Proklamation gehört dann eben auch die absolute politische Gewährleistung der eingegangenen Verpflichtungen. Diese Frage sei indessen hier nicht vertieft.

Die zu wirtschaftlicher Hilfeleistung berufenen freien Völker sollten mit gleicher Nüchternheit die sowjetrussischen Möglichkeiten wirtschaftlicher Betätigung außerhalb des eigenen Machtbereichs überprüfen. Auch ohne exakte Kenntnis des russischen Wirtschaftspotentials läßt sich doch auf Grund der Verfügungen über die entscheidenden Grundstoffe und Arbeitskräfte sowie unter Berücksichtigung der Rüstungsanstrengungen, des privaten Verbrauchs und der Leistungen an die Satellitenstaaten in etwa abschätzen, welcher Teil des Sozialprodukts oder Volkseinkommens dann noch für sogenannte fremde Hilfeleistung zur Verfügung gestellt werden kann.

Wir sollten uns auch keinesfalls von den vergleichsweise günstigeren Bedingungen täuschen lassen, die Sowjetrußland anbietet, denn je mehr diese sich von wirtschaftlichen Normen und Notwendigkeiten entfernen, desto deutlicher tritt die politische Absicht zutage. Das eine ist jedenfalls ganz sicher, daß trotz des sehr viel höheren Lebensstandards und der individuellen Freiheit der Völker westlicher Zivilisation deren zusammengefaßte wirtschaftliche Kraft ungleich stärker ist als die des sowjetrussischen Gegenspielers. Wenn Sowjetrußland alle seine Angebote realisieren müßte, mit denen es die Welt zu stören und zu verwirren sucht, dann würde es sich meines Erachtens schnell erweisen, daß die sowjetische Leistungskraft zur Erfüllung dieser Vorhaben gar nicht ausreicht. Ich nehme fast an, daß die sowjetrussische Taktik die Reaktion der westlichen Welt einbezieht, das heißt, daß Sowjetrußland damit rechnet, nicht überall dort antreten zu müssen, wo es Angebote ausgestreut hat.

Die Nutzanwendung solcher Überlegungen müßte doch wohl dahin lauten, daß die westliche freie Welt ihre Anstrengungen vereinen sollte, um in der Frage der Hilfeleistung die Initiative und die Führung zu über-

nehmen und sich damit vor allen Dingen auch von dem Verdacht zu befreien, jeweils nur unter sowjetischem Druck Bereitschaft zu bezeugen. Ein
entschiedenes und gemeinsames Bekenntnis der leistungsstarken Industrieländer zu moralischer Verantwortung und tätiger Bereitschaft könnte und
müßte das Problem der entwicklungsfähigen Länder aus der derzeit so
unheilschwangeren Atmosphäre herausrücken in die reine, freie Luft wirtschaftlicher Solidarität und Zusammenarbeit.

NICHT ALLES ZUR GLEICHEN ZEIT

[Rundfunkansprache am 13. Januar 1958]

Anfang 1958 konnte die deutsche Wirtschaft wieder auf ein Jahr der Aufwärtsentwicklung zurückblicken. Die Einkommen aller Bevölkerungsschichten, insbesondere der Rentner, waren beachtlich gestiegen, das Sozialprodukt hatte sich weiter erhöht, und es herrschte nach wie vor Vollbeschäftigung. Für die Entwicklung des Jahres 1958 zeichneten sich allerdings einige Gefahren ab. Die weltwirtschaftliche Lage war ziemlich labil; in den USA machten sich Recessionsanzeichen bemerkbar. Dämpfende Einflüsse von der internationalen Konjunktur her und gewisse Abschwächungserscheinungen auf den Binnenmärkten waren zu erwarten. Es konnte also nicht damit gerechnet werden, daß die Auslastung der Kapazitäten und damit auch der Produktivitätszuwachs so hoch wie im Vorjahr bleiben würden. Andererseits ließen jedoch die Forderungen auf Lohnerhöhung und weitere Arbeitszeitverkürzung keine Mäßigung erkennen. Es war eine nicht unbedenkliche Kostensteigerung zu befürchten, die entweder die Preisstabilität oder das Wachstum in Gefahr bringen konnte. Beides mußte gerade in einer Zeit vermieden werden, die durch den Start des Gemeinsamen Marktes und durch erhöhte Leistungen für die Verteidigung besondere Anforderungen an die Volkswirtschaft stellte. Vor diesem Hintergrund sind die mahnenden Worte des Bundeswirtschaftsministers zum Jahresbeginn 1958 zu sehen:

Kaum haben wir die Schwelle eines neuen Jahres überschritten, so hält uns der Alltag schon wieder ganz gefangen. Gewiß bedeutet ein Jahreswechsel im politischen Leben keine Zäsur, sowenig es in der wirtschaftspolitischen Entwicklung eines Landes zu irgendeinem Kalendertag ein Ende oder einen Anfang geben kann. Gleichwohl sind wir geneigt – und ich glaube, das hat einen tieferen Sinn –, in zeitlichen Kategorien zu denken, da und dann einmal anzuhalten und uns darauf zu besinnen, welches wohl unser Schicksal in einer vor uns liegenden Spanne Zeit sein mag, und was zu tun sei, um es glücklich zu gestalten. Da will mir allerdings scheinen, daß wir zu Beginn des Jahres 1958 alle Veranlassung haben, unseren gesellschaftspolitischen Standort zu bestimmen, um von sicherer Warte aus allen Anforderungen gerecht werden zu können und den Problemen gewachsen zu sein, die auf uns zukommen bzw. zur Lösung anstehen.

Mit den Erfolgen eines nunmehr fast zehnjährigen ununterbrochenen wirtschaftlichen Aufstiegs, der uns Rang und Geltung in der Weltwirtschaft, Wohlfahrt und soziale Sicherheit dazu gewinnen ließ, können wir wahrhaft zufrieden sein, aber niemand sollte auch glauben, daß das alles ein Zufall oder gar ein Wunder gewesen sei. Wir haben in Deutschland eine neue ökonomische Ordnung gesetzt, die – wenn auch noch nicht zur vollen Reife und Vollendung gelangt – immerhin erkennen läßt, daß es nicht allein der Kräfte- und Arbeitsaufwand ist, der ein Volk wirtschaftlich gedeihen läßt, sondern daß es wesentlich darauf ankommt, jener wirtschaftspolitisch gesteuerten Energie zu dem höchsten Nutzeffekt für die Gesamtheit zu verhelfen. Das ist die Aufgabe der Wirtschaftspolitik, und sie wird dieser um so besser Herr zu werden vermögen, wenn sie das Ziel einer harmonischen, in sich ausgewogenen und in sozialer Hinsicht gerechten Ordnung niemals aus den Augen verliert. Wem das Bild der deutschen Wirtschaft und das soziale Sein des deutschen Volkes vom Jahre 1948 noch lebendig ist, wird in dieser unvollkommenen Welt und trotz manch berechtigter Kritik ehrlicherweise doch nicht verkennen können, daß wir wieder auf festem Grund und Boden stehen, und daß mit dem Blick auf die Zukunft unsere Zuversicht nicht einer Schwärmerei entspringt oder gar Leichtsinn genannt werden müßte, sondern wohl berechtigt ist. So leicht und verlockend es wäre, durch die Aufzählung der auch im letzten Jahre erzielten Erfolge diesen Optimismus zu unterbauen, möchte ich, um nicht in den Verdacht zu geraten, das deutsche Volk einschläfern zu wollen, auf Beweisführung dieser Art verzichten, – denn es kommt mir ja gerade umgekehrt darauf an, meinen deutschen Mitbürgern vor Augen zu führen, daß sie im Guten und im Bösen ihr Schicksal in eigener Hand halten, und daß ein höchstes Maß an Bewußtsein, Besinnung und Verantwortung jedes einzelnen vonnöten ist, wenn wir das Glück nicht verspielen wollen.

Sage niemand, daß er diese Walze kenne, die ja nur dazu dienen solle, das deutsche Volk auf ihm nachteilige oder schädliche Entwicklungen vorzubereiten. Sowenig dieser Verdacht berechtigt ist, sowenig bin ich doch auch bereit, dem deutschen Volke vorzuenthalten, daß die Freiheit ihren Preis hat, und daß uns die Segnung des Friedens nicht als ein Geschenk in den Schoß fällt. Es wäre keine verantwortungsbewußte Politik mehr, sondern verantwortungsloser Wahnwitz, den gestaltlosen Friedensbeteuerungen totalitärer Machthaber blind zu vertrauen oder anzunehmen, daß die übrige Welt ohne unser eigenes Opfer bereit sein könnte, gegebenenfalls unser Leben und unsere Freiheit zu verteidigen. Es bedarf wohl keiner Erklärungen oder gar Versicherungen, daß kein Land sehnlicher als die Bundesrepublik den Wunsch hegen kann, daß es gelingen möchte, zu einer wirksamen und kontrollierten Abrüstung zu gelangen, weil auch nur in einer Atmosphäre der Befriedung das immer dringlichere deutsche Verlangen nach endlicher Wiedervereinigung Erfüllung finden kann. Solange das aber nur eine Hoffnung ist, bedeutet es unsere Pflicht, unseren angemessenen Beitrag zur Verteidigung der freien Welt zu leisten. Selbstverständlich geht das, wie in jedem anderen Lande so auch bei uns, jeden einzelnen an; das heißt, daß jeder bereit sein muß, ein vergleichsweise bescheidenes materielles Opfer zur Bewahrung des Lebens der Nation zu bringen. Es wäre des deutschen Volkes unwürdig, wenn es nach allem, ihm in tiefster Not wieder bezeugtes Vertrauen in satter Wohlgefälligkeit darauf verzichten zu können glaubte, treu zu seiner vor allem auch moralischen Verpflichtung zu stehen. Wenn wir nüchtern und wahrhaftig genug sind, die Realitäten des Lebens zu erkennen, besteht zu einem Pessimismus auch gar kein Anlaß. Sicherlich kann die Expansion unserer Volkswirtschaft mit der Erschöpfung des Arbeitskräftereservoirs nicht mehr so rasch voranschreiten wie in früheren Jahren; – wohl aber können wir durch Rationalisierungsmaßnahmen und die Anwendung einer immer moderneren Technik, über die Erhöhung der Produktivität gleichwohl noch zu einer stetigen Verbesserung der wirtschaftlichen und sozialen Lage unseres Volkes gelangen. Wenn ich vordem von einem Opfer sprach, so sollte und wollte das also nicht heißen, daß das deutsche Volk fortan gezwungen wäre, sich in seiner Lebensführung gegenüber dem Stande von heute einzuschränken, oder daß es darauf verzichten müßte, neues Eigentum zu bilden. Nein, es genügt die bescheidene Einsicht, daß wir nur nicht den ganzen Leistungszuwachs der nächsten Jahre für unsere eigenen, privaten Zwecke in Anspruch nehmen dürfen, – aber doch eben immer noch ein Mehr gewinnen können.

Wenn ich z. B. in einer vorsichtigen Vorausschätzung annehme, daß der Produktivitätszuwachs, auf eine gleiche Zahl von Erwerbstätigen bezogen, gegenüber 1957 in den folgenden drei Jahren um je 3% ansteigt, dann würde das bei einem derzeitigen Sozialprodukt von 210 Mrd. DM dazu führen, daß in dieser dreijährigen Spanne eine Mehrleistung von rund 36 Mrd. DM zustande kommt. Niemand wird da also behaupten können, daß wir schweren oder gar tragischen Zeiten entgegengehen würden. 36 Milliarden sind ja schließlich kein Pappenstiel. Wer sich bei dieser Sachlage allerdings der Illusion hingibt, daß es gleichwohl möglich wäre, über den Gesamtbereich der Volkswirtschaft jährliche Einkommensverbesserungen von 5% und mehr erzielen und womöglich noch die Arbeitszeit verkürzen zu können, der wird durch die Macht der Tatsachen eines Besseren belehrt werden. Wenn wir bereit sind, die uns gesetzten Maße und die Grenzen der volkswirtschaftlichen Leistungskraft anzuerkennen und demgemäß zu handeln, dann dürfen wir auch der Fortführung einer guten Konjunktur bei stabilen Preisen gewiß sein. Unternehmen wir aber den törichten Versuch, das Schicksal überspielen und uns selbst betrügen zu wollen, dann müssen wir es hinnehmen, daß die stabile Ordnung, die allein die Grundlage einer glücklichen Entwicklung ist, zerstört wird. Das sind nicht die Freunde, sondern die Feinde des Volkes, die ihm – entgegen jeder wirtschaftlichen Vernunft – immer neuen und immer größeren Gewinn versprechen, obwohl nur zu oft die Beherrschung des Kleinen Einmaleins genügte, die volkswirtschaftliche Unmöglichkeit zu erweisen. Das gilt gleichermaßen für den Versuch, überhöhte Löhne wie auch überhöhte Gewinne realisieren zu wollen, ohne daran zu denken, daß solch blinder Eifer zuletzt nur allen Schaden bringen muß.

Es paßt auch nicht zu den Gegebenheiten und den Anforderungen unserer Zeit, wenn wir fortfahren, immer weniger arbeiten, aber womöglich noch immer besser leben und mehr Wohlstand erreichen, ja sogar erzwingen zu wollen. Ich bin zudem überzeugt – und viele Anzeichen wie die Zunahme der Schwarzarbeit sprechen dafür –, daß eine weitere Arbeitszeitverkürzung kein vordringliches Anliegen der arbeitenden Menschen ist. Jede weitere Übersteigerung müßte natürlich auch zwangsläufig den hier vorausschauend errechneten Zuwachs des Sozialprodukts entsprechend vermindern. Da bin ich allerdings der Meinung, daß wir uns diesen Luxus nicht leisten dürfen. Es stünde uns viel besser an, einmal ernsthaft die Frage zu prüfen, ob das deutsche Volk nicht bereit sein sollte, anstatt die 45-Stunden-Woche noch zu unterschreiten, wieder eine Stunde mehr zu arbeiten. Staat, Wirtschaft und Volk würden daraus einen gleich großen Gewinn ziehen. Ich bin fest davon überzeugt, daß so mancher Gewerkschaftsführer, der das Ziel einer 40-Stunden-Woche anstrebt, unter veränderter Konjunktur nur allzu leicht bereit wäre, die Wirtschaftspolitik als verfehlt und unsozial anzuprangern, die zu solcher Kurzarbeit zwingen würde. Vor allem müßten die öffentlichen Verwaltungen in Fragen der Arbeitszeit beispielhaft vorangehen, denn das deutsche Volk hat einen Anspruch darauf, daß ihm die Dienste dieser Körperschaften in auch zeitlich ausreichendem Maße angeboten werden bzw. zur Verfügung stehen.

Der Dienst am Kunden bedeutet aber auch eine Aufgabe, deren die private Wirtschaft immer eingedenk bleiben sollte. Alle wirtschaftliche Tätigkeit ist zuletzt nur sinnvoll, wenn sie dem Wohle des Volkes dient, und darum wird immer die glücklichste und erfolgreichste Volkswirtschaft jene sein, die von der Haltung und dem Willen des Verbrauchers gestaltet wird. Dem Verbraucher aber kommt es auf eine geordnete und stabile Wirtschaft an, und darum bedeutet es einen Widerspruch in sich selbst, wenn dieser gleiche Verbraucher in seiner Eigenschaft als Produzent – gleich ob Unternehmer oder Arbeiter – sein nominelles Einkommen über die Steigerung der Produktion und Produktivität hinaus erhöhen möchte. Im Jahre 1957 ist z. B. die deutsche Kohlenförderung erstmalig rückläufig gewesen, obwohl das in diesem Wirtschaftszweig erzielte Nominaleinkommen gegenüber dem Vorjahr nicht unerheblich zugenommen hat. Überträgt man dieses Bild auf die gesamte deutsche Volkswirtschaft, dann gehört wenig Phantasie dazu, um einzusehen, daß solche Tatbestände unausweichlich zu inflationärer Entwicklung führen müssen. Da klage man dann aber nicht den Staat an, sondern schlage sich an die eigene Brust.

Aus dieser Logik gibt es kein Entrinnen. Darum wäre es eine geradezu selbstmörderische Politik, die Dinge weiter tatenlos treiben zu lassen, und ich im besonderen würde aus meiner Verantwortung heraus schuldhaft handeln, dieses von jedem einzelnen erfaßbare Problem nicht immer wieder mahnend anzusprechen.

Die Bundesregierung und die Bundesbank sind fest entschlossen, diese Politik der Stabilität als ihre oberste Verpflichtung beharrlich weiter zu verfolgen. Die Bundesregierung will gewiß in gleicher Weise die Freiheit und Freizügigkeit der Staatsbürger und ihrer organisierten Gruppen gewahrt sehen, aber dann darf diese Freiheit auch nicht mißbraucht werden. Über dem Gruppenegoismus steht das Wohl des deutschen Volkes. Muß, so möchte ich fast fragen, das deutsche Volk, das die Tragik menschlicher Unfreiheit erfahren hat, um der Bewahrung seines eigenen Glückes willen in seiner Freiheit noch einmal eingeengt werden, nur weil es die Maße nicht anerkennen will – und das wären die weiteren Auswege –, müssen wir den Pfad der Ordnung verlassen bzw. die Konjunktur, Produktion und Beschäftigung bewußt zurückdämmen, um die Geister zur Besinnung zu bringen?

Wir brauchen wahrlich nach keinen Auswegen zu suchen, wenn wir nur den rechten Weg gehen wollen, der uns verantwortungsbewußt handeln, aber dann auch einer glücklichen Zukunft gewiß sein läßt.

NOCHMALS: LEISTUNGSANSTIEG UND LOHNPOLITIK

[Rundfunkansprache vom 21. Januar 1958]

In zahlreichen Tageszeitungen haben Sie den wesentlichen Inhalt meiner Ansprache gelesen, die ich vor einer Woche im Bayerischen Rundfunk gehalten habe. Ich habe mich zu dieser Veröffentlichung entschlossen, weil manche Verlautbarungen nur allzu deutlich erkennen ließen, daß man den Inhalt meiner Rede bewußt verfälschen oder gar zum parteipolitischen Geschäft mißbrauchen wollte. Man sagte mir, daß es unpopulär sei, Gedanken, wie ich sie äußerte, dem deutschen Volk nahezubringen. Dem mag so sein, aber es ist auch nicht meines Amtes – und ich jedenfalls bin nicht so geartet – mich populär zu machen, sondern das zu sagen, was ich aus meinem Gewissen heraus vor der ganzen deutschen Öffentlichkeit für recht und notwendig erachte. Im übrigen habe ich aber gar nicht den Eindruck, daß meine Vorstellungen so unpopulär sind. Auf meinem Schreibtisch jedenfalls überwiegen auch von Arbeitnehmerseite die positiven Stellungnahmen, und ich ziehe daraus den Schluß, daß der Standpunkt vieler Funktionäre mit dem Willen und Wollen der Menschen, die es angeht, nicht völlig übereinstimmt. Aus diesem Grunde bedeutet es mir auch wenig oder gar nichts, wenn in Massenversammlungen Resolutionen gegen mich gefaßt werden. Ich habe in zwölf Jahren aktiver politischer Tätigkeit das Fürchten verlernt, und ich weiß vor allem, wie solche Stimmungen erzeugt werden. Worum aber geht es mir denn? Ich will verständlich machen, wie geradezu zwingend jeder weitere wirtschaftliche und soziale Fortschritt unseres Landes und somit auch jedes einzelnen Staatsbürgers davon abhängig ist, daß wir auch für die Zukunft in einem wirtschaftlichen Leistungsanstieg bleiben und das Sozialprodukt mehren. Von der Leistung aller hängt es ab, wieviel wir verbrauchen, sparen und investieren können, wieviel wir aber auch dem Staat zur Erfüllung der ihm obliegenden Aufgaben auf sozialem Gebiet wie für Zwecke der Verteidigung unseres Lebens und unserer Freiheit geben können und müssen. Das ist nun einmal so! Ich habe auch gar nichts dagegen, wenn wir nun die 40-Stunden-Woche anstreben; das ist schon ein würdiges Ziel. Wohl aber bin ich der Meinung, daß wir diesen Prozeß mit der fortschreitenden Produktivität unserer Arbeit in Einklang halten müssen.

Wenn von gewerkschaftlicher Seite eingewendet wurde, daß wir in bezug auf die Arbeitszeit ein unterentwickeltes Land seien, so trifft das einmal im europäischen Vergleich nicht zu, aber selbst, wenn diese Behauptung richtig wäre, würde sie gröblich verkennen, daß es auf diesem Kontinent kein Volk gibt, das sich aus mehr Tragik und einem vollkommeneren Zusammenbruch befreien mußte wie das deutsche. Das scheinen die Gewerkschaften und die Opposition vergessen zu haben.

Dabei halte ich mit nicht minder großem Ernst auch den Unternehmern den Spiegel vor, wenn sie sich in völliger Verkennung der Realitäten deutschen Lebens der Illusion hingeben möchten, daß sie einen Anspruch auf immer höheren Gewinn und Eigenkapitalbildung geltend machen könnten. Beide unerfüllbaren Forderungen bewegen sich auf einer gleichen moralischen Ebene.

Wie berechtigt diese meine Überlegungen sind, geht auch aus folgendem Tatbestand hervor: Die Gesamtleistung unserer Volkswirtschaft hat sich im Jahre 1957 gegenüber 1956 um annähernd 5 v. H. erhöht. Diese Zunahme aber ist nicht zuletzt darauf zurückzuführen, daß in diesem Zeitraum die Zahl der Beschäftigten immerhin noch um über 3 v. H. gesteigert werden konnte. Mit dieser Chance ist in Zukunft nicht mehr zu rechnen. Projiziert man das Ergebnis des Jahres 1957 auf den arbeitstätigen Menschen, so errechnet sich für diesen nur noch ein Mehr an Gütern von rund 1,5 v. H. Diese verhältnismäßig geringe Zunahme rührt daher, daß zwar die Leistung aller Beschäftigten je Stunde wohl um 4,5 v. H. gestiegen ist, daß aber andererseits die Arbeitszeit im Jahre 1957 im Durchschnitt um 3. v. H., d. h. um 1½ Stunden je Woche abnahm.

Der weitaus größere Teil der Produktivitätszunahme wurde also durch

Arbeitszeitverkürzung verbraucht. Die dann noch verbleibende Leistungssteigerung von $1^1/_2$ v. H. entspricht dem Mehr an Sozialprodukt je Beschäftigten. Für die Verkürzung der Arbeitszeit wurde bekanntlich voller Lohnausgleich gewährt. Darüber hinaus aber wurden die Löhne noch weiter erhöht. Die gesamte Lohnerhöhung im Durchschnitt der Arbeitsstunde betrug 1957 rund 7 v. H., ging also beträchtlich über die Steigerung der Stundenproduktivität hinaus.

Ich bin bereit, diesen Tatbestand vor jedem deutschen oder internationalen wissenschaftlichen Forum zur Diskussion zu stellen. Diesem Tatbestand gegenüber aber bedeutet es eine groteske Verdrehung und Verleumdung, wenn man dem deutschen Volke einreden will, als ob ich es wäre, der es zu einem Opfergang aufrufe. Wer diese Zahlen zu deuten versteht, wird es dem verantwortlichen Wirtschaftsminister nicht verwehren können, daß er die Zusammenhänge der Öffentlichkeit vor Augen führt. Es geht mir wirklich nur darum, das natürliche Maß deutlich zu machen, das unseren Ansprüchen nun einmal gesetzt ist. Mit allen Menschen guten Willens fühle ich mich darin einig, daß es uns wohl ansteht, unsere Schritte so zu bemessen, daß wir die Stabilität von Wirtschaft und Währung in keinem Augenblick gefährden. Der Weg, den ich vorschlage, führt zu diesem Ziel.

MENSCH UND FORTSCHRITT

[Zur Eröffnung der Brüsseler Weltausstellung am 17. April 1958]

Aus Anlaß der Eröffnung der Brüsseler Weltausstellung, die manchen Besucher zum Nachdenken über die Problematik des Fortschritt-glaubens im atomaren Zeitalter anregte, erklärte der Bundeswirt-schaftsminister:

Mit großer Zustimmung ist es in Deutschland und besonders auch von der deutschen Wirtschaft begrüßt worden, daß Belgien die erste Welt-ausstellung nach dem Kriege nicht als einen messeartigen Leistungswett-bewerb der Nationen, sondern als eine ideelle Schau internationaler Zu-sammenarbeit im Sinne gemeinsamer Bemühungen um eine Humanisierung des technischen und industriellen Fortschritts verstanden wissen will.

Auch ich vertrete die Meinung, daß es nicht der Zweck einer Welt-ausstellung sein sollte, im Stile einer Super-Messe der Absatzsteigerung und der Exportförderung zu dienen. Die wohlverstandene Aufgabe einer Welt-ausstellung ist vielmehr, den Sinn all der Bemühungen, die wir unter dem Begriff ,Fortschritt' zusammenfassen, zu deuten und zu demonstrieren. Dieser Sinn ist die Verbesserung der Existenzbedingungen des Menschen, ist die Steigerung der Entfaltungsmöglichkeiten des menschlichen Lebens. Die Erfindung der Technik, die Leistungen der Industrie und Wirtschaft finden ihre sittliche Begründung und Legitimation im Dienst am Menschen. Gerade in unserer Zeit, die in dem Ruf steht, materialistisch und dem bloßen Gewinnstreben hingegeben zu sein, ist es notwendig, das Bewußt-sein der menschlichen Verpflichtung und sozialen Verantwortung wach-zuhalten und zu stärken. Eine Volkswirtschaft kann auf die Dauer nur gedeihen, wenn sie sich in der Erfüllung ihres Dienstes am Menschen vor dem eigenen Volk und vor der Welt bewährt. Der materielle Erfolg ist gebunden an die Wirkungskraft im Geistigen und Sittlichen – ohne sie bleibt alles Materielle fragwürdig und flüchtig.

Auf der Weltausstellung in Brüssel geht es Deutschland nicht so sehr darum, zu zeigen, was es leistet, als vielmehr deutlich zu machen, wofür und weshalb es seine Leistungen vollbringt. Auf die Frage, die mit dem Weltausstellungsthema ,Der Fortschritt und der Mensch' gestellt ist, ant-wortet es: Der Sinn des Fortschritts beruht darin, daß der Mensch mit Hilfe seiner Erkenntnisse und ihrer praktischen Anwendung fortschreitet, Mensch zu sein.

ZEHN JAHRE WÄHRUNGS- UND WIRTSCHAFTSREFORM

[Rundfunkansprache am 19. Juni 1958]

Am 19. Juni 1958 würdigt Ludwig Erhard den 10. Jahrestag der Währungs- und Wirtschaftsreform von 1948:

Das deutsche Volk hat wahrlich Grund genug, heute einmal anzuhalten und sich rückschauend darauf zu besinnen, was sich da vor zehn Jahren, am 20. Juni 1948, ereignete, und wie entscheidend die an diesem Tage angestoßene Entwicklung das menschliche Sein und das Schicksal eines ganzen Volkes neu gestaltete und – wie wir heute befriedigt feststellen dürfen – glücklich wandelte. Aus Schutt und Trümmern, aus Not und Elend, aus Hoffnungslosigkeit und Verzweiflung ist eine neue Welt erstanden, und wenn für jeden einzelnen auch noch nicht alle Blütenträume reiften, so möge er in dieser Stunde vor seinem eigenen Gewissen wahrhaftig genug sein, anzuerkennen, daß niemand vor zehn Jahren das mittlerweise Erreichte für möglich gehalten hätte.

Es gehörten schon gute Nerven, starke Herzen und unbeirrtes Wollen dazu, die deutsche Wirtschaft und die neue deutsche Währung durch alle Fährnisse, alle bequemen Verlockungen und feindliche Bedrohungen glücklich hindurchzusteuern, denn die Durchführung der Währungsreform und die Einleitung einer freiheitlichen Wirtschaftspolitik gehören untrennbar zusammen; das eine ist ohne das andere nicht denkbar. Währungs- und Wirtschaftsreform bedeuten ein Ganzes und Unteilbares, und das besagt zugleich, daß auch in Zukunft eine Wechselwirkung der auf Stabilität ausgerichteten Währungs- und Wirtschaftspolitik fortbestehen muß, wenn unser Volk sich eines glücklichen Schicksals und einer gesicherten Zukunft erfreuen soll. Darum verdient es wohl hervorgehoben zu werden, daß sich der vor zehn Jahren eingeschlagene Weg nicht sozusagen automatisch oder als selbstverständlich darbot, sondern daß der Durchbruch in die Freiheit und zur Ordnung gegen harten Widerstand ertrotzt und immer wieder aufs neue verteidigt werden mußte. An Warnungen, an trüben Prophezeiungen und an Drohungen hat es durch alle diese Jahre wahrlich nicht gefehlt, und wenn auch die Besserwisser, die Kritiker und Pessimisten aller Sorten mit ihren falschen Prognosen und der dadurch bewirkten Verwirrung des deutschen Volkes durch das Leben selbst immer wieder ad absurdum geführt wurden, so hat es doch lange gewährt, bis sich die Idee und das Prinzip der Sozialen Marktwirtschaft auf breiter Grundlage durchgesetzt und in der Bevölkerung Resonanz gefunden haben. Der Erfolg der deutschen Währungspolitik, der in der Härte unserer D-Mark so sichtbaren

Ausdruck findet, kann ohnedies nicht bestritten werden, und ich möchte darum an dieser Stelle dankbar die Verdienste rühmen, die sich der Zentralbankrat und die Bank deutscher Länder unter der weisen Führung ihrer Präsidenten Bernard und Geheimrat Vocke erworben haben, mit denen an gleichen Zielen zusammenzuarbeiten mir eine Bereicherung bedeutete.

Ich möchte in dieser Stunde der Besinnung darauf verzichten, das Äußere und das Atmosphärische dieses Geschehens noch einmal auszubreiten. Obwohl ich es heute bewußt nacherlebe, wie vor zehn Jahren das deutsche Volk in innerem Zwiespalt zugleich hoffte und bangte, als das Unfaßbare, die Aufhebung der Bewirtschaftung, der Rationierung, des Bezugscheinwesens, der Preis- und Lohnbindung sowie der sklavischen Unterjochung jeder menschlichen, freien Regung, lebendige und beglückende Wirklichkeit werden sollte. Vor zehn Jahren sagte ich in einer Rundfunkansprache wörtlich: Wenn ich die mir erteilte Vollmacht zurückgebe, will ich glücklich und dankbar sein, wenn es mir vergönnt war, alle Fährnisse überwunden und zu meinem Teil dazu beigetragen zu haben, daß auch unser Volk auf wieder gesunder wirtschaftlicher Grundlage arbeitet, noch einmal ein Stück von jener irdischen Lebensfreude empfinden darf, ohne das es verkümmern und verderben muß. Und heute bin ich glücklich, daß ich dieser Erwartung Genüge tun und mein Versprechen erfüllen konnte.

Es schmälert nicht die Richtigkeit der deutschen Politik und noch weniger den Fleiß und die Hingabe des ganzen deutschen Volkes, wenn ich rückschauend für uns alle mit großer Dankbarkeit der großherzigen Hilfe des amerikanischen Volkes in Gestalt des Marshallplans gedenke, die uns jenen glücklichen Start in eine neue, bessere Ordnung ermöglichte oder doch wesentlich erleichterte. In herzlicher Dankbarkeit und Verbundenheit erinnere ich mich auch der faktischen und moralischen Unterstützung, die mir General Lucius Clay auf jenem zunächst so steinigen Pfad gewährte. Über wie viele Störungen und Spannungen mußten wir in diesem Dezennium hinwegfinden. Kaum zu Atem gekommen, standen wir mit der Sterling-Abwertung vor schwerwiegenden währungspolitischen Entscheidungen. Dann brachte die Koreakrise eine Verknappung und sprunghafte Verteuerung aller lebenswichtigen Rohstoffe, – die entschlossene Durchführung der Liberalisierung ließ uns in eine vorübergehende Verschuldung geraten und machte bei der Europäischen Zahlungsunion die Eröffnung eines zusätzlichen Kredites erforderlich. Trotz eines stetigen, ununterbrochenen Aufschwungs der Wirtschaft gab es gleichwohl Perioden der Abschwächung wie auch der Überhitzung der Konjunktur. In beiden Phasen fehlte es nicht an Einflußnahmen, die die Stetigkeit und Geradlinigkeit der Währungs- und Wirtschaftspolitik bedrohten. Schließlich ereignete sich der Suez-Konflikt, und aufs neue hatte sich die Marktwirtschaft zu bewähren. Zum Schluß darf ich noch daran erinnern, daß zu Beginn dieses Jahres sich wieder einmal ein Pessimismus ob unserer wirtschaftlichen Entwicklung ausbreiten wollte, während wir schon heute wieder mit Genugtuung einen neuen Höchststand der Beschäftigung, der Produktion, des Verbrauchs und der Spartätigkeit registieren dürfen. Alle, die da meinten, daß man der Arbeitslosigkeit nur mit Mitteln des deficit spending, d. h. mehr oder minder inflationistischer Kreditschöpfung, Herr werden könnte, daß Ereignisse wie die Korea- oder Suezkrise die Wiedereinführung der Bewirtschaftung notwendig machten oder daß einer Anspannung der Zahlungsbilanz nur durch protektionistische Abschirmung des Marktes begegnet werden könnte; – sie alle haben unrecht behalten. Ja, ich glaube sagen zu dürfen, daß, wenn sich das Prinzip einer freiheitlichen Wirtschaftsordnung nicht nur bei uns im Lande, sondern auch in den Formen der europäischen Integration und in den Spielregeln der zwischenstaatlichen Wirtschaftsbeziehungen überhaupt als verpflichtende Norm durchsetzte, dieser Erfolg, auch wenn wir noch nicht zum glücklichen Ende gelangt sind, doch wesentlich der sichtbaren Dokumentation und Demonstration des Segens der Freiheit im Zuge des Wiederaufbaues und der Neugestaltung der deutschen Wirtschaft zuzuschreiben ist.

Wohl waren diese zehn Jahre im Alltag unserer Arbeit angefüllt von Sorgen und manchen Nöten, aber auch von Hoffnung, Befriedigung und Freude. Aber gerade darum dürfen wir heute, jeder an seiner Stelle, stolz und glücklich über das sein, was wir doch immerhin geschaffen und erreicht haben.

Zu meiner größten Sorge gehörte in zunehmendem Maße und noch immer das manchmal bange Gefühl, daß wir uns dem Glücke nicht in gleichem Maße gewachsen zeigen könnten wie der Not, d. h. daß wir die Tugend der Bescheidung mißachten oder gar vergessen könnten, daß uns nur eine große gemeinsame Anstrengung aus der Drangsal befreit hat. Das war ja eines der Geheimnisse des Gelingens der Währungsreform, daß ich mich nicht in dem unfruchtbaren Bemühen einer vermeintlich gerechten Bewirtschaftung und Verwaltung der Armut erschöpfte, sondern alles daran setzte, die Armut zu überwinden und das Sozialprodukt und mit ihm den Lebensstandard von Jahr zu Jahr fortdauernd zu mehren. Vergessen wir es nie, daß die Lebensmöglichkeiten eines Volkes einerseits immer von dem Kraftaufwand und der Arbeitsleistung und zum anderen von dem Stand der Produktivität einer Volkswirtschaft abhängig sind. Es gibt keinen Trick, diese Bindung aufzulösen, und wenn wir in Zukunft trotz der mahnenden Beispiele in der Welt in gruppen- oder gar klassenkämpferischem Egoismus mehr Kaufkraft schöpfen und ausgeben wollten, als uns der Markt Güter darbietet, dann brauchten wir uns nicht zu wundern, wenn dann naturnotwendig eine inflationäre Entwicklung Platz greift. Eine solche Politik der Verblendung kann nur Schaden stiften, denn sie sprengt das Gleichgewicht zwischen Angebot und Nachfrage und zerstört damit die innere und äußere wirtschaftliche und finanzielle Stabilität. Diese aber wiederum ist Voraussetzung und Grundlage jeder gedeihlichen Arbeit eines Volkes auf lange Sicht. Nur eine stabile Währung verbürgt eine ausreichende Sparkapitalbildung, die ihrerseits wieder die Anwendung des technischen Fortschritts und eine gesicherte Zukunft unseres Volkes gewährleistet. Auf dem schwanken Boden zerrütteter Währungen gedeihen nur die zerstörerischen Kräfte des Kollektivismus und Totalitarismus. Ein Volk, das nicht sein Schicksal in die eigene Hand nimmt, überantwortet es dem Staat und wird den kollektiven Kräften hörig. Die Preisgabe einer gesunden Wirtschafts- und Währungsordnung hat zur Folge, daß sich ein Volk nicht mehr länger würdige Zwecke und Ziele setzen kann. Es lebt in den Tag und in die Welt hinein, ohne um das Morgen zu wissen.

Ich sage das nicht, um Schrecken zu verbreiten. Noch immer ist es uns ja dank einer disziplinierten und verantwortungsbewußten Haltung im Ganzen gelungen, gefährliche Entwicklungen zu verhindern. Wir wollen aber auch nicht in eitler Selbstgefälligkeit außer acht lassen, daß das, was auf preispolitischem Gebiet immer wieder zu kritischer Betrachtung Anlaß gab, eigenem und schuldhaftem Verhalten jener Kräfte entspringt, die die rechten Maße nicht zu wahren wußten. Die Feier des zehnten Jahrestages der Wirtschafts- und Währungsreform würde trotz aller Freude und Befreiung, die wir empfinden dürfen, schal und oberflächlich bleiben, wenn uns diese Rückbesinnung nicht in der Verantwortung und Verpflichtung bestärken würde, das gemeinsam geschaffene Werk, den Segen der Ordnung und der Freiheit, auch gemeinsam verteidigen zu wollen.

ÜBER DEN „LEBENSSTANDARD"

[„Die Zeit" vom 15. August 1958]

*Während die Menschen in der Bundesrepublik ihre materielle Lebens-
haltung immer mehr verbessern können, tritt in der öffentlichen Diskussion der Begriff „Lebensstandard" immer stärker in den Vordergrund. Oft wird er mit Fragezeichen versehen. Es wird auf die Tatsache verwiesen, daß Armut und Not keineswegs überwunden sind.
Andere Kritiker wiederum scheinen in ihm überhaupt etwas Negatives,
etwas „Materialistisches" zu sehen. Auch die Kommunisten „entdecken"
ihn und machen ihn zum Objekt ihrer Planziele und ihrer Propaganda.*

Ich weiß nicht, wer den Begriff vom „Götzen Lebensstandard" geprägt
hat. Hatte er die Absicht, einer Überbewertung der materiellen Seite unseres
Lebens Schranken zu setzen, so war dies löblich und gut. Hoffentlich sah er
ein, daß eine Synthese gefunden werden müsse. Denn im Rahmen einer
freiheitlichen Lebensordnung bleibt es dabei, daß der Zweck alles Wirtschaftens nur der Verbrauch sein kann.

Kein Einsichtiger bestreitet ernsthaft, daß jedes Volk, das seine Zukunft
nicht verspielen will, gehalten ist, das rechte Verständnis zu finden zwischen
dem, was der Vorsorge und zugleich dem Wohl der lebenden Generation
dient. Freilich ist damit die Problematik nicht erschöpft. Es bleibt das Verlangen, daß die Mühe der Lebenden sich nicht in der Vermögensanreicherung
bestimmter Schichten niederschlagen möge.

Allerdings wird dies Dilemma nicht dadurch beseitigt, daß an die Stelle
privater Eigentumsmehrung ein „öffentliches" oder ein „Gemeineigentum"
tritt. Es kommt vielmehr darauf an, individuelles Eigentum immer breiter
zu streuen. Aber das ist ein Unternehmen, bei dem die Früchte nicht von
einem Tage zum andern reifen können. Und doch wird niemand leugnen
wollen, daß sich mit steigender Produktivität und wachsendem Volkseinkommen die Grundlagen der privaten Vermögensbildung wandeln und
weiten.

Wir sparen immer mehr, und das ist ein hoffnungsvolles Zeichen dafür,
daß sich das Gefühl für den materiellen und sittlichen Wert des privaten
Kapitals verstärkt. Und so ist die Hoffnung berechtigt, daß es gelingen
wird, der weitaus technisch bedingten Konzentration von Produktivkapital eine Dekonzentration des Eigentums an diesen Produktionsmitteln
entgegenzusetzen.

Dazu paßt es allerdings sehr schlecht, daß immer wieder versucht wird,
eine angeblich zu hohe Investitionsrate zu verunglimpfen. Denn so soll

dem Volke glaubhaft gemacht werden, daß der breit geschichtete Konsum durch allzu hohe Investitionen gedrosselt werde. Ginge es einzig und allein um die Frage, ob die Beteiligung der einzelnen Schichten an einer wachsenden Vermögensbildung gerecht und sinnvoll geordnet sei, dann wäre unter Wohlmeinenden immer noch eine brauchbare Antwort zu finden, obwohl es kein Einkommen gibt, bei dem sich nicht die Überlegung stellen würde, wieviel davon verbraucht oder gespart werden soll. Aber es gibt nun einmal kein absolutes Maß und mithin auch keine allgemein gültige Entscheidung. Jeder ist seines Glückes Schmied. Es herrscht die individuelle Freiheit, und dies um so mehr, je weniger sich der Staat anmaßt, den einzelnen Staatsbürger gängeln oder sich gar zu seinem Schutzherrn aufspielen zu wollen. Solche „Wohltat" muß das Volk immer teuer bezahlen, weil kein Staat seinen Bürgern mehr geben kann, als er ihnen vorher abgenommen hat – und das noch abzüglich der Kosten einer zwangsläufig immer mehr zum Selbstzweck ausartenden Sozialbürokratie.

Nichts ist darum in der Regel unsozialer als der sogenannte „Wohlfahrtsstaat", der die menschliche Verantwortung erschlaffen und die individuelle Leistung absinken läßt. Es ist ein Betrug, der am Ende immer – wie viele geschichtliche Beispiele erweisen – mit dem Fluch der Inflation bezahlt werden muß, es sei denn, daß eine Politik der Gleichmacherei die Volkswirtschaften an der Ausnutzung des technischen Fortschrittes verhindert und damit ihre Wettbewerbskraft zerstört. Dann aber ist das Übel womöglich noch größer.

Ein Volk, das seiner Gegenwart und Zukunft gewiß sein will, hat deshalb keine andere Wahl, als seine Leistungskraft zu steigern und sich dessen bewußt zu sein, daß es die richtige Entsprechung zwischen Verbrauchen und Sparen, aber auch zwischen Arbeitszeit und Freizeit zu finden und zu wahren hat. Andere Verlockungen sind billig und leichtfertig: sie kommen der Neigung zur Bequemlichkeit entgegen und wirken sich um so fluchwürdiger aus.

Dies eben ist ein Teil jenes Unterschieds zwischen totalitären und demokratischen Systemen, daß in jeder freiheitlichen Ordnung den Staatsbürgern – im Guten und im Bösen – die volle Verantwortung über ihr Sein und Werden obliegt, während der Kollektivismus die Freiheit der Entscheidung durch Befehl und Zwang ersetzt. Unter Diktaturen sind die Lebensmöglichkeiten eines Volkes weder durch seinen Fleiß, noch durch seine Sparbereitschaft vorgegeben, sondern durch das einseitige Gebot der Gewalthaber bestimmt, deren oberstes Prinzip immer nur die Festigung und Mehrung ihrer Macht – ihrer Allmacht – sein wird: Diese Macht wächst in dem gleichen Maße, als sie jede freiheitliche Regung unterbindet und eine sklavische Abhängigkeit schafft. Weil sich aber totalitäre Systeme auf die Dauer im eigenen Raum verschleißen und erschöpfen, kommt aus solchem Antrieb noch hinzu, daß jene Mächte eine weltweite Revolution und Expansion anstreben und zu diesem Behuf noch einmal ihren Machtapparat zu verstärken trachten. Bei alledem ist leicht einzusehen, daß die Vertröstung der in Armut und Not lebenden Völker auf das „Paradies von Morgen" immer mehr der inneren Wahrhaftigkeit entbehrt und wohl auch immer weniger geglaubt wird.

Dies also ist das Dilemma der totalitären Staaten, daß, so wenig sie Dogmen und revolutionäre Ziele preisgeben können, sie doch auch den Bogen nicht überspannen dürfen. Eine Problematik, die besonders dann zutage tritt, wenn eine zentrale totalitäre Macht, wie Sowjetrußland, obendrein noch zusätzlichen Anforderungen der Satellitenstaaten genügen muß. Dies kennzeichnet denn auch das wechselnde Bild der inneren Politik seit Stalin bis zur Gegenwart, daß eine endgültige und absolute Entscheidung zwischen der Alternative „mehr (staatliche) Macht" oder „mehr (menschliche) Freiheit" offenbar noch nicht getroffen werden konnte und wahrscheinlich gar nicht getroffen werden kann.

Die Antithese aber spiegelt in anderer Sicht auch das Unbehagen der freien Welt wider, insofern sie gehalten ist, im Falle einer Auseinandersetzung mit den totalitären Mächten oder schon zur Verhinderung eines solchen Aufeinanderpralls, über eine ebenbürtige Verteidigungsmacht und ein dementsprechendes Rüstungspotential zu verfügen.

Und hier nun stellt sich die soziologische Problematik umgekehrt dar: Die Fragestellung lautet primär nicht mehr dahin, wieviel der Staat dem Volke an Lebensmöglichkeiten belassen darf, sondern wieviel das Volk dem Staat für obige Zwecke an Einkommen oder Sozialprodukt zu übertragen gewillt ist.

Die Rechnung muß immer aufgehen. Womit gesagt sein soll, daß auch in den westlichen Demokratien eine Wechselwirkung zwischen staatlicher und privater Einkommensverfügung besteht — in der Abwandlung allerdings, daß die Alternative nicht mehr „Staatsgewalt" oder „menschliche Freiheit" lautet, sondern jeweils ein Ausgleich zwischen der über den Selbstzweck erhobenen Macht des Staates und den privaten Lebensinteressen — dem „Lebensstandard" — des Volkes gefunden werden muß.

Rein rechnerisch betrachtet, müßte im Hinblick auf machtpolitische Ziele ein totalitäres System, das das materielle Opfer des Volkes erzwingt, jeder freiheitlichen Ordnung überlegen sein. Aber wer dies glaubt, denkt allzu materialistisch.

Wir glauben, daß wir auf die Überlegenheit der freiheitlichen Ordnung vertrauen sollten. Jene andere nur auf Teilbereiche beschränkte Leistung mag uns erschrecken, weil sie uns die Frage aufzwingt, wie es wohl um unsere westliche Welt bestellt sein mag, wenn die aus der Primitivität zur Anwendung moderner Technik hinstrebenden Hundert-Millionen-Völker diese Kraft und Macht einmal zu nutzen wissen. Auch ist die Frage bedrückend, ob Völker in der Lage sind, weite Zwischenphasen des technischen Fortschritts, der Forschung und der wissenschaftlichen Erkenntnis einfach zu überspringen. Auch die Frage, ob solche Dynamik zuletzt nicht doch eines natürlichen Wachstums und einer organischen Entfaltung bedarf, kann hier nur gestellt werden. Sicherlich aber ist der Wunsch der westlichen Völker, mit immer geringerem Aufwand immer besser leben zu wollen, eine unbrauchbare Antwort auf die weltweiten Fragen – jedenfalls so lange, als nicht durch eine weltweite Abrüstung und Entspannung Frieden und Freiheit gesichert sind.

In der Struktur einer Volkswirtschaft spiegelt sich ja nicht zuletzt auch die geistige und moralische Haltung der Völker und ihrer Regierungen wider. Wir mögen uns zwar als die Getriebenen vorkommen; aber ebensosehr ist es richtig, daß aus unserer Lebensart und unserem Lebensgefühl heraus ein immer stärker werdender Druck auf die innere Politik der totalitären Staaten ausgeübt wird. Die Möglichkeit, durch Gewalt Opfer zu erzwingen, findet schließlich doch an einer kritischen Schwelle ihre Grenze. Und davon bin ich überzeugt: daß eine auf neue und gerechtere gesellschaftliche Ordnung ausgerichtete Geisteshaltung die Geister mehr zu bannen vermag als die seelenlose Ideologie der bloßen Macht, die die Völker mit Brosamen abspeist, den Staat aber zum Götzen erhebt.

Die Statistiken der sowjetrussischen Wirtschaft weisen imposante Zahlen über Produktionssteigerungen in den Grundstoffindustrien und auch in einigen Zweigen der Investitionsgüterindustrie auf. Die Zuwachsraten des Sozialprodukts bewegen sich auf der Höhe der größten Erfolge westlicher Volkswirtschaften, und die Erzeugungskapazitäten sind allenthalben in starker Ausweitung begriffen. Auch wenn eine Kontrolle nicht möglich ist, sei der Erfolg nicht geleugnet. Aber was besagt das alles für das menschliche, das individuelle Sein?

Die Höhe des Sozialprodukts ist in totalitären Staaten kein Maßstab für die materielle Lebensführung eines Volkes; ja diese volkswirtschaftliche Größe gibt nicht einmal einen Anhaltspunkt über das Maß der erzielten oder erzielbaren Produktivitätssteigerung. Es ist nicht nur wahrscheinlich, daß in diesem System ein wachsendes Sozialprodukt von einem Absinken des Lebensstandards begleitet ist, sondern daß die Höhe des Sozialprodukts keinerlei Aussage über die gegenwärtige oder zukünftige private Lebenshaltung zuläßt. Wo aber Sinn und Zweck des Wirtschaftens durch die Machthaber fortdauernd und willkürlich verändert und verfälscht werden können, steht der Begriff „Sozialprodukt" beziehungslos in Zeit und Raum.

Neben diesem grundsätzlichen Einwand gibt es noch einen anderen, vielleicht noch schwerer wiegenden Einwand: In einer Marktwirtschaft mit freier Preisbildung und freier Konsumwahl gestattet der Wert des Sozialprodukts unter Berücksichtigung der volkswirtschaftlichen Verbrauchsquote immerhin bedeutsame Schlußfolgerungen. Das Wesentliche aber – eben das, was unser individuelles freies Lebensgefühl ausmacht und das

Bild einer Gesellschaft freier Menschen prägt – ist die Buntheit, die Mannigfaltigkeit und Differenziertheit unseres Verbrauches. Und auf diesem Feld hat sich zwischen Ost und West das Gefälle der Wirkung und Leistung ins Groteske gesteigert.

Ich spreche nicht von der praktischen Erfahrung beim Abschluß eines Handelsvertrages, daß Sowjetrußland – außer einigen Roh- und Grundstoffen, die es in der ganzen Welt in Fülle gibt – der Deckung des westlichen Bedarfs nur wenig darzubieten hat. Ich spreche auch nicht von unseren Erfahrungen im Interzonenverkehr, aber es sei auf die Beobachtung jener Besucher Sowjetrußlands verwiesen, die sich nicht durch Potemkinsche Dörfer blenden ließen und übereinstimmend zum Ausdruck brachten, daß es die kleinen Dinge des Alltags sind, die dort entbehrt werden und deren Fehlen das Leben freudlos macht. Die Puderdose, das Feuerzeug, der Zierat im Haushalt, das kleine modische Attribut ... der Verzicht auf all das macht das Mißvergnügen der russischen Bevölkerung aus.

Um so interessanter ist deshalb die Ankündigung des Herrn Ulbricht, daß die sogenannte DDR es sich zum Ziele gesetzt habe, in wenigen Jahren den Lebensstandard in der Bundesrepublik einzuholen und gar zu übertreffen. Es ist dabei nicht anzunehmen, daß der „DDR" im Rahmen des sowjetischen Machtblocks ein soziales Sonderdasein paradiesischer Art gewährt wird (die Ausnahmen gelten bestenfalls für Funktionäre, gleich welcher östlichen Nationalität). Und daher bedeutet diese Proklamierung eine absolute Aussage für die unter sowjetischer Herrschaft stehenden Satellitenstaaten.

So stehen denn also die beiden Systeme – die der freiheitlichen und die der kollektivistischen Gesellschaftsordnung – gegeneinander. Die Welt ist getrennt und dies so sehr, daß die östlichen Machthaber das innere Wesen einer Gesellschaft freier Menschen und das, was ihren „Lebensstandard" (als Lebensart und Lebensgefühl verstanden) ausmacht, gar nicht zu erfassen vermögen. In dieser Lage sollten wir im Westen freilich nicht darauf vertrauen, daß das „Wohlleben" allein schon einen Wert in sich ausmacht.

Der „Wert" der beiden Systeme ist weder materiell noch quantitativ meßbar. Denn es herrscht kein Zweifel, daß der Lebensstandard eines Volkes, ausgedrückt im Verbrauch von Gewichtseinheiten der Rohstoffe, in Mengen von Eisen und Stahl, von Leder, Chemikalien oder Kohle, nichts besagt im Hinblick auf die Bereicherung des menschlichen Seins.

Die westliche Welt und insbesondere die Bundesrepublik nehmen die Herausforderung des Herrn Ulbricht mit Gleichmut an. Ulbricht versprach, den Lebensstandard der Sowjetzonenbevölkerung über die materiellen Existenzgrundlagen der in Freiheit lebenden deutschen Menschen hinaus erhöhen zu wollen. Das soll gelten! Es würde nämlich bedeuten, daß sich die sowjetisch beherrschte Welt zu entmachten bereit wäre; es würde bedeuten, daß auch dort die wirtschaftliche und gesellschaftliche

Ordnung freiheitlichen Prinzipien unterworfen würden. Es würde die Preisgabe eines bisher absoluten Herrschaftsanspruches des Staates bedeuten.

Herr Ulbricht belügt sich selbst und die Welt, wenn er glauben und glauben machen wollte, daß es allein auf die mengenmäßige Produktion von Gütern ankäme. Eine solche Mehrproduktion mag technisch gesehen vielleicht sogar zu bewerkstelligen sein – aber wie soll es gelingen, die richtigen, das heißt die gefragten und begehrten Güter an den Mann zu bringen? Eben das ist eine Aufgabe, an der noch jedes kollektivistische System gescheitert ist.

Wir erleben es ja selbst, daß die differenzierteste Versorgung von 50 Millionen deutscher Menschen im Zeichen der Marktwirtschaft und freier Konsumwahl kein Problem bedeutet, während die Ausstattung von einigen hunderttausend Soldaten eine erhebliche Organisation erfordert, obwohl ihr Verbrauch „uniformiert" ist...

Noch einmal: Wir nehmen die Herausforderung des Herrn Ulbricht an. Wir begrüßen diese Art des Wettbewerbs auf friedlichem Felde, weil er die Kräfte der Nationen zur Vermehrung der Wohlfahrt der Völker bindet. Ja, wir sind sogar zu unterliegen bereit. Würde doch dieses Ergebnis nur der Ausfluß eines gemeinsamen Wollens sein, in einer gleichen Ausrichtung der menschlichen Arbeit über Trennendes hinweg zur Erfüllung der Sehnsucht all jener Menschen zu gelangen, die sich in einer befriedeten Welt ihrer Freiheit erfreuen wollen!

DER AUFBAU INDIENS

[Rede vor dem Indian Council of World Affairs am 7. Oktober 1958
in Neu-Delhi]

Angesichts von bald 100 Entwicklungsländern, in denen etwa zwei
Drittel aller Menschen leben, sind die Differenzierungen von Land zu
Land, ja schon in den einzelnen Ländern selbst so ausgeprägt, daß man
die besonderen und typischen Wesensmerkmale nur an Ort und Stelle
voll erfassen kann. Die fünfwöchige Reise Ludwig Erhards im Herbst
1958 durch acht Länder Süd-Ost-Asiens und des Fernen Ostens
brachte für den geistigen und ökonomischen Ansatz eines neuen ent-
wicklungspolitischen Denkens wichtige Erkenntnisse. Erhards erste
Station auf seiner großen Reise war New Delhi, wo er als deutscher
Gouverneur an der Jahrestagung von Weltbank und Weltwährungs-
fonds teilnahm. Als Gast der indischen Regierung lernte Erhard an-
schließend das Land und seine Menschen kennen. In seiner Rede vor
dem „Indian Council of World Affairs" am 7. Oktober 1958 setzte
er sich mit der Frage auseinander, wie weit die deutschen Aufbau-
erfahrungen auch für andere Länder von Bedeutung sind. Wenn es
auch für eine freie politische und ökonomische Ordnung Gemeinsam-
keiten gebe, die nicht ohne Schaden verletzt werden dürfen, so müsse
doch jedes Land unter Beachtung seiner besonderen Voraussetzungen
seinen eigenen Weg gehen:

Es ist mir eine Ehre und eine Freude, vor einem so bedeutsamen Gremium wie dem Council of World Affairs über schicksalhafte Fragen Ihres
und meines Landes sprechen zu dürfen. Mit Spannung und innerer Anteilnahme verfolgt die Welt die Anstrengung des Ministerpräsidenten Nehru
und seiner Regierung, die produktiven Kräfte des Landes zu entwickeln
und über die höhere Effizienz der menschlichen Arbeitskraft dem Volke zu
mehr Wohlstand und sozialer Sicherheit zu verhelfen. Wenn dieses Bestreben auch allerorts lebendig ist, so lehren uns doch Erfahrung und Geschichte,
daß die Lösung nicht auf eine einheitliche und generell gültige Formel gebracht werden kann, weil sie der Berücksichtigung der psychologischen, soziologischen, geschichtlichen und politischen Imponderabilien bedarf und zugleich auch mit den ökonomischen und finanziellen Gegebenheiten in Einklang zu bringen ist. So steht jedes Land jeweils vor einer immer wieder
neuen Aufgabe.

Ich schicke das voraus, weil der erfolgreiche deutsche Wiederaufbau vielfach zu der Vorstellung geführt hat, als ob ich, der ich durch diese letzten
zehn Jahre die wirtschaftspolitische Verantwortung trug, den Stein der Weisen gefunden hätte und über ein Patentrezept verfügte, das allerorts alle

Schwierigkeiten zu meistern vermöchte. So kam in der Welt der Slogan von dem „deutschen Wirtschaftswunder" auf. Wenn ich diesen Begriff ablehne, so deshalb, weil sich in Deutschland kein Wunder ereignet hat, sondern eine auf freiheitlichen Prinzipien begründete Wirtschaftspolitik der menschlichen Arbeit Wert und Sinn verhieß und der Fleiß und die Hingabe eines Volkes wieder Zwecken der menschlichen Wohlfahrt nutzbar gemacht wurden. Fast bruchartig wurde in Verbindung mit einer ebenso harten wie konsequenten Währungsreform eine bis dahin völlig erstarrte staatliche Befehls- und Zwangswirtschaft in das System einer freien Gesellschaftswirtschaft übergeführt, in der die Funktion der freien Preisbildung und des nicht durch Monopole und Machtpositionen behinderten freien Wettbewerbs den Ordnungsrahmen setzte. Wenn ich dieses System einer freien Marktwirtschaft mir dem Prädikat „sozial" verbinde, dann sollte das nicht eine Verbrämung stillschweigend fortgeführter kapitalistischer Methoden, sondern in entscheidendem Sinne auch eine Abkehr von dem alten Liberalismus bedeuten, der bekanntlich dem Staate im wirtschaftlichen Geschehen nur die Rolle eines Nachtwächters zugedacht hatte.

„Soziale Marktwirtschaft" soll also besagen, daß der Staat nicht nur die Aufgabe, sondern sogar die Verpflichtung hat, der Wirtschaft bestimmte, politisch gewollte Maximen zu setzen und das weitgespannte Instrumentarium der Wirtschaftspolitik so zu handhaben, daß die freien Entscheidungen der wirtschaftenden Menschen aller Kategorien gleichwohl zu dem gewollten Effekt hinführen. Die Soziale Marktwirtschaft beruht auf den Grundsätzen der Freiheit und der Ordnung, die, soll Harmonie herrschen, in meiner Sicht ein untrennbares Ganzes bilden; denn wo Freiheit ohne eine fest gefügte Ordnung obwaltet, droht sie ins Chaotische zu entarten, und wo Ordnung ohne Freiheit bestehen soll, führt sie nur allzu leicht zu brutalem Zwang.

Ich glaube, daß ich in solchen Auffassungen der geistigen und moralischen Haltung Ihres Ministerpräsidenten verhältnismäßig nahekomme; denn wenn ich mir auch diesen großen Geist in seinem mir bekannten politischen Wirken nicht ganz zu deuten anmaße, so spüre ich doch sein Drängen – und das ist wohl die Sehnsucht des ganzen indischen Volkes –, für dieses Land eine Lebensform zu schaffen, das ihm seine alten kulturellen Werte, seine religiösen und geschichtlichen Bindungen bewahrt und es doch frei und aufgeschlossen werden läßt, den Nutzen der Zivilisation und der Technik anzuwenden und zu genießen. Das bedeutet angesichts der materiellen und finanziellen Unzulänglichkeiten gewiß eine Titanenaufgabe und setzt zudem ein Erziehungswerk voraus, das nach herkömmlicher Betrachtung über Generationen sich erstrecken müßte. Nun wissen wir aber alle – und auch gerade wir in Europa –, daß keinem Staatsmann eine lange Zeit zur Gestaltung seines Werkes zur Verfügung steht; denn die Völker sind im Aufbruch und verlangen ihre Lebensrechte, so, wie sie sie eben verstehen oder ersehnen.

Wenn Ihr Ministerpräsident es die „Paradoxie unseres Zeitalters" nennt, daß uns Technik und Wissenschaft zwar die Natur zu beherrschen lehrten, aber daß wir diesen Gewinn mit dem Verlust unserer Seele, unserer moralischen Substanz und der in sich ruhenden menschlichen Sicherheit bezahlen müssen, so rührt er damit ein Thema an, das alle Menschen aller Rassen bewegt, die sich noch den Mut und die Kraft zum Nachdenken bewahrt haben und es als erregend empfinden, mit dem Produkt ihres Geistes nicht mehr fertig werden zu sollen. Ich glaube nicht, daß es zutrifft, dieses Dilemma als Ausdruck oder Folgeerscheinung der westlichen Zivilisation zu kennzeichnen: denn im Grunde genommen steht der Kommunismus oder Totalitarismus, soweit er sich auf der gleichen Ebene technischer Entwicklung und wissenschaftlicher Erkenntnis bewegt, vor der gleichen Problematik. Der entscheidende Unterschied besteht darin, daß die alten Industrieländer im Rahmen freiheitlicher Ordnungen um ihnen gemäße Lösungen ringen, das heißt den bisher zweifellos noch nicht voll geglückten Versuch unternehmen, die ihnen mit der zunehmenden Beherrschung der Natur in die Hand gegebene Macht mit der Vorstellung und Bewahrung eines individuellen menschlichen Lebens zu versöhnen oder, anders ausgedrückt, zwischen Macht und Freiheit eine glückliche Synthese zu finden. Wenn demgegenüber der Kommunismus diese Alternative nicht gelten lassen möchte und sie dadurch aus der Welt schaffen zu können glaubt, daß er die menschliche Freiheit mit brutaler Gewalt unterbindet, so ist das ganz gewiß kein Ausweg, den weder das indische Volk noch wir in den westlichen Demokratien gelten lassen könnten.

Und noch ein anderer, fast grotesk anmutender Widerspruch bedarf hier der Erwähnung. Wenn sich die Völker der hochentwickelten Industriestaaten eines hohen Lebensstandards erfreuen dürfen, so geraten sie heute nur allzu leicht in den Geruch satter materialistischer Gesinnung, während die totalitären Staaten aus der erzwungenen Primitivität ihrer Bevölkerung eine Tugend machen möchten, die von heroischer Hingabe zeugen soll. Noch schlimmer aber ist es, wenn diese Umfälschung der Werte von der Welt noch geglaubt werden würde. Zwischen dem Vorwurf, dem „Götzen Lebensstandard" hörig geworden zu sein, und dem Drängen, erst einmal einen bescheidenen Lebensstandard zu erreichen, zieht sich ein weites Feld hin; aber daraus wird auch deutlich, daß es vom Materiellen her eine Bestimmung über Gut und Böse nicht geben kann; – es sei denn, daß die vom Schicksal und der Geschichte begünstigten Völker jenen anderen zu helfen bereit sein sollten, die ohne eigenes Versäumnis und noch weniger ohne eigene Schuld zurückstehen. Die nach mehr Wohlfahrt, sozialer Sicherheit und bewußtem Sein strebenden Völker können also mit Vokabeln wie Kapitalismus oder Kommunismus wenig anfangen. Ja, ich möchte sogar sagen, daß den, der vom Menschlichen her um den rechten Weg ringt, jene historischen Leitbilder eher verwirren, denn daß sie ihm helfen könnten.

Der Sozialismus, so wie er in Indien vielfach mit ethischem Gehalt als eine Art Lebensregel verstanden wird, hat jedenfalls nichts gemein mit jenem demokratischen Sozialismus europäischer Prägung, der als ein ökonomisches System in seinem gesetzmäßigen Ablauf zur Verwirklichung eines politischen Zieles führen soll. Die Massensuggestion kommunistischer Parolen kann zwar zu einer bewegenden Kraft werden; aber diese Kraft kann, ja muß fast ebenso sehr alles zerstören. Ein Kapitalismus auf der Grundlage überspitzter Individualität aber gerät nicht minder in Konflikt mit dem Lebensgefühl und der Sehnsucht der Völker nach sozialer Sicherheit. Man mag dazu im einzelnen stehen, wie man will, aber das ist kein Staatsmann, der diese politischen und soziologischen Imponderabilien außer acht lassen zu können glaubte.

Hier darf ich wieder von meinem eigenen Lande und der dort von mir eingeleiteten Wirtschaftspolitik sprechen. Der Kommunismus, der den reinen Marxismus zu verkörpern vorgibt, beruht auf der Vorstellung, daß der organische Entfaltungsprozeß zur klassenlosen Gesellschaft führen wird. Wir wissen es aber nur zu gut, daß die Wirklichkeit in totalitären Staaten dieser Prägung ein ganz anderes Bild bietet. Die sogenannten „kapitalistischen Ländern, zu denen herkömmlicherweise auch die Bundesrepublik Deutschland zählt, vermögen in einer Gleichmacherei gewiß kein Ideal zu erblicken; aber gerade sie haben die Massen zu einem so hohen Lebensstandard geführt. Das soziale Niveau der verschiedenen Bevölkerungsschichten gleicht sich hier immer stärker an. Ohne daß es im einzelnen sichtbar geworden ist, kann die alte Klassenstruktur kapitalistischer Observanz bereits weitgehend als aufgebrochen gelten. Auch mir wurde vorgeworfen, daß meine Wirtschaftspolitik die Reichen immer reicher und die Armen immer ärmer werden ließe. Gewiß war im Zuge des deutschen Wiederaufbaus die Ausprägung sozialer Differenzierung nicht zu verhindern, und ich habe ja auch immer wieder erklärt, über die Maßstäbe göttlicher Gerechtigkeit nicht zu verfügen.

Was und wo ist nun der Schlüssel zu einer gerechten Verteilung des Sozialprodukts – und kann jemand vielleicht glauben, daß der Kampf der kollektivistischen Machtgruppen eine gerechte Verteilung verbürgen könnte? In der Situation, in der sich mein Land nach dem Zusammenbruch befand, konnte nur eine Forderung verpflichtend sein: zu arbeiten, um leben zu können, und gleichwohl aus dem Ertrag der volkswirtschaftlichen Arbeit durch Opfer und Konsumverzicht so viel zu erübrigen, daß über die sich verbessernde Ergiebigkeit der Leistung Deutschland seine Wettbewerbsfähigkeit zurückerlangt und auf so gesicherter Grundlage schließlich jeder einzelne zu einer immer besseren und freieren Lebensführung gelangen kann. Während der Kommunismus in der Hinlenkung der menschlichen Arbeit auf Zwecke und Ziele der staatlichen Macht bis zur Vergottung des Kollektivs auf Konsumenten verzichten kann, ist die sogenannte kapitalistische Produktionsweise – ich möchte lieber sagen: die Marktwirtschaft – darauf angewiesen, daß der Massenproduktion auch eine entsprechende Massenkaufkraft gegenübersteht. Nur diese letztere kann die in den Zusammenhang des technischen Fortschritts eingespannte demokratische Welt vor zerstörenden Krisen bewahren. Auf solche Weise wird der historisch viel geschmähte, aber sich ständig wandelnde Kapitalismus zum Motor und Träger des sozialen Fortschritts. Wie viele Millionäre es in einem Lande gibt, scheint mir weder bedeutsam noch ein Gradmesser des sozialen Gewissens zu sein, wenn nur in dem gleichen Land immer mehr Menschen zu mehr Wohlfahrt und sozialer Sicherheit finden.

Auch ich bin der Meinung, daß die wirtschaftliche und soziale Fortentwicklung Indiens die Nachahmung irgendeines Modells verbietet; denn nur aus der gestaltenden Kraft dieses Landes und Volkes selbst lassen sich die rechten Wege aufzeigen. Die Wirtschaft aber wird trotz der Bejahung der Notwendigkeit wirtschaftlicher Planung im Sinne eines bewußten Gestaltenwollens gerade in den Entwicklungsstadien nicht am Reißbrett, sondern von Menschen geformt, und wer von deren innerstem Wesen abstrahieren zu können glaubt, wird scheitern müssen. Das heißt aber, daß wir dem einzelnen Menschen den Sinn und den Wert seiner Arbeit und Kraftentfaltung bewußt machen und ihm auch den persönlichen Vorteil der besseren Leistung an seiner eigenen Lebensführung vor Augen führen müssen. Es muß ihm die Chance der individuellen Entfaltung gegeben sein, und es muß ihm der Lohn der Bewährung zufließen.

Aus diesem Grunde bejahe ich auch das Bestreben und die Zielsetzung des zweiten indischen Fünfjahresplanes, den Aufbau des Landes wesentlich auch von unten her zu besorgen. Mit Hilfe besserer landwirtschaftlicher Erzeugungsbedingungen und einer stärkeren Versorgung des Handwerks und der kleineren Industrie mit rationellerer technischer Apparatur müssen die Voraussetzungen geschaffen werden, wirtschaftlich denkende und handelnde Menschen heranzuziehen, ein privates Unternehmertum heranzubilden und somit der Staatswirtschaft in der spezifischen Verwaltung führender Großbetriebe ein Gegengewicht und einen Ausgleich zu bieten. Ein Volk, das sich die Werte der menschlichen Freiheit erhalten möchte, kann und darf nicht anders handeln; denn Mammutwerke industrieller Produktion mögen zwar geeignet sein, den Einfuhrbedarf eines Landes zu verringern und die Zahlungsbilanz zu entlasten, nie aber wird ihre Existenz allein eine organische und harmonische Entwicklung, die auch um die unwägbaren Werte des menschlichen Lebens weiß, gewährleisten können.

Natürlich liegt hier der Einwand nahe, daß angesichts der früher gekennzeichneten politischen und sozialen Zeiterscheinungen der Prozeß der Befreiung der Menschen aus Not und Armut zu lange dauern würde, um politischen Erfolg zu erzielen. Das ist gewiß richtig, und das ist auch der Grund, warum sich die westlichen Demokratien nicht nur um politischer Zweckmäßigkeit willen, sondern auch aus moralischer Verantwortung und

Verpflichtung bereit finden, Ihrem Volk ihre Hilfe zu leihen. Ich möchte sogar sagen, daß das Hilfegeben und Hilfenehmen einen gleich hohen moralischen Standard voraussetzt. Ihr Ministerpräsident hat recht, wenn er meint, daß ein Treibenlassen die Kluft der Leistung, der Lebensführung und des Reichtums zwischen Ländern und Völkern dieser Welt nur immer tiefer werden läßt und immer mehr Unruhe gebiert. Wenn je in der Geschichte, dann hat sich heute die Solidarität der Menschheit zu erweisen, die füreinander einzustehen hat, wenn die entfesselten Kräfte überhaupt noch gebändigt werden sollen.

In solchem Zusammenhang erhebt sich dann fast zwangsläufig auch die Frage, ob die zu wirtschaftlicher Entfaltung strebenden Völker ein Jahrhundert technischer Entwicklung und mehr einfach überspringen können, ohne dabei geistige, seelische und kulturelle Werte zu zerbrechen. Da es aber keinen anderen Weg gibt und es undenkbar wäre, dieses Intervall fortbestehen zu lassen, stehen wir trotz der Erkenntnis der Gefahr wieder gemeinsam vor der Aufgabe, das Beste zu erreichen. Wo die Not zu einem zwingenden Gebot des Handelns wird, bedarf es auch eines großen Mutes und eines hohen Einsatzes aller Kräfte. Für den, der die Gefahr nicht erkennt, ist das Handeln leicht. Wenn aber ein so großer Mann wie Ihr Ministerpräsident um jene weitgespannten Zusammenhänge weiß und ihn Einsicht und Erkenntnis doch nicht lähmen, sondern umgekehrt sein Wollen sich an dieser Verantwortung entzündet, dann mag das für Indien ein glückhaftes Zeichen dafür sein, daß dieses große Land und dieses Volk, dem die Welt so viele Werte der Kultur verdankt, auch die Aufgabe seiner lebendigen Gegenwart meistern wird, aus der Not herauszufinden und die Grundlagen seines eigenstaatlichen politischen Lebens immer mehr zu festigen. Etwas von diesem Geiste und von dieser Kraft mitzubekommen, die Sehnsucht und das Streben der Menschen zu verspüren, das war und ist der Sinn meines Besuches.

In der praktischen Zusammenarbeit würde es darum gehen, die Anstrengung des indischen Volkes mit dem zweckmäßigen Einsatz fremder Mittel glücklich zu verbinden. Und vor allem müssen die Industrieländer auch bereit und in der Lage sein, die Landesprodukte der Entwicklungsräume in zügigem Fluß abzunehmen. Eine weltweite Stabilisierung der Konjunktur würde gerade auch den Entwicklungsländern Schutz, Hilfe und Sicherheit bieten.

Das wirtschaftliche Leben eines Landes vollzieht sich nicht im Bereich der reinen Ökonomie und noch weniger im luftleeren Raum. Vielmehr ist das wirtschaftliche Sein eines Volkes von seinem politischen Schicksal kaum mehr zu trennen. Und schließlich ist es auch nicht zu denken, daß in beiden Bereichen andere Gesetze, d. h. andere menschliche und sittliche Maßstäbe vorherrschen können. Es würde zu weit führen, hier im einzelnen dartun zu wollen, warum sich eine demokratische Ordnung zwangsläufig mit dem

System wirtschaftlicher Freiheit verbinden muß, während umgekehrt jeder Totalitarismus den Zwang zur Voraussetzung oder Folge hat. Diese Begriffspaarung ist logisch und geschichtlich nachweisbar.

Ich könnte aber viel ursprünglicher die Frage stellen, welche Wirtschafts- und Gesellschaftsverfassung hinsichtlich der güterwirtschaftlichen Leistung die besseren Ergebnisse zeitigt. Die Fähigkeit, Sputniks bauen zu können, sagt erwiesenermaßen gar nichts über das Vermögen aus, die Menschen mit dem zu versorgen, was sie im Alltag benötigen und begehren. Wie hätte denn zum Beispiel die deutsche Bundesrepublik mit dem Einstrom von zehn Millionen Flüchtlingen und Heimatvertriebenen bei einer heutigen Gesamtbevölkerung von mehr als 50 Millionen Menschen fertig werden sollen – wie hätte sie diesen armen Menschen, die Unrecht und Gewalt dazu verurteilen, Flüchtlinge und Vertriebene in der eigenen deutschen Heimat zu werden, Unterkunft, Beschäftigung und Verdienst geben können, wenn nicht diese unsere freie ökonomische Ordnung in ihrer hohen Leistungskraft die materielle Grundlage hierfür geschaffen hätte? Wir haben die Pflicht, mit allen Flüchtlingen in dieser Welt zu fühlen und uns ihres schweren Loses anzunehmen. Wir haben auch im besonderen aus dem harten Schicksal unserer deutschen Brüder ein Recht, anzuklagen. Seien Sie dessen gewiß – und das ist eine feierliche Erklärung –, daß niemand in meinem Lande, kein Staatsmann, keine Partei und keine Gruppe, daran denkt, das brennende Problem der deutschen Wiedervereinigung anders als auf friedlichem Wege zu lösen. Denn wir sind von dem Fluch einer unseligen Vergangenheit, von dem Wahn der Gewaltanbetung geheilt und wissen aus eigenem tragischen Erleben, daß den Menschen in der Welt vor allem die Segnung des Friedens nottut.

Auch wir bekennen uns zu einer friedlichen, freund- und nachbarlichen Zusammenarbeit aller Völker, gleich welcher Nationen oder Rassen und unabhängig von ihren gesellschaftlichen Systemen und politischen Vorstellungen. Aber man mag von uns nicht jenes Maß an schuldhafter Selbstentäußerung verlangen, 18 Millionen deutsche Menschen gegen ihren Willen einem unerträglichen Schicksal zu überlassen. Solche Schmach kann und darf der Begriff der friedlichen Koexistenz nicht decken. Man mag uns Deutschen auch glauben, daß wir kein sehnsüchtigeres Verlangen hegen, als über eine allgemeine Abrüstung und eine politische Entspannung zu einem dauerhaften Frieden zu kommen, der die Völker ohne anhaltende gegenseitige Bedrohung neben- und miteinander leben läßt; denn gerade wir an der Nahtstelle zum Kommunimus haben von dem Hader in der Welt nichts zu gewinnen, aber alles zu verlieren. Ich fühle mich auch persönlich von den Idealen angesprochen, die in Ihrem Lande gesetzt sind. Wenn es schon unser Schicksal ist, mit der Atombombe zu leben, so wollen wir doch gemeinsam alles tun, um nicht unter der Atombombe zu sterben. Das eben schließt die Verantwortung der Völker ein, ihre Händel auf friedlichem Wege zu schlichten.

Fast könnte uns das Geschehen dieser Tage zu einer neuen Hoffnung werden!

Die Menschen sind wohl so geartet, daß sie ohne Hoffnung nicht leben können. Ja, selbst wenn ein Wunderglaube dazu gehörte, auf die Erfüllung dieser oder jener Erwartung und Sehnsucht zu vertrauen: Die Menschen werden am Ende doch immer wieder gläubig sein und damit sogar recht behalten. Wer das zusammengeschlagene Deutschland in Schutt und Trümmern, in Not und Elend erlebt hat, dem konnte die Ratio weder Trost bieten noch einen Ausweg zeigen. Und wenn auch das Gelingen des deutschen Wiederaufbaus schon seine Richtigkeit hat, so reicht doch auch hier das Rationale und Rechenhafte zu einer vollen Erklärung nicht aus.

Weil ich von dem entschlossenen Willen Ihrer Regierung um den wirtschaftlichen Auf- und Ausbau Ihres Landes weiß und etwas von der vielleicht sogar noch nicht einmal bewußten Sehnsucht des indischen Volkes nach besseren und würdigeren Lebensformen ahne, darf ich es aus meiner deutschen Erfahrung heraus immerhin wagen, Mut, Hoffnung und Vertrauen zuzusprechen. Vielleicht entspricht der Satz, daß dem, der sich selbst hilft, auch Gott zu helfen bereit sein wird, allzusehr westlichem Denken – doch meine ich, daß in dem geistigen Gehalt auch hier in Indien etwas von diesem Wort lebendig ist und lebendig sein muß, wenn das Werk des wirtschaftlichen und sozialen Aufbaus gelingen soll. In diesem Ziele verbindet sich Ihr Streben mit allen meinen guten Wünschen für Sie und für das indische Volk.

ASIATISCHE EINDRÜCKE

[Rundfunkansprache am 24. November 1958]

In einer Rundfunkansprache beschrieb Ludwig Erhard am 24. November 1958 die Eindrücke seiner Asienreise. Die dabei gezogenen entwicklungspolitischen Folgerungen trugen zur Bildung eines deutschen Entwicklungshilfekonzepts bei. Zugleich war diese Rede der Auftakt zu intensiven Bemühungen, das notwendige Verständnis der deutschen Bevölkerung für die vielfältigen Probleme der Aufbauländer zu wecken und zu erweitern:

Ich komme gerne der an mich ergangenen Einladung nach, über meine Reise zu berichten, die mich, wie Sie wissen, über acht Länder Südostasiens und Ostasiens führte. Selbstverständlich kann das nicht im Stil einer Reisebeschreibung geschehen, denn es ziemt dem Wirtschaftsminister, aus seiner Sicht, aus seinen Erfahrungen, Einblicken, Einsichten und Erkenntnissen unmittelbar praktische Nutzanwendungen im Bereich von Politik und Wirtschaft zu ziehen. Wenn dabei auch das Bild von Land zu Land differenziert, so scheint es mir in dieser Betrachtung doch zulässig zu sein, die Problematik der sogenannten „Entwicklungsländer" Südostasiens als eine komplexe Einheit zu betrachten, während die gesellschaftspolitische Situation in den von mir besuchten ostasiatischen Ländern in vielerlei Hinsicht von jenem Bild abweicht. Lassen Sie mich nachtragen, daß mich meine Reise im südostasiatischen Raum durch Indien, Burma, Thailand, Südvietnam, Ceylon und Pakistan führte, während ich in Ostasien Südkorea und Japan besuchte. Daß diese Fünfwochenfahrt keine Vergnügungsreise war, sondern mich einschließlich der Sonntage vom frühen Morgen bis zur Nacht pausen- und gnadenlos beschäftigt sah, sei nur am Rande erwähnt.

Schon die am Anfang der Reise stehenden Erörterungen im Rahmen der Tagung von Weltbank und Währungsfonds standen im Zeichen der internationalen Zusammenarbeit und einer noch besseren Koordinierung der breit gestreuten Hilfen für die Entwicklungsländer schlechthin. Der indische Ministerpräsident Nehru hat in seiner einleitenden Ansprache in sehr prägnanter, vielleicht sogar etwas überspitzter Form die Thematik, insbesondere aus der Sicht der Entwicklungsländer, aufgezeigt. Sowohl im Plenum wie in den vielen Einzelgesprächen ging denn auch die Diskussion darum, ob ein Weg gefunden bzw. ein Verfahren entwickelt werden könnte, das es gestattet, neben den nach wirtschaftlich-kaufmännischen Gesichtspunkten gewährten Weltbankkrediten den Entwicklungsländern von Fall zu Fall auch noch Mittel für Zwecke der sogenannten Infrastruktur zu erleichterten Rückzahlungsbedingungen an die Hand zu geben. Der hier angesprochene sogenannte Monroney-Plan, der noch sorgfältiger Überprüfung bedarf, sieht für erweiterte Kredite solcher Art bekanntlich eine Rückzahlung nicht in transferierbarer Währung, sondern in „local currency", d. h. in jeweiliger Landeswährung vor. Trotz vieler Bedenken gegenüber solchen Krediten kann aber doch nicht verkannt werden, daß z. B. Vorhaben auf dem Gebiete der Energie- und Verkehrswirtschaft erst die Voraussetzungen zu weiterer ökonomischer Erschließung jener Länder schaffen, die von diesen selbst aus eigener Kraft nicht besorgt werden können. Es ist darum naheliegend, die kommerziellen Weltbankkredite mit jener aufgezeigten Form von weicheren Infrastrukturkrediten zu verzahnen. Ist dieser Fragenkomplex auch noch nicht zu einer endgültigen Entscheidung herangereift, so wurde doch grundsätzlich beschlossen, durch Aufstockung des Deckungskapitals der Weltbank weitere Kreditfacilitäten für eine verstärkte Aktivität zur Verfügung zu stellen. Das Leitmotiv der Erörterungen war deutlich von dem Verlangen getragen, bilaterale Unterstützungen – seien es Kredite oder Geschenke – auf eine multilaterale Ebene zu heben, um neben einer besseren Koordinierung zugleich auch einen höheren Effekt zu erreichen. Daneben erscheint dieser Weg aber auch empfehlenswert, um Kredithilfen nicht mit dem Odium einer versuchten Einflußnahme auf jene Länder zu belasten.

Vor diesem Hintergrund internationaler Zusammenarbeit vollzogen sich denn auch jene unzählig vielen Gespräche mit den Staatsoberhäuptern der besuchten Länder, ihren Ministerpräsidenten, Fachministern, Planungs- und Verwaltungsbehörden, Wissenschaftlern, Wirtschaftlern und Vertretern fast aller anderen Volksschichten. Während ich hier vor Ihnen spreche, überfallen mich wieder die überwältigenden und in sich nur schwer zu ordnenden Eindrücke, die aber gerade wegen ihrer Vielgestaltigkeit einen so lebendigen Eindruck vermitteln und sich am Ende im Grundsätzlichen doch wieder zu einer Einheit formen lassen. Wer allerdings mit unseren westlichen Augen das Leben dieser Völker einfangen wollte oder mit unserer Vorstellungswelt die kritische Sonde an die Lebensformen dieser Menschen legen zu sollen glaubt, wird scheitern oder verzweifeln müssen. So habe ich mich dann auch immer wieder bemüht, meinen Reisebegleitern deutlich zu machen, daß uns hier ein falscher Hochmut schlecht ansteht, daß Verdienst und Schuld keine brauchbaren Kategorien oder gar Maßstäbe für Gut oder Böse sein dürfen, sondern daß wir uns in jedem Augenblick einer immanenten Betrachtungsweise, d. h. einer Schau aus den inneren Verhältnissen der Länder und Völker heraus befleißigen müssen. Das allein vermag die moralische Berechtigung auch für ein kritisches Urteil zu geben, das, wie ich erfahren habe, überall gut aufgenommen wurde, wenn nur der ernste Wille eines wirklichen Erkennen- und Helfenwollens spürbar war.

Was mir bei meinen Unterhaltungen mit den fremden Staatsmännern besonders zugute kam, war der Umstand, daß ich nicht so sehr als ein deutscher Minister gewertet wurde, dem es nicht zusteht, sich um fremde Angelegenheiten zu bekümmern, sondern vielmehr als ein Fachmann, der im eigenen Vaterlande seine Bewährung erbracht hat und dessen Rat man gerne zu hören bereit war. Immer wieder wurde ich gerade von den jeweils höchsten Autoritäten dieser Staaten ermuntert oder sogar gebeten, in voller Offenheit meine Meinung zu sagen und selbst Kritik zu üben, um meinen Besuch so fruchtbar wie möglich zu gestalten. So habe ich dann auch in den ziemlichen Grenzen von diesem Vorzug Gebrauch gemacht und kann mit Befriedigung feststellen, daß jeder Besuch in jedem Lande in voller Harmonie ausklang.

Doch nun zu der Problematik selbst! Wenn ich eingangs auf die fast unvorstellbare Armut der Menschen gerade im südostasiatischen Raum verweise, so spreche ich damit nur eine Binsenwahrheit aus. Das Bild wird vielleicht deutlicher, wenn ich dem vergleichsweise hinzufüge, daß eine durchschnittliche Lohnerhöhung in den bei uns üblichen Ausmaßen etwa dem gesamten absoluten Einkommen der Bediensteten in diesen Ländern entspricht. Dabei bewegen sich die Lebenshaltungskosten keineswegs in diesen Relationen. So kostet z. B. der Reis, also das Hauptnahrungsmittel, dort kaum weniger als bei uns. Überraschend wiederum ist die Reinlichkeit der Bekleidung, aber unvorstellbar primitiv all das, was mit Wohnen und Hausrat zu tun hat. Eine einheitliche Aussage ist wohl auch noch hinsichtlich des technischen Standes bzw. der Ausrüstung der Landwirtschaft möglich, die als völlig unzureichend gelten muß. Aber es ist hinwiederum nicht zu verkennen, daß gerade in Indien durch Sachverständigenbetreuung von zu größeren Einheiten zusammengefaßten Dorfgemeinschaften die wohl mühsame, aber schließlich doch fruchtbare Anstrengung unternommen wird, dem indischen Bauern den Wert besseren Saatguts, rationellerer Feldbestellung und überhaupt technischer Ratschläge in bezug auf die Verbesserung des Geräts oder der Bewässerung vor Augen zu führen. Dazu gehört auch die Aufklärung in sanitärer und hygienischer Hinsicht und die Pflege der Heimarbeit. Es bedeutet für die indische Regierung eine wahre Sysiphusarbeit, das Analphabetentum zu überwinden; denn in über 500 000 Dörfern Schulraum für mehr als 100 Millionen Kinder zu schaffen und die entsprechende Anzahl von Lehrern bereitzustellen, macht nicht nur ein finanzielles Problem aus, sondern fast mehr noch eine kaum zu bewältigende verwaltungstechnische Aufgabe. Auf dem gewerblichen und industriellen Sektor liegen die Verhältnisse wesentlich differenzierter. Abgesehen davon, daß man von einer Industrie und einem Unternehmertum in unserem westlichen Sinne erst in Ansätzen sprechen kann, wohl aber ein relativ gut entwickeltes Handwerk mit großem fachlichem Können in mannigfachen Produkten sichtbar wird, gibt es gerade in Indien doch auch vereinzelt große und größere Industriebetriebe – ich verweise z. B. nur auf die Tata-Werke in Jamshedpur – in privater Hand. Daß aber die industrielle Aktivität und ihre volkswirtschaftliche Leistung im ganzen noch unbefriedigend ist und die allgemeine Not nicht zu überwinden vermag, ist offenkundig.

Lassen Sie mich am Beispiel Indiens exemplifizieren, worum es in diesem Gebiet des südostasiatischen Raums überhaupt geht. Die Menschen sind in Erregung und damit in Bewegung geraten. Die mittlerweile erlangte staatliche Unabhängigkeit hat ein starkes nationales Selbstgefühl erzeugt, das nach Betätigung sucht und um Lösungen ringt. Gleichwohl hat die Erinnerung an die Kolonialzeit keine Ressentiments gegenüber England hinterlassen; ja, im Gegenteil erfreut sich dieses Volk einer großen Popularität, und es scheint mir darum aus dieser Sicht gewiß zu sein, daß das Commonwealth organisch und in sich fest verankert ist. Die Völker wollen aus der Armut heraus und an einem höheren Wohlstand teilhaben; – sie wollen das Gefälle gegenüber den Lebensformen der freien Welt nicht noch größer werden lassen, sondern es nach Möglichkeit einebnen. Ob die Länder und ihre Staatsmänner sich dabei immer der rechten Maße und der realen Möglichkeiten bewußt sind, steht auf einem anderen Blatt. Aber dieses Drängen ist doch so mächtig, daß von dem Wünschen und Wollen oft nur ein kurzer Weg ist zu der Forderung, daß das, was diese Völker aus eigener Kraft nicht schaffen können, ihnen von außen her an Hilfe und Unterstützung in den verschiedensten Formen gewährt werden müsse. Gewiß mag auch hier der Bogen allenthalben überspannt erscheinen. Gleichwohl sollten wir uns hüten, diesen psychologischen und soziologischen Tatbestand moralisch werten zu wollen. Sicher ist das eine: Wenn nicht gemeinsame Anstrengungen in Richtung einer besseren Arbeitsergiebigkeit und höherer Produktivität dort zu raschen Erfolgen führen, wird der Abstand zu den westlichen Industrieländern in jeglicher Hinsicht nur immer größer werden. Wenn die praktizierten Erfolge von jenen Völkern nicht geglaubt, nicht sichtbar und spürbar werden, dann eben erwächst aus solcher Verzweiflung die ganz große Gefahr, daß sie nach grundsätzlich anderen Systemen und Prinzipien verlangen und – ohne zu wissen, wohin die Reise geht – sich gleichwohl bereitfinden, einen gesellschafts- und staatspolitischen Kurswechsel zu vollziehen. Ich weiß, daß das eine gewagte Aussage ist, weil die Gegebenheiten des Augenblicks zu einer solchen Deutung gewiß nicht voll ausreichen. Im übrigen kann man in einem solchen Zusammenhang auch nicht von den Persönlichkeiten und der von ihnen ausstrahlenden Kraft abstrahieren. Ein Mann wie Nehru z. B., dem das Vertrauen des ganzen Volkes gehört und dessen Hoffnung ausmacht, wird das indische Volk nach meiner Überzeugung über den Durstweg hinwegbringen, bis die Sehnsucht eines Volkes durch reale Erfolge zu einem gefestigten Glauben wird. Die politische Labilität in anderen

Ländern aber beweist eben gerade die Unterschiedlichkeit der Struktur und die Bedeutung des inneren Zusammenhangs von Politik, sozialem Sein und der in Persönlichkeiten verkörperten Staatsführung.

Wir würden es uns zu leicht machen, wenn wir glaubten, daß die Menschen dort eben nicht arbeiten oder gar nicht arbeiten wollen und daß ihnen darum nicht zu helfen sei. Mag das äußerlich auch manchmal so scheinen, so trifft eine solche Aussage doch zweifellos nicht den Kern. Die Differenzierung innerhalb einer allgemeinen Armut kann auf jenem Niveau naturgemäß nicht groß sein, und selbst die höhere Anstrengung kann da nicht zu einem Lebensstandard führen, der sich deutlicher abheben würde. So ist also für diese Völker schon die Frage berechtigt, wie man dem einzelnen Menschen den Wert der Arbeit verdeutlichen und es ihm zu einem Erlebnis werden lassen kann, daß mehr Arbeit mehr Lohn und ein besseres und freieres Leben verheißt. Fast möchte ich dazu sagen: Aller Anfang ist schwer. Wenn aber erst einmal auf breiterer Grundlage eine rationellere Leistung und ein höherer Wirkungsgrad der menschlichen Arbeit erreicht wird, und daraus fließend ein wachsendes Sozialprodukt den Lebensstandard der Massen mählich aber doch spürbar verbessert, dann möchte ich davon überzeugt sein, daß ein solcherart angestoßener Prozeß auch die psychologischen Voraussetzungen hinsichtlich der Wertung der menschlichen Arbeit wesentlich verändern wird. Die Menschen arbeiten dort nicht deshalb wenig, weil sie von Natur aus nicht fleißig wären, sondern weil sie den Sinn einer solchen Anstrengung noch nicht zu erkennen vermögen. Wohl gibt es da zwischen den Völkerstämmen und Rassen vielleicht sogar große Unterschiede, aber ich bin nicht sicher, ob das der liebe Gott sozusagen gewollt hat oder ob es nicht die geschichtlichen Gegebenheiten und die Umweltbedingungen sind, die die eigene Art der Völker prägten.

In diesem Zusammenhang soll allerdings nicht verschwiegen werden, daß man aus diesem asiatischen Grenzraum mit seinen rund 600 Millionen Menschen mit einiger Sorge auf Rot-China blickt und seinem kommunistischen Wirtschaftsexperiment nicht zuletzt deshalb eine Chance gibt, weil der Chinese als ebenso intelligent wie fleißig, ja emsig gilt und der größten Anstrengung und Hingabe fähig ist. Wenn wir davon ausgehen, daß das erregende Geschehen in Asien wesentlich als eine große Auseinandersetzung zwischen den beiden staatspolitischen Systemen des Totalitarismus und der demokratischen Ordnung bzw. der kommunistischen und der freiheitlichen Gesellschaftsauffassung zu betrachten ist, dann fallen gewiß auch die menschlichen Imponderabilien ins Gewicht. Als die vor der ganzen Welt sichtbaren Träger dieser Auseinandersetzung im asiatischen Raum präsentieren sich Rot-China einerseits und Indien andererseits. Mir will scheinen, daß der Ablauf der Ereignisse in seinen Erfolgen oder Mißerfolgen für die letzte politische Entscheidung der umliegenden Staaten beeinflussend oder gar bestimmend sein wird. Wenn Ministerpräsident Nehru es bei einem dahin zielenden Gespräch auch ablehnte, von einem Wettkampf oder einer Art Wettbewerb mit China zu sprechen, sondern den unabhängigen originären Weg Indiens betonte, so mußte er doch die von mir aufgezeigten Konsequenzen letzten Endes als berechtigt anerkennen. Man beruhige sich auch nicht mit der Vorstellung und in dem Glauben, daß religiöse Bindungen oder kulturelle Überlieferungen einen wirksamen Schutz gegen eine zunehmende kommunistische Infiltration bieten würden. Diese innere Festigkeit mag für die Haltung des einzelnen Menschen bestimmend sein; – sie wird aber nicht ganze Völker gegenüber dem Kollektivismus immunisieren können.

Um aus dieser Konstellation der politischen Daten zu einem sicheren Urteil über ökonomische Entwicklungsmöglichkeiten gelangen zu können, bedarf es vor allem eines Hinweises auf die Struktur dieser Volkswirtschaften. Wie schon eingangs angedeutet, dürften sich auf dem Agrarsektor bei Anwendung modernerer Methoden und besseren Geräts in immerhin absehbarer Zeit zweifellos Erfolge erzielen lassen –, und insoweit sollte und müßte diese Chance auch genutzt werden. Es ist immerhin beachtlich und erschreckend genug, daß diese Länder, deren Bevölkerung zu 80% und mehr landwirtschaftlich tätig ist, allenthalben noch auf Agrarimporte angewiesen sind. Das eigentliche Problem aber, das soziale Sein der Menschen zu verbessern und Entwicklungsmöglichkeiten zu eröffnen, die auch politische Sicherheit und Stabilität zu verbürgen vermögen, ist innerhalb des Bereichs der Agrarwirtschaft auch deshalb nicht zu lösen, weil sich diese Volkswirtschaften – mehr oder minder ausgeprägt – auf Monokulturen gründen, und die entsprechenden Produkte viel zu sehr den Zufällen und Schwankungen der Weltmärkte ausgeliefert sind –, ohne daß jene Erzeugerländer stark und reich genug wären, diesen Prozeß regulierend mitbestimmen zu können. Ein Gleiches gilt auch in bezug auf die Förderung bzw. Erzeugung industrieller Rohstoffe. Ich habe seitens dieser Länder oft genug die bittere Klage gehört, daß man darauf vertraute, mit der Überwindung des Kolonialsystems wirklich frei zu werden, und nun erfahren muß, daß sich die Abhängigkeiten gewissermaßen nur verschoben hätten. Tatsächlich ist es auch richtig, daß alle Zuwendungen, die diese Länder in den letzten Jahren, insbesondere von den Vereinigten Staaten erhielten, nicht die Verluste wettmachen, die sie aus dem Verfall der Rohstoffpreise hinnehmen mußten. Angesichts dieser Sachlage ist es darum nicht zu verantworten, jenen Ländern Empfehlungen zu geben, die sie in der Vereinseitigung ihrer wirtschaftlichen Aktivität belassen oder diese gar noch verstärken würden –, um so mehr die praktische Erfahrung wie auch wissenschaftliche Erkenntnis zwingend zu dem Schluß führen, daß gerade in unserem Zeitalter nur über eine Industrialisierung echte soziale Fortschritte und Gewinne für die Volkswirtschaft zu erzielen sind. Das ist denn auch vielleicht der letzte Stachel, der aus der Kolonialzeit zurückgeblieben ist, daß diese Völker den Vorwurf erheben, man hätte sie nur als Absatzmärkte betrachtet und behandelt und es darum zu verhindern gewußt, über ihre Agrar- und Rohstoffproduktion hinaus sich weiter zu entfalten.

Soweit eine solche Anklage berechtigt erscheint, kennzeichnet sie aber nicht etwa nur das Verhältnis der Mutterländer zu deren Kolonialgebieten, sondern überhaupt die geistige Haltung der fortgeschrittenen Industriestaaten zu den überseeischen Entwicklungsländern. So kam mir während meiner Reise eine deutsche Korrespondenz zu Gesicht, in der – wohlgemerkt im Jahre 1958! – zu lesen ist, daß die Reise von Prof. Erhard in Wirtschaftskreisen einer gewissen Skepsis begegne, denn warum sollte man gutes Geld dem schlechten nachwerfen und durch unsere eigenen Bemühungen unsere Absatzchancen in diesem Raum schmälern. Soweit aus solchen Äußerungen ein fast brutal anmutender Egoismus spricht, verkehrt sich dieser bei etwas tieferem Nachdenken geradezu in das Gegenteil und wird der deutschen Volkswirtschaft zum Fluch, denn kein Mittel wäre mehr geeignet, diese Völker als Abnehmer deutscher Waren vollends zu verlieren als das, sie untätig ihrem Schicksal zu überlassen. Umgekehrt aber eröffnen sich mit einiger Phantasie die großartigsten Aspekte, wenn es diesen Ländern mit Unterstützung der westlichen Welt gelingt, 6 – 700 Millionen Menschen zu immer vollwertigeren Konsumenten werden zu lassen. Wer könnte so blind und vermessen sein, zu glauben, daß ein in seiner Gänze kommunistisches Asien mit seiner ungeheuren Bevölkerungsvermehrung und dem daraus resultierenden Menschenüberfluß uns oder unseren Kindern in Europa noch ein ruhiges und gesichertes Dasein bewahren würde. Ich müßte ein schlechter Sachwalter der Geschicke des deutschen Volkes sein, wenn ich nur den Augenblick bedenken wollte und mir dessen nicht bewußt wäre, daß die rechte oder falsche Weichenstellung die Zukunft derer bestimmt, die nach uns kommen.

Es bleibt diesen Ländern bei aller Anerkennung der Bedeutung, die der Erhöhung der landwirtschaftlichen Produktivität zukommt, gar kein anderer Ausweg, als sich in zunehmendem Maße der Industrialisierung zuzuwenden, und wir sollten sie in diesem Vorhaben nicht behindern, sondern unterstützen. Unser Rat sollte dabei dahin gehen, daß es nicht damit getan ist, große Stahlwerke oder andere Mammutbetriebe zu errichten, denen vielleicht symbolhafte Bedeutung zukommt, deren volkswirtschaftlicher Wert aber problematisch erscheint –, sondern, daß es viel nützlicher und dringender wäre, breitflächig und von der Tiefe aus die vorhandenen Ansätze handwerklicher und gewerblicher Tätigkeit fortzuentwickeln und mit der Beschäftigung möglichst vieler Menschen Kaufkraft auf breiterer Grundlage zu erzeugen. Immer wieder habe ich denn auch darauf hingewiesen, daß es in diesen Ländern nichts Wichtigeres gibt, als Kaufkraft zu produzieren. Unter geordneten Verhältnissen aber kann das eben nur über eine volkswirtschaftliche Wertschöpfung, d. h. über die Güterproduktion geschehen. Aus dieser Sicht heraus wäre es im höchsten Maße wünschenswert, wenn sich privates ausländisches Kapital – und in diesem Zusammenhang spreche ich die deutsche Industrie an – bereitfände, in jenen Ländern unternehmerisch tätig zu werden und auch das damit verbundene Wagnis nicht zu scheuen. Eine Entwicklung, die jene politische und psychologische Durststrecke glücklich zu überwinden vermag, ist aber aus der eigenen Kraft dieser Länder nicht zu besorgen, denn die Einkommensverhältnisse lassen nur unzureichende Ersparnisse zu, und die geringe wirtschaftliche Aktivität ergibt nur ein unzureichendes Steueraufkommen. Die Einnahmen aus Zöllen oder Lizenzen aber werden um so geringer sein, je mehr diese Länder aus Gründen des Zahlungsbilanzausgleichs ihre Einfuhren drosseln müssen. Ganz hart ausgedrückt lautet also die Alternative dahin –, diese Länder entweder ihrem Schicksal zu überlassen, die sich daraus ergebenden politischen Entwicklungen hinzunehmen oder aber mit ihnen zusammenzuarbeiten und ihnen die Überzeugung zu vermitteln, daß wir unbeschadet der gemeinsamen Anliegen der freien Welt nicht aus engstirnigem Egoismus, sondern aus einem Gefühl der Solidarität heraus handeln, wenn wir unsere Kräfte zusammenfügen, um auch diesen ohne eigene Schuld zurückgebliebenen Ländern eine bessere Zukunft zu eröffnen. Wir mögen im Bereich der westlichen Zivilisation unsere Produktivkraft noch so sehr steigern, wir mögen zu immer mehr Wohlstand und sogar Reichtum gelangen; – das aber, was wir aus diesen Quellen jenen Entwicklungsländern dann als Geschenke oder Almosen zu geben bereit sind, wird das Übel nicht zu heilen vermögen. Diese Völker wollen ihr eigenes Leben gestalten, und es obliegt unserer Verantwortung, ihnen die Starthilfe zu geben, die sie in immer höherem Maße dazu befähigt, die Geschicke ihrer Länder mehr und mehr in eigener Verantwortung und nach eigenen Vorstellungen zu besorgen.

Ich weiß, daß das bloße Predigen in dieser Sache nicht weiterhilft, und daß Empfehlungen allein im westlichen Lager keine unternehmerische Aktivität auslösen. So ist denn auch die Bundesrepublik bereit, neben den schon üblichen Hermes-Garantien für Kredite aus Warenlieferungen unter entsprechendem Selbstvorbehalt auch private Kapitalanlagen in fremden Ländern gegen politische Risiken abzusichern. Diese großzügige Geste erfordert dann aber auch – und daraus habe ich in meinen Gesprächen mit allen Staatsmännern der besuchten Länder kein Hehl gemacht – ein korrespondierendes Verhalten jener Länder, die auf die Betätigung deutschen Kapitals in ihren Volkswirtschaften Wert legen. Ob diese Sicherheit durch allgemeingültige Gesetze jedem Dritten gegenüber gegeben oder durch zweiseitige Verträge verbürgt wird, erscheint weniger bedeutungsvoll. Jedenfalls konnte ich – fast zu meiner eigenen Überraschung – eine relativ große Aufgeschlossenheit gegenüber dieser Problematik und dementsprechend eine grundsätzliche Bereitschaft, das Notwendige zu veranlassen, feststellen. Eine Magna Charta der Unantastbarkeit privaten Eigentums als die unabdingbare Voraussetzung des Zusammenstehens der freien Welt wird nicht durch eine geschlossene Proklamation aller Völker zu erreichen sein, aber ich habe die Zuversicht, daß es durch eine Reihe von Einzelabsprachen gelingen wird, diesem Prinzip zu immer breiterer und allgemeinerer Geltung zu verhelfen. Nur vereinzelt und nur als individuelle Meinung der einen oder anderen Persönlichkeit begegnete ich der Auffassung, daß man nach erlangter Unabhängigkeit grundsätzlich auf ausländisches Kapital verzichten und sich auf die eigene Kraft verlassen möchte. Solche Stimmen aber wurzeln zu sehr im Sentimentalen, als daß sie in der praktischen Politik Gewicht erlangen dürften. In diesem Zusammenhang habe ich auch immer darauf hingewiesen, daß für diese Länder die Tragik vollkommen wäre, wenn sie nach erlangter Unabhängigkeit nunmehr im nationalistischen Irrwahn glaubten, sich in einer Art Selbstgenügsamkeit in die Isolierung begeben zu können, und wenn sie dadurch die Fortentwicklung ihrer Volkswirtschaften für weitere Jahrzehnte in dem gleichen Augenblick behindern wollten, in dem die hochentwickelten Industriestaaten der westlichen Welt die Untauglichkeit des nationalistischen Prinzips erkannt haben, die nationalen Grenzen niederlegen und sich mit der Eröffnung immer größerer Freizügigkeit zu umfassenderer Gemeinschaft zusammenschließen. Diese latente Gefahr, die in letzter Konsequenz wieder dem Kommunismus Nahrung geben würde, ist aber wiederum um so wirksamer zu bannen, je aufgeschlossener und bereitwilliger wir darangehen, dem nur zu verständlichen Drängen dieser Völker gerecht zu werden.

Nun bin ich natürlich auf den Einwand gefaßt, daß mit der fortschreitenden Industrialisierung des südostasiatischen Raums dieser oder jener Industriestaat der westlichen Welt – und natürlich auch Deutschland – negativ in Mitleidenschaft gezogen wird. Es liegt mir auch fern, Rückwirkungen bestreiten zu wollen, und trotzdem vertrete ich den Standpunkt, daß die rechtzeitige Einstellung der unternehmerischen Dispositionen auf diese Entwicklung noch das geringste Übel darstellt. Wenn ich in der deutschen Presse las, daß jeder Händedruck, den ich bei meinem Abschied mit den Botschaftern der besuchten Länder austauschte, 100 Millionen D-Mark kosten würde, so kann ich heute darauf antworten, daß diese Spekulation völlig abwegig war. Und wenn etwa die deutsche Textilwirtschaft besorgt war, daß meine Reise zur Hereinnahme größerer Mengen von Rohgeweben aus Indien oder Japan führen würde, so konnte ich die erregten Gemüter in der Zwischenzeit besänftigen. Nicht darum ist es bei meinen Gesprächen gegangen. Wohl aber kann und darf ich nicht verschweigen, daß meine Erkenntnis über die Notwendigkeit der Industrialisierung dieser Länder – nicht von heute auf morgen, aber auf längere

Sicht – nicht ohne Auswirkung auf die Struktur der deutschen Industrie bleiben kann. Es ist auch völlig abwegig, in solchem Zusammenhang von einem sozialen Dumping zu sprechen, das uns auf die Dauer die Berechtigung geben könnte, solche Einfuhren abzuwehren, denn es ist in diesen Ländern nicht eine aggressive Handelspolitik, sondern Ausfluß der Not, wenn sie zunächst nur geringe Arbeitsentgelte gewähren können. Aber schon bei Japan zeigt es sich, daß im Zuge der fortschreitenden Industrialisierung der Druck in Richtung steigender Lohnkosten unausweichlich ist. Wie wäre auch eine Weltwirtschaft fruchtbar zu entwickeln, wenn das unterschiedliche Lohnniveau den mit höheren Kosten belasteten Ländern die Rechtfertigung geben dürfte, sich abzuschirmen? Wie wäre es z. B. um den amerikanisch-europäischen Handel bestellt, wenn solche Prinzipien obwalten würden? Das Fazit aus dieser Erkenntnis lautet dahin, daß wir – d. h. die europäischen Länder – bereit sein müssen, einfachere industrielle Fertigungen tendenziell den Entwicklungsländern zu überlassen, und unsere Anstrengungen darauf richten, in den Bereichen höherer Veredelung und technischer Verfeinerung tätig zu werden. Das wird indessen nicht nur ein Verzicht, sondern auch ein Gewinn sein, denn ich darf noch einmal daran erinnern, was es für die europäischen Volkswirtschaften bedeuten würde, wenn am Ende 600 Millionen vollwertige Konsumenten in den Nexus der modernen Industriewirtschaft einbezogen werden könnten.

Die vorstehende Betrachtung bezog sich wesentlich auf die materiellen Daseinsformen jener Völker. Angesichts der dort vorherrschenden Not gebe ich zu, daß es nicht leicht sein wird, diesen Millionen von Menschen deutlich zu machen, der Lebensstandard würde sich nicht nur in der bloßen Addition des Konsums erschöpfen, sondern auch die Bewahrung geistiger und seelischer Werte einschließen. Das ist auch der Grund, warum die sowjetische Propaganda eine relativ bereitwillige Aufnahme und – wie ich glaube – allenthalben sogar eine gefährliche Resonanz findet. Man hat mich von dieser Seite aus während meiner Reise sorgfältig betreut, denn wenn auf der ersten Seite der örtlichen Presse mit meinem Bild von der Bereitschaft Deutschlands die Rede war, jenen Ländern helfen zu wollen, war festzustellen, daß in den gleichen Ausgaben in einer vierseitigen bezahlten sowjetischen Propaganda die Leistungen des kommunistischen Systems in den verlockendsten Bildern vorgezeigt und zur Nachahmung empfohlen wurden. Wie schwankend der Grund ist, auf dem wir uns dort bewegen, mag eine kurze Story illustrieren. Ich hatte an einer Universität Gelegenheit, mich mit Professoren der Nationalökonomie zu unterhalten, die ihrerseits die Frage stellten, ob es denn so schlimm wäre, wenn sich ihr Land dem Kommunismus überantwortete. Sie meinten, ihr Kommunismus würde anders aussehen als der russische. Es war nicht schwer, diese Illusion aus praktischer und historischer Erfahrung zu widerlegen. Im Zusammenhang aber mit dem deutschen Flüchtlingsproblem wurde die Auffassung vertreten, daß diese Entwicklung wohl einen Grund haben müsse, und man war zuzugeben bereit, daß die Lebensbedingungen im westlichen Deutschland in materieller Hinsicht wohl günstiger wären als in der Sowjetzone. Aber dann folgte der verblüffende Satz, daß ich doch wohl nicht zu behaupten wagte, die Menschen im Westen würden ein freieres Leben führen können und dürfen, als es ihnen im Zeichen des Kommunismus gestattet sei. Wenn solche Verblendung in intellektuellen Kreisen vorherrscht, dann kann es nicht verwundern – und dem habe ich auch unmißverständlich Ausdruck gegeben –, daß die sowjetische Propaganda in der breiten Masse des Volkes zwangsläufig den besten Nährboden finden muß.

Natürlich sind auch in dieser Beziehung die Verhältnisse von Land zu Land unterschiedlich gelagert; das heißt, daß sich über das Gemeinsame, das ich hier herauszukristallisieren suchte, eine bunte politische und soziologische Mannigfaltigkeit wölbt. Wenn dort von wirtschaftlicher Freiheit gesprochen wird, meint man natürlich eine andere, als sie sich etwa in unserer deutschen Wirtschaftspolitik ausprägt, und wenn von Demokratie die Rede ist, hat man kaum die reinen und klassischen Vorbilder im Auge. In dem gärenden Leben dieser Völker können Wert oder Unwert nicht an bestimmte Normen und Formen gebunden sein, und tatsächlich sind es ja auch immer wieder Personen, die aus ihrer geistigen Haltung oder ihrem politischen Wollen heraus die Politik eines Landes bestimmen.

Lassen Sie mich, meine verehrten Hörerinnen und Hörer, also zusammenfassend sagen, daß nach meinen Eindrücken jene Menschenmassen in den Randgebieten von Südost- und Ostasien im Grundsatz zu der freien Welt stehen und für diese zu retten sind. Besser wäre es, zu sagen, daß es unsere Aufgabe wäre, ihnen das freie Leben zu bewahren, denn hier geht es nicht um opportunistische Fragen, um Vorteile oder Nachteile für die Partner der Freien Welt, sondern es geht um ihr Schicksal schlechthin, es geht aber auch um unser Sein, um unsere Zukunft.

Wir spüren es jetzt an der Schicksalsfrage Berlin, wie sehr wir des Vertrauens und der Freundschaft der freien Welt bedürfen, um diese Stadt zu retten. Ahnen wir nicht alle etwas davon, daß in der großen, weltweiten Auseinandersetzung um die Freiheit oder Unfreiheit der Völker und Menschen die Welt als eine Einheit zusammenstehen muß, die sich nicht versklaven lassen möchte und die um höhere Werte weiß als die Anbetung der Macht und die Vergottung der Staatsgewalt?

DEUTSCHE MARK FREI KONVERTIERBAR

[Rundfunkansprache am 28. Dezember 1958]

Am 28. Dezember 1958 wurde die freie Konvertierbarkeit zehn europäischer Währungen, die seit 1931 unterbunden gewesen war, verkündet und das Europäische Währungsabkommen in Kraft gesetzt. Erhard, der seit Jahren auf diese Maßnahme hingedrängt hatte, begrüßte sie in einer Erklärung als historische Entscheidung:

Die jetzt verkündete Konvertierbarkeit der maßgebenden europäischen Währungen, insonderheit des englischen Pfundes, der Deutschen Mark und des französischen Franken, macht zwar Verwaltungsakte erforderlich, die dem Laien wenig besagen, bedeutet aber in Wahrheit sehr viel mehr. Sie ist ein historisches Datum, fast ein Wendepunkt der zwischenstaatlichen ökonomischen Beziehungen. Zu lange wurden die Währungen als Instrument der Handelspolitik und diese wieder zur Korrektur einer falschen Währungspolitik mißbraucht, und so mußte es auch fast zwangsläufig dahin kommen, daß unter den Völkern und auch bei den Regierungen der Sinn und die Verantwortung für den Wert einer guten intervalutaren Ordnung verkümmerte. Wohl hat die Europäische Zahlungsunion nützliche Dienste für die Erhaltung eines multilateralen Handels- und Zahlungsverkehrs geleistet, auch blieb, wie die Konstruktion der Europäischen Wirtschaftsgemeinschaft beweist, das Bewußtsein von der Notwendigkeit der Integrierung verwandter Volkswirtschaften wach, aber es drohte der Sinn für das Ganze, das heißt für die Unteilbarkeit der in sich fest gefügten freien Welt, verlorenzugehen.

Die Besonderheiten des Gemeinsamen Marktes im Sinne der engeren Bindungen und Verpflichtungen bleiben durch den regional weiteren Übergang zur Konvertierbarkeit unangetastet. Die sehr viel umfassenderen Aspekte der Konvertierbarkeit machen es uns wieder deutlich, daß die freie Welt dem Ziel einer ungehinderten wirtschaftlichen Zusammenarbeit zustrebt. So gerät die Solidarität im engeren Bereich nicht in Gegensatz zu der größeren Gemeinschaft der in freier Konvertierbarkeit der Währungen vereinten Volkswirtschaften. Es gilt, politische Willensbildungen von ökonomischen Ordnungsvorstellungen säuberlich zu scheiden.

So habe ich immer den Standpunkt vertreten, daß die in der Europäischen Wirtschaftsgemeinschaft repräsentierte Gemeinschaft der Sechs niemals einen Zahlungsausgleich in sich selbst finden könnte und daß der Gedanke einer Währungseinheit ohne Preisgabe der Eigenstaatlichkeit jener Länder eine Illusion bleiben muß. Die jetzt proklamierte Konvertierbarkeit bereitet solchen Denkfehlern ein Ende. Ich betrachte es im besonderen Maße als einen großen Gewinn, daß alle Länder, die sich als Teil der Weltwirtschaft fühlen, Konsequenzen zu ziehen bereit sind. Hier kann man in Umkehrung des bekannten Sprichwortes einmal sagen, daß gute Beispiele schlechte Sitten zu heilen vermögen.

Daß ich persönlich ob dieses Ereignisses tiefste Genugtuung hege, wer möchte mir das versagen? Schließlich war ich einer der ersten europäischen Politiker, der in einer Welt der Zerstörung, der Unordnung und der Ungläubigkeit die Forderung nach freier Konvertierbarkeit der Währungen erhob und dafür nur zu oft Hohn und Spott erntete. In immer neuem Anlaufen versuchte ich durch acht Jahre der Lösung näher zu kommen – aber welche Konstellation auch immer das Ereignis bewirkte, so preise ich doch den Tag, der die Welt wieder im freien Wettbewerb verbindet und Redlichkeit belohnt. Von allen denkbaren Formen der Integration der freien Welt ist die Konvertierbarkeit der Währungen die fruchtbarste, die uns auch des unseligen Streitens – hier Gemeinsamer Markt, dort Freihandelszone – entheben mag.

DIE SOZIALE MARKTWIRTSCHAFT IN DER GEDÄMPFTEN WELTKONJUNKTUR

[Rede vor dem 2. Wirtschaftstag der CDU am 10. April 1959 in Hannover]

In einer Entwicklungsphase der Wirtschaft, die unverkennbar Anzeichen für einen Wiederanstieg der Konjunktur nach einer gedämpften Entwicklung im Jahr 1958 erkennen ließ, umriß der Bundeswirtschaftsminister vor Parteifreunden Sinn und Konsequenzen der freiheitlichen Wirtschaftsordnung. Angesichts einer noch stark differenzierten Entwicklung in Teilbereichen hatte diese Thematik besondere Aktualität erlangt, da Ansprüche auf Hilfeleistungen des Staates aus einzelnen Wirtschaftszweigen, die aus strukturellen und konjunkturellen Gründen einen Nachfragerückgang verzeichneten, drängender wurden. Forderungen nach Milderung des Wettbewerbsdrucks, insbesondere der Importkonkurrenz, waren Anfang 1959 ebenso zu vernehmen wie der Ruf nach expansiven Maßnahmen der Wirtschaftspolitik zur Ankurbelung der Konjunktur. In dieser Situation galt es, in der Beurteilung der wirtschaftspolitischen Erfordernisse wieder die richtigen Maßstäbe aufzuzeigen. Der Bundeswirtschaftsminister mußte die damals laut gewordenen Forderungen abwehren, weil gerade die fortschreitende Integration der europäischen Wirtschaft Anpassungsvorgänge in einzelnen Wirtschaftsbereichen zwingend notwendig machte. Er konnte auch den vielfach an ihn herangetragenen Wünschen nach konjunkturpolitischen Stimulierungsmaßnahmen nicht entsprechen, weil er guten Grund hatte, an die Wiederaufnahme einer beschleunigten Expansion aus den Kräften des Marktes heraus zu glauben:

Wenn ich über Wirtschaftspolitik im Zeichen einer gedämpften weltwirtschaftlichen Konjunktur sprechen soll – dann stocke ich schon, denn ich hege berechtigte Zweifel, ob dieser Tatbestand überhaupt oder mindestens im Augenblick noch als zutreffend angenommen werden kann.

Die neuesten verfügbaren Daten über die konjunkturelle Situation spiegeln eine günstige Entwicklung wider. Es seien hier zur Verdeutlichung nur wenige Zahlen genannt. Die Arbeitslosigkeit weist Ende März 1959 einen zu dieser Jahreszeit bisher noch nie erreichten Tiefstand auf.

Die Arbeitslosenziffer ist von Ende Februar bis Ende März um 519 000 auf 589 000 gesunken. Sie liegt damit um 47 v. H. unter dem Stand des Vorjahres. Bei den männlichen Arbeitslosen beträgt die Abnahme sogar 55 v. H.

Der Auftragseingang in der deutschen Industrie stieg nach den letztverfügbaren Zahlen im Februar, verglichen mit Februar 1958, um 11,3 v. H., dabei in der Investitionsgüterindustrie um 15,1 v. H., in Spitzenbereichen, z. B. im Fahrzeugbau, sogar um 36,7 v. H. In der Grundstoffindustrie beträgt die Zunahme 9,7 v. H., im Verbrauchsgütersektor 6,1 v. H.

Auch bei Eisen und Stahl macht sich ein deutlicher Wandel bemerkbar. Der Auftragseingang für Walzwerkserzeugnisse lag im März 1959 um 17,9 v. H. über demjenigen vom März 1958, wobei die Auslandsaufträge von 221 000 t auf 348 000 t und die Inlandsaufträge um 65 000 t auf 916 000 t anstiegen.

Die Außenhandelsentwicklung ist in den ersten Wochen von 1959 außerordentlich günstig verlaufen, wobei sich im Januar ein Außenhandelssaldo von 229 Millionen DM, im Februar von 646 Millionen DM ergab.

Wenn ich diese Fakten beurteile, dann will mir vielmehr scheinen, daß die Stabilisierungs- und Belebungstendenzen in der Weltwirtschaft, ausgehend von starken Konjunkturimpulsen in den Vereinigten Staaten und einer sichtbaren Konsolidierung der Rohstoffmärkte und Rohstoffpreise, nunmehr auch die europäischen Volkswirtschaften in zunehmendem Maße zu befruchten beginnen, wobei die Bundesrepublik einen beträchtlichen Beitrag leistet. Konjunkturelle und saisonale Faktoren wirken zusammen, um ein wieder günstigeres Konjunkturklima zu schaffen.

Diese Wandlung scheint mir auch psychologisch dringend erforderlich zu sein, denn die Meinungsbeeinflussung hat eine Stimmung erzeugt, als ob die in einer Marktwirtschaft unverzichtbaren Anpassungsvorgänge vor dem Hintergrund eines differenzierten Konjunkturbildes schon einer volkswirtschaftlichen Krise gleichzuachten wären. Diese Aussage entspricht nicht meinem sprichwörtlichen Optimismus oder gar einem Leichtsinn, sondern ist vielmehr von der Sorge getragen, daß das deutsche Volk – gleich wie in den Zeiten einer drohenden Konjunkturüberhitzung – nunmehr im Zeichen einer zwar ruhigeren, aber deutlich erkennbar aufwärtsgerichteten Entwicklung das Gefühl für das Gemäße, d. h. für die richtigen Maße verlieren könnte. Ich frage wirklich, welche Vokabeln uns überhaupt noch zur Verfügung stünden, wenn tatsächlich einmal – aus welchen Gründen auch immer – eine Konjunkturabschwächung Platz greifen sollte. Das selbstzufriedene Schweigen derer, denen es gut geht, kann selbstverständlich kein Gegengewicht gegen die Lautstärke bieten, mit der die wenigen konjunkturell bedrängten Wirtschaftszweige ihre subjektiv zweifellos berechtigten Klagen an den Mann zu bringen suchen.

Hinter diesen mehr äußeren Vorgängen wird jedoch eine ernste Fragestellung sichtbar, die uns zu überprüfen zwingt, ob nicht die These von der Vollbeschäftigung – die ich in ihrem Ausgangspunkt und als Reaktion auf das Elend der großen Weltwirtschaftskrise zu würdigen weiß –, einen Bedeutungswandel erfahren hat, der zu gefährlichen Störungen Anlaß geben kann. Gewiß können und wollen wir uns den Luxus einer allgemeinen volkswirtschaftlichen Konjunkturabschwächung nicht leisten und würden dement-entsprechend operieren. Vollbeschäftigung bedeutet aber nicht volle Beschäftigung jedes Wirtschaftszweiges und jedes Betriebes, und die Wirtschafts-, Finanz- und Währungspolitik befände sich in einer gefährlichen Zwangslage, wenn sie selbst einen strukturellen Gesundungsprozeß wegen einer falsch verstandenen Vollbeschäftigung künstlich unterbinden müßte. Doch diese Mahnung zur Besinnung ist nicht das Thema des heutigen Tages.

Man werfe mir auch nicht vor, daß ich die Sorgen der auf die Schattenseite der Konjunktur gerückten Wirtschaftszweige gering achte, aber man möge von mir auch nicht verlangen, daß ich deren Wünsche zum Maßstab und zur Richtschnur der gesamten volkswirtschaftlichen Politik erhebe. Hinzu kommt, daß der Wirtschaftspolitiker bei der Überprüfung der äußeren Erscheinung sorgfältig zwischen langfristigen strukturellen Prozessen und kurzfristigen Konjunkturschwankungen zu unterscheiden hat, und vor allen Dingen muß er sich davor hüten, nur aus nationaler oder gar nationalistischer und damit zugleich auch engstirniger Schau an die Probleme heranzugehen. Er verdient immerhin vermerkt zu werden, daß die neuralgischsten Wirtschaftszweige in der Bundesrepublik, das sind die Kohle- und Textilwirtschaft – in abgeschwächter Form und aus völlig anderen Ursachen auch Eisen- und Stahlindustrie –, die derzeitige Sorge fast aller hochentwickelten Industriestaaten ausmachen.

Es hört sich zwar ganz gut an, daß uns das Hemd näher liegt als der Rock, aber ich bin nicht der Meinung, daß wir mit jenem Kleidungsstück allein durch die Lande wandeln dürften. Ich möchte damit sagen, daß wir nicht den eigensinnigen Versuch unternehmen dürfen, dem technischen Fortschritt zuwiderlaufend, die Kohle gegenüber allen anderen Energieträgern künstlich abzuschirmen und daß es daneben auch einen Versuch am untauglichen Objekt bedeuten würde, wenn wir glaubten, den Verbraucher zugunsten eines zusätzlichen Konsums von Textilien vom Erwerb begehrter langlebiger und hochwertiger Gebrauchsgüter fernhalten zu wollen. Gleichwohl dürfen wir die tröstliche Gewißheit haben, daß – wenn auch mit gewissen strukturellen Verlagerungen – sowohl die deutsche Kohleförderung wie auch die Produktion von Textilerzeugnissen und Bekleidungsgegenständen ihren Markt behalten werden.

Warum sage ich das alles? Um jener Neurose zu begegnen, daß die Welt zusammenbricht und im besonderen die deutsche Wirtschaft nur deshalb vor dem Abgrund steht, weil es neben blühenden Wirtschafts- und Gewerbezweigen auch solche gibt, die vom unternehmerischen Standpunkt aus gesehen um ihre Existenz ringen. Man führt zum Beweis der sogenannten gedämpften Konjunktur allenthalben auch an, daß nach den stürmischen Jahren der Expansion die Zuwachsraten der Mehrung des Sozialproduktes geringer geworden sind und mit der Erschöpfung des Arbeitskräftepotentials die Gefahr einer Stagnation unabweisbar wäre.

Auch diese Behauptung ist nur relativ richtig, denn man vergißt dabei nur allzu leicht, daß wir seit geraumer Zeit unseren wachsenden Wohlstand in Form einer fortschreitenden Arbeitszeitverkürzung genießen und es dann nur selbstverständlich ist, wenn trotz gesteigerter Leistungsergiebigkeit der menschlichen Arbeit mindestens relativ eine Schmälerung des Sozialprodukts Platz greifen muß. Ich möchte damit zu dem Phänomen der Arbeitszeitverkürzung selbst kein Werturteil fällen, sondern nur darauf hinweisen, daß sich die Wertmaßstäbe verschoben haben, ohne daß wir uns dessen im statistischen Bild bewußt werden. Eine Stunde weniger Arbeitszeit pro Woche bedeutet eben zwangsläufig einen Verzicht auf mindestens 2 v. H. potentiell möglicher Erhöhung des Sozialprodukts. So haben wir uns immer zu fragen, ob uns mehr Muße oder bessere materielle Lebensmöglichkeiten den höheren Wert bedeuten. Bei dieser Fragestellung sollten wir indessen auch nicht vergessen, daß man uns als einem heute hochentwickelten Industriestaat zugunsten der weniger entwickelten Länder und Völker Opfer abverlangt, zu deren Gewährung nicht nur ein gutes Herz und moralische Gesinnung, sondern auch die materielle Leistungskraft vonnöten ist.

Wenn ich im Hinblick auf das differenzierter gewordene Konjunkturbild die Unternehmer gleichwohl aufrufen muß, im freien Wettbewerb auch gegenüber dem Ausland in der Bewährung bleiben zu wollen, dann bedarf auch das Verhalten der Gewerkschaften in Fragen der Lohnpolitik einer besseren Anpassung an die volkswirtschaftlichen Gegebenheiten. Die in der Phase der stürmischen Expansion angewandte Methode, in einem gewerkschaftspolitisch günstig gelagerten Wirtschaftszweig eine Lohnerhöhung bzw. Arbeitszeitverkürzung herauszuholen und diese Maßstäbe dann nachfolgend über die ganze Breite der Volkswirtschaft anzuwenden, wird dann nicht nur untauglich, sondern sogar gefährlich, wenn sich im Zeichen einer inneren Konsolidierung und eines strukturellen Anpassungsprozesses die Wettbewerbsverhältnisse wie auch die kosten- und ertragswirtschaftlichen Bedingungen zwichen den einzelnen Wirtschaftszweigen sehr unterschiedlich darstellen.

Wenn die Gewerkschaften im Grundsatz einer Mengenkonjunktur zustimmen, müssen sie auch die Konsequenz gelten lassen, daß die Einleitung eines solchen Prozesses ein adäquates lohnpolitisches Verhalten voraussetzt. Das heißt mit anderen Worten, daß auch die Lohnpolitik sehr viel differenzierter gehandhabt werden muß und daß sich auch auf dem Gebiet der Arbeitszeit für einen bestimmten Augenblick eines nicht für alle schickt. Insofern tragen die Gewerkschaften heute neben der Unternehmerschaft eine hohe Verantwortung für die Aufrechterhaltung einer freiheitlichen Wirtschafts- und Gesellschaftsordnung.

Der Konjunkturpessimismus der Gegenwart gründet sich nicht zuletzt auch auf die tragischen Erfahrungen der dreißiger Jahre und spiegelt die dumpfe Angst wider, daß wir vergleichbaren Entwicklungen gleich hilflos gegenüberstehen könnten. Es scheint mir darum dringend notwendig zu sein, vor einer speziellen Behandlung dieses Themas die Grundsätze unserer heutigen Wirtschaftspolitik – der Politik der Sozialen Marktwirtschaft – noch einmal wenigstens in kurzen Strichen zu analysieren, um uns der völlig unterschiedlichen Voraussetzungen der Konjunktursituation, aber auch der Möglichkeiten staatlicher Einflußnahme auf das wirtschaftliche Geschehen bewußt zu werden.

Das liberale Prinzip der dreißiger Jahre entsprach noch weitgehend den liberalistischen Vorstellungen des 19. Jahrhunderts, die den absoluten Begriff der Freiheit ohne Bezugnahme auf staats- und gesellschaftspolitische Entfaltungen als höchsten Wert proklamierten. Dieser Grundsatz fand seinen Ausdruck nicht nur in der sogenannten Koalitionsfreiheit, die leicht zur Freiheit der gegen den Staat gerichteten Interessenbündnisse ausartet, nicht nur in der schrankenlosen Ausübung wirtschaftlicher Macht, sondern nicht weniger verhängnisvoll in einer lähmenden Passivität der staatlichen Organe, das Schicksal des Volkes zu gestalten. Dem setzen wir in der Sozialen Marktwirtschaft – in den Düsseldorfer Leitsätzen proklamiert – die These entgegen, daß nur der frei sein darf, der über keine wirtschaftliche Macht verfügt, daß aber umgekehrt der, der Macht besitzt, eine Beschränkung seiner Freizügigkeit hinnehmen muß. Dem setzen wir ferner die These entgegen, daß die staatliche Wirtschaftspolitik nicht nur hinter den Ereignissen herzulaufen hat, um fallweise gewissen Schäden abzuhelfen, sondern daß ihre vornehmliche Aufgabe darin besteht, der lebendigen Entwicklung in Freiheit die Impulse zu geben und die Ziele zu setzen.

Das sind die Thesen, die das Gesetz gegen Wettbewerbsbeschränkungen geprägt haben und das ist zugleich auch der Grund, warum ich mich beharrlich weigere, partiell auftretende Schwierigkeiten oder sogar Notstände zum Anlaß eines wirtschaftspolitischen Kurswechsels – eines neuen Stils der Wirtschaftspolitik – zu nehmen. Eine freiheitliche Wirtschafts- und Gesellschaftsordnung – und damit auch ein freiheitliches Leben im politischen und menschlichen Bereich – ist nur so lange möglich, als der Motor des Wettbewerbs und das Steuerungsmittel des freien Preises den Zwang zu unternehmerischer Bewährung und zu volkswirtschaftlicher Leistungssteigerung mit dem Ziel und Zweck des höchsten sozialen Nutzeffekts lebendig erhalten. Der Unternehmer hat im sozialen Gefüge in der Mitte des 20. Jahrhunderts nur dann und so lange eine moralische Daseinsberechtigung, als er sich im Wettbewerb zu bewähren bereit ist, denn wir alle kennen die Dogmen und Ideologien, die ihn als zur Erfüllung gesellschaftspolitischer Aufgaben untauglich stempeln möchten.

Demgegenüber bedeutet es wenig oder gar nichts, wenn wir auf die Gefahren einer irgendwie gearteten Kollektivwirtschaft hinweisen, denn die harte Realität unseres gesellschaftspolitischen Soseins muß gegenüber kollektiven bzw. gemeinwirtschaftlichen Verlockungen oder Verführungen in dem lebendigen Bewußtsein des Alltags eines jeden Staatsbürgers obsiegen. Hier kann es im letzten keine Kompromisse geben, d. h. der Unternehmer kann und darf den Wettbewerb und die freie Preisbildung nicht nur dann bejahen, wenn ihm im Zeichen des Verkäufermarkts die Sonne scheint, sondern er muß womöglich noch treuer zu diesem Prinzip stehen, wenn er im Zeichen des Käufermarkts zur Bewährung aufgerufen ist. Eine Mischung von Staats- und Privatwirtschaft ist in der Praxis des Alltags undenkbar, und darum gilt es den Anfängen zu wehren. Gerade weil ich mich zu dem Grundsatz bekenne, daß der Staat im gesellschaftswirtschaftlichen Leben zu Höherem berufen ist, als die Rolle des Nachtwächters zu spielen, muß ich mich gegenüber der Forderung verwahren, den Staat nur als Schutzherrn bedrängter Unternehmer mißbrauchen zu lassen.

In einer weltweiten freiheitlichen Ordnung werden sich zwangsläufig Standortverschiebungen und Verlagerungen der Handelsströme vollziehen müssen, und es bedeutet darum einen Widerspruch in sich selbst, wenn die Nationen auf der einen Seite den Grundsatz der Integration in feierlicher Form bejahen, gleichzeitig aber bestrebt sind, sich gegenüber den sogenannten Verzerrungen abzuschirmen. Wozu, so frage ich, unternehmen wir all die vielen Bemühungen zur europäischen Integration, wenn im letzten Grunde kein Land bereit ist, die Konsequenz dieser Politik auf sich zu nehmen, obgleich jede rationale Überlegung uns zu der Erkenntnis zwingen müßte, daß in einer friedlichen Welt die jeweils produktivste Ausnutzung der menschlichen Arbeitskraft allen zum Vorteil und Segen gereichen müßte. Das, und nicht die Treue zu Paragraphen, ist der eigentliche Prüfstein für eine wirklich europäische Gesinnung.

Wir gebärden uns so, als ob jede Veränderung der wirtschaftlichen Daten ein Unglück bedeutete, als ob sich nichts verändern dürfte, während doch das Normale im Prozeß der ökonomischen Entfaltung gerade das Leben, d. h. die Veränderung ist. Goethe sagt in seinem Faust: „Im ersten sind wir frei, im zweiten sind wir Knechte", d. h., daß wir den Boden unter den Füßen verlieren, wenn wir die Grundsätze unserer Wirtschafts- und Gesellschaftsordnung verleugnen und auf den Alltag ausgerichtete Kompromisse zu schließen bereit sind. Es ist also keine Feindseligkeit, es ist auch nicht nur die Treue zur Idee, sondern es ist das instinktive und sichere Bewußtsein von der Fragwürdigkeit einer Wirtschaftspolitik „von Fall zu Fall", wenn ich den Drohungen, Forderungen, Verlockungen und Verführungen, die Wirtschaftspolitik zu modifizieren, ein entschiedenes und unbeugsames Nein entgegensetze.

Eine Lebensregel sagt, daß man aus Erfahrungen klug werden sollte. Ich projiziere diesen Satz von den Zuständen und Erscheinungen der Gegenwart auf die Ereignisse der dreißiger Jahre, und insofern sei mir auch die Thematik willkommen, die, ob real oder irreal, von dem Tatbestand einer Konjunkturdämpfung ausgeht. Ich glaube nicht, daß es notwendig ist, die

Ursachen der seinerzeitigen Weltwirtschaftskrise bis ins einzelne zu analysieren, denn für unsere Zwecke genügt es, einzusehen, daß dieses Unheil nicht wie eine Macht des Schicksals über uns kam, sondern sich aus unglücklichen Faktoren heraus immer mehr zu einem tragischen Geschehen verdichtete, dem – das sei zugegeben – die Staatsmänner dieser Zeit mehr oder minder hilflos gegenüberstanden.

In solchem Zusammenhang aber nehme ich gerade Bezug auf die Politik der Sozialen Marktwirtschaft, die davon ausgeht, daß über die Sicherstellung der unternehmerisch-wirtschaftlichen Freiheit der Drang und Zwang zur Mengenkonjunktur nicht durch Abreden künstlich unterbunden wird. Kartelle, so heißt es, seien Kinder der Not, und in der Tat hat es niemals in Deutschland so viele Kartelle und Kartellgründungen gegeben wie in der Krise der dreißiger Jahre; aber noch nie in der Wirtschaftsgeschichte der Menschheit hat sich ein Instrument zur Behebung der Not so untauglich erwiesen wie die Kartelle. Man steht fast fassungslos vor dem Phänomen, daß eine Einrichtung, die so kläglich und schuldhaft versagte, gleichwohl immer noch Anhänger und sogar Bewunderer findet. Zu alledem gehört wenig Einsicht, um die Untauglichkeit einer solchen Politik auch rational zu erklären. Kartelle schaffen kein zusätzliches Sozialprodukt und auch kein zusätzliches Volkseinkommen, sondern können bestenfalls eine Umverteilung des Volkseinkommens bewirken. Je mehr aber mächtige und straff organisierte Wirtschaftszweige ihre Marktposition oder gar Marktbeherrschung durch Kartelle zu verteidigen in der Lage sind, je mehr also diese privilegierten Gruppen durch kartellrechtliche Bindungen mehr Kaufkraft an sich ziehen, als ihnen im freien Markt zufließen würden, desto klarer ist zu erkennen, daß Dritte die Zeche bezahlen müssen. Das sind dann in der Regel diejenigen Bereiche unserer Wirtschaft, die wegen der Differenziertheit ihrer Leistung und der soziologischen Gemengelage der organisierten Macht funktionsfähiger Kartelle nichts Gleichwertiges bzw. gleich Wirksames entgegenzusetzen haben.

Das etwa sind auch die Überlegungen, die mich zur Eröffnung der Frankfurter Messe die Entfachung einer Mengenkonjunktur anraten ließen. Der Widerstand gegen diese Empfehlung entbehrt nicht kindlicher oder gar kindischer Züge, denn zu jenem Zeitpunkt hatte sich allenthalben der Drang zur Mengenkonjunktur – und das nicht nur in Deutschland – nicht nur bereits durchgesetzt, sondern darüber hinaus hat die allgemeine Unsicherheit über die Angemessenheit geforderter Preise und Spannen das Institut der Preisbindung der zweiten Hand fast zusammenbrechen lassen. Dem Wirtschaftsminister sollte es also verwehrt sein, das öffentlich auszusprechen, was in der Diskussion der beteiligten Wirtschaftskreise ohnedies lebendig ist? Gerade in Frankfurt habe ich auf die Differenziertheit des Konjunkturbildes in den einzelnen Industriebereichen ausdrücklich hingewiesen, aber man kann von mir nicht ernsthaft verlangen, daß ich im Zusammenhang mit der Proklamierung allgemein volkswirtschaftlicher Grundsätze nachträglich für fünfzig Wirtschaftszweige oder mehr eine ins Spezielle gehende Analyse anfüge. In solcher Weise gegen den Wirtschaftsminister zu operieren, erscheint mir zu billig, um als glaubhaft und wahrhaft gelten zu können.

Das ist also der eine grundsätzliche Unterschied gegenüber der Krise der dreißiger Jahre, daß wir notwendige Bereinigungen und Anpassungen nicht mehr künstlich und gewaltsam unterbinden und damit Krisen unter der Decke fortschwelen lassen wollen, sondern den Mut aufbringen, kleinere Störungen auf uns zu nehmen, um nicht nachfolgend mit geballter Kraft der Zerstörung unseres gesellschaftspolitischen Lebens fast hilflos ausgeliefert zu sein. Dem widerstrebenden Unternehmer möchte ich im gleichen Zusammenhang sagen, daß die goldene Regel, der erste Verlust wäre immer der geringste, auch hier seine Gültigkeit behält, und daß der schlecht beraten ist, ja fast zerstörerisch handelt, wenn er glaubt, daß es irgendein Mirakel geben könnte, sich dem Votum des Marktes zu entziehen.

Das ist indessen nur e i n e Seite des Problems. Was uns in die tiefe Krise der dreißiger Jahre verstrickt hat, war der Irrwahn der nationalen Volkswirtschaften, sich aus der zwischenstaatlichen bzw. internationalen Bindung lösen und dazu noch glauben zu können, damit Vorteile zu erringen. Die Wirtschafts- und Währungsgeschichte dieser Zeit liest sich aus der Erkenntnis der Gegenwart wie ein schlechter Kriminalroman. Leider muß ich dem hinzufügen, daß unsere Gegenwart keinesfalls gegen einen Rückfall in alte Sünden gefeit ist. Es hört sich so gut an, daß es z. B. die Pflicht des Wirtschaftsministers wäre, die deutsche Textilindustrie nicht nur gegenüber den Einfuhren aus den sogenannten Niedrigpreisländern, sondern auch gegenüber einem angeblich verfälschten Wettbewerb französischer Kammgarne oder italienischer Streichgarne zu schützen.

Zwar bin ich dessen nicht gewiß, ob auf dieser Ebene nicht auch künstliche Wettbewerbszerrungen wirksam sind, aber man soll und kann dabei auch nicht vergessen, daß es einem Lande mit einem extrem hohen Handelsbilanzüberschuß schlecht ansteht, Länder in den Anklagezustand zu versetzen, die um ihren Zahlungsbilanzausgleich ringen. Völlig unrealistisch und abwegig aber ist jener Einwand, daß die von übermäßigen Einfuhren bedrängten deutschen Industriezweige die übersteigerten Exportchancen anderer deutscher Industriegruppen zu bezahlen hätten; denn nach den internationalen Spielregeln würde eine künstliche Drosselung des deutschen Investitionsgüterexports keinesfalls zu einer Minderung des Importdrucks in den neuralgischen Wirtschaftszweigen führen. Eine dahin ausgerichtete bewußte deutsche Außenhandelspolitik könnte nur einen Rückgang der deutschen Industrieproduktion um einige Milliarden DM bewirken, aber es ist wohl kaum einzusehen, wie ein damit zwangsläufig verbundener Ausfall an Volkseinkommen geeignet sein könnte, die Nachfrage nach den konjunkturell benachteiligten Verbrauchsgütern zu verstärken. Im übrigen beginnt sich ja das Konjunkturbild für alle Zweige der Volkswirtschaft günstiger zu gestalten.

Neben den falschen innenpolitischen wirtschaftlichen Maßnahmen, über Kartelle die Krise der dreißiger Jahre heilen zu wollen, hat zur Vollendung jener Tragik noch die Illusion beigetragen, daß die nationale Isolierung mit der Wirkung einer Demontage der Weltwirtschaft das Mittel sein könnte, sich vor dem Unheil zu bewahren. Das hat mit der zunehmenden Loslösung vom Weltmarkt in der ersten Phase dazu geführt, daß die Währungspolitik seitens der Nationalstaaten als Mittel der Handelspolitik mißbraucht wurde. Dieser Betrug konnte indessen nicht ohne Gegenwirkung bleiben und führte immer mehr dahin, daß in Umkehrung von Ursache und Wirkung nachfolgend die Handelspolitik jene Verfahren oder besser Manipulationen entwickelte, die eine falsche und unrealistische Währungspolitik scheinbar funktionsfähig machen sollten.

Der Übergang zur Konvertierbarkeit der maßgebenden Währungen mag uns in der Hoffnung bestärken, daß diese Zeit der Irrungen und Wirrungen hinter uns liegt, aber um so berechtigter will es mir erscheinen, kurzsichtigen Interventionswünschen mit Entschiedenheit zu begegnen. Die Konvertierbarkeit setzt vor allem, wenn sie sich von der Ausländer- auch noch auf die Inländerkonvertierbarkeit erstreckt, dem Spuk ein Ende, daß es in dem freien Belieben nationaler oder supranationaler Entscheidungen liegen könnte, entgegen den realen ökonomischen Gegebenheiten vorgefaßte politische Ziele durchsetzen zu können. Die bis dahin vorherrschende unzureichende intervalutarische Ordnung hat die nationalen Volkswirtschaften in dem Irrglauben bestärkt, daß politisches Wollen über die materiellen Realitäten des Lebens obsiegen könnte. In solcher Geisteshaltung wurzelt etwa auch die lebensfremde Forderung nach sozialer Harmonisierung als Voraussetzung eines freien Wettbewerbs. Bis dahin gab es auch keine europäischen oder internationalen Institutionen, die den Mut oder die Kraft aufgebracht haben könnten, die einzelnen Nationalstaaten in bezug auf ihre Wirtschafts-, Währungs- und Finanzpolitik zur Ordnung zu rufen. Erst die Konvertierbarkeit der Währung hat wieder dazu geführt, daß statt einer unmittelbaren Einflußnahme auf das Verhalten der nationalen Regierungen in mittelbarer Weise der anonyme Befehl aus dem System der Konvertierbarkeit heraus wirksam wird. Ich jedenfalls bin der Überzeugung, daß diese Methode und dieser Zwang zu einer echten Integration der Volkswirtschaften die Arbeit der geschaffenen institutionellen Einrichtungen wirksam ergänzen. Es scheint mir auch nicht mehr den Gegebenheiten und Notwendigkeiten der politischen Situation der freien Welt zu entsprechen, allein in Gruppenbindungen gedeihliche Lösungen zu suchen.

An früherer Stelle ist schon der Gedanke angeklungen, daß wir, die hochentwickelten Industriestaaten, auch eine Verantwortung für die sogenannten weniger entwickelten Länder tragen. Niemand, der wissend und sehend die ökonomischen und sozialen Verhältnisse in jenen Räumen erlebt hat, wird noch Zweifel hegen können, daß es nur über eine Industrialisierung möglich sein wird, die Gefahr des Kommunimus und Kollektivismus abzuwehren. Das heißt aber mit anderen Worten, daß die hochentwickelten Industriestaaten mit relativ hoher Kaufkraft bereit sein müssen, den Entwicklungsländern in breiterem Umfang industrielle Fertigungen zu überlassen und im eigenen Bereich einem strukturellen Umwandlungsprozeß Raum zu geben, der zu einem Ausgleich der Interessen führen kann. Mir will darum auch scheinen, daß die künftigen Verhandlungen des GATT (Allgemeine Zoll- und Handelsabkommen), bei denen sich formal die Bundesrepublik im Anklagezustand befindet, nicht den Kern des Problems berühren. Die formalrechtliche Zufälligkeit, ob ein Land Schutzmaßnahmen für sich in Anspruch nehmen kann oder darf, erscheint mir nicht geeignet, das weltweite politische und soziologische Problem der Entwicklungsländer zu lösen. Es wird nach meiner Überzeugung vielmehr darauf ankommen, daß die hochentwickelten Industriestaaten in ihrer Gesamtheit einen Weg und ein Verfahren finden, um den Lebensnotwendigkeiten der Völker, die am Beginn ihrer industriell-technischen Entwicklung stehen, zu entsprechen. Auch das Kriterium der möglichen Bezugnahme auf Zahlungsbilanzschwierigkeiten scheint mir kaum ein brauchbarer Maßstab zur Rechtfertigung des individuellen Verhaltens der Nationalstaaten zu sein, denn dabei wird nur allzu leicht die Schuld zu einer Tugend gestempelt. So sehr ich mich also zu den Grundsätzen des GATT als der wirksamen Verklammerung der Handelspolitik der freien Welt bekenne, bin ich doch der Auffassung, daß die Spielregeln dieser Organisation einer lebens- und wirklichkeitsnäheren Ausrichtung bedürfen.

Vor zwei Jahren standen wir im Zeichen einer gesellschaftspolitischen Neuorientierung unserer Wirtschaftspolitik. Seinerzeit bedeuteten die Thesen „Wohlstand für alle", „Eigentum für jeden" in die Zukunft gerichtete programmatische Erklärungen. Ja, wir mußten es hinnehmen, daß man uns der Scheinheiligkeit zieh; der Gedanke der Volksaktie bzw. der konkrete Plan der Privatisierung des Volkswagenwerks sei nur Ausdruck und Ausfluß einer parteipolitischen Taktik. Das geradezu überwältigende Ergebnis der Zeichnung für die Preußag-Aktie hat aber wohl hinlänglich deutlich gemacht, daß das gesellschaftspolitische Ziel dieser Aktion in der breiten Öffentlichkeit eine vorbehaltlos positive Resonanz gefunden hat. Es ist kaum übertrieben, wenn ich dazu sagte, daß damit die Zeit des Klassenkampfes als endgültig überwunden gelten kann und ein neues gesellschaftspolitisches Leitbild erkennbar wird, demzufolge es nicht mehr die alleinige Aufgabe der Unternehmer ist, sondern der Sorge aller Staatsbürger obliegt, sich die Pflege, die Verbesserung und Ausweitung des Produktivkapitals angelegen sein zu lassen. Wenn auch der Lohn- und Gehaltsempfänger und der kleine Sparer immer besser zu erkennen vermögen, daß ihr Schicksal, ihre soziale Sicherheit und die Zukunft ihrer Kinder von der Erhaltung unserer Produktiv- und Leistungskraft abhängen, wird und muß das fast zwangsläufig zu einem Gesinnungswandel in Richtung eines höheren Verantwortungsbewußtseins jedes Einzelnen für das Ganze führen. Das aber scheint mir die beste Grundlage jeder in sich gefestigten demokratischen Ordnung zu sein.

Hier ist im übrigen indirekt auch das Mittelstandsproblem angesprochen. Gegenwärtig sind alle einschlägigen Ressorts mit der praktisch politischen Fragestellung befaßt, was auf dem Gebiet der Gesetzgebung zu ändern und zu veranstalten ist, um bedenklichen Konzentrationsbestrebungen, soweit diese nicht auf volkswirtschaftliche oder technische Notwendigkeiten zurückzuführen sind, wirksam zu begegnen. Es bleibt unser ernstes Anliegen, die Freiheit und Lebensfähigkeit einer möglichst großen Zahl selbständiger Existenzen in allen Bereichen der Volkswirtschaft zu schützen und zu erhalten.

Was wir in diesen letzten Jahren noch an Erkenntnissen zugewonnen haben, ist dies, daß kein Land mehr aus eigener Kraft sein Schicksal glücklich gestalten kann. Das aber setzt auch einen veränderten moralischen Standard voraus. Jene Zeit, in der es aus Gründen diplomatischer Höflichkeit oder Rücksichtnahme unvertretbar erschien, das Verhalten anderer Nationen kritisch zu würdigen, geht ihrem Ende zu. Das erfordert aber auch eine neue Sprachregelung. Wenn auch die supranationalen, die europäischen und die internationalen Einrichtungen im besonderen berufen sind, ein im Interesse des Ganzen liegendes gleichförmiges Verhalten der Nationalwirtschaften einzuleiten und sicherzustellen, so bleibt doch der Dualismus zwischen der Souveränität der Nationalstaaten und dem Zwang zu einer Harmonisierung ihrer Politik bestehen, und daraus leite ich das Recht ab, daß jeder, der über die nationalen Interessen hinaus für das Ganze zu wirken berufen und bereit ist, auch die Freiheit für sich in Anspruch nehmen darf, seine mahnende Stimme zu erheben. Wir leben sozusagen zwischen den Zeiten, in denen wir einerseits noch in den Kategorien nationaler Souveränität und Zuständigkeit denken und gleichwohl etwas davon erahnen, daß diese Denkungsart und auch diese Methoden nicht mehr ausreichen, um die freie Welt zu einer Einheit zusammenzuschließen und den Notwendigkeiten des technischen Fortschritts zu entsprechen. Niemand wird dafür ein allgemein gültiges Rezept bieten können; es dürfte aber schon ein Gewinn sein, wenn wir uns dieser Zusammenhänge bewußt sind, und wenn wir uns aufgeschlossen zeigen, das zu tun, was die Zeit uns abverlangt.

Endlich habe ich noch ein weiteres Anliegen. Es betrifft die sittliche Einstellung des deutschen Volkes zu seiner Wirtschafts- und Gesellschaftsordnung. Wir erleben es immer wieder, wie eine blutleere und seelenlose Geistreichelei sich tummelt und wie vor dem Hintergrund der faden Vokabel vom „deutschen Wirtschaftswunder" moralinsaurer Snobismus ob der angeblich materialistischen Gesinnung des deutschen Volkes die Nase rümpft. Die echte Sorge trägt wahrlich würdigere Züge, als sie hierin zum Ausdruck kommt. Nicht um zweifellos vorhandene Schwächen zu überdecken, sondern um das redliche deutsche Volk vor solcher Verunglimpfung zu schützen und dem gesellschafts- und gemeinschaftszerstörenden Treiben das verdiente Ende zu bereiten, sind alle wohlmeinenden und bejahenden Kräfte im Lande aufgerufen, jenem Nihilismus die Maske vom Gesicht zu reißen. Mit dem selbstverständlichen Recht auf Kritik haben jene durchsichtigen Manöver gar nichts zu tun, und darum ist ihnen ebenso deutlich wie entschlossen das Recht zur Kritik an der Kritik entgegenzusetzen. Das arbeitsame deutsche Volk hat wahrlich gerechtere Richter verdient als jene, die sich ohne echte Leistung und Legitimation dazu aufspielen möchten. Wir wissen selbst, wieviel noch zu tun übrig bleibt; wir alle tragen diese gemeinsame Verantwortung, das Rechte zu tun.

Es scheint mir an der Zeit zu sein, endlich mit dem wohl nur einer Gedankenlosigkeit entspringenden Irrtum aufzuhören, als ob Politik und Wirtschaft zwei getrennte und in sich isolierbare Bereiche des gesellschaftlichen oder menschlichen Lebens sein könnten. Hier wird ein Dualismus konstruiert, der weder der Erkenntnis noch der Erfahrung gerecht wird, denn es ist nur allzu leicht nachzuweisen, daß diese beiden Sphären unseres Seins sich nicht nur immer wieder berühren, sondern notwendigerweise ergänzen und auch einander befruchten. Ebenso irrig wäre es, annehmen zu wollen, daß unser politisches und wirtschaftliches Schicksal unterschiedlichen Prinzipien unterworfen sein könnte, ja sich sogar feindlich gegenüberstehen würde. Auf diesem Felde mag manche geschichtliche Reminiszenz den Blick zum Begreifen des heutigen Lebens trüben. Wir leben aber nicht mehr im Zeitalter der schrankenlosen Herrschaft bzw. Geltung der Nationalstaaten, und unsere wirtschaftlichen Vorstellungen und Ordnungen sind nicht mehr nach dem Bild eines merkantilen Systems geprägt. Gerade nach dem tragischen Verfall der Weltwirtschaft und der Zerstörung der intervalutaren Ordnung wurde aus der Notwendigkeit, die feindliche zerspaltene Welt wieder zu verbinden und zu vereinigen, die Verantwortung wach, über den nationalen und protektionistischen Egoismus hinweg neue und gemeinverbindliche Ordnungsprinzipien einer besseren und friedlichen zwischenstaatlichen Zusammenarbeit zu setzen.

Aus der Sicht der Bundesrepublik ist es daten- und faktenmäßig fast exakt nachweisbar, daß das Bemühen der Außenpolitik und das Streben der Wirtschaftspolitik gleichermaßen dahin gerichtet war, sich aus den nationalistischen Vorstellungen der Vergangenheit zu lösen, Vertrauen und Freundschaft in der Welt zu wecken und in übernationalen Bindungen Sicherheit und Freiheit für unser Volk in allen seinen Lebensbereichen zu finden.

Es sind die gleichen Tugenden, die die Prinzipien sowohl der Außen- wie auch der Wirtschaftspolitik bestimmen: Standfestigkeit und Beharrlichkeit. Die Treue zur Idee ist es auch, die die Stetigkeit einer Politik verbürgt und sie davor bewahrt, sich in den Strömungen des Alltags und in den Launen des Augenblicks nutzlos und fruchtlos zu verlieren. Wie eng die von mir skizzierte Verbindung zwischen jenen politischen Bereichen ist, wird durch die gemeinsam gültige These erhärtet, daß es zwischen Diktatur und echter Demokratie, zwischen staatlicher Kollektiv- bzw. Zwangswirtschaft und einer freiheitlichen Marktwirtschaft, zwischen Sklaverei und einem menschenwürdigen freien Dasein kein arithmetisches Mittel und keine andere brauchbare Synthese geben kann. Wenn diese Erkenntnis und das darauf gestützte Handeln im politischen Leben heute allenthalben als Starrheit oder mangelnde Flexibilität und in der Wirtschaftspolitik als dogmatische Enge bezeichnet wird, so ist es immer die gleiche Geisteshaltung, die Gesinnungs- und Grundsatzlosigkeit zur politischen Richtschnur erheben will. Wir sollten uns lieber dessen bewußt sein, daß die große Geltung, die die konsequente, auf Treue und Freundschaft mit der Welt begründete deutsche Außenpolitik und die hohe Würdigung, die der Wiederaufbau der deutschen Wirtschaft nach dem Kriege andererseits gefunden haben, mit der Prägung des deutschen Bildes in den Augen der freien Welt untrennbar verbunden sind.

ZUR WIRTSCHAFTLICHEN RÜCKGLIEDERUNG
DES SAARLANDES

[Rundfunkansprache am 4. Juli 1959]

Die deutsch-französischen Regierungsverhandlungen führten nach der politischen Rückgliederung am 1. Januar 1957 auch zur Einigung über die wirtschaftliche Rückgliederung des Saarlandes. Der 4. Juli 1959 wurde zum „Tag X" für die Saar bestimmt und als „erster Schritt zur Wiedervereinigung" gefeiert:

Soeben wurde offiziell der Tag der wirtschaftlichen Rückgliederung des Saarlandes in die Bundesrepublik bekanntgegeben. In dieser schicksalhaften Stunde findet die Übergangszeit ein Ende, in der das Saarland politisch zwar schon zur Bundesrepublik, wirtschaftlich aber noch zu Frankreich gehörte.

Den Menschen an der Saar und der Bevölkerung in der ganzen Bundesrepublik wird es bewußt, was es heißt und bedeutet, daß das Saarland wieder endgültig mit Deutschland vereint ist. Die Zeit politischer Auseinandersetzungen und zwischenstaatlicher Verhandlungen um das Schicksal des Saarlandes hat damit endgültig einen, wie ich gewiß bin, glücklichen Abschluß gefunden.

In dieser Stunde drängt es mich aber auch, den Deutschen an der Saar die erneute Versicherung abzugeben, daß ihre Sorgen und Nöte und ihre Hoffnungen auch die unseren sind. Es erfüllt mich darüber hinaus persönlich mit einer tiefen Genugtuung, daran mitwirken zu dürfen, daß sich die wirtschaftliche Rückgliederung des Saarlandes als ein erster Schritt zur deutschen Wiedervereinigung reibungslos vollzieht. Wenn ich, was ja naheliegt, bei diesem Ereignis an die deutsche Währungsreform im Jahre 1948, an die damit verbundenen wirtschaftlichen Reformen und an die Rückkehr Deutschlands zur Weltwirtschaft denke und demgegenüber unsere heutige wirtschaftliche und soziale Situation betrachte, dann glaube ich, daß diese glückliche Wendung deutschen Schicksals der Saarbevölkerung fester Zuversicht dienen und jede Kleinmütigkeit zerstreuen kann.

Das deutsche Volk im Bundesgebiet und an der Saar hat in wechselvoller Geschichte, gerade in den letzten zwölf Jahren, aus dem Geist der Einheit und des Zusammenstehens aller Schichten und Stände wahrhaft große Leistungen vollbracht. Ich zweifle darum auch keinen Augenblick daran, daß sich auch die wirtschaftliche Vereinigung des Saarlandes mit dem übrigen Bundesgebiet ohne Störungen und Spannungen vollziehen wird.

Als neue Zollgrenze gilt nun fürderhin wieder die frühere Grenze zwischen Frankreich und dem Saarland; die D-Mark wird dort gesetzliches Zahlungsmittel und in nahezu allen Lebensbereichen tritt deutsches Recht in Kraft. Das alles verdanken wir der freien Entscheidung des deutschen Volkes an der Saar über seine eigene Zukunft. Erst auf dieser Grundlage konnten die Bundesregierung und die Regierung des Saarlandes in enger Zusammenarbeit mit der französischen Regierung die Voraussetzungen für die wirtschaftliche Rückgliederung schaffen. Hier wurde die Demokratie lebendige gestaltende Wirklichkeit.

Es geziemt sich nicht nur um der Wahrhaftigkeit willen, sondern es ist mir ein aufrichtiges Bedürfnis, an dieser Stelle zum Ausdruck zu bringen, daß die wirtschaftliche Rückgliederung des Saarlandes nicht möglich gewesen wäre, wenn die Beteiligten – Frankreich, die Bundesrepublik und das Saarland selbst – diese Aufgabe nicht aus einer verpflichtenden europäischen Gesinnung heraus angepackt hätten. Die Rückkehr des Saarlandes vollzog sich im Geiste jener deutsch-französischen Verständigung, die grundlegender Bestandteil jeder europäischen Integration sein und bleiben wird. Beide Regierungen handelten aus der Überzeugung heraus, daß wirtschaftliche und nationale Grenzen in Europa die Völker nicht länger trennen werden. So dürfen wir denn auch in den Ereignissen dieser Tage einen Akt europäischer Einigung erblicken.

Ich möchte aber auch der saarländischen Regierung herzlich dafür danken, daß sie durch ihre verständnisvolle Mitarbeit an einem geschichtlichen Werk wesentlich dazu beigetragen hat, diesen wichtigen Teil der deutschen Wiedervereinigung erfolgreich abzuschließen.

Insbesondere kommt dem verstorbenen Ministerpräsidenten Dr. Reinert an diesen gewiß nicht immer leichten Vorbereitungen ein hervorragendes Verdienst zu. Ihm in dieser Stunde dafür zu danken ist mir nicht nur als Mitglied der Bundesregierung eine gern geübte Pflicht; ich gebe damit zugleich auch meiner persönlichen hohen Wertschätzung gegenüber diesem aufrechten Manne Ausdruck.

Ich weiß sehr wohl, daß die Bevölkerung und die Wirtschaft des Saarlandes den vor uns liegenden Monaten des Einlebens in den deutschen Markt nicht nur mit Hoffnungen, sondern zum Teil auch mit Sorgen entgegensehen. Die Verbraucher werden sich zwar darüber freuen, daß sie nun freien Zugang zu den so lange entbehrten deutschen Waren haben werden, die ihren Geschmacks- und Gebrauchsgewohnheiten am nächsten kommen, und daß sie diese Waren zu recht günstigen Preisen erstehen können. Auch die Unternehmer an der Saar werden die Liefermöglichkeiten zum deutschen Markt hin in vielen Fällen begrüßen, aber selbstverständlich verbinden sich mit diesen positiven Erwartungen – und das gilt vor allem für die verarbeitende Industrie – auch Sorgen in der Richtung, ob ihnen die seitherigen Absatz- und Ertragschancen auch im deutschen Markt erhalten bleiben werden. Für die Arbeitnehmer stellt sich schließlich die Frage, wie sich die Realeinkommen, d. h. die materiellen Lebensmöglichkeiten nach der Rückgliederung gestalten werden.

Im Laufe der letzten Wochen entzündeten sich um alle diese Fragen heftige Diskussionen, die in den Auseinandersetzungen im Bundestag bei der Beratung der Gesetze über die wirtschaftliche Eingliederung des Saarlandes ihren Höhepunkt erreichten.

Die saarländische Bevölkerung hat sich aus politischen, oder besser vaterländischen Gründen für die Rückkehr ins Bundesgebiet entschieden. Der Widerstreit der Meinungen konzentrierte sich denn auch immer auf Fragen nach den jeweils besten und zugleich möglichen Mitteln und Wegen.

Es traten also lediglich Unterschiede in der Beurteilung der wirtschaftlichen und sozialen Situation zutage, wie im nationalen Bereich üblich.

Da gibt es zweifellos Wünsche und Erwartungen sowohl der Arbeitnehmer wie der Unternehmer auf wirtschaftlichem und sozialpolitischem Gebiet, die formal und äußerlich betrachtet unerfüllt geblieben sind. Niemand aber möge daraus auf mangelndes Verständnis schließen; unser aller Sorge ist es vielmehr, nach unseren deutschen Erfahrungen der Saarwirtschaft und d. h. zugleich auch den wirtschaftenden Menschen an der Saar zu gesunden und gesicherten Grundlagen ihrer Arbeit zu verhelfen. So bin ich denn auch gewiß, daß kein Anlaß zu Sorgen und Befürchtungen hinsichtlich der künftigen Entwicklung des Saarlandes besteht. Dieses neue Bundesland integriert sich mit dem deutschen Markt zu einem Zeitpunkt ausgezeichneter Beschäftigung und günstiger Konjunkturlage. Aus meiner Kenntnis der Menschen an der Saar aber weiß ich darüber hinaus, wie sehr gerade von diesen die Tugenden unermüdlicher Arbeit, der Beharrlichkeit und der Treue gepflegt werden. Diese Kraft wird sich nun auch in dem größeren Bereich der Bundesrepublik bewähren. Die Bundesregierung hat in der Vergangenheit die Hände nicht in den Schoß gelegt, und sie wird das auch in Zukunft nicht tun. Vielmehr hat sie mit einer Fülle wirtschaftsfördernder Maßnahmen Wege beschritten, die es künftig auch der saarländischen Wirtschaft erleichtern sollen, auf dem deutschen Markt festen Fuß zu fassen und an einer stetigen Aufwärtsentwicklung im gesamten Bundesgebiet teilzuhaben.

Die besondere Situation des Saarlandes wird endlich dadurch erleichtert, daß es als Teil der Bundesrepublik auch in Zukunft gleichwohl die Möglichkeit eines beträchtlichen zollfreien Güteraustausches mit Frankreich behält. Aber abgesehen von der nicht zu unterschätzenden ökonomischen Bedeutung dieser Ausnahmestellung des Saarlandes gegenüber dem französischen Markt ist diese Abmachung für die gute Atmosphäre und den festen Willen zur Zusammenarbeit zwischen Frankreich und der Bundesrepublik kennzeichnend.

Wir alle können nur gewinnen, wenn die Grenzen zwischen den Staaten mählich aber sicher niedersinken.

Was in diesen Tagen hier im Saarland geschieht, kann zuversichtlich als ein weiterer Schritt auf dem Wege zur Schaffung eines geeinten Europas gelten. Die Rückgliederung des Saarlandes ist auch im Hinblick auf die großen europäischen Aufgaben in erster Linie nicht nur als ein nationales Ereignis zu begreifen; sie ist vielmehr auch eine Dokumentation europäischer Verständigung. Die Klammer und die Freundschaft zwischen Frankreich und Deutschland werden dadurch noch stärker werden. Das Saarland hat in diesem Sinne eine Mission zu erfüllen: es ist – und möge immer bleiben – ein Bindeglied zwischen unseren Völkern. Alle Deutschen im übrigen Bundesgebiet aber blicken heute dankbaren und frohen Herzens nach der Saar mit einem herzlichen Glückauf.

GEWERKSCHAFTEN IN EINER FREIHEITLICHEN ORDNUNG

*[Ansprache am 7. September 1959 auf dem DGB-Bundeskongreß
in Stuttgart]*

*Während die SPD ein neues Parteiprogramm mit Reformtendenz be-
schließt, wird sichtbar, daß sich die Führung der großen Industrie-
Gewerkschaften immer noch nicht mit dem Ordnungsbild der Sozialen
Marktwirtschaft befreunden kann. Aber bei allen Unterschieden in der
Beurteilung zentraler wirtschaftspolitischer Fragen ist das offene Gespräch Minister Erhards mit den führenden Persönlichkeiten der Gewerkschaften nie abgerissen. Auch in den folgenden Ausführungen
spricht Ludwig Erhard erneut die Überzeugung aus, daß die Gewerkschaften zusammen mit den Arbeitgeberverbänden in einer freiheitlichen Wirtschaftsordnung wichtige und notwendige Funktionen ausüben und damit ein hohes Maß an Verantwortung tragen:*

Ich war bei Ihnen vor zehn Jahren, als die Neugründung des Deutschen
Gewerkschaftsbundes erfolgte, und ich sagte Ihnen damals, daß es mein
Bestreben sein werde, zusammen mit Ihnen dafür zu sorgen, daß die seinerzeit uns alle noch bedrängende Not überwunden wird. Uns liege das Wohl
und Wehe der arbeitenden Menschen gleichermaßen am Herzen. Ich glaube,
wir können uns zu unser aller Glück und zum Segen des deutschen Volkes
heute gegenseitig bestätigen, daß wir an diesem Ziel gearbeitet haben,
auch wenn wir nicht immer in allen Dingen einer Meinung waren. Das
habe ich auch vor zehn Jahren schon gesagt und ich wiederhole es heute
auch noch, obwohl mir scheinen möchte, daß sich die Situation doch etwas
gewandelt hat. Sicher, es gibt heute auch noch Auseinandersetzungen; die
wird es in alle Ewigkeit geben, solange Menschen um die Wahrheit ringen,
aber wir haben in dieser Zeit – und das spreche ich auch für mich persönlich
aus – immer wieder das Gespräch gesucht und immer wieder das Bedürfnis
gehabt, aktuelle Fragen zu klären und uns zu verständigen. Es ist da und
dort besser oder weniger gut gelungen, aber die Aufrichtigkeit des Wollens
war nicht zu verkennen. Dafür bin ich Ihnen, insbesondere den Herren
des Bundesvorstandes und der Industriegewerkschaften, aufrichtig dankbar;
denn wir haben hier nicht individuelle Interessen zu vertreten; es geht hier
nicht um Ehrgeiz, es geht hier nicht um Rechthaberei. Zuletzt dienen wir
alle der Erreichung eines Zieles.

In der Zwischenzeit hat sich ja manches gewandelt. Die Gewerkschaften
stehen positiv zum demokratischen Staat, was natürlich nicht bedeutet,
daß sie gleich positiv auch zu jeglicher Regierung eingestellt sind, aber das

scheint mir nicht entscheidend zu sein. Die Gewerkschaften sind jedenfalls heute aus einer demokratisch-freiheitlichen Ordnung nicht mehr wegzudenken, und sie sind Träger echter demokratischer Verantwortung. Als solche wird jedermann im Staate die Gewerkschaften betrachten und anerkennen wollen. Ich bin sogar der Meinung – und wir sollten uns das ruhig auch gegenseitig zu bestätigen wagen –, daß wir uns in diesen letzten zehn Jahren zunehmend besser verstanden haben, besser verstanden, als wir es vielleicht nach außen wahrhaben wollen; auch das soll hier ausgesprochen sein.

Wenn ich sagte, wir können uns bestätigen, daß wir gemeinsame Erfolge erzielt haben, dann darf ich wohl auch bescheidenerweise hinzufügen, daß es nicht zuletzt auch die Erfolge dieser Wirtschaftspolitik gewesen sind, die der Gewerkschaft eine breitere und erfolgreichere Betätigung gestattet haben. Wie Sie dieses System nennen wollen, – ob Sie es freie Marktwirtschaft, ob Sie es Soziale Marktwirtschaft nennen oder wie auch immer, meinetwegen nennen Sie es auch Kapitalismus, dann möchte ich dazu doch sagen: Diese kapitalistische oder marktwirtschaftliche Ordnung gehört, wie behauptet worden ist, zu den Gewerkschaften wie der Fisch zum Wasser, das heißt, der Fisch kann nicht ohne das Wasser leben. Daran ist, so glaube ich, etwas Wahres; denn nur in einer dynamischen Wirtschaft, die sich immer wieder frei entfaltet und täglich neu gestaltet, hat auch die Gewerkschaft eine volle Betätigungsmöglichkeit.

Ich weiß nicht, ob Sie das Geheimnis der gerechten sozialen Ordnung besitzen. Ich für meinen Teil erhebe keinen Anspruch auf diese Weisheit. Das ist doch das Ringen – und ich meine, das ist ein ehrliches Ringen –, daß wir, jeder nach seiner Façon und jeder nach bestem Wissen und Gewissen, das tun wollen, was uns allen, was dem deutschen Volke am meisten frommt. Aber sicher ist das eine; wenn Sie die Wirtschaft zementieren wollen, wenn Sie das Leben erstarren lassen, dann ist es auch mit der Gewerkschaftsbewegung schnell zu Ende. Eine Wirtschaft, die keine Erträge mehr abwirft und keine Gewinne erzielt, die nicht immer wieder aus neuer Initiative Neues schafft, gibt auch keinen Raum für Ihre Arbeit. Ich glaube deshalb, nur in einer freiheitlichen Ordnung – das wird niemand von Ihnen bestreiten wollen und das unterstelle ich auch nicht – ist Leben auch im gewerkschaftlichen Lager. Ich habe mir sagen lassen und habe es in der Zeitung gelesen, daß bei Ihnen auch eine innere Auseinandersetzung im Gange ist. Ich beglückwünsche Sie dazu, meine Damen und Herren. Das kommt auch anderorts vor. Nur Dummheit und Bosheit könnten sich nicht darüber freuen, wenn Sie sich mit sich selbst auseinandersetzen, in Ihrem eigenen Kreis. Nein, der Mut zur Auseinandersetzung ist kein Beweis für Schwäche, sondern der Beweis der Stärke. Ich hoffe, daß Sie die Stärke verstehen, und ich darf Ihnen zurufen: Meine Herren, geben Sie Gedankenfreiheit, üben Sie Toleranz, denn wenn wir nach dem Osten sehen, und wenn wir vor allen Dingen unserer eigenen tragischen Vergangenheit eingedenk sind, dann wissen wir, daß nur in der Freiheit ein würdiges menschliches Leben gedeihen kann. Wenn wir nach dem Osten blicken, dann wissen wir ja – dort gibt es kein gewerkschaftliches Leben – wie dort die Würde der Menschen mit Füßen getreten wird, wie jede menschliche Regung überhaupt unterbunden wird. Dann erinnert das vielleicht an die allertrübsten Zeiten und Anfänge des Industriezeitalters, und wir wollen nicht vergessen, aus welchem Elend wir uns befreien mußten, um ein freies, menschenwürdiges Dasein zu führen.

Ich glaube, die Aufgabe, vor der Sie stehen, ist eine Aufgabe, die sich in allen Bereichen des demokratischen Lebens wiederholt. Selbstverständlich hat der einzelne allein nicht mehr die Möglichkeit, sein Schicksal zu gestalten; ja wir sind heute so weit, einzugestehen, daß wir im nationalen Raum allein nicht mehr zu fruchtbaren Lösungen hinfinden können.

Die Organisation ist unvermeidlich, aber das Institutionelle bringt natürlich auch eine Gefahr mit sich. Es geht das verloren, was an menschlicher Beziehung, an sozialer Wärme, an den Gefühlen der Brüderlichkeit und der Solidarität im menschlichsten Sinne dann notwendig zurückgedrängt werden muß. Das ist in der Gewerkschaftsbewegung, das ist bei allen großen demokratischen Einrichtungen der Fall. Es ist die Kunst – die Kunst des Möglichen, muß ich auch hier sagen, und deshalb Politik genannt –, das harmonische Mittel zu finden zwischen der zwangsläufigen Unpersönlichkeit der Organisation und der Institution und dem Drängen der Menschen, doch wieder etwas von menschlicher Wärme und von unmittelbarer persönlicher Beziehung zu erfahren.

Es gibt noch etwas anderes, was meiner Ansicht nach auch zu einer Gefahr für die Gewerkschaftsbewegung werden kann: nämlich den allzu perfektionistischen Wohlfahrtsstaat. Kein Wort gegen alles, was wir an sozialen Leistungen in den letzten zehn Jahren aufbauen und immer mehr vervollkommnen konnten. Das war unsere selbstverständliche Pflicht. Aber ich glaube, es gibt hier auch eine Grenze. Denn wenn die Menschen das Gefühl haben, daß nun alles und jedes perfektionistisch geordnet ist und wenn keine Bewegung mehr möglich und zulässig erscheint, dann kann ich mir auch nicht vorstellen, was den Gewerkschaften überhaupt noch zu tun bliebe. Wenn alles von Staats wegen geregelt und geordnet ist, wenn kein Wunsch mehr zu erfüllen bleibt, fehlt auch der Gewerkschaftsbewegung das Leben.

Wenn wir den Stein der Weisen finden und eine genaue Vorstellung darüber gewinnen könnten, welche nun eigentlich die gerechte Verteilung wäre – was natürlich unmöglich ist und zu den Illusionen gehört –, dann haben wir die zementierte, die eingefrorene Glückseligkeit. Aber ich glaube nicht, daß die Menschen damit auch tatsächlich glücklich wären. Wir müssen schon miteinander ringen und müssen den Mut haben, das auch offen und frei zu bekennen und uns dabei nicht als Gegner oder gar als Feinde betrachten, sondern als echte Partner mit einem gleichen Ziel.

Ich möchte noch ein weiteres Anliegen vorbringen. Es hat immer wieder im Mittelpunkt unserer Fragestellung gestanden: Wie ist es möglich bzw. wo wird das Problem neuralgisch, wenn es sich um die Frage handelt, das sozial Wünschenswerte und Erstrebenswerte mit dem wirtschaftlich, realistisch Möglichen zu verbinden oder zu versöhnen? Wir haben uns im allgemeinen zwar immer wieder gefunden und verstanden. Nur habe ich im Augenblick und gerade in diesem Zeichen der Konjunktur das Anliegen, daß wir das Thema der Arbeitszeitverkürzung vielleicht einmal etwas zurückstellen. Ich wage es auszusprechen, und zwar deshalb, weil ich behaupte: wir haben im Augenblick so große Möglichkeiten, unser Sozialprodukt, unser Volkseinkommen zu vermehren, d. h. auch im Materiellen unser Dasein weiter zu verbessern, daß wir bewußt – ich möchte fast sagen mutwillig – auf Chancen, die ohne weiteres gegeben sind, verzichten, wenn wir jetzt nur daran denken, weniger arbeiten zu wollen.

Es zeigt sich nämlich, daß die Neigung, Überstunden zu leisten, nicht sehr groß ist. Obwohl wir gegenüber dem Vorjahr die Zahl der Beschäftigten noch einmal um ein Erhebliches, um über eine halbe Million gesteigert haben, hat die Zahl der Arbeitsstunden abgenommen. Die Auftragseingänge überschießen die Liefermöglichkeiten der deutschen Industrie im Monat durchschnittlich um 12%. Das bedeutet, daß sich Auftragspolster ansammeln mit allen konjunkturpolitischen Gefahren, die damit verbunden sind.

Verstehen Sie mich nicht falsch. Selbstverständlich möchte ich mit Ihnen, wenn es uns durch den Fortschritt der Technik, durch höhere Produktivität, höhere Ergiebigkeit unserer Arbeit möglich ist, den Menschen mehr Freiheit und mehr Muße und mehr Besinnung geben. Darüber brauchen wir nicht zu sprechen. Hier handelt es sich um ein Anliegen des Augenblicks. Ich möchte nicht haben, auch in Ihrem Interesse und im Interesse der Menschen, die Sie vertreten, daß wir die Konjunktur bewußt unterbinden, daß wir sie nicht voll auslasten nur aus einer Eingebung einer Zielsetzung heraus, die wir morgen mit gleichem Eifer weiter verfolgen können. Wir wollen uns heute darauf besinnen, ob das gerade der richtige Augenblick ist, dem Fluß Einhalt zu gebieten.

Ein weiteres: Gewerkschaftsbewegung, Gewerkschaftsleben heißt Solidarität. Und ich habe mich sehr gefreut, gerade in Ihren Reihen Verständnis dafür zu finden. Sie haben schon viel getan, um auch den armen und ärmsten Menschen in aller Welt Hilfe und Unterstützung zuteil werden zu lassen. Hier ist das Problem der Entwicklungsländer angeschnitten. Wenn wir schon weniger arbeiten wollen –, das sage ich aber nicht etwa nur dem Lohn- und Gehaltsempfänger –, dann meine ich, sollten wir einmal prüfen, ob wir nicht unter Umständen auf eine bestimmte Zeiteinheit der Verkürzung der Leistung verzichten wollen, um den Lohn und den Ertrag, der daraus fließt, dann diesen Armen zur Verfügung zu stellen. Ich glaube, das wäre echte Solidarität aus einer wahrhaft humanitären Gesinnung.

Ich werde sicher noch Gelegenheit haben, mit Ihren maßgebenden Vertretern über dieses Thema zu sprechen, und nicht nur mit diesen, sondern auch mit anderen Kreisen.

Es wäre natürlich sehr verlockend, noch mehr zu sagen, um so mehr ich Ihre Anträge alle kenne. Dazu aber eignet sich eine Begrüßung wohl kaum. Ich bin aber überzeugt, in den nachfolgenden Gesprächen werden wir alle Probleme, mit denen Sie sich hier beschäftigen, auch zwischen uns auf den Tisch zu legen haben. Denn das, was Sie angeht, geht uns alle an und ist auch ein Anliegen der Regierung. Sie wird sich mit den Sie beschäftigenden Fragen auseinanderzusetzen haben.

Wollen wir uns heute trennen nach zehn Jahren Zusammenarbeit mit dem Wunsch, aber auch mit dem guten Willen, weiter gemeinsam unsere Probleme lösen zu wollen. Wir werden nie ganz zusammenfinden, so wie Sie unter sich wahrscheinlich auch nicht in allen Fragen zusammenfinden. Aber wir wollen redlich bleiben und wahrhaftig sein, und wir wollen immer den Mut haben, das auszusprechen, was wir denken. Das wünsche ich Ihnen für diese Tagung. Und ich wünsche Ihnen Erfolg, denn Ihr Erfolg soll sich zum Segen aller arbeitenden Menschen auswirken.

DIE SORGEN DES STEINKOHLENBERGBAUS

[Rundfunkansprache am 10. September 1959]

Die Strukturänderungen in der deutschen Energieversorgung – als Prozeß seit Jahren wirksam – waren nicht ohne Spannungen geblieben. Neben den branchenwirtschaftlichen Problemen Kohle-Öl sah sich die Bundesregierung sozialen Fragestellungen gegenüber:

In vielen mir in diesen Wochen zugegangenen Briefen begegnet mir immer wieder der Satz: „Vor kurzem noch hat man um die Gunst der Bergleute gebuhlt, und jetzt sollen sie, diese gleichen Menschen, bzw. ihre Arbeit, für die Volkswirtschaft an Wert verlieren."

Ich weiß sehr wohl, daß man diese Klage im Revier noch häufiger hört, und darum möchte ich allen, die mir aus echter oder auch vermeintlicher Sorge um die Sicherheit ihres Arbeitsplatzes und um die Entwicklung des deutschen Bergbaues geschrieben haben, heute abend antworten. Niemand möge glauben, daß ich die Sorgen verkenne oder leicht nehme, die viele Menschen im Bergbau bedrücken, und ich bin mir darum bewußt, daß diese Befürchtungen auch dann nicht an Gewicht verlieren, wenn man denen, die mittel- oder unmittelbar vom Bergbau leben, von hoher volkswirtschaftlicher Warte aus vorhält, daß es zu allen Zeiten und so auch in unserer Gegenwart immer wieder Wirtschaftszweige geben wird, deren Bedeutung sich aus strukturellen Gründen – sei es wegen technischer Entwicklungen oder Verbrauchsverlagerungen – wandelt.

Eine ernste Besorgnis dieser Art scheint mir aber für den deutschen Kohlenbergbau nicht berechtigt zu sein. Dieser wird vielmehr jetzt und auch in der Zukunft den überwiegenden Teil der deutschen Energieversorgung decken müssen. Deshalb besteht auch in diesem Einen volle Übereinstimmung zwischen Gewerkschaft, Unternehmern und Regierung: Der deutsche Kohlenbergbau wird und muß gesunden; denn nur ein lebensstarker – und daß heißt eben wirtschaftlich arbeitender – Kohlenbergbau bietet Gewähr für seinen Bestand.

Ich bin überzeugt – und stütze mich dabei auf die Erfahrungen von elf Jahren deutscher Wirtschaftspolitik –, daß wir zu diesem Ziel gemeinsam und ohne soziale Härten hinfinden werden. Völlig abwegig und dumm sind dagegen jene durchsichtigen Versuche, Schuldige für die gegenwärtige Situation im deutschen Kohlenbergbau der Öffentlichkeit präsentieren zu wollen. Zwar habe ich den Eindruck, daß solche Versuche bei der bergmännischen Bevölkerung des Ruhrgebietes am Ende zum Scheitern verurteilt sind, gleichwohl aber möchte ich es dennoch deutlich aussprechen, daß nach allen seitherigen Erfahrungen Probleme dieser Art nur durch das vertrauensvolle Zusammenwirken aller Beteiligten – der Arbeitnehmer und Arbeitgeber, der Kommunen und der Regierung – zu lösen sein werden.

Man unterstelle mir beileibe nicht, daß ich die Schwierigkeiten, vor die sich der einzelne gestellt sehen mag, nicht erkenne oder sie gar gering schätzen wollte. Um Erkenntnisse dieser Art zu vermitteln und mein Gewissen wach sein zu lassen, hätte es aber wahrlich keiner gewerkschaftlichen Demonstrationen bedurft. Ich kann und will diese nicht verhindern, auch wenn sie sich auf Bonn erstrecken sollten, aber auf solche Weise wird nicht eine Tonne Kohle mehr abgesetzt, sondern eher das Gegenteil bewirkt werden. Die Kohle möge sich dessen bewußt sein, daß sie in deutschen Landen und im deutschen Volke nicht nur Freunde hat, sondern umgekehrt um neue Gunst werben muß. Es kommt nicht darauf an, ob das auszusprechen populär ist –, in jedem Falle aber ist es die Wahrheit. Ich jedenfalls möchte der deutschen Kohle helfen, ihr im Gefüge der deutschen Energieversorgung den ihr gebührenden Platz zu sichern.

Gerade weil uns im Rahmen einer sozial verpflichteten Marktwirtschaft das Schicksal des einzelnen Bürgers am Herzen liegen muß, halte ich es für unerläßlich, bei Fragen, wie sie jetzt dem Bergbau gestellt sind, die sachlichen Probleme und ihre zweckmäßigsten Lösungen in den Vordergrund zu rücken. Es gibt dabei für die Bundesregierung wie auch für den Bergbau keine ökonomische Entscheidung, die nicht zugleich auch eine soziale Lösung bedeutete.

Es wurde in diesen Tagen hin und wieder der Ruf nach einem sogenannten Schwarzen Plan laut. Lassen Sie mich dazu folgendes sagen: Wir sollten es – der Wirtschaftsminister ebenso wie Sie alle, meine Hörerinnen und Hörer, – aus schlimmster Erfahrung wissen, daß es einen staatlichen Plan, der alle künftigen Wandlungen, d. h. den Konjunkturablauf und alle denkbaren strukturellen Veränderungen, einbezieht und dies alles in langer Sicht zum Maßstab der wirtschaftlichen Entscheidungen erheben möchte, nicht gibt und, wenn wir ehrlich sind, auch gar nicht geben kann. Wer da behauptet, daß man auf Grund solcher Pläne oder mittels einer Sozialisierung des Bergbaues der weltweit angestoßenen Strukturwandlung des Energiemarktes Herr werden könnte, ist ein Scharlatan, aber auch nicht mehr. Niemand kann in die Zukunft sehen. Auch die kohlefördernden Unternehmungen konnten es nicht, als sie entgegen meiner Warnung im Oktober 1957 den Kohlepreis erhöhten, als sie glaubten, ihren deutschen Kunden keine langfristigen Liefergarantien geben zu können, als Zechenhandelsgesellschaften noch bis ins Jahr 1958 Einfuhrverträge für amerikanische Kohle abschlossen. Ich sage das ohne Vorwurf mit der Absicht, jene falschen Propheten zu entlarven, die sich anmaßen, das Leben vorausbestimmen zu können, und ich wende mich zugleich auch gegen jene Wirtschafts- und Gesellschaftsmechaniker, die die lebendige Entwicklung in ein von ihnen konstruiertes Prokrustesbett zwängen wollen. Wir haben den wirtschaftlichen Aufstieg der letzten elf Jahre, an dem alle Teile unseres Volkes und nicht zuletzt auch – ja sogar in besonderem Maße – die bergmännische Bevölkerung teilgenommen haben, nicht nach dem Rezept „Plan", „Plan-Soll" und „Planerfüllung" bewerkstelligt, sondern dadurch erreicht, daß wir unsere Wirtschaft leistungsstark machten und sie beweglich und anpassungsfähig erhielten. Der Wettbewerb war der Motor, der uns zu immer höherer Leistung anspornte und dem Verbraucher einen immer höheren Lebensstandard bescherte. Darin liegt das wesentliche Geheimnis unseres Erfolges, den wir so sichtbar erkennen: 12 Millionen Flüchtlinge fanden in der Bundesrepublik wieder Arbeit und Brot; 6^{1}/$_{2}$ Millionen Arbeitsplätze wurden neu geschaffen; der Lebensstandard des deutschen Volkes erreichte aus Schutt und Trümmern aufbauend einen in seiner Geschichte noch nicht dagewesenen Höchststand. Hüten wir uns also vor jenen Verführern, die in Unkenntnis oder Verblendung mit angeblich sicheren Rezepten Jedem alles versprechen – aber am Ende unheilvoll scheitern müssen. Hüten wir uns also auch vor Jenen, die dem Bergbau und dem Bergmann mit Patentlösungen helfen wollen.

Es gibt wohl kaum einen Wirtschaftszweig in der Bundesrepublik, dem so viele öffentliche Hilfen zuteil wurden wie dem Bergbau. Ich möchte damit nicht sagen, daß ich Maßnahmen dieser Art für unnötig gehalten hätte; nein, der Bergbau benötigte diese Unterstützung, weil er jahrzehntelang, insbesondere im Krieg und in der Nachkriegszeit, zwangswirtschaftlich gefesselt war. Es ist nur nicht ganz fair, wenn diese Hilfen jetzt bagatellisiert oder gar totgeschwiegen werden sollen. Auf der anderen Seite bleibt die deutsche Bevölkerung dem Bergmann, insbesondere für seine Leistungen in den ersten Nachkriegsjahren, zu Dank verpflichtet. Der Wiederaufbau der Bundesrepublik wurde durch die Arbeit der Männer im Bergbau stark gefördert.

Unsere Wirtschaft ist in ihren Grundlagen urgesund. Die Sorgen, die heute viele Menschen in den Kohlerevieren hegen, werfen deshalb für uns nicht in erster Linie volkswirtschaftliche Probleme auf; es sind vielmehr die menschlichen Probleme, zu deren Lösung die Bundesregierung alles in ihren Kräften Stehende beizutragen gewillt ist. Wir wissen selbstverständlich, daß es etwas anderes ist, ob in der Bundesrepublik alljährlich Hunderttausende freiwillig den Arbeitsplatz wechseln oder ob Tausende von Menschen durch strukturelle Umschichtungen gezwungen werden, in anderen Berufen tätig zu werden. Dabei ist es psychologisch auch nicht ausschlaggebend, ob jene neue Tätigkeit vielleicht weniger schwer ist als die harte Arbeit untertage.

Weil dem so ist, wird die Bundesregierung mit allen ihr zu Gebote stehenden Mitteln dafür sorgen, daß eine solche Entwicklung – soweit sie unvermeidlich ist – nicht überstürzt abläuft, und daß in diesem Prozeß soziale oder materielle Härten vermieden bzw. geheilt werden.

Ihnen allen, meine Hörerinnen und Hörer, sage ich: Die derzeitige Krise im Bergbau wird den zügigen Fortschritt unserer Wirtschaft insgesamt nicht beeinträchtigen. Wir wollen und werden unseren Bergleuten helfen, ohne zu Maßnahmen zu greifen, die den Erfolg unser aller Arbeit gefährden und die Leistungskraft unserer Wirtschaft schmälern würden.

DIE ENTWICKLUNGSHILFE AUCH MULTILATERAL STÄRKEN

[Rede bei der Jahresversammlung der Weltbank
und des Weltwährungsfonds am 30. September 1959 in Washington]

Mit der wirtschaftlichen Wiedererstarkung der westeuropäischen Län-
der begann sich die Entwicklungshilfe langsam von den multilateralen
Institutionen und von den USA, die nach 1945 lange Jahre die Haupt-
last der westlichen Hilfe getragen hatten, auch auf die europäischen
Länder zu verlagern. Mit der Gründung der Europäischen Wirtschafts-
gemeinschaft und der Eigenstaatlichkeit der mit der EWG assoziierten
afrikanischen Gebiete stellten sich auch der EWG entwicklungspolitische
Aufgaben. Innerhalb der westlichen Allianz nahm zur gleichen Zeit
die Einsicht in die Notwendigkeit zu, die gemeinsamen Entwicklungs-
hilfeaufgaben aufeinander abzustimmen. Diese Bestrebungen fanden
ihren ersten Niederschlag in der Gründung der Development Assistance
Group (DAG) am 14. Januar 1960 in Paris. Aufgabe dieser Gruppe,
in der alle westlichen Geberländer zusammengeschlossen sind, und die
mit der Umschmelzung des Europäischen Wirtschaftsrates (OEEC) in
die neue Organisation für wirtschaftliche Zusammenarbeit und Ent-
wicklung (OECD) zu einem Komitee der OECD wurde, ist es auf
kooperativem Wege zu einer möglichst wirksamen Hilfeleistung der
freien Welt zu gelangen. Einen Anstoß zu dieser Zusammenfassung der
Kräfte gab Ludwig Erhard bei seiner Rede vor der Jahresversammlung
der Weltbank am 30. September 1959:

Die Jahresversammlungen der Weltbank nehmen immer stärker den Charakter von Zusammenkünften an, auf denen wir vor der Welt Rechenschaft über unsere gemeinsamen Anstrengungen auf dem Gebiet der wirtschaftlichen Entwicklung ablegen und darüber hinaus Lösungsmöglichkeiten
für die noch zu bewältigenden neuen Probleme erörtern. Erlauben Sie mir
dazu einige grundsätzliche Bemerkungen. Sie beruhen nicht zuletzt auf Be-
obachtungen, die ich auf zahlreichen Reisen durch Entwicklungsländer machen
konnte.

In jedem Entwicklungsprozeß muß der mit öffentlichen Mitteln zu schaffende Rahmen mit privater Initiative verbunden werden. Dieser letzteren
obliegt es vor allem, die Produktionskräfte eines Landes fruchtbar und erfolgreich fortzuentwickeln. Nur so kann der Gefahr begegnet werden, daß
sich der nationale Ehrgeiz in der Errichtung einiger Mammutwerke erschöpft,
die menschliche Arbeitskraft aber ungenützt bleibt. Viel wichtiger ist es,
durch den Aufbau einer großen Zahl von kleinen und mittleren Betrieben

eine vielfältige, gesunde und krisenfeste Wirtschaftsstruktur und einen hohen Beschäftigungseffekt entstehen zu lassen. Damit wird dann nicht nur die soziale Wirkung einer breiten Einkommensstreuung erzielt, sondern es wird auf diesem Wege auch erreicht, daß möglichst viele Menschen eine in wirtschaftlicher und technischer Hinsicht unmittelbar anschauliche Schulung und Ausbildung erfahren. Die große Bedeutung der Errichtung von gewerblichen Klein- und Mittelbetrieben kann aus dieser Sicht heraus gar nicht hoch genug veranschlagt werden.

Der zum wirtschaftlichen Aufbau der Entwicklungsländer von außen zu leistende Beitrag wird sich diesem Prozeß anpassen müssen. Es wäre daher wünschenswert, wenn dieser Beitrag in zunehmenden Maße durch private Unternehmer geleistet würde. Private Unternehmer sind am ehesten in der Lage, die in den Industrieländern im Laufe einer langen Entwicklung gesammelten Erfahrungen weiterzugeben und den jeweiligen Gegebenheiten anzupassen. Sie sollten sich mit Unternehmern in den Entwicklungsländern zu Partnerschaften zusammenfinden, um den aus wirtschaftlichen und soziologischen Gründen unentbehrlichen Geist privater Initiative lebendig zu gestalten.

Wie Mr. Black gestern sagte, sind finanzielle Hilfen jedoch kein Ersatz für Handel. Auf jeden Fall muß den finanziell geförderten Entwicklungsländern auch die Möglichkeit eingeräumt werden, sich mit ihrer größer und vielgestaltiger werdenden Produktion in den internationalen Handel einzuschalten. Unsere finanzielle Hilfe zugunsten der Entwicklungsländer fördert auf dem Gebiet der internationalen Handelsbeziehungen einen Prozeß, der zu gewissen Wandlungen der industriellen Struktur der Industrieländer führen wird und vor dem wir nicht die Augen verschließen dürfen.

Die dargelegten Ziele auf dem Gebiet der Finanzierung und des Handels werden von den zuständigen internationalen Organisationen in ständigen Bemühungen weiter verfolgt. Ich beschränke mich hier auf eine Würdigung der von der Weltbank ergriffenen Maßnahmen.

Ich freue mich, daß die Kapitalerhöhung der Weltbank vor kurzem in Kraft getreten ist. Die Bundesrepublik hat dabei durch die Zeichnung ihrer überproportional erhöhten Quote zum Ausdruck gebracht, welches Vertrauen sie in die Weltbank setzt und wie sehr sie wünscht, daß gerade dieses Institut seine dominierende Rolle bei der Finanzierung der Entwicklungsländer behalten und verstärken möge. Es erfüllt mich deshalb auch mit Genugtuung, daß – worauf Mr. Black hingewiesen hat – die Bundesrepublik die größte einzelne Quelle (largest single source) der von der Bank im letzten Jahr beschafften Mittel war. Diese Tatsachen beweisen, daß Deutschland trotz seiner großen inneren Finanzierungslasten im Rahmen des Möglichen immer bereit sein wird, seinen Beitrag zur Entwicklungshilfe zu leisten.

Auf Antrag des Gouverneurs der Vereinigten Staaten ist die Frage der Errichtung der International Development Association auf die Tagesordnung gesetzt worden. Die Bundesregierung begrüßt diese Initiative sehr. Ich bin mit Präsident Black der Meinung daß der International Development Association eine gewisse Flexibilität zugestanden werden sollte, damit bei der Festlegung der Kreditbedingungen die differenzierte Lage der Entwicklungsländer berücksichtigt und eine jeweils dem Einzelfall angepaßte Form einer mit der Weltbank gemeinsam oder mit anderen Kapitalgebern kombinierten Finanzierung gefunden werden kann. Gerade das Zugeständnis dieser Flexibilität verpflichtet aber die International Development Association und die Empfängerländer zu einem besonders hohen Maß an wirtschafts- und währungspolitischer Disziplin. Nur so wird es zu vermeiden sein, daß unrealistische Vorstellungen, die sich nachträglich als schädlich erweisen müssen, durch die Hingabe von Krediten noch gestützt werden.

Die Bundesrepublik ist vorbehaltlich der Zustimmung der gesetzgebenden Körperschaften bereit, sich an dem vorgesehenen Kapital der International Development Association von 1 Milliarde Dollar entsprechend ihrer Quote am Weltbankkapital zu beteiligen. Sie geht dabei davon aus, daß das neue Institut breite Unterstützung der Mitgliedstaaten der Weltbank findet. Ich möchte darüber hinaus erklären, daß es die Bundesrepublik begrüßen würde, wenn alle Industrieländer ihre Beiträge voll in konvertibler Währung zur Verfügung stellten, um von Anbeginn an dem Prinzip der Multilateralität den Vorrang zu geben. So hoffe ich zuversichtlich, daß die von dem amerikanischen Gouverneur eingebrachte Resolution volle Zustimmung findet und die Direktoren den Mitgliedstaaten alsbald ein Statut der „International Development Association" zur Prüfung und Annahme vorlegen werden.

Der mit der International Development Association beschrittene neue Weg und die ständig wachsenden Ansprüche auf Entwicklungshilfen zwingen uns, die mannigfachen Formen der von den einzelnen Ländern und internationalen Organisationen gewährten Unterstützungen besser aufeinander abzustimmen, um ein Höchstmaß an Wirksamkeit zu erreichen. Das ist schon deshalb notwendig, weil trotz aller Opferbereitschaft die im ganzen verfügbaren Mittel im Verhältnis zur Größe der zu bewältigenden Aufgabe immer zu knapp sein werden. Den Entwicklungsländern ist darum am besten geholfen, wenn diese knappen Mittel den jeweils höchsten Nutzeffekt erzielen. Wir alle – Geber- und Nehmerländer – sollten aus Erfahrung klug, d. h. bereit sein, die umfassenden Kenntnisse gerade der Weltbank zu nutzen, um auch zu einer objektiven Wertung der Rangordnung von Aufbauvorhaben gelangen zu können.

Es ist nicht meine Absicht, Ihnen technische Lösungen zu unterbreiten, aber nach meinen Vorstellungen könnte sich eine internationale Koordinierung vielleicht in mehreren Stufen vollziehen lassen. Die erste Phase hätte der gegenseitigen Unterrichtung der für Entwicklungszwecke aufzuwendenden bzw. verfügungsbereiten Mittel wie etwa auch der Beurteilung der Entwicklungsmöglichkeiten und -erfordernisse der einzelnen Länder zu dienen. Dieser

Rahmen müßte sowohl multilaterale als auch bilaterale Maßnahmen umfassen; die Palette soll bunt sein. Auf der Grundlage dieser Information könnten dann fakultative Konsultationen unter den Mitgliedsländern über die im Interesse eines Landes notwendigen Schritte erwogen werden, ohne damit etwa bilaterale Kredit- und Hilfsaktionen ausschließen zu wollen. Als dritte und letzte Stufe der Koordinierung wird es wie auch schon bisher in besonderen Fällen zu einer Kooperation in Form gemeinsamer Durchführung von Hilfsmaßnahmen kommen können.

Ich brauche diese Modell-Beispiele nicht näher zu illustrieren. Der Gedanke einer Koordinierung von Entwicklungshilfen ist keineswegs grundsätzlich neu. Die Zusammenarbeit muß nur wesentlich intensiviert und auch systematisiert werden. Dahinter steht auch nicht die Vorstellung, Mittel einzusparen, sondern die Sorge bzw. das Bestreben, sie optimal zu nutzen.

Nationaler Egoismus scheint mir bei der Aufgabe einer solch engen Koordinierung sowohl für die Geber- wie auch für die Nehmerländer ein schlechter Ratgeber zu sein. Ich hoffe, Ihre Zustimmung zu finden, wenn ich anrege, daß uns Präsident Black auf der Grundlage solcher Überlegungen möglichst bald konkrete Vorschläge für eine Koordinierung unterbreiten möge.

Ich habe, wie es sich für eine Tagung der Weltbank geziemt, vor allem zu Fragen der multilateralen finanziellen Entwicklungshilfe Stellung genommen. Die nicht minder wichtige Verstärkung der privaten Initiative bleibt wesentlich der Verantwortung der einzelnen Länder und der Bewährung der Unternehmer selbst aufgegeben. Die Bundesrepublik hat z. B. die gesetzlichen Voraussetzungen geschaffen, Auslandsinvestitionen deutscher Unternehmer gegen politische Risiken absichern zu können. Ich hoffe, daß unsere Unternehmer diese Chance nützen und vor allem auch unmittelbar in den Entwicklungsländern tätig werden. Der Erfolg wird allerdings nicht zuletzt davon abhängen, daß es den Entwicklungsländern aus eigener Initiative gelingt, ein gutes Investitionsklima zu schaffen. Die Weltbank hat durch ihre Hilfe bei der Errichtung nationaler Entwicklungsbanken und durch die an solche Institute gewährten Kredite der Förderung privater Initiative wesentliche Impulse gegeben. Ich glaube, daß auf diesem Felde noch unausgeschöpfte Möglichkeiten liegen.

Es wäre schuldhaftes Versäumnis, nicht auch der technischen Hilfeleistung Erwähnung zu tun, die sich mosaikartig aus unendlich vielen, meist kleinen Aktionen zusammensetzt und deshalb neben den imponierenden Zahlen der Finanzhilfen meist nicht gebührend gewürdigt wird. Wegen ihrer Nähe zu den Alltagssorgen der Entwicklungsländer leistet jedoch die technische Hilfe durch die meist auch praktisch orientierte Vermittlung von Wissen und Erfahrung unschätzbare Dienste, ohne die oft sogar die Finanzhilfe wirkungslos bleiben müßte.

Die vielschichtige und in ihrer ganzen Bedeutung noch kaum zu erfassende Aufgabe der Hebung des Lebensstandards in den Entwicklungsländern wird uns in der Zukunft noch oft beschäftigen. Die von uns zu findenden Lösungen werden Zeugnis dafür ablegen, ob und in welchem Umfang sich die internationale Zusammenarbeit – und d. h. auch Arbeitsteilung – bewährt, die ja das eigentliche Wesen der Weltwirtschaft ausmacht. Gerade unter der Last der materiell zu bewältigenden Aufgabe sollten wir die Kraft und den Mut zum Gelingen aus einer elementaren humanitären Gesinnung schöpfen. Das wirtschaftliche Kalkül reicht nicht aus, wenn es darum geht, so vielen notleidenden Menschen zu helfen. Das ist unsere Verpflichtung.

EUROPÄISCHE MISSVERSTÄNDNISSE

[„Europäische Integration" Opladen, Oktober 1959]

„Wer ist ein guter Europäer?" Diese allgemeine Frage — oft mit gleich-
sam dogmatischer Strenge gestellt — wandelt sich für den Politiker um
in die Frage: „Was ist angesichts der weltpolitischen Lage der beste
Weg Europas?" — „Große" und „kleine" Lösungen stehen sich gegen-
über. Ludwig Erhard hat nie unterlassen, für seine Auffassung — oft
gegen den Strom — einzutreten:

Um die Begriffe „Europa" und „Europäische Integration" drohen sich
Mißverständnisse zu entwickeln. Die einen wollen darunter nur das verstehen, was sich im Bereich der Europäischen Wirtschaftsgemeinschaft vollzieht; die anderen denken dabei an das ganze freie Europa, das nicht nur
aus sechs, sondern aus achtzehn Ländern besteht. Ist es ein nur aus der
jeweiligen Interessenlage geborener Zufall, oder verbergen sich dahinter
etwa doch tiefere Gegensätze, von denen ich dann allerdings glauben
möchte, daß sie im letzten nicht wirtschaftlicher Art sein können? Im
Zeichen weltweiter wirtschaftlicher Freiheit, handelspolitischer Meistbegünstigung und freier Konvertierbarkeit erscheint es schwer verständlich,
daß die freien Länder Europas ökonomisch nicht zusammenfinden können
bzw. diese gewiß auch organisatorische Aufgabe nicht zu bewältigen wäre,
obwohl diese Volkswirtschaften alle gleichen Prinzipien huldigen. Über
jene Phase, daß der ein schlechter Europäer wäre, der — und sei es auch
aus innerster Gewissensnot — über die Grenzen der Europäischen Wirtschaftsgemeinschaft hinauszudenken wagt, sind wir ja wohl glücklich hinweggekommen, aber ich wage es zu bezweifeln, daß damit schon alle
Irrungen und Wirrungen ausgeräumt sind, bzw. nicht doch noch in
manchen Köpfen die Vorstellung spukt, daß man nur entweder ein Freund
der EWG oder ein Freund einer gesamteuropäischen Lösung sein könne.
Das aber ist das moderne Märchen, an das die politisch frommen Kinder
glauben sollen.

Aber selbst auf die Gefahr hin, daß man meine Aussage in Zweifel
zieht, werde ich nicht müde, zu wiederholen, daß ich mit gleicher Entschiedenheit die Europäische Wirtschaftsgemeinschaft bejahe, wie ich ein
Anhänger eines umfassenderen europäischen Zusammenschlusses bin. Es
ist beim besten Willen nicht einzusehen, warum sich die Europäische
Wirtschaftsgemeinschaft und eine gesamteuropäische Assoziation nicht
miteinander vertragen könnten. Man weicht vielmehr einer sachlichen Begründung aus und läßt das Problem im Dämmer emotionaler Reaktionen,
die, wir mir scheinen möchte, den politischen Realitäten gar nicht mehr

gerecht werden. Kein Mensch ist z. B. auf den Gedanken gekommen, daß die Union der Beneluxländer oder die Belgisch-Luxemburgische Wirtschaftsunion die Funktion der Europäischen Wirtschaftsgemeinschft stören könnte, und doch erleben wir dort anschaulich das Beispiel einer engeren Gemeinschaft im Rahmen einer umfassenderen. Ich habe aber auch umgekehrt nicht gehört, daß der Bestand der Benelux-Union in Frage gestellt sein soll, weil diese nun in die größere Gemeinschaft der Europäischen Wirtschaftsgemeinschaft eingeht. Warum also sollte das, was innerhalb der Europäischen Wirtschaftsgemeinschaft richtig ist, nicht auch für das Verhältnis der EWG zum gesamten freien Europa gelten? Wenn man es nur ernstlich will, wenn man also auch den politischen Impuls auslöst, ist es sehr wohl möglich, im ökonomischen Bereich das ganze Europa zu vereinen, ohne die Europäische Wirtschaftsgemeinschaft mit ihren engeren Bindungen, Rechten und Verpflichtungen preiszugeben. Gewiß gibt es auf diesem Wege komplizierte und im einzelnen vielleicht sogar gewichtige Einzelprobleme zu lösen, aber diese alle verlieren dann an Gewicht, wenn Einverständnis über das Prinzip als solches besteht. Mir scheint es wahrlich an der Zeit zu sein, diese geistige Einheit herbeizuführen.

Ich bemühe mich, die Sorgen jener gewiß nicht minder guten Europäer zu würdigen, die da befürchten, daß eine zu frühe und in den Methoden zu vollkommene Verschmelzung von Europäischer Wirtschaftsgemeinschaft und Europäischer Freihandelszone (sprich auch: multilaterale Assoziation) die Europäische Wirtschaftsgemeinschaft – insbesondere in Bezug auf ihren politischen Gehalt – auslaugen könnte. Ich halte es für wertvoll, dieses Problem zur Debatte zu stellen, denn es mündet zuletzt in die Fragestellung ein, ob wirtschafts-, handels- und zollpolitische Maßnahmen, wie Kontingents- und Zollabbau, bzw. die Schaffung von Sondereinrichtungen, wie des Europäischen Investitionsfonds u. a. m., hinreichen, um die beteiligten Länder zum Bewußtsein oder gar zur Gestaltung eines gemeinsamen bzw. sogar einheitlichen politischen Zusammenlebens zu bringen. Aus nur ökonomisch-rationaler Sicht wäre es zwar immer richtig, daß ein Markt von 160 Millionen Menschen (das ist die Europäische Wirtschaftsgemeinschaft) bessere Chancen der wirtschaftlichen und sozialen Entfaltung bietet, aber von diesem Standpunkt aus gibt es keinen Einwand gegen die These, daß dann ein gemeinsamer Markt von 300 Millionen Menschen (das ist die Europäische Freihandelszone) noch besseren Erfolg versprechen müßte. Daraus ist der Schluß zu ziehen, daß diese leidige oder fast tragische Auseinandersetzung im europäischen Bereich im letzten gar nicht ökonomischen Ursprungs ist. Ich bestreite jene sogenannte Auslaugungs- bzw. Verflüchtigungsthese und bin umgekehrt der Meinung, daß, je eher die Sechs der Europäischen Wirtschaftsgemeinschaft die Unzulänglichkeit ökonomischer Sonderbeziehungen als Mittel einer engeren politischen Gemeinschaft erkennen und sich der zerspaltenden Wirkung ökonomischer Blockbildung innerhalb der freien Welt bewußt werden, jene Kräfte Oberhand gewinnen, die seit Anbeginn von der Sehnsucht nach einer fortschreitenden politischen europäischen Föderation erfüllt waren.

Wer meine Darlegungen dahin versteht, daß ich aus der Verteidigung zum Angriff überzugehen bereit bin, hat mit solcher Auffassung gar nicht so unrecht. Die derzeitige Situation in Europa läßt sich jedenfalls nicht länger aufrechterhalten. Mich mutet das Ganze wie ein Blindekuh-Spiel besonderer Art an, in dem alle mit verbundenen Augen einen anderen erhaschen wollen, es aber dem Zufall überlassen bleibt, ob es auch der Richtige sein wird. Ich gehöre durchaus zu jenen, die auch im Bereich der Politik den Wert der „Gläubigkeit" gelten lassen möchten; aber wenn Politik nicht zur Romantik werden soll, bedarf es doch weit über den Rahmen der Wirtschaftspolitik hinaus einer klareren Abschätzung der bewegenden europäischen Kräfte.

Durch Schaden soll man bekanntlich klug werden, und darum scheint mir eine rückblickende Betrachtung ebenso nützlich wie eine Vorausschau zu sein. Die Zeit vom Ende des ersten bis zum tragischen Beschluß des zweiten Weltkrieges sollte allen Europäern (ja, wer ist Europäer?) die Lehre erteilt haben, daß sie durch selbstsüchtiges Festhalten an Zöllen, Kontingenten, Devisenbeschränkungen und Wettbewerbsverfälschungen nichts gewinnen. Selbstsucht rentiert sich nicht. Sicherlich gibt es berechtigte nationale Interessen, und es mag auch nicht immer leicht sein, sie um eines größeren Ganzen willen zurückzustellen. Das sieht ein Außenstehender oft klarer als die Handelnden, die Betroffenen selbst; und so ist es wohl auch kaum ein Zufall, daß der Anstoß zur wirtschaftlichen Einigung Europas von den Vereinigten Staaten ausgegangen ist. Der großherzigen amerikanischen Hilfe, für immer mit dem Namen Marshall verbunden, kommt weit über das Materielle hinaus grundsätzlich politische Bedeutung zu. Die Vereinigten Staaten weckten das europäische Verantwortungsgefühl nicht zuletzt dadurch, daß sie ihre Hilfe von einer Einigung der Europäer untereinander über ein Wiederaufbauprogramm, über den Abbau der Handelshemmnisse abhängig machten. Die europäischen Länder erkannten in völliger Freiheit und gegenseitiger Gleichberechtigung das Gebot der Stunde und schlossen sich im Europäischen Wirtschaftsrat (OEEC) zusammen. Und heute können wir rückblickend auf die Entwicklung der letzten elf Jahre mit großer Genugtuung feststellen, wie segensreich sich diese Einigung für die europäischen Länder und Völker erwiesen hat. Nicht nur, daß die Produktion, der Handelsaustausch und die Wohlfahrt der Menschen in einer fast einzigartigen Weise Fortschritte erzielen durften, sondern darüber hinaus hat die Arbeit auf dem Boden des Europäischen Wirtschaftsrates auch einen Geist europäischer Solidarität wach werden lassen, der – wenn er erhalten und fortentwickelt wird – unserem alten Kontinent eine glückliche Zukunft verspricht.

Die „Europäische Wirtschaftsgemeinschaft" bedeutet in diesem zwischenstaatlichen Zusammenspiel ein neues Element; ja, sie ist das kühnste und entschlossenste Experiment, das wir auf dem Gebiet der wirtschaftlichen Integration kennen. So wollen wir denn auch dieses Gebilde unter allen Umständen fördern und die positiven Möglichkeiten der Zusammenarbeit voll ausschöpfen. Gleichwohl dürfen wir aber nicht die Augen davor verschließen, daß damit die Gleichbehandlung aller europäischen Länder aufgegeben wird. Wenn die Europäische Wirtschaftsgemeinschaft bei der Beseitigung der Zölle und mengenmäßigen Beschränkungen ihre Mitglieder wesentlich besser behandelt als die übrigen europäischen Länder, so braucht es uns nicht zu verwundern, wenn diese gegenüber solcher Bedrohung zur Selbsthilfe greifen.

Ich darf darum wiederholen, daß die Europäische Wirtschaftsgemeinschaft, aus politischen Vorstellungen und Zielsetzungen erwachsend, ihre geschichtliche Bedeutung weit über den Abbau der Handelshemmnisse hinaus erhält. Weshalb sollte also die Europäische Wirtschaftsgemeinschaft gefährdet oder gar zum Untergang verurteilt sein, wenn sie die Vorteile des Zoll- und Kontingentabbaues in etwa gleichem Rhythmus und Ausmaß und nach dem Prinzip der Gegenseitigkeit auch ihren übrigen europäischen Nachbarn zugute kommen lassen wollte? Der Jurist mag diese Frage anders beurteilen als der Volkswirt. Niemand aber kann ernsthaft leugnen, daß sich die europäischen Nachbarn der Europäischen Wirtschaftsgemeinschaft durch die ungleiche Behandlung in ihren legitimen Interessen geschmälert oder gefährdet sehen. Ihr Wunsch, auf der Basis der Gegenseitigkeit am Zoll- und Kontingentabbau der Europäischen Wirtschaftsgemeinschaft teilzunehmen, hat trotz langer, aber leider ergebnisloser Verhandlungen im Rahmen des Europäischen Wirtschaftsrates (OEEC) zu keinem befriedigenden Ergebnis, d. h. zu keiner Verständigung geführt. So kam es, daß sieben dem Europäischen Wirtschaftsrat angehörende Länder: England, Schweden, Dänemark, Norwegen, Österreich, die Schweiz und Portugal, den Plan erwogen, sich ihrerseits zu einem größeren Wirtschaftsgebilde zusammenzuschließen. Heute kann jedenfalls die Schaffung der sogennannten „Kleinen Freihandelszone" bereits als eine wirtschaftspolitische Realität gelten. Sie will, auf den Kreis ihrer Mitglieder beschränkt, einen dem Rhythmus und Ausmaß annähernd gleichen Zoll- und Kontingentabbau vornehmen, wie das der Vertrag von Rom für die „Sechs" vorsieht. Beide Gruppierungen – Europäische Wirtschaftsgemeinschaft wie Kleine Freihandelszone – können zwar ihren Mitgliedern jeweils begrenzte Vorteile bieten, aber sie riskieren auf der anderen Seite, daß die Handelsbeziehungen mit den Ländern außerhalb des inneren Kreises erschwert, verteuert und damit auf die Dauer eingeengt werden. Sicherlich vermindert sich durch eine zweigleisige Integration die Zahl der Zollschranken in Europa, aber ihre Bedeutung vermindert sich nicht. Es droht im Gegenteil ein Graben gezogen zu werden, der tiefer und trennender ist, als es die zahlreichen Furchen vor der Errichtung der beiden Blöcke waren.

Hinzu kommt, daß Europa nicht nur aus den Sechs oder Sieben besteht, sondern daß es nicht minder wichtig ist, die Lebensinteressen der fünf Entwicklungsländer Island, Irland, Griechenland, der Türkei und Spanien zu berücksichtigen. Daß diese Länder eine Hilfe brauchen – ja, ich möchte fast sagen, einen Anspruch auf Hilfe haben – wird heute kaum mehr ernsthaft bestritten. Es sollte sich dann aber auch von selbst verstehen, daß die Hilfe für diese Länder eine Aufgabe des ganzen Europa ist. Den Anliegen jener fünf Länder ist nur dann wirksam zu entsprechen, wenn sich alle europäischen Länder gemeinsam um fruchtbare Lösungen bemühen. Es bedeutet daher, vom Ganzen her gesehen, kaum mehr als eine Improvisation, wenn das eine oder andere Entwicklungsland je nach den geographischen oder geschichtlichen Gegebenheiten sich dieser oder jener europäischen Formation assoziieren möchte, denn wenn irgend jemand ein vitales Interesse an der Einheit Europas haben muß, so sind es gerade diese Entwicklungsländer. Das Problem, das ihr Schicksal aufwirft, zeigt mit besonderer Deutlichkeit, wie widersinnig es wäre, wenn sich Europa in zwei konkurrierende Organisationen auseinanderleben würde. Die Randländer Europas könnten so einen weiteren Anknüpfungspunkt für Gespräche zwischen der Europäischen Wirtschaftsgemeinschaft und der Kleinen Freihandelszone bilden und damit zu einem Bindeglied werden. Europa in seinen wirtschaftlichen Beziehungen zu versöhnen, ist nicht nur ein Gebot der Vernunft wie der politischen Selbstbehauptung, sondern – ich scheue mich nicht, es zu sagen – auch der Humanität.

Wollen wir es doch nicht vergessen: Die in Freiheit lebenden Völker unseres Kontinents umfassen nur die Hälfte der Fläche der Vereinigten Staaten von Amerika, und das Bruttosozialprodukt seiner 320 Millionen Menschen beträgt pro Kopf der Bevölkerung nur rund ein Drittel des amerikanischen. Selbst die Bundesrepublik wird in ihrer Leistung von Amerika um mehr als das Doppelte übertroffen. Wieviel bleibt uns Europäern noch zu tun übrig! Wenn man ernsthaft will, daß sich Europa als selbständiger und trotz seiner Vielfalt geeinter Teil der freien Welt erhalten soll, müssen von den einzelnen europäischen Ländern auch gewisse Opfer gebracht werden. Aber worin bestehen diese eigentlich? Es ist das Gespenst der sogenannten Verkehrsverlagerungen, das da immer wieder durch die Gespräche geistert. Da die Länder außerhalb der Europäischen Wirtschaftsgemeinschaft nicht zu einer – aus welchen Gründen auch immer – so engen politisch bedingten Bindung wie die Sechs kommen wollen, besteht auch keine Möglichkeit, für das ganze freie Europa einen gemeinsamen einheitlichen Außenzolltarif zu setzen. Wohl kann das Gefälle zwischen einem Niedrigzolland und einem Hochzolland zu gewissen Umlenkungen der Handelsströme führen. Es wäre aber wieder ein Mißverständnis bzw.

ein Trugschluß, anzunehmen, daß einem starren gemeinsamen Außentarif der Europäischen Wirtschaftsgemeinschaft der Wunsch der übrigen OEEC-Länder nach schrankenloser Zollhoheit gegenüberstände. In Wahrheit gibt es diese scharfe Alternative gar nicht. So hat z. B. auch die Europäische Wirtschaftsgemeinschaft das Prinzip des gemeinsamen Außentarifs an manchen Stellen selbst durchbrochen. Ich denke dabei z. B. an das Verhältnis der Europäischen Wirtschaftsgemeinschaft zu den assoziierten überseeischen Gebieten, das Verhältnis der Bundesrepublik zur sowjetisch besetzten Zone Deutschlands und an das Bestehen von Zollkontingenten überhaupt. Umgekehrt wollen die übrigen europäischen Länder auch keine schranken- und rücksichtslose handelspolitische Autonomie. Sie sind vielmehr durchaus zu einer Koordinierung bereit und gedenken diese durch einen „Kodex des guten Verhaltens" sicherzustellen. Danach soll eine Pflicht zur Information und Konsultation geschaffen werden; die Institutionen sollen Empfehlungen aussprechen können, auf Grund derer dem geschädigten Land im Falle einer Nichtbefolgung ein Recht auf Schutzmaßnahmen zugestanden wird. Es kommt also nur auf den Inhalt des Verhaltenskodex an, um den gedanklichen Gegensatz zwischen absoluter Souveränität und voller Bindung in einem ausgewogenen Ordnungsgefüge praktisch untergehen zu lassen. Eine Harmonisierung der Zölle – vielleicht sogar mit dem Fernziel einer gesamten europäischen Zollunion – liegt durchaus im Bereich des Möglichen.

Ich glaube zuversichtlich, daß die heute noch widerstreitenden Ansichten und Interessen ausgeglichen werden können. Denken wir daran, daß das schier Unglaubliche – die Konvertierbarkeit der Währungen – Wirklichkeit geworden ist und daß mit diesem Schritt, einem der entscheidensten Elemente echter Integration, eine Gasse gebahnt wurde. Auch bei dieser Entscheidung mußte manches Land über seinen eigenen Schatten springen und hat es schließlich doch getan, zu seinem und aller seiner Partner Nutzen. Für die nächste Zukunft kommt es darauf an, das abgerissene europäische Gespräch wieder aufzunehmen. Die gemeinsame Sorge um und für die europäischen Entwicklungsländer, die Probleme, die sich für die Europäische Wirtschaftsgemeinschaft und die Kleine Freihandelszone im Allgemeinen Zoll- und Handelsabkommen (GATT) stellen, bieten naheliegende Anknüpfungspunkte. Die sieben Länder der Kleinen Freihandelszone haben erklärt, ihre Organisation nur als Vorstufe eines größeren europäischen Zusammenschlusses gelten lassen zu wollen. Es liegt an der Europäischen Wirtschaftsgemeinschaft bzw. an den in ihr zusammenarbeitenden Ländern, die Sieben beim Wort zu nehmen. Das aber wieder setzt voraus, daß die Sechs aufgeschlossen genug sind, ohne einen Streit um Rang und Prioritäten, in gegenseitiger Gleichberechtigung das Gespräch mit ihren europäischen Partnern und Freunden zu suchen und sich dabei der geschichtlichen Verantwortung bewußt zu bleiben.

WAS BEDEUTET ABRÜSTUNG WIRTSCHAFTLICH?

*[Aus einem Interview mit der „Politisch-Sozialen Korrespondenz"
vom 15. November 1959]*

*Als im Jahre 1959 das große Wunschbild „Weltweite Abrüstung" mit
scheinbar positiven Vorzeichen die Weltpolitik beschäftigt, wird in der
Öffentlichkeit – in einem merkwürdigen Gegensatz zu der wenige
Jahre zuvor überbetonten Besorgnis vor Störungen der Wirtschaft
durch die Rüstung – die von unterschiedlichen Interessen bestimmte
Meinung laut, die erstrebte Abrüstung werde eine nachhaltige Schwächung der westlichen Industriewirtschaft zur Folge haben. Und östliche
Stimmen äußern ziemlich unverblümt, daß der Kommunismus mit der
von ihm propagierten Abrüstung dieses Ziel anstrebe.*

Frage: Bestehen vom Wirtschaftlichen her Hindernisse für das Ziel der
allgemeinen kontrollierten Abrüstung? Ein altes, neuerdings von kommunistischer Seite wiederbelebtes Schlagwort behauptet, die „kapitalistischen"
Länder könnten auf das Rüsten als Antriebsmotiv nicht verzichten und
hätten von wirksamer Abrüstung eine Störung ihres Wirtschaftslebens bzw.
ihrer Konjunktur zu befürchten; sie seien aus solchen Gründen abrüstungs-
feindlich. Was ist Ihre Meinung?

Antwort: Über die Realisierbarkeit mancher Abrüstungspläne möchte
ich mich an dieser Stelle nicht äußern. Die freie Welt wird in jedem Falle
auf der Hut sein müssen, daß ihr nicht im Zeichen der Entspannung ein
Netz von Illusionen übergestülpt wird. Sie würde dann ihre Handlungs-
fähigkeit verlieren. Das Endergebnis würde an Stelle einer allgemeinen
Abrüstung ein einseitig verlagertes Rüstungsschwergewicht sein.

Deshalb müssen alle Abrüstungsvorschläge, solange der propagandisti-
schen Aufmachung nicht die erforderlichen inneren Sicherheiten für Kontrolle und Inspektion entsprechen, mit großer Vorsicht und Umsicht
geprüft werden. Aber kein wirklich ernst gemeinter und realisierbarer
Vorschlag, der die Abrüstung als ersten Schritt zu einer wirklichen Entspannung anbietet, wird an unserer Haltung scheitern.

Wenn Sie mich nach der kommunistischen Behauptung von angeblichen
wirtschaftlichen Hindernissen fragen, die einer allgemeinen Abrüstung
entgegenstehen sollen, so ist dazu eindeutig zu erklären: Umgekehrt! Der
westlichen Welt könnte im Grunde nichts erwünschter sein als eine Umstellung der Produktion von Rüstungsgütern auf Investitions- und Verbrauchsgüter, die der Mehrung der menschlichen Wohlfahrt dienen. Eine
allgemeine kontrollierte Abrüstung würde sich im Hinblick auf das wirt-

schaftliche Wachstum und die weitere Hebung des Lebensstandards unserer Völker ohne Zweifel sehr positiv und segensreich auswirken; ganz zu schweigen von der seelischen Entspannung und der Hoffnung des deutschen Volkes, seine ursprünglichsten Anliegen – Sicherheit Berlins, Wiedervereinigung, dauerhaften Frieden – am Ende doch erfüllt zu sehen.

Gewiß mag in manchen Ländern die Umstellung von der Produktion für Verteidigungszwecke auf die vermehrte Fertigung von Gütern des zivilen Bedarfs manche Probleme mit sich bringen, aber diese sind volkswirtschaftlich und technisch ohne weiteres lösbar. Man braucht dabei z. B. nur an die Luftfahrtindustrie, den Schiffbau und die Elektrotechnik zu denken, um zu erkennen, wie eng sich auf diesem Gebiete rüstungswirtschaftliche und zivile Programme berühren. Ein Gleiches gilt im übrigen auch für die Forschung und Entwicklung.

Die Vorstellung, daß im Zuge einer Abrüstung vorübergehend ein Nachfrageausfall eintreten könnte, entspringt einer mechanistischen Denkweise; denn abgesehen davon, daß eine solche Folgewirkung durch eine entsprechende Steuersenkung kompensiert werden könnte, mangelt es wohl in keinem Lande an produktiven Aufgaben. Niemand wird ohne weiteres Hoffnungen nähren können, daß sich mit dem Wegfall militärischer Ausgaben die Steuerlasten rasch und stark verringern würden. Viele andere erstrebenswerte Ziele, die in allen Ländern wegen der Notwendigkeit der Verteidigungsbereitschaft zurücktreten mußten, würden anstelle der bisherigen Rüstungsanstrengungen verstärkt in Angriff genommen werden. Es sind dies vor allem auch soziale und allgemeine Aufgaben. Die Industrieländer der westlichen Welt stehen außerdem, wie schon gesagt, vor der Aufgabe, ihre Hilfe für die Entwicklungsländer zu verstärken. Ein nicht unbeträchtlicher Teil der Verteidigungsausgaben könnte im Falle einer Abrüstung für diesen Zweck eingesetzt werden und der Welt zum Segen gereichen.

An Nachfrage für freiwerdende Mittel wird es also gewiß nicht fehlen. Im übrigen ist gerade in der gegenwärtigen Konjunkturphase die Sorge, daß das Angebot mit der Nachfrageentwicklung nicht Schritt hält, größer als die umgekehrte Befürchtung, daß vorhandene Produktivkräfte durch den Wegfall von Rüstungsaufgaben frei gesetzt werden könnten. Die Behauptung von kommunistischer Seite, daß einer stetigen guten Konjunkturentwicklung in der „kapitalistischen" Welt durch eine wirksame Abrüstung die Grundlagen entzogen würden und dann die schon seit langem immer wieder prophezeite Krise endlich doch kommen würde, bleibt auch weiterhin nichts anderes als ein Wunschtraum. Dieser wird um so weniger Wirklichkeit werden, als die wirtschaftliche Zusammenarbeit innerhalb der freien Welt in den letzten Jahren große Fortschritte gemacht hat und ihr ein umfangreiches Instrumentarium zur Bekämpfung von Rezessionserscheinungen zur Verfügung steht.

WIR LEBEN NICHT MEHR IN METTERNICHS ZEITEN

[„Die Zeit" vom 25. Dezember 1959]

Für einen neuen Stil in der Politik und für ihre Einheit hat sich Erhard oft eingesetzt. Er tat es aus gegebenem Anlaß im Winter 1959 von neuem in mehreren Zeitungsaufsätzen, so in der „Zeit" vom 25. Dezember 1959:

Es ist an sich eine bare Selbstverständlichkeit, daß, sofern überhaupt ein Dualismus zwischen Politik und Wirtschaft zu denken ist, die Beziehungen zwischen diesen beiden Bereichen mit der sich verändernden weltpolitischen Situation und dem sich gleichzeitig vollziehenden gesellschaftspolitischen Entfaltungsprozeß fortdauernden Wandlungen unterworfen sein müssen. Die Vorstellung, daß die Wirtschaft sozusagen ihren eigenen Lebensbereich fernab der Politik hätte und daß andererseits unter „Politik" nur das zu verstehen sei, was die Beziehungen eines Landes zu anderen Ländern anlangt, gehört in das vergangene Jahrhundert und wird den Erfordernissen unserer Zeit in keiner Weise mehr gerecht. Damit soll die Bedeutung der Außenpolitik nicht geschmälert werden. Aber nicht alles, was die Völker verbindet oder trennt, ist im zünftlerischen Sinne „Außenpolitik". So gewiß politische Ergebnisse oder Entscheidungen die Wirtschaft berühren, so gewiß ist auch, daß die Politik von wirtschaftlichen Tatbeständen nachhaltig beeinflußt wird.

Damit, daß ein Phänomen als eine politische oder wirtschaftliche Frage charakterisiert wird, kann man der Komplexität des Lebens der Völker nicht mehr gerecht werden. Hier geht es nicht um Rangordnungen, sondern um Zuordnungen. Je mehr bei der modernen Entwicklung jedwede nationale Entscheidung auch über die Grenzen eines Landes hinaus Wirkungen zeitigt, so daß im isolierten nationalen Raum überhaupt keine glücklichen gesellschaftspolitischen Lösungen mehr denkbar sind, desto mehr wird offenkundig, daß sich der Charakter und der innere Gehalt der Außenpolitik kaum mehr abgrenzen läßt, sondern ein neuer politischer Stil der Gestaltung der Völkerbeziehungen erforderlich wird. Was zu Metternichs Zeiten, vor der Erfindung der Eisenbahn oder gar im reinen Merkantilsystem Außenpolitik gewesen ist, kann nicht mehr Maßstab für die Gegenwart sein. Wo die Grenzen fast nur noch staatsrechtliche, im Zusammenleben der Menschen aber fast nur noch symbolische Bedeutung haben, kann und darf nicht alles, was das Verhältnis eines Landes gegenüber dem Ausland anlangt, ausschließlich als Außenpolitik gelten.

Es ist ja schließlich nicht mehr zu übersehen, wie sehr das Schwergewicht der zwischenstaatlichen Beziehungen heute auf wirtschaftlichem Gebiet liegt, und wie sehr vor allen Dingen die Freundschaften zwischen den Völkern darauf beruhen, daß durch einen freien Güteraustausch und Kapitalverkehr die Wohlfahrt und die soziale Sicherheit der Völker befruchtet werden. Bei der Erfüllung dieser Aufgabe handelt es sich beileibe nicht um technische Maßnahmen, wie etwa die Gestaltung eines internationalen Fahrplans, sondern um eine eminent politische Frage, die für das Freundschafts- oder Spannungsverhältnis zwischen den Nationen von immer größerer Bedeutung ist.

Es geht hier auch nicht um Ressortzuständigkeiten, sondern um eine Denkweise, die den Anforderungen unserer Zeit gerecht wird. Wenn, um ein aktuelles Beispiel anzuführen, die Problematik des Sahara-Öles im Zusammenhang mit der Energieversorgung des Gemeinsamen Marktes zur Debatte steht, so ist gar nicht daran zu zweifeln, daß es sich hier sowohl um eine wirtschaftspolitische als auch um eine außenpolitische Frage handelt; aber beides zusammen macht eben erst „die Politik" aus.

Es zeigt sich auch immer deutlicher, wie zwingend die innere wirtschaftliche und gesellschaftspolitische Ordnung eines Landes das Verhältnis zu anderen Nationen bestimmt. Wir erleben es gerade in der Gegenwart besonders anschaulich, daß unterschiedliche Gesellschaftsformen unversöhnliche Gegensätze schaffen. Freundschaften oder Feindschaften zwischen den Nationen gründen sich heute nun einmal nicht nur auf außenpolitische Übereinstimmungen oder Spannungen, sondern sind in sehr differenzierter Weise meist Ausdruck und Ausfluß einer vielschichtigen Problematik vor allem auch wirtschafts- und gesellschaftspolitischer Art.

Für das vergangene Jahrhundert traf es gewiß zu, daß, nicht zuletzt auch von dynastischen Interessen geleitet, in den Völkerbeziehungen der Außenpolitik wenn nicht überhaupt Ausschließlichkeit, so doch das Primat zukam. In der Zwischenzeit aber sind sich die Menschen aller Nationen in der mannigfachsten Weise so nahe gerückt, und gleichzeitig ist das Bestreben der Völker nach Verständigung und Zusammenarbeit auf übernationaler Grundlage so deutlich ausgeprägt, daß es kaum mehr einen Lebensbereich gibt, der sich in nationaler Begrenzung isolieren ließe. Die verschiedenen Formen wirtschaftlicher und politischer Integration sowie die mannigfachen Institutionen auf weltweiter Grundlage lassen es uns bewußt werden, wie sehr sich die Formen, aber vor allen Dingen der Geist der Völkerbeziehungen gewandelt haben. Es sind nicht mehr politische Allianzen, wie sie bis in den Anfang dieses Jahrhunderts hineinreichten, wenngleich natürlich angesichts der Bedrohung der freien Welt Verteidigungsgemeinschaften von schicksalhafter Bedeutung bleiben. Aber diese stehen nicht mehr allein im Raum, sondern finden ihre Ergänzung in supranationalen und internationalen Einrichtungen, die in der Hauptsache der Mehrung der wirtschaftlichen und sozialen Wohlfahrt dienen sollen.

Wer möchte zum Beispiel leugnen wollen, daß Art und Umfang der wirtschaftlichen Beziehungen zwischen den europäischen Ländern auch auf ihr gegenseitiges politisches Verhältnis ausstrahlen! Die auch nach immer besseren Lösungen zielende Zusammenarbeit der hochentwickelten Industrieländer auf dem Felde fruchtbarer und wirksamer Hilfeleistung für die sogenannten Entwicklungsländer charakterisiert sehr deutlich, wie sehr das Bewußtsein gemeinsamer Verantwortung und Verpflichtung lebendig ist, und zum andern illustriert dieser Hinweis, daß, wenn dieses Problem auch sicher politische Aspekte hat, der wirtschaftlich-soziale und humanitäre Gedanke im Vordergrund steht.

Selbst die Beziehung zwischen den Ländern der freien und der kommunistischen Welt oder das Spannungsverhältnis zwischen demokratischen und totalitären Ordnungen ist in einem konservativen Sinne nicht mehr rein politisch zu begreifen. Es ist schon des Nachdenkens wert, wenn Sowjetrußland, unbeschadet seiner politischen Ziele, gerade in jüngster Zeit in seine Strategie auch die Wirtschafts- und Handelspolitik einbezogen hat. Chruschtschow hat über alle Maßen deutlich erklärt, daß sich die sowjetisch beherrschte Welt nicht nur stark genug fühlt, über die Steigerung der Produktivkräfte in sieben Jahren einen westlichen Lebensstandard erreichen zu können, sondern er gibt auch seiner subjektiven Überzeugung Ausdruck, daß der „Kapitalismus" jener Kraft nichts Gleichwertiges entgegenzusetzen habe und zum Absterben verurteilt sei. Es kommt hier nicht darauf an, ob diese Aussage ernst gemeint ist, welcher Wahrheitsgehalt ihr zukommt, oder ob wir sie ihm abnehmen – bedeutsam scheint in jedem Falle die sowjetische Wendung in der Taktik und die Bereicherung des Instrumentariums der politischen Mittel zu sein.

Der Umstand, daß die westliche Welt – abgesehen von gelegentlichen Äußerungen einzelner Staatsmänner oder Politiker – auf diese Herausforderung noch keine klare Antwort gegeben hat, nährt meine Besorgnis, daß eine Außenpolitik, die sich vornehmlich in traditionellen und konservativen Denkkategorien bewegt, der Gegenwart und den sich abzeichnenden Entwicklungen nicht mehr völlig gerecht zu werden vermag. Nach meiner Überzeugung wäre nicht nur eine übereinstimmende Haltung, sondern auch ein gemeinsames Handeln in Richtung einer möglichst straffen Zusammenfassung aller Produktivkräfte der freien Welt vonnöten, um der Bedrohung unserer freiheitlichen gesellschaftswirtschaftlichen Ordnung wirksam begegnen zu können.

So komme ich also zu dem Schluß, daß die Wirtschaft beziehungsweise die Wirtschaftspolitik kein Sonderdasein am Rande der Außenpolitik führen darf. Wirtschafts- und Handelspolitik stellen unbeschadet geteilter Ressortzuständigkeiten ihrem Wesen nach ein untrennbares Ganzes dar. Die entscheidenden Ordnungsprinzipien, die Völkerschicksale gestalten, lassen sich in ihrer Wirkung nach innen und außen nicht trennen!

HARMONIE DURCH „HARMONISIERUNG"?

[„Frankfurter Allgemeine Zeitung" vom 31. Dezember 1959]

Ein großer Teil der politischen Arbeit jeder Art gilt der Abwehr des Gegners und oft gut gemeinter Vorschläge tatsächlicher oder vermeintlicher Freunde – von Ideen, die nicht in das Konzept der eigenen politischen Absichten oder des angestrebten Ordnungssystems passen. Ludwig Erhard mußte seit 1945 einen erheblichen Teil seiner Tätigkeit auf den Kampf mit planwirtschaftlichen Ideen sozialistischen Ursprungs verwenden. Nicht weniger intensiv war sein zähes Ringen um die geistigen Grundlagen der deutschen Wirtschaftspolitik. Nur manchmal wurden Auseinandersetzungen um diese Fragen in der Öffentlichkeit sichtbar:

Der Wirtschaftspolitiker muß dauernd auf der Hut sein, daß ihm sein Wort nicht im Munde herumgedreht wird, daß ihn die wirtschaftspolitischen Falschmünzer nicht übertölpeln. Kaum ist eine neue Idee, ein neuer Gedanke geboren, beginnen schon seelenlose Rationalisten, sie zu zerreden, bis am Ende gar ein Zerrbild des Ursprünglichen, ja oftmals sogar das Gegenteil übrig geblieben ist. Was haben wir in den letzten Jahren, in denen in Deutschland wirklich um eine neue Ordnung gerungen wurde, die – bei aller Unvollkommenheit, die ihr noch anhaftet – doch das Prädikat freiheitlich und sozial verdient, nicht alles gehört, was „Ordnung" sein soll! Von einem neuen wirtschaftspolitischen „Stil" z. B. den ich entwickeln müßte, von einer „aktiven" Konjunkturpolitik, der ich mich zu befleißigen hätte. Was nicht noch alles sollte „geordnet" werden! Der eine verstand unter Ordnung „Kartelle", der andere „Verzunftung", der nächste „Marktreglementierungen" und wieder ein anderer den Staatseingriff ganz allgemein. Die Begriffsverwirrung war fast perfekt.

Ähnliches erleben wir heute mit dem Wort „Harmonie", das in geradezu sträflicher Weise fast tagtäglich von Leuten im Munde geführt wird, die damit erkennen lassen, daß sie gar nicht wissen, was „Harmonie" wirklich ist. Gesellschaftspolitisch verstanden beruht „Harmonie" auf einer in sich gefügten Ordnung, die auf der Grundlage einer freiheitlichen, gleichgewichtigen Wirtschaft die Postulate der sozialen Gerechtigkeit und des fairen Ausgleichs der Interessen im gesellschaftlichen und wirtschaftlichen Leben der Völker ins Zentrum rückt. Das vom Begriff „harmonisch" abgeleitete Verb „harmonisieren" und das daraus wieder entwickelte Schlagwort der „Harmonisierung" haben indessen mit dem Wesen der Harmonie nur noch wenig zu tun. Welche Wandlung geht hier vor? Mir will scheinen, daß es vor allem der falsche und gefährliche Tätigkeitsdrang der „Gesellschaftsmechaniker" ist, denen es nicht um das Erkennen geht, sondern die in einer Aktion die Welt nach ihrem Bilde „konstruieren" wollen. Weil sie den millionenfach verwobenen Prozeß des Zusammenwirkens individueller freiheitlicher Kräfte nicht zu begreifen vermögen, weil sie ihre eigene geistige Finsternis verwirrt, darum brauchen sie ein möglichst handfestes Rezept, einen Wirtschafts- und Gesellschaftsmechanismus, an dem sie nach Belieben glauben, herumbasteln zu können. Sie vertrauen Organisationen und Institutionen mehr als der sozialen Ausgleichsfunktion des Wettbewerbs als dem Regulativ der freien Preisbildung oder einer funktionierenden Währungsverfassung. Sie meinen vielmehr, Apparaturen mit mächtigen Verwaltungskörpern würden größere Sicherheit bieten; sie glauben, daß eine Integration, wie wir sie etwa in Europa praktizieren, verbunden sein müsse mit der Vermehrung organisierter Eingriffe und einer Zunahme der Verwaltungsakte.

Vielleicht ist es die Angst vor dem Unwägbaren, dem nicht exakt berechenbaren Geschehen auf dem Wege zu einer Integrierung Europas, die manche dieser Gesellschaftsmechaniker dazu verführt, fortdauernd nach „Harmonisierung" zu rufen. „Harmonie" also durch „Harmonisierung"? Darunter verstehen dann viele die sogenannten „gleichen Startbedingungen". Die einen denken dabei an das Zusammenwirken der nationalen Kartelle oder deren „Integrierung" zu übernationalen Gebilden. Andere glauben, daß gleiche steuerliche und soziale Lasten die Voraussetzung von Wettbewerbsfreiheit sein müßten, und die ganz Konsequenten fordern die Einheitlichkeit des Lohnes und der Arbeitsbedingungen. Was nicht noch alles soll „harmonisiert" werden! Glücklicherweise macht der liebe Gott dem Wahn solcher Gleichmacherei ein Ende, denn er stattete die Menschen nicht mit gleicher Begabung und sogar recht unterschiedlichem Arbeitswillen aus, – von den Unterschieden des Klimas und der Bodenfruchtbarkeit gar nicht zu sprechen. Von „Harmonisierung" hat Gott offenbar nichts verstanden.

Die Wissenschaft wird herabgewürdigt, wenn sie all diesen „Un-Sinn" noch begründen soll. Diese geistige Verirrung kann gar nicht drastisch genug ironisiert werden, damit endlich einmal mit diesem unwirklichen Spuk aufgeräumt wird. Es ist genau umgekehrt: Gerade die unterschiedlichen Umwelts-, Produktions-, Arbeits- und Kostenbedingungen sind es, die den Güter- und Leistungsaustausch zwischen den Nationalwirtschaften erst begründen. Der Glaube, daß integrationswillige Volkswirtschaften zum Gelingen ihres Vorhabens von einem gleichen sozialen Standard ausgehen müßten, wäre von einer geradezu zerstörerischen Wirkung; denn das würde dem Starken die absolute Macht einräumen, während die Schwächeren dem Untergang preisgegeben wären. Die freie Konvertierbarkeit der Währungen als eine typische Form vernünftiger Integration hat nie zu der Illusion verleitet, daß sich die diesem System angeschlossenen Länder auf einem gleichen sozialen Standard befinden, daß sie sich „harmonisieren" müßten. Die falsch verstandene „Harmonisierung" müßte bedeuten, daß die zusammenstrebenden Volkswirtschaften jeweils die schlimmsten wirtschafts-, finanz- und währungspolitischen Fehler ihrer Partner als auch für sich verpflichtend anerkennen müßten, statt sie gemeinsam auszumerzen. Solange, beispielsweise innerhalb der Europäischen Wirtschaftsgemeinschaft, die einzelnen Nationen ihre Souveränität behalten, werden die Völker auch ihr eigenes Schicksal zu erleiden bzw. zu gestalten haben; sie werden schlechter oder besser leben als ihre Nachbarn, und sie werden auch von anderen Idealen erfüllt sein. Mögen sich am Ende dieses Prozesses weitgehende Angleichungen, ja auch Strukturveränderungen in den einzelnen Staaten vollzogen haben, von einer „Gleichschaltung" wird in Europa niemals die Rede sein können.

Was bleibt da also an Möglichkeiten einer „Harmonisierung" noch übrig? Die freiheitliche Ordnung, die die Entfaltung der sachlichen und menschlichen Produktivkräfte allein verbürgt, verträgt eine staatliche „Harmonisierungspolitik" nur insoweit, als durch sie die entwicklungsfähigen Räume der Gemeinschaft stärker durchblutet werden, – auf keinen Fall aber dadurch, daß man durch soziale Angleichung deren Wettbewerbsfähigkeit gar noch herabmindert. Institute, wie eine Investitionsbank oder ein „gegenseitiger Beistand" können in unserer Gesellschaftsordnung immer nur subsidiär neben der privaten Initiative wirksam sein, die immer den Vorrang haben sollte. Der Staat hat die freiheitliche Ordnung zu gewährleisten und zu verteidigen; es ist aber nicht seine Aufgabe, die vermeintliche Harmonie in allen Bereichen behördlich zu manipulieren.

„Harmonie" als gesellschaftspolitisches Phänomen umfaßt immer die Gesamtheit aller Lebensbereiche. Diejenigen, die von „Harmonisierung" sprechen, wollen aber die Teilbereiche jeweils isoliert „ordnen". Die Manager der „Harmonisierung" machen daraus ein gesellschaftspolitisches Zusammensetzspiel und spüren gar nicht, daß sie auf solche Weise das Leben atomisieren. Vor jenen Ordnungsbeflissenen, die immer nur an die mechanische Regelung von Einzelsektoren denken, damit aber den hohen Wert einer allumfassenden Ordnung zum Geschäft herabwürdigen, kann denn auch gar nicht nachhaltig genug gewarnt werden. Bleiben wir auf der Ebene der staatlichen oder der zwischenstaatlichen Politik, dann stellt sich in gleicher Weise die Frage, ob es richtig ist, wenn wir, statt das Ganze zu bedenken, darangehen, die Einzelbereiche der Politik etwa nach Ressortzuständigkeiten jeweils in sich selbst zu „integrieren" oder zu „harmonisieren". Auf die Europäische Wirtschaftsgemeinschaft projiziert, hieße das, daß neben dem verantwortlichen Ministerrat etwa die Justiz-, die Finanz-, die Verkehrs-, die Postminister und so fort ihre eigenen Harmonisierungsvorstellungen zu verwirklichen suchten. Nun habe ich zwar zuviel Respekt vor dem Fachwissen, als daß ich solche Bemühungen in Bausch und Bogen ablehnen wollte; aber ich kann auch meine Sorge nicht verhehlen, daß eine falsch verstandene Organisationsgläubigkeit, womöglich noch mit Eitelkeit und Eifersucht gepaart, eher zu einer Sprengung statt zu einer Zusammen-fassung führen könnte. So läßt sich zum Beispiel die Technik oder Syste-matik der Besteuerung gewiß „harmonisieren" – kaum aber die Höhe der Belastung. Ein gleiches betrifft Fragen des Verkehrs und anderes mehr. Möge es jedenfalls nicht geschehen, daß wir die Teile in der Hand haben, daß aber das geistige Band uns fehlt.

Ich huldige nicht dem Wunderglauben, daß Gott dem, dem er ein Amt gibt, damit zugleich auch den Verstand verleiht. Damit soll gesagt sein, daß gerade bei den schicksalhaften Entscheidungen unserer Zeit der Mangel an Fachwissen oder wissenschaftlichen Kenntnissen nicht als Befähigungs-nachweis für den reinen Politiker dienen darf. Die Zukunft gestalten kann nur der, der die Gegenwart in ihren Zusammenhängen, in ihren wirksamen Kräften und Entwicklungstendenzen erkennt und diese fortzugestalten weiß. Das „Organisieren- und Harmonisieren-wollen" führt demgegenüber in den fast sicheren Abgrund.

DREISSIG JAHRE KONJUNKTURPOLITIK
1929 – 1959

[„Via Aperta" Nr. 12 Dezember 1959 / Januar 1960]

Eine seit der Währungsreform durch keine Rückschläge unterbrochene Aufwärtsentwicklung der Wirtschaft und die seit Jahren unangetastete Vollbeschäftigung haben die Schrecken der Arbeitslosigkeit im deutschen Volke dennoch nicht in Vergessenheit geraten lassen. Immer wieder wird an den Bundeswirtschaftsminister die Frage gestellt, ob es nicht doch zu einer Wiederholung der vor dreißig Jahren erlebten Wirtschaftskrise kommen könne. Professor Erhard macht sich eine Antwort auf solche Fragen nie leicht. Er begründet seinen festen Glauben an die Überwindung des Konjunkturzyklus nicht nur mit dem Hinweis auf die Verbesserung des wirtschaftspolitischen Instrumentariums, sondern vor allem mit dem Vertrauen auf die stabilisierende Wirkung einer freiheitlichen Wirtschaftsordnung und einer fortschreitenden weltwirtschaftlichen Integration. In dem folgenden Aufsatz warnt er vor den Gefahren, die aus einem falsch verstandenen Sicherheitsstreben und aus mannigfachem Gruppenegoismus entstehen können, er erläutert die besonderen Aufgaben, die aus einer wachsenden güterwirtschaftlichen und monetären Verflechtung mit der übrigen Welt für die einzelnen Volkswirtschaften gestellt werden:

Im Oktober 1929 wurde die ganze Welt durch den Zusammenbruch der New Yorker Börse, der mit dem Begriff „Schwarzer Freitag" in die Geschichte einging, aufs tiefste erschreckt und in der Folgezeit in den Strudel einer die ganze Welt umspannenden Wirtschaftskrise dramatischen Ausmaßes gerissen. Es kann hier nicht meine Aufgabe sein, eine Analyse zu versuchen, wie es seinerzeit zu jener unheilvollen Kettenreaktion kam, die alle Volkswirtschaften lähmte und den internationalen Zusammenhalt der Völker aufsprengte. Wohl aber erscheint es nützlich, sich einiger gravierender Zusammenhänge bewußt zu werden, um damit die tief greifenden Wandlungen der Wirtschafts- und Konjunkturpolitik zu beleuchten, die sich in diesen dreißig Jahren vollzogen haben. Es geht hier auch nicht um Schuld oder Verdienst, sondern allein um das Erkennen, und um, darauf gestützt, eine Politik der Stabilität fortzusetzen und gleichzeitig gewährleisten zu können.

Es ist bekannt genug, daß der besondere Anlaß, der in Deutschland und in vielen europäischen Ländern die Krise auslöste, die hohe kurzfristige Auslandsverschuldung gerade gegenüber den Vereinigten Staaten war, während die aufgenommenen Mittel fast durchweg langfristigen und nur zu einem geringen Teil produktiven Investitionen dienten. So kam es, daß die Länder ihren internationalen Zahlungsverpflichtungen nicht mehr genügen konnten und daß sich auf breiter Grundlage ein Prozeß internationaler Desintegration mit der damit unmittelbar verbundenen Atomisierung der Weltwirtschaft und der Isolierung der Nationalwirtschaften vollzog. Mit dieser Entwicklung einher vollzog sich der Zusammenbruch einzelner Währungen und das Ende der internationalen Währungsordnung überhaupt. Damit waren die festesten Bande der Welt gelöst und weiter Spielraum für nationale wirtschafts-, finanz- und währungspolitische Experimente gegeben. Die Weltwirtschaftskrise – um das deutlich zu machen – resultierte nicht aus einer zu engen Verbindung der Volkswirtschaften, sondern aus zu geringen und dazu noch falsch angelegten Beziehungen. Man kurierte an den Symptomen, anstatt die Wurzel des Übels freizulegen, und man begnügte sich mit der Errichtung einer technisch gerade noch manipulierbaren Scheinordnung, statt die Einsicht und den Mut zu freiheitlichen und organischen Lösungen aufzubringen. Die allumfassende, d. h. die anpassende, in sich selbst ruhende, gleichgewichtige nationale und zwischenstaatliche Ordnung wurde preisgegeben und durch ein vielmaschiges Netz mechanistischer Teillösungen ersetzt, die, unter sich mehr oder minder beziehungslos, in ihrer Gesamtheit das ganze Chaos deutlich werden ließen. Das war die Geburtsstunde der Devisenzwangswirtschaft, die Unfreiheit und Unmoral auslöste und die letzten Reste des Außenhandels noch zum Tummelplatz diskriminierender Praktiken und staatlicher Verfälschungen echter Werte und Leistungsbeziehungen machte. Unter den immer stärker aufkommenden planwirtschaftlichen Vorstellungen erstickte jede schöpferische Initiative, und das Gefühl der Ausweglosigkeit und Hilflosigkeit schuf eine Atmosphäre tiefer Resignation. Der immer größer werdenden Arbeitslosigkeit mit einer Deflationspolitik begegnen zu wollen, mußte sich naturnotwendig als ein verhängnisvoller Fehler erweisen, der der Wirtschaft gar noch die letzten Impulse raubte.

Der Teufelskreis war geschlossen. Eine nur noch mit künstlicher Bluttransfusion und mit einem stark zusammengeschrumpften Weltmarkt notdürftig verbundene Nationalwirtschaft, wie z. B. die deutsche, vermochte den arbeitsfähigen Menschen aus all den vorerwähnten Gründen keine ausreichende Beschäftigung mehr zu geben. Eine immer kleinere Zahl von arbeitenden Menschen mußte eine immer größere Zahl von Erwerbslosen unterstützen. Das mit dem Absinken des Volkseinkommens immer weiter schrumpfende Sozialprodukt gefährdete oder zerstörte sogar die Existenzgrundlagen weiter Teile der Volkswirtschaften. Das an sich verständliche Streben der Unternehmer, an den immer kleiner werdenden Umfang des Sozialprodukts wenigstens pro rata beteiligt zu sein und die aus dem absinkenden Volkseinkommen sich ständig verringernde Nachfrage möglichst gleichmäßig über die Breite der Volkswirtschaften bzw. die Betriebe eines Wirtschaftszweiges zu verteilen, führte dann zu einer Übersteigerung des nationalistischen Denkens und einer Unternehmerpolitik, die dem Wahn huldigte, daß eine Anpassung – und das hieß in diesem Fall eine Verkürzung – der Produktion an den Bedarf die Übel heilen könnte. Tatsächlich wurde dadurch das Unheil nur immer größer, denn jeder Produktionsverzicht führte zu neuem Einkommensausfall, zu weiterer Arbeitslosigkeit, zu steigenden Kosten bei rückläufigen Umsätzen. Nachdem aus dem Versagen der Regierungen durch den Zusammenbruch der Weltwirtschaft die Zerstörung der Währung und die Auflösung jeder festgefügten Ordnung so weit fortgeschritten waren, muß wohl zugegeben werden, daß die Lage durch ein richtiges unternehmerisches Verhalten allein nicht mehr zu retten bzw. zu korrigieren war. Aber dies kann und darf auch darüber nicht hinwegtäuschen, daß der seinerzeit beschrittene Weg, durch Kartelle das Übel heilen zu wollen, der untauglichste von allen war.

Die Begriffe von freiheitlicher Ordnung, freiem Wettbewerb und freier Preisbildung, ehrlichem Geld und weltweiter freier Offenheit waren in jener tragischen Zeit der Vorstellungswelt der Völker und vor allem der verantwortlichen Staatsmänner so sehr entrückt, daß ein Rückblick aus unserer heutigen Sicht fast gespenstisch anmutet. Wir erkennen aber aus dem tragischen Geschehen – und wollen es nicht vergessen –, was es darum bedeutet, wenn die einzelnen Länder und Volkswirtschaften ihr nationales Leben aus gleicher geistiger Haltung heraus nach gleichen Ordnungsvorstellungen gestalten und wie bedeutsam es darum ist – in welchen Formen auch immer –, zur Anwendung allgemein verbindlicher ökonomischer und sozialer Spielregeln zu gelangen.

Es wäre allerdings eine falsche und gefährliche Konsequenz, aus dieser Aussage schließen zu wollen, daß zwischen den Völkern untereinander eine sogenannte Harmonisierung der Kosten und Lasten Platz greifen müßte, um zwischenstaatlichem Wettbewerb Raum geben zu können. Jeder Versuch einer Gleichmacherei auf wirtschaftlichem und sozialem Gebiet müßte nur ein neues Störungselement in die Wirtschaft tragen, denn man kann den Zusammenhang von Ursache und Wirkung nicht in das Gegenteil verkehren wollen.

Damit komme ich, ohne die tragischste Phase der deutschen Geschichte in wirtschaftspolitischer Hinsicht ausdeuten zu wollen, zu der Betrachtung unserer Gegenwart und stelle die jeden Staats- und Weltbürger interessierende Frage, ob wir heute tatsächlich gegen eine mögliche Wiederholung jener politischen, wirtschaftlichen und sozialen Katastrophe gefeit sind! Die Frage kann mit einem glatten Ja beantwortet werden, wenn ich damit gewiß auch nicht sagen möchte, daß, abgesehen von allen denkbaren politischen Erschütterungen, nicht auch aus der ökonomischen Entwicklung heraus unserer gesellschaftspolitischen Entwicklung Gefahren erwachsen könnten. Diese sind heute nur grundsätzlich anderer Art. Es kann kein Zweifel bestehen, daß wir das konjunktur- und wirtschaftspolitische Rüstzeug heute besser und wirksamer zu handhaben wissen, – und nicht zuletzt durch Schaden klug geworden sind. Die weltwirtschaftlichen Beziehungen sind entgegen mancher pessimistischen Erwartung gerade nach dem zweiten Weltkrieg enger und enger geworden und haben heute einen Intensitätsgrad erreicht, der uns nicht nur die Verbundenheit, sondern auch die Abhängigkeit bewußt sein läßt. In weitem Umfang sind die nationalen Währungen wieder fest begründet und mit der Ende 1958 wiederhergestellten Konvertierbarkeit auch zwischenstaatlich geordnet. Die Praktiken der Kriegswirtschaft und der ersten Nachkriegsjahre in Gestalt von staatlicher Bewirtschaftung und Rationierung sind heute ebenso wie die Preisbindungen und Preiskartelle, so nicht völlig beseitigt, doch im Abbau begriffen, und das Gefühl für den Segen der Freiheit bricht sich unaufhaltsam Bahn.

Dem steht allerdings die bedenkliche Entwicklung gegenüber, die soziale Sicherheit in allen Vorstellungsformen mit starkem kollektivistischen Trend immer mehr perfektionieren zu wollen. Daß das der Ausprägung des Leistungswillens und der Persönlichkeit nicht gerade förderlich ist, und daß eine Überspitzung solchen Denkens die anschauliche Beziehung zwischen Aufwand und Ertrag, Leistung und Einkommen in trügerischer Weise zu überdecken geeignet ist, kann füglich nicht bestritten werden. Das ist das überraschende Phänomen unserer Zeit, daß in dem gleichen Maße, in dem durch die Mehrung des Wohlstands die soziale Sicherheit aus eigener Kraft sich verbessert und die Gleichförmigkeit einer nicht mehr von Risiken bedrohten ständigen wirtschaftlichen Aufwärtsentwicklung das Gespenst sozialer Notstände gebannt hat, der Schrei nach noch immer mehr kollektiver Sicherheit nur immer lauter erschallt. Dafür mag es besonders im Hinblick auf tragische politische Erfahrungen manche Erklärungen geben, aber gleichwohl gehen sie am eigentlichen Kern des Problems vorbei, weil kein Staat und keine Volkswirtschaft mehr soziale Gaben ausstreuen können, als ein Volk erarbeitet. Gegen politische Katastrophen insbesondere gibt es keine soziale Sicherheit. Das haben wir nach dem Zusammenbruch erfahren müssen und uns deshalb im Zuge eines erfolgreichen Wiederaufbaus in mannigfachen Formen um Wiedergutmachung und sozialen Ausgleich bemüht.

Eine zweite Sorge betrifft die künftige Gestaltung der internationalen Zusammenarbeit sowohl auf politischem wie auch auf wirtschaftlichem Felde. Daß die Zusammenfügung von Nationalstaaten zu einem einheitlichen Gebilde auch die Volkswirtschaften zu einer Einheit zusammenzwängt, ist selbstverständlich, aber die aktuellere Frage lautet vor allem im Hinblick auf den „Gemeinsamen Markt" dahin, ob eine wirtschaftliche Integration ebenso zwangsläufig zu einer staatspolitischen Verschmelzung führt. In einer protektionistischen Welt würde ich diese Frage ohne weiteres bejahen, während sich eine immer stärker ausprägende freiheitliche und freizügige, weltweite und weltoffene Ordnung von dieser Seite aus gesehen den Zwang zu einer politischen Verklammerung nicht ohne weiteres auslöst. Die in der „Europäischen Wirtschaftsgemeinschaft" angestrebten Ziele werden also immer ein bewußtes politisches Wollen erfordern. Der bessere wirtschaftliche Kräfteausgleich innerhalb größerer Wirtschaftsräume eröffnet einer wirksamen Konjunkturpolitik zweifellos bessere Chancen, aber es wäre doch auch töricht, verkennen zu wollen, daß insbesondere in der Zeitspanne des Heranreifens dieser neuen Gestalt ein Präferenzsystem der Umwelt gegenüber Spannungen auslöst, die der Funktion einer ein- bzw. ganzheitlichen Weltwirtschaft nicht dienlich sind. In bezug auf dieses Problem werden in den kommenden Jahren schicksalhafte Entscheidungen zu treffen sein.

Ich kann meine Sorge nicht beschwichtigen, daß wir uns trotz aller möglichen Vorhaben in der Sucht des alles Organisieren- und Harmonisierenwollens verstricken und dabei nicht nur das Gefühl für das wirklich Organische und Harmonische verlieren, sondern uns von diesem Zustand immer weiter entfernen. Unser technisches Zeitalter verleitet zweifellos zu einer mechanistischen Betrachtung auch des gesellschaftspolitischen Lebens, und darum gilt es, diese allerdings tödliche Gefahr nie aus dem Auge zu verlieren. Wir vertrauen auf den Segen der Freiheit und beschreiten im gesellschaftspolitischen Leben Wege, die uns zu einem mechanistisch-kollektivistischen Denken hinführen und uns am Ende die Freiheit gar verspielen lassen.

Es sind in unserer Zeit zweifellos gegenläufige Kräfte am Werke, die auf der einen Seite der Freiheit eine immer festere Stütze geben, sie aber andererseits auch zu unterhöhlen geeignet sind. Das wollte ich deutlich machen, wenn ich auf den Segen einer weltweiten Verklammerung der Volkswirtschaften nach gleichen, freiheitlichen Prinzipien hinwies, aber gleichzeitig meine Sorge nicht unterdrücken konnte, daß neue Präferenzsysteme gerade in ihrer Häufung möglicherweise einen neuen Länder-Gruppen-Egoismus herbeiführen könnten.

Seien wir uns auch dessen bewußt, daß die sich überstürzende technische Entwicklung zusammen mit den Erkenntnissen der modernen Naturwissenschaften nicht ohne Einfluß auf Struktur, Formen und Größe der Unternehmenswirtschaft bleiben kann und darum im politischen Bereich immer dringlicher die Frage gestellt werden wird, wie die Gefahr einer zu starken Ballung der Produktionsmittel in den Händen weniger gebannt bzw. wie unter Bewahrung der Grundsätze einer „Sozialen Marktwirtschaft" dem sozialen Anliegen einer breiten Eigentumsstreuung und der Erhaltung einer Vielzahl selbständiger mittelständischer Existenzen Genüge getan werden kann. Persönlich glaube ich, daß „die Erde Raum für alle" hat, aber ein solches Bekenntnis wird gegenüber dem Drängen und den

Sorgen breiter mittelständischer Schichten nicht immer überzeugend wirken. Wir können aber um einer falschverstandenen Gerechtigkeit willen weder die klassenlose Gesellschaft verwirklichen wollen, noch bedeutet es in der modernen Zeit ein brauchbares Rezept, zu ständewirtschaftlichen Vorstellungen zurückzukehren und unserer dynamischen Zeit eine statische Ordnung aufpfropfen zu wollen. Die stärkste Stütze einer freiheitlichen Wirtschafts- und Gesellschaftsordnung ist der Wille der Individuen, sich die Freiheit ihrer Lebensführung zu bewahren und sich nicht in allen Lebensäußerungen schablonisieren, uniformieren und kollektivieren zu lassen.

Die Verhinderung eines Mißbrauchs wirtschaftlicher Macht gehört nach den Grundsätzen der „Sozialen Marktwirtschaft" zu den vordringlichen Aufgaben des Staates. Darauf beruht auch das deutsche „Gesetz gegen Wettbewerbsbeschränkung", das von dem Grundsatz ausgeht, daß derjenige, der frei sein will, nicht Macht besitzen darf, aber das heißt auch, daß derjenige, der Macht besitzt, einen Teil seiner Freiheit verliert. Das Regulativ liegt in der Setzung eines Ordnungsrahmens der Wirtschaft, der den Wettbewerb sicherstellt und ihn vor Verzerrungen und Machteinflüssen schützt. Wer da allerdings glauben möchte, daß eine spezifische „Kontrolle" der wirtschaftlichen Unternehmungen durch staatliche oder gemeinwirtschaftliche Organe das Übel heilen oder verhindern könnte, oder gar dem Wahn huldigt, daß staatliche Unternehmungen schon aus der Konstruktion heraus von Sünden jeder Art frei wären, gibt sich nach aller historischen Erfahrung und nach logischer Ableitung einem groben Trugschluß hin. Nichts verleitet mehr zum Mißbrauch der Macht als die Häufung der Macht in der Hand eines Kollektivs. Ein Blick auf die totalitären Staaten und ihre kollektivistische Wirtschaftsordnung beweist das zur Genüge; aber auch Länder der freien Welt können aus den Sünden der Vergangenheit für die Richtigkeit meiner These zeugen.

Eine Weltwirtschaftskrise, wie sie vor dreißig Jahren fast wolkenbruchartig über uns kam, wird sich gewiß nicht mehr ereignen, und ebenso undenkbar ist es, daß sich in der Zukunft wirtschaftliche Wechsellagen zu sozialem Unheil erlebten Ausmaßes verdichten können. Der falschverstandene Keynesianismus kann als ebenso überwunden gelten wie eine frühliberalistische Vorstellung, nach der der Staat in wirtschaftliche Prozesse nicht eingreifen dürfe. Mit welchen Mitteln er das tut, hängt von der Gemengelage der Ursachen und Motive ab, die eine Konjunktur bestimmen und die keineswegs nur immer materieller Art sind. Der manchmal gegen mich erhobene Vorwurf, daß mein Versuch einer „Seelenmassage" mit Marktwirtschaft nichts zu tun habe, wurzelt in manchesterlichen Vorstellungen und berücksichtigt in keiner Weise, daß Konjunkturen vom Verhalten der Menschen bestimmt werden. Mit welchen Mitteln aber dieses Verhalten beeinflußt wird, ist von relativ zweitrangiger Bedeutung. Die tatsächliche Gefahr kommt, wie ich nicht oft genug wiederholen kann, von den Gesellschaftsmechanikern und Gesellschaftsromantikern, die da glauben, das vielschichtige Leben eines Volkes am Reißbrett aufzeichnen zu können, die den mannigfach verwobenen Prozeß des Zusammenwirkens freiheitlicher Kräfte als einen Mechanismus begreifen oder von romantischen Vorstellungen einer Sozialordnung ausgehen, die von dem Menschen, wie ihn Gott geschaffen hat, völlig abstrahiert.

Es ist ein schleichendes Gift, das die menschliche Gesellschaft infiziert und sie die Immunität gegen die tödlichen Bazillen des Kollektivismus verlieren läßt. Das gilt für die politischen, wirtschaftlichen und sozialen Bereiche unseres Seins in gleichem Maße. Wenn wir uns also das Leben und die Freiheit bewahren wollen, dann gilt es wach zu sein und dem Überhandnehmen der Anfänge zu wehren, die in ihrer Wirksamkeit leider schon nicht mehr zu verkennen sind.

DIE WIRTSCHAFT IST KEIN ÜBUNGSPLATZ FÜR DILETTANTEN

[Rundfunkansprache vom 15. Januar 1960]

In einer Rundfunkansprache vom 15. Januar 1960 setzte Minister Erhard seine Bemühungen um Aufklärung der Öffentlichkeit fort:

Sie erleben es täglich, es gibt drei Gesprächstoffe, bei denen alle und jeder glauben mitreden und urteilen zu können, das ist das Wetter, die Politik und die Wirtschaft. Nun bin ich viel zu tolerant und zu demokratisch gesinnt, als daß ich das beklagen oder als einen Schaden betrachten wollte. Die Anteilnahme jedes einzelnen an Geschehnissen des öffentlichen Lebens ist aus einer freiheitlichen Ordnung nicht wegzudenken. Das „Aber" beginnt nur bei dem Besserwissertum, und da ist es schon merkwürdig genug, daß Leute, die sich wahrscheinlich lächerlich vorkommen würden, wenn sie als Laien etwa über technische, medizinische oder physikalische Probleme urteilen wollten, keinerlei Hemmungen zeigen, sich in wirtschaftspolitischen Fragen als Sachverständige oder gar als Schiedsrichter aufspielen zu können.

Dem aktiven und verantwortlichen Politiker oder Wirtschaftspolitiker werden täglich Entscheidungen abverlangt, deren Richtigkeit oder Unrichtigkeit nicht nur aus der Schau des Augenblicks oder gewisser Interessenlagen heraus nur der beurteilen kann, der über ein fundiertes Fachwissen, über ein ebenso großes Maß an Unterrichtung über weltweite Geschehnisse und Zusammenhänge und, wie ich glaube, auch über die notwendige Phantasie und Intuition verfügt, die Reaktionen der Menschen auf bestimmte Maßnahmen in das politische Kalkül einbeziehen zu können. Wer so verantwortlich zu handeln gezwungen ist, kommt sehr schnell zu der Erkenntnis, daß es da mit Redensarten nicht getan ist, und daß deren Summierung weder einen Sinn ergibt noch Erfolg verspricht. Ja, ich bin sogar der Meinung, daß daraus die große Gefahr erwächst, die Menschen, deren Handeln und Verhalten unser wirtschaftliches und soziales Sein und unser künftiges Schicksal bestimmen, in einer gefährlichen, schädlichen und nicht gewollten Richtung hin zu beeinflussen. Das mögen vor allen Dingen diejenigen bedenken, die hinsichtlich der Führung und Gestaltung unserer Wirtschaftspolitik gelegentlich zu dem abfälligen Urteil kommen, daß sich handfeste konjunkturpolitische Maßnahmen – von denen natürlich keiner nachteilig betroffen werden will – nicht durch rhetorische oder psychologische Beeinflussung der Verhaltensweise der Menschen ersetzen lassen. In solchem Zusammenhang verweist man dann auf den zweifelhaften Effekt der von mir geübten sogenannten „Seelenmassage", ohne sich dessen bewußt zu sein, daß sich die Kritiker selbst der gleichen Methode bedienen, aber dann meist die negativen Akzente überwiegen.

Es ist gar kein Zweifel, daß Wirtschaftspolitik zu einem erheblichen Teil auf richtigem psychologischen und soziologischen Einfühlungsvermögen beruht. Auf solche Weise lassen sich gute Entwicklungen fördern oder auch gefährliche Tendenzen unterbinden, sofern zur rechten Zeit am rechten Ort und an die richtige Adresse das rechte Wort gesprochen wird. In den nunmehr fast zwölf Jahren, in denen ich die ressortmäßige Verantwortung für die Wirtschaftspolitik trage, die ja immerhin zu einem ununterbrochenen wirtschaftlichen Aufstieg führte, habe ich es besonders in den kritischen Phasen oder solchen, die als kritisch empfunden wurden, häufig genug erlebt, daß die Überwindung falscher Meinungen und hektischer Reaktionen mehr Mühe bereitete als die Beherrschung der wirtschaftlichen Materie selbst. Wie jeder Mensch, so bin gewiß auch ich nicht allwissend, aber immerhin glaube ich für mich in Anspruch nehmen zu dürfen, die wirtschaftlichen Fakten, Zusammenhänge und Entwicklungen jeweils richtiger gesehen und besser beurteilt zu haben als so viele, die es jeweils besser wissen wollten. Ich brauche nur an die ersten Folgewirkungen der Währungsreform mit der Forderung nach Rückkehr zur Bewirtschaftung, an die Erscheinung des Koreakrieges, die Schwierigkeiten unserer Zahlungsbilanzsituation, die Suez-Krise und so fort zu erinnern, um deutlich zu machen, wie gerade in diesen spannungsvollen Zeiten die Zahl der Zweifler ständig anwuchs, wie aber nach der glücklichen Meisterung der Probleme es niemand gewesen sein mochte, der einen anderen Kurs der Wirtschaftspolitik gefordert hatte.

Mit dieser Erinnerung möchte ich den Übereifer ins rechte Licht rücken, mit dem in unserem Lande seit einigen Wochen in wirtschaftspolitischer Krisenstimmung gemacht wird. Die Phantasie, mit der vermeintliche oder tatsächliche Pläne behandelt werden, hätte fast etwas Ergötzliches an sich, wenn eben damit nicht die große Gefahr verbunden wäre, daß im gleichen Rhythmus und Ausmaß die allgemeine Unsicherheit genährt wird, und diese wieder die Menschen zu einem falschen Verhalten hindrängt. Wenn überhaupt eine Gefahr für den Fortbestand der in aller Welt anerkannten gesunden Grundlagen unserer Wirtschaft denkbar ist, könnte sie nicht zuletzt aus dem allzu lebhaften und durchsichtigen Bemühen erwachsen, mit dem jetzt mehr oder minder alle Gruppen versuchen, sich wechselseitig und gleichsam vorsorglich die Schuld an angeblich bevorstehenden oder gar unvermeidlichen Preissteigerungen zuzuschieben. Es ist genau das Gegenteil von dem, was uns nottut. Es ist das falsche Wort zur falschen Zeit und obendrein zumeist noch an die falsche Adresse. Wer besinnt sich schon auf sein eigenes Verhalten und auf seine eigene Verantwortung.

Wir haben die Vollbeschäftigung erreicht, wir haben die Arbeitslosigkeit überwunden, wir verkürzen die Arbeitszeit, und wir haben das wirtschaftliche und soziale Sein unseres Volkes fortdauernd gestärkt und verbessert. So hat unsere Wirtschaftspolitik in vielen Ländern Nachahmung gefunden, und ihre Grundsätze sind heute zu allgemein verpflichtenden Spielregeln der internationalen Zusammenarbeit geworden. Man mag sich darum nicht wundern, wenn sich andere Völker mit dem Blick auf Deutschland besorgt fragen, ob solche Gedankenlosigkeit und zugleich Maßlosigkeit nicht noch einmal zu einer allgemeinen Gefahr werden könnte. Liegt es denn nicht in erster Linie an uns, Besinnung zu üben und der Grenzen des Wünschens und Wollens eingedenk zu sein? Es ist gewiß nicht allein ein deutsches Phänomen, daß die Überbeschäftigung die Gefahr des Mißbrauchs wirtschaftlicher Macht in sich schließt, gleichgültig, ob es sich dabei um überzogene Forderungen der Gewerkschaften oder um nachlassende Preisdisziplin der Unternehmer handelt. Ich will hier auch gar nicht die Frage der Schuld aufwerfen, sondern nur auf die Gefahr hinweisen, daß eine solche falschverstandene Freiheit im Rahmen einer sozial verpflichteten und weltweit verankerten Volkswirtschaft die gesellschaftliche Ordnung zu sprengen geeignet ist. Wenn jeder und alle Gruppen glauben, ohne Rücksicht auf das Ganze den Augenblick für sich nutzen zu können, aber gleichwohl bereit sind, die Konseqenz ihres eigenen Verhaltens dem Staat als Schuld anzulasten und ihn allein für die Stabilität verantwortlich zu machen, dann ist ein Grad der Verirrung und Verwirrung erreicht, der den gesunden Sinn aller Wohlmeinenden herausfordern müßte. Uns droht aus der Ordnung unserer Wirtschaft, unserer Finanzen oder aus der Geld- und Währungspolitik unseres Landes, wie schon der Präsident der Notenbank ausführte, nicht die geringste Gefahr. Die Preise steigen nicht nach einem uns unbekannten Gesetz, sondern sie steigen nur dann, wenn Menschen oder die, die sie gruppenweise vertreten, sie durch ein falsches Verhalten in die Höhe treiben. Gerade weil ich ein ausgesprochener Verfechter der Autonomie der Sozialpartner bin, kann ich nicht darauf verzichten, es immer wieder zu betonen, daß Freiheit sich mit Ordnungswillen und Verantwortungsbewußtsein paaren muß, wenn aus diesem Dreiklang etwas Gutes erwachsen soll. Das alte Sprichwort „Wer nicht hören will, muß fühlen" hat auch im gesellschaftlichen Zusammenleben der Menschen seinen guten Sinn, aber die Verwirklichung dieses Grundsatzes ist eines freiheitlichen Volkes nicht würdig. Es gibt nur keinen anderen Ausweg, denn das Leben auf dieser Welt ist nun einmal nicht so bequem, daß man weder zu hören noch zu fühlen brauchte.

Es wäre dumm, bestreiten zu wollen, daß in den letzten zehn Jahren die Kaufkraft unserer D-Mark eine Einbuße erfahren hat, aber trotzdem hat sich das Sparen noch gelohnt. Es wäre aber auch ein schlechter und falscher Trost, darauf hinzuweisen, daß die D-Mark im Vergleich zu anderen Währungen sogar noch bemerkenswert stabil geblieben ist. Die

Entwicklung nach dem Kriege hat indessen immer stärker zu der Einsicht geführt, daß man die Dinge nicht treiben lassen darf, und daß eine enge konjunkturpolitische Zusammenarbeit innerhalb der ganzen westlichen Welt erforderlich ist, um Vollbeschäftigung, Geldwert- und Preisstabilität miteinander in Einklang zu bringen. Mit besonderer Genugtuung darf ich darum verzeichnen, daß die vom Wirtschaftsministerium in dieser Richtung vorgelegten Pläne nach Abstimmung mit der amerikanischen Regierungsdelegation auf der gestrigen Ministerratssitzung in Paris zu einem gemeinsamen Resolutionsantrag geführt haben, der einstimmige Annahme gefunden hat. Wenn auf solche Weise auch mehr Sicherheit erreicht werden kann, läßt sich doch nicht übersehen, daß diese internationale Verklammerung der Konjunkturpolitik zugleich auch eine Bindung bedeutet, und daß jeder Verstoß auf nationaler Ebene gegen die Grundsätze einer übernationalen Konjunkturpolitik nicht nur den Zusammenhang der westlichen Welt stört, sondern sich vor allem zum Nachteil des schuldigen Landes selbst auswirken muß. Darf ich mit einem weiteren Sprichwort enden, das da besagt: „Jeder ist seines Glückes Schmied." Die Umkehrung lautet im Bereich der Wirtschaftspolitik: Das Unheil erwächst immer nur aus eigener Schuld. Wenn wir alle dessen eingedenk bleiben, dann kann das Konjunkturgerede aufhören, und die Angst vor steigenden Preisen und schleichender Inflation wird dann zu einem blutleeren Gespenst. Uns überkommt kein Unheil, wenn wir es nicht selbst herausfordern. Dessen aber sei sich jedermann bewußt.

WIRTSCHAFTSPOLITIK ALS TEIL DER GESELLSCHAFTSPOLITIK

[Rede vor dem Bundesparteitag der CDU am 28. April 1960 in Karlsruhe]

Ludwig Erhard sah von Beginn seiner wirtschaftspolitischen Arbeit an den engen Zusammenhang und die Wechselwirkung wirtschaftlicher und gesellschaftlicher Vorgänge. Deshalb sieht er das Ziel der Wirtschaftspolitik nicht nur darin, die Wirtschaft gesund zu erhalten und ihr Antrieb zu geben. Von den auf Mensch und Gesellschaft bezogenen Aufgaben spricht er in diesem Grundsatzreferat:

Jedes wirtschaftspolitische Programm bedarf vor allem im Zeichen einer dynamischen Entfaltung unseres gesellschaftlichen und sozialen Lebens trotz offenkundiger Bewährung immer wieder einer kritischen Überprüfung, um ohne scharfe Brüche und ohne Erschütterungen Vergangenheit, Gegenwart und Zukunft harmonisch zu verbinden. Das bedeutet mit anderen Worten, daß wirtschaftspolitische Leitbilder nicht nur die gesellschaftliche Umwelt prägen, sondern umgekehrt auch von ihr geformt und durch sie gewandelt werden. Die Wirtschaftspolitik wird im Empfinden eines Volkes eine um so stärkere Resonanz finden, je besser sie es vermag, über die Erfüllung ihrer engeren Aufgabe hinaus zugleich eine zwingende Antwort auf die geistig-seelischen Anliegen einer Zeit zu geben. Selbstverständlich kann ein solches Zugeständnis nicht besagen, daß sie sich in kurzfristigen Rhythmen jedem Einfall des Augenblicks, romantischen Schwärmereien und unwirklichen Forderungen der verschiedensten Gruppen anzupassen hätte. Die Wahrheit ist nun einmal nicht so wandelbar, daß sie, der Mode gleich, jeder Laune gerecht werden könnte, sowenig sich die Gesetze der Logik aus der ihr immanenten Zwangsläufigkeit lösen lassen.

Die Politik der Sozialen Marktwirtschaft stand seit dem Tage der Währungsreform unter der Leitidee, auf dem Boden einer freien Wettbewerbswirtschaft persönliche Freiheit, wachsenden Wohlstand und soziale Sicherheit in Einklang zu bringen und durch eine Politik weltweiter Offenheit die Völker zu versöhnen.

Wer erinnert sich denn heute schon noch der alles niederzwingenden Trostlosigkeit, aus der wir uns zu befreien hatten? Elementare Versorgungs- und Produktionsprobleme, die Überwindung der Arbeitslosigkeit, die Bewältigung des Flüchtlingsstromes, die Wiederherstellung eines funktionsfähigen Güter- und Kapitalmarktes, die Schaffung neuen Vertrauens in unsere junge Währung und die Eingliederung der Bundesrepublik in eine sich wieder erholende Weltwirtschaft waren die handgreiflichen

Aufgaben, die gelöst werden mußten, wenn wir nicht in Mangel, Not und Elend verkommen wollten. Heute wird auch von den Gegnern der Sozialen Marktwirtschaft nicht mehr bestritten, daß es ihr in einem geradezu überraschenden Maße gelang, für die materielle Existenz unseres Volkes wieder feste Grundlagen zu schaffen. Die CDU/CSU braucht sich der Früchte ihrer Politik vor dem deutschen Volk wahrlich nicht zu schämen. Dessen möchten manche Kleingläubige auch aus unseren eigenen Reihen eingedenk sein, wenn sie dann und wann Unmut, Unbehagen oder Unsicherheit zu befallen droht.

Wir sind aus tieferen Bindungen heraus dagegen gefeit, daß uns die Freude oder auch der Stolz über ein gelungenes Werk zu eitler Selbstgefälligkeit verleitet oder gar an die Vollkommenheit unserer Arbeit glauben läßt. Wir sind aber nicht bereit, Kritik um jeden Preis von jenen hinzunehmen, die mangels eigener Phantasie und ohne originäre geistige Leistung das Modell der Sozialen Marktwirtschaft kopieren und diesen Abklatsch als Eigenfabrikat unter die Leute bringen möchten. Auch das sollte manchen Zweifel an der Richtigkeit der von uns eingeschlagenen Wirtschaftspolitik zerstreuen, daß unsere politischen Widersacher, alten Traditionen und Ideologien abschwörend, sich zu einer freiheitlichen Ordnung unserer Observanz bequemen müssen, um draußen im Lande überhaupt noch anzukommen.

Ich möchte nicht mißverstanden werden und beileibe der Besinnung und vor allem auch der Selbstbesinnung nicht ausweichen, die uns vor unserem Gewissen und von der Verantwortung vor dem deutschen Volke zu üben aufgegeben ist. Das ist der Sinn dieses Parteitages, zu fragen und zu antworten.

Soweit wir auch von der entarteten Gesinnung derer abrücken, die in fühllosem Egoismus alle sozialen Maße sprengen, wenden wir uns doch mit Entschiedenheit gegen jene destruktiven Elemente, die, den materiellen Gewinn froh genießend, aus einer geistlosen, snobistischen Haltung heraus sich in faden Geistreicheleien über das sogenannte „Wirtschaftswunder" bzw. die „Wirtschaftswunderkinder" mokieren zu dürfen glauben. Sie geben dem Volk Steine statt Brot. Wir reichen die Hand aber all denen, die, von sittlichem Ernst getragen, selbst bei harter Kritik an manchen Zeiterscheinungen Besseres zu vollbringen suchen, prüfen und helfen wollen.

Dabei mögen Sie es mir nicht verübeln, wenn ich manche Betrachtung und manches Urteil als in sich höchst widerspruchsvoll empfinde. Während ich in den Zeiten des ärgsten Mangels und der härtesten Not kaum etwas anderes hörte, als daß eine freie Marktwirtschaft zur Lösung der in dieser Situation anstehenden Probleme untauglich wäre, und ich mit meinem Widerspruch meist Haß und Hohn erntete, will man jetzt glaubhaft dartun, daß das freiheitliche Wirtschaftsprinzip gerade der Mangellage gemäß wäre, der Wohlstand und die Fülle aber anderer Ordnungsprinzipien bedürfen. „Vernunft wird Unsinn, Wohltat Plage."

Nein, was uns nottut, ist die Konsequenz unserer inneren Haltung und die Treue zur Idee. Wenn in den rückliegenden zwölf Jahren Fragen der Versorgung und Beschäftigung eines auf engem Raum arbeitenden Industriestaates mit besonderem Gewicht im Vordergrund standen, so wird doch an vielen Erscheinungen, wie z. B. dem Anstieg der Spartätigkeit, erkennbar, daß es in der weiteren Entwicklung der Sozialen Marktwirtschaft sehr wohl gelingen wird, die mit der Einkommens- und Vermögensbildung zusammenhängenden Probleme immer zufriedenstellender zu bewältigen.

Wer vor sich selbst wahrhaftig ist, wird nach den Erfahrungen der letzten zwölf Jahre kaum noch leugnen wollen, daß das, was heute noch nicht erreicht werden konnte, in der Folgezeit heranreift, und daß jeder weitere technisch-wirtschaftliche Fortschritt gerade den breiten Schichten unseres Volkes zugute kommen wird. So hat sich z. B. das für Konsum und Sparen zur Verfügung stehende Einkommen der privaten Haushalte im Zeitraum von 1950 bis 1958 um 122% erhöht. Bei den Entnahmen der Selbständigen ist dabei eine Zunahme von 71% und bei den Masseneinkommen von 142% zu verzeichnen. Allerdings sind bei diesem Vergleich die Vermögensbildung aus nicht entnommenem Gewinn sowie der Umstand zu berücksichtigen, daß die Zahl der Arbeitnehmer seit 1949 bis zum Jahre 1959 von 13,6 Millionen auf 20,1 Millionen Beschäftigte angewachsen ist. Aber gerade dies scheint mir nicht der geringste Erfolg der deutschen Wirtschaftspolitik zu sein, wie denn überhaupt zu verzeichnen wert ist, daß der in Deutschland wohl am sichtbarsten in Erscheinung tretende Erfolg einer freien Wirtschafts- und Gesellschaftsordnung zu einer immer stärkeren und immer klareren Hinwendung zu marktwirtschaftlichen Methoden in immer mehr Ländern der freien Welt geführt hat. Ja, man kann sagen, daß sich dieses Leitbild, an dessen Werden Alfred Müller-Armack und Wilhelm Röpke hervorragenden Anteil besitzen, auch geistig durchgesetzt hat und heute als das allgemein anerkannte Prinzip eines weltweiten freien Handels schlechthin gelten kann.

Was also ist da nicht in Ordnung, daß trotz aller Erfolge und dieses fast grandiosen Siegeszuges der Sozialen Marktwirtschaft aller Erfolg nicht immer auszureichen scheint, um die Menschen zu beruhigen, die Gesellschaft zu befriedigen? Woher kommt es, daß die Sicherung der Arbeitsplätze im Zeichen der Vollbeschäftigung und der Zuwachs der Produktion in einer kontinuierlich ansteigenden Konjunktur bei ständig wachsendem Volkseinkommen die Menschen doch nicht ruhig und zufrieden sein läßt? Die allenthalben nur zu spürbare Unruhe in unserer demokratischen Gesellschaft ist ein bestürzendes Faktum. In den Notzeiten kaum spürbar, tritt sie nunmehr mannigfach hervor und scheint als eine Schwäche der freien Gesellschaft ganz allgemein nur schwer beeinflußbar zu sein. Wo nur zu verständliche Meinungsverschiedenheiten in Erscheinung treten, stoßen diese in einer Atmosphäre der Übererregtheit aufeinander, ohne daß wir im Alltag immer über das rechte Rezept der Dämpfung verfügten. Wenn Maßlosigkeit und Unbeherrschtheit Erschütterungen auslösen, ist es gewiß berechtigt, an das Erreichte zu erinnern und auch nicht auf einen ethischen Appell zu verzichten. Der Grenze der Wirksamkeit solcher Aufrufe bin ich mir wohl bewußt, und doch vertraue ich darauf, daß das menschliche Gewissen auf die Rückbesinnung, auf die echten Werte des Lebens ansprechbar ist.

So wollen und mögen wir uns denn fragen, ob die Unruhe und Erregbarkeit der öffentlichen Meinung nicht in tieferen Schichten des Bewußtseins – und das kann nur heißen, in noch nicht befriedigend gelösten Fragen einer freien Gesellschaft – wurzeln. Ich glaube gar nicht, daß das Erreichte bewußt böswillig verkannt wird. Die Verbesserung des materiellen Schicksals ist zu offenkundig, als daß sie bestritten werden könnte. Gerade deshalb aber mutet es um so überraschender an, daß die nunmehr erreichte materielle Daseinsvorsorge allenthalben eine fast irrational anmutende, ablehnende Reaktion auslöst.

Eine tiefere Überlegung kann uns lehren, daß die durch eine beispiellose industrielle Expansion in Bewegung geratene, durcheinandergeschüttelte demokratische Gesellschaft besondere gesellschaftspolitische Anstrengungen erforderlich macht, um ein neues Lebensgefühl in einer zeitgerechten Form zu wecken. Wahrscheinlich bedarf es vielfach nur einer bewußten Rückbesinnung auf die im letzten doch nicht verlorengegangenen Bindungen des einzelnen an seine Umwelt, an „seine" Welt. Erkennen wir aber an, daß als Folge der Industrialisierung, der Verkehrsentwicklung, der Lockerung traditioneller Bindungen an die heimatliche Scholle oder den angestammten Beruf, wie auch als Folge des Verlustes an Selbständigkeit soziologisch ernst zu nehmender Schaden bewirkt wurde. Man hat unsere Gesellschaftsform in einem übertragenen Sinne als „klassenlose Gesellschaft" charakterisiert. Dieser historisch gewandelte Begriff kann indessen nicht nur als Zeichen dafür gelten, daß der Aufstieg der Arbeiter zu einem Prozeß der Entproletarisierung führte, der noch immer weitergreift, sondern auch dafür, daß faktisch Vermögens- und Berufsschichtungen flüssig geworden sind und daß sich bei den modernen Konsumgütern bis hin zum Auto, dem Fernsehapparat und allen Apparaturen zur Erleichterung der Hausarbeit, die familienpolitisch nur erwünscht sein kann, eine Verbreiterung der Verbrauchsmöglichkeiten vollzieht, durch die die Privilegierungen eines ständischen Konsums nivelliert wurden und noch weiter dahinschwinden werden. In dieser „klassenlosen Gesellschaft" sind nicht mehr Stand und Klasse das Problem, sondern der Einzelne; es ist der Mensch, der sich dem Ganzen gegenüber unterlegen und unsicher fühlt. Das Problem, wie und wo er im beruflichen und gesellschaftlichen Leben den seiner Wesensart gemäßen Standort findet, ist damit zweifellos schwerer zu lösen, als es in gebundenen, oder hier besser gesagt dirigistischen Ordnungen der Fall war. Hinzukommt, daß Konjunkturen, Marktbewegungen, Umschichtungen der Betriebsformen ihn in Mechanismen einzuspannen scheinen, die anonym wirken und die ihm die Zufriedenheit rauben, weil er diese Kräfte in ihrem Walten nur schwer zu durchschauen vermag. Je mehr solche Unsicherheit zu einer unbestimmten Lebensangst führt, desto weniger scheint es verwunderlich, wenn sich die Menschen aus dem Gefühl der Isolierung heraus in Gruppen und Verbände flüchten, die die innere Unruhe des Einzelnen dann verstärkt in die Öffentlichkeit hinaustragen.

Ein Prozeß, wie der hier aufgezeigte, löst selbstverständlich nicht nur Wirkungen aus, die gleichermaßen die Gefahr der Atomisierung wie der Kollektivierung des Lebens mit sich bringen, sondern er verstärkt auch die Sehnsucht des Menschen nach harmonischer Einordnung in überschaubare Bindungen, in denen er Wärme und Geborgenheit sucht und finden kann. Die tieferen Gemeinschaften der Familie und der Kirche werden dabei ergänzt durch gesellige Formen Gleichgesinnter, wie sie in Vereinen, Stammtischen oder Nachbarschaften Ausdruck finden. Fast möchte ich sagen, die menschliche Natur braucht den inneren Ausgleich, das seelische Gleichgewicht, die Versöhnung zwischen den zweckhaften Formen des Berufslebens in der Massengesellschaft und dem Verlangen nach Ruhe und Geborgenheit in geistig-seelischen Zuordnungen. Die Soziale Marktwirtschaft ist überfordert, wenn ihr die Verantwortung aufgelastet werden soll, die äußeren Lebensformen unserer Gegenwart zu sprengen und nach einem Wunschbild zu formen. Wohl aber obliegt ihr die Verpflichtung, den Geboten einer christlichen Gesellschaftspolitik gerecht zu werden und sich mit dieser zu einer höheren Einheit zu verbinden.

Von der Wirtschaftspolitik her gesehen wäre das Problem so zu stellen, daß es darum geht, zu einer Vermenschlichung der Umwelt in allen Lebensbereichen und im besonderen innerhalb des Wirtschaftsgeschehens hinzufinden.

Wenn das keine Phrase sein soll, muß dieses Anliegen zu Leitsätzen für das wirtschafts- und gesellschaftspolitische Handeln erhoben werden. Ich beziehe mich dabei auf Gedanken, die Alfred Müller-Armack mit mir gemeinsam entwickelt hat und über die demnächst eingehender berichtet werden soll. Der würde mich allerdings falsch verstehen, der davon ausgehen wollte, als ob wir nunmehr den bisher geltenden Prinzipien der Sozialen Marktwirtschaft abschwören müßten. Das Leben vollzieht sich nicht in Brüchen, so wie wirtschafts- und gesellschaftspolitische Fortentwicklungen nicht als Aktion, sondern immer nur als Prozeß verstanden werden dürfen. Die Soziale Marktwirtschaft ist von ihren geistigen Begründern seit jeher als eine ganzheitliche Wirtschaftspolitik gesehen worden.

Aber angesichts der heute erreichten Leistungsergiebigkeit unserer Wirtschaft, der sich ständig verbessernden Einkommenslage unseres Volkes und der hoffnungsvollen Ansätze zu einer breit gestreuten Vermögensbildung wird für die Zukunft immer mehr und Besseres geschehen können, um jene Ganzheitlichkeit in konkreten gesellschaftspolitischen Formen zum Ausdruck kommen zu lassen. Sowenig wir die hier gestellte Frage allein mit dem Hinweis auf eine ethische Haltung beantworten möchten, darf doch die Würde und das Gewicht eines solchen Wertes auch im wirtschaftlichen Leben nicht geringgeschätzt werden. Nur würde die sittliche Aufgabe der Gestaltung unserer Lebensordnung ins Leere stoßen, wenn nicht auch konkrete Wege und Formen aufgezeigt werden könnten, wie die Politik einer Gesellschaft freier Menschen auch im einzelnen zu gestalten sei. So setzte sich die Soziale Marktwirtschaft auch nicht allein kraft der sie tragenden Idee durch, sondern wesentlich durch eine Konzeption, die die Methoden praktischer Wirtschaftspolitik mit der ideellen Zielsetzung der sozialen Sicherheit in wirtschaftlicher Freiheit in Einklang zu bringen vermochte.

In der geistig labiler gewordenen Situation der von mir skizzierten sogenannten „klassenlosen Gesellschaft" wird es also des Einbaus gesellschaftlicher Stabilisatoren bedürfen, die geeignet sind, dem in die Vereinzelung gedrängten Menschen unserer Zeit das Bewußtsein, ja sogar die objektive Sicherung seines Seins in einer ganzheitlichen gesellschaftlichen Ordnung zu geben. Daß diese für den Einzelnen schwerer durchschaubar ist als ein dirigistisches Prinzip, läßt sich kaum bestreiten, aber das scheint mir auch kein gültiger Wertmaßstab zu sein. Politisch gesehen, geht es darum, die mißtrauischen Reaktionen gegenüber einer freien Marktwirtschaft zu überwinden und einzusehen, daß eine nur pädagogisch-geistige Therapie zu fruchtbaren Lösungen der Probleme unserer heutigen Gesellschaft nicht mehr ausreicht. Der Strom ihrer Expansion, ihrer Technik, ihrer soziologischen Umschichtungen ist so stark und trägt uns so schnell fort, daß das entschwindende Bild der alten Ufer die Navigation schwer macht, wenn wir uns nicht bewußt auf die Bedingungen der Strömungen einstellen.

Selbstverständlich bleibt es bei der Politik der Sozialen Marktwirtschaft. Und ich möchte sogar betonen, daß wir und die westliche Welt in ihrer Gesamtheit allen Grund haben, das Erstgeburtsrecht einer bei weitem besseren Wirtschaftspolitik für uns in Anspruch zu nehmen, die in der Konsequenz der Idee, die Wirtschaft habe primär dem Menschen zu dienen, gerade angesichts des sich verhärtenden Konkurrenzkampfes mit der kollektivistischer Welt nicht verraten und preisgegeben werden darf. Eine kollektivistisch-totalitäre Wirtschaftsordnung, die im letzten Grunde immer nur der Verherrlichung und Mehrung staatlicher Macht dient, kann zwar innerhalb der leicht regulierbaren Faktoren der Grundstoffindustrie große Erfolge erzielen, aber sie wird immer unfähig bleiben, dem Menschen zu dienen, das heißt die bunte Fülle von Waren bereitzustellen, die in freier Konsumwahl das individuelle Leben der Bürger bereichern und verschönern. Das hieße die schlechteste gesellschaftswirtschaftliche Lösung anstreben, wenn wir bereit wären, primitiven Neigungen und Vorstellungen einer auf Gleichmacherei hinzielenden Politik zu entsprechen, gleich ob sie aus der Unkenntnis sozialökonomischer Zusammenhänge oder bewußten Kollektivierungstendenzen entspringt, während in der sowjetisch beherrschten Welt möglicherweise Strömungen an Kraft gewinnen könnten, die, wenn auch nur zaghaft, zur Bewußtmachung gottgewollter Menschenrechte führen könnten.

Dieses letztere wäre wohl ein Segen, aber die Versöhnung auf halbem Wege bedeutete tiefe Tragik.

Aus all dem folgt, daß in der künftigen Entfaltung der Sozialen Marktwirtschaft gesellschaftspolitische Probleme gleichrangig neben die ökonomischen treten werden. Die Notwendigkeit einer Weiterentwicklung unserer Wirtschaftsordnung in dieser Richtung ist im Kreise derer, die sich um diese Frage bemühen, schon seit Jahren erkannt worden. Die Frage muß aber in ihrer Ganzheit aufgegriffen werden. Die Bemühungen um die Schaffung neuer Formen von Eigentum verdienen zweifellos stärkste Förderung, aber sie bleiben in ihrer Reichweite insoweit begrenzt, als sie in bezug auf eine befriedigende Lösung der Einkommens- wie auch der Vermögensschichtung in der gesellschaftspolitischen Grundproblematik nur eine Schicht, d. h. eben nur die der materiellen Versorgung anpacken. In der gleichen Richtung bewegt sich der Versuch, die gesellschaftspolitischen Probleme ausschließlich im Sinne einer mittelständischen Zielsetzung zu beeinflussen. So wichtig es ist, ein Gleichgewicht der verschiedenen Betriebsformen aufrechtzuerhalten, so muß es doch das Anliegen der Gesellschaftspolitik sein, nicht nur vorhandene selbständige Existenzen zu sichern, sondern vielleicht sogar mehr noch neue Selbständigkeiten zu ermöglichen, wenn sie sich nicht in einer nach rückwärts gerichteten Ideologie verfangen will. Gesellschaftspolitisch verdient das Selbständigwerden in jedweder Form sogar den Vorrang vor der bloßen Bewahrung. Das bedeutet nicht, daß nicht unsere ganze Aufmerksamkeit auf die Frage gerichtet sein müßte, ob die derzeitigen gesetzlichen Bestimmungen etwa des Steuerrechts oder des Gesellschaftsrechts unbeabsichtigt bestimmten Unternehmungsformen oder -größen einen Vorteil bieten und damit die Chancen anderer benachteiligen.

Eine Gesellschaftspolitik, die über eine bloße Ideologie hinaus aus der aktuellen Situation heraus bewußt gestalten will, muß von den realen Bedingungen unserer wirtschaftlichen Umwelt ausgehen –, und das heißt Zielsetzungen entwickeln, die auch den der modernen Technik adäquaten Großorganisationen der Wirtschaft gerecht zu werden haben. Wir würden unsere Kräfte trotz klaren Wollens in einem nur programmatischen Kampf gegen die Machtkonzentration nutzlos verzetteln, wenn wir nicht ein-

zusehen bereit wären, daß auch die unbestreitbaren Leistungen der Großformen unserer Wirtschaft einen wesentlichen Anteil an der Wohlstandsmehrung für sich beanspruchen dürfen. Es ist nicht das Großunternehmen
an sich, sondern der unbeherrschte Machthunger, der in der Richtung
einer volkswirtschaftlich schädlichen und sozialpolitisch unerwünschten
Konzentration unseren Widerstand hervorruft. Unser Anliegen geht deshalb dahin, alle restriktiv-monopolistische Marktbeherrschung durch eine
Vervollkommnung der Wettbewerbsgesetzgebung und der Steuerpolitik
zu hemmen, ja zu unterbinden. Überall dort aber, wo eine Marktbeeinflus-
sung über Preissenkungen einen wohltätigen sozialen Effekt erzielt, sollte
ihre Unentbehrlichkeit und gesellschaftspolitische Neutralität anerkannt
werden. Es ist dabei selbstverständlich, daß auch Großbetriebe gesellschaftspolitische Verpflichtungen anerkennen müssen, um so mehr sie selbst
wesentlich dazu beitragen können, den Bereich der Selbständigen in der
Wirtschaft auszuweiten. In diese Richtung zielt zum Beispiel der Verzicht
auf Einbeziehung von Funktionen und Verrichtungen, die durch selbständige Zulieferbetriebe zu besorgen sind. Je mehr sich der wirtschaftliche
Raum in einer freiheitlichen Ordnung weitet, desto mehr werden größere
Betriebseinheiten zunehmende Geltung erlangen, aber das bedeutet gewiß
nicht, daß mittelständische Unternehmungen verkümmern müßten. Vergessen wir auch hinsichtlich der Fortgestaltung unserer Sozialpolitik nie,
daß wir nicht allein auf der Welt sind, ja daß sich sogar der Wettbewerb
verschärfen wird, was zur Folge hat, daß wir unsere Wünsche mit den
realen Möglichkeiten in Einklang zu bringen haben. Da im bürgerlichen
wie auch im staatlichen Leben jeder nur geben kann, was er hat, setzen wir
nicht nur unsere nationale Zukunft, sondern auch die soziale Sicherheit
aufs Spiel, wenn wir der Volkswirtschaft mehr abverlangen, als sie zur
Bewahrung ihrer Leistungskraft auf weltweiter Grundlage aufzubringen
vermag.

Es ist gerade in den letzten Jahren vielfach versucht worden, durch Teil-
korrekturen an steuerlichen Bestimmungen gesellschaftspolitische Wirkungen zugunsten bestimmter Gruppen zu erreichen. Mir will indessen
scheinen, daß eine solche, sich im Technischen erschöpfende Gesellschaftspolitik der psychologischen Situation, mit der wir uns auseinanderzusetzen
haben, nicht voll gerecht werden kann. Das gesellschaftspolitische Leitbild,
das es zu entwickeln gilt, muß weit über die sinnvolle Anwendung von
Einzelmaßnahmen hinaus eine Gesamtsicht auf gesellschaftliche Zielsetzungen freigeben, die von den Menschen der heutigen Massengesellschaft auch
innerlich bejaht werden. Was das bedeutet, ist am besten zu ermessen, wenn
wir an das schaurige Geschehen im mitteldeutschen Raum denken, das freie
Bauern versklavt und selbständige Handwerker ihrer Existenzgrundlagen
beraubt.

Niemand wird mehr leugnen wollen, daß die Soziale Marktwirtschaft, vor allen Dingen in der Phase des wirtschaftspolitischen Umbruchs, ein integrierend wirkendes Leitbild dieser Art gewesen ist. Aber dazu gilt es heute als eine neue Aufgabe, die Form einer künftigen Gesellschaftspolitik zu bestimmen, die die Funktion der Sozialen Marktwirtschaft zu ergänzen und fortzugestalten vermag. Ich habe es immer wieder gesagt, daß der Mensch im Mittelpunkt der Wirtschaft steht. So unbestreitbar richtig dieses Bekenntnis ist, kommt es doch jetzt darauf an, diesem allgemeinen Satz den Charakter einer präzisen Aussage zu verleihen. Dabei kann gerade die durch die Soziale Marktwirtschaft geschaffene wirtschaftliche Basis das Fundament einer fruchtbaren Weiterentwicklung bilden.

Obwohl Gesellschaftspolitik und Wirtschaftspolitik nicht so sehr als ein Nebeneinander, sondern als ein Miteinander zu verstehen sind, wird gleichwohl eine gewisse Akzentverlagerung dergestalt Platz greifen, daß die Gesellschaftspolitik einen umfassenderen Rahmen setzt, der nicht nur die Arbeit der Ressorts von Bund, Ländern und Gemeinden anspricht, sondern auch alle privaten Kräfte, Verbände, Organisationen und Unternehmungen zur Betätigung aufruft. Das heißt nicht, daß man nun mit allen Mitteln versuchen sollte, aus Prinzip und mit Gewalt von gewonnenen Erkenntnissen abzugehen und um jeden Preis „Neuheiten" zu ersinnen. Vielfach wird es nur darauf ankommen, schon angebahnte Entwicklungen zu verstärken, Erkanntes und Erschautes in eine ganzheitliche Wertung einzubeziehen und über den Vollzug hinaus den Menschen als Sinn und Zweck eines gesellschaftspolitischen Programms bewußt zu machen.

So ist es zum Beispiel unverkennbar, daß die moderne Wirtschaftsentwicklung eine immer qualifiziertere Arbeitsleistung auf allen Gebieten, wie etwa im Bereich der Technik, der Verwaltung, der Erziehung, der unternehmerischen Schulung und der Ausbildung freier Berufe erfordert. Dieser fast strukturell anmutende Ausweitungsprozeß von Erziehung, Bildung und Schulung zwingt uns, immer mehr in geistigem Kapital zu investieren, um allen jungen Munschen, die in dieser Gesellschaft ihren Platz finden wollen, den Eintritt ins Berufsleben zu erleichtern und den Aufstieg zu ermöglichen. Der gesellschaftspolitische Wert liegt neben dem materiellen Nutzeffekt vor allem darin, diese Förderung so sichtbar werden zu lassen, daß sie die Sorge des Einzelnen, er könne in dieser Massengesellschaft seinen Weg nicht finden, zu beschwichtigen vermag.

Eine nicht weniger wichtige Aufgabe kommt der Schaffung von Selbständigkeit zu. Dabei genügt es nicht allein, an eine Mittelstandspolitik zu denken, für deren Berechtigung wir immer eintreten werden. Die Aufgabe, Selbständigkeit im weitesten Sinne zu schaffen, kann in einer freien Gesellschaft jedoch nicht auf einzelne Gruppen beschränkt bleiben, und untauglich ist auch das Prinzip, vorhandene Positionen durch Interventionen sichern zu wollen, die einen echten Leistungswettbewerb nur zu verfälschen oder sogar zu unterbinden geeignet sind. Der Prozeß, durch den

Menschen der verschiedensten Berufe selbständig werden, läßt sich kaum institutionalisieren, sowenig uns der Versuch zur Gewährleistung absolut gleicher Startbedingungen tauglich erscheint. Angesichts vieler Hilfen, die bereits vorhandenen Berufspositionen – zum Teil unter Einschränkung des Wettbewerbs – gewährt werden, wie auch angesichts mancher öffentlich-rechtlicher Zugangserschwerungen durch Examina und dergleichen, sollte im Fortgang der weiteren Entwicklung versucht werden, auch dem nach selbständiger Tätigkeit Strebenden Vorteile zugute kommen zu lassen, die ihn zu solchem Wagnis ermutigen. Eine dem gemäße Politik würde zugleich den Wettbewerb erhöhen und in keinem Gegensatz zu unserer marktwirtschaftlichen Grundform stehen. Soweit sich die Chancen für die Selbständigen auf echte Leistung gründen, ist die Selbständigkeit als gesellschaftspolitischer Wert zu erhalten und auszubauen. In diesem Zusammenhang wäre zu prüfen, ob geltende gesetzliche Bestimmungen nicht etwa unbeabsichtigt einerseits Begünstigungen und zum anderen Benachteiligungen schaffen.

Im allgemeinen wird sich zwar das Problem der Selbständigkeit wesentlich auf den Bereich kleinerer und mittlerer Betriebe sowie der freien Berufe erstrecken. Aber von nicht minderer Dringlichkeit scheint es mir zu sein, den Betätigungsmöglichkeiten der formal unselbständigen Angestellten und Arbeiter innerhalb der Großwirtschaft jenen Spielraum zu geben, der sie an einer freien Gesellschaft teilhaben läßt. Diesen Prozeß gilt es aus schon vorhandenen Ansätzen auf breiter Grundlage weiterzuentwickeln und für die Zukunft alle Möglichkeiten innerhalb der Betriebe selbst auszuschöpfen, durch eine sinnvolle Untergliederung bzw. Organisation der Arbeit für Angestellte und auch Arbeiter Gruppierungen und Verantwortungen zu schaffen, durch die der Einzelne zu dem Gefühl relativer, aber doch zunehmender Selbständigkeit gelangen kann. Hier ist die große Chance gegeben, in einem modernen Wortsinn einen neuen, echten Mittelstand zu schaffen. Der Staat wird hier geistig anregen oder auch sekundär helfen können. Was nach dieser Richtung bisher in erster Linie privater Initiative entsprang, sollte nach einer Phase der Erprobung und Bewährung in das Leitbild unserer Gesellschaftspolitik einbezogen werden. Berücksichtigen wir dabei auch, daß die Vollbeschäftigung eine besonders günstige materielle Grundlage zur Verwirklichung solcher Ideen schafft!

Wenn also im Hinblick auf die Versöhnung von Individuum und Gesellschaft dem Einzelnen die Möglichkeit gegeben werden muß, seinen Platz in der Gesellschaft durch eine ihm gemäße Ausbildung und dementsprechende Wirkungsmöglichkeit zu finden, so muß eine solche Politik durch das Bemühen ergänzt werden, dem Menschen seine berechtigte oder unberechtigte Furcht vor jenen Mechanismen einer freien Wirtschaft zu nehmen, denen er sich mehr oder weniger hilflos ausgeliefert fühlt. Dazu gehört vor allem die Sicherung der Währungsstabilität, die gesellschaftspolitisch von immer entscheidenderer Bedeutung wird. Dem über höheres Einkommen zu Vermögen gelangenden Staatsbürger muß die Sorge um das Gewonnene genommen werden. Wenn sich selbst die Länder mit harter Währung dem Trend einer – wenn im einzelnen auch geringen, so doch spürbaren – Geldentwertung nicht vollständig zu entziehen vermochten, so erwächst daraus für die Wirtschaftspolitik die Verpflichtung, sich künftig noch stärker und entschiedener diesem Aufweichungsprozeß entgegenzustemmen. Es darf immerhin als ein hoffnungsvolles Zeichen gelten, wenn ein so hervorragender Fachmann wie der Präsident des Weltwährungsfonds in solchem Zusammenhang von einer neuen Ära spricht, in der die Welt lernen müsse, ohne Preisinflation zu leben, und dazu ausführt, daß diejenigen, die das am schnellsten lernen, von der Zukunft am meisten profitieren werden.

Aber nur wenn das deutsche Volk in allen Gruppen und Schichten zu der Erkenntnis und Wahrhaftigkeit der Besinnung gelangt, daß Notenbank und Regierung diese Aufgabe nicht allein meistern können, sondern dazu das eigene zuchtvolle Verhalten kommen muß, dürfen wir eines Gelingens sicher sein. Wenn jedoch zum Beispiel die SPD in ihrem Programm die Verpflichtung der Regierung auf ein National-Budget fordert, aber gleichzeitig die Ungebundenheit der Sozialpartner betont, das heißt die Verpflichtung zu einer Bindung ablehnen möchte, so stellt sie sich eindeutig gegen eine gedeihliche gesellschaftspolitische Entwicklung.

In welchem optimalen Verhältnis die volkswirtschaftlichen Investitionen und der private Verbrauch, die Ausgaben des Staates unter Berücksichtigung der Netto-Exporte und der Spartätigkeit zueinander stehen sollen, bedeutet mehr als eine mathematische Gleichung. Das heißt, daß es in dieser Frage keine absolut gültige Aussage über längere Zeiträume, sondern nur ein verantwortungsbewußtes Zusammenwirken aller die gesellschaftliche Ordnung tragenden Kräfte nach Maßgabe der von den Lebens- und Entfaltungsmöglichkeiten eines Volkes her bestimmten Ziele geben kann. Es ist deutlich auszusprechen, daß eine Währungs- und Wirtschaftspolitik, die immer nur die Schäden aus fehlerhaftem Verhalten heilen soll, unbefriedigend bleiben muß. Die Konsequenz lautet nicht dahin, daß der Staat etwa von sich aus eine Investitionslenkung bzw. die rechte Lohnfindung besorgen sollte, sondern daß durch das Bewußtwerdenlassen dieser Zusammenhänge vor der Wirtschaftsgesellschaft diese zu einem gemäßen Verhalten veranlaßt wird. Wer die sich darin verbergenden Spannungen als unauflösbar bezeichnen möchte, kapituliert in einer falschen Ausdeutung des Begriffs der Freiheit vor der entscheidenden schicksalhaften Frage, von der nicht zuletzt unsere Zukunft abhängen wird.

Indirekt ist damit auch das Problem der Konjunktur bzw. die Angst der arbeitenden Menschen vor der Krise angesprochen. Der Umstand, daß eine seit zwölf Jahren andauernde Expansion der Volkswirtschaft im ganzen gleichwohl mit Dämpfungserscheinungen in einzelnen Sektoren verbunden war, kann als Ausdruck einer freiheitlichen Ordnung schlechthin, nicht zuletzt der freien Konsumwahl, gelten. Der freie Unternehmer muß bereit sein, solche Umstellungs- und Anpassungsprozesse als zu seiner Funktion gehörig zu akzeptieren, wie auch die Arbeitnehmer aller Kategorien von der Gewißheit erfüllt sein müssen, daß dieses Geschehen nicht eine wehrlose Auslieferung an einen anonymen Marktprozeß bedeutet. Das trifft um so weniger zu, als solche Wandlungen mit einer Steigerung der Arbeitsproduktivität verbunden sind und eine solche, bewußt auf Expansion abgestellte Wirtschaftspolitik die soziale und menschliche Situation der Beschäftigten stärken und festigen wird. Im übrigen werden derartige Umstellungsprozesse im Zuge der von uns gewollten internationalen Arbeitsteilung notwendig werden, aber sich zugleich auch sinnvoll und segensreich auswirken.

Aus solcher Schau heraus hat die deutsche Initiative in Richtung einer übernational ausgerichteten Konjunkturpolitik auf atlantischer Ebene allgemeine Zustimmung gefunden. So wie wir die Wettbewerbsordnung im Sinne unseres Freundes Franz Böhm gleichsam zu einer öffentlichen Aufgabe erhoben haben, sollte auch die Konjunkturpolitik zu einem legitimen Bestandteil unserer Gesellschaftspolitik werden. Es wird allerdings besonderer Öffentlichkeitsarbeit bedürfen, dabei auch dem Einzelnen klarzumachen, daß die freie Gesellschaft des Westens über Mittel verfügt, sich gegen die Wiederholung von Krisen zu wehren, von denen sich seit Lenin alle Kommunisten die Unterminierung der demokratischen Staaten erhoffen. Immerhin kann schon die wirtschaftliche und soziale Entwicklung der letzten zwölf Jahre eine empirische Bestätigung dafür sein, daß das Gespenst der Arbeitslosigkeit als wirksam und endgültig gebannt angesehen werden darf.

Was mit alledem erstrebt wird, ist eine Gesellschaftspolitik, die von dem Willen getragen ist, zu einem klaren Ordnungsbewußtsein hinsichtlich der Gestaltung der Umwelt hinzufinden, in der der Einzelne ein freies und gesichertes Leben führen soll. Diese Aufgabe steht im Zeichen einer besseren Überschaubarkeit aller unserer Lebensbereiche. Während in der Aufbauphase unserer Wirtschaft die dräuende Not materiellen Fragen zwangsläufig einen Vorrang gab, werden sich – ohne deren Vernachlässigung – mit dem Blick auf die Zukunft die Wertakzente mehr auf eine menschenfreundlichere Gestaltung der Umwelt verlagern. Wir sind dabei nicht willens, die Führung im Ausbau unserer Wirtschafts- und Gesellschaftsordnung an eine Partei abzugeben, die gerade jetzt erst in Ansätzen begriffen hat, was wir vor zwölf Jahren gegen ihren Widerstand gewollt und durchgekämpft haben.

Dem Leben des Berufstätigen im Betriebe kommt dabei ein so großes Gewicht zu, daß unsere intensiven Bemühungen der Umgestaltung der Verhältnisse innerhalb dieses konkreten Daseinsbereichs zu gelten haben.

Bisher standen Rechtsfragen der Betriebsverfassung an erster Stelle. Nur stichwortartig kann hier angedeutet werden, daß zum Beispiel Fragen der Unfallverhütung, des Gesundheitsdienstes, der Entstaubung und Entlüftung und anderes mehr, angesichts der Nerven beanspruchenden Intensität wachsende Bedeutung zukommt. Die erhobene Forderung dürfte in etwa dem Wunsch nach einer Vital-Politik im Sinne von Alexander Rüstow entsprechen –, einer Politik, die jenseits des Ökonomischen auf die vitale Einheit des Menschen ausgerichtet ist. Wir können diese Einheit der menschlichen Umwelt nicht allein durch das Leben in der Familie sichern, so große Bedeutung dieser Frage auch zukommt. Der Mensch unserer Zeit lebt zwangsläufig in einer viel weiter greifenden Umwelt, aus der seine berufliche Existenz an der Arbeitsstätte nun einmal nicht fortzudenken ist. Die Gesetzgebung der Zukunft wird die Einsicht fortzusetzen haben, daß dabei strengere Normen zu setzen sind, als sie für eine Zeit galten, in der man den Betrieb in erster Linie als Stätte eines mechanischen Produktionsablaufs ansah. Die Richtigkeit der Sozialen Marktwirtschaft wird darin noch einmal bestätigt, daß in so vielen ihrer Prinzipien sich auch hinsichtlich der inneren Form des Betriebs das Produktionsziel mit der gesellschaftspolitischen Norm in Einklang befindet.

So festigt sich in mir immer mehr die Überzeugung, daß das Problem der sozialen Umwelt gegenwärtig in einem möglichst konkreten und auf den Menschen bezogenen Sinne angepackt werden muß. Im letzten Jahrzehnt haben wir im Zuge einer großartigen Industrie- und Verkehrsentwicklung zwei gleichsam nur von der Logik ihrer eigenen Leistungssteigerung bestimmte Bewegungen freigegeben, durch die die natürliche Form des Lebens nachhaltig beeinträchtigt wurde. Trotz langer wissenschaftlicher und praktischer Bemühungen ist es – von Glücksfällen abgesehen – der Raumordnung und Raumplanung noch nicht gelungen, auch nur die Umrisse einer sinnvollen Lösung sichtbar zu machen. Romantische Ideale, wie die der Entballung von Industrieräumen, haben das ihre dazu beigetragen, das echte Anliegen einer Raumordnung in Mißkredit zu bringen.

Gerade die jene Grundsätze vertretende Wissenschaft ist der Auffassung, daß, je mehr der Staat in der aktiven wirtschaftlichen Betätigung entbehrlich erscheint, er sich auf seine spezifische Aufgabe der Setzung einer konkreten Umweltordnung besinnen sollte. Das beste Beispiel in dieser Richtung bietet die Wettbewerbsordnung als ein staatlich gesetztes Rahmengebilde für das Funktionieren der Gesellschaft freier Menschen. In einer sehr interessanten Analyse der Soziologie unserer Verstädterung ist gerade in jüngster Zeit überzeugend dargestellt worden, daß zwar die Städter die Lebensform der Städte bejahen, aber die Stadtzentren selbst meiden, weil sie nicht mehr die Voraussetzungen für ein geordnetes öffentliches Leben bieten. So wird der Zug in die Vorstädte und aufs Land nicht von Menschen getragen, die primär die Segnungen der Natur finden wollen, sondern von wesensmäßigen Städtern, denen die Stadt ihre erstrebte Lebensform versagt. So entsteht ein sinnloses, die Nerven strapazierendes Pendeln der Bevölkerung, das die Unrast des Menschen erhöht und jene Erregbarkeit schafft, die in bestürzendem Gegensatz zur allgemeinen Wohlstandsmehrung steht.

Hier stellen sich Aufgaben, die nicht dem Zufall im einzelnen überlassen werden sollen. Es geht darum, unsere Städte und Landschaften nach ihren Grundfunktionen großzügig aufzugliedern. Die Gliederung der Städte in Geschäfts- und Verwaltungszentren, in Mittelpunkte der Bildung und der Kunst, in Wohngebiete und Verkehrslinien, kann nicht von den örtlichen Instanzen her allein gelöst werden, sondern bedarf einer Gesamtanstrengung, für deren Bewältigung auch zentrale Finanzmittel nicht zu entbehren sein werden. Dabei ist es wohl selbstverständlich, daß, angesichts der dynamischen Kräfte unserer Technik, eine sinnvolle Ordnung der räumlichen Umwelt der Menschen herzustellen, nicht statisch im Sinne einer nur restaurativen Raumplanung aufgefaßt werden darf. Daß gerade in der Städteplanung der natürlichen Bewegung des Menschen als Fußgänger ein gleicher Raum gegönnt werden sollte wie dem technischen Verkehr, scheint mir eine wichtige Aufgabe im Lebensgleichgewicht der Städte zu bilden.

Wer die von mir aufgezeigten Aspekte einer freien Gesellschaft richtig wertet, wird zu der Überzeugung kommen, daß die Wirtschaftspolitik von morgen nicht nur ihre bisherigen Aufgaben behält, sondern neue hinzugewinnt. Wenn nicht alle Zeichen trügen, wird sich der Elan unserer Produktionsentwicklung noch verstärken und damit zwangsläufig zu einer verschärften Auseinandersetzung zwischen der überkommenen und einer neuen Vorstellung von einer harmonischen Umweltgestaltung führen. Die rasch fortschreitende Technik der industriellen Produktion wird diesen Trend noch verstärken. Auch in der Sozialpolitik wird neben der Fortsetzung ihrer seitherigen Funktion jene Wandlung in der Gesamtlage zu bedenken sein, denn mit zunehmender Expansion gewinnen immer mehr Menschen und immer breitere Schichten eine materielle Lebensgrundlage, in der diesen ein höheres Maß an Selbsthilfe zugemutet werden kann. Im Zuge einer solchen Entwicklung können dann die echten Fälle der Hilfsbedürftigkeit großzügig und menschenwürdig behandelt werden.

Die moderne Gesellschaftspolitik der freien Welt darf indessen nicht nur nach innen blicken. Unser ökonomisches und soziales Sein beruht wesentlich auf der weltweiten Verflochtenheit unserer Wirtschaft, und demzufolge hat sich die Beurteilung und Formung unserer inneren nationalen Struktur der Konsequenzen der außenwirtschaftlichen Verbundenheit immer bewußt zu sein. Aus dieser Sicht kommt der europäischen Integration auf allen Ebenen und in allen Formen eine fast schicksalhafte Bedeutung zu. Wir ringen, wie bekannt, gerade im Augenblick um Lösungen, die eine einheitliche, nichtdiskriminierende Behandlung der europäischen Länder sicherstellt, die Freundschaften pflegen will, ohne Freundschaften trüben zu müssen. An früherer Stelle habe ich schon erwähnt, daß es dabei wesentlich darum geht, in möglichst weitem Verbunde der freien Welt unserem Lande selbst jene sichere Form der wirtschaftlichen Umwelt zu geben, die erforderlich ist, um soziale Schäden auszuschließen.

So wichtig noch ein anderes Problem, nämlich das der Hilfe für Entwicklungsländer, auch sein mag, kann es in diesem Zusammenhang doch nur gestreift werden. In jenen Ländern und Räumen steht das Versorgungsproblem noch im Vordergrund. Der Wunsch und die Bereitschaft zu helfen, beherrschen die Weltöffentlichkeit immer mehr. Dabei gilt es, Formen und Methoden zu entwickeln, die den Leistungsstand auf eine jenen Völkern angemessene Weise zu erhöhen geeignet sind. Im besonderen scheint es mir auch darauf anzukommen, die Zusammenarbeit der hilfeleistenden Völker so zu ordnen, daß von dieser Seite her nicht noch einmal eine Aufspaltung der Welt in Interessen- und Einflußgebiete Platz greift.

Es kam mir darauf an zu zeigen, wie wenig sich die Aufgabe der als Stil einer freien Gesellschaft geprägten Sozialen Marktwirtschaft in dem bisher Erreichten über die Zeiten erschöpfen kann. In dem Maße, in dem unter Berücksichtigung einer breitgestreuten, steigenden Spartätigkeit die Produktions- und Investitions-Notwendigkeiten unserer Wirtschaft von dieser selbst besorgt werden können, sollte parallellaufend die Tätigkeit des Staates von jenen vielfältigen Hilfen für die private Wirtschaft befreit werden, die gegenwärtig noch eine so erhebliche Finanzbelastung ausmachen. In dem Maße dieser Entlastung und unter gleichzeitiger Berücksichtigung der aus der wirtschaftlichen Expansion dem Staate zuströmenden Mittel müßte der Bereich der öffentlichen Dienste entsprechend dem hier vorgeschlagenen Leitbild sowohl quantitativ als auch qualitativ umgestaltet und ausgebaut werden. Dieser Bereich bestimmt maßgebend die Umweltform, in der wir über unseren privaten und betrieblichen Kreis hinaus leben.

Zusammenfassend kann heute wohl festgestellt werden, daß die Leistungen der öffentlichen Dienste dem, was produktionswirtschaftlich erreicht wurde, nicht zu folgen vermochten. Gegenüber den Sonderanforderungen einzelner Interessenten werden die für eine Umweltgestaltung unerläßlichen Mittel auf die Restposten der Etatüberschüsse verwiesen und vermögen sich um so weniger zu behaupten, als Gruppeninteressen für sie einzutreten nicht bereit sind.

Das Unbehagen der Menschen trotz ständig wachsender Konsumverbesserung und Konsumausweitung kann als Beweis dafür gelten, daß sich dieser unbestreitbare Wert abnützt, wenn sich das individuelle Leben nicht organisch in eine vom Menschen und der Gesellschaft gleichermaßen bejahte Umwelt einzufügen vermag.

Natürlich ist es mit einer nur quantitativen Steigerung der für öffentliche Dienste obiger Art bestimmten Finanzmittel nicht getan. Es bedarf vielmehr im Sinne der hier angedeuteten Ziele einer qualitativen Umorientierung, die nach einem konkret gefaßten Leitbild neue Dringlichkeiten nach neuen Maßstäben einer ausgewogenen Gesellschaftsstruktur setzt.

Es wird die Aufgabe unserer Partei sein, dieses Leitbild den Menschen so deutlich und einprägsam nahezubringen, daß sie es nicht nur mit dem Kopf erfassen, sondern auch mit dem Herzen erleben und als erstrebenswertes Ziel innerlich bejahen. Das Vakuum auszufüllen, das wir spüren, ist die eigentliche Aufgabe der inneren Integration unserer Gesellschaft. Wie die Soziale Marktwirtschaft nur aus einem Fundament gemeinsamer Werte und Überzeugungen her möglich war, so bedarf unsere Gegenwart wieder eines idealistischen Realismus, der über die konkreten Verwirklichungsmöglichkeiten möglichst bestimmende Aussagen zuläßt und der alle Gruppen der Gesellschaft zu einem gemeinsamen Wollen zusammenschließt.

Jede freiheitliche Ordnung muß davon ausgehen, daß die Freiheit ein Ganzes und Unteilbares ist, bei der sich zur politischen, religiösen, wirtschaftlichen und geistigen Freiheit die ursprünglich menschliche Freiheit in allen Lebensbereichen gesellen muß. Die Strategie des kollektivistischen Denkens geht immer in der Richtung der Aufspaltung dieses höchsten, allumfassenden Wertes, um damit einen Einbruch in die freie Ordnung zu erzielen. Ihre Sicherung erfordert daher, daß wir das gesellschafts-wirtschaftliche Leben in jeglicher Ausstrahlung und in weitestem Umfange als Ausdruck eines bestimmten geistigen Wollens und Vollbringens dem deutschen Volke nahebringen. Eine so verstandene Wirtschafts- und Gesellschaftspolitik wird einen wesentlichen Beitrag zu einer wahren Friedensordnung zu leisten vermögen und damit der Sehnsucht der Menschen nach harmonischer Einfügung in ein ganzheitliches Leben entsprechen können.

DAS HANDWERK HAT ZUKUNFT

[Ansprache am 2. Juli 1960 zum 60jährigen Bestehen
der Handwerkskammer Köln]

Stärke und Lebensfähigkeit der modernen Wirtschaft europäischer Art
sind von dem ausgewogenen Verhältnis kleiner, mittlerer und großer
Unternehmen abhängig. Der Handwerksbetrieb hat hier ebenso seinen
Platz wie der Großbetrieb. Die Erhaltung und Förderung des Hand-
werks ist aber nicht nur aus rationalen Erwägungen ständige Aufgabe
einer freiheitlichen Wirtschaftspolitik. Selbständigkeit, Selbstverant-
wortung und persönliche Leistung finden eine besonders bewußte Aus-
prägung in der handwerklichen Existenz.

Mein offizieller Vorspruch muß natürlich den Glückwunsch der Bundesregierung überbringen mit allen Hoffnungen, die dem Wirken dieses
Hauses zum Nutzen des deutschen Handwerks gelten. Aber damit möchte
ich's dann auch schon fast genug sein lassen der offiziellen Rede.

Wenn ich heute beim Handwerk weile, dann aus dem Gefühl echter
Verbundenheit, nicht nur kraft Abstammung, sondern aus ehrlicher Überzeugung, aus Einsicht und aus dem Wissen um die ökonomische Bedeutung
dieses Wirtschaftszweiges. Herr Präsident Günther, Sie sagten, der brave
Mann denkt an sich selbst zuletzt. Gerade den such' ich, den braven Mann.
Ich glaube, das könnte man als Überschrift zu einer allgemeinen Situation
setzen.

Ganz anders als sich das einmal Karl Marx gedacht hat, sind wir zu einer
Art „klassenloser Gesellschaft" gekommen. Die Unterschiede zwischen den
Ständen, die Unterschiede in der materiellen Ausprägung des Lebens schwin-
den mehr und mehr dahin, nicht mittels einer Aktion, sondern eines Prozesses, der – einmal angestoßen – nun weiter abläuft. Es ist heute nicht
mehr das eigentliche soziale oder soziologische Problem, wie sich die einzelnen Stände, Schichten und Berufe nebeneinander und zueinander ordnen,
sondern das eigentliche Problem liegt im Menschlichen begründet. Wie
sollen die Menschen zusammen leben, und was können wir tun, um im
Zeitalter der Technisierung und Automatisierung, der Aufsaugung der
Menschen in Massengesellschaften, das Bewußtsein der menschlichen Verantwortung aufrechtzuerhalten und zugleich unsere Umwelt zu vermenschlichen. Das ist eine der großen Aufgaben unserer Zeit und meine Sorge
zugleich. Niemand wird diese Aufgabe als Träumerei ansehen.

Wir müssen einige Fragen ganz deutlich stellen. Die Fortschritte der
Technik, die Begrenzung des Erdballes, der für sich abzeichnende Möglich-

keiten ja fast zu klein geworden ist. Wir greifen ja buchstäblich schon nach den Sternen, und so stellt sich uns die Frage, ob es nicht eine Art Zwangsläufigkeit, eine fast innere Gesetzmäßigkeit ist, die die Arbeit immer mehr zur Konzentration, zu Großformen unserer Wirtschaft hindrängt. Demgegenüber scheint die überschaubare Arbeit in kleineren und mittleren Unternehmungen mittelständischer Prägung zwangsläufig an Boden, Gewicht und Einfluß zu verlieren.

Die Wirklichkeit indessen spricht gegen eine solche Annahme. So bin ich denn auch der Hoffnung, daß es uns in Deutschland – allerdings nicht ohne bewußtes Wollen und auch nicht ohne eine Anstrengung – gelingen wird, eine gesunde soziologische Schichtung zu erhalten. Ich denke dabei nicht nur als Politiker, sondern ich meine das auch als Wirtschaftswissenschaftler. Als solcher freue ich mich darüber, daß die Erfolgszahlen, die das Handwerk vorweisen kann, recht imposant sind.

Wenn ich aber die Stimmung der Menschen und das Lebensgefühl, das sich immer deutlicher ausprägt, richtig werte, dann erkenne ich doch eine gewisse Gefahr, daß wir zu einer Kollektivierung unserer Lebensformen, zu einer Vereinheitlichung der äußeren Ausprägung unseres Lebens hindrängen. Es ist ja nicht so, daß in der deutschen Wirtschaft die Produzenten von sich aus die Macht hätten zu bestimmen, was produziert wird, sondern sie müssen das produzieren, was die Menschen begehren, und darum kann man aus der Art der Produktion und der Güterdarbietung schließen, wes Geistes Kind eigentlich diese Menschen sind, für deren Sein und Zukunft wir arbeiten. Und wenn ich mir das anschaue, dann befürchte ich fast, daß bei uns die Qualität des Verbrauchs – ich meine nicht die Qualität der einzelnen Ware, sondern das Gefüge unseres Verbrauchs – gegenüber der Quantität des Verbrauchs zurücksteht. In einer Massendemokratie jagt ja allzu leicht einer dem anderen nach, er will's ihm gleichtun –, sei es aus sozialer Geltung, sei es aus dem Gefühl, daß nur das, was der andere hat und man selbst nicht besitzt, im letzten Grunde glücklich mache. Auf solche Weise geraten wir in eine immer stärkere äußere Uniformierung der Lebensformen. Das ist übrigens auch der Grund, warum sogar in der Hochkonjunktur immer noch eine Differenzierung des ökonomischen Schicksals der einzelnen Wirtschaftszweige übrigbleibt; d. h. heute steht jedes mit allem im Wettbewerb. Wenn wir von einer Überhitzung der Konjunktur sprechen, dann bin ich dessen gewiß, daß wir die Konjunktur in dem gleichen Augenblick wieder fest im Griff haben, so es uns nur gelingt, die Menschen wieder zur Besinnung und zur Vernunft zurückzuführen, denn im Augenblick sind diese wohl etwas aus den Fugen geraten. Es ist eine geistig-seelische Störung, unter der wir leiden, – nicht unter den Schäden der Hochkonjunktur.

Es wäre ja von einem Wirtschaftsminister vermessen, sich nicht über eine gute Konjunktur zu freuen. Aber gleichwohl ist für mich das Konjunkturbild von heute alles andere als befriedigend. Es bereitet mir deshalb Sorge, weil die Menschen kaum noch ansprechbar sind. Wenn ich von Maßlosigkeit spreche, dann empfindet man das schon als Anmaßung, daß es jemand wagt, solche Gedanken auszusprechen. Soweit sind wir gekommen! Ich glaube, es ist höchste Zeit, das deutsche Volk anzupacken und ihm seine Grenzen vor Augen zu führen, es auch an Gesittung und inneren Anstand zu erinnern. Ich will gewiß nicht sagen, daß dieses Gefühl verlorengegangen ist. Ich habe sogar den Eindruck, der einzelne Mensch empfindet vielleicht unbewußt eine Sehnsucht, wieder zur Besinnung, zur Ruhe zu kommen und das Rechte zu tun. Aber da stehen nur zu oft die Organisationen dazwischen.

Ich würde nicht wagen, das hier auszusprechen, wenn ich nicht aus meiner zwölfjährigen Tätigkeit als Wirtschaftsminister die Überzeugung gewonnen hätte, daß man mit den Menschen vom Handwerk sprechen kann, auch mit den Organisationen. Hier habe ich am wenigsten jenen Geist der Aggression gefunden, der alle Anliegen unter politischem Druck von heute auf morgen und möglichst zu gleicher Zeit verwirklicht sehen möchte. Und darum spreche ich es hier aus, daß das, was die Interessenvertreter in der Regel zum Ausdruck bringen, oft nichts mehr zu tun hat mit dem Fühlen und Wollen und dem Verantwortungsbewußtsein der Menschen, in deren Namen sie angeblich sprechen. Das ist die Malaise, vor der wir stehen, und auch der Grund, warum wir manchmal so schlecht mit den Problemen fertig werden.

Wenn die Bundesbank zum Beispiel konjunkturdämpfende Maßnahmen ergreift, dann ist es sicher nicht ganz unrichtig, wenn man allenthalben kritisch anmerkt, daß diese Entscheidung – die Diskonterhöhung oder Erhöhung der Mindestreserven –, Gerechte und Ungerechte gleichermaßen trifft. Es ist wirklich die Frage gestellt, ob wir die Konjunktur mit Gewalt zusammenschlagen müssen, nur weil die Menschen es nicht ertragen können, wenn es ihnen gut geht. Ich gebe aber die Hoffnung nicht auf und ich wage deshalb auch, die Menschen anzusprechen, um der Vernunft, dem Gewissen und der Verantwortung zum Sieg zu verhelfen.

Ich würde auch falsch verstanden werden, wenn man glauben wollte, ich spräche nur eine ganz bestimmte Gruppe unseres Volkes oder ganz bestimmte Interessenvertretungen an. Nein, in keiner Weise: – ich meine buchstäblich alle, zu gleicher Zeit.

Wenn man zum Beispiel die Entartungen auf dem Arbeitsmarkt betrachtet, dann ist nicht nur die Haltung der Gewerkschaften zu kritisieren, wenn sie übersteigerte Forderungen stellen, sondern auch das Verhalten der Arbeitgeber. Ich nehme es den Gewerkschaften sogar ab, wenn sie sagen, daß sie nicht mehr in der Lage sind, eine vernünftige Tarifpolitik zu betreiben, wenn die einzelne Arbeitskraft nicht mehr verdingt, sondern auf dem Markt versteigert wird. Und ich glaube auch, daß manche Sozialleistung, die sicher gut und ehrlich gemeint ist, und die auch einen guten soziologischen Aspekt haben mag, im Grunde genommen nur einer Verstärkung der Konzentration dient. Das Handwerk kann bei seiner Struktur eben nicht die gleichen sozialen Leistungen vollbringen und – wenn Sie wollen – die gleichen Verlockungen bieten, wie das von seiten der großen Industrie möglich ist. Es ist schon ein Unterschied, ob die Arbeitskosten im Kostengefüge mit 10, 30, 50 oder mit 60% ins Gewicht fallen. Und darum sage ich immer wieder, obwohl mir das Allheilmittel noch nicht eingefallen ist, daß die Umlegung gewisser sozialer Lasten auf die Lohnkosten ein sehr fragwürdiges Prinzip zu sein scheint.

Aber ich möchte mich nicht in sozialpolitischen Spekulationen verlieren, sondern sagen dürfen, wie es in Deutschland heute aussieht, und was daraus werden kann. Die Produktion hat gegenüber dem Vorjahr, wenn ich die letzten Monate zugrunde lege, um 10–15% zugenommen, obwohl die Anforderungen an die Wirtschaft sehr viel höher sind. Ich habe gestern den letzten Bericht über den Auftragseingang in der deutschen Wirtschaft bekommen. Dieser liegt um 27% höher als im gleichen Monat des Vorjahres. Das bedeutet, daß die Auftragseingänge und damit die Lieferverpflichtungen der deutschen Wirtschaft die Leistungs- und Liefermöglichkeiten unserer Wirtschaft weit übertreffen. Daß das nicht gerade zu einer besonderen Preisdisziplin beiträgt, ist nicht verwunderlich. Und das gleiche gilt auch für den Arbeitsmarkt. Wenn die Menschen nicht mehr ausreichen, d. h. das Arbeitskräftereservoir erschöpft ist und die menschliche Arbeitskraft Seltenheitswert erlangt, dann müßte fast göttliche Tugend dazugehören, wenn keine Entartungserscheinungen aufträten. Bei aller Toleranz habe ich kein Verständnis dafür, wenn ausgerechnet in dieser Zeit die Arbeitsleistung in der Zeiteinheit verkürzt wird. Das ist geradezu Unverstand, wenn in einer Phase, da wir die Chancen auf dem deutschen Markt und auf dem Weltmarkt kaum wahrnehmen können, uns alle durch vorschnelle Arbeitszeitverkürzungen selbst zu schaden beginnen. Ich frage: Gehört es wirklich unabweisbar zum deutschen Schicksal, daß wir die Tage des Glücks nicht ertragen und der Hybris anheimfallen, die das mühsam Aufgebaute wieder zu zerstören droht? Regierung und Bundesbank sind nicht allein für die Währung oder die Preise verantwortlich. Sicher gehört das zu ihrer Verantwortung. Wer aber dürfte daraus folgern: Wir Bürger aber können tun und lassen, was wir wollen – wir können durch unsere Interessenvertretungen die Regierung angreifen, können sie als Feind hinstellen, können fordern und nochmals fordern! Glauben Sie, der Staat könne mehr leisten, als er vorher dem Volke abgenommen hat? Wir sind mit einem Anteil der öffentlichen Hand von 40% am Sozialprodukt schon das Land, das in der nichtkommunistischen Welt an der Spitze liegt. Je mehr gefordert wird, desto mehr muß der Staat Ihnen abverlangen, und dann werden diese 40% auf 45 und auf 50% gesteigert werden. Glauben

Sie weiter, daß dann noch eine freiheitliche Ordnung denkbar ist, daß unser Volk dann noch aus Menschen besteht, die in geistiger und materieller Unabhängigkeit echte Staatsbürger im demokratischen Sinne bleiben können?! Das ist die letzte Frage, die hier gestellt ist und um die es geht.

Da wir uns alle, über alle Parteien hinweg, in gleicher Position befinden, hat auch jede Partei und jede Organisation die Verpflichtung, auf das Geschehen mäßigend einzuwirken. Wenn die Interessenvertretungen ihre Existenzberechtigung dadurch nachweisen wollen, daß sie die Begehrlichkeit nur immer neu und mehr wecken, um damit ihre Daseinsberechtigung unter Beweis zu stellen, dann sind sie fehl am Platze; – dann haben sie vom Sittlichen her ihre Aufgabe verfehlt.

Ich sprach über die Preise. Gemessen an der heutigen starken konjunkturellen Anspannung ist das Preisniveau noch relativ stabil geblieben. Ich möchte allerdings davor warnen, eine jährliche Preissteigerung von 3% gering zu achten. Durch falsches Verhalten werden die Preise aus der Stabilität herausgerissen; – dann bekommen die Menschen Angst vor dem, was sie selber angestellt haben und stürzen sich erst recht in den Konsum, gefährden dadurch die Kapitalbasis unserer Volkswirtschaft und tragen neue Unordnung in das wirtschaftliche und gesellschaftliche Leben. Und lassen Sie mich noch eine andere Sorge zum Ausdruck bringen. Ich glaube, wir sollten auch nicht auf Lorbeeren ausruhen. Die deutsche Arbeit hatte und hat auch heute noch, wie ich gerne zugebe, in der Welt einen guten Klang. Man begehrt die deutschen Waren vor allen Dingen wegen der Solidität der Ausführung. Hier ist unmittelbar das handwerkliche Können, die handwerkliche Berufsausbildung angesprochen. Ich höre aber in der letzten Zeit, daß nicht nur in Deutschland allein Qualitätsarbeit geleistet wird – darüber könnte man sich an sich freuen –, sondern daß die Deutschen in bezug auf die Qualität ihrer Arbeit nicht mehr so zuverlässig sind, wie man das von alters her gewohnt war. Das ist natürlich auch eine Folgewirkung einer allzu überschäumenden Entwicklung. Dieser Frage sollten wir alle unsere ganze Aufmerksamkeit widmen. Wir konsumieren nicht nur technische Geräte und Gebrauchsartikel, die mit höchster Präzision hergestellt werden, sondern der beglückendere Teil unseres Verbrauchs ist eigentlich noch mehr das, was uns Freude macht, was uns Schönheit vermittelt, was uns wirklich einem vollen Menschsein näherbringt.

Wenn wir alle nur der Quantität des Konsums nachjagen, und wenn wir in der typisierten, normierten, in Massen- und Serienfertigung hergestellten Ware das Allheilmittel erblicken, dann sind wir auf die falsche Bahn geraten. Darunter müßte gerade das Handwerk leiden.

Der Mensch, der sich über seine Arbeit nicht mehr freuen kann und der schon die Stunden zählt, wann diese „Plage" wieder zu Ende ist, den kann ich nur bedauern. Wer nur die 40-Stunden-Woche deshalb will, weil er glaubt, 44 Stunden wären eine Qual, und sich schon darauf freut, wieder etwas mehr Freizeit zu haben, ohne recht zu wissen, was er damit anfangen soll, – der ist wirklich ein armer Mensch. Ich möchte aber beileibe nicht sagen, daß jede Arbeit schon ein Wert an sich wäre, und ich gebe gerne zu, daß zwischen „Arbeit" und „Arbeit" erhebliche Unterschiede bestehen. Aber jede Arbeit ist nicht nur ihres Lohnes wert, sondern jede Arbeit sollte auch ihren Segen in sich selbst tragen. Und gerade, weil man auf schematische Arbeit nicht verzichten kann, sollten die Menschen, die dort tätig sind, unter Bedingungen arbeiten können, die ihrer Würde entsprechen. Der Mann, der die kleinste Arbeit verrichtet, kann eine größere Würde ausstrahlen, als irgend einer, der mit Hunderttausenden herumwirft, aber seelenlos und nur aus Sucht und aus falschem Geist heraus tätig ist. Man muß den Anfängen wehren! Wenden Sie in Ihren Prüfungen sowohl für Gesellen wie für Meister aus den von mir bezeichneten Gründen strenge Maßstäbe an, nicht aus Menschenfeindlichkeit, sondern aus der Notwendigkeit heraus, auch für die Zukunft zu sorgen, und auch aus der Überzeugung heraus, daß das den einzelnen Menschen stärkt, sowohl in seiner inneren Haltung wie auch als Staatsbürger gegenüber der Obrigkeit. Und das ist das, was wir uns wünschen wollen. Heute betrachten die Interessentenvertretungen den Staat vielfach als ihren Feind, gegen den man sich stellen muß. Aber das ist nicht der Sinn der Demokratie, und das entspricht auch nicht dem Wollen der Bürger. Ich werde meine ganzen Anstrengungen dahin richten, um über die Gruppen und über die beruflichen Schichtungen hinweg den eigentlichen Problemen, die uns zu lösen gestellt sind, näherzukommen. Ich glaube, diese Aufgabe ist gerade in Deutschland gestellt: Wie bringen wir die Menschen wieder zueinander und zu einem besseren gegenseitigen Verstehen, zu einem höheren Maß an Toleranz? Wie kann man das deutsche Erbübel des Neids und der Mißgunst beseitigen? Das sind die eigentlichen Fragen. Wir wollen in Deutschland mehr Selbständigkeit schaffen, weil wir der Überzeugung sind, je mehr wir Menschen die Möglichkeit geben, aus eigener Kraft und aus eigener Verantwortung tätig zu sein, um so mehr wirken wir den Massenerscheinungen, der Vermassung und Kollektivierung entgegen, und um so besser und um so festgefügter wird unser Staat sein gegenüber der Bedrohung unserer Sicherheit und unserer Freiheit. Zwingen wir die Menschen, wach zu sein und nachzudenken. Das mag manchmal unbequem sein, aber es bekommt zum Schluß jedem gut und ich glaube, es wird allen zur Freude und zur inneren Bereicherung gereichen, nicht in den Tag und in die Welt hineinzuleben und die Welt nur in Mark und Pfennigen zu sehen. Es ist doch eigentlich merkwürdig, daß in den letzten zwölf Jahren, in denen aus dem Nichts heraus der Wohlstand von Jahr zu Jahr sich so sichtbar vermehrt hat, jeder Mensch aus eigener Kraft an eigener Freiheit gewinnen konnte, der Ruf nach dem Kollektiv nur immer dringender wird. Ist etwa das die einzig schlüssige Antwort, daß ein Volk, das fast in einer Generation zwei Inflationen erlebt hat, das Selbstvertrauen verloren hat? Sie alle im Handwerk, die Sie mit den Menschen täglich zu tun haben, Sie sind aufgerufen, den Menschen zur inneren Würde und zur Festigkeit, zur Stählung seines Charakters, zur rechten Haltung und Gesinnung hinzuführen. Möge allen, die in diesem Hause tätig sind, ihre Arbeit zur Freude werden, und möge ihr Wirken allen Menschen im Handwerk zum Segen gereichen.

DER MUTLOSE WIRD STRANDEN

[„Bonner Informationen aus erster Hand" vom 8. Juli 1960]

Immer drängender erging der Ruf an die Bundesrepublik, einen höheren materiellen Beitrag für die Förderung des Aufbaus der Entwicklungsländer zu leisten. Die Frage nach der Höhe der Mittel, die wir für diese Zwecke bereitstellen könnten, beherrschte die internationalen Verhandlungen ebenso wie die öffentliche Erörterung dieser Probleme. Angesichts vieler auch im Inland noch ungelöster Fragen war (und ist) „Entwicklungshilfe" nicht überall populär. Aber das, was notwendig ist, kann sich nicht an Popularitätsgesichtspunkten orientieren. Ludwig Erhard wendet sich in diesem Aufsatz in erster Linie an Parlamentarier und Publizisten:

Die Außenpolitik des freien Westens gegenüber den kommunistischen Staaten lief jahrelang gleichsam auf Einbahnstraßen. Sie war von den objektiven Gegebenheiten fixiert. Alle praktischen oder auch nur spekulativen Versuche, grundlegend neue Ansatzpunkte zu finden, stießen auf die penetrante Eindeutigkeit moskowitischer Absichten. Der außenpolitische Manövrierraum des Westens verengte sich auf eine Zug-um-Zug-Blockierung sowjetischer Vorstöße.

Inzwischen ist die Hohlheit der Moskauer Koexistenz-Phraseologie so offenbar geworden, daß in der Bundesrepublik am Ende auch die sozialdemokratische, einst zu allerlei außenpolitischen Experimenten hinneigende Opposition ihren Wahlschlager für das Jahr 1961 in nichts Ungewöhnlicherem mehr zu erkennen glaubt als in der nur schlecht kaschierten Flucht unter den Mantel jener objektiven Grundeinsichten der Bundesregierung, gegen die sie elf Jahre hindurch angekämpft hat.

Aber es muß wohl zur unauflöslichen Tragik sozialdemokratischer Läuterungen gehören, daß sie stets zu spät kommen. Wer nämlich heute nach „gemeinsamer" Außenpolitik ruft und darunter nichts anderes versteht als die Bereitschaft zum mehr oder minder taktfesten Gleichschritt auf der seit zwölf Jahren vorgezeichneten außenpolitischen Straße, der marschiert schon wieder im letzten Glied. Längst ist es ja beileibe nicht mehr originell, das nachgerade atemberaubende Tempo festzustellen, mit dem sich die weltpolitischen Geschehnisse vom Dualismus der einzig verbliebenen militärischen Großmächte, USA und UdSSR, ablösen.

Jedes afrikanische Land, das in diesen Monaten selbständig wird, das Sitz und Stimme im Weltparlament der Vereinten Nationen erhält, das seinen Platz im Konzert der Nationen findet – jedes asiatische Land, das nun in die Alternative gedrängt wird, die Geschicke seiner rapid anwachsenden Bevölkerung zu verbessern, indem es sich entweder an die Technisierungsbeispiele Moskauer und Pekinger Provenienz anlehnt oder aber indem es – in jeweils angemessener Abwandlung – von den natürlichen und obendrein effektvolleren westlichen Vorbildern ausgeht: – alle diese neu heraufkommenden Kräfte haben den Begriff der äußeren Macht mit neuen Inhalten versehen. Diese Völker repräsentieren Macht, einfach weil sie die Mehrheit der Weltbevölkerung darstellen, und sie werden je nach der Richtung, in die sie gehen, am Ende das Bild unserer Zeit mitbestimmen. Sie sind Weltmächte von ausschlaggebendem Gewicht.

Aber diese Länder sind kein geschlossener Block. Die meisten von ihnen treten eben erst in ihre national betonte Entwicklungsphase ein. Und eben deshalb beginnt mit ihrer gleichberechtigten Teilnahme an der großen Politik eine Epoche allzeit veränderlicher und veränderbarer weltpolitischer Gewichtsverteilung. Eine Möglichkeit, die mancher wohl endgültig verloren glaubte, entsteht somit neu: Außenpolitik strategisch im Sinne groß angelegter Konzeptionen zu betreiben und der bloß tagesbezogenen Taktik den ihr gebührenden Rang eines beweglichen Mittels zum Zweck zuzuweisen. Aber Konzeptionen fallen niemandem auf den Schreibtisch. Sie wollen entwickelt und dann auch befolgt werden. – Wir haben vor nunmehr zwölf Jahren unsere europäische Konzeption entwickelt und sie seither gegen alle Widrigkeiten entschlossen zum Erfolg geführt, auch unter materiellen Opfern. Für unsere künftige Politik, die auf der geschaffenen europäischen Basis zu tragfähiger Partnerschaft mit den aufstrebenden Ländern Asiens, Afrikas und Südamerikas führen soll, gilt im Grunde das gleiche.

Ganz ähnlich wie im europäischen Bereich und wie im Zuge der atlantischen Verteidigungs-Konzeption wird diese Politik – unter dem Zeichen Entwicklungshilfe – stark von wirtschaftlichen Vorleistungen und finanziellen Anstrengungen bestimmt sein. Und es werden zusätzliche Leistungen sein, die wir nun erbringen müssen. Denn wir haben nicht den mindesten Grund anzunehmen, die militärische Sicherung unserer Freiheit dürfe künftig hinter die neuen politisch-wirtschaftlichen Bemühungen um den Bestand und die stabile Fortentwicklung unserer Lebensformen zurücktreten.

Damit sind finanzielle Größenordnungen ins Spiel gebracht, die eine bisher zumeist recht theoretisch geführte Diskussion mit allerhand praktischen Vorzeichen versehen – die Frage nämlich, ob in der modernen Industriegesellschaft die parlamentarische Regierungsform auch angesichts stark belastender Aufgaben hinreichend durchgreifendes Handeln erlaubt.

Wer das hierzulande auf vier Jahre geltende Parlamentsmandat nicht als den Auftrag versteht, nach bester eigener Einsicht zu handeln, wer es nur als den Platz zwischen zwei Wahlen begreift, der wird sich tunlichst auf

Aktivitäten beschränken, die tatsächliche oder scheinbare Popularität versprechen. Wer überwiegend wahltaktisch zu denken geneigt ist, der wird spätestens von der Mitte jedes Vier-Jahre-Zyklus ab eher öffentliche Zuwendungen versprechen als besondere Belastungen in Aussicht stellen, auch wenn sie im wohlverstandenen Interesse des ganzen Volkes liegen.

Alles in allem sollte hier jedoch – was Parlament und Regierung der Bundesrepublik angeht – einige Zuversicht am Platze sein. Immerhin haben wir die als notwendig erachteten materiellen Erfordernisse der Landesverteidigung zu einer Zeit auf uns genommen, als das noch keineswegs populär schien und als unsere wirtschaftliche Situation noch nicht entfernt so gut war wie heute. Und wir haben ohne Furcht vor Unpopularität gewaltige Beträge aus Steuermitteln gezielt eingesetzt, um den Wiederaufbau unseres Landes voranzutreiben, und zum gleichen Zweck auf erhebliche Steuereinnahmen aus bestimmten Bereichen ebenso gezielt verzichtet, obwohl bei rein wahltaktischer Betrachtungsweise sich oftmals eine sehr viel andere Einnahme- und Ausgabepolitik empfohlen hätte.

Ähnlich entschlossen und einsichtig werden wir handeln müssen, wenn künftig wachsende materielle Leistungen erbracht werden sollen, die als Entwicklungsbeihilfen den Völkern Asiens, Afrikas und Lateinamerikas die Selbsthilfe im Zuge solider Partnerschaft mit den Ländern des freien Westens ermöglichen können.

Es wird zu überlegen sein, ob wir weiterhin alljährlich aus Steuermitteln Milliardenbeträge als staatliche Subventionen auch dorthin verteilen dürfen, wo sie angesichts der inzwischen weit verbesserten wirtschaftlichen Lage nicht mehr unbedingt erforderlich sind – wobei ganz und gar nicht etwa an die Landwirtschaft gedacht sein soll, die heute in allen Industriestaaten vor besonderen Problemen steht.

Wir werden erwägen müssen, in welcher Weise steuerliche Anreize – vielleicht nach der Art, wie wir sie auch für den Aufbau des eigenen Landes benutzt haben – geschaffen werden können und müssen, um die privatwirtschaftliche Betätigung in Entwicklungsländern zu erleichtern und anzuregen; ein Zweck, der gleichermaßen für die Unternehmen unserer Wirtschaft wie für die Entwicklungsländer nützlich wäre.

Wir werden nicht umhinkönnen, jenen Fachleuten, die in den aufstrebenden Ländern tätig werden wollen – von ihrer Zahl wird die Effektivität unserer Entwicklungshilfen entscheidend abhängen – angemessene finanzielle und berufliche Vorteile zu sichern. Wir werden die Jugend mehr als bisher für den Einsatz und – was nicht gering ist – für die Möglichkeiten dieser Länder interessieren müssen. Und wir werden nach alledem vor der Frage stehen, ob zusätzlicher Aufwand und gezielter Verzicht auf Steuereinnahmen aus der wachsenden Wirtschaftskraft allein zu verwirklichen sind oder ob wir in gewissem Umfang zusätzliche Lasten auf uns nehmen müssen.

Als absolut gültig darf bei alledem eines gelten: Wer heute notwendige Opfer aus vordergründigen Popularitätsgesichtspunkten umgehen möchte, versündigt sich am Funktionsprinzip der parlamentarischen Demokratie. Überdies wird er mit Sicherheit der Verurteilung durch den Wähler dann verfallen, wenn Versäumnisse, die heute verschuldet werden, morgen zu schweren Rückschlägen führen und unsere Sicherheit, den Bestand unserer freiheitlichen Ordnung und auch unseren Wohlstand in Frage stellen.

DIE WAHREN FEINDE DES DEUTSCHEN VOLKES

[*„Frankfurter Allgemeine Zeitung"* vom 27. August 1960]

*Wer die gesunden Grundlagen und die Stabilität der Wirtschaft ge-
fährdet, schadet dem deutschen Volk. Im Gegensatz zu lenkungswirt-
schaftlichen Systemen, in denen Gebote und Verbote in Gesetzen und
Verordnungen niedergeschrieben sind und der Staat mit Zwangsmit-
teln ihre Einhaltung durchsetzen kann, verlangt eine freiheitliche Ordnung, die auf solche Eingriffe verzichtet, die Einsicht aller am Wirtschaftsleben Beteiligten – vor allem der Sozialpartner und Verbände –
in die Grenzen der Privat- und Gruppeninteressen gegenüber dem
Wohl der Allgemeinheit. Ludwig Erhard befaßt sich in der konkreten
Lage des Sommers 1960 mit diesen Zusammenhängen:*

Die Tatsache, daß meine Äußerungen über das unbestreitbar aktuelle
Thema „Arbeitszeit und Arbeitslohn" die Opposition auf den Plan gerufen haben, erscheint mir, so wie sich der deutsche Geist (oder auch Un-
geist) im politischen Leben heute allenthalben ausprägt, gar nicht verwunderlich. Was man logisch nicht widerlegen kann, gilt als teuflisch oder
diabolisch – selbst die Wahrheit, wenn man sich ihr nicht beugen will.
Eine gefühlsmäßige Beweisführung will nach dem ökonomischen Prinzip
mit dem geringsten (geistigen) Aufwand den höchsten (partei-)politischen
Effekt erreichen. So mag man aus engerer Sicht manche Gründe dafür
anführen können, daß die menschliche Arbeitskraft unabhängig von dem
möglichen Produktivitätsfortschritt in den einzelnen Gebieten Anspruch
auf gleichartige Entlohnung erheben kann; aber man kann nur mitleidig
lächeln, wenn gegen jeden gesunden Menschenverstand die Behauptung
gewagt wird, daß eine Politik der Lohngleichmacherei ausgerechnet mittelständischen Interessen diene. Solange die Entartungen auf dem Arbeitsmarkt andauern, mag der Zwang zur Lohnangleichung ohne Rücksicht auf
dadurch notwendig werdende Preissteigerungen wohl bestehen; aber es
geht nicht an, aus der Not eine Tugend zu machen und aus Krankheits-
erscheinungen von hoffentlich vorübergehender Art neue volkswirtschaftliche Pseudoweisheiten ableiten zu wollen.

Entscheidend ist indessen etwas anderes. Es geht um die Frage, die
immer mehr zum Prüfstein unserer demokratischen Ordnung zu werden
scheint. Ich bin der letzte, der in unserem Staat die Vertretung berechtigter
Interessen leugnen möchte; aber notfalls will ich auch der erste sein, der
bei solcher Beweisführung jegliche unwahrhaftige Argumentation ablehnt.
Wir haben es auf diesem Felde in den verschiedensten Gruppierungen

mittlerweile zu einer wahren Meisterschaft gebracht, so sehr auch die Methoden im einzelnen differieren mögen. Daß es mir dabei völlig fern liegt, in erster Linie oder allein die Gewerkschaften anzusprechen, obwohl deren Empfindlichkeit gegenüber jedweder Kritik bedenklich stimmt, will ich gerade mit diesem Beitrag zur gesellschaftspolitischen Situation in Deutschland beweisen. Allgemein kann dabei gelten, daß das Primadonnentum der Gruppenfunktionäre ein bedenkliches Zeichen unserer Zeit ist. Die Ausnahmen, die ich gern anerkenne, bestätigen die Regel.

So wird kein vernünftiger Mensch leugnen wollen – ja, jedermann auf der Straße weiß es, daß wir uns in der Bundesrepublik in einer Phase ausgesprochener Hochkonjunktur befinden. Und jedermann weiß es, daß die damit verbundenen Begleiterscheinungen im Hinblick auf die Stabilität unserer Wirtschaft und Währung nicht unbedenklich sind. Wehe aber dem, der das auszusprechen wagt oder gar auf die Gefahr einer Überkonjunktur hinweisen zu müssen glaubt. Gerade diejenigen, die sich in der Gunst der Konjunktur sonnen, bestreiten dieses Faktum überwiegend mit dem Hinweis, daß die Lage in den einzelnen Wirtschaftsbereichen durchaus unterschiedlich sei und man sich vor einer Verallgemeinerung der konjunkturellen Beurteilung hüten solle. Als ob das alles nicht selbstverständlich wäre! Mit sich verbreiterndem Wohlstand muß sich die allgemeine volkswirtschaftliche Konjunktur immer differenzierter darbieten. Von dieser Erkenntnis aber darauf zu schließen, daß der Zustand, den wir Hochkonjunktur nennen, in gleicher Weise alle Wirtschaftszweige erfassen müsse, kann nur als absurd bezeichnet werden. In solcher Auffassung spiegelt sich das typische Fehlurteil jener „Auch-Nationalökonomen" wider, die diese zu der völlig unmöglichen Forderung verleiten, die staatliche Konjunkturpolitik habe durch gezielte Maßnahmen Sorge zu tragen, daß es allen Wirtschaftszweigen gleich gut gehe. Die Frage, wie es dann mit der Freizügigkeit der Wirtschaft und der Verbraucher bestellt sein solle, haben diese Toren wohlweislich nicht beantwortet.

Bis in das Frühjahr 1959 hinein hat man von der Regierung konjunkturfördernde Maßnahmen, selbst die Abkehr von einer liberalen Handelspolitik gefordert, obwohl die Kundigen seinerzeit schon deutlich die Auftriebstendenzen erkennen konnten. Jene freie Ordnung, in der sich zum Beispiel die Strohhutindustrie in der gleichen Gunst der Konjunktur wie etwa die Stahl- oder Automobilindustrie befinden solle, gibt es nicht. Aber das heißt zugleich, daß derjenige, der diesen Zustand künstlich erreichen will, dann den Zwang, den Kollektivismus, setzen muß. Ganz ähnlich verhält es sich mit dem Phänomen der steigenden Preise im Zeichen der Vollbeschäftigung. Wer sich damit begnügen wollte, diesen Zusammenhang nach aller konjunkturpolitischen Erfahrung in gewissem Ausmaß als zwangsläufig hinzustellen, würde nur Gesagtes wiederholen.

Warum, frage ich, ist das deutsche Volk oft nur allzu leicht geneigt, sich dem Zwang (oder auch der Macht) zu beugen, und so wenig bereit, aus Einsicht das Rechte zu tun? Vergessen wir nicht, daß gerade diese Kriterien demokratischen Lebens das Urteil der Welt über uns Deutsche bestimmen werden, wobei wohl kaum erläutert zu werden braucht, daß sich die Konsequenzen nicht in den wirtschaftlichen Beziehungen erschöpfen, sondern auch schicksalhafte politische Bedeutung erlangen könnten. Die Maßlosigkeit ist nicht nur der Feind in unserer eigenen Brust; sie schafft uns auch Feinde von außen. Aus diesen Worten spricht die Sorge, daß bei uns, wenn es gilt, Notwendigkeiten zu entsprechen, Bescheidung und Rücksicht zu üben, der „brave Mann" an sich selbst zuletzt denkt.

Wer sich dieser geistig-moralischen Verirrung bewußt ist, muß zu dem Ergebnis kommen, daß es eben keinen harmonischen Ausgleich bedeutet, wenn im Widerstreit der Gruppeninteressen die Antipoden zwar jeweils zur Hälfte recht, aber zur anderen Hälfte ebenso gewiß unrecht haben.

Ein anderes Beispiel: Der Export soll, worüber sich übrigens reden läßt, trotz hoher Handels- und Zahlungsbilanzüberschüsse nicht gedrosselt werden; aber ebenso entschieden tritt man auch den Bemühungen um eine Steigerung der Importe entgegen, obwohl es evident ist, daß im Ausmaß unseres Zahlungsbilanzüberschusses (woher er auch immer resultiert) im deutschen Markt eine güterwirtschaftliche Unterversorgung auftreten muß. Die dem entgegengestellte Behauptung, daß die deutsche Wirtschaft jede Nachfrage zu decken in der Lage sei, mutet etwas naiv an; denn selbstverständlich gelangen Angebot und Nachfrage in einem freien Markt immer zum Ausgleich. Es fragt sich nur, um welchen Preis oder, besser gesagt, zu welchen Preisen. In diesem Geschehen trägt zwar der Staat Verantwortung; aber er darf und soll nichts tun, was unpopulär ist oder die Freizügigkeit der Individuen oder der Gruppen einengt. Angeblich ist das dann „volkswirtschaftlich" immer falsch.

Das Traurige an dieser Geschichte ist, daß am Ende die Wahrheit verkümmert und die Dialektik bis zur Demagogie die Geister immer mehr beherrscht. Je besser es innerhalb der einzelnen Volksschichten zu gelingen scheint, Gefühl und Ressentiment über Vernunft, Einsicht und Verantwortungsbewußtsein zu stellen, um so mehr feiern die Auswüchse Triumphe. Dazu ist fast eine Art umgekehrter Korrelation dergestalt festzustellen, daß mit der Schwäche oder gar Unhaltbarkeit der Argumentation die Lautstärke, mit der Forderungen erhoben werden, zunimmt. Die Wahrheit, die sich am Ende doch nicht unterkriegen läßt, soll, wenn nichts anderes hilft, totgeschrien werden.

Es sind entweder göttliche Rechte, auf die die Interessenten pochen – sie fordern immer nur im Namen der Gerechtigkeit –, oder aber es ist das allgemeine Wohl, das die Erfüllung ihrer Wünsche verlangt. Ich bin gewiß für Leben und Bewegung, aber was im Zeichen einer (völlig mißverstandenen) Dynamik an immer neuen Forderungen – ja, an Überforderung der Volkswirtschaft durchzusetzen versucht wird, kann nur allzu leicht mit einem Katzenjammer enden. Die Ansprüche an den Staat wachsen in dem gleichen Maße, wie das Gefühl für Eigenverantwortung verkümmert und schließlich erstickt. Jeder glaubt, zu kurz zu kommen, woraus folgt, daß was dem einen recht ist, auch jedem anderen billig sei. So aber schliddern wir zusehends und zunehmend in den perfekten Wohlfahrtsstaat, der jedes wahre Menschentum unterhöhlt und uns in eine gesellschaftliche Ordnung hineintreibt, die sich nicht mehr grundsätzlich, sondern nur noch graduell von totalitären Systemen unterscheidet.

Jene Politiker leisten dem deutschen Volk den schlechtesten Dienst, die es in solchem billigen Verlangen unterstützen oder gar noch die Begehrlichkeit durch sogenannte Wahlgeschenke wecken. Das Immer-nur-streicheln-Wollen ist falsch am Platz, wenn es richtiger ist, durch einen mehr oder weniger sanften Backenstreich der Entartung zu steuern. Gewiß sind Äußerungen solcher Art nicht gerade populär; aber ich würde gerne alle Konsequenzen tragen, wenn es gelingen könnte, das deutsche Volk zu mehr Selbstbesinnung zu bewegen und es wieder mit Erfolg auf seine Tugenden anzusprechen, denen wir die Errettung aus bitterer Not zu verdanken haben. Wäre das alles objektiv richtig und wahrhaftig, was, um den Egoismus zu verbrämen, an Gründen und Argumenten ins Feld geführt wird – wir wären wahrlich das tugendhafteste Volk. Demgegenüber ist das Irren nicht nur menschlich, sondern geradezu wohltätig.

Ich habe darum keine Hemmungen, es deutlich auszusprechen: Das sind die Feinde des deutschen Volkes, die seiner bequemen Neigung entgegenkommen, sich im Maßlosen zu verlieren und um der Gunst des Augenblicks willen das Glück und die Zukunft derer, die nach uns kommen, aufs Spiel zu setzen.

GEDANKEN ZUM AUFBAU AFRIKAS

[Ansprache vor der Deutschen Afrika-Gesellschaft
am 21. Oktober 1960 in Bonn]

Zu einer wirksamen Entwicklungshilfe gehört nicht nur die Bereit-
schaft und Fähigkeit der Geberländer, die ausreichenden materiellen
und personellen Hilfen zu gewähren. Die zutreffende Selbsteinschät-
zung der Möglichkeiten der Entwicklungsländer ist ebenso wichtig.
Eine recht verstandene Partnerschaft bedeutet daher für die Geber-
länder, aus der eigenen Erfahrung und aus der Kenntnis des ökono-
misch Sinnvollen, Möglichen und Notwendigen den Entwicklungs-
ländern mit Rat und Tat zur Seite zu stehen; selbst auf die Gefahr
hin, daß dies hin und wieder als unbequem empfunden werden mag.
Auch in dieser Hinsicht hat die Bundesrepublik, deren rascher Wieder-
aufbau in den Entwicklungsländern beachtet wurde, nicht zuletzt aus
Rücksicht auf ihre Steuerzahler, eine besondere Verantwortung.

Der Herr Bundestagspräsident, dessen Initiative wir dieses Treffen verdanken, hat mir bereits das Thema gesetzt und damit zugleich eine Ermahnung
verbunden, ich solle und dürfe nicht mehr versprechen, als ich für die Regierung zu halten in der Lage sei. Ich werde mich daran halten! Lassen Sie mich
aber auch noch ein Wort vorausschicken, das der Deutung des Begriffs
„Entwicklungshilfe und Entwicklungsländer" dienen soll. Ich habe allenthalben die Erfahrung gemacht, daß damit Mißdeutungen im Sinne einer
Wertung, und im unglücklichsten Falle sogar einer Abwertung verbunden sein können. Es gibt natürlich nicht nur einen Typus „Entwicklungsland", sondern es gibt fast unzählige Formen und unendlich viele Variationen.
Am besten werde ich wohl der Situation, d. h. einer wertefreien Betrachtung
gerecht, wenn ich sage, daß ich selbst Deutschland noch als ein „Entwicklungsland" betrachte, denn wer weiterstrebt und noch Besseres erreichen möchte,
befindet sich naturgemäß in einer Entwicklung.

Nach diesen Vorbemerkungen kann ich nunmehr zum eigentlichen Thema
selbst kommen und die Frage stellen – und das tun wir jetzt fast täglich –:
Wie kommen wir dem Problem der Entwicklungshilfe am nächsten, welche
Lösungsmöglichkeiten bieten sich uns dar, und welches sind die fruchtbarsten
Mittel, um sowohl für die Gebenden als auch für die Empfangenden den
höchsten Nutzeffekt, – lieber möchte ich sagen, den besten Erfolg – nicht
nur im Materiellen und Finanziellen, sondern auch in Geistig-Seelischen
zu erreichen?

Die Versuchung liegt ja nahe, zu glauben, man könnte aus Anfängen
einer Entwicklung, die nach unseren Maßstäben im Technischen allenthalben
vielleicht noch primitiv anmuten mag, gleich in die letzten Formen der

modernen Technik, der Automation bis zur Anwendung der Atomkraft vordringen. Ich glaube, daß das ein falscher Weg wäre, – womit ich gewiß nicht sagen möchte, daß Sie alle Stationen, die wir auf dem Wege der Industrialisierung in 120 Jahren durchlaufen haben, in dem gleichen Zeitraum durchmessen sollten. Das wäre natürlich ein schlechtes Rezept. Die Wahrheit liegt wohl dazwischen. Es ist ganz gewiß – und wir spüren ja selbst etwas davon, wenn wir an die gespenstischen Möglichkeiten der Ausschöpfung moderner naturwissenschaftlicher Erkenntnisse denken – daß angesichts derart revolutionierender Umwälzungen unser seelisches Gleichgewicht verlorenzugehen droht. Es sind nicht nur die Geister, sondern mehr noch die Herzen und die Seelen überfordert, wenn sozusagen aus dem Nichts gleich der Sprung in die modernste Technik vollzogen wird, selbst wenn sie vielleicht zu handhaben wäre.

Es ist weiter gefährlich zu glauben – und das liegt auf etwa gleicher Ebene –, daß allein der Aufbau von symbolhaft großen Mammutunternehmungen den Erfolg verbürgen könne. Ich verkenne nicht, daß am rechten Ort auch solches einmal sinnvoll sein mag, so z. B. wenn es sich darum handelt, den Völkern den Glauben an einen erfolgreichen neuen Beginn zu vermitteln. Von der Sache her gesehen scheint es mir allerdings sehr viel mehr darauf anzukommen, die Entwicklung auf möglichst großer Breite anzusetzen, und zwar nicht nur etwa in der Ausbeutung des materiellen Reichtums, wie der Bodenschätze der einzelnen Länder, nicht nur in der Verbesserung der Produktivität der Landwirtschaft, sondern auch im Aufbau und in der Entwicklung einer eigenen gewerblichen und industriellen Wirtschaft. Es ist meine feste Überzeugung, daß das Streben der Völker, aus Not und Armut zu Wohlstand und sozialer Sicherheit zu gelangen, heute durch die Pflege der Landwirtschaft und die Ausbeutung der Naturschätze allein nicht zum Erfolg kommt, sondern daß im Hinblick auf solche Ziele auf eine Industrialisierung nicht verzichtet werden kann. Es mag in Europa Leute geben, die eine solche Aussage kritisch und skeptisch beurteilen, ja sogar verurteilen, soweit sie nämlich der falschen Meinung huldigen, daß die fortschreitende Industrialisierung der Welt unsere eigenen Chancen mindern werde. Das Problem der Entwicklungshilfe wirft eben nicht nur materielle Fragen auf und darf in erster Linie auch nicht nur ein politisches Problem sein; es muß vielmehr im besten Sinne des Wortes als eine Aufgabe der Menschlichkeit, einer sittlichen und moralischen Verpflichtung verstanden werden, wenn solche Hilfe geglaubt werden und wenn sie uns abgenommen werden soll.

Abgesehen aber von jeder Deutung stehen wir vor der Frage: wie sind die Menschen zu Tätigkeiten, zu Verrichtungen zu bringen, auf die man nicht verzichten kann, wenn ein Land die Entwicklungen durchlaufen will, die allein den wirtschaftlich und sozial positiven Effekt auslösen? Man meint – und ich höre das allenthalben –, daß die Bundesrepublik auf diesem Felde bisher zu wenig getan hätte. Es ist dabei natürlich schwer, vom Möglichen oder Notwendigen her objektive Maßstäbe aufzuzeigen, eines aber darf ich doch sagen – und ich sage es nicht als Entschuldigung, sondern zum besseren Verständnis des Verhaltens unseres Landes und Volkes –, daß wir nach einem totalen politischen, wirtschaftlichen und sozialen Zusammenbruch angesichts der drängenden Not und der Notwendigkeit des Wiederaufbaus einer modernen technischen Apparatur, nach dem Zusammenbruch unserer staatlichen und gesellschaftlichen Ordnung, und nach der Vernichtung des deutschen Kapitals vor allem anderen erst wieder unsere eigenen Lebens- und Existenzgrundlagen neu zu erarbeiten hatten. Das hat nichts mit Egoismus zu tun, denn erst eine gesunde Volkswirtschaft und ein wieder zu Wohlstand gelangtes Volk kann in der Lage sein, Entwicklungshilfe zu leisten. Heute, nachdem wir diesen Weg durchschritten haben – obwohl es ja auch hier keine Endstation gibt – und unsere materiellen und finanziellen Voraussetzungen immer bessere Chancen bieten, können Sie überzeugt sein, daß damit das Problem der Entwicklungshilfe in unserem Lande nicht nur bei der Regierung, nicht nur beim Parlament, sondern, wie ich glaube, auch beim deutschen Volke selbst dank seines Verantwortungsbewußtseins immer stärkere Resonanz finden und uns künftig mehr zu beschäftigen haben wird.

Dieses Zusammentreffen findet zu einem Zeitpunkt statt – Sie mögen es „Zufall" nennen –, da wir in der Bundesrepublik gerade dabei sind, uns ernsthafte Gedanken zu machen, die immer mehr Gestalt gewinnen, wie wir einen Entwicklungsfonds aufbauen können, der zunächst die Grundlage für einen wirksamen Einsatz dieser Mittel schafft und zugleich sicherstellt, daß dieser Fonds sich nicht mit einem Male erschöpft und verloren ist, aber sich dann auch aus neuen Quellen regeneriert. Ich kann Ihnen und vor allem auch meinen deutschen Freunden verraten, es ist schon heute übersehbar, daß dieser Fonds einen größeren Umfang annehmen wird, als wir bisher zu hoffen wagten oder annehmen konnten. Wenn heute Deutschland in der Welt wegen seiner hohen Zahlungsbilanzüberschüsse allenthalben kritisiert wird, weil diese nicht nur ein Störungselement bei uns, sondern auch bei jenen Ländern ausmachen, bei denen die positiven Vorzeichen sich in negative wandeln, so wollen wir dieser nicht immer berechtigten Anklage dadurch begegnen, daß wir durch stärkeren Kapitalexport die Überschußposition abzubauen bestrebt sind und mit diesem Kapitalexport zugleich auch den Entwicklungsländern tatkräftige Hilfe leisten wollen.

So stehen wir nach meiner festen Überzeugung aus jedweder Sicht, nicht nur aus unserer moralischen Haltung, nicht nur wegen der weltpolitischen Situation, sondern auch aus den materiellen Grundvoraussetzungen, die heute gegeben sind, an einem neuen Beginn – und ich möchte hoffen, daß er fruchtbar sein wird für alle und daß er ein weiteres Mal zur Völkerverständigung und -versöhnung beitragen möge.

Nun stelle ich erneut die Frage: Welches ist der beste Weg? Sicher ist es richtig, wenn behauptet wird, daß die Modelle einer freien Gesellschaftswirtschaft – hier in Deutschland Soziale Marktwirtschaft geheißen – sich nicht ohne weiteres, d. h. in sklavischer Treue auf andere Länder übertragen lassen, und daß auch diese Prinzipien in den Entwicklungsländern nicht vorbehaltlos Anwendung finden können. Vielmehr werden sich nach Lage der Dinge gewisse Abwandlungen als notwendig erweisen. Aber diese Abwandlungen dürfen nicht soweit gehen, daß das innere Wesen einer freiheitlichen Ordnung schlechthin verlassen wird. In den Anfängen der Entwicklung huldigte man mancherorts der Überzeugung, daß eine Industrialisierung der Entwicklungsländer notwendig auf eine Staatswirtschaft gegründet sein müßte, weil angesichts einer unzureichenden privaten Kapitalbasis allein der Staat mit seinem Managertum berufen sein kann, die wirtschaftliche Entwicklung einzuleiten und fortzuführen. Das mag da oder dort sicher der Fall sein, und ich bin der letzte, der das Kind mit dem Bade ausschütten möchte; im Grundsatz stehe ich auf dem Standpunkt, daß das, was auf dem Gebiete der Infrastruktur geleistet werden muß, selbstverständlich primär eine Aufgabe des Staates ist, und daß Hilfen für solche Zwecke dann natürlich auch nicht nach kaufmännischen Grundsätzen und nach privatwirtschaftlichen Bedingungen gegeben werden dürfen. Hier muß vielmehr den Gegebenheiten durch entsprechend langfristige Kredite unter Bedingungen Rechnung getragen werden, die eben diesen Vorhaben und den Nutzungsmöglichkeiten angemessen sind.

Zum andern meine ich, sollten wir unsere ganze Phantasie walten lassen, um neue Formen der Zusammenarbeit zu entwickeln zwischen einem Unternehmertum, das tatkräftig, wagnisfreudig und verantwortungsbewußt genug ist, sich auch in den Entwicklungsländern zu betätigen und gleichzeitig bereit ist, mit den betreffenden Völkern selbst und den heimischen Menschen zusammenzuarbeiten, um auf diese Weise in anschaulichster Form das „know how" zu vermitteln. Denn was auch immer z. B. an technischer Hilfe gegeben werden mag, die Errichtung von Schulen und Bildungsstätten, so ist das alles sicher wichtig und allgemein wertvoll. Das soll auch ganz bestimmt nicht verkannt werden, aber ich möchte glauben, daß es mindestens ebenso wertvoll ist, wenn die Menschen dieser Entwicklungsländer unmittelbar anschaulich und in der Konsequenz für das eigene Sein und Schicksal erkennbar am Aufbauwerk ihres Landes mitarbeiten können und sich für die Entwicklung der Produktivkräfte mitverantwortlich fühlen dürfen. Es gibt auch hier nicht nur eine Form, nicht nur ein Modell, denn außer der staatlichen Hilfe in Form staatlicher Anleihen für Zwecke der Infrastruktur und außer Kreditgewährungen bzw. Kreditverbürgungen, wie sie bisher z. B. für die Exportfinanzierung großer Investitionsvorhaben üblich waren, muß daneben und in Zukunft auch die private Wirtschaft bereit sein, sich unternehmerisch und unmittelbar stärker in Entwicklungsräumen zu betätigen.

Die Bundesregierung ist bereit, diese Form der privaten Initiative zu begünstigen und auch das Wagnis einzuschränken, obwohl dieses mit zu einem echten Unternehmertum gehört und nicht in vollkommenem Umfang auf den Staat abgewälzt werden darf. Erst aus der erkennbaren Gesinnung des Helfenwollens und des Bereitseins, nicht nur in den geschützten und gesicherten Grenzen des Nationalstaates, sondern darüber hinaus in der ganzen freien Welt neben und mit unternehmerischem Wagnis auch humanitäre Gesinnung zu bezeugen, wird uns das Vertrauen zuteil werden, das die fruchtbare Basis einer engen Zusammenarbeit schafft. Wenn es gelingt, mit unserer Hilfe – und das gilt für Deutschland ebenso wie für viele andere Länder – in diesen Entwicklungsräumen, mit den Völkern und Menschen, die zum Bewußtsein ihrer Unabhängigkeit und damit auch ihrer Verantwortung gekommen sind, gegebenenfalls in ganz neuen, noch zu entwickelnden Formen, vertrauensvoll zusammenzuarbeiten, dann werden wir auf breitester Grundlage den Ansatzpunkt für eine wirklich wirkungsvolle Entwicklungshilfe gefunden haben.

Es ist hier auch viel von dem politischen Aspekt die Rede gewesen, und wir wollen zugestehen, daß jede Entwicklungshilfe eine Seite hat, die über das Humanitäre und auch über das Kaufmännische hinausreicht. Heute ist wiederholt gesagt worden, das koloniale Zeitalter ist am Ende. Hoffentlich sind sich die unabhängig gewordenen afrikanischen Völker dessen bewußt, daß es keinen schlimmeren Kolonialismus gibt als den Imperialismus kommunistisch-totalitärer Prägung.

Lassen Sie mich fortfahren und sagen, was für Deutschland wie für alle freien Völker und so auch für jedes afrikanische Entwicklungsland gilt, weil es dabei schlechthin um das innerste Wesen jeder Gemeinschaft und Gesellschaft freier Menschen geht: Die Freiheit ist ein so kostbares Gut, daß sie täglich neu verteidigt und täglich neu gewonnen werden muß. Ich behaupte, daß gerade die Menschen, die sich des Wertes und des Segens der Freiheit in besonderem Maße bewußt sind, manchmal fast davor erschrecken, welche Verantwortung ihnen die Freiheit aufbürdet. „Freiheit und Verantwortung" sind unteilbar, und das heißt auch: „Freiheit und Ordnung" sind unteilbar, denn Freiheit ohne Ordnung droht immer im Chaotischen zu entarten, während Ordnung ohne Freiheit im brutalen Zwang zu ersticken droht. Deshalb gilt es, die Synthese zu finden zwischen Ordnung und Freiheit. Es ist mein sehnlicher Wunsch, daß die zum Bewußtsein ihrer selbst, ihrer Selbstverantwortung und ihrer Freiheit gekommenen afrikanischen Völker und Länder neben diesem Glücksgefühl auch der Verpflichtung zur Ordnung eingedenk sind, um aus der Bewahrung dieser unteilbaren Einheit einer glücklichen Zukunft sicher sein zu können.

Ich glaube, daß die Bundesrepublik in relativ kurzer Zeit in der Lage sein wird – ich denke jetzt nicht in den Kategorien von Jahren, sondern von Monaten –, konkretere Verhandlungen auch mit den afrikanischen

Entwicklungsländern zu führen, mit ihnen gemeinsam zu prüfen, in welchen Größenordnungen und für welche Zwecke wir an die Lösung Ihrer Probleme partnerschaftlich mithelfend herangehen können. Vielleicht werden nicht alle Blütenträume reifen, aber Sie können dessen gewiß sein, daß mehr und bewußter als bisher die Bundesregierung – ja das deutsche Volk – bereit ist, mit Ihnen auf Ihrem Wege aus kolonialer Aera zur Unabhängigkeit aus Armut und Not zu gehen, in eine für Sie schönere und bessere Zukunft, in der Ihnen der Segen der Freiheit und der Wert eines verantwortungsvollen Gestaltenwollens Ihres eigenen Schicksals leuchtet.

Ich hoffe, daß eine solche Zusammenarbeit sich nicht allein darauf erstreckt, im einzelnen Projekte zu prüfen und technische Fragen wie etwa die der Finanzierung in den Vordergrund zu rücken. Das alles gehört natürlich auch zum Geschäft, wenn ich mich so ausdrücken darf. Darüber hinaus aber sollten wir uns gemeinsam Gedanken machen, nach welchen Vorstellungen – eben nicht nur in starren Formen von Fünf- und Siebenjahresplänen – wir die Hirne, Herzen und Seelen der Menschen auf ein erstrebenswertes Ziel hinlenken können; wie wir ihre Kräfte wecken, wie wir ihre Initiative, die bisher gar nicht wach war und vielleicht auch nicht wach sein konnte, für große Aufgaben sich entfalten helfen können. Denn glauben Sie mir: Was wir Ihnen vermitteln wollen und was von uns neben Kapital an technischem „Know how" verlangt wird, genügt nicht allein. Ich glaube, wir können, weil wir uns mit Ihnen verbunden wissen, noch etwas mehr geben, nämlich das Wissen darüber, was alles bei einem wirtschaftlichen Aufbau an sozialen, ökonomischen und gesellschaftspolitischen Problemen gelöst werden muß. Wir wissen um die Gefahren, wir wissen um die Hindernisse, die dabei zu überwinden sind, und wir wissen auch, wie leicht ein Volk dabei straucheln kann. Wir begreifen die Aufgabe der Entwicklungshilfe als ein in sich zusammenhängendes und zusammengehörendes Ganzes. Dieses Ganze ist nicht in einzelne Sektoren aufzuteilen. Nur aus einer partnerschaftlichen Gesinnung heraus kann im Bewußtsein dessen, was der eine geben und was der andere nehmen kann oder nehmen will, eine wirklich ersprießliche Zusammenarbeit erwachsen. Das ist der richtige Standort für ein gemeinsames Handeln. Nach diesem Gesetz wollen wir also antreten.

Es ist mein und unser aller sehnlichster Wunsch, daß Sie im Bewußtsein des Wertes Ihrer Unabhängigkeit die Kraft und die Verantwortungsfreudigkeit dazu finden mögen, diese Ihre Freiheit recht zu nützen: Nicht nur zum Wohle Ihrer Völker, sondern auch zu einem besseren Zusammenfinden, zu einem engeren Zusammenstehen und Verstehen zwischen den Nationen und den Kontinenten.

Möge das Werk, das Sie beginnen im Geiste der Brüderlichkeit und der Menschlichkeit, der unlösbaren Zusammengehörigkeit freier Menschen in einer freien Welt dienen.

DIE ATLANTISCHE GEMEINSCHAFT

[„Die Zeit" vom 11. November 1960]

Während der wirtschaftliche Austausch nach Kriegsende jeweils nur kleinste Räume innerhalb Westdeutschlands erfaßte und Wirtschafts- politik zunächst nur für das Gebiet eines Landes und später für den Bereich der Besatzungszonen möglich war, erfaßte sie mit Inkrafttreten des Grundgesetzes im Jahre 1949 die gesamte Bundesrepublik. Der schon frühzeitig begonnenen Mitarbeit in der OEEC folgten die Teil- integration der Montanwirtschaften der sechs Länder, die Europäische Wirtschaftsgemeinschaft und die Europäische Atomgemeinschaft. Die wirtschaftliche Verflechtung mit USA und Kanada wurde immer enger. In der Atlantikpaktorganisation, der die Bundesrepublik im Jahre 1955 beitrat, war die militärische Voraussetzung für die Verteidigung des atlantischen Raumes geschaffen worden. Dem zunehmenden Druck des Ostblocks muß die Unteilbarkeit dieses Bündnisses entsprechen. Ludwig Erhard spricht sich hier für eine enge ökonomische Zusammen- arbeit der atlantischen Völkerfamilie aus.

Es könnte sein, daß diejenigen, die zum ersten Male von einer „Atlanti- schen Gemeinschaft" auch im wirtschaftlichen Bereich der Völkerbeziehungen sprachen, der Konsequenz einer gesamteuropäischen Integration ausweichen wollten.

Der schon fast historisch anmutende Streit, ob es zwischen der Gemein- schaft der „Sechs" (EWG) und dem Verband der „Sieben" (EFTA) eine Annäherung oder gar Versöhnung geben könnte, wurde in der politischen Diskussion oft mit dem Hinweis erstickt, daß jede solche Lösung den amerikanisch-kanadischen Interessen nicht dienlich sei, sondern diesen un- seren Verbündeten gegenüber einen zusätzlichen diskriminatorischen Effekt auslösen würde.

Eine rein statische Betrachtung mag wohl zu diesem Ergebnis führen, aber mir will scheinen, daß unbeschadet des engeren Zusammenhalts der „Sechs" ein ökonomischer Zusammenschluß aller freien Völker Europas den Volkswirtschaften der Vereinigten Staaten und Kanadas bessere Chancen bieten würde als eine Zerspaltung, die den politischen Einsichten und Not- wendigkeiten diametral entgegenstehen würde. Ich glaube zudem zu der Ansicht berechtigt zu sein, daß sowohl die Geschäftswelt der Vereinigten Staaten als auch die wirtschaftlichen Kreise im Bereich der EWG und der EFTA in ihrem jeweils wohlverstandenen eigenen Interesse eine umfassendere Lösung wünschen und wenig Verständnis für ein politisches Taktieren auf- bringen.

Die Bedrohung der freien westlichen Welt durch mannigfache Einschüchterungsversuche hat wohl hinlänglich deutlich gemacht, daß nur die umfassendste Gemeinschaft eines unbeirrbaren Verteidigungswillens ausreicht, um uns ein Leben in Frieden und Freiheit zu sichern, und daß jede Vorstellung von Europa als einer Dritten Kraft – so große Verteidigungsanstrengungen auch dieses Europa in sich selbst bezeugen muß – vor der nüchternen Wirklichkeit nicht bestehen kann.

Auf diesem Felde erweist es sich als unwiderleglich, daß nur eine „Atlantische Gemeinschaft" wie sie in dem Verteidigungsbündnis der NATO zum Ausdruck kommt – richtiger gesagt: wie sie hier zunehmend entwickelt werden soll und muß – zur Verteidigung „unserer" Welt ausreicht. Dieses Bündnis allein bietet uns Schutz vor Aggressionen, wenn eine ständige Modernisierung und Anpassung an neue Notwendigkeiten erfolgen. Hier also gewinnt der Begriff „Atlantische Gemeinschaft" aus der nüchternen Beurteilung unserer Situation Leben und Inhalt.

Wie aber steht es nun um die Formen der wirtschaftlichen Zusammenarbeit, die in letzter Konsequenz auch für das soziale Dasein der Völker entscheidend ist? Ist es denkbar, daß die freien Völker in Erkenntnis eines schicksalhaften Aufeinanderangewiesenseins und im Bewußtsein, daß sie auf Gedeih und Verderb zusammenstehen müssen, in bezug auf ihre wirtschaftliche Zusammenarbeit getrennte Wege gehen und in den Bereichen der EWG und EFTA zu Integrations-Formen greifen, die in letzter Konsequenz nicht zusammenführen, sondern auseinanderstreben? Glaubt man wirklich, das Leben der Völker in den einzelnen Bereichen ihres Lebens nach unterschiedlichen Normen und Vorstellungen ordnen und ausrichten zu können?

So gewiß ich dessen bin, daß die innere Logik des geschichtlichen Ablaufs solche Illusionen zunichte machen wird, sollten wir uns von Anbeginn gegen gefährliche Fehlentscheidungen wappnen; das heißt, wir sollten nicht aus nationalen Sentiments und Ressentiments versöhnliche Lösungen erschweren, die sich zuletzt als zwingende Notwendigkeiten erweisen werden.

Jene Kräfte und Strömungen, die einer wirtschaftlichen Verständigung aller freien europäischen Länder widerstrebten, mögen vorübergehend in der Haltung der Vereinigten Staaten eine Rechtfertigung für ihre Resistenz gefunden haben. Die Rechnung aber, daß die Verständigung zwischen EWG und EFTA einen zusätzlichen diskriminatorischen Effekt gegenüber den Vereinigten Staaten auslösen würde, geht nicht mehr auf, denn in diesem Lande nimmt, wie schon gesagt, die Einsicht überhand, daß eine Zerspaltung Europas in einer gesamtpolitischen Wertung auch den Interessen der Vereinigten Staaten nicht dienlich sein würde.

Abgesehen von der Einsicht, daß jede Weitung des ökonomischen Raumes Europas zwangsläufig zu einer immer liberaleren Außenpolitik führen muß, gilt es zu bedenken, daß die Investitionen, die die Geschäftswelt der Vereinigten Staaten im Raume der EWG und der EFTA tätigt, und die auch wechselseitig zwischen den Bereichen der EWG und EFTA Platz greifen, nicht markt- oder absatzwirtschaftlichen Notwendigkeiten, sondern einzig und allein der privatwirtschaftlichen Überlegung entspringen, in den sich zunehmend isolierenden Räumen nicht diskriminiert zu werden. Hier drohen Kapitalfehlleistungen, die sich angesichts der gemeinsamen Aufgabe, zusätzliche Mittel der Entwicklungshilfe zuzuführen, einfach nicht rechtfertigen lassen.

Wenn dann noch hinzukommt, daß angesichts eines mangelnden Verzichts der einzelnen Länder auf nationale Souveränität aus der EWG nicht unbedingt eine neue staatsrechtliche Gestalt Europas erwartet werden kann, mindern sich auch die Hemmnisse, die einer gesamteuropäischen ökonomischen Lösung entgegensehen. Es gilt also Realpolitik zu üben, die uns folgendes lehren sollte: Wir dürfen unter keinen Umständen dazu beitragen, es in dem freien Bereich der Alten Welt gar noch zu Interessen-Kollisionen kommen zu lassen. Diese Vorstellung ist um so gespenstischer, als ich ganz deutlich zu erkennen glaube, daß sich zwischen den hochindustrialisierten europäischen Ländern einerseits und den Vereinigten Staaten und Kanada andererseits ein Ausgleich anbahnt.

Wenn zwischen EWG und EFTA, wie ich hoffe, eine ausgleichende Formel gefunden werden kann, dann wird sie im atlantischen Raum sicher nicht der Weisheit letzter Schluß sein. Die erhoffte Versöhnung innerhalb Europas kann, historisch gesehen, nach meiner Überzeugung nur der Anfang eines immer weitergehenden Zusammenwachsens aller Völker der westlichen Zivilisation sein. Wir erleben es, daß die europäischen Volkswirtschaften im Vollgefühl ihrer zunehmenden Stärke und ihres erfolgreichen Bemühens um die Schaffung größerer Märkte selbstbewußter werden und daß darüber hinaus die moderne Technik oder die Nutzbarmachung von Erkenntnissen der Naturwissenschaften wesentlich dazu beitragen, das Leistungsgefälle zwischen der amerikanischen und der europäischen Wirtschaft allmählich einzuebnen. Das aber heißt mit anderen Worten, daß die europäischen Volkswirtschaften mehr und mehr unter amerikanischen Bedingungen und Kostenverhältnissen produzieren werden und daß damit auch die Hindernisse entfallen, die einer Integration der amerikanischen und europäischen Volkswirtschaften entgegenstehen. Und das wird – so bin ich überzeugt – die Wirklichkeit von morgen sein.

NEUE AUFGABEN DER FINANZIELLEN ENTWICKLUNGSHILFE

[„Politisch-Soziale Korrespondenz" vom 15. November 1960]

Die deutsche Entwicklungshilfe hatte, bedingt durch die jahrelange Bindung der Kräfte an den eigenen Aufbau, bis etwa 1959 ihre Schwerpunkte in den multilateralen Leistungen, in der Technischen Hilfe und in der Förderung der privaten Initiative. Mit dem Jahreswechsel 1959/60 zeichnete sich jedoch mehr und mehr die Notwendigkeit ab, einen neuen Schwerpunkt in der öffentlichen Finanzhilfe zu schaffen. Dabei war es notwendig, nicht nur Formeln für die Zweckbestimmung der vermehrten Kapitalhilfe zu erarbeiten, sondern zu ganz neuen, beträchtlichen Größenordnungen zu kommen und für die Aufbringung der dafür erforderlichen Mittel zu sorgen. Mit dieser Neuorientierung trat die Entwicklungshilfe zwangsläufig noch stärker in den Vordergrund der öffentlichen Diskussion. Es war erforderlich, die deutsche Öffentlichkeit mehr als bisher von der Notwendigkeit und der Richtigkeit der neuen entwicklungspolitischen Absichten zu überzeugen.

Die Bundesrepublik steht in der Hilfe für die Entwicklungsländer vor neuen großen Aufgaben. Mehr und mehr setzt sich die Erkenntnis durch, daß der ganze vielschichtige Komplex der Entwicklungshilfe weit über das Caritative, Moralische und Wirtschaftliche hinausgreift und zu einer entscheidenden weltpolitischen Frage wird. Der afro-asiatische und südamerikanische Raum, in dem zwei Drittel aller Menschen leben, ist schon heute eine machtvolle politische Realität, die sich am deutlichsten in den Vereinten Nationen manifestiert. Diese Realität wird von dem dynamischen Willen eines jungen Nationalbewußtseins der alten und neuen Staaten jener Räume getragen, ihr politisches Gewicht durch den Aufbau eines Wirtschaftspotentials zu konsolidieren. Diesem berechtigten und verständlichen Wollen kann sich keine der um Hilfe angegangenen alten Industriemächte entziehen. In den weltpolitischen Dimensionen der Ost-West-Auseinandersetzung bedeutet das aber zwangsläufig ein politisches Konkurrieren der beiden Weltblöcke um die Entwicklungsräume mit wirtschaftlichen Mitteln. Nur wer fähig sein wird, einen solchen wirtschaftlichen Kampf mit politischer Voraussicht zu führen, hat eine Chance, ihn zu einem Erfolg zu bringen. Deshalb steht auch die Bundesrepublik vor der Notwendigkeit, in ihrer Entwicklungshilfe nicht nur finanziell und materiell in neuen Größenordnungen zu denken, sondern vor allem eine aktive, weitblickende und großzügige Entwicklungspolitik im Rahmen der westlichen Gemeinschaften zu konzipieren.

Man hat gerade in den letzten Monaten der Bundesrepublik vorgeworfen, daß sie die politische Bedeutung und die für die Entwicklungshilfe daraus zu ziehenden Konsequenzen noch nicht voll erkannt habe und deshalb die Entwicklungshilfe noch weitgehend unter dem Gesichtspunkt der Exportförderung betrachte. Das trifft in dieser Form nicht zu. Allein in den letzten vier Jahren hat die Bundesrepublik in enger Zusammenarbeit mit den internationalen Organisationen – insbesondere mit der Weltbank – und mit den übrigen westlichen Industrieländern Entwicklungshilfe der verschiedensten Kategorien (bilaterale und multilaterale, öffentliche und private Mittel) in Höhe von rd. 11,2 Milliarden DM geleistet. Die Jahresbeiträge sind von 2,0 Milliarden DM im Jahre 1956 auf 3,8 Milliarden DM im Jahre 1959 gestiegen und werden im laufenden Jahr noch wesentlich höher liegen. Für die Weltbank, die heute eine der wichtigsten Trägerinnen der Entwicklungshilfe ist, ist die Bundesrepublik zu einem der größten Financiers geworden. Allein die Bundesbank hat diesem Institut über 2,5 Milliarden DM zur Verfügung gestellt. Diese Zahlen ergeben einen deutschen Beitrag für die Entwicklungshilfe in Höhe von rd. 1 v. H. des Bruttosozialprodukts. Sie entsprechen – wenn auch anders zusammengesetzt – in etwa den Leistungen der Vereinigten Staaten und Großbritanniens. Die Höhe der bisherigen deutschen Entwicklungshilfe dürfte um so bemerkenswerter sein, als der Aufbau der Bundesrepublik aus dem Chaos der Kriegs- und Nachkriegszeit Jahre hindurch alle mobilisierbaren Kräfte und Mittel erforderte. Aus diesem Grunde war zunächst die seitherige Form der deutschen Entwicklungshilfe der einzig mögliche Weg, trotz der ungenügenden Kapitalkraft der Bundesrepublik vorwiegend auf kommerziellem Wege schon wirksame Hilfe zu leisten. Zugleich war allerdings die Kapitalschwäche mit ein Grund für das schnelle Anwachsen der deutschen Gold- und Devisenreserven als Gegenwert für unseren Überschuß in der Handelsbilanz, der durch einen entsprechenden Kapitalexport noch nicht ausgeglichen werden konnte.

Daß dieser Gold- und Devisenbestand im Grunde kein Ausdruck deutscher Kapitalkraft, sondern eher des Gegenteils und daher nichts anderes als eine Transferreserve ist, wird vor allem im Ausland vielfach noch nicht richtig erkannt.

Trotz der bisherigen großen deutschen Leistungen halte ich eine Erhöhung und Umschichtung unserer Entwicklungshilfe für notwendig. Bei dem wachsenden Investitionsbedarf der Entwicklungsländer und der Entstehung weiterer neuer Staaten steigen die Anforderungen an Art und Umfang der Hilfen aller Industrieländer ständig und gewaltig. Dieser internationalen Entwicklung können wir uns nicht entziehen. Dabei ist vor allem eine Umschichtung der Finanzhilfe von kurz- und mittelfristigen Krediten auf langfristige Kredite gegebenenfalls auch zu günstigeren Bedingungen notwendig. Denn die Entwicklungsländer benötigen vorwiegend langfristige Mittel für den Ausbau ihrer wirtschaftlichen Infrastruktur, also für den Bau von Straßen, Dämmen, Nachrichteneinrichtungen, Energieunternehmen und ähnlicher Vorhaben, ohne die ein weiterer Aufbau der übrigen Wirtschaftszweige nicht möglich ist. Dabei hat sich die bisher von uns bevorzugte Form der Finanzierung mit vom Bund verbürgten kurz- und mittelfristigen Krediten der privaten Wirtschaft in den letzten Jahren mehr und mehr als unzulänglich erwiesen; sie muß daher künftig durch langfristige Kredite erweitert oder gar ersetzt werden. Solche, privatwirtschaftlich meist unrentierlichen Kredite können allerdings nur aus öffentlichen Mitteln zur Verfügung gestellt werden. Zumindest müssen sie über die öffentliche Hand vergeben werden. In den letzten Jahren wurden zwar auch schon langfristige öffentliche Kredite gewährt; sie reichten aber nicht aus und mußten in den meisten Fällen ad hoc für besondere Fälle aufgebracht werden, so daß eine vorausschauende, sich auf einen entsprechenden Fonds stützende Planung nicht möglich war. Wir sind daher heute bestrebt, eine kontinuierliche Bereitstellung öffentlicher oder durch die öffentliche Hand verfügbarer Mittel für die nächsten Jahre in Höhe von jährlich 2 bis 3 Milliarden DM zu erreichen und damit eine sichere Grundlage für eine gewisse Stetigkeit und Systematik der Entwicklungshilfe zu schaffen. Reine Finanzkredite sollen überdies nicht an deutsche Exportlieferungen gebunden sein.

Die ersten wichtigen Schritte in dieser Richtung sind die Billigung eines gemeinsam vom Bundeswirtschaftsministerium und dem Auswärtigen Amt vorgelegten Vorschlages über die künftige Gestaltung der deutschen Entwicklungshilfe sowie die Verabschiedung des Entwicklungshilfegesetzes durch das Kabinett am 12. Oktober 1960. Die Bundesregierung hat damit die Entwicklungshilfe als vorrangige Aufgabe anerkannt, die Bereitstellung entsprechender öffentlicher Mittel für notwendig erachtet und die Aufbringung des Mindestbedarfs an langfristigen bilateralen Krediten für 1961 festgelegt. Weitere wichtige Entscheidungen werden in Bälde noch getroffen werden. Im einzelnen sind Mittel aus dem Erlös des Volkswagenwerkes, aus dem ERP-Sondervermögen und aus dem ordentlichen Haushalt für die Entwicklungshilfe vorgesehen. Dazu sollen Mittel einer Bundesanleihe der deutschen Wirtschaft in Höhe von 1,5 Milliarden DM und Kredite der Länder an den Bund, ferner Eigenmittel der Kreditanstalt für Wiederaufbau, die in den letzten Jahren immer mehr die Funktion einer Entwicklungsbank des Bundes übernommen hat, sowie Kapitalmarktmittel kommen. Die aus diesen Quellen zu erwartenden Mittel werden eine Gesamtsumme von 3 Milliarden DM übersteigen.

Die Verschiedenartigkeit der Quellen, die in den gemeinsamen Topf der deutschen Hilfe fließen, darf allerdings nicht zu einer Zersplitterung der Leistungen oder gar zu einer Gefährdung einer unabdingbaren Einheitlichkeit der Entwicklungspolitik des Bundes führen. Das Kabinett hat daher entsprechend des gemeinsamen Vorschlages von Bundeswirtschaftsministerium und Auswärtigem Amt die Bildung eines interministeriellen Lenkungsausschusses beschlossen. Dabei werden in enger Fühlungnahme mit den internationalen Organisationen und den befreundeten Nationen die verschiedenen Aufgaben koordiniert und die Entwicklungshilfe der Bundesrepublik nach einer einheitlichen Konzeption geleitet werden. Eine der wichtigsten Aufgaben dieses Gremiums wird es zunächst sein, ein langfristiges Programm für die künftige Finanzhilfe der Bundesrepublik zu erarbeiten und den rationellsten und wirksamsten Einsatz der Mittel sicherzustellen. Den politischen Instanzen wird es obliegen, sich möglichst rasch klar darüber zu werden, in welcher Form die Aufbringung der jährlich neu benötigten Mittel auf die Dauer erfolgen soll. Einer klaren Entscheidung sollte hier nicht ausgewichen werden, auch dann nicht, wenn sie finanzielle Opfer erfordert.

Ein erheblicher Teil der Mittel, die in den nächsten Jahren zur Verfügung stehen, muß, wie bereits erwähnt, für die Finanzierung der sogenannten Infrastrukturvorhaben verwendet werden. Dabei wird es notwendig sein, auch Kredite zu günstigeren als den normalen kommerziellen Bedingungen selbst zu geben. Daneben wird ein Teil der Mittel für vordringliche Finanzierungsaufgaben im kommerziellen Sektor eingesetzt werden müssen, weil die Steigerung der Erzeugung von Konsumgütern und Exportgütern sowie die Schaffung von Arbeitsmöglichkeiten ein drängendes Problem ist, das ohne zusätzliches langfristiges Kapital nicht gelöst werden kann.

Dennoch halte ich an meiner alten Auffassung fest, daß der kommerzielle Sektor auch in Zukunft vor allem der privaten Initiative überlassen bleiben soll, die der Staat nur fördern und unterstützen, deren Aufgaben er aber nicht selbst übernehmen sollte. Nur dort, wo die private Initiative nicht ausreicht, ist als Ergänzung auch an den Einsatz öffentlicher Mittel zu denken. Nach den vorgesehenen Vergabegrundsätzen sollen diese Mittel im allgemeinen so eingesetzt werden, daß sie nicht mit denen der privaten Wirtschaft konkurrieren, sondern, wo immer möglich, neue Impulse und Möglichkeiten für die Entfaltung eigenverantwortlicher Unternehmerinitiative wecken.

Aus diesem Grunde ist auch nicht beabsichtigt, das bestehende System der Verbürgung von Exportkrediten künftig fallen zu lassen, da es sich in der Vergangenheit bewährt hat.

Der Beitrag der deutschen Wirtschaft zum Aufbau von Entwicklungsländer durch die Gewährung von Lieferantenkrediten von rd. 3,5 Milliarden DM in den letzten vier Jahren war für den Gesamterfolg der Entwicklungshilfe von wesentlicher Bedeutung. Das gilt auch für die Zukunft. Denn solche Kredite sind vielfach den öffentlichen überlegen, weil mit den Lieferungen und Leistungen in der Regel auch Erfahrungen und unternehmerisches

Können dem Empfängerland zufließen und weil der Lieferant auch für eine geordnete Aufstellung und Inbetriebnahme der von ihm erstellten Anlage sorgt und auch später noch mit ihr verbunden bleibt.

Die staatliche Hilfe wird sich dabei darauf konzentrieren können, die meist kurz- oder mittelfristige Finanzierung durch die Bereitstellung langfristiger Mittel zu ergänzen und sicherzustellen, so daß für die einzelnen Projekte eine auch nach Zinssatz und Fristigkeiten angemessene Finanzierung zur Verfügung steht. Damit wird nach meiner Überzeugung eine zu begrüßende Umschichtung auch im Hinblick auf die deutsche Zahlungsbilanz eintreten. Der Sog, den bisher die finanzierungsmäßig nicht ausreichend fundierte Forcierung des Exports in den Entwicklungsländern ausgelöst und der zu einem Zustrom von Devisen geführt hat, die die Entwicklungsländer für die Anschlußfinanzierung bereitstellen mußten, wird abgeschwächt werden.

Ein besonderes Ziel der deutschen Entwicklungspolitik wird in den nächsten Jahren die Erhöhung von Direktinvestitionen in den Entwicklungsländern und die Stärkung der unternehmerischen Initiative sein, die eine Voraussetzung ist für den Aufbau einer Wirtschaft ohne Zwang und die allein den Erfolg der öffentlichen Investitionen zu Ende führen kann. Für die deutsche Wirtschaft bedeutet das, im Zuge einer neuen kühnen Konzeption des Auslandsgeschäfts neue Formen einer Zusammenarbeit mit der Wirtschaft der Entwicklungsländer zu finden. Die deutschen Unternehmer müßten dazu allerdings in steigender Zahl den Schritt über die Grenze wagen und sich neben dem Export mehr und mehr auf die Errichtung von Zweigniederlassungen und Zweigbetrieben auf partnerschaftlicher Basis in Entwicklungsländern einstellen.

Dem Export in die Entwicklungsländer sind heute vielfach durch den akuten Devisenmangel, der für die meisten Entwicklungsländer heute charakteristisch ist, Grenzen gesetzt. Exporte können weitgehend nur mehr durch verlängerte Zahlungsziele und eine steigende Kreditgewährung aufrechterhalten werden. Für Niederlassungen und Produktionsverlagerungen dagegen bieten viele Entwicklungsländer mit ihrem großen Menschenpotential, ihren reichen Rohstoffvorkommen und günstigen Standortbedingungen jedem Unternehmer, der weltweit zu denken versteht, geradezu ideale Voraussetzungen.

Der Beitrag, den die deutsche Wirtschaft auf diese Weise über ihre Mitwirkung am unmittelbaren Aufbau dieser Länder hinaus durch ihr Beispiel an rationeller Wirtschaftsführung und vorbildlicher sozialer Haltung, durch die Schulung einheimischer Kräfte und durch die Mitwirkung an der Heranbildung einer Unternehmerschicht leisten kann, wird ein wesentlicher Faktor der zukünftigen Hilfe sein.

Der Bund fördert derartige Bestrebungen schon heute. Mit dem Haushaltsgesetz 1959 wurden erstmals auch Direktinvestitionen in das Gewährleistungsprogramm einbezogen und damit den Unternehmern das politische Risiko ihrer Investitionen abgenommen. Die Gewährleistungsbedingungen sind seither noch verbessert worden. Für die nahe Zukunft werden außerdem Steuervergünstigungen bei der Besteuerung der Erträgnisse erwogen. Der Bund sollte außerdem die Bestrebungen zum Abschluß einer internationalen Konvention zum Schutz des Privateigentums unterstützen und weitere bilaterale Investitionsschutzabkommen abschließen.

Der Aufbau einer gesunden Wirtschafts- und Sozialordnung in den Entwicklungsländern und die Beseitigung des gegenwärtigen weltwirtschaftlichen Ungleichgewichts werden die Anpassung aller Kräfte der freien Welt erfordern. Die Opfer jedoch, die die freie Welt heute bringt, um im Geiste echter Partnerschaft den aufstrebenden Völkern zu helfen, ihre Probleme zu lösen und zu politisch und wirtschaftlich starken Gliedern einer Welt zu werden, die der Unfreiheit nicht erliegt, werden zugleich zur Minderung der Spannungen in der Welt beitragen.

DIE WIRTSCHAFTSPOLITIK IN DER ÖFFENTLICHEN MEINUNG

[Rundfunkansprache am 28. November 1960
zu einer Repräsentativbefragung des Bayerischen Rundfunks
über das wirtschaftliche Verhalten der westdeutschen Bevölkerung]

Ludwig Erhard hatte sich schon in den 20er Jahren zu Beginn seiner
wissenschaftlichen Laufbahn mit der Markt- und Meinungsforschung
befaßt. Auch als Bundeswirtschaftsminister verzichtete er in keiner
Phase seiner Arbeit auf die Benutzung dieses Instrumentes. Dabei inter-
essieren ihn nicht nur die quantitativen Aussagen der Untersuchungen,
vielmehr kommt es ihm auf die das Zahlenbild bestimmenden wirk-
samen Gedanken und Motive der Menschen an. Auf die Dauer kann
zwar keine demokratische Regierung Politik gegen die öffentliche
Meinung machen; sie darf aber ebenso wenig nach der Auffassung
Erhards zu ihrem Sklaven werden:

Der Bayerische Rundfunk hat sich mit seiner Initiative, durch eine groß
angelegte Befragung die Einstellung der Bevölkerung nicht nur Bayerns,
sonndern des gesamten Bundesgebiets zu Fragen unseres wirtschaftlichen
Alltags, der Wirtschaftsordnung und der Wirtschaftspolitik festzustellen,
ein großes Verdienst erworben. Ich begrüße diese Befragung auch deshalb,
weil man als Politiker und Wirtschaftsminister heute nicht mehr ohne
wissenschaftlich fundierte Grundlagen, ohne eine von großer Sachkenntnis
getragene Erfassung der öffentlichen Meinung zu den wesentlichen Fragen
unseres Daseins auskommt.

Mich hat die Markt- und Meinungsforschung schon lange, bevor ich je
daran denken konnte, einmal Minister in unserem Staate zu sein, intensiv
beschäftigt, und ich erinnere mich noch sehr genau an die ersten Arbeiten,
die wir in Nürnberg in den zwanziger Jahren auf diesem Felde begonnen
haben.

Aber was mich an der Untersuchung des Bayerischen Rundfunks so
fasziniert und wirklich beschäftigt, sind neben der Anerkennung der
großen Gründlichkeit, mit der sie durchgeführt wurde, einige besondere
Ergebnisse, die dabei zutage getreten sind.

Selbstverständlich wird sich jeder Wirtschaftsminister darüber freuen,
wenn ihm bescheinigt wird, daß rd. 88% der erwachsenen deutschen Bevölkerung die wirtschaftliche Lage allgemein als sehr gut, gut oder mittel-
gut bezeichnen und noch 82% das auch für sich selbst gelten lassen wollen.
Demgegenüber hält nur ein ganz verschwindend geringer Prozentsatz eine
Änderung der gegenwärtigen Wirtschaftspolitik für richtig oder für notwendig.

Aber das ist nur ein sehr grober äußerer Rahmen dessen, was mir an dieser Befragung auffiel. Sie gleicht im Grunde einem spannenden Reisebericht durch ein interessantes Land mit noch interessanteren Menschen. Fast jede Zahl spricht mich in irgendeiner Funktion an, die ich als Wirtschaftsminister zu erfüllen habe.

Was soll man zum Beispiel dazu sagen, wenn sich aus der Befragung ergibt, daß fast die Hälfte der erwachsenen deutschen Bevölkerung nicht weiß, was ein Pfund Margarine oder Butter oder andere täglich benötigte Verbrauchsgüter kosten! Zeigt das nicht, wie gleichgültig wir gegenüber den Preisen sind? Oder beweist es nur die relative Bedeutungslosigkeit solcher Ausgaben für den normalen Bundesbürger? Geben diese Feststellungen und andere Fragen, die in dieser Untersuchung zu lesen sind, jenen recht, die behaupten, daß sich die Verbraucher höchst unvollkommen in den Geschäften, d. h. im Markte, zu bewegen wissen, daß sie nur zu leicht ein Opfer allzu cleverer Methoden im Geschäftsleben werden könnten, daß sie teilweise immer noch glauben, die Ware mit dem höchsten Preis müsse die beste und preiswürdigste sein, ohne selbst den Versuch zu unternehmen, diese Annahme zu prüfen? Wir wollen uns indessen vor Trugschlüssen hüten; denn aus vielen anderen Äußerungen wissen wir, wie preisempfindlich die öffentliche Meinung ist. So gibt es denn auch Anzeichen dafür, daß die Verbraucher im Laufe von zwölf Jahren Marktwirtschaft erheblich hinzugelernt haben. Sie sind nicht mehr so ununterrichtet und stehen den Vorgängen eines freien Marktes nicht mehr so hilflos gegenüber, wie ich das noch vor zehn Jahren beobachten konnte. Der Verbraucher wird sich mehr und mehr seiner Möglichkeiten und – wenn er sie recht anwendet – auch seiner Macht bewußt, die er als Käufer auszuüben in der Lage ist.

Die Untersuchung, die der Bayerische Rundfunk veranlaßt hat, zeigt mir aber auch mit großer Deutlichkeit, daß wir in Deutschland noch große Anstrengungen unternehmen müssen, um die Kenntnis der wirtschaftlichen Zusammenhänge zu vertiefen. So sehr ich mich selbst und mein Ministerium um die Verbreitung dieser Kenntnis in den letzten zwölf Jahren bemüht habe, so zeigt sich doch, wie groß hier die Lücken sind. Vieles läßt sich nur durch die Schwierigkeit mancher dieser Fragen erklären, anderes wiederum nur als Folge von Mängeln im Lehrplan unserer Schulen.

Der Wirtschaftsminister, dazu noch der des Bundes, ist aber nicht der Minister, der für den Unterricht in den Volks- und Höheren Schulen verantwortlich ist. Ich glaube, hier sind Fragen angesprochen, die nur in einer engen Zusammenarbeit mit den Ländern, die für diese Fragen zuständig sind, gelöst werden können. Wie gelingt es uns, die Jugend stärker mit den Grundfragen der Wirtschaft und des wirtschaftlichen Alltags vertraut zu machen? Ich will damit weiß Gott keiner Ökonomisierung des Lebens das Wort reden; aber ich bin doch etwas erschrocken, wenn ich sehe, wie wenig Schulentlassene, ja auch Erwachsene, von diesen Dingen – auch nur vom allgemeinsten her – verstehen, obgleich das Wirtschaftliche ihr Leben und das des ganzen Volkes mitformt und mitbestimmt. Es ist nicht Hohn und Spott, wenn ich dazu sage, daß das vielleicht der Grund dafür ist, warum sich in Wirtschaftsfragen alle für sachverständig halten. Ich glaube also, hier könnte eine verständnisvolle Zusammenarbeit zwischen den Kultusministern der Länder, einschlägigen Verbänden und den hieran interessierten Behörden des Bundes eine sehr fruchtbare Arbeit leisten.

Aber nun zu einem anderen Bereich, der mir an dieser Untersuchung auffiel. Da wird an einer Stelle danach gefragt, welche Apparate und Haushaltsmaschinen in den Haushalten vorhanden sind. Man erfährt, daß zum Beispiel 70% aller Haushalte einen Staubsauger besitzen, etwa 50% einen Kühlschrank, 40% einen Photoapparat, 20% eine Schreibmaschine, 28% ein Fernsehgerät und 22% einen Plattenspieler. An einer anderen Stelle erkundigten sich die Interviewer danach, bei welchen Gegenständen in den nächsten sechs Monaten eine Neuanschaffung beabsichtigt ist. Dabei stehen Kühlschränke, Waschmaschinen und Fernsehgeräte an erster Stelle.

Alles sehr interessante und wichtige Fragen, aber ich kann nicht umhin, die Initiatoren dieser Befragung – mögen sie nun im Bayerischen Rundfunk sitzen oder in meinem Ministerium – eines Versäumnisses zu zeihen. In beiden Tabellen fehlt meiner Meinung nach eines der wichtigsten Geräte für den Haushalt, nämlich die automatische Geschirrspülmaschine. Ich bin gewiß, daß unsere Frauen, und besonders die erwerbstätigen und kinderreichen unter ihnen, sehr daran interessiert wären, endlich von jener Arbeit befreit oder doch entlastet zu werden, die zu den unangenehmsten im Haushalt gehört, nämlich von dem Spülen und Abwaschen des Geschirrs. Es ist schwer verständlich, daß wir höchste technische Leistungen auf dem Gebiet der Raumschiffahrt, der Elektronik und des Maschinenbaus und noch auf vielen anderen Gebieten vollbringen, aber noch nicht einen Weg gefunden haben, eine Spülmaschine für den normalen Haushalt anzubieten, um damit zu einer Entlastung unserer Frauen beizutragen. Vielleicht rührt das daher, daß das Sache der Männer ist, die für Haushaltsfragen mangels eigener Beteiligung an dieser Arbeit zu wenig Verständnis aufbringen! In Amerika zum Beispiel, wo in dieser Beziehung die Dinge anders liegen, haben sich die Männer auf diesem Feld etwas einfallen lassen.

Das sind nur einige Beispiele aus einer Fülle möglicher Erkenntnisse. Zusammenfassend möchte ich sagen – und auch das gibt zu denken–, daß trotz einer fast auch mir überraschend starken Bejahung der Marktwirtschaft aus der Erhebung andererseits doch deutlich wird, daß in den Vorstellungen der Menschen die Einflußnahme oder sogar die Macht des Staates einerseits überschätzt, zum anderen aber mit Nachdruck gefordert wird. Wenn ich ein Bild gebrauchen darf, möchte ich sagen, daß man zwar das Prinzip der Bewährung in der Freiheit bejaht, aber daß man bei dem vermeintlich so gefährlichen Spiel im wirtschaftlichen Raum im Falle eines Sturzes doch ein Netz unter sich wissen möchte.

Ich verstehe dieses Verlangen nach Sicherheit sehr wohl, aber ich erkenne daraus auch, daß es allgemein noch nicht verstanden wird, wie gerade die freiheitliche Ordnung einer vorwärtsstrebenden Wirtschaft die beste Sicherheit nicht nur für den einzelnen Menschen, sondern auch für die Aufbringung der öffentlichen Sozialleistungen bietet.

STRATEGIE UND TAKTIK IN DER WIRTSCHAFTSPOLITIK

[„Frankfurter Allgemeine Zeitung" vom 3. Dezember 1960]

Nicht nur die „Kriegskunst" hat sich zu allen Zeiten mit diesen Begriffen befaßt. Fern- und Nahziele, „operative" Entscheidungen und Weisungen für die Lösung von Tagesfragen gibt es auch und gerade in der Wirtschaftspolitik immer wieder. Ob eine Entscheidung „richtig" oder „falsch" war, zeigt sich hier allerdings oft erst nach Jahren und manchmal auf einem Teilgebiet des wirtschaftlichen und sozialen Lebens, das überhaupt nicht berührt schien. Gerade weil es die Kunst der Wirtschaftspolitik bei uns mit freien Menschen und den von ihnen gewählten freien Parlamenten zu tun hat, deren Reaktionen und Entscheidungen offen sind und nur in Ausnahmefällen mit Sicherheit im voraus festliegen, ist sie so schwer zu handhaben. Sie bedarf der permanenten Überprüfung ihres Tuns oder Unterlassens gemessen an ihren politischen Zielen.

Wenn diese beiden Begriffe in ihrer Anwendung sich auch nicht gerade feindlich oder gar unversöhnlich gegenüberstehen, wenn Strategie die Notwendigkeit oder Zweckmäßigkeit einer sich den Gegebenheiten anpassenden Taktik nicht ausschließt, zuweilen sogar bedingt, so verbirgt sich doch hinter der landläufigen Auffassung ein Gegensatz der Denk- und Verhaltensweise, den deutlich zu machen mir wesentlich erscheint. Auf das Gebiet der Wirtschaftspolitik übertragen, bedeutet „Strategie" die Anerkennung und Anwendung von unabdingbaren, wissenschaftlich erhärteten Grundsätzen, die nicht den Zufällen des Augenblicks preisgegeben, sondern unter Beachtung der von uns vertretenen zentralen Werte als objektiver Maßstab zur immer neuen Orientierung des politischen Verhaltens zu dienen bestimmt sind. Strategie heißt also in diesem Zusammenhang die Innehaltung einer großen Linie, Strategie denkt in Systemen und festen Ordnungsvorstellungen, Strategie wurzelt so tief in Erkenntnissen und bewußtem Wollen, daß sie über die Aktualität hinaus die geistige Haltung schlechthin prägt. Strategie macht also Ziel und Inhalt einer Politik aus. Demgegenüber ist die Taktik mehr als die jeweilige Methode des Vorgehens zu begreifen. So gesehen, erhält „Taktik" ihre Rechtfertigung und ihren Wert nur aus der Projizierung auf das Grundsätzliche, das den Wandlungen und Wendungen des sach- und zeitgebundenen Vorgehens den tieferen Sinn verleiht. Mit Recht wird das bloße Taktieren dann als geringschätzig empfunden, wenn es „charakter- und gesinnungslos" nur eben gerade den Augenblick nützen will, ohne um das Ganze zu wissen und nach dem Morgen zu fragen.

Daß ich persönlich taktische Überlegungen auch als Instrument der Wirtschaftspolitik nicht grundsätzlich ablehne, habe ich oft genug bewiesen, denn gerade auf diesem Felde ergibt sich sozusagen täglich und stündlich die Notwendigkeit, sich nicht nur den strukturellen Wandlungen, sondern auch den psychologischen Reaktionen der wirtschaftenden Menschen beweglich anzupassen. So habe ich zum Beispiel auch wiederholt erfahren, daß man mich der Inkonsequenz zeihen zu können glaubte, wenn ich gleiche Phänomene, wie etwa das Sparen, das Investieren und das Verbrauchen, mit der Veränderung der Daten je nach der Konjunkturlage aus volkswirtschaftlicher Sicht unterschiedlich gewichtete oder bewertete, obwohl ich mit dem Blick auf die Volkswirtschaft immer ein gleiches erreichen wollte. Ähnlich hat man zuweilen meine psychologischen Bemühungen, als „Seelenmassage" bekanntgeworden, in ihren Motiven verkannt. Psychologische Einwirkungen gehören für jeden verantwortlichen Politiker im großen oder im kleinen Rahmen zu den Mitteln seines Vorgehens. Meine Verhaltensweise aber ist im letzten Grunde immer vom Wesenhaften und Grundsätzlichen her bestimmt, demgegenüber etwa die Nur-Pragmatiker (eine besondere Spezies von Menschen) den sehr fragwürdigen Versuch unternehmen, über taktische Beweglichkeit dennoch ein vorgefaßtes festes Ziel erreichen zu wollen. Nach meiner Überlegung verfangen sich diese bloßen Taktiker der Wirtschaftspolitik am Ende in ihren eigenen Schlingen; denn wer nur in den Kategorien der Taktik des Augenblicks denkt, muß auf die Dauer die Orientierung verlieren und zum Spielball von interessengebundenen Kräften werden, die er lenken und beherrschen zu können glaubt.

Das gegenwärtige wirtschaftliche Geschehen bietet fast ein Schulbeispiel dafür, was Strategie und Taktik heißt. Während mein ganzes wirtschaftspolitisches Wollen darauf ausgerichtet ist, die Hochkonjunktur mit einer vollen Auslastung der technischen Kapazitäten und der menschlichen Arbeitskraft zu erhalten und gerade aus diesem Grunde bedenklichen Entartungen rechtzeitig zu steuern, unternehmen Taktiker und Interessenten allenthalben den törichten und oft fast kindlich anmutenden Versuch, die Hoch-, ja sogar Überkonjunktur mit dem Hinweis auf schwächere Stellen der Volkswirtschaft rundweg zu leugnen, um den für sie günstigen Augenblick ohne Rücksicht auf das Morgen voll ausnützen zu können. Die chaotischen Verhältnisse auf dem Arbeitsmarkt werden totgeschwiegen, die sich verlängernden Lieferfristen sollen nur Scheinsymptome einer unechten Auftragserteilung sein, sich anbahnende Preissteigerungen werden bagatellisiert, die Erhöhung der Baukosten sei eigentlich nur ein statistischer Rechenfehler, und die permanenten Zahlungsbilanzüberschüsse seien gewissermaßen normal. Ja, wer wie ich täglich und stündlich von den verschiedensten Interessenkreisen hören muß, daß alles zum Besten stehe, ja mancherorts sogar Sorgen um die Konjunktur berechtigt wären, müßte eigentlich um die Normalität seiner eigenen Geistesverfassung fast besorgt sein. Da ich das nicht bin, möge man auch Verständnis dafür aufbringen, daß mir nichts fataler erscheint als dieses bewußte Taktieren, das zu durchsichtig ist, um von einem Manne ernst genommen zu werden, dessen Aufgabe und Pflicht es ist, die Volkswirtschaft als ein unteilbares Ganzes zu betrachten. Wehe dem deutschen Volk, wenn einmal ein bloßer Taktiker oder Pragmatiker die Geschicke der deutschen Wirtschaft in Händen hielte, dessen Ehrgeiz es wäre, den Weg des geringsten Widerstandes zu gehen oder es allen recht machen zu wollen. Das nämlich würde praktisch bedeuten, daß die Lautstärke der organisierten Gruppen den Ausschlag gibt und Macht vor Recht geht. Die unorganisierten Verbraucher aber, insonderheit die Hausfrauen, die sich nicht von Zahlen blenden lassen, sondern das Leben von der realistischen Seite aus kennen, oder auch alle diejenigen, die zu ihrer Lebenssicherung in Nominalwerten gespart haben, müßten die Sünden einer falschen Wirtschaftspolitik tragen, die gegen das oberste Gebot der inneren wirtschaftlichen Stabilität verstößt.

Die Taktik, jeder Gruppe Sondervorteile angedeihen zu lassen und es als gerecht anzuerkennen, daß jeder nur an sich, aber keiner an alle denkt, muß einer Nation am Ende zum Fluch werden, denn eine solche Verirrung läßt eine Volkswirtschaftspolitik, das heißt ein langfristig ausgerichtetes Bemühen zur Sicherung des Wohles aller, überhaupt nicht mehr zu.

Im Augenblick wird in der Bundesrepublik sehr viel von einem konjunkturpolitischen Programm gesprochen, womit einerseits wohl die Notwendigkeit eines aktiven Eingreifens in das wirtschaftliche Geschehen bestätigt, aber gleichzeitig der Versuch unternommen wird, nur ja nichts zu veranstalten, was die privat-wirtschaftlichen Interessenkreise stören könnte. Ich will indessen nicht mißverstanden werden. So wird zum Beispiel die Bereitschaft der deutschen Wirtschaft, durch die freiwillige Zeichnung einer 1 1/2-Milliarden-Anleihe Mittel für die Entwicklungshilfe aufzubringen und damit gleichzeitig einen gewissen konjunkturdämpfenden Effekt zu erreichen, von mir voll und dankbar anerkannt; aber in Ansehung des volkswirtschaftlichen Ungleichgewichts von Angebot und Nachfrage kann dieses Opfer meine Sorge vor sich noch verschärfenden Spannungen nicht ganz beschwichtigen.

Die deutsche wirtschaftliche Situation ist derzeit durch zwei Umstände gekennzeichnet. Zum ersten führen die Zahlungsbilanzüberschüsse zwangsläufig und unentrinnbar zu einer güterwirtschaftlichen Unterversorgung des deutschen Marktes, und zum zweiten läßt ein nach internationalen Maßstäben vergleichsweise noch niedriges deutsches Preisniveau die Möglichkeit offen, über den Produktivitätsfortschritt hinaus Löhne und Preise zu erhöhen. Wer in dieser Art von Anpassung an ein internationales Gleichgewicht die geeignete Lösung sehen will, muß sich aller im höchsten Maße unsozialen Konsequenzen und aller volkswirtschaftlichen Schäden bewußt sein. Wer sich indessen gegen eine solche bedenkliche Entwicklung stemmen möchte – und das erkenne ich als meine Verpflichtung –, muß sich über das Prinzip der Anwendung bloß taktischer Mittel erheben und sich an der Strategie, das heißt einer verantwortungsbewußten, in die Zukunft reichenden Volkswirtschaftspolitik orientieren.

Ich sage es voraus, daß es ein müßiges Beginnen sein wird, volkswirtschaftliche Mißstände, deren Ursachen in unserem aktuellen Geschehen gar nicht nationalen, sondern internationalen Ursprungs sind, durch taktische Kniffe und Kunststücke heilen zu wollen. Auch erkenne ich ganz deutlich, daß der an sich lobenswerte Versuch, die Unternehmer trotz Kaufkraftüberhangs zur Preisdisziplin zu bewegen und auf Verbandsebene nach dieser Richtung hin Einfluß zu nehmen, allenthalben schon als Zusammenbruch der neuzeitlichen marktwirtschaftlichen Ordnung – das heißt unserer Sozialen Marktwirtschaft – zu deuten versucht wird. Der Preis, so wird gesagt, soll nicht aus der Funktion des Marktgeschehens erwachsen, sondern nur noch kostenbestimmt sein, und die Kartelle werden zu wohltätigen Einrichtungen, wenn sie Preisstabilität zu verbürgen scheinen. Es bilde sich nur niemand ein, daß ich auf solche Taktik hereinfalle und nicht bereit wäre, noch einmal einen bis zum Äußersten entschlossenen Kampf um die Durchsetzung einer freiheitlichen Wirtschaftsordnung zu führen.

Wenn ich das sage, so verbinde ich damit keine Anklage, sondern möchte nur verdeutlichen, aus welchem fragwürdigen Geist heraus taktische Mittel angewandt werden können. Nach meiner Überzeugung gehört es zu einer staatsbürgerlichen Erziehung und Haltung, dem deutschen Volk im einzelnen und in seiner Gesamtheit immer wieder vor Augen zu führen, daß Taktik ohne Gesinnung von Übel ist und daß erst das Beharren auf festen und als richtig erkannten Grundsätzen jeder Art von Politik die sittliche Rechtfertigung verleiht. Gewiß soll ein Staatsmann in jedweden Bereichen der Gestaltung des volklichen Lebens auch die Kunst der Taktik beherrschen – Vertrauen aber verdient er nur dann, wenn er die Überzeugung wecken kann, daß sein Handeln auf tieferen Erkenntnissen und einem dahin ausgerichteten Wollen beruht. Die Sozialdemokraten haben in jüngster Zeit geradezu ein Schulbeispiel negativer Art zur Illustration eines solchen Anliegens geliefert. Sie haben sozusagen alle Grundsätze (mit Ausnahme jener der Regierungspartei) über Bord geworfen und damit die Taktik zum Inhalt der Politik erhoben. Die Strategie als geistige Grundhaltung rangiert in der Politik vor der Taktik und Methode des Handelns. Fruchtbar und versöhnend ist das Wirken erst dann – und das macht den Meister –, wenn sich leitende Strategie und dienende Taktik in einem Ganzen zu einer Einheit versöhnen.

WAS WIRD AUS EUROPA?

[„Handelsblatt" vom 23./24. Dezember 1960]

Die Diskussion um die beste Form der europäischen Einigung erreichte im Herbst 1960 einen neuen Höhepunkt. Damals erschien in zahlreichen deutschen Tageszeitungen eine Anzeige Erhards unter der Überschrift: „6 + 7 + 5 = 1!" Mit zahlreichen Reden und Aufsätzen setzt Erhard seine Kampagne fort:

So guten Grund wir haben, uns über den wirtschaftlichen Fortschritt des Jahres 1960 zu freuen und trotz mancher Konjunktursorgen zuversichtlich vorauszublicken, das europäische Problem bleibt trotz des Fanals der klassenkämpferischen Aggression vom Osten nach wie vor ungelöst. Ich spreche in diesem Zusammenhang nicht von den Problemen der NATO, der Organisation und der Bewaffnung der Streitkräfte, obwohl auch diese Sorgen nicht gering sind, sondern ich meine die wirtschaftliche Zusammenarbeit der freien Nationen unseres alten Kontinents.

Ausgehend von der Integration der „Sechs" im Rahmen des Gemeinsamen Marktes ist es zwar zu begrüßen, daß man in wieder größerer Nüchternheit zu den Grundlagen des Vertrages, d. h. zu seiner wirtschaftlichen Zwecksetzung, zurückgefunden und der politischen, spekulativen Ausdeutung wenn nicht ein Ende, so doch Grenzen gesetzt hat. Die damit festumrissene Aufgabenstellung läßt eine realistische Behandlung der zu treffenden Entscheidungen zu, und man ist nicht noch und wieder einmal ein „schlechter Europäer", wenn man sich den höchst subjektiven Phantasien jener versagt, die nur in den Kategorien der Sechs denken möchten. Obwohl in der Zwischenzeit hinlänglich deutlich geworden ist, daß unbeschadet einer getreuen Vertragserfüllung und des inneren Zusammenhalts der Sechs diese kleineuropäische Integration vor allem in politischer Sicht weder das europäische Problem als Ganzes noch das der Atlantischen Gemeinschaft zu lösen vermag, darf ich der guten Ordnung halber doch noch einmal darauf hinweisen, daß an eine solche Beschränkung an der Wiege der Rom-Verträge auch gar nicht gedacht war. Vielmehr wurde in feierlicher Form und aus offiziellem Anlaß selbst von dem derzeit amtierenden Präsidenten der Europäischen Kommission verkündet, daß zur Abwehr schädlicher Auswirkungen und daraus erwachsender Störungen eine weitgespannte europäische Freihandelszone geschaffen werden solle. Die maßgebenden Staatsmänner im Bereich der EWG haben sich in bezug auf die wirtschaftlichen Beziehungen zu den übrigen freien Staaten Europas zu dem Prinzip einer multilateralen Assoziation bekannt, und auch der Ministerrat der EWG hat gleichlautende Beschlüsse gefaßt. Der Staatsbürger hat ein Recht darauf, zu wissen, was aus diesem guten Vorhaben geworden ist, und er will die Gründe kennen, die einer Verwirklichung dieser Pläne entgegengestanden bzw. noch entgegenstehen.

Das Jahr 1960 begann in bezug auf die Integration der Sechs mit einem großen Elan in Richtung einer Verkürzung der Übergangsfristen und einer gleichzeitigen 20%/oigen Senkung der Außenzölle, die bereits mit dem ersten Schritt zum gemeinsamen Tarif in Kraft treten sollte. Aus der Sorge, daß damit das Auseinanderleben zwischen EWG und EFTA beginnen würde, war es nicht zuletzt meinem Einfluß zu verdanken, daß der Termin vom 1. Juli 1960 auf den 1. Januar 1961 verlegt wurde, um in der Zwischenzeit in Verhandlungen zwischen den EWG- und EFTA-Ländern praktische Lösungen einer Annäherung oder Versöhnung zu finden.

Ich will nicht sagen, daß diese Zeit ungenutzt verstrichen ist, denn zwischen den maßgebenden Staatsmännern, so z. B. in Gesprächen zwischen dem Bundeskanzler und dem britischen Premierminister und diesem mit dem italienischen Ministerpräsidenten wie auch anläßlich anderer Zusammentreffen europäischer Politiker, wurde immerhin der politische Wille deutlich, eine Spaltung Europas zu verhindern. Leider aber konnten diese politischen Gespräche nicht durch gleichgerichtete Bemühungen der politisch verantwortlichen und wirtschaftlich sachverständigen Minister unterbaut werden. So steht die politische Willenserklärung mehr oder minder substanzlos im Raum, ohne reale Gestalt gewinnen zu können.

Die Europäische Kommission hat durch ihre Tätigkeit und ihre Verlautbarungen nicht den Eindruck erwecken und schon gar nicht das Vertrauen finden können, als ob ihr an einer multilateralen Lösung gelegen sei, ja, sie hat sogar umgekehrt ohne Auftrag erklärt, daß sie diesen Weg für inopportun bzw. unmöglich erachtet. Naturgemäß mußte diese Haltung entsprechende Reaktionen im Lager der EFTA auslösen, und so wären wir vom Faktischen her gesehen heute weiter denn je von der Aussicht auf einen erfolgreichen Brückenschlag entfernt, wenn wir nicht darauf vertrauen könnten, daß die politische, die wirtschaftliche und die menschliche Vernunft die Annäherung und endliche Zusammenführung des in zwei Wirtschaftsblöcke zerfallenden Europas dennoch erzwingen wird.

Was ist, so möchte ich fragen, aus jenem bei der Europäischen Kommission gebildeten Kontaktausschuß geworden, der praktische Lösungen einer Verständigung finden sollte? Er liegt ohne Denkmal und Zeugnis im Aktenstaub begraben, ohne jemals wirksam geworden zu sein. Und was ist aus der 20%/oigen Zollsenkung geworden? Die Europäische Kommission hat bei den GATT-Verhandlungen angeboten, die zum 1. Januar 1961 wirksam werdenden Außenzölle der sechs Länder ohne den 20%/oigen Abschlag konsolidieren und im übrigen auf der Grundlage gegenseitiger Zugeständnisse weiter verhandeln zu wollen. So jedenfalls haben wir uns in Deutschland die Integration nicht gedacht. Was da geschieht, hat mit der versprochenen liberalen Politik nach außen nichts mehr gemein, und das Verhalten gegenüber dritten Ländern im GATT ist sogar geeignet, zu einem weltweiten Ärgernis zu werden. Daß es der deutsche Verbraucher in konjunkturpolitischer Sicht überdies als einen wahren Schildbürgerstreich empfinden muß, wenn in der Bundesrepublik zum 1. Januar 1961 die Zölle gegenüber dritten Ländern, anstatt gesenkt, umgekehrt sogar nicht unwesentlich erhöht werden, ist zwar nicht die Schuld der Kommission, aber diese Verpflichtung beleuchtet um so mehr die Mängel der Konstruktion.

Noch ehe die Zolldifferenzierung nach innen und außen auch nur in den Anfängen wirksam geworden ist, mehren sich die Berichte aus den Kreisen der deutschen Industrie, daß das Geschäft mit den EFTA-Ländern nicht nur wesentlich schwerer geworden ist, sondern daß in einzelnen Bereichen überhaupt so gut wie keine Verkaufsorders mehr unterzubringen sind. Die Geschäftspartner verweisen darauf, daß sie nunmehr vornehmlich die Beziehungen zu ihrem eigenen Kreis pflegen und intensivieren müßten, um so mehr ja im Prozeß der weiteren Zolldifferenzierung rein kaufmännische Überlegungen eine Umgruppierung nützlich erscheinen lassen. Es wird genau das eintreten, was ich vorausschauend befürchtet habe – daß sich nämlich jene beiden Teile Europas auch ideologisch auseinanderleben, daß sich neue Interessengruppierungen herausbilden und neue Organisationen in gemäßer regionaler Begrenzung ein Übriges tun, um diesen Prozeß zu beschleunigen.

Die Außenhandelsziffern der europäischen Länder werden schon für das Jahr 1960 meine Aussage bestätigen, und wenn nicht eine entscheidende Wendung vollzogen wird, kann für 1961 fast eine Art Umbruch in den zwischenstaatlichen Wirtschaftsbeziehungen vorausgesagt werden. Es ist einfach nicht wahr, wenn die „Kleineuropäer" zu ihrer Rechtfertigung immer wieder behaupten, daß ein bewußtes Zusammenführenwollen von EWG und EFTA den Gemeinsamen Markt der Sechs sprengen müßte, und es ist auch nicht wahr, daß dieser Schritt eine verstärkte Diskriminierung gegenüber den Vereinigten Staaten zur Folge hätte. Das ist eine Konstruktion am Reißbrett, die die Zeichen der Zeit, d. h. die Notwendigkeit der Zusammenfassung aller Kräfte der freien Welt in einer multilateralen Ordnung und die daraus fließende Kraft, nicht erkennt. Vieles deutet darauf hin, daß sich in den Vereinigten Staaten in bezug auf dieses Problem ein Sinneswandel vollzieht, der die Hoffnung gibt, daß der Begriff der „Atlantischen Gemeinschaft" in handels- und wirtschaftspolitischer Sicht festere Gestalt gewinnen kann. Den Politikern aller Nationen sollte es immerhin zu denken geben, daß die Kaufleute in der gleichen Welt das Verlangen nach einem besseren und rascheren Zusammenfinden hegen. Die Völker selbst – hier als Verbraucher verstanden – bejahen dieses Ziel womöglich noch entschiedener.

Es hat keinen Sinn mehr, wie die Katze um den heißen Brei herumzugehen und nach Hilfs- und Scheinkonstruktionen zu suchen, die in der modernen Zeit fast gespenstisch anmuten. Wenn ich z. B. höre, daß man mißvergnügten Partnern zur Heilung ihres Schmerzes langfristige, bilaterale Verträge anbieten möchte, um solcherart der einzig sinnvollen multilateralen Lösung auszuweichen, dann ist der aufgeschlossene Wirtschaftspolitiker der zweiten Hälfte des 20. Jahrhunderts geneigt, sich ob eines solchen Rückfalls in die Denkkategorien des 19. Jahrhunderts und der Anwendung des Instrumentariums aus der Frühzeit des Welthandels an den Kopf zu fassen und vor der ganzen Öffentlichkeit die Frage zu stellen, wie lange denn die Quacksalberei noch andauern soll. Ich spreche hier nicht nur für mich, sondern bin glücklich, mich dabei auf die einhellige Meinung der gesamten deutschen Wirtschaft stützen zu können.

Und zum Schluß darf ich mit großem Ernst noch einmal sagen, daß wir auch der politischen Probleme, der Sorgen und der Bedrohung des ganzen freien Europas und insonderheit unseres Landes nicht Herr werden, solange wir dem Wahn huldigen, daß man zwar politisch und militärisch zusammenstehen muß, im wirtschaftlichen und sozialen Seinsbereich der Völker aber getrennte Wege gehen kann.

DARF MAN ÜBER „EUROPA" SPRECHEN?

[„Handelsblatt" vom 17. Januar 1961]

Mein in der Weihnachtsausgabe vom 23./24. Dezember 1960 veröffentlichter Aufsatz unter dem Titel „Was wird aus Europa?" hat neben viel Zustimmung auch kritische Äußerungen ausgelöst. Zwar habe ich von dem kein Wort zurückzunehmen, wohl aber dem Gesagten einiges hinzuzufügen.

Noch einmal stelle ich unmißverständlich das Bekenntnis voraus, daß ich der Letzte sein würde, der geschlossene Verträge nicht getreulich zu erfüllen bereit wäre, und in diesem Sinne stehe ich auch zu den Rom-Verträgen, die die Begründung der Europäischen Wirtschaftsgemeinschaft und der Europäischen Atomgemeinschaft zum Gegenstand hatten. Ich wiederhole damit, was ich schon oft vor dem Bundestag, dem deutschen Volk und der Weltöffentlichkeit ausgeführt habe. Man kann mich aber keiner Schuld zeihen, wenn ich nicht vergesse, daß mit der Unterzeichnung und Ratifizierung der Rom-Verträge feierliche Proklamationen verbunden waren, die – wenn sie auch nicht Vertragstext sind – darum nicht an politischem Gewicht verlieren. Wer mir also vorwerfen möchte, daß ich ein Gegner des ökonomischen Zusammenschlusses der Sechs wäre, kann für diese seine Auffassung kein wahrhaftiges Argument vorbringen. Wer allerdings von mir verlangt, daß ich die „Gemeinschaft der Sechs" angesichts der politischen und ökonomischen Dynamik der freien Welt als die letzte und absolute Weisheit beschwören sollte, hat gewiß recht, wenn er meint, daß ich eine solche starre Bindung nicht einzugehen bereit bin. Auf schon oft Gesagtes darf ich in diesem Zusammenhang verweisen.

Wenn alle sechs Länder, die sich in der Europäischen Wirtschaftsgemeinschaft zusammengefunden haben, über deren unmittelbare Zwecksetzung hinaus den gemeinsamen Willen bezeugen, auch zu einer engeren politischen Zusammenarbeit zu gelangen, dann mögen sie sich zu diesem Ziel bekennen, die geeigneten Maßnahmen ergreifen und gegebenenfalls auch die institutionellen Einrichtungen dafür schaffen. Es geht aber nicht an, daß die „Wirtschaftsgemeinschaft", die im Grundsätzlichen keine übernationale Souveränität begründet hat und trotz ihrer politischen Bedeutung eben keine „Politische Gemeinschaft" als solche ist, in sich gleichwohl weit gesteckte politische Ziele anstrebt, für die der Vertrag keine Vollmacht gibt. Vergessen wir doch auch nicht, daß die Einladung an alle europäischen Länder, sich der EWG zu assoziieren, kaum mehr als eine platonische Liebeserklärung darstellt, solange immer wieder die „politische Zielsetzung" der EWG als ein vermeintlich absoluter und letzter Wert unwidersprochen im Raume steht.

Ich darf es hier aussprechen, daß mir persönlich die Vorstellung eines europäischen Staatenbundes oder Bundesstaates unter Umständen sogar lockend erscheinen könnte, aber ich maße mir nicht das Recht an, ein Urteil darüber zu fällen, welche Haltung andere Staaten gegenüber solchen Überlegungen einnehmen. Wer meine Einstellung gegenüber der EWG kritisieren zu müssen glaubt, möge sich deshalb zuerst zu der grundsätzlichen Frage einer „politischen" Lösung Europas, gegebenenfalls auch im staatsrechtlichen Sinne, bekennen. Dann zeigt sich nämlich deutlich, daß je nach der Konzeption und Konstruktion des Gebildes, das das „Freie Europa" heute ausmachen soll, durchaus keine einheitliche Auffassung besteht, aber daß es gerade deshalb um so wichtiger ist, endlich zu einer ganzheitlichen europäischen Schau zu gelangen.

Vielleicht mag man allenthalben geglaubt haben, daß mich das volkswirtschaftliche Interesse der Bundesrepublik dazu bewogen hat, die Versöhnung zwischen EWG und EFTA anzustreben. Das wäre zwar mein gutes Recht, ja sogar meine Pflicht, aber ich frage mich, ob das etwa nur ein spezifisch deutsches Anliegen ist oder ob nicht alle Länder der EWG von der Sorge der Isolierung innerhalb einer weltweit-multilateralen Ordnung erfüllt sein sollten. Ich habe es auch gegenüber französischen Industriellen zum Ausdruck gebracht, daß das, was sie heute in der EWG im Vergleich zu ehedem als Fortschritt empfinden, angesichts der expansiven Kraft der französischen Volkswirtschaft morgen dennoch zu einer Behinderung werden könnte, wenn sie sich der Chance begeben würden, ohne Diskriminierung über den Raum der EWG hinaus in einen weltweiten Wettbewerb vorstoßen zu können. Was in Deutschland nach dieser Richtung schon lebendiges Bewußtsein ist, wird, wie ich gewiß bin, die Erkenntnis der französischen und italienischen Volkswirtschaften von morgen sein. Dabei denke ich gewiß nicht engstirnig; denn aus europäischer Gesinnung und Gesittung heraus muß uns ebenso sehr daran gelegen sein, daß die Länder der EFTA in unserem EWG-Bereich gleich aufnahmebereite Märkte finden, wie wir sie für uns im EFTA-Raum erwarten, und daß wir füglich gemeinsam zu der Erkenntnis gelangen sollten, daß wir am Ende nur zusammen gewinnen oder verlieren können.

Daß in weltweiter Betrachtung ein wirtschaftlicher „Großraum" nicht nur seine ökonomische, sondern auch seine sittliche Rechtfertigung vornehmlich in einer befriedigenden Ordnung seiner Beziehungen zu seinen Partnern findet, sollte gerade uns Deutschen in der Rückbesinnung auf eine tragische Vergangenheit bewußt sein, in deren Zeichen auch das Ziel eines „deutschen" Großraumes stand. Wir sollten wirtschaftliche Kraft nicht mit wirtschaftlicher und politischer Macht gleichsetzen oder gar vermengen wollen; denn wie wäre es um unser demokratisches Leben bestellt, wenn die Kategorien der Größe und der Macht einen letzten Wert bedeuten dürften. Das heißt gewiß nicht, daß wir in gemeinsamer Anstrengung – wie etwa in Gestalt der NATO – nicht bereit sein müssen, die nationalen Schwächen zu einer übernationalen Stärke zusammenzuführen; aber was auf politisch-militärischem Felde Geltung hat, sollte auch im Bereich des wirtschaftlichen und sozialen Lebens der Völker Anerkennung finden. Es gibt gerade in dieser Beziehung Formen der zwischenstaatlichen Zusammenarbeit, die noch keine letzte Entscheidung im staatsrechtlichen Sinne fordern. Und gerade deshalb, das heißt, weil nicht alle europäischen Länder dazu reif und bereit sind, sollten wir uns Gedanken darüber machen, auf welche Weise innerhalb der mehr unpolitischen und zweckhaften Bereiche des Miteinanderlebens der Völker dennoch eine möglichst enge und nützliche Zusammenarbeit ermöglicht werden könnte. Die Interessenlage der einzelnen europäischen Länder mag sich unterschiedlich darstellen; aber gerade darum ist es schädlich, bereits heute letzte künstliche Regeln oder Begrenzungen setzen zu wollen, die eine Kluft aufreißen und selbst in den Beziehungen zu den Vereinigten Staaten und Kanada eher einen Kontrast schaffen, denn eine Versöhnung ermöglichen. Wohin sollen sich denn die nordamerikanischen Mächte wirtschaftlich orientieren –, nach der EWG oder nach der EFTA? Diese Frage ist fast gespenstig, aber sie ist auch unwirklich, weil es sich schon deutlich genug zeigt, daß die amerikanischen Geschäftsleute aus Sorge vor Diskriminierungen in beiden europäischen Wirtschaftsräumen investieren und damit deutlich genug zu erkennen geben, daß sie in ihrem praktischen Verhalten etwaigen andersgearteten politischen Vorstellungen widerstreben. Diese Geschäftsleute haben recht, wenn sie sich angesichts einer immer deutlicher werdenden Formierung dreier großer hochindustrialisierter Wirtschaftsbereiche der freien Welt gegenüber wirtschaftlichen Schäden absichern wollen. Das gerade aber kennzeichnet den inneren Widerspruch einer solchen Politik.

Wir werden, das zeigt sich immer deutlicher, von der östlichen kommunistisch-totalitären Welt zur Bewährung auf dem wirtschaftlich-sozialen Felde herausgefordert und verspielen womöglich diese einmalige Chance eines sicheren Sieges und der Demonstration eindeutiger Überlegenheit westlich-freien Lebens, solange wir in dogmatisch gebundenen Vorstellungen einer ökonomischen und sozialen Einheit Europas widerstreben und nicht erkennen wollen, daß der heute gewiß noch vage Begriff einer „Atlantischen Gemeinschaft" die harte politische Realität von morgen sein wird. Die rein materialistische Betrachtungsweise zum Beispiel, daß sich der zwischenstaatliche Handel innerhalb der EWG stärker entwickelt habe als in der Beziehung dieser Staaten zu den EFTA-Ländern, kann auch nicht befriedigen oder beruhigen, sondern eher erschrecken. In welchen Kategorien Europas denken wir denn eigentlich, wenn wir gar noch befriedigt feststellen, daß sich das Auseinanderleben Europas schon in den Anfängen abzuzeichnen beginnt?

Die sittliche Rechtfertigung der EWG besteht also angesichts der weltpolitischen Situation heute vor allem anderen in der Bereitschaft und Aufgeschlossenheit, sich auf sozial-ökonomischem Gebiet mit der übrigen freien Welt zu versöhnen. Wie anders sollten wir denn auch sonst in der engsten Gemeinschaft mit den die Freiheit tragenden Völkern in der entscheidenden Auseinandersetzung zwischen Ost und West gegenüber den Entwicklungsländern bestehen können? Denjenigen, die da etwa glauben, den Gesamtbereich der Entwicklungsräume nach Einfluß- und Interessensphären den hochentwickelten Industrieländern zuteilen oder zuordnen zu können, ist offenbar nicht bewußt, daß sie eine solche Hilfe, die an unselige Reminiszenzen der Vergangenheit anknüpft, entscheidend herabmindern.

Es geht eben heute nicht mehr allein um Europa, sondern um dessen weltweite Beziehungen und um seine geistige Haltung gegenüber den Problemen und dem geschichtlichen Sein aller Völker dieser Erde. Ich kann es nicht oft genug wiederholen, daß so manche, die sich aus einer europäischen Augenblickssituation heraus so gern als modern dünken, in Wahrheit altmodischen Vorstellungen eines verklausulierten Interessenausgleichs zwischen in sich wirtschaftlich isolierten und dabei doch politisch zusammengehörigen Großräumen huldigen. Das bedeutet gewiß keine Abwertung der mannigfachen Anstrengungen, die freien Kräfte dieser Welt in ihrer sittlichen Haltung oder in ihrer materiellen Substanz auch in regionalen Bereichen zusammenzufassen, aber ich wehre mich ebenso leidenschaftlich gegen die Unterstellung, daß derjenige – und ich glaube, das ist ein fortschrittlicher Geist –, der sich über die Vorstellung einer teil-europäischen Emanation erheben möchte, ein schlechter Europäer wäre. Es gehört schon viel Phantasie dazu, wenn man ausgerechnet mich, der ich mich in den letzten Jahren in zweimaligen Aktionen, ohne nach einer Gegenleistung zu fragen, erfolgreich für eine Senkung der deutschen Zölle für gewerbliche und industrielle Güter um 45 % eingesetzt habe und es am liebsten gesehen hätte, wenn die europäische Kommission in gleicher Haltung vor dem GATT eine 20 %ige Reduzierung des gemeinsamen Außentarifs angeboten hätte, – der Vertretung merkantiler Interessen zum Nutzen der Bundesrepublik zeihen zu können glaubt. Ich darf weiter darauf verweisen, daß die deutsche Delegation im Ministerrat auf meine Weisung und mit meiner Billigung eine ausgesprochen „communautaire" Haltung einnahm, die in sehr vielen Fällen durch ihre Kompromißbereitschaft einstimmige Beschlüsse ermöglicht hat. Wenn in solchem Zusammenhang weiter geäußert wurde, daß mir die Aufrechterhaltung handelspolitischer Verbindungen mit Ländern und Kontinenten außerhalb der EWG neben dem zwischenstaatlichen Handel innerhalb der Gemeinschaft in gleicher Weise am Herzen liege, so widerspreche ich dem gar nicht; aber die Überzeugung von der Notwendigkeit solchen Tuns widerspricht auch nicht dem EWG-Vertrag, der die traditionellen Handelsströme ausdrücklich aufrecht erhalten und gepflegt wissen möchte.

Meine Kritiker müssen also schon mit besseren Argumenten als mit vagen Unterstellungen und Mißdeutungen antreten, wenn sie mich in meiner Überzeugung erschüttern oder gar der Untreue gegenüber vertraglich eingegangenen internationalen Verpflichtungen verdächtigen wollen. Ich fordere nichts, was im Rahmen der Rom-Verträge nicht möglich und statthaft wäre, – ja, ich fordere gerade das, was im Zuge der Rom-Verträge und aus Anlaß ihrer Ratifizierung feierlich proklamiert wurde. Das sind auch für mich die Grundlagen einer multilateralen Assoziierung und damit einer Versöhnung Europas.

AUSSENPOLITIK BEGINNT ZU HAUSE

[„Außenpolitik" Januar 1961]

Die weltweite Auseinandersetzung zwischen Ost und West wurde in der nachstalinistischen Zeit mehr und mehr ein ideologisch gesteuerter politischer Kampf mit ökonomischen Waffen. Zu einem Hauptfeld dieses Ringens wurden die großen, politisch neutralen Entwicklungsräume Afrikas, Asiens und Latein-Amerikas. Die Entwicklungshilfe erhielt damit eine weit über das Wirtschaftliche und Humanitäre hinausgehende Bedeutung. Sie wurde vielfach zu einem Instrument des Einflusses auf die außen- und innenpolitische Orientierung der Empfängerländer. Darüber hinaus bedient sich diese Auseinandersetzung auch noch anderer, in erster Linie propagandistischer Mittel mit dem Ziel, entweder die totalitären Lebens- und Ordnungsvorstellungen der Sowjets oder die freiheitlichen Ideen des Westens in den im Aufbau befindlichen Ländern zu verankern. Diese Tatsache zwingt zu einer Beurteilung der inneren Wirtschafts- und Gesellschaftsordnung auch der Bundesrepublik im Hinblick auf ihre Wirkung auf die übrige Welt. Sie wird – so gesehen – zu einem Teil der Außenpolitik. Diese enge Wechselwirkung von innerer Ordnung und außenpolitischer Wirkung behandelt Ludwig Erhard in diesem Aufsatz:

Das Jahr 1960 war in mehrfacher Beziehung ein Schlüsseljahr unseres Jahrhunderts. Ich will in diesem Zusammenhang nicht auf die besonderen Vorgänge eingehen, die sich innerhalb des Sowjetblocks ereigneten, und nicht darauf, daß Rot-China heute eine selbständige Politik treibt. Ich will auch nicht von der europäischen Politik, von Berlin und der deutschen Frage sprechen und von der Aufgabe, das westliche Bündnissystem zu festigen, es unteilbar zu machen und die Einheit dieses Bündnisses auch auf die wirtschaftliche Zusammenarbeit der atlantischen Staatengruppe auszudehnen. Das Gesicht des Jahres 1960 in geschichtlicher Sicht, aber auch in aktueller Betrachtung, scheint mir noch mehr durch das Selbständigwerden zahlreicher Staaten des afrikanischen Kontinents geformt zu sein. Hieran anknüpfend, aber auch unter Würdigung der Tatsache, daß in anderen Teilen der Welt die Staaten der nachkolonialistischen Epoche in der Weltpolitik immer mehr Einfluß gewinnen, scheint mir die Frage berechtigt zu sein, welche Beziehungen zwischen unserer inneren Ordnung und der inneren und äußeren Orientierung dieser Staaten bestehen. Die Frage lautet also dahin, wie weit die deutschen Aufbauanstrengungen und unsere Art zu wirtschaften für das eine oder andere dieser Länder leitbildhafte Bedeutung erlangen können.

Bejahen wir diese Frage ganz oder teilweise, dann bedeutet das, aus dieser Konstellation Folgerungen zu ziehen.

Der Politiker sieht sich in dieser unruhigen Welt, in der wir in uns selbst keine Sicherheit mehr finden können, in der Lage eines Schachspielers, dem mitten im Turnier ein Brett mit 100 statt 64 Feldern und einem zusätzlichen Dutzend unbekannter Figuren auf den Tisch gestellt wird. Zwar sind die Grundregeln des Spiels gleichgeblieben, aber um das Spiel zu gewinnen, muß der Spieler die neuen Bedingungen, unter denen er handelt, voll erfassen und sein Handeln darauf einstellen.

Wir erkennen, daß die Politik der Zukunft nicht mehr allein von den großen Mächten, den Vereinigten Staaten, der Sowjetunion und den freien europäischen Staaten beeinflußt wird. Die Länder Asiens und Afrikas werden den weltpolitischen Ablauf der Zukunft wesentlich mitbestimmen. Das wieder bedeutet, daß wir unsere Anstrengungen, die partnerschaftliche Zusammenarbeit mit diesen Staaten zu verstärken, wesentlich erhöhen müssen. Wir erstreben in diesen Räumen keinen politischen Einfluß, sondern wollen dazu beitragen, diesen Völkern die Freiheit der Entscheidung in der Wahl ihrer politischen und wirtschaftlichen Grundordnung zu bewahren. Wir wollen also diesen Staaten unseren Rat und unsere Erfahrung zur Verfügung stellen. Für die Länder Asiens, Afrikas und Südamerikas gilt im Grunde das gleiche, was auch für die Industriestaaten Europas und Amerikas gilt: „Richtig wirtschaften ist gute Politik!" Dieser Satz sollte indessen nicht so interpretiert werden, als ob die Kopie der westeuropäischen Zivilisation unbedingt das beste Rezept auch für Asien, für Afrika und für Lateinamerika bedeuten würde. Es gibt kein Modell, das auf alle Länder gleichermaßen anwendbar wäre.

Die jungen Staaten sind oft gekennzeichnet vom „Regieren in der ersten Generation", und dieses „In-der-ersten-Generation-regieren-müssen" verleitet oft zu einer Politik, unter allen Umständen schnelle und sichtbare Fortschritte erreichen zu wollen und dabei nach Patentlösungen für die wirtschaftliche und innenpolitische Entwicklung zu suchen. Die Regierungen mancher dieser jungen Staaten stehen so am Anfang ihres nunmehr autonom zu vollziehenden wirtschaftlichen und politischen Aufbaus vor der Wahl zwischen Leitbildern aus Ost und West. Wir müssen daher gerade den Führungsschichten der jungen und alten Staaten Asiens und Afrikas mehr als bisher die Möglichkeit bieten, den menschlichen, sachlichen und politischen Gehalt freiheitlicher Staats- und Wirtschaftsverfassungen kennenzulernen, damit sie in der Lage sind, Ost und West in ihrer tiefen Gegensätzlichkeit zu begreifen. Aber es geht nicht nur um das „Verstehen", sondern im gleichen Maße um die Fähigkeit, moderne Aufbaumethoden auf ihre Anwendbarkeit im eigenen heimischen Bereich zu überprüfen und gleichsam eine Übersetzung für die jeweils besondere Situation des eigenen Landes vornehmen zu können. Umgekehrt ist es genauso notwendig, daß deutsche Techniker, Wirtschaftler, Lehrer, ja geeignete Menschen aller Berufsgruppen nach draußen gehen und durch ihr Können und ihr Beispiel den jungen Völkern mithelfen, ihren Weg zu finden. Von dieser Fähigkeit wird zugleich der Gesamterfolg der Entwicklungshilfe wesentlich mitbestimmt.

Das Erkennen unserer Gegenwart und die internationalen Umstellungen der jüngsten Zeit rufen in den hochentwickelten Industriestaaten nach solchen politischen Führungen, die dank der Einheit von Geist und Wirklichkeit ihre freiheitlichen Regierungsformen überzeugend vertreten und jenen Staaten, die um Lösungen ringen, beispielhaft erscheinen. Durchsetzen wird sich am Ende in diesem Kampf des Geistes und Ungeistes derjenige, der im eigenen Verantwortungsbereich Formen und Ordnungen liebt, die von einer starken Ausstrahlungskraft sind. Auch der negativ voreingenommene Beobachter – komme er aus Asien, Afrika oder Lateinamerika – wird sich der wesentlichen Übereinstimmung von propagiertem „Leitbild" und der erfaßbaren Wirklichkeit nicht zu entziehen vermögen.

Um Mißverständnisse auszuschließen: Hier wird nicht verlangt, daß wir nunmehr als bewußt demagogische Missionare unserer Ordnungsform auftreten sollten. Notwendig ist vielmehr, daß die freien Staaten des Westens zu einer Harmonie von Wohlstand und menschlichem Leben in der Gesellschaft hinfinden, deren wir selbst dringend bedürfen und die auf sehr einfache und überzeugende Weise anziehend wirkt. Eine solche erstrebenswerte Innenpolitik im umfassenden Sinne besitzt eine natürliche Ausstrahlungskraft und wird zugleich ein wirksamer Faktor der Außenpolitik. Dem verantwortlich handelnden Politiker fordert ein solches Ziel auch ein Mehr an Phantasie und Entschlußkraft ab.

Uns wird darum auch nicht länger erlaubt sein, etwa Sozialpolitik, Handels- und Wirtschaftspolitik unabhängig davon zu betreiben, wie die einzelnen Maßnahmen unser Bild in den Augen der Welt verändern könnten, bzw. welche Reaktionen von dort zu erwarten sind. Wir sind mit unserem Gegenspieler auf die offene Bühne gestellt – nicht in irgendeinem x-beliebigen Charakterfach, das wir uns des guten Eindrucks wegen ausgesucht haben, sondern in der uns natürlich gemäßen Rolle.

Wir, das sind alle freien, im Wohlstand lebenden Völker, die künftig auf Gedeih und Verderb darauf angewiesen sein werden, mit ihrem Beispiel eine halbe Welt von der Richtigkeit ihres Weges zu überzeugen, d. h. geistig zu gewinnen – wissend, daß unser Scheitern an dieser Aufgabe das Licht der Freiheit in der ganzen Welt verlöschen lassen würde – wir unterstehen dem zwingenden Gebot, uns nach dem Gesetz, nach dem wir angetreten sind, auch innenpolitisch treu zu bleiben, d. h. keiner Anfechtung unserer freiheitlichen, kollektivfeindlichen Ordnungsformen zu erliegen, weder engstirnigen Augenblicksinteressen zuliebe noch im Alltag der Wirtschaft überhaupt.

Diese Notwendigkeit besteht nicht erst seit heute, aber wir sind ja so herrlich praktisch geworden – und so wunderbar kurzsichtig zugleich. In vielen Köpfen sind die weiter angelegten Konzeptionen einer tagesbezogenen Taktiererei gewichen.

Womit mußte der Politiker rechnen – ich weiß ein Lied davon zu singen –, wenn er vor vier Jahren die Notwendigkeit tragfähiger Partnerschaft mit den Entwicklungsländern hervorhob? Günstigenfalls mit einem verständnislosen Kopfschütteln. Wessen mußte er gewärtig sein, wenn er vor zwei Jahren betonte, Entwicklungshilfe müßte mehr und anderes sein als nur Güterexport? Was erwartete ihn, der vor einem Jahr, ja noch vor wenigen Monaten davon sprach, die aus politischen wie wirtschaftlichen Gründen notwendige Entwicklungshilfe werde allgemein fühlbare Opfer erfordern?

Inzwischen gehört „Entwicklungshilfe" – leider, möchte ich sagen – zu den Modethemen. Jeder fühlt sich berufen, darüber zu sprechen. Und, daß Opfer unumgänglich sind, darüber hat man sich mittlerweile, wenn auch nicht ganz ohne Einfluß von außen, belehren lassen müssen.

Dennoch wird möglicherweise wiederum als Illusionist gelten, wer es für erforderlich hält, die bei uns anstehenden Aufgaben – beispielsweise die konsequente Innehaltung der Sozialen Marktwirtschaft oder die Zusammenführung der Länder des freien Europas – auf eine Weise anzugehen, die die mittelbaren Auswirkungen unseres Verhaltens auf die asiatischen, afrikanischen und lateinamerikanischen Entwicklungsprozesse berücksichtigt.

Wir brauchen ein solches Maß entschiedener Übereinstimmung der von uns vertretenen Prinzipien mit dem täglichen praktischen Handeln, weil die Zukunft der Welt wesentlich davon abhängt, wieweit die von uns verwirklichten Ordnungsformen auf die asiatischen, afrikanischen und lateinamerikanischen Völker ausstrahlen und als Vorbild wirken.

Aus diesem Grunde sollten auch Kompromisse mit staatsabsolutistischen Wirtschaftsmethoden vermieden werden. Wir bleiben nicht glaubhaft, wenn wir einereits Individualismus und Menschenwürde, persönliche Initiative und freies unternehmerisches Wirtschaften vertreten und auf der anderen Seite mit unseren Hilfen, mit unseren Ausrüstungen und mit unseren personellen Kräften mithelfen, in den Entwicklungsländern einem staatskapitalistischen Kollektivismus und in seinem Gefolge der menschlichen Unfreiheit Vorschub zu leisten. Soweit staatliche Initiative und staatliche Reglements am Anfang der Aufbauprozesse unverzichtbar erscheinen, so unterliegt das ausschließlich der Entscheidung der Entwicklungsländer selbst. Aber wir sollten einen solchen Prozeß, der vielfach aus einer Überbewertung kollektivistischer Ordnungsprinzipien entsteht, nicht wider unsere Einsicht auch noch fördern.

Wir werden gewinnen, wenn wir vor den Entwicklungsländern und den unabhängig gewordenen Völkern gegenüber in unserer Haltung glaubwürdig erscheinen. Dazu bedarf es neben dem vertrauenerweckenden Auftreten unserer draußen arbeitenden Menschen – ob Facharbeiter, Diplomat, Techniker oder Kaufmann – der klugen Beratung durch unsere deutschen Unternehmen und öffentlichen Stellen, es bedarf dazu großer Anstrengungen, unsere eigene deutsche Wirklichkeit überzeugend zu repräsentieren, um durch das anziehende Beispiel diese Völker davor zu bewahren, kommunistisch-sozialistischen Scheinwerten zu erliegen. Wir haben, wenn wir uns im eigenen Wirkungsbereich treu bleiben, gegenüber dem kommunistischen Osten den unüberwindlichen Vorteil innerer Wahrhaftigkeit auf unserer Seite.

EUROPÄISCHE ZWISCHENBILANZ

[Rede vor der Gesellschaft für auswärtige Politik und der Österreichischen Industriellen-Vereinigung am 8. Februar 1961 in Wien]

Am Vorabend eines Besuches Bundeskanzler Adenauers bei dem französischen Staatspräsidenten de Gaulle sprach Ludwig Erhard in Wien vor einer Versammlung führender Persönlichkeiten des politischen, wissenschaftlichen und wirtschaftlichen Lebens Österreichs. Seine Rede fand einige Wochen vor der von ihm angestrebten Aufwertung der D-Mark statt. Wie so oft bei ähnlichen Anlässen gibt Erhard eine Gesamtschau der wirtschaftlichen Lage der Bundesrepublik und der Fragen, die mit der Intensivierung der europäischen und weltwirtschaftlichen Zusammenarbeit gestellt sind:

Mein Thema ist weitgespannt. Es erstreckt sich nicht nur auf das Verhältnis zwischen EWG und EFTA, obwohl ich dieser Problematik gewiß nicht ausweichen möchte. Ich will über Wirtschafts- und Konjunkturpolitik sprechen, und Sie können überzeugt sein, daß ich das Problem nicht nur im nationalen Raum und Rang sehe, sondern als eine weltweite Aufgabe und Verpflichtung erkenne.

Ich glaube, wir brauchen uns nicht mehr über wirtschaftliche Systeme zu unterhalten, denn es gibt praktisch keinen dogmatischen Streit mehr um die Richtigkeit bzw. um die Geltung von Wirtschaftsformen. Wenn wir in Deutschland von „Sozialer Marktwirtschaft" sprechen, dann meinen wir nicht die liberale Wirtschaft nach den Glaubenssätzen des englischen Manchestertums; ja, ich meine damit nicht einmal allein das, was man nach der Lehrmeinung den „Neoliberalismus" heißt. Nein, die Soziale Marktwirtschaft – und ich erhebe keinen Patentanspruch auf diesen Begriff – will etwa anderes und mehr. Gewiß will auch sie über das Medium des Wettbewerbs, der mit einem erfolgreichen und freiheitlichen wirtschaftlichen System untrennbar verbunden ist, eine Synthese zwischen persönlicher Freiheit und sozialer Sicherheit finden.

Der Begriff „Soziale Marktwirtschaft" wird noch einer gewissen Ausdeutung bedürfen, aber zunächst möchte ich mit dieser kargen Umschreibung nur deutlich machen, was eigentlich der innerste Gehalt der Sozialen Marktwirtschaft ist. Im übrigen glaube ich, daß unsere wirtschaftlichen Prinzipien gegenüber denen Ihres Landes zwar im einzelnen differieren, aber nicht eine unversöhnliche Gegensätzlichkeit beinhalten.

Als wir im Jahre 1948 mit einer neuen Wirtschaftsphilosophie angetreten sind, konnten wir uns auf keine Literatur stützen, denn das Wettbewerbsprinzip als das zentrale Anliegen der neoliberalen Schule ist nicht

vollkommen genug, um das auszusagen, was wir mit der Sozialen Marktwirtschaft, wenn auch gewiß noch nicht voll verwirklicht, so doch angestrebt
haben. Demgegenüber stand zum Beispiel die sozialistische Lehre, die Kom-
pendien füllte, d. h. sich auf eine breite Literatur stützen konnte, die die
Schulen der Nationalökonomie in Bewegung und Erregung setzte. Wir be-
traten sozusagen Neuland mit einer Vorstellung, die gewiß nicht losgelöst
war von der Vergangenheit, aber doch mit einer neuen Wirtschaftsordnung
zugleich auch ein neues gesellschaftspolitisches Leitbild ansteuern wollte
oder sich jedenfalls nach dieser Richtung hin zu wirken bemühte.

Die Frage, welches das erfolgreichste Wirtschaftssystem ist, dürfte heute
als beantwortet gelten; ja, es ist sogar von besonderen nationalen Bedingungen unabhängig. Denn wer hätte nach diesem Zusammenbruch
sondergleichen – und ich meine damit nicht nur mein eigenes Land, sondern
denke dabei an die Zerrüttung, an die unheilvolle Isolierung der europäischen Volkswirtschaften und ihre Bindungen an falsche Ideologien –
zu hoffen gewagt, daß es möglich sein werde, aus dem geistigen und
materiellen Schutt wieder eine Welt aufzubauen, die, wenn sie bestimmt
auch nicht vollkommen ist – das werden wir nie erreichen –, in er-
staunlichem Maße nicht nur im nationalen Raum die Produktivkräfte entfalten, den Wohlstand und die soziale Sicherheit mehren konnte, sondern
dazu die freie Welt wieder zu einer mehr oder minder geschlossenen geistigen Einheit in dem Gefühl der unlösbaren Zusammengehörigkeit und
der Überzeugung zusammengeschweißt hat, daß heute kein Land mehr –,
sei es nun größer oder kleiner –, sein eigenes Schicksal in sich glücklich bewältigen könnte. Das konnte nur in dem fruchtbaren Zusammenwirken
aller und in der Anerkennung gleicher Ideale –, wenn auch die parteipolitischen Auffassungen einmal auseinanderstreben –, geschehen. Das ist
in der Bundesrepublik nicht anders als hier in Österreich. Noch nie hat es
eine Zeit gegeben, in der eine so dynamische Entwicklung der menschlichen
und der sachlichen Produktivkräfte vollzogen und zum Erfolg geführt
wurde, wie das nach diesem verheerenden und unheilvollen Kriege, nach
diesem Zusammenbruch ohnegleichen der Fall war.

Ich erinnere mich noch ganz deutlich, wie zu Beginn des Jahres 1948,
d. h., also noch vor der deutschen Währungsreform, als mir die Verantwortung für das wirtschaftliche Leben in Deutschland übergeben wurde,
noch gar keine Klarheit darüber bestand, nach welchem Gesetz wir eigentlich antreten sollten, denn wir alle waren Gefangene mehr aus der Not
dieser Zeit als vielleicht aus einer Ideologie heraus. Keines hat fortgewirkt
und wirkt noch fort bis in die Gegenwart. Man meinte, daß nur eine Planwirtschaft staatlicher Prägung bzw. eine Lenkung durch den Staat das geeignete Mittel sein könnte, diese unheilvolle Unordnung zu überwinden
und die Menschen aus bitterer Not wieder zu einem hoffnungsvolleren
Leben oder gar zu Wohlstand führen zu können.

Als wir uns seinerzeit auf der Ebene der OEEC oder wo immer im europäischen Raum begegneten, rangen noch die Geister um die anzuwendenden Prinzipien, um die Ordnungsvorstellungen wirtschafts- und gesellschaftspolitischer Art. Davon ist heute überhaupt nicht mehr die Rede. Die Produktivkraft, die Wohlfahrt und die soziale Sicherheit, die wir alle in den letzten zwölf Jahren errangen, sind so ohne Beispiel in der Geschichte, daß das Wirtschaftssystem einer freien Ökonomie heute als unantastbares und als verpflichtendes Prinzip schlechthin Geltung gewonnen hat.

Was wir unter „Sozialer Marktwirtschaft" verstehen und was so oder abgewandelt auch in der Wirtschaftspolitik anderer Länder Eingang findet und durchleuchtet, ist sicher kein Allheilmittel. Es hat auch keine Wurzel in einer ideologisch gebundenen Vergangenheit, sondern es will in der Erfassung unserer Gegenwart und der Zukunft, so wie wir sie zu erkennen vermögen, eine Ordnung schaffen, in der die persönliche Freiheit mit sozialer Sicherheit sich zu einer Einheit optimal verbindet.

Es wäre leicht, an Zahlen zu demonstrieren, was aus dieser unserer deutschen Wirtschaft geworden ist. Aber das wäre zu billig, und es kann auch nicht meine Absicht sein, mit Erfolgszahlen zu prunken. Es kommt mir auf mehr an –, darauf nämlich, unsere Gegenwart zu erkennen, soweit Menschen das vermögen, und das Gemäße zu tun, daß die trotz der Erfolge in Unruhe gestürzten Menschen wieder zu sich selbst zurückfinden, zu einer Sicherheit aus der eigenen Brust und auch zu einem bewußten Erleben, das sie von der Vorstellung befreit, als ob sie willenloses Werkzeug einer undurchschaubaren, geheimnisvollen und am Ende vielleicht zerstörerischen Macht werden könnten.

Diese Wirtschaftsform, diese Wirtschaftsphilosophie ist nicht so leicht zu begreifen wie eine Planwirtschaft. Diese versteht jeder, ja das einfältigste Gemüt kann sich darunter etwas vorstellen und glaubt, es wäre unserer Zeit gemäß, daß angesichts der vielen Probleme und des Aufkommens immer neuer Techniken sowie der Verwobenheit der Wirtschaft mit dem sozialen und politischen Leben eben geplant werden müßte und das allein sozusagen die Rettung böte. Es ist nur merkwürdig, daß diese so leicht verständliche und dem einfachen Verstand so zugängliche Planwirtschaft in der Praxis nie funktioniert, während umgekehrt das tausendfach verwobene Geschehen einer Marktwirtschaft, das eben nicht so leicht zu begreifen ist, ganz offenkundig den Menschen in der Erfüllung ihrer Wünsche und Vorstellungen weiterhilft. Ich bin natürlich nicht zu resignieren bereit und darf darum solchen einfachen und vereinfachten Vorstellungen nicht Raum geben. Es ist gar nicht so schwer, auch wenn es die Menschen nicht verstehen, in ihnen – und das nicht zuletzt aus ihrem eigenen unmittelbaren Erleben heraus – dennoch den Glauben zu wecken, daß die Marktwirtschaft doch die richtige Ordnung ist, über die man sich praktisch nicht mehr unterhält.

Wenn ich von meinem eigenen Lande spreche – und dort stehen wir ja bekanntlich vor einer Wahlentscheidung –, dann muß ich sagen: am unbestrittensten zwischen den verschiedenen Parteien ist eigentlich die Wirtschaftspolitik, vielleicht schon etwas weniger die Gesellschaftspolitik. Das erachte ich als einen großen Fortschritt, daß die freie Welt als eine zusammengehörige Einheit nicht mehr über ideologische Probleme zerstritten, sondern zu gemeinverbindlicher Anerkennung von freiheitlichen Grundsätzen gelangt ist.

Es wäre nur die Frage zu stellen – und die ist nur zu berechtigt –, wie es gleichwohl dahin kommt, daß trotz des zunehmenden Wohlstandes und trotz der immer weiter gesteigerten sozialen Sicherheit, trotz eines immer höheren Volks- und Individualeinkommens dennoch ein gewisses Mißbehagen oder doch Unruhe die Menschen erfüllt und warum sie der inneren Zufriedenheit und Ausgeglichenheit entbehren, obwohl ihr materielles Dasein unbestreitbar aus bitterster Armut sich zu einem recht beachtlichen Stand der Wohlfahrt und der materiellen Lebensmöglichkeiten hin entfaltet hat?

Diese Frage bedarf einer Beantwortung, denn wenn wir sie nicht zu beantworten vermögen, verfallen wir vielleicht in den Trugschluß, zu glauben, durch immer höhere Produktivleistungen, durch mehr Wohlstand, durch höheres Einkommen, durch noch mehr kollektive soziale Sicherheit den Menschen das Glück bringen zu können. Ja, ich glaube, wir sind heute reif genug um einzusehen, daß das, was wir bisher erreicht haben und was wir zweifellos noch gewaltig zu steigern vermögen, allein nicht mehr ausreicht, um den Menschen und den Völkern das Bewußtsein der Harmonie einer in sich wohl ausgewogenen Ordnung zu vermitteln, eine Atmosphäre des Lebens zu schaffen, in der sie sich wohl und geborgen fühlen.

Wenn der Sozialismus früher einmal als die Konsequenz einer immanenten Entwicklung die klassenlose Gesellschaft als den Endzustand dieses Prozesses dargestellt hat, dann darf ich wohl sagen, daß wir, wenn auch nicht in der Perfektion, dran und drauf sind, eine andere Art „klassenloser Gesellschaft" zu verwirklichen. Im Grunde genommen haben wir tatsächlich eine „klassenlose Gesellschaft" besonderer Prägung, denn die Divergenzen und Spannungen sozialer Art, so wie sie haßerfüllt ehedem zum Ausbruch kamen, sind heute nicht mehr lebendig. Ich möchte damit nicht sagen, daß es nicht noch Unterschiede im sozialen Leben gibt, die einen Stein des Anstoßes bilden. Aber wer Augen hat und das Herz dazu, die Dinge zu sehen und zu erfühlen, wird anerkennen müssen, daß sich die Lebensgewohnheiten der Menschen aus den verschiedensten Schichten immer mehr einander angleichen. Es ist im Grunde genommen kein Unterschied in der Wertung der Menschen und der Gesellschaft, ob der eine mit einem größeren oder kleineren Auto fährt und ob ein Fernsehgerät etwas besser oder weniger gut ausgestattet ist. Das Verlangen der Menschen, ihr

Konsum ist einheitlicher geworden! Hoffentlich wird das keine Uniformierung des Verbrauches bewirken. Es gibt heute auch keine Mode oder Stil mehr, der von einer herrschenden Schicht geprägt bzw. zur Schau getragen wird. Die äußeren Lebensformen gleichen sich einander an. Im Grunde genommen ist auch die Denkweise der verschiedenen Schichten und Gruppierungen der Menschen so stark einander angenähert, daß wir uns – wenn das vielleicht zunächst auch nur als ein Gleichnis hinzunehmen ist – auf dem Wege zu einer „klassenlosen Gesellschaft" befinden.

Ich will damit nicht sagen, daß das ein absoluter Wert wäre, denn das könnte allzu leicht dahin ausgelegt werden, als ob die Gleichheit an sich einen Wert bedeutete. Ich meine das nicht in dem Sinne, als ob Rang- und Standesunterschiede auch weiterhin ein beherrschendes Prinzip sein sollten. Es geht vielmehr darum, in der Denkweise der Menschen, in ihren Vorstellungen und in ihrem Bewußtsein vom Wert der menschlichen Freiheit und dem Wesen der Sicherheit, d. h. der Unabhängigkeit von allen Formen des Kollektivismus, zu einer Annäherung und Verständigung zu gelangen.

Der Himmel möge uns davor bewahren, daß wir jemals in einer Uniformierung des Verbrauches oder in der blinden Anbetung nur eines Ideals und nur eines Prinzips das Heil erblicken. Das wäre verhängnisvoll! Die Gesellschaft, das lebendige Leben eines Volkes verlangt danach, sich auseinanderzusetzen –; es kommt allerdings darauf an, auf welcher geistigen und sittlichen Ebene diese Auseinandersetzung erfolgt.

Die moderne Technik führt ja dazu, daß in der Massen- und Serienproduktion das Produkt mehr oder minder vereinheitlicht wird und somit aus dieser Entwicklung heraus zwangsläufig eine gewisse Vereinheitlichung des Verbrauchs – ich will mich vorsichtig ausdrücken – angestoßen wird. Das ist indessen nur die eine Seite!

Wir bemühen uns in der Bundesrepublik, der daraus resultierenden Konzentration wirtschaftlicher Macht wirksam zu begegnen und im Zuge einer bewußten Mittelstandspolitik gerade diese selbständigen und unselbständigen Schichten und Kreise der Wirtschaft, zugleich mit dem Bestreben, immer mehr Selbständigkeit zu begründen, lebensfähig und lebenstüchtig zu erhalten.

Gewiß erfordert die moderne Technik bestimmte Großformen und Konzentrationen der Produktionsmittel, aber das gilt schon nicht überall und gleichmäßig für die gesamte Wirtschaft. Dort, wo ökonomische und technische Notwendigkeiten zu einer Konzentration der Produktionsmittel und – gesellschaftspolitisch ausgedrückt – zu einer Konzentration der wirtschaftlichen Macht führen, ist unser ganzes Bestreben darauf gerichtet, dieser Konzentration des volkswirtschaftlichen Produktionskapitals eine Dekonzentration des Eigentums an den Produktionsmitteln entgegenzusetzen.

Das gelingt natürlich nicht von heute auf morgen. Es gibt kein Füllhorn, das Eigentum und Vermögen auszustreuen vermöchte, und es wäre auch ein schlechtes Prinzip, privates Eigentum anzutasten, um auf solche Weise vermeintliche Fehler der Gesellschaftsordnung korrigieren zu wollen.

Wir können eine solche Entwicklung nur einleiten – das aber müssen wir auch ganz bewußt tun –, die für die Zukunft einer in höherem Maße befriedigende Verteilung des Volkseinkommens und des Sozialprodukts bewirkt, und wir müssen auch hinsichtlich der Vermögensschichtung dafür sorgen, daß nicht einer großen Masse von Menschen, ohne Besitz und nur auf kollektive Sicherheit angewiesen, nur verhältnismäßig wenige gegenüberstehen, in deren Hand sich das volkswirtschaftliche Vermögen konzentriert und akkumuliert.

Über die Ansätze, die dahin führen, mag man vielleicht verschiedener Meinung sein; aber es kommt darauf an, überhaupt einmal anzufangen und einen bewußten Willen zu bezeugen. Ob wir das in Deutschland z. B. dergestalt vollbringen, daß wir das in bundeseigener Hand befindliche Produktivkapital in Form von Volksaktien ausstreuen – ich verweise auf die Privatisierung des Volkswagenwerkes –, oder ob wir jetzt darangehen, durch eine „Ergebnisbeteiligung" zu erreichen, daß sich auch in der Hand von unselbständigen und in abhängiger Arbeit stehenden Menschen allmählich Kapital anreichert, – das alles ist sicherlich noch nicht die letzte Antwort. Aber man möge das ernste gesellschaftspolitische Bemühen verstehen, aus einer überkommenen Wirtschafts- und Gesellschaftsordnung zu moderneren Auffassungen des Zusammenlebens der Menschen hinzufinden.

Wer so lange im Amt ist wie ich und alle Phasen durchlebt hat – von dem trübsten Zusammenbruch, den eine Wirtschaft je zu erleiden hatte bis zu dem heutigen Zustand –, ist von Illusionen geheilt. Alles, was wir anpacken und anfangen, hat doch einen realpolitischen Gehalt und möge auch so verstanden werden. Im Jahre 1948 sagte man mir: Deine vornehmste Aufgabe muß es sein, das Sozialprodukt gerecht zu verteilen. Meine Antwort darauf war: Wenn ich mich darauf beschränken sollte und müßte, die Armut gerecht zu verwalten, würde ich dieses Amt nie angenommen haben. Mein ganzes Bestreben ist es vielmehr, die Armut zu überwinden. Daß da nicht allerorts und in jedem Zeitpunkt Maßstäbe göttlicher Gerechtigkeit obgewaltet haben, weiß ich am besten. Aber wer verfügt schon über diese Weisheit? Auch meine Widersacher haben sie bestimmt nicht für sich gepachtet, und wo gehobelt wird, fliegen eben einmal Späne. So war es auch in der Bundesrepublik.

Wenn Sie mich also fragen, ob in dem zurückliegenden Zeitraum der letzten zwölf Jahre das Sozialprodukt gerecht verteilt wurde, gibt es darauf verschiedene Antworten. Nach Maßstäben streng sittlicher Art möchte ich sagen: Nein! Nach den Maßstäben der realen Gegebenheiten und der Aufgaben, die im Interesse aller glücklich zu bewältigen waren, beantworte ich die Frage mit Ja!

Denn dieses arme am Boden liegende Deutschland mit einer verschlissenen und veralteten Apparatur, durch Demontagen noch geschwächt, mit 50% vernichteten Wohnraumes, dieses zweigeteilte Deutschland, belastet mit der Hypothek – so schien es anfangs – von 12 Millionen Flüchtlingen, in dem alle öffentlichen Einrichtungen darniederlagen und ein Währungschaos Unmoral geradezu gezüchtet hat, ein Deutschland, das abgeschnitten war von der Weltwirtschaft, ja, verachtet und ohne Freunde dastand, mußte erst einmal sein eigenes Haus wieder in Ordnung bringen. Wir konnten nicht einmal sagen, daß wir diesen Prozeß in einer bestimmten Rangordnung oder Reihenfolge bewältigen müßten; nein, wir mußten an allen Ecken und Enden gleichzeitig beginnen.

Es galt, dafür zu sorgen, daß die Menschen wieder den Glauben an den Wert der Arbeit zurückgewinnen, wir mußten die deutsche Wirtschaft in sich selbst festigen und produktiv gestalten, damit sie in einer freien Weltwirtschaft ein wieder gesichertes Dasein finden konnte. Das alles war in Angriff zu nehmen und zu einem guten Ergebnis zu führen. Wie sonst wäre es möglich gewesen, neben jenen 12 Millionen überkommenen Arbeitsplätzen, die zudem unproduktiv geworden waren, noch einmal 7½ Millionen neue Arbeitsplätze aufzubauen und dazu die Wirtschaft so leistungsstark zu machen, daß Deutschland in der Weltwirtschaft wieder Geltung und Rang erlangen konnte.

Wenn Sie dazu noch bedenken, daß die Währungsreform 49% des vorhandenen Geldkapitals vernichtete, dann war es in Konsequenz des verbrecherischen Unheils unserer trübsten Vergangenheit eindeutig klar und nur zu verständlich, daß die Menschen zuerst für ihr nacktes Dasein sorgen mußten und daß da von einer Sparkapitalbildung nicht die Rede sein konnte.

Aber wir brauchten solches Kapital, und so ist es in dieser Zeit geschehen, daß über das Mittel der Eigenfinanzierung privates Vermögen entstand, das heute rückblickend auf der politischen Ebene einer kritischen Wertung unterliegt. Ich bin sogar bereit, mich dieser kritischen Wertung anzuschließen, aber nicht etwa in dem Sinne, daß ich damit bekenne, etwas falsch gemacht zu haben, sondern in jener Richtung, daß ich einsehe, es müsse dieser Prozeß heute als abgeschlossen gelten. Wir haben nun dafür zu sorgen, daß auch die scheinbar zu kurz Gekommenen künftig in stärkerem Maße an dem Fortschritt teilhaben können, dann sich aber auch für das wirtschaftliche Geschehen mitverantwortlich fühlen müssen.

Das Mitverantwortlich-Fühlen scheint mir einer der wesentlichsten Impulse zu sein, die für eine moderne Wirtschaft und Gesellschaft unverzichtbar sind. Es trägt ja nicht in erster Linie der Staat die Verantwortung für die unmittelbare Tätigkeit des Einzelnen. Es ist nicht seine Aufgabe allein, für das Wohl des Volkes zu sorgen. Seine Verantwortung liegt in einer Gesetzgebung, die eine richtige Ordnung setzt und damit den Rahmen für

ein sinnvolles Miteinanderwirken bildet. In einer hochmodernen Industriewirtschaft bedeutet das noch keineswegs, daß der Staat selbst unmittelbar
wirtschaftlich tätig sein müßte oder sein sollte. Wir ziehen in der Bundesrepublik daraus die Konsequenz.

In „Entwicklungsländern" mag die Lage etwas anders sein. Ich bin auch
weit davon entfernt, die „Soziale Marktwirtschaft", wie wir sie in Deutschland üben und fortentwickeln wollen, als das Allheilmittel schlechthin an-
zupreisen. Trotzdem freue ich mich, daß dieses Beispiel Nachahmung gefunden hat und daß man selbst in den Entwicklungsländern allmählich von
der Vorstellung abkommt, als ob es für diese Räume nur das eine Prinzip
gäbe, über eine modifizierte Form von Staatskapitalismus oder Staats-
sozialismus den Aus- und Aufbau der Produktivkräfte zu besorgen. Allmählich fühlt man auch dort, daß es der richtige Weg ist, die Menschen
geistig anzurühren und auf breiter Grundlage der Bevölkerung den Sinn
für den Wert der Arbeit zu vermitteln; – nicht nur im Ideellen, sondern
vor allem auch im Materiellen.

Ich habe es immer als höchst problematisch empfunden, wenn wir in den
Entwicklungsländern hochmoderne Stahlwerke aufgebaut haben. Oft sagte
ich dazu, daß das gar keine Stahlwerke, sondern National-Denkmäler seien,
an denen sich der Glaube dieser Völker entzünden soll, ohne im Ökonomischen und Sozialen den Effekt erreichen zu können, den diese Entwicklungsländer brauchen. In diesen Ländern müßte vor allen Dingen
durch breitgefächerte Arbeit die Konsumkraft gestärkt werden, damit die
Menschen aus Armut und Not herauskommen.

Der Staat hat also nicht die unmittelbare Verantwortung, im wirtschaftlichen Bereich durch unmittelbare Betätigung für das Wohl des Volkes zu
sorgen. Wir haben natürlich auch bundeseigene Unternehmungen und
wollen das Beste tun, um einen gesunden Wettbewerb zwischen ihnen und
der privaten Wirtschaft zu ermöglichen. Wir haben aber gleichwohl die
Absicht, den Besitz dieser Produktionsmittel in Form der Ausgabe von
Volksaktien in möglichst breiter Streuung dem Volk als Grundlage privaten produktiven Eigentums zur Verfügung zu stellen.

Es ist aber auch nicht Aufgabe des Unternehmers allein, dafür zu sorgen,
daß eine Volkswirtschaft zu immer produktiverer Leistung gelangt. Der
Unternehmer hat gewiß eine gewaltige Aufgabe zu erfüllen. Ich vertraue
der privaten Initiative und glaube, daß sie die stärkste Kraft ist, um aus den
jeweiligen Gegebenheiten den höchsten Effekt herauszuholen. Solange wir
aber auch die in abhängiger Arbeit stehenden Menschen nicht dazu bringen, darüber nachzudenken, daß das Schicksal, die Zukunft und die Sicherheit des ganzen Volkes wesentlich darauf beruhen, daß sie am wirtschaftlichen Geschehen Anteil nehmen und daß sie für die Erhaltung und Mehrung der Produktivkraft mitverantwortlich sind, solange werden wir die
innere Spaltung und die parteipolitischen Gegensätze, ja, die klassen-

kämpferischen Vorstellungen, die noch nicht bis zum letzten dahingeschwunden sind, nicht überwinden können.

Es ist einfach, zu sagen: Auch der Arbeiter würde gerne sparen, wenn er nur so viel verdiente, daß er sparen kann. Diese Aussage ist relativ. Die Frage nämlich, von welchem Einkommen an jemandem zugemutet werden kann, etwas zurückzulegen und zu einer Vermögensbildung als Grundlage echten privaten Eigentums zu gelangen, ist natürlich nicht absolut zu beantworten. Was bedeutet aber schon der Augenblick, wenn wir genau wissen, daß wir inmitten eines Prozesses stehen, der zu raschen und gewaltigen Fortschritten gerade auf sozialem Gebiet führt. Es ist unerläßlich, daß alle Schichten unseres Volkes, ja, jeder einzelne Bürger sich dessen bewußt ist, daß er nicht auf die „Kapitalisten" schimpfen und nicht den Staat allein für sein soziales Sein verantwortlich machen darf, sondern daß es ihm auch selbst obliegt, an der Gestaltung seiner und unser aller Zukunft mitzuwirken. Der Bürger muß wissen, daß es von seiner eigenen Haltung und Gesinnung abhängt, ob die Volkswirtschaft, der er zugehört, im internationalen Wettbewerb auch in Zukunft bestehen, oder anders ausgedrückt, ob in unserer gesellschaftlichen Ordnung ein immer höheres Maß an innerer Harmonie erreicht werden kann. Wenn ich den Arbeiter dazu bringe einzusehen, daß er nur dann ein Recht hat, gegen die Gesellschaftsordnung oder gegen die staatliche Wirtschaftspolitik aufzutreten, wenn er selbst bereit ist, an der Gestaltung und an dem Ausbau der Gesellschaftsordnung aktiv mitzuwirken, dann ist schon viel erreicht. Wenn der Arbeiter einsieht, daß er mit seiner Spartätigkeit vor allem auch an der Sicherung seiner eigenen Zukunft teil hat, dann werden manche Gegensätze, die heute noch etwa zwischen den Sozialpartnern in Erscheinung treten, gemildert werden. Dann wird man zu einer besseren Verständigung gelangen.

Wir sind glücklich darüber, daß wir aus dem Nichts heraus über den ökonomischen Fortschritt der Sozialen Marktwirtschaft zugleich auch die Grundlage unserer Sozialordnung in einem Ausmaß gefestigt und die sozialen Leistungen in einem Maße gesteigert haben, das uns ehedem und noch vor wenigen Jahren in Deutschland als unmöglich erschien. Dieses Prinzip der Sozialpolitik soll gewiß unangetastet bleiben; ich glaube aber nicht, daß das allein jene Sicherheit gibt, die den Menschen zu wirklich innerer Befreiung führt und ihm seinen Wert und seine Würde zum Bewußtsein bringt. Dazu gehört auch das Gefühl, ja, mehr noch die Überzeugung, daß er nicht von der Gnade irgendeines Kollektivs abhängig ist, daß er sich als freier Staatsbürger verhalten und bewegen kann. Das Wort „Mannesmut vor Königsthronen" gilt auch in der Demokratie, wenn dort die Herrschaftsverhältnisse auch anders gelagert sind. Das ist meiner Ansicht nach schon ein Ziel, das zu erreichen des Schweißes der Edlen wert ist.

Woran – so müssen wir fragen – liegt es denn eigentlich, daß trotz gewaltiger Verbesserung unserer sozialen und materiellen Verhältnisse der einzelne beunruhigt ist, daß ein Unbehagen nicht geleugnet werden kann? Man könnte sogar eine Art umgekehrter Korrelation aufstellen und sagen: Je mehr soziale Sicherheit dem Einzelnen in kollektiven Einrichtungen geboten wird, je konstanter sich unsere Wirtschaft aufwärts entwickelt, und je mehr sie von Krisen verschont ist, um so größer wird die Unruhe, jenes fast unverständliche Gefühl der Unsicherheit. Wir denken heute nicht mehr in der liberalistischen Vorstellung gesetzmäßiger Konjunkturzyklen, die mit einer Schwingungsdauer von etwa sieben Jahren alle Phasen des Aufschwungs, der Hochkonjunktur, der Depression und der Krise in sich schließen. Wir befinden uns seit nunmehr zwölf Jahren in einer fortdauernden, im Trend ungestörten Aufwärtsentwicklung unserer Volkswirtschaft. Das beweist, daß wir das Instrumentarium der Konjunkturpolitik heute besser beherrschen oder daß andere ökonomische und gesellschaftliche Prinzipien obwalten. Trotz alledem aber, trotz der Mehrung der Sicherheit, trotz der Erhöhung des Einkommens, trotz des Bewußtseins, daß Krisen uns nicht mehr erschüttern und bedrohen können, wird der Schrei nach Sicherheit nur immer größer. Das ist, wie ich überzeugt bin, im letzten gar nicht der Schrei nach noch mehr kollektiver sozialer Sicherheit durch staatliche oder öffentliche Einrichtungen, sondern hier wird vielmehr eine Sehnsucht nach menschlicher Sicherheit, nach Geborgenheit, das Verlangen nach Wohlbefinden in der menschlichen Gesellschaft lebendig. Wer über dieses Phänomen hinwegsieht, begeht einen argen Irrtum. Der Staat kann durch richtige Politik das Volkseinkommen vermehren, das individuelle Einkommen verbessern, die Rentenleistung erhöhen, aber damit allein wird er die Menschen nicht glücklich machen.

Hier ist zweifellos etwas nicht in Ordnung! Das soll wiederum nicht als Schuld einer Regierung – dieser oder jener – aufgefaßt werden. Das ist gar keine Erscheinung, die etwa hier die vermeintlich kapitalistisch oder dort sozialistisch regierten Länder zu beschäftigen hat, sondern es ist schlechthin ein Zeichen unserer Zeit.

In der „geschlossenen Hauswirtschaft", so wie es uns auf den Universitäten gelehrt wurde, kann es keine Unsicherheit geben. Hier arbeitet eine in sich geschlossene Gruppe zusammen, die aus unmittelbarer Einsicht vor Illusionen bewahrt ist. Dort ist von Fordern und Gewähren nicht die Rede. Der Blick in die Vorratskammer genügt, um dem einzelnen anschaulich zu machen, was und wieviel verzehrt werden kann. Dieses „Erlebnis der Scheune" gewährte eine Art Sicherheit. Im mittelalterlichen Ständestaat haben die Menschen in ihrer Gottbezogenheit an eine hierarchische Ordnung als unantastbares gesellschaftliches Prinzip geglaubt. Dann aber kam die geistige Revolution. Es wurde den Menschen das Bewußtsein der Freiheit eingeimpft, und damit vollzog sich ein soziologischer Prozeß, der seit 170 Jahren die Welt und unsere Umwelt formte –, verbunden mit gewaltigen Erfolgen und Errungenschaften, begleitet aber auch von Spannungen, die nicht nur im inneren Gefüge der Nationalstaaten auftraten, sondern sich auch in feindlichen kriegerischen Auseinandersetzungen zwischen den einzelnen Völkern entluden.

Ich glaube, daß die Unsicherheit in unserer Gegenwart wesentlich darauf beruht, daß das Geschehen um uns dem einzelnen nicht mehr voll begreiflich erscheint. Wir schießen Sputniks in die Luft, aber das verschafft uns nicht Ruhe, sondern mehr Bestürzung. Die Geister und Gemüter sind erregt. Die moderne Technik stellt uns täglich vor neue Fragen, und wir müssen sie beantworten. Wir tun es mit mehr oder minder großem Erfolg und Geschick. Wer aber versteht noch den inneren Zusammenhang zwischen diesem politischen, ökonomischen und sozialen Geschehen, das die Menschen nicht zur Ruhe kommen läßt? Sie wissen in der breiten Schicht nicht mehr so recht, was sie mit dieser unheilvollen Apparatur anfangen sollen. Wo finden sie noch Ruhe und Glück? Vielleicht kann diese Unruhe auch von Segen sein. Sie ist vielleicht der Grund dafür, daß sich die Menschen wieder mehr und mehr in die überschaubaren Bereiche des Seins flüchten, – in die Familie, in den Freundeskreis, an den Stammtisch, in den Verein; oder auf höherer Warte hin zu religiösen Werten. Dort – wo immer auch – suchen sie Zuflucht, Schutz und Rettung vor dem, was sie nicht mehr erfassen, zumindest nicht im intellektuellen Sinn begreifen können. Hier, d. h. im Erkennen und Gestalten der geistig-seelischen Kräfte des Volkes liegt meiner Ansicht nach die Aufgabe unserer Zeit.

Die Flucht aus der Wirklichkeit ist kein Ausweg und bringt uns keine Rettung. Wir müssen es verstehen, daß ganz gleich, wo der Einzelne im beruflichen oder privaten Leben steht, es uns aufgegeben ist, den Menschen mit seiner Umwelt zu versöhnen und wieder eine Harmonie im Ganzheitlichen zu finden. Es genügt nicht, wenn der Einzelne abseits seiner beruflichen Tätigkeit glaubt, er könnte, von solcher Erdenschwere frei, der Welt entfliehen. Das mag ihm über den Augenblick hinweghelfen, aber es wird ihn nicht erretten. In der Beziehung zwischen Arbeitgeber und Arbeitnehmer, in der Gestaltung unserer Städte, die keine Ruhe mehr bieten und in sich nicht mehr harmonisch gegliedert sind, in der Ordnung unserer Wirtschaft, des Verkehrs und so fort müssen wir wieder die Harmonie zwischen dem Menschen und seinem äußeren Leben zurückgewinnen oder neu gestalten. Wir müssen eine Versöhnung schaffen zwischen dem Menschen und seiner Umwelt. Das beginnt im Betrieb, d. h. im beruflichen Leben, und wirkt fort über alle Seinsbereiche des Menschen, wo immer er wirkt. So glaube ich, daß die Wirtschaftspolitik der Zukunft immer mehr die Züge einer bewußten Gesellschaftspolitik annehmen muß. Was man mit Wirtschaftspolitik erreichen kann, haben wir demonstriert. Aber wir haben noch nicht überzeugen können, daß mehr Reichtum den Menschen zum

Glück gereicht. Wir sehen mehr und mehr ein, daß ein Weiteres dazugehört, und das zu gewinnen ist uns aufgegeben, unabhängig von politischen Meinungen, so lange wir nur Freiheit wollen. Das ist die Frage unserer Zeit, die beantwortet werden muß.

Damit komme ich indirekt auch auf das Problem des Zusammenlebens der Völker. Aus amerikanischer Sicht mag sich das Leben in Europa etwas unverständlich darstellen. Aber wenn wir, d. h. Europa, in der Zukunft dieser Welt noch einen Wert bedeuten sollen, dann liegt er in der Differenziertheit, in der Buntheit und Vielfältigkeit des Lebens der Völker dieses alten Kontinents. Da versagt jede Gleichmacherei, ja, jedes Gleichmachen-Wollen würde zur Schuld.

Wir müssen mit unserer Vergangenheit fertig werden, und wir müssen trotz dieser Vergangenheit eine Zukunft gestalten. Das aber ist nun wirklich eine Aufgabe, die nicht in Paragraphen oder in Artikeln eines Vertrages geregelt werden kann, sondern die den lebendigen Willen und ein Höchstmaß an gegenseitigem Verständnis und an verständnisvollem Einfühlen erfordert. Wenn der Herr Vorsitzende eben sagte, daß die österreichische Wirtschaft treu zu den Verträgen der EFTA steht, dann möchte ich für meine Person unmißverständlich sagen, daß auch ich der Letzte wäre, der eingegangene vertragliche Verpflichtungen nicht getreulich, und zwar nicht nur dem Buchstaben nach, zu erfüllen gewillt wäre. Aber das ist nur eine erste Aussage. Wo aber steht denn geschrieben, daß dies das Ende des volklichen Lebens Europas wäre und daß wir darüber hinaus nicht noch weitere Verpflichtungen hätten? Ich werde nie aufhören, zu mahnen, daß die freien Völker Europas oder die Völker, die den Rest eines freien Europas ausmachen, sich als eine geistige Einheit fühlen müssen und daraus auch die Konsequenzen zu ziehen bereit sein sollen.

Es ist einfach unvorstellbar, daß in einer Zeit, in der unsere Freiheit und Sicherheit davon abhängen, daß wir alle zusammenstehen, wir gleichwohl die Wege gehen, die in den wirtschaftlichen und sozialen Seinsbereichen der Völker auseinanderlaufen. Das ist wider alle Vernunft, wider jeden menschlichen Sinn. Deshalb meine ich, ist in unserem Lager, das heißt in der Gemeinschaft der Menschen und Völker, die diese Not erfühlen, sowohl die geschichtliche Notwendigkeit wie auch die wirtschaftliche Vernunft. Das ist der gesunde Sinn der Menschen, die es genau wissen, daß man den Wert Europas nicht schmälern, seine geistige Einheit nicht demontieren darf, indem man dieses Europa zerspaltet. Es wäre insbesondere verhängnisvoll – und das zu sagen ist wohl niemand mehr berechtigt als jemand aus Deutschland –, wenn wir noch einmal in Europa dem Wahn erlägen, daß wirtschaftliche Stärke und soziale Sicherheit – die wir anstreben und die gewiß einen hohen Wert bedeuten –, mit politischer Macht gleichzusetzen wären. Das sind zwei völlig getrennte Wesensbereiche des volklichen Seins. Wehe, wenn wir darangingen, das Größere in Europa höher zu achten als das weniger Mächtige, als das weniger Große. Es darf nicht mehr sein, daß solche Kategorien jemals wieder einen politischen oder moralischen Wert bedeuten. Gerade weil sich im Raum der EFTA, rein geographisch gesehen, auch jene Länder und freien Völker befinden, die nicht zu den großen und mächtigen gehören, gerade aus diesem Grund ist es wichtig, daß wir rechtzeitig Versöhnungen finden.

Eine Patentlösung, die von heute auf morgen alle Fragen regelt und alle Beteiligten befriedigt sein läßt, wird es nicht geben. Aber man soll mir auch nicht sagen, daß diese Lösungen nicht zu finden seien. Denn warum hat man dann sowohl bei der Unterzeichnung der Rom-Verträge wie des EFTA-Abkommens fast feierlich ausgesprochen, daß jeder Teil bereit ist, so bald als möglich Ausgleich und Versöhnung mit den anderen Partnern Europas zu finden, wenn man sich darunter nichts vorstellen konnte? Das ist nicht eine Frage der ökonomischen Möglichkeiten, sondern das ist nur eine Frage des politischen Wollens –, und dies Wollen muß darum am Anfang stehen. Ich jedenfalls bin mir immer treu geblieben, und wenn von bloßen Lippenbekenntnissen die Rede ist, dann mögen sich andere an die Brust schlagen.

Meine Damen und Herren! Sie werden Verständnis dafür haben, daß ich am Vorabend der Gespräche, die der deutsche Bundeskanzler mit dem französischen Staatschef führen wird, hier keine programmatischen Erklärungen in technischen Details abgeben möchte. Meine Gesinnung aber, die genügend bekannt ist, bleibt unverändert. Diese wird immer in Richtung einer Versöhnung und einer Beseitigung jeder Diskriminierung innerhalb des freien Europas wirken. Wenn ich mir vorstelle, wie ohne eine Verständigung die Entwicklung verlaufen könnte, überfällt mich fast ein Schauer. Bis jetzt sind die Verhältnisse ja noch nicht so dramatisch geartet, denn wir stehen erst am Anfang der inneren Zollsenkungen in den beiden Räumen. Der Schaden ist noch nicht deutlich zutage getreten. Man soll mir aber auch nicht sagen, daß die Automatik in Richtung des Gemeinsamen Marktes die Handelsbeziehungen nur materiell verändert. Nein, sie verändert die ganze geistige Haltung. Die innere Gesetzmäßigkeit zweier getrennter Wirtschaftsräume führt zu einem Auseinanderleben; es bilden sich neue Interessengruppierungen, es bilden sich natürlich auch Kontraste – und das alles inmitten Europas, das zusammenstehen muß, wenn es eine glückliche Zukunft haben soll, wenn es sich Sicherheit und Freiheit bewahren will. Das kann und darf unter gar keinen Umständen geschehen. Und es ist meine heilige Überzeugung, daß es auch nicht geschehen wird. Ich gebe zu, daß sich Deutschland angesichts seiner Stellung in der Weltwirtschaft auch materiell den Luxus einer Isolierung gar nicht leisten kann. Aber ich glaube, ein Land wie Österreich kann sich das noch weniger leisten.

Die Wirtschaft, die glaubt, ihr Heil in der Enge zu finden – mit welchen Mitteln auch immer, ob durch eine Behinderung oder Abschwächung des

Wettbewerbs, durch kartellmäßige Absprachen oder ähnliches –, handelt dem Zeitgeist zuwider und schädigt sich selbst. Ich will nicht behaupten, daß die deutsche Industrie das schon voll eingesehen hat. Aber ich hoffe, daß es auch bei Ihnen Männer gibt, die selbst gegen manchen Widerstand diese Grundsätze zu vertreten bereit sind. Denn wenn wir diese preisgeben, haben wir auch nicht mehr das moralische Recht, uns gegen die nationale Isolierung der Volkswirtschaften ernsthaft und mit guten Gründen zur Wehr zu setzen. Nur das Prinzip der Freiheit im Innern verleiht uns auch das gute Gewissen, nach außen hin Freiheit zu verlangen, um die Zusammengehörigkeit der freien Welt zu dokumentieren.

Indessen erkenne ich in einer Versöhnung zwischen EWG und EFTA noch nicht einmal die endgültige Lösung. Ich gebe zu, daß der Begriff „Atlantische Gemeinschaft" in seinem wesenhaften Inhalt noch nicht voll auszudeuten ist. Von Deutschland aus gesehen findet die Atlantische Gemeinschaft zweifellos in dem Bündnis der NATO einen Ausdruck. Aber das wäre meiner Ansicht nach zu eng und zu wenig, das Wesen einer Atlantischen Gemeinschaft nur in einer Verteidigungsgemeinschaft sehen zu wollen. Denn diese unsere Welt wird nicht allein mit Waffen verteidigt, sondern sie wird wesentlich von unserer geistigen Haltung, von unserer Gesinnung und unserer seelischen Bereitschaft, uns ein freies Leben bewahren zu wollen, getragen.

Ich will keine spezifischen Akzente setzen und auch keine Rangordnung aufstellen, aber für mich hat die Atlantische Gemeinschaft zuletzt auch einen realen ökonomischen Inhalt. Das mag etwas weit gedacht sein. Wir verfügen ja nunmehr über den Raum der OEEC hinaus über eine OECD, die als eine erste atlantische Gestalt wohl lockerer geordnet ist, als es die OEEC war; doch ist hier wohl das letzte Wort noch nicht gesprochen. Was indessen in der OEEC geleistet wurde, das soll erst einmal nachgeahmt werden! Sie vollbrachte eine gewaltige Tat – und das allein aus der geistigen Solidarität der europäischen Völker heraus. Die OECD ist, wie gesagt, lockerer gefügt, aber trotzdem möchte ich glauben, daß wir auch auf dieser Ebene manche Spannungen überwinden können, die heute Europa erschüttern und uns zweifeln lassen, ob die seither beschrittenen Wege auch die allein richtigen wären.

Zu dem Gefühl der Unsicherheit und des Unbehagens gehört auch die Unruhe darüber, ob das, was wir auf sozialökonomischem Gebiet seit zwölf Jahren glückhaft praktizierten, wirklich Bestand hätte, ob es darum sinnvoll ist, zu sparen, Eigentum und Vermögen zu bilden, oder ob nicht etwa durch inflationäre Bewegungen der Wert des Ersparten innerlich ausgehöhlt werden könnte. Hier liegt noch eine gewaltige Aufgabe vor uns, der wir noch nicht völlig Herr geworden sind.

Wenn wir feststellen, daß sich z. B. in der Bundesrepublik in den letzten zwölf Jahren die Preise „nur" um etwa 18–20% erhöht haben und wir damit sogar günstiger stehen als die meisten anderen Länder, bei denen die Preissteigerungen 30, 40, 50 und mehr Prozent ausmachten, dann ist das doch eine recht trübe Lobpreisung der eigenen Politik. Wir müssen zu einem Gefühl – nein, zu einem echten Bewußtsein gemeinsamer Verantwortung hinfinden. Das meinte ich, wenn ich sagte, daß jedermann an dem Schicksal einer Volkswirtschaft, d. h. an einer glückhaften wirtschaftspolitischen Gestaltung unserer Zukunft mitverantwortlich sei. Wir müssen dem Volke die Sicherheit vermitteln, daß sich sowohl hinsichtlich der Konjunktur als auch der währungspolitischen Verhältnisse nichts Dramatisches ereignen kann, – aber diese Aussage muß nicht nur glaubhaft, sondern wahr sein.

Wir haben von deutscher Seite aus Vorschläge unterbreitet, wie eine internationale gegenseitige Abstimmung und Konsolidierung der Konjunktur auf übernationaler Grundlage herbeigeführt werden könnte, um uns auf der einen Seite vor Rückschlägen zu bewahren und auf der anderen Seite dafür zu sorgen, daß wir nicht – wie es sich in Ihrem Lande und in meinem Lande bereits abzeichnet – durch eine Überkonjunktur in einer anderen Hinsicht Schaden erleiden. Dieses Problem kann nicht mehr im nationalen Raum allein bewältigt werden.

Die Tatsache z. B., daß Deutschland große Zahlungsbilanzüberschüsse aufweist, ist im Gegensatz zu mancher amerikanischen Auffassung bestimmt nicht Ausfluß besonderen Reichtums, so wenig die Zahlungsbilanzdefizite Amerikas etwa Ausdruck der Not oder der Armut wären. So etwas zu behaupten, wäre doch Unsinn. Wenn ich mit diesem Akzent über die deutschen Zahlungsbilanzüberschüsse gesprochen habe, möchte ich doch beileibe Deutschland nicht als armes Land hinstellen und Ihr Mitleid herausfordern. Mit dieser Feststellung wollte ich nur die Verblendung, die Verwirrung der Geister deutlich machen. Das internationale Übel der Zahlungsbilanzungleichgewichte rührt daher, daß unsere intervalutare Ordnung einfach unzureichend ist.

Es kann keine Ordnung bestehen, wenn bei unterschiedlicher nationaler Wirtschaftspolitik und einem unterschiedlichen Verhalten der in dieser Beziehung leider noch isolierten Volkswirtschaften die Preise in den letzten zehn Jahren eine völlig unterschiedliche Entwicklung genommen haben, die Wechselkurse aber zementiert geblieben sind. Aus diesem Grunde sind dann Überschüsse und Defizite nicht mehr der Ausdruck von Reichtum oder Armut, sondern sie beruhen auf Rechenfehlern und spiegeln in gewisser Hinsicht auch den Zustand der inneren Ordnung wider.

Warum sollen oder wollen wir gerade dieses Problem, das heute immer mehr zu einem internationalen Zankapfel wird, nicht endlich zum Gegenstand einer internationalen Verständigung, eines gemeinsamen Vorgehens, etwa auf der Ebene der OECD machen? Wenn wir heute schon dahin gekommen sind, uns in den volkswirtschaftlichen Prinzipien zu einigen –

und das ist zweifellos der Fall –, dann sollten wir darüber hinaus die Kraft und die Einsicht finden, auch jene Fragen, die heute die internationale Öffentlichkeit erregen und die indirekt zu dieser inneren Unruhe der Menschen beitragen, anzupacken. Das können wir wiederum nicht in getrennten Wirtschaftsräumen, sondern nur in einer weltweiten Ordnung tun.

Früher herrschte in Europa die Meinung vor, daß wir „armen Schlucker" uns überhaupt nicht mit dem reichen Amerika vergleichen könnten. Wir haben wie gebannt auf dieses Land geschaut, das, von einer ungeheuren Produktivkraft getragen, zu einem unermeßlichen Wohlstand gekommen ist, hohe Löhne bezahlen konnte und einen hohen Lebensstandard sein eigen nannte. Amerika war sozusagen der Wert aller Werte. Abgeschwächt gilt diese Betrachtung sicherlich auch heute noch, aber es hat sich manches doch wesentlich gewandelt. Wir haben nicht mehr den Eindruck, als ob wir in Europa hoffnungslos und rettungslos im geschlagenen Felde lägen. Wir wenden heute ebenfalls die modernsten Techniken an, und wir werden hoffentlich – ich betone: hoffentlich – uns auch in unserem Lebensstandard immer mehr amerikanischen Verhältnissen nähern. Ob hierfür ein kürzerer und längerer Zeitraum erforderlich ist, scheint mir nicht das Wesentliche zu sein, – aber dieser Prozeß ist angelaufen. In unserer schnelllebigen Zeit wird sich diese Entwicklung wahrscheinlich rascher vollziehen, als wir es heute noch ahnen können. Wir bewegen uns also – abgesehen von den ökonomischen, sittlichen und politischen Notwendigkeiten – immer mehr in Richtung einer Zusammenarbeit der atlantischen Völker, also einer Atlantischen Gemeinschaft. Wir müssen daher Versöhnungen anstreben und dürfen uns nicht durch eine diskriminierende Politik in den in sich glücklicherweise heute noch nicht geschlossenen Wirtschaftsbereichen zerkriegen. Wenn wir uns von diesen Gedanken leiten lassen, eröffnet sich schon morgen eine weite Schau auf eine umfassende Gemeinschaft der freien Welt. Der Segen einer freizügigen Wirtschaftspolitik und einer auf Freiheit aufgebauten gesellschaftlichen Ordnung beruht ja gerade darauf, daß jedes Volk sein arteigenes Leben führen kann und trotzdem an den Segnungen des weiten Raumes teil hat, soweit nur Freiheit und Zusammengehörigkeit die Völker verbindet.

Ich bin in meinem Land als Optimist bekannt. Ich will damit nicht sagen, daß ich nicht auch da und dort Enttäuschungen erlebt habe, wie z. B. in bezug auf EWG und EFTA. Aber nichts kann meine Zuversicht trüben, denn sie wurzelt nicht in der oberflächlichen Betrachtung von Tagesfragen, sondern in der tiefen Einsicht einer unlösbaren Verbundenheit der freien Welt und des inneren Wesens der Menschen, die sich in ihrer Gegenwart mit der Umwelt versöhnen möchten, – ob das nun im nationalen Raum oder im weltweiten Raum geschieht. Die Hoffnung, daß es in Zukunft zu dieser Versöhnung kommt, stehe am Ende meiner Rede.

WAS JUNGE LEUTE WISSEN SOLLTEN

*[Schreiben an die Oberprima des Martin-Butzer-Gymnasiums
in Dierdorf/Westerwald vom 1. März 1961]*

*Der Bundeswirtschaftsminister erhält täglich viele Briefe und Mit-
teilungen aus allen Kreisen der Bevölkerung. Oft enthalten sie Anregungen und Vorschläge, manchmal persönliche Sorgen, und nicht
wenige suchen vor eigenen Entscheidungen Rat. Dieser Brief an eine
Oberprima enthält Gedanken, die Ludwig Erhard jungen Menschen
nahebringen möchte:*

Sie stellen mir in Ihrem Brief vom Dezember die Frage: „Welche Bedeutung kommt den politischen Kräften für die Gestaltung des Lebensbildes des jungen Menschen zu, ist dies in einem größeren Rahmen zu
sehen, und kann man eher von einer Indifferenz als von einer Hinwendung
zu wirksamer politischer Mitgestaltung sprechen?" Sie betonen die Schwierigkeit dieser Fragestellung für mich. Nun, einfach ist sie allerdings nicht.
Sie verleitet zum Theoretisieren, das mir nicht liegt und Ihnen nichts nützt.
Da Sie aber die löbliche Absicht äußern, den in die Berufswelt Tretenden
zur Orientierung und Besinnung zu verhelfen, und dieserhalb meine politische und menschliche Erfahrung anrufen, so will ich Ihnen mit schlichten
Worten einiges zu diesem Thema sagen:
Den Bildungsweg, den Sie mit der Reifeprüfung beenden, und die Bil-
dungsmöglichkeiten, die Ihnen nun offenstehen, verdanken Sie einer Summe
vielfältiger politischer Bemühungen, an denen unser ganzes Volk beteiligt
ist. Dieser simple Hinweis wird Sie nicht sonderlich beeindrucken, er führt
aber zur Sache. Auch daß Sie sich so frank und frei äußern und Indifferenz
gegenüber der Politik zur Diskussion stellen können, darf als Pluspunkt für
die Bedeutung der politischen Kräfte im Sinne Ihrer Frage gelten.
Das sinnfälligste Zeugnis dafür aber ist der sich ausbreitende Wohlstand,
von dem nicht zuletzt die Jugend profitiert. Die nach dem Zusammenbruch ohnegleichen dank zielsicherer Politik und harter Arbeit erreichte
Angleichung unseres Lebensstandards an den anderer Industrieländer als
ein Wirtschaftswunder zu würdigen, mag Wunderkindern überlassen bleiben. Daß Wohlstand Schattenseiten hat, ist wohlbekannt, und daß er nicht
zufrieden macht, ist ein alter Hut. Herodot würde für seine trockene Feststellung: „Wenn es den Menschen gut geht, können sie niemals genug
bekommen!" heute zahlreiche Beispiele finden. Dies sei klar: Wohlstand
ist eine Grundlage, aber kein Leitbild für die Lebensgestaltung. Ihn zu
bewahren ist noch schwerer, als ihn zu erwerben. Deshalb erwächst uns die
schwierige Aufgabe, ihn geistig zu bewältigen. Wir müssen die Ansprüche

disziplinieren, die Forderungen an uns selbst steigern und die an die Allgemeinheit, verkörpert in Wirtschaft und Staat, mäßigen. Daß die Jugend in den Gebieten der technischen Zivilisation zuweilen randaliert und oft betonte Indifferenz hervorkehrt, ist zutiefst darin begründet, daß das heftige Streben nach materiellem Wohlergehen sie anödet, und daß sie vom Leben mehr verlangt als weniger Arbeit und mehr Lohn, geringes Risiko und hohen Profit, nebst staatlicher Fürsorge von der Wiege bis zum Grabe. Dem auf den Grund zu gehen und daraus praktische Folgerungen zu ziehen, ist für junge Menschen, die nach geistigen Werten verlangen und nach Persönlichkeit streben, der erste Schritt zu einer wirksamen politischen Mitgestaltung. Jeder für sich und auf seine Weise; der größere Rahmen, nach dem Sie fragen, wird sich dann von selbst ergeben. Wer aber glaubt, daß ein hoher Lebensstandard genüge, um dem politischen Kommunismus Widerpart zu leisten, der ist seiner Doktrin näher, als er weiß und will.

Wir sind kein reiches Land. Die Vorstellungen vom Gegenteil, die drinnen und draußen zu mancherlei übersetzten Ansprüchen führen, beruhen auf einer irrigen Gleichsetzung von Einkommen und Vermögen. Wir haben wohl ein relativ hohes Einkommen, müssen aber daraus die Wiederherstellung eines zerrütteten Vermögens und schwerwiegende Kriegsfolgelasten bestreiten, zum Unterschied gegenüber Ländern, die unter Kriegsfolgen minder gelitten haben.

Nun etwas zu einem Kernproblem, das die Jugend besonders angeht, weil es ihre Zukunft mitbestimmen wird:

Die in den letzten hundert Jahren rasch und riesig gewachsene Bevölkerung der Erde wächst weiter in einer beklemmenden Progression. Nach sachkundigen Vorausschätzungen wird sie sich bis zur Jahrhundertwende, binnen vierzig Jahren also, verdoppeln. Die Folge sind Gewichtsverlagerungen und Versorgungsansprüche von größter politischer und ökonomischer Tragweite. Im Gegensatz zu Asiens mächtigen Blöcken nimmt im gespaltenen Europa die Bevölkerung nur gering zu. Der größte Teil der Erdbevölkerung vegetiert in Hunger und Armut. Dieser Hunger, der große Energien birgt, wird nun weithin politisch aktiv – und aktiviert. Afrikas Völker drängen in erstarktem Selbstbewußtsein zur technischen Zivilisation, vielfach mit unzulänglichen Mitteln und auf wirren Wegen. Jeder, der an die Zukunft denkt, wird sich früher oder später mit den hier nur skizzierten Fakten befassen müssen. Es gibt keine wichtigeren. Auf die sehr ernste Frage, welche Mittel uns, einem kleinen Land, zu Gebote stehen, um in dieser Lage standzuhalten – unseren Stand zu halten –, gibt es nur diese eine Antwort: Schöpferkraft und Arbeitswillen; zu sichern und zu heben im Kraftfelde eines vereinten Deutschlands und eines geeinten Europas. Der Zusammenhang von Schicksal und Politik wird hier klar.

Die nächstliegende Aufgabe aber ist, den zur Entwicklung ihrer Kräfte strebenden Völkern durch eine zureichende, nachhaltige Unterstützung zu helfen, sich selbst zu helfen. Das ist keine Sache bloßer Philantropie, sondern eine zwingende politische Notwendigkeit. Diese Entwicklungshilfe wird viel kosten, sehr viel und auf lange Zeit. Noch wichtiger aber als Geld und Güter ist willige Dienstleistung wohlunterrichteter, disziplinierter Menschen aller Berufs- und Wissenszweige in jenen Gebieten.

Hiermit habe ich Ihnen, um Ihre Worte zu gebrauchen, den größeren Rahmen für die politische Mitwirkung an der Gestaltung des Lebensbildes des jungen Menschen gewiesen. Wie Sie sehen, stellt die alte Erde größere und interessantere Aufgaben als der Mond, wichtigere jedenfalls.

Was nun die erwähnte Indifferenz, auf Deutsch die Gleichgültigkeit und Lauheit, in politischen Dingen angeht, so ist sie eine in einem freiheitlichen Staatswesen mögliche Verhaltensweise, ebenso wie Räsonnieren oder grundsätzliches Opponieren. Sie hat die fatale Wirkung, daß sie, wo sie überhandnimmt, das Aufkommen diktatorischer Gewalten begünstigt, die sich die Indifferenz zunutze machen, um dann auf ihre Weise mit ihr aufzuräumen. Für denkende Menschen ist eine freimütige, positive Kritik noch immer das zuträglichste Mittel, Unbehagen an der Kultur und Unzufriedenheit mit der Politik abzureagieren.

Soviel zur Politik. Da Sie auch meine menschliche Erfahrung ansprechen, will ich Ihnen noch mit ein paar Gedanken zum Nachdenken dienen:

Daß die Zeiteinteilung eine Willensentscheidung ist, also „im Kopfe ist", begreifen allmählich auch Leute, die sich nicht mit Philosophie befaßt haben. Je kürzer die Arbeitszeit wird, je länger damit die Freizeit (nicht immer eins mit freier Zeit) und je mehr Pferdekräfte für die beschleunigte Fortbewegung strapaziert werden, desto weniger Zeit hat alle Welt. Zeit hat eben nur, wer sie sich nimmt oder läßt. Der Mensch, der sich Zeit nimmt zum Lernen und zum Arbeiten, der sozusagen im Geiste zu Fuß geht, kommt auch bei vieler Arbeit zur Muße, diesem seltenen Gut, und bleibt von Freizeitgestaltung verschont.

Die zur Automatisierung fortschreitende Mechanisierung – die Antwort der Menschheit auf ihre wachsende eigene Zahl nach Rathenaus treffender Formulierung – ist im vollen Sinne des Wortes notwendig. Sie können ihr nicht ausweichen, doch fürchten müssen Sie sie nicht unbedingt. Die Maschine wird von Menschen gemacht und in Gang gesetzt, und Menschen bestimmten ihre Leistung und ihr Produkt. In der Hand, genauer im Kopfe, des Menschen ist es, die Maschine, ihre Leistung und ihr Produkt nach menschlichem Bedarf zu regeln. Streichen Sie das Wort „zwangsläufig" aus Ihrem Vokabular; schön ist es ohnehin nicht. „Denn an sich ist nichts weder gut noch böse; das Denken macht es erst dazu!" Hamlets Wahrwort gilt besonders für die Atomkraft. Die Furcht, die sie einflößt, begründet die Hoffnung auf ihren vernünftigen Gebrauch.

Zu guter letzt möchte ich Ihnen eindringlich nahelegen, Ihre Sprach-
kenntnisse zu pflegen und zu mehren. Sie gewinnen dadurch Weitblick und
Selbstsicherheit, und Sie dienen damit der Verständigung in der trotz
allem Widerstreit und Widersinn der Doktrinen und Interessen zur Eins-
werdung drängenden Welt.

Meine jungen Freunde! Einerlei, welchem Beruf Sie sich zuwenden, die
Zukunft bietet Ihnen viele Möglichkeiten zu guter Arbeit und zu wirksamer politischer Mitgestaltung. Lassen Sie sie nicht ungenutzt! Ich wünsche Ihnen Glück zur Reifeprüfung, der ersten und leichtesten Ihres Lebens.

Mit freundlichen Grüßen
Ihr
Ludwig Erhard

ZUR AUFWERTUNG DER D-MARK

[Rundfunkansprache am 6. März 1961]

Der Konflikt, der durch wachsende Überschüsse der Zahlungsbilanz bei gleichzeitig anhaltenden konjunkturellen Spannungen entstanden war, ließ im Frühjahr 1961 keinen anderen Ausweg als den, die D-Mark aufzuwerten. Vergeblich hatte die Notenbank versucht, durch eine Verteuerung und Verknappung des Kredits die Auswüchse der Hochkonjunktur zu bekämpfen und den Boom unter Kontrolle zu bringen. Ein verstärkter Liquiditätszustrom von außen machte die beabsichtigte Wirkung der Kreditpolitik auf die Konjunktur- und Preisentwicklung im Inland weitgehend zunichte. Als die Bundesbank ab Herbst 1960 unter dem Druck der massierten Devisenzuflüsse begann, ihre Politik wieder an der Zahlungsbilanz zu orientieren, geriet sie in zunehmendem Maße in Widerspruch zu den Erfordernissen der Konjunkturpolitik. Der Entscheidung für eine autonome Änderung des Wechselkurses war nicht mehr auszuweichen, als klar geworden war, daß die Parität der Weltleitwährungen unangetastet bleiben würde. Auch mit einer multilateralen Aktion zur Entzerrung der Währungsdisparitäten konnte nicht mehr gerechnet werden. Schließlich hatte sich die im Herbst verschiedentlich gehegte Hoffnung auf eine Konjunkturberuhigung als trügerisch erwiesen. In dieser Lage wurde die Einführung der Devisenbewirtschaftung vorgeschlagen. Ein solcher Schritt war aber mit der Position der D-Mark als konvertibler Währung unvereinbar. Für die Bundesregierung undiskutabel war schließlich eine weitere gelegentlich vom Ausland empfohlene Alternative, das deutsche Kosten- und Preisniveau anzuheben. Im Interesse der Preisstabilität mußte daher die Regierung den Weg der Wechselkursänderung beschreiten. Damit entsprach sie auch ihrer großen Mitverantwortung für eine ungestörte Weiterentwicklung des internationalen Handels- und Zahlungsverkehrs:

Nachdem der von der Bundesregierung vollzogene Schritt der D-Mark-Aufwertung bereits in der gestrigen Pressekonferenz eingehend kommentiert wurde, liegt mir heute daran, dem deutschen Volke in aller Ruhe die Gründe für diese Entscheidung und die daraus zu erwartenden Folgerungen darzulegen.

Es ist unbestreitbar, daß die Aufwertung eine gewisse Erschwerung und Verteuerung des Exports bedeutet, die, von Branche zu Branche von unterschiedlichem Gewicht, doch nicht zu einer nachhaltigen Minderung unserer Ausfuhr führen wird. Auf der anderen Seite wird die Erleichterung und

Verbilligung der Einfuhren zweifellos einen gewissen Druck auf das deutsche Preisniveau ausüben, aber eben gerade dadurch zur Wahrung einer besseren Stabilität beitragen. Von der Im- und Exportseite her wird also jeweils sowohl im Bundesgebiet wie auch auf dritten Märkten der Wettbewerb lebhafter werden.

Ich erwarte und hoffe, daß diese neue Lage nicht zuletzt auch zu einer besonneneren Haltung der Sozialpartner führen wird, weil künftig höhere Kosten nicht mehr ohne weiteres auf die Preise abgewälzt werden können und sich deshalb jeder Fehler für Arbeitgeber und Arbeitnehmer nachteilig auswirken müßte. In diesem Zusammenhang darf auch ein Abebben des hektischen Getriebes auf dem Arbeitsmarkt erwartet werden, und trotz Vollbeschäftigung wird ein besseres Gleichgewicht zwischen Angebot und Nachfrage nach Arbeitskräften herbeizuführen sein. Die industriellen Unternehmer, deren Mißmut und auch Sorge ich wohl verstehen kann, werden mir doch kaum unterstellen wollen, daß ich die deutsche Volkswirtschaft leichtfertig oder gar bewußt zu schädigen bereit sein könnte, denn es ist ja gerade umgekehrt: Ich will aus Sorge um die Sicherung einer stetigen und gesunden Aufwärtsentwicklung mit der Aufwertung wieder die festen Grundlagen für eine zielbewußte und aktive Konjunkturpolitik zurückgewinnen. Mein Respekt vor der Leistung und Initiative des deutschen Unternehmers ist überdies zu groß, als daß ich über gewisse vorübergehende Spannungen hinweg an eine Schädigung der deutschen Wirtschaft glauben könnte.

Der Unternehmer steht wieder einmal vor der ganzen Öffentlichkeit in der Bewährung, und ich vertraue darauf, daß er bestehen wird. Vergessen wir nicht: Die Bundesbank war mit der sich gegenseitig ausschließenden Berücksichtigung der inneren Konjunkturentwicklung einerseits und der Zahlungsbilanzüberschüsse andererseits in ihrer Geld- und Kreditpolitik vor ein schier unlösbares Dilemma gestellt. Ihr Instrumentarium reichte zur Beeinflussung oder gar Beherrschung der deutschen Konjunktur nicht mehr aus. Andererseits war an die Wiedereinführung einer Devisenzwangswirtschaft im Sinne einer negativen Devisenbewirtschaftung im Zeichen der freien Konvertierbarkeit überhaupt nicht zu denken. So stand die Bundesregierung, wenn sie die Dinge nicht einfach tatenlos treiben lassen wollte, vor der Erkenntnis und Notwendigkeit, sich zu dem mutigen Schritt einer Aufwertung zu bekennen, um gegenüber dem ganzen deutschen Volke noch verantwortungsbewußt handeln zu können.

Trotz meiner Befriedigung über diese Maßnahme mag man es mir glauben, daß mein Rat ernster Überlegung und tiefer Sorge vor der Zukunft entsprang.

Wenn ein Schritt, den ich schon seit vielen Jahren als eine immer zwingendere Notwendigkeit erkannte, von der Opposition als Kurzschlußhandlung der Bundesregierung bezeichnet wird, so kann diese Interpretation wohl von keinem denkenden Menschen ernstgenommen werden. Ich selbst kann über derart läppische Interpretationen nur lachen.

Das deutsche Volk mag vielmehr erkennen, daß die wiederholten Erklärungen der Bundesregierung, die Aufrechterhaltung der Stabilität unseres Geldes, der Schutz der Ersparnisse und der Wille zu einer breitgeschichteten Eigentumsbildung seien oberstes Gesetz ihrer Politik, wahrhaftig gemeint war, und daß sie dementsprechend handelte.

Die Nominalsparbeträge haben in der Bundesrepublik die Höhe von 136 Milliarden DM erreicht. Das bedeutet, daß z. B. bei einem Wertschwund durch steigende Preise von 3% die Sparer wehrlos einen Verlust von 4 Milliarden DM hinnehmen müssen. Eine Politik, die eine solche Entwicklung tatenlos zuließe, würde den Sparwillen als Voraussetzung privater Eigentumsbildung nicht fördern, sondern zerschlagen. Die Spartätigkeit ist aber auch die Grundlage für die Sicherung des wirtschaftlichen Fortschritts und der Produktivität unserer volkswirtschaftlichen Arbeit.

Das mögen gerade auch diejenigen Kreise würdigen, die darauf vertrauen zu können glaubten, daß eine Aufwertung nicht erfolge, und aus dieser Einstellung heraus Vorwürfe gegen die Bundesregierung erheben.

In diesem Zusammenhang ist doch auch zu bedenken, daß die im letzten Herbst gehegte Erwartung hinsichtlich einer Konjunkturabflachung und Konjunkturberuhigung mit dem Konjunkturbild von heute nicht mehr in Einklang steht, daß die seinerzeitige Unsicherheit über die Währungspolitik der amerikanischen Regierung nach der Präsidentschaftswahl heute zu ganz klarer Sicht geführt hat und daß an eine multilaterale Aktion währungspolitischer Art nicht zu denken ist. Die Ereignisse im Sommer und Herbst 1960 haben überdies deutlich genug gezeigt, wie gefährlich es ist, über die Frage einer Aufwertung auf politisch verantwortlicher Ebene öffentlich zu diskutieren, und deshalb war die Bundesregierung im Verein mit der Notenbank bei der jetzt vollzogenen Maßnahme mit Erfolg um die Geheimhaltung der geplanten Aktion bemüht. Ich bin überzeugt, daß das deutsche Volk in seiner Gesamtheit für dieses Verhalten nicht nur Verständnis aufbringt, sondern es billigt.

Die in der heutigen Presse zu findenden Hinweise, daß die Aufwertung der D-Mark auf amerikanischen Einfluß oder gar Druck erfolgt sei, werden durch oft in gleichen Kommentaren gebrachte Hinweise widerlegt, daß die Bundesregierung jene Maßnahme vollzogen hätte, um sich dem internationalen Druck auf Finanzleistungen im Ausmaß der Zahlungsbilanzüberschüsse zu entziehen. Beide Betrachtungsweisen entbehren jeder, aber auch jeglicher Grundlage! Ja, ich fühle mich sogar verpflichtet, zur Ehre der uns befreundeten Regierungen diese Verdächtigungen entschieden zurückzuweisen. Gleich entschieden darf ich meine gestrige Erklärung wiederholen, daß die Bundesregierung mit Vollzug dieser Maßnahme nicht einen Augenblick daran gedacht hat, die in Verhandlungen gemachten Zusagen nicht zu erfüllen bzw. nicht mehr bereit zu sein, sich in voller Solidarität an internationalen Leistungen zur Bewahrung von Freiheit und Sicherheit in der Welt zu beteiligen.

Wir dürfen mit Befriedigung zur Kenntnis nehmen, daß das gesamte Ausland fast einhellig den deutschen Schritt als einen wesentlichen Beitrag zur internationalen währungspolitischen Befriedung und zur Überwindung der selbst die politische Atmosphäre vergiftenden Zahlungsbilanz-Ungleichgewichte würdigt. Niemand behauptet, daß die Aufwertung das Allheilmittel zur Lösung aller wirtschaftlichen, sozialen und finanziellen Sorgen wäre. Aber mit diesem Schritt haben wir die Grundlage für eine zielbewußte, aktive Konjunkturpolitik zurückgewonnen.

Das deutsche Volk kann mit mehr Ruhe und Vertrauen als vordem der künftigen Entwicklung entgegensehen. Es möge sich auch von den nur zu durchsichtigen und unredlichen Manövern der Opposition nicht irremachen lassen, die darauf abzielen, Unruhe zu schüren und die Regierung als unglaubwürdig und fremden Kräften gehörig zu diffamieren. Jene gleiche Opposition, die gerade in letzter Zeit wiederholt und verstärkt dem deutschen Volke einreden wollte, daß die Bundesregierung Preisabsprachen mit der Industrie getroffen hätte und infolge solcher Bindungen zu keiner entscheidenden Tat zum Wohle des deutschen Volkes fähig wäre, hat mit dem Beschluß der Aufwertung der D-Mark vor dem deutschen Volke und der ganzen internationalen Öffentlichkeit eine klare und unmißverständliche Antwort erhalten. Diese Blamage ist wahrlich ehrlich verdient!

Indessen bin ich gewiß, daß das deutsche Volk über alle Partei- und Berufszugehörigkeiten hinweg in der Überzeugung bestärkt wird, daß es der Bundesregierung vertrauen darf.

Man wird vielleicht auch noch nach dem Ausmaß der Aufwertung, das heißt nach dem Prozentsatz der Korrektur der Währungsparität, fragen bzw. wissen wollen, ob diese 4,76% richtig sind. Das weist natürlich keine Rechenmaschine aus. Aber die seit dem vergangenen Herbst angestellten volkswirtschaftlichen Überlegungen und internationalen Kaufkraftvergleiche der Währungen berechtigen zu der Annahme, daß die neue Parität zu einem besseren Gleichgewicht hinführt.

Und lassen Sie mich noch einen weiteren Grund anführen, der die Entscheidung der Bundesregierung wesentlich beeinflußte: Die Kreditversorgung der deutschen Wirtschaft durch hereinströmende fremde Gelder und Kreditaufnahmen im Ausland begünstigte einseitig die Großwirtschaft, während unsere mittelständische Wirtschaft solche Chancen auszunutzen gar nicht in der Lage war. Die Aufwertung heilt auch diese Ungerechtigkeit.

Zusammenfassend kann ich schon heute abend sagen, daß nach vielen Äußerungen aus allen Kreisen und aus allen Schichten des deutschen Volkes dessen überwiegende Mehrheit die Maßnahme der Bundesregierung begrüßt und ihr ob der mutigen Entscheidung Dank zollt.

SOZIALE ORDNUNG SCHAFFT WOHLSTAND UND SICHERHEIT

[Rede vor dem Bundesparteitag der CDU am 26. April 1961 in Köln]

In seiner Rede vor dem CDU-Parteitag in Köln knüpft Erhard an die Gedanken seines gesellschaftspolitischen Referats vor dem Karlsruher Parteitag des Jahres 1960 an und verbindet sie – auch in Vorbereitung der Bundestagswahlen 1961 – mit den aktuellen Fragestellungen:

Die Christlich-Demokratische Union legt heute im Verein mit ihrer Schwesterpartei, der Christlich-Sozialen Union, nach zwölfjähriger politischer Verantwortung vor der Wahl zum vierten Deutschen Bundestag vor dem deutschen Volk Rechenschaft ab. Sie ist trotz überwältigender Erfolge und einer fruchtbaren und gesegneten Arbeit, die unser Land und die in Freiheit lebenden deutschen Menschen aus einem alle Lebensbereiche umfassenden Chaos zu befreien vermochten, frei von Hochmut oder gar Übermut, sondern sie ist sich der Gnade bewußt, die auf diesem Werk ruhte.

Selbstverständlich werden wir um der Zukunft unseres Volkes und der geschichtlichen Wahrheit willen nicht darauf verzichten, in voller Härte mit jenen oppositionellen Kräften abzurechnen, die unserer mühevollen Arbeit am politischen, wirtschaftlichen und sozialen Wiederaufbau unseres Landes mehr als zwölf Jahre hindurch feindselig begegneten. Wir dürfen es vor allem aus der Verantwortung gegenüber dem deutschen Volk nicht zulassen, daß sich die Opposition ganz offenkundig einzunebeln versucht und nach reichlich später Einsicht treuherzig versichert, das gleiche tun, nur besser machen zu wollen, was wir aus fast hoffnungslosen Anfängen heraus fruchtbar zu gestalten wußten. Diese politische Falschmünzerei ist zwar zu primitiv und zu durchsichtig, als daß sie selbst ein einfältiges Gemüt überzeugen könnte. Aber weil Beteuerungen leicht und billig sind, das Vollbringen aber hart und mühsam ist, kann und darf es nicht vergessen werden, daß die Sozialdemokratische Partei nicht mehr und nicht weniger denn alles bekämpft hat, was dem deutschen Volk zu Wohlstand und sozialer Sicherheit und vor allem zu politischem Vertrauen im Kreise der freien und gesitteten Völker verhalf. Aus den eigenen Reihen der SPD wissen wir, daß vorwiegend taktische Überlegungen beim Godesberger Programm Pate gestanden haben. Das deutsche Volk würde seine Zukunft durch eigene Schuld gefährden, würde es hier nicht auf der Hut sein; denn es handelt sich bei der SPD gar nicht um echte Einsicht, sondern eben nur um eine taktische Schwenkung, hinter der die alten Illusionen und Irrtümer wieder hervorlugen.

Alle menschliche Erfahrung lehrt, daß derjenige kein Vertrauen verdient, der nach vorheriger erbitterter Feindschaft gegenüber dem Wollen der Verantwortlichen erst immer fünf, acht oder zehn Jahre benötigt, die Fehler und Sünden seines eigenen Handelns und Verhaltens einzusehen. Für ein Volk können solche Fristen tödlich sein.

Wir in der Christlich-Demokratischen Union haben es nicht nötig, in immer neuen Beteuerungen eine Läuterung unserer Gesinnung glaubhaft zu machen, wir haben nichts abzuschwören; wir können darauf verzichten, von Halbjahr zu Halbjahr in Parteigremien Korrekturen an säuberlich stilisierten Programmen vorzunehmen, um die Gemüter in den eigenen Reihen zu beruhigen und nach außen dennoch attraktiv zu erscheinen. Wohl ist die CDU aufgeschlossen und lebendig genug, dem dynamischen Geschehen unserer Zeit und den sich daraus ergebenden politischen Notwendigkeiten ihren Tribut zu zollen, aber im letzten Grunde ist es immer die christlich-humanitäre freiheitliche Gesinnung und nicht eine von Opportunismus bestimmte Taktik, die ihre Entscheidungen bestimmt. Wir haben es nicht nötig, durch wortschwallreiche Versprechungen Wähler zu locken, denn der deutsche Staatsbürger weiß aus der Rückbesinnung auf sein eigenes Schicksal durch die letzten fünfzehn Jahre sehr wohl, was er der von der Union bestimmten Regierungspolitik zu verdanken und im Guten und Bösen von ihr zu erwarten hat, denn diese Politik ist lebendiges Leben, ist Wirklichkeit gewordene Tat.

Und dennoch verlangen und erwarten auch wir für die Zukunft nicht blindes Vertrauen. Wir sind uns bewußt, daß in einer so unruhevollen Zeit der deutsche Staatsbürger Anspruch darauf hat zu wissen, wie es um sein Morgen beschaffen und wie jene Politik geartet sein wird, die sein Schicksal bestimmt. Zwar ist heute weniger denn je das menschliche, das politische und auch das wirtschaftliche Leben der Völker rechenhaft auszudeuten. Und wir müssen mehr als je zuvor realen Sinn, Nüchternheit und Härte mit Phantasie und Intuition verbinden, um in dieser Welt Halt und Sicherheit zu finden. Nicht Treibenlassen im wertfreien und geschichtslosen Raum, sondern Position beziehen, sich stellen und von unserem Standort aus diese Welt begreifen und mitzuarbeiten an Frieden, Freiheit, Wohlstand und Sicherheit, das ist unsere Politik jetzt und in Zukunft nach innen und nach außen.

„Soziale Ordnung" als Obersatz begriffen, verlangt darum nach breitester Auslegung. Darunter ist nicht allein die Sozialgesetzgebung im engeren Sinne zu begreifen, noch erschöpft sie sich in den Methoden, Verfahren und Zielsetzungen der Wirtschaftspolitik; sie findet nicht ihre Grenze in den Maßnahmen der inneren Verwaltung; sie bedeutet mehr als nur haushalts-, finanz- und währungspolitische Ordnung. Sie ist nicht zu beschränken auf die Probleme des Sozialen Wohnungsbaus, der Flüchtlings- oder Familienpolitik und anderer Aufgaben mehr – soziale Ordnung bedeutet in solchem Verstande das allumfassende und alle Seinsbereiche des menschlichen und gesellschaftlichen Lebens einschließende Geschehen unserer Zeit. Soziale Ordnung ist der Boden, auf dem wir stehen und von dem aus wir wirken, ja, es ist die Luft, die wir atmen; soziale Ordnung ist die Brücke vom Heute zum Morgen. Sie allein gibt uns die Sicherheit, der Zukunft vertrauen zu dürfen.

Gerade weil wir aus christlicher Gesinnung heraus nicht der materialistischen Geschichtsauffassung huldigen, Mensch und Gesellschaft seien in sklavischer Bindung nur Produkt ihrer Umwelt, sondern umgekehrt aufgerufen, diese Umwelt aus Verantwortung vor Gott und den Menschen bewußt zu gestalten, hat die Union nichts gemein mit jenen, die in einer Gesellschaftspolitik nur die Aufgabe erblicken, die materiellen Dinge des Lebens zu bewältigen. Die sozialistische Opposition möge diese Aussage richtig verstehen und als Erwiderung nicht die abgedroschenen Phrasen von der Ungerechtigkeit der Verteilung des Volkseinkommens und der Schichtung des Volksvermögens vorbringen. Denn noch keine deutsche Regierung seit Gründung des Reichs – einschließlich der sozialdemokratisch geführten in der Weimarer Zeit – und auch kaum eine andere sozialistische Regierung in der freien Welt hat aus so unseligen Anfängen heraus für die große Masse und die breiten Schichten des Volkes so Ersprießliches geleistet und dem sozialen Fortschritt zu einem so sieghaften Durchbruch verholfen, wie wir es, die Christlichen Demokraten, als unsere soziale Leistung in Anspruch nehmen können für Regierung, Partei und Fraktion. Wir wissen um den Wert und das Gewicht des Materiellen im menschlichen Sein und fühlen uns gar nicht als Tugendbolde, die behaupten möchten, jeweils göttliche Gerechtigkeit geübt zu haben. Wir haben nicht geredet, sondern wir haben gehandelt, aber wenn uns die Opposition herausfordert, dann wird es uns unter der Zeugenschaft des deutschen Volkes ein wahres Vergnügen sein, gedruckt und auf Schallplatten und Bändern all die Äußerungen wiederzugeben, die die Haltung und Gesinnung der SPD gegenüber unserer Politik durch über zwölf Jahre eindeutig kennzeichnen und, wie ich glaube, das deutsche Volk fragen lassen, mit welcher moralischen Berechtigung diese ewig Irrenden einen Führungsanspruch über deutsches Schicksal erheben wollen.

Wie groß nimmt sich neben den penetranten Versuchen der sozialdemokratischen Funktionäre, den marxistischen Adam durch die Optik des Keep smiling zu tarnen, die Leistung des deutschen Volkes selbst aus. Und diese Leistung soll auf diesem Parteitag ihre Würdigung finden.

Wir haben in dieser Stunde den Arbeitern in Stadt und Land zu danken, die vor bald sechzehn Jahren, als die Waffen schwiegen, anfingen, dieses Deutschland mit ihren Händen neu zu bauen. Wenn der deutsche Wiederaufbau eine Ruhmestat ist, dann ist dies in hervorragendem Maße auch die Ruhmestat des deutschen Arbeiters. Dafür sei ihm Dank. Die Union ist eine Volkspartei, und in ihr hat auch der Arbeiter seinen Platz und seine Heimat; er gehört zu uns, und wir gehören zu ihm.

Wir danken ebenso den Angestellten und den Beamten, die ihre Arbeit treu in den Dienst des Ganzen stellten und durch ihre disziplinierte Haltung in schwerster Zeit das soziale Gefüge unseres Volkes neu zu ordnen halfen.

Wir haben aber in dieser Stunde vor allem, so meine ich, den Frauen zu danken, ohne die das große Werk nicht gelungen wäre. Wir haben ihnen zu danken für ihr Wirken als Mütter und Hausfrauen und in den Berufen. Es muß vor der Geschichte festgehalten werden, daß in der großen Tragödie unseres Volkes Geist und Werk unserer Frauen Sterne waren in der Finsternis. Sie waren es, die dafür sorgten, daß unsere Familien und damit die wichtigsten Bausteine unserer sozialen Ordnung nicht auseinanderbrachen, und sie schufen damit die Grundlage für das, was wir erreichen konnten. Ihre stille hingebungsvolle Arbeit findet in keiner Statistik Niederschlag, weil Glück und Segen keinen rechenhaften Ausdruck finden können.

Wir danken in dieser Stunde jenen Mitbürgern, die durch ihre Arbeit in der Landwirtschaft uns über schlimmste Notzeiten hinweghalfen und wesentlich dazu beitrugen, daß der Aufbau erfolgreich in Angriff genommen werden konnte. Die deutsche Landwirtschaft hat auch in unserem Lande eine Zukunft, und ihre Zukunft wird um so gesicherter sein, als sich die Landwirtschaft selbst als Teil des Ganzen sieht.

Wir wollen an diesem Tage, an dem wir Rückschau halten, auch jene nicht vergessen, die hier in der Bundesrepublik eine Heimstatt gefunden haben, die Flüchtlinge und die Vertriebenen. Zum Gelingen unseres Wiederaufbaus und zur inneren Konsolidierung unseres deutschen Lebens haben die Millionen Flüchtlinge und Vertriebenen in entscheidendem Maße beigetragen. Was unter sozialem und wirtschaftlichem Aspekt zunächst als Last scheinen mochte, wurde Segen und hat uns gemeinsam erst so recht ein Volk werden lassen. Ich weiß um die Sorgen, die unerfüllten Wünsche und Sehnsüchte; ich weiß um das schwere Schicksal, das unzählige von ihnen erlitten haben. Unsere tätige Hilfe ist ihnen stets gewiß.

Wir haben zu danken jenen Menschen unseres Volkes, die an führender Stelle unmittelbar am Wiederaufbau mitwirkten. Das sind die Unternehmer, das sind die Kaufleute, die Ingenieure, das sind die Angehörigen der geistigen Berufe, die Erzieher und Ärzte, die Journalisten, die in den Verwaltungen Tätigen und jene, die in ihrer oft unsichtbaren Arbeit als Forscher, Erfinder und Denker die neue deutsche Wirklichkeit dennoch wesentlich mitbestimmten. Im Ringen um unsere Lebensgrundlagen waren und sind gerade diese letzteren berufen, uns für das deutsche Volk immer neue Möglichkeiten zu eröffnen und Wege zu weisen.

Unzählige Menschen in unserem Volke arbeiten still und pflichtbewußt, ohne große Ansprüche; sie leisten Bleibendes, ohne daß die Öffentlichkeit von ihnen weiß. Sie leben nach dem Grundsatz: Mehr sein als scheinen. Wir haben ihnen zu danken. Vielleicht sollte das Beispiel dieser Stillen im Lande mehr Beachtung finden und mehr Vorbild sein als die Idole, die heute auf den Märkten angepriesen werden. Ich erwähne nur zwei Gruppen aus dieser großen Schar: die Schwestern im unermüdlichen Dienst der Nächstenliebe und die alten Menschen, die in vielen Wirkungskreisen treu ihr Bestes leisten und unserer Verehrung gewiß sein dürfen.

Wir grüßen die deutsche Jugend, der unsere Liebe und die Zukunft gehört; – sie sei sich des Wertes der Jugend bewußt, aber sie möge nicht glauben, daß das allein schon Qualifikation bedeutet.

Unserer Jugend von heute steht wie keiner Generation zuvor die ganze Welt offen. Wann hat es in unserer Geschichte je eine solche Chance für junge Menschen gegeben, sich frei zu betätigen, sich selbst fortzuentwickeln und nach Ausbildung und Leistung nicht nur persönlich voranzukommen, sondern auch verantwortlich an dem öffentlichen Geschehen teilzuhaben, sei es im Inneren, sei es draußen, wie etwa im Zusammenwirken mit den Entwicklungsländern in der weiten Welt!

Während sich die Sozialdemokraten noch mit ihrer marxistischen Substanz, mit ihren Kümmernissen und Kummernussen in den eigenen Reihen auseinanderzusetzen haben und sich aus ihrer Vergangenheit nicht zu lösen vermögen, denken wir an das Morgen. Die Sozialdemokratie möge glaubhaft machen, wie das Verharren auf den Grundsätzen der marxistischen Wirtschafts- und Gesellschaftsphilosophie durch namhafte und mächtige Gewerkschaftsführer aus ihren eigenen Reihen mit der Verkündung freiheitlicher Lehren seitens der Parteileitung selbst in Einklang gebracht werden könne. Es ist die Sache der SPD, wie sich die alten Genossen mit denen verständigen sollen, die man durch nicht glaubwürdige sanft freiheitliche Töne aus dem bürgerlichen Lager zu gewinnen hofft. Die Sozialdemokratie hat noch gar nicht begriffen, daß ihr mit jedem Tage mehr die Felle davonschwimmen, daß die sozialistische Heilslehre von gestern heute wie ein wirklichkeitsfremder Spuk anmutet, daß unsere Jugend von klassenkämpferischem Gezänk nichts mehr wissen will und der Begriff „Proletariat" als Requisit aus der Rumpelkammer anmutet.

Gerade weil wir uns aus beispielloser materieller Not befreien mußten und über das Ganze gesehen in einer geschichtlich kurzen Frist den Übergang aus Not und Armut zu wachsendem Wohlstand vollziehen konnten, fragen wir nach dem Sinn und nach dem Wert materiellen Reichtums für das menschliche Sein. Man möge uns dabei nicht mißverstehen und etwa wähnen, daß wir nicht um die Bescheidenheit menschlicher Existenzen und noch mancher materiellen Not in vielen Familien wüßten. Keine Aussage aber kann für alle gelten, sondern immer nur ein gesellschaftspolitisches Phänomen im ganzen kennzeichnen. Innerhalb einer solchen Beschränkung aber darf ich damit doch sagen, daß wir uns in einer Situation befinden, in der es wohl berechtigt erscheint, heute vom Beginn einer neuen Phase des gesellschaftspolitischen und gesellschaftswirtschaftlichen Lebens zu sprechen. Nicht als ob es möglich wäre, von einem Tag zum anderen eine Zäsur vorzunehmen. Eine tiefere Überlegung führt aber doch dazu, zwischen dem Geschehen der vergangenen zwölf Jahre und der Aufgabenstellung der vor uns liegenden Zeit klar zu unterscheiden. Es ist nicht das deutsche Schicksal, das die Welt gewandelt hat, sondern es ist vielmehr das weltpolitische Geschehen, das uns in seinen Bann zieht und uns nach unserer Kraft und Leistung mit der Bewahrung unseres eigenen Schicksals zu der Verteidigung der Freiheit in der Welt aufruft.

Wenn wir glauben, an einer Wegmarke unserer gesellschaftspolitischen Entwicklung angelangt zu sein, die uns zur Besinnung zwingt und zugleich rückwärts- und vorausblicken läßt, dann heißt das gewiß nicht, daß wir den Methoden und Prinzipien der Sozialen Marktwirtschaft abzuschwören hätten. Wohl aber haben wir zu prüfen, ob die Werte nicht etwas anders zu setzen sind, und ob in der Gegenwart unsere Schau nicht weiter reicht, ja weiterreichen muß als damals aus dem Trümmerfeld der Vergangenheit.

Im ganzen dürfen wir heute mit Berechtigung von einem Wohlstand unseres Volkes sprechen, aber wir möchten künftighin darunter nicht mehr allein die Verfügung über ein Maximum an Gütern begreifen. Der Wohlstand schafft Grundlage und Voraussetzung zur inneren Befreiung des Menschen aus der Hörigkeit kollektiver Abhängigkeiten und die Möglichkeit, an den geistigen und kulturellen Gütern der Welt teilzuhaben. Wir sind aufgerufen, eine Politik zu verwirklichen, die uns in die Lage versetzt, unsere Umwelt in Stadt und Land, an den Arbeitsstätten und in den Haushalten, den Bedürfnissen des modernen Menschen einer freien Gesellschaft anzupassen.

Wir sind stolz und für unser Volk glücklich, daß wir gerade auch auf sozialem Gebiet so große Erfolge erzielen konnten. So sind zum Beispiel die gesamten Sozialleistungen der Bundesrepublik innerhalb der letzten zehn Jahre von jährlich rd. 10 Milliarden auf über 35 Milliarden, der Sozialaufwand aus dem Bundeshaushalt allein von rd. 4 Milliarden auf rd. 12 Milliarden, die Leistungen der sozialen Rentenversicherungen insgesamt von 2½ Milliarden auf 16 Milliarden und die Sach- und Barleistungen der gesetzlichen Krankenversicherungen von 1,7 Milliarden auf über 8 Milliarden angestiegen. Das sind nicht nur die Früchte einer erfolgreichen Sozialpolitik, sondern auch die Zeugnisse einer sozialverpflichteten Wirtschaftspolitik, mit der unsere Partei vor ihrem Gewissen und vor dem deutschen Volke wahrlich bestehen kann.

Diese beachtlichen Ergebnisse stützen sich auf eine Zunahme des Sozialprodukts, das seit 1950 eine Erhöhung von 97 Milliarden auf 276 Milliarden im Jahre 1960 erfahren hat, und auf eine Erhöhung des Volkseinkommens von 74,5 Milliarden auf 212 Milliarden im gleichen Zeitraum. In diesen zehn Jahren flossen durchschnittlich rd. 60% des Brutto-Sozialprodukts in den privaten Verbrauch, während die Investitionsrate zwischen 22–25% schwankte. In diesem relativ hohen Satz schlagen sich die großen Anstrengungen und Aufwendungen seitens der privaten Wirtschaft und der öffentlichen Hand am deutschen Wiederaufbau nieder. Die Bundesrepublik kann also in jedweder Beziehung, d. h. sowohl hinsichtlich des wirtschaftlichen Erfolgs als auch seiner sozialen Leistungen, den Vergleich mit jedem anderen Lande aufnehmen.

An dieser Stelle muß betont werden, daß die Erfolge unseres Wiederaufbaues nicht nur das Materielle, also das Profane einschließen, sondern auch die großen Investitionen auf kulturellem Gebiet ermöglichten, weil so mancher, der von diesen Einrichtungen Gebrauch macht, sich dessen gar nicht bewußt ist. Auf kulturellem Gebiet nämlich liegt, nächst dem Verkehr, der größte Investitionsaufwand der öffentlichen Haushalte.

Trotz der auch nach Realkaufkraft gemessenen Verdoppelung der materiellen Existenzbedingungen unseres Volkes wollen gerade wir Christlichen Demokraten nicht übersehen, daß die innere Zufriedenheit der Menchen damit nicht Schritt hielt. Und es ist kaum zu erwarten, daß weitere materielle Erfolge in Richtung einer Verbesserung und Verbreiterung der Lebensführung in gleichem Ausmaß mehr Glück bescheren könnten. Wohl kennen wir alle das Gesetz vom abnehmenden Nutzen, aber diese Erklärung wäre zu banal, um über die gesellschaftspolitische Aussage hinaus das auszudeuten, was in der geistig-seelischen Sphäre des Menschen viel tiefer wurzelt. Hier kreuzen und vermischen sich ursprüngliche menschliche Empfindungen mit ideologisch bewußter äußerer Einflußnahme.

Ich stimme denen nicht zu, die das Unbehagen oder selbst die Unzufriedenheit des menschlichen Individuums als Ausdruck mangelnder Einsicht oder der Undankbarkeit nur negativ werten möchten. Ich bin vielmehr geneigt, darin zu einem erheblichen Teil ein Zeichen der Selbstbesinnung, ja vielleicht auch der Ernüchterung zu erkennen, das den einzelnen je nach seiner geistigen Artung fragen läßt, ob das nun der Sinn der menschlichen Arbeit oder gar des Lebens wäre, nur dem materiellen Genuß nachzujagen und zu konsumieren. Das Störfeuer kommt von jenen Kräften, die aus parteipolitischer Opposition und um des Nachweises ihrer Daseinsberechtigung willen die Unruhe und Unzufriedenheit in einer ganz anderen Weise, nämlich von der entgegengesetzten Richtung her, schüren und den organisierten Gruppen in unserem Volke einreden möchten, daß sie trotz ständiger Verbesserung ihrer Lebensführung ewig zu kurz kommen und ihre Ansprüche steigern müßten. Schuldig sind überhaupt alle, die durch ihr Verhalten die Illusion nähren, als ob ein Volk mehr als das gemeinsam Geschaffene, als etwa 120% des Sozialprodukts, verzehren könnte, – die heute besitzen möchten, was morgen erst zu gewinnen möglich ist. So wird der einzelne Mensch aus seiner Selbstbesinnung durch äußere Einflüsse immer wieder aufgeschreckt, und gerade dadurch drohen sein Gewissen und sein Verantwortungsbewußtsein immer wieder erstickt zu werden. Das eben ist es, was die Geister verwirrt und nicht zur Ruhe kommen läßt. Es ist im letzten ein Kampf des Individuums gegen das Kollektiv, es ist die Auseinandersetzung zwischen Verantwortung und Machtanspruch. Ich predige gewiß nicht Verzicht und Entsagung, sondern ringe um die Einsicht, daß neben dem, was jeder froh genießen soll, wir auch als Gemeinschaft, als Volk und Staat, uns alle verbindende Aufgaben zu erfüllen haben, und daß unsere Vor- und Fürsorge nicht nur dem Heute gelten darf, sondern auch das Morgen und Übermorgen – unsere Zukunft – zu bedenken hat.

Wenn wir annehmen dürfen, daß wir im Schutze unserer Freiheit fortfahren dürfen, den Wohlstand unseres Volkes ohne krisenhafte Erschütterungen – so wie in den vergangenen auch in den kommenden zwölf Jahren – zu mehren, dann muß man kein Anhänger einer materialistischen Geschichtsauffassung sein, um sich Gedanken darüber zu machen, wie eine solche Entwicklung unser Weltbild und das menschliche Lebensgefühl wohl wandeln mag. Gerade solche Vorstellungen sind geeignet, uns bewußt werden zu lassen, daß dies nicht der Sinn des Lebens und der uns gestellten geschichtlichen Aufgabe sein kann, noch einmal eine Verdoppelung des Konsums von Gütern – und sonst nichts – zu erreichen.

Aber bleiben wir zunächst mit beiden Füßen auf der Erde und packen wir die Aufgabe so an, wie die Zeit sie uns stellt. Wenn der Parteitag vor den Bundestagswahlen 1957 unter dem Zeichen „Wohlstand für Alle" stand, und darüber das Ziel „Eigentum für Jeden" aufleuchtete, so bedeutete das selbstverständlich kein Vier-Jahres-Programm kommunistischer Prägung, sondern ein Bekenntnis des guten Willens, den Weg der Befreiung des Individuums auch über die immer breitere Streuung frei verfügbaren privaten Eigentums zu beschreiten. Niemand kann ernsthaft leugnen, daß wir bereits über die ersten Anfänge hinausgekommen und auch mutig genug sind, neue, vielleicht sogar revolutionär anmutende Verfahren anzuwenden. Wohl gibt es kein Füllhorn, aus dem sich der Segen privaten Eigentums ergießen könnte, aber es erscheint uns gerecht, neben der Förderung der privaten Vermögensbildung zum Zwecke des Wiederaufbaus unserer Wirtschaft auf Grund der heute erreichten Leistungskraft nunmehr auch die private Eigentumsbildung der breiten unselbständigen Schichten unseres Volkes stärker zu begünstigen.

Der Begriff und Gedanke der Volksaktie stammt wohlverstanden nicht von der Opposition, sondern entspringt unserem politischen Wollen, der allenthalben unentbehrlichen Konzentration des Produktivkapitals eine Dekonzentration des Eigentums entgegenzusetzen und für die Zukunft auch im Bereich privater Aktiengesellschaften bei der Zuteilung von Bezugsrechten und Neu-Emissionen dahin zu streben, einem breiten Publikum in kleinen Stückelungen Beteiligungsmöglichkeiten zu eröffnen. Wir sind willens, alle Arten und Formen der privaten Spartätigkeit zu fördern, aber wir lehnen die sozialistische Methode der Vermögensenteignung zum Zwecke machthungriger Einflußnahme auf die private Wirtschaft durch Massenkollektive, die am Ende zu deren Beherrschung führen müßte, mit Entschiedenheit ab.

Die Sozialdemokratische Partei will zu diesem Zwecke „Übergewinne" abschöpfen, ohne auch nur andeutungsweise Normen setzen oder aufzeigen zu können, wo dabei Anfang und Ende ist, wo ein solcher „Übergewinn" auf einer vielleicht nur vorübergehenden Konjunktur beruht, ob er echter unternehmerischer Leistung entspringt oder sich auf Ausnutzung bzw. sogar Mißbrauch wirtschaftlicher Macht gründet.

Hier wird der Willkür Tür und Tor geöffnet und damit am Ende die demokratische Ordnung zerstört. Der Opposition ist außer der sozialistisch verbogenen Nachahmung unseres Beispiels und Gedankenguts tatsächlich noch nichts Neues eingefallen; sie kann die Eierschalen ihrer marxistischen Vergangenheit nie völlig abstreifen.

Die Gesellschaftspolitik der CDU/CSU zielt nicht auf Aktionen ab, die bloß populäre Wahlschlager sein sollen, sondern ist sich des langen, aber doch übersehbaren Prozesses hin zu dem erstrebten Ziel wohl bewußt. Auch Wohlstand und Eigentum sind keine letzten und absoluten Werte, aber sie verhelfen dem Staatsbürger zu der inneren Bereicherung, die aus dem Erlebnis der Persönlichkeit und der menschlichen Würde fließt. Wir hätten unser Leben vertan und unsere Verantwortung vor Gott und den Menschen gewiß nicht erfüllt, wenn uns am Ende unserer Tage nichts anderes zu sagen bliebe, als daß wir gut gelebt und auch Besitz erlangt hätten. Solches Wissen aber läßt uns nicht die Hände in den Schoß legen und darüber die Erfüllung unserer politischen Aufgaben in dieser Welt vergessen.

So wie wir im nationalen Bereich und in der inneren politischen Auseinandersetzung bereits über viele Irrungen und Wirrungen der Vergangenheit hinweggefunden haben, wie wir nicht mehr in den Kategorien ständischer oder feudalistischer Vorstellungen denken, wie der Begriff der „Klassenherrschaft" bei uns nur noch als ideologisches Zerrbild der Vergangenheit weiterlebt, der Begriff „Proletariat" inhaltslos geworden ist, so sind auch die Beziehungen zwischen den Völkern heute von einem anderen Geist getragen. Die Scheinwerte der Vergangenheit, die in der Hybris eines entarteten Nationalismus und in engstirnigem Protektionismus die Völker feindlich spalteten und unsere Erde fast zerstörten, sind bei uns versunken und haben der Einsicht Raum gegeben, daß das, was Staaten, Völker und Menschen im letzten verbindet oder trennt, der entschlossene Wille ist, nach Gottes Gebot frei zu leben – oder bereit, oder aber auch gezwungen zu sein, sich einer kollektiven oder totalitären Gewalt sklavisch zu beugen.

Wir sind weit davon entfernt, unsere parteipolitischen Widersacher einer nichtdemokratischen Gesinnung zu bezichtigen. Aber niemand kann uns auch der Arglist oder bösen Willens zeihen, wenn wir gemäß der Haltung der Opposition durch über zwölf Jahre nicht darauf vertrauen, daß sie das gesellschaftliche Ideal des Marxismus als die Wiege des Kollektivismus und Kommunismus im innersten Kern überwunden hat. Und wenn wir darum der Opposition auf parteipolitischem Felde Fehde ansagen, dann tun wir es in dem guten Bewußtsein, dem eigenen Volke die sicheren Voraussetzungen für die Verteidigung unserer Freiheit nach außen zu schaffen. Gerade weil wir nicht die Macht anbeten, sondern an die Kraft des Geistes glauben, liegt unsere erste und unmittelbare Verantwortung in dem kleineren und überschaubaren Bereich der Bundesrepublik selbst.

Der harmonische Ausgleich innerhalb der freien Welt und ihre festgefügte freiheitliche Ordnung wurzeln – unbeschadet der Tätigkeit vieler übernationaler Organisationen – im letzten Grunde im engeren Raum, d. h. bei den Regierungen und Parlamenten mit ihren exekutiven und legislativen Vollmachten. Daß mit dieser These keine Absage an eine möglichst enge, fruchtbare Zusammenarbeit gemeint ist sondern das Gegenteil, ergibt sich aus unserem Bestreben, innerhalb der nationalen Volkswirtschaften gemäß den über- oder supranationalen Bindungen eine den gemeinsamen Aufgaben und Zielen konforme Konjunktur-, Wirtschafts- und Währungspolitik durchzuführen.

So wurde in der Aufwertung der D-Mark unser ernster Wille erkennbar, nicht nur die Stabilität der Kaufkraft unserer nationalen Währung zu bewahren und den Sparer vor Verlusten zu schützen, sondern wir wollten damit zugleich auch aus übernationaler Verantwortung Solidarität gegenüber unseren Partnern in der freien Welt bezeugen. Daß indessen ein Land allein durch seine Maßnahmen nicht alle währungspolitischen Spannungen multilateraler Art heilen kann, bedarf keiner weiteren Begründung. Die von der Union getragene Bundesregierung wird sich deshalb heute und nach den Wahlen mit Nachdruck dafür einsetzen, daß sich die neue atlantische Organisation, die OECD, über die speziellen Fragen der Entwicklungshilfe hinaus vor allem mit den Fragen einer möglichst straffen Koordinierung der vorerwähnten ökonomischen Aufgaben befaßt. Dieser Mangel an einem aufeinander abgestimmten Handeln und Verhalten ist der Grund des Übels der Zahlungsbilanz-Ungleichgewichte. Tatsächlich bleiben die Ordnungsvorstellungen und -instrumente hinter dem praktisch schon verwirklichten Maß an internationaler Integration zurück.

Lassen Sie mich am Rande zum jüngsten Geschehen nach der Währungsaufwertung noch einige Anmerkungen machen. Nach den vorausgesagten gefährlichen Folgen eines solchen Schrittes war aus den verschiedensten Lagern zu hören, daß die beabsichtigte Wirkung eines besseren Ausgleichs der Handels- und Zahlungsbilanz und eines gewissen Drucks auf das deutsche Preisniveau gar nicht eintreten werde. Dieser offenkundige Widerspruch kann sich selbstverständlich nur auf die Verteidigung von Interessenstandpunkten gründen, denn er verstößt nicht nur gegen jede wirtschaftliche Vernunft, sondern sogar gegen das Kleine Einmaleins. Kein Kundiger konnte erwarten, daß der gewollte Effekt schlagartig in Erscheinung tritt, sondern sich im handelspolitischen Geschehen allmählich, aber sicher durchsetzen wird. Ich selber habe in meiner ersten Begründung zur Währungsaufwertung klar genug ausgedrückt, daß diese kein Allheilmittel gegen alle unsere Nöte sein wird und uns nicht der Notwendigkeit weiterer konjunkturpolitischer Aktivität enthebt. Was aber soll man dazu sagen, wenn eine nationalpolitische Maßnahme von immerhin großer Bedeutung von seiten namhafter Gewerkschaftsführer mit der Erklärung beantwortet wird, daß sie nicht willens seien, von dieser Aktion Notiz zu nehmen und deshalb auf vorgefaßte Forderungen zu verzichten? In solchen Aussagen tritt die geradezu tödliche Gefahr zutage, einen Staat und seine Volkswirtschaft nicht mehr aus gemeinsamer Verantwortung als ein Ganzes zu begreifen, sondern als eine Addition von Kollektivgebilden, deren Zweck nur die Durchsetzung des eigenen Vorteils ist. Man bestreitet dem Wirtschaftsminister das Recht zur Aufklärung. Wenn aber bereits im Jahre 1960 in der Industrie der Produktivitäts-Zuwachs pro Beschäftigten vom ersten bis zum vierten Quartal von 9,1% auf 3,6% und je Arbeitsstunde von 11,3% auf 6,8% gesunken ist, während die Lohnsteigerung je Arbeitsstunde im gleichen Zeitraum von 5,9% auf 13,6% zunahm, dann habe ich gerade nach der Aufwertung die Pflicht, zu mahnen.

Solche und andere Erscheinungen ähnlicher Art sind der beste Beweis dafür, daß unsere Wettbewerbsordnung noch Mängel aufweist, die für die kommende Zeit einer Bereinigung bzw. Überwindung bedürfen. Gewiß hat die Vorstellung, daß dem Staat die Verpflichtung obliegt, den Wettbewerb zu schützen, im Parlament an Boden gewonnen, und das deutsche Volk hat in seinen breiten Schichten erkannt, daß das Grundelement der Sozialen Marktwirtschaft vor allem andern ein freier Wettbewerb ist. Wenn gleichwohl der ganze Fragenkomplex der Preisbindung der zweiten Hand, der Preisempfehlungen, der marktbeherrschenden Unternehmen und der wirtschaftlichen Konzentration in dieser Legislaturperiode gesetzestechnisch nicht weiter fortentwickelt wurde, so liegt das nicht an dem mangelnden Mut unserer Partei, dieses heiße Eisen anzupacken, sondern an dem Bedürfnis, weitere Erfahrungen zu sammeln bzw. exakte Grundlagen zur Beurteilung der Materie zu gewinnen. Jedenfalls darf festgestellt werden, daß sich die bei der Verabschiedung des einschlägigen Gesetzes lautgewordenen Kassandrarufe als falsch erwiesen haben. Und trotzdem ist die Aktivität der Kartellfreunde nicht zu übersehen, die auf eine Umfälschung unserer Wettbewerbsordnung in Richtung einer Mißbrauchs-Gesetzgebung abzielen.

Bei dieser Sachlage wird vor allem die Europäische Wirtschaftsgemeinschaft ihren Willen zu einer freiheitlichen Wirtschaftsordnung unter Beweis zu stellen haben, denn der Verzicht auf einen freien Wettbewerb müßte die Gemeinschaft früher oder später zu einem dirigistisch manipulierten Gebilde erstarren lassen. Im gleichen Raum können aber auch nicht zwei unterschiedliche Wettbewerbsauffassungen gleichberechtigt nebeneinander stehen.

Wir wissen sehr wohl, daß es in bezug auf die Funktion des Wettbewerbs unterschiedliche Theorien gibt, – die Union aber hat in ihrer ordnungspolitischen Grundauffassung, in der der freie Wettbewerb das tragende Element ausmacht, eindeutig und endgültig Stellung bezogen. Darum wird jeder Versuch, diese Politik zu erschüttern oder zu unterminieren, zuschanden werden. Nur wer mit Blindheit geschlagen ist, kann den inneren Zusammenhang zwischen der persönlichen, der wirtschaftlichen und der politischen Freiheit übersehen. Wer wie unsere Partei das Walten und Wirken eines freien Unternehmertums als unentbehrliche Institution jeder Marktwirtschaft gegen alle Kritik und Feindschaft oppositioneller Kräfte auch künftighin zu schützen bereit ist, hat auch ein Recht, vom Unternehmer die Einsicht zu fordern, daß seine Freiheit den Mut zur Bewährung im Wettbewerb mit allen Chancen und Risiken einschließen muß.

Diese für unsere Gesellschaftsordnung fast schicksalhafte Frage ist an dieser Stelle nicht weiter zu vertiefen; aber wenn als eine der Begründungen gegen das Kartellgesetz u. a. die These vertreten wird, daß die Konzentration ein unaufhaltsamer Prozeß sei, mit dem man sich abfinden müsse, dann melden wir Widerspruch an. Nicht, daß wir Bilderstürmer wären, die den Fortschritt hemmen möchten und nicht darum wüßten, daß die moderne Technik, aus welchen Erkenntnissen auch immer, in vielen Bereichen zu Großformen der Wirtschaft und selbst zu Konzentrationen hinzwingt. Aber wir sind nicht bereit, der sich so deutlich abzeichnenden Entwicklung einer immer stärkeren Konzentration in Gestalt erkennbarer oder auch undurchsichtiger Konzernbildungen tatenlos zuzusehen, und dies besonders dann nicht, wenn Bestimmungen des Aktienrechts oder der Steuergesetzgebung aus der Vergangenheit der ökonomischen Situation von heute nicht mehr entsprechen, sondern ohne zwingende Notwendigkeit in ungerechter Weise Bevorzugungen und Privilegien schaffen, die mit unseren gesellschaftspolitischen Vorstellungen nicht in Einklang zu bringen sind. Mit diesem Satz ist das Problem der Organschaft und des Schachtelprivilegs angesprochen, das einer sorgfältigen Überprüfung bedarf.

Gar völlig abwegig ist es, Wettbewerbsbeschränkungen als notwendige Maßnahme zum Schutze des Mittelstandes gegenüber der Übermacht von Großunternehmungen propagieren zu wollen, um sich solcherart ein fadenscheiniges moralisches Mäntelchen für den Kampf gegen das Kartellgesetz umhängen zu können. Da und dort mögen solche Sirenentöne von Unternehmern, die noch einer kartellgebundenen Wirtschaftsform der Vergangenheit verhaftet sind, gern gehört werden; aber nichts kann darüber hinwegtäuschen, daß diese Zeit bzw. dieser Geist einer vergangenen Zeit in unaufhaltsamem Niedersinken begriffen ist. Der selbständige kleinere und mittlere Unternehmer ist dem Großbetrieb durchaus nicht unterlegen, wenn er nur im Wettbewerb gleicher Startbedingungen sicher sein kann. Neben Argumenten, die einen natürlichen Vorsprung des Großbetriebes begründen sollen, gibt es nicht wenige andere, die die Vorteile des Klein- und Mittelbetriebes gerade in einer wirtschaftlichen Dynamik, die immer neue Anpassung und Umstellung erfordert, nur zu verständlich erscheinen lassen. Es kommt hinzu, daß mit zunehmender Veredelungsleistung und Differenzierung der Erzeugung die Möglichkeit einer Kartellierung mehr und mehr entfällt, so daß der vermeintliche Vorteil, d. h. die Chance, über Kartelle einen höheren Preis zu erzielen als im freien Markte, nur den Vorstufen der Industrie zugute kommt. Damit aber wird einmal die Wettbewerbsgleichheit innerhalb der gewerblichen Wirtschaft selbst verfälscht und zum anderen der Verbraucher ohne zwingende Notwendigkeit geschädigt. So ist es z. B. kein Zufall, daß sich das Handwerk vorbehaltlos zu den Grundsätzen der Sozialen Marktwirtschaft bekennt.

In der weiteren Entwicklung beruht die Sicherheit unserer mittelständischen Wirtschaft nicht auf kartellmäßigen Bindungen, sondern gerade umgekehrt auf der Belebung einer freiheitlichen Gesellschaftsordnung, auf dem bewußten Willen der Menschen, gerade auch in ihrer äußeren Lebensführung der Individualität der Persönlichkeit Ausdruck geben zu wollen. Nur wenn wir geneigt wären, über eine Schablonisierung unserer Seelen und Geister den Weg der Gleichmacherei und der Vermassung zu gehen, würde der Großbetrieb gegenüber unserer mittelständischen Wirtschaft obsiegen; – je stärker jedoch jeder einzelne darauf beharrt, sein Leben auch in seiner äußeren Lebensführung nach seinen Vorstellungen und Sehnsüchten zu gestalten, desto fester wurzelt der Mittelstand in unserer Gesellschaftsordnung. Hier erweist sich unter einem anderen Aspekt die Formungskraft der Freiheit in bezug auf menschliches und volkliches Leben.

Ein öder Rationalismus mag in bezug auf diese Frage von der nur rechenhaften Überlegung ausgehen, welches Gesellschaftsprinzip bzw. Wirtschaftssystem „billiger" ist, d. h. dem Verbraucher ein Maximum an wirtschaftlicher Güterversorgung gewährleistet. Wenn man diese Größe nach statistischen Konsumeinheiten überhaupt messen könnte, würde sich möglicherweise ergeben, daß eine nur auf der Grundlage von hochrationalisierten und automatisierten Groß- und Mammutbetrieben arbeitende Volkswirtschaft den höchsten Effekt erbringen würde. Aber hier eben würde Vernunft Unsinn und die vermeintliche Wohltat echte soziale Plage werden, denn wir brauchen nur nach dem Osten zu den totalitären Wirtschaftsformen hinzublicken, um zu erkennen, welche Konsequenzen sich aus solchem materialistischem Realismus ergeben. Das Leben verliert jeden Sinn, es wird öde, schal und grau, und die Menschen, die solcherart dahinvegetieren, tragen nicht mehr Gottes Antlitz, sondern sind nur noch statistische Größen einer geistlosen Maschinerie.

So hat denn auch die Freiheit im wirtschaftlichen Leben einen Preis, aber die vergleichende Rechnung weist einen ungeheuren Gewinn für die freie Gesellschaftsordnung aus, die dem Leben täglich neue Impulse gibt und die Menschen als Gottes Geschöpfe sich frei entfalten läßt.

Zu dieser unserer Ordnungsvorstellung gehört auch der freie Bauer auf eigener Scholle.

Allein nach Mark und Pfennigen gerechnet, könnten wir landwirtschaftliche Produkte zweifellos billiger einführen, aber weil auf dieser Ebene ein freier Wettbewerb aus gottgewollten, naturgegebenen Gründen unmöglich ist, würde das rationalistische Prinzip den Untergang des deutschen Bauerntums zur Folge haben. Wenn wir seitens der Union gar nicht die Frage stellen, ob wir einen gesunden Bauernstand erhalten wollen, weil sich die Beantwortung aus politischen, soziologischen und biologischen Gründen von selbst ergibt, wenn also die am Anfang stehende Entscheidung das „Ja" oder „Nein" unmißverständlich, eindeutig und endgültig getroffen ist, dann haben wir aus diesem Tatbestand zwangsläufig jene Konsequenzen zu ziehen, wie sie etwa in der Agrarmarktordnung oder in der Einrichtung des Grünen Plans Ausdruck finden. Es ist unwahrhaftig, aus politischer Optik heraus solchen Gesetzen zuzustimmen, aber an ihren Folgewirkungen herumzunörgeln. Wenn dann gar noch hinzukommt, daß die Produktivitätssteigerung innerhalb der deutschen Landwirtschaft einem Vergleich mit dem industriellen Sektor durchaus standhalten kann und die Struktur unserer Landwirtschaft in erkennbarem Trend eine fortdauernde Verbesserung erfährt, dann wird die Agrarpolitik der Union von dieser Seite her ein weiteres Mal als richtig und gerechtfertigt bestätigt. Die billigste Lebensmittelversorgung bedeutet also auch in diesem Falle nicht das volks- oder gesellschaftspolitische Optimum, denn die Landwirtschaft ist in der Einbettung in die deutsche Volkswirtschaft in ihrem Wesen auch nur vom Ganzen her zu begreifen und zu würdigen.

Trotz unseres entschiedenen Bekenntnisses zur Sozialen Marktwirtschaft, deren Erfolge das deutsche Volk aus Not und Elend befreiten, wissen wir sehr wohl, daß auch abseits der Agrarmarktordnung noch Elemente planwirtschaftlichen Denkens in unserer Volkswirtschaft lebendig sind und

Geltung haben. Das gilt insbesondere für die gegenwärtig noch recht umfangreichen behördlichen Bindungen, wie vor allen Dingen hinsichtlich der Festsetzung der Entgelte im Bereich des Verkehrs. Wir verkennen auch hier nicht die arteigenen Verhältnisse, die in der Gesetzgebung Berücksichtigung fanden; denn dem Großunternehmen Bundesbahn steht eine große Anzahl überwiegend mittelständischer Betriebe im Straßenverkehr und in der Binnenschiffahrt gegenüber. Wenn also aus diesem Grunde gewisse Wettbewerbsregeln berechtigt erscheinen, sollte uns das doch nicht hindern, gleich wie in der übrigen Wirtschaft auch den Verkehr von der Überfülle behördlicher Vorschriften zu befreien. Wir versprechen uns von einem gesunden Wettbewerb zwischen den Verkehrsträgern eine bessere Aufteilung der Verkehrsleistungen als durch behördliche Anordnungen. Gerade deshalb sollte auch dem Wettbewerb über den Preis durch Auflockerung der Verkehrstarife in vertretbarem Rahmen Raum gegeben werden. Es wird sich ohne Existenzgefährdung der Verkehrsbetriebe auch auf diesem Felde erweisen, daß der Wettbewerb ein richtiges Urteil fällt, als alle Behörden es vermögen.

Zu schnellen Entscheidungen auf diesem Gebiet zwingt uns über solche Erwägungen hinaus auch der Gemeinsame Markt. Mit Sicherheit läßt sich schon heute sagen, daß in diesem weiteren Bereich die Verkehrswirtschaft nicht mehr in gleichem Umfang behördlichen Bindungen unterworfen sein wird, wie das heute noch der Fall ist. Es kann darum den Verkehrsunternehmungen der Bundesrepublik kein besserer Dienst erwiesen werden, als sie rechtzeitig auf diese Entwicklung hinzuführen und den Gegebenheiten von morgen durch unsere Gesetzgebung ehestens Rechnung zu tragen.

Überblicken wir vom Ganzen her die einzelnen Sektoren unserer Volkswirtschaft, dann gelangen wir zu einer geradezu zwingenden Einsicht. Überall dort nämlich, wo im freien Wettbewerb über die Funktion des Preises die Kräfte zum Ausgleich von Angebot und Nachfrage lebendig sind, ist zugleich auch ein reibungsloser Marktablauf und eine optimale Verbrauchsversorgung gewährleistet. Dort ist auch die Gefahr gebannt, daß durch dirigistische Maßnahmen das Marktbild verzerrt wird und zu Fehlinvestitionen verleitet. Überall dort aber, wo noch Rudimente der Plan- und Lenkungswirtschaft vorhanden sind, haben wir fortdauernd mit Friktionen und Störungen zu rechnen, die dann immer neue Eingriffe erforderlich machen und so die Planwirtschaft verewigen. Sollte uns das nicht Mut machen, auf dem Wege der Sozialen Marktwirtschaft beharrlich voranzuschreiten!

Demgegenüber mutet es fast komisch an, wenn die Sozialdemokratie uns im Bereich der Wohnungswirtschaft, in dem wiederum, wie überall, nicht sie, sondern wir, die CDU/CSU, den Durchbruch zur Freiheit begonnen haben, der Sünde wider den „Heiligen Geist" der Marktwirtschaft zeihen will. Wo noch keine freie Marktwirtschaft herrscht, können auch ihre Gesetze nicht unangefochten gelten, wo durch Subventionen die Funktion des Preises weitgehend ausgeschaltet ist und öffentliche Auftraggeber – und darunter wieder vor allem die über hohe Gewerbesteuereinnahmen verfügenden Großstädte innerhalb industrieller Ballungszentren – ohne Rücksicht auf Preise Bauaufträge vergeben, kann in Ansehung der verfügbaren Kapazitäten kein volkswirtschaftlich sinnvoller und vertretbarer Ausgleich von Angebot und Nachfrage Platz greifen. Wenn indessen die sozialistische Opposition das Bemühen unserer Partei, einen bedenklichen Preisauftrieb zu verhindern, als Dirigismus anprangern möchte, dann möge sie gefälligst im Bundestag den Antrag einbringen, künftig jede staatliche Förderung des sozialen oder steuerbegünstigten Wohnungsbaus mit sofortiger Wirkung einzustellen. Wenn sie den Wirtschaftsbau als übersetzt erachtet, dann sind wir weit entfernt, Verwaltungshochbauten heilig zu sprechen; aber dann möge sie auch bedenken, daß es nicht zuletzt auch überspitzte gewerkschaftliche Forderungen in einer expansiven Volkswirtschaft sind, die zur Einsparung von Arbeitskräften zwingen, und daß Maschinen eben bauliche Gehäuse benötigen.

Wenn diese Bilanz vollständig sein soll, darf die Opposition füglich auch gefragt werden, ob die sozialistisch geleiteten Großstädte aus ihrem Überfluß etwa nur Krankenhäuser und Schulen bauen oder ob dort nicht auch Bauvorhaben trotz der Überhitzung in Angriff genommen werden, die im Interesse des Ganzen und der Bewahrung einer Preisstabilität aufschiebbar sein müßten. Die Phantasie- und Konzeptionslosigkeit der Opposition kommt in nichts besser zum Ausdruck als durch die Sucht, wie ein Spürhund von Tag zu Tag Mängel eines Augenblicks aufdecken zu wollen, ohne selbst – es sei denn in Tiraden – eine in sich geschlossene Konzeption bieten zu können.

Selbstverständlich ist es nach dem Erleben seit 1948 unser Wunsch und unsere Hoffnung, daß die Grundsätze der Sozialen Marktwirtschaft auch Richtschnur für die zwischenstaatliche und internationale wirtschaftliche Zusammenarbeit der freien Völker Europas und der Welt sein möchten. Das war denn auch eine der überraschendsten Erscheinungen nach diesem schrecklichen Krieg, der die Völker fast ausnahmslos in planwirtschaftlichem Denken hatte erstarren lassen, daß nicht zuletzt das Modell der deutschen Wirtschaftspolitik zu einem geistigen Umbruch beitrug und einer weltweit-freiheitlichen Ordnung zum Siege verhalf. Von Vervollkommnung noch weit entfernt, ist aber doch sichtbar der rechte Weg eingeschlagen, denn es verdient schon vermerkt zu werden, daß z. B. innerhalb der Europäischen Wirtschaftsgemeinschaft niemals die Alternative zwischen Markt- und Planwirtschaft zur Diskussion stand, sondern wie selbstverständlich eine freizügige Ordnung als die unserer Zeit gemäße Wirtschaftsform empfunden wurde. Wir beanspruchen gewiß kein patentamtliches Urheberrecht, aber daß wir durch unsere Wirtschafts- und Gesellschaftspolitik dem Geist der Freiheit einen Dienst erwiesen haben, wird in der Welt niemand leugnen wollen.

Meine Auffassungen über die Probleme der europäischen Integration sind bekannt genug, und darum bin ich glücklich, daß sich Lösungen abzuzeichnen beginnen, die den Zusammenschluß der Sechs nicht zum Beginn einer isolationistischen Entwicklung werden lassen, sondern zu einer Versöhnung der der Freiheit verpflichteten europäischen Völker und Staaten führen werden.

Die Erkenntnis wächst, daß der freie Teil Europas sich keine Schwächung – auch nicht im wirtschaftlichen Bereich – leisten kann, wenn er auf die Dauer der Bedrohung standhalten will. Da auch die Einsicht zunimmt, uns zu einer Gemeinsamkeit verbinden zu müssen, hegen wir die Hoffnung, daß in einer politisch relevanten Zeit die Gestaltung einer „Atlantischen Gemeinschaft" reale politische Wirklichkeit sein wird. Wir haben von deutscher Seite inzwischen allgemein anerkannte Beiträge geleistet, um über nationalpolitische und nationalwirtschaftliche bzw. auch regional gebundene Vorstellungen hinaus zu einem Denken in den Kategorien der Freien Welt hinzufinden. Das der Verteidigung unseres Lebens dienende Bündnis der NATO muß auf dem wirtschaftlichen Felde eine Entsprechung finden, wenn nicht engstirnige Interessen im nationalen Bereich oder die Verbindung solcher Interessen in zwischenstaatlichen Beziehungen gegenüber dem Bewußtsein eines gemeinsamen Schicksals obsiegen sollen.

Unsere Zeit ist durch jenen Zwiespalt gekennzeichnet, der uns auf der einen Seite wohl das gemeinsame Schicksal des atlantischen Raumes und seiner Völker erkennen und doch noch nicht reif sein läßt, in der nationalen Begrenzung über unseren Egoismus hinwegzufinden, – d. h. gerade auch im engeren Bereich für das Ganze zu wirken. Wir müssen in der nationalen Verantwortung die Ordnung setzen, die die Völker in ihrem politischen und gesellschaftlichen Sein nicht trennt sondern vereint. Das ist die Aufgabe unserer Zeit, das ist unsere vornehmste Verpflichtung.

Wir erkennen diese auch in den Anforderungen, die die Entwicklungshilfe an uns stellt. Wir hätten nicht eines gewaltsamen Anstoßes unter Verweisung auf unsere Zahlungsbilanzsituation bedurft, um unser Gewissen wachzurütteln. Schon seit vier Jahren mahnte ich und verwies ich auf den Wert und den Sinn einer deutschen Leistung, ja selbst eines deutschen Opfers in dieser Richtung. Die diesem Problem innewohnende, fast unausschöpfliche Problematik kann hier nicht einmal in den Konturen aufgezeichnet werden; aber der Befriedigung, daß zwischen den beteiligten Ressorts volles Einvernehmen besteht, möchte ich doch Ausdruck geben und der Überzeugung dazu, daß das, was wir im Zeichen der Entwicklungshilfe nach außen leisten, uns auch im Innern zum Segen gereichen wird. Hier versagt wieder einmal der Rechenstift. Ich bin glücklich zu sehen, daß das deutsche Volk selbst diese Aufgabe erkannt hat. Wir müssen wissen, daß das Wertvollste im Leben immer die rechte Gesinnung zur Grundlage hat.

Eine solche Aussage bringt mich möglicherweise in den Verdacht, in diesem Zusammenhang nur das Philanthropische zu sehen. Darum lassen Sie mich dazu noch etwas sehr Konkretes sagen. Was wir Dritten zu geben vermögen, kann selbstverständlich nur auf Leistung und Erfolg beruhen. So abwegig es ist, die Handels- und Zahlungsbilanzüberschüsse als Ausdruck oder Maßstab der Belastungsfähigkeit einer Volkswirtschaft anzusehen, so erscheint es doch begreiflich genug, daß die günstige deutsche Position im internationalen Zahlungsverkehr den Wunsch nach verstärkter deutscher Hilfe auslöst. Der deutsche Export ist in den letzten zehn Jahren von 8 auf 48 Millarden DM angestiegen, demgegenüber unser Import von rund 11 auf 43 Milliarden DM angewachsen ist. Im Zuge dieser fast phantastisch anmutenden Entwicklung erreichte unser Gold- und Devisenbestand die Höhe von über 32 Milliarden DM.

Wie haben sich doch unsere Sorgen gewandelt! Während heute unsere Aktivposition fast zu einem Störungselement der Weltwirtschaft zu werden droht und wir aus einer Gesinnung internationaler Solidarität um Ausgleich bemüht sind, hat der namhafteste wirtschaftspolitische Sprecher der SPD im Jahre 1951 festgestellt, daß wir bei einem seinerzeit aufgelaufenen Zahlungsbilanzdefizit von 475 Millionen Dollar unseren Bankrott anzusagen hätten und uns unter Kuratel zu stellen gezwungen wären. Er sagte voraus, daß, wenn wir noch weiter liberalisierten, wir noch immer toller in der Patsche sitzen würden. Das also ist die Opposition, die uns wirtschaftspolitische Weisheit lehren will.

Die in der Zwischenzeit erfolgte Aufwertung unserer Währung kann also angesichts der aus den vorgetragenen Zahlen sichtbaren starken deutschen Leistungs- und Wettbewerbskraft niemals zu einer wesentlichen Beeinträchtigung oder gar Gefährdung unserer Außenhandelsbeziehungen führen. Wir sind uns der schicksalhaften Bedeutung der unlösbaren wirtschaftlichen Verflechtung der Bundesrepublik mit der ganzen übrigen Welt wohl bewußt und haben uns geistig darauf einzustellen, daß wir gleich wie im politischen Leben so auch in unserem wirtschaftlichen Sein heute über nationale Verantwortung und Zuständigkeit hinaus in weltweiten Kategorien denken müssen.

Unsere Partei hat also schon Grund genug, auf ihre Leistung und das von ihren Männern geschaffene Werk stolz zu sein, und sie ist glücklich, daß ihre richtungsweisende Arbeit das geschlagene deutsche Volk wieder auf die rechte Bahn geführt hat. Errettung aus solcher Tiefe kann aber nur Bestand haben, wenn sie erdient wird durch Dank und Demut und den lebendigen Willen, für die Zukunft nicht noch einmal falschem Schein zu erliegen. Das deutsche Volk muß wissen, daß die Christlich-Demokratische Union nie mehr eine Politik zulassen wird, die noch einmal verderblichen

Kräften Raum gibt. Unsere tragische Vergangenheit bleibt uns ständige Mahnung! Wohl haben wir die Pflicht, gemeinsam mit unseren Freunden und Partnern zur Verteidigung unserer Freiheit und unseres Lebens stark zu sein, aber demgegenüber bedeutet es keinen Widerspruch, wenn wir aus unserem Lande für alle Zeiten die Anbetung der Macht verdammt wissen wollen.

Wir wollen unser Leben an jenen Werten orientieren, die uns gleichzeitig Geschöpfe Gottes und Bürger einer freien Gemeinschaft sein lassen. Wer da glaubt, daß in der Politik andere Maßstäbe zu setzen wären, leistet jenen Kräften Vorschub, die uns schon einmal zum Unheil geworden sind.

So offenkundig es ist, daß wir das Zeitalter des Klassenkampfes überwunden haben, so wenig darf uns dieser glückliche Umstand darüber hinwegtäuschen, daß die gesellschaftlichen Kräfte nicht nur in Deutschland immer noch um gültige Wert- und Ordnungsformen ringen. Die Fronten sind nicht mehr nach Arbeitnehmern und Arbeitgebern gegliedert, es stehen nicht „Arm" gegen „Reich", „Schwache" gegen „Starke", „Hand" gegen „Kopf", sondern es drohen sich neue Feudalpositionen herauszubilden, die auch nicht mehr in die alte Formel „rechts oder links" passen, sondern quer durch die gesellschaftlichen Gruppierungen hindurchgehen. Da werden Ansprüche erhoben, über die man nicht mehr diskutieren darf oder deren Ablehnung durch die dem Ganzen verantwortlichen Kräfte als ungebührliche Eingriffe oder Angriffe bezeichnet werden. Ich möchte es mit aller Deutlichkeit aussprechen, daß die Christlich-Demokratische und die Christlich-Soziale Union jede Art von neuem Feudalismus ablehnt, von welcher Seite er auch immer kommen mag. Jeder einzelne und jede Gruppe – welcher Richtung auch immer – hat einen Anspruch, gehört zu werden; aber innerhalb der parlamentarisch-demokratischen Ordnung unseres Staates bestimmen allein die verfassungsmäßig zuständigen Organe.

Wo sind also die Feinde der von uns gewollten inneren Ordnung? Sind sie etwa wir selbst, soweit wir nicht konsequent, nicht beharrlich genug sind, das zu verwirklichen, was uns unsere Zeit und die Lage des deutschen Volkes zu tun aufgibt?

Weil in dem Wort Härte aus unseliger Vergangenheit falsche Töne mitschwingen, möchte ich lieber sagen, daß wir den Mut haben müssen, gegen den Geist der Zersetzung anzugehen, der nichst gelten lassen, sondern alles niederziehen will, dem es nicht um die innere Ruhe und Sicherheit in der Brust der Menschen, sondern um deren ständige Verwirrung geht und der die Sorgen der Menschen zum politischen Geschäft herabwürdigt. Ein Teil dieses Problems macht unseren Kampf gegen die Opposition aus. Deren sanftere Töne von heute entspringen wohl mehr der Angst vor der eigenen Courage; d. h. die Herausforderung aus Sorge vor der Antwort lieber gar nicht zu wagen.

Die SPD mag beruhigt sein; wir werden nicht in ihren Jargon jener Zeit verfallen, als sie sich siegessicher glaubte und wir aus dem Mund ihres Parteiführers hörten: „Das Schlagwort Soziale Marktwirtschaft ist nichts als eine Lügenparole à la Blut und Boden. Ich frage die Non-Valeurs der CDU, wie lange wollt ihr uns noch anschwindeln?" Und ein hervorragender Sprecher der Opposition sagte nach einem lokalen Sieg: „Wenn ich im Bundestag die CDU-Reihen sehe, dann denke ich immer nur: Ach, ihr Armen, ihr seid ja nur noch politische Leichen auf Urlaub." Mir selbst wurde ein Wahlkampf angesagt, daß mir die Augen übergehen sollten. Dazu hieß es: „Sie sind nicht mehr das große Paradepferd der CDU, das war einmal! Heute kartätschen Sie" – das bin ich – „mit Ihrer Wirtschaftspolitik Ihre Reihen" – das sind Sie, meine Freunde – „auseinander".

Nun, darauf folgten die Bundestagswahlen 1953 und 1957, und wir stehen guten Mutes vor der Entscheidung von 1961. Mögen also die Sozialdemokraten reden, was sie wollen, Rechenschaft abzulegen haben vor allem wir von der CDU/CSU vor uns selbst, vor dem deutschen Volk, vor der freien Welt, ja vor der Geschichte.

Wir fühlen uns einer Ordnung verpflichtet, in der das deutsche Volk in der Bundesrepublik im Bündnis mit der freien Welt zu allen Völkern Freundschaften pflegt und durch sein Verhalten das Bewußtsein und die Kraft der politischen, militärischen und wirtschaftlichen Einheit der Atlantischen Gemeinschaft stärkt.

Wir wollen die Wiedervereinigung unseres Volkes in einem deutschen Staat in Frieden und Freiheit.

Wir erkennen das freie Europa als eine Einheit und sind alles zu tun bereit, was die Zusammenarbeit mit den Vereinigten Staaten und allen übrigen Ländern der freien Welt vertieft und verstärkt.

Es möge dem deutschen Volke stets bewußt bleiben, daß unsere Freiheit unteilbar ist. Wir wollen die innere Ordnung der Bundesrepublik so vervollkommnen, daß sich die besten Eigenschaften unseres Volkes frei entfalten können und auch die kulturellen und geistigen Kräfte zu höchster Blüte gelangen.

Wir wollen, daß sich das deutsche Volk als eine Gesellschaft freier Menschen fühlt, in der für Klassenkampf und Neid kein Raum mehr ist. Wir haben dafür zu sorgen, daß sich die Gruppeninteressen dem Wohl des Ganzen unterordnen.

Wir werden nach erfolgreichem Wiederaufbau unsere Wirtschafts- und Sozialpolitik, unsere Finanz- und Währungspolitik so fortführen, daß unser Wollen noch bewußter der Würde des Menschen, der Sicherheit der Familie, der Freiheit der Gesellschaft und dem festen Bestand unseres Staatswesens dienen kann.

Die soziale Sicherheit unseres Landes beruht auch in Zukunft auf der Beständigkeit des wirtschaftlichen Wachstums. Wir haben keine Angst vor der Konjunktur, aber wir wollen sie in fester Hand gebändigt wissen.

Wir wollen in allen Schichten das Bewußtsein wecken und stärken, daß Eigentum frei macht, aber daß Eigentum auch auf Sparen beruht. Wir wollen durch weiteren Fortschritt dazu beitragen, daß jeder Bürger Eigentum bilden kann.

Wir wollen, daß vor allem die Leistung ihren Lohn findet.

Wir werden, zusammen mit unseren Freunden, das in unseren Kräften Stehende dazu beitragen, in den entwicklungsfähigen Ländern Asiens, Afrikas und Lateinamerikas die wirtschaftlichen und sozialen Verhältnisse so zu verbessern, daß sich diese Länder ihre innere und äußere Freiheit auf die Dauer erhalten können; unsere Hilfe soll ihnen in partnerschaftlicher Zusammenarbeit gewährt werden. Wir sehen eine junge Generation in Deutschland heranwachsen, die immer mehr erkennen wird, daß ihr nicht nur im eigenen Lande fast unbegrenzte Entfaltungsmöglichkeiten gegeben sind, sondern daß ihr wie keiner Generation vordem die Welt zur Betätigung offensteht. Die von ihr bezeugte Gesinnung wird einen wesentlichen Beitrag für die Erhaltung der Freiheit in der Welt ausmachen.

Die moderne Technik hat nicht nur dazu zu dienen, die Produktivität zu erhöhen, sondern auch dem Menschen am Arbeitsplatz zu helfen, mehr als nur Träger von Arbeitskraft zu sein.

Sie soll zusammen mit anderen Mitteln dazu beitragen, die Arbeit zu vermenschlichen. Es ist eine unserer großen Aufgaben, dafür zu sorgen, daß auch in der modernen Wirtschaftsentwicklung die kleineren und mittleren selbständigen Existenzen auf sicherer Grundlage arbeiten und gedeihen können.

Wir wollen jene bestärken, die vom Staat nicht nur fordern, sondern auch bereit sind, der Gemeinschaft zu geben. Wir wollen jene ermutigen, denen das Dienen, der Dienst am Nächsten, noch einen Wert bedeutet und die um die rechte Beziehung zwischen dem „Verdienen" als Leistung und dem „Verdienen" als Einkommen wissen.

Lassen Sie mich zusammenfassend sagen, daß wir uns in unserer Politik immer bewußt bleiben wollen, woher wir kommen und daß unserer Tun im letzten in christlicher Gesinnung und Gesittung wurzelt: Mögen die anderen Programme verkünden, wir wollen durch Taten zeugen.

So gehen wir mit Mut und Kraft in den Bundestagswahlkampf 1961. Wohlan Freunde, ans Werk!

FREIHEIT UND VERANTWORTUNG

[Ansprache auf dem 9. Bundestag des Evang. Arbeitskreises der CDU am 2. Juni 1961 in Hamburg]

Ludwig Erhard spricht von der Verantwortung des Christen in der Welt der Wirtschaft und über die ökonomische Ordnung, in der Freiheit und Verantwortung Wirklichkeit werden können. Er gibt zugleich jenen eine Antwort, die das deutsche Aufbauwerk aus theologischer Sicht hin und wieder mit Fragezeichen versehen. Wo sind die notwendigen Grenzen des Einflusses der Verbände, und welcher Kompaß weist den Weg, der uns davor bewahrt, den Gefährdungen des Menschen, der Familie und des Volkes in einer wachsenden Wirtschaft, die dem einzelnen immer mehr Wohlstand bringt, zu erliegen? Aber es gilt auch, die Möglichkeiten zu erkennen und zu nutzen, die eine dynamisch-expansive Wirtschaft für die Festigung unserer Gesellschaft, die Förderung außerökonomischer Aufgaben auf dem Gebiet der Bildung und Erziehung herbeiführt. Es sind Fragen, deren richtige Beantwortung für unsere Zukunft entscheidender sein kann, als die Lösung mancher drängenden bedeutsamen Tagesfrage. So verstanden muß die moderne deutsche Wirtschaftspolitik gleichzeitig auf mehreren Feldern tätig sein: sie hat ihre eigentliche und erste Aufgabe im Wirtschaftlichen selbst zu sehen, sie ist aber gleichzeitig zu einem wichtigen Mittel unserer Gesellschaftspolitik geworden.

„Freiheit und Verantwortung" sind als Begriffe sehr deutungsfähig. Ist es die Freiheit, die ich meine, die du meinst, wie sie jeder begreift, dann kann die Freiheit fast auch das Chaos sein, das Ungebändigte, das in keine Ordnung eingespannt ist. Im Grunde genommen sind wir aber alle geneigt, unter dem Begriff der Freiheit etwas Positives zu verstehen. Demgegenüber ist es mit der Verantwortung etwas schlechter bestellt. Viele Menschen verstehen sie als ein lästiges Korrelat zum Begriff der Freiheit, der damit wieder etwas weggenommen werden soll. Wenn das dann gar noch so ausgelegt wird, als ob man zwar Freiheit verspreche, aber unter politischen, gesellschaftlichen und religiösen Gesichtspunkten diese Freiheit wieder einschränken möchte, ist zwar nicht der Willkür Tür und Tor geöffnet; – aber wo liegen dann die Maße und die Grenzen?

Ich könnte das Thema geschichtlich auslegen und untersuchen. Dabei wäre sicher leicht nachzuweisen, daß überall dort, wo die Völker Freiheit und Verantwortung nicht recht miteinander zu paaren wußten, das Unheil nicht allzu weit war. Vielleicht ist auch aus der jüngsten Geschichte ein etwas falscher Zungenschlag in den Begriff der Freiheit gekommen, indem man immer nur gehört hat „Freiheit von ...", zum Beispiel: Freiheit von Hunger, Freiheit von Not, aber nie „Freiheit wofür ...". Ich glaube aber, im Begriff oder in der Frage nach der „Freiheit für etwas" liegt eigentlich der wirkliche Kern; denn da wird der einzelne selbst angesprochen, da leuchten dann die eigentlichen Bindungen der Nächstenliebe, der Pflicht, der Menschenwürde und anderer hoher Werte auf.

Wenn wir hier von Verantwortung sprechen, dann meine ich nicht nur die Verantwortung für irgendein Tun, die Verantwortung für irgendeine spezielle Entscheidung, wie sie gerade ansteht und uns täglich abgefordert wird, sondern die Verantwortung für unser Handeln, für unsere Haltung und Gesinnung schlechthin, d. h. die Verantwortung vor unserem Gewissen, die Verantwortung vor Gott und den Menschen.

Die Freiheit darf also nicht zu einem Götzendienst werden, ohne Verantwortung, ohne Bindung, ohne Wurzel. Die Verbindung zwischen Freiheit und Verantwortung bedarf vielmehr der Ordnung. Ich hätte eigentlich fast lieber über das Begriffspaar: Freiheit und Ordnung gesprochen, denn die Verantwortung ist für mich ein Ordnungsbegriff, ein sittlicher Ordnungsbegriff, denn nur, wenn die Freiheit in einer Ordnung von der Verantwortung gebändigt ist, dann etwa finden wir den richtigen christlichen und gesellschaftspolitischen Standort für solche Werte. Ohne Zweifel droht die Freiheit für sich, d. h. ohne Ordnung, im Chaotischen zu entarten, wie umgekehrt die Ordnung, wenn man sie nur als einen äußeren Rahmen, nur als Form nimmt, allzu leicht im Zwang erstickt. Mit diesen und zwischen diesen Werten, zu denen selbstverständlich noch das Recht gehört, haben wir uns zu bewegen.

Freiheit ist nun gewiß ein Recht! Freiheit schmeckt süß, und Verantwortung hat in dem Bewußtsein vieler Menschen einen etwas bitteren Beigeschmack. Wenn man hier einen ersten politischen Aspekt anfügen will – etwa im Blick auf Weimar und auf die Zeit bis zum Nationalsozialismus – dann könnte man vielleicht sagen, daß es zur Tragik dieser Zeit aus dem mangelnden Mut zur Verantwortung und aus einer Fehldeutung des Begriffes der Freiheit, nicht nur der menschlichen, sondern auch der demokratischen Freiheit, kam. Wir haben überhaupt aus unserer Geschichte erfahren, daß man die Freiheit nicht beliebig teilen kann. Der einzelne irrt sich, wenn er glaubt, er könnte sich seine Freiheit erhalten, wenn um ihn herum der Sinn für den Wert der Freiheit verlorengeht, sei es in der Nation, oder sei es in den engeren oder weiteren gesellschaftlichen Bindungen, in denen er lebt. Der einzelne mag vor seinem Gewissen wohl noch das Gefühl der Freiheit bewahren, aber er zerbricht in sich selbst und mit seiner Umwelt, wenn die Freiheit geteilt ist zwischen dem, was der einzelne in seiner Brust erlebt und was er an Ordnungsvorstellungen und Ordnungsformen um sich vorfindet.

In dieser Versammlung ist schon von Kommunismus gesprochen worden. Und es wurde deutlich, daß der Christenmensch aufgerufen ist, sich zur Freiheit zu bekennen, aber zu einer Freiheit, die nichts mehr von Chaotischem in sich trägt, sondern die gleichzeitig die Pflicht zum Mitverantwortlichsein in uns anspricht. Da gibt es kein Ausweichen mehr. Es mag sein, daß es in der Tagespolitik allenthalben notwendig ist, Kompromisse zu schließen, aber vor unserem Gewissen sollten wir solche Kompromisse nicht eingehen.

Ich habe manchmal scherzhaft vor dem Deutschen Bundestag gesagt: Ich weiß, daß ich manchmal sündige. Aber ich weiß es jedenfalls noch, wann ich sündige; ich bin mir's vor meinem Gewissen jedenfalls bewußt, und das ist ein Beweis dafür, daß es eben nicht eingeschlafen ist. Der Mensch, der um das Rechte weiß, der kann auch sündigen. Wir haben indessen gesellschaftspolitisch die Frage zu stellen, wo dann eigentlich die Grenzen liegen, d. h. wie weit und wie oft eine Gesellschaft und eine Gemeinschaft sich wider den Geist der Freiheit und der Verantwortung vergehen darf, ohne das Ganze, die Gemeinschaft, Volk und Nation in ihrer Existenz zu gefährden.

Die Freiheit hat ihren Preis; sie wird uns nicht geschenkt. Wo nicht das Pflichtgefühl, der Sinn für Rechtschaffenheit, für Wahrhaftigkeit, für Menschlichkeit lebendig sind, da wird und muß die Freiheit zwangsläufig entarten.

Mit dem Blick auf die Entwicklungsländer – es ist ja modisch geworden, sich damit zu befassen – heißt das: zu welcher Art von Freiheit wollen wir eigentlich diesen Völkern verhelfen? Soll es nur die Freiheit sein von Hunger und Not, oder meinen wir noch eine andere Freiheit? Ich glaube, hier mischen sich die Probleme. Die Freiheit von Hunger und Not ist nicht das einzige; es geht vielmehr auch darum, wie wir die Menschen dieser Länder über Stationen des Denkens, des Erkennens und des Erfassens der Umwelt, einem tieferen Nachdenken über Formen der Gemeinsamkeit, über Formen des Zusammenlebens zwischen sich und auch mit uns aufschließen können. Wir wissen selbstverständlich aus guter eigener Erfahrung, wie sehr mit dem Begriff der Freiheit auch gleichzeitig die Gefahr des Mißbrauchs verbunden ist. Wo die Freiheit und die freie Entscheidung, der freie Wille ohne Rücksicht auf die Freiheitssphäre des Nachbarn mit Gewalt ertrotzt werden will, dort sind die Grundlagen der Freiheit schon in ihren Fundamenten erschüttert. Und damit lassen Sie mich etwas zu den sozialökonomischen Problemen sagen.

Alle Zwangsformen der Wirtschaft sind im Grunde genommen, auch wenn sie materiell vielleicht sogar erfolgreich sein können, unmoralisch, weil in ihnen das, was uns den höchsten Wert bedeutet, nämlich der lebendige Mensch mit seinem Gewissen, zerstört wird.

Ich hüte mich immer, solche Sätze so absolut auszusprechen; denn ich möchte alles andere als ein Pharisäer erscheinen. Auch wir sind nicht frei davon, daß wir mehr Rechte als Pflichten für uns in Anspruch nehmen wollen. Aber das ist ganz sicher, daß hier das entscheidende sozialökonomische und gesellschaftspolitische Problem angeschnitten ist: Wieviel Freiheit, wieviel Verantwortung, wieviel Ordnung sind in den jeweiligen Formen der Gesellung enthalten? Ich möchte nicht vollständig aufzählen, aber wenn Sie von der Sklaverei über den Ständestaat zum Feudalismus, von dort zum Kapitalismus bis hin zum Marxismus und Kommunismus gehen, dann wird uns deutlich, daß wir im Grunde doch ein feines Gefühl für den inneren Wert dieser Gesellschaftsformen haben, und wenn wir näher prüfen, dann sind die Wertigkeiten – die positiven und die negativen – immer daran ausgerichtet, wieviel Freiheit und Verantwortung jeweils gepaart sind.

Und hier erweist sich aus der geschichtlichen Betrachtung eines als besonders wertvoll. Es hebt sich aus all diesen Formen das Mittelalter als eine Zeit heraus, in der die Menschen eingespannt waren in eine hierarchische Ordnung, die auf einen letzten Wert ausgerichtet war, der nicht mehr diesseitig orientiert, sondern auf Gott bezogen war. In dieser Ordnung hat man soziale Ungleichheiten, auch Ungerechtigkeiten hingenommen, weil andere höhere Werte dominierten. Sie lagen nicht mehr im Materiellen und im letzten auch nicht im Diesseitigen. Die Begriffe von Recht und Freiheit waren nicht an Normen dieser Welt orientiert, sondern sie richteten sich auf eine Zukunft im Jenseitigen.

Solche Formen kann man nicht konstruieren; es wäre töricht und falsch, anzunehmen, wir könnten diese Hochzeiten des Mittelalters jemals wieder zurückformen und sie könnten für uns noch einmal ein verpflichtendes Prinzip sein. Es genügt, wenn wir das Essentielle daraus erkennen: nämlich, daß unser Leben und das, was wir hier vollbringen, nicht ein absoluter Wert sein kann.

Wir sollten uns überhaupt hüten vor all denen, die uns voraussagen wollen, daß unser Leben, vor allen Dingen unser gesellschaftspolitisches, soziales Leben sich in Gesetzmäßigkeiten vollziehen würde, deren Walten wir sozusagen sklavisch ausgeliefert wären. Es ist bekanntlich Marx gewesen, der den Nachweis führen wollte, daß wir über eine angeblich unausweichbare Entwicklung, an deren Ende die Expropriation der Expropriateure und die Vergesellschaftung der Produktivmittel stehen sollte, zu einer klassenlosen Gesellschaft, die die Glückseligkeit bedeuten sollte, gelangen würden.

Es ist hier nicht der Ort, das auszudeuten, auch nicht auf all die Irrtümer hinzuweisen. Ich möchte nur das eine herausheben; – man glaubte in materialistischer Gesinnung, die Dinge dieser Welt müßten sich gesetzmäßig vollziehen und es hätte gar keinen Sinn, sich dagegen aufzulehnen, sich zur Wehr zu setzen. Von dort aus ergibt sich eine gespenstische Parallele zu

Herrn Chruschtschow, wenn er mit Überzeugungskraft – subjektiv gesehen – der Welt verkündet: „Der Kapitalismus ist tot", er kann tun und lassen, was er will. Die Geschichte läuft so ab, daß der Kommunismus am Ende der Entwicklung steht. Karl Marx hat das nur mit mehr geistigem Aufwand zu beweisen versucht. Die Voraussagen des Marxismus von der Entwicklung zur klassenlosen Gesellschaft haben sich in einem ganz anderen Sinn verwirklicht, als das der Sozialismus von einst prophezeite. So wird es auch den Voraussagen Chruschtschows ergehen. Auch ich spreche, allerdings scherzhaft, von einer „klassenlosen Gesellschaft", die wir erreicht haben. Ich meine damit unsere Gesellschaft, in der die haßerfüllten Klassengegensätze geschwunden sind, weil die Lebensformen der Menschen sich mehr und mehr einander angleichen, weil uns alle ein mehr oder minder gleichartiges Lebensgefühl erfüllt, weil unsere Sehnsüchte, unsere Vorstellungen gleichartiger werden.

Ich möchte ein anderes Beispiel erwähnen, das gerade in den letzten eineinhalb Jahren die Geister bewegt hat: den Prozeß der Konzentration in der Wirtschaft. Sie wissen, daß sich der Verein für Sozialpolitik auf seiner Kissinger Tagung mit diesem Thema befaßt hat. Ein berühmter Gelehrter, der schon mannigfach über deutsche Verhältnisse (fehl-)urteilte, erklärte etwa: Wehrt Euch gar nicht mehr gegen diese Konzentration! Das ist alles vorgegeben; sie liegt im Zuge eines technischen Prozesses, der unaufhaltsam ist. Wir können ihn nur mitmachen, aber sich dagegen zu wehren, hat keinen Sinn mehr. Seine Anklage richtete sich natürlich gegen die „Ordoliberalen", zu denen ich mich auch zähle. Diese sind der Meinung, daß es keinen wirtschaftlichen Prozeß gibt, dessen Gestaltung und Ablauf nicht zuletzt in unserer Hand liegen würde. Wo kämen wir dann auch hin, wenn wir uns nicht mehr zutrauen würden, unsere Umwelt bewußt zu formen? Es mag Tendenzen nach dieser oder jener Richtung geben, aber man kann nicht einfach behaupten, daß die Konzentration unausweichlich sei und mit ihr eine gefährliche Umschichtung des Eigentums Platz greifen müßte. Die Zahl der Abhängigen, so wird argumentiert, werde immer größer werden, und mögen diese dann noch so gut leben, mögen sie auch über Volksaktien Miteigentümer an den volkswirtschaftlichen Produktionsmitteln sein, so sei doch der Prozeß der Konzentration mit seinen gesellschaftspolitischen Konsequenzen unausweichlich vorgegeben. Gerade das aber bestreite ich mit aller Entschiedenheit! Wir können und werden auch den Prozeß des strukturellen Aufbaus unserer Volkswirtschaft an den Werten orientieren, die unsere gesamte Politik beherrschen. Wir sind nicht gegen das Große an sich oder für das Kleine, weil es klein ist. Wir wollen aber, daß der Freiheit in gleichen Maßen eine Verantwortung entspricht. Deshalb treiben wir bewußt Strukturpolitik, die auch ihren Niederschlag in einer Novelle zum Kartellgesetz finden wird.

Damit komme ich zu einem Zentralproblem unserer Zeit: Wer trägt eigentlich Verantwortung und wer trägt sie wem gegenüber? Selbstverständlich ist die christliche Antwort die: Jeder trage Verantwortung, und jeder trägt ja auch tatsächlich die Verantwortung vor seinem Gewissen, vor den Menschen und im letzten vor Gott.

Aber, wenn ich z. B. das Vergnügen habe, mich mit den Vertretern der verschiedenen Gruppen auseinanderzusetzen, dann spüre ich wenig von dieser Verantwortung, sondern ich höre immer bloß von der einseitigen Verantwortung gegenüber den zu Vertretenden. Hier wird der Begriff Verantwortung, wenn nicht in das Gegenteil umgekehrt, jedenfalls aber soweit abgewertet und umgefälscht, daß man nur noch von einem groben Mißbrauch sprechen kann.

Ich sage nichts gegen die Vertretung von Interessen. Sie ist durchaus legitim, aber legitim eben nur bis zu einem bestimmten Punkt. Die Funktionäre, die Organisationen und Interessenvertretungen haben sich dessen bewußt zu sein, daß sie sich in ein Ganzes einordnen müssen und daß die Rechnung nicht aufgeht, wenn jeder ohne Rücksicht auf den anderen und gefühllos gegen seine Umwelt glaubt, unter Inanspruchnahme von Macht jeweils das erringen zu können, was der Augenblick gerade hergibt.

Ich bin sehr für Wettbewerb, aber ich meine dabei nicht den Wettbewerb, mit den Mitteln der Macht für sich und seine Gruppe das herauszuschlagen, was eben nur die Macht erzwingen kann. Das ist ja auch der tiefere Sinn unseres Kartellgesetzes, daß die Macht eingespannt sein muß in einen Ordnungsrahmen und so auch der Wettbewerb, daß er sich in den Bahnen menschlicher Gesittung vollzieht. Was soll man z. B. sagen, wenn bei einer Maßnahme wie der Währungsaufwertung derjenige, der nach der freien Entscheidung des Volkes für das Ganze Verantwortung tragen und wirken soll, die Antwort erhält, daß das die einzelnen Gruppen eigentlich nichts anginge. Dann sind wir schon auf dem Weg zur halben Anarchie. Die Währungsaufwertung ist nun aber ganz bestimmt eine Aktion gewesen, die das Volk in seiner Gesamtheit angeht. Und so ist es heute eine große Sorge, daß der Begriff der Verantwortung sehr einseitig nur in der Richtung der Vertretung der Gruppeninteressen gesehen wird, aber daß von Verantwortung vor dem Ganzen nicht immer viel zu spüren ist.

Herr Blumenfeld hat sicher Recht, und wer hätte das öfter gesagt als ich, daß es ein fades Spiel wäre, Wirtschaftspolitik nur als die Handhabung eines Instrumentariums aufzufassen, das die Volkswirtschaft dazu befähigt, das Sozialprodukt ständig zu vergrößern und die Produktivität zu erhöhen, das heißt, das Volkseinkommen und damit das Individualeinkommen fortdauernd zu verbessern, die Lebensmöglichkeiten im Materiellen immer vielfältiger zu gestalten, einen Konsum auf den anderen zu türmen. Am Ende unserer Tage hätten wir uns dann zu fragen: ist das nun eigentlich alles? Die Frage bleibt berechtigt, und ich habe den Eindruck, diese Frage stellen sich heute sehr viel mehr Leute, als wir ahnen. Ich glaube, daß heute, und zwar besonders auch unsere Arbeiter und Angestellten, also Menschen, die durchaus noch offene Konsumwünsche haben, die gleiche Frage sogar häufiger bewegt. Sie sagen sich: „Jetzt haben wir's wieder geschafft, haben ein Fernsehgerät, sind auch zu einem Auto gekommen; wir haben damit soziale Geltung erlangt." Dies alles sind ja die äußeren Erscheinungen des Wohlstandes, aber die andere ist die, daß, wenn ein Bedürfnis befriedigt ist, die Wirtschaft schon wieder anderes und Neues bereitstellt, dem die Menschen nachjagen können. Soll das nun so gehen bis ans Ende unseres Lebens, ist das nicht doch eine ziemlich fade Angelegenheit? Wer so fragt, hat recht; dieser gleichen Meinung bin auch ich. Doch gemach!

In einer modernen Gesellschaft mit einer dynamisch expansiven Wirtschaftspolitik ist die Mehrung des Einkommens und die Verbesserung des Konsums sozusagen das Abfallprodukt der Arbeit. Diese Entwicklung ist gar nicht zu verhindern, es sei denn, es würde eine Krise über uns hereinbrechen. Wenn wir also weiter erfolgreiche Wirtschaftspolitik treiben, dann werden wir die materiellen Lebensmöglichkeiten des deutschen Volkes verbessern können und sogar müssen; denn ohne wachsende Güterproduktion gibt es ohne Inflationen kein steigendes Volks- und auch kein wachsendes Individualeinkommen. Ohne diesen Prozeß fehlen aber die Mittel, um die Gemeinschaft zur Erfüllung höherer Aufgaben zu befähigen. Eine moderne Wirtschaft kann sich aus diesem Nexus nicht befreien. Das eine ist mit dem anderen verbunden. Damit ist aber noch nicht ausgedrückt, welchen Gebrauch wir als Individuen davon machen und ob wir nur materielle oder auch geistige und kulturelle und seelische Werte genießen wollen –, auch diese müssen erarbeitet werden, auch diese kosten Geld.

Hier bin ich freilich in gewisser Hinsicht Getriebener und Gefangener zugleich. Wenn wir nicht die weltpolitische Stellung Deutschlands und unsere Freiheit aufs Spiel setzen wollen, dann gilt es einzusehen, daß die Stärkung unserer Verteidigungsbereitschaft eine materielle Grundlage – d. h. Güterproduktion – erfordert.

Die bloße Macht indessen hat immer etwas Aggressives, etwas Zerstörerisches an sich. Wenn Macht immer wieder nur anderer Macht begegnet, dann wird unter Umständen durch solchen Aufeinanderprall die Welt noch einmal ins Unheil gestürzt werden. Ich glaube, daß Macht und Stärke nicht ein Gleiches bedeuten. Macht ist das nach außen Gerichtete, Stärke ist die innere Festigkeit, die innere Bereitschaft, die Entschlossenheit, sowohl im Seelischen wie auch im Materiellen bereit zu sein. An der Stärke wird sich die bloße Macht brechen. Macht allein gegen Macht eingesetzt kann nur allzu leicht verderblich werden.

Es sind in unserem gesellschaftlichen Leben freilich auch schon Zeichen der Versöhnung zu erkennen. Wenn wir den Wohlstand mehren und der einzelne fortdauernd besser leben kann, dann wird früher oder später ein Punkt der Sättigung erreicht. Hier wirkt das Gesetz des abnehmenden

Nutzens. Die Reize stumpfen sich ab und mit jedem weiteren Aufwand wird das Glücksgefühl, das damit erreicht wird, die innere Befriedigung, relativ immer kleiner. Da gibt es dann einen Punkt, wo sich sozusagen die Woge bricht, wo der Aufwand an materiellen Mitteln, an Fleiß, an körperlicher und geistiger Kraft sich nicht mehr lohnt. Auf solche Weise kommen wir – statistisch freilich nicht registrierbar – dem Zeitpunkt näher, zu dem der einzelne sich sagt: „Das kann nicht der Sinn des Lebens sein." Und dann müssen wir bereit und in der Lage sein, ihm darauf eine Antwort zu geben. Darin sehe ich unsere christliche Verpflichtung.

Wir sollten den Mut haben, die Dinge auszusprechen. Ist es nicht so, daß manches nicht so gelaufen ist, wie wir es vor unserem Gewissen gewünscht und vor unserem Verstand als richtig empfunden haben, bloß weil wir nicht den Mut hatten, dafür zu zeugen, sondern kapituliert haben? Mit Kapitulationen können wir unsere Welt und können wir unser menschliches Leben nicht retten.

Wir müssen stehen und wir müssen die Stärke aufbringen, für unsere Überzeugung einzustehen gegen alle Verleumdungen. Wir müssen zeugen für ein Leben, so wie es uns aus christlicher Gesinnung aufgegeben ist.

Ja, das ist unsere Aufgabe.

ENGLAND GEHÖRT ZU EUROPA

*[Ansprache zur Einleitung der Verhandlungen über einen Beitritt Groß-
britanniens zur Europäischen Wirtschaftsgemeinschaft am 10. Oktober 1961
im Uhrensaal des Quai d'Orsay in Paris]*

> *Es war ein langer Weg bis zu jenem Tage, an dem die europäische Eini-
> gung durch den Beginn der Verhandlungen mit Großbritannien über
> seinen Beitritt zur Europäischen Wirtschaftsgemeinschaft ein neues Sta-
> dium erreichte. Ludwig Erhard hatte seit Jahren mit allen ihm zur
> Verfügung stehenden Mitteln ein größeres Europa herbeizuführen ge-
> sucht. Er war, als er die nachstehend abgedruckte Rede hielt, Präsident
> des Ministerrates der EWG. Nicht ohne persönliche Befriedigung konnte
> er im Uhrensaal des Quai d'Orsay dieses Ereignis würdigen:*

Es ist mir eine besondere Freude und eine große Ehre, Vorsitzender
dieser unserer heutigen denkwürdigen Sitzung sein zu dürfen. Zunächst
möchte ich meinem verehrten französischen Kollegen, Ihnen, Herr Couve
de Murville, sehr herzlich für die freundlichen Begrüßungsworte danken,
die Sie als Hausherr an uns gerichtet haben. Ich fühle mich ermächtigt,
Ihnen diesen Dank zugleich im Namen aller unserer hier anwesenden
Freunde auszusprechen. Wir wissen es vor allem zu schätzen, daß Sie uns
wieder einmal diesen würdigen Rahmen für unsere Erörterungen zur Verfügung gestellt haben. An dieser Stätte sind schon oft Beschlüsse gefaßt
worden, die wegweisend für die Neuordnung Europas und der gesamten
freien Welt waren. Ich urteile deshalb gewiß auch realistisch, wenn ich sage,
daß heute in diesen Räumen einer der bedeutungsvollsten Abschnitte, ja
vielleicht ein entscheidender der europäischen Nachkriegsgeschichte eingeleitet wird. Es ist mir eine besondere Freude, und das soll uns allen auch
eine Ermutigung sein, daß wir in den Voraussetzungen und den Zielen
unserer Arbeit übereinstimmen, denn solche Gemeinsamkeit schafft auch
die geistige Atmosphäre, in der wir die vor uns liegenden Verhandlungen
führen wollen und führen müssen.

Wir erkennen zudem, daß die hinter uns liegenden Jahre trotz mancher
Enttäuschungen, mancher Mißverständnisse dennoch nicht ungenutzt geblieben sind. Jeder von Ihnen würde, wenn er an meiner Stelle den Vorsitz
wahrzunehmen hätte, aus gleicher Gesinnung und Überzeugung sprechen,
denn wir alle begrüßen den mutigen Entschluß der britischen Regierung,
in Verhandlungen mit dem Ziel eines Beitritts des Vereinigten König-
reiches zum Gemeinsamen Markt einzutreten. So betrachte ich es auch als
eine glückliche Fügung, aber zugleich auch als eine Mahnung an uns alle,

daß unser neues Beginnen an dem gleichen Ort, an dem vor nunmehr fast drei Jahren unser erster Versuch einer Verständigung gescheitert ist, dieses Mal zu einer guten und glücklichen Lösung hinführen soll. Was vor drei Jahren als ein Mißerfolg gelten konnte, würde dieses Mal ein schwerer Schaden für Europa sein. Ich weiß mich mit allen Anwesenden und nicht nur mit ihnen, sondern mit allen Völkern der freien Welt einig, daß wir von dem entschlossenen Willen beseelt sein müssen, unsere Verhandlungen zu einem glücklichen Abschluß, zu einem politischen Erfolg für das freie Europa zu führen. Das ist mehr als nur ein Postulat, denn schon die letzten Jahre haben uns auf dem Wege der Einigung und der Erkenntnis der Zusammengehörigkeit ein gutes Stück weitergebracht. Darum hat sich nicht nur die Einsicht in die Notwendigkeit unseres Zusammenschlusses verstärkt, sondern es konnte darüber hinaus bereits eine ganze Zahl von Mißverständnissen beiseitegeräumt werden. Wir gehen also nicht unvorbereitet an unsere neue Aufgabe heran.

Wir begrüßen den britischen Schritt zunächst aus politischen Gründen. Die heutige politische Weltlage erfordert mehr denn je ein einiges Europa, denn wenn es noch einer letzten Lehre bedurft hätte, so haben sie uns die Ereignisse dieses Sommers erteilt. Es ist eine Frage der Selbstbehauptung, daß sich alle Länder des freien Europas – d. h. nicht nur die hier vertretenen – zusammenschließen. Europa ist zwar kaum jemals in der Vergangenheit eine politische Einheit gewesen, aber stets war es bestimmt durch die Idee der Freiheit, die seine Geschichte von seinen antiken und christlichen Anfängen bis in die Gegenwart geprägt hat. In diesem Geist der Freiheit verteidigen wir heute mit der europäischen Integration die Sache der gesamten freien Welt, denn wir wollen ja nicht nur unseren nationalen oder regionalen Interessen dienen, sondern sind uns darüber hinaus des Zusammenhanges mit der Atlantischen Gemeinschaft der freien Völker bewußt. Wie aber könnte ein solches Europa ohne die volle aktive Teilnahme Großbritanniens Gestalt gewinnen und auf die Dauer bestehen? Daß alle Gründe der wirtschaftlichen Vernunft für einen solchen Zusammenschluß sprechen, erscheint mir fast überflüssig zu betonen.

Ich bitte Sie aber, diesen Hinweis nicht nur als eine persönliche Bemerkung aufzufassen, sondern ich spreche auch hier in voller Übereinstimmung mit allen derzeitigen Mitgliedsländern der EWG. Die EWG hat sich – und zwar nicht etwa nur in der Präambel, sondern in einem Artikel des Vertrages selbst – zu der Absicht bekannt, zur harmonischen Entwicklung des Welthandels, zur schrittweisen Beseitigung der Beschränkungen im internationalen Handelsverkehr und zum Abbau der Zollschranken beizutragen. Diese von mir zitierte Bestimmung – es ist der Artikel 110 des EWG-Vertrages – ist der Leitgedanke für die Verhandlungen, an deren Schwelle wir jetzt stehen. Ich möchte aber neben der politischen und wirtschaftlichen Seite auch die kulturelle Zusammengehörigkeit unserer Länder und die Notwendigkeit der Zusammenarbeit auf diesem Felde nachdrücklich betonen, denn Erziehung, Forschung und Kunst sind eben mehr als nur eine schöne Beigabe. Der Reichtum, die Haltung und die Würde Europas beruhen auf seiner gemeinsamen Zivilisation, die es heute mehr denn je zu verteidigen gilt. Dies zu vollbringen aber ist undenkbar ohne die Teilnahme eines Landes wie Großbritannien, dem Europa in allen Bereichen des volklichen und menschlichen Lebens so viel verdankt. Daß wir also diese Übereinstimmung in unseren politischen, wirtschaftlichen und kulturellen Zielen feststellen können, bietet uns die notwendige Grundlage und sei uns Gewähr für den Erfolg unserer gemeinsamen Bemühungen. Freilich verkenne ich dabei nicht, daß es erhebliche Schwierigkeiten zu überwinden geben wird. Wir werden sie aber meistern in dem Bewußtsein unserer Zusammengehörigkeit sowie gemeinsam erkannter Notwendigkeiten und Interessen in allen entscheidenden Lebensfragen unserer Länder.

Lassen Sie mich zum Schluß noch sagen, wie glücklich ich bin, daß es durch die Gunst der Geschäftsordnung gerade mir vergönnt ist, den Vorsitz in unserer heutigen Zusammenkunft führen zu dürfen, und lassen Sie mich auch meine tiefe persönliche Genugtuung darüber bekunden, daß es zu diesen neuen, entscheidenden, und wie ich hoffe, auch glückhaften Anfängen gekommen ist.

BERLIN UND WIR

[Rede bei der Eröffnung der 12. Deutschen Industrie-Ausstellung
am 14. Oktober 1961 in Berlin]

Der Anschlag auf die Freiheit der Stadt und ihre Verbindungen mit
dem übrigen freien Deutschland weckte nicht nur bei uns neue Ab-
wehrkräfte. In der Welt wurde Berlin zu einem Symbol der Entschlos-
senheit, der Gewalt zu widerstehen. Die Lage Berlins stellte aber auch
schon vor dem 13. August gewaltige Aufgaben an die Solidarität der
westlichen Schutzmächte, ja der gesamten nichtkommunistischen Welt.
Die Bereitschaft des deutschen Volkes, für Berlin einzustehen, fand
ihren Ausdruck seit Jahren in wachsender materieller Hilfe. Für die
Wirtschaft der Bundesrepublik war es mehr als eine ökonomische Über-
legung, das ihr Mögliche für Berlin zu tun. So entstand schon 1950 –
und seitdem jährlich wiederkehrend – die große Berliner Industrie-
Ausstellung. Es entsprach der Tradition, daß sie in jedem Jahr auf dem
Gelände am Funkturm vom Bundeswirtschaftsminister eröffnet wurde.
In seiner Festansprache des Jahres 1961 entwickelte er seine Vorstel-
lungen über die Konsequenzen der Ereignisse des 13. August.

Ich habe die erste Deutsche Industrie-Ausstellung mit aus der Taufe ge-
hoben. Zur 12. Deutschen Industrie-Ausstellung in Berlin bin ich somit
gleichsam als Pate gekommen. Ich gestehe – ungebrochen in meiner Zuversicht –, mich erfüllt dabei so etwas wie Wehmut, daß wir in dieser ganzen
Zeit nicht weitergekommen sind, daß wir nach zwölf Jahren immer noch
nicht endgültig sichere Existenzgrundlagen für Berlin und für die Menschen dieser Stadt gewährleisten können. Vielleicht werden wir diesen Aus-
stellungen in den kommenden Jahren andere Akzente zu geben haben.
Denn wie schon heute zum Ausdruck kam, ist dieser eine Zweck der Industrie-Ausstellung, den jährlich etwa 300 000 Besuchern aus der Ostzone
zu demonstrieren, was ein freies und würdiges menschliches Leben bedeutet,
nicht mehr erfüllbar. Ich stimme mit Ihrem Regierenden Bürgermeister
durchaus überein, wenn ich sage, daß – abgesehen von der selbstverständlichen Sicherung des ökonomischen und sozialen Seins der Menschen hier
in Berlin – die deutsche Wirtschaft, in Sonderheit die deutsche Industrie,
alles tun sollte, der Bevölkerung den Glauben an ihre Stadt zu stärken. Die
Bundesregierung wird in gleicher Richtung ein Weiteres tun. Daneben
müssen wir uns auch mit der Idee von einem „Kulturellen Zentrum Berlin"
stärker befassen. Wenn ich an die überfüllten deutschen Hochschulen denke,
an die Universitäten, in denen die Studierenden kaum mehr einen Sitzplatz
finden, in denen keine ordentliche Seminararbeit mehr durchgeführt wer-

den kann, dann möchte ich glauben, daß – wenn wir hier gemeinsam die notwendigen Einrichtungen schaffen – wir noch auf andere Weise dazu beitragen können, den Charakter Berlins zu verdeutlichen. Wenn wir unsere Mittel dazu verwenden, den Studenten aus allen Teilen der freien Welt hier ein Studium, ein echtes, lebensnahes Studium in menschlicher Beziehung zu den Lehrern zu ermöglichen, mit dem Erfolg, daß diese Menschen dann sehen, was hier in Berlin unmittelbar tragische Wirklichkeit ist, dann glaube ich, bedeutet das noch einen Wert in sich. Denn diese Mauer, die hier durch Berlin gezogen wird, dient ja nicht etwa dazu, den Zugang der West-Berliner nach drüben zu verwehren, sondern sie dient umgekehrt dazu, um unsere Brüder und Schwestern drüben einzukerkern, damit ihnen die Möglichkeit genommen wird, zu sehen, daß es noch eine andere, eine freie Welt gibt. Sie dürfen nicht mehr die Luft der Freiheit atmen, das Licht der Freiheit sehen.

Man kann mit Berechtigung sagen, daß die Zusammenarbeit des Westens in Berlin einen besonders sichtbaren Ausdruck findet, ja, daß vielleicht gerade das Schicksal Berlins viel zur Versöhnung und zur Stärkung des Zusammenhaltes der westlichen freien Welt beigetragen hat. Kein Zweifel, daß die Blockade im Jahre 1948 die ganze Welt nicht nur hat aufhorchen lassen; sie hat die Menschen in tiefstes Erschrecken versetzt. Und es ist sicher auch kein Zufall, obwohl die Kausalität nicht strikt nachweisbar ist, daß die Beschleunigung im Aufbau der NATO, des westlichen Verteidigungsbündnisses, nicht ganz von solcher Betrachtungsweise losgelöst werden kann.

Ich stelle hier historische Daten nebeneinander, ohne eine Beweisführung antreten zu wollen, daß dabei Ursache und Wirkung unlösbar miteinander verbunden sind. Und dennoch glaube ich an derartig bewegende Kräfte. Das eine jedenfalls hat Berlin bei aller Not und bei aller Sorge, die die Menschen dieser Stadt erfüllt hat, für die freie Welt getan: Es ist in seinem Schicksal ein Fanal für die Freiheit geworden und geblieben bis auf den heutigen Tag. An keiner anderen Stelle der Welt ist so sichtbar geworden, um was es im Letzten geht, welches das geistig-seelische, ökonomisch-politische und soziale Ringen unserer Zeit in weltweiter Sicht ausmacht. Das wird hier in Berlin sichtbar demonstriert und findet rein figürlich Ausdruck in der Freiheitsglocke. Darum bin ich besonders glücklich, daß ich hier meinen langjährigen verehrten Freund, General Lucius D. Clay, habe wiedersehen dürfen, der in jener entscheidenden Zeit, in der das deutsche Schicksal auf dem Spiel stand und deutsches Leben noch ungeformt war, ja wir noch nicht ahnen konnten, welches unser Schicksal sein würde, für uns eingetreten ist und diese Stadt hat retten helfen.

Es ist sicher, daß die Unmenschlichkeiten, die hier an dieser schamlosen Grenze vor unseren Augen begangen werden, dazu dienen sollen, die Menschen einzuschüchtern, sie zu demoralisieren, die Ordnung zu zerstören und zu zersetzen. Aber ich frage: Ist die Wirkung nicht eine umgekehrte? Deckt aber nicht gerade damit dieses unmenschliche System seine Blößen und seine Schwächen vor der ganzen Welt auf? Wer nichts zu verheimlichen hat, der braucht sich auch nicht abzuriegeln und unsichtbar zu machen, – aber wir wissen ja über unsere Phantasie hinaus, mit welchen inneren Schwierigkeiten und Spannungen dieses System zu kämpfen hat.

Mit Gewalt läßt sich die Welt nicht regieren, mit Zwang läßt sich keine gedeihliche menschliche Ordnung auf die Dauer gewährleisten. Das ist vielleicht ein schlechter Trost für diejenigen, die nur in Kategorien des Augenblicks denken. Aber wenn wir die Lage geschichtlich überprüfen, dann können wir die Zuversicht hegen, daß wir gemeinsam doch diese unsere Welt zu retten vermögen. Und vor allen Dingen möchte ich noch einmal sagen, obwohl das zu betonen überflüssig ist, daß die Bundesrepublik gemeinsam mit allen unseren westlichen Freunden zu Berlin steht bis zum Letzten und das letzte und jedes Opfer für Berlin zu bringen bereit ist.

Dieses Geschehen in Berlin gerade seit dem 13. August hat gewiß auch dazu beigetragen, in der westlichen Welt so manche vielleicht noch vorhandene Illusion zu zerstören. Die Sowjets prügeln auch noch das letzte an Friedensträumen und an Vertrauensseligkeit aus den Menschen und lassen erkennen, daß nur, wer ihnen mit der nötigen Stärke und Härte auch auf dem Verhandlungswege entgegentritt, seine Position wahren kann. Es ist vielleicht nicht ganz am Platze in dieser unmittelbaren aktuellen Spannung, wenn ich sage, daß geschichtsphilosophisch betrachtet der Machtanspruch der totalitären Staaten die Kraft ist, die das Böse will und zuletzt doch das Gute schafft. Denn sicher ist – und damit komme ich auf das eingangs Gesagte zurück –, daß der Zusammenschluß der westlichen Welt in allen denkbaren und praktizierten Formen vom sozialen, ökonomischen, politischen Leben bis hin zu den Fragen der Sicherheit und der Freiheit nicht eine so starke Grundlage hätte und der Drang, ihn zu verwirklichen, nicht so lebendig wäre, wenn wir nicht wüßten, worum es geht und was wir zu verteidigen haben. Der Wille zu übernationalen Zusammenschlüssen ist ja auch von meinem Vorredner, Herrn Präsident Berg, deutlich genug gekennzeichnet worden. Ich glaube, das verdient als ein Faktum, als ein neues Datum in unserer Zeit verzeichnet zu werden.

Wenn ich an Krisen zurückdenke, wie etwa die in den dreißiger Jahren, die primär gar nicht politisch fundiert waren, aber die Welt bis ins Tiefste erschütterten, und ihnen diese unsere deutsche Wirtschaft und auch die Wirtschaft in dieser Stadt gegenüberstelle, dann wird uns erst ganz deutlich, welch eine tiefgreifende Wandlung sich vollzogen hat. Wenn sich vor 30 Jahren etwas Ähnliches ereignet hätte wie heute, – wir wären aus den schwarzen Freitagen nicht herausgekommen. Gewiß wird auch heute das ökonomisch-soziale Leben, das menschliche Sein davon erschüttert und erschreckt, aber die Grundlagen bleiben offenbar unzerstört. Ich glaube es ist schon des Nachdenkens wert, wie dieses Phänomen zustande kommt, denn die Menschen haben sich ja in ihrer geistig-seelischen Struktur in den letzten 30 Jahren nicht so grundlegend gewandelt. Es müssen sich also offenbar die Umweltbedingungen wesentlich geändert haben. Und das ist auch der Fall, wenn ich an die Krisen der dreißiger Jahre denke; meine Jahrgänge haben das noch unmittelbar miterlebt.

Was hat man seinerzeit getan? Man glaubte, in der nationalen Isolierung, in einem Rückgang auf enge protektionistische Begrenzungen und in der Wahrung der unmittelbaren egoistischen Interessen das brauchbare Rezept gefunden zu haben, um eine zerstörte Wirtschaft wieder heilen zu können. Das war aber gerade das Gegenteil von dem, was wir brauchten. Jetzt erleben wir stärkste politische Erschütterungen, die zweifellos auch unser ökonomisches und soziales Sein in tragischer Weise berühren müßten, wenn wir nicht inzwischen einsichtiger geworden wären und den umgekehrten Weg beschritten hätten. Inzwischen aber haben wir die nationale Enge aufgesprengt, um in enger Anlehnung und in Verbindung mit anderen Volkswirtschaften das gemeinsame Schicksal zu meistern. Vielleicht können Sie ermessen, welch hohe Genugtuung gerade ich darüber empfinde, der ich mich manchmal dem Verdacht ausgesetzt sah, ein schlechter Europäer zu sein, weil ich eben nicht an die letzte und absolute Weisheit und die endgültige Form der Europäischen Wirtschaftsgemeinschaft geglaubt habe, obwohl ich sie als Weg zu umfassenderen Gemeinschaften immer bejahte. Jetzt zeigen sich mit einem Mal neue Elemente in der europäischen Integration. Und ich bin gewiß, das Rad ist nicht mehr zurückzudrehen. Mit der Anmeldung Großbritanniens zu Gesprächen, die in der vergangenen Woche begonnen haben, mit weiteren Verhandlungen, die wir mit Dänemark führen werden – auch Irland hat sich bereits angemeldet und weitere Entscheidungen anderer europäischer Länder stehen unmittelbar bevor – werden wir dahin kommen, daß das, was heute das freie Europa ist, zu einer geistig-seelischen wie auch ökonomisch-sozialen Einheit und damit im Letzten auch zu einer gemeinsamen politischen Willensbildung zusammenfindet. Hier offenbart sich wirklich jene bewegende Kraft, von der ich vorhin sprach. Das ist die List der Idee, daß gerade diejenigen, die Europa zerstören wollten, die, denen die Freiheit ein Greuel ist, zuletzt das getan haben, was notwendig war, um auch die letzten Hindernisse und Hemmnisse noch zu beseitigen, – anders ausgedrückt, die einzelnen Nationen und die einzelnen Länder zu veranlassen, auch über den Schatten der eigenen Geschichte und über Jahrhunderte hinweg Trennendes zu vergessen und das Gemeinsame voranzustellen.

Ich habe keinen Zweifel, daß das politische Wollen angesichts des Geschehens in unserer Zeit uns über manche Schwierigkeiten leichter hinwegfinden läßt, als man das in den vergangenen Jahren auf der Grundlage von nur technischen Gesprächen für möglich gehalten hat. Es ist sogar meine

Überzeugung, daß das Verhalten der Sowjets und das Geschehen hier an der Grenze in Berlin auch die Entwicklungsländer der ganzen Welt hat aufhorchen lassen. Sie werden sich dessen bewußt werden, was es für sie bedeuten könnte, von den Polypenarmen dieser öden Macht immer stärker umschlossen und umschlungen zu werden. Dann werden sie erkennen, daß das auch für sie eine tödliche Umarmung sein würde. Das aber weckt in uns wieder einmal die Zuversicht, daß eben Gewalt kein echter Wert ist, mit dem man Menschen gewinnen kann. Mit Gewalt kann man nur unterdrücken. Die Unterdrückung aber erzeugt wieder Gegenkraft; das spüren wir hier in Berlin. Und wenn ich ganz kühn bin, dann möchte ich dem hinzufügen, daß ich sogar glaube – hier allerdings kann man vielleicht nicht von Ländern, sondern man muß von Menschen sprechen –, daß es gerade auch in den Ostblockstaaten Menschen gibt, denen Berlin immer noch das Tor einer Hoffnung und der Zuversicht bleibt; – auch wenn es ein verrammeltes Tor ist! Dadurch, daß der Jammer so sichtbar geworden ist, rührt er das Menschliche an, er weiß um die letzte Sehnsucht, die wir in uns tragen. Wir wollen und werden uns nicht in die Knie zwingen lassen. Wir wissen, was wir zu verteidigen haben, wir wissen, was auf dem Spiele steht. Wir sind den Menschen aller Völker und den Regierungen dankbar, die unsere Anliegen zu den ihren gemacht haben. Wir selbst sind verpflichtet, die notwendigen Anstrengungen zu unternehmen, mit ihnen gemeinsam zu beraten, so wie sie sich verpflichtet haben, zu uns zu stehen und mit uns gemeinsam zu handeln. Das ernsthafte Gespräch muß jetzt den Vorrang erhalten vor bloßen Phantasien und Mutmaßungen, die nur Mißverständnisse auslösen können.

Es mag manchmal so klingen, als ob wir Deutsche uns zu wichtig nehmen und als ob wir etwa einen Anspruch darauf erhöben, daß die ganze übrige Welt sich nur mit den deutschen Fragen auseinandersetzt. Nein; – aber es ist doch eben Wirklichkeit, daß unser Schicksal und unser Sein in den Blickpunkt der gesamten Weltöffentlichkeit gerückt sind. Und wenn wir hier für die Freiheit sprechen, wenn wir für die Erhaltung der Ideale der freien Welt eintreten, dann soll dabei das „Deutsche" nicht die Dominante sein. Wir würden genauso denken und handeln, wenn das Schicksal irgend eines anderen freien Landes angesprochen wäre, und ich glaube, es wird der Weltöffentlichkeit auch mehr und mehr bewußt werden, daß wir nicht diejenigen sind, die keine Ruhe geben, die ihre eigenen Anliegen immer wieder in den Vordergrund stellen wollen. Nein, so ist es nicht! Wir sind nur schicksalhaft das Ziel einer Aggression, eines totalitären Machtanspruchs. Und nachdem das so ist, nachdem sich diese Auseinandersetzung hier auf deutschem Boden vollzieht, nachdem Berlin schon einmal Fanal und Symbol dieser großen Auseinandersetzung zwischen Ost und West geworden ist, deshalb haben wir das gute Recht, aber auch das freie Gewissen, dafür zu zeugen. Ich möchte in diesem Zusammenhang meinen Mitbürgern erneut sagen, daß in einer Zeit, in der das Letzte auf dem Spiele steht, in der wir bereit sein müssen, für unser Schicksal, für unser Leben, für unsere Freiheit einzustehen, es mich manchmal mit Scham erfüllt, immer wieder zu hören, daß man mehr verdienen, mehr verbrauchen, mehr Genuß und weniger Arbeit haben wolle. Als ob das im Augenblick Dinge wären, die man überhaupt aussprechen dürfte, ohne nicht erröten zu müssen!

Ich möchte indessen das Thema hier nicht vertiefen, aber doch das eine sagen: Unser Eintreten und unser gemeinsamer Kampf für unsere Freiheit haben nur dann auch Aussicht auf Erfolg, wenn wir die wirtschaftliche und soziale Stabilität in unserem Lande zu erhalten wissen. Das ist nicht etwa nur eine Aufgabe, die die Sozialpartner angeht, sondern in dieser unserer Zeit ist die Aufrechterhaltung der wirtschaftlichen und sozialen Stabilität ein Grundelement für die höchsten politischen Entscheidungen. Je mehr wir das verstehen und je gemäßer wir danach handeln, um so sicherer werden wir unser Volk auch über die Fährnisse unserer Tage hinwegkommen lassen können, und erst dann werden wir die Lebensform auf Dauer für unser deutsches Volk finden. Wir werden in Frieden und Freiheit mit unseren Freunden in der Welt zusammenleben und zusammenarbeiten, so eng das nur überhaupt möglich ist, und uns nicht fürchten vor den Gewalten, die uns bedrohen. Wenn die westliche Zusammenarbeit so fest gefügt ist, wenn solche Gemeinschaft Form und Gestalt gewonnen hat, dann können auch zwei getrennte Welten ohne Gefahr nebeneinander bestehen. Ich habe in diesen Tagen einmal den Geschichtsatlas aus meiner Schulzeit durchgeblättert. Wie sich doch in den letzten tausend Jahren die Landkarte verändert hat! Nichts scheint für die Ewigkeit gebaut zu sein. Vielleicht sollten wir manches mit etwas mehr Ruhe und größerer innerer Besonnenheit hinnehmen und nicht glauben, daß man mit einem Sprung und in nur einer Verhandlung, in einer kurzfristigen Auseinandersetzung schon für alles und für jedweden Bereich absolute Lösungen finden könnte. Das wird nicht der Fall sein; – solche Illusionen sind gefährlich dazu. Aber zu den entscheidenden Fragen, um die es geht und in denen wir klar, eindeutig und entschlossen sind, gehört die Freiheit Berlins und die unlösbare Zusammengehörigkeit Berlins mit der Bundesrepublik.

Ich möchte wünschen, daß die Industrie-Ausstellung Berlin 1961 auch unter den veränderten Verhältnissen gleichwohl unter einem guten Stern stehen und der Berliner Bevölkerung die Überzeugung vermitteln möge, daß wir zusammengehören und zusammenstehen. Der letzte Sinn jeder menschlichen Arbeit muß sich gewiß niederschlagen in der Mehrung der menschlichen Wohlfahrt; die menschliche Arbeit hat aber auch dem Ziel zu dienen, jenen Gemeinschaftsaufgaben gerecht zu werden, die uns als Volk und als Nation in der Gemeinsamkeit der Völker unseren Platz einnehmen lassen. In diesem Sinne sei die 12. Deutsche Industrie-Ausstellung Berlin 1961 eröffnet.

HABEN WIR AUS DER JÜNGSTEN GESCHICHTE GELERNT?

[„Die Zeit" vom 15. Dezember 1961]

*Ludwig Erhard setzt sich mit dieser Frage immer wieder auseinander:
Gibt es eine Rangfolge innerhalb der Teilbereiche der Gesamtpolitik!
Was nützen alle politischen und wirtschaftlichen Erfolge; welchen Wert
haben die großen militärischen Verteidigungsanstrengungen, wenn die
Menschen nicht an ihre Zukunft glauben! Das Bewußtsein der Über-
legenheit unserer auf Freiheit und Verantwortung begründeten Ord-
nung und der Wille, sie zu stärken und vollkommener zu machen, sind
Erkenntnisse der Vergangenheit und Aufgaben der Zukunft zugleich.*

Wenn die bloße Macht, die brutale Kraft der Waffen heute das Schicksal
der Menschheit zu bestimmen scheinen und die Außenpolitik sich nur noch
darum bemüht, das Unheil des Krieges zu verhindern, dann stellt sich die
Frage, ob wir etwas versäumt haben oder falsche Wege gegangen sind, die
es zu einer so gefährlichen Alternative überhaupt haben kommen lassen.

Sind wir nicht schuld, daß jene totalitären Kräfte und Mächte, die unter
Mißachtung jeder menschlichen Würde die Gewalt nach innen und außen
zum absoluten politischen Prinzip erhoben haben, auch uns, der westlichen
freien Welt, das Gesetz des Handelns aufzwangen?

Die Sowjetgewaltigen bis hin zu Chruschtschow haben es in diabolisch
anmutender Folgerichtigkeit erkannt, daß die sittlichen Werte einer frei-
heitlich-demokratischen Lebensordnung die freien Nationen dahin ausgerichtet sein lassen, die menschlichen und sachlichen Produktivkräfte für
friedliche Zwecke sozialer Wohlfahrt zu nutzen. Die totalitäre Welt kann
demgegenüber unter Hintansetzung jeder menschlichen Rücksichtnahme
ihr Kräftepotential mit viel größerem Gewicht der Verstärkung, ja der
Vergottung der Staatsgewalt zuwenden. Niemand kann leugnen, daß uns
diese unmenschliche, brutale Philosophie zu entsprechend hohen Verteidigungsanstrengungen zwingt, wenn eben die letzte Alternative nicht „Krieg
oder Frieden" heißen soll.

Eines beunruhigt mich bei dieser Sachlage: daß wir uns nämlich, wenn
auch mit umgekehrten Vorzeichen, in den gleichen Denkkategorien bewegen oder darin gefangenhalten lassen, statt den Ring zu sprengen und
auf jenem Felde zum Angriff überzugehen, wo der Osten verwundbar ist.
Denn das individualistische Prinzip westlicher Prägung ist dem dynamischen
Willen und der expansiven Kraft totalitärer Staaten ja nur scheinbar unterlegen; schließlich kennen wir doch auch die inneren Spannungen und Auseinandersetzungen im östlichen Lager.

Die Außenpolitik der westlichen Welt registriert diese ideologischen Streitigkeiten trotz ihrer weitreichenden gesellschaftspolitischen und sozialen Auswirkungen noch kaum. Sie läßt es zu, daß die freiheitliebenden Völker in monströsen Zehn- oder Zwangzigjahresplänen hohnvoll herausgefordert werden, und sie gibt keine Antwort auf die mit Elan vorgetragene These der Kommunisten, daß der Sozialismus geschichtsnotwendig den Kapitalismus abzulösen berufen sei. Die Bürger der freien Welt hören diese Kampfansage. Aber die Regierungen machen es den eigenen Völkern nicht deutlich, daß jenes Gespenst einer kapitalistischen Gesellschaft, das die Sowjets anprangern, längst der Geschichte angehört, ja, daß die geschichtliche Wirklichkeit der freien Welt ihrerseits bereits eine gültige Antwort auf den totalitären Sozialismus gegeben hat.

Unsere heutige Gesellschaftsordnung mit ihrer weltoffenen Gesellschafts- und Sozialstruktur ist nicht nur im Potential und in der ökonomischen Effizienz, sondern auch in ihrer inneren Stärke dem öden und sterilen Mechanismus des kommunistischen Systems klar überlegen. Warum sprechen wir das nicht täglich aus? Warum beziehen wir derartig entscheidende politische Fakten nicht in den Kreis weltweiter Auseinandersetzungen ein? Warum verstehen wir es nicht, mit unseren Pfunden zu wuchern?

Dies ist keine Anklage, sondern ein Ausdruck der Sorge darüber, daß die Außenpolitik der westlichen Länder dieses entscheidende Faktum noch nicht registriert hat. Aus solcher Sicht darf und kann uns Politikern der Alten Welt eine Gestalt und Persönlichkeit wie Präsident Kennedy eine Hoffnung sein, der den Idealen der freien Welt unlösbar verhaftet, gleichwohl aber unorthodox genug ist, um ihren außenpolitischen Prinzipien und Maximen neue Gedanken und Werte zuzuordnen, denn es ist höchste Zeit zu erkennen, daß Politik der Ausdruck allumfassenden gesellschaftlichen Zusammenwirkens ist und daß es keine „Politik an sich" geben kann.

Wir brauchen eine Form der westlichen Integration, die sich nicht in isolierten und nebeneinanderstehenden Teilbereichen erschöpft und daher kaum mehr als die Fortführung einer konventionellen Nationalpolitik mit besserer internationaler Kooperation bedeutet. Was not tut, ist die Integration der politischen, wirtschaftlichen und sozialen Ordnungsvorstellungen als Fundament unseres freiheitlichen westlichen Lebens.

Von welch unmittelbar praktischer Bedeutung und Folgewirkung eine solche Zusammenschau ist, habe ich bei der Wiedereinweihung der alten Synagoge in Worms deutlich zu machen versucht, wenn ich sagte:

„Die Völker sind aufgewacht und schicken sich an, neue Standorte zu beziehen und ihr Leben neu zu ordnen. Starke Kräfte in aller Welt drängen immer mehr zur Beseitigung nichtdemokratischer und kollektivistischer Herrschaftsformen. Der sogenannte Realist mag solche Vorstellungen als Wunschdenken empfinden. Aber gefährlicher als der Mut, vorauszublicken und vorauszudenken ist es, Kräfte und Bewegungen nicht begreifen zu wollen, die die Welt von morgen zu bestimmen in der Lage sind. Das rechtzeitige Wahrnehmen politischer, wirtschaftlicher und gesellschaftlicher Prozesse und ihre richtige Beurteilung, ihre Einordnung in das Leben der Gemeinschaften ist in meiner Sicht als Voraussetzung dafür zu werten, daß man die geltenden Bedingungen für das eigene Verhalten erkennen kann. Wer solchen Wahrnehmungen gegenüber stumpf ist, wer nur vom Heute zum Morgen lebt, läuft Gefahr, sich selbst und alles zu verlieren. Das gilt auch für Völkerschicksale.

Wie wäre wohl das so tragische vierte und fünfte Jahrzehnt unseres Jahrhunderts verlaufen, wie anders hätten sich die Schicksale der Völker gestaltet, wenn wir um das Jahr 1930 etwas mehr von jenen schwelenden Kräften erkannt hätten – aber auch von dem unauflösbaren Zusammenhang von Politik, Wirtschaft und Gesellschaft! Daß unsere Vorstellungswelt solcher Kenntnis und Phantasie entbehrte, gab verbrecherischen Elementen die Möglichkeit, jenes Inferno der Schrecken auszulösen."

Gilt das nicht auch noch für die Gegenwart? Haben wir aus der Geschichte wirklich alle Lehren und Nutzanwendungen gezogen, um neues, womöglich noch schrecklicheres Unheil zu verhüten? Haben wir eingesehen, daß im Bereich der Mittel, die uns trotz fortdauernder politischer Spannungen den Frieden erhalten, das Arsenal und Instrumentarium konservativer Außenpolitik aus einer anderen, ich möchte fast sagen versunkenen Welt der Nationalstaaten mit dem Spiel der Kräfteverteilung und des Kräftegleichgewichts nicht mehr länger Werkzeug und Waffe sein können?

Die Außenpolitik, so hören wir jeden Tag, soll unser Schicksal sein. Ich widerspreche dem nicht, wenn darunter das ganze, das alle Lebensbereiche umfassende Schicksal eines Volkes verstanden und zu einer Einheit zusammengefügt werden soll. Aber ich widerspreche mit aller Entschiedenheit einer Auffassung, die glauben machen möchte, daß losgelöst von allen Lebensformen und Seinsbereichen der Völker und der Menschen die Außenpolitik als eine Politik in sich selbst Wert, Sinn und zuletzt Erfolg haben könnte.

NEUE AUFGABEN DER EUROPÄISCHEN
UND ATLANTISCHEN ZUSAMMENARBEIT

[Rede am 15. Januar 1962 vor der Handelshochschule St. Gallen]

*Anfang 1962 besuchte Ludwig Erhard die Vereinigten Staaten. Er er-
örterte mit dem amerikanischen Präsidenten Fragen der europäischen
und atlantischen Politik und der Entwicklungshilfe. Im Mittelpunkt
seiner Gespräche mit John F. Kennedy und Mitgliedern des amerikanischen Kabinetts standen die Pläne der Vereinigten Staaten für eine
neue Handelspolitik, die auf dem Prinzip gegenseitiger Zollsenkungen
beruhend eine Belebung des Welthandels und eine engere wirtschaftliche Zusammenarbeit der atlantischen Staatengruppe zum Ziel haben.
Der Bundeswirtschaftsminister hatte Vorschläge dieser Art schon seit
geraumer Zeit zur Diskussion gestellt. Er empfahl in einem Vortrag
vor führenden Persönlichkeiten der amerikanischen Wirtschaft in New
York, die neuen Pläne des amerikanischen Präsidenten zu unterstützen.
Wenige Tage später befaßte er sich aus Anlaß der Verleihung der Ehren-
doktorwürde der Handelshochschule St. Gallen erneut mit diesem
Thema.*

Mir ist aufgegeben, über Fragen der europäischen Integration und der
atlantischen Zusammenarbeit und einer Atlantischen Gemeinschaft zu
sprechen. Ich bin mir bewußt, daß sich unter diesen Begriffen unterschiedliche
Vorstellungen verbergen. Für mich selbst möchte ich hinzufügen, daß ich
nicht in erster Linie an institutionelle oder konstitutionelle Formen denke,
sondern an die Sache selbst, – an die Frage nämlich, wie wir unsere Zusammenarbeit am besten ordnen können, um zu einer höchsten Effizienz im
politischen, wirtschaftlichen, sozialen und menschlichen Sein zu gelangen.
Gewiß sind dabei unterschiedliche Formen und Methoden denkbar; meine
Abhandlung wird sich auch damit befassen. Eines jedenfalls ist uns in der
Zwischenzeit deutlich geworden – ob wir es bedauern oder begrüßen – mit
der europäischen Integration ist ein Geschehen angestoßen, das schicksalhaft
für unsere Zukunft sein wird. Wir müssen – fernab jeder Wertung, sei sie
aus diesem oder jenem Grunde positiv oder negativ – begreifen, daß dieser
Prozeß einer weitergreifenden Integration – auch über den europäischen
Raum hinaus – eine geschichtliche Realität ist; ein Faktum, ein Datum, mit
dem wir uns alle auseinanderzusetzen haben. Dabei ist zu beachten – und
ich meine, es ist freudig zu begrüßen –, daß die Bedrohung der freien Welt,
in welchen Formen und an welchen Orten auch immer, offenkundig auch zu
einer Sammlung, zu einer Besinnung der freien Welt geführt hat. Die Kraft,
die das Böse wollte, hat das Gute geschaffen.

Sie wissen, daß es in der jüngsten Geschichte verschiedene Ansätze gegeben hat, wie man aus einer stärker empfundenen europäischen und neuerdings auch atlantischen Solidarität das tun und verrichten könnte, was zu unser aller Schutz und Heile notwendig ist. Wenn ich die Frage stelle, ob nur große und mächtige Staaten berufen sein könnten, dieser uns alle bedrohenden Gefahr Herr zu werden, dann dürfte die jüngste Entwicklung im atlantischen Raum dahin zu deuten sein, daß wir uns etwas mehr darauf besinnen sollten, welches wohl der richtige Weg ist, den wir gemeinsam einzuschlagen haben. Es ist ja nicht erst seit gestern, daß wir uns mit den Fragen einer europäischen Integration auseinandersetzen. Wir haben vordem mit Erfolg versucht, eine gemeinsame Verteidigung zu organisieren, – wobei ich, wenn ich das unter technische Fragen rubriziere, sehr gut erkenne, daß es hier zugleich um bedeutsamste politische Anliegen geht. Wir haben es versucht im rein Zweckhaften, in organisatorischen und in institutionellen Formen, aber ich glaube, daß wir damit nicht das „Ganze" erfaßt haben, nicht das, um was es wirklich geht, was schicksalhaft ist für uns alle.

Ich möchte aus alle dem, was ich einleitend sagte, zunächst eine Folgerung ziehen: Mir will scheinen, daß eine Zeit zu Ende geht, in der die Völker, aber vielleicht noch mehr ihre Regierungen, sich der Illusion hingeben dürfen, das Sein der Menschen könne in nur zweckhaft gegliederte Bereiche des Lebens aufgespalten werden, als ob es hier ausschließlich um Fragen der Verteidigung, dort lediglich um Fragen der Außenpolitik geht oder nur um Fragen des wirtschaftlichen Fortschrittes, der sozialen Sicherheit oder der Wohlfahrt, oder was auch sonst noch angesprochen werden kann. Ich glaube, das sind Kategorien der Vergangenheit!

Je stärker wir uns von außen bedroht fühlen, um so deutlicher erkennen wir, daß unser Leben – und damit auch die Politik – ein unteilbares Ganzes ist. Die Schicksale der Völker sind nicht zu zerlegen, und die Aufgaben, die täglich vor uns stehen, können nur aus einer allumfassenden Schau begriffen und nur aus solcher Erkenntnis heraus gelöst werden. Wir sind nach meiner festen Überzeugung an einem Wendepunkt angelangt, der uns zwingt, einen neuen Denkstil zu entfalten. Das gilt für den wissenschaftlichen Bereich genau so wie für unser tägliches Sein und für das politische Leben; ja, es gilt schlechthin für alles, was uns umgibt, was unseren Alltag ausmacht. Das weckt in uns zugleich ein neues Lebensgefühl. Wir werden uns der ewigen Werte der Vergangenheit in neuer Sicht bewußt und fühlen uns aufgerufen, etwas Neues zu gestalten. Politik erscheint uns nicht mehr als das Metier von Spezialisten oder den gerade zufällig Berufenen. Wir begreifen die Politik heute als die allumfassende Aufgabe, die jeden einzelnen angeht, die unser Schicksal ausmacht und die alle unsere Lebensbereiche, alle unsere Lebensäußerungen, alles Denken und Fühlen unmittelbar einbezieht. Wir sind wahrhaftig in eine neue Zeit eingetreten, und diese neue Gegenwart und Zukunft glücklich zu gestalten, das ist nun unsere gewiß nicht leichte Aufgabe.

Nach diesen Vorbemerkungen komme ich nun zu Europa! Ich habe mich über dieses Thema schon mannigfach geäußert, ja manchmal sogar den Verdacht auf mich genommen, ein „schlechter Europäer" zu sein, weil ich mich nicht mit der einfachen Antwort begnügen wollte, Europa wäre das, was der Augenblick an Verständigung zwischen den Nationen zuläßt. Daß Europa, so gesehen, heute nicht nur als eine geographische Einheit zu betrachten ist, bedarf kaum einer Erwähnung. Was ist also Europa? Wenn wir uns besinnen, woher wir kommen und was uns gerade in der Gegenwart verbindet, verstehen wir Europa als eine geistige, seelische und sittliche Einheit.

Aber wenn wir es so begreifen, dann ist zu fragen, wo dann eigentlich die Grenzen dieses Europa liegen. Dann können es keine politischen Kategorien sein, die aus dem Tagesgeschehen heraus fast zufällig erscheinen. Deshalb ist die Vorstellung fast gespenstisch zu nennen, daß es innerhalb dessen, was heute noch das freie Europa heißt und bedeutet, möglich sein könnte oder dürfte, daß sich diese Staaten in sich selbst zerspalten, um zwei Gebilde entstehen zu lassen. Hier ist das Problem „EWG – EFTA" angesprochen, mit dem wir uns lange genug auseinanderzusetzen hatten. Sie wissen, daß ich immer und gegen alle Widerstände sowohl in meinem eigenen Lande wie auch im Lager der Europäer der Sechs nicht immer verstanden wurde, wenn ich bekannte, es erscheine mir angesichts der dem ganzen freien Europa gestellten Aufgaben und gemeinsamer Bedrohung unmöglich, den Kontinent zu zertrennen. Man kann nicht davon ausgehen, daß das Leben dieser europäischen Völker in den verschiedenen Bereichen ihres Seins nach unterschiedlichen Maßen bestimmten Organisationen oder Institutionen zugeordnet sein dürfte. Wir müssen vielmehr bereit sein und alles veranstalten, eine Versöhnung zu erreichen. Ich will hier nicht die Geschichte der Bildung der EWG und auch nicht die der EFTA skizzieren; – wir wissen alle darum. Wir wollen um so glücklicher sein, da der Gedanke einer untrennbaren und unlösbaren Zusammengehörigkeit immer tiefer Wurzel geschlagen hat. Es ist, um es noch einmal zu sagen, unmöglich, den freien europäischen Völkern zuzurufen, in den Fragen der Verteidigung ihres Lebens auf Gedeih und Verderb in unlösbarer Einheit zusammenzustehen, sich in Fragen der Politik zu gleichem Tun und gemeinsamen Reaktionen zu verständigen, – aber gleichzeitig anzunehmen, daß das, was ihr wirtschaftliches, soziales, menschliches Sein anbelangt und praktisch jeden einzelnen angeht und den Alltag ausmacht, getrennt oder gar zertrennt werden dürfte. Eine solche Vorstellung löste in meinem Denken schon immer eine Reaktion der Ablehnung und des Widerspruchs aus. Wollen wir glücklich sein, dieses Interregnum, diese gefährliche Periode für Europa überwunden zu haben, oder wenigstens zu der Hoffnung berechtigt zu sein, daß eine glückliche Lösung möglich ist.

Ich bin gewiß, es werden einmal Dissertationen geschrieben werden, die zu klären suchen, durch welche Idee, oder durch welche Geschehnisse, durch welchen geistigen Anstoß es dahin gekommen ist, daß fast mit einem Schlage die Fronten sich lockerten und das Denken freier wurde. Insbesondere dürfte untersucht werden, warum Großbritannien sich entschlossen hat, den Antrag auf Verhandlungen zu stellen mit dem Ziel, den vollen Beitritt zur EWG zu vollziehen und daß die neutralen Länder Schweden, Schweiz und Österreich, über die noch mehr zu sagen sein wird, den Antrag auf Assoziierungsverhandlungen gestellt haben. Was ist da eigentlich vor sich gegangen? Die einen meinen, daß der Sog, der aus dem Fortschritt der EWG resultiert, so stark gewesen sei, daß abseits stehende europäische Länder gar nicht umhin können, sich der EWG anzuschließen, obwohl bei den Vertretern dieser Auffassung das Verlangen nach einer Weitung Europas nicht immer erkennbar ist. Ich selbst gehöre zu jenen, die der Überzeugung sind, daß das größere Verdienst den Kräften zukommt, die darum bemüht waren, daß die Türen nicht zugeschlagen wurden, sondern für eine Versöhnung offen blieben. Diese Auffassung beruht auf der Erkenntnis, daß die Europäische Wirtschaftsgemeinschaft nicht als der Weisheit allerletzter Schluß, sondern als ein Schritt zu einer europäischen, ja, wie wir heute schon sagen dürfen, zu einer atlantischen Lösung zu verstehen ist. Aber möge jeder den Ruhm für sich in Anspruch nehmen; ja vielleicht hat jeder ein Gran Wahrheit für sich in die Waagschale zu werfen. Das Wesentliche bleibt, daß Bewegung in die europäische Entwicklung gekommen ist. Darum stehe ich vorbehaltlos positiv zur europäischen Integration, die zugleich eine Weitung Europas einschließt. Ich habe aus diesem Grunde auch zur EWG „ja" gesagt, weil ich mir bewußt war, daß eine solche Gruppierung den Prozeß des Fortschreitens unaufhaltbar machen würde und daß jeder Beginn begrüßt und gefördert werden müßte, der uns Deutsche und wohl auch andere Nationen aus den nationalistischen Denkkategorien der vergangenen Zeit erlösen kann. Meine positive Haltung beruht aber nicht zuletzt auf der Erfahrung, daß sich uns heute nicht nur eine, sondern verschiedenartige Formen der Integration darbieten.

Ich komme, wie Sie wissen, gerade aus den Vereinigten Staaten zurück und hatte dort längere Besprechungen, an der Spitze mit dem amerikanischen Präsidenten, aber auch mit seinen wichtigsten Mitarbeitern. Bei allen Gesprächen war deutlich zu erkennen, wie sehr dort der Gedanke einer atlantischen Zusammenarbeit immer konkretere Formen gewinnt. Zumindest hat der atlantische Gedanke einen ganz bewußten Willen ausgelöst, obwohl die Vereinigten Staaten eindeutig erklärten, aus ihrer weltpolitischen Verantwortung heraus nicht auf souveräne Rechte verzichten zu können. Ihre Verankerung in der ganzen Welt sei zu weit gespannt, als daß sie dem Grundsatz der Meistbegünstigung gegen jedermann untreu werden dürften. Sie könnten deshalb nicht bereit sein, sich einem Präferenzsystem anzuschließen; aber sie seien bereit, alles zu tun, durch eine extrem liberale Politik – bitte, dieses „extrem" stammt von mir – das heilen zu wollen, was Präferenzsysteme gegebenenfalls an Schaden stiften können. Ich glaube, diese Haltung Amerikas kann auch für manche noch offene europäische Lösungen eine gewisse Richtschnur sein. Jedenfalls ist unverkennbar, daß die Vereinigten Staaten von Amerika heute den größten Wert darauf legen, ja, daß es sozusagen zu den Prämissen ihrer neuen handelspolitischen Orientierung gehört, das Vereinigte Königreich als Mitglied des Gemeinsamen Marktes zu wissen. Damit wird aber eine neue Station im Werden Europas erreicht sein, und es wird gewiß nicht die letzte sein. Mit dem zu erwartenden Beitritt Großbritanniens, Dänemarks, vielleicht auch Norwegens zum Gemeinsamen Markt in der Form einer Vollmitgliedschaft, zusammen mit einer möglichst engen Verbindung der drei neutralen Staaten in Form einer Assoziierung, wird in Europa eine starke Kraft lebendig.

Dieses erweiterte und mit der übrigen Welt möglichst freizügig verbundene Europa wird von dem Verdacht frei sein, daß es in den Kategorien von gestern gefangen ist, daß sich ein Eigenleben einer Reihe von europäischen Völkern mit diskriminatorischen Effekten, mit Kontrastwirkungen gegenüber den anderen freien Ländern Europas ausprägen würde.

Ich möchte vom Grundsätzlichen her überhaupt glauben, daß sich mit der Weite des Raumes die Spannungen, die in der Enge immer wirksamer und immer spürbarer sind, mehr und mehr verflüchtigen. Man sagt bekanntlich der Europäischen Wirtschaftsgemeinschaft nach, ihre Begründung sei die eigentliche große Leistung, die befreiende Tat, gewesen. Das sei sozusagen die geschichtliche und politische Voraussetzung dafür gewesen, endlich die französisch-deutsche „Erbfeindschaft" zu überwinden, indem sich beide Völker zusammengefunden und in vertrauensvoller Freundschaft versöhnt haben. Gewiß, jeder vernünftige Mensch in der ganzen Welt, und vor allen Dingen in Deutschland, wird von Herzen über die gelungene Versöhnung glücklich sein. Sie ist heute so selbstverständlich, daß jede andere Vorstellung nur einem verständnislosen Kopfschütteln begegnen würde. Dafür hat sich die weltpolitische Konstellation zu grundlegend geändert; und darum möchte ich – ohne damit die dahinwirkende Bedeutung der EWG schmälern zu wollen – sagen, daß eine so einseitige Betrachtung und Deutung nicht die volle Wahrheit sein kann. Denn sonst wäre mit gleicher Berechtigung die Frage zu stellen, – und sie stand lange genug im politischen Raum –, ob Großbritannien noch immer der große „Spalter" Europas sei. Das ist doch genau so spukhaft, und darum ist es nicht minder wichtig, auch diesen Mummenschanz aus dem vergangenen Jahrhundert aus dem Weg zu räumen. Es diente wirklich der europäischen Verständigung, die Gewichte und die Maße allseits richtig zu setzen. Wir bewegen uns in vergangenen Kategorien, wenn wir für das Morgen keine anderen Werte setzen und nicht reifere Einsichten gewinnen könnten als solche, die noch heute als relativ einfache Erklärungen für manches Geschehen verwandt werden.

Was ist es denn, so frage ich, was uns zusammenführt? Ist es etwa die Aufgabe – und die wäre wichtig genug, unser Leben, unsere Freiheit, unsere Sicherheit zu verteidigen –, ist es die Einsicht, daß wir gemeinsam vorzugehen haben, um eine einheitliche politische Ausrichtung gegenüber der fortdauernden Bedrohung durch die totalitäre Welt wirksam zu begegnen? Ist es etwa nur das rein Zweckhafte, die wirtschaftlichen Kräfte zusammenzufügen zu einer möglichst großen Effizienz? Ist es der technische Fortschritt, der uns vielleicht sogar gegen unseren Willen zwingt, über die Enge des nationalen Raumes hinauszugreifen, weil für sie sonst keine fruchtbare und gesicherte Anwendungsmöglichkeit besteht? Nein, ich glaube, daß dies alles zu einer vollen Erklärung noch nicht ausreicht. Der reine Politiker mag darob vielleicht den Kopf schütteln. Ich indessen bin überzeugt, daß das, was uns not tut, die Zusammenfassung der geistig-seelischen, sittlichen Kräfte in dieser unseren freien Welt ist, weil es uns in erster Linie in Europa aufgegeben ist, daraus eine lebendige, eine bewußt empfundene Kraft werden zu lassen. Gewiß ist Europa durch die fortschreitende Integration auf rein ökonomischem Felde in dieser Welt eine Kraft geworden, und ich spürte es in den Vereinigten Staaten ganz deutlich, daß man uns heute mit anderen Augen betrachtet. Wir sind nicht mehr der sogenannte Juniorpartner, dessen man sich wohlwollend annimmt, sondern wir sind gerade, wenn Großbritannien der EWG zustößt und wir auch unter uns noch fruchtbare Lösungen einer Zusammenarbeit finden, ein echter und ein gleichwertiger Partner geworden. Wir sollten es den Vereinigten Staaten von Amerika hoch anrechnen, daß sie dem nicht mit Ressentiments begegnen. Nein, sie wissen genau, daß vielleicht gerade das die Entwicklung ausmacht, die geeignet erscheint, um die freien Kräfte dieser Welt in allen ihren Lebensäußerungen zusammenzufassen und zu einem bewegenden Element der Politik werden zu lassen. Ich möchte glauben, daß die Vereinigten Staaten sogar berufen sind, in dieser Sphäre der geistig-sittlichen Ordnung die Führungsrolle zu übernehmen. Dabei wird niemand an einen Rang im Sinne von Überordnung oder Unterordnung denken, aber dieses Europa ist in sich noch zu differenziert, hat noch zu wenig Gestalt, als daß irgend ein europäisches Land berufen sein könnte, die auch aus der weltpolitischen Konstellation Amerika zukommende Rolle zu übernehmen. Das ist die geschichtliche Aufgabe und auch die Verantwortung der Vereinigten Staaten, die Kräfte der freien Welt zu sammeln und selbst ein Beispiel zu geben.

Ich habe die Überzeugung, daß die Vereinigten Staaten – und ich spreche jetzt dabei im besonderen vom amerikanischen Präsidenten – aus der geschichtlichen Situation die richtigen Konsequenzen gezogen, d. h. in Ansehung gerade jüngster politischer Entwicklung die Einsicht gewonnen haben, daß wir alle zum Handeln aufgerufen sind. Ich spüre deutlich, daß man auch in Amerika mehr und mehr besorgt war, nach welcher Richtung sich wohl die europäische Entwicklung vollziehen könnte, wenn nicht zwischen den Kontinenten Brücken geschlagen werden. Ein solches Bewußtsein war ja auch bei uns wach geworden. Das alles aber war erst denkbar, sofern es gelang, innerhalb Europas zu einer Versöhnung zu gelangen.

Die neue amerikanische Handelspolitik – d. h. ihre Neuorientierung – ist außerordentlich kühn. Sie besagt nicht mehr und nicht weniger, als daß der amerikanische Präsident vom Kongreß die Vollmachten zu erhalten wünscht, die Zölle auch in linearer Weise bis zu 50 Prozent senken zu dürfen. Es ist wohl selbstverständlich, wenn er dabei erwartet, daß wir in Europa die kongeniale Antwort nicht schuldig bleiben. Wenn sich 90 Prozent des Außenhandels der freien Welt zwischen dem nordamerikanischen und dem europäischen Kontinent vollziehen, dann müßte ein starker Durchbruch zur Liberalität eigentlich alles aufreißen, was noch an Verkrampfungen und Hemmungen zwischen den Nationalstaaten vorherrscht. Eines ist jedenfalls ganz deutlich: Würde diese Vision, hinter der ein starker politischer Wille lebendig ist, Wirklichkeit werden, dann dürfte der Schatten der Präferenzsysteme, die nach meiner Überzeugung grundsätzlich nicht mehr in unsere Zeit passen, wesentlich heller und kürzer werden. Aber die Vollmachten, die der amerikanische Präsident fordert, gehen ja noch weiter. Er ist bereit, bei jenen spezifischen Waren, die zu 80 Prozent und mehr zwischen diesen beiden Kontinenten gehandelt werden, die Zölle auf null zu senken. Das ist fast zu schön, um geglaubt, um wahr werden zu können! Wenn die Länder der freien Welt von einer solchen Gesinnung erfüllt wären und entsprechend handelten, dann wäre man fast geneigt, in Präferenzsystemen jene Kraft zu erkennen, die das Böse – die Erlangung einseitiger Vorteile – will, aber das Gute – die Überwindung des Protektionismus – schafft.

Die handelspolitischen Vorstellungen der Vereinigten Staaten sind unverkennbar in eine sehr dynamische Bewegung geraten. Nun wird bei uns in Europa selbstverständlich die Frage gestellt, wie wohl die Chancen des Gelingens zu beurteilen sind. Ich kann sie natürlich auch nicht beantworten, ich bin auch nicht so vermessen, etwa in Prozentsätzen das „Für und Wider" auszudrücken. Aber ich habe den Eindruck, daß man in Washington, in Regierungskreisen, an sich optimistisch ist. Demgegenüber ist es nur zu natürlich, daß man in Wirtschaftskreisen, wie das auch andernorts der Fall zu sein pflegt, größere Zurückhaltung übt. Aber ich habe es ja selbst erlebt, daß man die in der Wirtschaft tätigen Menschen gegebenenfalls auch einmal zu ihrem Glück zwingen muß. Wenn wir nämlich fortfahren, uns in Präferenzsystemen gegenseitig zu diskriminieren und dazu in Kontingenten und anderen Beschränkungen Differenzierungen Raum zu geben, dann kommen wir nicht zu der idealen Norm eines weltweiten und weltoffenen Handels. Der entscheidende und der richtige Schritt liegt zweifellos in der Richtung einer umfassenden und konsequenten Liberalisierung. Wenn ich nun das Gesagte auf die Ebene der Europäischen Wirtschaftsgemeinschaft projiziere, so ergibt sich folgende Konsequenz: Wäre die „Europäische Wirtschaftsgemeinschaft" ein Staat bzw. würde sie schon eine staatsrechtliche Gestalt erhalten haben oder vielleicht auch eine erkennbar werden lassen, dann könnte niemand gegen die Politik der EWG Einwände erheben, denn das ist selbstverständlich, daß die Bewohner zweier Staaten nach innen und nach außen jeweils unterschiedliche Bedingungen vorfinden. Aber die Europäische Wirtschaftsgemeinschaft ist eben erst auf dem Weg dazu, politische Gestalt zu gewinnen, und welcher Art sie sein wird, kann Ihnen heute noch niemand mit letzter Sicherheit sagen. Selbst wenn man in den Mitgliedsländern herumhört, was sich die verschiedenen Gruppen unter der politischen Gestalt der Europäischen Wirtschaftsgemeinschaft zuletzt vorstellen, dann sind doch noch sehr weit auseinanderliegende Urteile anzutreffen. Ich sage das ohne Kritik und ohne Wertung, sondern um der Wahrhaftigkeit willen, zu der ich vor diesem Forum gezwungen bin, denn von den losesten institutionellen Formen einer politischen Zusammenarbeit über einen Staatenbund bis zu einem festgefügten Bundesstaat sind noch so viele Differenzierungen denkbar. Es ist noch kein klares Bild erkennbar. Das wird sich vielleicht einmal ändern. Aber wie steht es dann z. B. mit der Assoziierung der afrikanischen Gebiete, die gewiß nicht Mitglieder eines in sich geschlossenen europäischen Staatengebildes sein werden? Insoweit entsteht ein echtes neues Präferenzsystem. Darum glaube ich, daß gerade die Übergangszeit, die nächsten sechs oder acht Jahre also, wegen der in dieser Phase auftauchenden Schwierigkeiten vielleicht am schwersten zu durchlaufen sein wird.

Wir erfahren es jetzt schon, daß über alle Kontinente hinweg die einzelnen Länder zu uns kommen und darlegen, aus welchen Gründen und durch welche Maßnahme der Europäischen Wirtschaftsgemeinschaft sie sich benachteiligt fühlen. Wir werden immer wieder Trostpflaster aufzusetzen, Abfindungen zu entrichten haben. Aus diesem Grunde sollten wir anstreben, den äußeren Rahmen der EWG nachhaltig zu weiten, und zugleich im inneren bald zu endgültigen Formen hinzufinden. Desto versöhnlicher und reibungsloser wird sich die Entwicklung, auch im Verhältnis zu anderen Kontinenten – ich denke dabei etwa an Lateinamerika oder an den südostasiatischen Raum –, vollziehen.

In den Assoziierungsverhandlungen zwischen der Europäischen Wirtschaftsgemeinschaft, Schweden, Schweiz und Österreich wird seitens unserer neutralen Freunde unvermeidlich die Frage gestellt werden, welche Bindungen sie mit der Assoziierung an die Europäische Wirtschaftsgemeinschaft eingehen. Sie werden wahrscheinlich darauf hinweisen, daß sie das aus dem Vertrag nicht zu erkennen vermögen und daß bis heute niemand eine letzte verbindliche Antwort für alle geben konnte, was eigentlich der konkrete politische Inhalt ist.

Ich möchte indessen nicht mißverstanden werden. Selbstverständlich besitzt die Europäische Wirtschaftsgemeinschaft politischen Gehalt. Das steht außer Zweifel. Eine Bewegung, die sozusagen Bereiche des menschlichen Lebens über den nationalen Raum hinweg zusammenfügen möchte, kann nicht ohne politische Wirkung sein. Aber gerade weil das so ist, werden die Staaten, wie jeder Bürger beim Abschluß eines Vertrages, wissen wollen, was sie unterschreiben bzw. welche Verpflichtungen sie damit eingehen. Man kann dieser nüchternen Frage einfach nicht ausweichen. Da helfen auch die beste Rhetorik und kühne politische Visionen nicht weiter. Alle Länder des freien Europa und darüber hinaus sind daran interessiert, auf diese Frage möglichst schnell eine Antwort zu finden. Ich habe auch den Eindruck, daß die maßgebenden politischen Kräfte in Europa das ganz deutlich spüren, und ich hoffe deshalb, die Antwort möge so ausfallen, daß die Assoziierungsverhandlungen zu einer möglichst engen Verbindung der neutralen Länder mit der Europäischen Wirtschaftsgemeinschaft führen werden.

Dieses Europa ist doch von eigener Art. Ich komme aus den Vereinigten Staaten; ich fühle mich in dieser Atmosphäre wohl und von der Haltung dieses Volkes unmittelbar angesprochen. Ich spüre etwas Geistesverwandtes, und trotzdem – das ist ganz sicher – müssen wir davon ausgehen, daß uns die Amerikaner im letzten doch nicht ganz verstehen werden. Natürlich bestehen auch drüben Unterschiede zwischen Texas und Kalifornien und Virginia, aber sie wurzeln doch nicht so tief in der Geschichte und in der Volkwerdung Amerikas, wie das in Europa der Fall ist. Wir sind nun einmal mit einer Jahrtausende alten Geschichte belastet und den unendlich vielen Ausprägungen, die für unser Leben echte Werte bedeuten. So sind wir denn auch mit Wertvorstellungen ganz besonderer Art behaftet, belastet oder gesegnet.

Wenn ich an die neutralen Länder denke – Sie wissen, daß ich für diese immer Verständnis aufbrachte – dann stellt sich uns in der richtigen politischen Zuordnung dieser kleinen Länder ein europäisches Problem von großer Bedeutung. Darum habe ich auch in den Vereinigten Staaten dieses Thema angesprochen – besser: andiskutiert –, weil es eben aus dem ohne amerikanische Schuld nicht voll vorhandenen Einfühlungsvermögen in das europäische vielgestaltige Leben ohne Ende und Ergebnis bliebe.

Der belgische Außenminister Henry Spaak hat aber gewiß nicht recht, wenn er meint, daß die Neutralität ein Hindernis der Zusammenarbeit sei. Vielleicht hat er es nicht so drastisch ausgedrückt, aber es hatte doch einen stark negativen Akzent. Die Assoziierung ist im Romvertrag bekanntlich vorgesehen, ohne daß Artikel 238 nähere Bestimmungen darüber enthält, welcher Art sie sein soll, welchen Inhalt sie haben müßte und in welchem Umfange sie darum Platz greifen kann. Nicht das „ob", sondern nur das „wie" bleibt offen. Mir wurde die besondere Genugtuung zuteil – und das betrachte ich wahrlich als eine List der Idee –, daß ausgerechnet in diesem halben Jahr, in dem ich die Ehre hatte, Präsident des Ministerrats der Europäischen Wirtschaftsgemeinschaft zu sein – ohne mein eigenes Verdienst, um das gleich hinzuzufügen – das Anmeldeersuchen Großbritanniens und Dänemarks zum Beitritt und den Assoziierungsantrag der neutralen Länder in Empfang nehmen zu dürfen. Persönlich bin ich der Meinung, daß wir, d. h. sowohl die drei neutralen Länder selbst, wie auch wir in der Europäischen Wirtschaftsgemeinschaft, und das hoffentlich mit dem vollen Verständnis auch der Vereinigten Staaten, alles tun müßten, die Verbindungen im ökonomischen Bereich so eng wie möglich zu gestalten. Es gibt eine Aussage, die dahin geht, daß, wer nicht die vollen politischen Verpflichtungen auf sich zu nehmen gewillt ist, auch nicht erwarten kann, in den Genuß aller ökonomischen Vorteile zu gelangen. Hier geht es um keinen Handel zwischen verschiedenen Lebensbereichen. Mir erscheint vielmehr das „Werden" Europas viel zu wichtig zu sein, als daß wir in den materialistischen Kategorien von Vorteilen und Nachteilen denken dürften. Aus der europäischen Geschichte wissen wir, daß die Neutralität der Schweiz innerhalb Europas einen hohen Wert bedeutet. Denken wir nur an das weltweite Symbol des Roten Kreuzes! Nein, neutral zu sein ist weder eine Schuld noch eine Schande und darf deshalb auch nicht bestraft werden. Es ist eine ganz andere Frage, und die können Sie und ich heute nicht beantworten, ob nicht in dem weiteren Prozeß der Entwicklung und der Gestaltung des Schicksals der freien Welt vielleicht eine Zeit kommen könnte, in der diese Fragen einer sorgfältigen Überprüfung bedürfen.

Die Frage also, ob die neutralen Staaten neben der EWG, trotz enger wirtschaftlicher Verbindung, auf die Dauer ihr Eigenleben führen können, ist wirklich nicht einfach zu beantworten. Ich wage es jedenfalls nicht. Um so mehr aber bin ich von der Wichtigkeit überzeugt, daß zunächst eine immer liberalere Politik und die Zusammenfassung der geistig-seelischen Kräfte unserer Völker vonnöten sind, um uns über so manche Drangsal und über eine gewisse Verwirrung der Geister hinwegzuhelfen.

Es ist unbestreitbar, daß eine gesunde wirtschaftliche Entwicklung die Stabilität politischer Verhältnisse voraussetzt, aber ist ebenso gewiß, daß politische Kraft auf die Dauer auch der wirtschaftlichen Stärke bedarf und daß darum beides in sich trennen zu wollen den Aufgaben und den Zeichen unserer Zeit nicht mehr gerecht zu werden vermag. Die moderne und doch schon wieder altmodische Fragestellung nach „Politik und Wirtschaft" kann jedenfalls nicht mehr im Sinne einer Rangordnung des Entweder-Oder beantwortet werden, sondern bestenfalls nach dem Prinzip des Sowohl-als-auch. Das Untrennbare zu erkennen, das glaube ich wird dem Geist unserer Zeit gerecht, der, wie ich am Anfang sagte, über das politische Kästchen-Denken hinweggeht.

Wenn ich im politischen Raum von Kraft und Stärke spreche und diese als politische Werte kennzeichne, dann lege ich dieser Auffassung eine weitgreifende Auslegung zugrunde. Politische Kraft und politische Stärke kann auch in den menschlichen Reaktionen, in der menschlichen Seele selbst wurzeln, darunter muß nicht immer etwas verstanden werden, was nur Macht bedeutet. Kraft und Stärke wurzeln in der inneren Festigkeit und fließen aus bewußter Überzeugung. Sie, Magnifizenz, haben recht gehabt, wenn Sie meine Einstellung zu dieser Frage als Ausfluß meines Wesens begründeten. Ich weiß sehr wohl, daß gerade unsere Welt angesichts einer fortdauernden Bedrohung auch im realsten Sinne des Bewußtseins der Stärke und der Kraft bedarf. Nur möchte ich das nicht verwechselt wissen mit dem Begriff der Macht. Die Macht ist in meinen Augen immer öde, sie ist gefährlich, sie ist brutal und sie ist im letzten Sinne sogar dumm. Nicht umsonst spricht man im Zusammenhang mit der Macht immer auch von der Gefahr des Mißbrauchs. In unserem deutschen Kartellgesetz z. B. sind manche Kapitel über den Mißbrauch wirtschaftlicher Macht nachzulesen.

Daß es, was viel bedrohlicher ist, vor allem einen Mißbrauch der politischen und militärischen Macht gibt, wissen wir zur Genüge. Und gerade jetzt erleben wir erneut, wie Macht und Gewalt versuchen, Angst zu erregen. Wie sollten wir dem begegnen, wenn wir das Heil nur darin zu erblicken vermöchten, Macht gegen Macht aufeinanderprallen zu lassen. Es würde wahrscheinlich sehr Gefährliches daraus resultieren, während ich glaube, daß das Bewußtsein der Stärke und der Kraft, das natürlich nicht im luftleeren Raum schweben darf, sondern in Realitäten wurzeln muß, am ehesten bloße Macht brechen kann.

In diesem Zusammenhang ist auch etwas Merkwürdiges zu verzeichnen. Die Herausforderung, die uns, der freien Welt, täglich zuteil wird, beruht ja nicht etwa nur in der Androhung eines Krieges; nein, sie beruht in dem Angriff auf unsere freiheitliche gesellschaftliche Ordnung, also auf unsere Freiheit schlechthin. Mit einem Zynismus ohnegleichen wird behauptet, die freie Wirtschaft habe sich überlebt. Wir werden als müde Greise beschimpft, die praktisch überhaupt keine seelische Kraft mehr entfalten können! Was ist aber in Wahrheit der sogenannte Kapitalismus von heute? Wenn wir uns an seine Anfänge zurückerinnern und denen das Heute entgegensetzen, dann begreifen wir erst ganz, wieviel böswilliger Dogmatismus dazu gehört, uns vor der Welt derart verleumden zu wollen. Wir wissen es alle, daß der Kapitalismus von heute nichts mehr gemein hat mit den Auswüchsen des Anfangsstadiums. Gerade deshalb ist es tragisch, daß wir noch immer mit den gleichen äußeren Begriffen operieren und fast im Sinne einer Rechtfertigung uns mit rationalen Erklärungen begnügen. Wir hören es uns an, daß der „Kapitalismus" ein ausbeuterisches System, ja, identisch sei mit einem unmenschlichen Kolonialsystem. Was nützt es, wenn wir wissen, daß der Kommunismus ein ausbeuterisches System ist, aber dazu schweigen oder doch nicht mit der notwendigen Überzeugungskraft Stellung beziehen?! Wir sprechen von Freiheit, aber dabei müssen wir uns darüber klar sein, daß in den Augen vieler Völker, vieler Millionen von Menschen die Freiheit etwas anderes bedeutet, als die Freiheit, die ich meine, die wir meinen. Auch der Begriff „Demokratie" hat bei den hungernden Völkern in der Welt einen anderen Inhalt als der Wert, den wir einer demokratischen Ordnung zumessen. Wenn wir auf die Herausforderung Sowjetrußlands immer nur auf „unsere" Freiheit, auf „unsere" Demokratie verweisen, dann befürchte ich, wird das nicht ausreichen.

Ich habe es in vielen Ländern und Kontinenten erfahren, daß diese Münzen abgegriffen sind, und darum sagte ich schon an anderer Stelle: Es ist meine feste Überzeugung, daß wir eine Art von neuer Ideologie, oder nennen Sie es Philosophie, entwickeln müssen. Fast möchte ich sagen, es müßte ein Glaubensbekenntnis sein, das die allumfassenden Werte unserer freien Welt uns und auch den anderen anschaulich macht und glaubhaft erscheinen läßt. Aber vor allem uns selbst! Denn so manches Mal habe ich den Eindruck, als ob wir wie die Kaninchen vom Schlangenblick gebannt, vor uns selbst nicht mehr die richtige Antwort auf diese Herausforderung finden könnten. Das gute Leben ist schon etwas wert, und – wie ich neulich sagte – auch das Sattsein jedes einzelnen ist eine gute Sache. Aber das Sattsein als geistige Haltung der freien Völker müßte uns zum Verhängnis werden. Aus diesem Grunde glaube ich, daß man der russischen Herausforderung nicht allein begegnen kann mit Statistiken, die besagen, wieviel Autos, Kühlschränke, Fernsehgeräte u. a. m. bei uns produziert werden. Das reicht nicht aus. Die Herausforderung muß auf der geistigen Ebene ausgetragen werden. Von dort her muß uns die Kraft kommen; die Kraft vor allem, wieder sicher in uns selbst zu ruhen. Es muß uns bewußt werden, daß wir einen sicheren Standort haben, und daß wir als die Gemeinschaft der freien Völker – ich denke jetzt nicht an Integrationsformen – uns darauf besinnen, daß wir über eine ganz große Kraft verfügen. Nicht nur hinsichtlich unserer Verteidigung mit Waffen – so wichtig das ist –, auch nicht allein hinsichtlich der wirtschaftlichen Stärke und der Leistungen unserer Technik, auch nicht allein mit mehr Wohlstand und mehr sozialer Sicherheit, sondern aus der inneren Gewißheit heraus, daß wir Werte in uns tragen und zu verteidigen haben, die in dieser unserer Welt einfach nicht untergehen dürfen, wenn diese überhaupt noch lebenswert sein soll.

Der Marshallplan war für die Völker, die seinerzeit am Boden lagen, nicht so sehr entscheidend als materielle und finanzielle Unterstützung, sondern bedeutete eine moralische Kraft, aus der wir die Gewißheit gewinnen konnten, nicht abgeschrieben zu sein von der Welt. Das Sittliche, das Moralische, d. h. die Solidarität der freien Völker, – das war der zündende Funke, der nach meiner festen Überzeugung Europa befreit hat. Und jetzt wäre auf erweiterter Ebene Amerika vielleicht erneut berufen, uns Europäern, die wir uns in manchen Irrtümern, in manchen Wirren verstrickt haben, zu helfen. Zu helfen über eine großzügige liberale Politik oder weit darüber hinaus dadurch, daß neue Kräfte, neue Gläubigkeit geweckt und Vertrauen gewonnen würden, damit wir schließlich doch wieder zusammenfinden zu einem größeren und gemeinsamen Ganzen. Wenn ich daran denke, daß eine so kühne Vision, wie sie dem amerikanischen Präsidenten vorschwebt, morgen unsere Wirklichkeit sein könnte, dann weiß ich natürlich, daß es viele gibt, die zaudernd zurückstehen und sagen, daß das doch zuviel auf einmal sei und man pfleglicher vorgehen sollte. Ich bin bekanntlich nicht für das pflegliche Vorgehen; ich bin vielmehr der Meinung, daß man weit greifen muß, wenn man etwas wirklich Entscheidendes erreichen will. Ich habe in meiner immerhin reichen Erfahrung als Wirtschaftsminister erfahren, daß z. B. eine Aktion – in zwei Phasen durchgeführt – alle gewerblichen und industriellen Zölle um 45 Prozent zu senken, politisch sehr viel leichter durchzuführen ist, als etwa 5 Zollpositionen um 5 Prozent senken zu wollen. Das ist nun einmal so. Doch das ist zugleich eine Ermutigung, denn auf große Dinge sind die Völker und sind die Menschen ansprechbar. Man darf sie nur nicht zu sehr mit Kleinigkeiten und mit den Bagatellen des Alltags befassen. Ich wäre glücklich, wenn das Beispiel des deutschen Wiederaufbaus den Zögernden ein Ansporn zu mehr Mut geben würde. Wir waren seinerzeit mit einer veralteten und verschlissenen technischen Apparatur kaum wettbewerbsfähig und haben dennoch die Grenzen geöffnet. Wir haben mit der Währungsreform 1948 die härtesten Opfer auf uns genommen. Wir haben, wie ich schon sagte, in zweimaligen Aktionen einseitig und ohne nach einer Gegenleistung zu fragen, die deutschen Zölle um 45 Prozent gesenkt; wir haben im vergangenen Jahr, wie Sie wissen, wiederum einseitig eine Währungsaufwertung durchgeführt, um die deutsche Wirtschaft unter den harten Druck des Wettbewerbs zu setzen, um das Letzte an Kraft und an Leistung aus ihr herauszuholen. Wenn wir dabei zugleich einen Akt internationaler Solidarität geübt haben, dann mag es um so besser gewesen sein. Jedenfalls, so glaube ich, wir haben keinen Grund, dem Geschehen unserer Zeit müde entgegenzusehen; im Gegenteil, wir haben wach zu sein, weil wir wissen, um was es geht.

Jede Assoziierung an den Gemeinsamen Markt wird die Wettbewerbssituation in den betreffenden Ländern da und dort verschärfen. Aber ist das wirklich nachteilig oder gar schlimm? Wir kommen nur weiter, wenn wir unsere Kräfte aneinander messen und wenn wir uns gegenseitig stählen, in dieser unserer Welt zu bestehen. Wir sind doch nicht in der Situation eines kommunistisch-totalitären Staates, dem es freisteht, seine wirtschaftlichen und sozialen Probleme nach Gutdünken zu bewältigen. Wir können nicht sagen, jetzt ginge es nur um die Rüstung oder um energiewirtschaftliche Probleme oder andere Detailfragen. Wir haben vielmehr alle Aufgaben zu gleicher Zeit zu meistern, angefangen von der Verteidigung und anderen politischen Anforderungen über die Steigerung der Produktivkraft bis zur sozialen Sicherheit und der Erhaltung des Friedens und der Freiheit als höchstes Ziel unserer Politik. Dem dient auch die Neuordnung Europas. Im Leben freier Völker lassen sich die Akzente nicht nach Belieben kurzfristig verändern. Wenn aber die Politik alle Lebensbereiche einschließt, dann bedarf es zum Gelingen auch der Zusammenfassung aller Kräfte. Wenn man die europäischen Integrationsbestrebungen – vielleicht sprechen wir früher als wir es heute denken bereits von der Atlantischen Gemeinschaft – nicht nur vom Technischen her begreift, sondern als einen vom menschlichen Wollen getragenen geschichtlichen Prozeß würdigt, dann wissen die aufgeschlossenen und die wachen Geister, daß wir in eine neue Zeit hineingehen.

So komme ich zur Zusammenfassung: Was ist aus all dem, was wir erleben, was an Aufgaben und Verpflichtung vor uns steht und unser Schicksal ausmachen wird, an Nutzanwendung und an Erkenntnis zu ziehen? Wenn wir auch in der jüngsten Geschichte Europas in dem letzten Krieg einen Wendepunkt sehen, erkennen wir darin doch schon den Anfang; denn es war die Solidarität der freien Welt, die Europa aus dem Zusammenbruch gerettet hat. Ohne diese geistige und moralische Besinnung hätte es für Europa keine Gesundung gegeben – auch nicht für die Schweiz, die von ärgster Tragik verschont geblieben ist. Ja, ohne diese Entwicklung wäre es auch nicht zu einer Europäischen Wirtschaftsgemeinschaft gekommen. Aber ohne Europäische Wirtschaftsgemeinschaft wäre auch keine Brücke zu einer atlantischen Wirtschaftsgemeinschaft zu schlagen, und ohne die kräftige und rasche Erholung hätte die freie Welt nicht die materielle Kraft zur Verteidigung unseres Lebens aufbringen können.

Wir können nur vorwärtsgehen. Es gibt keine Entwicklung nach rückwärts. Die Zeichen der Zeit zu erkennen, heißt uns einzusehen, daß, so wie aus der Vergangenheit bis zum Heute die Entwicklung weitergreift, das Morgen uns schon wieder vor neue Formen des Lebens, vor neue Aufgaben stellen wird. Unser Tun von heute wird unser Schicksal von morgen bestimmen. Wir – friedliebend wie die freie Welt ist – werden in der Verteidigung stehen, wenn es gilt, uns die Freiheit, die Menschenrechte und den Frieden zu erhalten. Aber wir sollten überall dort zum Angriff übergehen, wo es in der geistigen Sphäre gilt, der Öde des kommunistisch-kollektivistischen totalitären Denkens die bewegende Kraft der Werte unserer Welt entgegenzustellen und sie immer wieder glaubhaft zu machen. Ich habe den größten Respekt vor Lehrbüchern, aber hier geht es nicht um Schulweisheit. Das sind eben keine Fragen eines Lehrgebietes, die vorzutragen wären, sondern es ist ein ständiges bewußtes Erleben und ein ebenso bewußtes Gestalten. Ich empfinde es zutiefst, daß wir aufgerufen sind, eine Zukunft entweder zu erdulden oder aber mit frischer Kraft zu gestalten. Wir wollen der geistlosen Sterilität eines Totalitarismus die bewegenden Kräfte unseres Lebens mit ihren sittlichen Werten, der Religion, der Moral und des Rechtes entgegensetzen. Das Gebot der Stunde heißt uns zusammenstehen. Wir stehen in der Bewährung, und Gott möge uns helfen, daß wir vor uns selbst und vor der Geschichte bestehen werden.

Ausgewählte Wirtschaftsdaten für die

	Einheit	1948	1949	1950	1951	1952	1953
Bruttosozialprodukt							
in Preisen von 1954	Mill. DM	·	·	113 100	125 000	135 400	145 600
Veränd. gegen Vorjahr	v. H.			·	+ 10,5	+ 8,3	+ 7,5
in jeweiligen Preisen	Mill. DM	·	·	97 200	118 600	135 600	145 500
Veränd. gegen Vorjahr	v. H.			·	+ 22,0	+ 14,3	+ 7,3
Privater Verbrauch	Mill. DM	·	·	62 450	72 510	79 940	87 640
Veränd. gegen Vorjahr	v. H.			·	+ 16,1	+ 10,2	+ 9,6
Staatsverbrauch	Mill. DM	·	·	14 000	17 440	20 760	21 050
Veränd. gegen Vorjahr	v. H.			·	+ 24,6	+ 19,0	+ 1,4
Investitionen	Mill. DM	·	·	21 920	26 380	31 480	31 350
Veränd. gegen Vorjahr	v. H.			·	+ 20,3	+ 19,3	− 0,4
Außenbeitrag	Mill. DM	·	·	− 1 170	+2 270	+3 420	+5 460
Masseneinkommen	Mrd. DM	·	·	46,4	54,7	61,3	67,8
Veränd. gegen Vorjahr	v. H.			·	+ 17,7	+ 12,2	+ 10,5
Bruttolöhne u. -gehälter							
je abhängig Beschäftigten	1950 = 100	·	·	100	116	125	133
Veränd. gegen Vorjahr	v. H.			·	+ 16,3	+ 7,9	+ 5,9
Brutto-Inlandsprodukt in Preisen von 1954							
je Erwerbstätigen	1950 = 100	·	·	100	108	114	120
Veränd. gegen Vorjahr (Gesamtwirtschaftliche Produktivität)	v. H.			·	+ 7,7	+ 6,2	+ 5,0
Zahl der abhängig Beschäftigten	1000	13 468	13 542	13 827	14 556	14 995	15 583
Veränd. gegen Vorjahr	v. H.	·	+ 0,6	+ 2,1	+ 5,3	+ 3,0	+ 3,9
Arbeitslose	1000	451[4]	1 230	1 580	1 432	1 379	1 259
Arbeitslosenquote	v. H.	·	·	10,3	9,0	8,4	7,5
Industrielle Produktion	1950 = 100	55	80	100	118	126	139
Veränd. gegen Vorjahr	v. H.	·	+ 45,5	+ 25,0	+ 18,1	+ 6,4	+ 10,2
Einzelhandelsumsätze	1954 = 100	·	·	·	·	·	·
Veränd. gegen Vorjahr	v. H.						
Preisindex für die Lebenshaltung	1950 = 100	{ 2. Hj. 108	107	100	108	110	108
Veränd. gegen Vorjahr	v. H.	·	− 6,5	+ 7,8	+ 2,1	− 1,8	
Einfuhr (Werte)	Mrd. DM	·	7,8	11,4	14,7	16,2	16,0
Veränd. gegen Vorjahr	v. H.	·	+ 45,0	+ 29,5	+ 10,0	− 1,2	
Ausfuhr (Werte)	Mrd. DM	·	4,1	8,4	14,6	16,9	18,5
Veränd. gegen Vorjahr	v. H.	·	+102,2	+ 74,3	+ 16,0	+ 9,6	
Handelsbilanzsaldo	Mill. DM	·	−3 710	− 3 012	− 149	+ 706	+2 516
Saldo der Devisenbilanz	Mill. DM	·	·	− 564	+2 038	+2 761	+3 614

Sozialproduktszahlen für 1960 und 1961 sind vorläufig. [4]) Jahresmitte.

Bundesrepublik Deutschland 1948—1961

1954	1955	1956	1957	1958	1959	1960	1960¹)	1961¹)
156 400	174 400	186 400	196 500	202 900	216 500	235 500	239 400	252 100
+ 7,4	+ 11,5	+ 6,9	+ 5,4	+ 3,3	+ 6,7	+ 8,8	.	+ 5,3
156 400	178 300	196 400	213 600	228 500	247 900	277 700	282 400	310 400
+ 7,5	+ 14,0	+ 10,2	+ 8,8	+ 7,0	+ 8,5	+ 12,0	.	+ 9,9
92 800	103 420	115 120	125 610	134 900	144 160	157 220	160 380	176 700
+ 5,9	+ 11,4	+ 11,3	+ 9,1	+ 7,4	+ 6,9	+ 9,1	.	+ 10,2
22 000	23 750	25 350	27 300	30 630	33 630	37 750	38 320	43 100
+ 4,5	+ 8,0	+ 6,7	+ 7,7	+ 12,2	+ 9,8	+ 12,3	.	+ 12,5
36 310	46 950	49 320	51 960	54 130	61 650	74 300	75 700	83 300
+ 15,8	+ 29,3	+ 5,0	+ 5,4	+ 4,2	+ 13,9	+ 20,5	.	+ 10,0
+5 290	+4 180	+6 610	+8 730	+8 840	+ 8 460	+ 8 430	+ 8 000	+ 7 300
73,7	83,6	93,4	104,8	113,4	120,6	131,8	134,4	148,6
+ 8,8	+ 13,3	+ 11,8	+ 12,2	+ 8,2	+ 6,3	+ 9,3	.	+ 10,9
140	151	163	171	182	192	209	209	230
+ 5,2	+ 7,9	+ 7,9	+ 5,0	+ 6,5	+ 5,1	+ 8,9	.	+ 10,1
126	136	141	145	149	157	167	167	174
+ 5,0	+ 7,5	+ 4,0	+ 3,0	+ 2,2	+ 5,5	+ 6,6	.	+ 3,9
16 286	17 175	18 056	18 611	18 840	19 399	19 843	20 184	...
+ 4,5	+ 5,5	+ 5,1	+ 3,1	+ 1,2	+ 3,0	+ 2,2	+ 2,2	
1 221	928	761	662	683	476	235	238	161
7,0	5,1	4,0	3,4	3,5	2,5	1,2	1,2	0,7
155	178	192	203	209	225	249	.	264²)
+ 11,6	+ 15,0	+ 7,8	+ 5,7	+ 3,2	+ 7,4	+ 10,5		+ 6
100	111	123	133	139	146	159	.	174
.	+ 10,7	+ 11,4	+ 8,0	+ 4,6	+ 5,1	+ 8,6		+ 9,5
108	110	113	115	118	119	.	121	124
+ 0,2	+ 1,6	+ 2,6	+ 2,0	+ 2,2	+ 1,0		+ 1,5	+ 2,5
19,3	24,5	28,0	31,7	31,1	35,8³)	.	42,7	44,4
+ 20,8	+ 26,6	+ 14,3	+ 13,3	− 1,8	+ 15,1		+ 19,3	+ 4,0
22,0	25,7	30,9	36,0	37,0	41,2³)	.	47,9	51,0
+ 18,9	+ 16,7	+ 20,0	+ 16,5	+ 2,9	+ 11,3		+ 16,4	+ 6,5
+2 698	+1 245	+2 897	+4 083	+4 954	+ 5 361³)	.	+ 5 223	+ 6 600
+2 782	+1 851	+5 014	+5 122	+3 188	− 2 204³)	.	+ 8 007	− 2 000

¹) einschl. Saarland. – ²) ohne Saarland. – ³) ab Juli 1959 einschl. Saarland.

SACH- UND NAMENSREGISTER

INHALTSVERZEICHNIS